COURS

ALPHABÉTIQUE, THÉORIQUE ET PRATIQUE

DE

LA LÉGISLATION

CIVILE ECCLÉSIASTIQUE.

TOME IV

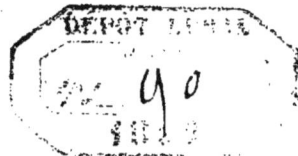

PROPRIÉTÉ DE L'AUTEUR.

C.

Imprimerie Jules Lançon, à Lons-le-Saunier.

COURS

ALPHABÉTIQUE, THÉORIQUE ET PRATIQUE

DE

LA LÉGISLATION

CIVILE ECCLÉSIASTIQUE

contenant

TOUT CE QUI REGARDE LES FABRIQUES, LES BUREAUX DE BIENFAISANCE
LES HOSPICES, LES ÉCOLES, LES SALLES D'ASILE

En un mot

Tout ce qui concerne les lois dans leurs rapports avec la religion
Suivi de Mémoires sur le droit civil ecclésiastique

PAR

Monseigneur ANDRÉ

PROTONOTAIRE APOSTOLIQUE AD INSTAR PARTICIPANTIUM, ANCIEN VICAIRE GÉNÉRAL, ANCIEN
CURÉ, CHANOINE D'HONNEUR, MEMBRE DE DIVERSES SOCIÉTÉS SAVANTES, ETC.

Auteur du Cours de droit canon.

DÉDIÉ A MONSEIGNEUR SIBOUR, ARCHEVÊQUE DE PARIS

Nouvelle édition, revue, corrigée et très-notablement augmentée.

« L'administration régulière du temporel des églises...
tient aujourd'hui plus que jamais aux destinées catholiques
de la France. »

(Mgr PARISIS, *Évêque de Langres*.)

TOME QUATRIÈME.

PARIS

CHEZ L'AUTEUR, QUAI D'ANJOU, 25

—

1869

COURS

ALPHABÉTIQUE, THÉORIQUE ET PRATIQUE

DE

LA LÉGISLATION

CIVILE ECCLÉSIASTIQUE.

N

NAPPES D'AUTEL.

Les *nappes d'autel* sont des linges qui recouvrent l'autel et la pierre sacrée pour l'offrande du saint sacrifice. On conçoit que dès les premiers temps on a dû étendre un linge sur l'autel pour célébrer la messe, qui est une commémoration de la sainte cène. Cette précaution de propreté était surtout nécessaire dans les siècles où il y avait plus de fragments d'hostie à recueillir qu'à présent. Avant le troisième on ne mettait qu'une *nappe* sur l'autel. D'après Bocquillot, l'usage d'en mettre trois remonterait au neuvième siècle. Quoiqu'il en soit, depuis le quinzième cet usage fut généralement prescrit par les conciles, les missels, les cérémoniaux. Il est aujourd'hui universellement adopté dans l'Eglise. Les fabriques sont obligées de les fournir et de les entretenir dans un grand état de propreté. Il doit y en avoir sur tous les autels de l'église.

On ne peut se servir de *nappes d'autel* qui ne seraient point en toile de chanvre ou de lin. (*Voyez* AUBE, LINGE D'ÉGLISE.)

NAPPES DE COMMUNION.

On donne ce nom à la large bande de toile attachée à la table de communion, et que les fidèles qui viennent recevoir la sainte Eucharistie étendent sur leurs mains. Pour être d'un bon effet elle doit descendre jusqu'au bas de la balustrade ou table de communion, et être placée à l'intérieur du sanctuaire, de façon que les dessins de la grille ressortent sur le blanc de la *nappe*. (*Voyez* COMMUNION.)

Ces *nappes de communion* font partie du linge de l'église comme les *nappes d'autel* et doivent être fournies par la fabrique.

NAVETTE.

La *navette* est un petit vaisseau qui contient l'encens. Il est ordinairement en cuivre argenté ou en argent. (*Voyez* ENCENSOIR.)

NETTOYAGE.

(*Voyez* VASES SACRÉS, § II.)

NEUVAINE.

Les *neuvaines* sont des prières faites pour les morts. (*Voyez* FRAIS FUNÉRAIRES.)

NICHE D'EXPOSITION.

(*Voyez* EXPOSITION.)

NOMINATION DES ÉVÊQUES.

Le chef du gouvernement français, pourvu qu'il soit catholique, nomme aux évêchés vacants, en vertu de l'article 5 du concordat de 1801, c'est-à-dire qu'il a le privilége de choisir et de présenter des sujets au Saint-Siége qui donne l'institution canonique.

Ce mode de pourvoir aux siéges épiscopaux vacants en France a sans doute des inconvénients, car on peut craindre avec juste raison qu'un gouvernement qui serait hostile au catholicisme et dont les tendances ne seraient pas très-orthodoxes, ne profitât du privilége qui lui est accordé, pour nommer un épiscopat faible, complaisant et qui, dans un temps donné, pourrait se prêter à des desseins peu favorables à l'Eglise. Cette crainte s'est effectivement fait sentir dans les premières *nominations* faites par le gouvernement de juillet. On pouvait aussi redouter de mauvais choix après la funeste catastrophe de février 1848, alors que des hommes peu amis de l'Eglise tenaient les rênes du gouvernement.

Mais, tout bien considéré, nous pensons que le mode actuel de *nominations*, tout imparfait qu'il puisse être, est encore moins dangereux et sujet à moins d'inconvénients que tout autre mode qui pourrait être adopté ; car si le choix du chef de l'Etat tombe sur des hommes incapables ou indignes, suspects de professer des doctrines peu orthodoxes, ou soupçonnés d'être trop complaisants pour le pouvoir, le Souverain-Pontife a toujours la faculté de refuser l'institution canonique, comme il l'a fait, après la révolution de 1830, pour un homme d'une grande science, mais qui avait eu la faiblesse de participer à un acte de schisme. Mais dans le mode d'élection qui certes a donné à l'Eglise de saints et de grands évêques, il peut, comme on en a vu tant d'exemples, s'y glisser aussi bien des cabales et bien des intrigues, de sorte que l'ambition et l'esprit de parti peuvent faire parvenir à l'épiscopat des hommes qui ne seraient pas toujours les plus dignes de cette haute, éminente et redoutable fonction. Quoi qu'il en puisse être de ces divers modes dont le choix, selon nous, doit être laissé à la sagesse et à la prudence de l'Eglise et du Saint-Siège, la question de la *nomination* et de l'élection des évêques a été vivement agitée après la révolution de février. Le comité des cultes, qui en fut saisi, s'en occupa longuement dans les séances des 21, 22 et 23 juin, 3 août 1848 et 18 février 1849.

Le but de notre ouvrage ne nous permet point de passer cette question sous silence ; nous devons donc faire connaître ce qui se fit alors.

Le comité des cultes crut d'abord qu'il était convenable de mettre autant que possible en harmonie la constitution de l'Eglise et celle de l'Etat. Comment, disait-on, ne pas admettre l'élection dans l'Eglise, alors que dans l'Etat tout est soumis à l'élection, depuis le chef du gouvernement jusqu'au maire du village ? Et puis, on ne fait en cela que revenir aux usages de la primitive Eglise, où l'on a vu des évêques désignés par l'acclamation du peuple à cette haute dignité. N'est-ce pas là d'ailleurs un moyen d'exciter le zèle et l'émulation, en introduisant dans le corps clérical cette vie et cette activité qu'il trouverait dans les discussions pacifiques de l'élection ? Ce que l'on doit se proposer dans la *nomination* des évêques, c'est de faire de bons choix ; or, personne n'est plus propre pour cela que le clergé lui-même, et il importe d'autant plus de le faire intervenir dans cet acte capital, qu'on ne retrouve plus sous un gouvernement où le chef de l'Etat change à chaque instant, les mêmes garanties que sous une monarchie. Celui qui représente le pouvoir exécutif peut appartenir à une communion dissidente, et alors, pour se conformer à l'article 17 du concordat, on se trouve obligé de recourir à une nouvelle convention avec le Saint-Siège.

Il est bien plus simple, continuait-on, pour éviter toutes ces difficultés, de soumettre à l'élection le choix des évêques (1). Mais à qui confiera-t-on la haute prérogative de donner à l'Eglise les premiers pasteurs ? Les avis se sont ici partagés. On a proposé de réunir en concile les évêques, les grands vicaires, les chanoines et les délégués du clergé secondaire de toute la province ecclésiastique, et de leur confier le soin de l'élection. C'était le seul moyen d'éviter les in-

(1) Le comité sembla revenir, plus tard, sur cette opinion en adoptant le rapport de M. Isambert. Il lui a paru qu'il n'y avait pas urgence, et que peut-être il était plus convenable de rester dans le *statu quo*.

fluences locales, et de faire porter le choix sur un candidat connu et apprécié dans plusieurs diocèses. Par là on laissait dans l'ombre les sujets médiocres pour élever les hommes d'un mérite supérieur. L'Etat n'intervenait pas dans ce mode de *nomination ;* seulement si, par impossible, l'élu ne pouvait lui convenir, il avait le droit d'opposer son *veto* et le concile provincial procédait à une nouvelle élection.

Ce système n'ayant pas prévalu, il s'en est présenté plusieurs autres. Quelques membres du comité voulaient faire intervenir tout le peuple. C'était, suivant eux, le meilleur moyen de l'attacher à la religion. Il serait d'autant plus dévoué à ses pasteurs qu'il les aurait lui-même choisis. Ils invoquaient d'ailleurs ce qui s'était pratiqué plusieurs fois dans la primitive Eglise. Mais on répondait à cela qu'il n'en est plus aujourd'hui comme autrefois où tout le monde était catholique, et où presque tous pratiquaient la religion. Cet usage, d'ailleurs contestable à certains égards, n'a jamais eu un tel caractère de généralité et de perpétuité qu'on puisse l'indiquer comme un précédent à suivre. Puis, dans un pays et à une époque où il y a si peu de chrétiens fervents, il exposerait l'Eglise aux plus grands dangers s'il venait à être renouvelé.

L'idée d'appeler tout le peuple à l'élection des évêques ayant été repoussée, on a proposé de soumettre la *nomination* au clergé qui se réunirait, soit aux maires (système proposé par M. Cenac), soit aux membres du conseil de fabrique (système proposé par M. Chapot), soit aux chefs de famille, notoirement connus pour appartenir au culte catholique (système proposé par M. Isambert). Il y avait là des inconvénients que tout le monde comprend. Pourquoi n'admettre qu'une partie du peuple, et comment faire le discernement de ceux qui professent le culte et de ceux qui ne le professent pas ?

Frappé de ces considérations, le comité a décidé, dans sa séance du 18 février 1849, que les laïques n'interviendraient pas dans le choix des évêques ; mais il s'est ensuite demandé s'il ne devait pas en être autrement de l'Etat, afin d'introduire en un sens, et sous une autre forme ce même élément, qui serait alors représenté par le chef du gouvernement. Ici est venu se reproduire l'éternelle question de savoir jusqu'à quel point l'Etat doit s'immiscer dans les affaires de l'Eglise. Quelques membres du comité auraient voulu que le choix fût fait par le clergé du diocèse, et que le candidat choisi eût été ensuite directement présenté à l'institution canonique. L'intervention de l'Etat, disaient-ils, a de tout temps été fatale à l'Eglise. Les choix sont toujours ou presque toujours déterminés par des influences particulières ou par des considérations politiques qui placent l'élu dans une position où sa dignité et son indépendance ont le plus souvent à souffrir. On répondait à cela que le pouvoir ne pouvait rester entièrement étranger au choix des évêques. Ils exercent par leur ministère, et dans l'ordre hiérarchique qu'ils occupent, une trop grande influence pour que l'Etat puisse rester indifférent en pareille matière. Dans les pays où la religion catholique n'est pas la religion dominante, les inconvénients ne sont pas les mêmes et l'Etat peut se tenir à l'écart; mais en France, où la hiérarchie catholique est si puissamment organisée, et s'étend comme un réseau sur toutes les parties du territoire, il faut que l'Etat ait constamment l'œil ouvert sur ceux qui tiennent les rênes de cette hiérarchie.

Le comité, frappé par ces considérations, ayant décidé que l'Etat devrait intervenir, la discussion s'est engagée sur le mode et l'étendue de cette intervention. Le corps électoral devra-t-il présenter une liste de candidats sur lesquels le Gouvernement fera un choix? ou bien n'accordera-t-on à celui-ci que la faculté de s'opposer par un *veto* à ce qu'il soit procédé à l'institution canonique, dans le cas où l'élu ne présenterait pas à ses yeux toutes les garanties désirables?

Les partisans du *veto* disaient que c'était le seul moyen de tout concilier. L'Etat, sans doute, a le droit de veiller à ce qu'on ne mette pas à la tête des diocèses des ennemis des institutions et des lois; mais là doit se borner son intervention. Pourquoi s'immiscerait-il sans nécessité dans les affaires intérieures de l'Eglise? Le choix des évêques n'est pas de sa compétence. L'évêque doit posséder certaines qualités déterminées par les canons et qu'il est moins propre que personne à apprécier. Il ne doit donc jouer qu'un rôle purement passif. D'ailleurs, à quoi bon un corps électoral choisi et convoqué avec peine, si on ne lui confère d'autres attributions que celle de présenter des candidats?

Ces raisons n'ont pas prévalu. On a trouvé que le simple *veto* ne faisait pas à l'Etat une part assez large. On est allé plus loin : après avoir arrêté que le corps électoral présenterait trois candidats, on a donné au gouvernement la faculté de choisir l'évêque même en dehors de cette liste de candidatures, à la seule condition de le prendre dans une des listes qui auraient été précédemment formées par les corps électoraux des divers diocèses. On a pensé qu'en donnant cette grande latitude au gouvernement, on faciliterait la promotion à l'épiscopat des hommes les plus dignes et les plus capables.

La discussion sur cette grave question ne s'en est pas tenue là. Le 18 octobre 1848, M. Cenac a présenté à l'Assemblée nationale une proposition qui a été renvoyée au comité des cultes. Mais cette proposition n'ayant pas eu de suite, nous croyons inutile d'en consigner ici l'exposé des motifs. Elle était ainsi conçue :

« Art. 1er. A l'avenir, les archevêques et évêques seront nommés par le chef du pouvoir exécutif, parmi cinq membres élus par l'assemblée du clergé et des maires ou adjoints catholiques du diocèse.

« Art. 2. Nul ne pourra être nommé archevêque ou évêque, s'il n'a dix ans d'exercice du ministère et s'il n'est docteur en théologie ou en droit canon. »

Toutes ces utopies plus ou moins hasardées, n'ont abouti à rien et l'on en est resté aux dispositions du concordat de 1801. C'est par où l'on aurait dû commencer. Les *nominations* aux évêchés continuent donc toujours à se faire conformément à l'article 5 du concordat de 1801.

NOMINATION DE FABRICIENS.

(*Voyez* FABRIQUE.)

NOMINATION DES SERVITEURS DE L'ÉGLISE.

(*Voyez* BEDEAU, SACRISTAIN, SONNEURS, SUISSE.)

NONCE.

Le *nonce*, comme nous le disons dans notre *Cours de droit canon*, est un prélat envoyé par le pape dans une cour catholique pour l'y représenter et remplir les fonctions d'ambassadeur. Il est chargé de tenir le pape au courant de ce qui se passe et de communiquer verbalement au gouvernement les vues et les réclamations du Saint-Siége. Il est chargé, en France, de faire les informations sur les évêques élus, afin de mettre le Souverain-Pontife en état de juger s'il les doit préconiser.

Les *nonces* ont droit de précéder, dans les cérémonies, tous les ambassadeurs, même protestants ou séparés par un schisme, et de haranguer les chefs de l'Etat au nom du corps diplomatique.

Le *nonce* jouit, comme tel, de toutes les prérogatives des ambassadeurs. Son hôtel est considéré comme pays étranger ; ceux qui l'habitent ne peuvent pas y être atteints par la justice française. Sa personne est inviolable. (*Loi du 13 ventôse an II.*) D'après l'article 2 de la loi organique, le *nonce* ne peut, sans l'autorisation du gouvernement, exercer aucune fonction relative aux affaires de l'Eglise gallicane. Mais, malgré cette loi organique, le *nonce* est délégué du Saint-Siége, sinon officiellement, du moins officieusement, et il communique avec les évêques dans l'intérêt de leurs diocèses et celui de l'Eglise en général.

« On a été beaucoup plus loin, et, selon nous, dit avec raison M. Gaudry (1), beaucoup trop loin : deux circulaires ministérielles, du 19 octobre 1823, et du 26 février 1824, déclarent que les *nonces*, ou *internonces*, ne peuvent communiquer qu'avec le gouvernement : toute communication directe avec les évêques, ou autres ecclésiastiques, leur est interdite. C'est placer cette dignité dans un état de

(1) *Traité de la législation des cultes*, tome II, page 84.

suspicion offensant pour l'autorité pontificale. Que le gouvernement se soit réservé de connaître et d'approuver toutes décisions, toutes délibérations, ou même de les interdire, on le conçoit; mais défendre les communications nous paraît une défiance exagérée. »

Nous n'admettons pas les concessions, un peu trop larges, que fait ici M. Gaudry. Au surplus, ajoute-t-il, on ne doit pas entendre ce mot de *communication* dans un sens grammatical et matériel, mais dans un sens légal ; il ne signifie pas que le *nonce* doive s'interdire des rapports officieux avec des ecclésiastiques ; mais qu'il doit s'abstenir de communications ayant un caractère officiel. C'est ce que le *nonce* fait tous les jours.

La circulaire du 26 février 1824 excepte de la défense de communications le cas où le *nonce* prend des informations ordinaires, pour l'institution des évêques.

« Loin de prétendre quelques droits sur les archevêques et évêques de France, dit M. l'abbé Prompsault (1), les *nonces* auraient pu, au contraire, d'après l'article organique 10, être soumis à la juridiction de l'ordinaire du lieu qu'ils habitent, ce qui n'a jamais été fait. » Le représentant direct du chef suprême de l'Eglise *soumis à la juridiction de l'ordinaire du lieu qu'il habite*, est une innovation que nous n'aurions point soupçonnée. M. l'abbé Prompsault est vraiment naïf.

L'ancien usage, en France, était que le roi eût le choix des *nonces* que la cour de Rome lui envoyait. Il partageait ce droit avec l'empereur. C'était un hommage rendu à la grandeur et à la dignité de ces deux puissances catholiques (2).

NOTABLE.

On entend par *notables*, d'après les anciens règlements, dit Carré (3), toutes les personnes ayant titre de noblesse, celles qui exercent des fonctions publiques, comme le juge de paix, les notaires, greffiers, percepteurs, ou des professions libérales, comme les avocats, les médecins, chirurgiens, officiers de santé, instituteurs, et enfin tous les propriétaires les plus imposés (4), sans distinction de profession. Dalloz dit la même chose (5).

« La qualité de *notable*, dit M. de Boyer (6), est déterminée dans

(1) *Dictionnaire raisonné de droit et de jurisprudence civile ecclésiastique.*
(2) *Mémoires de Saint-Simon*, tome II, page 405.
(3) *Traité du gouvernement des paroisses*, n° 206.
(4) On regardait autrefois comme *notables* tous ceux qui payaient cent francs d'imposition.
(5) *Jurisprudence générale du royaume*, au mot FABRIQUE, n° 5.
(6) *Principes sur l'administration temporelle des paroisses*, tome 1er, page 276.

chaque paroisse d'une manière relative à sa composition. Pour bannir du choix des *notables* un arbitraire odieux, on fixe ordinairement cette qualité sur la force de l'imposition, ajoutant à ce nombre les nobles et les gradués, quoique leur imposition soit moins forte. » On estimait que ceux-là étaient *notables* qui payaient cent livres de taille ou trente livres de capitation et au-dessus. Un arrêt du 11 avril 1690, pour Argenteuil, n'admet dans le conseil que les plus *notables* qui ont passé par les charges publiques ou qui payent au moins cent livres de taille. Un autre arrêt, pour Issoudun, du 13 août 1703, n'admet que les officiers de justice, police et finance, avec les maires, échevins et conseillers de l'Hôtel-de-Ville, les administrateurs de l'Hôtel-Dieu et les députés du chapitre de la collégiale. Des règlements plus récents, et qui se trouvent dans le tome II de l'ouvrage précité de M. de Boyer, étaient calqués sur les mêmes principes.

On sait que l'article 3 du décret du 30 décembre 1809 porte que les membres des conseils de fabriques seront pris parmi les *notables*; mais le mot *notables* n'a pas une signification absolue et invariable : l'application, au contraire, en est essentiellement variable et relative; elle dépend des circonstances de population, de localité, etc. Ainsi l'on comprend aisément que tel individu, dans une paroisse rurale, sera, par ses connaissances ou sa fortune, un *notable*, mais qu'il ne sera pas réputé tel dans une autre, dans une grande ville, par exemple. On ne peut donc pas toujours donner, à cet égard, des règles générales et d'une application uniforme et universelle.

Il est à remarquer qu'aujourd'hui on a généralement peu d'égards, surtout dans les campagnes, à cette condition exigée par le décret, et qu'on admet quelquefois dans un conseil de fabrique les personnes les moins considérées de la paroisse, les serviteurs même de l'église, comme sonneurs, bedeaux, etc. C'est, selon nous, un tort très-grave, car la charge de fabricien et celle de marguillier, dit fort bien M. l'abbé Dieulin (1), sont fort importantes, puisqu'en leurs mains sont remis tous les intérêts temporels des églises, du culte et même du Clergé. Elle n'est pas moins honorable, et l'on ne doit l'offrir qu'à des personnes d'un rang distingué dans la paroisse : c'est le vœu de la loi. Aussi ce sont ordinairement les habitants les plus recommandables de nos villes, qui forment le conseil de fabrique, et ce ne serait pas toujours une raison de leur en fermer l'entrée s'ils passaient pour avoir une piété moins vive que d'autres. Faisons même tomber de préférence notre choix sur eux, s'ils donnent lieu d'espérer qu'ils auront à cœur les intérêts de l'église, du culte et du Clergé, et s'ils peuvent par leur position ou leur crédit, donner

(1) *Guide des curés dans l'administration temporelle des paroisses,* page 7.

quelque lustre à leur charge, qu'il faut bien se garder de laisser déchoir dans l'opinion, en appelant à la gérer des hommes qui ne jouiraient que d'une médiocre considération.

Nous estimons cependant que, dans toutes les circonstances, il convient d'interpréter et d'appliquer largement la dénomination de *notables*. Le nombre des hommes que l'on peut appeler à siéger dans les conseils de fabrique, n'est malheureusement que trop restreint. Il est bon d'étendre, autant qu'on le peut, la liberté des choix. On doit, en principe, éviter des exclusions qui blesseraient, et, d'après les interprétations des auteurs, se contenter d'écarter ceux qui seraient dans un état de domesticité, ou ceux qui sont salariés par la fabrique. Du reste, sous l'empire de nos institutions nouvelles, la qualification de *notable* doit s'étendre beaucoup plus loin qu'autrefois.

On a demandé si les huissiers pouvaient être compris parmi les *notables*. Le *Journal des conseils de fabriques* répond par l'affirmative, et nous partageons ce sentiment. Les huissiers sont des officiers ministériels, comme les avoués, les notaires et les greffiers ; ils exercent des fonctions publiques comme eux, et doivent, par conséquent, leur être assimilés. Cette solution, qui pourrait éprouver peut-être quelque contradiction s'il s'agissait d'une grande ville, ne doit, du moins, être nullement douteuse toutes les fois qu'il s'agit d'une paroisse rurale. Au surplus, et dans tous les cas, la présence des huissiers dans les conseils de fabrique est de nature à offrir de précieux avantages, à raison de la connaissance qu'ils ont des affaires. Mgr Affre, au contraire (1), pense qu'on ne doit pas comprendre parmi les *notables*, les huissiers, dont les fonctions, très-honnêtes sans doute, sont généralement odieuses.

La qualité de *notable* est souvent contestée aux instituteurs. Le *Journal des conseils de fabriques* pense qu'elle doit leur être reconnue. L'instituteur est dans beaucoup de paroisses l'homme le plus instruit ; il exerce, d'ailleurs, une profession libérale ; à ce titre, les anciens règlements le rangeaient parmi les *notables* ; il en doit être encore de même aujourd'hui. Cependant un instituteur qui serait chantre et par conséquent salarié de la fabrique, ne pourrait être fabricien. (*Voyez* CHANTRE.)

Le *Journal des conseils de fabriques* examine encore si les électeurs municipaux sont *notables*. Il est d'avis que cette qualité leur doit être accordée. Ces électeurs, dit-il, forment l'élite légale de la commune ; la loi ne leur a confié le droit d'élection que parce qu'elle a cru reconnaître en eux les hommes les plus capables, et en même temps les plus intéressés à la bonne gestion des intérêts communaux ; parce qu'elle a cru reconnaître qu'ils offraient toutes les ga-

(1) *Traité de l'administration temporelle des paroisses*, 5e édition, p. 47.

ranties nécessaires pour être admis à participer à l'administration
locale. Il y a donc en leur faveur une présomption légale, d'après
laquelle on ne saurait les déclarer incapables de participer à l'administration fabricienne. Les électeurs municipaux sont d'ailleurs
principalement les citoyens les plus imposés, et dans les communes
où le nombre en est plus considérable, dans celles de mille âmes et
au-dessus, il n'excède guère le dixième de la population ; dans les
autres communes, il est beaucoup moins considérable. (*Voyez* FA-
BRICIEN, § II.)

Par les mêmes motifs, on peut aussi regarder comme des *notables*
tous les habitants qui, ayant les qualités requises par la loi pour être
électeurs municipaux, ne sont pas au nombre de ces électeurs, faute
uniquement d'avoir rempli quelque formalité.

On a contesté aux fermiers le droit d'être fabriciens, sous prétexte
qu'ils ne sont pas *notables*. Cependant on peut les regarder comme
tels, puisqu'en vertu de l'article 14 de la loi du 21 mars 1831, sur
l'organisation municipale (1), ils peuvent être électeurs ; ils peuvent
donc également être fabriciens.

Mais ce qui lève toute difficulté à cet égard, c'est que les anciens
règlements de fabriques placent les fermiers parmi les *notables* habitants. « Et ne pourront, porte l'article 4 du règlement du 10 avril
1781, les marguilliers être pris et élus que parmi les *notables*, tels
que marchands, fermiers et autres de cette nature, sans qu'on puisse
en choisir parmi les journaliers. »

Les officiers de la garde nationale peuvent également être réputés
notables, puisque le titre d'officier leur donne celui d'électeurs municipaux.

On ne doit pas regarder comme *notables* ceux qui vivent dans un
état de domesticité, alors même qu'ils auraient une fortune considérable relativement à leur état. Il en est de même des journaliers, suivant l'article 4 du règlement du 10 avril 1781, rapporté ci-dessus.

La loi veut que les fabriciens soient choisis parmi les *notables* de
la paroisse. Que doit-on entendre par cette expression, *notable*? Elle
est vague, dit M. Gaudry (2) ; c'est plutôt un conseil qu'une expression absolue. L'article même du décret l'indique par les mots : *Ils
seront pris parmi les notables*. Lorsqu'il s'agit des conditions plus
impérieuses de catholicité ou de domicile, il dit : ILS DEVRONT ÊTRE.
On doit entendre par *notables* les personnes occupant les premiers
rangs dans la paroisse. Il est impossible de les indiquer autrement,
car cette qualité est relative : tel est *notable* dans une paroisse, qui,

_____

(1) Cette loi a été abrogée et remplacée par la loi du 5 mai 1855, rapportée sous
le mot MUNICIPALITÉ. Cette nouvelle loi, dans son article 9, ne les exclut pas.
(2) *Traité de la législation des cultes*, tome III, page 185.

dans une autre paroisse de grande ville, serait au rang des plus modestes citoyens. D'ailleurs, il arrive souvent que des personnes récusent ces fonctions, ou bien des raisons personnelles les font considérer comme peu propres à les remplir. L'appréciation de ce mot est donc entièrement abandonnée à ceux qui font l'élection, ou à l'évêque et au préfet qui font les premières nominations ; mais la plus indispensable et la première des *notabilités*, est une réputation d'honneur et de sentiment religieux. Par les mêmes raisons, un paroissien ne pourrait pas revendiquer l'honneur de cette charge, au préjudice d'un autre, en soutenant qu'il a une plus haute *notabilité*.

Quoique le mot de *notable* soit abandonné à l'appréciation des électeurs, en ce sens qu'il appartient à eux seuls de choisir dans les différents degrés de *notabilité*, ils ne pourraient cependant pas élire des individus en dehors de *toute notabilité*. Ainsi, ils doivent être citoyens : la loi ne le dit pas, mais le mot *notable* le suppose. D'ailleurs, la tutelle des biens d'un corps de main-morte exige en eux toute l'étendue de capacité que peuvent avoir des citoyens. D'après la constitution du 22 frimaire an VIII, article 4, la naturalisation en pays étranger (*voyez* FABRICIENS, § III), l'acceptation de fonctions ou pensions affectées par un gouvernement étranger, l'affiliation à une corporation étrangère, la condamnation à des peines afflitives ou infamantes, font perdre la qualité de citoyen ; et suivant l'article 5, l'exercice des droits de citoyen est suspendu par l'état de débiteur failli ou d'héritier immédiat, détenteur à titre gratuit de la succession d'un failli (*voyez* FAILLITE), par l'état de domestique à gage, par l'état d'interdiction judiciaire, d'accusation ou de contumace. Les individus placés dans ces catégories, ne jouissant pas de la qualité de citoyen, ne pourraient pas être nommés fabriciens.

Mais l'absence de notabilité ne se restreint pas à des exclusions légales. Tout individu ayant subi des condamnations correctionnelles ou même civiles, portant atteinte à l'honneur ou simplement à la considération, doivent être exclus de la fabrique. (*Voyez* FABRICIEN § IX.) On doit en exclure aussi les individus se livrant à des professions contraires aux lois de l'Eglise ou de la religion, bien qu'elles soient tolérées par l'administration publique, ou qu'elles ne soient pas atteintes par les lois et par des décisions judiciaires. Il ne conviendrait pas de faire participer au culte religieux, même quant à ses intérêts matériels, des hommes dont la présence serait une protestation perpétuelle contre la religion, ou contre ses préceptes. En un mot, on ne doit admettre aux fonctions de fabriciens que des hommes réputés honorer la religion dans leur personne, et par leurs habitudes.

Les ménétriers, les saltimbanques, etc., ne jouissant d'aucune considération publique doivent être exclus des conseils de fabrique.

NOTAIRES.

L'ordonnance du 2 avril 1817, art. 5, impose l'obligation à tout *notaire* dépositaire d'un testament contenant un legs au profit d'une fabrique ou autre établissement public, de lui en donner avis lors de l'ouverture ou publication. (*Voyez* cette ordonnance sous le mot ACCEPTATION.)

Le décret du 3 juillet 1863, rapporté sous le mot LEGS, renouvelle et étend l'obligation des *notaires* concernant les dons et legs faits aux établissements d'utilité publique.

Les *notaires* ne peuvent passer aucun acte de vente, d'acquisition, d'échange, de cession ou transport, de constitution de rente, de transaction, au nom d'un établissement ecclésiastique ou d'une communauté religieuse de femmes, s'il n'est justifié d'une ordonnance royale portant autorisation de l'acte, et qui doit y être entièrement insérée. C'est ce que prescrit l'article 2 de l'ordonnance du 14 janvier 1831, ordonnance insérée sous le mot ACCEPTATION.

Les *notaires* peuvent être déclarés responsables des nullités dont sont entachés les actes qu'ils reçoivent, alors même que ces nullités résultent seulement de l'inobservation de formalités intrinsèques. Spécialement : Le *notaire* qui reçoit un acte de donation peut-être déclaré responsable de la nullité résultant du défaut de mention de l'acceptation par le donataire, lorsque celui-ci était présent, et qu'il avait l'intention d'accepter de suite la libéralité. (*Arrêt de la Cour de cassation, du 27 mars* 1839.)

Un *notaire*, membre d'un conseil de fabrique, peut passer les actes de ventes, d'acquisitions et tous autres qui concernent cette fabrique. C'est ce qui résulte d'une décision ministérielle du 15 mai 1843, donnée à l'occasion d'un hospice. Le comité de l'intérieur, consulté sur cette question, l'appliqua à tous les établissements charitables ; mais il est évident, dit le *Journal des conseils de fabriques*, que cette solution doit être appliquée de même, à moins de dispositions particulières contraires, à tous les établissements publics, et notamment aux fabriques. Il y a, en effet, exactement les mêmes raisons de décider, comme on va le voir par la solution que nous rapportons ci-après.

AVIS *du comité de l'intérieur du conseil d'Etat, du 7 avril 1843, sur la question de savoir si les notaires qui sont en même temps administrateurs charitables peuvent passer les actes de ventes, d'acquisitions et autres qui concernent ces établissements.*

« Les membres du conseil d'Etat composant le comité de l'intérieur et de l'instruction publique, consultés par M. le ministre de l'intérieur, sur la question de savoir si un *notaire* qui est membre d'une commission administrative d'hospice peut recevoir l'acte de vente d'un immeuble appartenant à cet établissement ;

« Vu la lettre du préfet du Var au ministre de l'intérieur ;

« Vu le rapport du premier bureau de la direction de l'administration départementale et communale ;

« Vu la loi du 25 ventôse an XI sur le notariat ;

« Considérant en fait, que si, dans quelques circonstances, il peut y avoir quelque inconvénient à ce qu'un *notaire* passe lui-même les actes de ventes et d'acquisitions qu'il concourt comme administrateur de l'hospice à faire décider, l'interdiction de passer des actes pour le compte de ces établissements occasionnerait des inconvénients plus graves que ceux que l'on voudrait éviter ;

« Qu'ainsi dans les localités où il n'existerait qu'un seul *notaire*, membre de la commission administrative de l'hospice ou du bureau de bienfaisance, la passation des actes publics concernant ces établissements deviendrait impossible, puisqu'il ne pourrait pas instrumenter et qu'il ne pourrait être appelé par un autre *notaire*.

« Considérant, en droit, que la loi du 25 ventôse an XI sur le notariat ne contient aucune disposition qui interdise aux *notaires* de recevoir les actes de ventes ou d'acquisitions qui concernent les hospices ou les établissements de bienfaisance dont ils sont administrateurs ;

« Sont d'avis :

« Que rien ne paraît s'opposer à ce que les *notaires* qui sont en même temps administrateurs d'établissements charitables, puissent passer les actes de ventes, d'acquisitions et autres, qui concernent ces établissements. »

Cet avis a été adopté par le ministre, par décision du 15 mai 1843.

On a demandé si le fils d'un trésorier de fabrique ou tout autre parent peut légalement recevoir, comme *notaire*, les baux et autres actes qui intéressent cette fabrique.

L'article 8 de la loi du 25 ventôse an XI, sur l'organisation du notariat, est ainsi conçu : « Les *notaires* ne pourront recevoir des actes dans lesquels leurs parents ou alliés, en ligne directe à tous les degrés, et en collatérale jusqu'au degré d'oncle ou de neveu inclusivement, seraient parties, ou qui contiendraient quelque disposition en leur faveur. » Cet article est la seule disposition qui pût être invoquée pour faire interdire au fils ou à tout autre parent, à l'un des degrés ci-dessus indiqués, soit le trésorier d'une fabrique, soit tout autre membre quelconque de cet établissement, le droit de recevoir, comme *notaire*, les actes intéressant cette fabrique.

Mais le *Nouveau Journal des conseils de fabriques* qui examine cette question, ne pense pas qu'une pareille interdiction puisse résulter d'une disposition conçue en ces termes. En effet, l'article 8 de la loi du 25 ventôse an XI n'a évidemment entendu parler que des actes dans lesquels l'ascendant ou le parent est intéressé personnellement et pour son propre compte. Or, l'on ne saurait considérer comme tels des actes où cet ascendant ou ce parent ne figure que pour le compte et comme mandataire ou représentant d'une personne morale telle qu'un établissement public. Ainsi, le trésorier d'une fabrique, et à plus forte raison, les autres marguilliers, ainsi que les membres du conseil ne peuvent être réputés *parties* aux actes de cette fabrique, dans le sens de l'article précité de la loi du 25 ventôse an XI. Cet article doit, d'ailleurs comme toutes les dispositions prohibitives, être interprété limitativement; il ne peut donc être étendu au-delà du cas spécial qu'il a prévu et réglé.

Cette solution ne saurait être douteuse ; car il a été reconnu que les *notaires* administrateurs d'établissements publics peuvent légalement passer les actes de ventes, d'acquisitions et autres qui concernent ces mêmes établissements. C'est ce qui a été décidé spécialement à l'égard des établissements charitables, par l'avis du comité de l'intérieur du conseil d'Etat du 7 avril 1843, rapporté ci-dessus. Cet avis se fonde principalement sur l'absence de toute disposition prohibitive à ce sujet, soit dans la loi du 25 ventôse an XI, sur le notariat, soit dans toute autre loi. Or, si un membre d'un conseil de fabrique, ou de tout autre établissement, peut également instrumenter lui-même comme *notaire* en faveur de cet établissement, à plus forte raison, faut-il reconnaître que le même droit appartient au *notaire* qui n'est que parent en ligne directe ou collatérale d'un membre du conseil de l'établissement.

Cependant, au point de vue des convenances, les fabriques doivent, autant que possible, s'abstenir de confier la rédaction de leurs actes au *notaire* de la localité, lorsque ce *notaire* est lui-même membre du conseil de fabrique ou parent à un degré rapproché de l'un des fabriciens. Sauf les cas d'urgence et à moins d'impossibilité momentanée résultant de l'état des voies de communication, il paraît convenable, pour éviter les soupçons qui pourraient s'élever dans l'esprit du public, de s'adresser en pareil cas, à un *notaire* que sa position mette à l'abri de toute imputation.

C'est là, on le comprendra, une question toute de fait et d'appréciation, dont la solution doit être abandonnée, dans chaque espèce, soit à la prudence des administrateurs de l'établissement lui-même, soit au *notaire* dont la dignité personnelle pourrait souffrir, selon les cas, si la marche contraire était suivie. Voyez à cet égard ci-après la lettre du ministre de l'intérieur du 30 mars 1844.

Nous croyons devoir dire ici dans quelles circonstances les *notaires* peuvent ou non instrumenter hors de leur ressort.

Aux termes de l'article 5 de la loi du 25 ventôse an XI, les *notaires* exercent leurs fonctions savoir : ceux des villes où est établi le tribunal d'appel, dans l'étendue du ressort de ce tribunal; ceux des villes où il n'y a qu'un tribunal de première instance, dans l'étendue du ressort de ce tribunal; ceux des autres communes, dans l'étendue du ressort du tribunal de paix.

L'article suivant de la même loi défend à tout *notaire* d'instrumenter hors de son ressort, à peine d'être suspendu de ses fonctions pendant trois mois ; d'être destitué en cas de récidive, et de tous dommages-intérêts ;

Il résulte de la combinaison de ces deux dispositions qu'un *notaire* a parfaitement le droit de recevoir des actes dans toutes les communes situées dans sa circonscription. Ainsi, un *notaire* qui exerce ses fonctions au siége de la cour impériale peut se rendre, pour passer des actes, dans toutes les communes des départements qui comprennent le ressort de cette cour, le *notaire* qui exerce près d'un tribunal civil peut se transporter dans toutes les communes de l'arrondissement ; enfin, le *notaire* qui a pour résidence une commune rurale peut être appelé dans les diverses communes du canton.

Il est, du reste, à remarquer que, s'il n'est pas permis aux *notaires* d'instrumenter hors de leur ressort en se transportant dans les localités qui n'en feraient pas partie et en y recevant des actes de leur ministère, il ne leur est nullement interdit de recevoir, soit dans leur étude même, soit dans toute commune de leur circonscription, des actes intéressant des personnes domiciliées hors de cette circonscription, et qui se transporteraient auprès d'eux pour faire passer ces actes. Toute personne peut donc confier à son *notaire* quelconque de son choix le soin de rédiger les actes qui la concernent, à la seule condition que, si son domicile n'est pas dans le ressort de la résidence de ce *notaire*, elle se transportera elle-même, soit chez ce *notaire*, soit dans le lieu de la circonscription que la loi assigne à cet officier public.

Le droit de choisir, suivant les distinctions qui précèdent, un *notaire* pour la passation de leurs actes, appartient aux conseils de fabrique, et, en général, aux conseils d'administration de tous les établissements publics, aux mêmes titres qu'aux simples particuliers.

Les fabriques ne sont nullement tenues d'obtenir, pour le choix d'un *notaire* dans ces conditions, soit l'agrément préalable, soit l'approbation ultérieure du préfet du département ou de toute autre autorité. En effet, le choix d'un *notaire*, même hors du ressort de la situation d'un établissement public, ne constitue qu'un simple acte d'administration qui est, de sa nature, affranchi de toute autorisation.

Lettre *du* 30 *mars* 1844, *de M. le ministre de l'intérieur* (M. Duchâtel), *à M. le préfet du Var.*

« Monsieur le préfet,

« Vous m'avez consulté, par votre lettre du 31 janvier 1843, sur la question de savoir si les *notaires* qui sont administrateurs d'établissements de bienfaisance peuvent passer les actes de ventes, d'acquisition et autres, qui concernent ces établissements (1).

« Après avoir pris l'avis du comité de l'intérieur du conseil d'Etat et celui de M. le ministre de la justice et des cultes, je pense, d'accord avec eux, que cette question doit être résolue affirmativement.

« En effet, la loi du 25 ventôse an XI, sur le notariat, et les lois et ordonnances, spécialement l'administration des établissements charitables, ne contiennent aucune interdiction formelle ou implicite à cet égard. Il n'y a donc pas là une incompatibilité légale et absolue. Tout au plus peut-il y avoir une incompatibilité de convenance, à examiner au point de vue administratif et sous le rapport des intérêts des établissements charitables.

« Or, s'il peut y avoir, dans certains cas, quelques inconvénients à ce que les notaires reçoivent les actes relatifs aux établissements dont ils sont administrateurs, il y en aurait incontestablement de plus grands encore à leur interdire cette faculté et à établir sur ce point une règle générale et absolue. Ce serait apporter fréquemment des entraves sérieuses à l'organisation du personnel des administrations de bienfaisance, et aux actes de gestion des établissements qui leur sont confiés, surtout dans les communes rurales où les choix sont très-limités et où les notaires sont séparés par des distances considérables, quelquefois même par des obstacles insurmontables à certaines époques de l'année.

« Ces considérations, sur lesquelles il me semble inutile d'insister, justifient complètement la solution favorable de la question que vous m'aviez soumise.

« Toutefois, il convient d'y mettre quelques restrictions.

« Il y a toujours, au moins, deux notaires par canton, ayant la faculté d'instrumenter dans les limites de la circonscription cantonale. Il est donc possible, sauf les cas d'urgence et sauf la non-viabilité des chemins, dans certains départements et à certaines époques de l'année, de faire recevoir l'acte concernant un établissement de bienfaisance, par un autre notaire que celui de la situation de cet établissement. Cette marche doit être suivie, en règle générale, quand le notaire en résidence dans la commune où est situé l'hospice ou le bureau de bienfaisance fait partie de l'administration dudit établissement. Ce n'est pas une obligation, mais un devoir de convenance.

« L'exercice du droit que j'ai reconnu plus haut doit être assujetti, en outre, à une condition obligatoire ; c'est que le notaire chargé de recevoir l'acte, ne paraîtra pas à titre d'administrateur charitable et stipulant au nom de l'établissement qu'il concourt à diriger. Une lettre adressée, le 1er avril 1809, par le ministre de la justice au ministre des finances, contient à ce sujet, une réserve qu'il importe de rappeler.

« Enfin, en l'absence de dispositions prohibitives, il appartient aux notaires d'apprécier si des raisons de convenances ne doivent pas, en général, les déterminer, dans les cas de l'espèce. Il est désirable de les voir prendre, en ces occasions, une initiative conseillée par la délicatesse, et qui mette à l'abri de toute imputation et même de tout soupçon le caractère honorable dont ils sont revêtus.

« Telles sont, Monsieur le préfet, les réserves que je crois devoir mettre d'accord avec M. le ministre de la justice et des cultes, à la décision que je vous ai fait connaître plus haut, et qui a été concertée entre ces deux ministères. »

(1) La question s'était élevée à l'occasion d'un hospice ; mais la solution en est applicable à tous les établissements publics, et notamment aux fabriques.

Le *notaire* qui a reçu un testament est responsable de la nullité de cet acte, prononcée à raison de l'incapacité de l'un des témoins instrumentaires résultant de la parenté avec l'un des légataires, alors même que ces témoins ont été appelés et présentés par le testateur lui-même, si d'ailleurs le *notaire* n'a pas pris toutes les précautions nécessaires pour s'assurer de la capacité des témoins. (*Arrêt de la cour d'appel de Nîmes du 7 novembre* 1848.)

NOTIFICATION.

La *notification* est un acte par lequel on donne connaissance de quelque chose dans une forme judiciaire ou extra-judiciaire.

La *notification* se fait toujours par le ministère d'un huissier. (*Voyez* ACCEPTATION, CIRCULAIRES MINISTÉRIELLES.)

Entre l'Etat et les particuliers la *notification* administrative par lettre ou autrement est régulière.

NOVICE, NOVICIAT.

Les congrégations peuvent avoir des *noviciats*, en se conformant aux règles établies à ce sujet par leurs statuts. (*Décret du* 18 *février* 1809, *art.* 6, rapporté sous le mot CONGRÉGATIONS RELIGIEUSES.)

Les *novices* ne peuvent contracter des vœux si elles n'ont seize ans accomplis. (*Voyez* VŒU.)

Les *novices* des congrégations religieuses enseignantes sont exempts du service militaire. (*Voyez* SERVICE MILITAIRE.) Nous croyons devoir rapporter ici un arrêté du ministre de l'instruction publique à cet égard.

ARRÊTÉ *du ministre de l'instruction publique* (M. Duruy), *du* 16 *mars* 1869, *relatif à l'engagement décennal des novices appartenant aux congrégations religieuses.*

« Le ministre secrétaire d'Etat au département de l'instruction publique.

« Vu l'article 79 de la loi du 15 mars 1850 ;

« Considérant que cette loi, en admettant à souscrire l'engagement décennal des *novices* des associations religieuses vouées à l'enseignement et autorisées légalement, et en les déclarant dispensés du service militaire, s'ils réalisent cet engagement, n'a point entendu et ne pouvait entendre que l'on pût exciper du titre de *novice* pendant toute la durée de l'engagement ;

« Considérant que les règlements des écoles normales primaires fixent à trois années le temps de la préparation à l'enseignement ;

« Considérant que le commencement du *noviciat* doit être antérieur à l'époque fixée pour le tirage au sort.

« De l'avis du conseil impérial de l'instruction publique, arrête :

« Tout *novice* âgé de 23 ans, appartenant à une association religieuse enseignante, légalement reconnue, qui a contracté l'engagement de se vouer pendant six ans à l'enseignement public d'instruction, doit, pour conserver ses droits à l'exemption du service militaire, justifier du titre d'instituteur ou adjoint, soit dans une école publique, soit dans une des écoles mentionnées à l'article 18 de la loi du 10 avril 1867 (1).

« MM. les préfets sont chargés de l'exécution du présent arrêté. »

O

OBÉDIENCE.

(*Voyez* LETTRES D'OBÉDIENCE.)

OBITS.

L'*obit* est une messe fondée pour un défunt, tous les ans à pareil jour de sa mort.

D'après une décision ministérielle du 10 novembre 1853, il est dû aux fabriques, pour les *obits*, comme pour tous les autres services religieux fondés dans les églises, des droits qui sont réglés par le tarif du diocèse. (*Voyez* FONDATION.)

OBJETS D'ART.

Les fabriques ni les curés ne peuvent changer ou vendre des *objets d'art* qui se trouvent dans les églises et qui peuvent offrir de l'intérêt. Les fabriques ne sont pas propriétaires, mais simples usufruitières du mobilier religieux confié à leurs soins ; elles sont mineures devant l'Eglise et devant l'Etat ; il leur faut donc généralement l'autorisation de vendre ; un marché, surtout s'il avait pour objet des raretés précieuses, pourrait être nul sans le consentement du tuteur qui est l'évêque. Les fabriques sont responsables envers les communes des *objets d'art* existant dans les églises. (*Circulaire du* 27 *avril* 1839.)

On ne peut que louer la sollicitude du ministre, mais son zèle pour les *objets d'art* l'égare. Les autorités municipales n'ont pas le droit de s'opposer directement à l'aliénation ou destruction des *objets d'art* qui appartiennent à la fabrique. Elles ne peuvent que faire des observations à la fabrique, et prévenir l'évêque ou le préfet. Voyez, à cet égard, sous le mot FABRIQUE, § IX, une lettre relative à l'aliénation des *objets* précieux que possèdent les églises. Il s'agissait d'un crucifix que le curé se proposait de vendre à l'impératrice afin de se procurer des ressources pour la réparation de l'église. Le ministre déclare avec raison que, dans tous les cas, le curé n'est appelé, sous aucun rapport, à prendre l'initiative pour des ventes de cette sorte. Le curé doit s'abstenir, s'il ne veut pas se compromet-

(1) *Voyez* cette loi sous le mot ÉCOLE.

tre, de vendre ou d'échanger aucun objet ni aucun meuble de son église. La fabrique seule est propriétaire et non pas *usufruitière*, comme ledit ci-dessus le ministre, du mobilier religieux. (*Voyez* MEUBLE.)

Un jugement du tribunal civil de Tulle, du 4 juin 1842, condamne le curé et le maire de la paroisse de Laguenne pour avoir vendu, sans délibération de la fabrique, une châsse précieuse à un brocanteur qui l'avait payée 250 francs, et qui l'avait revendue 3,000 francs à un marchand d'antiquités de Paris. Il faut aujourd'hui une autorisation de l'autorité civile et religieuse et, avant tout, une délibération du conseil de fabrique.

Il est tout à fait inconvenant surtout qu'une fabrique vende ou troque les divers dons qui lui ont été faits, comme vases sacrés, reliquaires, lampes, couronnes, tableaux, statues, etc. La reconnaissance, remarque M. Dieulin, exige que l'on conserve ces dons à titre de souvenirs des bienfaiteurs qui les ont faits. (*Voyez* FABRIQUE, § VII.)

Nous appelons l'attention des fabriques et des curés sur les deux circulaires suivantes.

CIRCULAIRE *du ministre de la justice et des cultes* (M. Persil) *à MM. les préfets, sur la nécessité de veiller à ce que les travaux qui s'exécutent aux anciennes églises ne soient pas des occasions de mutilation.*

Paris, 20 décembre 1834.

« Monsieur le préfet,

« J'ai appelé, par ma circulaire du 20 mai, votre surveillance sur les dégradations et les mutilations effectuées trop souvent aux églises paroissiales lors des réparations qui s'exécutent par les soins des communes et des fabriques. Je vous ai prévenu que, dans l'intention de mettre, autant qu'il dépendait de l'autorité supérieure, un terme à ces actes de vandalisme, je n'accorderai de secours pour lesdites réparations qu'autant que les projets auraient reçu votre approbation explicite, sauf les cas où cette approbation est réservée au ministre de l'intérieur par l'ordonnance royale du 8 août 1821. Mon collègue continuera, de son côté, de refuser de donner aucune suite aux demandes d'autorisations d'impositions extraordinaires qui pourraient lui être adressées tant que ces conditions ne seront pas remplies.

« Mais il est quelques autres points non moins importants rentrant plus particulièrement dans l'administration des fabriques, sur lesquels il me paraît indispensable de fixer votre attention d'une manière toute spéciale.

« Des faits nombreux me donnent à connaître que, dans une multitude de localités, des monuments entiers tirés des églises, ou des portions de décorations supprimées, sont abandonnés aux intempéries en forme de décombres, ou convertis en moellons qu'on emploie dans les nouveaux travaux ; que, d'autres fois, des amateurs adroits ou des spéculateurs obtiennent la cession de ces objets à vil prix ou par de simples échanges contre une quantité équivalente de moellons neufs ; que souvent des vitriers, par calcul ou par l'effet d'une ignorance secondée de celle des fabriciens ou des autorités locales, remplacent avec du verre blanc, sous le prétexte frivole de donner plus de jour à l'édifice, d'anciens vitraux peints qu'ils laissent ensuite dépérir, ou dont ils tirent un profit illicite. Toutes ces spoliations, également affligeantes quels qu'en soient les motifs, concourent, avec les ravages du temps, à multiplier des pertes que déplorent les amis des arts; pertes préjudiciables à l'intérêt du pays, qui doit compter les monuments au nombre des richesses dont l'esprit national a le droit de s'enorgueillir. Il n'est pas, d'ailleurs, un édifice un peu remarquable par son architecture, par sa décoration ou par les souvenirs historiques qui s'y rattachent, qui ne puisse devenir, pour la localité qui le possède, l'occasion d'une ressource bien supérieure, à la longue, au modique produit de la vente de deux ou trois mètres cubes de vieux moellons ou d'un panier de verre peint.

« Les anciennes boiseries des églises ne sont pas respectées ; les richesses que possèdent certains amateurs, celles que l'on voit exposées journellement chez les brocanteurs de la capitale, en sont une preuve. Presque partout, enfin, les tableaux qui existent sont abandonnés entièrement aux ravages du temps.

« Je n'ignore pas que généralement les ressources des fabriques et celles des communes, trop souvent au-dessous de ce qu'exige la simple réparation urgente de leurs églises, sont loin d'offrir une latitude suffisante pour leur permettre de pourvoir à la restauration des *objets d'art* qu'elles renferment ; mais elles me trouveront toujours disposé à avoir égard, dans la répartition des fonds de subvention dont je puis disposer, aux sacrifices qu'elles s'imposeraient pour des dépenses de cette nature.

« Ce qui importe avant tout, c'est de les éclairer sur la valeur de ce qu'elles possèdent. Les sociétés archéologiques, partout où il s'en est établi, ont été d'un utile secours ; dans beaucoup de localités elles ont rendu des services éminents en s'occupant de la recherche et de la description des monuments anciens, et en prévenant, par des efforts judicieux, leur suppression ou leur mutilation. Il est à souhaiter que le goût de ces associations scientifiques et conservatrices devienne général, et que leur attention, partout où il y en a d'établies, se porte sur les édifices employés utilement, avec autant de zèle que sur de simples ruines ; les premiers offrent un double intérêt, celui de l'antiquité et celui de l'actualité.

« Je n'ai pas besoin, Monsieur le préfet, de vous exciter à favoriser de tout votre pouvoir la formation de sociétés de ce genre dans votre département, s'il n'en possède pas encore. S'il en existe une ou plusieurs, je désirerais qu'elles voulussent bien me communiquer le résultat de leurs recherches concernant les églises qui se recommandent à l'attention de l'administration ou du gouvernement, en indiquant sous quels rapports elles méritent cette attention.

« Ces indications porteraient sur ces points principaux :

« L'époque de la construction ;

« La grandeur de l'édifice ;

« L'état de sa conservation ;

« Les accidents de sa décoration, comme vitraux, sculptures, tombeaux, boiseries, jubé, etc., etc. ;

« Les tableaux de maîtres qu'il renfermerait ;

« Les manuscrits et autres objets curieux ou précieux qui y existeraient.

« C'est surtout lorsqu'il peut être question de la vente ou de la démolition des églises supprimées que ces renseignements peuvent devenir indispensables.

« Il est telles de ces églises qui peuvent offrir pour la décoration de l'église paroissiale ou de quelque église monumentale du diocèse, des richesses qu'il importe de leur assurer. Si cette destination ne se présente pas, et si le département ne renferme aucun musée ou bibliothèque où il puisse convenir d'assurer la conservation de ces objets, j'examinerai, de concert avec M. le ministre de l'intérieur au besoin, s'il n'y aurait pas lieu d'en faire faire l'acquisition au profit d'une autre localité où le besoin s'en ferait sentir, si ce n'est pour le compte de l'Etat. Il est indispensable, c'est le principe qui doit dominer, d'empêcher qu'ils sortent du domaine public pour s'enfouir ou peut-être même s'anéantir entre les mains des particuliers.

« Je le répète, un intérêt général d'une haute portée s'attache à la conservation de nos anciens monuments; c'est par eux que l'on peut parvenir à reconstruire, en grande partie, notre histoire si incomplète et si défigurée pendant les siècles antérieurs à l'invention de l'imprimerie; ce sont eux qui rappellent encore à notre époque, oublieuse de tout ce qui l'a précédée, quelques-unes de nos anciennes traditions, et qui vengent nos ancêtres des reproches de barbarie et d'ignorance qui leur sont trop légèrement prodigués.

« L'aspect vénérable de la vieille église qui a entendu les chants et les prières des générations passées ne parle pas avec moins de force que les pompes et les solennités du culte, à l'imagination de celle qui vient s'y agenouiller à leur place. Gardons-nous bien de priver le sentiment religieux de ces puissants auxiliaires, à une époque où il ne se montre que trop docile aux efforts qu'on fait si imprudemment pour l'affaiblir. Les habitants des campagnes, surtout, croiront moins facilement que le christianisme s'en va, quand ils verront que leur vieille église reste, quand ils y retrouveront tout ce qu'y ont vu leurs pères. »

CIRCULAIRE *du ministre de la justice et des cultes* (M. Persil) *aux évêques, sur la nécessité de veiller à ce que les réparations à faire aux églises ne deviennent pas des occasions de mutilation.*

« Paris, le 29 décembre 1834.

« Monseigneur,

« J'ai l'honneur de vous adresser un exemplaire de la circulaire que j'ai faite à MM. les préfets, sous la date du 20 de ce mois (1), concernant la nécessité de veiller à ce que les travaux qui s'exécutent pour la réparation ou la restauration des anciennes églises ne soient pas des occasions de mutilations.

« Des faits très-graves m'ont été révélés par la correspondance, d'autres sont venus à ma connaissance par d'autres voies. L'ignorance des fabriciens entre pour beaucoup dans ces abus, mais j'ai la preuve qu'ils sont plus généralement encore provoqués par les curés, presque partout, surtout dans les communes rurales, disposés à mettre, de leur propre autorité, les ouvriers dans les églises, quelquefois même à entreprendre des reconstructions importantes sans avoir pris l'avis des fabriciens, sans avoir de plans bien arrêtés, et en s'abstenant dans tous les cas avec soin de les soumettre, au préalable, à l'approbation de l'autorité supérieure. Ils ont un triple tort en substituant leurs propres lumières, ou celles qu'ils croient avoir, à celle des gens de l'art que le préfet est à même de consulter, en paralysant l'action légale de la fabrique qui, d'après le décret du 30 décembre 1809, a seule le droit d'ordonner des dépenses, enfin en entraînant souvent celle-ci, ainsi que la commune, sans les y avoir préparées, dans des entreprises au-dessus de leurs forces, et dont l'utilité ou l'opportunité pourrait être mise en doute : cette conduite imprudente a, dans plusieurs localités, engagé les conseils municipaux à laisser à la

(1) Voyez la circulaire précédente.

charge des curés les dépenses qu'ils avaient ordonnées ; ces conseils ont usé d'un droit incontestable. Qu'en est-il résulté ? C'est que la perte est retombée sur de malheureux ouvriers qui avaient agi avec confiance, et qui se sont trouvés ruinés lorsque le gouvernement n'a pas pu ou n'a pas cru pouvoir accorder des secours pour des entreprises aussi témérairement formées. La multiplicité de ces abus me rendra plus sévère que jamais.

« C'est donc dans l'intérêt même de vos curés, Monseigneur, autant que dans celui des édifices et de l'art, que je vous prie de leur rappeler spécialement qu'il ne leur appartient d'ordonner aucune dépense de réparation, de changement de disposition ou de reconstruction ; que toutes propositions à ce sujet doivent être faites par le conseil de la fabrique, et appuyées d'un projet soumis au préfet, si la dépense excède ce taux (*ordonnance royale du 8 août 1821*); et qu'aucune demande de secours sur les fonds des cultes ne pourra être accueillie, si ces conditions n'ont été ponctuellement remplies. Ainsi ce serait vainement qu'ils compteraient sur cette ressource.

« Je sais qu'un grand nombre de nos édifices religieux les plus remarquables ont été produits , dans le moyen-âge, par des ecclésiastiques ; que, dans beaucoup d'abbayes, les religieux étaient eux-mêmes leurs maçons et leurs architectes, et que nous admirons encore aujourd'hui leurs œuvres ; mais ces études d'art ne font plus partie, depuis longtemps, de celles auxquelles le clergé s'est restreint, et ce serait à tort que l'on chercherait, dans ces anciens exemples, la justification de prétentions actuelles. Nul doute néanmoins qu'un curé ne soit toujours appelé à veiller aux intérêts de son église, mais c'est dans le conseil de la fabrique qu'il doit faire entendre sa voix; et s'il doit chercher à user de l'influence que lui donne presque partout la supériorité de l'instruction qu'il possède sur celle des habitants des campagnes où il exerce son ministère, c'est dans un but de conservation, et non pour livrer des édifices, vénérables par leur antiquité, à la brosse ou au marteau d'un ouvrier ignorant.

« De sages instructions suffiront, je n'en doute pas, Monseigneur, pour mettre un terme à des abus trop répétés, et si regrettables sous quelque rapport qu'on les considère. Je n'ai pas besoin d'insister auprès de vous sur la nécessité de les faire parvenir, sans retard, au clergé de votre diocèse. Leur coïncidence avec celle que M. le préfet se dispose à adresser aux administrations locales, ne peut manquer de produire le plus heureux résultat. »

Plusieurs autres circulaires ont été adressées depuis aux préfets et aux évêques sur le même objet. Nous ne les rappellerons pas ici, parce qu'elles se réfèrent à celles-ci ou sont conçues presque dans les mêmes termes. (*Voyez* SECOURS.)

OBLATIONS.

Les *oblations* sont des offrandes volontaires faites à l'autel ou hors de l'autel, au plat, à la quête ou au tronc, par dévotion, ou pour l'administration des sacrements, ou pour quelque autre cause pieuse.

§ I. *Règlement des* OBLATIONS.

Les *oblations* pour l'administration des sacrements sont autorisées par l'article 69 de la loi du 18 germinal an X, ainsi conçu : « Les évêques rédigeront les projets de règlements relatifs aux *oblations* que les ministres des cultes sont autorisés à recevoir, pour l'administration des sacrements; les projets de règlements rédigés par les évêques ne pourront être publiés ni autrement mis à exécution qu'après avoir été approuvés par le gouvernement. »

Cet article est conforme à l'article 27 de l'édit de 1695, qui porte que *le règlement de l'honoraire des ecclésiastiques appartiendra aux archevêques et évêques.*

L'article 5 de l'ordonnance d'Orléans « défendait à tous prélats, gens d'église et curés de permettre être exigée aucune chose pour l'administration des saints sacrements, sépultures et toutes autres choses spirituelles, nonobstant les prétendues louables coutumes et usances, laissant toutefois à la volonté et discrétion d'un chacun de donner ce que bon lui semblera. »

Le clergé réclama contre cette ordonnance ; ses réclamations furent accueillies, ainsi qu'on le voit, par l'article 5 de l'ordonnance de Blois, dont voici les termes : « Voulons et entendons que les curés, tant des villes qu'autres, soient conservés en droits d'*oblation* et autres droits paroissiaux qu'ils ont accoutumé de percevoir, selon les anciennes coutumes, nonobstant l'ordonnance d'Orléans, à laquelle nous avons dérogé et dérogeons pour ce regard. »

L'article 27 de l'édit de Melun confirme cette disposition.

Comme les ecclésiastiques pouvaient abuser de ce qu'ils appelaient leurs anciennes coutumes, l'édit de 1695 voulut que les *oblations* fussent réglées, et, comme on vient de le voir, il attribua, comme de juste, ce règlement aux archevêques et évêques.

Sous l'ancien régime, le règlement des archevêques et évêques, sur l'honoraire ou les *oblations*, ne pouvait être exécuté s'il n'avait été homologué par les parlements. Aujourd'hui le législateur exige que le gouvernement autorise les règlements d'*oblations* pour qu'ils puissent obliger légalement. (*Voyez* CASUEL.)

§ II. *A qui appartiennent les* OBLATIONS.

De droit, dit Du Rousseaud de Lacombe, toutes les *oblations* appartiennent au curé de la paroisse, s'il n'apparaît du contraire par la volonté de ceux qui les font, ou par un usage immémorial, ou par quelque autre titre légitime, parce que tous les canonistes conviennent que tous les émoluments de chaque paroisse appartiennent au curé.

Les *oblations*, de quelque nature qu'elles soient, qui se font à l'autel principal pendant la messe, ou hors du temps de la messe, dit l'abbé de Boyer, appartiennent au curé. Les *oblations* qui se font à la main du curé ou à celle de son clerc, lorsqu'il fait baiser l'instrument de paix ou le bas de l'étole dans différentes cérémonies de l'église, appartiennent également au curé. Il a le même droit sur les dons et sur les cierges qu'offrent à l'autel les fidèles le jour de la Chandeleur, les enfants le jour de la première communion, et celui que porte à la main la personne qui offre le pain à bénir, et la femme qui relève de couche. (*Voyez* CIERGES, PAIN BÉNIT.)

Mais tout ce qui se donne au banc de l'œuvre, tout ce qui est offert dans les troncs de la paroisse qui sont destinés aux réparations ou au luminaire, tout ce qui se donne aux bassins des marguilliers, tout ce que quête la personne qui a offert le pain bénit, appartiennent aux fabriques. (Rousseaud de Lacombe, Jousse, de Boyer, etc.)

Les fabriques n'ont droit dans leurs rapports avec le clergé, qu'aux *oblations* tarifées à leur profit, soit qu'elles soient en argent, soit qu'elles soient en nature, à moins qu'un règlement ne les leur attribue expressément, comme les cierges qui sont sur le pain bénit et qui leur sont alloués par l'usage et la jurisprudence. (*Décision ministérielle. — Archives des cultes. — Autre décision ministérielle du 31 mars 1837, lettre du ministre des cultes* (1) *à l'archevêque de Besançon.*)

Il est d'usage d'attribuer aux curés et desservants les *oblations* faites dans le chœur, et de laisser les autres aux fabriques. (*Lettre du ministre des cultes à l'évêque de Nevers, du 4 septembre 1832.*)

Les *oblations* faites à l'autel, comme les cierges portés à la main par les personnes qui offrent le pain bénit, ou par les enfants de la première communion, appartiennent au curé ou desservant. Celles faites au banc de l'œuvre, dans la nef ou dans les chapelles appartiennent à la fabrique. (*Décision ministérielle, du 18 septembre 1835 ci-après.*)

Les *oblations* faites à l'autel sont dévolues aux curés et desservants. Celles qui sont faites dans les chapelles, ou banc de l'œuvre ou ailleurs appartiennent aux fabriques.

Les *oblations* faites pendant que le clergé soutient la châsse dans le sanctuaire sont la propriété du curé, et celles déposées dans les troncs, durant l'exposition de l'image sur l'autel appartiennent à la fabrique. (*Lettre du ministre de la justice et des cultes à l'évêque de Verdun, du 16 juin 1845, rapportée ci-après.*)

Les fabriques qui n'usent pas de toutes les ressources mises à leur disposition par la loi, et qui notamment ne font pas recettes des cierges auxquels elles ont droit, ne sont pas fondées à réclamer des subventions communales. (*Lettre du ministre des cultes au préfet des Ardennes, du 14 février 1845.*)

_____

(1) *Voyez* cette lettre sous le mot CIERGE.

La contestation survenue entre un curé et un vicaire pour le partage des *oblations* n'est de la compétence ni de l'autorité judiciaire, ni de l'autorité administrative. C'est à l'évêque seul qu'il appartient de désigner la part des curés et des vicaires dans le règlement sur les *oblations*, soumis ou à soumettre par lui à la sanction du gouvernement, en vertu de l'article 69 de la loi du 18 germinal an X, et ce n'est dans aucun cas de la compétence des tribunaux civils. (*Décision ministérielle du 16 novembre 1807.*)

Les débiteurs des *oblations* qui se refusent à les payer suivant le tarif qui a été régulièrement approuvé peuvent être poursuivis judiciairement pour être contraints à ce payement, et les tribunaux doivent les condamner. (*Décision ministérielle du 18 avril 1817.*)

La décision des débats relativement aux contestations sur les tarifs des *oblations* appartient aux juges de paix. Ainsi réglé par une lettre ministérielle du 14 octobre 1807 ; mais cette décision peut également être portée devant les autres degrés de juridiction, selon les cas.

En cas de contestation sur le payement et le règlement des *oblations*, on ne doit jamais prendre en considération un autre tarif que celui qui a reçu l'approbation du gouvernement. (*Avis du comité de l'intérieur du conseil d'Etat du 17 juin 1838.*)

D'après ces principes, le ministre des cultes répondit de la manière suivante sur une question qui lui était posée sur ce sujet.

DÉCISION *du ministre des cultes, du 18 septembre 1835.*

« Le décret du 30 décembre 1809 ayant eu pour objet de rendre uniforme la législation des fabriques, tous les droits ou priviléges particuliers à certaines localités ont été annulés par l'effet de ses dispositions. Ainsi le produit des troncs est mis au nombre des ressources fabriciennes par l'article 36 de ce règlement, et il serait contraire à son esprit d'en prélever une portion quelconque au profit des curés ou desservants.

« Quant aux offrandes volontaires, il convient de distinguer entre celles qui sont faites à l'autel et celles qui sont faites au banc de l'œuvre, dans la nef ou dans les chapelles : les premières, comme les cierges portés à la main par ceux qui donnent le pain bénit, ou par les enfants de la première communion, appartiennent aux curés et desservants ; les autres sont la propriété exclusive des fabriques. » *(Voyez* CIERGES.)

Voici une autre décision ministérielle dans le même sens.

LETTRE *de M. le ministre de la justice et des cultes à Mgr l'évêque de Verdun.*

« Paris, le 16 juin 1845.

« Monseigneur,

« La propriété des offrandes faites dans l'église paroissiale de Ligny, à l'occasion de l'exposition de l'image de Notre-Dame des Vertus, donne lieu à des difficultés entre la fabrique et le curé de cette paroisse. On invoque, de part et d'autre, 1º les anciens usages de l'église de Ligny ; 2º l'intention des fidèles ; 3º le décret du 30 décembre 1809 et la jurisprudence administrative. La fabrique fonde en outre des prétentions sur ce que l'image lui appartient, tandis que le curé excipe de quelques statuts diocésains qui lui attribuent la totalité des offrandes en litige.

« La fête de l'exposition de l'image de Notre-Dame des Vertus commence le vendredi ; le clergé va chercher la châsse dans la petite chapelle qui lui est consacrée, et la porte au milieu du sanctuaire, où il s'arrête. Les fidèles passent alors sous la châsse, ainsi soutenue par le clergé, qui la porte ensuite à la sacristie, et, après l'avoir décorée de beaux ornements, va la poser sur le tabernacle du maître-autel, où elle reste exposée à la vénération publique jusqu'au dimanche. Après la messe de ce jour, on la descend pour l'établir sur des tréteaux à l'entrée du sanctuaire. Le soir, on la reporte dans la petite chapelle.

« Les fidèles déposent leurs offrandes d'abord dans les mains des enfants de chœur placés à l'entrée du sanctuaire, pendant que la châsse est supportée par le clergé, et ensuite dans des troncs qui sont mis au même lieu pendant la durée de l'exposition de l'image sur le tabernacle du maître-autel et sur les tréteaux.

« C'est de la totalité de ces offrandes que le curé et la fabrique de Ligny s'attribuent respectivement la propriété exclusive. Leurs assertions contraires, au sujet des anciens usages et de l'intention présumée des fidèles, paraissent toutefois dépourvues de preuves. Il résulte seulement que ces offrandes leur ont alternativement appartenu.

« On ne saurait dès-lors résoudre la question, soit d'après les anciens usages, soit d'après l'intention présumée des fidèles.

« Elle n'est pas non plus susceptible d'être décidée suivant les statuts diocésains, qui ont pu reconnaître, mais non attribuer au curé, la propriété des offrandes.

« Enfin, le motif tiré par la fabrique de ce que l'image lui appartient, n'est pas non plus admissible, puisque tout lui appartient dans l'église, sans qu'elle ait droit cependant à la totalité des offrandes qui y sont faites.

« Le décret du 30 décembre 1809 ne contient également aucune disposition sur laquelle on puisse se fonder pour vider le différend.

« En conséquence, il y a lieu de recourir aux règles qui ont toujours été suivies sur cette matière. Or, d'après ces règles, les offrandes faites à l'autel sont dévolues aux curés et desservants ; celles, au contraire, qui sont faites dans les chapelles, au banc de l'œuvre ou ailleurs, appartiennent aux fabriques.

« En effet, il est juste que le curé profite des offrandes présentées à l'autel à l'occasion des cérémonies quelconques qu'il y célèbre ; mais il n'en est pas moins équitable que la fabrique, qui est seule chargée des dépenses du culte paroissial, recueille les autres dons de la piété des fidèles.

« C'est par application de ces principes que le cierge porté à la main par la personne qui présente à l'autel le pain à bénir a été attribué au curé, tandis que les cierges placés sur le pain bénit ont été compris parmi les revenus de la fabrique.

« Il résulte des observations qui précèdent que les offrandes faites pendant que le clergé soutient la châsse dans le sanctuaire sont la propriété du curé de Ligny, et que celles déposées dans les troncs, durant l'exposition de l'image sur l'autel et sur les tréteaux, appartiennent à la fabrique.

« Tel est, Monseigneur, le sens dans lequel cette question me paraît devoir être décidée.

« J'adresse copie de la présente à M. le préfet de la Meuse. »

La cour de cassation a jugé, par un arrêt du 25 février 1852, que, si un père de famille fait baptiser ses enfants en dehors de la paroisse à laquelle il appartient, il n'est pas tenu envers le curé de celle-ci de l'*oblation* portée au tarif diocésain. « Si la loi du 18 germinal an X a reconnu les *oblations* comme obligatoires, elle en a fait un droit résultant de l'acte même de la collation des sacrements. Que le desservant d'une paroisse ne soit point, par une malveillance systématique, privé de la rémunération sur laquelle il doit compter pour les secours spirituels à administrer à ses ouailles, cela semble parfaitement juste ; c'est à l'autorité ecclésiastique de veiller à ce que des abus de ce genre ne puissent se produire, et elle a en main tous les pouvoirs disciplinaires suffisants pour arriver à ce résultat.

En rapportant cet arrêt, M. Dalloz (1) fait observer avec raison que la doctrine en est difficilement admissible. « Il ne tend à rien moins, dit-il, qu'à bouleverser les règles canoniques en matière de juridiction spirituelle ; il méconnaît le vrai caractère de l'*oblation* qui fait partie du traitement ecclésiastique et qui est attaché aux fonctions ; chaque curé a juridiction sur sa paroisse et ses paroissiens, et nul autre que lui ne peut sans son autorisation ou celle de l'évêque faire, à leur égard, les actes du ministère ecclésiastique, leur conférer les sacrements. » Le *Nouveau Journal des conseils de fabriques* partage le même sentiment. C'est, dit-il, dans tous les cas, au curé que le baptême devait être demandé ; c'est à lui que l'*oblation* était due. (*Voyez* CASUEL.)

OBLIGATIONS.

Les *obligations* au profit des fabriques doivent toujours être notariées, conférer hypothèque, et elles n'en peuvent contracter sans l'autorisation du gouvernement. (*Voyez* EMPRUNT.)

OBSÈQUES.

Les *obsèques* sont les cérémonies d'un enterrement. Elles consistent, 1° dans la présentation à l'église du corps de la personne décédée ; 2° dans l'accompagnement solennel du corps par un prêtre, de la maison mortuaire à l'église, et de l'église au cimetière ; 3° dans les cérémonies et prières d'usage, au moment où le corps est déposé dans le cimetière. (*Voyez* INHUMATION.)

ŒUVRE.

On appelle ainsi la fabrique d'une paroisse, le revenu destiné à la construction, à la réparation des bâtiments, à l'entretien du mobilier, etc. (*Voyez* FABRIQUE, BANC D'ŒUVRE.)

(2) *Répertoire de jurisprudence*, verbo CULTE.

OEUVRES PIES.

Il arrive assez souvent que les fidèles remettent quelque argent à leur pasteur soit pour célébrer ou faire célébrer des messes, à leurs intentions, soit pour soulager les pauvres de la paroisse, ou pour toute autre *œuvre pie* connue du curé. On a demandé si la fabrique pouvait intervenir dans ces *œuvres pies*, soit pendant la vie du curé, soit après sa mort. Nous répondrons en rapportant un arrêt de la cour d'appel de Grenoble qui décide que les fabriques n'ont aucun droit aux sommes remises par des fidèles aux curés ou desservants, à la charge de dire des messes ou d'accomplir d'autres *œuvres pies*. En conséquence, après le décès d'un curé ou desservant, la fabrique de son église n'a pas qualité pour réclamer de ses héritiers des sommes que le défunt aurait reçues, même de personnes inconnues, pour des services religieux qu'il n'aurait pas accomplis avant son décès. Dans ce cas, ces sommes destinées à des *œuvres pies* doivent être remises par les héritiers au successeur du curé défunt. Car ces sommes, au résumé, ne sont confiées qu'au curé de la paroisse, qui seul, en dispose, selon sa conscience et la volonté des donateurs. (*Voyez* MESSES.)

Nous n'avons pas besoin de dire que MM. les ecclésiastiques ne sauraient apporter trop de soins et prendre trop de précautions, afin qu'en cas d'événements les sommes qui leur sont remises pour des *œuvres pies* arrivent à leur destination.

ARRÊT *de la cour d'appel de Grenoble du 23 août* 1851.

« La Cour ;

« Considérant que le décret du 30 décembre 1809 a énuméré avec précision les biens qui appartiennent aux fabriques des églises, et dont elles reçoivent les revenus, que cette énumération ne comprend nullement les sommes d'argent qui sont confiées personnellement aux curés à la charge par eux de célébrer des messes, ou d'accomplir des *œuvres pies*; que, dès-lors, les fabriques des églises sont sans droit ni qualité pour exiger la remise de ces sommes, dont la disposition appartient aux curés, qui sont tenus de les employer selon le vœu et les intentions des donateurs;

« Considérant, en fait, que la fabrique de Cabanès réclame des héritiers de feu l'abbé Carles, autrefois curé de Cabanès, une somme de 1,910 francs, reste d'une plus forte somme qui avait été remise par des fidèles audit sieur Carles, à la charge par lui de célébrer des messes et d'accomplir des *œuvres pies*;

« Considérant que, d'après les principes qui viennent d'être rappelés, une telle prétention est évidemment non recevable;

« Considérant que ledit sieur Carles, légataire universel de feu l'abbé Carles, son frère, et plus tard la dame Simian, veuve dudit sieur Carles, se sont engagés par deux actes sous seing privé à remettre au sieur Olier, curé de Cabanès, et successeur de l'abbé Carles, la somme dont il s'agit au procès, la fabrique de l'église de Cabanès ne saurait avec fondement réclamer l'exécution de ces fondations, puisqu'elles n'ont pas été contractées avec elle, et que, d'ailleurs, elles ont pour objet des sommes dont la loi ne lui attribue ni la propriété, ni la jouissance, ni l'administration;

« Considérant enfin, que si les lois du for intérieur font à la veuve Carles, nonobstant le jugement du 23 août 1848, un devoir impérieux de donner aux fonds qu'elle détient la destination sacrée indiquée par les donations originaires, il y a lieu de reconnaître que la fabrique est non recevable dans sa demande;

« Par ces motifs, disant droit à l'appel, a mis et met l'appellation et ce dont est appel au néant; émendant, déclare la fabrique de l'église de Cabanès sans qualité pour réclamer la somme de 1910 francs dont il s'agit, etc. »

OFFICE DIVIN.

Le curé a le droit de faire les règlements qu'il juge convenable pour le temps des *offices*. Par mesure de police, il peut ordonner, si l'église a plusieurs portes, que telles ou telles seront seules ouvertes et que les autres seront fermées, pendant la durée des *offices*, ou pendant une certaine partie de l'*office*. Les marguilliers et encore moins le maire ne peuvent s'opposer à une pareille mesure. C'est à lui seul qu'il appartient de fixer l'heure des *offices*, sauf recours à l'évêque. Il agira sagement en se conformant, autant que possible, à l'usage des lieux. (*Voyez* POLICE, SERVICE DIVIN.)

OFFICIALITÉ.

On donne le nom d'*officialités* aux tribunaux ecclésiastiques.

Nous avons traité d'une manière assez étendue l'importante question des *officialités dans notre Cours de droit canon;* nous ne pouvons qu'y renvoyer.

Dans ces derniers temps on a vivement controversé la question de savoir si les *officialités* pouvaient être rétablies sans loi, et par la seule volonté des évêques ou des conciles provinciaux. On a dit que la loi du 24 août 1790 les avait supprimées, et qu'on ne pouvait les rétablir par une simple ordonnance épiscopale sans violer la Constitution.

Une seule distinction tranche la difficulté.

La loi du 24 août 1790 a supprimé les *officialités,* comme tribunaux d'exceptions, ayant une juridiction contentieuse. Il est évident que la loi civile seule peut les rétablir sous ce rapport, parce que la loi seule peut conférer une juridiction contentieuse civile. Mais personne, aujourd'hui, ne songe à réclamer cet ancien privilége. Le clergé se soumet au droit commun pour la punition des délits civils ou criminels.

Quant à la juridiction purement spirituelle, elle est hors du domaine de la loi civile. Sous ce rapport, les évêques ont le droit de rétablir les *officialités.* C'est même pour eux un devoir. « Car, par là, dit M. de Cormenin (1), ils instituent près d'eux, non un tribu-

(1) *Questions de droit administratif.*

nal, mais un conseil ; or, il importe à tous que l'évêque, avant de prononcer, s'éclaire des lumières et des informations préalables de ce conseil. »

Mais il est évident que si l'*officialité* diocésaine n'était qu'un simple conseil et non un tribunal, ce ne serait plus une *officialité*. Car l'*officialité* est un tribunal ecclésiastique institué pour juger les délits des clercs en matière purement ecclésiastique. Ce n'est point à l'évêque à porter le jugement, mais à l'official nommé par lui et qui prononce en son nom. Les évêques évitent par là l'odieux qui ne s'attache que trop souvent aux punitions même les mieux méritées.

« Si les nouvelles *officialités*, ajoute M. de Cormenin, s'arrogeaient une juridiction contentieuse, propre et indépendante, leurs décisions seraient annulées, pour excès de pouvoir, par le conseil d'Etat, sur la réclamation, soit des ecclésiastiques interdits ou censurés, soit des laïques frappés d'excommunication, soit des évêques eux-mêmes. »

Il faut distinguer. Oui, si les *officialités* jugeaient des délits civils ou criminels prévus par le Code pénal, le conseil d'Etat pourrait annuler leurs décisions. Mais, dans le cas contraire, c'est-à-dire si elles se contentaient de juger des délits purement ecclésiastiques et n'appliquaient que des peines canoniques, le conseil d'Etat ne pourrait, sans un sacrilège empiétement, usurper la juridiction contentieuse et inaliénable des évêques. Saint Paul avait le droit, indépendamment de l'autorité civile, de frapper de censures l'incestueux de Corinthe, et les évêques ne cesseront jamais d'avoir la puissance de punir par des peines canoniques, c'est-à-dire par l'interdit, la censure, l'excommunication, tous ceux qui sont soumis à leur juridiction spirituelle. (*Voyez* INAMOVIBILITÉ.)

OFFICIERS DE L'ÉGLISE.

On appelle ainsi les suisses, bedeaux et autres employés de l'église. (*Voyez* ces mots.)

OFFRANDES.

(*Voyez* OBLATIONS.)

OPÉRATION CÉSARIENNE.

Les lois ecclésiastiques permettent et ordonnent même quelquefois l'*opération césarienne*, parce qu'elle a particulièrement pour but le salut des âmes.

On s'accorde généralement à reconnaître au point de vue religieux, que l'*opération césarienne* doit être pratiquée, aussitôt après le décès d'une femme enceinte, quelle que soit l'époque de la grossesse, et qu'à défaut d'un homme de l'art, *tout individu* de l'un ou de l'autre sexe peut et doit même pratiquer cette *opération* pour que l'enfant ne soit pas privé du sacrement de baptême. Telle est la doctrine enseignée par les auteurs ecclésiastiques.

Voici, selon M. Dieulin, les règles à suivre dans les graves circonstances où on la jugerait nécessaire : 1° il convient que le prêtre ne la fasse pas lui-même ; 2° on ne doit jamais tenter cette *opération* du vivant de la mère; aucun rituel ne prescrit ni même ne conseille cette *opération* avant le décès ; il faut toujours appeler un médecin aussitôt après la mort pour la faire constater et procéder à l'*opération* ; il importerait même qu'on le prévînt de se trouver présent au moment du décès pour faire immédiatement cette *opération,* qu'on ne peut ajourner sans mettre en péril la vie éternelle de l'enfant; 4° si l'absence ou l'éloignement du médecin obligeait à procéder à l'*opération* sans son assistance, on examinerait très-scrupuleusement si la personne porte tous les symptômes indicateurs de la mort. Après s'en être assuré, on ferait aussitôt l'*opération,* par l'ordre ou du consentement du mari, du père ou des autres parents. S'ils ne voulaient pas ou qu'ils hésitassent, on ne les y forcerait pas en exerçant sur eux une sorte de violence morale : on se bornerait à les y déterminer par tous les motifs de persuasion fondés sur la religion et le bien-être éternel de l'enfant. L'emploi de ces moyens persuasifs triomphe presque toujours de la résistance des familles, sans compter qu'il soustrait le prêtre aux dangers de poursuites et de la pénalité des lois.

Envisagée au point de vue légal, la solution de la question est bien différente. Nul doute cependant que, lorsque la mort de la mère est certaine, il ne doive être procédé à une *opération* pour extraire l'enfant, si l'on a la moindre espérance qu'il puisse vivre. La loi romaine contenait à cet égard une prescription formelle; et bien que la loi française se taise sur ce point, il faut se garder de croire qu'elle défend ou refuse d'autoriser une mesure aussi sage. Toutefois on est d'accord qu'il faut que la grossesse de la mère remonte au moins à cinq mois; autrement l'*opération* ne pourrait être justifiée par l'espérance de sauver la vie de l'enfant.

Il n'y a point de délai de rigueur pour faire cette *opération,* et moins il s'est écoulé de temps depuis le décès de la mère, et plus il y a de chances pour sauver l'enfant; aussi peut-on, sans violer aucunement les lois relatives aux inhumations, procéder à l'*opération* *césarienne* moins de vingt-quatre heures après le décès de la mère. (*Code civil, art.* 77 *et* 78; *Code pénal, art.* 358 *et suiv.*)

Mais les lois relatives à l'exercice de la médecine et de la chirurgie ne permettent pas d'admettre qu'un officier de santé ou une sage-femme puissent *sans appeler un docteur en médecine ou en chirurgie,* pratiquer l'*opéralion césarienne*, qui est une *grande opération chirur-gicale* (1).

L'article 26 de la loi du 19 ventôse an II, porte : « Les officiers « de santé ne pourront pratiquer les *grandes opérations chirurgi-* « *cales* que sous la surveillance et l'inspection d'un docteur dans les « lieux où celui-ci sera établi dans le cas d'accidents graves arrivés « à la suite d'une *opération* exécutée hors de la surveillance et de « l'inspection prescrites ci-dessus, il y aura recours à une indemnité « contre l'officier de santé qui s'en sera rendu coupable. » L'article 33 dit également : « Les sages-femmes ne pourront employer les « instruments dans les cas d'accouchements laborieux, sans appe- « ler un docteur, ou un médecin, ou un chirurgien anciennement « reçus. »

Dans le cas où les officiers de santé et les sages-femmes n'obéi-raient pas à ces prescriptions ; par exemple, si dans un accouche-ment laborieux, ou pour pratiquer l'*opération césarienne*, ils n'ap-pelaient pas un docteur, ils pourraient en cas de mort de la mère ou de l'enfant dans le travail de l'enfantement devenir passibles des peines portées contre l'homicide par imprudence, c'est-à-dire, d'a-près l'article 319 du Code pénal, d'un emprisonnement de trois à deux ans et d'une amende de 50 à 600 francs (2).

Quant à l'individu non médecin qui pratiquerait l'*opération césa-rienne*, il encourrait les peines édictées par les articles 33 et 36 de la loi précitée du 19 ventôse an XI, articles ainsi conçus :

« ART. 35. Six mois après la publication de la présente loi, tout individu qui continuerait d'exercer la médecine ou la chirurgie, ou de pratiquer l'art des accouchements, sans être sur les listes dont il est parlé aux articles 25, 26 et 34, et sans avoir de diplôme, de certificat ou de lettres de réception, sera poursuivi et condamné à une amende pécuniaire envers les hospices.

« ART. 36. Le délit sera dénoncé aux tribunaux de police cor-rectionnelle, à la diligence du commissaire du gouvernement près ces tribunaux. L'amende pourra être portée à 1,000 francs pour ceux qui prendraient le titre et exerceraient la profession de doc-teur ; à 500 francs pour ceux qui se gratifieraient d'officiers de santé et verraient des malades en cette qualité ; à 100 francs pour les femmes qui pratiqueraient l'art des accouchements. L'amende sera double en cas de récidive, et les délinquants pourront en outre être condamnés à un emprisonnement qui n'excédera pas six mois. »

Il importe d'ajouter qu'un seul acte, une *opération* de chirurgie

(1) Briand et Chandé, *Manuel de médecine légale*, page 172.

(2) Carnot, tome II, page 69 ; Faustin et Hélie, *Théorie du Code pénal*, tome V, page 486 ; Morin, *Dictionnaire de droit criminel*, verbo *Art de guérir*, page 75.

peut entraîner l'application de ces peines, il n'est pas nécessaire qu'il y ait exercice professionnel de l'art de guérir.

La question s'est présentée, en 1833; la femme Peraud, garde-malade, remplissait sans diplôme les fonctions de sage-femme auprès d'une pauvre femme qui succomba dans les douleurs de l'enfantement. Trois heures après la mort, par les conseils et les instances d'un ecclésiastique, elle pratiqua l'*opération césarienne.* Ils furent poursuivis l'un et l'autre pour violation indirecte de la loi sur les inhumations et pour exercice illégal de la chirurgie. La cour de Grenoble, tout en censurant la conduite de l'ecclésiastique, décida, le 31 août 1833, qu'il ne pouvait être poursuivi à raison d'une seule *opération* de chirurgie. Mais la Cour de cassation rendit le 1er mars 1834, un arrêt qui, jugeant le contraire, décida qu'il y avait lieu d'infliger les peines portées par l'article 33 de la loi de ventôse an XI, et l'ecclésiastique fut condamné comme complice d'exercice illégal de la chirurgie.

Quant à la violation de la loi sur les inhumations, elle avait été écartée dès l'origine du procès à l'égard de toutes les parties, par la Cour de Grenoble.

Le curé qui a été déclaré coupable par l'arrêt de la Cour de cassation de 1834, pour avoir prescrit l'*opération césarienne,* avait exercé une violence morale, et c'est pour cette raison seulement qu'il a été condamné comme complice.

Maintenant, pour ce qui est du point de savoir si un ecclésiastique peut conseiller l'*opération césarienne,* sans se compromettre, la solution en dépend des circonstances. Si des indications certaines lui font croire que l'enfant peut être sauvé et recevoir le baptême, il peut au moins faire ce que toute autre personne aurait le droit de faire en pareil cas, c'est-à-dire donner l'avis de recourir à l'*opération,* et de consulter à cet égard les hommes de l'art; mais il doit soigneusement éviter de s'immiscer en quoi que ce soit dans l'*opération* elle-même.

ORAGE.

On ne doit pas sonner les cloches en temps d'*orage.* (*Voyez* CLOCHE, § IV.) Les paratonnerres préservent les églises des effets de l'*orage.* (*Voyez* PARATONNERRE.)

ORATOIRE.

Les *oratoires* des communautés religieuses ne sont autorisés que par une ordonnance royale portant « que la chapelle dépendante de la maison de   , département de   , diocèse de   , est autorisée sous le titre d'*oratoire* particulier à l'usage des sœurs de   , de leurs pensionnaires et des autres personnes préposées au service de l'établissement ; mais que la présente autorisation ne continuera d'avoir son effet qu'autant que le service paroissial ne souffrira point de celui dudit *oratoire.* » (*Voyez* CHAPELLES, § V.)

ORDINATIONS.

L'article organique 26 porte que « les évêques ne feront aucune *ordination* avant que le nombre des personnes à ordonner ait été soumis au gouvernement et par lui agréé. » (*Voyez* AGRÉMENT.)

Cette disposition législative qui, était sigulièrement tyrannique et contraire à la liberté religieuse, a été abandonnée comme telle par le gouvernement lui-même. On lit dans une circulaire de l'administrateur général des cultes aux évêques, en date du 15 septembre 1814 : « Après m'être concerté avec son Excellence le ministre de l'intérieur, j'ai l'honneur de vous prévenir que vous pourrez, à l'avenir, vous dispenser de demander des autorisations pour la promotion des élèves ecclésiastiques aux ordres sacrés. » Le même administrateur des cultes ajoute, dans une circulaire du 24 octobre 1815 : « M. Bigot de Préameneu, par sa lettre du 8 mai dernier, vous a prévenus de vous conformer à la règle, en demandant, comme par le passé, l'autorisation pour les *ordinations.* J'ai consulté à ce sujet, S. Exc. le ministre de l'intérieur ; son opinion est conforme à la mienne : vous pouvez regarder la lettre en question comme non avenue et vous en rapporter à ce que je vous ai écrit en 1814 (15 septembre), pour vous dispenser de cette formalité. »

ORDO.

Les *ordo* que les évêques font imprimer ne doivent pas indiquer les jours où les fêtes supprimées tombaient anciennement autrement que les jours non fériés. Ces fêtes ne doivent y être indiquées qu'au dimanche auquel chacune d'elle a été transférée. (*Circulaire ministérielle du 19 octobre 1813. — Décision ministérielle du 1er février 1819,* etc.)

Nous sommes bien éloigné d'approuver de telles décisions qui nous semblent contraires à nos institutions, et par conséquent à la liberté des cultes hautement proclamée par la constitution. (*Voyez* FÊTES.)

ORDONNANCE.

Les *ordonnances* diffèrent des lois en ce qu'elles ne contiennent ordinairement que le mode d'exécution d'une loi antérieure. Elles ont aussi quelquefois pour objet de rappeler une loi négligée ou qui paraît oubliée (1).

(1) Toullier, *Droit civil,* tome I, page 51.

Une *ordonnance* peut révoquer une autre *ordonnance*. (*Voyez* ABROGATION.)

Les fabriques ont besoin d'*ordonnances* royales, aujourd'hui de décrets, ce qui est la même chose sous un autre nom : 1° pour les baux au-dessus de dix-huit ans (*voyez* BAIL); 2° pour acquérir, aliéner, échanger, hypothéquer des immeubles; 3° pour emprunter; 4° pour acquérir des dons et legs immobiliers, etc.

ORDONNANCEMENT.

(*Voyez* PAYEMENT, MANDAT.)

ORDONNATEUR.

Le décret impérial du 7 floréal an XIII, relatif à la comptabilité des établissements de charité, porte qu'un des membres de l'administration, sous le titre d'*ordonnateur* général, sera spécialement chargé de la signature de tous les mandats, et que tout compte, tout payement non appuyé de son mandat sera rejeté.

Le titre d'*ordonnateur* général n'a pas été conservé, mais la mesure a été maintenue par l'ordonnance royale du 31 mai 1838, dont l'article 506 est ainsi conçu : « Les commissions administratives des établissements de bienfaisance désignent un des membres de l'administration, lequel, sous le titre d'*ordonnateur*, est spécialement et exclusivement chargé de la signature de tous les mandats à délivrer aux créanciers de l'établissement pour des dépenses régulièrement autorisées. » Aucune dépense ne peut être acquittée, si elle n'a été préalablement ordonnancée par l'*ordonnateur*. (*Voyez* COMMISSIONS ADMINISTRATIVES.)

L'*ordonnateur* a en outre dans ses attributions tout ce qui concerne la comptabilité de l'établissement charitable. Ainsi, il prépare le budget et les chapitres additionnels, l'état des rentes à payer, etc. Il prépare le compte d'administration, particulièrement en ce qui concerne la situation financière de l'exercice. Enfin il surveille la comptabilité du receveur; il procède, à la fin de chaque année, à la clôture des registres de ce comptable, et dresse le procès-verbal des valeurs de caisse ou de portefeuille à la même époque (1).

ORGANISATION MUNICIPALE.

(*Voyez* MUNICIPALITÉ.)

ORGANISTE.

L'*organiste* est le musicien qui touche l'orgue de l'église.
La nomination et la révocation de l'*organiste* appartiennent aux

(1) *Répertoire des établissements de bienfaisance*, par MM. Durieu et Roche.

marguilliers, sur la proposition du curé ou desservant. (*Art.* 33 *du décret du* 30 *décembre.*) Dans les paroisses rurales, ce droit appar-tient exclusivement au curé. Mais dans les grandes villes, les places d'*organiste* se donnent au concours. (*Voyez* MUSIQUE.)

Nous prétendons contre le sentiment de M. Prompsault que la nomination des *organistes*, dans les paroisses rurales, appartient exclusivement au curé. Voyez ce que nous disons à cet égard sous le mot BEDEAU.

S'il reçoit un traitement du conseil de fabrique, il ne peut être fabricien. (*Voyez* SACRISTAIN.)

ORGUES.

Les *orgues*, dit M. Gaudry, sont immeubles quand elles tiennent à l'édifice, qu'elles sont élevées sur des constructions fixes destinées à les recevoir, qu'elles sont scellées dans ces bâtisses ou dans les murs de l'église, comme le sont ordinairement les grands jeux d'*orgues*.

D'après une instruction ministérielle, les buffets d'*orgues* sont im-meubles par destination, et doivent être considérés comme faisant corps avec l'édifice. On ne peut changer leur caractère ou les aliéner sans l'autorisation du ministre. Il en serait autrement si les fabri-ques les avaient fait construire à leurs frais.

Les *orgues* ne sont pas au nombre des objets qui sont indispen-sables pour la célébration du culte et dont l'autorité ecclésiastique puisse réclamer l'acquisition. Ainsi la commune ou la fabrique ne sont pas obligées de les fournir. Mais ces instruments de musique contribuant puissamment à la pompe des cérémonies religieuses, il est à désirer que chaque église puisse en être pourvue.

L'accord des *orgues* et leur entretien rentrent dans les dépenses ordinaires et obligatoires des fabriques.

Les *orgues* mobiles et d'accompagnement sont ordinairement la propriété de la fabrique et QUELQUEFOIS du curé qui en a fait l'ac-quisition de SES propres deniers et qui peut les vendre, les échanger ou en disposer comme il le juge convenable. Mais, dans ce cas, le curé agira sagement pour éviter par la suite toute contestation, de faire constater par le conseil de fabrique, qu'elles sont sa propriété.

Un crédit est porté au budget des cultes pour pourvoir à la cons-truction et à l'entretien des petites et des grandes *orgues* placées dans les cathédrales pour le service du culte. Le ministre des cultes a institué une commission de sept membres chargée de donner son avis sur la répartition de ces fonds.

« Les *orgues*, dit un rapport du directeur des cultes, en date du 20 juin 1848, sont une des conditions les plus essentielles de la pompe des cérémonies du culte catholique; ils présentent en outre un intérêt tout particulier sous le rapport de l'art et de la science. »

ORNEMENT.

Les *ornements* dont une église doit être fournie sont, suivant le sentiment des auteurs, les cinq couleurs, blanche, noire, rouge, verte et violette ; une chape de toutes couleurs pour les processions, une écharpe, dans les lieux où il est nécessaire de s'en servir.

Dans les paroisses où il y a un nombreux clergé, et où la grand' messe est chantée avec diacre et sous-diacre, la fabrique doit fournir au moins un *ornement* complet de toute couleur. (*Art.* 27 *du décret du* 30 *décembre* 1809.)

Quant à la richesse des *ornements*, il n'y a pas de règle fixe ; on tolère le camelot et les galons de soie dans les paroisses peu aisées, les chapelles et les annexes, mais, autant que possible, on exige les voiles des calices en soie, et les évêques en cours de visite ne doivent pas craindre de les ordonner à mesure que ceux de camelot ont besoin d'être remplacés (1).

Les décrets et ordonnances modernes ne statuent rien sur le nombre des *ornements* ; mais un arrêt du parlement de Paris, en date du 22 avril 1646, reconnaît la nécessité des cinq couleurs, et prouve qu'on pouvait autrefois les exiger devant les tribunaux ; cet arrêt, pense M. Dieulin, ne serait pas sans poids auprès de nos administrateurs civils d'aujourd'hui, en l'absence de toute disposition sur ce point dans notre législation présente.

Pour de très-pauvres églises, comme celles de quelques-unes de nos annexes, on ne peut exiger moins de trois chasubles, une noire, une pourpre de toutes couleurs pour les fêtes et dimanches, une commune pour les jours ordinaires, avec une chape de toutes couleurs et une étole pastorale.

Les fabriques ne sont pas obligées de fournir les *ornements* et objets de consommation nécessaires pour la célébration du culte, aux ecclésiastiques simples habitants de la paroisse, qui n'ont contracté avec elle aucun engagement. C'est ce que décide la lettre suivante du ministre des cultes, en date du 15 mars 1843. (*Voyez* PAIN D'AUTEL.)

LETTRE *de M. le ministre de la justice et des cultes* (M. Martin, du Nord)
à Mgr l'évêque de Tarbes.

« Monseigneur,

« Le desservant de Momères m'a soumis, au nom du conseil de fabrique, la question de savoir si cet établissement est obligé de fournir à un prêtre qui est venu se fixer dans la paroisse, le luminaire, le pain, le vin et tous les autres objets nécessaires à la célébration de l'office divin. Il me fait observer en même temps que les revenus de la fabrique sont tellement modiques qu'ils ne peuvent couvrir

(1) Boyer, *Administration temporelle des paroisses*, tome I, pag. 473.

ses dépenses ordinaires, et qu'en raison de cette insuffisance, il a cru devoir s'abstenir de réclamer, en ce qui le concerne, l'exécution des articles 27 et 37 du décret du 30 décembre 1809.

« Les fabriques sont obligées de pourvoir à tous les frais du culte paroissial; elles doivent par conséquent fournir les objets indispensables à la célébration des messes des curés, desservants, et vicaires, qui ne font d'ailleurs, en cela, que s'acquitter d'une partie de leurs fonctions. Toute dépense qui n'a point pour objet un besoin du culte paroissial cesse donc d'être obligatoire pour les fabriques. Or le prêtre sans fonctions qui s'établit dans une paroisse ne célèbre la messe que pour satisfaire sa propre dévotion. Comme il ne contracte aucun engagement envers la fabrique, elle ne peut être tenue de s'imposer aucune dépense dans son intérêt privé. C'est dans ce sens que doivent être interprétés les articles 27 et 37 du décret du 30 décembre 1809.

ORPHELINAT.

Les *orphelinats* ont pour but de recueillir les enfants pauvres ou abandonnés, de les élever chrétiennement, de leur donner les principes d'une instruction élémentaire, de les préparer aux occupations agricoles, enfin de leur faire contracter des habitudes de travail, d'ordre et d'économie, qui les disposent à devenir de bons et utiles citoyens.

Les enfants sont ordinairement admis dans les *orphelinats* de quatre à six ans révolus. Ils y restent jusqu'à leur douzième année accomplie, époque à laquelle ils en sortent pour être placés, soit à la campagne, soit en apprentissage.

Les œuvres de charité connus sous le nom d'*orphelinats* et destinées à recueillir les orphelins, ne sont pas reconnues légalement. On peut néanmoins leur faire des dons et legs par l'intermédiaire de la commune ou du bureau de bienfaisance. Ainsi, par exemple, le legs suivant serait valable : « Je lègue mille francs à la commune (ou au bureau de bienfaisance) de N   , pour l'œuvre des *orphelins* établie dans cette ville. »

Les *orphelinats* peuvent être reconnus par un décret impérial comme établissements d'utilité publique. Dans ce cas, les statuts sont approuvés par le conseil d'Etat. Ils peuvent alors recevoir des dons et legs, et faire des acquisitions, des aliénations et échanges comme tous les autres établissements d'utilité publique. Le gouvernement, dans ces dernières années, a ainsi autorisé plusieurs *orphelinats* à Tours, à Sens, à Ménilmontant, etc.

La charité ingénieuse trouve de temps à autre le moyen de fonder de nouveaux *orphelinats* pour recueillir et élever chrétiennement tant de malheureux enfants abandonnés. Nous croyons qu'il est utile pour la solidité et la prospérité de ces établissements de les faire approuver par le gouvernement et de faire adopter les statuts par le conseil d'Etat. Il n'est pas nécessaire que ces statuts soient rédigés partout de la même manière ; ils peuvent être modifiés suivant les lieux et les circonstances. Il y a des *orphelinats* qui recueillent les garçons et les filles dans des bâtiments contigüs et distincts, d'autres qui ne recueillent que les uns ou les autres. Nous croyons· devoir donner ici un modèle de ces statuts.

STATUTS *de l'orphelinat fondé à N   , en faveur des enfants du département de N   .*

ART. 1er. L'œuvre a pour but de recueillir les enfants pauvres et abandonnés du département, de les élever chrétiennement, de leur donner les principes d'une instruction élémentaire, de les préparer aux occupations agricoles, enfin de leur faire contracter des habitudes de travail, d'ordre et d'économie qui les disposent à devenir de bons et utiles citoyens.

ART. 2. Les enfants sont admis dans l'établissement de quatre à six ans révolus. Ils y restent jusqu'à leur douzième année accomplie, époque à laquelle ils en sortent pour être placés, soit à la campagne, soit en apprentissage.

ART. 3. L'œuvre se charge de les nourrir, de les élever et de les entretenir jusqu'à ce qu'ils soient placés convenablement.

Avant la première communion, ils reçoivent l'instruction primaire. Ils sont confiés ensuite à des chefs d'atelier ou ils sont placés· comme domestiques dans des maisons de confiance.

Les enfants nés à la campagne sont placés chez des cultivateurs ou chez des artisans de la campagne. L'établissement continue d'exercer son patronage sur ces enfants, autant qu'il est possible.

ART. 4. L'œuvre est administrée par un conseil composé de l'évêque de... et de six membres élus pour six ans, se renouvelant par sixième chaque année et sont indéfiniment rééligibles.

Le conseil est nommé la première fois par l'évêque ; ensuite il se recrute lui-même, au scrutin secret et à la majorité absolue des suffrages. Mgr   est président à vie.

ART. 5. Le conseil délibère et statue sur les dépenses, sur les actes qui tiennent à l'existence civile de l'œuvre et sur [les moyens d'assurer sa prospérité. Il prononce l'admission et le renvoi des enfants.

ART. 6. Il se réunit régulièrement tous les mois. Il délibère, à la majorité des membres présents, pourvu qu'ils ne soient pas au-dessous de quatre.

Il désigne un de ses membres pour le représenter dans les actes judiciaires et dans les actes passés en vertu des délibérations du conseil d'administration.

Les délibérations relatives à des acquisitions, aliénations ou échanges d'immeubles et acceptations des dons et legs sont préalablement soumises à l'autorisation du gouvernement.

Art. 7. Un ecclésiastique, nommé par Mgr l'Evêque et agréé par M. le préfet, est chargé de la direction de l'œuvre. Il a séance avec voix consultative au conseil auquel il rend compte de l'administration de l'établissement.

Art. 8. Les ressources de l'*orphelinat* se composent :

1° Des versements de toute nature provenant des biens et valeurs qui lui appartiennent ;

2° Des secours annuels accordés aux orphelins par des parents ou des bienfaiteurs ;

3° Des subventions qui pourront être accordées par l'Etat, le département ou la ville ;

4° Du produit des dons en nature et en espèces et des quêtes et autres moyens de bienfaisance autorisés à son profit ;

5° Du produit des legs et donations dont l'acceptation sera autorisée par le gouvernement.

Art. 9. Les fonds libres seront déposés dans une caisse publique jusqu'à leur emploi définitif. Les excédants de recettes qui ne seront pas nécessaires aux besoins de l'œuvre seront placés en fonds publics français.

Art. 10. Un règlement intérieur, arrêté par le conseil d'administration, déterminera le régime de l'établissement et toutes les dispositions propres à assurer l'exécution des statuts.

Il est soumis au préfet.

Art. 11. A la fin de chaque année, les comptes sont définitivement arrêtés par le conseil, qui rédige un rapport sur la situation morale et financière de l'œuvre. Une expédition de ce rapport est adressée à Mgr l'évêque, à M. le préfet, et à M. le ministre de l'intérieur.

Art. 12. Dans le cas où l'œuvre cesserait d'exister, les biens, meubles et immeubles et les capitaux lui appartenant profiteront aux institutions charitables de la ville de   qui ont le plus d'affinité ou d'analogie avec l'*orphelinat*, à la charge, par cet établissement, d'en employer le revenu au profit des orphelins du département.

Art. 13. Aucune modification ou addition ne pourra être introduite dans les présents statuts qu'après avoir été délibérées par le conseil d'administration dans une séance à laquelle devront prendre part tous les membres dudit conseil ; elle devra recevoir l'approbation du gouvernement.

Art. 14. Le service intérieur de l'établissement sera confié à une communauté religieuse légalement reconnue, dont le choix appartiendra exclusivement à l'autorité ecclésiastique.

Art. 15. Le directeur général de l'œuvre et son fondé de pouvoirs seront toujours des ecclésiastiques.

Les présents statuts ont été délibérés et adoptés par le conseil d'Etat, dans sa séance du   .

OSTENSOIR.

L'*ostensoir*, comme tous les vases sacrés, doit être fourni par la fabrique. Selon les saints canons, la gloire au moins doit être en argent et le croissant ou petite boîte qui renferme la sainte hostie en argent doré. (*Voyez* LUNULE, VASES SACRÉS.)

OUTRAGES ENVERS LA RELIGION.

L'article 5 du décret du 11 août 1848 punit d'un emprisonnement de quinze jours à deux ans, et d'une amende de cent francs à quatre mille francs, l'*outrage* fait publiquement d'une manière quelconque, à raison de leurs fonctions ou de leur qualité, aux ministres de l'un des cultes qui reçoivent un salaire de l'Etat. (*Voyez* DÉLIT.)
Pour les *outrages* faits à la morale, *voyez* MŒURS.

OUVROIR.

La plupart des congrégations religieuses qui se consacrent à l'éducation des filles pauvres ont annexé à leurs écoles des ateliers nommés *ouvroirs*, dans lesquels ces jeunes filles sont reçues, pendant l'intervalle des leçons, jusqu'à l'âge de douze à treize ans. « L'exemple, dit M. de Gérando (1), en a été donné, dès le dix-septième siècle, par les sœurs de la charité qu'institua saint Vincent de Paul, et par les sœurs de Saint-Charles, instituées dans les diocèses de Belley et de Lyon par le vénérable abbé Demia... En 1835, on comptait, à Paris, environ quarante *ouvroirs* annexés aux écoles dirigées par les sœurs de la charité ou par celles de Sainte-Marthe. La plupart des villes de province, et même un grand nombre de bourgs possèdent des *ouvroirs* sous le même régime et la même forme.

« L'atelier de travail, continue M. de Gérando, est ordinairement établi dans le même édifice que l'école, afin que les petites travailleuses ne perdent point de temps en passant de l'un à l'autre. Chaque *ouvroir* reçoit de quarante à cinquante jeunes filles. L'une des sœurs est préposée pour diriger et surveiller; des maîtresses séculières lui sont adjointes, et, sous ses yeux, instruisent les enfants dans tous les travaux d'aiguille.... Le travail de ces jeunes ouvrières consiste à confectionner du linge et des vêtements pour les établissements de charité, et à exécuter des commandes que les sœurs se procurent au dehors. Les élèves sont occupées aussi quelquefois à travailler pour elles-mêmes ou pour leurs parents.

« Le produit du travail est en général employé à leur fournir du

(1) *De la Bienfaisance publique*, tome II, page 570.

linge et des vêtements ; cependant on en réserve une partie pour être employée en prix et encouragements. On évalue à cinq cents francs par an les dépenses moyennes de chaque *ouvroir*. »

Comme on le voit, les *ouvroirs* ont pour objet d'initier de bonne heure les jeunes filles aux occupations de toute leur vie, de les habituer au travail et à l'ordre.

Sans doute elles ne sortent pas des *ouvroirs* en état de se placer comme ouvrières, mais elles complètent leur apprentissage à des conditions beaucoup plus favorables, et parviennent plus vite à le rendre fructueux. Ainsi les *ouvroirs* sont au nombre des établissements que l'autorité municipale doit particulièrement encourager ; elle le fait en fournissant le local nécessaire ou en accordant une subvention équivalente.

Soit que l'autorité municipale accorde ou non une subvention, l'*ouvroir* ne peut se former sans une permission préalable de cette autorité qui, en outre, dit M. Durieu (1), a le droit et même le devoir, dans tous les cas, de le surveiller et de s'assurer que son régime n'offre rien de contraire ni à la morale ni aux lois.

Les *ouvroirs* ne sont pas reconnus légalement, on peut néanmoins leur faire des dons et legs par l'entremise de la commune ou du bureau de bienfaisance. Ainsi, par exemple, le legs suivant serait valable : « Je lègue au bureau de bienfaisance de N   , la somme de deux cents francs pour l'œuvre des *ouvroirs* établie dans cette commune. »

Il serait utile, quand un *ouvroir* est convenablement établi, de le faire reconnaître comme établissement d'utilité publique, afin de lui procurer l'existence civile. Dans ce cas, l'*ouvroir* pourrait obtenir sans difficulté des dons et legs. Mais nous croyons, qu'il est encore mieux de laisser les *ouvroirs* sous l'action pure et simple de la charité.

L'université, de sa nature toujours envahissante, avait voulu soumettre à sa domination les *ouvroirs*, sous prétexte qu'on apprend à lire aux jeunes personnes pauvres qui y sont admises. Elle a publié, dans ce but, des règlements le 30 octobre 1838, le 21 mars 1840 et le 22 août 1845. Nous les croyons abolis par la loi du 15 mars 1850 sur l'instruction publique.

Le gouvernement s'intéresse à la propagation des *ouvroirs*.

Dans le rapport du budget de 1849 pour l'instruction publique, le rapporteur s'exprimait ainsi : « La commission appelle la sollicitude de M. le ministre sur un genre d'établissement charitable qui mérite de prendre part à ces libéralités de l'Etat. Dans plusieurs localités, il s'est établi des *ouvroirs* publics où les jeunes filles pauvres sont admises à apprendre gratuitement la couture et, en géné-

(1) *Répertoire de l'administration des établissements de bienfaisance*, t. II, p. 518.

ral, tous les ouvrages à l'aiguille. Comme enseignement professionnel, ces *ouvroirs* sont de la plus haute utilité ; rien n'est malheureusement plus commun que de rencontrer dans les familles pauvres de nos villes manufacturières et de nos campagnes de jeunes filles à qui la misère de leurs parents n'a pas permis qu'il fût donné les premières notions de ces arts domestiques, si essentiels à la femme de ménage, à la mère de famille. Multiplier ces *ouvroirs*, ce serait travailler à l'amélioration matérielle et morale d'une partie de la population digne du plus haut intérêt. »

Dans une circulaire du 31 octobre 1854, le ministre de l'instruction publique recommandait ainsi aux préfets les *ouvroirs* en leur parlant de leurs nouvelles attributions concernant l'instruction primaire. « Dans les lieux où la création d'une école de filles, rencontrerait des obstacles insurmontables, il est une institution très-propre à remédier en partie, sinon en totalité, aux inconvénients résultant de la privation d'un enseignement spécial : Je veux parler des *asiles ouvroirs*. Ces établissements sont destinés à donner aux jeunes filles les connaissances et les habitudes des travaux à l'aiguille ; à mettre, par conséquent, entre leurs mains, les instruments les plus habituels de leurs futurs travaux. Rien de plus simple et de moins coûteux. Les *asiles ouvroirs* se tiennent, soit dans les salles d'école, après les heures de classe, soit dans un local contigü. La femme de l'instituteur, ou, à son défaut, une couturière agréée par l'autorité, est chargée de la direction de cet *ouvroir*, moyennant la faible rétribution annuelle de 40 à 50 francs, à laquelle on ajoute une somme très-minime pour l'achat des matières premières. On a soin de varier les travaux des jeunes filles, qui sont principalement occupées au raccommodage de leurs vêtements ou de ceux de leurs parents, pendant que l'une des monitrices fait à haute voix une lecture instructive. Dans les écoles mixtes tenues par des instituteurs, un *ouvroir* de ce genre est le complément presque indispensable de l'éducation des filles. »

P

PAIN BÉNIT.

Sous l'ancienne législation, nul ne pouvait se dispenser d'offrir le *pain bénit*, et les marguilliers, dans les paroisses bien ordonnées, dit l'abbé de Boyer (1), étaient autorisés à employer une somme proportionnée à la qualité de chaque paroissien qui se refusait à ce

---

(1) *Principes de l'administration temporelle des paroisses*, tom. I, page 65.

devoir, pour le faire remplir à sa place et à ses dépens (1). On condamnait à offrir une seconde fois le *pain bénit* celui qui en présentait un au-dessous de son état ou de sa qualité (2). Aujourd'hui, il n'en est plus de même, on ne peut contraindre personne à offrir le *pain bénit;* chacun a, à cet égard, une pleine et entière liberté.

Mais en général les fidèles se font un devoir et un point d'honneur de remplir cette ancienne obligation.

Dans le cas où des paroissiens ne voudraient pas présenter le *pain bénit,* ce serait à la fabrique à en faire l'offrande à ses frais. (Le Besnier, Dieulin.) Cependant, pour éviter cet inconvénient, certains conseils de fabrique portent dans le cahier des charges de la concession des bancs que chaque concessionnaire sera tenu d'offrir à son tour le *pain bénit.* Cette condition est légale et oblige nécessairement tous les concessionnaires.

M. Puibusque (3), au mot OBLATIONS, prétend que l'offrande du *pain bénit* n'est plus obligatoire pour les paroissiens, et que c'est une charge de la fabrique; d'où il conclut qu'il « devient juste de reconnaître que le *pain bénit,* ainsi que les cierges offerts, sont donnés à la fabrique. » Nous aurions été embarrassé, dit M. Prompsault, de dire d'où cette erreur pouvait provenir si nous n'en trouvions la source clairement indiquée dans M. Duquenel. « Un décret du 30 décembre 1809, art. 37, dit-il (4), comprend au nombre des charges de la fabrique la fourniture du *pain bénit.* » On a pris la fourniture du pain d'autel qui est en effet mise à la charge de la fabrique par l'article 37 du décret cité par M. Duquenel, pour la fourniture du *pain bénit.* Ce sont deux choses qui n'ont, du moins aujourd'hui, aucun rapport l'une avec l'autre. « C'est à tort, ajoute M. Duquenel, que les marguilliers prétendent avoir le droit d'exiger que la distribution du *pain bénit* commence par eux; il semble, au contraire, suivant le droit de préséance, que le maire, qui est le premier fonctionnaire de la commune et le *président*-né de la fabrique (*voyez* PRÉSIDENT), devrait avoir la préférence. » L'érudition de M. Duquenel est en défaut sur ce point, comme sur le premier. C'est avec cette exactitude qu'écrivent certains auteurs !

L'usage, à défaut de la loi, a réglé que le *pain bénit* serait distri-

(1) Ainsi jugé par sentence du Châtelet de Paris, du 15 mars 1737, contre un particulier, qui le condamne à rendre le *pain bénit* en la manière ordinaire, en la paroisse de la Madeleine de la Ville-l'Evêque, au jour qui lui sera marqué par les curés et marguilliers, sinon permet au marguillier comptable de le faire rendre aux frais dudit particulier, pourquoi il est dit qu'il sera employé jusqu'à la somme de 8 livres, avec dépens. (Jousse, *Traité du gouvernement temporel des paroisses,* p. 87.)

(2) Ainsi jugé par plusieurs arrêts.

(3) *Dictionnaire municipal.*

(4) *Lois municipales,* etc., tome II.

bué dans l'église, en commençant par le chœur, aux ecclésiastiques, aux fabriciens, aux autorités locales et aux autres fonctionnaires publics, et ensuite à toutes les personnes qui assistent à l'office.

Dans quelques pays, dit Mgr Affre (1), le *pain bénit* est distribué à la porte de l'église. C'est, selon nous, un abus, car le *pain bénit*, comme nous le disons dans notre *Cours de droit canon*, est une image des eulogies qui avaient lieu dans la primitive Eglise, et un supplément de l'eucharistie. Les fidèles doivent, en conséquence, le recevoir dans l'église avec le plus profond respect.

Dans beaucoup de paroisses on a l'habitude de vendre au profit de la fabrique ce qui reste de *pain bénit*, après l'offrande faite aux fidèles. Cette coutume est, dans certaines localités, un des principaux revenus de la fabrique. Elle donne occasion aux fidèles de pourvoir aux frais du culte divin dans leur église, et nous avons vu de très-petites paroisses vendre, chaque dimanche, pour deux ou trois francs de *pain bénit*, ce qui est un revenu considérable pour des fabriques dont les ressources totales ne s'élèvent pas au-dessus de 150 à 200 fr. MM. les curés doivent donc plutôt louer et conserver cet usage que de le blâmer ou le supprimer. S'ils y voient quelques inconvénients, ils peuvent engager paternellement leurs paroissiens à user avec respect du *pain bénit* qu'ils emportent dans leurs maisons, ou bien, suivant la coutume de certaines paroisses, ne bénir que la portion de *pain* jugée nécessaire pour être distribué aux fidèles.

Quelques évêques ont sagement défendu aux curés de bénir du *pain* qui devrait ensuite être mangé dans des réunions où la religion n'est pour rien et où souvent même elle est offensée (2).

La distribution du *pain bénit* appartient aux marguilliers, et c'est à eux à donner les ordres nécessaires pour que cette distribution se fasse d'une manière convenable. Le curé a droit néanmoins, par mesure de police, de régler l'ordre dans lequel le *pain bénit* doit être présenté, et de désigner le lieu, le moment et les personnes par qui il est distribué. Plusieurs rituels portent que les morceaux de *pain bénit* seront tous égaux.

Les cierges qui sont offerts par la personne qui offre le *pain bénit* et l'oblation faite par elle-même à cette occasion, appartiennent au curé. Il a été ainsi décidé par une lettre ministérielle du 31 mars 1837 rapportée sous le mot CIERGE. Les offrandes de fruits et denrées qui accompagnent quelquefois le *pain bénit*, appartiennent également au curé. (*Voyez* OBLATIONS.)

Une question de préséance s'est élevée relativement à la distribution du *pain bénit* : des marguilliers ont prétendu qu'on devait leur

(1) *Traité de l'administration temporelle des paroisses*, page 484, 5e édition.
(2) *Rituel de Belley*, tome III, page 240, 4e édition.

présenter d'abord le *pain bénit*, attendu que ce n'était pas une cérémonie publique, mais un simple usage qui s'observait entre les assistants. Une décision du gouvernement, intervenue sur le rapport du ministre des cultes, porte que les marguilliers sont d'autant moins fondés à réclamer cet honneur que, selon l'esprit de tous les règlements publiés sur cette matière, ils sont censés offrir eux-mêmes le *pain bénit*, les bedeaux ne le distribuent qu'en leur nom, et qu'ils doivent, en conséquence, le présenter au clergé, continuer par les personnes élevées en dignité, et le porter ensuite aux autres fidèles.

Aux colonies, la distribution du *pain bénit* est réglée de la manière suivante par l'article 32 du décret du 3 février 1831. On l'offre d'abord au gouverneur et au clergé et ensuite au commandant militaire et aux chefs d'administration. (*Voyez* COLONIES.)

PAIN D'AUTEL.

Les *pains d'autel* pour la célébration de la messe et ceux qui sont nécessaires pour la communion des fidèles, doivent être fournis par la fabrique. (*Art. 37 du décret du 30 décembre* 1809.)

La circulaire suivante décide que le *pain d'autel* doit être fourni par la fabrique, non-seulement les dimanches et fêtes, mais encore tous les jours de l'année.

Il nous semble important de prévenir ici MM. les ecclésiastiques qu'on vend souvent, dans les villes, des *pains d'autel* fort beaux et fort blancs, mais dans lesquels il n'entre pas de farine de froment. Ils sont par conséquent impropres au saint sacrifice de la messe, qui serait nul faute de matière. Il ne faut donc se procurer ces *pains d'autel* que chez des personnes qui méritent toute confiance, comme des maisons religieuses, par exemple, ou les fabriquer soi-même.

La cour de Caen condamna, il y a quelques années, à dix ans de travaux forcés, une famille tout entière convaincue d'avoir confectionné et fait un énorme débit, pendant plus de dix années, de *pains d'autel* faits, non de farine de froment, mais bien totalement de fécules de pommes de terre.

Pour faire les *pains d'autel* plus minces et plus beaux, les fabricants peu consciencieux y mêlent au moins une partie de fécule de pommes de terre, et une autre partie de farine de froment, mais celle-ci est ordinairement en petite quantité. Dans ce cas, ces *pains d'autel* ne peuvent être consacrés, car d'après les lois de l'Eglise, ou plutôt d'après l'institution divine, ils doivent être de pure farine de froment.

Les ecclésiastiques ne sauraient veiller avec trop de soin à un point aussi important.

Lettre *de M. le conseiller d'Etat, directeur des affaires ecclésiastiques, à MM. les vicaires généraux de l'archevêché d'Auch.*

Paris, le 16 avril 1828.

« Messieurs les vicaires généraux,

« M. le desservant de Barran vient de me soumettre les questions suivantes :

« 1º La fabrique est-elle obligée de fournir au curé ou desservant le *pain*, le vin et la cire pour le service du culte, non-seulement les dimanches et fêtes, mais encore tous les jours de l'année ?

« 2º La fabrique est-elle en droit d'étaler, dans les jours simples selon l'Eglise, le linge, le luminaire et autres décorations destinées aux grandes solennités, et de forcer ainsi le curé à célébrer comme solennelles des fêtes qui ne sont point reconnues comme telles par l'Eglise ?

« 3º Enfin, le curé ou le desservant ne peut-il pas, sans l'intervention de la fabrique, faire choix de dames pieuses qui, par zèle et sans rétribution aucune, veulent bien se vouer à la propreté des autels et au soin du linge ? Ne doivent-elles pas être hors du nombre des serviteurs de l'église, attendu qu'elles ne sont point à gages et qu'elles ne réclament aucun secours de la fabrique ?

« La réponse à la première de ces questions est textuellement écrite dans l'article 37 du décret du 30 décembre 1809, où il est dit que les charges des fabriques sont : 1º de fournir *le luminaire, le pain, le vin,* etc. Aucune distinction n'a été faite dans cet article entre les dimanches et fêtes, et les autres jours de l'année ; elle ne devait et ne pouvait même pas avoir lieu. Parmi les devoirs imposés à l'ecclésiastique chargé de la desserte d'une paroisse, celui de la célébration des saints mystères est à la fois le plus auguste et le plus sacré. Ce serait vouloir y mettre obstacle et empêcher le pasteur de le remplir que de lui refuser les choses nécessaires. Un semblable refus de la part d'une fabrique irait contre sa propre institution, et tendrait à détruire la dévotion parmi les fidèles, au lieu de l'exciter.

« Mais si les fabriques doivent fournir aux curés et desservants tout ce qui est nécessaire pour le service divin, elles n'ont aucunement le droit de prescrire des solennités dans les églises. La liturgie est réglée par les lois, et il n'appartient ni aux fabriques ni aux titulaires des paroisses d'y déroger. Cependant il est essentiellement dans les attributions de ces derniers de régler les diverses cérémonies religieuses qui ont lieu dans l'église paroissiale.

« Quant à la troisième question, je ne pense point que le curé doive confier à des dames le soin du linge et de la propreté des autels : c'est une charge de la fabrique. Quelque zèle et quelque désintéressement que des dames missent à s'en acquitter, il est toujours à craindre que la malignité ne dénature les intentions. Ainsi, pour ne point alimenter la malveillance et rester dans la règle, il est préférable de renoncer à un semblable service, bien qu'il pût présenter d'ailleurs des avantages.

« Je vous prie, Messieurs, de faire connaître au desservant de Barran le sens de ma réponse aux trois questions qu'il m'a soumises.

« L'abbé de Lachapelle. »

PAIN DES TRÉPASSÉS.

Dans certains diocèses, on appelle *pain des trépassés* une oblation en *pains* que les fidèles font au curé pour des messes de *Requiem*. Cette oblation est de même nature au fond, et nous paraît avoir la même origine que l'offrande du *pain* et du vin, qui se fait encore aux enterrements, aux services funèbres, aux messes des morts, etc., dans beaucoup de diocèses.

PALAIS ÉPISCOPAL.

Les *palais* des archevêchés et évêchés ne sont pas assujettis à la contribution foncière. (*Voyez* IMPOSITIONS.) Des architectes spéciaux sont actuellement chargés de veiller à leur conservation. (*Voyez* ARCHITECTE.)

Le gouvernent fournit aux archevêques et évêques, non-seulement le logement, mais le mobilier qui doit garnir leurs *palais*. (*Voyez* MOBILIER.)

Nous ne parlons pas de la propriété des *palais épiscopaux*, on sait que le gouvernement se l'attribue. (*Voyez* sous le mot APPEL COMME D'ABUS l'arrêt du 21 mars 1837.)

PALLE.

Le dessous des *palles* qui pose sur le calice doit être de toile de lin ou de chanvre, la toile de coton est proscrite par un décret de la congrégation des rits. (*Voyez* AUBE.) Le dessus des *palles* peut être de soie ou autre matière précieuse; c'est du moins un usage généralement admis en France, bien que les rubriques du rit romain prescrivent la toile pour les deux côtés. Mais l'inconvénient qu'a voulu prévenir l'Eglise n'existe en réalité que pour la partie de la *palle* qui pose sur le calice.

Les statuts de certains diocèses exigent qu'il y ait au moins deux *palles* dans chaque sacristie. Il serait convenable qu'il y en eut autant que de chasubles. C'est la fabrique qui doit les fournir et les entretenir, en ayant soin de se conformer à ce que prescrivent les rubriques, les statuts ou ordonnances synodales du diocèse.

PARATONNERRES.

On donne le nom de *paratonnerres* à des barres de fer terminées en pointe, que l'on élève sur des édifices pour les préserver d'être foudroyés.

Deux circulaires ministérielles ont prescrit aux préfets de faire placer des *paratonnerres* sur les cathédrales, les évêchés et les séminaires. Il est aujourd'hui démontré par l'expérience que ces appareils, placés sur des clochers élevés, préservent ces édifices des effets de la foudre. Les évêques dont les cathédrales, évêchés ou séminaires ne sont pas pourvus de *paratonnerres* peuvent donc, en vertu de ces circulaires, demander qu'il en soit posé sur ces édifices publics.

« Depuis quelques années, écrivait aux préfets, le 25 mai 1824, M. Corbière, ministre de l'intérieur, la foudre a occasionné des dommages considérables en frappant des bâtiments publics et notamment des églises. Ces accidents auraient été prévenus si l'on avait employé les moyens de précaution dont une longue expérience a démontré l'efficacité. Dans l'intention de lever les obstacles, l'académie royale des sciences a rédigé une instruction qui fait connaître les avantages que présentent les paratonnerres et la manière de les établir.

« Des paratonnerres placés sur des clochers élevés, en même temps qu'ils préservent ces édifices de la foudre, peuvent encore empêcher qu'elle ne frappe les maisons voisines. Sous ce double rapport, les communes sont intéressées à faire la dépense qu'exige l'application d'un conducteur.... Je vous prie d'appeler sur cet objet l'attention des maires et de veiller à ce que l'établissement des paratonnerres soit compris dans tous les projets de construction ou de réparation des tours d'églises.

« Les édifices qui, par leur élévation, sont les plus exposés aux ravages de la foudre, et qu'il importe le plus de conserver, ce sont les cathédrales. Nous devons nous efforcer de prévenir des pertes semblables à celles que nous avons éprouvées tout récemment. Je vous prie, en conséquence, de faire rédiger et de m'envoyer des projets pour les paratonnerres qui devront être placés sur ces monuments, de même que sur les évêchés et les séminaires. »

M. de Guernon-Ranville, ministre des affaires ecclésiastiques et de l'instruction publique, écrivait aussi aux préfets la circulaire suivante.

Paris, le 18 décembre 1827.

« Monsieur le préfet,

« Une impulsion salutaire a été donnée, dès 1824, par l'administration, à la suite de plusieurs accidents, pour la pose de paratonnerres sur les édifices publics.

« Cette mesure préservative a été employée dans un grand nombre de diocèses à l'égard des bâtiments servant de cathédrales, d'évêchés et de séminaires. Il est vivement à regretter que l'on puisse compter encore quelques exceptions qui compromettent à la fois et l'intérêt des localités exposées à la communication des incendies occasionnés par la chute du tonnerre, et l'intérêt du trésor royal appelé à supporter les dépenses de restauration des édifices foudroyés.

« Ces dépenses, qu'il est devenu si facile d'éviter, sont une double perte, puisqu'en absorbant des fonds destinés à d'autres besoins urgents, elles laissent à ceux-ci le temps de s'aggraver et de se multiplier à l'infini.

« J'appelle toute l'attention de MM. les préfets sur la nécessité de faire dresser des projets pour l'établissement de paratonnerres sur les bâtiments diocésains qui n'en sont pas encore armés.

« Il ne faut pourtant pas se dissimuler que ces précautions, loin d'être efficaces, seraient nuisibles si l'on n'apportait pas dans la confection des ouvrages les soins qu'elle exige.

« L'expérience a confirmé la démonstration de la théorie sur l'insuffisance et le danger des paratonnerres dont les conducteurs ne seraient pas isolés ou offriraient la moindre solution de continuité.

« J'invite donc MM. les préfets à faire faire, le plus tôt possible, la visite des appareils placés sur les édifices diocésains de leur département, et à en constater l'état.»

Par l'effet d'une funeste incurie, dit le *Manuel de l'architecte des monuments religieux*, le petit nombre relatif de *paratonnerres* établis depuis 1822, époque où l'académie des sciences a dressé ses instructions, est incroyable en présence de celui des événements qu'amène chaque année. Ni la difficulté de leur établissement, ni le chiffre de la dépense ne peuvent arrêter ; car l'appareil le plus simple et le moins coûteux suffit pour protéger une église de village ; il n'y a donc qu'une aveugle routine qui puisse engager une fabrique ou une commune à s'exposer aux terribles chances qui peuvent déterminer son incurie ou sa répugnance pour une mesure si salutaire.

Il serait imprudent, au reste, et peut-être condamnable, tout en provoquant son adoption et sa propagation, de laisser ignorer que l'établissement d'un *paratonnerre*, dont les bons effets sont si bien démontrés, peut en produire de tout contraires, et devenir lui-même le provocateur des désastres qu'il a pour but de conjurer si, se reposant trop aveuglément sur son efficacité, on négligeait de veiller à ce que l'appareil fut maintenu en bon état. Toute sa puissance protectrice dépend de cette condition. L'aiguille, pour attirer sûrement le fluide électrique, a besoin de conserver sa pointe aiguë ; si elle vient à s'oxider ou à s'émousser par une cause quelconque, son effet peut devenir moins certain ; mais il ne serait jamais qu'une cause de ruine sans l'office du conducteur qui conduit le fluide attiré dans les profondeurs de la terre ou du réservoir destiné à l'absorber. C'est donc surtout ce conducteur qui a besoin d'être entretenu de manière à n'offrir jamais aucune solution de continuité, car l'expérience a démontré qu'il peut s'opérer à l'endroit où a lieu la solution une perturbation telle dans la course de la foudre qu'elle s'écarte immédiatement de sa direction pour faire des ravages au hasard.

La fabrique ou la commune qui a eu le bon esprit d'armer ses édifices d'un appareil électrique doit donc en assurer la surveillance, et c'est surtout après un orage passé au-dessus qu'il est nécessaire de se livrer à une inspection attentive, de s'assurer que le conducteur demeure relié au pied de l'aiguille, que toutes ses branches correspondent bien entre elles, et si l'on remarque quelques dégradations, rien ne doit détourner de les faire réparer sur-le-champ. Il y a toujours urgence, car l'orage n'attend ni les convenances ni les saisons.

Une précaution importante pour empêcher l'oxidation, c'est de revêtir l'aiguille et les conducteurs, dans toute leur étendue, d'une couche épaisse de peinture d'une composition particulière ; mais il est essentiel que cette couche de peinture soit renouvelée au moins tous les deux ans, après avoir fait bien gratter l'ancienne.

Il est encore une précaution utile à prendre, c'est de faire renfermer dans une sorte d'auget ou de gaîne en bois, sans qu'elle y touche, et jusqu'à la hauteur de cinq ou six pieds au-dessus du sol, la partie des conducteurs métalliques qui avoisine la terre. Le défaut de cette précaution pourrait coûter la vie à des enfants ou à des personnes qui, dans l'ignorance des effets de l'électricité et des *paratonnerres*, auraient l'imprudence, dans un moment d'orage, de prendre le conducteur dans la main ; ces personnes pourraient, en effet, être tuées sur le coup. Il est bon que ces augets, quand ils sont en bois, aient un de leurs côtés posé sur des charnières, de manière à ce qu'on puisse les ouvrir pour vérifier la partie du conducteur qu'ils renferment.

PARENTÉ.

(*Voyez* DISPENSE DE PARENTÉ.)

PARENTS ET ALLIÉS.

L'article 14 du décret du 30 décembre 1809, aux termes duquel les *parents et alliés*, jusques et y compris le degré d'oncle et de neveu, ne peuvent être en même temps membres du bureau, n'est pas applicable aux *parents et alliés* qui seraient élus simplement membres du conseil de fabrique.

Cette question a été ainsi décidée par l'avis ci-après du comité de l'intérieur du conseil d'Etat.

Lorsque deux *parents* ou *alliés* au degré prohibé ont été nommés membres d'un même bureau, si l'un des deux vient à renoncer à son élection, ou donne sa démission, la nomination de l'autre ne peut être annulée. (*Arrêts du conseil d'Etat des* 26 *février et* 9 *mars* 1832.)

Sous l'ancien droit, le père, le fils, le gendre, le frère, le beau-frère, l'oncle et le neveu, ne pouvaient être élus ensemble marguilliers. (*Arrêt du Parlement, du* 30 *mai* 1718, *rendu pour la paroisse de Sainte-Marguerite de Paris,* chap. III, art. 4.)

Avis *du comité de l'intérieur et du commerce du conseil d'État, du* 21 *mai* 1828.

« Les membres du conseil du roi, composant le comité de l'intérieur et du commerce, qui, sur le renvoi ordonné par Son Excellence le ministre des affaires ecclésiastiques, ont pris connaissance d'un rapport tendant à leur demander leur avis sur l'interprétation de l'article 14 du décret du 30 décembre 1809;

« Considérant que ce décret est divisé en deux sections bien distinctes, dont la première traite du conseil de fabrique, et la deuxième du bureau des marguillier

« Que l'article 14, placé sous le § 1er de la seconde section, s'applique évidemment à la composition du bureau des marguilliers, et non à celle du conseil de fabrique ;

« Que, pour ce dernier, aucune exclusion formelle n'a été prononcée, et qu'en effet les inconvénients résultant de la parenté y sont moins importants que dans le bureau des marguilliers ;

« Sont d'avis :

« Que l'article 14 du décret du 30 décembre 1809 ne s'applique qu'aux marguilliers, et que, par conséquent, dans le cas dont il s'agit, l'arrêté du préfet de la Vendée, qui révoque un membre du conseil de fabrique, doit être annulé. »

PAROISSE.

On entend par *paroisse*, sous le rapport spirituel, un territoire limité, dans lequel un prêtre exerce son ministère sous le titre de curé ou desservant. Sous le rapport temporel, c'est un établissement public et légal ayant des biens, des revenus et des charges, et qui est administré par une fabrique, conformément à des lois et à des règlements spéciaux émanés de l'autorité civile.

Le mot *paroisse*, dans l'usage, a donc une double acception ; il s'applique, tantôt à l'association catholique, placée sous la direction spirituelle d'un même curé ou desservant, tantôt à l'ensemble des habitants compris dans une même circonscription communale. C'est en ce dernier sens que la *paroisse* est administrée par la fabrique.

Il y a une grande différence entre *paroisse* et commune. (*Voyez* COMMUNE.) Mais il n'y en a aucune entre cure et succursale.

Il y a des communes qui ont plusieurs *paroisses*, ce qui a lieu dans la plupart des villes ; le maire est membre de droit de la fabrique de chaque *paroisse*. Il y a aussi des *paroisses* qui comprennent plusieurs communes ; alors, comme nous le disons ailleurs, c'est le maire du chef-lieu qui est membre de droit du conseil de fabrique.

D'après la jurisprudence suivie par le ministère de l'intérieur et par le ministère des cultes, jurisprudence conforme à celle du conseil d'Etat, une libéralité faite à une *paroisse*, doit être acceptée, soit par la fabrique, soit par la commune, suivant que sa destination est religieuse ou communale. Mais il est toujours convenable, lorsqu'une donation entre vifs est ainsi faite, de ne transmettre le dossier au gouvernement qu'après avoir invité le donateur à attribuer expressément la libéralité à l'établissement dans les attributions duquel rentre le service qu'il a voulu favoriser. (*Circulaire du 10 avril 1862*, rapportée sous le mot ACCEPTATION.)

La loi ne reconnaît pas de corps appelés *paroisses* : la collection des habitants est la *commune*, dit M. Gaudry ; la collection des intérêts matériels du culte paroissial est la *fabrique*. Il est impossible d'admettre entre l'une et l'autre, un corps mitoyen qui serait la *paroisse*.

Tout établissement légalement autorisé a ses administrateurs, auxquels la loi a imposé une responsabilité. Où seraient les administrations responsables de la *paroisse*, si ce n'est la municipalité pour les
biens communaux, et la fabrique pour les biens consacrés au culte ?
Il n'existe donc pas de corps légal appelé *paroisse*. Le corps légal
c'est la fabrique. Donc quand un don ou legs est fait à une *paroisse*,
c'est à la fabrique à accepter.

La *paroisse* d'un défunt est celle du lieu où il est décédé. Là se
fait ordinairement la cérémonie des funérailles et l'inhumation.
(*Voyez* SÉPULTURE.)

Pour la circonscription des *paroisses*, voyez CIRCONSCRIPTION EC-
CLÉSIASTIQUE.

PARRAIN ET MARRAINE.

Le conseil d'Etat, par arrêt du conseil du 17 avril 1825, a décidé
qu'il n'y a pas abus, et qu'on ne peut qualifier d'acte injurieux et
diffamatoire le simple refus d'admettre des *parrains* et *marraines*
présentés par le père de l'enfant. Quant au refus de recevoir tels
individus comme *parrain* et *marraine*, le recours compète seulement
à ceux-ci et non au père de l'enfant présenté au baptême. (*Voyez*
APPEL COMME D'ABUS, § II.)

On doit user de beaucoup de prudence, et ne refuser les *parrains
et marraines* que lorsqu'il n'y a pas possibilité de les admettre, et en
ce cas, on peut quelquefois leur épargner le désagrément d'un refus,
avec d'autant plus de facilité que la présence d'un seul *parrain* ou
d'une seule *marraine* étant suffisante, on peut fort bien considérer
celui des deux qui est incapable comme simple spectateur, et ne porter
que l'autre sur les registres. En tout cas, il faut que le refus soit fait
avec tous les égards et tous les ménagements qui sont commandés
par la prudence et par la charité.

Pour le choix des *parrains et marraines* des cloches, voyez CLO-
CHES, § II.

La cour de cassation a décidé récemment que lorsque deux époux
ne sont pas d'accord sur le choix de la *marraine* à donner à leur
enfant, les tribunaux peuvent décider que la désignation faite par le
père d'une *marraine* doit être définitivement adoptée, lors même
qu'il y a eu séparation de corps prononcée au profit de la mère. Ce
cas ne devrait pas regarder la législation civile qui ne fait aucune
mention des *parrains et marraines*. Les questions qui les concernent
sont résolues, en général, d'après les règles du droit canonique. Si
des plaintes sont formées contre les ecclésiastiques pour refus d'admettre comme *parrain et marraine* les personnes que leur présentent
les parents de l'enfant à baptiser, c'est d'abord à l'évêque diocésain
qu'il convient de les adresser; c'est ensuite, s'il y a lieu au conseil

d'Etat qu'elles doivent être déférées par la voie d'appel comme d'abus. (*Voyez* APPEL COMME D'ABUS, § II.)

Néanmoins une question relative au choix d'une *marraine* vient d'être soumis à l'examen des tribunaux et portée successivement devant trois juridictions, dans les circonstances suivantes : Deux époux vivaient en mauvaise intelligence ; la femme obtint, sur sa demande en justice, la séparation de corps, et fut chargée par le jugement, qui l'a prononcée, de la garde de sa fille nouvellement née. Lorsqu'elle voulut faire baptiser cette enfant, elle proposa pour *marraine* sa propre mère et seule aïeule survivante de sa fille ; mais son mari s'y opposa et désigna une autre personne pour être la *marraine*. Les deux époux n'ayant pu se mettre d'accord entre eux sur ce point, le tribunal civil de la Seine fut appelé à vider leur regrettable différend. Quelque graves que soient les considérations de convenances qu'on puisse invoquer en fait, quoique l'intérêt de l'enfant commande de lui donner un *parrain* et une *marraine* qui deviennent ses protecteurs et souvent ses bienfaiteurs, les magistrats sont obligés d'appliquer les principes et les dispositions formelles de la loi. Dans la société conjugale, le mari est le chef et le directeur ; aux termes de l'article 373 du code civil, *il exerce seul l'autorité sur les enfants durant le mariage.* Par conséquent, en cas de dissentiment entre les époux sur le choix d'une *marraine*, l'avis du mari est prépondérant et doit être suivi. D'un autre côté, l'article 302 du même code est ainsi conçu : « Les enfants seront confiés à l'époux qui a « obtenu le divorce, à moins que le tribunal, sur la demande du « mari ou du ministère public, n'ordonne, pour le plus grand avan- « tage des enfants, que tous ou quelques-uns d'entre eux seront « confiés aux soins soit de l'autre époux, soit d'une tierce per- « sonne. » Cet article 302, que la cour de cassation, par son arrêt du 23 juin 1841, a déclaré applicable à la séparation de corps, permettait donc, dans l'espèce, de maintenir le droit du mari. C'est en conformité de ces dispositions que le tribunal de la Seine d'abord, et ensuite la cour impériale de Paris ont décidé que la désignation faite par le mari de la *marraine* de son choix devait être définitivement adoptée.

Sur le pourvoi formé par l'épouse contre l'arrêt de la cour de Paris, en date du 2 mars 1867, la cour de cassation a statué ainsi qu'il suit :

ARRÊT *de la cour de cassation, du 29 juin* 1868.

« La cour,

« Attendu qu'en accordant au mari, nonobstant la séparation de corps obtenue contre lui, le choix de la *marraine* de l'enfant né du mariage, l'arrêt attaqué n'a fait qu'user du pouvoir discrétionnaire dont l'article 302 du code Napoléon investit le juge pour tout ce qui concerne la garde et l'éducation de l'enfant en cas de séparation de corps; que cette décision souveraine est d'autant moins criticable devant la cour de cassation qu'elle n'est qu'une exacte application de l'article 373 du même code ;

« Par ces motifs, rejette, etc. »

PARTAGE.

Le *partage* des fruits et revenus des biens d'une cure ou succursale, ainsi que le *partage* des fruits et revenus produits par le jardin et les dépendances d'un presbytère, amène souvent des difficultés lorsque le curé d'une paroisse reçoit une nouvelle destination, et qu'il est remplacé dans cette paroisse, soit immédiatement, soit après un certain temps de vacance, par un nouveau titulaire.

Le *Journal des conseils de fabriques* a traité fort au long cette question, sur laquelle ont différé d'opinions plusieurs habiles avocats. Le sentiment qu'il embrasse nous paraissant le plus rationnel et le plus conforme à l'équité, nous croyons devoir l'adopter. En conséquence, nous pensons que lorsque le curé d'une paroisse reçoit une nouvelle destination, et qu'il est remplacé dans cette paroisse, soit immédiatement, soit après un certain temps de vacance, par un titulaire, tous les fruits, tous les revenus des biens de la cure ou succursale pendant l'année de la vacance, doivent appartenir à l'ancien et au nouveau titulaire, proportionnellement au temps pendant lequel ils ont rempli, dans l'année, les fonctions curiales, et à la fabrique, proportionnellement au temps que la vacance a duré.

Les revenus ne consistent que dans ce qui reste après les dépenses et les frais payés. D'ailleurs, si l'on partageait entre les deux titulaires le produit brut du fonds, tandis que les dépenses préparatoires des récoltes seraient laissées à la charge d'un seul d'entre eux, il n'y aurait plus égalité proportionnelle entre les copartageants. Il en résulte que l'on doit tenir compte, soit au premier, soit au second titulaire, soit au trésorier de la fabrique, des frais de culture, de semences ou autres, avancés par chacun d'eux.

On peut objecter qu'aux termes de l'article 585 du Code civil, « les fruits naturels et industriels, pendants par branches ou par racines au moment où l'usufruit est ouvert, appartiennent à l'usufruitier. — Ceux qui sont dans le même état au moment où finit l'usufruit appartiennent au propriétaire sans récompense de part ni d'autre des labours et des semences, mais aussi sans préjudice de la portion des fruits qui pourrait être acquise au colon partiaire, s'il en existait un au commencement ou la cessation de l'usufruit. »

On peut encore objecter qu'il peut s'élever des difficultés et des contestations sur la valeur des fruits perçus, des récoltes recueillies, sur le montant des dépenses faites, etc. Cet inconvénient est réel ; toutefois il n'avait arrêté ni les jurisconsultes romains ni les canonistes; il n'a pas arrêté davantage le législateur moderne dans le cas de l'article 1571 du Code civil, ni dans ceux prévus par le décret du 6 novembre 1813.

Le système contraire, celui qui appliquant l'article 585 du Code civil attribuerait à chaque titulaire les fruits que ce titulaire trouverait pendants par branches ou par racines au moment de sa prise de possession, sans aucune portion à remettre et sans aucune indemnité à payer au prédécesseur pour ses avances et ses frais, ne conduirait-il pas à des conséquences aussi fâcheuses? Un curé aurait fait dans les biens de la cure toutes les dépenses de labours, de semences, de travaux; au moment de la moisson ou de la vendange, il recevrait un successeur et il n'aurait rien à réclamer; tandis que le successeur, nommé la veille de la vendange ou de la récolte et transféré le lendemain à une autre paroisse, emporterait la totalité des revenus de l'année. Serait-il rien de plus contraire à l'équité?

D'ailleurs les contestations que l'on craint de voir surgir sont-elles beaucoup à redouter? Si quelques difficultés s'élèvent entre les deux titulaires, la plupart du temps ils s'en rapporteront à l'arbitrage de leur évêque. Le législateur a pris, au surplus, une précaution convenable en statuant que ces contestations seraient portées devant le conseil de préfecture, qui les décidera administrativement. Un prêtre qui recourrait, dans ce cas, devant un tribunal civil, comme nous l'avons vu, outre le scandale qu'il donnerait, encourrait, suivant les saints canons, les censures de l'Eglise. Pour prévenir tout inconvénient, chaque évêché ferait bien d'adopter, à cet égard, une jurisprudence uniforme, et de ne s'en départir jamais.

Ces difficultés se rencontrent assez souvent pour le *partage* des fruits et revenus des biens de cures et succursales; mais elles se rencontrent bien souvent encore pour le *partage* des fruits et revenus des jardins et autres dépendances des presbytères appartenant aux communes et aux fabriques. Ces derniers biens ne sont pas, comme les biens des cures, spécialement régis par le décret du 6 novembre 1813; toutefois il existe entre les uns et les autres la plus grande analogie. Il nous paraît qu'il y a, au sujet du *partage* des fruits, les mêmes raisons de décider, et qu'il doit, par conséquent, y avoir même décision. Il est, en effet, incontestable que le droit de jouissance accordé aux curés et desservants sur les jardins et dépendances des presbytères, droit qui est encore un usufruit à titre onéreux, se rapproche infiniment plus du droit de jouissance accordé aux mêmes curés et desservants sur les biens composant la dotation de leur cure ou succursale, qu'il ne se rapproche de l'usufruit ordinaire. Il est donc plus rationnel d'y appliquer les dispositions du décret du 6 novembre 1813, que celles de l'article 585 du Code civil.

Il est à peine utile de dire que si la vacance a lieu par le décès du curé ou desservant, ses héritiers peuvent exercer les mêmes droits qu'il aurait eus lui-même, comme ils sont tenus des mêmes obligations.

Il est encore une question à examiner, celle de savoir à quelle époque on doit faire remonter le commencement de la dernière année, pour en partager ainsi les fruits. Cette question avait aussi été discutée par les anciens auteurs; les uns voulaient prendre le commencement de l'année au temps où se cueillaient les fruits ; d'autres demandaient qu'il fût pris du jour où le titulaire transféré ou défunt avait été mis en possession; le plus grand nombre soutenait qu'il fallait commencer l'année au 1er janvier. Cette dernière opinion avait été consacrée par plusieurs arrêts et avait fini par devenir une règle constante. Nous croyons qu'elle doit encore être suivie, parce qu'elle offre un point de départ uniforme et toujours certain, tandis que la date de la prise de possession du titulaire remplacé peut souvent être oublié ou incertaine.

M. Gaudry pense aussi que l'année doit commencer au 1er janvier. Que doit-on entendre, dit-il (1), par ces mots : revenus de l'*année courante?* Est-ce l'année des locations, des intérêts, des récoltes ? ou l'année légale de janvier à janvier ? Si l'on entendait ces mots par les années des perceptions effectives de fruits, il faudrait autant de calculs d'années qu'il y aurait de genres de jouissance. Ainsi, on fait des baux de fermes payables à trois ou quatre époques de l'année ; des baux de maisons payables à tous les trimestres ; les intérêts des sommes placées viennent à échéance à des termes correspondant aux placements ; les récoltes elles-mêmes, suivant leur nature, se font pendant huit à neuf mois; on devrait donc, pour calculer les fruits dus au prédécesseur et au successeur, supputer les mois écoulés depuis chaque commencement d'année de perception de fruits; ce procédé serait rigoureusement juste, mais il est impossible. Il nous semble convenable de prendre pour base l'année légale, c'est-à-dire le 1er janvier; ainsi, le dernier titulaire, ou ses héritiers, et le titulaire nouveau partageront les fruits et revenus dans la proportion de leur jouissance de la dernière année, en la commmençant au 1er janvier. Telle est l'opinion de Jousse, sous les anciens principes, qui avaient admis sur les revenus et les fruits des biens soumis à un usufruit, les règles depuis adoptées par le Code Napoléon (2). »

Lorsqu'il y a *partage* de fruits, comment sont supportés les frais de semences, culture et autres de même nature? En matière d'usufruit, continue M. Gaudry, l'usufruitier qui a fait une dépense n'a rien à répéter contre celui qui succède à sa jouissance. Mais cette

---

(1) *Traité de la législation des cultes,* tome III, page 446.
(2) *Traité du gouvernement des paroisses,* page 316.

règle tient à la chance aléatoire que la loi lui a laissée, en lui accor
dant exclusivement tout ce qu'il a récolté. Il ne peut en être de
même pour les biens de cure, dès que, pour le *partage* des fruits, le
décret de 1813 a admis un principe opposé. Ces fruits se partageant,
les dépenses, qui sont charges de fruits, doivent se partager.

Puisque les fruits ne peuvent être considérés qu'après déduction
des frais, il semble juste de déduire les dépenses, à quelque époque
qu'elles aient été faites. Il est possible, en effet, que toute la culture
ait eu lieu avant le 1er janvier; et il serait injuste de réduire un
dernier titulaire au *partage* des fruits jusqu'à cette époque, sans
aucune déduction, lorsque, dans la réalité, il aurait payé toutes les
dépenses par lesquelles les fruits sont obtenus. Nous croyons donc
que l'on doit déduire sur le produit de l'année commencée au 1er
janvier, tout ce qui a été déboursé pour obtenir les produits, à quel
que époque que la dépense ait eu lieu.

L'adoption du 1er janvier, pour le *partage* de revenus ne fait pas
obstacle à cette solution; car, de ce que le droit au produit de la
cure doive se calculer dans la proportion du temps écoulé depuis le
1er janvier, il n'en résulte pas que le nouveau titulaire puisse s'em-
parer des semences, labours, et autres dépenses faites par le dernier
titulaire : c'est une dette de la récolte, et dès lors elle doit être dé-
duite sur la récolte.

Il en est de même, à plus forte raison, pour les impôts acquittés.

Il est bien entendu que, par les dépenses considérées comme
charges de fruits, nous n'entendons parler que de celles faites pour
obtenir la récolte, telles que labours, semences, fumiers de la solle,
et non de celles qui ont pour objet l'amélioration générale de la terre.
Ainsi, si un titulaire avait fait des marnages, des plantations, des
fossés, des engrais extraordinaires, ce seraient des frais de sa jouissance et d'une bonne administration, qui ne sauraient être sujets à
déduction sur les produits de la dernière année.

Il est évident que si le nouveau titulaire a fait lui-même des avances
pour la culture ou pour la perception des fruits, pendant cette année
sujette à *partage*, on doit également les déduire avant le *partage* des
produits (1).

PATÈNE.

La fabrique doit fournir au curé au moins un calice avec sa *patène*.
Elle doit être d'argent et dorée dans l'intérieur. (*Voyez* VASES SACRÉS.)

PATENTE.

(*Voyez* LOUEUSE DE CHAISES.)

(1) *Journal des conseils de fabriques*, tome IV, page 337.

PATIS COMMUNAUX.

Les communes qui jouissent de quelques biens fonciers, dit M. l'abbé Dieulin dans son *Guide des curés*, sont admises à partager entre les habitants la portion de ces biens, qui n'est pas nécessaire à la dépaissance des troupeaux. Le tirage des lots se fait au sort d'une manière égale, par feu, c'est-à-dire par tête de chef de famille; les copartageants en jouissent communément jusqu'à leur décès ou jusqu'à leur sortie de la commune. Si un lot devient vacant, soit par la mort des détenteurs, soit par leur sortie de la commune, c'est l'usage qu'il soit attribué à l'habitant le plus ancien domicilié, chef de ménage. Il faut, en général, réunir les deux qualités de plus ancien domicilié et de chef de ménage, pour avoir droit à un lot vacant. La première de ces qualités manquant nécessairement à un curé qui arrive dans une paroisse, voilà sans doute pourquoi plusieurs ne jouissent pas immédiatement d'une portion des biens communaux. Car, on entend par plus ancien domicilié chef de ménage, celui qui réside depuis le plus de temps dans la commune et qui cumule cette qualité avec celle de chef de ménage.

Ce sont les conseils municipaux qui règlent la répartition des *pâtis communaux* et le mode de leur jouissance ainsi que les conditions à imposer aux parties prenantes.

Il y a, dans les départements, des règles et des usages particuliers sur ce point; il est convenable de les consulter et de s'y conformer.

Quand un curé quitte une paroisse, ajoute M. Dieulin, c'est l'usage qu'il garde pour lui les fruits perçus et qu'il laisse au successeur les jardins, *pâtis*, champs ensemencés et tous les fruits pendants, soit par branches, soit par racines, sauf une indemnité pour frais de semences, de labours et de travaux, en faveur du prédécesseur ou de ses héritiers. (*Voyez* PARTAGE.)

Quelques communes, dit M. de Champeaux, attribuent quelquefois aux curés, à perpétuité, une part dans le partage des *pâtis communaux*. Mais, quand cette attribution ne leur est point faite à leur entrée dans la paroisse, ils ne sont point fondés à la réclamer, parce que le droit à ce partage est, d'après les règlements, subordonné à l'ancienneté du domicile dans la commune.

PATRONAGE.

Le *patronage* était un droit honorifique, onéreux et utile, qui appartenait à quelqu'un sur une église que lui et ses auteurs avaient fondée, dotée ou réparée du consentement de l'évêque. Le patron avait droit à un banc ou chapelle dans l'église; il avait également le droit de litre, etc. (*Voyez* BANC, LITRE.) Le *patronage* a été aboli par la loi du 13-20 avril 1791. (*Voyez* DROITS SEIGNEURIAUX.)

PAUVRE.

Lorsque des dons et legs sont faits pour le soulagement et l'instruction des *pauvres* d'une commune, l'acceptation s'en fait par le maire. (*Art. 3 de l'ordonnance du 2 avril* 1817, rapportée sous le mot ACCEPTATION.)

Les *pauvres* ne peuvent mendier dans l'intérieur des églises.

L'autorisation du gouvernement n'est pas nécessaire pour l'acceptation d'un legs à distribuer aux *pauvres*. (*Arrêt de la Cour royale de Toulouse, du* 11 *août* 1834.)

Le legs dont l'emploi est prescrit à l'exécuteur testamentaire, sous la dénomination de bonnes œuvres, doit être appliqué au soulagement des *pauvres*. (*Arrêt de la Cour royale de Bordeaux du* 19 *août* 1814.)

Lorsqu'une fabrique à qui une rente a été léguée pour faire l'aumône aux *pauvres* de la paroisse a été autorisée par ordonnance royale à accepter cette rente, et qu'elle en a joui depuis dix ans, l'administration des hospices ne peut former opposition à l'ordonnance d'autorisation sous prétexte que les fabriques n'ont point dans leurs attributions la gestion des biens des *pauvres*. (*Arrêt du conseil d'Etat du* 11 *novembre* 1830.)

Il arrive fort souvent que les dons ou legs sont faits aux curés pour les *pauvres*. Il semble tout naturel que ces ecclésiastiques, auxquels leur ministère sacré fait un devoir de la charité, puissent être autorisés à les accepter et à s'en mettre en possession. Il n'en est cependant pas ainsi, dit M. de Champeaux. Dans l'état actuel de la législation, les dons faits aux curés et desservants pour les *pauvres* ne peuvent pas être uniquement acceptés par eux. Ils doivent l'être conjointement par ces ecclésiastiques et par le bureau de bienfaisance, ou, à défaut de bureau de bienfaisance, par le maire de la commune. Il en est de même des dons et legs faits aux *pauvres* pour être distribués par les curés. L'administration des biens des *pauvres* appartenant en principe aux bureaux de bienfaisance, ce serait en vain que les donateurs ou testateurs la donneraient aux curés et desservants.

Cependant, d'après une circulaire ministérielle du 23 novembre 1838, rapportée sous le mot QUÊTES, les curés peuvent recevoir des libéralités spécialement destinées aux *pauvres* de leur paroisse, et qui seraient faites de la main à la main. Le gouvernement va même plus loin, car il n'hésite pas à autoriser l'exécution des volontés manifestées par certains donateurs ou testateurs que les revenus de biens donnés ou légués par eux en faveur des *pauvres* leur seraient distribués par les curés sans qu'ils soient tenus de rendre compte au bureau de bienfaisance, bien que celui-ci soit propriétaire du fond.

L'intérêt des *pauvres* honteux, ajoute le ministre, se trouve donc pleinement ménagé tout en exécutant la loi.

Ainsi, lorsque l'administration des biens légués aux *pauvres* a été donnée par le testateur au curé de la paroisse, sans dispense expresse de rendre compte, s'il résulte de l'ensemble des circonstances que l'intention du testateur était de laisser à ce curé liberté absolue dans le choix des *pauvres*, le receveur du bureau de bienfaisance doit toucher les revenus des biens légués, les remettre au curé qui en dispose, à la charge par lui de produire au bureau, pour toute reddition de compte, la liste des *pauvres* qu'il aura secourus ; il pourra même ne pas indiquer le nom des *pauvres* honteux. Le curé ne doit même aucun compte des secours ainsi distribués, lorsque le donateur ou testateur l'en a formellement dispensé dans le testament. (*Lettre du ministre des cultes à l'évêque de Saint-Claude du 14 octobre 1844.*)

La clause par laquelle un testateur charge son héritier ou son légataire universel de faire distribuer aux *pauvres*, par le curé de la paroisse, une somme déterminée, est légale et donne au curé désigné le droit d'acceptation de la disposition. Les legs faits aux curés et desservants d'une paroisse pour être distribués aux *pauvres* sont sujets à l'autorisation du gouvernement pour pouvoir être acceptés. (*Arrêt de la cour royale de Douai du 11 février 1845.*)

Les dons manuels n'étant point assujettis à l'autorisation du gouvernement, les curés et desservants auxquels ils sont remis peuvent les distribuer aux *pauvres*, comme ils le jugent à propos et sans aucune formalité. (*Voyez* DON MANUEL.)

Il a été décidé, par un arrêt de la cour royale de Douai, du 31 décembre 1834, que la remise d'une somme d'argent à un tiers, pour être distribuée aux *pauvres*, constitue un simple dépôt et non un don manuel au profit des destinataires. Le tiers ne peut être considéré comme le *negotiorum gestor* de ces derniers, et comme ayant, en cette qualité, accepté la libéralité en leur nom. En conséquence, le dépositaire doit, lors du décès du disposant, remettre la somme déposée à l'héritier du défunt qui la réclame et non aux personnes désignées pour la recevoir ; à l'exception, toutefois, de la portion dont il aurait été déjà fait emploi au moment de l'action en restitution intentée par l'héritier. Cette jurisprudence n'est point uniforme et il existe plusieurs arrêts qui ont décidé la question en sens contraire. Quoiqu'il en soit, MM. les curés auxquels des dons manuels seraient ainsi faits pour les *pauvres* doivent toujours se hâter de les remettre aux destinataires.

Les bureaux de bienfaisance ont droit de faire faire des quêtes pour les *pauvres* dans les églises. (*Voyez* BUREAU DE BIENFAISANCE, § V, QUÊTES.)

L'instruction doit être donnée gratuitement à tous les enfants pauvres. (*Voyez* ENSEIGNEMENT GRATUIT.)

PAVAGE DE L'ÉGLISE.

Quand une fabrique a des ressources suffisantes pour faire paver l'église à neuf, elle peut faire ces travaux sans l'autorisation et même malgré l'opposition du conseil municipal. (*Avis du conseil d'Etat du* 12 *octobre* 1831, rapporté sous le mot ÉGLISE, § IV.)

PAYEMENT.

Aucune dépense, même autorisée et régulièrement effectuée, ne doit être acquittée des deniers et pour le compte de la fabrique avant que le *payement* n'en ait été préalablement mandaté par le président du bureau. Les *payements* faits par le trésorier sans cette formalité ne sont considérés que comme des avances personnelles dont le remboursement sur les deniers de la fabrique ne peut avoir lieu qu'après l'accomplissement des formalités omises. (*Voyez* DÉPENSES.)

A chaque *payement*, le trésorier doit réclamer du créancier de la fabrique un mandat appuyé de toutes les pièces justificatives exigées par l'ordonnateur. Ce mandat, quittancé par le créancier, est conservé par le trésorier avec les autres pièces produites à l'appui afin de pouvoir, lors de la reddition du compte annuel, justifier du *payement* et de sa régularité. (*Voyez* MANDAT, § I.)

PÉNITENCERIE.

(*Voyez* BREF.)

PENSIONNAT.

Les *pensionnats* sont des maisons d'éducation dans lesquelles les élèves sont logés, nourris et quelquefois entretenus.

Il y a des *pensionnats* pour l'enseignement primaire et d'autres pour l'enseignement secondaire. Il y a aussi des *pensionnats* pour les filles tenus par des institutrices laïques et maîtresses de pension, et d'autres tenus par des religieuses.

§ I. PENSIONNATS *primaires de garçons.*

Pour ouvrir un *pensionnat* primaire, il faut être âgé de vingt-cinq ans accomplis, avoir au moins cinq années d'exercice comme instituteur ou comme maître dans un *pensionnat* primaire, être muni d'un brevet de capacité qui peut être suppléé par un certificat de stage, par le diplôme de bachelier, par un certificat constatant qu'on a été admis dans une des écoles spéciales de l'Etat, ou par le titre de ministre, non interdit ni révoqué, de l'un des cultes reconnus par l'État, et avoir déclaré son intention au recteur de l'Académie et au maire de la commune.

Toutefois, les instituteurs communaux ne peuvent ouvrir de *pensionnat* qu'avec l'autorisation du conseil départemental, sur l'avis du conseil municipal. Le programme de l'enseignement et le plan du local doivent être adressés au marie et au recteur. Le conseil départemental prescrit, dans l'intérêt de la moralité et de la santé des élèves, toutes les mesures indiquées dans un règlement délibéré par le conseil supérieur.

Les *pensionnats* primaires sont soumis aux prescriptions des articles 26, 27, 28, 29 et 30 de la loi du 15 mars 1850, sur l'instruction publique, et à la surveillance des autorités qu'elle institue. (*Art.* 53 *et* 25.)

Il était extrêmement difficile sous l'empire de la loi du 28 juin 1833 d'ouvrir un *pensionnat*. L'université s'en était constamment réservé le monopole, monopole auquel elle faisait à peine, après de grandes difficultés, de très-rares exceptions. Mgr de Langres dit que, sous le dernier gouvernement, il a vainement sollicité pendant quatorze ans l'autorisation d'un *pensionnat* très-restreint pour un établissement privé, placé dans les meilleures conditions et dans un pays où ce *pensionnat* était matériellement nécessaire.

La loi nouvelle, par les dispositions que nous venons de rapporter, lève désormais tout obstacle à cet égard.

« Quand on pense, dit Mgr Parisis, à la dépravation prématurée des enfants de nos jours, principalement des enfants du peuple ; quand on pense que souvent c'est dans leur propre famille qu'ils trouvent les impressions les plus funestes et les dangers les plus lamentables ; et quand, d'autre part, on sait tout ce qu'il y a de péril aussi pour l'innocence et pour la foi dans la plupart de ces *pensionnats* officiels dont les surveillants ne sont que des mercenaires, et dont la discipline extérieure, quand il y en a, fait toute la morale, on doit comprendre combien il était désirable pour les familles chrétiennes que les hommes de dévouement et de religion pussent ouvrir sans obstacle ces retraites collectives où l'enfance trouve, avec les avantages de l'éducation commune, indispensable surtout à certains caractères, la continuation de la sollicitude maternelle, notamment en ce qui touche à la pureté du cœur (1). »

Le décret ci-après du 30 décembre 1850 règle tout ce qui concerne les *pensionnats* primaires de garçons. Les *pensionnats* de filles, d'après le décret du 31 décembre 1853, sont divisés en deux ordres. L'inspection en est faite dans les *pensionnats* laïques par des

(1) *La vérité sur la loi d'enseignement*, page 46.

dames désignées par le recteur, et dans les *pensionnats* de religieuses
par des ecclésiastiques nommés par le ministre sur la présentation
de l'évêque diocésain. Ainsi, une ou deux fois par an, les dames dont
on connaît non-seulement la moralité, mais encore la circonspection
et le discernement visitent les *pensionnats* laïques, et transmettent
leurs rapports, soit écrits, soit verbaux, à l'autorité académique. Les
ecclésiastiques délégués pour l'inspection des *pensionnats* dirigés
par des communautés religieuses envoient directement leurs rapports au ministre de l'instruction publique. (*Voyez* ci-après les circulaires des 26 janvier et 20 mars 1854.) C'est, du reste, ce qui
prescrit le décret du 31 décembre 1853, art. 11 et 12, rapporté
sous le mot ÉCOLES.

M. Beugnot, dans son rapport sur la loi du 15 mars 1850, parlait
ainsi des *pensionnats* primaires : « La législation ne s'est pas mon-
trée jusqu'ici très-favorable à l'établissement des *pensionnats* primaires dont l'inconvénient est de rompre les habitudes de famille au
moment où l'enfant commence à en sentir la douceur, mais il existe,
par malheur, un si grand nombre d'enfants auxquels on ne peut
rendre de plus grand service que de les arracher aux exemples qu'ils
reçoivent dans leur famille, que nous ne saurions trop applaudir aux
succès obtenus par des *pensionnats* primaires établis dans un esprit
de désintéressement et de charité. Les *pensionnats* de cette sorte
préparent à l'éducation professionnelle, qui s'est développée dans
ces derniers temps, sous l'influence des progrès de l'industrie. Il est
à souhaiter que ce genre nouveau d'éducation prenne son point
d'appui dans la religion et la morale. »

Effectivement, sous l'ancien régime, une autorisation du conseil
de l'université était indispensable pour ouvrir un *pensionnat* primaire. Cette autorisation n'était même plus accordée depuis quelque
temps qu'aux instituteurs pourvus d'un brevet supérieur. Aujour-
d'hui, en vertu de l'article 53 de la loi du 15 mars 1850, tout français, âgé de 25 ans et ayant les qualités voulues, peut ouvrir un
pensionnat primaire.

§ II. PENSIONNATS *primaires de filles.*

Les dispositions qui regardent les *pensionnats* de garçons sont applicables aux *pensionnats* de filles, en tout ce qui n'est pas contraire
aux conditions prescrites par le chapitre V de la loi du 15 mars
1850 sur l'instruction publique. (*Voyez* le § Ici-dessus.)

§ III. PENSIONNATS *d'instruction secondaire.*

Des *pensionnats* d'instruction secondaire peuvent être annexés aux
lycées et aux collèges communaux. (*Voyez* LYCÉES, COLLÉGES.)
Tous les établissements d'instruction secondaire libres peuvent

devenir *pensionnats*, car d'après l'article 60 de la loi du 15 mars 1850, il n'existe plus de différence entre les chefs d'institution et les maîtres de pension. De sorte que quiconque a rempli les formalités requises par cet article pour ouvrir un établissement d'instruction secondaire, peut recevoir des pensionnaires comme des externes. (*Voyez* INSTRUCTION SECONDAIRE.)

DÉCRET *du* 30 *décembre* 1850 *relatif aux pensionnats primaires.*

« Le président de la république,
« Sur le rapport du ministre de l'instruction publique et des cultes;
« Vu l'article 53 de la loi du 15 mars 1850;
« Le conseil supérieur de l'instruction publique entendu,
« Décrète :

TITRE Ier. — *Des instituteurs libres.*

« ART. 1er. Tout instituteur libre qui veut ouvrir un *pensionnat* primaire devra justifier qu'il s'est soumis aux prescriptions des articles 27 et 28 de la loi du 15 mars 1850 (1). Il devra, en outre, déposer entre les mains du maire la déclaration exigée par le paragraphe 1er de l'article 53 de ladite loi.

« Cette déclaration devra être accompagnée :

« 1º De l'acte de naissance de l'instituteur, et s'il est marié, de son acte de mariage;

« 2º D'un certificat dûment légalisé, attestant que le postulant a exercé pendant cinq ans au moins, soit comme instituteur, soit comme maître dans un *pensionnat* primaire;

« 3º Du programme de son enseignement;

« 4º Du plan du local dans lequel le *pensionnat* doit être établi;

« 5º De l'indication du nombre maximum des pensionnaires qu'il se propose de recevoir;

« 6º De l'indication des noms, prénoms, date et lieu de naissance des maîtres et employés qu'il s'est adjoints pour la surveillance du *pensionnat*.

« ART. 2. Tout français qui, après avoir exercé pendant cinq ans comme maître dans un *pensionnat* primaire, voudra ouvrir à la fois une école libre et un *pensionnat* primaire, pourra accomplir simultanément les formalités prescrites par les articles 27 et 28 de la loi du 15 mars et par l'article 1er ci-dessus.

« ART. 3. Le maire inscrit sur un registre spécial la déclaration de l'instituteur;

« Dans les trois jours qui suivent la déclaration, le maire, après avoir visité ou fait visiter le local destiné au *pensionnat*, vise en triple expédition la déclaration de l'instituteur et la lui remet avec son visa.

« S'il refuse d'approuver le local, il fait mention de son opposition et des motifs sur lesquels elle est fondée, en marge de la déclaration.

« Cette déclaration, accompagnée des pièces prescrites par l'article 1er du présent règlement, est transmis, au recteur de l'académie, au procureur de la république et au sous-préfet par le postulant.

« ART. 4. Si le recteur fait opposition à l'ouverture du *pensionnat*, soit dans l'intérêt de la moralité ou de la santé des élèves, soit pour inobservation des formes

_____

(1) Voyez cette loi sous le mot INSTRUCTION PUBLIQUE, tome III, page 338.

et conditions prescrites par la loi, il signifie son opposition à la partie par un arrêté motivé.

« Trois jours au moins avant la séance fixée pour le jugement de l'opposition, l'instituteur est appelé devant le conseil académique (1).

« Cette opposition est jugée par le conseil académique, suivant les formes prescrites au chapitre 2 du règlement d'administration publique en date du 29 juillet 1850. (*Art.* 25, 27 *et* 28.)

« Copie de la décision du conseil académique est transmise par le recteur au maire de la commune, qui fait transcrire cette décision, en marge de la déclaration de l'instituteur, sur le registre spécial.

« A défaut d'opposition à l'ouverture du *pensionnat*, et dans le cas où il est donné main-levée de l'opposition qui aurait été formée, le conseil académique détermine, le nombre d'élèves qui peuvent être admis sans inconvénient dans le local affecté au *pensionnat*, et le nombre des maîtres et employés nécessaires pour la surveillance des élèves. Mention en est faite par le recteur sur le plan du local. L'instituteur est tenu de représenter ledit plan aux autorités préposées à la surveillance des écoles, chaque fois qu'il en est requis

TITRE II. — *Des instituteurs publics.*

« ART. 5. Les dispositions des articles 1 et 3 du présent règlement sont applicables à l'instituteur public qui veut tenir un *pensionnat* primaire.

« La déclaration de l'instituteur est soumise par le maire au conseil municipal, dans sa plus prochaine réunion.

« Le conseil municipal, avant de donner son avis sur la demande, s'assure que le local est approprié à sa destination, et que la tenue de l'école communale n'aura pas à souffrir de l'établissement projeté.

« ART. 6. L'autorisation donnée par le conseil académique mentionne le nombre des élèves pensionnaires que l'instituteur peut recevoir. Cette autorisation mentionne également le nombre des maîtres et employés qui devront partager avec l'instituteur la surveillance du *pensionnat*.

« Le plan du local visé par le recteur et l'autorisation délivrée par le conseil académique doivent être représentés par l'instituteur aux autorités préposées à la surveillance des écoles.

« ART. 7. Le régime intérieur des *pensionnats* primaires sera réglé par le recteur en conseil académique, sauf révision par le ministre, en conseil supérieur de l'instruction publique.

TITRE III. — *Des conditions communes aux instituteurs publics et libres.*

« ART. 8. Si l'instituteur ne s'est pas conformé aux mesures prescrites par le conseil académique dans l'intérêt des mœurs et de la santé des élèves, il pourra être traduit devant ledit conseil, pour subir l'application des dispositions de l'article 30 de la loi du 15 mars 1850, s'il appartient à l'enseignement libre ; s'il est instituteur communal, il lui sera fait application des peines énoncées en l'article 33 de ladite loi.

« ART. 9. Tout instituteur qui reçoit des pensionnaires doit tenir un registre sur lequel il inscrit les noms, prénoms et l'âge de ses élèves pensionnaires, la date de leur entrée et celle de leur sortie.

(1) Aujourd'hui le conseil départemental de l'instruction publique.

« Chaque année, il transmet, avant le 1er novembre, au recteur de l'académie, un rapport sur la situation et le personnel de son établissement.

« Art. 10. Tout instituteur dirigeant un *pensionnat* qui change de commune, ou qui, sans changer de commune, change de local ou apporte au local affecté à son *pensionnat* des modifications graves, doit en faire la déclaration au recteur et au maire de la commune, et se pourvoir de nouveau devant le conseil académique.

« La nouvelle déclaration devra être accompagnée du plan du local et devra mentionner les indications énoncées au paragraphe 5 de l'article 4 du présent règlement.

« Art. 11. Il est ouvert dans chaque *pensionnat* un registre spécial destiné à recevoir les noms, prénoms, dates et lieux de naissance des maîtres et employés et l'indication des emplois qu'ils occupaient précédemment, et des lieux où ils ont résidé, ainsi que la date des brevets, diplômes ou certificats de stage dont ils seraient pourvus.

« Les autorités préposées à la surveillance de l'instruction primaire devront toujours se faire représenter ce registre, quand elles inspecteront les écoles.

« Art. 12. Aucun *pensionnat* primaire ne pourra être établi dans des locaux dont le voisinage serait reconnu dangereux sous le rapport de la moralité et de la santé des élèves.

« Art. 13. Aucun *pensionnat* ne peut être annexé à une école primaire qui reçoit les enfants des deux sexes.

« Art. 14. Les dortoirs doivent être spacieux, aérés, et dans des dimensions qui soient en rapport avec le nombre des pensionnaires.

« Ils doivent être surveillés et éclairés pendant la nuit.

« Une pièce spéciale doit être affectée au réfectoire.

« Art. 15. Le ministre de l'instruction publique et des cultes (M. de Parieu), est chargé de l'exécution du présent décret. »

LETTRE *de M. le ministre de l'instruction publique et des cultes* (M. Fortoul) *à MMgrs les archevêques et évêques, relative à l'exécution du décret impérial du 31 décembre 1853, en ce qui concerne l'inspection des maisons d'éducation de filles dirigées par des religieuses.*

Paris, le 26 janvier 1854.

Monseigneur,

« La loi du 15 mars 1850 (1) a déclaré que « tout ce qui se rapporte à l'examen « des institutrices, à la surveillance et à l'inspection des écoles de filles serait l'objet « d'un règlement délibéré en conseil supérieur. (*Art.* 50.) » Quoique l'ordonnance de 1836, qui régissait les écoles de filles, ne fut point abrogée par cette disposition et que les règles établies fussent par conséquent toujours en vigueur, l'inspection des écoles tenues par des communautés religieuses a donné lieu, sur quelques points du territoire, à des difficultés dont la solution ne pouvait pas être ajournée plus longtemps. Le décret du 31 décembre dernier (2), dont je vous envoie ci-joint un exemplaire, a pour objet de fixer toutes les incertitudes. Mûrement délibérées par le conseil impérial de l'instruction publique et par le conseil d'Etat, ses dispositions ont été combinées en vue d'approprier aux conditions particulières des éta-

(1) *Voyez* cette loi sous le mot INSTRUCTION PUBLIQUE, tome III, page 338.
(2) *Voyez* ce décret sous le mot ÉCOLE, tome II, page 517.

blissements la surveillance et l'inspection qui sont commandées par la loi. Vous y reconnaîtrez, je l'espère, cet esprit de haute équité dont le gouvernement de Sa Majesté impériale a déjà donné des gages si nombreux.

« Les écoles de filles sont partagées, par le nouveau règlement, au point de vue de la surveillance, en trois catégories. Votre Grandeur comprendra les motifs qui m'engagent à l'entretenir particulièrement de celles qui sont dirigées par des communautés religieuses.

« Aux termes de l'article 10, « toutes les écoles communales ou libres, tenues « soit par des institutrices laïques, soit par des institutrices religieuses, sont sou- « mises, quant à l'inspection et à la surveillance de l'enseignement, aux autorités « instituées par les articles 18 et 20 de la loi du 15 mars 1850 (1). » L'article 11 ajoute que l'inspection des *pensionnats* de filles, tenus par des congrégations religieuses, cloîtrées ou non cloîtrées, est faite lorsqu'il y a lieu, par des ecclésiastiques nommés par le ministre de l'instruction publique, sur la présentation de l'évêque diocésain.

« Afin de fixer le sens du décret, j'ajouterai ici que par *externat* on doit entendre les classes situées en dehors de la ligne de clôture, dans lesquelles les élèves sont reçues pour le temps des études. Lorsque les classes sont ouvertes hors de la clôture et que des parents, aussi bien que des maîtres étrangers, y entrent librement, elles constituent un externat, dans l'acception la moins équivoque du mot, et sont placées sans conteste sous le régime commun de l'inspection. Quant à la surveillance à exercer, conformément à l'article 21 de la loi du 15 mars 1850, sur l'éducation donnée à l'intérieur de la ligne de clôture des établissements religieux, ce n'est pas aux autorités désignées à l'article 11 qu'elle est attribuée, mais bien aux délégués ecclésiastiques établis par l'article 12. Ainsi les établissements religieux cloîtrés, qui renferment à la fois des *pensionnats* dans la clôture et des externats hors de la clôture, ne sont soumis à la surveillance des autorités instituées par la loi de 1850, et dans les limites fixées par l'article 21 de cette loi, qu'en ce qui concerne l'externat seulement. C'est dans ces termes que sont conçues les instructions que j'adresse aux recteurs par la circulaire dont vous trouverez ci-joint un exemplaire (2).

« Votre Grandeur a sur les établissements ecclésiastiques de son diocèse un droit de juridiction spirituelle qui ne peut être pour la puissance civile qu'un sujet de sécurité. Le décret du 31 décembre dernier en a appliqué le principe en vous attribuant la présentation des ecclésiastiques qui seront chargés d'inspecter les *pensionnats* dirigés par des religieuses. Le gouvernement ne peut douter que cette fois encore vous ne répondiez à son appel. Je vous prie de vouloir bien me désigner les prêtres qui vous paraîtraient, sous tous les rapports, les plus capables de bien remplir la mission délicate et si importante définie par l'article 12. Il ne s'agit pas sans doute ici d'une mission administrative et salariée qui exclut, par la multiplicité des travaux qui s'y rapportent, l'exercice de toute autre fonction ; cependant, et les termes du décret le disent assez, les personnes que vous aurez présentées recevront un titre durable auquel seront attachés pour elles des droits et des devoirs permanents, et qui devra leur inspirer, avec la pensée d'un bien réel à accomplir, le sentiment d'une véritable responsabilité.

« Vous fixerez vous-même, Monseigneur, le nombre des ecclésiastiques que vous

(1) *Voyez* ces articles de loi au tome III, page 348.
(2) *Voyez* ci-après, page 70.

jugerez convenable de désigner pour l'inspection des établissements de votre diocèse. Ce nombre sera nécessairement proportionné à celui des *pensionnats* dirigés par des associations religieuses.

« Le second paragraphe de l'article 12 porte que les rapports constatant les résultats de l'inspection seront transmis directement au ministre. » Vous trouverez, j'aime à le croire, dans cette disposition, le témoignage des intentions du gouvernement et de l'esprit qu'il portera dans l'exécution du nouveau décret. Elle est pour les délégués ecclésiastiques une garantie précieuse qui relève leur autorité et qui doit encourager leur zèle.

« Dans le cas où des difficultés, que je ne puis pas prévoir, viendraient à s'élever, Votre Grandeur sait qu'elle me trouvera toujours disposé à faire mes efforts pour les aplanir.

« Agréez, Monseigneur, l'assurance de ma haute considération. »

CIRCULAIRE *de M. le ministre de l'instruction publique et des cultes, à MMgrs les archevêques et évêques, relative à l'exécution du décret du 31 décembre 1853 en ce qui concerne l'inspection des communautés religieuses vouées à l'enseignement.*

Paris, le 20 mars 1854.

Monseigneur,

« Par ma circulaire du 26 janvier dernier (1), j'ai déjà eu l'honneur de donner à Votre Grandeur quelques explications sur le véritable sens du décret du 31 décembre précédent (2), spécialement en ce qui concerne la surveillance des écoles de filles tenues par des communautés religieuses, et je pensais avoir suffisamment répondu alors aux inquiétudes, d'ailleurs si respectables, qui s'étaient manifestées à ce sujet dans l'épiscopat.

« J'ai la confiance, en effet, Monseigneur, qu'il ne vous reste plus aucun doute sur le respect que le gouvernement de l'empereur professe pour ce qui tient à votre juridiction spirituelle, notamment à l'obéissance que vous doivent toutes les communautés religieuses de votre diocèse, ainsi qu'aux règles de clôture qui peuvent être imposées à quelques-unes de ces maisons, et dont avez seul le droit de déterminer les conditions et les limites.

« Mais il est d'autres points que je n'avais pas touchés, parce qu'ils ne me semblaient offrir des difficultés d'aucun genre, et sur lesquels, néanmoins, subsistent certaines préoccupations que je tiens à dissiper.

« On s'est demandé s'il n'y avait pas quelque inconvénient à ce qu'un prêtre fût investi, par la nomination du gouvernement, d'un pouvoir permanent dans des maisons soumises en tout à l'autorité diocésaine, et s'il ne pouvait pas naître de là des conflits préjudiciables à la paix de ces saintes retraites, ainsi qu'aux droits de la hiérarchie.

« D'abord, Monseigneur, vous ne perdrez pas de vue que cet ecclésiastique n'est nommé par le ministre que sur la présentation de Votre Grandeur; et je ne puis admettre que vous vous fassiez illusion jusqu'à me proposer, pour de telles fonctions, un prêtre capable d'abuser à ce point de votre confiance et de la mienne.

« Toutefois, comme à la rigueur, il pourrait arriver que celui, qui, d'abord, aurait

(1) *Voyez* cette circulaire ci-dessus.
(2) *Voyez* ce décret sous le mot ÉCOLES.

été digne de votre choix, ne vous parût pas, dans la pratique, convenir à cette délicate mission, mon intention est de ne faire ces nominations que pour un an ; et, dans le cas même où, durant l'année, Votre Grandeur jugerait nécessaire de retirer à l'ecclésiastique choisi par vous, les pouvoirs indispensables pour pénétrer dans l'intérieur des maisons cloîtrées, immédiatement je procéderais à son remplacement dans les formes prescrites par l'article 12 du décret du 31 décembre 1853.

« Quant aux rapports que devront m'adresser ces inspecteurs spéciaux, ils se borneront à mentionner : 1º Si les bâtiments destinés aux élèves sont salubres, si les dortoirs ne contiennent pas plus d'enfants qu'ils ne doivent en recevoir ; 2º si les règles de l'hygiène sont observées dans l'établissement ; 3º si les livres mis entre les mains des enfants et les leçons qui leur sont données ne renferment rien de contraire aux prescriptions de l'article 21 de la loi du 15 mars 1850, ni au respect et à la fidélité dus à l'empereur.

« Une copie de tous les rapports adressés au ministre par ces inspecteurs spéciaux sera envoyée par eux à l'évêque diocésain.

« Vous voyez, Monseigneur, que si, d'une part, le gouvernement de Sa Majesté impériale maintient le droit, qui ne saurait lui être contesté, de se faire rendre compte de tout ce qui intéresse l'administration du pays, de l'autre, il comprend tous les égards dus à son ministère sacré et à de hautes convenances.

« Recevez, etc. »

INSTRUCTION *de M. le ministre de l'instruction publique et des cultes à MM. les ecclésiastiques chargés de l'inspection des pensionnats tenus par des religieuses.*

Paris, le 20 décembre 1854.

« Monsieur l'abbé,

« J'ai l'honneur de vous annoncer qu'en exécution de l'article 12 du décret du 31 décembre dernier (1), je vous ai chargé, pour une année, sur la présentation de Mgr l'évêque diocésain, de l'inspection des *pensionnats* de filles tenus par des associations religieuses cloîtrées. Vous trouverez, sous ce couvert, une ampliation de l'arrêté qui vous concerne.

« En vous confiant cette délicate mission, je dois vous en indiquer, d'une manière précise, le caractère et la portée ; mais, avant tout, il est nécessaire de vous rappeler les dispositions législatives qui définissent et prescrivent la surveillance de l'Etat sur toutes les maisons d'éducation.

« La loi du 15 mars 1850 distingue deux espèces d'écoles primaires ou secondaires ; celles qui sont fondées ou entretenues par les communes, les départements ou l'Etat, et qui prennent le nom d'écoles publiques, et celles qui sont fondées ou entretenues par des particuliers ou des associations, et qui prennent le nom d'écoles libres.

« L'article 18 de la loi indique par quels fonctionnaires l'inspection des établissements d'instruction publique ou libre est exercée. L'article 21 dispose que l'inspection des écoles publiques s'exerce conformément aux règlements délibérés par le conseil supérieur ; que celle des écoles libres « porte sur la moralité, l'hygiène et la salubrité, et qu'elle ne peut porter sur l'enseignement que pour vérifier s'il n'est pas contraire à la morale, à la constitution et aux lois. » Enfin l'article 22 énumère les peines que pourrait encourir un chef d'établissement qui refuserait de se soumettre à la surveillance de l'Etat.

_____

(1) Voyez ce décret sous le mot ÉCOLES.

« Toutes ces dispositions, spécialement formulées en vue des écoles de garçons, sont, dans leur ensemble, applicables aux écoles de l'autre sexe. Toutefois, l'article 50 de la loi du 15 mars 1850 ayant décidé qu'un règlement, délibéré en conseil supérieur de l'instruction publique, déterminerait le mode d'examen, de surveillance et d'inspection des écoles de filles, il est intervenu, le 3 décembre 1853, un décret impérial, qui règle cette matière.

« Préparé par le conseil impérial de l'instruction publique, avec le concours des éminents prélats qui en font partie, ce décret statue que toutes les écoles externes publiques ou libres, tenues soit par des laïques, soit par des religieuses, seront soumises à l'inspection des autorités instituées par la loi du 15 mars 1850, mais que les *pensionnats* de filles seront inspectés par des délégués spéciaux, savoir les *pensionnats* laïques, par des dames que désignerait le recteur de l'académie, et les *pensionnats* des associations religieuses, par des ecclésiastiques que l'évêque du diocèse proposerait à la nomination du ministre de l'instruction publique. C'est à cette dernière mission que la confiance de votre évêque vous a appelé, en vous désignant à mon choix. Je ne doute pas, Monsieur l'abbé, que le gouvernement n'ait à se féliciter du concours que je réclame de vous.

« L'inspection que vous aurez à faire des *pensionnats* annexés aux écoles communales ou libres dirigées par des religieuses ne peut soulever aucune objection. Mais celle des *pensionnats* dirigés par des communautés religieuses et compris dans la clôture est d'une manière plus délicate ; c'est surtout en vue des difficultés résultant de la règle de ces communautés que le décret du 31 décembre fait appel à la coopération de l'autorité ecclésiastique. Vous ne perdrez donc pas de vue, en pénétrant, avec la permission de l'évêque, dans l'intérieur de la clôture, que vous n'avez à inspecter que le *pensionnat* proprement dit, c'est-à-dire la partie de la maison où sont élevées les jeunes filles qui ne sont pas destinées à la vie religieuse. Vos rapports sur ces établissements me feront connaître si l'on y a pris toutes les précautions que réclame l'hygiène, et parfois la morale elle-même ; si les dortoirs sont convenablement distribués; si l'on n'y réunit pas plus d'enfants que les dimensions ne le comportent, et enfin si les enfants y reçoivent tous les soins que réclame leur santé.

« Quant à l'enseignement proprement dit, il reste soumis à l'inspection ordinaire dans les écoles communales ou libres ; mais, cette inspection ne devant pas pénétrer dans la clôture, c'est vous, Monsieur l'abbé, qui aurez à voir si, conformément à l'article 21 de la loi du 15 mars 1850, l'enseignement donné dans les classes dirigées par les communautés religieuses est conforme à la morale, à la constitution et aux lois. Le caractère des institutrices qui tiennent ces établissements ne permet pas de douter de la direction parfaitement morale qu'elles donnent à leurs leçons. Votre tâche à cet égard sera donc bien simplifiée.

« Votre rapport, au surplus, ne contiendra aucune observation sur le mérite scolaire des méthodes ou des livres employés, pas plus que vous n'aurez à vous prononcer sur le degré d'instruction des élèves ou de leurs maîtresses; mais vous aurez à savoir si les livres placés entre les mains des enfants ne contiennent rien d'hostile à nos institutions, à la personne ou à la famille de l'empereur : j'appelle sur ce dernier point votre attention particulière. Le gouvernement méconnaîtrait l'un de ses premiers devoirs s'il souffrait que des idées contraires au respect qui lui est dû fussent suggérées à la jeunesse. Je ne puis croire que de tels abus pénètrent jamais dans de sages et pieuses institutions comme celles dont vous aurez la surveillance; et je suis bien convaincu que si, par exception, vous y trouviez un livre dont le choix n'aurait pas été fait, sous ce rapport, avec un soin assez scrupuleux, vous vous hâteriez de l'y interdire, de concert avec la supérieure, et de m'en donner avis.

« Je tiens particulièrement à ce qu'une première inspection ait lieu dès le commencement de la prochaine année, de manière que les rapports m'en parviennent avant le 1er mars. Je vous prie, à cet effet, de vouloir bien prendre les ordres de Mgr l'évêque, qui fixera le moment où vous pourrez, sans inconvénient, visiter les établissements soumis à votre surveillance.

« Recevez, Monsieur l'abbé, l'assurance, etc. »

PENSIONS ECCLÉSIASTIQUES.

La législation actuelle n'accorde aucune *pension*, aucune retraite aux prêtres que l'âge ou les infirmités obligent de renoncer aux fonctions ecclésiastiques. En 1807, des propositions furent soumises à l'empereur pour assurer des ressources à de pauvres prêtres qui, après une longue carrière remplie par d'utiles services, en échange desquels ils n'avaient connu que d'amères privations, se voyaient, sur la fin de leurs jours, c'est-à-dire à l'époque où les besoins s'accroissent et deviennent plus impérieux, dénués de tous les moyens d'y pourvoir. Il fut répondu à cette proposition par la note suivante, que le ministre secrétaire d'Etat adressa au ministre des cultes, sous la date du 18 août : « Le conseil d'Etat, Monsieur, a délibéré, « sur votre rapport, un projet de décret tendant à accorder des « *pensions* de retraite aux ministres des cultes avancés en âge et « infirmes. Sa Majesté, à qui ce projet a été soumis, n'y a point donné « son approbation, ayant pensé que, dans tous les temps, les titu- « laires de places ecclésiastiques ont pu conserver leurs fonctions « jusqu'à la fin de leur vie. J'ai l'honneur de vous faire connaître « cette détermination de Sa Majesté. »

La supposition qu'un prêtre peut rester toujours à son poste jusqu'à sa mort est vraie en théorie ; elle pouvait se réaliser à une époque où les bénéfices, richement dotés, permettaient d'assurer l'existence du titulaire et d'un coadjuteur ; mais, quand la décision fut rendue, la dotation des succursales était de 500 fr. ! Admettons-la sur le pied d'aujourd'hui (800 fr. ou 900 fr.) ; ce revenu n'est certes pas suffisant pour rétribuer deux personnes. Il faudrait donc ou que l'ecclésiastique infirme souffrît que sa paroisse demeurât privée des secours religieux pendant qu'il jouirait, sans faire aucun service, du traitement attaché à son titre, ce qui ne peut se supposer, ou qu'il trouvât un aide qui voulût venir le seconder par pur dévouement.

Le gouvernement impérial, convaincu lui-même de l'impossibilité qu'il en fût ainsi, statua, par un décret du 27 novembre 1811 (1),

(1) *Voyez* ce décret sous le mot ABSENCE.

article 15, qu'un prêtre âgé ou infirme, reconnu incapable de continuer d'exercer son ministère, pourrait demander un vicaire à la commune ; mais on comprend facilement les plaintes que soulèvent de pareilles demandes, les résistances qu'opposent les communes, auxquelles il paraît plus simple qu'on remplace un prêtre devenu invalide par un autre en état de remplir ses fonctions ; et ces résistances comment les vaincre par des mesures d'office, lorsque les communes sont déjà épuisées par les autres dépenses obligatoires qui leur sont imposées?

Le prêtre invalide est donc obligé de se retirer, et, s'il ne s'y décide pas de lui-même, l'évêque, usant du droit que la loi lui accorde quand il s'agit de simples desservants, procède à son remplacement.

Pour obvier à ce grave inconvénient, les évêques ont établi, dans leurs diocèses respectifs, des caisses de retraite en faveur des prêtres âgés et infirmes. (*Voyez* CAISSES DE RETRAITE.) Chaque ecclésiastique retranche tous les ans quelques francs du traitement modique et bien insuffisant qui lui est alloué sur le trésor public pour entretenir ces caisses de retraite et faire une faible *pension* à quelques-uns de ces vétérans du sacerdoce. Nous devons ajouter que le gouvernement accorde aux prêtres que leur âge ou leurs infirmités mettent dans l'impossibilité de remplir le saint ministère, un secours qui s'élève ordinairement de deux à trois cents francs ; les règlements permettent d'aller jusqu'à cinq cents francs, qui est le maximum.

Voilà ce que nous disions dans notre première édition; mais, depuis lors, le gouvernement impérial, comprenant la justice de venir plus largement en aide aux prêtres âgés ou infirmes, convertit les secours annuels qu'il accordait à quelques-uns d'eux en *pensions* de retraite, qui ne sont rien autre chose, au résumé, que des secours viagers. Un décret du 28 juin 1853, rapporté ci-après, créa une caisse de retraite en leur faveur. Il n'était pas possible de prélever, pour la formation d'un fonds de retraite, une partie du traitement des ministres de la religion, à peine suffisant pour la plupart d'entre eux, et, en tout cas, trop faible pour subir des retenues qui dans les paroisses pauvres, auraient tari la source de l'aumône. Le gouvernement considéra, d'ailleurs, que les évêques qui ont toujours regardé comme un devoir de leur charge le soin de subvenir aux besoins de leur clergé, ne pouvaient pas se reposer entièrement de l'accomplissement de cette obligation sur l'autorité civile. En conséquence, il ne crut pas devoir assimiler le sacerdoce aux fonctions comprises dans la loi sur les *pensions* civiles et, à notre avis, ce fut un tort, ce qui prouve, comme nous le disons ci-dessus, que ces *pensions* ne sont réellement que des secours à vie.

Quoiqu'il en soit, le décret du 28 juin 1853 porte que des *pensions* pourront être accordées par le ministre des cultes, sur l'avis de l'évêque diocésain, aux prêtres âgés ou infirmes, entrés dans les ordres depuis plus de trente ans. Ces *pensions* sont servies par une caisse générale de retraites, dont les ressources sont indiquées au décret.

Deux conditions sont exigées pour obtenir une *pension* ecclésiastique. Elle ne peut d'abord être accordée qu'aux prêtres âgés ou infirmes, entrés dans les ordres depuis plus de trente ans. La seconde condition, indispensable, c'est la présentation de l'autorité épiscopale. Cette présentation doit émaner de l'évêque du diocèse où les prêtres ont leur domicile.

Les *pensions* comme les secours ne doivent être accordées qu'aux ecclésiastiques dont les ressources personnelles sont insuffisantes. Les prêtres qui possèdent, par eux-mêmes, des moyens de vivre honorablement, ne sauraient faire appel à la munificence de l'Etat. Ce qui prouve encore une fois, que les *pensions* ne sont que des secours.

Les propositions de *pensions* doivent être accompagnées des pièces ci-après indiquées ;

1° La demande du prêtre, indiquant ses nom, prénoms, qualités et son adresse ;

2° Son acte de naissance ;

3° Un certificat de l'évêque du diocèse où il a son domicile réel, constatant l'époque où il a reçu l'ordre du sous-diaconat, les fonctions qu'il a successivement exercées, la durée totale de ses services et le montant de la *pension* inscrite au ministère des finances dont il pourrait déjà jouir sur le trésor public ;

4° L'avis de l'évêque.

Le taux des *pensions* n'a pas été déterminé ; mais il résulte d'un rapport ministériel, en date du 18 novembre 1854, qu'il est, en moyenne, de 450 francs, et qu'il peut varier de 200 à 600 francs. Ce dernier chiffre paraît être le maximum que le ministère des cultes s'est imposé, afin de faire participer aux fonds de retraite un plus grand nombre de prêtres.

A certaines époques, on a demandé l'établissement, pour le clergé, d'un système de retraites pareil à celui qui a été organisé en faveur des fonctionnaires de l'Etat. Rien de plus juste, de plus rationnel et surtout de plus légal. Le Sénat a été appelé, en 1862 et 1864, à examiner des pétitions présentées dans ce but. Ces pétitions ont été repoussées. Le ministère ecclésiastique, a-t-on dit, est un ministère de toute la vie ; on ne conçoit pas un seul moment de l'existence du prêtre qui ne doive pas être consacré au service de Dieu et au service des âmes. Si l'on établissait des retraites qui eussent des règles fixes, soit pour le droit, soit pour la quotité, il y aurait lieu de craindre que le clergé ne finît par s'écarter de sa mission de travail, de prière et de dévouement perpétuel.

Au point de vue financier, la question a paru présenter de très-grandes difficultés. La formation d'un fonds de retraite au moyen d'une retenue sur le traitement du prêtre donnerait à celui-ci un droit à la retraite et l'on briserait ainsi la règle ecclésiastique qui le maintient toujours en fonctions. Si, au contraire, on mettait tout à la charge de l'Etat, on lui imposerait un fardeau exorbitant. On a conclu de ce qui précède qu'il fallait laisser les choses comme elles sont et ne pas aller à un inconnu qui se traduirait par une mise de fonds trop considérable.

La *pension* n'est rien autre chose que la rémunération d'un service rendu. Ainsi, on donne une *pension*, après un certain nombre d'années de services aux fonctionnaires publics, aux officiers militaires, etc. Pourquoi n'en pas faire autant en faveur de ceux qui consument leur vie au service de l'Eglise, de la religion, de la société et de l'Etat ?

On dit qu'au point de vue financier, la question présente de très-grandes difficultés. Mais si l'on voulait être juste, on se rappellerait que le clergé catholique possède encore actuellement des biens ecclésiastiques non vendus par la révolution, réservés par le concordat, que le gouvernement administre et dont il retire plus de 50 millions de revenus.

On pourrait bien prélever sur ce fond de réserve une légère *pension* pour tous les ecclésiastiques qui ont plus de trente ans d'exercice du saint ministère. Ce ne serait pas imposer un *fardeau exorbitant* à l'Etat, ce serait le mettre à même de payer une dette depuis longtemps contractée. Puis, après tout, il ne faudrait pas pour cela une mise de *fonds trop considérable*. Il suffirait, ce nous semble, en laissant les choses telles qu'elles sont, que le gouvernement déclarât que le prêtre âgé, infirme, après trente ans de service, a un droit strict et rigoureux à une *pension*, comme il a droit à un traitement pendant l'exercice de son ministère.

On dit encore qu'il y aurait lieu de craindre que le clergé ne finît par s'écarter de sa mission de travail, de prière et de dévouement perpétuel. Non, le prêtre n'abandonne pas son poste ; comme un vaillant soldat, il reste sur le champ de bataille tant que ses forces le lui permettent. Il sait dire, et il le dit tous les jours comme saint Martin, *non recuso laborem ;* je ne refuse pas le travail : il ne cède qu'accablé par l'âge ou les infirmités. D'ailleurs, il y a une hiérarchie dans l'Eglise, le curé, attaché depuis longues années à une paroisse, ne la quitte pas à son gré ; il lui faut pour cela l'assentiment de son évêque qui juge si ce vétéran du sacerdoce est ou non utile à l'Eglise, et s'il peut ou non remplir les fonctions saintes qui lui ont été confiées.

Nous aimons néanmoins à constater que le gouvernement est entré dans une bonne voie, et nous espérons qu'avec le temps il comprendra la nécessité de perfectionner son œuvre. C'est dans ce but que nous rapportons ci-après tous les documents relatifs à cette question, et dont nous avons donné ci-dessus une très-courte analyse.

RAPPORT *à l'empereur par M. le ministre de l'instruction publique et des cultes* (M. Fortoul), *sur les pensions à accorder aux prêtres âgés et infirmes.*

« Sire,

« Votre Majesté m'a ordonné d'étudier les mesures qui permettraient d'apporter quelque adoucissement à la position précaire des prêtres que l'âge ou les infirmités obligent à résigner leurs fonctions. La pensée de venir en aide à la vieillesse du clergé remonte à l'époque du rétablissement du culte ; mais les essais divers qui ont été tentés jusqu'à ce jour sont demeurés stériles ou incomplets. On n'avait pas assez réfléchi à la position particulière qui résulte pour le prêtre de la nature même de la mission qu'il remplit. On oubliait qu'en entrant dans les ordres, il s'engage pour la vie ; que, même après une carrière déjà longue, il est encore lié envers l'Eglise par son vœu, et que l'évêque seul, et non l'Etat, est investi du droit d'accorder le repos à sa vieillesse. D'un autre côté, en admettant trop facilement la possibilité de prélever au profit des fonds de retraite avec une partie du traitement des ministres de la religion, à peine suffisant pour la plupart, et, en tout cas, trop faible pour subir des retenues qui, dans les paroisses pauvres, tariraient la source de l'aumône. Enfin, on ne songea pas que les évêques qui ont toujours regardé comme appartenant à leur charge épiscopale le soin charitable de subvenir aux besoins de leur clergé, ne pouvaient pas se décharger entièrement de ce devoir sur l'autorité civile, bien qu'ils acceptent son concours avec reconnaissance.

« Votre gouvernement, mieux éclairé, a respecté la tradition de l'Eglise et les devoirs particuliers du sacerdoce, en ne l'assimilant pas aux fonctions comprises dans la loi sur les *pensions* civiles. De graves motifs n'avaient pas permis d'étendre à l'armée les dispositions de cette loi ; les raisons que je viens de rappeler commandaient avec non moins de force d'en excepter le clergé. La sollicitude de l'Etat pour le clergé ne peut se produire que par des actes d'une libéralité continue qui soulagent la vieillesse ou les infirmités du prêtre sans supposer des versements antérieurs qui constitueraient un droit acquis. Les concessions ne doivent avoir lieu que sur l'avis de l'évêque, parce qu'il est le chef de la hiérarchie, le gardien de la discipline et le défenseur naturel du clergé de son diocèse.

« Le budget de l'administration des cultes, au chapitre des secours personnels, comprend un crédit qui, pour l'exercice 1854, est de 755,000 fr., et qui, à d'autres époques, s'est élevé à un million. Sur ce crédit, une somme de plus de 500,000 fr. est distribuée à des ecclésiastiques pauvres, à qui l'autorité diocésaine a permis de résigner leurs fonctions. En réunissant le montant de cette subvention aux ressources importantes créées par le décret du 22 janvier 1852, et aux produits des donations privées, il serait possible de constituer un fonds annuel suffisant pour venir en aide d'une manière permanente aux besoins les mieux constatés.

« Les secours accordés aujourd'hui par l'administration des cultes sont éventuels ; chaque année la demande doit en être renouvelée par l'ecclésiastique entre les mains de l'évêque diocésain, qui transmet au ministère un état de proposition. Mais j'ai reconnu qu'on pouvait simplifier ces formalités peu utiles, et donner à ces allocations le caractère et la forme de *pensions* qui, une fois concédées, seraient servies régulièrement. Les prêtres en retraite obtiendraient par là une garantie précieuse pour le repos de leur vieillesse, sans que les charges du trésor fussent augmentées.

« En supposant que la moyenne des *pensions* ne dépassât pas la moyenne des secours alloués présentement, l'administration disposerait, dès aujourd'hui, de 2,400 *pensions* environ qui seraient à répartir entre les diocèses sur la demande des évêques et d'après l'étendue des besoins. Bien que le chiffre paraisse peu élevé quand on le compare à celui des retraites accordées sur des fonds de retenue, les misères si imparfaitement secourues par les caisses particulières qui sont établies dans quelques diocèses éprouveraient un allégement notable ; ce serait un nouveau bienfait qui ferait bénir votre nom par le clergé des campagnes.

« Les *pensions* seraient servies par une caisse générale dont les ressources se composeraient comme il a été dit plus haut. En aucun cas, elles ne pourraient excéder les revenus de la caisse pendant l'année. M. le ministre des finances, avec lequel j'ai dû me concerter, réclame formellement cette disposition comme la garantie du trésor contre toute demande de subvention nouvelle. Toutes les opérations concernant, soit le recouvrement des revenus de la caisse, soit le payement des arrérages des *pensions*, seraient confiées au directeur de la caisse des dépôts et consignations, qui restera chargé de plusieurs services analogues, même après la mise en vigueur de la loi sur les *pensions* civiles.

« Etablie sur les bases qui viennent d'être définies, la caisse des retraites du clergé répondra, je l'espère, aux intentions généreuses de Votre Majesté. Autant que le permettent les intérêts du trésor, vous aurez, sans compromettre la discipline ecclésiastique, acquitté la dette du pays envers les vieux serviteurs de l'Eglise et de l'Etat.

« J'ai l'honneur, en conséquence, de soumettre à l'approbation de Votre Majesté le projet de décret ci-joint.

« Je suis, avec le plus profond respect, Sire, etc. »

DÉCRET *du* 28 *juin* 1853 *sur les pensions à accorder aux prêtres âgés et infirmes.*

« NAPOLÉON, par la grâce de Dieu et la volonté nationale, etc.

« Sur le rapport de notre ministre, etc. ;

« Vu le décret du 13 thermidor an XIII (1) ;

« Vu l'article 8 du décret du 22 janvier 1852 (2) ;

« Considérant qu'il importe à la dignité de l'Etat autant qu'à celle du clergé de ne pas laisser sans secours les prêtres que l'âge et les infirmités ont obligés à résigner leurs saintes fonctions ;

« Attendu que la pensée du gouvernement qui a rétabli le culte en France n'a pu en ce point être encore réalisée qu'imparfaitement, et que les caisses particulières fondées seulement dans quelques diocèses sont loin de subvenir à toutes les nécessités ;

« Avons décrété et décrétons ce qui suit :

(1) *Voyez* ce décret sous le mot BANCS, tome Ier, page 450.

(2) Cet article accorde cinq millions aux prêtres âgés ou infirmes sur les biens de la famille d'Orléans. Nous croyons inutile de rapporter ici ce décret qui statue sur d'autres intérêts. Un autre décret en date du 27 mars 1860, porte que cette somme de cinq millions affectée à la dotation de la caisse générale des *pensions ecclésiastiques*, sera employée à l'achat de rentes sur l'Etat trois pour cent.

« Art. 1er. Notre ministre de l'instruction publique et des cultes pourra accorder, sur l'avis de l'évêque diocésain, des *pensions* aux prêtres âgés ou infirmes entrés dans les ordres depuis plus de trente ans.

« Art. 2. Ces *pensions* seront servies par une caisse générale de retraite, dont les ressources se composeront :

« 1o D'une subvention prélevée annuellement sur le chapitre VIII du budget des cultes ;

« 2o De la subvention de cinq millions accordés par le décret du 22 janvier 1852 ;

« 3o Du produit des dons et legs que la caisse sera autorisée à accepter, après avis du conseil d'Etat ;

« Art. 3. En aucun cas, les *pensions* ne pourront excéder le montant des ressources qui seront réalisées chaque année par la caisse, en vertu de l'article précédent.

« Art. 4. Le directeur de la caisse des dépôts et consignations est chargé de toutes les opérations qui concernent le recouvrement des revenus de la caisse et le payement des arrérages des *pensions*.

« Art. 5. Une instruction de notre ministre de l'instruction publique et des cultes, et des règlements approuvés par lui, détermineront les mesures et les détails d'exécution du présent décret. »

Circulaire *du ministre de l'instruction publique et des cultes, aux préfets, relative aux pensions de retraites à accorder aux ecclésiastiques âgés ou infirmes.*

Paris, le 28 juin 1853.

« Monsieur le préfet,

« Sa Majesté impériale, dans sa sollicitude pour le clergé, m'avait ordonné depuis longtemps d'étudier les moyens d'apporter quelque adoucissement à la position des prêtres que l'âge ou les infirmités obligent à résigner leurs fonctions. Le décret en date de ce jour, dont j'ai l'honneur de vous transmettre une ampliation, répond à ces vues générales. Je ne doute pas qu'il ne soit accueilli avec reconnaissance par le clergé.

« Vous aurez remarqué que, tout en s'efforçant de secourir les vieux serviteurs de l'Eglise et de l'Etat, le gouvernement a écarté avec soin les dispositions qui n'auraient pas été en harmonie avec les règles de la discipline ecclésiastique et avec les maximes constamment soutenues par l'épiscopat. Je ne puis que vous engager à vous pénétrer des déclarations du rapport à Sa Majesté impériale qui accompagne le décret; elles contiennent l'expression de la pensée du gouvernement sur ces délicates questions.

« Vous trouverez ci-jointe une expédition de la circulaire que j'adresse à NN. SS. les évêques, et par laquelle je réclame quelques documents sans lesquels la répartition des *pensions* nouvellement instituées offrirait des difficultés de diverse nature. Je n'ai nullement la pensée de prétendre m'immiscer dans les détails de l'administration ecclésiastique; mais, dans l'intérêt même du sacerdoce, je sens la nécessité de préparer mes décisions par une étude approfondie des besoins des diocèses, que je ne puis connaître sans le concours de l'épiscopat. Si vous pensiez que les intentions du gouvernement pussent ne pas être parfaitement comprises, il vous appartiendrait de rétablir auprès de l'autorité diocésaine le véritable caractère des demandes que je formule.

« Agréez, etc. »

CIRCULAIRE *de M. le ministre de l'instruction publique et des cultes, à MMgrs les archevêques et évêques, relative aux pensions ecclésiastiques à accorder en exécution du décret du 28 juin 1853, et aux secours à accorder aux prêtres âgés ou infirmes et aux anciennes religieuses.*

Paris, le 30 novembre 1853.

« Monseigneur,

« Le décret du 28 juin dernier, qui m'autorise à accorder, sur l'avis de l'évêque diocésain, des *pensions* de retraite aux ecclésiastiques, est une nouvelle preuve de la sollicitude de l'empereur pour les besoins du clergé ; il a pour but d'assurer aux vieux serviteurs de l'Église et de l'État une retraite convenable, de leur épargner les formalités et les inquiétudes qu'entraînait chaque année le renouvellement des demandes de secours, et d'acquitter, en partie du moins, à leur égard, la dette du pays. J'ai recherché avec soin les moyens les plus efficaces de réaliser les bienveillantes intentions de Sa Majesté ; mais j'ai dû attendre que les documents réclamés par ma circulaire du 28 juin me fussent parvenus. Après les avoir attentivement examinés, je vais, en vertu de l'article 5 de ce décret, vous indiquer, Monseigneur, les règles qui devront être suivies dans son exécution.

« 1° *Fondation d'une caisse générale de retraites ecclésiastiques.* — Il était indispensable, avant tout, de fonder pour le service des *pensions* ecclésiastiques une caisse générale présentant toutes les garanties désirables. La caisse de retraites, instituée par le décret du 28 juin, forme un établissement d'utilité publique.

« Les ressources de cette caisse se composent :

« 1° D'une subvention prélevée annuellement sur le chapitre VIII du budget des cultes ;

« 2° Des intérêts de la dotation de cinq millions accordée par Sa Majesté impériale. Ces intérêts seront servis par M. le ministre des finances, sur le produit de la vente des bois de l'État que le décret du 27 mars 1852 a affecté à sa destination. La caisse des retraites ecclésiastiques se trouvera ainsi dans la même situation que la Légion d'honneur et les autres institutions désignées par ce décret ;

« 3° Des dons et legs faits à cette caisse et régulièrement acceptés.

« Le crédit de 765,000 francs porté au chapitre VIII du budget des cultes de 1854, pour secours personnels, n'est pas seulement applicable aux prêtres en retraite qui comptent plus de trente ans d'exercice ; il a, en outre, pour objet de venir en aide aux autres ecclésiastiques et aux anciennes religieuses dont la position est également digne d'intérêt. Le temps et la pratique permettront d'apprécier la nature très-variable et l'étendue des besoins à satisfaire tous les ans ; mais, au début de l'organisation de la caisse des retraites, il n'est pas possible de régler d'une manière permanente la quotité de la subvention dont elle devra profiter. Le gouvernement se réserve de la fixer chaque année.

« Cette caisse a pour unique but de donner des *pensions* aux ecclésiastiques qui justifient de plus de trente ans de services ; tandis que les caisses diocésaines ont plusieurs destinations, notamment celle de soulager un certain nombre d'infortunes qui ne peuvent être convenablement secourues sur les fonds du trésor public. Il importe donc que les cotisations du clergé et les autres ressources des caisses diocésaines n'éprouvent aucune diminution. Loin de vouloir porter atteinte à l'existence de ces établissements, d'une incontestable utilité, le gouvernement désire les voir prospérer et se multiplier; il en facilitera de tout son pouvoir la fondation dans les diocèses où ils n'ont pas encore été formés.

« 2º *Caractère des nouvelles pensions ecclésiastiques.* — Le décret du 28 juin n'a pas créé en faveur de tous les prêtres qui ont trente ans de services un droit à une *pension* de retraite; il leur ouvre seulement les voies et moyens pour l'obtenir. L'administration est libre de l'accorder ou de la refuser. En un mot, chaque *pension* concédée sera une libéralité du gouvernement. Par conséquent aucun recours à ce sujet devant le conseil d'Etat ou toute autre juridiction ne pourrait être admis.

« Ces *pensions* facultatives sont viagères. Les titulaires toucheront par trimestre, soit à la caisse des dépôts et consignations à Paris, soit au bureau de ses préposés dans les départements.

« Je ferai tout ce qui sera possible pour proportionner le taux de la *pension* aux besoins du prêtre qui la demandera. Le chiffre de la somme qu'il recevait précédemment à titre de secours sera pris en grande considération. Du reste, vos propositions, Monseigneur, serviront de base à mes décisions; mais je vous prie de vouloir bien vous rappeler qu'aux termes de l'article 3 du décret du 28 juin, la totalité des *pensions* ne peut excéder le montant des ressources qui seront réalisées, chaque année, par la caisse des retraites.

« Dans l'état actuel des choses, je ne saurais déterminer le *maximum* des *pensions* ecclésiastiques. Ce n'est que lorsque j'aurai été mis en mesure de prévoir tous les résultats de l'exécution du décret, que je pourrai me prononcer définitivement sur ce point.

« 3º *Conditions à remplir pour obtenir une pension ecclésiastique.* — Deux conditions sont exigées par l'article 1er du décret du 28 juin pour obtenir une *pension* ecclésiastique. Elle ne peut d'abord être accordée *qu'aux prêtres âgés ou infirmes entrés dans les ordres depuis plus de trente ans.*

« J'ai décidé que ces trente années courraient à partir du jour de la réception, constatée par l'évêque diocésain, de l'ordre du sous-diaconat. Cette interprétation, fondée sur l'acception ordinaire des mots *entrés dans les ordres,* qui se trouvent dans le décret, et sur l'esprit de bienveillance qui l'a dicté, sera très-avantageuse aux ecclésiastiques infirmes, en leur permettant de compter les deux années qui s'écoulent le plus souvent entre le sous-diaconat et la prêtrise.

« La seconde condition indispensable, c'est la *présentation de l'évêque diocésain.*

« Il vous appartient, sous tous les rapports, Monseigneur, de désigner les membres de votre clergé que vous jugerez hors d'état de continuer leurs fonctions; le décret du 28 juin n'a fait que maintenir votre droit d'initiative en cette matière. Les prêtres de votre diocèse devront, après comme avant leur retraite, rester soumis à votre autorité. Aucune *pension* ne pourra leur être octroyée que sous la réserve de demeurer subordonnés à votre juridiction. Si quelques-uns d'entre eux refusaient de se conformer aux règles de la discipline ecclésiastique, leurs *pensions,* en raison du caractère de libéralité et de l'inexécution de la condition que le gouvernement croit devoir y attacher, pourraient même, au besoin, être révoquées sur votre proposition.

« Dans le cours d'une longue carrière, les ecclésiastiques peuvent être appelés à exercer leur ministère dans divers diocèses. On a élevé la question de savoir si leurs demandes de *pensions* devaient être présentées par l'évêque de leur diocèse natal, ou par l'évêque du diocèse où ils ont leur domicile.

« Lorsqu'un prêtre réside depuis plusieurs années dans un diocèse, l'évêque, avant de lui accorder aucune autorisation, a pris sur son compte les renseignements nécessaires. Il lui est, d'ailleurs, plus facile d'apprécier sa conduite et de vérifier sa position pécuniaire. D'un autre côté, si les ecclésiastiques éloignés de leur pays natal depuis un grand nombre d'années étaient obligés de s'adresser à des prélats récemment préconisés qui ne les connaissent pas, leurs demandes pourraient subir des retards et soulever des difficultés.

« D'après ces motifs, j'ai pensé que les présentations devaient être faites par l'évêque du diocèse où les prêtres auraient leur domicile.

« Les *pensions* pour les prêtres en retraite sont destinées à remplacer les secours; elles ne doivent, comme ces secours, être concédées qu'aux ecclésiastiques dont les ressources personnelles sont insuffisantes. Mais, par cela même qu'elles seront fixes et permanentes, il sera indispensable de s'assurer de la situation pécuniaire des prêtres qui les solliciteront. Le sacerdoce est une carrière d'abnégation et de dévouement ; les ecclésiastiques qui possèdent par eux-mêmes des moyens de vivre honorablement ne sauraient réclamer la munificence de l'Etat.

« Je crois devoir appeler particulièrement votre attention sur ce point essentiel. Je désire délivrer d'abord des *pensions* aux ecclésiastiques les plus âgés, les plus infirmes et les plus nécessiteux, et je suis convaincu que ce sont aussi ceux-là qui fixeront les premiers votre sollicitude.

« 4° *Pièces justificatives à produire à l'appui des demandes de pensions ecclésiastiques.* — Il est de règle que toute demande de *pension* soit appuyée de pièces justificatives. Cette règle doit être observée surtout lorsqu'il s'agit de répartir entre un grand nombre de respectables ecclésiastiques les bienfaits du gouvernement, et de comparer les titres qu'ils invoquent.

« Voici la liste des pièces dont chacune de vos propositions, Monseigneur, devra être accompagnée :

« 1° La demande du prêtre, indiquant ses nom, prénoms, qualités et son adresse;

« 2° Son acte de naissance ;

« 3° Un certificat de l'évêque du diocèse où il aura son domicile réel, constatant l'époque où l'ecclésiastique a reçu l'ordre du sous-diaconat, les fonctions qu'il a successivement exercées, la durée de ces services et le montant de la *pension* inscrite au ministère des finances dont il pourrait déjà jouir sur le trésor public ;

« 4° L'avis motivé de l'évêque sur la demande.

« Je vous recommande, Monseigneur, d'insérer dans votre avis les renseignements que vous aurez pris sur les moyens d'existence de chaque ecclésiastique.

« 5° *Observation générale sur les secours en faveur des ecclésiastiques qui ne pourraient obtenir une pension.* — Plusieurs prélats ont remarqué que le décret du 28 juin ne s'appliquait pas aux prêtres forcés par leurs infirmités de cesser leurs fonctions avant trente ans d'exercice.

« Je sais, Monseigneur, et je partage tout l'intérêt que mérite la pénible position de ces ecclésiastiques; mais j'ai reconnu l'impossibilité de mettre à la charge de la caisse des retraites une dépense considérable et supérieure à ses ressources. Il a fallu ce grave motif pour restreindre les dispositions du décret.

« Les infirmités précoces et les besoins exceptionnels trouveront, comme par le passé, un soulagement dans le fonds de secours expressément réservé au budget des cultes.

« Les prêtres secourus sur les fonds du chapitre VIII, pourront, d'ailleurs, trente ans après leur entrée dans le sacerdoce, obtenir, à leur tour, des *pensions* de retraite.

« Les mêmes fonds réservés devront servir, en outre, au payement des subventions en faveur des anciens vicaires généraux, des anciens prêtres sans fonctions, des anciennes religieuses et des prêtres en activité. Vous savez, Monseigneur, que les anciens vicaires généraux obtiennent, en vertu d'une décision impériale, l'allocation de 1,500 francs, fixée par l'ordonnance du 19 septembre 1854, et que les secours sont accordés aux prêtres en activité par une décision spéciale du ministre des cultes. Quant aux anciens prêtres, sans fonctions depuis 1802 et aux anciennes religieuses, le nombre en diminue sensiblement chaque année.

« Je continuerai à soulager toutes les misères que vous me signalerez; mais ce sera sur votre proposition spéciale, et dans tous les cas sur votre avis, que les prêtres et les anciennes religieuses de votre diocèse recevront des secours directs. Il me serait désormais impossible de mettre à votre disposition, d'une manière générale, comme les années précédentes, les fonds qui ont reçu une affectation déterminée.

« Telles sont, Monseigneur, les observations que j'ai cru utile de vous adresser sur la manière d'interpréter et d'appliquer le décret du 28 juin 1853. Ce décret doit être mis à exécution à partir du 1er janvier 1854. Il est donc urgent d'inviter les ecclésiastiques de votre diocèse à vous faire parvenir le plus tôt possible leurs demandes, avec les pièces justificatives précitées.

« Je vous prie, Monseigneur, de vouloir bien me transmettre, *avant le 15 janvier prochain*, un dossier distinct et séparé pour chaque demande, avec votre avis.

« Je prendrai les mesures nécessaires afin que les prêtres en retraite qui obtiendront une *pension* puissent en toucher le premier trimestre au mois d'avril 1854.

« Agréez, Monseigneur, etc. »

CIRCULAIRE *de M. le ministre de l'instruction publique et des cultes, à MM. les préfets, relative aux pensions ecclésiastiques à accorder en exécution du décret du 28 juin 1854.*

Paris, le 30 novembre 1853.

« Monsieur le préfet,

« J'ai l'honneur de vous transmettre un exemplaire de la circulaire que je viens d'adresser à MMgrs les archevêques et évêques sur l'exécution du décret du 28 juin 1853, qui m'autorise à accorder des *pensions* aux ecclésiastiques entrés dans les ordres depuis plus de trente ans.

« Ces *pensions* facultatives sont destinées à remplacer les secours; elles ne peuvent être concédées qu'aux prêtres en retraite dont les ressources personnelles ont été reconnues insuffisantes. Il importera donc de vérifier, aussi exactement qu'il sera possible, la position pécuniaire de ceux qui les solliciteront. Je réclamerai particulièrement votre concours, Monsieur le préfet, sur ce point essentiel. Je vous prierai de prendre, avec la réserve et les ménagements dus aux vieux serviteurs de l'Eglise et de l'Etat, des renseignements précis sur leurs moyens d'existence et de me faire connaître confidentiellement votre avis sur leurs demandes (1).

« Recevez, etc. »

(1) Nous regrettons que le ministère des cultes ait cru devoir prescrire aux préfets une semblable inquisition. Il nous semble qu'il était de toute convenance de s'en rapporter uniquement aux renseignements consciencieux donnés par les évêques dont on suspecte ici la bonne foi. Une enquête secrète faite par des juges de paix et des maires, trop souvent peu bienveillants, a quelque chose d'odieux et en même temps de pénible pour celui qui en est l'objet, et qui ôte aux *pensions* ecclésiasti-

PERCEPTEUR.

Un *percepteur* receveur municipal peut être valablement nommé membre du conseil de fabrique de l'une des communes dont il gère les revenus, pourvu qu'il y soit domicilié, et, par suite il peut aussi être appelé à faire partie du bureau des marguilliers, et même être investi des fonctions de trésorier. Seulement, remarque M. Campion (1), il doit, pour accepter ces fonctions, obtenir l'agrément du receveur des finances sous l'autorité duquel il est placé. Pour nous, nous ne pensons pas que cet agrément soit nécessaire, parce que les fonctions de *percepteur* ne sont pas incompatibles avec les fonctions de trésorier de la fabrique.

Les *percepteurs* délivrent aux indigents pour leur mariage des certificats constatant qu'ils ne sont point imposés. (*Voyez* MARIAGE DES INDIGENTS.)

PÉREMPTION.

Un procès engagé par la fabrique doit, comme tout autre, être jugé dans les trois ans à partir de l'exploit introductif (*voyez* AJOURNEMENT), sous peine de *péremption*, c'est-à-dire d'extinction de l'instance, dont la fabrique, sur la demande du défendeur, aurait à payer les frais, sauf à renouveler son action. Outre ce payement des frais, la fabrique contre laquelle la *péremption* serait déclarée, aurait à courir le danger de perdre les avantages que pourraient lui offrir les actes de la procédure périmée.

Tels sont les conséquences des articles 397 et 401 du Code de procédure, puisque l'article 398 du même code porte : « Que la « *péremption* court contre l'Etat, *les établissements publics*, et toutes « personnes, même mineures, sauf leur recours contre les *adminis-* « *trateurs* et tuteurs. »

Ainsi, le trésorier chargé des poursuites doit être attentif, non-seulement dans l'intérêt de la fabrique, mais dans le *sien propre*, puisque la loi le déclare responsable, à veiller à ce que l'avoué constitué ne laisse pas passer le délai fixé par la loi sans obtenir le jugement, ou du moins, sans faire quelque acte *valable*, qui, aux termes de l'article 397, couvrirait la *péremption*.

Telle est la rigueur des principes en cette matière ; il a été décidé que la *péremption* pouvait être opposée à une commune, non-seulement dans le cas où elle procéderait sans être munie de l'autorisation de l'administration supérieure (*arrêt de la Cour de Paris, du* 17

---

ques tout le mérite et toute l'importance qu'on y attache. Un prêtre vénérable autant par son âge que par ses vertus, ne peut qu'être humilié de se voir délivrer ainsi une espèce de certificat de mendicité.

(1) *Manuel de droit civil ecclésiastique,* page 351.

janvier 1809), mais encore dans celui où elle eût été obligée de rester dans l'inaction pour obtenir l'autorisation. (*Arrêt de la Cour de Nîmes, du 31 août 1812.*)

PERMIS D'INHUMER.

(*Voyez* INHUMATION.)

PETITS SÉMINAIRES.

(*Voyez* SÉMINAIRES.)

PHARMACIE.

L'exercice de la *pharmacie* n'est permis qu'à ceux qui sont brevetés en vertu de la loi du 21 germinal an XI (11 avril 1803), dont l'article 25 porte : « Nul ne pourra obtenir de patente pour exercer la profession de pharmacien, ouvrir une officine de *pharmacie*, préparer, vendre et débiter aucun médicament, s'il n'a été reçu suivant les formes voulues jusqu'à ce jour, ou s'il ne l'est dans une école de *pharmacie*, ou par l'un des jurys suivant celles qui sont établies par la présente loi, et après avoir rempli toutes les formalités qui y sont prescrites. »

Bien que cet article ne prononce point de peine, il y a lieu d'appliquer aux contrevenants les peines de simple police, la vente de médicaments se trouvant placée sous la surveillance de la police municipale. (*Arrêt de la Cour de Douai, du 22 août 1828.*)

L'interdiction portée par la loi du 11 avril 1803, dans l'intérêt de la santé publique plus encore que dans le but de protéger les intérêts commerciaux des *pharmaciens*, est formulée en termes absolus et généraux, qui ne permettent ni exception ni distinction. Elle atteint donc également les ecclésiastiques, qui doivent dès lors donner l'exemple de s'y soumettre, et s'abstenir de toute préparation, comme de toute distribution, de médicaments au poids médicinal, c'est-à-dire aux poids ou aux doses auxquels ces médicaments doivent être employés par les malades.

Il est d'ailleurs toujours à craindre que des médicaments exposés à demeurer déposés plus ou moins longtemps chez un particulier étranger à l'art de la *pharmacie*, ne viennent à perdre leur efficacité, ou même à se gâter, de manière à produire, lorsqu'ils sont employés plus tard, des effets plus nuisibles qu'utiles.

La connaissance des substances pharmaceutiques, de leurs diverses propriétés, de leur combinaison multiple et relative aux différentes maladies ; leur mode si varié de préparation et d'application nécessitent et présupposent des études particulières auxquelles le prêtre ne s'est pas livré : la moindre erreur dans le choix, la com-

position et l'emploi de ces médicaments peuvent avoir des conséquences graves et quelquefois mortelles, par exemple, quand il s'agit
d'administrer des drogues irritantes ou de combiner diverses substances corrosives et vénéneuses : on sent assez qu'un homme de
l'art en est seul capable, et non le prêtre, presque toujours étranger
à la *pharmacologie*. La nécessité pourrait seule lui servir de justification. (*Voyez* CHIRURGIE, MÉDECINE, MÉDICAMENTS.)

PIÈCES JUSTIFICATIVES.

L'article 85 du décret du 30 décembre 1809 prescrit au trésorier
de présenter son compte au bureau des marguilliers, avec les *pièces
justificatives*. (*Voyez* COMPTE.)

PIERRES D'AUTEL.

On ne peut se servir de *pierres d'autel* dans lesquelles des reliques
n'auraient point été incluses; il faut, avant d'en faire usage, examiner si l'on a eu soin d'y en enfermer. Il y a lieu de présumer
qu'une *pierre d'autel* contient des reliques quand elle a un sépulcre
et que ce sépulcre n'a pas été ouvert. On appelle sépulcre une petite
ouverture pratiquée dans la *pierre d'autel*; c'est là que sont les reliques. Ce sépulcre est scellé par l'évêque et revêtu de ses armes ordinairement.

On remarque dans plusieurs églises des *pierres* sacrées, irrégulièrement placées sur les autels. On sait que pour offrir le saint sacrifice, il faut, suivant un point de discipline fort ancien dans l'Eglise,
un autel de *pierre* fixe ou portatif, consacrée par l'évêque. *Nemo
presbyterorum in altari ab episcopo non consecrato cantare præsumat*,
dit Hincmar de Reims, au IXᵉ siècle (1). C'est sur cette *pierre* que
doivent reposer le corps et le sang de la victime immolée. Si cette
pierre est trop éloignée des bords de la boiserie qui l'orne et l'en-
châsse, les linges sacrés la dérobant entièrement à la vue, il est possible que l'on pose l'hostie sur le bois qui entoure la *pierre*, et non
sur la *pierre* destinée par sa consécration à la recevoir; au lieu de
baiser le véritable autel, qui est la *pierre*, on baiserait le bois qui la
supporte. Les règles de l'Eglise ne seraient pas observées. Pour éviter
ces inconvénients, il ne faut pas que la *pierre* sacrée soit éloignée
des bords de la boiserie, de plus de quinze centimètres.

Les réparations nécessaires à faire aux autels, dans ces circonstances ou autres et l'achat de nouvelles *pierres* sacrées, sont une des
charges de la fabrique. On voit dans certaines églises de ces *pierres*
sacrées qui ne sont pas canoniques, c'est-à-dire qui ne renferment
point de reliques.

(1) *Capit. Hincm, Episc. remens.*

PIERRES SÉPULCRALES.

Chaque particulier a le droit de faire placer sur la fosse de son parent ou ami une *pierre sépulcrale* ou autre signe indicatif de sépulture, et cela sans besoin d'autorisation. (*Art.* 12 *du décret du* 23 *prairial an XII.*)

Les *pierres sépulcrales* qui recouvrent les tombes, les croix en fer, en pierre ou en bois qui les surmontent, les grilles qui les entourent, etc., sont nécessairement enlevées après un temps plus ou moins long, quand les familles n'ont pas obtenu la concession à perpétuité des terrains de sépulture.

Dans certaines localités, les maires prétendent que ces *pierres sépulcrales* et autres objets analogues appartiennent à la commune. D'un autre côté, les fabriques en revendiquent la propriété ; mais le *Journal des conseils de fabriques* pense que les prétentions des communes et celles des fabriques sont sans fondement. Ces *pierres sépulcrales*, ces croix, etc., appartiennent aux familles qui les ont fait placer. Les fabriques ou les communes, en s'en emparant, usurperaient les droits du véritable propriétaire, et s'exposeraient à être actionnées en restitution.

Cependant, si, dans quelques petites villes ou dans des communes rurales, le terrain des sépultures ayant été repris par l'administration, et les objets qui les décoraient enlevés et déposés ailleurs, après plus d'une année, ces objets n'étaient réclamés par personne, ils devraient, à raison de leur peu d'importance, être réputés abandonnés par les familles ; ils appartiendraient alors à la commune, à laquelle l'Etat les abandonne. C'est ce qu'a décidé formellement une circulaire ministérielle du 30 décembre 1843. Elle est rapportée sous le mot CIMETIÈRES, tome II, page 139.

PIGEONS.

Si des *pigeons* ont quitté leur colombier pour venir s'établir dans le clocher d'une église, sans y avoir été attirés par fraude ou artifice, ils appartiennent à la commune, suivant une décision du ministre de l'intérieur. Les fabriques ne possèdent pas sur les églises, dit-il, un droit d'usufruit tel que le définit l'article 582 du code civil ; leur jouissance est d'une nature toute spéciale ; elles ne l'exercent qu'au point de vue de la célébration du culte, et ne sont pas fondées, par conséquent, à réclamer les avantages conférés à l'usufruitier ordinaire. C'est donc à la commune, comme propriétaire de l'église, disposer, en vertu des articles 546 et 564 du code civil du colombier qui s'est formé dans le clocher de cet édifice. (*Bulletin de l'intérieur,* année 1863, page 175.) Cette décision du ministre de l'intérieur nous paraît très-contestable. (*Voyez* ÉGLISES, § I.)

PLACARDS.

On appelle *placard* l'affiche d'un acte quelconque placardé par les autorités civiles ou les simples particuliers pour servir d'annonce. (*Voyez* AFFICHES.)

PLACEMENT AU TRÉSOR.

Les fabriques qui ont des fonds dont elles n'ont pas actuellement besoin, et dont l'emploi ne peut être fait que dans un temps plus ou moins éloigné, ont le privilége de pouvoir placer ces fonds au trésor. Souvent, dans ces circonstances, l'argent reste improductif, ou dans la caisse, ou entre les mains des trésoriers qui en profitent à leur avantage, et qui ont quelquefois beaucoup de peine à le rendre ; nous avons été plus d'une fois témoin de ces abus si préjudiciables aux intérêts des églises. Nous avons connu un trésorier qui a joui pendant plusieurs années d'une somme de 1,500 fr. sous prétexte qu'il n'était pas autorisé à la placer en rentes sur l'Etat. Les fabriques ont donc intérêt de placer en compte courant leur argent au trésor, en profitant des dispositions de l'instruction ci-après. (*Voyez* CAISSE DES CONSIGNATIONS.)

Une circulaire ministérielle du 7 septembre 1819 indique la manière d'effectuer les *placements* des sommes provenant de fondations, dont l'emploi a été déterminé en rentes sur l'Etat. (*Voyez* REMPLOI, RENTES.)

Si, par suite d'un *placement* non autorisé sur particulier, une fabrique éprouvait une perte ou un préjudice quelconque, les marguilliers et le trésorier en seraient personnellement responsables.

« ART. 624. Les communes, les hospices, les monts-de-piété, les fabriques d'église et les établissements publics dont le service et la comptabilité sont placés sous la surveillance des receveurs des finances, sont seuls admis à placer leurs fonds au trésor *avec intérêts*. Ils versent, à cet effet, aux receveurs des finances, toutes les sommes qui excèdent les besoins *de leur service et qui s'élèvent à cent francs au moins*. Des sommes inférieures peuvent toutefois être placées, soit d'office, soit par suite de liquidations administratives. — Les receveurs des finances ne peuvent admettre à titre de *placements au trésor public, avec intérêts*, des fonds qui ne seraient pas de nature à être portés immédiatement au compte courant d'une commune ou de l'un des établissements désignés ci-dessus. — Les comptables qui auraient reçu des *placements*, avec intérêts, d'établissements autres que ceux dont il s'agit, seraient appelés à couvrir le trésor du préjudice qu'il aurait supporté.

« ART. 625. Les *placements* donnent lieu, de la part des receveurs des finances, à la délivrance de récépissés à talon, au nom des communes et des établissements propriétaires des fonds placés.

« ART. 626. Indépendamment des sommes que les communes et les établissements versent directement chez les receveurs des finances, à titre de *placements au trésor public*, ces comptables sont chargés de recevoir, à ce titre, *les produits des coupes extraordinaires des bois*, qu'ils recouvrent eux-mêmes pour le compte des communes et des établissements. Les receveurs des finances font aussi le *placement au trésor public* : 1°...., 2° du montant des déficits constatés aux caisses des percepteurs en qualité de receveurs des communes et des établissements publics, et que les receveurs des finances sont tenus de solder de leurs deniers personnels, ces divers *placements* donnent lieu, de la part des receveurs des finances, à la délivrance de récépissés à talon, au nom de chaque commune et établissement public.

« ART. 627. Enfin, il peut être effectué au trésor public même, au profit des communes et établissements, des *placements* qui proviennent, soit de recouvrements faits à Paris pour leur compte, soit de la liquidation des cautionnements des receveurs municipaux en débet. Le caissier du trésor en délivre des récépissés au nom des receveurs généraux des départements dont les communes et établissements font partie. Ces récépissés sont remis à la comptabilité générale des finances, qui les adresse immédiatement aux receveurs généraux. — Les préfets des départements reçoivent, en même temps que ces receveurs, l'avis des *placements* qui ont été faits directement au trésor public. — Les receveurs généraux, pour lesquels les récépissés précités constituent une remise de fonds faite au caissier du trésor pour leur compte, font dépense du montant de chaque récépissé à titre d'*envois au caissier*, en même temps qu'ils s'en chargent en recette à titre de *placement* des communes et des établissements publics, si les *placements* concernent des communes ou établissements de l'arrondissement du chef-lieu. Ils délivrent alors les récépissés d'usage au nom des communes ou établissements.

« ART. 628. Si les *placements* faits à Paris, ou au chef-lieu du département, concernent des communes ou établissements situés dans les arrondissements de sous-préfectures, les receveurs généraux en donnent crédit aux receveurs particuliers de ces arrondissements ; et ce sont ces derniers receveurs qui délivrent les récépissés au nom des communes ou établissements, et qui se chargent en recette du montant des versements, à titre de *placements* au trésor. »

CIRCULAIRE *du ministre des cultes aux préfets, concernant les placements en rentes sur l'État des capitaux remboursés aux établissements religieux, ou provenant soit de leurs économies, soit des excédants annuels de leurs recettes.*

Paris, le 2 décembre 1861.

Monsieur le Préfet,

« L'article 4 du décret du 13 avril 1861, qui a fait une nouvelle application du principe de la centralisation administrative, vous a conféré le droit d'autoriser les établissements religieux à *placer* en rentes sur l'État les sommes sans emploi provenant de remboursements de capitaux.

« Dans les instructions que je vous ai adressées le 20 août dernier, sur l'exécution de cet article, je me suis réservé de faire statuer par décret sur les demandes qui auraient pour objet le *placement* des sommes provenant soit des économies des établissements religieux, soit des excédants annuels de leurs recettes; mais cette réserve donne lieu à quelques difficultés. Il arrive assez fréquemment que les fabriques et autres établissements religieux demandent l'autorisation d'acquérir des rentes sur l'État avec des fonds composés en partie de capitaux remboursés, et en partie d'excédants de recettes ou d'économies réalisées. En appliquant strictement la circulaire du 20 août 1861, il faudrait en pareil cas scinder les demandes, ou les faire modifier, de manière à laisser au gouvernement l'autorisation du *placement* des sommes provenant d'économies ou d'excédants de recettes, et à remettre aux préfets le soin de statuer sur la partie qui concerne les capitaux remboursés. Mais ce mode de procéder ne saurait avoir pour résultat que de retarder la conclusion des affaires; il est, par suite, essentiellement contraire à la pensée qui a inspiré le décret du 23 avril dernier.

« En présence des graves inconvénients qui en résulteraient, j'ai dû examiner s'il ne serait pas convenable de laisser dès à présent à MM. les préfets le soin de statuer sur les demandes des établissements religieux en autorisation de *placer* sur l'État tous leurs fonds sans emploi, provenant soit d'économies ou d'excédants de recettes, soit de remboursements de rentes ou de créances.

« Cette résolution m'a paru pleinement conforme à l'esprit du décret du 13 avril comme aux intérêts des établissements religieux, et je n'ai pas hésité dès lors à l'adopter. Vous devrez, en conséquence, monsieur le préfet, vous abstenir désormais transmettre les affaires de ces diverses natures. Du reste ma circulaire du 20 août n'est modifiée que sur ce point.

« J'ajouterai seulement deux observations pour la compléter.

« Je crois devoir d'abord, monsieur le préfet, appeler votre attention particulière sur la nécessité d'indiquer dans vos arrêtés d'autorisation de *placement* des capitaux remboursés, si ces capitaux sont ou non grevés de services religieux ou de toute autre fondation pieuse ou charitable. Il est essentiel de rapporter toujours cette destination spéciale, afin que les charges primitives soient reportées sur les rentes à acquérir, et que le service des fondations se trouve ainsi assuré d'une manière régulière et permanente.

« En second lieu, il me paraît utile de reproduire ici une réponse que j'ai déjà faite à plusieurs de vos collègues au sujet de la réunion en un seul titre de plusieurs inscriptions de rentes de même nature appartenant à un seul établissement. Du moment où l'établissement qui demande à faire cette conversion est légalement propriétaire des inscriptions dont il veut opérer la réunion, une autorisation nouvelle n'est pas nécessaire pour réaliser l'opération ; la réunion des divers titres qui appartiennent à l'établissement sera effectuée sur sa seule demande adressée au directeur de la dette inscrite à Paris, et sans qu'il soit même besoin de l'intervention d'un agent de change pour la provoquer.

« Je vous serai obligé, monsieur le préfet, de m'accuser réception de la présente circulaire.

« ROULAND. »

Cette circulaire fut envoyée le même jour aux archevêques et évêques.

On peut aussi placer les fonds de la fabrique sur le crédit foncier. (*Voyez* CRÉDIT FONCIER.)

PLACEMENT DES BANCS.
(*Voyez* BANC, § XI, POLICE.)

PLACES DANS LES ÉGLISES.

Une *place distinguée* dans l'église est due aux individus catholiques qui remplissent les autorités civiles et militaires, lorsqu'ils assistent en corps et en costume, sur invitation officielle, aux cérémonies religieuses recommandées par le gouvernement : telle est l'interprétation constamment donnée par la jurisprudence administrative à l'article 47 de la loi du 18 germinal an X, qu'il faut combiner avec le décret du 24 messidor an XII, sur les préséances dans les cérémonies publiques. (*Voyez* PRÉSÉANCES, CÉRÉMONIES.)

L'article 47 de la loi du 18 germinal an X est ainsi conçu : « Il y aura, dans les cathédrales et paroisses, une *place distinguée* pour les individus catholiques qui remplissent les autorités civiles et militaires. »

C'est dans le chœur, autant que possible, et, à défaut, dans la nef, et non dans le sanctuaire, que les autorités doivent être placées. (*Voyez* AUTORITÉS.)

Dans les paroisses où les fabriques louent des places dans le chœur, il faut qu'elles aient soin de stipuler que les concessionnaires de places dans le chœur devront, au besoin, les laisser libres pour les cérémonies religieuses recommandées par le gouvernement.

Les princes du sang, les grands dignitaires des autorités nationales, ont seuls le droit d'occuper le milieu du chœur. Ils doivent avoir des fauteuils; mais les princes du sang et les grands dignitaires doivent avoir de plus chacun un prie-dieu couvert d'un tapis et un carreau. S'il n'y a pas de princes ou de fonctionnaires de ce rang, le milieu du chœur est réservé, et personne ne s'y place.

Les autres autorités sont placées à droite et à gauche, dans l'ordre des préséances. A défaut de stalles et de bancs dans le chœur, on y dispose des siéges mobiles, banquettes, tabourets ou chaises, que l'on enlève après la cérémonie.

Les curés, auxquels il appartient d'ordonner les dispositions nécessaires en pareil cas, pourront, au besoin, consulter sur cette matière le décret du 24 messidor an XII (13 juillet 1804), rapporté sous le mot PRÉSÉANCE, et les décisions ministérielles rapportées sous les mots AUTORITÉS CIVILES, ADJOINT, CÉRÉMONIES RELIGIEUSES.

Dans beaucoup d'églises, des *places* nombreuses sont réservées toute l'année aux autorités qui les occupent. C'est un abus fort préjudiciable aux intérêts des fabriques, et qu'il importe de réformer. Voyez les décisions ministérielles du 20 juillet 1837, sous le mot ADJOINT, et du 9 novembre 1833, sous le mot AUTORITÉS CIVILES.

Les *places* qui ne sont pas concédées dans l'église appartiennent au premier occupant, sauf l'obligation de payer le prix de location. (*Voyez* BANCS.)

Il doit être réservé, dans toutes les églises, des *places* où les fidèles qui ne louent pas de bancs ni de chaises puissent commodément assister au service divin et entendre les instructions. (*Décret du 30 décembre* 1809, *art.* 65.)

CIRCULAIRE *de M. le ministre de l'intérieur* (duc de Padoue), *à MM. les préfets, relative aux places d'honneur à réserver, dans les cérémonies publiques, aux sénateurs, députés et conseillers d'État.*

Paris, le 6 juillet 1859.

« Monsieur le Préfet,

« Sa Majesté l'Impératrice régente a décidé en conseil, que des *places d'honneur* devraient être réservées dans toutes les cérémonies publiques à MM. les sénateurs, les députés et les conseillers d'État *qui se présenteraient revêtus de leurs costumes.*

« Cette décision ne modifie en rien l'ordre de rang et de préséance établi par le décret du 24 messidor an XII.

« Ainsi, il ne s'agit point d'assigner aux membres de ces trois grands corps de l'État des *places* individuelles dans un cortège en marche, par exemple. Vous veillerez seulement à ce que des *places distinguées* leur soient réservées dans toutes les cérémonies civiles ou religieuses, ayant les caractères d'une cérémonie publique. Vous aurez à prendre dans ce but des dispositions analogues à celles qu'a prévues l'article 11 du titre 1er du décret du 24 messidor.

« Le fonctionnaire à qui appartient le droit de convocation aura donc soin d'adresser des invitations spéciales à ceux de MM. les sénateurs, députés et conseillers d'État dont il connaîtra la présence dans la localité où devra se célébrer la cérémonie.

« Veuillez, monsieur le préfet, donner immédiatement aux sous-préfets et aux maires de votre département, les instructions nécessaires pour assurer l'exécution des ordres de Sa Majesté.

« Recevez, etc. »

Il est à remarquer, que, d'après cette circulaire, les *places d'honneur* ne doivent être réservées aux sénateurs, députés et conseillers d'État qu'autant qu'ils se présentent revêtus de leur costume. Cette restriction est, du reste, conforme aux règles générales sur la matière. (*Voyez* CÉRÉMONIES RELIGIEUSES.)

Le maire n'a droit à une *place distinguée* dans l'église que dans les cérémonies à la fois religieuses et civiles. Ainsi décidé par la lettre suivante :

LETTRE *du 3 février 1853, de M. le ministre de l'instruction publique et des cultes* (M. Fortoul), *à M. le préfet de la Haute-Garonne.*

« Monsieur le préfet,

« Vous m'avez informé que Mgr l'archevêque de Toulouse ne partageait pas l'opinion de M. le maire de la commune de Pibrac sur l'interprétation de l'article 47 de la loi du 18 germinal an X ainsi conçu : « Il y aura dans les cathédrales et « paroisses une *place distinguée* pour les individus catholiques qui remplissent (*sic*) « les autorités civiles et militaires. »

« Le maire, se fondant sur cet article, a prétendu que le droit qu'il lui conférait était permanent ; qu'en conséquence, une *place* réservée lui était due chaque fois qu'il assistait à l'office divin.

« Mgr l'archevêque de Toulouse, auquel vous en avez référé, a été d'avis contraire, que le maire n'avait droit à une *place distinguée* que dans le cas seulement où l'on célèbre dans l'église des cérémonies ou des prières auxquelles les autorités assistent en corps et en costume, et d'après une invitation officielle.

« Cette question vous paraissant avoir été diversement résolue, vous m'exprimez le désir de recevoir des instructions sur ce point.

« L'article 47 de la loi du 18 germinal an X doit être interprété en ce sens que les autorités n'ont droit à une *place distinguée* que dans les cérémonies à la fois religieuses et civiles auxquelles elles ont été officiellement convoquées.

« Il est à observer, disait M. Portalis, ministre des cultes, dans une lettre du thermidor an XII, que les fonctionnaires publics ne pourront jouir d'aucune distinction de *place* ni d'aucun autre honneur, quand ils ne vont à l'église que comme fidèles ; ce qui se vérifie toutes les fois qu'il ne s'agit point d'une cérémonie où les autorités sont convoquées, ou toutes les fois qu'on se trouve hors des jours solennels auxquels les autorités sont dans l'usage d'assister comme telles au service divin.

« La jurisprudence de l'administration des cultes a été fixée dans ce sens depuis cette époque ; elle doit donc être suivie à Pibrac comme dans les autres communes.

« Quoiqu'il en soit, j'ai demandé que des recherches soient faites aux archives de la chancellerie pour y retrouver la décision du 31 octobre 1837, citée par M. Vuillefroy (1), et que vous rappelez dans votre lettre du 18 décembre dernier. Ces recherches n'ont produit aucun résultat. Une seule question de préséance a été examinée par le conseil d'administration du ministère de la justice vers l'époque ci-dessus indiquée ; mais elle n'est relative qu'à la prétention élevée par les membres du tribunal de commerce d'obtenir collectivement des *places distinguées* qui ne leur étaient pas dues et qui leur ont été refusées.

« D'un autre côté, le conseil d'administration établi près du ministère des cultes a été saisi de la question que vous avez posée. Dans un avis émis le 21 septembre 1840, approuvé le 26 du même mois par M. le garde des sceaux, il a reconnu que le maire d'une commune n'a droit à une *place distinguée* dans l'église de sa paroisse que les jours de cérémonies publiques ordonnées par le gouvernement (2).

« Je dois, au surplus, vous faire remarquer, monsieur le préfet, que M. le maire de Pibrac est sans intérêt pour demander qu'une *place distinguée* lui soit concédée dans l'église de la paroisse. Aux termes de l'article 21 du décret du 30 décembre

(1) *Traité de la l'administration du culte catholique*, page 458, note *a*.
(2) De nombreuses décisions dans le même sens que celle ci-dessus, du 3 février 1853, ont été données à différentes époques. Nous avons rapporté sous le mot AUTORITÉS CIVILES, les décisions des 9 novembre 1833 et 26 juillet 1836, et sous le mot *cérémonies religieuses*, les décisions du 22 juillet 1837 et l'avis du conseil d'État du 23 novembre 1837.

A toutes ces décisions nous pouvons encore ajouter la suivante :

Il n'est dû de *places* distinguées et gratuites dans les églises aux membres des autorités, soit civiles, soit militaires, que pour les cérémonies publiques et religieuses auxquelles elles sont officiellement invitées. Dans toute autre circonstance, et tous les autres jours de l'année, quelque soit l'office auquel les fonctionnaires assistent, ils n'y sont plus que comme simples particuliers, et ils doivent, comme tous les fidèles, être soumis aux droits légalement établis sur les chaises, bancs ou stalles, et les acquitter comme eux. (*Décision du 5 octobre 1829.*)

1809, il a déjà, en sa qualité de membre de droit du conseil de fabrique, une *place distinguée* au banc d'œuvre, ainsi que l'a fait observer l'autorité diocésaine.

« Je vous renvoie, monsieur le préfet, la lettre de Mgr l'archevêque de Toulouse que vous aviez jointe à votre dépêche. »

Les autorités n'ont droit à une place distincte à l'église qu'à l'occasion des cérémonies religieuses demandées par le gouvernement et auxquelles elles sont officiellement invitées. C'est ainsi que l'article 47 de la loi du 18 germinal an X a toujours été et dû être interprété. (*Décision du 6 décembre 1843.*)

Les autorités locales, telles que le maire, l'adjoint au maire, le juge de paix, le greffier, les conseillers municipaux, n'ont droit à des *places* gratuites et distinguées dans l'église qu'aux cérémonies publiques auxquelles ces autorités assistent en corps, en costume, et après une invitation officielle. Cette règle doit prévaloir sur tous usages et toutes possessions contraires.

La propriété qu'aurait l'autorité locale du banc occupé par elle ne lui donnerait d'autre droit que celui de faire enlever ce banc. Ces diverses solutions résultent des décisions ministérielles suivantes, qui démontrent que la jurisprudence du ministère des cultes est invariablement fixée à cet égard, et dont l'une statue sur un cas spécial qui se présente assez fréquemment, celui où l'autorité locale se prétend propriétaire du banc par elle occupé, et en conclut avoir à ce titre le droit de continuer de s'y placer.

M. l'abbé D..., curé de Belmont, diocèse de Rodez, avait adressé à M. le ministre de la justice et des cultes les questions ci-après, en le priant de vouloir bien les résoudre, parce que leur solution devrait mettre fin, dans son église, à des abus que ces réclamations ne pouvaient faire cesser :

1° Le maire, l'adjoint, le juge de paix et son greffier ont-ils, ainsi qu'ils le prétendent, d'après l'article 47 de la loi du 18 germinal an X, droit dans l'église à une *place distinguée* habituelle et gratuite, à raison de leurs fonctions ?

2° Le curé, en leur réservant seulement dans les cérémonies ordonnées par le gouvernement, des *places distinguées*, dans la nef ou dans le chœur, est-il hors de tout blâme ?

Le ministre a répondu par la lettre suivante, adressée le 30 septembre 1837, à Mgr l'évêque de Rodez :

« Monseigneur,

« M. D..., curé de Belmont, m'a écrit, le 12 de ce mois, pour réclamer contre la possession où sont les autorités locales d'occuper gratuitement, au préjudice de la fabrique, un banc à l'église, à tous les offices. Il demande à être fixé à cet égard sur la véritable interprétation de l'article 47 de la loi du 18 germinal an X, portant

« qu'il y aura dans les cathédrales et paroisses une *place distinguée* pour individus catholiques qui remplissent les autorités civiles et militaires. »

« Cette question a été mûrement examinée, et depuis longtemps résolue dans l'intérêt des fabriques et dans le sens du décret du 24 messidor an XII, qui détermine, seulement pour les cas de prières publiques réclamées par le gouvernement, la *place* et le rang des diverses autorités qui y sont invitées. Aux offices ordinaires, les autorités n'ont pas droit à une *place distinguée* et gratuite à l'église.

« Je vous prie, Monseigneur, de transmettre des instructions en ce sens à M. le curé de Belmont, qui, suivant les règles de la hiérarchie, aurait dû vous soumettre sa réclamation.

« Recevez, Monseigneur, l'assurance, etc.

« Le ministre, etc.
« BARTHE. »

Le maire et les conseillers municipaux de la commune de Fumel, département de Lot-et-Garonne, étaient dans l'usage de se placer dans l'église de cette paroisse, dans un banc réservé et gratuit. L'abbé R., curé de la paroisse, et le conseil de fabrique s'adressèrent à M. le préfet du département pour en obtenir la cassation de cet abus, éminemment préjudiciable aux intérêts de la fabrique. Le conseil municipal ayant répondu à cette réclamation que le banc dont il s'agissait appartenait à la commune, qui l'avait fait construire à ses frais, M. le préfet pensa que, du moment où il s'élevait une question de propriété, les tribunaux civils étaient seuls compétents pour statuer, et il renvoya le conseil de fabrique à se pourvoir, ainsi qu'il l'entendrait, devant les tribunaux.

Mais, sur une nouvelle réclamation, adressée directement par le conseil, à M. le ministre des cultes, le ministre a transmis au préfet, le 24 décembre 1838, les instructions ci-après :

« Monsieur le préfet,

« M. R..., curé de Fumel, et six autres membres de la fabrique de cette paroisse m'ont écrit collectivement, le 4 de ce mois, relativement au droit que le conseil de la commune prétend avoir d'occuper un banc réservé à l'église. Une semblable réclamation vous a été adressée par le même conseil de fabrique, et je vois, par votre réponse du 24 novembre dernier, dont communication m'a été donnée, que, considérant l'affaire sous le rapport de la propriété du banc, vous vous êtes borné à indiquer la juridiction judiciaire comme seule compétente pour en connaître.

« Il paraît, en effet, que le conseil municipal se dit propriétaire du banc dont il s'agit, et qui aurait été construit, il y a près de trente ans, aux frais de la commune. Si ce droit de propriété est reconnu et prouvé, la commune peut faire enlever le banc ou en disposer. Mais la question de préséance est tout à fait indépendante de celle de propriété; et je crois inutile de vous rappeler, M. le préfet, que les autorités n'ont pas droit à une *place* réservée et gratuite à l'église, excepté aux seuls jours de fête à la fois civile et religieuse auxquels elles assistent en corps, en costume, et après invitations officielles.

« Je ne puis d'ailleurs que me référer aux instructions qui vous ont été adressées ce point, par mes deux prédécesseurs, le 21 juin 1836 et le 21 mars 1837, et nous inviter à prendre les mesures nécessaires pour en assurer l'exécution dans la commune de Fumel.

« Recevez, monsieur le préfet, l'assurance, etc.

« Le ministre, etc.

« BARTHE. »

Le maire de la commune de Penne, département de Lot-et-Garonne, a adressé au préfet de ce département et au ministre des cultes plusieurs réclamations, par lesquelles il revendiquait le droit d'occuper, dans l'église de sa paroisse, une *place* gratuite et distinguée, non-seulement aux cérémonies publiques ordonnées par le gouvernement, mais à tous les offices. Le pétitionnaire ayant, dans ses réclamations, traité la question avec quelques développements et soulevé diverses objections contre les décisions ministérielles précédentes sur ce sujet, le ministre (M. Vivien) a voulu que cette question fût l'objet d'un nouvel examen. C'est à la suite de cet examen qu'est intervenu l'avis suivant, pris par le conseil d'administration du ministère des cultes, dans sa séance du 21 septembre 1840, et approuvé par le ministre, le 26 du même mois.

« LE CONSEIL,

« Sur le rapport de M. le chef de la 1re section,

« Vu les lettres en date du 19 novembre 1838, 5 juillet 1839 et 17 juin 1840, par lesquelles M. le maire de Penne, arrondissement de Villeneuve (Lot-et-Garonne), réclame les bénéfices de l'article 47 de la loi du 18 germinal an X, qui accorde aux autorités civiles et militaires une *place distinguée* dans les églises;

« Vu l'article 47 de la loi du 18 germinal an X;

« Considérant que déjà, par une lettre du 16 août 1839, M. le garde des sceaux a chargé M. le préfet du département de Lot-et-Garonne d'informer M. le maire de Penne qu'il n'a droit à une *place distinguée* dans l'église, qu'aux seuls jours de cérémonies religieuses ordonnées par le gouvernement, et que l'article 47 de la loi de germinal an X doit être entendu dans le sens fixé par le décret du 24 messidor an XII, sur le rang et la *place* que les autorités doivent occuper dans les cérémonies publiques;

« Considérant que cette interprétation de la disposition de la loi précitée est conforme à la jurisprudence constamment suivie, à toutes les époques, par l'administration des cultes, ainsi qu'il résulte d'une décision de M. Portalis, en date du 11 thermidor an XII, d'une lettre de M. Bigot de Préameneu au grand juge ministre de la justice, en date du 7 mars 1808, et plus récemment des lettres adressées

« Au préfet du département de Lot-et-Garonne, le 13 juillet 1833;

« Aux vicaires généraux capitulaires de Reims, le 9 novembre 1833;

« Au préfet du département de l'Hérault, le 8 octobre 1834;

« Au préfet du département de Maine-et-Loire, le 15 octobre 1834;

« Au préfet du département de l'Aude, le 14 juillet 1835;

« Au préfet du département de la Haute-Marne, le 24 juillet 1835;

« A l'évêque du Puy, le 11 décembre 1835;

« Au préfet du département de Lot-et-Garonne, le 21 juin 1836;

« Au préfet du département des Bouches-du-Rhône, le 26 juillet 1836 ;

« Au président du tribunal de Livray (Vienne), le 15 juillet 1836 ;

« Au préfet du département de Lot-et-Garonne, le 21 mars 1837 ;

« Au préfet du département du Calvados, le 20 juillet 1837 ;

« A l'archevêque d'Avignon, le 22 juillet 1837 ;

« A l'évêque de Rodez, le 30 septembre 1837 ;

« Au préfet du département de l'Eure, le 25 janvier 1838 ;

« Au préfet du département de la Moselle, le 8 mars 1838 ;

« Au préfet du département de la Vienne, le 20 juillet 1838 ;

« Au préfet du département du Var, le 15 juin 1840 ;

« Considérant que, pour faire une juste application de l'article 47 de la loi du 18 germinal an X, il importe de ne pas s'en référer seulement à son texte ; mais aussi d'examiner son esprit, et de l'envisager dans ses rapports avec les principes mêmes sur lesquels repose l'organisation du culte catholique ; qu'à cet égard, bien que des rapports incontestables et intimes existent entre l'Etat et l'Eglise, on ne peut admettre qu'il y ait entre eux confusion ; que la religion catholique n'étant pas religion de l'Etat, n'est pas la religion obligée des fonctionnaires publics ; et que le maire qui se présente à l'église pour assister à la célébration ordinaire du culte fait acte de citoyen catholique, mais n'agit point comme fonctionnaire ;

« Considérant qu'aucun texte de loi ne donne un droit semblable dans les temples protestants ou israélites aux fonctionnaires qui professent l'un ou l'autre de ces cultes ; que la *place* d'honneur réclamée par les autorités civiles et militaires serait aussi une charge pesant exclusivement sur les fabriques des églises catholiques ; ce qui constituerait, à leur préjudice, une inégalité que rien ne justifierait ;

« Considérant que l'exercice de ce droit n'étant pas réglé par la loi donnerait lieu à une foule de questions irritantes, soit sur le nombre et la qualité des personnes qui pourraient le réclamer, soit sur les conditions auxquelles elles devraient préalablement satisfaire, et serait ainsi une occasion continuelle de conflits entre l'autorité civile et l'autorité religieuse ;

« Considérant d'ailleurs que M. le maire de Penne est sans intérêt pour demander qu'une *place distinguée* lui soit concédée dans l'église de sa paroisse, puisqu'on sa qualité de membre du conseil de fabrique, il doit se placer au banc d'œuvre, et que ce droit ne lui est pas contesté ;

« Est d'avis que les nouvelles réclamations de M. le maire de Penne ne sont pas fondées, et qu'il n'a droit à une *place distinguée* dans l'église que les jours de cérémonies publiques auxquelles les autorités sont officiellement convoquées.

« Le maître des requêtes, directeur de l'administration des cultes,

« DESSAURET.

« Décision. Approuvé.

« Paris, le 26 septembre 1840.

« Le garde des sceaux, ministre secrétaire d'Etat de la justice et des cultes,

« VIVIEN. »

Cet avis a été adopté et les considérants sur lesquels il se fonde, reproduits dans une lettre adressée par M. le ministre de la justice et des cultes à M. le préfet de Lot-et-Garonne, le 6 octobre 1840. Une circulaire du ministre des cultes, en date du 27 octobre

1807, informe les curés que, dans les paroisses composées de plusieurs communes, ils ne doivent reconnaître dans les cérémonies religieuses ordonnées par le gouvernement que le maire du chef-lieu de la paroisse, le seul qui soit chargé de surveiller l'exercice du culte. Il n'est dû en conséquence aucune *place* distinguée aux maires et adjoints des communes qui n'ont pas sur leur territoire l'église curiale.

PLACET.

On appelait autrefois *placet* ou *exequatur* ce qu'on a depuis nommé *lettres d'attache*. (*Voyez* ATTACHE.)

PLANS ET DEVIS.
(*Voyez* DEVIS.)

PLANTATION.

Les cimetières peuvent être plantés d'arbres forestiers. Lorsque les communes ou les fabriques obtiennent une délivrance d'arbres, elles doivent faire des *plantations* nouvelles d'essence appropriée au sol.

Une circulaire du 27 juin 1804 dit que l'usage des *plantations* a souvent été suivi de quelques inconvénients. Cependant le décret du 12 juin 1804 ne les prohibe pas, mais il exige que des précautions convenables soient prises pour ne point gêner la circulation de l'air.

Les fabriques et les curés peuvent faire des *plantations* d'arbres sur les terrains qui leur appartiennent; mais ils doivent observer la distance prescrite, ou par les règlements particuliers, ou par les usages constants et reconnus. (*Voyez* ARBRES, § VI.)

Pour ce qui concerne une érection ou *plantation* de croix, voyez CALVAIRE.

POIDS ET MESURES.

Les fabriques, dans leurs actes, affiches et annonces, ne peuvent employer d'autres dénominations de *poids et mesures* que celles prescrites exclusivement par la loi du 4 juillet 1837, sous peine d'amende.

POLICE DE L'ÉGLISE.

L'administration temporelle de l'église est confiée, par les lois et notamment par l'article 1er du décret du 30 décembre 1809, au conseil de fabrique. Mais il est essentiel de ne pas confondre cette administration avec la *police de l'église*, qui consiste dans l'ordonnance et la disposition de toutes les mesures qui concernent l'exer-

cice du culte. Le culte catholique est exercé sous la direction
archevêques et évêques, dans leurs diocèses, et sous celle des cu
dans leurs paroisses (1). Cette direction du culte dans la paroi
renferme le droit de régler tout ce qui est nécessaire pour son pl
et libre exercice, et, par suite, la *police* extérieure de l'église.
principe consacré par l'article 9 de la loi du 18 germinal an X, a
appliqué par plusieurs décisions ministérielles conformes, du re
à ce qu'enseignent tous les auteurs anciens et modernes.

Ainsi la *police* de l'intérieur de l'église appartient essentiellem
au curé, dans les attributions duquel il rentre par conséquent
prendre toutes les mesures et de donner tous les ordres convenab
pour y maintenir le bon ordre, la décence et le respect dû à la sai
teté du lieu. Une décision du gouvernement, du 21 pluviôse
XIII (10 février 1805), dit en termes formels que la *police* in
rieure de l'église appartient à l'autorité ecclésiastique, c'est-à-di
dans les paroisses, au curé ou desservant, sous la direction épiscopa

Cette décision comprend, dit le *Journal des conseils de fabriqu*
tome 1er, page 128, non-seulement l'intérieur de l'église propr
ment dit, mais encore ses dépendances, comme la sacristie, le ve
tibule, etc.; et, par suite des mêmes principes, il appartient éga
ment au curé de maintenir l'ordre et d'exercer une surveillance pa
ticulière de *police* dans les processions et autres cérémonies re
gieuses qui se pratiquent en dehors du temple.

Il résulte du droit de *police* qui appartient au curé dans l'intérieu
de l'église que les suisses et bedeaux n'obéissent qu'à lui et doiven
sous ses ordres, empêcher qu'il n'y ait aucun bruit, aucun troubl
aucune irrévérence commise dans l'intérieur de l'église, ainsi q
dans les lieux servant actuellement à l'exercice du culte, c'est-à
dire dans les processions.

Il résulte encore de ce droit que le placement des bancs et de
chaises, et la distribution des places appartient au curé ou desser
vant, sauf l'appel à l'évêque, si les marguilliers s'y croient fondé
C'est la disposition formelle de l'article 30 du décret du 30 décem
bre 1809. (*Voyez* BANCS, § XI.)

§ I. *Quels moyens doit prendre le curé quand il est causé quelq*
trouble ou commis quelque action inconvenante dans l'intérieur d
l'église ? — Peut-il requérir la force publique ou dresser procès
verbal ? — Les serviteurs de l'église, chargés par le curé du soi
de la police, auraient-ils le même droit ou pourraient-ils fai
usage de la force ?

Le curé qui s'aperçoit qu'il est causé quelque trouble ou commi

(1) Article 9 de la loi du 18 germinal an X (8 avril 1802).

quelque action inconvenante dans l'intérieur de l'église, doit employer d'abord les avertissements et les exhortations pour les faire cesser ; s'il n'est point écouté, il ne peut requérir, par voie de commandement, la force armée, par exemple, la gendarmerie, le garde-champêtre, le maire ou autre agent municipal ; il n'en a pas le droit ; il ne peut agir ici que comme simple citoyen, par forme d'invitation et non de commandement. Si l'on ne tient pas compte de ses avertissements, et que les moyens de persuasion et de douceur soient insuffisants, il doit envoyer le suisse, le bedeau, le sacristain, les divers serviteurs de l'église, pour éconduire les individus qui occasionnent le trouble ou qui commettent des actions inconvenantes ; mais il doit se souvenir qu'il ne faut pas les expulser brutalement ; il doit engager les assistants à donner leur concours, et, au cas qu'il fût inefficace pour réprimer le désordre, il ferait prévenir les autorités du lieu, le maire, les officiers de *police*, ou même, au besoin, la force publique chargée de veiller au maintien de l'ordre, à la conservation de la tranquillité et à la protection de tous les citoyens et de l'exercice du culte catholique. Si les irrévérences continuaient, et que le scandale et le tumulte ne permissent pas de terminer décemment les offices ou la cérémonie, le curé en prononcerait la suspension et se retirerait. Il ferait ensuite sa plainte devant le maire, ou le commissaire de *police*, ou le procureur impérial, pour réclamer la protection que les lois doivent à l'exercice de son ministère. (Il serait convenable que le curé pût consulter son évêque, qui le dirigerait dans la conduite qu'il aurait à tenir à cet égard.) L'affaire se jugerait ensuite par la voie des témoignages que rendraient les assistants. Telle est la seule marche légale, à défaut d'autres moyens répressifs.

Comme rien ne prouve mieux le droit que les faits à l'appui, nous allons mettre sous les yeux de nos lecteurs quatre jugements portés contre des individus qui ont causé des troubles dans l'intérieur de l'église. Ces jugements, que nous aurions pu multiplier, suffiront pour donner à la question tout l'éclaircissement possible.

1° Le 26 mars 1831, le tribunal correctionnel de Reims, par application de l'article 261 du Code pénal, que nous citons sous le mot CALVAIRE, condamna à 25 fr. d'amende un sieur P.... qui, pendant une prière du soir, avait élevé la voix et troublé le curé pendant qu'il était en chaire. L'adjoint étant appelé intima l'ordre de sortir au sieur P...., qui fit résistance et qu'on fut obligé de prendre au collet pour l'expulser de l'église.

2° La Cour royale de Paris, par arrêt du 24 mai 1832, confirma un jugement du tribunal correctionnel de Reims, qui avait condamné un sieur Blandin à 15 jours de prison et 50 fr. d'amende, pour interruption, par gestes et paroles, de l'exercice du culte catholique,

pour troubles et désordres lors de la prédication d'un prêtre mis-
sionnaire, dans l'église Notre-Dame de cette ville, le 13 mars. Seulement la Cour royale, considérant qu'il existait au procès quelques
circonstances atténuantes, supprima la peine d'emprisonnement et
condamna Blandin à 50 fr. d'amende et à tous les frais du procès.

3° Un sieur H...., vexé de ce qu'on ne chantait pas le *Domine
salvum fac regem*, ayant entonné cette prière, quoiqu'on lui imposât
silence, au moment où le curé allait donner la bénédiction, fût condamné, le 16 janvier 1833, à 6 jours d'emprisonnement par le tribunal de police correctionnelle de Rouen.

4° On ne voit que trop souvent, dans les campagnes, des instituteurs chantres prendre plaisir à braver leur curé et à porter le trouble
dans les offices. Un sieur Bouchard, destitué des fonctions de clerc
laïque qu'il exerçait dans l'église de sa paroisse, cherchait à troubler
le chantre qui l'avait remplacé. Il formait comme un lutrin à part,
était toujours en arrière, faisant des intonations affectées et troublant
tout le chant de l'église. Le désordre fut porté à un tel point, un jour
de la Toussaint, que le curé fut obligé d'inviter le sieur Bouchard à
se retirer; celui-ci n'y consentit qu'après quelques difficultés. De
tels excès ne pouvaient être tolérés : une plainte fut rendue contre
Bouchard, pour avoir troublé les exercices du culte, délit prévu par
l'article 261 du Code pénal. Le tribunal correctionnel de Laon condamna, par arrêt du 26 décembre 1836, Bouchard à 50 fr. d'a-
mende et aux dépens.

Il est à remarquer que les dispositions du Code pénal étant les
mêmes sous l'Empire que sous les gouvernements précédents, et que
la Constitution garantissant une égale protection à tous les cultes,
les tribunaux jugeraient encore aujourd'hui dans le même sens.
Nous pourrions en citer de nombreux arrêts.

Le curé ou les officiers de l'église sous ses ordres n'ont pas qualité
pour dresser un procès-verbal; l'acte qu'ils rédigeraient n'aurait
point les caractères distinctifs d'un procès-verbal véritable, et ne
ferait point preuve authentique en justice; la loi ne confère ce droit
qu'aux agents de l'autorité publique.

M. Prompsault, après avoir cité ce qui précède, ajoute : « Il serait plus exact, peut-être, de dire que jusqu'ici on n'a pas fait reconnaître au curé et aux officiers de l'église le droit de verbaliser;
mais, dès l'instant où les lois reconnaissent que la *police* des exercices
religieux regarde le curé et mettent les officiers chargés de la *police*
de l'église au nombre des employés que les fabriques ont permission
d'établir et de payer, il nous paraît incontestable qu'elles les reconnaissent habiles à verbaliser contre les délinquants. Seulement leurs
procès-verbaux, comme ceux des gendarmes, appariteurs et agents
de *police*, ne doivent valoir que comme dénonciation, et par suite

une condamnation ne pourrait intervenir qu'autant que le fait serait appuyé sur des témoignages. »

Nous recommandons avec instance, dit M. Dieulin (1), que nous aimons à citer quand il est question de modération et de prudence, que s'il y avait des scandales à réprimer, il n'y ait jamais, envers les profanateurs, de la part des employés de l'église, ni emportements, ni injures, ni, à plus forte raison, coups ni lutte, qui n'auraient pour résultat que d'augmenter le scandale et le bruit. Il est sans doute superflu de faire remarquer qu'un curé se compromettrait grave- ment et manquerait aux bienséances que lui prescrit son état s'il procédait lui-même à une expulsion, ou s'il arrachait avec violence une personne de son banc; dans le cas qu'il fallût en venir là, ce serait l'affaire du suisse et non du prêtre. Que MM. les curés, en exerçant eux-mêmes la *police* des églises, usent de beaucoup de prudence et de la plus grande modération ; qu'ils imposent silence, qu'ils enjoignent même de sortir de l'église aux hommes irrévérents, mais qu'ils ne les interpellent pas nommément; que surtout ils s'abstiennent de toute parole blessante et de tout reproche injurieux.

Si cependant un curé enjoignait nommément et publiquement à quelqu'un, pendant l'office, de se taire et de sortir de l'église, pourvu qu'il le fît avec calme et sans proférer d'injures, il ne donnerait lieu ni à des poursuites devant les tribunaux ni à un appel comme d'abus au conseil d'Etat, car il ne dépasserait point en cela les limites de ses droits (2).

§ II. *Le curé et les suisses pourraient-ils exercer le droit de police dans les cérémonies religieuses qui ont lieu hors de l'église, dans les processions, comme ils l'exercent dans l'intérieur du temple ? — Ou, en d'autres termes, une rue doit-elle être considérée, pen- dant le passage d'une procession, comme un lieu servant actuelle- ment à un exercice du culte ?*

Dans les cérémonies qui se pratiquent au dehors de l'église, le curé ou le suisse est fondé à exercer la même surveillance et les mêmes attributions de *police* qu'au dedans. Ainsi, par exemple, dans une procession, il aurait droit de repousser les individus qui cher- cheraient à en arrêter la marche ou à se mêler à ses rangs ou qui y resteraient la tête couverte; mais il ne pourrait les forcer à se retirer de la rue elle-même que la procession traverserait. Le curé a le

(1) *Le Guide des Curés dans l'administration temporelle des Paroisses*, p. 123.
(2) Le conseil d'Etat, par une décision du 7 août 1829, a déclaré qu'il n'y a pas abus dans le fait d'un curé qui enjoint publiquement à un fidèle, pendant l'office des vêpres, de quitter la place qu'il occupait dans l'église, et le costume qu'il portait comme membre d'une confrérie formée dans sa paroisse.

même droit ici que dans l'intérieur de l'église, et il peut porter plainte de la même manière contre ceux qui porteraient atteinte à l'exercice du culte en troublant une procession. Plusieurs arrêts portés même depuis 1830, confirment cette doctrine. Nous allons en citer quelques-uns qui feront connaître à nos lecteurs la marche à suivre en ces fâcheuses circonstances. Le tribunal correctionnel d'Etampes, du 22 juin 1831, condamna à 16 fr. d'amende et aux frais un jeune homme qui, à la procession de la Fête-Dieu, était venu se présenter devant le dais, la tête couverte et avait ainsi arrêté instantanément la marche du cortége. Il ne lui était cependant échappé aucuns gestes ni aucunes paroles. Voici les motifs de ce jugement :

« Le tribunal, etc. ;

« Attendu que ces faits constituent le délit prévu par l'article 261 du Code pénal applicable à l'espèce, puisque, d'après les termes formels de la Charte de 1830 et de la loi du 18 germinal an X, l'exercice du culte catholique peut être public dans les lieux où il n'existe pas de temples dissidents ; que les processions extérieures font partie du culte catholique, et que le lieu où elles passent doit être considéré, aux termes de l'article 261, comme servant actuellement à l'exercice du culte ;

« Attendu que la conduite de l'inculpé présente des circonstances atténuantes qui autorisent à invoquer en sa faveur les dispositions de l'article 463 ;

« Par ces motifs, le tribunal déclare L.... coupable d'un trouble qui a interrompu la procession de la paroisse de Notre-Dame d'Etampes, dans un lieu servant actuellement à l'exercice du culte catholique, mais avec circonstances atténuantes, délit prévu par les articles 261 et 262 du Code pénal (1).

« Appliquant à L.... les dispositions de ces articles, le condamne en 16 francs d'amende et aux frais. »

Sur l'appel du prévenu, cette affaire fut portée devant le tribunal correctionnel de Versailles, qui, le 18 août 1831, confirma le jugement des premiers juges et reconnut dans le jugement que l'exercice du culte catholique pouvant être public dans les lieux où, comme à Etampes, il n'existe pas de temples dissidents, les cérémonies de l'église ne peuvent être troublées, même dans la rue, sans qu'il en résulte délit prévu par les articles 261 et 262 du Code pénal.

Au mois de juillet 1843, un individu fut condamné à un an de prison pour avoir traversé une procession de la Fête-Dieu. (*Voyez* PROCESSION.)

Le 19 août 1834, les habitants de la ville de Rieux (Aude) célébraient, suivant leur usage, par une procession religieuse, la fête de saint Cisi, patron de la ville. Dès que la procession, accompagnée des autorités locales, se fut mise en marche, des jeunes gens se permirent de faire entendre des coups de sifflets et des huées. Un grand

---

(1) Ces articles sont rapportés sous le mot DÉLIT.

tumulte s'ensuivit. Le maire, qui s'était empressé d'accourir pour rétablir le calme, dressa procès-verbal qu'il transmit au procureur du roi. Ce magistrat fit citer les jeunes gens qui lui étaient signalés devant le tribunal de police correctionnelle. Un jugement du 13 septembre suivant les déclara atteints et convaincus d'avoir interrompu, par des troubles et des désordres, les exercices d'un culte dans un lieu servant actuellement à ces exercices, délit prévu par l'article 261 du Code pénal. En réparation de quoi L.... fut condamné à 15 jours d'emprisonnement et à 16 fr. d'amende, et les autres jeunes gens à l'amende seulement, à cause des circonstances atténuantes.

Les prévenus ayant interjeté appel de ce jugement devant la Cour royale de Toulouse, elle confirma le jugement, par arrêt du 11 novembre, excepté à l'égard de L..., qui, à raison de circonstances atténuantes reconnues en sa faveur par la Cour, a été déchargé seulement de la peine de l'emprisonnement.

Enfin, le 15 août 1842, au moment où la procession de l'Assomption se développait dans les rues de la ville de Bourg (Ain), un sieur G... parut dans les rangs, le chapeau sur la tête et en troublant la marche des fidèles. Invité par le curé à vouloir bien se découvrir et à ne pas troubler l'ordre, il répondit par des grossièretés. L'agent de police qui suivait la procession interpella le sieur G..., prit son nom et dressa procès-verbal. Le tribunal correctionnel de Bourg étant saisi de cette affaire condamna, par arrêt du 26 août 1842, le sieur G... à 6 jours de prison et à 10 fr. d'amende seulement, les magistrats ayant égard à l'intervention bienveillante du curé en faveur du prévenu.

On remarquera que nous avons choisi à dessein des arrêts portés à l'occasion de troubles survenus dans trois espèces de processions : processions de la Fête-Dieu, d'une fête patronale et de l'Assomption, parce que nous savons que quelques curés, ne connaissant point en cela tous leurs droits, s'imaginent que ce n'est que dans les processions du Saint-Sacrement qu'ils peuvent réprimer les insultes publiques faites au culte catholique ; c'est une erreur, ainsi que le prouvent évidemment les exemples que nous venons de citer. Que MM. les curés sachent bien que la religion a droit d'être entourée de respect dans tous ses exercices publics, quels qu'ils soient, et qu'ils ont toujours le pouvoir de faire réprimer ces bravades aussi impies que ridicules, dont la religion et les honnêtes gens n'ont eu que trop souvent à gémir. La République ni l'Empire n'ont rien changé à cet égard. La Constitution accorde protection à l'exercice du culte catholique, comme nous le disons au paragraphe précédent. Un curé peut donc toujours, par les mêmes moyens que par le passé, faire réprimer les désordres et les troubles apportés à l'exercice du culte.

Il est d'usage, en quelques paroisses, que les curés ou les maires condamnent à des amendes en faveur de la fabrique les personnes qui ont manqué de respect dans l'église, ou qui ont commis quelques insultes envers les cérémonies extérieures du culte; ces amendes sont imposées dans de louables et paternelles intentions que nous sommes loin de blâmer, puisqu'elles ont pour but d'épargner des poursuites et des condamnations judiciaires à des étourdis qui appartiennent souvent à d'honnêtes familles qu'on ne voudrait pas affliger. Mais on remarquera que ces amendes sont illégales et que les gens de justice se sont souvent élevés contre ces condamnations arbitraires, qu'ils considèrent comme une usurpation et un empiétement sur les droits des tribunaux. Si l'amende était imposée pour insultes ou coups donnés à un tiers, ce serait ce tiers lui-même et non le curé ou le maire qu'il serait bon de faire figurer dans la réclamation en faveur de la fabrique : ce sera donc à la personne offensée à imposer l'amende, et non au curé; la justice ne pourra alors s'en plaindre.

§ III. *Le curé, en vertu de son droit de police, pourrait-il, quand l'église a plusieurs portes, ordonner que quelques-unes de ces portes seraient seules ouvertes, et que les autres seront fermées, pendant la durée des offices ?*

Pourrait-il faire fermer une tribune, dans un office du soir, si elle devenait un lieu de rendez-vous pour des enfants et des personnes qui troubleraient la réunion des fidèles ?

Le maire ou le conseil de fabrique peuvent-ils exiger l'ouverture de toutes les portes, contrairement à la volonté du curé ?

La *police* de l'intérieur de l'église étant exclusivement dans les attributions du curé, lui seul a donc le droit de prendre les mesures qui lui paraissent convenables pour l'entrée des fidèles, pour leur placement dans l'église, et pour le libre exercice du culte. Par suite de ce droit, il est incontestablement fondé à ordonner que telle ou telle porte soit ouverte, que telle ou telle autre soit fermée. Il peut également prescrire la fermeture d'une tribune s'il le juge convenable pour le maintien du bon ordre. Si les mesures prescrites par le curé paraissaient avoir quelques inconvénients, on pourrait en référer à l'évêque; mais ni le conseil de fabrique ni le maire ne seraient fondés à donner des ordres relativement à la *police* de l'église. Le conseil de fabrique est chargé de veiller à l'entretien et à la conservation des temples, d'assurer l'exercice et le maintien de la dignité du culte, en réglant les dépenses qui y sont nécessaires, et en assurant les moyens d'y pourvoir. La loi ne lui donne point d'autres fonctions. Le législateur, au contraire, a voulu laisser le curé seul arbitre de tout ce qui touche à la *police* de l'église.

Les maires, comme quelques-uns l'ont fait, pourraient invoquer en leur faveur là loi du 16-24 août 1790, et celle du 18 juillet 1837, ainsi qu'un avis du conseil d'Etat qui décide que les églises sont propriétés communales. Mais d'abord il importe peu que les églises soient ou non propriétés communales, car le droit de *police* de l'église, qui est une conséquence du droit de diriger le culte reconnu par la loi du 18 germinal an X (8 avril 1802), ne dépend pas de la nature du lieu où il s'exerce, puisqu'il peut être exercé hors du temple, sur la voie publique, par exemple, pendant une procession. Relativement à la loi du 18 juillet 1837, les maires ne pourraient s'appuyer que sur les articles 10 et 11 de cette loi, en vertu desquels « le maire est chargé de la *police* municipale... et prend des « arrêtés à l'effet d'ordonner les mesures locales sur les objets confiés « par les lois à sa vigilance et à son autorité. » Or on voit que la *police* intérieure de l'église n'est point au nombre de ces objets. Les maires peuvent prendre, en vertu de ces articles, et la chose est très-louable et très-convenable, des arrêtés de *police* pour défendre de danser, jouer, vendre, etc., autour des églises, les jours de dimanches et de fêtes, pendant la durée des offices, ou pour que les cabarets soient tenus fermés, pour défendre de stationner dans les cimetières, sur la place ou sur les terrains communaux environnant l'église ; d'y faire du bruit, etc., pendant les offices religieux. Mais les maires dépasseraient évidemment leurs pouvoirs et feraient abus d'autorité en s'immisçant d'eux-mêmes dans ce qui regarde la *police* intérieure de l'église. Ils n'ont, à cet égard, aucune attribution, et *ne doivent se mêler en rien à l'administration intérieure des églises.* C'est ce que portent deux décisions ministérielles, l'une du 3 avril 1806, et l'autre du 27 juin 1807. (*Voyez* ARRÊTÉ DE POLICE, BAL, CABARET.)

Enfin les maires ne seraient pas mieux fondés à invoquer, à l'appui de leur prétention, l'article 3 du titre XI de la loi du 16-24 août 1790. Cet article porte : « Les objets de *police* confiés à la vigilance « et à l'autorité des corps municipaux (aujourd'hui remplacés par « les maires) sont.... 3° le maintien du bon ordre dans les endroits « où il se fait de grands rassemblements d'hommes, tels que les « foires, marchés, réjouissances et cérémonies publiques, spectacles, « jeux, cafés, *églises* et autres lieux publics. » Nous regrettons, pour l'honneur de la législation française, de rencontrer un pareil texte, qui place sur le même rang les rassemblements des foires et marchés et ceux des fidèles assemblés pour rendre à Dieu l'hommage qui lui est dû, et lui offrir leurs vœux et leurs prières. Les églises méritent au moins l'honneur d'une place à part, et qui ne fût pas entre les cafés et autres lieux publics. Quoiqu'il en soit, cet article n'autorise nullement la prétention des maires, il leur impose le devoir de maintenir le bon ordre dans l'église, c'est-à-dire de réprimer les tentatives de ceux qui troubleraient les cérémonies du culte, d'appuyer et de faire exécuter les mesures prises par l'autorité chargée de la *police* de l'église, c'est-à-dire par le curé. C'est en ce sens qu'une décision ministérielle, citée par M. Vuillefroy (1), porte que l'autorité civile ne doit intervenir dans la *police* de l'église que s'il s'y commet un délit ou un crime. Le maire exercerait, dans ce cas, ses fonctions d'officier de *police judiciaire ;* mais aucun texte de loi ne lui attribue la *police* de l'église.

En vertu de son droit de *police* sur tout ce qui tient à la discipline du temple, un curé peut, pendant le prône et les instructions, ordonner la fermeture des portes, dans l'intérêt du silence qui est souvent troublé par l'entrée et la sortie continuelle des paroissiens. C'est à lui à décider à quelle heure on doit, chaque jour, les ouvrir ou les fermer. Appréciateur et juge de tout ce qui a rapport à la décence du culte, à la majesté des cérémonies et au respect qui est dû à la sainteté du lieu, dit M. Dieulin, il règle l'entrée et la sortie des fidèles, élève la voix pour commander ou défendre, et faire exécuter par ses agents toutes les mesures de *police* que réclame le maintien du bon ordre confié à sa vigilance pastorale, sauf toutefois le recours à l'évêque.

Le même droit compète au vicaire ou à tout autre prêtre qui a reçu du curé une délégation spéciale à cet effet.

§ IV. *Un maire peut-il obliger le curé de laisser l'église ouverte durant toute la journée, lorsque celui-ci a des motifs particuliers pour la tenir fermée hors des heures de la célébration des offices religieux ?*

Nous avons établi en principe et prouvé que la *police* de l'intérieur de l'église et de toutes ses dépendances appartient exclusivement au curé. Il forme la seule autorité qui veille, soit directement, soit par des agents de son choix, à tout ce qui tient, pour ainsi parler, à la discipline de l'intérieur du temple. De là le droit qu'il peut et qu'il doit avoir de prendre toutes les mesures nécessaires au maintien de l'ordre. Le pouvoir municipal s'arrête à la porte extérieure du temple, à moins que des circonstances expressément prévues par les lois ne l'investissent du droit de pénétrer dans l'église pour y faire exécuter les ordres donnés par les chefs du gouvernement. Alors ce n'est plus un maire qui agit, c'est un agent administratif. Mais jusque-là, le maire, considéré comme officier municipal, ne peut s'immiscer en aucune manière dans les mesures prises par le curé pour maintenir la *police* intérieure de l'église. Un règlement doit être arrêté par l'évêque diocésain qui fixe les heures où les services divins

---

(1) *Traité de l'administration du culte catholique,* page 310.

seront remplis. En se conformant à ce règlement, le curé peut ensuite fermer son église s'il le juge nécessaire pour éviter des vols ou des profanations. La nécessité, ou plutôt l'utilité de cette mesure en fait reconnaître la sagesse dans un grand nombre de communes rurales où les travaux d'agriculture ou d'industrie occupent les habitants d'une manière assez active pour ne leur laisser le loisir d'aller aux églises qu'aux heures où les offices sont célébrés. Ainsi toutes les fois qu'un curé prend une mesure de *police* intérieure qui se concilie avec le règlement dont nous venons de parler, il n'en doit aucun compte au maire de la commune, qui n'a pas le droit de lui imposer son autorité.

Par suite des mêmes principes, un maire ne peut faire placer dans l'église, malgré le curé, des emblêmes politiques (*voyez* EMBLÊMES), comme des drapeaux tricolores, un buste du roi, une statue de l'empereur, etc. En vertu de son droit de *police*, le curé est maître de s'opposer à un embellissement quelconque dans l'intérieur de l'église, s'il y voit des inconvénients, et de faire supprimer une décoration qu'on y aurait mise sans son agrément, s'il le juge convenable. (*Voyez* ÉGLISES, § IV.)

Si, dans ces divers cas, un maire voulait outrepasser ses droits, le curé devrait porter plainte, par voie de pétition, soit au préfet du département, soit au ministre des cultes, qui réprimeraient ces abus de pouvoir.

§ V. *Des assemblées profanes, telles que des élections d'officiers de la garde nationale, du conseil municipal, etc., peuvent-elles se faire dans l'église ?*

Cette question et beaucoup d'autres de ce genre sont résolues, même dans un sens légal, par ce principe que tout ce qui est une violation manifeste des lois de la religion reconnue par la Constitution est aussi une violation de la Constitution elle-même. (*Voyez* GARDE NATIONALE.)

On ne doit donc permettre aucun acte profane et civil dans l'église, comme d'y rendre la justice, d'y convoquer une assemblée, d'y faire des élections, des distributions de prix, etc. Le gouvernement de la République a reconnu formellement ce droit par la décision suivante. Ce droit est absolument le même sous le gouvernement actuel.

CIRCULAIRE *de M. le ministre provisoire de l'instruction publique et des cultes, à MM. les commissaires du Gouvernement provisoire dans les départements, portant interdiction de toute assemblée étrangère au culte dans les églises.*

« Paris, le 24 mars 1848.

« Monsieur le commissaire,

« J'ai été informé que, dans quelques communes, des citoyens ont manifesté le

désir de tenir des assemblées populaires dans les églises. Il n'est certainement point
dans la pensée de ces citoyens aucune intention de porter atteinte à la liberté
aux convenances religieuses ; mais le caractère spécial qu'il convient de laisser à des
édifices exclusivement consacrés au culte s'oppose à ce que toute autre destination
leur soit donnée, même temporairement. Je ne saurais mieux faire, à cet égard, que
de vous communiquer l'arrêté suivant pris par M. le maire de Paris, et qui est conforme aux sentiments du Gouvernement provisoire :

« Le membre du Gouvernement provisoire, maire de Paris, informe que quelques
« citoyens ont demandé à l'un des maires d'arrondissement d'occuper une église
« pour la tenue d'une assemblée populaire ;

« Considérant que la révolution de février 1848 a eu principalement pour but
« d'assurer la liberté de tous ;

« Considérant que le devoir du Gouvernement provisoire, comme le vœu du
« peuple, est de faire respecter la liberté des cultes ;

« Arrête :

« ART. 1er. Sous aucun prétexte, les églises ne pourront être détournées de leur
« destination.

« ART. 2. L'exécution du présent arrêté est confiée à l'autorité des maires d'ar
« rondissement et au patriotisme de tous les citoyens.

« A l'Hôtel-de-Ville de Paris, le 17 mars 1848.

« Signé ARMAND MARRAST. »

« Je vous prie, Monsieur le commissaire, de prendre un arrêté analogue pour
votre département, et d'en assurer l'exécution dans toutes les communes.

« Vous ne perdrez pas de vue que les dispositions en devront être appliquées
d'une manière générale, aux édifices religieux, à quelque culte qu'ils soient consacrés.

« Le ministre, etc., CARNOT. »

§ VI. *La garde nationale aurait-elle le droit de se présenter en armes dans l'église, malgré le curé ?*

Cette difficulté a été examinée et résolue sous le mot GARDE NA
TIONALE.

§ VII. *Le curé peut-il défendre de danser, jouer, vendre, etc., autour des églises, les jours de dimanches et de fêtes ? — Si ces actes troublent l'exercice du culte, quels sont les moyens de les réprimer?*

Le droit de *police* du curé embrasse tout l'intérieur des églises ;
il s'étend même jusqu'au vestibule du temple et même jusqu'à ses
dépendances extérieures, s'il y en a ; mais son droit finit au seuil
même de la porte : ainsi hors de l'enceinte de l'édifice, par exemple, au cimetière, sur une place ou sur un terrain contigu à l'église,
ce n'est plus au curé à exercer la *police*, c'est là le devoir de l'autorité municipale ; il peut bien inviter les perturbateurs à se taire, à
s'éloigner, mais il ne saurait les y contraindre de sa propre autorité.
(*Circul. minist.* du 9 *novembre* 1833, et 20 *juillet* 1837.) Il devrait,
pour cela, s'adresser au maire, puis porter plainte au préfet, si les
réclamations auprès de l'autorité locale demeuraient sans effet.

Le curé peut encore réclamer le privilége de la Constitution de 1848, de celle de 1852 et la loi du 18 novembre 1814, qui n'est nullement abrogée. (*Voyez* BAL, DANSE, DIMANCHE.) Il peut, par conséquent, porter plainte au procureur impérial, pour trouble à l'exercice du culte.

En 1841, le tribunal correctionnel de Nantua condamna à 16 fr. d'amende et aux frais un membre du conseil municipal d'une commune située à peu de distance de Nantua, pour trouble occasionné à la porte de l'église pendant les offices divins. Le substitut du procureur du roi avait même conclu à trois mois de prison et 300 fr. d'amende.

§ VIII. *La police de l'église qui appartient au curé ou desservant lui donne-t-elle le droit d'interdire l'entrée du temple à certaines personnes, notamment aux enfants attaqués de la petite vérole ?*

Le droit de *police* qui appartient au curé dans son église, est un droit de *police* religieuse et matérielle tout à la fois. Il peut donc, en vertu de ce droit, remarque avec raison M. de Champeaux, refuser l'entrée de l'église à tous ceux auxquels la discipline ecclésiastique et le droit canonique l'interdisent. Mais on comprend avec quelle réserve il doit agir en semblable circonstance.

Pour ce qui concerne les enfants attaqués de la petite vérole, son droit n'est pas moins certain. Il est d'ailleurs formellement écrit dans une circulaire du ministre des cultes, aux évêques, du 17 octobre 1810. Par cette circulaire, les évêques sont invités à recommander aux curés d'*interdire* l'entrée des églises aux enfants dont nous venons de parler, afin d'éviter de répandre la contagion de cette maladie. Le ministre rappelle que les observations des gens de l'art ont constaté que c'est principalement au moment où les boutons de la variole sont formés en croûtes sèches et tombantes que le danger de la contagion devient plus général, parce qu'il suffit qu'on reçoive la communication de la poussière qui s'en échappe pour contracter la maladie (1).

Cette circulaire, qui recommande aux curés d'*interdire* l'entrée des églises aux enfants malades de la petite vérole, ne consacre-t-elle pas une nouvelle reconnaissance du droit de *police* du curé dans son église ?

RÈGLEMENT *concernant la conduite des fidèles et le bon ordre dans l'intérieur de l'église.*

ART. 1er. L'église étant une maison de prière, où la majesté de

(1) *Recueil des circulaires*, tome II, page 223.

Dieu réside d'une manière particulière, pour y recevoir les adorations et les vœux des peuples, on ne doit s'y présenter qu'avec un grande modestie et un respect religieux.

Art. 2. Chacun, en y entrant doit, suivant un ancien et respectable usage, prendre de l'eau bénite et faire le signe de la croix. Il convient aussi de s'agenouiller et de se livrer pendant quelques instants à l'adoration du Saint-Sacrement.

Art. 3. Les hommes se tiendront découverts; ils se placeront de préférence à droite de l'entrée principale et dans les chapelles de   de   et de   . Les femmes et les filles se placeront à la gauche, dans la chapelle de la sainte Vierge et dans celle de   . Elles auront soin de ne pas s'approcher de trop près des autels où l'on célèbre la sainte messe.

Art. 4. Les jeunes gens ne seront pas admis dans les tribunes; on n'y recevra que les concessionnaires des stales ou bancs qui seraient loués par la fabrique.

Art. 5. Les mères et les nourrices sont averties de ne point amener aux offices les petits enfants, qui ne sont capables que de distraire les fidèles par leurs pleurs et leurs cris.

Art. 6. Les personnes qui arrivent lorsque la messe ou l'office est commencé, doivent se tenir jusqu'à la fin à l'entrée de l'église, et ne pas chercher à gagner leur place habituelle en dérangeant et troublant dans leurs prières les personnes venues plus tôt et déjà installées. –

Art. 7. Pendant le prône, les portes de l'église, à l'exception de celle de   , seront fermées. Cette mesure est commandée dans l'intérêt du silence, qui serait troublé par l'entrée et la sortie continuelle des paroissiens.

Art. 8. Il est interdit aux pauvres de mendier dans l'église. Ils doivent se tenir à la porte, rester à l'écart et ne pas incommoder les passants.

Art. 9. Personne ne doit s'asseoir, ni s'appuyer sur les autels; on n'y posera ni canne, ni chapeau, ni gants, ni aucun autre objet profane.

Art. 10. Il n'est point permis de passer la nuit dans l'église, excepté celle de Noël et celle du jeudi au vendredi saint. En conséquence, les portes seront closes une heure, au plus tard, après le coucher du soleil, et ne seront pas ouvertes avant quatre heures du matin.

Art. 11. Il est défendu de stationner sous le porche et dans la partie du parvis qui dépend de l'édifice. On ne se livrera pas non plus en passant dans ces lieux à des jeux ou à des conversations qui se feraient entendre dans l'église.

Art. 12. Il est défendu à toute personne, quelle qu'elle soit, de se promener dans l'église, d'y faire des colloques et d'y traiter d'affaires temporelles.

ART. 13. Il est défendu de tracer sur les murs et les boiseries des mots ou des figures, de dégrader quoi que ce soit, de toucher aux statues, tableaux et autres objets d'art servant à la décoration de l'église.

ART. 14. Quiconque profanera les lieux saints par des irrévé-rences graves, des discours, des entretiens ou des actions scandaleuses, en sera évincé à l'instant même.

ART. 15. Si les troubles sont de nature à empêcher, à retarder, ou à interrompre les exercices du culte, ou bien s'il y a eu outrage envers les ministres de la religion, le signe de la rédemption, les images des saints ou d'autres objets bénits ou consacrés, les profanateurs seront arrêtés et placés sous la main de la justice pour être punis selon la rigueur des lois. (*Voir*, sous le mot DÉLIT, *les articles* 260, 261, 262 *et* 263 *du Code pénal.*)

ART. 16. Les serviteurs de l'église, sous l'autorité du pasteur et des vicaires de la paroisse, veilleront au maintien du bon ordre et assureront par toutes les voies de droit l'exécution du présent règlement.

Fait à   le   18   .

Le curé de la paroisse.
Signature.

§ IX. POLICE *des cimetières.*

(Voyez CIMETIÈRES, § VII.)

POMPES FUNÈBRES.

Sous le terme général de *pompes funèbres*, on comprend tout ce qui sert à donner de la *pompe* aux convois, aux services religieux et à l'enterrement des morts, ainsi que le matériel nécessaire pour les funérailles.

Aux termes des décrets du 12 juin 1804 et du 18 mai 1806 (1), c'est aux fabriques seules qu'il appartient de fournir les choses nécessaires aux enterrements et aux *pompes funèbres*, c'est-à-dire les voitures, tentures, ornements, et de faire généralement toutes les fournitures quelconques, non-seulement pour le service des morts dans l'intérieur des églises, mais encore pour le transport des corps et la *pompe* des convois.

Soit que les fabriques mettent les *pompes funèbres* en régie, soit qu'elles les afferment, il n'y a qu'une seule administration ou qu'une

(1) *Voyez* ces décrets sous les mots CIMETIÈRES et TRANSPORT DES CORPS.

seule entreprise pour toutes les paroisses d'une même ville. (*Voyez* TRANSPORT DES CORPS.)

Toutes les sommes qui proviennent de l'exercice ou du fermage des *pompes funèbres* doivent être versées dans la caisse des fabriques. Lorsqu'elles font par elles-mêmes, ou par un agent qu'elles ont délégué comme leur gérant, les fournitures indispensables au service intérieur et extérieur des *pompes funèbres*, telles que celles des cierges, des cercueils, des gants, des crêpes, etc., les marchés qu'elles passent avec les fabricants pour les approvisionnements d'une certaine importance doivent être faits avec publicité et concurrence suivant la règle commune à tous les établissements publics. Mais si les fabriques afferment leur droit, le service des *pompes funèbres* doit être adjugé par entreprise, aux enchères. (*Décret du 18 mai 1806, art. 7.*) Dans les grandes villes, les fabriques sont tenues de se réunir pour ne former qu'une seule entreprise. (*Même décret, art. 8.*) On entend par grandes villes celles qui renferment plusieurs paroisses. En rendant obligatoire la réunion des fabriques dans ce cas, le législateur, remarque M. Nigon de Berty (1) a voulu empêcher que les habitants d'une même cité ne fussent exposés à payer des sommes différentes pour des convois de même espèce ; ce qui eût été contraire aux principes de justice et d'égalité.

Néanmoins, les conseils de fabriques des grandes villes doivent délibérer séparément sur le projet d'entreprise des *pompes funèbres* et sur les tarifs et tableaux qui seront dressés. D'une part, l'article 10 du décret du 30 décembre 1809 ne leur permet de s'assembler que dans l'église dont les intérêts leur sont confiés, dans un lieu attenant à cette église, ou dans le presbytère de leur paroisse. D'un autre côté, aucune disposition exceptionnelle ne les autorise à émettre un avis collectif sur le projet dont il s'agit. Dès-lors la convocation générale, dans un même local, de tous les conseils de fabriques d'une grande ville et la seule délibération qu'ils y prendraient ensemble seraient irrégulières. (*Décision du ministre des cultes, du 20 septembre 1843.*) Il est procédé aux adjudications du service des *pompes funèbres* dans les formes et suivant le mode établi par les lois et règlements pour les travaux publics. (*Ordonn. des 4 décembre 1836 et 14 novembre 1837.*)

A l'exception des fabriques et des consistoires et de leurs fermiers et régisseurs, aucune personne, quelques soient ses fonctions, ne peut exercer le droit réservé à ces établissements en ce qui touche le service des *pompes funèbres*. L'article 24 du décret de l'an XII contient à cet égard une défense très-expresse, sous telles peines qu'il appartiendra ; mais il ne désigne pas quelles seront ces peines.

_____

(1) *Nouveau Journal des conseils de fabriques*, tome XI, page 57.

Dans les villages et autres lieux où le droit précité ne peut être exercé par les fabriques, les autorités locales doivent y pourvoir, sauf l'approbation des préfets. (*Art.* 26 *du décret de* 1804.)

Les tarifs des *pompes funèbres* ont pour objet de régler les droits dus aux fabriques paroissiales pour le service des morts dans l'intérieur des églises et pour toutes les fournitures relatives aux convois ; ils sont rédigés par les évêques et par les fabriques qui doivent y joindre des tableaux gradués par classe. Ces tarifs sont communiqués d'abord aux conseils municipaux, et ensuite aux préfets pour avoir leur avis. (*Décret du* 18 *mai* 1806, *art.* 6 *et* 7.) Ils devaient être présentés, d'après l'article 7 du même décret de 1806, par le ministre des cultes, après avoir consulté le ministre de l'intérieur, à l'approbation de l'empereur. Actuellement, aux termes des décrets des 25 mars 1852 et 13 avril 1861, les préfets ont le droit d'approuver tous les tarifs des *pompes funèbres*.

On confond souvent dans un seul et même tarif, les taxes pour le transport des corps et les dépenses des *pompes funèbres*. Le décret du 18 mai 1806 a voulu évidemment qu'il y eût deux tarifs distincts, en prescrivant que le tarif des frais de transport fut préparé par le conseil municipal et approuvé sur le rapport du ministre de l'intérieur, et que le tarif des *pompes funèbres*, fût dressé par les fabriques et les évêques, et approuvé sur le rapport du ministre des cultes. Malgré les modifications apportées à la législation antérieure, en ce qui concerne cette approbation, les dispositions du décret de 1806 doivent toujours être suivies.

Dans plusieurs diocèses, ajoute le *Nouveau Journal des conseils de fabriques*, on a proposé de réunir les tarifs des honoraires du clergé pour les enterrements aux tarifs des *pompes funèbres*. Le conseil d'Etat et l'administration des cultes s'y sont toujours opposés. (*Avis du conseil d'Etat, du* 29 *décembre* 1837 *et* 18 *mai* 1838 ; *décision du ministre des cultes, du* 10 *mars* 1858.)

Cette réunion serait contraire aux termes et à l'esprit des articles 20, 22, 23 et 25 du décret du 23 prairial an XII, des articles 7 et 8 du décret du 18 mai 1806 et de l'article 36 du décret du 30 décembre 1809, qui soumettent chacun de ces tarifs à des formalités différentes. Ainsi, les conseils municipaux n'ont point à s'occuper des oblations du clergé, tandis que leur avis sur les taxes des *pompes funèbres* est exigé. Il y a d'ailleurs, depuis la promulgation du décret du 25 mars 1852, une raison péremptoire pour isoler complètement les tarifs sur les *pompes funèbres* des règlements épiscopaux qui fixent les honoraires du clergé pour les obsèques religieuses ; c'est que ces tarifs sont approuvés par les préfets, tandis que les règlements épiscopaux doivent l'être par un décret impérial.

Lorsqu'il s'agit d'établir un tarif pour les inhumations, on se trouve en présence de deux intérêts également dignes de considération : d'une part, l'intérêt du clergé ou des fabriques, et, de l'autre, celui des habitants ou paroissiens, qui seront obligés de payer, de leurs deniers, le montant des oblations et des frais funéraires. Il est possible de concilier ces intérêts en divisant les enterrements par classes, selon le vœu de l'article 7 du décret de 1806. Plus on augmente le nombre des classes, plus on étend la faculté laissée aux familles de choisir celle qui convient à leur fortune ; et l'on a, en outre, l'avantage de conserver l'uniformité entre les ecclésiastiques et les paroisses d'un même diocèse. (*Décision du ministre des cultes, du 18 mars 1858.*)

Les fonctions des fabriciens sont entièrement gratuites ; ils ne doivent recevoir aucun droit de présence lorsque, suivant les usages locaux, ils sont convoqués à un enterrement. Il y a donc lieu de supprimer dans les tarifs de *pompes funèbres* les allocations portées en faveur des membres des conseils de fabriques pour leur assistance aux convois. (*Avis du conseil d'Etat du 18 mai 1825.*)

Les billets d'enterrement sont rangés au nombre des objets dont la dépense doit être réglée par les tarifs des *pompes funèbres*. (*Voyez* BILLETS D'ENTERREMENT.) Mais les lettres de faire part de mort, qui sont ordinairement envoyées plusieurs jours après l'inhumation, peuvent être indistinctement imprimées par les personnes que désignent les familles.

A Paris, le service des *pompes funèbres* est régi par une législation spéciale. Le décret du 18 août 1811, rapporté ci-après, a posé les règles particulières à la capitale. Ces règles furent observées intégralement jusqu'à l'année 1832 ; mais elles ont été successivement modifiées par les ordonnances royales des 25 juin 1832 et 11 septembre 1842, et par les décrets des 2 octobre 1852 et 4 novembre 1859. Voici l'analyse de celles qui sont actuellement en vigueur.

L'entreprise du service général des inhumations et des *pompes funèbres* dans la ville de Paris comprend :

1° Le service ordinaire, réglé par l'administration, qui a pour but de faire transporter dans les églises, et ensuite dans les cimetières de la capitale, les corps des décédés, et de les faire inhumer, le tout d'après les ordres des maires ;

2° Le service extraordinaire, tel qu'il est commandé par les familles ; il consiste à procurer aux familles, sur leur demande, des corbillards, voitures de deuil, draperies, cierges, souches, et tous autres objets indiqués au tarif, soit dans les diverses classes qui y sont établies, soit dans la section des objets supplémentaires.

Il importe de signaler ici une mesure nouvelle dont il n'est pas question dans le décret du 8 août 1811, et qui est prescrite par l'article 3 du décret du 4 novembre 1859, en ces termes :

« Sur la quotité de 60 pour cent (taux actuel du prélèvement pour la bourse commune), 50 pour cent continueront d'être répartis entre les fabriques des églises de Paris, par portions égales, et 10 pour cent seront mis en réserve pour être, d'un commun accord entre Mgr l'archevêque de Paris et M. le préfet de la Seine, distribués entre les fabriques les plus nécessiteuses. »

Suivant les tarifs de 1852 et de 1859, il est payé dans chaque classe de convois une taxe dite municipale, qui varie depuis 40 fr. pour la première classe jusqu'à 6 fr. pour la neuvième. La taxe municipale est destinée à couvrir les dépenses du service de la vérification des décès et du transport des corps.

Lorsqu'une personne meurt à Paris, l'ordre à donner pour son convoi doit être rédigé par écrit; indiquer la classe, choisie par la famille ou par celui qui la représente, du tarif des *pompes funèbres*, et spécifier les objets énoncés dans le tarif supplémentaire que la famille désire y ajouter. Pour faciliter l'accomplissement de ces formalités, l'entrepreneur est obligé de faire imprimer des modèles d'ordres de convoi, en tête desquels sont relatés les articles 1, 2, 4 et 6 du décret du 18 août 1811. C'est uniquement sur ces modèles imprimés que les familles ou leurs fondés de pouvoir peuvent expliquer leurs volontés. Dans l'usage, les ordres sont toujours revêtus de la signature de la personne qui commande le convoi. (*Voyez* FRAIS FUNÉRAIRES, TRANSPORT DES CORPS.)

DÉCRET *du 18 août* 1811 *relatif au service des inhumations, et tarifs des droits et frais à payer pour le service et la pompe des sépultures, ainsi que pour toute espèce de cérémonies funèbres.*

« ART. 1er. Le service des inhumations est divisé en six classes, dont le tableau est annexé au présent décret (1). Le prix fixé pour chaque classe est le maximum qu'il est interdit de passer, mais ce prix peut être diminué dans la proportion des objets compris dans le tableau de chaque classe, qui ne seraient pas demandés par les familles, et dont elles donneraient contre ordre par écrit.

« ART. 2. Tout ordre pour un convoi doit être donné par écrit, indiquer la classe, désigner les objets fixés dans le tarif supplémentaire, qui seraient demandés par les familles. A cet effet, l'entrepreneur général du service fera imprimer des modèles d'ordre en tête desquels seront relatés les articles 1, 2, 4 et 6 du présent décret : c'est uniquement sur ces modèles imprimés que les familles ou leurs fondés de pouvoirs expliqueront leur volonté.

« ART. 3. Le service ordinaire et extraordinaire des inhumations sera adjugé à un seul entrepreneur, qui ne pourra augmenter le total de la dépense fixée par chaque classe, sous peine, en cas de contestation, de ne pouvoir répéter cet excédant devant les tribunaux, et d'une amende qui ne pourra excéder mille francs.

« Cet article est commun aux fabriques dont les receveurs sont responsables.

« ART. 4. Il est défendu à l'entrepreneur des inhumations et à caque fabrique,

_____

(1) Nous croyons inutile de rapporter ici ce tableau.

de faire imprimer séparément soit le tableau des dépenses du service de l'entreprise, soit le tableau des dépenses fixées pour les cérémonies religieuses.

« ART. 5. L'adjudication comprendra le droit exclusif de louer et de fournir les objets indiqués dans le tableau de toutes les classes, sauf les ornements que les fabriques sont dans l'usage de se réserver, et qui consistent seulement en pièces de tenture du fond des autels, tapis de sanctuaire, couvertures de lutrins et des pupitres, des siéges des célébrants et des chantres.

« ART. 6. L'entrepreneur sera tenu de transporter les corps à l'église ou au temple, toutes les fois qu'il n'aura pas reçu par écrit un ordre contraire, sans pouvoir demander aucune augmentation.

« ART. 7. L'adjudication de service général sera faite par soumissions cachetées, lesquelles seront ouvertes au conseil de préfecture, en présence de deux commissaires des fabriques, désignés par M. l'archevêque de Paris. Le prix de cette adjudication consistera dans une portion du produit de l'entreprise générale, laquelle devra être payée par l'entrepreneur aux fabriques et aux consistoires. La première mise à prix sera de 20 pour cent.

« ART. 8. Les fabriques des églises de la ville de Paris mettront en bourse commune 25 pour cent de la somme qui leur est allouée sur chaque convoi par l'entreprise générale; ce prélèvement sera versé par chaque fabrique entre les mains du trésorier de la fabrique de la cathédrale, lequel en tiendra un compte séparé. Chaque mois, le compte général des prélèvements du mois précédent sera fait par ledit trésorier, et partagé également entre toutes les fabriques.

« ART. 9. Les cérémonies religieuses pour les corps présentés à l'église, avec un certificat d'indigence, seront les mêmes que celles indiquées dans la sixième classe.

« ART. 10. En cas que le produit de la taxe pour ledit transport des corps s'élève au-dessus de la somme à payer à l'entrepreneur pour ledit transport, le surplus sera affecté à la reconstruction ou à la réparation des cimetières de Paris.

« ART. 11. En cas de contravention de la part de l'entrepreneur ou du receveur des fabriques, notre procureur impérial est tenu de poursuivre d'office, et de faire prononcer la restitution et l'amende portée à l'article 3. »

PORTES ET FENÊTRES.

Sous ce titre, nous examinerons s'il peut y avoir des *portes et fenêtres* de communication entre l'église et le presbytère, et si les impositions des *portes et fenêtres* des presbytères doivent être payées par les curés et desservants.

§ I. PORTES ET FENÊTRES *de communication entre l'église et le presbytère.*

Il est généralement admis qu'il doit y avoir une *porte* de communication entre l'église et le presbytère, lorsque ces deux édifices sont contigüs ou séparés seulement par une cour ou un jardin.

On en comprend facilement le motif. La garde de l'église et de tous les objets qu'elle renferme est entièrement dévolue au curé. Il est donc tout naturel de lui donner les voies de communication les plus promptes et les plus faciles. Cette communication, lorsqu'elle n'existait pas, était autrefois concédée par la fabrique au curé. Cette faveur exista même au profit de certains paroissiens, auxquels il était aussi permis d'avoir une croisée donnant dans l'intérieur de l'église. « Les marguilliers peuvent permettre, dit l'abbé de Boyer (1), dans des cas particuliers, d'avoir des *portes ou des fenêtres* de communication avec l'église. Il fut dit, à l'occasion d'un arrêt du parlement de Paris, du 26 décembre 1633, continue l'abbé de Boyer, que, quoique les communications secrètes des maisons laïques avec les lieux saints soient défendues par les constitutions canoniques, il y a cependant des circonstances où la reconnaissance pour un bienfait accordé fait qu'on les tolère, lors surtout que la piété et la prudence du bienfaiteur font cesser les alarmes de l'église. On les tolère aussi dans les presbytères où ces sortes de communications nourrissent la piété des pasteurs, et ont souvent empêché la spoliation de l'église. »

Aujourd'hui, la fabrique aurait-elle le droit d'accorder au curé une communication de ce genre? Nous le pensons, car, d'après notre opinion, la fabrique est généralement propriétaire de l'église. Mais dans le cas même où l'on attribuerait la propriété de l'église à la commune, nous pensons, avec Mgr Affre, que la fabrique n'aurait pas moins le droit d'ouvrir une *porte* de communication entre l'église et le presbytère, et il se fonde sur ce que, malgré cette propriété, la fabrique peut faire dans l'église tout ce qui est nécessaire et utile à son embellissement et à sa conservation. Elle a, en effet, le droit d'en retirer tous les produits; elle peut même, avec l'autorisation requise, aliéner des places à temps ou à perpétuité. Elle a le droit d'y faire les dispositions nécessaires pour la rendre plus propre au service du culte; et si une croisée était nécessaire pour lui donner un jour suffisant, elle pourrait, sans aucun doute, la faire pratiquer. Or une *porte* de communication avec le presbytère est précisément dans le même genre; elle est sinon indispensable, du moins très-utile pour l'administration spirituelle de la paroisse. Il y a donc lieu de penser que toutes les fois que le presbytère et l'église sont contigüs, si une *porte* de communication n'existe pas, la fabrique et le curé ont le droit de l'ouvrir, sauf à rétablir plus tard, s'il le faut, les choses dans leur état primitif. Nous invitons cependant les curés qui se trouveraient dans un cas semblable à consulter préalablement leur évêque, qui ne manquerait pas d'obtenir du préfet la voie de communication demandée. Du reste, la cour de Cassation a reconnu, par arrêt du 6 décembre 1836, que la fabrique, et spécialement le curé, avaient le droit de faire percer une *porte* de communication entre l'église et le presbytère.

(1) *Principes sur l'administration temporelle des paroisses*, tome 1er, page 182.

Lorsqu'une fabrique a ouvert, malgré l'avis du conseil municipal, mais avec l'autorisation de l'évêque et du préfet, une *porte* de communication entre la sacristie de l'église et le presbytère, cette *porte* doit être maintenue, si elle est utile, et le préfet successeur ne doit pas en ordonner la fermeture.

Cette proposition a été consacrée par la décision ministérielle suivante :

LETTRE *du ministre de l'instruction publique et des cultes* (M. Rouland) *à l'évêque de Verdun, du 4 février* 1862.

« Paris, le 4 février 1862.

« Monseigneur,

« Le conseil de fabrique de l'église paroissiale d'Étain s'est pourvu devant M. le ministre de l'intérieur contre un arrêté du 19 juin 1861, par lequel M. le préfet de la Meuse a rapporté un arrêté de son prédécesseur qui avait autorisé l'ouverture d'une *porte* dans la sacristie de cette église.

« Votre Grandeur m'a transmis, le 16 juin 1861, les pièces de ce pourvoi en émettant un avis favorable aux prétentions de la fabrique.

« M. le ministre de l'intérieur, à qui j'ai dû renvoyer le dossier de cette affaire, a pris en considération les observations que je lui ai présentées sur l'*utilité*, pour le service religieux, de la *porte* de communication entre l'église et le presbytère d'Étain, que la fabrique a fait pratiquer à ses frais, en vertu de l'arrêté préfectoral du 14 décembre 1860.

« Son Excellence m'informe, par une lettre du 21 janvier, qu'elle vient d'inviter M. le préfet de la Meuse à ne pas donner suite à son arrêté du 19 juin 1861, qu'avait rapporté celui du 14 novembre 1860. La *porte* dont il s'agit sera donc maintenue.

« Je suis heureux, Monseigneur, d'avoir à vous annoncer cette solution, conforme aux vœux que vous avez exprimés.

« Agréez, Monseigneur, l'assurance, etc.

« Signé : ROULAND. »

§ II. *Impôts des* PORTES ET FENÊTRES.

Un arrêt du conseil d'État, en date du 22 juin 1848, décide qu'un curé chargé de desservir deux paroisses ayant chacune un presbytère ne peut être imposé à la contribution des *portes et fenêtres* que pour celui de ces presbytères qui sert à son habitation personnelle. (*Voyez* IMPOSITION.)

PORTE BANNIÈRE.
(*Voyez* BANNIÈRE.)

POSSESSOIRE.
(*Voyez* ACTION POSSESSOIRE.)

POTS DE VIN.

Il est défendu de stipuler des *pots de vin* pour les baux des biens ecclésiastiques.

Le successeur du titulaire qui aura pris un *pot de vin* aura la faculté de demander l'annulation du bail, à compter de son entrée en jouissance, ou d'exercer son recours en indemnité, soit contre les héritiers ou représentants du titulaire, soit contre le fermier. (*Art. 10 du décret du 6 novembre* 1813.)

POURSUITE.

Les trésoriers sont chargés, sous leur responsabilité personnelle, de faire, en temps utile, les *poursuites* nécessaires pour assurer la rentrée de fonds et créances des fabriques, et la conservation de leurs droits contre les entreprises d'autrui. (*Voyez* ACTES CONSERVATOIRES.)

Dans les procès de fabrique (*voyez* PROCÈS), les *poursuites*, telles que sommation, commandement par ministère d'huissier, saisie-exécution, peuvent être exercées sans autorisation du conseil de préfecture. Il en est de même si la fabrique a un titre exécutoire, c'est-à-dire un titre en tête duquel le notaire ou le greffier a mis le nom du souverain, et à la fin duquel se trouve l'ordre aux autorités d'en faire exécuter le contenu. En ce cas, le premier huissier venu peut, sur la demande du trésorier, saisir, vendre ou faire vendre et réaliser les meubles, récoltes, immeubles ou créances du débiteur. Seulement, avant de poursuivre, il faut être bien sûr que le débiteur est en état de payer non-seulement ce qu'il doit, mais encore les frais qui doivent être acquittés les premiers ; or la plus petite saisie et vente de meubles (dite saisie-exécution) coûte au moins 60 fr. ; une saisie de créance (saisie-arrêt), 100 fr. ; une saisie de récoltes sur pied (saisie-brandon), 90 fr. ; une saisie d'immeubles (expropriation), 600 fr.

POURVOI.

On appelle *pourvoi* l'acte par lequel on attaque, devant la Cour de cassation, un arrêt ou un jugement de dernier ressort rendu contrairement à la loi. Ce mot s'applique encore au recours formé devant le conseil d'Etat.

Les fabriques peuvent se pourvoir contre les jugements contraires à leurs intérêts, par toutes les voies ordinaires ou extraordinaires que le Code de procédure admet, et dans les délais qu'il a fixés, à partir de la signification faite à la fabrique, dans la personne du trésorier.

Un *pourvoi* au conseil d'Etat ne peut se faire que par le ministère d'un avocat aux conseils, par une requête signée de lui ; entre autres conditions de forme cette requête doit contenir les faits et moyens à l'appui de la demande, et les conclusions qui sont la base essentielle de la décision.

Les requêtes sont déposées au secrétariat du conseil d'Etat, et inscrites sur un registre dans leur ordre de dates.

Le délai pour se pourvoir, expire au bout de trois mois à compter de la notification de la décision. Il est augmenté suivant les distances.

Entre les particuliers et les corporations, cette notification a lieu par voie d'huissier, et se règle conformément aux dispositions du Code de procédure.

Entre l'Etat et les particuliers la notification administrative par lettre ou autrement est régulière. (*Voyez* NOTIFICATION.)

Dans tous les cas, c'est le conseil qui est juge de la validité. La jurisprudence a consacré ces principes.

Le délai, pour se pourvoir en cassation, est de trois mois à compter du jour de la notification à personne ou domicile, non compris le jour de la signification et celui de l'échéance. (*Loi du 1er décembre 1790 et décret du 1er frimaire an XI.*)

La première formalité à remplir, pour se pourvoir, est de consigner une somme de 150 fr., etc. (*Voyez* COUR DE CASSATION.)

La requête est présentée et l'amende versée par les soins d'un avocat près la Cour. Si la requête est rejetée, tout est fini; l'affaire ne va pas plus loin, et l'amende est acquise au trésor.

PRÉDICATEUR, PRÉDICATION.

On donne le nom de *prédicateurs* aux prêtres qui se livrent au ministère de la parole sainte ou qui se chargent de l'annoncer pour le pasteur et en dehors des fonctions pastorales.

§ I. PRÉDICATEURS *de stations. Qui doit les nommer ?*

L'article 32 du décret du 30 décembre 1809 contient, relativement à la présentation et à la nomination des *prédicateurs* de l'Avent et du Carême, les dispositions suivantes :

« Les *prédicateurs* seront nommés par les marguilliers, à la pluralité des suffrages, sur la présentation faite par le curé ou desservant, et à la charge par lesdits *prédicateurs* d'obtenir l'autorisation de l'ordinaire. »

Il n'est question, dans cet article, que des *prédicateurs* extraordinaires qui viennent prêcher une station de Carême, d'Avent ou d'autres solennités. L'article 54 du règlement du 2 avril 1737, pour la fabrique de la paroisse de Saint-Jean-en-Grève, est plus explicite. Il est ainsi conçu :

« Les *prédicateurs* de l'Avent, du Carême, des octaves du Saint-Sacrement et des dimanches et fêtes après midi, seront nommés, suivant l'ancien usage, par le bureau ordinaire, à la pluralité des suffrages, et sera fait un registre sur lequel seront inscrits les noms des *prédicateurs* qui auront été nommés, l'année et le temps qu'ils doivent prêcher. »

L'article 37, n° 2, du décret du 30 décembre 1809, charge la fabrique « de payer l'honoraire des *prédicateurs* de l'Avent, du Carême et autres solennités. » (*Voyez* AVENT.)

L'honoraire des *prédicateurs* ne forme pas un traitement fixe, comme plusieurs autres articles du budget. Le payement en doit être fait par le trésorier sur la production d'un mandat de l'ordonnateur et d'une quittance timbrée délivrée par la partie prenante.

« Un usage assez généralement suivi, dit Le Besnier, est de faire une quête *per domos*, pour le payement de la rétribution qu'il convient de donner aux *prédicateurs* du Carême, et le décret de 1809 n'a pas défendu d'employer ce moyen qui économise les ressources de la fabrique. Il serait pourtant à désirer qu'on n'y recourût qu'en cas de besoins réels de la fabrique; car si les dons de la charité et de la religion, surtout le denier de la veuve, sont toujours honorables, les administrateurs feraient bien de tâcher d'éviter l'emploi d'un mode dont la fausse délicatesse du siècle se scandalise quelquefois. » Cette réflexion est sage.

La *prédication* n'a pas, dans tous les cas, le caractère de nécessité propre à obtenir une subvention de la commune. (*Décision ministérielle du 21 décembre 1811.*)

Les motifs qu'on invoque pour justifier aujourd'hui la nomination des *prédicateurs* par le bureau des marguilliers, c'est « qu'ils sont les administrateurs des deniers et les défenseurs des intérêts temporels de la fabrique ; c'est à eux qu'il appartient d'apprécier si les ressources de l'établissement religieux permettent de lui imposer la charge de la dépense d'un *prédicateur* étranger, et, dans le cas même où il y a lieu de réclamer ainsi le concours d'un *prédicateur* extraordinaire, ils ont aptitude et qualité plus que personne pour mettre les honoraires de cet ecclésiastique en rapport avec le budget et les décisions du conseil de fabrique. »

Tels sont les seuls motifs qu'on invoque. Mais, ces motifs, qu'on nous permette de le dire, nous paraissent d'une valeur fort contestable. Les honoraires du *prédicateur* doivent former, au budget de chaque fabrique, un article spécial. C'est donc lorsqu'ils préparent le projet de budget de la fabrique, que les marguilliers doivent examiner, après avoir entendu le curé, dit M. A. Boué (1), s'il y a lieu de comprendre dans ce projet de budget, au nombre des dépenses ordinaires ou extraordinaires, un crédit pour le payement des honoraires d'un *prédicateur*. C'est lorsqu'ils présentent ensuite ce projet de budget au conseil de fabrique, dans sa séance de Quasimodo, qu'ils ont à

(1) *Nouveau Journal des conseils de fabriques,* tome XII, page 26.

exposer à ce conseil les considérations d'après lesquelles ils se sont déterminés à admettre ou à écarter cet article de dépense. C'est dans la discussion qui peut s'ouvrir à ce moment sur cet objet qu'ils ont à remplir leur rôle d'administrateurs économes des deniers de la fabrique et de défenseurs de ses intérêts temporels. Mais ce rôle semble, après ce débat terminé, être singulièrement simplifié. S'il a été porté au budget un crédit, soit ordinaire, soit extraordinaire, pour le payement des honoraires d'un *prédicateur*, tout ce qui reste à faire à cet égard, lors de la nomination de ce *prédicateur*, c'est de ne pas dépasser le chiffre du crédit ainsi voté pour cette dépense. Si aucun crédit n'a été admis, la volonté du conseil de fabrique n'est pas douteuse. Dans le premier cas, il n'est donc guère difficile de mettre les honoraires du *prédicateur* en rapport avec le budget et les décisions du conseil de fabrique. Dans le second cas, les marguilliers n'ont point à examiner, en appel en quelque sorte de la décision de ce conseil, si les ressources de la fabrique permettent de lui imposer la charge de la dépense d'un *prédicateur* étranger.

Si le budget de la fabrique ne comprenant aucun crédit pour honoraires d'un *prédicateur*, il est, dans le courant de l'exercice, demandé au conseil de fabrique un crédit pour cet objet, la question est encore complètement tranchée par la délibération que prend ce conseil. Si un crédit est alloué, il n'y a autre chose à faire qu'à n'en pas dépenser le montant, si le crédit est refusé, la dépense ne peut avoir lieu, au moins jusqu'à décision contraire de l'autorité supérieure.

Ce ne saurait donc être, à notre avis, en considération de l'allocation ou de la fixation des honoraires des *prédicateurs* que le législateur a voulu que ces *prédicateurs* fussent nommés par le bureau des marguilliers. Et c'est en ce sens qu'une décision ministérielle du 17 février 1812 a statué, en se fondant sur ce que l'article 32 du décret du 30 décembre 1809 ne distingue pas, que le *prédicateur* doit être agréé par les marguilliers, lors même qu'il n'exige aucune rétribution pour ses sermons (1).

C'est dès-lors pour donner aux marguilliers le choix de la personne des *prédicateurs* que la nomination de ces ecclésiastiques leur a été attribuée. Mais cette attribution ainsi motivée, est-elle justifiée?

Aux termes de l'article 33 du décret du 30 décembre 1809, modifié, du reste, quant aux communes rurales, par l'article 7 de l'ordonnance du 12 janvier 1825 (2), la nomination et la révocation de l'organiste, des sonneurs, des bedeaux, suisses ou autres serviteurs

---

(1) *Traité de l'administration du culte catholique*, par M. Vuillefroy, au mot PRÉDICATIONS.

(2) *Voyez* cette ordonnance sous le mot FABRIQUE.

de l'église, appartiennent aux marguilliers, sur la proposition du curé ou desservant ; mais les *prédicateurs* ne sauraient être assimilés aux serviteurs de l'église ; ils devraient l'être plutôt aux vicaires dans la nomination desquels ni le bureau des marguilliers ni le conseil de fabrique n'interviennent (*loi du* 18 *germinal an* X, *art.* 31), ou aux prêtres habitués, que le curé seul agrée et auxquels seuls il assigne leurs fonctions. (*Décret du* 30 *décembre* 1809, *art.* 30.)

Quant à l'orthodoxie du *prédicateur*, à sa capacité, aux autres qualités qui doivent distinguer un ministre de la parole sainte, le curé est beaucoup plus à même de les apprécier que le bureau des marguilliers. La meilleure garantie à cet égard se trouve d'ailleurs dans l'approbation préalable de l'évêque, qu'exigent seulement l'article 32 même du décret et l'article 50 de la loi du 18 germinal an X.

Les marguilliers ne peuvent donc représenter que l'opinion, réelle ou présumée des paroissiens. Et alors, il semble qu'il eût suffi de leur donner le droit d'avis, et non le droit de nomination.

La disposition dont nous nous occupons de l'article 32 du décret du 30 décembre 1809 est, du reste, jugée de la même manière par les auteurs les plus autorisés ; Mgr Affre (1), M. l'abbé Dieulin (2), M. Gaudry (3). « Le décret de 1809, dit cet estimable et judicieux jurisconsulte, a étendu les attributions du bureau jusqu'à des choses qu'il eût peut-être mieux valu abandonner entièrement au supérieur ecclésiastique. Ainsi, l'article 32 veut que les *prédicateurs* soient nommés par le bureau. A la vérité l'article ajoute : *sur la présentation faite par le curé ou desservant....* Cependant, il est étrange qu'on ait abandonné au bureau un droit de nomination, supposant une appréciation morale et religieuse que le curé seul peut faire convenablement. Le bureau ne doit user de cette disposition que dans le sens de la surveillance des intérêts matériels de la fabrique, c'est-à-dire au point de vue de l'honoraire des *prédicateurs*. »

Dans la pratique, les bureaux des marguilliers laissent exclusivement au curé le choix des *prédicateurs*, que la plupart du temps ils ne connaissent pas. En général, ils ne se prévalent pas du droit de nomination que le décret leur attribue ; et c'est ce qu'ils ont de mieux à faire.

La nomination des *prédicateurs* appartient exclusivement au bureau des marguilliers, sur la proposition du curé ou desservant. En conséquence, lorsqu'une donation faite à une fabrique, pour assurer le payement annuel des honoraires d'un *prédicateur*, renferme une clause qui attribue au curé seul la nomination de ce *prédicateur*,

---

(1) *Traité de l'administration temporelle des paroisses*, page 108.
(2) *Guide des curés*, 3e édition, page 55, note 1re.
(2) *Traité de la législation des cultes*, tome III, page 290.

cette clause n'est pas susceptible d'approbation. La fabrique doit toujours intervenir dans l'acceptation des libéralités faites au curé de la paroisse sous la condition de faire faire des *prédications* extraordinaires.

Lorsque, au lieu d'une donation entre vifs, il s'agit d'un legs, la condition portant attribution au curé du droit exclusif de nomination des *prédicateurs* est réputée contraire à la loi. Seulement, comme, au moment où il est soumis à l'approbation du gouvernement, le legs ne peut plus être modifié, le décret d'autorisation se borne à l'autoriser aux charges, clauses et conditions imposées, *autant qu'elles ne sont pas contraires aux lois.*

L'article 900 du Code Napoléon porte que : « Dans toute disposition entre vifs ou testamentaire, les conditions impossibles, celles qui seront contraires aux lois ou aux mœurs seront réputées non écrites. » Cette disposition est applicable à toutes les libéralités ; mais dans la pratique, le gouvernement fait une distinction entre les donations et les legs. A l'égard de ces dernières libéralités, il repousse, par la disposition générale précitée qu'il insère dans les décrets d'autorisations, les clauses testamentaires qui seraient contraires aux lois. Quant aux donations entre vifs, l'administration, avant de statuer sur leur autorisation, croit devoir appeler l'attention de leurs auteurs sur les conditions inadmissibles, et elle les invite loyalement à supprimer ou à modifier ces clauses. C'est en ce sens qu'est conçue la décision que nous allons rapporter. Cette différence entre les dons entre vifs et les legs n'étant pas toujours bien comprise, il nous a paru utile de la rappeler à l'occasion de cette décision.

A l'appui de ce que nous venons de dire, nous rapporterons d'abord un avis du conseil d'Etat, intervenu dans les circonstances suivantes et ensuite une lettre du ministre des cultes :

Par acte notarié, en date du 27 octobre 1852, M. l'abbé Vardon, curé de l'église paroissiale de Saint-Léonard, à Honfleur (Calvados), a fait donation à la fabrique de cette église de trois rentes trois pour cent sur l'Etat, de cent francs chacune, les arrérages devant être employés à payer les honoraires d'un *prédicateur.*

Une des dispositions de l'acte précité porte que : « le choix de ce « *prédicateur* appartiendra *exclusivement* à M. l'abbé Vardon et à « ses successeurs dans la cure de la paroisse dont il est aujourd'hui « le titulaire. »

Le 10 décembre 1852, M. le ministre de l'instruction publique et des cultes a renvoyé à l'examen du conseil d'Etat un projet de décret ayant pour objet d'autoriser l'acceptation de cette donation, aux charges, clauses et conditions imposées.

Mais la section de l'intérieur de l'instruction publique et des cultes du conseil d'Etat a émis, dans sa séance du 23 décembre 1852, un avis ainsi conçu :

« Les membres du conseil d'Etat composant la section de l'intérieur, de l'instruction publique et des cultes, qui, sur le renvoi ordonné par M. le ministre secrétaire d'Etat au département de l'instruction publique et des cultes, ont pris connaissance d'un projet de décret ayant pour but d'autoriser le trésorier de la fabrique de l'église Saint-Léonard, à Honfleur (Calvados), à accepter la donation faite à cet établissement par le sieur Jean-Pierre Vardon, de trois rentes trois pour cent sur l'Etat, dont les arrérages seront employés à payer les honoraires d'un *prédicateur;*

« Vu l'acte de donation, en date du 27 octobre 1852, et notamment la clause suivante : « Le choix de ce *prédicateur* appartiendra *exclusivement* à M. l'abbé Vardon et à ses successeurs dans la cure de la paroisse dont il est aujourd'hui titulaire. »

« Vu l'avis de Mgr l'évêque ;

« Vu la délibération du conseil de fabrique ;

« Vu l'article 32 du décret du 30 décembre 1809 ;

« Considérant que la disposition par laquelle le donateur laisse le choix exclusif du *prédicateur* au curé de Saint-Léonard et à ses successeurs, est en opposition avec l'article 32 du décret du 30 décembre 1809, portant que : « Les *prédicateurs* sont nommés par les marguilliers, sur la présentation faite par le curé ou desservant ; »

« Que dès-lors il ne paraît pas possible d'autoriser la donation du sieur Vardon, du moins en y laissant subsister une clause contraire aux lois ;

« Sont d'avis :

« Qu'il y a lieu d'inviter préalablement le donateur à modifier l'acte de donation dans le sens des observations ci-dessus. »

En conséquence de cet avis, M. le directeur général de l'administration des cultes a renvoyé, le 19 janvier 1853, le dossier de l'affaire à M. le préfet du Calvados, en l'invitant à porter les observations du conseil d'Etat qui précèdent à la connaissance de M. l'abbé Vardon, et en lui faisant remarquer que, dans le cas où cet ecclésiastique consentirait à supprimer la clause inadmissible insérée dans l'acte du 27 octobre 1852, ses intentions devront être constatées dans un nouvel acte notarié.

LETTRE *du 3 avril 1861, de M. le ministre de l'instruction publique et des cultes* (M. Rouland), *à M. le préfet de la Manche.*

« Monsieur le préfet,

« Par acte notarié du 19 octobre 1860, la demoiselle Deperonne a fait donation à la cure de Notre-Dame, à Granville, de deux rentes quatre et demi pour cent sur l'Etat, au porteur, de cent francs chacune, à charge pour le curé de faire prêcher, tous les deux ans, par un *prédicateur à son choix*, une station de quinze jours au moins dans ladite église de Notre-Dame.

« Aux termes de l'article 32 du décret du 30 décembre 1809, les *prédicateurs* sont nommés par les marguilliers, à la pluralité des suffrages, sur la présentation faite par le curé ou desservant ; par conséquent, la clause par laquelle la demoiselle Deperonne a attribué au curé de Granville le pouvoir de choisir à lui seul le *prédicateur* de la station qu'elle a fondée, porte atteinte au droit de nomination du bureau des marguilliers. Elle ne peut être approuvée comme étant contraire à la loi.

« Je vous prie, Monsieur le préfet, de vouloir bien faire connaître à la demoiselle Deperonne que sa libéralité ne pourrait être autorisée qu'autant qu'elle consentira à supprimer, par un nouvel acte notarié, cette clause inadmissible.

« J'ai l'honneur de vous renvoyer le dossier de l'affaire.

« Dans le cas où vous auriez à me le transmettre de nouveau, vous y joindrez 1° une délibération du conseil de fabrique de Granville, sur une libéralité qui intéresse essentiellement la paroisse; 2° un certificat du maire de Granville indiquant d'une manière précise la quotité des revenus de la donation. »

NOMINATION D'UN PRÉDICATEUR.

L'an, etc.

M. le curé a rappelé au bureau des marguilliers que le conseil a porté au budget de la fabrique une somme de   pour l'honoraire des *prédicateurs* pendant la présente année, et qu'il y a eu lieu en conséquence de nommer un *prédicateur* pour les stations du Carême prochain.

M. le curé ayant proposé M. l'abbé N., le bureau l'a agréé à la majorité de   voix (*ou* à l'unanimité), et a fixé son honoraire à la somme de

Fait et délibéré à   , les jour, mois et an susdits.

Signatures.

§ II. PRÉDICATEURS. *Propriété littéraire.*

Les *prédicateurs* sont propriétaires des discours et des sermons qu'ils prononcent. En conséquence, ceux qui, sans leur consentement, les recueillent à l'aide de la sténographie, et les reproduisent dans des ouvrages, non sous la forme d'analyse ou de compte-rendu, mais en entier, et tels que l'orateur les a composés, violent les lois relatives à la propriété littéraire, et commettent le délit de contrefaçon prévu et puni par les articles 425 et 427 du Code pénal. (*Voyez* CONTREFAÇON, PROPRIÉTÉ LITTÉRAIRE.)

Le *prédicateur* est en effet le propriétaire exclusif de sa parole. Son droit de propriété est aussi bien fondé que celui du sculpteur sur sa statue, du littérateur sur son livre, du peintre sur son tableau, du graveur sur sa gravure ; aux yeux du bon sens, le droit de propriété est identiquement le même. Ces principes incontestables ont été consacrés par le jugement suivant :

JUGEMENT *du tribunal correctionnel de Paris du 11 février 1852.*

« Attendu qu'il résulte des pièces du procès et des débats que les prévenus ont inséré dans les écrits intitulés : le *Journal des prédicateurs*, la *Tribune sacrée*, l'*Enseignement catholique*, des discours prononcés par les plaignants dans diverses églises ;

« Que ces discours, recueillis à l'aide de la sténographie, sont reproduits dans les ouvrages sus-désignés, non sous la forme d'analyse ou de compte-rendu, mais en entier tels que l'orateur les a composés, sauf les erreurs ou les omissions provenant de l'imperfection du procédé employé pour les retenir ;

« Que les plaignants, loin d'avoir autorisé cette publication, avaient au contraire invité formellement les prévenus à s'en abstenir ;

« Attendu que toute production de l'esprit constitue, aux termes des articles 1 et 7 de la loi du 19 juillet 1793, une véritable propriété au profit de l'auteur, de ses héritiers ou ayants-cause ;

« Attendu que l'auteur étant propriétaire de son œuvre, a le droit exclusif d'en disposer, de l'imprimer, de le publier, de le vendre à son profit ;

« Attendu que l'article 3 de la loi précitée confère aux auteurs ou à leurs concessionnaires la faculté de faire saisir tous les exemplaires des éditions de leurs œuvres imprimées sans leur permission expresse ;

« Que les articles 425 et 427 du Code pénal, résumant des dispositions pénales contenues dans ladite loi et dans les articles 41 et suivants du décret du 5 février 1810, déclarent contrefaçon toute édition d'écrits ou de toute autre production imprimée au mépris des lois sur la propriété littéraire ;

« Que ces textes n'admettent aucune distinction entre les œuvres imprimées et celles qui n'ont été manifestées que par la parole, on doit en conclure que les unes et les autres sont entourées de la même protection ;

« Attendu que la formalité du dépôt, prescrite par l'article 6 de la loi de 1793, ne pouvant être accomplie que pour les ouvrages imprimés, ne saurait être exigée pour conserver la propriété des discours qui n'ont reçu de publicité qu'au moyen de la parole ; d'où la conséquence que la fin de non-recevoir que les prévenus prétendent tirer de l'article précité n'est point admissible ;

« Attendu que celui qui assiste au sermon d'un *prédicateur*, à la leçon d'un professeur de sciences, profite de la parole du prêtre et du savant, en ce sens qu'il peut en conserver le souvenir, la méditer, l'appliquer à ce qui le concerne, même en communiquer la substance, mais qu'il n'acquiert aucun droit de propriété sur la totalité des discours qu'il a entendus ; qu'il ne peut donc en faire l'objet d'une spéculation, ni même l'imprimer dans le but de la faire connaître au public ;

« Attendu que les orateurs de la chaire sont assurément fondés à se prévaloir comme tous les autres auteurs des dispositions de la loi pour revendiquer le droit exclusif d'imprimer et de vendre à leur profit les discours qu'ils ont composés, mais qu'en outre des considérations de l'ordre le plus élevé leur imposent l'obligation d'exercer ce droit dans l'intérêt même de la religion dont ils enseignent les dogmes et la morale ;

« Qu'il peut arriver, en effet, que même dans une œuvre écrite, l'auteur le mieux pénétré de son sujet, s'il est pressé par le temps, laisse subsister des expressions inexactes, des propositions téméraires ;

« Que les mêmes défauts, à plus forte raison, se reproduiraient dans un discours improvisé ;

« Que le sténographe est souvent contraint de rétablir, avec l'aide de la mémoire et de son imagination, un mot, une phrase, un passage plus ou mions considérable qu'un accident ou l'imperfection de son art ou de ses organes lui a fait omettre ;

« Que cependant, dans les matières qui exigent de profondes études, qui demandent à être traitées avec tant de prudence, la substitution d'un mot à un autre, de la pensée d'un homme ignorant à celle d'un homme de science, peut dénaturer le sens d'un discours et donner lieu à des erreurs regrettables ;

« Qu'il peut arriver encore que dans la chaleur de l'improvisation le ministre l'Evangile se livre à des mouvements oratoires provoqués, justifiés peut-être par les dispositions des auditeurs, mais qui seraient de nature à blesser la délicatesse d'un lecteur de sang froid ;

« Que dans ces diverses circonstances la publication textuelle des discours de viendraient une source de danger et de scandale, et produirait un résultat tout contraire à celui que se proposait le *prédicateur* et que l'Eglise espérait de son talent ;

« Qu'il suit de là que s'il est vrai que le ministre de la religion soit tenu de proclamer sans cesse les vérités révélées par l'Evangile, et d'employer toutes ses facultés pour assurer le triomphe de la morale divine, toutefois, il est nécessaire qu'il reste juge de l'opportunité et du mode de la publication de ses discours ; qu'il ait le loisir de les revoir, de les méditer, soit pour les supprimer, si ses nouvelles réflexions et les conseils d'hommes graves le conduisent à croire que la lecture en serait dangereuse, soit pour les corriger, modifier, les perfectionner ; en un mot, donner à la pensée la forme la plus propre à produire une impression salutaire sur le cœur d'un plus grand nombre de lecteurs attirés par les charmes du style ;

« Qu'il suit encore de là qu'il est indispensable que l'orateur reste maître de choisir son imprimeur et de surveiller son travail ;

« Attendu que de tout ce qui précède, il résulte que Martin, Sallior et Lapeyrère, en imprimant et publiant dans des recueils intitulés : *Le Journal des prédicateurs, la Tribune sacrée, l'Enseignement catholique*, plusieurs discours prononcés par les plaignants dans diverses églises, sans le consentement des auteurs, ont violé les lois relatives à la propriété littéraire, commis le délit de contrefaçon et encouru les peines portées par les articles 425 et 427 du Code pénal ;

« Appliquant lesdits articles, condamne Martin, Sallior et Lapeyrère à 300 francs d'amende ;

« Autorise les plaignants à faire saisir tous les exemplaires des volumes et cahiers des recueils sus-énoncés contenant les discours désignés précédemment ;

« Dit toutefois que cette disposition n'est point applicable au *Journal des prédicateurs* en ce qui touche les seize conférences du père Lacordaire à Notre-Dame et le sermon sur la *Perle de la vérité*, du même orateur, insérés dans les deux premiers volumes (1845 et 1846), antérieurement au procès sur lequel le tribunal de la Seine a statué, par un jugement du 26 juin 1846, confirmé par arrêt de la cour d'appel ;

« Autorise, en outre, les plaignants à faire imprimer le présent jugement dans trois journaux à leur choix ;

« Condamne Martin, Sallior et Lapeyrère, tant envers les plaignants qu'envers le trésor public, aux frais, lesquels comprendront le coût des insertions dans les journaux, et du consentement des plaignants leur tiendront lieu de dommages-intérêts. »

PRÉFET.

Dans la composition ou réorganisation d'un conseil de fabrique, le *préfet* nomme deux ou quatre membres, et l'évêque trois ou cinq. (*Art. 6 du décret du* 30 *décembre* 1809.)

Les *préfets* proposent, de commun accord avec les évêques, la révocation des conseils de fabriques. (*Ordonnance du* 12 *janvier* 1825.)

Les fabriques étant sous la tutelle des *préfets*, doivent s'y adresser dans une foule de circonstances, ainsi que nous le disons dans divers endroits de cet ouvrage, comme, par exemple, pour acceptation de dons et de legs, pour autorisation de plaider, pour réparations d'églises, de presbytères, etc., etc. (*Voyez* COMPÉTENCE, § III.)

Les *préfets* ont droit d'interdire sur la voie publique et dans les communes le colportage et la vente des livres et écrits quelconques contraires à la religion et à la morale. (*Voyez* COLPORTAGE.)

Le *préfet* est président du conseil départemental de l'instruction publique. Il exerce, sous l'autorité du ministre, et sur le rapport de l'inspecteur d'académie, les attributions déférées au recteur par la loi du 15 mars 1850 et par le décret organique du 9 mars 1852 en ce qui concerne l'instruction primaire publique ou libre. (*Loi du 14 juin* 1854, *art.* 5 *et* 8.)

PRÉFETS APOSTOLIQUES.

On appelle *préfets apostoliques* des supérieurs ecclésiastiques pour le gouvernement spirituel des colonies. (*Voyez* COLONIES.)

Leur nomination est faite par l'empereur comme celle des évêques. Le pape leur donne ensuite l'institution canonique, et tous les pouvoirs qui leur sont nécessaires. Ils sont toujours révocables par le gouvernement. Ils diffèrent en cela des évêques.

A diverses époques, il a été question de remplacer par des évêques les *préfets apostoliques* qui ont un caractère insuffisant pour le gouvernement spirituel des colonies, et opposé aux usages et à la discipline de l'Eglise. Mais, sous l'ancien régime, on ne voulait pas d'évêques dans les colonies, parce que l'on craignait qu'ils n'y prissent une trop grande influence. Depuis, le gouvernement a toujours pensé qu'il ne fallait attribuer aux ecclésiastiques chargés de la direction du culte dans les colonies, qu'un titre modeste et essentiellement révocable.

Il y a dans les colonies quatre *préfets apostoliques*. Il y en a un à la Guyane, un à Saint-Pierre et Miquelon, un pour les établissements français dans l'Inde, un au Sénégal ; il y a en outre un vice-*préfet apostolique*, qui doit remplir en même temps les fonctions de curé dans une des principales paroisses.

Les *préfectures apostoliques* de la Martinique, de la Guadeloupe et de l'Ile de la Réunion ont été érigées en évêchés par trois bulles, en date du 27 septembre 1850 et un décret du 18 décembre de la même année. (*Voyez* COLONIES, § III.)

Les *préfets apostoliques* nomment aux cures, avec l'agrément du gouvernement, et dirigent les ecclésiastiques qui sont placés sous leur dépendance et qui leur sont envoyés de France. Ces ecclésiastiques, comme les *préfets apostoliques* eux-mêmes, appartiennent généralement à la congrégation du Saint-Esprit, située à Paris.

Les attributions des *préfets apostoliques* sont, à peu près les mêmes que celles d'un évêque; leurs pouvoirs sont presque aussi étendus, mais ils ne peuvent conférer les ordres.

Ils ne peuvent remplir, simultanément avec leurs fonctions, celles de curé. (*Art. 1er de l'ordonnance du 31 octobre 1831.*)

PRESBYTÈRES.

On nomme *presbytère* la maison affectée au logement du curé ou desservant de la paroisse.

§ I. *Acquisition de* PRESBYTÈRES.

L'acquisition d'un *presbytère* par une commune n'est pas indispensable pour qu'elle puisse avoir un pasteur, attendu qu'elle est obligée de fournir un *logement* (*voyez* LOGEMENT), à défaut de *presbytère*, ou du moins une indemnité pécuniaire. (*Circulaire du 5 mai 1831.*)

« Cependant des motifs de convenances doivent engager les communes à chercher les moyens d'acquérir un *presbytère*, qui présente au curé une habitation plus décente et moins susceptible de changement. » (*Avis du comité de l'intérieur du 10 juin 1835.*)

Avant le décret du 30 décembre 1809, il avait été reconnu que l'article 72 de la loi du 18 germinal an X, portant qu'il sera fourni un *presbytère* au curé, était impératif et non facultatif. Il serait très-convenable qu'on rendît de nouveau obligatoire l'acquisition ou construction des *presbytères*, comme on l'a fait pour les maisons d'école.

Le gouvernement devrait bien comprendre que, dans l'intérêt de la morale publique, sinon dans l'intérêt de la religion, un instituteur communal devrait toujours passer en seconde ligne, après le curé de la paroisse. Un gouvernement qui ne sait pas comprendre ces sortes de choses va, plus qu'il ne pense, à sa ruine (1).

Lorsque deux communes sont réunies pour le culte, elles contribuent toutes deux à l'acquisition d'un *presbytère*. Si l'une d'elles seulement achète un *presbytère*, et si l'autre se refuse à contribuer à cette acquisition, cette dernière doit donner, tous les ans, à la première commune, sa part proportionnelle de l'indemnité de logement due au curé. (*Avis du comité de l'intérieur, du 30 mai 1833 et du 10 juillet 1835.*)

(1) Nous écrivions cela en 1847. Nous craignons qu'on ne le comprenne pas mieux en 1869. Il est étonnant que la plupart de nos hommes d'État ne voient pas la différence immense qui existe entre un curé et un instituteur.

§ II. *Propriété des* PRESBYTÈRES.

Les *presbytères* en général peuvent être classés en quatre divisions principales : 1° Les *presbytères* qui, depuis le rétablissement du culte, en l'an X, ont été construits ou acquis par les communes, ou qui leur ont été donnés ou légués; 2° les *presbytères* qui, depuis l'an X, ont été construits ou acquis par les fabriques, ou qui leur ont été donnés ou légués ; 3° les anciens *presbytères* rendus aux curés et desservants, en exécution de l'article 72 de la loi du 18 germinal an X (8 avril 1802); 4° les *presbytères* des anciennes paroisses qui n'ont pas été conservées dans l'organisation ecclésiastique faite à la suite de la loi du 18 germinal an X, et du décret du 11 prairial an XII (21 mai 1804), 5 nivôse an XIII (26 décembre 1804) et 30 septembre 1807, ou paroisses supprimées.

Reprenons successivement chacune de ces catégories.

1° Il est incontestable que la propriété des *presbytères* qui, depuis le rétablissement du culte, en l'an X, ont été construits ou acquis par les communes, de leurs deniers, ou qui leur ont été donnés ou légués, appartient exclusivement à ces communes. Jamais cette propriété ne leur a été déniée. Il faut en dire autant de la propriété des *presbytères* qu'un certain nombre de communes se sont procurés en affectant à cet usage des bâtiments qui leur appartenaient antérieurement à un autre titre.

2° Il est également incontestable que la propriété des *presbytères* qui, depuis la même époque de l'an X, ont été construits ou acquis par les fabriques, de leurs deniers, ou qui leur ont été donnés ou légués, appartient exclusivement aux fabriques. Il faut encore ranger dans la même classe les *presbytères* dans lesquels beaucoup de fabriques ont établi leurs curés ou desservants, en consacrant à cette destination des bâtiments qui déjà étaient antérieurement des propriétés fabriciennes.

3° Mais quoiqu'un certain nombre de *presbytères* rentrent dans l'une ou l'autre des deux catégories dont nous venons de parler, néanmoins, les *presbytères* de nos paroisses ne sont, pour la très-grande majorité, que d'anciens *presbytères* qui, par suite des lois révolutionnaires prononçant la confiscation des biens ecclésiastiques et des édifices destinés au culte, étaient tombés entre les mains de la nation, et qui furent rendus à leur destination, en exécution de l'article 72 de la loi du 18 germinal an X. A qui cette loi a-t-elle entendu conférer alors la propriété de ces anciens *presbytères* ? Sont-ils devenus, par le fait de leur restitution au service du culte, propriété des communes ou propriété des fabriques ?

Le *Journal des conseils de fabriques*, dans une consultation très-solidement motivée et signée par de très-habiles jurisconsultes, émit

l'opinion, selon nous incontestable, que ces *presbytères* appartenaient
aux fabriques. Le ministre de l'intérieur embrassa l'opinion contraire, et soutint qu'ils appartenaient aux communes; les églises
rendues au culte en vertu de l'article 75 de la même loi du 18 germinal an X, ayant été restituées en des termes analogues, se trouvant
dans une position identique, et devant nécessairement suivre un
sort pareil à celui des *presbytères*, la même question et le même
partage d'opinions s'élevèrent en même temps, relativement à la
propriété des églises. (*Voyez* ÉGLISES, § I.)

Le droit de propriété des communes fut reconnu par arrêt de la
Cour royale de Poitiers, du 29 février 1835; de la Cour royale de
Limoges, du 3 mai 1836; de la Cour royale de Grenoble, du 2
janvier 1836; enfin, par arrêt du conseil d'Etat, du 7 mars 1838.
On peut citer encore, en faveur de la même opinion, un arrêt de la
Cour royale de Paris, du 29 décembre 1835.

Le droit de propriété des fabriques fut reconnu par des jurisconsultes distingués du barreau de Paris, MM. Berryer, Hennequin,
Odilon-Barrot, Dupin, de Laborde, de Vatimesnil, Crémieux, Duvergier, etc.; par arrêt de la Cour royale de Nancy, du 18 mai
1827; par jugement du tribunal de Vendôme, du 13 décembre
1835; enfin, par arrêt formel de la Cour de cassation, du 6 décembre 1836.

Un arrêt de la Cour royale de Bordeaux, du 6 février 1838, a
considéré les fabriques et les communes comme étant les unes et les
autres co-propriétaires des églises et *presbytères* dont il s'agit.

Si, dans ce partage d'opinions, les avis avaient été pesés, remarque
avec beaucoup de raison le *Journal des conseils de fabriques*, il n'est
pas douteux que la balance n'eût penché en faveur des fabriques,
puisque c'était de leur côté que la Cour suprême avait jeté le poids
décisif de son autorité. Assurément, personne ne voudra comparer,
sur une question de droit, l'autorité morale de la Cour de cassation
et celle du conseil d'Etat, aux délibérations duquel concourent une
forte majorité d'hommes honorables et distingués sans doute, mais
étrangers à l'étude et à l'application des lois et de la jurisprudence,
des militaires, des marins, des hommes politiques, etc.

Si donc les choses avaient été laissées à leur cours ordinaire, il
n'est pas douteux même que la Cour de cassation n'eût régularisé
la jurisprudence et ramené les Cours royales à celle qu'elle avait
adoptée, en cassant au besoin leurs arrêts, comme il arrive tous les
jours en d'autres matières.

C'est, en effet, ce qu'a compris le ministre de l'intérieur, et il
paraît avoir agi en conséquence. Toutes les Cours royales, soit
qu'elles se fussent prononcées en faveur des fabriques ou en faveur
des communes, s'étaient du moins reconnues explicitement ou im-

plicitement compétentes pour statuer sur la question, notamment la Cour de cassation. Mais le conseil d'Etat ayant décidé, par arrêt du 31 janvier 1838 (1), qu'il n'appartient qu'à lui seul de la juger, et que les tribunaux ordinaires et les Cours royales étaient incompétentes pour en connaître, le ministre de l'intérieur s'est empressé (2) de prescrire aux préfets de suivre et de faire suivre pour règles aux administrations municipales l'avis du conseil d'Etat, du 3 novembre 1836 (3), en recommandant à ces fonctionnaires, si quelque contestation de cette nature était portée devant les tribunaux civils de prendre aussitôt des arrêtés de conflits (*voyez* CONFLITS), pour les dessaisir et en ramener la connaissance aux tribunaux administratifs, c'est-à-dire aux conseils de préfecture, et en appel au conseil d'Etat.

En cet état de choses, relativement aux diverses administrations publiques, aux divers ministères, qui sont obligés de prendre pour règle l'avis du conseil d'Etat, du 3 novembre 1836, la propriété des églises et des *presbytères* d'origine nationale, doit être définitivement considérée par eux comme appartenant aux communes. Aux yeux des tribunaux civils, des Cours royales, des jurisconsultes, des hommes impartiaux, la question de savoir si la propriété de ces églises et *presbytères* appartient aux communes ou aux fabriques, doit paraître une question résolue en faveur de ces dernières, ou du moins une question grave, momentanément étouffée, mais non définitivement résolue.

4° Les *presbytères* des anciennes paroisses qui n'ont pas été rétablies comme telles, à la suite de la nouvelle organisation ecclésiastique, effectuée en vertu de la loi du 18 germinal an X et des décrets du 11 prairial an XII, 5 nivôse an XIII, et 30 septembre 1807, appartient, aux termes du décret du 30 mai 1806, aux fabriques des églises auxquelles ont été réunies les églises, ainsi supprimées (4). Il n'y a point à distinguer à cet égard, relativement à ceux de ces *presbytères* qui, en fait, n'ont point été mis sous le séquestre national. (*Arrêt du conseil d'Etat du 8 janvier* 1836.) Les églises des paroisses supprimées sont de même la propriété des fabriques des paroisses auxquelles elles ont été réunies. Ces fabriques peuvent disposer de ces bâtiments, *presbytères* ou églises, ainsi que des emplacements sur lesquels ils sont construits (*décision du ministre des cultes, du 5 septembre* 1806), soit en les louant, soit en les échangeant ou les aliénant.

(1) Voyez ci-après, page 136.
(2) Voyez ci-après, page 137, la circulaire ministérielle du 23 juin 1838.
(3) Voyez cet avis ci-après, page 135.
(4) Voyez ci-après, page 136, un arrêt du conseil d'Etat du 31 janvier 1838, qui décide cette question.

Nous ne parlerons pas ici des édifices donnés ou légués aux cures ou desservants, en cette qualité, pour être consacrés à servir de presbytères. Ces *presbytères* n'appartiennent ni aux communes ni aux fabriques, ils constituent des biens de cures ou de succursales d'après le titre Ier du décret du 6 novembre 1813, rapporté sous le mot BIENS. (*Voyez* CURES, § VII.)

§ III. *Distraction des* PRESBYTÈRES.

S'il y a lieu d'établir, relativement à la propriété des *presbytères*, les diverses distinctions du paragraphe précédent, ces distinctions sont sans aucune influence relativement à la jouissance de ces *presbytères*, et aux conditions indispensables à remplir, soit pour en changer la destination, soit pour en distraire une partie quelconque. Du moment où un *presbytère* a été légalement affecté à cette destination, que ce *presbytère* soit la propriété de la commune ou de la fabrique, aucune partie soit du *presbytère*, soit de ses dépendances, ne peut en être distraite qu'en vertu d'un décret et après les formalités prescrites par l'ordonnance réglementaire du 3 mars 1825. (*Voyez* DISTRACTION.)

La distraction ne doit être opérée qu'autant que la partie à distraire est superflue au curé ou desservant, et qu'elle est nécessaire pour un autre service. Ainsi une commune, quoique propriétaire, ne serait pas fondée à demander la distraction d'une partie, même superflue, au curé, d'un *presbytère* ou de ses dépendances, pour louer ou aliéner cette portion. Les distractions sont, en général, demandées pour établir des maisons d'écoles, des mairies, etc.

Toute distraction qu'un maire, qu'un conseil municipal ou que toute autre autorité quelconque voudrait effectuer, sans qu'elle eût été préalablement prononcée par décret impérial, serait illégale. Le curé et la fabrique devraient s'empresser de s'en plaindre, par voie de pétition, au ministre des cultes et à l'évêque diocésain; ils devraient en même temps se maintenir en possession et résister à l'envahissement qu'on voudrait commettre à son préjudice.

Il est inutile d'ajouter que, lorsque le *presbytère* appartient à la fabrique, la commune ne peut en faire distraire aucune partie. (*Voyez* DISTRACTION.)

La distraction des parties superflues des *presbytères* restitués aux curés et desservants, en vertu de l'article 72 de la loi du 18 germinal an X, est ordonnée sans indemnité pour les fabriques. (*Avis du conseil d'Etat du 3 novembre 1836.*)

§ IV. *Etat de situation des* PRESBYTÈRES.

(*Voyez* ÉTAT DES LIEUX.)

ARRÊT *du conseil d'Etat, du 3 novembre 1836, sur la propriété*
des presbytères.

« Le conseil d'Etat,

« Consulté par M. le garde des sceaux, ministre de la justice et des cultes, sur la question de savoir si la propriété des *presbytères* et de leurs dépendances, restitués en exécution de la loi du 18 germinal an X, appartient aux communes ou aux fabriques, et si, par suite, les distractions d'une partie de ces *presbytères* opérées pour le service des communes, conformément à l'ordonnance du 3 mars 1825, peuvent être grevées de clauses de retour ou de toute autre indemnité, au profit des fabriques ;

« Vu la loi du 18 germinal an X ;

« Les avis du conseil d'Etat du 3 nivôse, 2 pluviôse et 24 prairial an XIII ;

« L'arrêté du 7 thermidor an XI ;

« Les décrets des 30 mai et 31 juillet 1806, 7 mars et 30 décembre 1809 ;

« L'ordonnance du roi du 3 mars 1825 ;

« Considérant que l'article 72 de la loi du 18 germinal an X ayant rendu aux curés et desservants les *presbytères* et jardins y attenant, il s'est élevé la question de savoir si cette disposition renfermait une simple affectation au service du culte d'un édifice appartenant à l'Etat, ou bien si elle avait transporté aux communes la propriété des *presbytères,* en compensation de la charge à elle imposée de fournir un logement aux curés et desservants ;

« Considérant que cette question de propriété a été formellement résolue en faveur des communes par les avis du conseil d'Etat des 3 nivôse et 2 pluviôse an XIII ; avis approuvés et ayant, par conséquent, force de loi ;

« Considérant que les lois et décrets invoqués en faveur des fabriques, loin d'infirmer le droit des communes, le confirmeraient, au contraire, s'il en était besoin ;

« Que si les *presbytères* ont été mis sous la main de la nation en vertu de la loi du 2 novembre 1789, relative aux biens ecclésiastiques, et non en vertu de la loi du 24 août 1793, relative aux biens communaux, il faut remarquer que cette même loi met à la charge de l'Etat le logement des ministres du culte, obligation imposée de tout temps, et notamment par l'édit de 1695, aux communautés d'habitants ; — que cette circonstance explique suffisamment pourquoi l'Etat, en se substituant à une obligation spéciale des communes, s'est emparé des biens communaux destinés à l'accomplissement de cette obligation ; — qu'au surplus, en admettant même que les *presbytères* aient été mis, en 1789, à la disposition de la nation, à titre de biens ecclésiastiques et non à titre de biens communaux, ce qu'il importe de savoir ce n'est pas à quelle condition l'Etat a acquis la propriété des *presbytères,* mais en faveur de qui il s'est dépouillé de cette propriété ; que les avis du conseil d'Etat ci-dessus cités établissent qu'il y a eu de la part de l'Etat abandon de la propriété des *presbytères* par la loi du 18 germinal an X, et que cet abandon a eu lieu au profit des communes ; — que même cet abandon ne pouvait avoir lieu au profit des fabriques, puisqu'elles n'existaient pas lorsque la loi du 18 germinal an X a été rendue, et qu'elles n'ont commencé à être dotées que par l'arrêté du 7 thermidor an XI ;

« Considérant que, si le décret du 30 mai 1806 a compris dans les biens restitués aux fabriques les églises et *presbytères* supprimés par suite de l'organisation ecclésiastique, il faut remarquer que ce même décret dispose que le produit de la location ou de la vente desdits édifices sera employé aux dépenses du logement des curés ou desservants ; — qu'ainsi l'abandon de ces *presbytères* n'est pas fait aux fabriques purement et simplement, mais sous la condition d'en affecter l'émolument à l'accomplissement d'une obligation qui est à la charge des communes, et non à la charge des fabriques ; — qu'ainsi se manifeste de nouveau la relation entre la propriété des *presbytères* et l'obligation d'y loger les curés et desservants, relation sur laquelle se fonde le droit de propriété des communes sur les *presbytères* des paroisses conservées, puisque la charge de fournir le logement aux curés et desservants leur est imposée par l'article 92 du décret du 30 décembre 1809 (1) ; — que, dans tous les cas, le décret du 30 mai 1806 n'étant relatif qu'aux églises et *presbytères* supprimés, le droit de propriété qui peut en résulter pour les fabriques ne peut s'étendre aux églises et *presbytères* conservés ;

« Considérant que les explications ci-dessus s'appliquent au décret du 17 mars 1809, et que même il est à remarquer que, tandis que le paragraphe 1er de l'article 2 met à la charge des fabriques les remboursements dus aux acquéreurs déchus des *presbytères* qui avaient été abandonnés aux fabriques, le paragraphe 2 du même article fait profiter les communes des dommages-intérêts dont lesdits acquéreurs déchus pouvaient être débiteurs ;

« Qu'il résulte ainsi de l'ensemble des lois, avis et décrets relatifs à la propriété des *presbytères*, qu'elle a été abandonnée par l'Etat aux communes en compensation de l'obligation de fournir le logement qui leur était imposé ; — que l'attribution aux fabriques des *presbytères* supprimés a été faite sous des conditions qui confirment ce principe, et qu'elle doit d'ailleurs être renfermée dans la limite posée par les décrets ;

« Que l'ordonnance du 3 mars 1825 n'a pu ni voulu infirmer les droits de propriété établis par des lois ou des actes ayant force de loi ;

« Qu'en effet, si l'article 4 de cette ordonnance suppose que l'abandon fait par la loi du 18 germinal an X a été fait au profit des fabriques, l'article 1er de la même ordonnance reconnaît le principe que la distraction des parties superflues des *presbytères* peut avoir lieu au profit des communes, et ne subordonne cette distraction à aucune indemnité en faveur des fabriques ;

« Est d'avis,

« Que la propriété des *presbytères* des paroisses conservées par l'organisation ecclésiastique appartient aux communes dans la circonscription desquelles ces paroisses sont situées, et que la distraction des parties superflues desdits *presbytères* doit être ordonnée sans indemnité pour les fabriques. »

ARRÊT *du conseil d'Etat, du* 31 *janvier* 1838, *qui décide que les églises et presbytères supprimés appartiennent aux fabriques.*

« LOUIS-PHILIPPE, etc.,

« Vu la loi du 18 germinal an X, l'article 12 de la convention du 26 messidor an IX, et les 72e et 75e articles organiques de ladite convention ;

« Vu l'arrêté du 7 thermidor an XI, les avis du conseil d'Etat du 29 frimaire, 3 nivôse et 2-6 pluviôse an XIII, les décrets des 30 mai et 31 juillet 1806, 17 et 20 mars 1809, et 8 novembre 1810, l'ordonnance royale du 3 mars 1825 ;

---

(1) *Voyez*, sous le mot LOGEMENT, un avis du conseil d'Etat, du 21 août 1839, où l'on dit tout le contraire. Si ce raisonnement est juste, les conclusions de l'avis du 21 août 1839 sont fausses.

« Sur la compétence : — considérant qu'il s'agit, dans l'espèce, de statuer sur la question de l'abandon fait par le domaine de l'ancien *presbytère* de Bray-en-Cinglais;

« Que cette question ne peut être résolue que par l'interprétation des décrets et autres actes du gouvernement, qui ont remis à la disposition des communes ou des fabriques des églises et *presbytères* qui étaient devenus nationaux;

« Que les tribunaux sont incompétents pour déterminer le sens et la portée de ces actes administratifs, et qu'il n'appartient qu'à nous, en notre conseil d'État, d'en connaître;

« Au fond : — considérant que, aux termes du décret du 30 mai 1806, les églises et *presbytères* qui, par suite de l'organisation ecclésiastique, ont été supprimés, font partie des biens restitués aux fabriques par l'arrêté du 7 thermidor an XI, et peuvent être échangés, loués, aliénés au profit des églises et *presbytères* des chefs-lieux, pour le produit des aliénations être employé à l'acquisition de *presbytères*, ou de toute autre manière aux dépenses du logement des curés et desservants dans les chefs-lieux;

« Que l'ancien *presbytère* de Bray-en-Cinglais fait partie des biens désignés audit décret, et que notre ordonnance du 6 décembre 1833, en autorisant le trésorier de la fabrique de Fontaine-le-Pin à aliéner cet ancien *presbytère*, a prescrit que le produit de cette aliénation fût employé aux réparations du *presbytère* du chef-lieu de la succursale;

« Qu'ainsi cette ordonnance est conforme aux dispositions de ce même décret;

« ART. 1er. Les requêtes et conclusions de la commune de Bray-en-Cinglais sont rejetées. »

CIRCULAIRE *de* M. *le ministre de l'intérieur* (M. Montalivet) *à* MM. *les préfets, relative à la propriété des églises et presbytères d'origine nationale.*

Paris, le 23 juin 1838.

« Monsieur le préfet,

« Des difficultés se sont élevées, à plusieurs époques, entre l'administration ecclésiastique et celle des communes, au sujet de la propriété des églises et *presbytères* remis par l'État, pour le service des cultes, en exécution du concordat de l'an X.

« Déjà le conseil d'État, dans un avis approuvé le 6 pluviôse an XIII, avait déclaré que ces édifices devaient être considérés comme propriétés communales. Mais un décret postérieur, du 30 mai 1806, ayant attribué aux fabriques la propriété des églises et *presbytères* provenant des cures et succursales non rétablies, on a confondu quelquefois ces derniers immeubles avec ceux dont le gouvernement avait disposé au profit des communes, et cette erreur a fait naître des contestations qui ont été portées soit devant l'autorité administrative, soit devant les tribunaux ordinaires.

« Il importait de mettre un terme à ces contestations, et, dans tous les cas, d'en fixer le véritable caractère, pour déterminer la juridiction à laquelle le jugement en appartient.

« L'affaire a été soumise à l'examen du comité de l'intérieur, et ensuite du conseil d'État, qui a émis l'avis :

« 1° Qu'on doit faire une distinction entre les églises et les *presbytères* remis par l'État, pour le service du culte, dans les cures et succursales rétablies en exécution de la loi du 18 germinal an X, et les églises et *presbytères* qui, demeurés sans emplois après l'organisation ecclésiastique, ont fait l'objet du décret du 30 mai 1806.

« 2° Que les édifices de la première catégorie appartiennent aux communes, et ceux de la seconde aux fabriques.

« 3° Que les communes sont devenues propriétaires, à titre définitif et incommutable, d'où il suit qu'elles ne sauraient perdre leurs droits par cela seul que leur église, rétablie en exécution du concordat, aurait été depuis ou même serait ultérieurement supprimée et réunie à une autre église, par suite de changements administratifs apportés dans les circonscriptions des cures et succursales.

« 4° Qu'en cas de difficultés entre une fabrique et une commune, sur la question de propriété de ces édifices, c'est à l'autorité administrative à en connaître, parce que cette question puise sa solution dans des actes de haute administration dont elle peut seule apprécier l'étendue et les effets ; et qu'à raison tant de la nature contentieuse de semblables difficultés que de l'origine nationale des biens contestés le litige doit être soumis au conseil de préfecture, sauf le recours au conseil d'État.

« Cet avis, fondé sur une exacte interprétation des règles de la matière, étant conforme d'ailleurs à plusieurs ordonnances rendues au contentieux, notamment celles des 15 juin 1832, 8 janvier 1836, 31 janvier et 7 mars 1838, je n'ai pu que l'adopter.

« Je vous invite, en conséquence, Monsieur le préfet, à le prendre pour règle des instructions que vous seriez dans le cas d'adresser sur cet objet aux administrations municipales de votre département. Si, malgré vos observations et vos conseils, de nouvelles contestations de cette nature avaient lieu entre les communes et les fabriques, et étaient portées devant les tribunaux ordinaires, vous auriez alors à élever le conflit d'attributions dans les formes réglées par les ordonnances du 1er juin 1828 et 12 mars 1831.

« Recevez, Monsieur le préfet, l'assurance de ma considération distinguée. »

§ V. *Réparations des* PRESBYTÈRES *dans les paroisses composées de deux communes.*

En thèse générale, c'est à la paroisse à faire les réparations du *presbytère,* autres que les réparations locatives qui sont à la charge exclusive du curé. Si donc la circonscription paroissiale se compose de deux ou même de trois communes, c'est à cette circonscription toute entière qu'incombe la charge de réparer le *presbytère,* c'est-à-dire que la commune annexe ne peut se dispenser de contribuer pour sa quote part aux réparations jugées nécessaires dans une maison presbytérale ; c'est ce qui résulte évidemment du chapitre IV et notamment de l'article 102 du décret du 30 décembre 1809, ainsi conçu : « Dans le cas où il y a lieu à la convocation du conseil municipal, si le territoire comprend plusieurs communes, le conseil de chaque commune est convoqué et délibère séparément. »

Il a été décidé en diverses circonstances, que, conformément à ce principe, la subvention communale étant censée due par chaque habitant de la circonscription paroissiale sans même distinction de religion à charge de réciprocité pour les cultes non catholiques, si plusieurs communes sont réunies pour le culte et ne forment qu'une seule paroisse, la répartition des frais du culte et par conséquent de la réparation du *presbytère* est faite administrativement entre les communes et proportionnellement à leurs contributions respectives. (*Loi du 14 février 1810 ; avis du comité de l'intérieur des 18 janvier et 22 septembre 1830 et arrêt du conseil d'Etat du 27 juin 1834.*) Ainsi, la commune chef-lieu de la paroisse et dans laquelle est situé le *presbytère*, peut contraindre la commune annexe à contribuer aux réparations qui seraient jugées nécessaires dans ce *presbytère*, lors même que la commune annexe aurait à elle en toute propriété, une église et même un *presbytère*, lors même, ce qui arrive quelquefois, qu'un curé d'une autre paroisse viendrait y exercer le binage. Du moment que cette commune n'a aucun titre ecclésiastique légal et qu'elle fait partie intégrante de telle paroisse, elle est rigoureusement tenue de coopérer aux charges paroissiales imposées légalement. On comprend qu'il ne serait pas juste qu'une partie des paroissiens fussent obligés de contribuer seuls aux frais religieux tandis qu'une autre partie en serait exempte. La commune annexe, qui voudrait se dispenser de cette obligation, n'aurait qu'une seule chose à faire, ce serait de se faire ériger en succursale. Jusque-là elle est tenue, comme le reste de la paroisse, de contribuer à tous les frais du culte.

A défaut de *presbytère*, l'indemnité de logement due au curé doit être payée, non par la commune chef-lieu seule, mais par les deux communes formant la circonscription paroissiale. La commune annexe ne peut s'y refuser.

Mais si la commune chef-lieu voulait faire l'acquisition ou la construction d'un *presbytère*, pourrait-elle obliger une commune annexe à contribuer aux frais de l'acquisition ou de la construction ? Non, car la loi laisse les communes libres de fournir au curé un *presbytère*, ou un logement quelconque, ou de lui donner une indemnité pécuniaire. La commune annexe peut donc opter pour l'indemnité pécuniaire. Mais elle ne peut se dispenser de la payer, et si la commune chef-lieu se procure un *presbytère*, la partie de l'indemnité pécuniaire due par la commune annexe doit lui revenir. En cas de refus de celle-ci, elle peut l'y contraindre. Le préfet même peut la porter d'office sur le budget comme charge obligatoire prescrite par la loi du 18 juillet 1837. D'ailleurs la question a été ainsi décidée, comme nous le disons au § I.

§ VI. *Un curé peut louer une partie ou la totalité de son* PRESBYTÈRE.

Sous le gouvernement de juillet, quelques communes ont acheté ou fait construire des maisons pour y loger simultanément le curé et l'instituteur, ou elles se sont procuré des *presbytères* tellement incommodes ou situés d'une manière tellement inconvenante qu'un curé ne peut décemment les habiter (1). On demande s'il peut alors louer ces maisons en totalité ou en partie, afin de pouvoir se loger plus près de l'église, plus convenablement et d'une manière plus digne de son ministère. Cette question ne peut faire l'objet d'un doute, car si l'on veut assimiler le curé à un usufruitier, il est autorisé par la loi à louer ou à affermer. L'article 595 du Code civil porte : « L'usufruitier peut jouir par lui-même, donner à ferme à un autre ou même vendre ou céder son droit à titre gratuit. » Si l'on veut restreindre les droits du curé à ceux d'un simple locataire, il doit encore avoir la même faculté, aux termes de l'article 1717 ainsi conçu : « Le preneur a le droit de sous-louer et même de céder son bail à un autre, si cette faculté ne lui a pas été interdite. » D'ailleurs l'ordonnance du 3 mars ci-dessous tranche la difficulté en décidant que les curés peuvent louer les *presbytères* des paroisses vacantes dont ils ont le binage ; elle n'y met que la condition de l'autorisation de l'évêque. Il peut en être de même de tout autre *presbytère*.

Il faut donc reconnaître que, pourvu qu'il ait obtenu l'autorisation de son évêque, un curé ou desservant a le droit de louer tout ou partie de son *presbytère* et que la commune n'a pas le droit de s'y opposer.

De ce que le *presbytère* serait loué, il ne faudrait pas en conclure, comme on l'a fait illégalement à Avallon (Yonne), par exemple, qu'il peut être imposé à la contribution foncière, sous prétexte qu'il est productif, attendu qu'il ne change ni de propriétaire, ni de nature, et que le produit qu'en retire le curé sert à payer la location d'une autre maison. (*Voyez* IMPOSITION.)

ORDONNANCE *du roi du 3 mars* 1825 *sur la jouissance des presbytères pendant la vacance des cures et succursales, et sur les distractions qui pourraient être faites de leurs parties superflues.*

« Vu la loi du 8 avril 1802 (18 germinal an X), art. 72 et 75; l'arrêté du gouvernement du 26 juillet 1803 (7 thermidor an XI) ; l'avis du conseil d'Etat du 26 juillet 1805 (6 pluviôse an XIII) ; les décrets du 30 mai et 31 juillet 1806, 30 décembre 1809 et 6 novembre 1813 ; notre conseil d'Etat entendu, nous avons ordonné et ordonnons ce qui suit :

« ART. 1er. A l'avenir, aucune distraction de parties superflues d'un *presbytère* pour un autre service ne pourra avoir lieu sans notre autorisation spéciale, notre conseil d'Etat entendu.

« Toute demande à cet effet, sera revêtue de l'avis de l'évêque et du préfet, et

_____

(1) Portalis était bien plus sage lorsqu'il disait qu'il fallait éviter de donner aux curés *tel voisinage qui s'assortirait mal avec leur personne ou leur caractère.* (*Voyez* le rapport ci-contre, p. 141). Il ne voulait pas non plus qu'on *réduisît les curés à des logements incommodes* et qu'on les *soumît à des dépendances gênantes.* (*Voyez* sa lettre du 7 février 1807, ci-après, pag. 142.)

accompagnée d'un plan qui figurera le logement à laisser au curé ou desservant, et la distribution à faire pour isoler ce logement (1).

« Toutefois il n'est point dérogé aux emplois et dispositions régulièrement faits jusqu'à ce jour.

« Art. 2. Les curés ou leurs vicaires, ainsi que les desservants, autorisés par leur évêque à biner dans les succursales vacantes, ont droit à la jouissance des *presbytères* et dépendances de ces succursales, tant qu'ils exercent régulièrement ce double service ; ils ne peuvent en louer tout ou partie qu'avec l'autorisation de l'évêque.

« Art. 3. Dans les communes qui ne sont ni paroisses ni succursales, et dans les succursales où le binage n'a pas lieu, les *presbytères* et dépendances peuvent être amodiés, mais sous la condition expresse de rendre immédiatement les *presbytères* des succursales, s'il est nommé un desservant, ou si l'évêque autorise un curé, vicaire ou desservant voisin à y exercer le binage.

« Art. 4. Le produit de cette location appartient à la fabrique, si le *presbytère* et ses dépendances lui ont été remis en exécution de la loi du 8 avril 1802 (18 germinal an X), les décrets des 30 mai et 31 juillet 1806, si elle en a fait l'acquisition sur ses propres ressources, ou s'ils lui sont échus par legs ou donations. Le produit appartient à la commune, quand le *presbytère* et ses dépendances ont été acquis ou construits de ses deniers, ou quand il lui en a été fait legs ou donation. »

RAPPORT *du 3 nivôse an XI (23 décembre 1802) présenté aux consuls de la république par Portalis, conseiller d'État chargé de toutes les affaires concernant les cultes sur une demande de n'autoriser aucune disposition de parties de presbytères qu'après avoir consulté les évêques.*

« Citoyens consuls,

« L'article 72 de la loi du 18 germinal dernier rend les *presbytères* non aliénés à leur première destination.

« Quelques-uns de ces bâtiments ne laissent pas d'avoir une certaine étendue, surtout ceux des communes dont autrefois les curés étaient décimateurs.

« A ceux-ci se trouvent réunis des greniers, des granges, des pressoirs et tout ce qui était nécessaire pour recueillir le produit des dîmes (2).

« Ces accessoires sont actuellement inutiles aux curés, et leur entretien, dont les communes sont chargées, occasionnerait une dépense superflue.

« Telles sont les observations que m'adresse le préfet de la Seine-Inférieure, et il me consulte sur les moyens de disposer de cet excédant au logement des curés, sans nuire à ce qui leur est nécessaire.

« Dans une lettre écrite au ministre de l'intérieur par le préfet d'Indre-et-Loire et qui m'a été communiquée, celui-ci demande, par une mesure générale, d'autoriser les préfets à disposer des parties de *presbytères* qu'ils jugeront inutiles aux curés et desservants.

« En accueillant la demande du préfet d'Indre-et-Loire, on s'exposerait à des inconvénients qu'il est facile de sentir.

(1) Cette disposition est conforme à la jurisprudence suivie par l'administration du gouvernement impérial. C'est ce qui résulte du rapport aux consuls, en date du 3 nivôse an XI et de la lettre de M. Portalis, en date du 7 février 1807, rapportée ci-après.

(2) *Voyez* DÎME.

PRESBYTÈRES.

« Le principal et le premier objet de la loi est de loger convenablement et le mieux possible les curés et desservants. Ce but serait quelquefois manqué en laissant aux préfets de juger arbitrairement ce qui est convenable aux curés. On pourrait faire de la partie des logements qu'on leur enlèverait tel emploi qui les incommoderait et leur donner tel voisinage qui s'assortirait mal avec leur personne ou leur caractère.

« Les considérations présentées par le préfet de la Seine-Inférieure méritent quelque attention, d'autant qu'elles ne s'appliquent point à la généralité des *presbytères*.

« Pour éviter l'inconvénient d'une mesure générale et pourvoir en même temps aux cas particuliers, ne pourrait-on pas prescrire dans ces cas particuliers des formes qui vous mettraient à même, citoyens consuls, de juger s'il y a lieu d'autoriser a disposition qu'on vous demanderait de quelques parties des *presbytères*.

« Peut-être penserez-vous que cette demande doit être faite par délibération des conseils généraux des communes, accompagnée de devis et de l'avis des préfets, ainsi que de celui des évêques.

« J'ai l'honneur de vous prier de prendre une décision sur cet objet, qui vraisemblablement sera présenté par d'autres préfets.

« Salut et respect,

« PORTALIS.

« *Approuvé le 4 nivôse an XI* (24 décembre 1802).

« BONAPARTE. »

LETTRE *du ministre des cultes au préfet de la Seine-Inférieure.*

« Paris, 7 février 1807.

« Monsieur le préfet,

« Vous avancez dans votre lettre que les bâtiments et terrains dépendants des *presbytères*, et évidemment inutiles aux curés et desservants, appartiennent aux communes, ce qui n'est point exact, puisque l'art. 72 de la loi du 18 germinal an X, qui ordonne la restitution aux curés et desservants des *presbytères* et jardins non aliénés, ne contient aucune restriction. Ce n'est que postérieurement et sur mon rapport que Sa Majesté a prescrit les mesures à prendre pour parvenir à faire un emploi des parties de *presbytères* inutiles au logement des curés.

« C'est sur ces mesures que va porter mon instruction ; elles étaient nécessaires pour régulariser et même pour arrêter celles que prenaient des maires et même des préfets, qui arbitrairement jugeaient trop étendus des *presbytères* qui n'étaient que suffisants, et s'en emparaient pour leur donner des destinations inconvenantes, pour réduire les curés à des logements incommodes, pour les soumettre à des dépendances gênantes (1).

« En conséquence, je proposai et Sa Majesté décida, par décision du 4 nivôse an XI, que partout où les *presbytères* seraient évidemment trop considérables pour le logement des curés, et où il serait possible d'employer les parties superflues à des objets d'utilité publique, les conseils municipaux le constateraient par une délibération, laquelle accompagnée d'un plan qui figurerait et le logement à laisser au

---

(1) Le gouvernement de juillet n'était pas aussi soucieux de la dignité du prêtre, car il a soumis bien des *presbytères* à des *dépendances gênantes* Quelques-uns de nos évêques, nous le disons avec autant de respect que de franchise, ont peut-être eu le tort de donner trop facilement, dans ces diverses circonstances, des avis trop favorables.

été et les dispositions à faire pour isoler ce logement et le rendre indépendant, serait adressée aux préfets ; qu'ensuite cette délibération, revêtue des avis des évêques et des préfets et suivie des pièces, me serait adressée.

« Ces formalités conservent tous les droits et garantissent de tout inconvénient, mais de leur nécessité et des détails dans lesquels je viens d'entrer, vous conclurez que les communes n'ont pas un droit acquis et réel à la propriété des bâtiments et terrains inutiles dépendants des *presbytères*.   « PORTALIS. »

Avis du conseil d'État, du 24 prairial an XIII (13 juin 1805), sur la vente des églises et presbytères non conservés.

« Le conseil d'État, qui, depuis le renvoi fait par le gouvernement, a entendu le rapport de la section des finances, sur celui du ministère de ce département, relatif à la proposition faite par le ministre des cultes, d'abandonner aux communes les églises et les *presbytères* supprimés, pour en affecter les produits à la réparation des églises et *presbytères* conservés ;

« Considérant que cette mesure, ainsi généralisée, pourrait devenir un principe de discorde pour les habitants des campagnes qui ont conservé un respect religieux pour leurs temples, et les verraient démolir avec regret pour en appliquer le produit à d'autres communes ;

« Considérant d'ailleurs qu'elle ôterait au gouvernement la facilité d'établir de nouvelles succursales, ou de changer la situation de celles existantes, si l'utilité en était reconnue dans quelques cantons.

« Est d'avis qu'il vaut mieux se borner à des opérations partielles, et n'accorder les concessions sollicitées que sur la demande des préfets et des évêques, qui en démontreraient la nécessité, et constateraient que les communes auxquelles elles seraient accordées n'ont point d'autre moyen de pourvoir à la réparation des églises et *presbytères* conservés. »

Avis du conseil d'État de 1846 annulant un arrêté du conseil de préfecture de l'Eure relatif à la propriété d'un presbytère supprimé (1).

« LOUIS-PHILIPPE, etc.,

« Vu la requête sommaire et le mémoire ampliatif pour la fabrique de l'église paroissiale de Martainville-du-Cormier, présentés par le sieur de Postel ; lesdites requête et mémoire enregistrés au secrétariat général de notre conseil d'État, les 2 et 26 novembre 1844, et tendant à ce qu'il nous plaise annuler un arrêté du conseil de préfecture de l'Eure, en date du 2 août 1844, qui a déclaré la commune de Boisset-les-Prévanches propriétaire incommutable du *presbytère* situé dans cette dernière commune, et condamner celle-ci aux dépens ;

« Vu l'arrêté attaqué ;

« Vu l'ordonnance du roi, la communication des requête et mémoire ci-dessus visés à la commune de Boisset-les-Prévanches, en la personne de son maire; ladite ordonnance rendue par le vice-président de notre conseil d'État le 22 novembre

(1) Cet arrêt a été rendu par suite du conseil que nous avons donné à la fabrique de Martainville-du-Cormier d'attaquer devant le conseil d'État l'arrêté du conseil de préfecture de l'Eure, que nous regardions comme injuste, arbitraire et illégal. Cet arrêt eut dû être encore plus favorable à la fabrique sans l'influence du préfet de l'Eure, M. Zédé qui était en même temps maître des requêtes au conseil d'État.

1844 ; vu l'exploit du ministère de Lemercier, huissier à Pacy-sur-Eure, en date du 4 janvier 1845, contenant notification des requêtes et ordonnances ci-dessus visées à la commune de Boisset-les-Prévanches, qui n'a point répondu ; vu les observations de nos ministres de l'intérieur et des cultes, lesdites observations enregistrées au secrétariat général de notre conseil d'Etat les 19 avril et 2 septembre 1845 ;

« Vu le mémoire en réplique à nous présenté pour la fabrique de Martainville du Cormier, qui persiste dans ses conclusions ; ledit mémoire enregistré comme dessus le 9 décembre 1845 ;

« Vu toutes les pièces du dossier ;

« Vu la loi du 18 germinal an X ; les avis du conseil d'Etat des 3 nivôse et 1 pluviôse an XIII et 25 janvier 1807 ; l'arrêté du 7 thermidor an XI, les décrets des 30 mai et 31 juillet 1806 ; ceux des 17 mars et 30 décembre 1809, et les ordonnances du 28 mars 1820 et du 3 mars 1825 (1).

« Ouï Me Marcadé, avocat de la fabrique requérante ;

« Ouï M. Hély-d'Oissel, maître des requêtes, commissaire du roi (2) ;

« Considérant qu'il s'agissait, dans l'espèce, de statuer sur la question d'abandon fait par l'Etat de l'ancien *presbytère* situé dans la commune de Boisset-les-Prévanches ;

« Que cette question ne pouvant être résolue que par l'interprétation et l'application des lois, arrêtés et décrets ci-dessus visés, qui ont remis à la disposition des communes ou des fabriques les églises et *presbytères* qui avaient été réunis au domaine de l'Etat ; qu'il n'appartient qu'à nous d'apprécier l'étendue et de déterminer les effets de ces actes administratifs, sauf à la fabrique de Martainville à se faire envoyer en possession dudit *presbytère*, conformément à l'avis du conseil d'Etat du 25 janvier 1807 ; que, dès-lors, le conseil de préfecture de l'Eure a excédé sa compétence en statuant sur la contestation élevée entre la fabrique de Martainville et la commune de Boisset-les-Prévanches, relativement à la propriété du *presbytère* dont il s'agit ;

« Notre conseil d'Etat entendu ;

« Nous avons ordonné et ordonnons ce qui suit :

« ART. 1er. L'arrêté du conseil de préfecture de l'Eure, en date du 2 août 1844, est annulé pour cause d'incompétence.

« ART. 2. Les dépens sont compensés entre les parties.

« ART. 3. Nos ministres de la justice et des cultes et de l'intérieur, sont chargés de l'exécution de la présente ordonnance. »

AVIS *du conseil d'Etat du 2 pluviôse an XIII (22 janvier 1805) relatif à la propriété des églises et des presbytères.*

« Le conseil d'Etat qui, depuis le renvoi fait par le gouvernement, a entendu les rapports des sections de l'intérieur et des finances tendant à faire décider la question de savoir si les communes sont devenues propriétaires des églises et *presbytères* qui leur ont été abandonnés en exécution de la loi du 18 germinal an X (8 avril 1802),

« Est d'avis que lesdites églises et *presbytères* doivent être considérés comme propriétés communales (3). »

(1) Nous avions cité ces divers actes législatifs dans une délibération que nous avions rédigée pour la fabrique.

(2) Il parla fortement en faveur de la commune. C'est le contraire qu'il eût dû faire.

(3) Le conseil d'Etat est d'avis que ces édifices doivent être *considérés comme* pro-

PRESCRIPTION.

La *prescription* est un moyen d'acquérir ou de se libérer par un certain laps de temps, et sous les conditions déterminées par la loi.

Les *prescriptions* contre les établissements ecclésiastiques, en matière immobilière comme en matière mobilière, ne s'acquéraient généralement, sous l'empire de l'ancienne législation, qu'après une période de quarante années. Mais l'article 2227 du Code civil a soumis tous les établissements publics aux mêmes *prescriptions* que les particuliers et par conséquent à la *prescription* de trente ans. Cet article est ainsi conçu : « L'Etat, les établissements publics et les communes sont soumis aux mêmes *prescriptions* que les particuliers et peuvent également les opposer. »

Pour pouvoir prescrire, il faut une possession continue, publique, à titre de propriétaire et de bonne foi. Pour la *prescription* trentenaire, la loi n'exige ni le titre, ni la bonne foi. Telles sont les conditions qui servent de base à la *prescription*.

Il est de principe universellement reconnu, que les choses saintes et sacrées sont hors du commerce, et conséquemment ne peuvent être acquises par *prescription*. Ainsi, les églises et les chapelles consacrées au culte public, sont imprescriptibles. (*Voyez* ÉGLISE, § XI.) Il suit de là, qu'un individu ne pourrait revendiquer la propriété d'une tribune ou d'un banc, sous prétexte, par exemple, qu'il en aurait pris possession depuis plus de trente ans. (*Voyez* BANCS, § IV.)

La *prescription* peut être trentenaire, décennale, quinquennale, triennale, annuelle ; il y a même une *prescription* de six mois.

La *prescription* peut être interrompue ou naturellement ou civilement. (*Code civil, art.* 2242.)

Nous ne rapporterons pas ici tout ce qui regarde la *prescription*, nous préférons renvoyer au Code civil depuis l'article 2219 jusqu'à l'article 2281. Plusieurs de ces articles se trouvent du reste, rapportés dans la circulaire suivante :

CIRCULAIRE *du ministre de l'intérieur et des cultes* (comte d'Argout), *relative aux servitudes actives et passives des immeubles appartenant aux établissements ecclésiastiques : nécessité d'en interrompre la prescription ; titres nouvels à réclamer des débiteurs de rentes.*

Paris, le 21 décembre 1833.

« Monsieur le préfet,

« Dans l'ancien droit, les *prescriptions* contre les établissements ecclésiastiques, en matière immobilière comme en matière mobilière, ne s'acquéraient généralement

priétés communales. On conçoit un tel avis quand on se rappelle que les fabriques n'étaient pas organisées alors comme elles l'ont été depuis le 30 décembre 1809 ; les propriétés de l'église étaient administrées, à cette époque, par trois membres du qu'au bout d'une période de quarante années. Depuis le Code civil, ces établissements se sont trouvés rangés dans le droit commun et assujettis à la période trentenaire.

« L'article 2281 du Code contient d'ailleurs, une disposition transitoire au sujet des *prescriptions* alors commencées, et pour lesquelles il aurait fallu encore, suivant les anciennes lois, plus de trente ans, à partir de l'introduction de la législation nouvelle. Cet article porte que les *prescriptions* seront accomplies par ce laps de trente ans, à partir de sa publication.

« Cette publication ayant eu lieu le 25 mars 1804, il s'ensuit que le délai fatal pour les *prescriptions* courantes expirera au 25 mars prochain 1834.

« Il est donc du plus haut intérêt pour les fabriques des églises, et pour tous les établissements ecclésiastiques en général de profiter du peu de temps qui leur reste, afin d'interrompre, par les moyens de droit, ces *prescriptions* relativement aux servitudes passives qui se trouveraient aujourd'hui établies sans titres sur leurs propriétés immobilières, ou aux servitudes actives qu'ils seraient autorisés à prétendre, et dont ils auraient négligé de faire établir le titre, ou dont ils auraient discontinué l'exercice.

« Les délais sont plus courts encore à l'égard des servitudes commencées au moment même de la publication de la loi; car d'après une nouvelle règle sur la *prescription* des servitudes, résultant de l'article 690 du Code, on pourrait prétendre que c'est la date de la promulgation de cet article (10 février 1804), et non celle de l'article 2262, qui détermine le jour où la *prescription* sera comprise. Quoiqu'il en soit, la prudence leur commande de considérer le 10 février comme terme de rigueur.

« Ils ne doivent pas veiller avec moins d'attention à prévenir les *prescriptions* à l'égard des rentes qui leur sont dues, en exigeant du débiteur, ainsi que l'article 2263 leur en donne le droit, des titres nouvels après vingt-huit ans de la date du dernier titre. La considération que la rente a toujours été régulièrement payée ne doit pas être un motif de s'abstenir de la demande d'un titre nouvel.

« A plus forte raison, si l'établissement ne possède point de titres, ou si la rente n'est pas payée, doit-il s'empresser de recourir à cette précaution.

« Je crois, d'ailleurs, devoir rappeler ici les articles du Code sur les différentes manières d'interrompre la *prescription*.

« ART. 2242. La *prescription* peut être interrompue ou naturellement ou civilement.

« ART. 2243. Il y a interruption naturelle lorsque le possesseur est privé pendant plus d'un an de la jouissance de la chose, soit par l'ancien propriétaire, soit même par un tiers.

« ART. 2244. Une citation en justice, un commandement ou une saisie signifiée à celui qu'on veut empêcher de prescrire, forment l'interruption civile.

« ART. 2245. La citation en conciliation devant le bureau de paix interrompt la *prescription* du jour de sa date, lorsqu'elle est suivie d'une assignation en justice, donnée dans les délais de droit.

conseil municipal, ce qui a pu faire dire au conseil d'Etat que ces propriétés devaient être considérées *comme* communales. Il ne dit pas formellement qu'elles sont des propriétés communales. D'ailleurs, il faut bien remarquer que la question n'était pas posée entre les fabriques ou les communes pour savoir si ces édifices devaient appartenir aux unes ou aux autres. Cet avis ne prouve donc pas ce que trop souvent on a voulu lui faire prouver.

« Art. 2246. La citation en justice, donnée même devant un juge incompétent, interrompt la *prescription*.

« Art. 2247. Si l'assignation est nulle par défaut de forme, si le demandeur se désiste de sa demande, s'il laisse périmer l'instance, ou si la demande est rejetée, l'interruption est regardée comme non avenue.

« Art. 2248. La *prescription* est interrompue par la reconnaissance que le débiteur ou le possesseur fait du droit de celui contre lequel il prescrivait.

« Art. 2249. L'interpellation faite, conformément aux articles ci-dessus, à l'un des débiteurs solidaires, ou sa reconnaissance, interrompt la *prescription* contre tous les autres, même contre les héritiers.

« L'interpellation faite à l'un des héritiers d'un débiteur solidaire, ou la reconnaissance de cet héritier, n'interrompt pas la *prescription* à l'égard des autres cohéritiers, quand même la créance serait hypothécaire, si l'obligation n'est indivisible.

« Cette interpellation ou cette reconnaissance n'interrompt la *prescription*, à l'égard des autres codébiteurs, que pour la part dont cet héritier est tenu.

« Pour interrompre la *prescription* pour le tout, à l'égard des autres codébiteurs, il faut l'interpellation faite à tous les héritiers du débiteur décédé, ou la reconnaissance de tous ces héritiers.

« Art. 2250. L'interpellation faite au débiteur principal, ou sa reconnaissance, interrompt la *prescription* contre la caution. »

« Je suis informé qu'en beaucoup d'endroits les fabriciens et les trésoriers des fabriques ou des séminaires hésitent, par incurie ou par crainte, à faire les démarches convenables afin d'assurer les intérêts des établissements dont ils sont mandataires.

« Il est essentiel que ces agents se persuadent bien qu'ils trahissent leurs devoirs, et qu'ils se mettent dans le cas d'être rendus personnellement responsables des dommages qui résulteraient de la négligence ou de l'impéritie avec laquelle ils s'acquittent des obligations qui leur sont imposées par les fonctions dont ils se trouvent investis.

« Je vous invite, etc. »

Il ne faut pas veiller avec moins d'attention à prévenir les *prescriptions* à l'égard des rentes dues aux fabriques. (*Voyez* ACTE NOUVEL.)

PRÉSÉANCE.

On entend par *préséance* le droit de présider quelqu'un, de se placer au-dessus de lui, de prendre un rang plus honorable.

Un droit de *préséance* a été réservé en faveur des autorités dans les églises et cérémonies du culte ; ce droit est d'une nature différente, suivant le caractère des autorités et des cérémonies. Certaines autorités ont un droit de *préséance* permanent et qui peut être exercé dans toutes les cérémonies du culte, même ordinaires. Certaines autres ont seulement un droit exceptionnel, qui ne peut être exercé que dans les cérémonies ou prières publiques ordonnées par le gouvernement. (*Voyez* AUTORITÉS, CÉRÉMONIES, PLACES.)

Les *préséances* des diverses autorités civiles, religieuses, militaires et judiciaires ont été réglées par le décret suivant.

DÉCRET *du 24 messidor an XII (13 juillet 1804), relatif aux cérémonies publiques, préséances, honneurs civils et militaires.*

PREMIÈRE PARTIE. — Des rangs et préséances.

SECTION PREMIÈRE. — *Dispositions générales.*

« ART. 1er. Ceux qui, d'après les ordres de l'empereur devront assister aux cérémonies publiques, y prendront rang et séance dans l'ordre qui suit :

« Les princes français; — les grands dignitaires; — les cardinaux; — les ministres; — les grands-officiers de l'empire; — les sénateurs, dans leur sénatorerie; — les conseillers d'Etat en mission; — les grands-officiers de la Légion d'honneur, lorsqu'ils n'auront point de fonctions publiques qui leur assignent un rang supérieur; — les généraux de division commandant une division territoriale, dans l'arrondissement de leur commandement; — les premiers présidents des cours d'appel; — les archevêques; — le président du collège du département, pendant les dix jours qui précèdent l'ouverture et qui suivent la clôture; — les préfets; — les présidents des cours de justice criminelle; — les généraux de brigade, commandant un département; — les évêques; — les commissaires généraux de police; — le président du collège électoral d'arrondissement, pendant le terme de la session, et pendant les dix jours qui précèdent l'ouverture et qui suivent la clôture; — les sous-préfets; — les présidents des tribunaux de première instance; — le président du tribunal de commerce; — les maires; — les commandants d'armes; — les présidents des consistoires; — les préfets conseillers d'Etat prendront leur rang de conseillers d'Etat.

« Lorsqu'en temps de guerre ou pour toute autre raison, Sa Majesté jugera à propos de nommer des gouverneurs de places fortes, le rang qu'ils doivent avoir sera réglé.

« ART. 2. Le sénat, le conseil d'Etat, le corps législatif, le tribunal, la Cour de cassation n'auront rang et séance que dans les cérémonies publiques auxquelles ils auront été invités par lettres closes de Sa Majesté.

« Il en sera de même des corps administratifs et judiciaires, dans les villes où l'empereur sera présent.

« Dans les autres villes, les corps prendront les rangs ci-après réglés.

« ART. 3. Dans aucun cas, les rangs et honneurs accordés à un corps n'appartiennent individuellement aux membres qui le composent.

« ART. 4. Lorsqu'un corps ou un des fonctionnaires dénommés dans l'article premier invitera, dans le local destiné à l'exercice de ses fonctions, d'autres corps ou fonctionnaires publics, pour y assister à une cérémonie, le corps ou le fonctionnaire qui aura fait l'invitation y conservera sa place ordinaire, et les fonctionnaires invités garderont entre eux les rangs assignés par l'article 1er du présent titre.

SECTION II. — *Des invitations aux cérémonies publiques.*

« ART. 5. Les ordres de l'empereur pour la célébration des cérémonies publiques seront adressés aux archevêques et évêques, pour les cérémonies religieuses, et aux préfets pour les cérémonies civiles.

« ART. 6. Lorsqu'il y aura dans le lieu de la résidence du fonctionnaire, auquel les ordres de l'empereur seront adressés, une ou plusieurs personnes désignées avant lui dans l'article 1er, celui qui aura reçu lesdits ordres se rendra chez le fonctionnaire auquel la *préséance* est due, pour convenir du jour et de l'heure de la cérémonie.

« Dans le cas contraire, ce fonctionnaire convoquera chez lui, par écrit, ceux des fonctionnaires placés après lui dans l'ordre des *préséances,* dont le concours sera nécessaire pour l'exécution des ordres de l'empereur.

SECTION III. — *De l'ordre suivant lequel les autorités marcheront dans les cérémonies publiques.*

« ART. 7. Les autorités appelées aux cérémonies publiques se réuniront chez la personne qui doit y occuper le premier rang.

« ART. 8. Les princes, les grands dignitaires de l'empire et les autres personnes désignées en l'article 1er de la section 1re du premier titre, marcheront dans les cérémonies suivant l'ordre des *préséances* indiqué audit article ; de sorte que la personne à laquelle la *préséance* sera due ait toujours à sa droite celle qui doit occuper le second rang, à sa gauche celle qui doit occuper le troisième, et ainsi de suite.

« Les trois personnes forment la première ligne du cortège ; — les trois personnes suivantes, la seconde ligne ; — les corps marcheront dans l'ordre suivant : — les membres des cours d'appel ; — les officiers de l'état-major de la division, non compris deux aides-de-camp du général, qui suivront immédiatement ; — les membres des cours criminelles ; — les conseils de préfecture, non compris le secrétaire-général, qui accompagnera le préfet ; — les membres des tribunaux de première instance ; — le corps municipal ; — les officiers de l'état-major de la place ; — les membres du tribunal de commerce ; — les juges de paix ; — les commissaires de police.

SECTION IV. — *De la manière dont les diverses autorités seront placées dans les cérémonies.*

« ART. 9. Il y aura au centre du local destiné aux cérémonies civiles et religieuses un nombre de fauteuils égal à celui des princes, dignitaires ou membres des autorités nationales présents, qui auront droit d'y assister. Aux cérémonies religieuses, lorsqu'il y aura un prince ou un grand dignitaire, on placera devant lui un prie-dieu, avec un tapis et un carreau. En l'absence de tout prince, dignitaire ou membre des autorités nationales, le centre sera réservé et personne ne pourra s'y placer.

« Les généraux de division commandant les divisions territoriales ; — les premiers présidents des cours d'appel ; — et les archevêques seront placés à droite ; — les préfets ; — les présidents des cours criminelles ; — les généraux de brigades commandants les départements ; — les évêques seront placés à gauche ; — le reste du cortège sera placé en arrière ; — les préfets, conseillers d'Etat, prendront leur rang de conseillers d'Etat.

« Ces fonctionnaires garderont entre eux les rangs qui leur sont respectivement attribués.

« ART. 10. Lorsque, dans les cérémonies religieuses, il y aura impossibilité absolue de placer dans le chœur de l'église la totalité des membres des corps invités, lesdits membres seront placés dans la nef, et dans un ordre analogue à celui des chefs.

« ART. 11. Néanmoins, il sera réservé, de concert avec les évêques ou les curés et les autorités civiles et militaires, le plus de stalles qu'il sera possible ; elles seront destinées, de préférence, aux présidents et procureurs impériaux des cours et tribunaux, aux principaux officiers de l'état-major de la division et de la place, à l'officier supérieur de gendarmerie, et aux doyens et membres des conseils de préfecture.

« ART. 12. La cérémonie ne commencera que lorsque l'autorité qui occupera la première place aura pris séance.

« Cette autorité se retirera la première.

« ART. 13. Il sera fourni aux autorités réunies, pour les cérémonies, des escortes de troupes de ligne ou de gendarmerie, selon qu'il sera réglé au titre des honneurs militaires.

IIᵉ PARTIE. — Des honneurs militaires et civils.

TITRE II. — *Saint-Sacrement.*

« ART. 1ᵉʳ. Dans les villes où, en exécution de l'art. 45 de la loi du 18 germinal an X, les cérémonies religieuses pourront avoir lieu hors des édifices consacrés au culte catholique, lorsque le Saint-Sacrement passera à la vue d'une garde ou d'un poste, les sous-officiers et soldats prendront les armes, les présenteront, mettront le genou droit en terre, inclineront la tête, porteront la main droite au chapeau, mais resteront couverts : les tambours battront aux champs ; les officiers se mettront à la tête de leur troupe, salueront de l'épée, porteront la main gauche au chapeau, mais resteront couverts ; le drapeau saluera.

« Il sera formé, du premier poste devant lequel passera le Saint-Sacrement, au moins deux fusiliers pour son escorte. Ces fusiliers seront relevés de poste en poste, marcheront couverts près du Saint-Sacrement, l'arme sous le bras droit.

« Les gardes de cavalerie monteront à cheval, mettront le sabre à la main ; les trompettes sonneront la marche ; les officiers, les étendards et guidons salueront.

« ART. 2. Si le Saint-Sacrement passe devant une troupe sous les armes, elle agira ainsi qu'il vient d'être ordonné aux gardes ou postes.

« ART. 3. Une troupe en marche fera halte, se formera en bataille, et rendra les honneurs prescrits ci-dessus.

« ART. 4. Aux processions du Saint-Sacrement, les troupes seront mises en bataille sur les places où la procession devra passer. Le poste d'honneur sera à la droite de la porte de l'église par laquelle la procession sortira. Le régiment d'infanterie qui portera le premier numéro prendra la droite ; celui qui portera le second, la gauche ; les autres régiments se formeront ensuite alternativement à droite et à gauche ; les régiments d'artillerie à pied occuperont le centre de l'infanterie.

« Les troupes à cheval viendront après l'infanterie ; les carabiniers prendront la droite, puis les cuirassiers, ensuite les dragons, chasseurs et hussards.

« Les régiments d'artillerie à cheval occuperont le centre des troupes à cheval.

« La gendarmerie marchera à pied entre les fonctionnaires publics et les assistants.

« Deux compagnies de grenadiers escorteront le Saint-Sacrement ; elles marcheront en file, à droite et à gauche du dais.

« A défaut de grenadiers, une escorte sera fournie par l'artillerie ou par les fusiliers, et à défaut de ceux-ci, par des compagnies d'élite des troupes à cheval qui feront le service à pied.

« La compagnie du régiment portant le premier numéro occupera la droite du dais ; celle du second, la gauche.

« Les officiers resteront à la tête des files ; les sous-officiers et soldats porteront le fusil sous le bras droit.

« Art. 5. L'artillerie fera trois salves pendant le temps que durera la procession, et se mettra en bataille sur les places; ce qui ne sera pas nécessaire pour la manœuvre du canon.

Titre XIX. — *Archevêques et évêques.*

Section première. — *Honneurs militaires.*

« Art. 1er. Lorsque les archevêques et évêques feront leur première entrée dans la ville de leur résidence, la garnison, d'après les ordres du ministre de la guerre, sera en bataille sur les places que l'évêque ou l'archevêque devra traverser.

« Cinquante hommes de cavalerie iront au-devant d'eux, jusqu'à un quart de lieue de la place.

« Ils auront, le jour de leur arrivée, l'archevêque, une garde de quarante hommes, commandée par un officier, et l'évêque, une garde de trente hommes, aussi commandée par un officier : ces gardes seront placés après leur arrivée.

« Art. 2. Il sera tiré cinq coups de canon à leur arrivée, et autant à leur sortie.

« Art. 3. Si l'évêque est cardinal, il sera salué de douze volées de canon, et il aura, le jour de son entrée, une garde de cinquante hommes, avec un drapeau, commandée par un capitaine, lieutenant ou sous-lieutenant.

« Art. 4. Les cardinaux, archevêques ou évêques auront habituellement une sentinelle tirée du corps de garde le plus voisin.

« Art. 5. Les sentinelles leur présenteront les armes.

« Art. 6. Il leur sera fait des visites de corps.

« Art. 7. Toutes les fois qu'ils passeront devant les postes, gardes ou piquets, les troupes se mettront sous les armes; les postes de cavalerie monteront à cheval; les sentinelles présenteront les armes; les tambours et trompettes rappelleront.

« Art. 8. Il ne sera rendu des honneurs aux cardinaux qui ne seront, en France, ni archevêques, ni évêques, qu'en vertu d'un ordre spécial du ministre de la guerre, qui déterminera les honneurs à leur rendre.

Section II. — *Honneurs civils.*

« Art. 9. Il ne sera rendu des honneurs civils aux cardinaux qui ne seront, en France ni archevêques, ni évêques, qu'en vertu d'un ordre spécial, lequel déterminera, pour chacun d'eux, les honneurs qui devront leur être rendus.

« Art. 10. Les archevêques ou évêques qui seront cardinaux, recevront, hors de leur installation, les honneurs rendus aux grands officiers de l'empire; ceux qui ne le seront point, recevront ceux rendus aux sénateurs.

« Lorsqu'ils rentreront après une absence d'un an et un jour, ils seront visités chacun par les autorités inférieures, auxquelles ils rendront la visite dans les vingt-quatre heures suivantes : eux-mêmes visiteront les autorités supérieures dans les vingt-quatre heures de leur arrivée, et leur visite leur sera rendue dans les vingt-quatre heures suivantes. »

Une circulaire du ministre de l'intérieur, en date du 17 décembre 1811, décide que l'article 7 du décret du 24 messidor an XII est trop positif pour être modifié dans le sens de l'article 12 : ainsi, dans tous les cas, les autorités appelées à assister à une cérémonie, soit civile, soit religieuse, ne peuvent se dispenser de se réunir chez la personne qui doit y occuper le premier rang. Cependant, lorsque les autorités se rendent à l'église, l'évêque n'est point tenu de marcher en cortége avec elles ; il doit les attendre dans l'exercice de ses fonctions (1).

La difficulté de fixer ce rang, en présence des changements survenus postérieurement dans presque tout le personnel de l'administration, a fait décider que les membres de chaque autorité se rendraient directement dans le lieu de la cérémonie sans être obligés de se conformer à la disposition du décret. Une circulaire a été adressée le 23 août 1816 par le ministre de la justice à tous les procureurs généraux, pour assurer l'exécution de cette décision. (*Voyez* CÉRÉMONIES RELIGIEUSES.)

Pour la *préséance* relative à la distribution du pain bénit, voyez ci-dessus PAIN BÉNIT.

Pour la *préséance* que doivent observer entre eux les fabriciens, voyez FABRICIEN, § XIII.

PRÉSIDENT.

Le *président* du conseil de fabrique et le *président* du bureau des marguilliers sont tout à fait distincts. Nous parlerons ici du *président* du conseil.

§ I. *Personnes qui peuvent être élues* PRÉSIDENT.

Nous pensons avec plusieurs jurisconsultes, et notamment avec le *Journal des conseils de fabriques,* que chaque membre du conseil peut être nommé *président,* puisque la loi ne prononce aucune exclusion, et qu'elle ne distingue point entre les membres élus et les membres de droit. Cependant, depuis les premiers temps de l'application du décret du 30 décembre 1809, les dispositions de ce décret et l'intention de ses rédacteurs ont été interprétées dans le sens que, ni le curé ou desservant, ni le maire, ne pouvaient être nommés *président* du conseil de fabrique ou du bureau des marguilliers, et depuis, la jurisprudence ministérielle n'a jamais varié sur ces questions. (*Voyez* les lettres ministérielles que nous rapportons ci-après.)

La jurisprudence ministérielle, il faut bien le dire, est fondée sur le sentiment des anciennes cours. L'abbé de Boyer, qui écrivait en 1786 ses *Principes sur l'administration temporelle des paroisses,* se plaignait déjà qu'on voulait ôter aux curés la présidence qui leur appartient de droit. « Les cours (2), dit-il, qui ne remontent pas à l'origine de l'administration des fabriques, n'y voient que du temporel confié à des laïques ; elles croient, sous ce rapport, que la place qu'elles accordent aux curés est une déférence pour la dignité de leur caractère, plutôt qu'un droit rigoureux de leur place. »

_____

(1) *Répertoire des circulaires ministérielles,* tome II, page 289.

(2) Tome II, page 288.

« Il n'est pas contraire à l'ordre des choses, dit-il plus loin (page 291), qu'un curé préside une assemblée de laïques, qu'il recueille les suffrages, et qu'il dicte le délibéré : c'est l'usage d'une grande province ; *c'était l'usage primitif*, et lorsqu'il s'est conservé dans une paroisse, *les cours l'y maintiennent*. Elles considèrent que le curé, parce qu'il est honoré du sacerdoce, n'a pas perdu les priviléges de citoyen, et que d'ailleurs il n'est pas étranger à son état de présider une assemblée occupée de l'administration des biens de l'Eglise. »

L'ordre, l'usage primitif, les convenances et surtout l'intérêt des fabriques exigeraient que le curé fût partout membre de droit du conseil de fabrique, comme le maire est partout membre de droit du conseil municipal. Mais, puisque le décret du 30 décembre 1809 a cru devoir lui refuser ce privilége, il faut s'y conformer. Cependant, il faut bien remarquer que le décret n'a pas plus exclu le curé que le maire, et pas plus le maire que le curé. D'où nous concluons que l'un ou l'autre peuvent être élus *présidents* comme tous les autres membres du conseil. Cette élection, malgré les lettres ministérielles, serait tout à fait légale, et ne pourrait être attaquée devant le conseil d'Etat pour cause de nullité. Aussi, dans beaucoup de localités, les fabriciens se font un devoir de nommer le curé *président*, comme étant le plus capable de présider l'assemblée de la fabrique. Cependant le conseil d'Etat vient de décider dans le sens du ministère des cultes par l'avis ci-après, page 154.

Mais cet avis ne nous paraît ni légal ni appuyé sur aucune raison solide. Le conseil d'Etat peut bien donner un *avis* sur l'interprétation d'une loi, mais il ne peut ni la changer ni la modifier. Il faudrait pour cela une loi ou un décret impérial. Ainsi, dans l'espèce, il ne peut décider que le curé et le maire soient d'une condition inférieure aux autres membres du conseil de fabrique qui ne le deviennent que par l'élection et que pour un temps, tandis qu'eux, au contraire, le sont de droit et perpétuellement. Nous sommes persuadé que si la question eut été portée devant les tribunaux la décision eut été tout autre. Nous nous rappelons qu'un jour étant dans un salon où cette difficulté fut sérieusement discutée entre un sous-préfet, un député, un évêque et nous, en présence de M. Dupin aîné et d'autres personnages, M. le procureur général, avec son autorité de jurisconsulte distingué, déclara que notre opinion était seule admissible, que nous étions seul dans le droit, parce que les exclusions sont de droit étroit, et que si la question était déférée à la cour de cassation, cette cour suprême déciderait en notre sens. Nous croyons donc que l'avis du conseil d'Etat n'est point irréformable, et qu'il peut changer de jurisprudence sur ce point comme il en a changé sur plusieurs autres.

Si l'on faisait attention que dans les trois quarts des paroisses de France, le curé est le seul membre du conseil de fabrique qui puisse convenablement et utilement présider un conseil de fabrique, le gouvernement édicterait un décret pour le déclarer *président* de droit comme il l'a été anciennement et pendant plusieurs siècles. On dit que quelques années avant la révolution de 1789, les parlements cherchaient à lui ôter la présidence dans les réglements homologués par eux, c'est vrai. Mais alors c'était une nouveauté. On sait qu'à cette époque les parlements étaient fort hostiles à l'Eglise et au clergé et qu'ils cherchaient tous les moyens de diminuer son influence.

Portalis était bien plus sage et connaissait mieux l'ancien droit, lorsqu'il déclare que le curé, dans la fabrique, a la première place et qu'il *préside* les assemblées, soit du conseil, soit du bureau. Il est probable, d'après le rapport du mois de juillet 1806 sur les fabriques des églises (1), que, s'il eût rédigé le décret du 30 décembre 1809, il eut établi le curé *président* de droit des conseils de fabriques. Il eut par là rendu, à notre avis, un véritable service aux paroisses et aux communes elles-mêmes, car les fabriques, sous la présidence du curé, eussent été infiniment mieux administrées et avec plus d'intérêt et d'économie qu'elles ne l'ont été depuis lors dans un grand nombre de localités.

Quoiqu'il en puisse être de ces considérations, nous pensons qu'il est convenable de se conformer à la décision du conseil d'Etat, surtout dans les paroisses où les fabriques sont obligées de demander des subventions municipales ou de solliciter des secours de l'Etat. Nous ne croyons pas néanmoins que, dans le cas où le curé serait élu président par le conseil de fabrique, on puisse demander l'annulation de cette élection comme *contraire à l'esprit et aux termes* du décret du 30 décembre 1809, comme il est dit dans l'avis du conseil d'Etat ci-dessous du 7 février 1867. Nous pensons que, dans ce cas, des délibérations prises, sous la présidence du curé, seraient très-légales et qu'elles ne seraient contraires ni à l'*esprit*, ni encore moins aux *termes* du décret de 1809. Elles pourraient seulement amener des conflits inutiles et nous conseillons de les éviter autant que possible.

Avis *du conseil d'Etat, du 7 février 1867, portant que les curés et les maires ne peuvent point être présidents des conseils de fabriques dont ils sont membres de droit.*

« La section de l'intérieur, de l'instruction publique et des cultes, qui, sur le renvoi ordonné par M. le ministre de la justice et des cultes, a pris connaissance d'une dépêche en date du 24 janvier 1866, par laquelle ce ministre demande que le conseil d'Etat soit appelé a émettre un avis sur la question de savoir si le curé ou le desservant et le maire peuvent être élus *présidents* du conseil de la fabrique de la paroisse;

« Vu le procès-verbal, en date du 23 avril 1865, constatant que le curé de la

(1) *Voyez* ce rapport dans notre tome III, page 51.

paroisse de Saint-Médard, de Lezy-sur-Virey, diocèse de Meaux, a été réélu, par les membres du conseil de fabrique de cette paroisse, président dudit conseil ;

« Vu la dépêche du sous-préfet de Meaux, en date du 5 novembre 1865, et de laquelle il résulte : 1° que le maire de Lizy aurait, à plusieurs reprises, protesté contre l'élection successive du curé de Saint-Médard à la présidence du conseil de fabrique, et en aurait demandé l'annulation comme contraire à l'esprit et aux termes du décret du 30 décembre 1809 ; 2° que, par le refus du curé de Saint-Médard de se démettre de ses fonctions de *président*, le sous-préfet aurait proposé d'annuler ladite élection.

« Vu la lettre du curé de Saint-Médard, en date du 26 septembre 1865, portant son refus de démission ;

« Vu les lettres, en date des 14 novembre et 29 décembre 1865, l'évêque de Meaux, par lesquelles ce prélat demande que le conseil d'Etat soit appelé à donner son avis sur la question de savoir si le curé ou desservant peut être élu *président* du conseil de fabrique ;

« Vu divers règlements de fabrique homologués par arrêts des parlements intervenus sous l'ancienne législation, notamment les réglements des fabriques de Saint-Jean-en-Grève, de Saint-Louis en l'Ile, de Paris, de Saint-Pierre le Marché, de Bourges, et les arrêts qui les ont homologués ;

« Vu l'arrêté du gouvernement du 7 thermidor an XI ;

« Vu le décret du 30 décembre 1809, et notamment les articles 4, 50, 55 et 56 du même décret ;

« Vu l'exposé des motifs de ce décret, et le rapport du ministre des cultes sur le même objet ;

« Vu la copie d'une lettre du ministre des cultes, en date du 2 octobre 1810, adressée au président de la section du conseil d'Etat, et ayant pour objet d'interpréter le décret de 1809, en ce qui concerne la question ci-dessus posée ;

« Vu la réponse, en date du 11 du même mois d'octobre, de Regnauld de Saint-Jean d'Angély, président de ladite section,

« Vu enfin diverses dépêches et circulaires ministérielles tendant à établir en principe que le curé et le maire ne peuvent être élus présidents du conseil de la fabrique ;

« Vu enfin toutes les autres pièces du dossier ;

« Considérant que, sous l'ancienne législation, la jurisprudence consacrée par la plupart des règlements de fabrique, homologués par des arrêts de parlements, avait établi en principe que les curés ne pouvaient être nommés *présidents* des assemblées de la paroisse, lesquelles étaient des réunions exclusivement laïques ;

« Que si les curés avaient obtenu dans ces assemblées un droit de préséance, ce n'était que par déférence et à titre honorifique ; mais que la *présidence* était toujours dévolue, soit au premier ou au plus ancien marguillier, soit à un membre élu parmi les laïques ;

« Considérant que, sous le régime transitoire qui suivit le concordat et fut consacré par l'arrêté du gouvernement du 7 thermidor an XI, le curé n'avait que voix consultative dans le conseil de la fabrique dite extérieure, chargée de l'administration de tous les biens et intérêts temporels de la paroisse ;

« Que c'est en cet état de la législation qu'est intervenu le décret du 30 décembre 1809, portant réglement général sur les fabriques ;

« Considérant que, si l'on consulte l'exposé des motifs de ce décret, le rapport du ministre des cultes, le texte du projet proposé par la section de l'intérieur du conseil d'Etat, ainsi que les modifications apportées par le conseil, il ressort de cet examen que les auteurs du décret ont entendu se conformer aux principes de l'ancienne jurisprudence sur l'administration des fabriques, notamment en ce qui concerne la *présidence* des conseils de fabriques ;

« Considérant que le texte du décret est en harmonie avec cette interprétation ; qu'en effet, d'après les prescriptions de l'article 4, le curé ou desservant et le maire sont de droit membres du conseil de fabrique ; le curé ou desservant doit y avoir la première place ; *le maire doit être placé à la gauche, et le curé ou desservant à la droite du président ;* d'où l'on doit induire que ces fonctionnaires ne sauraient être élus *présidents ;*

« Qu'en outre, aux termes des articles 50, 55 et 56 du même décret, le curé et le *président* du bureau des marguilliers sont appelés chacun à avoir une clef de la caisse de la fabrique, à signer les inventaires et récolements, à signer et certifier les pièces ;

« Que c'est là *une double garantie exigée* par le décret et qui cesserait d'exister si le curé pouvait réunir à ses fonctions celles du *président ;*

« Que, s'il ne s'agit dans ces articles, que du *président* du bureau, les motifs d'incompatibilité sont encore plus puissants en ce qui concerne la *présidence* du conseil de fabrique, cette assemblée étant appelée à entendre et débattre les comptes du bureau dont le curé fait nécessairement partie ;

« Considérant que, depuis 1809 jusqu'à ce jour, le décret sur les fabriques a toujours été interprété par l'administration dans le sens de cette incompatibilité, ainsi que cela résulte des dépêches et circulaires ministérielles ci-dessus visées ;

« Considérant enfin que le curé et le maire représentent, dans le conseil de fabrique, chacun un intérêt spécial et distinct ; que ces deux intérêts doivent se pondérer et ne sauraient sans danger l'emporter l'un sur l'autre ; ce qui arriverait le plus souvent si le curé ou le maire pouvait être élu *président ;*

« Qu'il est plus sage et plus conforme à l'esprit et au texte du décret de 1809 de n'admettre à la présidence ni le maire ni le curé, afin de prévenir les rivalités qui pourraient surgir et qui auraient nécessairement des conséquences regrettables ;

« Est d'avis que le curé de la paroisse et le maire de la commune, membres de droit du conseil de fabrique, n'en peuvent être élus *présidents.* »

§ II. *Election du* PRÉSIDENT *du conseil.*

Le *président* du conseil de fabrique est nommé au scrutin aussitôt après la formation de la fabrique et choisi parmi ses membres. (*Décret du* 30 *décembre* 1809, *art.* 9.)

La durée de ses fonctions est fixée à un an. Il est remplacé ou réélu tous les ans, le dimanche de Quasimodo. (*Ordonnance du* 12 *janvier* 1825, *art.* 2.)

Si un conseil de fabrique n'avait procédé, ni dans la séance de Quasimodo, ni dans le mois qui a suivi, après en avoir toutefois obtenu l'autorisation, à l'élection d'un *président*, l'évêque ne serait pas en droit, quel que fût le délai écoulé, de nommer directement à ces fonctions ; il devrait se borner, dans ce cas, à provoquer, de la part du conseil, la nomination de ces deux fonctionnaires (1).

(1) *Journal des conseils de fabriques*, tome III, page 282.

Cependant le défaut, par un conseil de fabrique, de nommer son président, après une nouvelle organisation, ou de le renouveler tous les ans à l'époque voulue, quelque blâmable qu'il fût, ne rendrait pas illégale l'existence du conseil, et ne pourrait donner lieu à sa réorganisation.

§ III. *Fonctions et droit du* PRÉSIDENT *du conseil.*

Le *président* du conseil de fabrique est chargé par ses fonctions, 1° de convoquer le conseil (*voyez* CONVOCATION); 2° de s'informer auprès du curé et du trésorier des objets qui doivent être soumis à la délibération de l'assemblée; 3° de les proposer à sa discussion, mais sans exclusions pour les autres membres, surtout à l'égard du curé, qui, mieux que personne, est en état de faire les propositions; 4° de recueillir les voix; 5° de clore la discussion; 6° de réprimer les discussions confuses, ou celles qui sont inutiles, ou celles qui ne sont pas à l'ordre du jour; en un mot, de maintenir le bon ordre, en en rappelant à la question ceux qui s'en écartent. Si la discussion devenait orageuse et inconvenante et qu'il ne pût rétablir le calme, il devrait alors lever la séance.

Le titre de *président* donne voix prépondérante, en cas de partage, dans les délibérations seulement. (*Décret de* 1809, *art.* 9.)

Aux termes de l'avis du conseil d'État du 9 juillet 1839, et de nombreuses décisions ministérielles, il est de règle et de jurisprudence que la voix du *président* du conseil de fabrique n'est point prépondérante en matière d'élections, attendu que l'article 9 du décret du 30 décembre 1809 ne s'applique qu'aux délibérations ordinaires des fabriques, et que d'ailleurs cette prépondérance, contraire aux principes généraux de la législation sur la même matière, est incompatible avec le mode d'élection au scrutin secret qui peut être suivi. (*Arrêté du* 28 *mai* 1858 *du ministre des cultes.*)

S'il y a partage, on doit procéder à un second tour de scrutin, et si le partage continue, le concurrent le plus âgé doit être réputé élu; on ne doit jamais tirer au sort entre deux candidats. (*Avis du conseil d'Etat ci-dessus du 9 juillet* 1839. — *Décision ministérielle du* 2 *avril* 1849.)

§ IV. *Vice-*PRÉSIDENT *du conseil.*

Le *président* peut être remplacé, en cas d'absence de la séance. Mais à qui appartient la présidence? La loi est absolument muette à cet égard. Cependant les auteurs proposent différents modes. Le premier serait de nommer un *vice-président* en même temps que le *président*, et pour tous les cas d'absence. Nous rejetons ce mode comme insolite, car il résulte du silence de la loi que les conseils de fabriques ne sont pas autorisés par elle à conférer à aucun de leurs membres les fonctions de *vice-président.* Toute nomination d'un *vice-président,* effectuée d'avance et pour l'année, dit le *Journal des conseils de fabriques* (1), doit être considérée comme illégale, et par suite comme nulle et non-avenue.

Le second mode consiste à déférer la vice-présidence au doyen d'âge. Il est à cet égard, ajoute le *Journal des conseils de fabriques,* une règle qu'un usage constant a consacrée : lorsque le *président* élu n'assiste pas à une réunion, ou, par un motif quelconque, est empêché de remplir les fonctions de la présidence, c'est à celui des membres du conseil présent à la séance, qui, par son âge, se trouve être le doyen de tous les autres, qu'il appartient de présider. C'est ce qui s'observe dans toutes les assemblées délibérantes, à moins de disposition contraire de la loi. Mais ce mode, dit Mgr Affre, offre plusieurs inconvénients, et notamment celui d'établir une inégalité entre les fabriciens, que repousse le décret. Nous ne ferions qu'une exception, ajoute le savant prélat ; ce serait dans le cas où le *président,* le curé et le maire seraient absents en même temps.

Un troisième mode serait de nommer un *président* pour la séance même de laquelle le *président* est absent ; mais c'est encore un mode bien inusité ; il est du reste moins régulier, selon le *Journal des conseils de fabriques,* que celui qu'il a précédemment indiqué ; cependant cette irrégularité ne suffirait point pour permettre d'attaquer les opérations du conseil, et d'en faire prononcer la nullité.

Enfin Mgr Affre (2), propose un quatrième mode qui consiste à déférer la vice-présidence au curé. C'est aussi le mode qui nous paraît le plus régulier et surtout le plus convenable. La présidence est une distinction ; il est naturel de l'accorder à celui qui, par la nature de ses fonctions, est le premier dans l'église ; à celui auquel le législateur accorde la première place quand il n'est pas lui-même *président ;* à celui enfin qui est ordinairement le plus assidu, le plus en état de faire des propositions, parce qu'il connaît mieux les besoins et les ressources de l'église. Enfin, toutes les fois que, dans une assemblée, il y a des membres distingués des autres par leurs fonctions, ils sont préférés. L'adjoint remplace le maire ; le secrétaire général remplace le préfet. Dans les conseils de charité, l'évêque absent est suppléé par celui qui, dans la ville épiscopale, aura la magistrature la plus éminente.

§ V. *Si le vice-*PRÉSIDENT *a voix prépondérante.*

Du moment où un fabricien se trouve appelé à remplacer dans ses

(1) Tome I, page. 163.
(2) *Traité de l'administration temporelle des paroisses,* page 75 (5e édit.)

fonctions le *président* absent ou empêché, il doit avoir dans les délibérations, de même que l'aurait eue le *président* qu'il remplace, voix prépondérante en cas de partage. Il doit tirer cet avantage de la qualité momentanée, mais réelle, dont il est revêtu. Dès l'instant, en effet, où il préside, on ne saurait, sans commettre une anomalie, lui refuser la voix prépondérante en cas de partage, que la loi accorde sans distinction au *président* quel qu'il soit. *(1)*

§ VI. *Époque à laquelle le* PRÉSIDENT *entre en fonctions.*

On a quelquefois élevé le doute de savoir si le *président* du conseil doit entrer en fonctions, au dimanche de Quasimodo, immédiatement après son élection, ou s'il doit attendre au 1er janvier, époque à laquelle le trésorier entre en charge. (*Voyez* TRÉSORIER, § II.) L'article 9 du décret du 30 décembre 1809 paraît lever toute difficulté ; cet article porte : « Le conseil nommera au scrutin son secrétaire et son *président* ; ils seront renouvelés le premier dimanche d'avril de chaque année (aujourd'hui le dimanche de Quasimodo), et pourront être réélus. » Cet article insinue assez clairement que le *président* et le secrétaire du conseil doivent entrer en exercice immédiatement après leur nomination, le *président* pour diriger les opérations de la séance, et le secrétaire pour écrire aussitôt le résultat des délibérations prises par le conseil. Ils doivent exercer leurs fonctions pendant une année et par conséquent les cesser le dimanche de Quasimodo, s'ils ne sont pas réélus. C'est ce qui se pratique généralement, non-seulement dans tous les conseils de fabriques, mais encore dans toutes les assemblées délibératives quelconques.

LETTRE *de M. le ministre des cultes à M. le comte Regnauld de Saint-Jean d'Angély, président de la section de l'intérieur du conseil d'Etat.*

Paris, le 2 octobre 1810.

« Monsieur le comte,

« L'article 4 du décret du 30 décembre 1809, concernant les fabriques, porté que,

« Seront de droit membres du conseil : 1o le curé ou desservant, qui y aura la première place et pourra se faire remplacer par un de ses vicaires ;

« Le maire de la commune du chef-lieu de la cure ou succursale ; il pourra s'y faire remplacer par l'un de ses adjoints......

« Le maire sera placé à la gauche et le curé ou desservant à la droite du *président.* »

« Cette rédaction est dans l'hypothèse que ni l'un ni l'autre ne soit *président*, et, autant que je me rappelle, l'avis du conseil d'Etat fut que, pour écarter tout esprit de parti, ces deux fonctionnaires ne fussent point éligibles (2). Cependant des doutes se sont élevés sur ce que cette non-éligibilité n'est pas textuellement pro-

(1) *Journal des conseils de fabriques*, tome Ier, page 164.

(2) Vouloir exclure de la présidence le curé et le maire, c'est faire une injure très-gratuite aux deux membres les plus honorables du conseil.

noncée. Si Votre Excellence me confirme que telle a été l'intention du conseil, je croirai pouvoir répondre en conséquence.

« BIGOT DE PRÉAMENEU. »

LETTRE de M. le comte de Saint-Jean d'Angély, président de la section de l'intérieur du conseil d'Etat, à M. le ministre des cultes.

Paris, le 11 octobre 1810.

« Monsieur le comte,

« Je partage entièrement votre opinion sur la présidence des fabriques.

« Il sera bon (1) qu'elle ne soit confiée ni au curé ni au maire.

« L'un et l'autre ont un intérêt à toutes les décisions importantes et à la disposition des fonds.

« Un *président* étranger à toute considération personnelle tiendra la balance entre les intérêts divers, et remplira mieux et plus utilement ses fonctions.

« Je remercie Votre Excellence de sa confiance, et je lui renouvelle l'assurance de ma haute considération. »

LETTRE de M. le ministre des cultes à Mgr l'archevêque de Bordeaux.

Paris, le 13 octobre 1810.

« Le curé et le maire peuvent-il être *présidents* du conseil de fabrique ?

« L'article 4 du décret du 30 décembre 1809 porte que le maire sera placé à la gauche et le curé ou desservant à la droite du *président*.

« Cette disposition suppose que ni l'un ni l'autre ne seront *président*.

« Dira-t-on que ces places ne leur sont assignées que pour le cas où ils ne seraient *président* ni l'un ni l'autre, et qu'ils ne sont pas textuellement exclus de l'éligibilité à la présidence ?

« Cette exclusion a été regardée comme suffisamment énoncée par l'article.

« Telle a été l'intention du conseil d'Etat. Il a été déterminé par une considération très-puissante, celle d'éviter toute rivalité entre le curé et le maire, tout esprit de parti entre les membres du conseil.

« Les maires ont été placés dans les conseils de fabriques comme des procureurs chargés de défendre les intérêts des communes, de même que les curés ou desservants y sont placés pour défendre les intérêts des églises; il serait donc contraire à l'esprit du décret d'attribuer aux uns et aux autres des fonctions qui les missent en état d'exercer une influence qui ne pourrait être réciproque.

« Indépendamment de ces considérations générales, le décret du 30 décembre renferme plusieurs dispositions qui doivent exclure les maires et les curés ou desservants des fonctions de *président*.

« D'abord, en ce qui concerne les maires, l'article 5 les établit membres de droit de chacune des fabriques de leur arrondissement ; or il y aurait impossibilité à ce qu'un maire présidât simultanément plusieurs fabriques, de même qu'il n'y aurait pas de raison pour qu'il en présidât une plutôt que l'autre (2).

« En ce qui concerne les curés et desservants, l'article 50 veut que la caisse de la

_____

(1) Ceci n'est qu'une *opinion* personnelle et non une décision.

(2) Cette raison prouverait tout au plus que le maire ne peut pas être *président* de droit; mais elle ne prouve rien autre chose, autrement elle prouverait qu'il ne peut pas même être fabricien.

PRÉSIDENT. 161

fabrique soit fermée de trois clefs, dont l'une restera dans les mains du trésorier, l'autre dans celles du curé ou desservant, et la troisième dans celles du *président* du bureau des marguilliers. On doit en conclure, par analogie, qu'ils ne peuvent présider le conseil (1).

« Cette conséquence se trouve d'ailleurs confirmée par le dernier paragraphe de l'article 85, en vertu duquel le bureau doit faire au conseil le rapport du compte du trésorier. Comme ce compte sera composé en partie des ordonnances de payement délivrées par les marguilliers, ce sera véritablement un compte de gestion du bureau qui sera rendu chaque année au conseil. Or il y aurait contradiction et même irrégularité à ce qu'un comptable se rendît compte à lui-même.

« Cette décision est d'ailleurs dans l'intérêt du clergé, soit que l'on ait simplement égard à la préséance, soit que l'on considère l'influence naturelle du curé sur les affaires de la fabrique et de son église.

« En préséance, le curé sera toujours dans le conseil au-dessus du maire.

« Quant aux affaires, si le maire était à la fois *président* de la fabrique, il aurait la prétention de gouverner la fabrique comme *président*, ainsi qu'il gouverne la commune comme maire ; il confondrait son pouvoir, peut-être même lorsqu'il n'en aurait pas l'intention, et lorsqu'une fois il aurait été nommé à la présidence, on aurait à craindre qu'il n'eût la volonté et la facilité de s'y perpétuer (2).

« Le maire n'étant ni le *président* ni le premier du conseil se trouvera dans la position de ne se mêler des affaires que comme les autres membres ; le *président* regardera le curé comme étant le plus intéressé au bien et au succès des affaires de la fabrique de son église ; celui-ci aura toute l'influence que l'on peut espérer....

« BIGOT DE PRÉAMENEU. »

LETTRE *de M. le ministre de l'intérieur à M. le ministre des cultes.*

Paris, le 4 avril 1811.

« Monsieur le comte,

« Le préfet du département de la Sarthe m'a demandé :

« 1° Si le maire d'une commune et le curé ou desservant peuvent être nommés *présidents* et secrétaires du conseil de fabrique de l'église du lieu ;

« 2° Si le maire peut être membre du bureau des marguilliers ;

« 3° Enfin, si le maire entrant au bureau, le curé ou le desservant peuvent en être *président*, secrétaire ou trésorier.

« Aux termes du décret du 30 décembre 1809, le conseil élit son président, choisi parmi ses membres. Le curé et le maire sont, en vertu du décret, membres du conseil, en sus du nombre des notables qu'il a fixé ; ils ont dans le conseil une place distinguée. La première, qui est à droite du *président*, appartient au curé ou desservant ; la seconde, à la gauche, au maire ou à son adjoint.

« Il semble résulter de ces dispositions que l'intention de Sa Majesté n'a pas été

(1) Il faudrait être bien habile pour apercevoir ici de l'analogie. D'ailleurs, pourquoi ne confierait-on pas une des deux clefs, que pourrait avoir le curé, à un des membres du conseil, comme cela se pratiquait autrefois, ainsi qu'on peut le voir, sous le mot FABRIQUE, à la note 1re de la page 28 du tome III.

(2) Si le maire abusait de la présidence, comme cette présidence n'est qu'élective, on pourrait s'abstenir de l'élire de nouveau. Les raisons d'abus qu'on fait valoir ici prouvent seulement qu'on a raison de ne pas nommer le maire *président* de droit

TOM. IV. 11

que le curé ou le maire fussent *président*, et eussent, dans ce cas, voix prépondérante pour l'emploi des fonds et les dépenses de l'église, puisqu'elle leur a assigné
une place particulière à côté du *président*.

« Le bureau des marguilliers se compose de trois membres du conseil et du curé
ou desservant, qui en est membre perpétuel et de droit.

« Le maire est bien de droit membre du conseil, et on peut dire que dès-lors
d'après le troisième paragraphe de l'article 13 du décret, il pourrait être choisi pour
être membre du bureau ; mais je pense que cette disposition de l'article 13 ne s'applique qu'aux marguilliers nommés parmi les notables. Ce qui doit confirmer dans
cette opinion, c'est que le curé qui, comme le maire, est membre né du conseil,
est désigné pour être de droit membre du bureau, tandis que le maire ne l'est pas,
et que les fonctions de maire et de marguilliers sont inconciliables.

« Je ne crois pas non plus que le curé puisse être nommé *président* du bureau,
secrétaire ou trésorier. En effet, la première place à côté du *président* indique qu'il
ne peut point avoir la présidence. D'ailleurs le bureau ne peut être convoqué en
séance extraordinaire que par le *président*, et sur la demande du curé ; dans ce cas,
celui-ci ordonnerait en même temps et exécuterait.

« C'est le curé qui présente, chaque année, au bureau, l'aperçu des dépenses.
Le décret lui donne des attributions différentes de celles du *président* ; par exemple,
il signe et certifie des pièces concurremment avec le *président* ; il a, comme celui-
ci et le trésorier, une des trois clefs de la caisse : s'il était *président* ou trésorier,
il devrait en avoir deux ; les dispositions du décret ne seraient donc pas remplies.

« Avant de répondre au préfet en ce sens, je désire toutefois que Votre Excellence
veuille bien me faire connaître ce qu'elle en pense.

« Que Votre Excellence veuille agréer l'assurance de ma haute considération.

« Le comte DE MONTALIVET. »

LETTRE *de M. le ministre de la justice et des cultes, à M. le préfet de l'Aube.*

Paris, le 13 novembre 1834.

« Monsieur le préfet,

« Des difficultés s'étant élevées dans plusieurs communes de votre département,
relativement à l'élection des maires et des curés ou desservants, comme *présidents*
des conseils de fabriques, vous m'avez demandé de vous faire connaître s'ils peuvent être régulièrement appelés à cette présidence.

« L'article 4 du décret réglementaire du 30 décembre 1809 porte que le maire
sera placé à la gauche, et le curé ou desservant à la droite du *président*.

« Cette disposition suppose que ni l'un ni l'autre ne seront *président*, et l'on a
toujours considéré leur exclusion comme suffisamment énoncée dans l'article.

« Telle a été l'intention du conseil d'Etat, qui a été déterminé par une considération très-puissante, celle d'éviter toute rivalité entre le curé et le maire, et tout
esprit de parti entre les membres du conseil.

« Il résulte d'ailleurs des dispositions de l'article énoncé, que le curé ou desservant peut se faire remplacer par un de ses vicaires, et le maire par l'un de ses adjoints. Mais en supposant le curé ou maire *président* du conseil, quels pourraient être
les droits du remplaçant, relativement à la présidence ? Si elle lui était attribuée,
les fabriciens se verraient imposer un *président* qu'ils n'auraient pas choisi eux-
mêmes, ainsi que le prescrit l'article 9 du règlement ; en la lui refusant, on le pri-

verait d'un droit qui appartient à celui qu'il est appelé à remplacer sans condition ni réserve aucune. La faculté accordée aux maires et aux curés de se faire remplacer dans le conseil de fabrique serait donc incompatible avec leur présidence.

« Les maires sont, en outre, établis, par l'article 5 du décret, membres de droit de chacune des fabriques de leur arrondissement. Or, il y aurait impossibilité à ce qu'un maire présidât simultanément plusieurs fabriques, de même qu'il n'y aurait pas de raison qu'il en présidât une plutôt que l'autre (1).

« C'est d'après ces motifs que les ministres, successivement chargés des cultes ont toujours décidé, à l'occasion des questions de l'espèce qui leur ont été soumises, qu'il y a incompatibilité entre les fonctions de curé et de maire, et celle de *président* du conseil de fabrique.

« La présidence du bureau des marguilliers ne peut non plus être occupée ni par le curé, ni par le maire.

« Les articles 50, 56 et 57 du règlement général, s'y opposent en ce qui concerne les curés ou desservants, puisque ceux-ci sont appelés par lesdits articles à exercer des fonctions simultanées et distinctes avec le *président* du bureau.

« Quant au maire, après avoir pris part, comme *président* du bureau, aux opérations relatives à la gestion des intérêts de la fabrique, il serait tenu, en qualité d'administrateur municipal, de contrôler ces mêmes opérations. Les principes généraux de la loi du 15 octobre 1794, comme la raison commune, ne permettent pas la cumulation de fonctions qui assujettiraient ainsi celui appelé à les remplir à son propre contrôle.

« Les curés et desservants, ainsi que les maires, ne peuvent donc être appelés ni à la présidence des conseils de fabriques, ni à celle du bureau des marguilliers.

« Je vous invite, monsieur le préfet, à veiller à ce qu'il ne se commette pas d'irrégularités à cet égard.

« Je transmets copie de la présente à Mgr l'évêque de Troyes, afin que les instructions que vous aurez lieu de donner l'un et l'autre soient conformes.

« Persil. »

LETTRE *de M. le ministre de la justice et des cultes, à M. le préfet de la Meuse.*

Paris, le 24 décembre 1841.

« Monsieur le préfet,

« M. Lallemant de Fontenoi, propriétaire à Nettancourt, expose, dans la lettre ci-jointe, que la nomination des curés et desservants à la présidence des conseils de fabriques donne lieu à de graves inconvénients dans l'administration des biens et revenus de ces établissements. Il propose de les prévenir en prescrivant l'exécution d'une circulaire du ministre des cultes, du 7 août 1811, suivant laquelle les curés ou desservants seraient exclus de la présidence des conseils de fabriques.

« Cette circulaire n'existe pas ; mais d'après la jurisprudence constante suivie par tous mes prédécesseurs, et que je crois également devoir adopter, il y a incompatibilité entre les fonctions de curé ou desservant, et celles de *président* du conseil de fabrique. En assignant, par l'article 4 du décret du 30 décembre 1809, la place que les curés ou desservants, et les maires, doivent occuper dans les réunions du conseil de fabrique, l'intention du législateur a été de les exclure de la présidence. Cette

(1) Voyez les notes de la page 161. Dans ce cas on nomme un *vice-président*.

doctrine n'est d'ailleurs point nouvelle, puisqu'autrefois le conseil était toujours présidé par le premier marguillier (1).

« Je vous prie, en conséquence, Monsieur le préfet, de vous concerter avec Mgr l'évêque de Verdun, auquel j'envoie copie de la présente, afin de faire cesser les irrégularités qui pourraient exister à ce sujet et d'empêcher qu'elles ne se reproduisent à l'avenir.

« Vous voudrez bien informer M. Lallemant de Fontenoi du renvoi que je vous fais de sa demande.

« MARTIN (DU NORD). »

LETTRE de M. le ministre de la justice et des cultes, à Mgr l'évêque de Périgueux.

Paris, le 24 août 1842.

« Monseigneur,

« Je vous ai demandé, le 10 juin dernier, des renseignements au sujet des renouvellements des conseils de fabrique et bureau des marguilliers de l'église succursale de la Bachellerie. Je vous adressais, en même temps, des observations relativement à la nomination du desservant comme *président* du conseil de fabrique.

« Il résulte des explications que vous m'avez transmises, le 11 de ce mois, que le renouvellement partiel du conseil a été fait par application de l'article 4 de l'ordonnance royale du 12 janvier 1825, et que la réorganisation du bureau a été la conséquence de cette première opération; en sorte que, dans l'un comme dans l'autre cas, les règles sur la matière ont été suivies.

« Quant à la présidence qui a été déférée au desservant, vous me demandez, Monseigneur, en quoi elle serait irrégulière.

« En assignant, par l'article 4 du décret du 30 décembre 1809, la place que les curés et desservants, et les maires, doivent occuper dans les réunions des conseils de fabriques, le législateur fait assez connaître qu'il n'entend pas qu'ils soient appelés à présider ces assemblées. La raison en est qu'ils en sont membres de droit les uns et les autres ; ceux-là, comme y représentant plus particulièrement les intérêts du culte, ceux-ci comme étant les défenseurs naturels des intérêts communaux. Appelés à discuter dès-lors à leur point de vue spécial les affaires en délibération, il était convenable qu'ils n'eussent ni les uns ni les autres la présidence. Aussi mes prédécesseurs au département ministériel des cultes ont-ils toujours décidé qu'il y a incompatibilité entre les fonctions de curé ou de desservant, et celles de *président* d'un conseil de fabrique. Cette doctrine, que j'ai cru devoir adopter, n'est pas nouvelle, d'ailleurs : autrefois, ces conseils étaient présidés, en effet, par le premier marguillier (2).

(1) La doctrine qui veut que le curé préside est encore moins nouvelle, car autrefois, l'administration des fabriques était exclusivement dans les mains du clergé, comme on peut le voir dans notre *Cours de droit canon*, au mot FABRIQUE. Alors nul autre que le curé ne présidait les assemblées. Voyez la note suivante.

(2) Oui, sans doute, mais alors le curé *présidait* assez ordinairement en l'absence de ce premier marguillier. Un arrêt du 26 juillet 1751 porte, à cet égard : « Art. 6. Le « curé aura voix délibérative dans toutes les assemblées, y *présidera* en l'absence « du marguillier d'honneur, recueillera les suffrages, et, après avoir donné son avis « le dernier, arrêtera la délibération. » Voyez la note précédente.

« Je vous prie, en conséquence, Monseigneur, de veiller à ce que les conseils de fabriques de votre diocèse s'abstiennent à l'avenir d'appeler à leur présidence les curés ou desservants, et les maires. »

Le ministre de l'instruction publique est *président* de droit du conseil supérieur de l'instruction publique. (*Voyez* CONSEIL SUPÉRIEUR.)

La voix du *président* du conseil supérieur est prépondérante en cas de partage, si la matière n'est ni contentieuse ni disciplinaire. Si la matière est contentieuse, il en est délibéré de nouveau, et s'il y a encore partage dans la deuxième délibération, il est vidé par la voix prépondérante du *président*. Si, au contraire, la matière est disciplinaire, l'avis favorable à l'inculpé prévaut. Les délibérations du conseil supérieur sont toujours signées par le *président*. (*Art.* 9 et 10 *du règlement du 29 juillet* 1850.) Il en est de même pour les conseils académiques. (*Art.* 23.)

Le recteur est *président* né du conseil académique (*voyez* CONSEIL ACADÉMIQUE) et du jury chargé d'examiner les aspirants au brevet de capacité. (*Voyez* JURY.)

La commission d'examen élit elle-même son *président*. (*Voyez* COMMISSION D'EXAMEN.)

PRESSE.

Les délits de la *presse*, relativement à la religion, sont punis par les lois. (*Voyez* DÉLIT, § IV, JOURNAL.)

PRESSOIR.

Les *pressoirs* et cuves qui existent dans un presbytère doivent être considérés comme étant immeubles par destination, et, par suite, comme appartenant à la commune. Dès-lors, lorsque ces objets sont devenus inutiles, c'est au profit de la commune qu'ils doivent être vendus. Le curé ou desservant ne pourrait d'ailleurs les louer afin d'en retirer un lucre quelconque. Ces solutions ont été consacrées par la décision ministérielle ci-après :

Il existe encore des paroisses dont le curé possède des biens, notamment des vignes, et dont les cuves appartiennent à la cure elle-même ou au curé. Dans ce cas, il est urgent de mentionner dans l'état de lieux du presbytère, quel est le propriétaire de ces cuves. On comprend qu'elles ne pourraient être vendues par la commune, lors-même que celle-ci serait propriétaire du presbytère.

LETTRE *du 9 avril* 1839, *de M. le ministre de la justice et des cultes* (M. Girod de l'Ain), *à Mgr l'évêque de Blois.*

« Monseigneur,

« Vous m'avez fait l'honneur de me demander mon opinion sur les deux questions suivantes, en m'informant, par votre lettre du 12 février 1839, que M. le préfet de Loir-et-Cher n'est point d'accord avec vous sur leur solution.

« 1° Le *pressoir* et la cuve existant au presbytère de Montlivault doivent-ils être considérés comme meubles ou comme immeubles ?

« 2° En cas de vente, qui doit profiter du produit ? Est-ce la fabrique ou la commune de Montlivault ?

« L'article 524 du code civil décide la première question ; il range spécialement au nombre des immeubles par destination les *pressoirs* et les cuves.

« Il est aussi incontestable que ces objets doivent suivre, en cas de vente, le sort du bâtiment qui les renferme.

« Le presbytère de Montlivault est une propriété communale, comme tous les édifices du culte non aliénés en 1792 et restitués, en vertu de la loi du 18 germinal an X ; telle est la doctrine du conseil d'État, exprimée par son avis du 6 pluviôse an XIII, et confirmée par plusieurs avis postérieurs et même par de récents arrêts (1).

« Le *pressoir* et la cuve du presbytère de Montlivault sont donc aussi des propriétés communales ; le produit de leur vente devra, par conséquent, appartenir à la commune.

« Vous m'annoncez, Monseigneur, que la vente, dans ce cas, serait préjudiciable aux intérêts du desservant, qui retire un certain profit du *pressoir* et de la cuve, en les louant pendant le temps des vendanges. Cette considération personnelle ne peut être un obstacle à cette aliénation ; car la loi assure aux desservants un presbytère, non pour en louer une partie ou en recueillir un lucre quelconque, mais pour leur procurer un logement convenable.

« Tels sont, Monseigneur, les motifs qui me déterminent à penser que le *pressoir* et la cuve du presbytère de Montlivault, devenus inutiles au desservant, doivent être vendus au nom de la commune. Il y aura d'autant moins d'inconvénients, d'ailleurs, dans l'application de ce principe, que le produit de cette vente doit être appliqué aux réparations du presbytère même.

« Je transmets copie de la présente à M. le préfet. »

PRESTATION.

Par *prestation*, on entend le travail pendant un temps déterminé, soit des personnes, soit des animaux, soit des charrettes ou voitures. La *prestation* en nature a la plus grande ressemblance avec l'ancien impôt de la corvée, contre lequel on a tant déclamé.

L'article 3 de la loi du 21 mai 1836, porte : « Tout habitant, chef de famille ou d'établissement porté au rôle des contributions directes, pourra être appelé à fournir, chaque année, une *prestation* de trois jours : 1° pour sa personne et pour chaque individu mâle, valide, âgé de dix-huit ans au moins, et de soixante ans au plus, membre ou serviteur de la famille et résidant dans la commune ; 2° pour chacune des charrettes ou voitures attelées, et, en outre, pour chacune des bêtes de somme, de trait, de selle, au service de la famille ou de l'établissement dans la commune.

« La *prestation* pourra être acquittée en nature ou en argent,

(1) Cette doctrine est, selon nous, très-contestable. *Voyez* PRESBYTÈRE.

au gré du contribuable. Toutes les fois qu'il n'aura pas opté dans les délais prescrits, la *prestation* sera de droit exigible en argent. »

Le *Journal des conseils de fabriques* a démontré d'une manière qui paraissait péremptoire, que les ecclésiastiques n'étaient pas tenus aux *prestations* des chemins vicinaux. Il semble effectivement qu'il y a quelque chose d'inconvenant et d'incompatible avec les fonctions ecclésiastiques, d'obliger un prêtre à faire des corvées. Il semble qu'il devait en être exempt, comme il est exempt de faire partie de la garde nationale. (*Voyez* GARDE NATIONALE.) Cependant, comme cette *prestation* en nature est facultative et qu'on peut s'en libérer en argent, on peut la considérer comme un impôt qui n'a rien de mortifiant pour le caractère sacerdotal.

Si la question de savoir si le prêtre pouvait être astreint à cette *prestation* a été longtemps en litige, elle semble être aujourd'hui entièrement résolue par deux arrêts du conseil d'Etat, l'un du 1er juillet 1840, l'autre du 30 décembre 1841. De plus, le rejet d'une pétition par la Chambre des députés, dans la séance du 25 février 1843, place cette question hors de doute, et lui donne le caractère de chose jugée.

Ainsi, les ecclésiastiques sont tenus, comme tous les autres habitants, conformément à l'article 3 de la loi du 21 mai 1836, à acquitter les *prestations* pour la confection ou l'entretien des chemins vicinaux. Cependant, une lettre ministérielle, qui a suivi la promulgation de la loi, déclare que, quoiqu'elle n'affranchisse pas les ecclésiastiques de la corvée, il ne serait pas contraire à son esprit de les comprendre dans les exemptions accordées par les conseils municipaux. Aussi, c'est ce qui se pratique dans toutes les communes où les conseillers municipaux savent comprendre la dignité du prêtre. Nous devons faire remarquer que la plupart des percepteurs, s'efforcent, par intérêt, de faire inscrire le curé sur l'état matrice des contribuables pour la *prestation*. C'est une illégalité ; car les percepteurs n'ont pas même le droit de délibérer avec le conseil sur cette question. Voici du reste, le texte de la décision ministérielle :

DÉCISION *de M. le ministre de l'intérieur, du 15 février 1837, en vertu de laquelle les ecclésiastiques peuvent être affranchis des prestations pour les chemins vicinaux.*

« La loi du 21 mai 1836 n'a établi pour l'assiette de la *prestation* en nature, d'autres exceptions que celles résultant de l'âge ou de l'invalidité.

« Quels que soient les motifs de convenance qui peuvent faire désirer que les ecclésiastiques soient dispensés de cet impôt, cette exception ne peut évidemment pas être réclamée comme un droit.

« Toutefois, partout où les commissions de répartition jugeront convenable d'affranchir les ecclésiastiques de la *prestation* en nature, l'administration supérieure n'aura, ce semble, aucun motif pour s'opposer à cette dispense. »

PRÊT.

Les fabriques ne peuvent prêter leurs fonds. La législation prescrit le remploi de leurs capitaux, ou en rentes sur l'Etat ou constituts. (*Voyez* CONSTITUTS, REMPLOI DE CAPITAUX.)

PRÊTRES HABITUÉS.

On appelle *prêtres habitués* ceux qui, non-seulement disent la messe dans une paroisse, mais qui sont autorisés à y administrer les sacrements, à y prêcher, et à aider ainsi le curé ou desservant. Dans ce sens un *prêtre habitué* est un véritable vicaire.

L'article 30 du décret du 30 décembre 1809, porte que le curé ou desservant agrée les *prêtres habitués* et leur assigne leurs fonctions. Mais l'article 38 ajoute : « Le nombre de *prêtres* et de vicaires habitués à chaque église sera fixé par l'évêque, après que les marguilliers en auront délibéré, et que le conseil municipal de la commune aura donné son avis. » (*Voyez* VICAIRE.)

Ainsi, lorsque les *prêtres habitués* reçoivent un salaire, ils doivent être placés dans les paroisses sur la demande des conseils municipaux et des conseils de fabriques avec l'autorisation de l'évêque. Mais lorsqu'ils ne sont pas salariés, il suffit qu'ils soient agréés par les curés.

A défaut de vicaires, les *prêtres habitués* doivent être, par les fabriques, chargés de l'acquit des fondations, aux termes de l'article 31 du décret de 1809.

Les *prêtres* chantres ou sacristains sont également désignés par le curé ou desservant. (*Art.* 30 *du décret de* 1809.)

Lorsqu'un *prêtre* est autorisé à dire la messe dans une église, pour les habitants de la paroisse, la fabrique doit lui fournir les objets de consommation nécessaire pour le saint sacrifice. On ne comprendrait pas que la fabrique, qui retire un avantage de cette messe, par la location de ses chaises et par l'augmentation de ses revenus, pût lui refuser ces objets, surtout si ce *prêtre habitué*, sur la demande du curé, dit sa messe le dimanche à une heure déterminée dans l'intérêt des fidèles.

Mais si l'autorisation du *prêtre habitué* ne provenait pas de l'évêque, et qu'il dit sa messe dans l'église de la paroisse, seulement parce qu'il y habite, et que sa messe ne fût d'aucune utilité pour la paroisse, la fabrique pourrait *légalement* se dispenser de faire lesdites fournitures. En cas de contestation entre le curé et la fabrique sur l'utilité de la messe, il y aurait lieu d'en référer à l'évêque qui déciderait.

Il en était déjà de même sous l'ancienne législation. Les *prêtres* qui ne sont point attachés à la paroisse, dit Boyer (1), et à laquelle ils ne rendent aucun service, n'ont pas droit à réclamer l'usage des vases sacrés et des ornements.

Mais si la fabrique peut refuser *légalement* à un *prêtre* qui habite sur la paroisse, les fournitures dont il s'agit, les convenances et l'usage en décident tout autrement. Partout les fabriques se font un devoir d'accorder sans difficulté ces fournitures aux *prêtres* qui ont fixé leur résidence sur la paroisse. En général leur messe y est de quelque utilité.

Une ordonnance du 25 août 1819, avait ordonné de mettre chaque année, à la disposition des archevêques et évêques, une somme destinée à être allouée en indemnité à des *prêtres* habitués ou auxiliaires; mais cette ordonnance a été rapportée par une ordonnance du 13 octobre 1830, ainsi conçue :

« ART. 1er. Les dispositions de l'ordonnance royale du 25 août 1819, relatives aux *prêtres auxiliaires*, sont rapportées. »

« En conséquence, la somme de cent soixante et dix mille francs, annuellement portée au budget et destinée à payer des indemnités auxdits *prêtres*, cessera de faire partie des dépenses de l'Etat à dater du 1er janvier 1831. »

Les *prêtres* infirmes ont droit au sixième du produit des bancs. (*Voyez* BANCS, § XIII.)

Le *prêtre* ne peut ni se marier, ni adopter. (*Voyez* MARIAGE DES PRÊTRES, ADOPTION.)

PRIE-DIEU.

Nous avons dit, sous le mot CHAISE, que la fabrique qui a des chaises pour les besoins des fidèles, a le droit de s'opposer à l'introduction de chaises étrangères dans l'église ; et que, dans tous les cas, ces chaises apportées avec ou sans l'autorisation de ladite fabrique donnent lieu à la perception ordinaire comme les chaises de l'église, de la part des personnes qui les occupent. Ce que nous avons dit des chaises, s'applique bien entendu, et même à plus forte raison, aux *prie-dieu* qui tiennent quelquefois plus de place que les chaises elles-mêmes.

D'ailleurs, quand la fabrique autorise l'introduction de ces *prie-dieu* dans l'église, elle peut se dispenser de fournir une chaise aux personnes qui les possèdent. Mais si ces personnes veulent ajouter à la commodité de leur *prie-dieu* celle d'une chaise pour s'asseoir, elles le peuvent en payant pour ces sièges la rétribution fixée pour chaque office à moins que le curé et la fabrique, jugent ces arrangements gênants pour l'exiguité de l'église et la convenance des cérémonies du culte.

(1) *Traité de l'administration des paroisses*, tome Ier, page 471.

PRIÈRES PUBLIQUES.

On entend par *prières publiques* celles qui se font pour un objet d'intérêt public et général. Ces *prières* se font soit dans l'intérieur des temples, soit à l'extérieur, pour l'empereur ou pour d'autres objets importants; par exemple, afin d'implorer la miséricorde divine dans les temps calamiteux, d'expier un événement funeste, ou de rendre grâce à Dieu à l'occasion d'un bienfait de sa providence, le remercier des victoires remportées sur les ennemis, etc. Quand les *prières publiques* intéressent toute la nation, elles se font dans toute la France; si au contraire elles n'intéressent qu'une communauté d'habitants, elles sont restreintes à un seul diocèse, ou même à une seule paroisse.

On peut distinguer entre les *prières publiques*, les *prières* ordinaires ou celles qui doivent se faire d'une manière permanente, et les *prières* extraordinaires, qui se font pour des objets accidentels et passagers, et sur des ordres spéciaux, et renouvelés pour chaque cérémonie.

§ I. PRIÈRES *ordinaires.*

Des *prières publiques* ordinaires sont ordonnées pour la prospérité de la France et pour le chef du gouvernement. L'article 8 du concordat porte. « La formule de *prière* suivante sera récitée à la fin de l'office divin, dans toutes les églises catholiques de France : *Domine, salvam fac rempublicam; Domine, salvos fac consules.* » Et l'article organique 51 ajoute : « Les curés, aux prônes des messes paroissiales, prieront et feront prier pour la prospérité de la république française et pour les consuls. »

Depuis longtemps, on est dans l'usage de ne chanter que le *Domine, salvum fac imperatorem;* il semble, dit M. Vuillefroy, qu'on aurait également dû continuer à chanter le *Domine, salvam fac rempublicam,* en remplaçant ce dernier mot par *Galliam* ou *regnum,* comme on a remplacé le mot *consules* du second verset par celui de *regem* ou *imperatorem.*

« Le *Domine salvum,* selon une décision ministérielle du 14 janvier 1813, doit être chanté non-seulement à la fin de vêpres, mais encore à la messe, immédiatement après la communion. La messe est d'obligation le dimanche et les jours de fête pour tous les fidèles. Il n'en est pas de même des vêpres, aussi le nombre de ceux qui n'y assistent point est très-considérable. Si donc on se bornait à chanter le *Domine salvum* aux vêpres, bien peu de fidèles pourrait y assister. »

D'après la circulaire suivante, le nom du chef de l'Etat régnant doit être ajouté au chant du verset.

CIRCULAIRE *du ministre de l'instruction publique et des cultes aux évêques.*

Paris, le 23 février 1831.

« Monseigneur,

« Dans la célébration de l'office divin, la formule de la *prière* pour le roi n'est pas la même partout.

« L'omission des noms *Ludovicum-Philippum*, alors même qu'elle semblerait autorisée par un usage antérieur, d'après lequel les noms du souverain n'étaient pas prononcés, a donné lieu, dans les circonstances actuelles, à des réclamations qui, trop souvent mal accueillies par les curés et desservants, ont été suivies d'interprétations fâcheuses sur les sentiments du clergé pour le roi des Français et les institutions du pays; il en résulte même des contestations très-vives et des troubles dans certaines localités.

« Le seul moyen de remédier à ces inconvénients est d'établir l'uniformité dans la formule de cette *prière*, qui comprendrait partout, à l'avenir, le nom du roi régnant. Cette innovation, si c'en est une pour quelques diocèses, aura l'effet de satisfaire le vœu unanime des populations, de contribuer au maintien de la tranquillité publique et de dissiper les préventions qui pourraient rendre la position du clergé moins favorable.

« En conséquence, si l'usage d'ajouter les noms du roi, non pas à l'oraison qui se dit après le verset *Domine*, etc., toute recommandation à cet égard étant inutile, mais au chant du verset même, ne se pratique pas déjà dans votre diocèse, je vous invite, Monseigneur, à donner immédiatement des ordres pour que cet usage y soit uniformément adopté.

« BARTHE. »

Cette circulaire, qui fut très-sévèrement jugée lorsqu'elle fut adressée aux évêques, était singulièrement impolitique alors et fort maladroite; elle n'eut d'autre effet que de dessiner davantage les partis politiques, et de susciter des tracasseries au clergé. Il est bien inutile d'ajouter au *Domine salvum*, que les fidèles seuls chantent, les noms du roi régnant, puisque le prêtre, dans l'oraison qui termine cette *prière*, prononce toujours ces noms. Quoi qu'il en soit, voici ce que dit de cette circulaire Mgr l'évêque de Langres (1). « Une circulaire du 23 février 1831 enjoignit aux évêques de faire ajouter le nom du roi régnant au chant du verset *Domine, salvum fac regem.* Les évêques s'y conformèrent, parce que sans doute ils crurent que la prudence l'exigeait; mais ils savent très-bien que l'Etat n'a pas le droit de régler les paroles liturgiques : il ne le peut pas même par une loi qu'auraient votée les trois pouvoirs, il le peut bien moins encore par une ordonnance royale, et bien moins surtout par une circulaire du ministre. Le roi peut demander des *prières publiques*, mais il ne peut pas lui-même en déterminer la forme : ce droit est exclusivement du domaine de la religion. »

(1) *Des empiétements*, page 40.

Le gouvernement provisoire de la République a publié sur ce même sujet le décret suivant :

« Le gouvernement provisoire, fermement résolu à maintenir le libre exercice de tous les cultes, et voulant associer la consécration du sentiment religieux au grand acte de la liberté reconquise, invite les ministres de tous les cultes qui existent sur le territoire de la République à appeler la bénédiction divine sur l'œuvre du peuple, à invoquer à la fois sur lui l'esprit de fermeté et de règle qui fonde les institutions.

« En conséquence, le gouvernement provisoire engage M. l'archevêque de Paris et tous les évêques de la République à substituer à l'ancienne formule de prière les mots : *Domine, salvam fac Rempublicam.*

« Le ministre de l'instruction publique et des cultes est chargé de l'exécution du présent décret.

« Paris, le 29 février 1848. »

Les évêques, pour se conformer à cette invitation, ont presque partout prescrit la formule suivante : *Domine, salvum fac populum,* avec l'oraison *Deus, à quo sancta desideria,* etc., et le verset *salvum fac populum tuum, Domine, et benedic hæreditati tuæ ;* mais, après avoir reçu la circulaire suivante, la plupart des évêques ont prescrit de nouveau la formule : *Domine salvam fac Rempublicam.*

CIRCULAIRE *de M. le ministre de l'instruction publique et des cultes, à MM. les archevêques et évêques, relative à la formule de prière pour la République.*

Paris, le 11 mars 1848.

« Monsieur l'évêque,

« Le *Moniteur officiel de la République,* du 29 février dernier, a porté à votre connaissance le décret par lequel le gouvernement provisoire, fermement résolu à maintenir le libre exercice de tous les cultes, et voulant associer la consécration du sentiment religieux au grand acte de la liberté reconquise, invite les ministres de tous les cultes qui existent sur le territoire de la République à appeler la bénédiction divine sur l'œuvre du peuple, à invoquer à la fois sur lui l'esprit de fermeté et de règle qui fonde les institutions.

« Spécialement, le décret invite M. l'archevêque de Paris et MM. les archevêques et évêques de la République à substituer à l'ancienne formule de la prière les mots *Domine, salvam fac Rempublicam.*

« Je vous remets ci-joint une expédition officielle de ce décret.

« Déjà, sans doute, Monsieur l'évêque, vous étiez allé au-devant de ce désir, et, comme le clergé de Paris, vous aviez pris l'initiative de *prières* publiques pour la consolidation de l'œuvre du peuple. Cependant, comme il importe d'établir une complète uniformité dans les *prières* de tous les diocèses, j'ai cru devoir appeler votre attention sur la nécessité de suivre la formule indiquée par le décret du gouvernement provisoire, et qui se trouve également prescrite par l'article 8 de la loi du 18 germinal an X.

« Si vous n'aviez pas encore donné d'instruction en ce sens, je vous prierais de ne pas tarder davantage à le faire....

« CARNOT. »

Depuis le rétablissement de l'empire, on chante dans toutes les paroisses de France, à la messe, après la communion, et, en général, aux saluts du Saint-Sacrement, le *Domine salvum fac imperatorem nostrum Napoleonem* et l'oraison pour l'Empereur.

Puis, sur la demande du gouvernement, les évêques, après en avoir obtenu l'autorisation du Saint-Siége, ont prescrit, dans la plupart des églises, d'ajouter au canon de la messe, le nom de l'empereur à celui du pape et de l'évêque diocésain.

§ II. Prières *extraordinaires*.

« C'est aux évêques seuls qu'appartient l'initiative pour ordonner, dans leur diocèse, des *prières publiques*. Un maire ou un autre fonctionnaire ecclésiastique n'a pas le droit d'en ordonner. Les ecclésiastiques inférieurs ne doivent recevoir d'ordres, à cet égard, que de leurs supérieurs naturels. » (*Décision ministérielle du* 24 *fructidor an* X.) Les fabriques, par conséquent, n'ont aucun droit de s'immiscer dans l'établissement des *prières publiques*.

« Aucun curé ne peut ordonner des *prières publiques* extraordinaires dans sa paroisse, sans la permission spéciale de l'évêque. » (*Loi du* 18 *germinal, an* X, *art*. 40.)

Le gouvernement demande quelquefois des *prières publiques* extraordinaires, quand il le juge convenable, par exemple, un *Te Deum*; il en est de même de la fête de l'empereur, des fêtes du gouvernement, car, bien que ces *prières* soient renouvelées, chaque année, à des époques fixes, elles rentrent dans les *prières publiques* extraordinaires, parce qu'aucune loi ne les ordonne d'une manière permanente, et qu'elles ne se font, chaque année, que sur la demande spéciale du gouvernement.

Il était de règle autrefois que ces *prières* fussent ordonnées par mandement des évêques sur l'avis qui leur était transmis par lettre du roi, et que les autorités civiles et militaires y assistassent. (*Déclarations de* 1657, *art*. 14, *et de* 1666.)

Aujourd'hui elles sont encore prescrites par le gouvernement, dont les ordres sont adressés directement aux évêques, qui doivent se concerter avec le préfet et le commandant militaire du lieu, pour le jour, l'heure et le mode d'exécution de ces ordonnances. (*Loi du* 18 *germinal, an* X, *art*. 49.)

« A l'appui de cet article, dit Portalis, nous n'avons besoin que de citer l'article 46 de l'édit de 1695, dont voici la disposition : »

« Lorsque nous aurons ordonné de rendre grâces à Dieu ou de faire « des *prières* pour quelque occasion, sans en marquer le jour et « l'heure, les archevêques et évêques les donneront, si ce n'est que « nos lieutenants généraux et gouverneurs se trouvent dans les villes « où la cérémonie devra être faite, ou qu'il n'y ait aucune de nos

« cours de parlement, chambre de nos comptes et cour des aides
« qui y soient établies, auquel cas, ils en conviendront ensemble,
« s'accommodant réciproquement à la commodité les uns des autres,
« et particulièrement à ce que lesdits prélats estimeront le plus
« convenable au service divin. » On voit, par ce texte : 1° que le
gouvernement a toujours été en possession d'ordonner des *prières
publiques* dans certaines occasions ; 2° que les évêques et les autorités locales doivent se concerter pour le jour et l'heure, de manière
qu'ils s'accommodent à la commodité les uns des autres ; 3° que dans
la fixation de l'heure et du jour, cependant, la convenance du service
divin doit prévaloir sur toute autre convenance, et que les évêques,
après s'être concertés, demeurent toujours seuls les vrais arbitres
de ce qui est convenable. » (*Rapport sur les articles organiques.—
Lettre du ministre des cultes au ministre de l'intérieur, du 19 messidor, an XII.*)

« Il serait plus conforme, dit avec infiniment de raison monseigneur Affre, à l'esprit de notre droit public, où l'Eglise et l'Etat sont
plus séparés qu'ils ne l'aient jamais été, que l'évêque eût seul le
droit de fixer l'heure des cérémonies religieuses, sauf à user de tous
les procédés que conseille le désir de conserver la bonne harmonie
entre les deux autorités. »

Quoi qu'il en soit, les évêques règlent, dans un mandement ou une
circulaire, le jour, l'heure et le mode d'exécution des *prières publiques* demandées, et l'adressent à leurs curés : ceux-ci donnent ensuite à l'autorité administrative locale communication du mandement, et s'entendent avec elle pour les dispositions à prendre relativement à l'assistance des autorités. (*Décision ministérielle du 3
avril* 1807.)

Le jour et l'heure de la cérémonie une fois arrêtés et consignés
dans le mandement de l'évêque, les maires ne peuvent exiger autre
chose, si ce n'est que les curés leur donnent communication du
mandement, afin qu'ils sachent le jour et l'heure qu'a fixés l'évêque.
(*Décision ministérielle du* 21 *février* 1809.) Si le mandement de
l'évêque ne fixait pas le jour et l'heure, le curé devrait s'entendre
avec l'autorité administrative pour les fixer. (*Décision ministérielle
du* 3 *avril* 1807.)

Lorsque des *prières publiques* ont été demandées par le gouvernement, les autorités doivent y être invitées et y assister. (*Décret du*
24 *messidor an XIII.*) Il doit leur être réservé, dans les cathédrales
et paroisses, une place distinguée. (*Voyez* PLACE DISTINGUÉE, AUTO-
RITÉS, CÉRÉMONIES, PRÉSÉANCE.)

On comprend aussi sous la dénomination de *prières publiques*, dit
Carré, celles qui se feraient dans une paroisse pour une cause pri-
vative à son territoire ; par exemple, pour la fête du saint patron ou

toutes autres qui auraient été consacrées par un long usage. Sur ce point, il n'a besoin d'aucune autorisation particulière, l'article 40 de la loi du 8 avril 1802 (18 germinal an X) ne prescrivant celles de l'évêque que pour les *prières publiques* extraordinaires. (*Voyez* PROCESSION.)

Il existait certaines *prières publiques* prescrites à perpétuité, qui honoraient la France, comme celles du jour de l'Assomption (15 août), en commémoration du vœu de Louis XIII, et les services solennels du 21 janvier et 16 octobre, ordonnés *en expiation du crime commis à pareils jours de la fatale année* 1793. (*Loi du* 19 *janvier* 1815.) Ces dernières *prières* ont été supprimées depuis 1830. Mais celles du 15 août ont été rétablies à cause de la fête de l'empereur qui tombe le même jour.

§ III. PRIÈRES *nominales.*

On appelait autrefois *prières nominales* celles qui se faisaient au prône de la messe paroissiale, pour des personnes que l'on recommandait par expression de leur nom et de leur qualité. L'usage de ces *prières* remontait à une haute origine.

Les *prières nominales,* suivant le droit commun du royaume, étaient au nombre des honneurs qui étaient déférés aux patrons fondateurs et aux seigneurs hauts-justiciers. Un règlement, du 13 août 1749, défendait à toutes personnes, de quelque qualité et condition qu'elles fussent, de s'y faire employer, sous prétexte de legs pieux, dons ou présents qu'elles auraient faits pour les obtenir; et ce règlement enjoignait en même temps aux curés et aux vicaires de se borner à exprimer dans les *prières*, mais sans nommer le donateur, les présents, dons ou causes quelconques, à raison desquels elles seraient dites.

Il serait difficile, dit Carré, d'assigner un motif raisonnable d'interdire des *prières nominales* pour un bienfaiteur de l'église. Aucune disposition nouvelle ne contient de défense à cet égard, et cela suffit : car il est de principe que les prohibitions ne se suppléent point.

Au reste, il est des *prières nominales* formellement prescrites par les saints canons et par les lois civiles; ce sont celles qui se font pour le pape, pour l'évêque diocésain, pour l'empereur et pour la prospérité de l'empire. (*Voyez* ci-dessus, § I.)

Il est aussi en usage, dans beaucoup de paroisses, de faire des *prières nominales* très-utiles et très-conformes à la charité chrétienne, ce sont celles qui sont faites par le pasteur et par tous les fidèles, sur la demande d'un malade, ou pour des fidèles défunts, sur la demande des parents.

PRISE DE POSSESSION.
(*Voyez* CURÉ, § III.)

PRISON.

Les aumôniers des *prisons* ne sont pas tenus de prêter serment. (Voyez sous le mot SERMENT, § IV, la circulaire du 30 juin 1852.)

Nous croyons devoir rapporter la circulaire suivante sur le choix des aumôniers des maisons centrales de force et de correction. (*Voyez* AUMÔNIER, § V.)

CIRCULAIRE *du 23 décembre 1852, de M. le ministre de l'instruction publique et des cultes, à MMgrs les archevêques et évêques relative au choix des aumôniers des maisons centrales de force et de correction.*

« Monseigneur,

« La sollicitude de Sa Majesté impériale, qui s'étend sur toutes les classes de la société, est vivement préoccupée des moyens de moraliser les prisonniers. Depuis longtemps, l'expérience a démontré que le plus efficace de tous est de ranimer les sentiments religieux dans les âmes des détenus et d'y faire pénétrer les principes et les consolations du christianisme. C'est particulièrement aux aumôniers des maisons centrales de force et de correction qu'est réservée cette mission, à la fois si utile et si difficile ; mais, pour la remplir avec succès, un dévouement inaltérable, une profonde connaissance des hommes, une parole persuasive et capable d'émouvoir des esprits endurcis par l'habitude du vice, un caractère en même temps ferme et bienveillant, sont nécessaires ;

« M. le ministre de l'intérieur vient de m'informer que tous les aumôniers des maisons centrales sont loin de réunir ces qualités ; que quelques-uns même manquent des lumières et de l'aptitude indispensable pour exercer avec fruit leurs fonctions. Justement convaincu que ces aumôniers sont appelés à rendre les plus grands services à la société, mon collègue ne voudrait confier dorénavant ces fonctions qu'à des ecclésiastiques distingués, qui sauraient se renfermer dans les attributions de leur saint ministère.

« Actuellement, ajoute M. le ministre de l'intérieur, le traitement des aumôniers « est de 1,200 fr., 1,500 fr. et 1,800 fr.; ils ont, en outre, le logement, le chauffage « et l'éclairage. Si cette rémunération ne suffisait pas pour engager les sujets d'élite « à entrer dans cette carrière, veuillez me le faire connaître; j'attacherai, s'il le faut, « aux emplois d'aumôniers un traitement plus élevé, et, quant il y aura lieu, le « gouvernement pourra récompenser leur zèle et leur capacité par des distinctions « honorifiques. »

« Ces observations, Monseigneur, ne seront pas inutilement signalées à votre attention. Vous en apprécierez l'élévation et la justesse ; vous vous associerez, je n'en doute pas, au projet de fortifier le personnel des aumôniers des maisons centrales de force et de correction, en présentant pour ces fonctions les plus méritants de votre clergé.

« Si vous aviez quelques communications à me faire sur cet important sujet, je vous serais obligé de me les adresser le plus tôt possible.

« Agréez, Monseigneur, l'assurance de ma haute considération.

« Le ministre, etc. »

PRIVILÉGES DU CLERGÉ.

Le clergé jouissait autrefois de divers *priviléges* qui lui avaient été accordés par les lois, mais des lois subséquentes les lui ont retirés, de sorte qu'il est à peu près rendu aujourd'hui au droit commun. Cependant il a encore quelques *priviléges* qu'il n'était guère possible de lui refuser. Ainsi il est exempt du service militaire (*voyez* SERVICE MILITAIRE); il est dispensé du service de la garde nationale (*voyez* GARDE NATIONALE); il jouit de la franchise des lettres pour la correspondance des affaires ecclésiastiques. (*Voyez* FRANCHISE.) Il est exempt de la tutelle et de la curatelle. (*Voyez* TUTELLE.)

Les *priviléges* du curé, comme membre du conseil consistent, 1° à occuper la première place après le président dans les assemblées (*voyez* PRÉSIDENT): 2° à s'y faire remplacer par son vicaire; 3° à y avoir voix délibérative. Dans le bureau, il jouit du privilége suivant: il est membre de droit du bureau; il y occupe la première place après le président; il peut s'y faire remplacer par un de ses vicaires; il y a voix délibérative; il propose les dépenses nécessaires pour l'entretien du service divin; il prévient le bureau des réparations nécessaires à l'église, afin que celui-ci prenne les moyens de droit pour y pourvoir, etc.

PROCÈS.

Les marguilliers ne peuvent entreprendre aucun *procès*, ni y défendre, sans une autorisation du conseil de préfecture : la délibération prise à ce sujet par le conseil et le bureau réunis, lui est en conséquence adressée, sur l'avis du conseil municipal. (*Décret du 30 décembre 1809, art. 77.— Loi du 18 juillet 1837, art. 21, § 5.*)

La fabrique a donc besoin de l'autorisation du conseil de préfecture pour pouvoir plaider. (*Voyez* AUTORISATION, § I.) La demande d'autorisation doit être formée par un Mémoire signé du trésorier et appuyé de toutes les pièces justificatives; on y joint la délibération du conseil de fabrique et l'avis du conseil municipal.

Mais on n'a pas besoin d'autorisation pour se pourvoir au conseil d'Etat, soit contre les arrêtés du conseil de préfecture et les décisions ministérielles, soit même contre les ordonnances royales ou décrets qui porteraient préjudice aux fabriques. L'autorisation de plaider n'est exigible que pour les actions qui doivent être portées devant les tribunaux judiciaires.

L'autorisation n'est pas non plus nécessaire si les marguilliers s'engagent personnellement aux frais du *procès*, parce que la fabrique n'aurait que des chances de gain, sans aucuns risques et périls qui seraient à la charge des demandeurs. Il en serait de même si l'un des fabriciens, le curé, par exemple, prenait seul la responsabilité du *procès*.

La décision du conseil de préfecture, touchant l'autorisation ou le refus, doit être rendue dans le délai de deux mois, à partir de la date du récépissé du Mémoire. Les refus d'autorisation de plaider doivent être motivés par le conseil de préfecture. Si malgré le refus d'autoriser le *procès*, la fabrique persiste à croire sa demande légitime et suffisamment importante, elle doit, dans les trois mois de l'avis du préfet, transmettre au ministre des cultes les pièces avec un nouveau Mémoire adressé à l'empereur en son conseil d'Etat *(art.* 50 *de la loi du* 18 *juillet* 1837); et si l'affaire est très-grave, constituer, pour la suivre, un avocat à la Cour de cassation. Cependant, on reçoit sans ministère d'avocat, et même sans timbre au conseil d'Etat, les demandes formées par les établissements publics contre les arrêtés des conseils de préfecture qui refusent l'autorisation.

Il doit être statué sur le pourvoi de la fabrique dans le délai de deux mois, à partir du jour de son enregistrement au secrétariat général du conseil d'Etat. (*Loi du* 18 *juillet* 1837, *art.* 53.)

Une fois que l'autorisation de plaider a été obtenue, l'affaire suit son cours comme entre deux particuliers.

C'est à la fabrique et non au trésorier qu'il appartient de prononcer s'il convient d'entreprendre un *procès* ou de s'en abstenir ; le décret de 1809 dispose formellement que le conseil et le bureau réunis doivent délibérer avant de plaider. Néanmoins, tous les *procès* sont soutenus, et toutes les démarches qu'ils rendent nécessaires sont faites à la diligence du trésorier ; c'est lui seul qui représente la fabrique et agit en son nom pendant tout le cours de l'affaire.

Si une fabrique perd son *procès* en première instance, elle a besoin, pour en appeler, d'obtenir une seconde autorisation. Il ne lui en faut pas quand elle a triomphé et que la partie adverse interjette appel. (*Arrêts de la Cour de cassation des* 2 *mars* 1815 *et* 28 *janvier* 1824.)

PROCÈS-VERBAUX.
(*Voyez* MODÈLE.)

PROCESSION.

Parmi les *processions*, il en est qui sont fondées sur un usage général de l'Eglise ; telles sont celles du Saint-Sacrement et des Rogations, d'autres ont pour fondement l'usage de tout un royaume, telle est celle de l'Assomption ; enfin, il en est qui sont particulières à chaque paroisse ; ces dernières doivent être approuvées par l'évêque, soit en confirmant un ancien usage, soit par une concession expresse émanée de lui.

C'est à l'évêque qu'appartient le droit de régler l'ordre des *processions*. La paroisse cathédrale est toujours la première ; la plus ancienne doit avoir ensuite le pas sur les plus nouvelles, sans avoir égard à l'institution ou à l'âge des curés. En cas d'égalité de rang d'inscription, la première inscrite sur le tableau de la circonscription générale, approuvée en 1808, a le pas sur celles inscrites après. (*Décision ministérielle du 8 septembre* 1826.)

D'après le décret du 13 juillet 1804, rapporté sous le mot PRÉ-SÉANCE, le jour de la *procession* du Saint-Sacrement, les troupes doivent être mises en bataille sur la place où la *procession* doit passer.

On a demandé à qui appartient la préséance dans une *procession* entre les magistrats municipaux et les fabriciens.

Le décret du 24 messidor an XII a exclusivement pour objet de régler les préséances entre les diverses autorités, et de déterminer les honneurs à rendre à chacune d'elles. Des dispositions analogues se trouvent dans plusieurs autres lois. Ces dispositions doivent être suivies dans tous les cas sur lesquels elles ont statué ; mais, pour les cas qu'elles n'ont pas prévus, on ne saurait suppléer à leur silence, si ce n'est par l'application des principes généraux qu'elles ont reconnus et consacrés elles-mêmes.

Ni le décret du 24 messidor an XII ni aucune disposition législative ou réglementaire, dit le *Nouveau journal des conseils de fabriques*, ne résolvent la question de savoir quel est l'ordre de préséance, dans les *processions*, entre les magistrats municipaux et les membres du conseil de fabrique, et qui, des uns ou des autres, doit y avoir le pas. C'est donc d'après les principes généraux que cette question doit être résolue. Or, ces principes veulent que, dans les cérémonies qui tiennent au culte, les fonctionnaires de l'église aient la préséance sur les fonctionnaires civils ou d'un ordre extérieur. Les premiers, en effet, sont pour ainsi dire chez eux, dans l'exercice de leurs fonctions, tandis que les autres ne sont que des invités. A ce titre, les fabriciens doivent donc, dans les *processions*, avoir la préséance et le pas sur les conseillers municipaux, et même sur le maire et l'adjoint.

Il est, toutefois, à remarquer que s'il s'agissait, non de la municipalité en corps et du maire se présentant comme tel, mais du maire en sa qualité de membre du conseil de fabrique, la solution devrait être différente. Dans ce cas, le maire marchant avec le conseil de fabrique, il y aurait lieu d'appliquer le paragraphe 2 de l'article 4 du décret du 30 décembre 1809, d'après lequel le maire se place, dans les réunions du conseil de fabrique, immédiatement après le curé, qui occupe lui-même la première place après le président.

Un maire ou tout autre dépositaire de l'autorité publique ne peut porter un arrêté pour s'opposer à une *procession* extérieure, hors le cas prévu par l'article 45 de la loi du 18 germinal an X. (*Arrêt de la Cour de cassation, du 25 septembre* 1835.)

Cependant le conseil d'Etat prit une décision différente le 1er mars 1842. Le 12 juin 1841, le maire de la ville de Dijon avait pris un arrêté pour interdire la sortie des *processions*. Cet arrêté donna lieu à un double appel comme d'abus. L'un fut exercé par le curé contre le maire, qui, disait-il, avait porté atteinte au libre exercice du culte; l'autre contre le curé, qui avait contrevenu à l'arrêté, en faisant sortir une *procession*. Le conseil d'Etat décida que l'arrêté du maire était une mesure de sûreté et de police qui ne portait atteinte ni à l'exercice public du culte, ni à la liberté que les lois et règlements garantissent à ses ministres ; qu'aussi longtemps que l'annulation dudit arrêté ne lui avait pas été notifiée, le curé était tenu d'y obtempérer : que dès-lors, il y avait abus dans la conduite du curé.

Malgré le respect que nous devons aux décisions du conseil d'Etat, qui ne sont pas infaillibles, nous oserons dire qu'il n'y avait d'abus que dans la conduite illégale et arbitraire du maire, car la ville de Dijon n'avait qu'un oratoire consacré au culte réformé et dépendant de l'église consistoriale de Besançon. (*Voyez* POLICE.)

L'article 45 de la loi organique ne défend pas les *processions* dans les localités où il n'y a pas de cultes dissidents; mais, pour prévenir des collisions toujours fâcheuses, le législateur s'est contenté de dire: « Aucune cérémonie religieuse n'aura lieu hors des édifices consacrés au culte catholique, *dans les villes où il y a des temples destinés à différents cultes.* » Cette disposition, du reste, ne s'applique, aux termes d'une décision ministérielle, qu'aux villes où il y a six mille âmes de la communion protestante. Ainsi, en droit, il faut se conformer à la loi dans les lieux où il y a des temples protestants, mais en fait, il faut suivre l'usage de faire des *processions* partout où il a prévalu sans aucun préjudice pour la paix publique, et du consentement des sectes dissidentes. (*Voyez* CÉRÉMONIES RELIGIEUSES.)

Une commission instituée, en 1831, par M. de Montalivet, ministre de l'intérieur, pour examiner certaines questions relatives à l'exécution des articles organiques, et particulièrement celle des *processions*, a émis l'avis que la disposition de l'article 45 était applicable au culte israélite, ce culte ayant été assimilé par la législation aux autres cultes légalement reconnus.

La Cour royale de Paris, par arrêt du 28 août 1846, a confirmé un jugement du tribunal de police correctionnelle qui avait condamné, par application de l'article 261 du Code pénal, à six jours de prison et 20 fr. d'amende, une femme, pour avoir traversé, en voiture, une *procession* de la Fête-Dieu, sur la voie publique, et interrompu ainsi les chants religieux. (*Voyez* POLICE, § II.)

Il est d'usage, depuis l'institution de la Fête-Dieu, en 1264, que les habitants tendent leurs maisons, sur le passage de la *procession;* mais aucune loi ne contient de disposition impérative sur ce point, et, par conséquent, on ne peut considérer comme obligatoire, *dans le for extérieur,* ce tribut que tout chrétien catholique doit à la plus auguste solennité de la religion. Ainsi donc, quelque blâmable que puisse être la résistance, nulle autorité locale ne peut, à cet égard, faire de réglements *coërcitifs*, et ceux qui existaient autrefois ne peuvent être appliqués par les tribunaux. C'est ce qui a été jugé par arrêt de la cour de cassation du 27 novembre 1819, rendu chambres réunies, sous la présidence du garde des sceaux.

Nous croyons utile de reproduire la circulaire suivante, quoique d'une date déjà ancienne, parce qu'elle contient l'indication des règles que le gouvernement n'a pas cessé de suivre en cette matière.

CIRCULAIRE *du ministre de l'intérieur, à MM. les préfets, relative aux processions et aux cérémonies extérieures du culte.*

Paris, le 3 mai 1849.

« Monsieur le préfet,

« Plusieurs de MM. vos collègues m'ont demandé de leur donner des instructions en ce qui concernait les *processions* et les cérémonies extérieures du culte.

« Je ne puis que vous rappeler à cet égard la règle constamment suivie jusqu'à ce jour, par les gouvernements qui se sont succédé depuis la conclusion du concordat.

« Dans les questions de cette nature, il faut prendre conseil de la loi et des nécessités de l'ordre.

« L'article 7 de la Constitution (1) dispose que chacun professe librement sa religion et reçoit de l'Etat, pour l'exercice de son culte, une égale protection.

« Aux termes de l'article 45 de la loi du 18 germinal an X et de la circulaire du 30 germinal an XI, partout où il existe une église consistoriale protestante, les *processions* ne sauraient avoir lieu. Si, néanmoins, l'usage contraire était établi, et si les citoyens qui professent les cultes dissidents ne réclamaient pas, on pourrait continuer d'user de la même tolérance.

« En résumé, prohibition de droit des cérémonies extérieures du culte dans les communes où se trouve placée une église consistoriale protestante ; tolérance, nonobstant les dispositions de cet article, là où les vœux des populations la réclament ; faculté à l'autorité d'interdire, par mesure de police, partout où l'on peut craindre des troubles : telles étaient, en substance, les instructions que M. Portalis adressait aux préfets, dès l'année même où le concordat fut signé.

« Ces principes ont servi de règle depuis l'époque du Consulat jusqu'à nos jours : l'an passé, ils ont été rappelés à tous les préfets, par une circulaire ministérielle en date du 21 juin 1848. Je ne puis que vous inviter de nouveau à vouloir bien vous y conformer.

« Partout où des avis sérieux indiqueraient que, cette année, à raison de l'agitation des esprits, les *processions* devraient être l'occasion ou le prétexte d'actes scandaleux ou de désordres qu'il serait à propos d'éviter, dans l'intérêt de la tranquillité et par respect pour le culte, les cérémonies religieuses ne devraient point avoir lieu en dehors des églises ou des temples. Cette interdiction ne devrait point avoir un caractère de permanence : d'un autre côté, vous éviteriez, s'il était possible, de la prononcer d'autorité, et vous vous concerteriez officieusement à cet égard avec

(1) La Constitution citée ici était celle de 1848, aujourd'hui abrogée.

l'évêque du diocèse. Agissez dans un esprit de conciliation, et attachez-vous à éviter toute perturbation et tout conflit en matière religieuse.

« Agréez, etc.

« LÉON FAUCHER. »

PROCESSIONNAUX.

On appelle *processionnaux* les terrains réservés autour des églises pour la circulation des processions.

Les *processionnaux* ne font pas partie de la voie publique, et les propriétaires riverains n'ont, par conséquent, ni le droit d'ouvrir des portes ni de passer sur ces terrains. Cette décision d'une cour royale pouvant intéresser un grand nombre de fabriques, nous croyons devoir en rapporter ici le texte que nous empruntons au *Journal des conseils de fabriques*. Voici ce qui donna lieu à l'arrêt de la Cour royale de Paris.

En 1822, le conseil municipal de la ville de Chaumes résolut de vendre un ancien cimetière supprimé au milieu duquel se trouvait l'église. On reconnut toutefois que la vente totale de ce terrain aurait l'inconvénient de priver l'église des *processionnaux* nécessaires, tant pour les cérémonies extérieures du culte que pour les réparations du bâtiment. Il fut décidé que le terrain ne serait vendu qu'en partie, d'après un plan combiné entre le curé et l'autorité municipale. Ce plan fut dressé ; une ordonnance du roi autorisa l'aliénation conformément à ses dispositions, et cette aliénation eut en effet lieu.

Un sieur Lérin, propriétaire riverain, se rendit acquéreur de l'un des lots ; il le revendit plus tard au sieur Rozé. Celui-ci, également propriétaire riverain, réunit son acquisition à sa propriété, et se fit clore d'un mur ; mais, dans ce mur, il fit pratiquer une porte, afin d'avoir sortie et passage sur les *processionnaux*.

Le maire de la ville réclama inutilement la suppression de cette porte. Le sieur Rozé s'y refusa ; il soutint que les *processionnaux* ou terrains réservés autour de l'église devaient être considérés comme faisant partie de la voie publique, et que, par suite, tout propriétaire riverain avait le droit d'y accéder. Le maire le fit alors assigner en suppression de la porte dont il s'agit, devant le tribunal civil de Melun, qui accueillit cette demande par le jugement ci-après, du 20 février 1838.

« Le tribunal,

« Vu la délibération du conseil municipal de Chaumes, en date du 25 février 1822, portant que la vente totale du terrain du cimetière aurait l'inconvénient de priver l'église des *processionnaux* nécessaires tant pour les cérémonies extérieures du culte que pour les réparations du bâtiment ; que dès-lors il importait de n'aliéner ce terrain qu'en partie, d'après un plan combiné entre le curé et l'autorité municipale ;

« Vu l'ordonnance du roi, en date du 8 avril 1829, par laquelle la ville de Chaumes est autorisée à vendre, aux enchères publiques et par lots, trois parties de terrain dépendant de l'ancien cimetière, le surplus étant réservé à la ville, conformément au plan arrêté entre le maire et le curé ;

« Attendu que, dans l'état de la législation, il n'existe aucune disposition d'après laquelle les terrains réservés autour des églises deviennent de droit rues et places publiques ;

« Attendu que la ville de Chaumes s'est réservé expressément le terrain qui forme le pourtour de l'église, afin de laisser à cet édifice le jour et l'air qui lui sont nécessaires ; — qu'elle n'a concédé aux adjudicataires des trois autres lots aucun droit de passage sur la portion de l'ancien cimetière qu'elle voulait conserver;

« Attendu qu'il n'existe aucune servitude conventionnelle ou légale de passage pour l'exploitation de l'héritage vendu au sieur Lérin, auteur de Philibert Rozé; — que cet héritage communique directement à la voie publique, et qu'il a été réuni, sans aucune délimitation, à un autre terrain appartenant au sieur Rozé, communiquant aussi à la voie publique ;

« Qu'ainsi, et sous aucun rapport, la ville de Chaumes ne doit aucun passage au sieur Rozé ;

« Condamne ledit sieur Rozé à faire supprimer, dans le mois de la signification du présent jugement, la porte qu'il a établie dans le mur servant de clôture au premier lot, dont son auteur s'était rendu adjudicataire, etc. »

Le sieur Rozé interjeta appel de ce jugement devant la Cour royale de Paris ; mais la Cour confirma ce jugement par l'arrêt suivant, en date du 17 août 1839 :

« La Cour,

« Adoptant les motifs des premiers juges,

« A mis et met l'appellation au néant ; — ordonne que ce dont est appel sortira son plein et entier effet, etc. »

Voyez, sous le mot CIMETIÈRE, § I, un avis du conseil d'Etat qui prescrit un chemin de ronde sur le terrain des anciens cimetières, c'est-à-dire des *processionnaux*. (*Voyez* CHEMINS DE RONDE.)

PROCUREUR IMPÉRIAL.

L'article 90 du décret du 30 décembre 1809 charge, soit d'office, soit sur l'avis qui lui en est donné, le *procureur impérial* de poursuivre en reddition de compte et en payement du reliquat, le trésorier récalcitrant. Cette disposition, comme on peut le voir sous le mot FABRIQUE, à la note de la p. 35, est tirée de l'ancienne législation.

Il suffit que le *procureur impérial* soit instruit d'une manière quelconque, soit par un fabricien, soit par le curé, soit par toute autre personne, du retard ou de la négligence qu'un trésorier met à rendre compte de sa gestion, pour qu'il soit en droit de le citer devant le tribunal. C'est même pour lui un devoir ; si les administrateurs de la fabrique, par égard pour leur collègue, ne veulent pas le dénoncer, il convient que le ministère public prenne l'initiative.

Le *procureur impérial* est également tenu d'exercer des poursuites pour la mise en bon état des biens formant la dotation des cures et succursales, dans les termes de l'article 22 du décret du 6 novembre 1813, transcrit sous le mot BIENS.

PRODUIT SPONTANÉ.

On entend par *produit spontané*, d'après l'article 583 du Code civil, tout ce qui vient naturellement sans que la main de l'homme l'ait planté ou semé.

Le décret du 30 décembre 1809, art. 36, attribue aux fabriques tous les *produits spontanés* des terrains servant de cimetière, comme les buissons, les herbages, les arbres même et leurs fruits et émondages. (*Voyez* ARBRES, ÉMONDES, FRUITS, HERBES.)

Les *produits spontanés* peuvent être vendus, soit par adjudication publique, lorsqu'ils présentent une certaine importance, soit sur estimation et par convention amiable, lorsqu'ils sont de peu de valeur.

Le trésorier porte en recette le recouvrement des sommes dues à la fabrique sur ces divers *produits*.

Peut-on considérer comme *produits spontanés* d'un cimetière les rejetons de la souche d'un arbre que la commune y avait planté et qu'elle a abattu? La négative ne paraît pas douteuse. Les rejetons d'une souche sont comme les branches d'un arbre; ils en dépendent et y restent incorporés, quel que soit leur développement. D'où il suit qu'ils appartiennent par droit d'accession au propriétaire de la souche qui leur donne naissance, c'est-à-dire, dans l'espèce, à la commune propriétaire du cimetière, et qu'ils ne sauraient être rangés parmi les *produits spontanés* attribués à la fabrique par l'article 36 du décret du 30 décembre 1809. (*Décision ministérielle. Bulletin du ministère de l'intérieur*, 1862, page 161.)

Le ministre de l'intérieur a reconnu, d'accord avec le ministre des cultes, que les fabriques n'ont aucun droit aux *produits spontanés* des cimetières protestants. Le décret du 30 décembre 1809 étant exclusivement applicable au culte catholique, l'art. 36 n'a pour effet que de leur accorder les *produits spontanés* des cimetières catholiques. Les cultes qui possèdent un lieu d'inhumation particulier dont l'entretien est à leur charge, jouissent, à titre de compensation, des *produits* qu'il donne. (*Id.* 1857, page 169.)

Trois décisions du ministre des cultes, en date du 21 octobre 1856, 20 août 1857 et 6 janvier 1860, portent que les *produits spontanés* des terrains qui ne servent plus aux sépultures, ne peuvent être réclamés par les fabriques, mais qu'ils appartiennent aux communes. Le ministre de l'intérieur s'est prononcé en 1868 dans le même sens. Une difficulté s'était élevée dans la commune de   sur le point de savoir à qui, de la fabrique ou de la commune, appartiennent les *produits spontanés* d'un cimetière communal ayant cessé de servir aux inhumations depuis le mois de novembre 1867. Le préfet, en soumettant la question au ministre de l'intérieur, avait exprimé l'opinion que la fabrique lui semblait avoir droit à ces *produits* pendant les cinq années qui doivent s'écouler entre le moment où l'ancien cimetière de   a été fermé, et celui où la commune pourra en faire usage, conformément aux dispositions de l'article 9 du décret du 23 prairial an XII. Le ministre n'a pas partagé cette manière de voir, et, après s'être concerté avec le ministre des cultes, il a adressé au préfet la réponse suivante :

« Les seuls *produits spontanés* de propriétés communales qui aient été attribués aux fabriques sont ceux des terrains servant actuellement de cimetières. (*Décret du* 30 *décembre* 1809, *art.* 36, *n°* 4.) Or, quand un terrain communal qui était affecté aux inhumations a cessé d'avoir cette destination, on ne saurait le considérer comme servant encore de cimetière. Il perd le caractère qu'il avait reçu ; la fabrique n'a plus à intervenir à aucun point de vue, et la commune reprend sur ce terrain l'exercice de son droit de propriété, limité seulement, dans un simple intérêt de police, par l'interdiction d'en faire usage pendant cinq années. Il en résulte que les *produits spontanés* cessent d'appartenir à la fabrique, qui se trouve d'ailleurs affranchie de l'obligation de pourvoir aux frais d'entretien du cimetière supprimé, obligation qui lui était imposée, antérieurement à sa fermeture, à raison de la perception de ces *produits*. » (*Bulletin officiel du ministère de l'intérieur, année,* 1868, *n°* 55.)

Les curés ont droit aux *produits* annuels ou périodiques des arbres des jardins. (*Voyez* ARBRES, § I.)

PROCÈS-VERBAL *d'estimation et de livraison des produits spontanés du cimetière, vendus à l'amiable.*

L'an mil huit cent   le   , nous membre du bureau des marguilliers de l'église Saint-   de   délégué à l'effet des présentes, par délibération dudit bureau, à la date du   , nous sommes transporté sur le cimetière de la paroisse, pour procéder à l'estimation et à la vente, par amiable composition (*désigner les objets à vendre*), que nous avons estimés à la somme de   , et à l'instant s'est présenté le sieur   , demeurant à   , qui nous a dit les prendre pour le prix total de   , conformément à notre estimation, à la condition que le prix convenu serait versé, dans le délai de trois jours, entre les mains de M. le trésorier de la fabrique.

Ee foi de quoi nous avons dressé le présent procès-verbal, pour servir à M. le trésorier à suivre la rentrée du prix de vente et à en

justifier dans son compte de l'exercice 18   ; et a ledit sieur
signé avec nous, après lecture faite.

Signature de l'acquéreur.   *Signature du membre du bureau.*

PROFESSION RELIGIEUSE.

L'âge requis pour la *profession religieuse* est de vingt et un ans
(*Voyez* AGE, § III.)

PRONE.

On appelle *prône* une instruction que les curés ou leurs vicaires
font chaque dimanche dans le cours de la messe paroissiale.

L'usage s'était introduit de joindre au *prône* des publications de
choses temporelles et profanes ; mais cet abus, déjà proscrit, tant
par l'article 32 de l'édit de 1695, que par une déclaration du 16
décembre 1698, l'a été irrévocablement par l'article 53 de la loi du
8 avril 1802 (18 germinal an X), ainsi conçu : « Les curés ou desservants ne pourront faire au *prône* aucune publication étrangère à
l'exercice du culte, si ce n'est celles qui seraient ordonnées par le
gouvernement. » (*Voyez* PUBLICATION.)

« Rien de plus sage, dit Portalis, auteur de cette loi, car s'il en
était autrement, il dépendrait d'un maire ou de tout autre fonctionnaire local, de s'entendre avec le curé pour faire des publications
indiscrètes et dangereuses. Les choses civiles ou politiques qui ont
besoin d'être publiées doivent l'être par les agents de l'autorité civile, et nullement dans les temples et pendant l'office divin. S'il y a
des exceptions à faire à cette règle, dans des circonstances importantes, c'est au gouvernement seul à déterminer ces exceptions. »

Une circulaire ministérielle du 10 juillet 1804 (21 messidor an
XII) explique de même cette disposition législative : « Les prêtres
étant les ministres de l'enseignement religieux, ne doivent point faire
entendre leur voix sur des objets étrangers à l'exercice du culte, et,
d'un autre côté, les maires qui doivent protéger le culte, ne peuvent
l'interrompre par des discours étrangers à l'exercice des rits. Ce
n'est que dans le cas où l'ordre public sera menacé que l'autorité
locale peut se faire entendre, ou avoir recours à des mesures commandées par les circonstances. Les actes d'administration ne doivent
donc être lus à l'église, ni par les prêtres, ni par les maires, dans les
temps ordinaires, si ce n'est lorsque le gouvernement l'ordonne.
Les publications temporelles doivent être faites, ou à la porte des
églises, à l'issue des offices, à la mairie ou sur les places publiques,
suivant les usages du lieu. »

Il suit de ces dispositions et instructions, dit Carré, qu'on ne peut
publier au *prône* rien autre chose que les promesses de mariage,

mandements des évêques, etc., et que l'on ne devrait pas déférer, pour toute publication où avis étranger au culte, aux ordres qui n'émaneraient pas directement du gouvernement, et seraient immédiatement donnés par une autorité secondaire. (*Voyez* PUBLICATION.)

Outre les instructions proprement dites, on fait au *prône* certaines prières prescrites par les canons ou par les rituels des évêques. Voyez sous le mot PRIÈRES NOMINALES, si l'on peut les faire au *prône*.

L'article 10 du décret du 30 décembre 1809 veut que l'avertissement de chacune des séances du conseil de la fabrique soit publié au *prône* de la grand'messe, le dimanche précédent, pour les quatre réunions trimestrielles. Cet avertissement n'est pas exigé pour les assemblées des marguilliers. (*Voyez* AVERTISSEMENT.)

PROPAGATION DE LA FOI.

Les donations en faveur de l'œuvre de la *propagation de la foi*, non légalement reconnue, ne peuvent point être soumises à l'autorisations du gouvernement. Mais pour faire profiter cette œuvre des libéralités qu'on lui destine, il faut les donner ou léguer à la communauté des *missions étrangères* ou à celle des *lazaristes*, l'une et l'autre autorisées, en ayant soin d'indiquer que le montant en devra être appliqué aux missionnaires chez les infidèles. (*Voyez* LAZARISTES, MISSIONS ÉTRANGÈRES.)

PROPINE.

(*Voyez* CARDINAL.)

PROPRETÉ.

L'église et les vases sacrés doivent être entretenus avec beaucoup de *propreté*. (*Voyez* ÉGLISE, § VI, VASES SACRÉS.)

PROPRIÉTÉ LITTÉRAIRE.

La *propriété littéraire* est le droit exclusif qui appartient à un auteur ou à ses représentants, sur les ouvrages qu'il a produits.

Les prérogatives attachées à la *propriété littéraire* sont principalement déterminées par la loi du 19 juillet 1793, le décret du 1er germinal an XIII, et les articles 37 et 40 du décret du 5 février 1810.

Aux termes de l'article 1er de la loi de 1793, les auteurs d'écrits en tout genre jouissent, durant leur vie entière, du droit exclusif de vendre, faire vendre, distribuer leurs ouvrages dans tout le territoire français, et d'en céder la *propriété* en tout ou en partie.

Leurs héritiers ou cessionnaires jouissent du même droit, durant l'espace de dix ans, après la mort des auteurs.

Le décret du 5 février 1810 a étendu le droit des auteurs à leur veuve, quand les conventions matrimoniales de celle-ci lui donnent droit à la *propriété* de l'ouvrage, et a prorogé le droit des enfants jusqu'à vingt ans.

Aux termes du décret du 1er germinal an XIII, les propriétaires par succession, ou à autre titre, d'un ouvrage posthume, ont les mêmes droits que l'auteur, et les dispositions des lois sur la *propriété* exclusive et sur sa durée leur sont applicables, toutefois à la charge d'imprimer séparément les œuvres posthumes, et sans les joindre à une nouvelle édition des ouvrages déjà publiés et devenus *propriété* publique.

Enfin, suivant un autre décret du 7 du même mois de germinal, les livres d'église, les heures et prières ne peuvent être imprimés que d'après la permission donnée par les évêques diocésains, laquelle permission doit être textuellement rapportée et imprimée en tête de chaque exemplaire. (*Voyez* LIVRES.)

L'article 427 du Code pénal prononce contre tous les contrefacteurs ou introducteurs en France d'ouvrages contrefaits une amende de cent francs au moins et de deux mille francs au plus ; et contre le débitant, une amende de vingt-cinq francs au moins et de cinq cents francs au plus. De plus, la confiscation de l'édition contrefaite, doit être prononcée, tant contre le contrefacteur que contre l'introducteur et le débitant. Les planches, moules ou matrices des objets contrefaits sont aussi confisqués.

La loi, dit M. Corbière (1), ne considère que l'intérêt commercial ; ainsi, les plagiats peu considérables sont plutôt du domaine de la critique que justiciables des tribunaux.

Un éditeur n'a pas le droit de faire des retranchements à l'ouvrage dont la publication lui a été confiée, quand bien même il aurait acheté cet ouvrage en toute *propriété*. (*Jugement du tribunal de commerce de Paris du 22 août* 1845.)

Les prédicateurs ont la *propriété* de leurs sermons. (*Voyez* PRÉDICATEURS, § II.)

Pour la *propriété* des églises et presbytères, voyez ÉGLISES, § I ET PRESBYTÈRES, § II.

PROROGATION.

Les fabriques peuvent accorder de simples *prorogations* de termes à leurs débiteurs et obligés principaux, sans pour cela décharger les cautions, sauf à celles-ci à poursuivre les débiteurs pour les forcer au payement.

PROTESTANT.

La loi organique du 18 germinal an X règle ce qui regarde l'exer-

(1) *Droit privé*, tome II, page 300.

dce public du culte *protestant* en France. (*Voyez* ARTICLES ORGANI-
QUES DES CULTES PROTESTANTS, tome I, page 248.) On peut voir à la
suite de ces articles organiques ce que nous en disons, ainsi que du
décret ci-après du 26 mars 1852.

Les ministres des cultes *protestants* ont droit, comme les ministres
du culte catholique, à un traitement sur le trésor public. Ils sont
même sous ce rapport, et contrairement à la justice et à l'équité,
beaucoup plus favorisés. Les curés desservants n'ont que 900 ou
1,100 francs, et les ministres *protestants* de deuxième et troisième
classe ont, les uns 1,800 francs, et les autres 1,500 francs, en vertu
de l'ordonnance du 12 octobre 1842, rapportée ci-après. (*Voyez*
TRAITEMENT.)

Ainsi que les curés du culte catholique, les ministres *protestants*
jouissent de la franchise des lettres avec les présidents des consistoires. (*Voyez* FRANCHISE.)

Ils ont droit à une indemnité de logement, en vertu d'une ordonnance du 7 août 1842, rapportée sous le mot JUIFS,

La sépulture des *protestants* dans les cimetières catholiques doit être
séparée par un mur, une haie ou un fossé. (*Voyez* CIMETIÈRES, § X.)

ORDONNANCE *du 12 octobre 1842, portant augmentation du traitement
des pasteurs protestants de deuxième et troisième classe.*

« LOUIS-PHILIPPE, roi des Français, etc.,

« Sur le rapport de notre ministre secrétaire d'Etat au département de la justice
et des cultes ;

« Vu la loi organique des cultes *protestants*, du 18 germinal an X ;

« Vu le décret du 15 germinal an XIII ;

« Vu les ordonnances des 28 juillet 1819 et 22 mars 1827 ;

« Vu la loi du budget des dépenses de l'exercice 1843 ;

« Nous avons ordonné et ordonnons ce qui suit :

« ART. 1er. A compter du 1er janvier 1843, le traitement annuel des pasteurs
protestants de seconde classe sera porté à dix-huit cents francs, et celui des pasteurs de troisième classe sera porté à quinze cents francs.

« ART. 2 Il n'est rien changé aux autres dispositions réglementaires concernant
les traitements.

« ART. 3. Notre garde des sceaux, ministre de la justice et des cultes, et notre
ministre des finances sont chargés de l'exécution de la présente ordonnance. »

DÉCRET *du 26 mars 1852, sur l'organisation des cultes protestants.*

CHAPITRE Ier. — *Dispositions communes aux deux cultes protestants.*

« ART. 1er. Chaque paroisse ou section d'église consistoriale a un conseil presbytéral composé de quatre membres laïques au moins, de sept au plus, et présidé
par le pasteur ou par l'un des pasteurs. Il y a une paroisse partout où l'Etat rétri-
bue un ou plusieurs pasteurs.

« Les conseils presbytéraux administrent les paroisses sous l'autorité des consistoires. Ils sont élus par le suffrage paroissial et renouvelés par moitié tous les trois ans. Sont électeurs les membres de l'église portés sur le registre paroissial.

« Art. 2. Les conseils presbytéraux des chefs-lieux de circonscriptions consistoriales recevront du gouvernement le titre de consistoires et les pouvoirs qui y sont attachés.

« Dans ce cas, le nombre des membres du conseil presbytéral sera doublé.

« Tous les pasteurs du ressort consistorial seront membres du consistoire et chaque conseil presbytéral y nommera un délégué laïque.

« Art. 3. Le consistoire est renouvelé, tous les trois ans, comme le conseil presbytéral. Après chaque renouvellement, il élit son président parmi les pasteurs qui en sont membres, et l'élection est soumise à l'agrément du gouvernement.

« Le président devra, autant que possible, présider au chef-lieu du ressort.

« Lorsqu'il aura atteint l'âge de soixante et dix ans ou qu'il se trouvera empêché par des infirmités, le gouvernement pourra, après avis du consistoire, lui donner le titre de président honoraire, et le consistoire fera un nouveau choix.

« Art. 4. Les *protestants* des localités où le gouvernement n'a pas encore institué de pasteur seront attachés administrativement au consistoire le plus voisin.

CHAPITRE II. — *Dispositions spéciales à l'église réformée.*

« Art. 5. Les pasteurs de l'église réformée sont nommés par le consistoire; le conseil presbytéral de la paroisse intéressée pourra présenter une liste de trois candidats classés par ordre alphabétique.

« Art. 6. Il est établi à Paris un conseil central des églises réformées de France.

« Ce conseil représente les églises auprès du gouvernement et du chef de l'État. Il est appelé à s'occuper des questions d'intérêt général dont il est chargé par l'administration ou par les églises, et notamment à concourir à l'exécution des mesures prescrites par le présent décret.

« Il est composé, pour la première fois, de notables *protestants,* nommés par le gouvernement, et des deux plus anciens pasteurs de Paris.

« Art. 7. Lorsqu'une chaire de professeur de la communion réformée vient à vaquer dans les facultés de théologie, le conseil central recueille les votes des consistoires et les transmet, avec son avis, au ministre.

CHAPITRE III. — *Dispositions spéciales à l'église de la confession d'Augsbourg.*

« Art. 8. Les églises et les consistoires de la confession d'Augsbourg sont placés sous l'autorité du consistoire supérieur ou général et du directoire.

« Art. 9. Le consistoire supérieur est composé, 1° de deux députés laïques par inspection ; 2° de tous les inspecteurs ecclésiastiques ; 3° d'un professeur du séminaire, délégué par ce corps; 4° du président du directoire, qui est de droit président du consistoire supérieur, et du membre laïque du directoire nommé par le gouvernement.

« Art. 10. Le consistoire supérieur est convoqué par le gouvernement, soit sur la demande du directoire, soit d'office. Il se réunit au moins une fois par an, à l'ouverture de la session, le directoire présente le rapport de sa gestion.

« Le consistoire supérieur veille au maintien de la constitution et de la discipline de l'église. Il fait ou approuve les règlements concernant le régime intérieur et juge en dernier ressort les difficultés auxquelles leur application peut donner lieu. Il approuve les livres et formulaires liturgiques qui doivent servir au culte ou à l'enseignement religieux. Il a le droit de surveillance et d'investigation sur les comptes des administrations consistoriales.

« Art. 11. Le directoire est composé du président, d'un membre laïque et d'un inspecteur ecclésiastique, nommés par le gouvernement, de deux députés nommés par le consistoire supérieur.

« Le directoire exerce le pouvoir administratif. Il nomme les pasteurs et soumet leur nomination au gouvernement. Il nomme les suffragants ou vicaires, et propose aux fonctions d'aumônier pour les établissements civils qui en sont pourvus. Il autorise ou ordonne, avec l'agrément du gouvernement, le passage d'un pasteur d'une cure à une autre. Il exerce la haute surveillance sur l'enseignement et la discipline du séminaire et du collège protestant dit *Gymnase.* Il nomme les professeurs de gymnase, sous l'approbation du gouvernement et ceux du séminaire, sur la proposition de ce dernier corps. Il donne son avis motivé sur les candidats aux chaires de la faculté de théologie.

« Art. 12. Les inspecteurs ecclésiastiques sont nommés par le gouvernement sur présentation du directoire. Ils reçoivent une indemnité pour frais d'administration et de déplacement et pour se faire assister dans leurs fonctions pastorales.

« Art. 13. Le consistoire supérieur de Strasbourg sera représenté dans la capitale, auprès du gouvernement et du chef de l'Etat dans les circonstances officielles, par le consistoire de Paris.

« Le directoire pourra désigner spécialement un notable laïque, résidant à Paris, pour le représenter, conjointement avec le consistoire.

CHAPITRE IV. — *Dispositions générales.*

« Art. 14. Une instruction du ministre des cultes et des règlements approuvés par lui, détermineront les mesures et les détails d'exécution du présent décret.

« Art. 15. Les articles organiques du 18 germinal an X sont confirmés en tout ce qu'ils n'ont pas de contraire aux articles ci-dessus.

« Art. 16. Le ministre secrétaire d'Etat au département de l'instruction publique et des cultes est chargé de l'exécution du présent décret. »

CIRCULAIRE *du ministre de l'instruction publique et des cultes aux pasteurs des consistoires protestants, relative à la réorganisation des cultes protestants.*

Paris, le 14 avril 1852.

« Monsieur,

« Un décret du président de la république, en date du 26 mars et inséré au *Moniteur* du 28, a modifié en quelques parties l'organisation des églises *protestantes,* telle qu'elle avait été établie par la loi du 18 germinal an X.

« Ce décret a eu pour but, ainsi que l'indiquait mon rapport au prince-président, de faire droit aux justes réclamations adressées depuis cinquante ans au gouvernement par les *protestants* et par l'autorité civile elle-même, et de combler les lacunes d'une législation insuffisante, autant dans l'intérêt des églises que dans celui de l'Etat. A ce double point de vue, vos coréligionnaires auront reconnu, je n'en doute pas, dans la nouvelle organisation qui leur est donnée, un gage de la sollicitude éclairée du prince Louis-Napoléon, qui a à cœur de ne laisser dans l'oubli aucune partie de l'administration remise à ses soins ni aucune fraction de la grande famille française dont il est le chef.

« En attendant les instructions spéciales qui mettent en action le système nouveau, j'ai l'honneur de vous envoyer .... exemplaires du décret du 26 mars. Ils sont destinés à chacune des sections de votre église consistoriale et formeront le point de départ des nouvelles archives des *conseils presbytéraux*.

« Veuillez, en m'en accusant réception, me soumettre, sans retard, les observations auxquelles donnera lieu, de votre part et de celle de vos collègues, l'application des divers articles du décret, et notamment des quatre premiers, soit à l'ensemble de votre circonscription, soit aux sections particulières. Il pourra être tenu compte utilement des renseignements que vous croiriez devoir fournir, en ce qui concerne la reconnaissance des chefs-lieux paroissiaux et consistoriaux et les autres mesures d'exécution dont il est parlé en l'article 14.

« Vous ne perdrez pas de vue que les églises sont divisées en autant de paroisses légales, ayant un conseil presbytéral, qu'il y a de sections desservies par un ou plusieurs pasteurs rétribués par l'Etat. Les paroisses ayant plusieurs pasteurs ne seraient subdivisées qu'autant que la nécessité en serait démontrée. Vous remarquerez aussi qu'il convient que les conseils presbytéraux et les consistoires aient, autant que possible, leurs siéges aux points les plus importants de chaque section ou circonscription consistoriale, et que les pasteurs résident aux siéges de leurs conseils presbytéraux. Je vous invite à adresser, dans ces conditions, un tableau de votre circonscription, et à me le faire parvenir, sans délai, avec les avis motivés des parties intéressées.

« Recevez, Monsieur le pasteur, l'assurance, etc. »

ARRÊTÉ *portant règlement d'exécution du décret du 26 mars 1852, en ce qui concerne les attributions des conseils presbytéraux, et des consistoires des églises réformées.*

CHAPITRE Ier. — *Attribution des conseils presbytéraux.*

« ART. 1er. Le conseil presbytéral maintient l'ordre et la discipline dans la paroisse.

« Il veille à l'entretien des édifices religieux, et administre les biens de l'église.

« Il administre également les deniers provenant des aumônes.

« Il présente des candidats aux places de pasteurs qui viennent à vaquer ou à être créées.

« Il nomme, sous réserve de l'approbation du consistoire, les pasteurs auxiliaires, et agrée, sous la même réserve, les suffragants proposés par les pasteurs.

« Il accepte, sous l'approbation de l'autorité supérieure, les legs ou donations faits aux églises de son ressort.

« ART. 2. Le conseil presbytéral soumet au consistoire les actes d'administration et les demandes qui, par leur nature, exigent l'approbation ou la décision de l'autorité supérieure.

« Sont également soumises au consistoire, toutes difficultés entre les pasteurs et les conseils presbytéraux.

« ART. 3. Le conseil presbytéral est présidé par le plus ancien des pasteurs de la paroisse.

« Il nomme, à la majorité absolue, parmi ses membres laïques, un secrétaire et un trésorier.

« ART. 4. Le secrétaire rédige les procès-verbaux des séances du conseil. Il est chargé de la tenue des registres, de la garde et de la conservation des archives. Il signe avec le président tous les actes qui émanent du conseil.

« ART. 5. Le conseil presbytéral dresse, au mois de novembre de chaque année, pour l'année suivante, le budget de ses recettes et de ses dépenses.

« Il vérifie et arrête les comptes qui sont rendus, à l'expiration de chaque année, par le trésorier.

« Ces budgets et ces comptes sont soumis à l'approbation du consistoire.

CHAPITRE II. — *Attributions des consistoires.*

« ART. 6. Le consistoire transmet au gouvernement, avec son avis, les délibérations des conseils presbytéraux mentionnées en l'article 2 ci-dessus.

« Il veille à la célébration régulière du culte, au maintien de la liturgie et de la discipline et à l'expédition des affaires dans les diverses paroisses de son ressort;

« Il surveille l'administration des biens des paroisses et administre les biens consistoriaux ;

« Il accepte, sous l'approbation de l'autorité supérieure, les legs et donations faits au consistoire ou indivisément aux églises de son ressort;

« Il arrête les budgets, vérifie et approuve les comptes de ces conseils.

« ART. 7. Le consistoire nomme, conformément aux dispositions de l'article 5 du décret du 26 mars 1852, aux places de pasteurs qui viennent à vaquer dans les églises de son ressort et propose au gouvernement la création de places nouvelles.

« ART. 8. Le consistoire élit, à chaque renouvellement, son président parmi les pasteurs de la consistoriale, et parmi ses membres laïques, un secrétaire et un trésorier.

« Le secrétaire et le trésorier du consistoire remplissent des fonctions analogues à celles qui ont été déterminées par l'article 4 pour le secrétaire et le trésorier des conseils presbytéraux.

« Les fonctions de trésorier du consistoire peuvent être confiées au trésorier du conseil presbytéral du chef-lieu.

« ART. 9. Le consistoire dresse, au mois de décembre de chaque année, le budget de ses recettes et de ses dépenses pour l'année suivante.

« Il vérifie et arrête les comptes qui sont rendus, à l'expiration de chaque année, par son trésorier.

Disposition générale.

« ART. 10. En cas de partage dans les délibérations des conseils presbytéraux ou des consistoires, le président a voix prépondérante.

« Fait à Paris, le 20 mai 1853.

« H. FORTOUL. »

Arrêté du 10 septembre 1852 portant règlement pour la formation des conseils presbytéraux et des consistoires, dans les églises réformées et de la confession d'Augsbourg.

« Le ministre de l'instruction publique et des cultes,

« Vu les dispositions du décret du 26 mars 1852, et spécialement l'article 14.

« Vu les avis des consistoires et des parties intéressées, ensemble les propositions du conseil central des églises réformées et du directoire du consistoire supérieur de la confession d'Augsbourg ;

« ARRÊTE :

CHAPITRE Ier. — *Des conseils presbytéraux et des consistoires.*

« ART. 1er. Les conseils presbytéraux, institués par l'article 1er du décret du 26 mars 1852, seront composés ainsi qu'il suit :

« Dans les églises réformées, il y aura cinq membres laïques pour les paroisses n'ayant qu'un pasteur; six pour deux pasteurs; sept pour trois pasteurs et au-dessus.

Néanmoins, il n'y aura que quatre membres dans les communes n'ayant que âmes de population.

« Dans les églises de la confession d'Augsbourg, il y aura quatre membres laïqu pour les paroisses au-dessous de 800 à 1,500 âmes, six de 1,500 à 2,000 âmes, se pour les paroisses de 2,000 âmes et au-dessus.

« ART. 2. Pour que les conseils presbytéraux des chefs-lieux de circonscription consistoriales puissent délibérer comme consistoires, en exécution de l'article 3 du décret du 26 mars, le nombre des membres laïques dont ils se composent devra être porté au double, en observant les proportions indiquées dans l'article 1er du présent règlement.

« ART. 3. Les membres, ainsi appelés à compléter les consistoires, devront être élus dans les diverses paroisses, de manière à ce que chaque section n'envoie pas un nombre total de représentants laïques, inférieur à celui des pasteurs qu'elle le droit d'y faire siéger.

« Les membres laïques, que chaque paroisse sectionnaire pourra ainsi élire au consistoire, en sus du délégué laïque qui lui est accordé par le paragraphe 3 de l'article 1er du décret du 26 mars, seront, autant que possible, choisis au chef-lieu consistorial.

« ART. 4. Les ascendants et descendants, les frères et alliés au même degré, ne peuvent être membres du même consistoire presbytéral. Des dispenses pourront être accordées par le ministre des cultes sur l'avis du conseil central des églises réfor mées, ou du directoire de la confession d'Augsbourg, dans les paroisses ayant moins de soixante électeurs.

« ART. 5. Les pasteurs auxiliaires et suffragants à divers titres, les aumôniers des lycées et colléges, des hospices et prisons, peuvent être admis, sur l'autorisation du ministre, à siéger dans le conseil presbytéral et dans le consistoire desquels ils re lèvent, avec voix consultative.

« ART. 6. Les conseils presbytéraux sont présidés par le pasteur le plus ancien dans la paroisse; et les consistoires par un président qu'ils élisent, à chaque renou vellement consistorial, parmi les pasteurs de leur circonscription.

« Un des membres laïques est chargé des fonctions de secrétaire.

« En cas d'empêchement temporaire des pasteurs, le plus âgé des membres laï ques ou anciens, remplit provisoirement les fonctions de président.

« Dans les églises de la confession d'Augsbourg, le directoire peut, sur la demande du consistoire, ou du conseil presbytéral, nommer le président. Le président du di rectoire, ou un membre délégué à cet effet, et l'inspecteur ecclésiastique, peuvent présider les séances des conseils presbytéraux et des consistoires.

« ART. 7. Les conseils presbytéraux et les consistoires sont convoqués, par leurs présidents, aux chefs-lieux de leurs circonscriptions respectives, en séances ordi naires, au moins une fois par trimestre. Ils peuvent être convoqués extraordinaire ment suivant les besoins du service, et sur la demande motivée de deux membres pour les conseils presbytéraux; de trois membres ou d'un conseil presbytéral pour les consistoires.

« Tout ancien et délégué laïque qui, sans motif, aura manqué à trois séances, sera réputé démissionnaire.

« ART. 8. Les conseils presbytéraux ne peuvent délibérer que lorsque la moitié au moins de leurs membres assistent à la séance.

« Pour que les consistoires puissent délibérer, il faut non-seulement que la moitié membres assistent à la séance, mais encore que la moitié au moins des pasteurs sections, et de leurs délégués laïques, soient présents.

Les membres présents signent au registre des délibérations, et leurs noms sont portés en tête des extraits du procès-verbal, lesquels sont signés par le président le secrétaire.

Chapitre II. — *Du registre paroissial et des électeurs.*

« Art. 9. Conformément aux dispositions de l'article 2 du décret du 26 mars 1852, conseils presbytéraux sont nommés par les électeurs inscrits au registre paroissial. Pour être membre d'un conseil presbytéral, il faut être électeur.

« Art. 10. Sont inscrits sur le registre paroissial, sur leur demande, les *protestants* français qui, ayant vingt ans révolus, et deux ans de domicile dans la paroisse, établissent qu'ils appartiennent à l'église réformée ou à celle de la confession d'Augsbourg, par les justifications que le conseil central ou le directoire ont déterminées, conformité avec les vœux de la majorité des consistoires.

« Les étrangers, après trois ans de résidence dans la paroisse, sont admis à se faire inscrire au registre paroissial, aux mêmes conditions que les nationaux.

« Art. 11. Les incapacités édictées par les lois, et entraînant la privation du droit électoral politique ou municipal, font perdre le droit électoral paroissial.

« Art. 12. En cas d'indignité notoire, la radiation ou l'omission des noms est prononcée par le conseil presbytéral au scrutin secret, sans discussion, et seulement à l'unanimité des voix.

« En cas d'appel, le consistoire, dans les églises réformées, et dans celles de la confession d'Augsbourg, le directoire, décident en dernier ressort.

« Toute réclamation pour cause d'omission ou de radiation, est d'abord adressée au conseil presbytéral. Elle n'est prise en considération que si elle est personnelle, directe et formulée par écrit.

« Art. 13. Le registre paroissial est ouvert le premier janvier et clos le 31 décembre, pour servir aux élections de l'année suivante.

« Il est révisé tous les ans, au mois de décembre, en conseil presbytéral.

« Il est tenu en double, et l'un des exemplaires est déposé aux archives, chez le pasteur-président.

« Les pasteurs et les membres de l'église peuvent toujours en prendre communication, sans que jamais le registre puisse être déplacé.

« Art. 14. Tout membre de l'église, inscrit au registre paroissial, qui a transféré son domicile dans une autre paroisse, peut requérir l'extrait de son inscription. Cette pièce, signée du président et du secrétaire, est adressée au conseil presbytéral de la nouvelle résidence, et elle tient lieu de justifications exigées, hormis celle du domicile.

« Dans les églises de la confession d'Augsbourg, cette transmission se fera par l'intermédiaire du directoire.

« Art. 15. Les élections ont lieu au scrutin secret et à la majorité absolue des suffrages. Si la majorité absolue n'est pas acquise au premier tour de scrutin, une seconde élection a lieu ; et, dans ce cas, la majorité relative suffit.

« Art. 16. S'il y a partage égal de voix entre deux candidats, le plus âgé est déclaré élu. En cas de nomination de deux ou plusieurs parents, ou alliés aux degrés prohibés, celui qui a réuni le plus de voix est élu.

« Art. 17. Le vote a lieu sous la présidence d'un pasteur, ou, à défaut, d'un ancien désigné par le conseil presbytéral. Deux électeurs, désignés également par le conseil presbytéral, complètent le bureau. L'un d'eux remplit les fonctions de se crétaire.

« Art. 18. Les bulletins sont écrits à la main, dans le lieu même du vote, soit par l'électeur, soit par un tiers qu'il en chargera. Ils contiendront autant de nom qu'il y aura d'anciens à élire.

« Art. 19. Le consistoire statue sur la validité des élections, informe le préfet du résultat, et adresse au ministre des cultes une ampliation du procès-verbal général

« Dans les églises de la confession d'Augsbourg, le consistoire statue, sous la ré serve de l'approbation du directoire. Les procès-verbaux sont envoyés à l'inspection ecclésiastique, qui les transmet au directoire. Après chaque renouvellement, le di rectoire adresse au ministre le tableau général.

« Art. 20. Les conseils presbytéraux sont renouvelés tous les trois ans par moitié

« Le renouvellement, dans les paroisses où le nombre des anciens est impair porte alternativement sur la plus forte et la plus faible moitié, en commençant par la plus forte.

« Art. 21. Les membres sortants des conseils presbytéraux et des consistoires peuvent toujours être réélus.

« Art. 22. Si une ou plusieurs places d'anciens deviennent vacantes au conseil presbytéral, le consistoire décide s'il y a lieu de faire procéder à une élection par tielle. Dans la confession d'Augsbourg, c'est le directoire qui décide, sur l'avis du consistoire.

« L'élection ne peut être ajournée si le conseil presbytéral a perdu le tiers de ses membres.

CHAPITRE III. — *Dispositions générales et transitoires.*

« Art. 23. Pour la première fois, le registre paroissial sera dressé.

« Dans l'église du chef-lieu, par le consistoire actuel, qui s'adjoindra, à cet effet, un nombre de membres de l'église, égal à celui des anciens.

« Dans les paroisses sectionnaires, par le pasteur, assisté de quatre membres au moins de l'église, désignés par le consistoire.

« On se conformera, d'ailleurs, en tout aux dispositions du présent règlement.

« Art. 24. La première élection des conseils presbytéraux aura lieu le premier lundi du mois de décembre prochain.

« Les conseils, lorsqu'ils seront constitués, procéderont immédiatement à la no mination des délégués laïques mentionnés au paragraphe 3 de l'article 2 du décret du 26 mars.

« Art. 25. La première élection des délégués laïques appelés à doubler le nombre des conseils presbytéraux des chefs-lieux, conformément au paragraphe 2 de l'article 2 du décret précité, aura lieu un mois après l'élection des conseils presbytéraux.

« Jusqu'à cette époque, les consistoires actuels continueront à remplir leurs fonc tions, et exerceront les attributions indiquées dans l'article 20 du présent règlement.

« Art. 26. Lors du premier renouvellement triennal des conseils presbytéraux, le sort désignera les membres sortants.

« Art. 27. En exécution de l'article 2 du décret du 26 mars, les chefs-lieux actuels de consistoriales sont maintenus, sauf délimitations ultérieures des circonscriptions.

« Les conseils presbytéraux de ces chefs-lieux seront, sous les conditions ci- dessus établies, reconnus comme consistoires, et en auront les pouvoirs.

« Paris, 10 septembre 1852.

« FORTOUL. »

EXTRAIT *de l'instruction du 14 septembre 1852, pour l'application du décret du 26 mars 1852, en ce qui concerne la formation des conseils presbytéraux et des consistoires.*

« Pour l'exécution des articles 14 à 27, il y a lieu de prendre les dispositions suivantes :

« 1º Le consistoire déterminera les localités de la paroisse dans lesquelles, indépendamment du chef-lieu, un scrutin sera ouvert. Il fixera les heures précises d'ouverture et de clôture, et en donnera l'avis quinze jours au moins à l'avance au maire de la commune où le vote aura lieu. Il prendra les mesures nécessaires pour la conservation des bulletins.

« 2º Après la clôture, le scrutin sera immédiatement dépouillé par le bureau, et le procès-verbal, dressé séance tenante, sera envoyé au conseil presbytéral, qui le transmettra au consistoire. S'il y a réclamation ou protestation, il en sera fait mention au procès-verbal, et les pièces à l'appui, y compris les bulletins de vote déclarés nuls ou doubles, y seront accusés.

« 3º Tout bulletin non écrit à la main sera annulé. Si un nom se trouve répété sur le même bulletin, il ne sera compté que pour un seul vote.

« 4 Les élections générales ou partielles seront annoncées du haut de la chaire les trois dimanches précédents au moins; le résultat sera proclamé de même dans chaque paroisse, aux offices divins du dimanche qui suivra la déclaration de validité.

« 5º Les conseils presbytéraux des paroisses sectionnaires se réuniront, aussitôt après cette proclamation, pour procéder à la nomination de leurs délégués laïques, et transmettront les extraits des procès-verbaux de ces élections au conseil presbytéral du lieu.

« 6º En même temps, les corps électoraux des paroisses qui auront des représentants à élire, en sus de leurs délégués, conformément à l'article 3 du règlement, seront appelés à procéder à ces élections.

« 7º Après les nominations, le consistoire sera convoqué sans délai pour se constituer et choisir son président.

« 8º L'installation des conseils presbytéraux aura lieu, à l'issue de l'office divin, les dimanches suivants, et sera faite par le président du consistoire ou par un pasteur qu'il aura délégué. Dans les églises de la confession d'Augsbourg, l'inspecteur ecclésiastique pourra, s'il le juge à propos, procéder à l'installation.

« 9º Dans les églises de la confession d'Augsbourg, l'autorité directoriale interviendra partout où il sera nécessaire pour l'exécution du règlement. »

Nous avons hésité à donner les documents précédents, mais, après y avoir réfléchi, nous avons vu qu'il était utile et même nécessaire à un grand nombre d'ecclésiastiques de connaître l'organisation civile du culte *protestant*, surtout aux curés des localités mixtes si nombreuses en France, et que ceux-ci dans plus d'une circonstance auront besoin de consulter ces documents.

Si nous n'avions craint de trop nous écarter du but de cet ouvrage, nous aurions pu présenter quelques considérations sur le culte *protestant*. Nous ferons néanmoins remarquer qu'il y a une distinction à faire entre les religions *protestantes* et la religion catholique. L'au-

torité du gouvernement est, comme on peut le voir dans les documents précédents, le pouvoir supérieur pour tout ce qui tient au
règles extérieures et à la discipline des cultes *protestants*. Il a donc
un pouvoir beaucoup plus étendu que sur le culte catholique ; et dès
lors leur liberté pourrait être plus facilement modifiée, sans porter
atteinte aux lois fondamentales.

Une seconde distinction à faire entre la liberté des cultes *protes-*
tants et la liberté du culte catholique, est relative à leur *publicité*.
Le concordat, par son article 1er, dit que la religion catholique sera
librement exercée en France, et que *son culte sera public*. Cette loi
n'accorde pas la même publicité au culte *protestant*.

· Si la non publicité du culte *protestant* doit s'entendre en ce sens
que le culte se renferme dans l'intérieur du temple, il ne faut pourtant pas en conclure que toute manifestation extérieure soit défen-
due ; les temples peuvent s'annoncer par des signes ou des inscriptions, et il n'est pas interdit à ces ministres de se distinguer par un
costume approprié à leur état. Si leur présence en public, dans une
cérémonie telle que des obsèques, donnait au culte quelque chose
d'extérieur, l'autorité civile devrait accorder une protection exigée
pour la liberté religieuse.

Le législateur a été plus loin, dans l'intérêt de la minorité des citoyens ; il a voulu que le culte même de la majorité fît des concessions. Ainsi, l'article 45 des articles organiques du culte catholique
défend les cérémonies hors des édifices religieux dans les villes où
il y a des temples destinés à différents cultes. Remarquons que la loi
ne dit pas : *dans les lieux où il y a des individus professant des cultes*
dissidents, mais dans les villes OU IL Y A DES TEMPLES. Il ne suffirait
donc pas, dit M. Gaudry, que des *protestants* existassent en nombre
plus ou moins grand dans une localité, pour empêcher l'exercice public du culte catholique : leur respect et leur silence est une concession que la loi exige dans l'intérêt de l'ordre social. La loi parle
de lieux *où il y a des temples*, parce que l'existence des temples appelle, en général, un plus grand concours de fidèles, plus de ferveur
religieuse, et qu'il a fallu empêcher les collisions de deux cultes dont
la célébration pourrait gêner l'un ou l'autre. C'est la religion même
que l'on veut ainsi protéger.

Par temple, on n'entend pas seulement une *chapelle* ou un *oratoire*.
Il ne peut pas dépendre de la volonté d'un petit nombre d'individus
d'ôter à la majorité des citoyens la publicité de leur culte, en élevant
une construction décorée du nom de temple ou de chapelle ; il ne suffirait pas même qu'il existât dans une localité un nombre plus ou
moins grand de personnes attachées à un culte dissident. Il faut, par
l'application de l'article 45 de la loi organique, *un temple légalement*
érigé ou reconnu. Suivant l'article 16 de la loi organique du culte

protestant on n'autorise d'église *protestante* que par 6,000 âmes de population. Partout, où cette église n'existe pas, il n'y a pas lieu à la restriction de l'article 45. C'est ce qui a été déclaré dès le 20 mars an XI par une lettre ministérielle dans laquelle on lit : « La disposition de l'article 45 ne s'applique qu'aux communes où il y a une église *protestante* consistoriale reconnue par le conseiller d'Etat chargé des affaires concernant les cultes; l'intention du gouvernement est, en conséquence, que les cérémonies religieuses puissent se faire publiquement dans toutes les autres (1). » Le ministre de l'intérieur, dans une circulaire du 30 germinal an XI disait aussi : « La disposition de la loi du 8 germinal an X s'applique aux communes où il y a *une église consistoriale reconnue.* » Et réciproquement, quand même il existerait un édifice ayant le nom de temple, si l'érection n'avait pas été autorisée par le gouvernement, il n'y aurait pas un *temple* dans le sens légal.

C'est ici le cas de savoir quand une église consistoriale peut exister. Portalis, directeur des cultes, dans une lettre du 14 prairial an X, explique la loi en ces termes : « La loi du 18 germinal an X a décidé qu'il faut qu'il y ait 6,000 âmes de la même communion, pour qu'il puisse y avoir lieu, chez les *protestants*, à l'établissement d'une église consistoriale; elle a jugé que cette partie du peuple était nécessaire pour fixer l'attention de la politique et de bienveillante sollicitude du gouvernement. »

Cette règle n'impose pas une limite rigoureuse : d'abord, parce que l'article 16 ne s'explique pas d'une manière restrictive; il ne dit pas : *il n'y aura qu'une église;* mais, *il y aura une église,* ce qui ne prohibe pas une extension favorable au culte *protestant;* et, en second lieu, ces mesures d'exécution, toujours subordonnées à l'état des esprits et à l'intérêt public, sont, par cela même, abandonnées à l'appréciation de l'autorité supérieure de l'Etat.

Le gouvernement pourrait même refuser l'autorisation pour une population de 6,000 âmes; car l'autorité, qui se réserve le droit d'accorder, a, par cela même, le droit de refuser; mais ce refus ne devrait avoir lieu que pour des causes graves; une population de 6,000 âmes de la même communion est dans son droit quand elle demande l'autorisation d'une église consistoriale.

Chaque conseil académique de département doit avoir un ministre de l'une des deux églises *protestantes,* dans le département où il existe des églises établies. (*Art.* 10 *de la loi du* 15 *mars* 1850.) A Paris, le conseil académique a deux ministres, l'un de la confession d'Augsbourg, l'autre de l'église réformée. (*Art.* 11.) La loi du 15 mars 1850 conférait au ministre le droit direct de nomination; mais

(1) *Recueil des circulaires,* tome Ier, page 286.

le décret du 9 mars 1852 ne le lui accorde que par délégation de l'empereur,

L'article 16 de la loi du 15 mars 1850 donnait aux pasteurs protestants le droit d'inspection des écoles primaires de leur commune; l'article 31 attribuait aux consistoires le droit de présenter au conseil municipal les instituteurs pour les écoles communales de leur culte; mais le décret du 9 mars 1852 et la loi du 14 juin 1854 ont modifié cette disposition (1).

L'article 43 de la loi du 15 mars 1850 autorise les pasteurs protestants à assister au comité de surveillance des écoles publiques cantonnales, avec voix délibérative.

PUBLICATION.

L'article 53 de la loi du 18 germinal an X (8 avril 1802) dit qu'il ne sera fait au prône aucune *publication* étrangère à l'exercice du culte, si ce n'est celles qui seront ordonnées par le gouvernement. (*Voyez* PRÔNE.)

Les *publications* ordonnées par le gouvernement doivent être autorisées par l'évêque, régulateur de tout ce qui a rapport au culte dans les églises de son diocèse : autrement le gouvernement pourrait faire publier des choses contraires à la doctrine et à la discipline de l'Eglise.

« L'ordre au prêtre de faire les annonces que prescrit le gouvernement, remarque fort bien M. de Cormenin, blesse son indépendance et confond la séparation des pouvoirs. Si vous voulez que le prêtre ne se mêle que de choses spirituelles, n'en faites pas le porte-voix de vos circulaires ministérielles. Appelez l'huissier de la mairie, et qu'au roulement du tambour il lise vos pancartes au peuple assemblé sur la place publique. »

Les maires n'ont pas le droit de publier à l'église les actes de l'administration du gouvernement. C'est auprès de l'église, à l'issue des offices, c'est à la maison de ville ou sur les places publiques, que les *publications* quelconques doivent avoir lieu quand elles se rapportent aux affaires purement séculières. (*Voyez* PRÔNE.)

Un curé, néanmoins, peut faire au prône des *publications* qui, sans concerner le culte directement, paraîtraient utiles et convenables; mais il doit s'abstenir de distraire l'attention des fidèles, en leur parlant d'objets purement temporels et profanes.

Deux décisions ministérielles déclarent que c'est dans le seul cas où le gouvernement demanderait des annonces, qu'on est tenu d'y déférer. Aucune autre autorité, pas même le préfet, n'a droit d'intimer des ordres à cet égard. (*Décision du* 30 *brumaire an XIV et de* 1808.)

(1) Voyez ce décret et cette loi au tome III, pages 389 et 401.

Les *publications* annonçant les adjudications des fabriques doivent être faites par trois dimanches consécutifs avant le jour de l'adjudication, aux termes de l'article 67 du décret de 1809 et de l'article 459 du Code civil. (*Voyez* ADJUDICATION.)

PUBLICITÉ.

Les fabriques, sauf quelques rares exceptions, ne peuvent aliéner leurs biens qu'avec *publicité* et concurrence. (*Voyez* ALIÉNATION.)

La *publicité* est toujours requise pour les adjudications de travaux et marchés, pour les baux et les emprunts. Les affiches et les publications sont les signes apparents de la *publicité*. (*Voyez* AFFICHES.)

PUITS.

On ne peut, sans autorisation, creuser aucun *puits* à moins de cent mètres des nouveaux cimetières transférés hors des communes. Celui qui contreviendrait à cette disposition pourrait, sur la demande de la police locale, et après que le préfet aurait ordonné une visite contradictoire, être condamné à combler le *puits*. (*Décret du* 7 mars 1808, *art. 1 et 2.*)

Le ministre de l'intérieur, consulté par un préfet sur la question de savoir s'il ne devait pas s'opposer à l'exécution du projet d'un conseil municipal qui avait voté des fonds nécessaires pour la construction d'un *puits* dans le cimetière communal, a répondu en ces termes : « Le décret du 7 mars 1808 n'interdit pas d'une manière absolue l'établissement des *puits*, soit dans l'intérieur, soit à proximité des cimetières ; il donne seulement à l'administration locale le pouvoir de s'y opposer dans l'intérêt de la décence ou de la salubrité publique, et, quand cet intérêt ne doit pas être compromis, le refus d'accorder l'autorisation exigée par le décret ne semblerait pas justifié. Or, dans l'espèce, le *puits* à établir dans le cimetière de la commune de X... ne paraît point présenter d'inconvénient à aucun point de vue, puisqu'il serait creusé sur un emplacement où il n'a jamais été opéré d'inhumations, et servirait exclusivement pour l'arrosage des fleurs et des arbustes cultivés dans ce lieu de sépulture. Le décret du 7 mars 1808 ne fait donc pas obstacle à ce que la proposition du conseil municipal soit accueillie. » (*Bulletin officiel du ministère de l'intérieur, année* 1868.)

Les fabriques ne peuvent faire creuser de *puits* qu'en se conformant aux usages et règlements locaux.

Le curement des *puits* est à la charge du bailleur. (*Art.* 1756 *du Code civil.*) Les fabriques doivent imposer cette obligation, dans leurs baux, à leurs fermiers.

Les communes ne peuvent établir de servitudes sur le *puits* d'un presbytère, lors même qu'elles en seraient propriétaires. Ainsi elles ne pourraient autoriser un instituteur ou toute autre personne venir puiser de l'eau au *puits* du presbytère, à moins que ce puits ne soit dans un mur mitoyen. Mais si ce *puits* est dans l'intérieur de la cour ou du jardin du presbytère, nul n'a droit d'y puiser de l'eau sans la permission formelle du curé, et encore, dans ce cas, le curé ne doit pas donner des permissions habituelles qui pourraient, par la suite, dégénérer en espèce de servitude au détriment des curés successeurs. (*Voyez* SERVITUDES, PRESCRIPTION.)

PUPITRE.

(*Voyez* LUTRIN.)

PURGE LÉGALE.

On appelle *purge légale* se mettre à l'abri des suites et des droits attachés aux hypothèques, et dégager ainsi les biens de la responsabilité des créances dont ils étaient le gage.

Les fabriques sont tenues de purger des priviléges et hypothèques leurs actes translatifs de propriété, d'acquisitions, de dons ou legs. A cet effet, elles doivent faire transcrire cet acte en entier, par le conservateur des hypothèques, au bureau de la conservation de la situation des biens. La *purge légale* se fait par le ministère d'un avoué.

Les trésoriers n'ont pas besoin d'autorisation pour exercer la *purge* d'hypothèque. Mais, s'il s'élevait des contestations, le conseil de préfecture devrait en être saisi, afin d'autoriser les fabriques à y répondre devant les tribunaux, où elles ne peuvent plaider sans autorisation. La *purge*, jusque-là, n'est qu'un acte de bonne et simple administration.

PURIFICATOIRE.

Il est défendu par la congrégation des rits de faire usage de *purificatoires* en toile de coton. (*Voyez* AUBE.)

Q

QUÊTES.

On distingue deux sortes de *quêtes*, les *quêtes* faites dans les églises et les *quêtes* faites hors des églises.

§ I. QUÊTES *dans les églises. Droits des évêques.*

Le décret du 12 septembre 1806, rapporté sous le mot BUREAU DE BIENFAISANCE, § V, et l'article 75 du décret du 30 décembre 1809, ont les seules dispositions législatives qui règlent tout ce qui a rapport aux *quêtes* dans les églises.

Il résulte des articles 1 et 2 du décret du 12 septembre 1806 et de l'article 75 du décret de 1809, combinés : 1° qu'à l'évêque appartient le droit de régler tout ce qui concerne les *quêtes* dans les églises de son diocèse, de permettre ou commander celles qu'il juge utiles, et d'interdire celles qu'il ne croit pas devoir permettre ; 2° que les marguilliers sont chargés de veiller à celles qui sont faites pour l'entretien des églises et les frais du culte ; 3° que les bureaux de bienfaisance ont le droit de faire des *quêtes* pour les pauvres, dans les églises ; que les administrateurs de ces bureaux peuvent faire ces *quêtes* eux-mêmes, sans aucun agrément préalable du curé ou desservant, mais qu'ils n'ont pas le droit de les faire faire par d'autres personnes non agréées préalablement par le curé (*voyez* BUREAU DE BIENFAISANCE, § V) ; 4° qu'un maire n'a pas droit de commander des *quêtes* dans une église.

C'est la coutume, dans un grand nombre d'églises, notamment en Normandie, qu'on quête pour les défunts et les confréries des paroisses : il convient sans doute que l'on respecte cet usage consacré par le temps et légitimé par le vœu des populations ; mais le bureau des marguilliers ne pourrait légalement empêcher cette *quête*, ni s'en approprier le produit. (*Voyez* AUMÔNES POUR LES AMES DU PURGATOIRE.)

Les *quêtes* de la fabrique doivent être inscrites, à mesure qu'elles sont perçues, sur le livre journal du trésorier. Cependant, si ce travail paraissait trop minutieux, on pourrait le déposer dans un tronc, et à chaque réunion du bureau, ou tous les trois mois, le trésorier se chargerait en recette du produit et l'inscrirait sur son registre.

Autrefois les marguilliers étaient tenus de faire, chaque dimanche et fête, les *quêtes* accoutumées, dont le produit était inscrit chaque jour, en présence du curé et de trois marguilliers, sur un registre tenu à cet effet. (*Art. 15 du règlement du 25 février* 1763.)

La levée du tronc des *quêtes* doit être constatée par un procès-verbal dressé par les membres du bureau qui en ont fait l'ouverture. Ce procès-verbal est remis au trésorier, pour lui servir de justification dans son compte annuel. Il délivre de la somme reçue une quittance, qui est déposée dans l'armoire des titres. (*Voyez*, sous le mot TRONC, un modèle de ce procès-verbal.)

Un avis du comité de l'intérieur, du 6 juillet 1831, rapporté ci-après, s'exprime ainsi : « Si dans les articles 36 et 75 du décret du 30 décembre 1809, il est question des *quêtes* à faire dans les églises pour les pauvres, et pour les frais du culte, aucune disposition de ce décret, ni aucune loi, n'a limité les *quêtes* à ces deux objets. Toutefois le pouvoir qui appartient à cet égard à l'autorité ecclésiastique est nécessairement subordonné aux mesures que l'autorité civile chargée de surveiller tous les lieux de rassemblement public, croirait devoir prendre pour empêcher des *quêtes* dont le but annoncé pourrait être de nature ou servir de prétexte à troubler la tranquillité publique. »

L'article 75 du décret du 30 décembre 1809 dit que les *quêtes* qui ont pour objet les frais du culte ou tout autre objet spécial sont autorisées, sur le rapport des marguilliers, par l'évêque, qui règle tout ce qui les concerne.

Le même avis du comité de l'intérieur, du 6 juillet 1831 (1), que nous venons de citer, remarque que « le règlement dit *sur le rapport des marguilliers*, c'est-à-dire, *après les avoir entendus*, mais n'oblige pas l'évêque à suivre leur avis. On conçoit, en effet, que si la décision n'appartenait pas à l'évêque, les marguilliers, n'appréciant pas les besoins généraux du diocèse, repousseraient souvent des *quêtes* destinées à y pourvoir, par la crainte de voir la concurrence de ces *quêtes* nuire à celles qui doivent se faire pour la fabrique : les évêques ont donc le droit de faire faire des *quêtes* sans le consentement, et même malgré le refus des fabriques. »

M. Prompsault (2) ne reconnaît pas aux évêques le droit d'ordonner des *quêtes* dans les églises sans l'*assentiment* des marguilliers, et la raison qu'il en donne, c'est que « les maires, les préfets, les ministres eux-mêmes, n'ont pas le droit d'ordonner des *quêtes* dans les églises, ou de régler la manière dont il convient de les faire. A peine, ajoute-t-il, reconnaissons-nous ce droit à la loi civile elle-même. » C'est pourquoi « M. Affre *est dans l'erreur* lorsqu'il pense que toute *quête* ordonnée par l'évêque ne peut être empêchée ni par les marguilliers, ni par le curé. Cela était vrai avant la publication du décret de 1809; mais, depuis, les marguilliers *ont le droit d'empêcher une quête qu'ils n'ont pas consentie.* »

Quoi! les marguilliers ont le droit d'empêcher une *quête* extraordinaire que l'évêque ordonnerait de faire dans les églises, soit pour les besoins de ses séminaires ou autres établissements religieux, soit pour implorer des secours en faveur de malheureux enfants restés orphelins par suite d'une épidémie, d'infortunés qui auraient tout perdu dans un incendie, une inondation, etc., etc. ! Nous ne réfuterons pas un tel sentiment qui méconnaît le droit inaliénable des évêques, car depuis l'origine du christianisme, ils ont ordonné des *quêtes* ou collectes pour secourir les malheureux et pourvoir aux frais du culte. On ne doit donc pas donner au décret de 1809 une

_____

(1) Voyez cet avis ci-après, page 207.
(2) *Dictionnaire raisonné de droit civil ecclésiastique*, tome Ier, page 386.

interprétation qui ne pouvait entrer dans l'esprit du législateur, car une loi qui ferait une telle défense aux évêques ne serait pas seulement tyrannique, elle serait absurde.

L'avis du comité de l'intérieur, du 6 juillet 1831, précité, bien qu'il soit un empiétement exorbitant sur le droit des évêques, pense, cependant, tout différemment à cet égard que M. l'abbé Prompsault, car il remarque très-judicieusement que « le règlement de 1809 dit : *sur le rapport des marguilliers*, c'est-à-dire *après les avoir entendus*, mais il n'oblige pas les évêques à suivre leur avis. On conçoit, en effet, que si la décision n'appartenait pas à l'évêque, les marguilliers, n'appréciant pas les besoins généraux du diocèse, repousseraient souvent des *quêtes* destinées à y pourvoir, par la crainte de voir la concurrence de ces *quêtes* nuire à celles qui doivent se faire pour la fabrique : les évêques ont donc le droit de faire faire des *quêtes sans le consentement*, et même *malgré le refus des fabriques*. »

Ce n'est donc pas Mgr Affre qui *est dans l'erreur*, mais bien M. l'abbé Prompsault qui enseigne par là, faute de réflexion, et, nous ne craindrons pas de le dire, par ignorance du droit canon, une doctrine bien dangereuse. L'illustre et savant prélat très-versé, lui, dans la science du droit canonique avait donc raison de s'exprimer ainsi : « Le droit des *quêtes* appartient aux évêques, non comme une chose accidentelle ou un privilége révocable, mais comme une chose inséparable de ses fonctions. Nous le retrouvons à l'origine même de l'Eglise. Les apôtres établissent des diacres pour les exercer en leur place. Dans les cinq premiers siècles, l'histoire ecclésiastique nous montre à chaque page les évêques occupés du soin des pauvres.... Mais ce soin ne leur était pas dicté uniquement par un sentiment de charité comme un conseil évangélique; ils le regardaient comme un devoir. Les lois canoniques l'avaient réglé dans ce sens et l'ont rappelé une multitude de fois. Depuis les constitutions apostoliques jusqu'au concile de Trente, il avait attiré l'attention d'une multitude de conciles. Le dernier concile général en a parlé comme d'un précepte divin : *cum præcepto divino*, dit-il, *mandatum sit omnibus quibus animarum cura commissa est*. (Sess. XXIII, *de Reform.*, c. 1.) »

Et M. Portalis, dont l'opinion ne sera certainement pas suspecte, écrivait en 1806, dans un rapport inédit adressé à l'empereur (1) : « Dans les premiers siècles de l'Eglise, les évêques et les prêtres administraient seuls les biens des églises. Ce fait est constaté par l'histoire. »

M. H. de Riancey soutient le même sentiment : « Dans les assemblées des fidèles, dit-il, l'autorité spirituelle a le pouvoir, et elle

_____

(1) *Voyez* ce rapport ci-après, p. 215.

l'a seule, de permettre que telle personne, telle association, tels corps viennent pour des besoins, pour des misères générales ou particulières, implorer la miséricorde des chrétiens réunis au pied des autels. En d'autres termes, l'évêque et le curé sous sa juridiction, les fabriques d'après les règlements rédigés par l'évêque, doivent *seuls* être en possession d'ordonner et de percevoir des *quêtes* dans les églises. »

Le droit de l'évêque, le droit du pasteur ressortent donc évidemment, et de ces faits, et de ces axiomes, et nous concluerons, en disant avec l'énergique laconisme de Mgr Affre : « Tout ce qui concerne les *quêtes* doit être réglé par l'évêque sur le rapport des marguilliers. »

Le produit des *quêtes* faites dans une église pour les frais du culte est versé dans la caisse de la fabrique. Celui des *quêtes* faites pour les pauvres est versé dans celle du bureau de bienfaisance. (*Voyez* BUREAU DE BIENFAISANCE.)

« La loi du 7 frimaire an V ayant institué les bureaux de bienfaisance pour administrer les biens des pauvres, recevoir les dons qui leur sont faits, et leur distribuer les produits de ces biens et aumônes, c'est à eux seuls qu'il appartient de recevoir les aumônes faites aux pauvres. Le produit de toute *quête* faite pour les pauvres doit donc leur être remis exclusivement, et les curés ne peuvent faire un semblable appel à la charité, afin d'en distribuer eux-mêmes le produit à des pauvres honteux. » (*Avis du comité de l'intérieur et des cultes, du 6 juillet* 1831.) Dans ce cas, les curés devraient obtenir une autorisation de l'évêque.

Le produit des *quêtes* faites dans une église pour les frais du culte appartient à la fabrique. Celui des *quêtes* pour les pauvres doit être versé dans la caisse du bureau de bienfaisance. Les évêques peuvent, en outre, ordonner ou autoriser dans les églises des *quêtes* pour une destination autre que les besoins du culte et ceux des pauvres. Ils ne sont pas tenus, à cet égard, de se conformer au rapport des marguilliers. Les curés ou desservants ne peuvent faire dans leur église aucune *quête*, soit à leur profit, soit dans un intérêt religieux. Seulement, l'usage a établi que les offrandes présentées à l'autel leur seraient dévolues.

Ces solutions résultent de la lettre ministérielle ci-après :

LETTRE *du* 19 *juillet* 1865, *de M. le garde des sceaux, ministre de la justice et des cultes* (M. Baroche) *à M. le préfet de Loir-et-Cher.*

« Monsieur le préfet,

« Le 17 mai dernier, vous avez consulté M. le ministre de l'intérieur sur la question de savoir si un curé qui a fait une *quête* dans son église, à l'occasion d'un mariage, a le droit de profiter seul du produit de cette *quête*, à l'exclusion de la fabrique.

« Comme il ne s'agit point d'une collecte au profit des pauvres, M. le ministre de l'intérieur m'a transmis cette affaire, qui semble, en effet, rentrer plus particulièment dans les attributions de l'administration des cultes.

« D'après l'article 75 du décret du 30 décembre 1809, Monsieur le préfet, tout ce qui concerne les *quêtes* dans les églises doit être réglé par l'évêque, sur le rapport des marguilliers, sans préjudice des *quêtes* pour les pauvres, qui devront toujours avoir lieu, toutes les fois que les bureaux de bienfaisance, institués par la loi du 7 frimaire an V, le jugeront convenable.

« Le produit des *quêtes* pour les frais du culte appartient à la fabrique ; celui des *quêtes* pour les pauvres doit être versé dans la caisse du bureau de bienfaisance. Mais, suivant un avis du comité de l'intérieur du conseil d'Etat, en date du 6 juillet 1831 (1), les évêques peuvent ordonner ou autoriser dans les églises dès *quêtes* pour une destination autre que les besoins du culte et ceux des pauvres. D'après le même avis, ils ne sont pas tenus, à cet égard, de se conformer au rapport des marguilliers, exigé par l'article 75 précité.

« Quant au droit personnel des curés ou desservants de faire des *quêtes* dans leur église, soit à leur profit, soit dans un intérêt religieux, aucune disposition législative ou réglementaire ne l'a reconnu.

« Seulement l'usage a établi que les offrandes présentées à l'autel leur seraient dévolues. Toutes les autres appartiennent à la fabrique, seule chargée de pourvoir aux dépenses paroissiales.

« Telles sont, Monsieur le préfet, les règles générales qui me semblent devoir répondre à la question que vous avez soumise à M. le ministre de l'intérieur. »

Avis du comité de l'intérieur du conseil d'Etat, du 6 juillet 1831, sur diverses questions relatives aux quêtes dans les églises.

« Les membres du conseil d'Etat composant le comité de l'intérieur,

« Consultés par M. le ministre de l'instruction publique et des cultes sur les questions suivantes :

« 1° Les évêques et les fabriques peuvent-ils faire faire dans les églises des *quêtes* pour une destination autre que les besoins du culte et ceux des pauvres ?

« 2° Les évêques ont-ils le droit de faire faire des *quêtes* de cette espèce, sans le consentement, et même malgré le refus des fabriques ?

« 3° Le produit de toute *quête* faite pour les pauvres dans les églises n'appartient-il pas exclusivement aux bureaux de bienfaisance, sans que les curés puissent y faire appel à la charité, afin d'en distribuer eux-mêmes le produit à des pauvres honteux ?

« Vu les pièces du dossier ;

« Vu la loi du 7 frimaire an V ;

« L'arrêté du ministre de l'intérieur du 5 prairial an XI ;

« L'ordonnance royale du 31 octobre 1821 ;

« La loi du 18 germinal an X ;

« Le décret du 30 décembre 1809 sur les fabriques des églises, et les articles 910 et 917 du Code civil,

« Sur la première question,

« Considérant que si, dans les articles 36 et 75 du décret du 30 décembre 1809,

(1) Voyez cet avis ci-dessous.

il est question de *quêtes* à faire dans les églises pour les pauvres et pour les frais du culte paroissial, aucune disposition de ce décret, d'aucune autre loi ou décret n'a limité les *quêtes* à ces deux objets;

« Que de tout temps on a fait dans les églises appel à la charité des fidèles en faveur des séminaires, ou pour d'autres dépenses diocésaines, quand les ressources ordinaires qui y sont affectées étaient insuffisantes; que toutefois le pouvoir qui appartient à cet égard à l'autorité civile chargée de surveiller tous les lieux de rassemblement public, croirait devoir prendre, suivant les localités et les circonstances pour empêcher des *quêtes* dont le but annoncé pourrait être de nature à servir de prétexte à troubler la tranquillité publique;

« Sur la deuxième question,

« Considérant que si la jurisprudence a pu varier autrefois relativement au degré d'autorité des évêques, en ce qui concerne les *quêtes* dans les églises de leurs diocèses, l'article 75 du décret du 30 décembre 1809 ne peut laisser aucun doute, qu'il a statué que les évêques, sur le rapport des marguilliers, c'est-à-dire après les avoir entendus, régleront tout ce qui est relatif aux *quêtes* dans les églises; que l'on conçoit, en effet, que si la décision n'appartenait pas aux évêques, les marguilliers n'appréciant pas les besoins généraux du diocèse, repousseraient souvent les *quêtes* destinées à y pourvoir, de crainte de voir la concurrence de ces *quêtes* nuire à celles qui doivent se faire pour leur fabrique;

« Sur la troisième question,

« Considérant que la loi du 3 frimaire an V ayant institué les bureaux de bienfaisance pour administrer les biens des pauvres, recevoir les dons qui leur sont faits, et distribuer le produit de ces biens et aumônes, d'après les dispositions du Code civil (*art.* 910 *et* 937), c'est aux bureaux de bienfaisance seuls qu'il appartient de recevoir les aumônes faites aux pauvres; que leur droit d'établir des troncs dans les églises et d'y faire des *quêtes* pour les pauvres, tel que ce droit a été établi par arrêté du ministre de l'intérieur du 5 prairial an XI, a été confirmé par l'article 75 du décret du 30 décembre 1809, qui statue que les bureaux de bienfaisance peuvent faire des *quêtes* toutes les fois qu'ils le jugent convenable, sans avoir besoin de l'autorisation de l'évêque.

« Sont d'avis que les trois questions envoyées à l'examen du comité doivent être résolues affirmativement. »

§ II. QUÊTES *faites par les bureaux de bienfaisance.*

Les empiétements sur les droits de l'Eglise ne font que s'accroître, mais il faut que le clergé maintienne son indépendance et lutte courageusement contre les prétentions exorbitantes de l'autorité civile. Nous avons déjà dit qu'elle s'était arrogé le droit de faire quêter les bureaux de bienfaisance dans les églises, comme si ce n'était pas un principe indubitable qu'il n'appartient qu'aux évêques d'ordonner ou de permettre des *quêtes* dans l'intérieur des temples catholiques. Ils ont bien voulu tolérer que les administrateurs des bureaux de bienfaisance quêtassent eux-mêmes pour les pauvres; c'est là certes une concession assez large, mais comme l'autorité civile est de sa nature envahissante, on en a tiré en certains lieux cette conséquence que les *quêtes* pour les pauvres dans les églises sont un droit réservé aux autorités municipales, qu'elles ne peuvent avoir lieu sans l'autorisation de ces mêmes autorités; c'est-à-dire, en d'autres termes, que le monopole des aumônes recueillies, même dans les églises, appartient à la municipalité, et que la charité des fidèles ne peut être sollicitée dans le temple sans la permission du maire.

L'énoncé d'une semblable théorie, d'une prétention si exorbitante qui blesse l'indépendance des assemblées religieuses, suffirait, assurément, pour démontrer combien elle est incompatible avec les notions les plus élémentaires de la justice et de la liberté. Aussi ne nous y arrêterions-nous pas si elle n'était la traduction d'une législation mal comprise et susceptible, jusqu'à un certain point, de cette malheureuse interprétation. Il nous semble donc utile d'éclairer par quelques faits et par une rapide discussion l'état du droit en cette matière, les conséquences qu'il peut avoir et les réformes qu'il appelle.

Que l'aumône doive être un acte essentiellement libre, dit avec beaucoup de raison M. H. de Riancey dans un excellent article publié sur cette question dans l'*Ami de la religion*, que celui qui donne puisse donner comme il veut, quand il veut et à qui il veut, c'est là évidemment un principe qui paraît hors de toute contestation. Que dans une société où la liberté de la religion catholique est solennellement reconnue, proclamée et garantie, les ministres de cette religion soient libres de solliciter, comme cela est leur devoir essentiel, la charité des fidèles, laquelle est pour ces fidèles un devoir étroit et la première des vertus; que les fidèles, de leur côté, soient libres de déposer entre les mains de leurs pasteurs, ou des administrateurs préposés au temporel de l'église, les aumônes dont ils voudront leur confier la disposition : ce sont encore là des axiomes dont on rougirait d'avoir à démontrer l'évidence.

En résumé, liberté de la charité, liberté de l'aumône, liberté de l'Église; que chacun choisisse le ministre de ses libéralités ; que loin de restreindre les limites de la bienfaisance on l'étende; que nul, ni pouvoir civil, ni pouvoir municipal, ne puisse émettre une prétention arbitraire, partielle ou exclusive, sur telle ou telle nature de dons ou d'offrandes; que l'autorité spirituelle soit la maîtresse des collectes qui lui sont confiées, et qu'elle seule donne les autorisations qu'elle jugera convenable aux fidèles ou aux corps qui voudront solliciter la miséricorde des chrétiens rassemblés dans le lieu saint dont elle est la gardienne; c'est à ce prix seulement que la hiérarchie, l'ordre des pouvoirs, la pratique de tous les temps, la nature même des choses, seront respectés.

Mais on objecte des dispositions législatives. Voyons donc sur quoi elles reposent. En vertu de quel principe, ou plutôt de quel prétexte, les commissions laïques municipales de bienfaisance prétendent-elles un droit quelconque sur l'aumône des fidèles, sur la bourse des citoyens? En vertu de quelle autorité le ministre de l'intérieur ou même l'empereur, se substituant au pouvoir spirituel, viennent-ils permettre à telle ou telle administration de faire une *quête* dans l'intérieur même de l'église?

Ils s'appuient sur la loi du 27 novembre 1796. Mais comment, en fait, arguer d'une loi rendue lorsque les temples étaient fermés pour s'en faire ouvrir arbitrairement l'entrée? Comment, en droit, attenter à la liberté de l'Eglise en vertu d'une loi rendue dans un temps où l'Eglise était proscrite et captive? Le concordat n'était-il pas venu stipuler l'indépendance de la religion? L'article 76 de la loi du 18 germinal an X n'avait-il pas reconnu aux fabriques le droit d'*administrer les aumônes*?

Le droit et la raison étaient contre les bureaux de bienfaisance. On essaya d'y suppléer par la force. Le ministre de l'intérieur proposa un projet de décret qu'il soumit au conseil d'Etat, et dont les considérants étaient ainsi conçus :

« L'administration des dons et aumônes offerts en faveur des pauvres, ainsi que le produit des *quêtes* et des collectes faites en leur faveur, fait essentiellement partie des attributions des commissions charitables instituées par les lois des 16 vendémiaire et 7 frimaire an V, et l'administration des aumônes dévolue aux fabriques par la loi du 18 germinal an X n'a pour objet que les aumônes offertes pour les frais du culte, l'entretien et la conservation des temples. »

Ce projet exorbitant, qui, d'une part, consommait le plus détestable envahissement, et, de l'autre, dépouillait les fabriques et les pasteurs de la libre disposition des aumônes, fut attaqué avec la plus grande vigueur, par M. de Portalis, dans un rapport très-remarquable adressé le 16 avril 1806 à l'empereur. Ce document, peu connu, et que, pour ce motif, nous rapportons ci-après, contient les doctrines les plus saines et les idées les plus élevées et les plus justes sur la liberté de la charité, et nous croyons, en reproduisant ici les principaux passages, être utile à cette sainte cause.

« L'administration des aumônes, dit M. de Portalis, n'est et ne peut être le privilège exclusif d'aucun établissement quelconque. Sans doute, les commissions charitables sont des institutions utiles, mais ce serait dénaturer leur caractère et peut-être même détruire leur utilité que de les transformer en institutions exclusives. La bienfaisance souffle comme elle veut et où elle veut; si vous ne la laissez pas respirer librement, elle s'éteindra ou elle s'affaiblira dans la plupart de ceux qui sont disposés à l'exercer. J'ajoute que ce serait mal connaître l'intérêt des pauvres que de les isoler en quelque sorte de toutes les âmes religieuses qui peuvent les protéger et les secourir : tel confie ses aumônes à une fabrique qui ne les confierait pas à un autre établissement. Loin de prescrire des limites et des conditions imprudentes à la bienfaisance, il faut lui ouvrir toutes les voies qu'il lui plaira de choisir pour s'étendre. Le considérant du projet d'arrêté est donc inconciliable avec tous les principes, avec la pratique de tous les temps et avec la nature même des choses. »

En ce qui touche le droit des fabriques d'administrer les aumônes qu'elles reçoivent, M. Portalis reprend : « Pour exclure quelqu'un de ce droit, il faudrait aller jusqu'à dire qu'il leur est interdit de recevoir les aumônes, c'est-à-dire, il faudrait détruire la liberté naturelle qu'ont les hommes qui consacrent une partie de leur fortune à des aumônes, de choisir les agents de leur bienfaisance et de leur libéralité. »

L'illustre rapporteur prouve ensuite que la loi de germinal a consacré pour les fabriques le droit qu'on veut leur enlever : « J'en atteste l'histoire de tous les temps, ajoute-t-il, les fabriques ont toujours été en possession de recevoir des aumônes et de les administrer. La religion a été la première amie du pauvre, et il est impossible de méconnaître tout ce que l'humanité lui doit. »

C'est sous l'influence de cette belle discussion que la prétention des bureaux de bienfaisance sur le monopole des *quêtes* fut rejetée. Ils se virent réduits à la simple *autorisation* de faire quêter. C'était déjà trop.

Trente ans durant, le débat en demeura à ce point. Mais en 1831, il fut tout-à-coup renouvelé avec une violence plus grande que jamais. Un avis du conseil d'Etat, du 6 juillet, et une lettre du ministre de l'intérieur au préfet de la Seine, le 14 mai 1838, établirent comme *évident* le droit *exclusif* des bureaux de bienfaisance à faire des *quêtes* et des collectes.

A cette doctrine si étrange et si intolérable, Mgr Affre répond (1) par des arguments péremptoires. Il ne connaissait pas alors les rapports de M. Portalis, encore inédits. Mais il montre combien le privilège attribué aux bureaux de bienfaisance serait *odieux*, et il termine en disant : « Il serait étrange que dans une société où tout ce que les lois n'interdisent pas, alors même qu'il blesse la morale, est toléré, permis, quelquefois même encouragé par l'administration. il fût défendu, dans le silence des lois, de faire l'œuvre par excellence de la charité, que Dieu a si spécialement bénie, et à laquelle nul homme n'ose refuser ses hommages ! Revenons au texte de la loi. Il n'y a pas d'exclusion formelle contre les curés. Si elle renfermait quelque disposition douteuse, ce serait le cas, ou jamais, de lui appliquer l'axiôme : *Odia restringenda*. Il ne sera jamais possible au législateur de proscrire les appels publics à la charité. On com-

(1) *Traité de l'administration temporelle des paroisses.*

mandera en vain à des hommes et surtout à des chrétiens de ne pas élever la voix pour exhorter leurs semblables à couvrir la nudité ou à soulager la faim, avant d'en avoir obtenu la permission d'un bureau de bienfaisance !

« S'il n'y a aucune loi à nous opposer, nous en avons de nombreuses en notre faveur et qui n'ont rien d'obscur. Nous avons la loi naturelle, loi universelle, aussi ancienne que le monde, promulguée partout où il y a des hommes. Nous avons la loi de tous les peuples civilisés ; nous avons nos livres sacrés, toutes nos traditions, tous nos enseignements ! »

Devant de telles paroles et de telles autorités, le doute n'est plus possible. Il reste, à la vérité, un texte de décret qui *autorise* les bureaux de bienfaisance ; mais quant à leur monopole, il ne saurait être invoqué sans la plus odieuse violation de tous les principes.

Or, ce texte, il est évidemment à réformer. Il faut, de plus, que la loi de frimaire an V (novembre 1796) soit complétement revisée et refondue : c'est trop déjà qu'elle ait pu servir de base ou même de prétexte à d'aussi étranges empiétements.

Les curés peuvent recevoir des libéralités spécialement destinées aux pauvres de leur paroisse et qui leur seraient faites de la main à la main. Ils peuvent également distribuer, sans être tenus d'en rendre compte, les revenus des biens donnés ou légués aux pauvres, sous cette condition, par certains donateurs ou testateurs.

Mais ils n'ont pas droit de *quêter* ou faire *quêter* pour les pauvres honteux. Le droit de faire des *quêtes* en faveur des pauvres dans les églises et autres lieux publics appartient exclusivement aux bureaux de bienfaisance.

Ces solutions résultent de la décision ci-après de M. le ministre de la justice et des cultes.

LETTRE *du 23 novembre 1838, de M. le ministre de la justice et des cultes* (M. Barthe), *à Mgr l'archevêque de Paris.*

« Monseigneur,

« M. le curé de Belleville a organisé dans sa paroisse un comité de dames qu'il préside et dont les membres sont notamment chargés de faire des *quêtes* dans l'église au profit des pauvres, auxquels elles sont distribuées sans l'intervention du bureau de bienfaisance.

« Les administrateurs de cet établissement ont considéré ces *quêtes* comme illégales et comme nuisibles au produit de celles qu'ils font directement dans l'intérêt des pauvres inscrits sur les registres de l'administration. Ils ont demandé, en conséquence, la suppression des *quêtes* ordonnées par M. le curé.

« M. le ministre de l'intérieur, auquel la question avait été soumise, l'a décidée en faveur du bureau de bienfaisance ; mais, comme les difficultés n'ont point cessé, il a cru devoir me communiquer le dossier de l'affaire, en m'invitant, dans le cas où je partagerais son opinion, à intervenir pou r aplanir esdifficultés en ce qui me concerne.

« La loi du 7 frimaire an V (1) à institué les bureaux de bienfaisance pour l'administration des biens des pauvres et la distribution des secours; et, aux termes de
l'arrêté du 5 prairial an XI, du décret du 12 septembre 1806 (2), et de l'article 75
du décret du 30 décembre 1809, les administrateurs des bureaux de bienfaisance
ont le droit de faire, dans les églises, des *quêtes* pour les pauvres.

« Des difficultés se sont élevées à diverses époques et dans plusieurs localités sur
l'étendue de ce droit : le clergé l'a considéré généralement comme énonciatif et
n'interdisant pas, dès-lors, aux curés et desservants de faire, avec l'autorisation de
l'évêque diocésain, des *quêtes* pour les pauvres dans les églises et d'en distribuer
directement le produit sans l'intervention des administrations charitables. Les bureaux de bienfaisance ont pensé, au contraire, que le droit qui leur est attribué de
quêter pour les pauvres dans les églises est *exclusif*.

« Suivant un avis du comité de l'intérieur du conseil d'État du 5 juillet 1831 (3),
c'est dans ce dernier sens que doivent être interprétés les lois et règlements sur la
matière. La question sur laquelle le comité avait été appelé à délibérer était ainsi
conçue : « Le produit de toute *quête* faite pour les pauvres dans les églises n'ap-
« partient-il pas exclusivement aux bureaux de bienfaisance, sans que les curés
« puissent y faire un semblable appel à la charité, afin d'en distribuer le produit
« à des pauvres honteux ? » Les motifs de cet avis sont : que la loi du 7 frimaire
« an V ayant institué les bureaux de bienfaisance pour administrer les biens des
« pauvres, recevoir les dons qui leur sont faits et leur distribuer le produit de ces
« dons et aumônes d'après les dispositions du Code civil (*art. 910 et 937*), c'est aux
« bureaux de bienfaisance seuls qu'il appartient de recevoir les aumônes faites aux
« pauvres; que leur droit d'établir des troncs dans les églises et d'y faire les *quêtes*
« pour les pauvres, tel que ce droit est établi par l'arrêté du ministre de l'intérieur
« du 5 prairial an XI, a été confirmé par l'article 75 du décret du 30 décembre
« 1809 qui statue que les bureaux de bienfaisance pourront faire ces *quêtes* dans
« toutes les églises toutes les fois qu'ils le jugeront convenable, sans avoir besoin
« de l'autorisation de l'évêque. »

« Cet avis a été depuis adopté comme règle pour la solution des questions de
l'espèce. Il n'empêche cependant pas MM. les curés de recevoir des libéralités spécialement destinées aux pauvres de leur paroisse, et qui seraient faites de la main à
la main. Le gouvernement va même plus loin, car il n'hésite pas à autoriser l'exécution des volontés manifestées par certains donateurs ou testateurs que les revenus
de biens donnés ou légués par eux en faveur des pauvres leur soient distribués par
les curés sans qu'ils soient tenus de rendre compte au bureau de bienfaisance, bien
que celui-ci soit propriétaire du fonds. L'intérêt des pauvres honteux se trouve donc
pleinement ménagé tout en exécutant la loi.

« En somme, M. le ministre de l'intérieur a parfaitement résumé la jurisprudence
dans une lettre qu'il a écrite sur l'affaire qui nous occupe à M. le préfet de la Seine,
le 14 mars dernier. Cette lettre renferme le passage suivant :

« Il est évident que les bureaux de bienfaisance, qui ont un caractère légal pour
« représenter les pauvres, ont aussi seuls le droit de faire des *quêtes* publiques à

(1) Voyez cette loi sous le mot BUREAUX DE BIENFAISANCE.
(2) Ce droit est également rapporté sous le mot BUREAUX DE BIENFAISANCE.
(3) Voyez cet avis ci-dessus, page 207.

« leur profit et d'en répartir le montant de la manière qui leur paraît la plus con-
« venable. On ne peut empêcher sans doute les curés de recevoir de la main à
« main les aumônes que des personnes charitables peuvent leur verser en secret, en
« leur laissant le soin d'en faire la distribution ou en fixant elles-mêmes l'emploi
« de leurs libéralités. Les curés ne sont, dans ce cas, que les mandataires officieux
« choisis par la confiance privée, comme pourrait l'être toute autre personne; mais
« il n'en est pas de même lorsqu'ils organisent des comités de charité, font des quêtes
« publiques au profit des pauvres et disposent de leur produit sans rendre compte
« de l'emploi qu'ils en ont fait. Ils se constituent alors publiquement et officielle-
« ment représentants des pauvres, agissant en leur nom et pour leur compte, et se
« substituant au lieu et place des bureaux de bienfaisance en s'arrogeant des qua-
« lités et des fonctions que les lois n'attribuent qu'à ces administrateurs charitables. »

« Je crois donc, Monseigneur, devoir vous communiquer ci-joint les pièces relatives aux difficultés survenues entre le curé et le maire de Belleville, en vous priant
de prendre les mesures nécessaires pour les faire cesser et de m'informer ensuite
du résultat de ces mesures. »

§ III. Quêtes *dans les chapelles publiques.*

Dans le premier paragraphe, nous avons parlé des *quêtes* qui se
font dans les églises, mais nous n'avons rien dit des *quêtes* faites dans
une chapelle publique où l'on ne fait pas de service paroissial, mais
où le curé et les autres ecclésiastiques de la paroisse célèbrent quelquefois la messe, ou quelque autre partie du service divin. Mgr Affre,
qui a examiné cette question la résout ainsi (1) :

« Si la chapelle est reconnue propriété de la paroisse, il nous
semble que l'édifice, les *quêtes* et le produit des troncs doivent être
administrés par la fabrique. Si la chapelle, quoique ouverte au public, est une propriété privée, nous ne voyons pas à quel titre la
fabrique serait chargée de l'administrer. Mais nous pensons que c'est
un abus que l'existence de pareilles chapelles, et que, dans le cas
où l'ouverture au public serait autorisée par l'évêque, il devrait le
faire sous la condition, ou que la chapelle sera donnée à la fabrique,
ou au moins administrée par elle pendant tout le temps que l'office
divin y sera célébré.

« En principe général, on ne peut percevoir de droit, ou faire
des *quêtes* dans un édifice, ou dans un lieu ouvert au public, sans
y être autorisé. Ici l'autorisation n'existe ni par une disposition générale de la loi, ni par une concession spéciale de l'autorité compétente.

« Il est évident que ce que nous disons ici des chapelles ouvertes
au public, ne peut regarder ni les chapelles vicariales, ni les annexes, ni les anciennes églises supprimées, puisque toutes ces chapelles sont des propriétés publiques, et que nous n'avons fait mention que d'une propriété privée. Nous n'avons pas non plus prétendu

(1 *Traité de l'administration temporelle des paroisses*, 3e édit., page 152.

parler des chapelles placées dans des maisons particulières, dont les propriétaires ne souffrent pas des *quêtes* pour l'entretien ou l'ornement de l'édifice. Ces chapelles sont très-utiles dans quelques paroisses, à une partie de la population, que le propriétaire consent y admettre, et qui, faute de ce secours, serait privée de l'assistance de l'office divin. Il faut cependant qu'elles soient autorisées de manière à ne pas nuire à l'office paroissial. »

RAPPORT *de Portalis à l'Empereur pour faire accorder aux fabriques l'administration générale des dons et aumônes offerts en faveur des pauvres.*

« Paris, 16 avril 1806.

« Sire,

« J'ai l'honneur de soumettre à Votre Majesté quelques observations sur un projet de décret qui est sur le point d'être discuté dans votre conseil d'Etat, et qui est relatif aux *quêtes* et collectes en faveur des pauvres et des hospices, dans les églises.

« On lit dans le *considérant* de ce projet de décret, que « l'administration des « dons et aumônes offerts en faveur des pauvres, ainsi que du produit des *quêtes* « et collectes faites en leur faveur, fait essentiellement partie des attributions des « commissions charitables instituées par les lois des 16 vendémiaire et 7 frimaire « an V, et que l'administration des aumônes, dévolue aux fabriques par la loi du « 18 germinal an X, n'a pour objet que les aumônes offertes pour les frais du culte, « l'entretien et la conservation des temples. »

« Les commissions charitables n'ont été établies que par des lois dont la date est certainement bien antérieure au rétablissement du culte. On ne peut donc argumenter de ces lois pour enlever aux fabriques des églises des droits qui sont inhérents à leur existence.

« L'administration des aumônes n'est et ne peut être le privilége exclusif d'aucun établissement quelconque : les aumônes sont des dons volontaires et libres ; celui qui fait l'aumône pourrait ne pas la faire ; il est le maître de choisir le ministre de sa propre libéralité. La confiance ne se commande pas, on peut la donner ou la refuser à qui l'on veut.

« Les lois n'ont jamais entrepris de forcer le retranchement impénétrable de la liberté du cœur ; l'homme qui est en état de faire l'aumône, et qui en a la volonté, peut donc s'adresser même à de simples particuliers. A qui appartiendra donc l'administration de ces aumônes ? A celui ou à ceux que le donateur aura chargé d'en faire la distribution. Il n'y a et il ne peut y avoir d'autre règle en pareille matière. Ebranler cette règle, ce serait tarir la principale source des aumônes.

« Comment serait-il possible de penser que les fabriques sont exclues du droit d'administrer les aumônes qu'elles reçoivent ? Dans ce système, il faudrait aller jusqu'à dire qu'il leur est interdit d'en recevoir, c'est-à-dire, il faudrait détruire la liberté naturelle qu'ont les hommes qui consacrent une partie de leur fortune à des aumônes, de choisir les agents de leur bienfaisance et de leur libéralité.

« La loi a prévu elle-même que les fabriques auraient des aumônes à administrer, puisque par l'article 76 de la loi du 18 germinal an X, elles sont expressément chargées de cette administration.

« On voudrait donner à entendre que, dans cet article, le mot *aumône* ne s'applique qu'à ce qui est donné pour les frais du culte. Mais 1° jamais le mot aumône n'a été appliqué à de pareils dons.

« Il faudrait renoncer à toutes les notions du droit canonique pour confondre des objets qui ne se ressemblent pas, et qui ont toujours été exprimés par des mots différents.

« 2° On lit dans l'article 76 qu'il sera « établi des fabriques pour veiller à l'en « tretien et à la conservation des temples, à l'administration des aumônes. »

« Il est évident que le législateur a très-bien distingué le soin de l'entretien et de la conservation des temples d'avec l'administration des aumônes. Ce sont là deux choses que l'on ne peut identifier quand la loi les sépare.

« 3° J'en atteste l'histoire de tous les temps : les fabriques ont toujours été en possession de recevoir des aumônes et de les administrer ; la religion a été la première amie des pauvres, et il est impossible de méconnaître tout ce que l'humanité lui doit.

« Sans doute, les commissions charitables sont des institutions utiles ; mais ce serait dénaturer leur caractère et peut-être même détruire leur utilité, que de les transformer en institutions exclusives. La bienfaisance souffle comme elle veut, et où elle veut. Si vous ne la laissez pas respirer librement, elle s'éteindra ou elle s'affaiblira dans la plupart de ceux qui sont disposés à l'exercer. J'ajoute que ce serait mal connaître l'intérêt des pauvres que de les isoler en quelque sorte des âmes religieuses qui peuvent les protéger et les secourir ; tel confie ses aumônes à une fabrique, qui ne les confierait pas à un autre établissement. Loin de prescrire des limites et des conditions imprudentes à la bienfaisance, il faut lui ouvrir toutes les voies qu'il lui plaira de choisir pour s'étendre. Le considérant du projet d'arrêté est donc inconciliable avec tous les principes, avec la pratique de tous les temps, et avec la nature même des choses.

« Si l'on passe ensuite aux dispositions du projet de décret, elles donnent lieu à des réflexions que je crois devoir mettre sous les yeux de Votre Majesté ; on se propose de faire ordonner que les commissions charitables, les hospices et autres établissements, pourront quêter dans les églises avec une entière liberté, et sans préfixion de temps, pour les pauvres ; on ne réserve aux évêques que la faculté d'agréer les personnes commises pour les *quêtes*.

« Mais, si cette disposition était adoptée en entier, on détruirait entièrement les collectes destinées aux frais du culte, car il serait bien difficile que la charité pût suffire à tous ces objets à la fois : la concurrence pourrait nuire à tous.

« Les églises sont pauvres et les ministres le sont aussi. Dans tous les temps, les *quêtes* pour les pauvres, au nom des hospices ou de tous autres établissements publics, n'étaient autorisées qu'à certains jours où les solennités appelaient dans les temples un assez grand nombre de fidèles, et où la charité pouvait plus facilement partager ses bienfaits entre tous les objets capables de fixer son attention.

« Il serait équitable de concilier tous les intérêts par un arrangement qui conserverait quelques ressources aux églises et qui ne ferait pas concourir à chaque instant les collectes avec les *quêtes*.

« J'ai l'honneur de proposer à Votre Majesté de renvoyer au conseil d'État les observations que j'ai cru devoir lui soumettre. »

§ IV. QUÊTES *faites hors de l'église.*

Un maire n'a pas droit de défendre au sacristain de la paroisse d'aller au domicile des habitants solliciter des dons volontaires destinés à son salaire.

Un arrêté portant semblable défense est pris hors des limites du pouvoir municipal, et n'est pas obligatoire. Ainsi jugé par l'arrêt suivant de la Cour de cassation.

ARRÊT *de la Cour de cassation du 16 février* 1834.

« La Cour,

« Attendu que l'arrêté du 29 septembre dernier, du maire de la commune de.....
n'a pour objet que d'interdire au sieur Creuzel, sacristain de l'église de ladite commune, de recevoir des dons volontaires des habitants chez lesquels il allait habituellement, et vers le temps de la récolte, faire des *quêtes;* que cet acte, qui ne concerne qu'un seul individu et pour un fait particulier, ne peut dès-lors être rangé dans la classe des règlements administratifs dont parle le nº 15 de l'article 471 du Code pénal ;

« Attendu, d'ailleurs, que les règlements de l'autorité administrative ne peuvent donner lieu à l'application des peines de police, en cas de contravention, que lorsqu'ils ont été faits légalement, en vertu des articles 3 et 4 de la loi du 16-24 août 1790, et que l'arrêté du 29 septembre a été pris hors du cas prévu par ces articles ; qu'ainsi le jugement attaqué n'a pas violé le nº 15 de l'article 471 du Code pénal, etc.

« Rejette. »

Un arrêt de la Cour de cassation, du 10 novembre 1808, avait déjà statué dans le même sens (1).

C'est un usage consacré dans un grand nombre de paroisses de France, que les habitants demandent à leur curé de réciter tous les jours avant la messe, pendant un certain temps (par exemple, depuis l'Invention de la Sainte-Croix jusqu'à l'Exaltation ou jusqu'à la fin des récoltes), la Passion selon saint Jean, pour la prospérité et la conservation des fruits de la terre. De temps immémorial, ces fidèles sont dans l'habitude d'offrir à leur pasteur, comme rétribution de cet office particulier, quelques productions du pays. Dans certaines paroisses, c'est du blé en gerbes ou en grain ; dans d'autres, de la vendange ou du vin ; dans d'autres, des fromages ou de l'argent. Lorsque les récoltes sont terminées, le bedeau ou quelques personnes commises par le curé, qui souvent les accompagne, parcourent les communes, et vont recueillir les offrandes volontaires offertes par les fidèles.

Le tribunal civil d'Arbois, par un jugement du 17 décembre 1834, a décidé que les *quêtes* ou collectes effectuées dans les paroisses au profit des pasteurs ne sont défendues par aucune loi et passibles d'aucune peine ; que l'arrêté par lequel un maire, même avec l'autorisation du préfet, interdirait de pareilles *quêtes* serait illégal ;

(1) Voyez cet arrêt ci-après, page 224.

qu'il n'obligerait ni les citoyens ni les tribunaux, et ne pourrait servir de base à aucune condamnation ; qu'un maire n'a pas le droit
de saisir le produit d'une *quête* effectuée dans la commune au profit
du curé ou desservant; que le maire qui se permet un semblable
abus de pouvoir doit être, sur la demande du curé ou desservant,
portée devant le tribunal de l'arrondissement, condamné à restituer
immédiatement les objets saisis et à tous les dépens de l'instance;
qu'il peut même être condamné à des dommages-intérêts ; que, pour
introduire cette action contre un maire, il n'est pas nécessaire d'obtenir préalablement aucune autorisation du gouvernement ni du
conseil d'Etat, et que les tribunaux civils sont seuls compétents pour
statuer (1).

Ainsi, les curés et desservants ont le droit de faire à leur profit
des *quêtes* volontaires, sans que les maires puissent s'y opposer.
Cependant ces *quêtes* ne doivent pas être imposées aux paroissiens
comme obligatoires pour eux ; les délibérations des conseils municipaux qui les prescriraient comme telles, même à titre de supplément
de traitement, ne seraient pas légales. Les maires, dans ce cas, seraient fondés à s'y opposer et à les dénoncer à l'autorité administrative supérieure ; c'est ce qui résulte, d'ailleurs, des décisions ministérielles ci-après.

LETTRE *de M. le ministre des cultes* (M. Barthe), *à M. le préfet
de la Corse.*

Paris, le 14 septembre 1838.

« Monsieur le préfet,

« J'ai reçu, avec la pièce qui l'accompagnait, la lettre que vous m'avez fait l'honneur de m'écrire, le 27 août dernier, pour me demander des instructions au sujet
des *quêtes* à domicile, en faveur des curés et desservants. Vous exposez que ces
quêtes avaient été autorisées par des délibérations municipales, en vertu de l'art. 67
de la loi du 18 germinal an X, comme indemnité des oblations auxquelles les curés
et desservants avaient renoncé; mais que ces derniers ayant prétendu les convertir
en impositions extraordinaires forcées, malgré les lois existantes, l'un de vos prédécesseurs rappela aux maires que les délibérations antérieures des conseils municipaux sur cet objet ne devaient plus sortir aucun effet. Ces instructions furent
approuvées par M. le ministre de l'intérieur, en 1825. L'usage des *quêtes* consistant
en denrées s'est néanmoins maintenu dans plusieurs communes; tandis que, dans
quelques autres, les maires, étant en opposition avec les curés, ont voulu les empêcher.

« Vous reconnaissez que ces *quêtes* ne sauraient être assimilées à des actes de
mendicité; et bien que les traitements ecclésiastiques aient été élevés en vertu de
lois successives, vous pensez qu'il eût été à désirer que le produit des *quêtes* fût
remplacé par des suppléments de traitements, si ce moyen n'était pas impraticable
dans les communes, généralement pauvres, de la Corse.

« Le droit de *quête* n'est établi par aucune loi en faveur des curés. Ceux-ci ne

(1) Voyez ce jugement ci-après, page 225.

peuvent donc exiger, en nature ou autrement, de leurs paroissiens, aucune rétribution au-delà du tarif diocésain, seul titre qu'ils puissent légalement invoquer. On ne peut donc qu'approuver l'opposition des maires, quand elle s'est bornée à empêcher que les anciennes délibérations municipales ne fussent remises en vigueur, et les *quêtes* imposées aux habitants de leurs communes.

« Quant aux dons libres et volontaires, c'est une question délicate, qui me semble ne pouvoir être tranchée d'une manière absolue. Cet usage est peut-être suffisamment justifié dans les paroisses où c'est la compensation du casuel et où il obtient l'approbation générale. D'autres considérations locales et dignes d'attention peuvent exister en leur faveur.

« Ce n'est pas l'opposition personnelle d'un maire qui doit décider la question.

« Un maire n'a pas le droit de s'opposer à des dons volontaires, quels qu'en soient la forme ou l'objet, à moins que celui-ci ne soit contraire à la morale ou à la paix publique; mais il a le droit de veiller à ce que la perception de ces dons ne tende pas à leur donner un caractère obligatoire, et de dénoncer à l'autorité supérieure les abus qui pourraient s'introduire au préjudice des donateurs bénévoles. En principe, dans l'espèce, il est donc juste de consulter le vœu général et les habitudes du pays, en reprenant sévèrement tout ce qui serait abusif, c'est-à-dire ce qui tendrait à faire considérer les *quêtes* dont il s'agit comme la levée d'une sorte d'impôt au profit des curés et desservants.

« Je me borne, quant à présent, à ces instructions générales; si l'abus prévalait sur les avantages et demandait un remède efficace, j'interviendrais pour que Mgr l'évêque lui-même interposât son autorité, et fît rentrer les curés dans une direction plus convenable sur ce point.

« Recevez, etc. »

LETTRE *du même au ministre de l'intérieur* (M. de Montalivet).

Paris, le 7 décembre 1838.

« Monsieur le comte et cher collègue,

« Vous m'avez fait l'honneur de m'écrire, le 10 du mois de novembre, pour me communiquer un rapport de M. le préfet de la Corse, au sujet des *quêtes* à domicile au profit des curés et desservants. Vous m'exprimez le désir de connaître mon avis sur cet objet, qui peut être considéré sous d'autres rapports que celui des convenances réclamées par la dignité du caractère sacerdotal.

« M. le préfet m'a adressé, le 27 août, un semblable rapport, et je crois devoir vous transmettre une copie de ma réponse du 14 septembre. J'ai pensé comme vous, Monsieur et cher collègue, que les *quêtes* dont il s'agit n'étant prohibées par aucune loi, pouvaient être tolérées, et qu'il suffirait de réprimer les abus auxquels elles donneraient lieu.

« Quant aux bienséances ecclésiastiques que l'usage des *quêtes* semblerait au premier abord pouvoir blesser, on doit considérer que rien sur ce point ne pourrait être justement apprécié, sans tenir compte des mœurs et des habitudes établies. Ce qui serait dérogeant au milieu de certaines populations, cesse de l'être parmi les habitants simples des communes rurales, et devient même un lien de mutuelle bienveillance entre le pasteur et ses ouailles. Si de graves inconvénients étaient la suite des *quêtes*, le supérieur diocésain en serait sans doute le premier frappé, et n'en demanderait pas le maintien, ainsi qu'il l'a fait.

« Recevez, etc. »

L'évêque d'Ajaccio faisait remarquer, ce qui a lieu, au reste, dans tous les autres diocèses, que ces *quêtes* n'ont aucun caractère d'illégalité, que partout elles sont libres et spontanées. La preuve en est qu'il n'y a pas de paroisse où il n'y ait quelques individus qui ne s'en affranchissent quand bon leur semble, alors même qu'elles y sont consacrées par un usage constant et général.

Ces *quêtes* ne sont, dans la réalité, que des offrandes volontaires, faites par les fidèles, et perçues par les pasteurs ; tantôt à titre d'indemnité pour des services religieux, que le curé ne serait pas tenu de faire ; tantôt à titre d'honoraires de messes qu'il acquitte pour les âmes du purgatoire ; tantôt à titre d'abonnement pour le casuel qu'il aurait le droit d'exiger, et auquel il renonce ; tantôt à titre de compensation pour les frais du culte dont il se charge, et qui devraient peser sur les fabriques, ou, lorsque celles-ci n'ont pas de revenus suffisants, sur les communes, ou à défaut des unes et des autres, sur les paroissiens ; tantôt, enfin, à titre gratuit et comme un faible supplément à des traitements dont l'excessive modicité est reconnue de tout le monde. Dans les premiers cas, ces *quêtes* sont le résultat d'une convention libre et d'une espèce de contrat synallagmatique entre le pasteur et les fidèles, qu'aucune loi ne condamne et ne saurait condamner. Dans le dernier cas, elles sont les offrandes spontanées du zèle et de la reconnaissance, offrandes qu'on ne peut que louer (*voyez* OBLATIONS), et qui entretiennent entre les populations et les pasteurs ces sentiments de bienveillance, d'union et d'attachement réciproque qu'il serait à désirer de voir régner partout.

Ces observations sont de nature à persuader tous les maires des communes rurales que les *quêtes* qui se font au profit des pasteurs, dans la plus grande partie des paroisses des diocèses de France, ne présentent aucun caractère d'illégalité et que, par conséquent, ils ne peuvent les empêcher. Cette doctrine, du reste, comme nous le disons ci-dessus, a été consacrée par plusieurs arrêts de la Cour de cassation. Il serait donc à désirer, d'après ces principes, que les curés ne fussent plus inquiétés à l'avenir, comme ils ne l'ont été que trop souvent par les autorités municipales, dans l'exercice de leur droit concernant lesdites *quêtes*. Mais s'ils l'étaient encore, ils pourraient réprimer les abus de pouvoir des maires ignorants ou tracassiers en s'appuyant des décisions ci-dessus, et en recourant, au besoin, à l'autorité supérieure qui ne pourrait se dispenser de les maintenir dans leur droit.

L'autorité municipale est sans droit pour interdire de faire des *quêtes* sans son autorisation dans la commune. En conséquence, l'arrêté qu'elle prend à cet égard n'est point obligatoire. Ainsi jugé par un arrêt de la cour de cassation en date du 3 juin 1847. Nous croyons devoir rapporter ici les circonstances qui ont amené cet arrêt et qui on feront mieux apprécier l'importance pour les paroisses où il est d'usage de faire la *quête* connue sous le nom de *quête de la passion*.

Le 7 septembre 1846, le maire de la commune de Châteldon prit un arrêté qui, sous prétexte d'assurer, dans l'intérêt des pauvres, la conservation de toutes les ressources de la commune, était en réalité dirigé contre le curé de la paroisse.

« Considérant, porte cet arrêté, que, dans cette année, qui se présente sous des auspices aussi malheureux, il importe impérieusement d'empêcher différents abus de se renouveler ;

« Arrête :

« ARTICLE 1er. Il est défendu à tous citoyens, quel que soit leur état, de se transporter dans le domicile des habitants de cette commune, pour y faire des *quêtes*, soit en vin, soit en blé, soit en argent, sans en avoir la permission de l'autorité municipale et par écrit.

« ART. 2. Tous contrevenants seront cités devant le tribunal de simple police, sans préjudice des mesures administratives à prendre à leur égard. »

Cet arrêté, d'après une lettre du sous-préfet de l'arrondissement, a été envoyé à la préfecture le 7 septembre. Il ne devait dès-lors, aux termes de la loi du 18 juillet 1837, article 11, être exécutoire que le 7 octobre suivant (1).

Cependant, le 3 octobre 1846, le sieur Leroux s'étant présenté, au nom du curé de la paroisse, chez plusieurs habitants pour y recueillir le vin qu'on est dans l'usage de donner chaque année, deux procès-verbaux furent dressés contre lui comme contrevenant à l'arrêté municipal du 27 septembre précédent. L'affaire ayant été portée devant le juge de paix, le curé a déclaré prendre fait et cause pour le sieur Leroux. Devant ce magistrat, le maire de Châteldon a soutenu lui-même comme remplissant les fonctions du ministère public, que la loi du 12-24 août 1790, en confiant à l'autorité municipale le soin de prendre les mesures nécessaires pour la tranquillité publique, lui donnait le droit, surtout dans une année aussi malheureuse, d'interdire toute *quête* particulière à domicile, et de prévenir ainsi le gaspillage des deniers destinés à la charité publique ; il ajoutait que le curé de Châteldon, ayant contrevenu à cet arrêté, devait être condamné par application de l'article 471, n° 15, du Code pénal.

Le 12 décembre est intervenu un jugement du tribunal de simple police, qui rappelle l'ancien usage en vertu duquel le curé de la paroisse avait envoyé le sieur Leroux pour faire la *quête* du vin de la Passion. Le jugement constate, en fait, que ce vin ainsi recueilli et dont une partie est portée spontanément par les propriétaires eux-mêmes, ne constitue pas une *quête*, mais seulement un don rémuné-

(1) Voyez cette loi au tome Ier, page 112.

ratoire d'un service rendu à ses paroissiens par M. le curé de Chà-
teldon, en dehors des obligations de son ministère ; en conséquence
il déclare que l'arrêté municipal du 27 septembre n'était pas obligatoire pour M. le curé de Châteldon.

Le maire s'est pourvu en cassation contre ce jugement. Dans sa
requête, il a maintenu la légalité de l'exécution de son arrêté, tendant
à interdire la *quête* faite au nom du curé de Châteldon. Pour le curé
au contraire, on a d'abord fait observer que cet arrêté avait reçu
une exécution illégale et prématurée, contrairement à la loi du 18
juillet 1837.

« L'article 11 de cette loi, a-t-on dit, porte que les arrêtés pris
par le maire sont immédiatement adressés au sous-préfet ; que le
préfet peut les annuler ou en suspendre l'exécution ; que ceux de ces
arrêtés qui portent règlement permanent ne sont exécutoires qu'un
mois après la remise de l'ampliation constatée par les récépissés
donnés par le sous-préfet. Or, la lettre du sous-préfet, jointe aux
pièces du pourvoi, constate que l'arrêté du maire de Châteldon, portant règlement permanent, a été envoyé au préfet le 7 septembre ;
cet arrêté ne devait dès-lors être exécutoire que le 7 octobre suivant, conformément à la loi précitée. Les procès-verbaux d'une prétendue contravention dressés contre le sieur Leroux sont datés du 5
octobre : ce simple rapprochement de dates suffit pour prouver que
la mise à exécution de l'arrêté à cette époque était illégale.

Mais, au reste, a-t-on ajouté, en admettant même la mise à exécution de cet arrêté comme légale, le maire de Châteldon était-il en
droit d'interdire au curé la *quête* du vin que les habitants de la commune voulaient bien lui donner ? Quel était le but de cet arrêté ?
C'était, dit le maire, dans sa requête en pourvoi, de prévenir toute
quête particulière à l'aide de laquelle, sous le *masque de l'indigence*,
on pouvait détourner les deniers destinés à secourir les malheureux,
et cet arrêté lui a paru nécessaire dans l'intérêt de la paix publique.

« Dans cette hypothèse, pour justifier l'application de l'arrêté du
maire au curé de Châteldon, il faudrait donc commencer par prouver
que celui-ci exploite, pour son compte personnel, la charité publique, et que cette collecte, faite en son nom, pouvait être une cause
de trouble pour la paix publique.

« Or, reportons-nous aux faits constatés par le jugement. Rien de
pareil n'est constaté. Ce jugement déclare que le vin recueilli par M.
le curé, en conformité d'un ancien usage, et dont une partie est
portée spontanément par les propriétaires, ne constitue pas une
quête, mais seulement un don rémunératoire d'un service rendu par
le curé à ses paroissiens, en dehors des obligations de son ministère.

« Cette collecte étant ainsi caractérisée et définie, on ne comprend pas, en vérité, en quoi la sûreté publique était intéressée à sa

ppression et pouvant motiver l'exécution de l'arrêté rendu par le aire de Châteldon.

« M. le maire prétend que cette collecte est une *dîme* prélevée ar M. le curé sur le vin de ses ouailles ; un exorbitant abus, encore lus contraire à la probité, à la morale et à la religion qu'à l'esprit l au texte d'arrêté nécessaire à la paix publique. M. le maire va usqu'à dire que M. le curé faisait noter les noms de ceux de ses aroissiens qui ne voulaient pas donner, et qu'il empêchait leurs nfants de faire leur première communion.

« Nous ne croyons pas nécessaire de répondre à ces allégations ui ne prouvent que le mauvais vouloir et l'irritation de M. le maire e Châteldon. Si M. le curé de Châteldon avait réellement des abus se reprocher, ce n'est assurément pas au maire de la commune u'appartiendrait le droit de les réformer. Mais, au reste, pour carter l'idée d'une prétendue dîme levée sur les paroissiens, d'une iolence morale exercée sur ceux qui ne voulaient pas donner, il uffit de répondre, avec le jugement du tribunal de simple police, ui avait le droit d'apprécier souverainement les faits de la cause, ue le produit de la collecte, dont une partie est portée *spontané- ment* par les propriétaires, se compose de *dons ayant un caractère rémunératoire*, et que le curé ne fait que recevoir, en vertu d'un an- cien usage, ce que les habitants veulent bien lui donner.

« La cour de cassation a déjà eu l'occasion de se prononcer sur es questions du genre de celle qui nous occupe.

« Ainsi, elle a jugé, par un arrêt du 16 février 1834 (1), qu'un acristain peut valablement se présenter au domicile des habitants our solliciter des dons volontaires destinés à son salaire. Dans l'es- pèce de cet arrêt, comme dans la cause actuelle, le maire avait ren- u, pour interdire cette *quête,* un arrêté en vertu des pouvoirs attri- ués à l'autorité municipale par la loi du 16-24 août 1790, en ce ui concerne les mesures de police à prendre dans l'intérêt de la paix ublique ; mais il était constaté, en fait, que la *quête* n'avait été ac- ompagnée ni suivie d'aucune violence matérielle et morale tendant gêner la liberté des citoyens. La cour de cassation a rejeté le pour- oi formé contre ce jugement, par le motif que les règlements de autorité administrative ne peuvent donner lieu à l'application des eines de police, en cas de contravention, que lorsqu'ils ont été faits légalement en vertu des articles 3 et 4, titre XI, de la loi du 16-24 août 1790, et que l'arrêté municipal avait été pris hors des cas pré- us par ces articles.

« On peut également voir dans le même sens un autre arrêt de la cour de cassation, du 11 novembre 1808 (2).

(1) Voyez cet arrêt ci-dessus, page 217.
(2) Voyez cet arrêt ci-après page 224.

« On peut donc conclure, par application de cette jurisprudence,
que l'arrêté du maire de Châteldon, considéré comme faisant défense au curé de cette localité de recueillir, en vertu d'un ancien
usage, et à titre de don rémunératoire, du vin chez ses paroissiens,
a une certaine époque de l'année, était illégal et ne pouvait avoir
vis-à-vis de lui force obligatoire. »

La cour de cassation, adoptant ce système, a rejeté par l'arrêt ci-
après le pourvoi formé contre le jugement du tribunal de simple
police de Châteldon :

ARRÊT *de la cour de cassation du 3 juin* 1847.

« La Cour,

« Vu l'article 471, n° 15, du Code pénal; les articles 3 et 4, titre XI, de la loi du
16-24 août 1790, et l'article 46, titre 1er, de la loi du 19-22 juillet 1791;

« Attendu que l'article précité du Code pénal ne donne la sanction pénale qu'aux
règlements municipaux faits en vertu des articles 3 et 4, titre XI, de la loi du 16-
24 août 1790, et de l'article 46, titre 1er, de la loi du 19-22 juillet 1791;

« Attendu que l'objet de l'arrêté du maire de Châteldon, daté du 7 septembre
1846, n'étant autre que d'empêcher de faire des *quêtes* dans la commune, soit en
vin, soit en blé, sans la permission écrite de l'autorité municipale, n'intéressait ni
la salubrité, ni la sûreté, ni la tranquillité des campagnes ; d'où il suit qu'il ne rentrait pas dans les matières sur lesquelles l'autorité municipale avait le droit de réglementer.

« Attendu que, dès-lors, cet arrêté étant pris hors des pouvoirs de l'autorité qui
l'a rendu, sa violation ne constitue ni crime, ni délit, ni contravention ;

« Rejette, etc. »

Voici un autre arrêt dans le même sens, mais d'une espèce différente. Il s'agissait d'une *quête* faite en faveur d'instituteurs révoqués.

ARRÊT *de la cour de cassation, du* 1er *août* 1850.

« La Cour ;

« Vu l'article 471 du Code pénal, et l'article 14, titre 1er, de l'arrêté de M. le maire
de Vassy, en date du 26 décembre 1837, qui défend de faire des *quêtes* sans autorisation municipale ;

« Attendu que le droit de faire une semblable défense ne rentrait pas dans les
limites des pouvoirs de l'autorité municipale, tracés dans les lois des 16-24 août
1790 et 19-22 juillet 1791, et qu'en refusant de le sanctionner par les dispositions de
l'article 471, n° 15, du Code pénal, et en relaxant, par suite, les prévenus, le jugement attaqué n'a violé aucune loi ;

« Rejette, etc. »

ARRÊT *de la Cour de cassation, du* 10 *novembre* 1808.

« La Cour,

« Ouï le rapport....

« Attendu qu'une *quête* faite au nom de prêtres desservants, dans l'arrondissement où ils exercent leurs fonctions, ne caractérise pas un délit de mendicité qui
soit de la compétence des tribunaux de police ;

« Et qu'en renvoyant la plainte du maire d'Allerey, devant l'autorité administative, comme portant sur des faits qui rentraient dans les attributions du pouvoir administratif et de la haute police de Verdun sur le Doubs, s'est conformé à la loi ; rejette, etc. »

ARRÊT *de la Cour de cassation, du* 13 *août* 1858 (1).

« La Cour ;

« Sur le premier moyen, tiré de la violation des lois de 1790 et 1791 ;

« Vu les articles 3 et 46 desdites lois ;

« Attendu qu'aux termes de ces lois, l'autorité municipale ne peut réglementer par des arrêtés que ce qui intéresse la sûreté, la salubrité publique, l'ordre, la via-bilité, la police des lieux publics ;

« Attendu qu'une *quête* faite à domicile ne rentre dans aucune de ces matières et ne peut y être assimilée ; que cet acte en lui-même ne porte aucune atteinte à l'ordre public ; que, s'il était l'occasion d'exigences ou de manœuvres frauduleuses, il tomberait sous la répression de la loi pénale ;

« Attendu que l'arrêté du maire d'Aumenas, en date du 20 février 1856, interdisant toute *quête* publique à domicile, excédait les limites de l'autorité municipale ; que, dès-lors, il n'a pu être la base d'aucune poursuite ni d'aucune peine ; qu'en se fon-dant sur cet arrêté pour condamner le demandeur à une amende, le tribunal de simple police d'Alzon a violé l'article 471, n° 15, du Code pénal ;

« Sans qu'il soit nécessaire de statuer sur les deux autres moyens ; Casse, etc. »

JUGEMENT *du tribunal civil d'Arbois, du* 17 *décembre* 1834.

« Le Tribunal,

« Considérant qu'il est certain en fait que, dans le cours des mois d'août et de septembre de cette année, deux voitures chargées, l'une de vingt-cinq et l'autre de trente-cinq gerbes de blé froment, et circulant dans la commune d'Ounans, ont été arrêtées par le défendeur lui-même (le sieur Delaporte, maire) et conduites dans sa grange ; que ces gerbes étaient destinées pour le sieur Perrin, prêtre succursaliste de ladite commune, auquel elles avaient été livrées par les habitants pour rétribu-tion de la récitation de la Passion, qu'il s'était engagé de faire avant la messe, chaque jour, pendant une partie de l'année ; que ledit sieur Perrin, en qualité de propriétaire de ces gerbes, a cru devoir en faire opérer la saisie-revendication ;

« Que le sieur Delaporte a fait plaider, que les tribunaux ordinaires étaient in-compétents pour statuer sur la régularité de l'action à laquelle il s'est livré, sous prétexte qu'il aurait, dans cette circonstance, agi non comme simple particulier, mais en qualité de maire de la commune d'Ounans ; que, dans ce cas, il ne pourrait être traduit en justice qu'en vertu d'une autorisation du conseil d'Etat ;

« Considérant, à cet égard, que d'abord il est certain, ainsi que cela est constaté par la requête présentée au président de ce tribunal par le sieur abbé Perrin, à l'effet d'être autorisé à exercer la saisie-revendication dont il s'agit, et par l'assigna-

(1) Il s'agissait, dans cette espèce, d'un sieur Rolland, habitant de la commune d'Aumenas et protestant, qui fit, accompagné du pasteur protestant et de l'institu-teur, une *quête* à domicile, chez tous les autres habitants. Cette *quête* avait pour objet un achat de livres religieux, destinés à être donnés en prix aux enfants de l'école protestante de la localité.

tion qui a suivi, que le sieur Delaporte n'a été assigné que comme propriétaire demeurant à Ounans, et que si l'on a joint à cette dénomination celle de maire de ladite commune, ce n'a été que parce qu'il est d'usage, en pareil cas, d'ajouter la qualité de l'individu au nom de celui que l'on fait assigner; mais qu'il est réputé assigné comme magistrat ou fonctionnaire public qu'autant que cela est exprimé d'une manière expresse, comme, par exemple, en disant qu'il est traduit en justice tant *en son nom personnel que comme maire de la commune;* que même l'avoué du défendeur, lorsqu'il s'est constitué, a déclaré qu'il le faisait pour le sieur Paul Delaporte, *propriétaire* et maire de la commune d'Ounans, sans dire non plus que c'est en cette dernière qualité qu'il procède; qu'enfin, ce n'est qu'à la présente audience qu'il a déclaré formellement au sieur Perrin qu'il n'avait agi dans cette affaire que comme maire de la commune d'Ounans, sans dire non plus que c'était en cette dernière qualité qu'il procédait; qu'enfin ce n'est qu'à la présente audience qu'il a déclaré formellement au sieur Perrin qu'il n'avait agi dans cette affaire que comme maire de la commune d'Ounans;

« Considérant qu'effectivement on ne saurait actuellement douter que le défendeur n'ait agi qu'en sa qualité de maire, ce que le procès-verbal qu'il a adressé dans le principe au procureur du roi près ce tribunal, et sa correspondance avec le sous-préfet de l'arrondissement démontrent évidemment; que toutefois il est également certain qu'il n'a pas agi, dans cette circonstance, comme administrateur des biens de la commune dont il est maire, ou comme son représentant dans une discussion d'intérêts concernant ladite commune, mais uniquement en sa qualité d'officier de police auxiliaire du procureur du roi; et en exécution des articles 9 et 11 du code d'instruction criminelle; que cela résulte du procès-verbal qu'il a dressé, dans lequel il envisage le fait qu'il reprocherait au sieur Perrin comme une infraction aux lois concernant les *quêtes* ou la mendicité, procès-verbal mentionnant la déclaration qu'il sera adressé à M. le procureur du roi, comme il l'a été effectivement, et en-suite duquel la chambre du conseil de ce tribunal, saisie de la connaissance de cette affaire, a, sur les conclusions conformes de ce magistrat, rendu une ordonnance portant que le fait incriminé n'étant prohibé par aucune loi, ne pouvait être classé parmi les délits, et qu'en conséquence il n'y avait lieu de poursuivre ultérieurement;

« Considérant que, d'après ce qui vient d'être énoncé, il est certain, abstraction faite de la présente instance, que le demandeur (M. l'abbé Perrin) a pu exercer son action devant le tribunal civil sans qu'au préalable il eût été nécessaire d'obtenir l'autorisation dont parle l'article 75 de la constitution de l'an VIII, parce que, lors-qu'un individu se prétend lésé par suite d'un acte émanant d'un maire agissant hors des fonctions qui lui sont attribuées par les lois, pour l'administration municipale, notamment comme officier de police auxiliaire du procureur du roi, cet individu est en droit d'exercer directement son action ; qu'autrement, il en résulterait qu'un fonctionnaire qui se serait livré à des actes arbitraires pourrait, pendant un temps illimité et indéfini, se soustraire à la réparation des dommages par lui causés; que c'est aussi ce qu'a décidé la Cour de cassation, par arrêts du 23 mai 1822 et autres qui se trouvent rapportés par l'arrêtiste Sirey (tome XXII, part. Ire, page 296), et aussi une ordonnance du roi, du 12 mai 1820, insérée dans le même recueil (tom. XX, deuxième partie, page 304);

« Considérant d'ailleurs qu'aucun arrêté émanant, soit du préfet, soit du sous-préfet de l'arrondissement, non plus que du maire de la commune d'Ounans, n'ont prohibé les *quêtes* ou collectes dont il s'agit, du moins applicables à ladite com-

…nie; que, lors même que semblable arrêté existerait, comme il serait *pris hors des limites posées par les lois au pouvoir municipal*, il s'ensuit qu'il ne serait pas obligatoire pour les juges, ainsi que l'a décidé la cour de cassation du 16 février …3 (1), dans une espèce presqu'identique à celle en question, en se fondant sur … dispositions des articles 3 et 4, titre II, de la loi du 24 août 1790 et 471, n° 15, … nouveau Code pénal qui parle de règlements *légalement faits* par l'autorité administrative, ce qui nécessairement suppose aux magistrats de l'ordre judiciaire le … d'examiner et de décider si le règlement est *légalement fait*;

« Considérant que la loi du 18 germinal an X, invoquée aussi par le sieur Dela… pour motiver l'incompétence qu'il propose, n'est pas applicable à l'espèce, … qu'il n'y aurait qu'un ecclésiastique défendeur à une action, rachetée contre … pour abus que l'on prétendrait qu'il aurait commis dans l'exercice de ses fonc… qui sont fondés à décliner la juridiction ordinaire, et à demander son renvoi … le conseil d'État, et non l'individu assigné par un ecclésiastique, qui reven… à cet individu des choses mobilières qu'il prétend lui appartenir;

« Considérant enfin que la demande du sieur abbé Perrin bien définie n'est autre … qu'une action réelle, en *revendication d'objets mobiliers*, exercée contre le défendeur en sa qualité de *détenteur desdits objets*, ce qui constitue une pure … de *propriété*, du ressort des tribunaux ordinaires; d'où il suit que sous quelque point de vue qu'on envisage cette contestation, ni la loi du 24 août 1790, … celles du 18 germinal an X, non plus que l'article 75 de l'acte constitutionnel de l'an VIII, ne renferment de disposition de nature à rendre le tribunal incompétent;

« Considérant sur le fond que l'avoué du sieur Delaporte a déclaré n'avoir charge que pour soutenir l'incompétence du tribunal et faire défaut en ce qui concerne la question de fond, déclaration qui ne peut empêcher le tribunal de prononcer; qu'à cet égard, il est certain que le défendeur n'a jamais renié être détenteur des gerbes de blé réclamées par le succursaliste d'Ounans, qu'il est également certain que ces gerbes ont été données par un certain nombre de paroissiens pour la rétribution de la prière extraordinaire de la Passion, qui se récite avant la messe pendant une partie de l'année, pour la prospérité des fruits de la terre; qu'aucun habitant d'Ounans ne sollicite la restitution desdites gerbes, que conséquemment il est juste d'ordonner qu'elles soient rendues au sieur Perrin;

« Considérant les dommages-intérêts réclamés en outre par ce dernier, que le sieur Delaporte, en saisissant les gerbes en question comme étant le fruit d'une action qualifiée délit par la loi, paraît avoir agi de bonne foi, à raison qu'il se croyait sous le bénéfice d'une autorisation de ses supérieurs, qui cependant n'existe pas; que c'est par suite de cette idée, et parce qu'il ignorait la décision de la chambre du conseil, du moins on doit le penser jusqu'à ce que le contraire soit démontré, qu'il a cru pouvoir conserver lesdites gerbes comme pièces de conviction; qu'en conséquence, il a paru que c'était le cas de ne le condamner qu'aux dépens de l'instance, qui tiendraient lieu de dommages-intérêts, sauf néanmoins tous droits et actions réservés au demandeur pour en obtenir, si le défendeur persistait, après avoir eu connaissance du présent jugement, à ne pas rendre les gerbes dont il s'agit;

« Par ces motifs, le tribunal prononçant par jugement contradictoire et définitif, se déclare compétent pour connaître de la difficulté qui fait la matière du procès,

« Et donnant défaut contre Félix-Anatole Delaporte, qui, par l'organe de son avoué, a déclaré ne pas vouloir paraître sur le fond, le condamne à rendre et resti-

(1) *Voyez* cet arrêt ci-dessus, page 217.

tuer au demandeur, lorsqu'il en sera légalement requis, la totalité des gerbes de froment mentionnées dans le procès-verbal de saisie-revendication du 19 septembre dernier, et le condamne aux dépens de l'instance, lesquels tiendront lieu de dommages-intérêts ressentis jusqu'à ce jour par le demandeur, sauf néanmoins à réserve en faveur du sieur Perrin de tous droits et actions pour en réclamer, au cas où le défendeur ne rendrait pas lesdites gerbes aussitôt qu'il en sera légalement requis : au moyen de quoi il est suffisamment pourvu, du moins quant au présent, sur les faits et conclusions de chaque partie, du surplus desquelles elles sont déboutées.

CIRCULAIRE *de M. le ministre de l'instruction publique et des cultes* (M. Rouland), *à MMgrs les archevêques et évêques, relative aux quêtes à domicile.*

Paris, le 4 décembre 1856.

« Monseigneur,

« Il arrive assez fréquemment que des ecclésiastiques, des membres de congrégations religieuses, ou quelquefois même des personnes qui usurpent l'une de ces qualités, parcourent une partie de la France pour solliciter les aumônes des fidèles en produisant un certificat ou une autorisation de quelque vénérable prélat.

« Ces *quêtes* se multiplient surtout dans le diocèse de Paris : de tous les départements on vient y chercher des secours pour les œuvres les plus diverses. La charité publique se lasse et les administrateurs des bureaux de bienfaisance ne trouvent plus de ressources en rapport avec les misères qu'ils ont à soulager.

« Votre Grandeur n'ignore pas d'ailleurs que ces *quêtes* à domicile, faites par des inconnus, à l'aide d'attestations dont il est impossible de contrôler l'authenticité, donnent souvent lieu à la plus coupable industrie. Récemment encore, un repris de justice parvenait à réunir des sommes considérables, au moyen de certificats faussement attribués à quelques évêques.

« Pour prévenir ces inconvénients, Monseigneur, et faciliter la répression de fraudes qui deviennent plus fréquentes de jour en jour, il me paraîtrait très-désirable que chaque évêque voulût bien restreindre, en termes exprès, à son diocèse, les autorisations ou recommandations qu'il croit devoir accorder dans le but de faciliter certaines *quêtes*.

« La charité des fidèles ne serait alors sollicitée que dans une juste mesure, et on arriverait ainsi à rendre impossibles des supercheries qui portent toujours une grave atteinte aux plus chers intérêts de l'Eglise.

« J'ose espérer que Votre Grandeur appréciera la pensée qui a inspiré ces observations, et je serais heureux d'apprendre qu'elle a bien voulu y donner son approbation. »

§ V. QUÊTES *pour les trépassés.*

Les *quêtes* en argent ou en nature, faites à certaines époques de l'année par les sacristains et enfants de chœur au domicile des paroissiens, ne sont prohibées par aucune loi. Ces *quêtes* se font particulièrement à l'occasion de la fête de la commémoraison des morts. Elles doivent être autorisées par le curé et par la fabrique.

Les *quêtes* pour les trépassés, c'est-à-dire destinées à constituer un fonds d'honoraires de messes pour les morts en général appartien-

nent exclusivement aux curés, parce qu'elles ne peuvent être effectuées qu'en leur nom.

Les fabriques n'ont aucun droit sur leur produit et elles n'ont,
par suite, aucune action pour forcer le prêtre à leur en rendre
compte. (*Voyez* AUMÔNES POUR LES AMES DU PURGATOIRE.)

QUITTANCES.

Aux termes de l'article 1248 du Code civil. « Les frais du payement sont à la charge du débiteur. »

D'après cet article, le débiteur doit payer le timbre de la *quittance*; et, s'il en veut une notariée, il en doit payer les frais. Mais, s'il
se contente d'une *quittance* sous seing-privé, le créancier ne peut la
lui refuser ; s'il reçoit une *quittance* sur papier libre, c'est lui qui
doit seul payer l'amende encourue dans le cas où [cette] *quittance*
serait présentée en justice (1).

Dans les *quittances* données à un codébiteur solidaire, les trésoriers ne peuvent se dispenser de réserver la solidarité et tous les
droits qui en résultent ; autrement les fabriques, sans cette précaution de rigueur, seraient exposées à des pertes dont en définitive le
trésorier serait responsable. L'article 1211 statue ainsi à cet égard :

« Le créancier qui reçoit divisément la part de l'un des débiteurs
sans réserver dans la *quittance* la solidarité ou ses droits en général,
ne renonce à la solidarité qu'à l'égard de ce débiteur.

« Le créancier n'est pas censé remettre la solidarité au débiteur
lorsqu'il reçoit de lui une somme égale à la portion dont il est tenu,
si la *quittance* ne porte pas que c'est *pour sa part*.

« Il en est de même de la simple demande formée contre l'un des
codébiteurs *pour sa part*, si celui-ci n'a pas acquiescé à la demande,
ou s'il n'est pas intervenu un jugement de condamnation. »

Les *quittances* du supplément de traitement payé par l'Etat aux
vicaires sont exemptes du timbre, quelle que soit la quotité du supplément.

Les *quittances* du traitement payé aux vicaires par les fabriques,
les communes, les hospices ou tout autre établissement, sont exemptes
du timbre toutes les fois que la somme annuelle payée par la fabrique, la commune, l'hospice ou chaque établissement distinct,
n'excède pas 300 francs.

De même, les *quittances* du supplément de traitement payé aux
curés ou desservants par la fabrique, la commune ou tout autre

---

(1) Sirey, *Code civil annoté*, page 401 ; Paillet, *Manuel de droit français;* Toullier, tome VII, n° 94; Duranton, *Des obligations*, tome III, n° 780, Merlin, *Répertoire*, v° PAYEMENT, n° 11.

établissement, sont exemptes de timbre, si la somme annuelle de ce supplément n'excède pas 300 francs. (*Voyez* TIMBRE.)

Dans la plupart des communes, les agents du fisc exigent que les *quittances* données par les curés et desservants pour les suppléments de traitement accordés à ces ecclésiastiques par la fabrique, la commune, l'hospice ou tout autre établissement, soient timbrées. Cette exigence n'est pas légale, et ces *quittances* sont dispensées du timbre toutes les fois que le supplément payé par chaque établissement n'excède pas 300 francs, comme l'a décidé le ministre des finances dans la lettre suivante :

LETTRE *de M. le ministre des finances à M. le ministre des cultes.*

Paris, le 2 décembre 1837.

« Monsieur et cher collègue,

« Vous m'avez fait l'honneur de m'écrire relativement à une question élevée dans le département de la Moselle, et qui consiste à savoir s'il y a lieu de considérer comme sujettes au timbre les *quittances* de sommes payées sur les fonds du trésor aux vicaires, à titre de secours ou supplément de traitement, lorsque le montant du supplément payé par le trésor et du traitement payé par la commune excède 300 fr. par an.

« Le secours ou supplément de traitement dont il s'agit étant payé sur les fonds du trésor et par le trésor, ainsi que vous l'annoncez, la *quittance* de ce secours ou supplément de traitement, quelle qu'en soit la quotité, est exempte de timbre, par application de l'article 16 de la loi du 13 brumaire an VII.

« Mais, dans le cas où le traitement accordé par la commune excéderait 300 fr., toutes les *quittances* de ce dernier traitement devraient être écrites sur papier timbré, aux termes d'une décision ministérielle du 17 octobre 1809, qui est toujours en vigueur. »

QUOTITÉ DISPONIBLE.

On distingue deux espèces de *quotité disponible*, la *quotité disponible* ordinaire, et la *quotité disponible* entre époux. Nous ne parlerons ici que de la première, à cause des rapports qu'elle peut avoir avec les dons et legs faits aux fabriques.

Le législateur a pensé que le devoir des ascendants ne se bornait pas à fournir, de leur vivant, des aliments à leurs descendants, et qu'à leur décès ils devraient encore laisser à ceux-ci une portion de leurs biens : cette portion de biens est ce qu'on appelle la *réserve,* par opposition à la *quotité disponible*, c'est-à-dire à la portion des biens dont les ascendants peuvent disposer. On a cru aussi devoir accorder une réserve aux ascendants sur les biens de leurs enfants décédés sans postérité ; mais les collatéraux, sans en excepter les frères et sœurs, n'ont droit à aucune réserve.

Les libéralités du disposant ne peuvent excéder la moitié de ses biens, quand il laisse à son décès un enfant légitime ; le tiers, s'il en laisse deux; le quart, s'il en laisse trois ou un plus grand nombre (*art.* 913 *du Code civil*) : les petits enfants issus du même père ou de la même mère ne sont jamais comptés que pour une personne dans la computation des réserves, et cela, d'après la doctrine universellement reçue, quand bien même ils seraient appelés seuls à la succession de leur aïeul ou aïeule. (*Art.* 914.)

La Cour de cassation a jugé que les enfants naturels légalement reconnus ont droit aussi à une réserve sur les biens de leurs père ou mère; cette réserve est graduée sur le droit de succession que la loi leur accorde; si, par exemple, l'enfant naturel est en concours avec un enfant légitime, sa part de succession n'étant que le tiers de ce qu'il aurait eu s'il eût été légitime, sa réserve n'est aussi que du tiers de ce qu'elle aurait été dans la même hypothèse, c'est-à-dire d'un neuvième.

Les libéralités ne peuvent excéder la moitié des biens, si, à défaut d'enfants, le défunt laisse un ou plusieurs ascendants dans chacune des lignes paternelle et maternelle; et les trois quarts, s'il ne laisse d'ascendants que dans une ligne; les biens ainsi réservés au profit des ascendants sont par eux recueillis *dans l'ordre où la loi les appelle à succéder*, d'où quelques auteurs concluent que les ascendants, autres que les père et mère, n'ont droit à aucune réserve lorsqu'il existe des frères ou sœurs du défunt, qui les auraient exclus en totalité de la succession. La question de savoir si les père et mère de l'enfant naturel légalement reconnu ont droit à une réserve, est encore controversée, quoique la négative semble plus généralement admise.

R

RABBIN.

On appelle *rabbin* les ministres du culte israélite. (*Voyez* JUIF.) Ils ont droit à la franchise avec le ministre des cultes, etc. (*Voyez* FRANCHISE.) Ils reçoivent un traitement de l'Etat.

RACHAT DE RENTES.
(*Voyez* RENTES.)

RANGS ET PRÉSÉANCES.
(*Voyez* PRÉSÉANCE.)

RÉCÉPISSÉ.

L'article 52 du décret du 30 décembre 1809 porte qu'aucune somme ne peut être extraite de la caisse sans autorisation du bureau, et sans un *récépissé* qui doit y rester déposé.

L'article 57 du même décret ajoute : « Nul titre ni pièce ne pourra être extrait de la caisse, sans un *récépissé* qui fera mention de la pièce retirée, de la délibération du bureau par laquelle cette extraction aura été autorisée, de la qualité de celui qui s'en chargera et signera le *récépissé*, de la raison pour laquelle elle aura été tirée de ladite caisse ou armoire ; et, si c'est pour un procès, le tribunal et le nom de l'avoué seront désignés. Ce *récépissé*, ainsi que la décharge au temps de la remise, seront inscrits sur le sommier ou registre des titres. »

Le trésorier, en présentant son compte au bureau, doit se faire remettre par le président, ou, à son défaut, par l'un des marguilliers, un *récépissé* constatant cette présentation. Ce *récépissé* n'a pas pour objet de l'affranchir des suites légales de sa gestion, mais seulement de constater le fait de la remise du compte et des documents qui s'y rattachent. Le trésorier, muni de ce *récépissé*, se trouve dans cette situation que, si quelques pièces de comptabilité venaient à se perdre, ce ne serait pas lui qui serait responsable de cette perte, mais bien les marguilliers personnellement entre les mains desquels le dessaisissement a eu lieu. (*Art.* 85 *du décret du* 30 *décembre* 1809.)

De même, aucune pièce ne peut être retirée des archives de la mense épiscopale sans un *récépissé* du secrétaire de l'évêché, en marge duquel l'évêque doit mettre la décharge, lorsque la pièce est rétablie à sa place. (*Décret du* 6 *novembre* 1813, *art.* 32.) Le commissaire administrateur des biens de la mense pendant la vacance du siége, ne peut non plus déplacer, que sous son *récépissé*, les titres, papiers et documents de la mense. (*Art.* 41.)

Les titres, papiers et documents relatifs à la mense capitulaire, ne peuvent être retirés de leurs archives que sous un *récépissé* écrit sur le sommier. (*Art.* 55.) Ceux relatifs à une dotation ecclésiastique quelconque, qui sont déposés près des chancelleries, évêchés ou archevêchés, doivent être transférés aux archives de la préfecture, sous *récépissé*. (*Art.* 2.)

Voici la forme que l'on donne à ces *récépissés*.

RÉCÉPISSÉ *des sommes déposées par le trésorier dans la caisse de la fabrique comme inutiles au service du trimestre courant.*

Nous, membres du bureau, soussignés, reconnaissons avoir reçu aujourd'hui de M. le marguillier-trésorier, et immédiatement déposé dans la caisse de la fabrique, la somme de   jugée inutile au service du trimestre courant.

En foi de quoi nous avons délivré à M.   , trésorier, le présent *récépissé* pour lui servir de décharge.

À   ,   le   18

Signatures des marguilliers.

RÉCÉPISSÉ *des sommes extraites de la caisse et remises au trésorier pour assurer le service du trimestre courant.*

Je soussigné, marguillier-trésorier, reconnais avoir reçu aujourd'hui la somme de   , extraite ce même jour de la caisse de la fabrique et jugée nécessaire au service du trimestre courant (1).

En foi de quoi j'ai délivré le présent *récépissé* pour, aux termes de l'article 52 du décret du 30 décembre 1809, être déposé dans ladite caisse.

A   , le   18

Signature du trésorier.

RÉCÉPISSÉ *à donner par l'un des membres du bureau du trésorier lors de la présentation de son compte annuel.*

Nous, président du bureau des marguilliers de l'église de (nom de l'église), soussigné, avons reçu en communication, ce jour-d'hui   , mars 18   , au nom dudit bureau, et conformément à l'article 85 du décret du 30 décembre 1809, le compte annuel de M   , trésorier, ensemble, son livre journal, son livre de compte, vingt quittances et autres pièces à l'appui, etc.

En foi de quoi nous lui avons délivré, sur sa réquisition, le présent *récépissé.*

A   , le   18   .

Signature.

RÉCÉPISSÉ *de pièces extraites des archives.*

Je soussigné, avoué près le tribunal de première instance de   , reconnais avoir reçu, pour servir à l'instruction de la cause maintenant pendante, entre la fabrique de   et   , les titres suivants : 1° Contrat de vente du   etc. ; 2° Certificat du bureau des hypothèques du   , etc. ; 3° Ordonnance d'approbation du   , etc., à moi remis par MM. les marguilliers de la fabrique, en vertu d'une délibération prise à l'occasion de ma demande, le

En foi duquel j'ai signé le présent *récépissé.*

Signature.

RECETTES.

On divise les *recettes,* comme les dépenses, en *recettes* ordinaires et *recettes* extraordinaires. Nous avons dit, sous le mot BUDGET, § III, ce qu'on entend par les unes et par les autres.

RÉCOLEMENT.

(*Voyez* INVENTAIRES, MOBILIER.)

(1) Si la somme extraite de la caisse était destinée à l'acquit d'une dépense spéciale de travaux ou fournitures, par exemple, on devrait le mentionner dans le *récépissé.*

RECOUVREMENT.

Le *recouvrement* des créances et des sommes dues aux fabriques, quelque titre que ce soit, se fait par les trésoriers qui répondent, dans ce cas, des pertes causées par leur négligence. Aussitôt l'époque des payements arrivée, ils doivent réclamer auprès des débiteurs, et, à défaut d'obtempérer à leur invitation, leur faire notifier une sommation ou commandement de payer. C'est là un acte conservatoire pour lequel le trésorier n'a pas besoin d'autorisation. (*Voyez* ACTES CONSERVATOIRES.)

RECRÉPIMENT.

L'article 1754 du Code civil met le *recrépiment* du bas des murailles des appartements et autres lieux d'habitation, à la hauteur d'un mètre, au nombre des réparations locatives dont le locataire est tenu. Ce *recrépiment*, dans les presbytères, est par conséquent à la charge des curés et desservants.

Le *recrépiment* du bas des murailles est mis au nombre des réparations locatives, parce que l'on présume que les dégradations ont été faites en heurtant le mur avec des meubles ou des balais. Aussi n'en est-il pas de même pour les lieux qui ne sont pas habités, parce que cette présomption n'existe que pour les lieux d'habitation. (*Voyez* RÉPARATIONS.)

Le *recrépiment* total du presbytère est une réparation d'entretien qui regarde la fabrique et non le curé.

RECRUTEMENT.

La loi sur le *recrutement* dispense les élèves des grands séminaires du service militaire. (*Voyez* SERVICE MILITAIRE.)

RECTEUR.

Les *recteurs* d'académie sont des dignitaires chargés, chacun dans son ressort, de surveiller et de diriger l'instruction publique.

La loi du 15 mars 1850 avait établi autant d'académies que de départements et par conséquent autant de *recteurs* qui étaient présidents de droit du conseil académique. Le décret du 27 mai 1850 partageait ces *recteurs* en trois classes avec des traitements de 6,000 fr., 5,000 fr. et 4,500 fr. Mais le décret du 22 août 1854, rapporté sous le mot FACULTÉ, a réduit le nombre des académies à seize; il n'y a donc plus que seize *recteurs*.

Nul ne peut être nommé *recteur* s'il n'est pourvu du grade de docteur. Ses attributions comprennent : 1° La direction et la surveillance des établissements d'enseignement supérieur ; 2° la direction et la surveillance des établissements publics d'enseignement secondaire ; 3° La surveillance de l'enseignement primaire public.

Il dirige personnellement et surveille, soit par lui-même, soit avec le concours des inspecteurs d'académie, les établissements d'enseignement supérieur. Il assiste, quand il le juge convenable, aux délibérations des facultés et des écoles préparatoires ; dans ce cas, il les préside, mais il ne prend point part aux votes. Il réunit tous les mois en comité de perfectionnement, les doyens des facultés et les directeurs des écoles préparatoires du ressort. Il convoque les facultés, soit ensemble, soit séparément, pour délibérer sur les programmes particuliers de chaque cours et les coordonner entre eux. Il transmet ces programmes au ministre, avec son avis motivé. Il fait au ministre ses propositions sur les budgets et sur les comptes annuels des établissements d'enseignement supérieur. Il statue, après avis des facultés des écoles préparatoires, sur toutes les questions relatives aux inscriptions des étudiants.

Le *recteur* dirige, assisté, au besoin, des inspecteurs d'académie, les établissements publics d'enseignement secondaire. Il reçoit, avec l'avis de l'inspecteur d'académie, les rapports des proviseurs des lycées et des principaux des collèges communaux. Il les résume dans le rapport mensuel qu'il adresse au ministre. Il dresse le tableau d'avancement des fonctionnaires des lycées et des régents des classes supérieures des collèges communaux. Il propose des candidats pour les emplois vacants de maître répétiteur des lycées et de régent des classes de grammaire des collèges communaux. Il donne son avis au ministre sur les comptes administratifs et sur les budgets des lycées et des collèges. Lorsqu'il est en tournée, il réunit, s'il y a lieu, les bureaux d'administration placés près des lycées et des collèges communaux.

Le *recteur* surveille, soit par lui-même, soit par l'intermédiaire des inspecteurs d'académie, l'enseignement secondaire libre. Il pourvoit à ce que les établissements particuliers soient inspectés une fois au moins par an, et il adresse au ministre le résumé des rapports de l'inspection.

Le *recteur* veille, par l'intermédiaire des inspecteurs d'académies et des inspecteurs primaires, à l'exécution des règlements d'études dans toutes les écoles primaires publiques du ressort. Il propose au ministre, les mesures propres à améliorer les méthodes d'enseignement dans les écoles normales primaires et dans les écoles primaires publiques. Il lui fait annuellement un rapport sur l'état de l'instruction primaire publique et libre dans l'académie. Enfin, il peut, lorsqu'il est en tournée, réunir et présider les commissions de surveillance des écoles normales primaires. (*Voyez*, sous le mot FACULTÉS, le *titre* IV *du décret du 22 août* 1854.)

REDEVANCES.

Les *redevances* foncières de même que les *redevances* en grains, volailles, etc., dues aux fabriques, sont remboursables comme les rentes. (*Voyez* RENTES.)

REFUS DE SACREMENT.

(*Voyez* SACREMENT.)

REFUS DE SÉPULTURE.

Les lois générales de l'Eglise, et les statuts particuliers à chaque diocèse ont fixé un certain nombre de cas où il est défendu d'accorder la sépulture ecclésiastique. Les curés et vicaires doivent, à cet égard, se conformer au rituel ou statuts de leur diocèse, et, dans le doute, consulter l'évêque.

L'article 19 du décret du 12 juin 1804 a été trop souvent mal interprété et il a donné, dans mille circonstances, l'occasion et le prétexte de porter atteinte à la liberté religieuse, au point que des maires se sont crus en droit d'enfoncer les portes de l'église, et d'y introduire de force des hommes morts hors du sein de l'Eglise catholique, ou qui avaient refusé avec scandale, blasphèmes et injures les secours de la religion. Pour prévenir désormais de semblables scandales, le ministre des cultes, de commun accord avec le ministre de l'intérieur, a publié la circulaire suivante, qui donne la seule interprétation raisonnable du décret.

CIRCULAIRE *sur le refus de sépulture ecclésiastique. Instructions relatives aux dispositions de l'article 19 du décret du 23 prairial an XII.*

« Paris, le 15 juin 1847.

« Monsieur le préfet,

« Une interprétation fausse et abusive a été donnée quelquefois, et récemment encore dans un chef-lieu de département (1), à l'article 19 du décret du 23 prairial an XII (12 juin 1804) sur les sépultures : ces faits ont dû exciter la sollicitude du gouvernement. Après m'être concerté à ce sujet avec M. le ministre de l'intérieur, je crois devoir vous rappeler la saine et véritable entente à donner à cet article, afin de prévenir désormais toute atteinte au principe de la liberté religieuse, qui place sous la sauvegarde des lois la discipline ecclésiastique, servant de règle à l'exercice du culte.

« Le décret du 23 prairial an XII (2) eut pour objet la police des inhumations; il en attribua la direction et la surveillance à l'autorité municipale ; l'inhumation

(1) Le préfet de la Dordogne avait introduit de force dans la cathédrale de Périgueux, au grand scandale des fidèles, le corps d'un renégat mort hors du sein de l'Eglise catholique, et auquel l'évêque, d'après les saints canons, avait en conséquence refusé la sépulture ecclésiastique.

(2) Voyez ce décret sous le mot CIMETIÈRE.

des corps, isolée de toute cérémonie religieuse, constitue effectivement un acte purement civil; mais ce décret intervint après la promulgation du concordat et des articles organiques du 18 germinal an X. Il était impossible qu'à raison même de la nature des matières qu'il réglementait, il ne tînt aucun compte de ce grand fait; aussi y trouve-t-on les dispositions suivantes :

« Art. 18. Les cérémonies précédemment usitées pour les convois, suivant les « différents cultes, seront rétablies, et il sera libre aux familles d'en régler la dé- « pense selon leurs moyens et facultés ; mais hors l'intérieur des églises et lieux de « sépulture, les cérémonies religieuses ne seront permises que dans les communes « où l'on ne professe qu'un seul culte, conformément à l'article 45 de la loi du 18 « germinal an X.

« Art. 19. Lorsque le ministre d'un culte, sous quelque prétexte que ce soit, se « permettra de refuser son ministère pour l'inhumation d'un corps, l'autorité civile, « soit d'office, soit sur la réquisition de la famille, commettra un autre ministre du « même culte pour remplir ces fonctions. Dans tous les cas, l'autorité civile est « chargée de faire porter, présenter, déposer et inhumer les corps. »

« Il importe de remarquer d'abord la corrélation de ces deux articles et d'en rattacher ensuite l'intention et le but au principal objet du décret tout entier.

« L'article 18 rétablit l'usage des pompes religieuses dans les convois funéraires. Toutefois il n'autorise pas les cérémonies extérieures dans les communes où plusieurs cultes sont professés.

« L'article 19, dans sa première partie, n'a d'autre but que d'assurer et de régler l'exécution du précédent, sans perdre de vue que l'ordonnance et la police des inhumations appartient à l'autorité civile ; et, dans sa dernière disposition, il définit la mission spéciale qu'il donne, pour tous les cas, à cette autorité agissant dans la limite de ses attributions essentielles, et accomplissant par conséquent un acte purement civil, comme le ministre de l'intérieur, dans les instructions données par lui sur la mise en vigueur du décret, le 26 thermidor an XII, eut grand soin de le faire observer.

« Ainsi l'article 19 charge l'autorité civile de commettre, lorsqu'un ministre refuse son concours, un autre ministre du même culte ; mais on n'a jamais prétendu que cette commission pût être obligatoire, car c'eût été donner au décret une signification légalement impossible dans un pays où la plus large indépendance est assurée aux convictions religieuses par toutes les lois constitutionnelles. Il peut donc arriver que les cérémonies auxquelles les ministres du culte seuls ont le droit de présider fassent défaut aux funérailles. Il peut arriver aussi, il doit arriver en certains cas, que ces cérémonies soient restreintes dans l'enceinte même des temples et des lieux de sépulture. Le service des inhumations ne peut souffrir dans aucun cas, et c'est pour cela que, quoi qu'il advienne, l'autorité civile est chargée de faire *porter*, *présenter*, *déposer et inhumer les corps*. Mais le décret a bien garde de lui imposer le devoir ou de lui conférer le droit de les *introduire* dans l'église ou dans le temple, contre le gré des ministres du culte; car ce serait violenter les consciences et empiéter sur la discipline ecclésiastique; ce serait ne plus accomplir une œuvre purement civile. L'autorité se bornera donc à faire *présenter* les corps à l'entrée des lieux consacrés au culte lorsque le prêtre n'aura point accompagné le convoi après son départ de la maison mortuaire, afin que là le prêtre puisse le recevoir et procéder aux cérémonies conformes au rite de sa communion; et s'il y a eu *refus de sépulture* ecclésiastique, *refus* persévérant manifesté par l'abstention formelle de l'ordinaire du lieu et de tout ministre commis à son défaut, l'autorité devra faire transporter les corps aux lieux des inhumations, et veiller à ce que jamais on ne force les portes du temple.

« Tel est, Monsieur le préfet, le sens vrai du décret du 23 prairial an XII. Toute autre interprétation serait fausse et évidemment attentatoire à la liberté religieuse et à la protection promise à chacun pour l'exercice de son culte. Je vous prie de donner à ces instructions, dans votre département, toute la publicité nécessaire.

« Si les *refus de sépulture ecclésiastique* étaient inspirés par des sentiments autres que ceux du devoir, les familles trouveraient dans les dispositions des articles 6 et suivants, de la loi du 18 germinal an X, les moyens d'obtenir la répression de tels abus.

« Recevez, Monsieur le préfet, l'assurance, etc.

« *Le garde des sceaux, ministre de la justice et des cultes,*

« HÉBERT. »

La question si controversée du *refus de sépulture* et qui a été l'occasion de tant de scandales a été résolue par la circulaire ci-dessus du ministre des cultes, en date du 15 juin 1847. Elle donne la véritable interprétation de l'article 19 du décret du 23 prairial an XII, article qui en général avait été fort mal compris jusque-là. Nous pensions donc que l'insertion de cette circulaire suffirait pour bien faire comprendre le sens de cet article. Mais on nous a fait observer avec raison que nous aurions dû y joindre la circulaire du ministre de l'intérieur sur le même sujet et qui trace à l'autorité civile la marche à suivre dans le cas de *refus de sépulture* ecclésiastique. Nous donnons donc ci-dessous le texte de cette circulaire.

Déjà une circulaire de Portalis, en date du 26 thermidor an XII (14 août 1804) donnait l'interprétation suivante :

« L'article 19 prévoit le cas où le ministre d'un culte refuserait son ministère pour l'inhumation d'un corps. Vous voudrez bien aussi avertir les maires que, lorsqu'ils ne pourront, dans ce cas, commettre un autre ministre, ils devront procéder à l'inhumation dans le délai prescrit par la loi, cet acte étant purement civil. »

Pour plus d'éclaircissements sur cette question on peut lire, à la fin de ce volume, notre *Mémoire sur le refus de sépulture ecclésiastique.*

CIRCULAIRE *du ministre de l'intérieur aux préfets relative à la marche que doit suivre l'autorité civile lorsque se présentent des cas de refus de sépulture ecclésiastique.*

« Paris, le 16 juin 1847.

« Monsieur le préfet,

« L'attention du gouvernement a été plusieurs fois appelée sur les conflits qui s'élèvent entre l'autorité civile et le clergé, dans les cas de *refus de sépulture ecclésiastique*. Quelques doutes s'étant élevés sur le sens qui doit être donné aux dispositions de l'article 19 du décret du 23 prairial an XII, il m'a paru convenable de vous adresser à cet égard des instructions, préalablement concertées avec M. le garde des sceaux, et qui auront pour objet de vous fixer sur la règle de conduite que vous devrez suivre à l'avenir.

« La sépulture donnée aux morts peut être considérée sous deux points de vue :

« 1° L'acte pur et simple de l'inhumation, que la loi civile régit, dont elle détermine les conditions, et pour lequel sont établies des règles fondées sur les convenances d'ordre public et de salubrité : c'est là un point de police municipale dont l'autorité administrative doit seule connaître et pour lequel elle ne prend conseil que d'elle-même;

« 2° La cérémonie religieuse, qui, de sa nature, touche au grand principe de la liberté des cultes, et à laquelle préside le ministre de chaque culte, dans l'enceinte du temple.

« Il est important de ne laisser s'établir aucune confusion entre ces deux actes, dont l'un n'est régi que par la loi civile, tandis que l'autre se rattache à un ordre d'idées exclusivement placées dans le domaine des choses religieuses. Or, l'article 19 du décret du 23 prairial an XII est conçu en ces termes :

« Lorsque le ministre d'un culte, sous quelque prétexte que ce soit, se permettra « de refuser l'inhumation d'un corps, l'autorité civile, soit d'office, soit sur la ré- « quisition de la famille, commettra un autre ministre du même culte pour remplir « ces fonctions. Dans tous les cas, l'autorité civile est chargée de faire porter, pré- « senter, déposer et inhumer les corps. »

« Ces dispositions du décret de prairial ont à plusieurs reprises reçu une interprétation qui, il faut le reconnaître, ne saurait se concilier avec nos institutions qui garantissent aux cultes protection et liberté, et spécialement avec l'article 5 de la Charte de 1830.

« D'autre part, l'article 1er du concordat déclare que « la religion catholique, apos- « tolique et romaine sera librement exercée en France. »

« L'article 2 « remet à la disposition des évêques toutes les églises métropoli- « taines, cathédrales, paroissiales et autres, nécessaires au culte. »

« L'article 9 de la loi du 18 germinal an X est ainsi conçu : « Le culte catholique « sera exercé sous la direction des archevêques et évêques dans leurs diocèses, et « sous celle des curés dans leurs paroisses. »

« Des termes exprès de ces différentes lois, toujours invoquées, il résulte nécessairement que toute mesure dont l'objet serait de porter atteinte à la liberté du culte catholique, de le contrarier dans l'exercice légitime de ses droits, d'enlever à ses ministres la surveillance qu'ils peuvent seuls exercer dans leurs temples, en matière de dogme, de discipline ou de prières, constituerait pour ce seul fait une violation des droits garantis par la loi fondamentale et par la loi du 18 germinal an X; d'où il suit que l'article 19 du décret du 23 floréal an XII ne saurait valablement attribuer à l'autorité civile le droit de lui faire ouvrir les portes d'une église dans le but d'y introduire le corps d'un homme à qui le clergé refuserait la sépulture ecclésiastique. En procédant ainsi, elle dépouillerait le prêtre de la liberté d'action dont il doit jouir dans l'exercice de ses fonctions spirituelles; et c'est ce qu'a pensé M. le garde des sceaux, ministre des cultes, lorsque, consulté sur cette question, il a fait connaître, par une décision, en date du 28 juin 1838, que l'article 19 du dé- cret de prairial « ne saurait recevoir ni interprétation ni exécution contraires aux « lois fondamentales, à la distinction et à l'indépendance réciproque des deux puis- « sances que les lois ont établies. »

« Ces principes se trouvent d'ailleurs consacrés d'une manière générale par une délibération du conseil d'Etat, du 29 avril 1831, au sujet de l'inhumation d'un enfant mort sans baptême (1). Le conseil d'Etat, se fondant sur l'article 5 de la Charte constitutionnelle, et, *considérant que la liberté des cultes est un des principes fondamentaux de notre droit public*, a été d'avis *que la police locale devait demeurer étrangère aux observances particulières de chaque culte.*

« Si donc le cas de *refus de sépulture* ecclésiastique, prévu par le décret du prairial, venait à se présenter, l'autorité civile, par respect pour le principe de la liberté religieuse et pour la légitime indépendance du culte, devrait formellement s'abstenir de tout acte qui y porterait atteinte, comme d'introduire de force le corps du défunt dans le temple et de faire procéder à des cérémonies qui, détournées de leur but, ne seraient plus qu'un acte de violence exercé contre la conscience du prêtre et un scandale.

« Il pourrait se faire que les préjugés populaires fortifiés par l'habitude, fussent le prétexte ou la cause de démonstrations malveillantes ou contraires aux principes que je viens d'exposer ; en pareille occasion, le devoir de l'autorité sera de rappeler les esprits à la raison, et de maintenir la loi ; elle veillera ensuite à ce que, dans les cas bien et duement constatés de *refus de sépulture* ecclésiastique, le corps de la personne défunte soit transporté dans le lieu des inhumations avec la décence convenable et avec tous les égards dus aux familles.

« J'ajouterai que si les *refus de sépulture* étaient inspirés par des sentiments autres que ceux du devoir, les familles trouveraient dans les dispositions des articles 6 et suivants de la loi du 18 germinal an X les moyens d'obtenir la répression de tels abus.

« Ce sont là, Monsieur le préfet, les principes qu'il m'a paru convenable de rappeler ; je vous invite à veiller à ce que, dans l'étendue du département dont l'administration vous a été confiée, ils ne puissent être méconnus ni éludés. Et à cet égard, je compte sur votre fermeté et sur votre prudence.

« Agréez, etc.

                                              « T. DUCHATEL. »

REFUGE.

On a donné le nom de *refuge* à des maisons de repentir et de retraite ouverte aux personnes du sexe qui veulent sortir ou que l'on veut retirer du vice pour les ramener aux bonnes mœurs, aux vertus chrétiennes et à l'amour d'une vie laborieuse. (*Décret du 30 septembre* 1807.)

Les pénitentes qu'on reçoit dans les maisons de *refuge* sont de trois sortes : celles qui y entrent volontairement, celles qui sont soumises à l'autorité de la police et qu'elle y a fait enfermer, celles qui y sont envoyées par les pères ou par les conseils de famille. On ne peut pas y en recevoir d'autres. La supérieure de l'établissement doit tenir deux registres séparés ; un pour les pénitentes envoyées par leur famille, et l'autre pour celles qui sont envoyées par la police. Elle y inscrit les noms, prénoms, âge et domicile de ces personnes, la date de leur entrée et celle de leur sortie ; les noms, pré-

_____

(1) *Voyez* cet avis du conseil d'Etat dans le tome II, p. 171.

noms et domicile des parents ou des magistrats qui les ont fait placer.

L'approbation d'une institution de *refuge* pour une ville, à la charge d'observer les mêmes règlements que les sœurs du *refuge* de Paris, et même de prendre des sœurs, parmi ces dernières pour former l'établissement, ne constitue pas une affiliation ; les sœurs doivent être séparées de l'établissement de Paris et s'administrer séparément sous la surveillance des autorités locales, sans aucune communication avec ce dernier établissement. (*Avis du conseil d'Etat du 6 juin 1811.*)

L'article 12 du décret du 26 décembre 1810, que nous rapportons ci-après, porte que les sœurs du *refuge* ne pourront recevoir dans leurs maisons que les personnes soumises à l'autorité de la police, et qui y seront envoyées par ses ordres, ou qui seront envoyées par les pères ou conseils de famille, dans les formes établies par le Code civil. Il exclut par conséquent les personnes qui voudraient y entrer volontairement, et, sous ce rapport, il est en opposition directe avec l'article 7 du même règlement et la pratique. Nous pensons, dit M. l'abbé Prompsault, qu'il y a ici un vice d'expression, et que la pensée du législateur a été simplement d'empêcher qu'on ne fit des maisons de *refuge* une prison pour y renfermer les filles ou femmes condamnées par les tribunaux à la prison ou à la détention.

Les décrets d'institution civile accordés aux diverses maisons de *refuge* établies en France les mettent en général sous la surveillance et la direction d'un conseil de trois membres dont le préfet du département et le maire font toujours partie, et dont l'évêque est constamment exclu. On lui laisse seulement la faculté d'assister aux séances, et, en ce cas, il y a voix délibérative. Une concession de ce genre est une exclusion prononcée dans les formes les plus polies. Cependant l'institution est une institution ecclésiastique.

Un autre vice de l'organisation civile qu'on leur a donnée, c'est de soumettre l'admission des novices à la décision du conseil d'administration, et de vouloir qu'il attende que la maison ait besoin de sujets ; car cette œuvre étant une de celles pour lesquelles il faut une vocation spéciale, on s'expose, en agissant ainsi, ou à ne pas trouver des sujets lorsqu'il en faut, ou à en recevoir forcément d'une vocation douteuse et plus nuisibles qu'utiles.

Tous les *refuges* établis en France, et qui y sont assez nombreux, sont soumis au règlement du 26 décembre 1810 et dont voici le texte :

Décret du 26 décembre 1810 contenant brevet d'institution publique des maisons dites du refuge, et approbation de leurs statuts.

« Napoléon, empereur des Français, etc.;

« Sur le rapport de notre ministre des cultes;

« Notre conseil d'Etat entendu ;

« Nous avons décrété et décrétons ce qui suit :

Section Ire. — *Dispositions générales.*

« Art. 1er. Les maisons dites du *refuge,* destinées à ramener aux bonnes mœurs les filles qui se sont mal conduites, seront, comme les maisons hospitalières de femmes, placées sous la protection de *Madame,* notre chère et auguste mère.

« Les statuts de la maison de Paris, joints au présent décret, sont approuvés et reconnus.

« Art. 2. Les statuts de chaque maison séparée, ou des maisons qui voudraient être affiliées à celle de Paris, seront approuvés par nous, et insérés au Bulletin des lois, pour être reconnus et avoir force d'institution publique, d'après un rapport séparé.

« Art. 3. Toute maison des sœurs du *refuge* dont les statuts n'auront pas été approuvés et publiés avant le 1er juillet 1811 sera dissoute.

« Art. 4. Les congrégations ou maisons du *refuge* se conformeront, pour les noviciats et les vœux ainsi que pour les revenus, biens et donations, aux dispositions des deuxième et troisième sections du règlement du 18 février 1809 (1), concernant les congrégations hospitalières.

« Art. 5. Il sera pourvu aux besoins des maisons actuellement existantes. Il ne pourra être tenu, dans les maisons du *refuge,* de pensionnat pour l'éducation des enfants, s'il n'a été donné par nous à cet égard une autorisation spéciale, d'après l'organisation des établissements pour l'éducation des personnes du sexe, sur lesquels il sera statué successivement par nous.

« Art. 6. Lorsqu'une commune voudra établir une maison de *refuge,* la demande en sera transmise par le préfet, avec son avis, au ministre des cultes, qui soumettra l'établissement des nouvelles maisons à notre approbation.

Section II. — *Discipline.*

« Art. 7. Les sœurs du *refuge* ne pourront recevoir dans leurs maisons que des personnes qui y entreraient volontairement, celles qui seraient soumises à l'autorité de la police, ou celles dont il est parlé ci-après à l'article 12.

« Art. 8. Il sera tenu par la supérieure, des registres séparés, l'un pour les personnes envoyées par les familles, et l'autre pour les personnes envoyées par la police : ces registres contiendront les noms, prénoms, âge et domicile de ces personnes, la date de leur entrée, celle de leur sortie ; les noms, prénoms et domicile des magistrats et des parents qui les y auront fait placer.

« Art. 9. Le fonctionnaire public ou les parents par l'autorité desquels une fille sera dans une de ces maisons seront toujours admis à lui parler, et à exiger qu'elle leur soit représentée.

« Art. 10. Seront les maisons de *refuge,* comme toutes les autres maisons de l'Etat, soumises à la police des maires, des préfets et officiers de justice.

« Art. 11. Les sœurs du *refuge* seront assujetties aux autres règles de discipline prescrites pour les sœurs hospitalières.

« Art. 12. Les sœurs du *refuge* ne pourront recevoir dans leurs maisons que les personnes soumises à l'autorité de la police, et qui y seront envoyées par ses ordres, ou qui y seront envoyées par les pères ou conseils de famille, dans les formes établies par le code civil. Toutes les fois qu'une personne qui sera dans la maison

---

(1) *Voyez* ce décret sous le mot CONGRÉGATIONS RELIGIEUSES.

voudra adresser une pétition à l'autorité administrative ou judiciaire, la supérieure sera tenue de laisser passer librement ladite pétition, sans en prendre connaissance, et même de tenir la main à ce qu'elle soit envoyée à son adresse.

« ART. 13. Le sous-préfet, ou, à son défaut, le maire, d'une part, et notre procureur impérial près le tribunal civil, ou son substitut, de l'autre, seront tenus de faire, chacun tous les trois mois, une visite dans la maison des dames du *refuge*, de se faire représenter les registres, d'entendre même en particulier, si elles le demandent, toutes les personnes qui y sont, de recevoir les réclamations, et de veiller à ce qu'il y soit fait droit conformément aux lois, sans préjudice des visites que pourront faire tous nos procureurs généraux, toutes les fois qu'ils le jugeront convenable.

« Les procès-verbaux de ces visites seront envoyés, par ceux qui les auront faites, à notre grand juge ministre de la justice.

« ART. 14. Nos ministres sont chargés de l'exécution du présent décret. »

RÉGIE.

La *régie*, ou administration des biens des fabriques, est soumise aux mêmes règles que celle des propriétés et des revenus communaux.

L'article 60 du décret du 30 décembre 1809 porte à cet égard : « Les maisons et biens ruraux appartenant à la fabrique seront affermés, *régis* et administrés par le bureau des marguilliers, dans la forme déterminée pour les biens communaux. »

L'arrêté du 7 thermidor an XI (26 juillet 1803) avait déjà statué (*art.* 3) que : « Les biens des fabriques seraient administrés dans la forme particulière aux biens communaux. »

La fabrique peut, sans autorisation, mettre les bancs et les chaises en *régie* (*art.* 66 *du décret du* 30 *décembre* 1809); mais, quant aux immeubles, elle ne le peut pas, excepté peut-être le cas où elle posséderait un champ, une vigne ou un jardin attenant au presbytère, et dont elle abandonnerait l'exploitation au curé; encore dans ce cas, dit Mgr Affre, il vaudrait mieux qu'elle se fît autoriser. Pour les autres biens mis en *régie*, le préfet peut autoriser, lorsque le revenu n'excède pas 1,000 francs ; le ministre, lorsque le revenu est au-dessus de 1,000 francs et au-dessous de 2,000 francs ; et le gouvernement, lorsque le revenu est de 2,000 francs et au-dessus.

Le motif qui a porté à exiger l'autorisation pour la mise en *régie* des biens des établissements publics, dit Mgr Affre, a été de prévenir l'abus qui naîtrait infailliblement de ce mode de les administrer, lequel donnerait tant de moyens de dissimuler le véritable produit.

On appelle faire des travaux par *régie*, lorsqu'on les fait avec autorisation, par économie, sans adjudication préalable. Il est convenable de faire ainsi tous les travaux de peu d'importance.

REGISTRES.

Le décret du 30 décembre 1809 porte, art. 81, que les *registres* des fabriques seront sur papier non timbré. (*Voyez* JOURNAL.)

Il n'existe aucun texte de loi, ni dans l'ancienne ni dans la nouvelle législation sur les fabriques, qui prescrive de faire coter et
parapher les *registres* des délibérations ; mais il est convenable qu'ils
le soient, pour donner plus de fixité aux délibérations, et empêcher
que plus tard elles ne puissent être modifiées, changées ou même
supprimées par des mains infidèles.

Quant à savoir par qui les *registres* doivent être ainsi cotés par
première et dernière et paraphés sur chaque feuille, il paraît convenable de charger de cette attribution le président du conseil de fabrique. Cet usage est, du reste, suivi dans plusieurs diocèses. Cette
formalité a même été prescrite par quelques évêques dans les instructions adressées à leurs fabriques.

« Aucune loi, dit M. Gaudry ne dit par qui le *registre* est coté et
paraphé. L'article 4 du Code Napoléon veut que les *registres* de l'état
civil soient cotés et paraphés par le président du tribunal civil, et
l'article 11 du code de commerce ordonne que les *registres* de commerce le soient par l'un des juges du tribunal de commerce, ou par
le maire ou adjoint. Il est évident que, pour des registres de fabrique,
cette formalité ne peut être remplie ni par le président du tribunal civil ni par le juge du tribunal de commerce, car il ne s'agit ni de livres
judiciaires ni de livres de commerce. On pourrait, tout au plus, admettre l'intervention du maire ou de l'adjoint ; mais l'article 11 du code
de commerce, qui autorise cette intervention, est tellement étranger aux
fabriques, qu'il semble impossible de s'en prévaloir. Dans le silence
de la loi, nous croyons que le président de la fabrique doit coter et
parapher les *registres*. Il n'y aurait cependant pas d'irrégularité
s'ils l'étaient par le maire. » Nous ne voyons pas pourquoi l'intervention du maire comme maire, si c'est comme membre du conseil
de fabrique, le curé le pourrait également, ce qui nous paraîtrait
plus convenable, et même tous les membres de la fabrique auraient
à cet égard le même droit. Nous croyons qu'on doit s'en tenir à l'u-
sage, qui, en cette circonstance, fait loi, et décider que c'est au président du conseil de fabrique qu'il appartient de coter et parapher les
registres.

Les *registres* sont tenus par année, du 1er janvier au 31 décembre.
Le décret du 30 décembre 1809 ne le prescrit pas, mais il y a lieu
d'appliquer sur ce point la règle admise par l'article 2 de l'ordonnance du 22 avril 1823, sur les communes.

Les *registres* des fabriques, ainsi que la caisse, pourront être vérifiés en tout temps par l'évêque et ses vicaires généraux. (*Art.* 87 du
décret du 30 *décembre* 1809.)

On a demandé si les *registres* de fabriques pouvaient être vérifiés
par les receveurs des finances. Mgr Frayssinous, alors ministre des
affaires ecclésiastiques, avait exprimé l'opinion affirmative dans une

circulaire du 5 juin 1827, en se fondant sur des ordonnances du 14 septembre 1822 et du 23 mai 1823 ; ses termes étaient très-énergiques, car il disait : « *Il est hors de doute* que l'administration ne « soit fondée à prescrire la vérification des *registres* et caisses des « fabriques par les inspecteurs généraux des finances. » Cette mesure était grave ; elle était fondée sur l'opinion que les trésoriers des fabriques sont de véritables comptables de deniers publics, ce qui n'est pas exact. (*Voyez* AGENT COMPTABLE.) Quoiqu'il en soit, par une nouvelle circulaire du 18 août 1827, le même ministre, après avoir expliqué aux évêques que l'inspection des agents des finances devait se borner à vérifier les écritures, l'exactitude de l'inscription des résultats et de l'état de la caisse, termine en disant qu'il s'est entendu avec le ministre des finances pour que, dans les instructions données aux inspecteurs, il n'y ait rien, *quant à présent*, de relatif aux trésoriers des fabriques. Cette restriction même indique l'opinion de l'existence d'un droit que nous ne reconnaissons cependant pas ; mais c'est un motif de plus pour insister sur l'exactitude des *registres*.

Le décret de 1809 n'a pas prescrit deux *registres* pour les délibérations du conseil de fabrique et pour celles du bureau des marguilliers. Ainsi, les fabriques pourraient, par économie, n'en avoir qu'un seul ; mais ce mode présente des inconvénients. Le plus souvent, dit à cet égard le *Journal des conseils de fabriques*, ce n'est pas le même fabricien qui est en même temps secrétaire du bureau et du conseil : le *registre* des délibérations est principalement sous la responsabilité du secrétaire qui en tient les écritures ; s'il y a deux secrétaires et un seul *registre*, la responsabilité se divise, et elle s'affaiblit beaucoup. Il peut arriver, en outre, que les deux secrétaires aient simultanément besoin du *registre*, et que leur concurrence donne lieu à des discussions essentielles à prévenir. Enfin, les réunions des marguilliers sont beaucoup plus fréquentes que celles du conseil ; il est à désirer que le *registre* des délibérations du conseil de fabrique ne soit pas exposé sans motifs suffisants à autant de déplacements. Il est donc toujours préférable d'avoir deux *registres* distincts et séparés, l'un pour y inscrire les délibérations du conseil de fabrique, l'autre pour y consigner les délibérations du bureau des marguilliers. (*Voyez* DÉLIBÉRATIONS.)

Les conseils municipaux n'ont pas droit de demander communication des *registres* de la fabrique, car ces *registres* ne doivent être ni déplacés ni communiqués dans aucun cas.

Les anciens *registres* doivent être précieusement conservés dans les archives, et renfermés dans l'armoire avec tous les titres et papiers de la fabrique. (*Voyez* ARCHIVES.)

Les fabriques doivent encore avoir un *registre* journal pour le trésorier (*voyez* JOURNAL, § I), un *registre* sommier pour la transcription des actes et titres de la fabrique (*voyez* SOMMIER), et un *registre* à souche pour la délivrance des mandats. (*Voyez* JOURNAL, § II.)

« Les *registres* tenus par les ministres du culte, n'étant et ne pouvant être relatifs qu'à l'administration des sacrements, ne peuvent, dans aucun cas, suppléer les *registres* ordonnés par la loi pour constater l'état civil des Français. » (*Art. org.*, 55.)

Cet article, dit Portalis, est une conséquence nécessaire de l'état actuel de notre législation, c'est-à-dire des mesures que l'on a adoptées pour séparer les institutions religieuses d'avec les institutions civiles.

REGISTRE DE PAROISSE.

Plusieurs évêques ont sagement prescrit au clergé de leurs diocèses d'ouvrir des *registres de paroisse* pour y consigner les faits remarquables et qui peuvent intéresser la religion, les usages de la paroisse, surtout à l'égard des processions rurales, des binages, des bénédictions, des confréries, du casuel, etc. ; les traditions locales, la succession des curés, les reconstructions ou réparations des édifices paroissiaux, les achats d'ornements ou de vases sacrés, les dons faits à l'église, les noms des bienfaiteurs, les ordonnances épiscopales ; l'érection des confréries, la liste des premières communions et confirmations, etc.

Le *registre de paroisse* a une très-grande utilité. Il fait connaître les usages particuliers, les heures de l'office, les abus, les moyens employés pour les détruire. Il sert à perpétuer l'uniformité dans la bonne administration, et par là il fait souvent éviter des innovations, etc.

Ce *registre* doit être tenu avec ordre et propreté, rédigé sans longueur, sans exagération, d'une manière nette et avec une grande exactitude de dates.

Il est convenable d'annoter dans le *registre paroissial* les constructions des églises, leur âge, leurs caractères, leurs singularités, les plans avec les modifications que le temps leur a fait subir, les traces de vandalisme aussi bien que les débris du beau, l'ornementation extérieure et intérieure, les statues, les bas reliefs, les ouvrages symboliques et les sujets isolés, les vitraux et les peintures, les décorations, la forme, l'emplacement des autels, chaires, bancs, crédences, orgues, confessionnaux ; puis les vases sacrés, les reliquaires, les vêtements sacerdotaux, les livres liturgiques manuscrits ou imprimés, tout ce qui se dérobe souvent dans la poussière des sacristies, et jusqu'à la lingerie même, dont les restes méprisés cachent quelquefois les indications utiles ou importantes.

RÈGLEMENTS.

Les curés, les marguilliers et les conseils de fabriques, doivent se conformer exactement aux *règlements* arrêtés par les évêques, depuis la promulgation du décret du 30 décembre 1809, pour tout ce qui concerne l'office divin, les fondations, etc., ainsi que pour les rétributions à accorder au clergé, et à percevoir par les fabriques. Tous les *règlements* provsoires, faits en vertu de la décision du gouvernement, du 9 floréal an XI, pour fixer l'administration des fabriques, ont été annulés par le décret du 30 décembre 1809 : c'est ce qui résulte de l'avis du conseil d'Etat du 16 février 1813, approuvé le 22 du même mois, portant : « Ce *règlement* (1) et tous les autres faits en vertu de la décision du gouvernement, du 9 floréal an XI, doivent être considérés comme supprimés de droit par le *règlement* général sur les fabriques, du 30 décembre 1809. »

RÉINTÉGRANDE.

La *réintégrande* est l'action que la loi accorde pour conserver la possession d'un immeuble dont on a été dépossédé par violence. (*Voye z*ACTION POSSESSOIRE.)

RELIGIEUSES.

Les *religieuses* vouées à l'enseignement et reconnues par l'Etat n'ont besoin, pour enseigner, que de leurs lettres d'obédience. (*Voyez* ÉCOLES DE FILLES, LETTRES D'OBÉDIENCE.)

Les *religieuses* peuvent donner des soins gratuits aux malades. Quant aux médicaments qu'elles peuvent fournir, voyez, sous le mot MÉDICAMENT, une lettre du ministre des cultes, en date du 27 novembre 1861. *Voyez* CONGRÉGATIONS, § II, AUMÔNE DOTALE, INSTRUCTION PRIMAIRE.

RELIQUAIRES

Dans une circulaire, en date du 25 juin 1838, le ministre des cultes appelle l'attention sur les *reliquaires*, qui sont souvent très-précieux par leur antiquité ou par leur travail plus encore que par la matière dont ils sont composés. Ces *reliquaires* ne peuvent être vendus ou changés sans autorisation de l'autorité supérieure. Il est aussi question de ces précieux *reliquaires* dans une lettre ministérielle du 27 avril 1839.

Relativement à la nécessité d'assurer la conservation des *reliquaires*, châsses et autres objets précieux qui se trouvent dans les églises, voyez encore sous le mot OBJETS D'ART les circulaires des 20 et 29 décembre 1834, sous le mot FABRIQUE, la circulaire du 14 octobre 1844, et sous le mot MOBILIER, celle du 20 août 1856.

(1) Il s'agissait d'un *règlement* approuvé par le gouvernement le 24 frimaire an XII, pour le diocèse de Soissons.

RELIQUAT.

On entend par *reliquat* de compte l'excédant de la recette sur la dépense. (*Voyez* COMPTE.)

Le *reliquat* d'un compte forme toujours le premier article du compte suivant. (*Art.* 82 *du décret du* 30 *décembre* 1809.)

REMBOURSEMENT DE RENTES.

(*Voyez* RENTES.)

REMÈDES.

On distingue les *remèdes* en magistraux et officinaux : les *remèdes* magistraux sont ceux qui sont composés sur-le-champ, *extemporanea*; les *remèdes* officinaux, au contraire, sont ceux qui se trouvent tout composés dans les pharmacies ou officines.

Nous disons, sous les mots MÉDICAMENTS, PHARMACIE, si les ecclésiastiques et les religieuses peuvent distribuer des *remèdes* aux malades.

REMPLACEMENT EN CAS D'ABSENCE.

(*Voyez* ABSENCE, § II.)

REMPLOI DE CAPITAUX.

Les fabriques peuvent avoir à réaliser des capitaux plus ou moins importants, provenant, soit des legs et donations qui leur auraient été faits, soit d'aliénations ou de soultes d'*échange* dûment autorisées, soit des rentes rachetées ou de fonds placés sur particuliers, et dont le remboursement leur est offert; enfin elles peuvent avoir en caisse des sommes qui, provenant de leurs ressources ordinaires ou extraordinaires, et réservées pour des dépenses prévues et déterminées, attendent que l'*emploi* puisse en être définitivement fait. (*Voyez* RENTES.)

Dans ces diverses hypothèses, le gouvernement a dû s'occuper des mesures nécessaires pour que ces capitaux ne demeurassent pas improductifs dans les caisses des fabriques. A l'égard des sommes qui doivent rester en réserve pour les dépenses courantes, pour des travaux en cours d'exécution, etc., etc., il a ordonné que le placement en serait fait en compte courant au trésor public, sous les conditions réglées, chaque année, par le ministre des cultes. (*Voyez* PLACEMENT AU TRÉSOR.)

Quant aux autres capitaux, qui ne sont pas affectés à des dépenses autorisées, et qui font partie de la dotation des fabriques, l'administration a déterminé les règles d'après lesquelles il serait pourvu à leur *emploi* définitif.

RENOUVELLEMENT DE LA FABRIQUE.
(*Voyez* FABRIQUE, § III.)

RENTES.

Les *rentes* que les fabriques peuvent posséder sont de deux sortes : les *rentes* sur particuliers, les *rentes* sur l'Etat.

§ I. *Constitution de* RENTES *sur particuliers.*

Les marguilliers, et surtout le trésorier, doivent avoir soin de prévenir les prescriptions à l'égard des *rentes* constituées sur particuliers dues à la fabrique, en exigeant des débiteurs des titres nouvels (*voyez* ACTE NOUVEL), avant l'expiration des trente années fixées pour la validité des actes. Ils doivent aussi veiller à ce que les inscriptions hypothécaires prises sur les biens des débiteurs, en vertu des titres constitutifs, soient exactement renouvelées avant l'expiration des dix années fixées pour leur conservation. Les frais de renouvellement des titres et inscriptions sont à la charge des débiteurs.

Le trésorier qui aurait négligé d'exiger un titre nouvel assez tôt pour interrompre la prescription à l'égard d'une *rente* constituée pourrait être rendu responsable du dommage qui en résulterait pour la fabrique. (*Voyez* ARRÉRAGES, PRESCRIPTION.)

Les placements de fonds en *rentes* sur particuliers doivent être autorisés par ordonnance royale (aujourd'hui décret). Aucun notaire ne peut passer acte de cession, transport ou constitution de *rente* au nom d'un établissement ecclésiastique, s'il n'est justifié de l'ordonnance royale portant autorisation de l'acte, et qui doit y être entièrement insérée. (*Ordonnance du 14 janvier 1831, art.* 2.)

Lorsqu'une fabrique est autorisée à placer en *rentes* sur particuliers, l'acte constitutif doit être passé devant notaire, et l'inscription hypothécaire sur tous les biens du débiteur doit être prise sans retard, à la diligence du trésorier.

DÉLIBÉRATION *du conseil pour une constitution de rente.*

L'an, etc.

M.   , marguillier trésorier, ayant demandé la parole, a exposé au conseil qu'il existe dans la caisse de la fabrique une somme disponible de deux mille francs, provenant de   , et que M.   propriétaire, demeurant à   , offre de constituer au profit de la fabrique, contre la remise de ce capital, une *rente* de cent francs, pour sûreté et garantie de laquelle il hypothéquerait un immeuble d'une valeur de six mille francs qu'il possède à   M. le trésorier jugeant cette garantie suffisante et le placement avanta-

geux, a proposé au conseil de demander au gouvernement l'autori
sation d'employer les fonds disponibles à ladite constitution de rente

La proposition ayant été mise en discussion, le conseil l'a adopté
à la majorité de   voix. En conséquence, M. le trésorier est
chargé de faire les diligences nécessaires pour obtenir du gouverne
ment le décret d'homologation, sauf à s'assurer préalablement de
la réalité de la garantie offerte par l'emprunteur; 2° de souscrire
·ensuite devant notaire, au nom de la fabrique, l'acte constitutif de la
rente, et d'en verser le capital; 3° enfin, de prendre les inscriptions
hypothécaires et toutes mesures propres à assurer les droits de la
fabrique.

Fait à   , les jour, mois et an susdits.

Signatures.

§ II. *Remboursement des* RENTES *dues aux fabriques.*

La loi du 18 décembre 1790 (1), et l'article 530 du Code civil (2),
ont déclaré toutes les *rentes* rachetables. La fabrique ne peut, par
conséquent, jamais refuser le remboursement qui lui est demandé.

Quiconque se propose de racheter une *rente* due à une fabrique en
en remboursant le capital, doit : 1° avertir la fabrique un mois d'a-
vance (3), en s'adressant à son trésorier ; 2° il doit envoyer au préfet
une demande en forme de pétition, sur papier timbré ; il y joint la
dernière quittance et le titre de la *rente*, s'il est possible. Ces pièces,
accompagnées de la délibération du bureau, sont transmises au préfet, qui statue en conseil de préfecture.

Le trésorier ne doit accepter le remboursement qu'après s'être
assuré que les formalités ci-dessus ont été remplies.

Si la *rente* est en blé, ou autres denrées, dont la valeur est déterminée par des mercuriales, son rachat est calculé sur le prix des
denrées d'une année commune dans le marché le plus voisin.

« A l'égard des redevances en grains, il sera formé une année
commune de leur valeur, d'après le prix des grains de même nature,
relevé sur les registres du marché du lieu où se devait le payement,
ou du marché plus prochain, s'il n'y en a pas dans le lieu. Pour former l'année commune, on prendra les quatorze années antérieures à
l'époque du rachat, on en retranchera les deux plus fortes et les deux

(1) Cette loi porte, art. 1er : « Toutes les *rentes* foncières perpétuelles, soit en
·nature, soit en argent, de quelque espèce qu'elles soient, quelle que soit leur origine, à quelques personnes qu'elles soient dues..... seront rachetables. »

(2) Cet article est ainsi conçu : « Toute *rente* établie à perpétuité, pour le prix
de la vente d'un immeuble, ou comme condition de la cession à titre onéreux ou
·gratuit d'un fonds immobilier, est essentiellement rachetable. »

(3) *Voyez* ci-après l'avis du conseil d'Etat du 21 décembre 1808.

plus faibles, et l'année commune sera formée sur les dix années restantes. » (*Loi du* 18 *décembre* 1790, *titre II, art.* 7.)

La *rente* doit être rachetée à un taux différent, dans les circonstances suivantes : 1° si le capital est porté au contrat, ce capital sera
rendu en entier, quel que soit l'intérêt stipulé par l'acte qui établit
la *rente*; 2° si la *rente* a été constituée sans évaluation de capital, il
faut distinguer entre les *rentes* payées en argent et celles qui sont
payées en volailles, denrées, fruits de récoltes, services d'hommes,
chevaux, etc. : les premières sont rachetées au denier vingt, et les
secondes au denier vingt-cinq; 3° si la *rente* a été créée avec la condition qu'il n'y aurait pas de retenues des dixièmes, vingtièmes et
autres impositions royales, la *rente* sera rachetée, si elle est en argent, au denier vingt-deux, et si elle est en denrées, au denier vingt-
sept et demi, c'est-à-dire qu'il sera payé un dixième de plus que
pour les autres. (*Ib.*, art. 2.)

Tout ce qui vient d'être dit ci-dessus concerne les *rentes* anciennes; quant à celles constituées depuis le 3 septembre 1807, elles se
rachèteraient uniformément au denier vingt.

Les fabriques ne peuvent que dans deux cas refuser de recevoir
un remboursement partiel, c'est lorsqu'il s'agit d'une *rente hypothécaire* ou due *solidairement,* qu'elle soit ancienne ou non, à moins de
stipulation contraire. La raison en est qu'on ne peut contraindre un
créancier à recevoir une portion d'une dette *indivisible*, et à renoncer ainsi à poursuivre celui de ses débitants qui lui offrirait peut-être
le plus de garanties.

Mais il est loisible au créancier, si le co-débiteur le demande, de
recevoir, sous la réserve de la solidarité et de l'hypothèque, la portion de *rente* ou créance qui lui est offerte. (*Code civil,* art. 1203-
1223.)

Le débiteur d'une *rente* constituée, lorsque cette *rente* est *portable* (1) et non *quérable*, peut être contraint au rachat, s'il cesse de
remplir ses obligations pendant deux ans, et s'il manque à fournir au
prêteur les sûretés promises. (*Arrêt de la cour de Cassation du* 9
août 1841.)

Il nous reste à examiner si, dans le cas où la *rente* est payable en
nature, elle peut aussi être remboursée de la même manière, c'est-
à-dire en grains, denrées, volailles, fruits de récolte, etc., ou si la
fabrique est en droit alors d'exiger le remboursement en argent.

Il nous semble que des principes posés ci-dessus, il doit en résulter

_____

(1) On appelle *rente portable* celle dont le payement doit être effectué par le débiteur au domicile du créancier, et *rente quérable* celle dont le payement doit être
fait par le débiteur à son propre domicile. (*Art.* 12, *titre III, de la loi du* 18
décembre 1790.)

que le débiteur d'une *rente* perpétuelle constituée au profit d'une
brique ou tout autre établissement public, et stipulée payable
nature, ne peut rembourser cette *rente* qu'en argent, d'après
évaluation du produit annuel faite conformément à la loi du 18 dé
cembre 1790 dont nous avons cité deux ou trois articles (1). Nou
ajouterons à cette loi l'arrêté des consuls du 18 ventôse an VIII
dans lequel on lit :

« Art. 1ᵉʳ. Les préposés de la régie de l'enregistrement et du do
maine national procèderont, sans délai, à la liquidation des *rente*
dont le rachat ou l'aliénation sont demandés en exécution de la loi du
19 nivôse dernier.

« Art. 2. Les *rentes* stipulées payables en nature seront liquidée
d'après le mode établi par la loi du 18-29 décembre 1790, pour l'é
valuation en numéraire des denrées et autres objets en nature. »

Il paraît assez évident, d'après cet arrêté et les dispositions de la
loi de décembre 1790, que le remboursement des *rentes* stipulée
payables en nature doit s'effectuer, non en nature, mais en argent.
En prescrivant l'*évaluation* du produit annuel de ces *rentes* et leur
rachat au denier vingt-cinq, dit le *Journal des conseils de fabriques*
le législateur a, évidemment, entendu assujettir les débiteurs à payer
pour opérer le remboursement, le montant même de cette estima
tion en argent. Cette mesure de l'estimation n'a pu avoir d'autre
objet, car si la loi eût voulu laisser au débiteur le droit de se libérer
en délivrant des objets en nature d'une valeur égale au montant de
l'évaluation, elle n'eût pas manqué de déterminer le mode et les con
ditions de ce payement.

Pour se convaincre, d'ailleurs, que le législateur n'a pu entendre
prescrire qu'un remboursement en argent, il suffit de bien se rendre
compte de la nature des *rentes* constituées en perpétuel. Ces *rentes*
représentent presque toujours un capital aliéné par le crédit rentier,
ou le prix d'un immeuble d'abord fixé en numéraire, et ensuite
seulement remplacé par une *rente*. Les arrérages, dans tous ces cas,
peuvent être stipulés payables en nature, soit pour l'avantage du
débiteur, soit pour la commodité du créancier; mais la nature du
capital n'est pas modifiée par cette stipulation du payement des ar
rérages en nature : la *rente*, quel que soit le mode de payement
convenu, représente toujours un capital *argent*. Il suit de là comme
conséquence nécessaire que, lorsque le débiteur veut rembourser la
rente, il ne peut opérer ce remboursement qu'en argent.

L'usage du reste confirme les dispositions de la loi de 1790, car,
dans la pratique, les *rentes* stipulées payables en nature sont toujours remboursées en argent, à moins de convention contraire dans
les actes ou au moment du remboursement.

(1) Nous rapportons ci-après les principales dispositions de cette loi.

Les rentiers peuvent être payés, sur leur demande, à la caisse du receveur particulier des finances de l'arrondissement ou aux caisses des percepteurs.

Pour être payé chez les percepteurs, les rentiers doivent adresser, avec leur extrait d'inscription, leur quittance, *non signée*, au receveur particulier de l'arrondissement, lequel, après l'accomplissement des formalités nécessaires, renvoie les pièces aux rentiers, qui n'ont plus qu'à se présenter chez le percepteur pour donner quittance et recevoir le montant des arrérages. (*Arrêté du 10 novembre 1849.*)

Dans le cas où la *rente* serait payable dans un autre département, le rentier pourrait déposer sa quittance chez le receveur général, qui se chargerait d'en recouvrer le montant. (*Règlement du 26 janvier 1846.*)

Loi du 18-29 décembre 1790, relative au rachat des rentes foncières.

TITRE III.

Mode et taux du rachat.

« Art. 1er. Lorsque les parties, auxquelles il est libre de traiter de gré à gré, ne pourront point s'accorder sur le prix du rachat des *rentes* ou redevances foncières, le rachat sera fait suivant les règles et le taux ci-après.

« Art. 2. Le rachat des *rentes* et redevances foncières originairement créées irrachetables et sans aucune évaluation du capital, seront remboursables (1), savoir : celles en argent, sur le pied du denier vingt; et celles en nature de grains, volailles, denrées, fruits de récolte, services d'hommes, chevaux ou autres bêtes de somme, et de voitures, au denier vingt-cinq de leur produit annuel, suivant les évaluations qui en seront ci-après faites. Il sera ajouté un dixième auxdits capitaux, à l'égard des *rentes* qui auront été créées sous la condition de la non-retenue de dixième, vingtième et autres impositions royales.

« Art. 3. A l'égard des *rentes* et redevances foncières originairement créées rachetables, mais qui sont devenues irrachetables avant le 4 août 1789, par l'effet de la prescription, le rachat s'en fera sur le capital porté au contrat, soit qu'il soit inférieur ou supérieur aux deniers ci-dessus fixés.

« Art. 6. L'évaluation du produit annuel des *rentes* et redevances foncières, non stipulées en argent, mais payables en nature de grains, denrées, fruits de récolte ou service d'hommes, bêtes de somme ou voitures, se fera d'après les règles et les distinctions ci-après.

« Art. 7. A l'égard des redevances en grains, il sera formé une année commune de leur valeur, d'après le prix des grains de même nature, relevé sur les registres du marché du lieu où se devait faire le payement, ou du marché plus prochain, s'il n'y en a pas dans le lieu. Pour former l'année commune, on prendra les quatorze années antérieures à l'époque du rachat; on retranchera les deux plus fortes et les deux plus faibles, et l'année commune sera formée sur les dix années restantes.

« Art. 8. Il en sera de même pour les redevances en volailles, agneaux, cochons,

(1) Cette phrase est évidemment incorrecte; mais nous reproduisons le texte de la loi tel qu'il est.

beurre, fromages, cire et autres denrées, dans les lieux où leur prix est porté dans les registres des marchés.

« A l'égard des lieux où il n'est point d'usage de tenir de registre du prix des ventes de ces sortes de denrées, l'évaluation des *rentes* de cette espèce sera faite d'après le tableau estimatif qui en aura été formé, en exécution de l'article 15 du décret du 3 mai, par le directoire du district du lieu où devait se faire le payement, lequel tableau servira, pendant l'espace de dix années, de taux pour l'estimation du produit annuel desdites redevances; le tout sans déroger aux évaluations portées par les titres, coutumes et règlements.

« Art. 9. A l'égard des *rentes* et redevances foncières stipulées en service de journées d'hommes, de chevaux, bêtes de travail et de somme, ou de voitures, l'évaluation s'en fera pareillement pendant l'espace de dix années pour l'estimation du produit desdites redevances, le tout sans déroger aux évaluations portées par les titres, coutumes et règlements.

« Art. 10. Quant aux *rentes* et redevances foncières qui consistent en une certaine portion de fruits, récoltée annuellement sur les fonds, il sera procédé par des experts que les parties nommeront, ou qui seront nommés d'office par le juge, à une évaluation de ce que le fonds peut produire en nature dans une année commune. La quotité de la redevance annuelle sera ensuite fixée dans la proportion de l'année commune du fonds, et ce produit annuel sera évalué en la forme prescrite par l'article 6 ci-dessus, pour l'évaluation des *rentes* en grains.

« Art. 14. Tout redevable qui voudra racheter les *rentes* ou redevances foncières dont son fonds est grevé, sera tenu de rembourser, avec le capital du rachat, tous les arrérages qui se trouveront dus, tant pour les années antérieures que pour l'année courante, au prorata du temps qui se sera écoulé depuis la dernière échéance jusqu'au jour du rachat.

« Art. 15. A l'avenir, les *rentes* et redevances énoncées aux articles 9 et 10 ci-dessus ne s'arrérageront point, même dans les pays où le principe contraire avait lieu, si ce n'est qu'il y ait eu demande suivie de condamnation. Les *rentes* qui consistent en service de journées d'hommes, de chevaux et autres services énoncés en l'article 9 ci-dessus, ne pourront pas non plus être exigées en argent, mais en nature seulement, si ce n'est qu'il y ait eu demande suivie de condamnation. En conséquence, il ne sera tenu compte, lors du rachat desdites *rentes* ou redevances, que de l'année courante, laquelle sera alors évaluée en argent, au prorata du temps qui se sera écoulé depuis la dernière échéance jusqu'au jour du rachat. »

Avis *du conseil d'Etat du 21 décembre 1808, sur le mode de remboursement des rentes et créances des communes et fabriques.*

« Le conseil d'Etat qui, après le renvoi ordonné par Sa Majesté, a entendu le rapport de la section de l'intérieur, sur celui du ministre de ce département, relatif à la question de savoir en vertu de quelle autorisation les remboursements des *rentes* et créances des communes et fabriques peut avoir lieu,

« Est d'avis,

« 1°. Que le remboursement des capitaux dus aux hospices, communes et fabriques, et autres établissements dont les propriétés sont administrées et régies sous la surveillance du gouvernement, peut toujours avoir lieu quand les débiteurs se présentent pour se libérer; mais qu'ils doivent avertir les administrateurs un mois d'avance, pour que ceux-ci avisent, pendant ce temps, aux moyens de placement, et requièrent les autorisations nécessaires de l'autorité supérieure;

« 2°. Que l'emploi des capitaux en *rentes* sur l'Etat n'a pas besoin d'être autorisé, il l'est de droit par la règle générale déjà établie (1) ;

« 3°. Que l'emploi en biens fonds, ou de toute autre manière, doit être autorisé par un décret rendu en conseil d'Etat, sur l'avis du ministre de l'intérieur, pour les communes et hospices, et du même ministre ou de celui des cultes, pour les fabriques (2). »

Décret *du 16 juillet 1810 qui règle le mode d'autorisation pour l'emploi du produit des remboursements faits aux communes, aux hospices et aux fabriques* (3).

« Art. 1er. Les communes, les hospices et les fabriques pourront, sans autorisation des préfets, effectuer le remploi en *rentes*, soit sur l'Etat, soit sur des particuliers, du produit des capitaux qui leur seront remboursés, toutes les fois que ces capitaux n'excéderont pas 500 francs.

« Art. 2. L'emploi du produit de ces remboursements, quand ils s'élèveront au-dessus de 500 francs, et jusqu'à 2,000 francs, sera soumis à l'approbation de notre ministre de l'intérieur, pour le même genre de placement.

« Art. 3. Quant au placement des sommes au-delà de 2,000 francs, provenant de la même source, il ne pourra avoir lieu qu'en vertu de notre décision spéciale, rendue en notre conseil d'Etat.

« Art. 4. Le placement en biens fonds, quel que soit le montant de la somme, ne pourra s'effectuer sans autorisation donnée par nous en notre conseil d'Etat (4). »

§ III. *Achat de* RENTES *sur l'Etat.*

Le mode d'emploi de fonds en *rentes* sur l'Etat est celui qui offre les plus grands avantages pour les établissements publics : il est le plus sûr et le plus commode. Les *rentes* sont payées exactement, sans frais et non-valeurs, à l'échéance fixe de trois mois, le premier janvier, le premier avril, le premier juillet et le premier octobre de chaque année.

Pour effectuer un placement sur l'Etat, la fabrique prend une délibération par laquelle elle fait connaître l'origine des fonds et en demande l'emploi en *rentes* sur l'Etat. Cette délibération, avec l'avis de l'évêque, est soumise au préfet, qui, à quelque somme que s'élèvent les capitaux, transmet le tout au ministre des cultes, pour avoir l'autorisation du gouvernement, aux termes de l'ordonnance du 14 janvier 1831. A la réception de l'ordonnance, le préfet en adresse une copie à la fabrique.

Le trésorier doit préalablement verser le capital dans la caisse du

(1) Cet article a été modifié par l'art. 1er de l'ordonnance du 14 janvier 1831, rapportée sous le mot ACCEPTATION.

(2) Voyez ci-après le décret du 16 juillet 1810, modifiant cet avis.

(3) L'ordonnance royale du 14 janvier 1831, rapportée sous le mot ACCEPTATION, modifie ce décret.

(4) Voyez lois des 18 et 20 décembre 1790, avis du conseil d'Etat du 21 décembre 1803 ci-dessus, et l'art. 63 du décret du 30 décembre 1809.

receveur général ou du receveur particulier, qui le place provisoire ment à la caisse de service, avec rente de 3 ou 4 pour 100, selon que le décide annuellement le ministre. (*Voyez* PLACEMENT.)

Depuis l'ordonnance du 14 janvier 1831, portée sous l'influence d'une pensée évidemment hostile aux établissements ecclésiastiques et religieux, les évêchés, chapitres, séminaires, cures, les sociétés de prêtres et les communautés religieuses de femmes, ne peuvent acheter d'inscriptions de *rentes* sur l'Etat sans y avoir été autorisés par une ordonnance royale, dont une expédition en due forme doit être présentée au directeur du grand-livre de la dette publique, par l'intermédiaire d'un agent de change.

Cette disposition a été modifiée par un décret du 13 avril 1861 qui, étendant les limites de la compétence des préfets sur plusieurs matières administratives, leur a conféré, notamment, par son article 4, le pouvoir de statuer sur les demandes des établissements religieux en autorisation de placer en *rentes* sur l'Etat les sommes sans emploi, provenant de remboursement de capitaux.

Les termes de l'article précité s'appliquent seulement aux capitaux de *rentes* ou créances remboursées aux établissements religieux; on ne doit pas y comprendre les sommes ayant une autre origine, telles que les produits de leurs économies, les excédants annuels de leurs recettes, et les libéralités qui leur auraient été faites, à quelque titre que ce soit, à moins qu'il ne s'agisse de dons ou legs que les préfets sont compétents pour autoriser. L'article 1er de l'ordonnance réglementaire du 14 janvier 1831, qui exige l'autorisation du gouvernement pour les transferts et les inscriptions de *rentes* sur l'Etat au nom des établissements ecclésiastiques ou religieux, n'est point abrogé; il est simplement modifié par le décret du 13 avril 1861, en ce qui concerne les capitaux provenant d'un remboursement. (*Circulaire du ministre des cultes, du 20 août* 1861.)

L'autorisation du gouvernement n'est plus nécessaire quand le placement du capital a été déjà prescrit par l'ordonnance qui a approuvé l'acceptation des dons ou des legs. Ainsi l'autorisation n'est pas requise toutes les fois que l'ordonnance ou décret d'acceptation porte : *Le capital sera placé en rentes sur l'Etat;* il suffit alors de transmettre les fonds au receveur général, et de lui exhiber une copie du décret qui a autorisé ce placement.

Les versements de fonds faits par les trésoriers des fabriques pour achat de *rentes* sur l'Etat constituent une véritable dépense; ils doivent être par conséquent constatés dans les écritures et compris dans les budgets et dans les comptes.

§ IV. *Acceptation d'inscriptions de* RENTES *sur l'Etat.*

(*Voyez* ACCEPTATION, § III.)

§ V. *Vente des inscriptions de* RENTES *sur l'Etat.*

Si une fabrique se trouve dans la nécessité de vendre des *rentes* sur l'Etat, elle doit prendre une délibération motivée, indiquant l'origine des fonds qu'elle représente.

Cette délibération doit être appuyée : 1° du titre de la *rente* ; 2° d'une copie du budget de la fabrique ; 3° de l'avis du sous-préfet ; 4° de celui de l'évêque ; 5° s'il s'agit de faire face à des travaux, d'un devis détaillé et estimatif ; 6° s'il est question d'une acquisition, d'un procès-verbal estimatif de l'immeuble à acquérir.

Le préfet, avec son avis motivé, transmet le tout au ministre, qui sollicite le décret d'autorisation, et, à la réception, le trésorier le remet, avec les extraits des inscriptions de *rentes*, au receveur-général du département. Celui-ci transmet ces pièces à la direction du mouvement général des fonds. Cette direction, après avoir fait opérer la vente des inscriptions, adresse au receveur général le bordereau que lui fournit l'agent de change : ce bordereau constate le produit de la vente, que le receveur général verse au trésorier de la fabrique, et s'en fait donner quittance.

Le produit de la vente des inscriptions de *rentes*, devant faire partie des ressources prévues au budget, il en est fait recette comme des autres produits des fabriques.

§ VI. *Arrérages de* RENTES.

(*Voyez* ARRÉRAGES.)

§ VII. *Formalités à remplir en cas de perte du titre d'inscription de* RENTE *sur l'Etat.*

Il arrive très-fréquemment que des titres d'inscription de *rentes* sur l'Etat sont égarés, perdus ou détruits par accident. Cette perte peut être faite par un trésorier de fabrique, un curé, comme par tout autre particulier. Il ne faut pas croire que cette perte soit irréparable ; on doit se mettre immédiatement en mesure d'obtenir la délivrance d'un nouveau titre, et, pour cela, il y a lieu de faire dresser par le maire de la commune une déclaration dont le ministère des finances a donné récemment le modèle suivant, et qui doit être faite sur papier timbré, puis enregistrée :

« Aujourd'hui le   18   , a comparu devant nous maire de la commune de   le sieur N   , demeurant à   , lequel nous a déclaré avoir perdu l'extrait d'une inscription   , n°   , dont il était propriétaire, et nous a dit qu'il désirait en obtenir le remplacement dans la forme prescrite par le décret du 3 messidor an XII, s'obligeant à rapporter l'extrait adiré s'il le retrouve.

« Ladite déclaration est faite en présence du sieur N   , demeu-

rant à   , et du sieur N   , lesquels nous ont attesté l'individualité du déclarant, et ont, ainsi que lui, signé avec nous, les jours
mois et an que dessus.

Suivent les signatures.

On rappelle que la signature du maire doit être légalisée par le
préfet ou le sous-préfet.

Cette déclaration doit être adressée au ministère des finances
(Direction de la dette inscrite.)

RÉPARATIONS DES ÉGLISES ET PRESBYTÈRES.

On distingue trois genres de *réparations* : les grosses *réparations*
les simples *réparations* locatives, et celles d'entretien.

La négligence des conseillers de fabrique est parfois bien préjudiciable aux églises et aux presbytères, de l'entretien et de la conservation desquels ils sont spécialement chargés. Nous appelons donc
tout particulièrement leur attention sur ce sujet ; car en ne faisant
pas chaque année de légères *réparations* qui se feraient à très-peu
de frais, il n'arrive que trop souvent que le mal s'augmente au point
que les églises et les presbytères menacent ruine, ou qu'ils ne peuvent plus être réparés qu'à de très-grands frais, au-dessus des ressources de la fabrique et même de celles de la commune. Il faut
alors recourir au gouvernement pour en obtenir des secours, toujours très-minimes en proportion des *réparations* à faire, et imposer
aux habitants des sacrifices considérables, sacrifices faits de mauvaise grâce et ordinairement au détriment de la religion. La loi cependant a prévu ce grave inconvénient, et elle a voulu prévenir les
suites d'une coupable négligence en prescrivant de faire chaque année
aux églises et presbytères les *réparations* nécessaires. L'art. 41 du
décret du 30 décembre 1809 porte : « Les marguilliers et spécialement le trésorier seront tenus de veiller à ce que toutes les *réparations* soient bien et promptement faites. Ils auront soin de visiter les
bâtiments avec des gens de l'art, au commencement du printemps et
de l'automne. Ils pourvoiront sur-le-champ, et par économie (c'est-à-
dire sans adjudication, en payant eux-mêmes les ouvriers et les matériaux), aux réparations locatives ou autres qui n'excéderaient pas
la proportion indiquée en l'art. 12, et sans préjudice toutefois des
dépenses réglées pour le culte. » Cet article, comme on le voit, a
fixé des époques très-rapprochées, parce que ces *réparations* sont
de nature à devenir de plus en plus considérables quand elles ne
sont pas effectuées fréquemment. (*Voyez* BATIMENTS.)

§ I. *Grosses* RÉPARATIONS *et* RÉPARATIONS *d'entretien.*

Les grosses *réparations* sont celles des grands murs et des voûtes, le rétablissement des poutres et des couvertures entières, ainsi que des murs de soutènement et de clôture. (*Art.* 606 *du Code civil.*)

Les grosses *réparations* et celles d'entretien des églises et des presbytères devraient être à la charge des communes. Le décret du 6 novembre 1813, art. 21 (1), le dit positivement. La Cour royale de Paris, se conformant à la prescription de ce décret, a statué, par arrêt du 20 décembre 1835, que la commune est tenue des grosses *réparations*, sans que la fabrique ait à justifier de l'insuffisance de ses revenus.

Néanmoins le *Journal des conseils de fabriques* et d'habiles juris-consultes pensent que les fabriques sont tenues de toutes les *réparations* des églises et des presbytères, quand elles peuvent le faire ; ce n'est que subsidiairement, et en cas d'insuffisance constatée des revenus de la fabrique, que la commune est obligée d'y subvenir. C'est aussi la jurisprudence adoptée par l'administration.

Toutefois les fabriques ne seraient tenues des grosses *réparations* qu'au prorata du superflu de leurs ressources. En effet, l'art. 46 du décret de 1809 décide, en parlant des revenus des fabriques, que l'*excédant, s'il y en a*, sera affecté aux grosses *réparations*.

Ainsi, une fabrique ne serait obligée de fournir aux grosses *réparations* qu'après avoir pourvu à tous les besoins du culte, aux frais d'achat et de *réparations* des ornements et de tout le mobilier, des gages des officiers et serviteurs de l'église, ainsi qu'aux dépenses de décorations intérieures et de *réparations* locatives. (*Art.* 46 *du décret de* 1809.) Si, après avoir pourvu à l'entretien de l'église, la fabrique n'a plus de fonds libres, c'est aux frais de la commune que les *réparations* doivent être faites.

L'administration matérielle des églises, le soin de veiller à leur entretien et à leur conservation, appartiennent exclusivement aux conseils de fabriques. Peu importe à cet égard que la propriété de l'église appartienne à la fabrique ou à la commune ; la question de propriété est sans influence sur la question d'administration.

Lorsqu'une fabrique possède des ressources suffisantes pour pourvoir aux dépenses à effectuer par elle, si le montant des travaux d'embellissement, de construction ou de *réparations* à opérer, quelles que soient ces *réparations*, n'excède pas la somme de cinquante francs dans les paroisses au-dessous de mille âmes, ou celle de cent francs dans les paroisses d'une plus grande population, le bureau des marguilliers est en droit d'ordonner, seul, ces travaux. (*Art.* 12 *et* 41 *du décret de* 1809.)

Si le montant des travaux est de plus de cinquante francs, mais sans s'élever au-dessus de cent francs, quand la population est au-

---

(1) *Voyez* ce décret sous le mot BIENS.

dessous de mille âmes, ou s'il est de plus de cent francs sans s'élever au-dessus de deux cents francs quand la paroisse renferme plus de deux mille âmes, le conseil de fabrique peut, sur le rapport du bureau et sur un devis présenté par ce bureau, ordonner ces travaux, mais à la charge de faire procéder à leur adjudication au rabais, ou par soumission, après trois affiches renouvelées de huitaine en huitaine. (*Ib. art.* 42.)

Dans les divers cas ci-dessus, il n'est nécessaire de demander aucune autorisation à l'autorité civile.

Il convient toutefois, surtout pour peu qu'on ait de doute sur l'utilité, l'opportunité ou le mode d'exécution des travaux de *réparations*, de consulter le préfet, afin que ce fonctionnaire n'ordonne pas plus tard l'interruption de ces travaux. (*Circulaire du 6 août 1841,* ci-après, page 262.)

Si le montant des travaux doit dépasser cent francs dans une paroisse de moins de mille habitants, ou deux cents francs dans une paroisse de mille ou de plus de mille habitants, des plans et devis doivent être soumis au préfet; et ce n'est qu'après l'approbation formelle de ce fonctionnaire, que ces travaux peuvent être adjugés et exécutés.

Si le montant des travaux doit dépasser trente mille francs, les plans et devis doivent de même être adressés au préfet; mais ces travaux ne peuvent être exécutés qu'après avoir reçu l'approbation du ministre des cultes.

Les règles qui précèdent sont applicables, soit que la fabrique pourvoie aux dépenses sur ses propres ressources ; soit que les fonds lui soient fournis par des tiers, des bienfaiteurs ; soit, enfin, qu'un secours lui ait été alloué par la commune, mais sans qu'aucune condition ait été imposée à cette allocation, et sans que l'emploi en ait été affecté à aucune destination spéciale.

Lorsqu'un conseil de fabrique est obligé, à défaut de ressources, de demander une subvention à la commune pour pourvoir aux frais des travaux qu'il veut faire exécuter, ces travaux ne peuvent être entrepris qu'autant que le préfet a ordonné, sur l'avis du conseil municipal, qu'ils seront effectués aux frais de la commune, et que le conseil municipal a procédé, en la forme ordinaire, à leur adjudication au rabais, (*Décret de* 1809, *art.* 43, 94 *et suivants.*)

Dans le cas ci-dessus, de recours de la fabrique à la commune, si le montant des travaux à effectuer ne doit pas dépasser trente mille francs, le préfet est compétent pour approuver les plans et devis de ces travaux.

Si, au contraire, le montant des travaux doit s'élever à plus de trente mille francs, ces plans et devis doivent toujours être adressés au préfet; mais ils doivent être approuvés par le ministre de l'intérieur. (*Circulaire du 6 août 1841 ci-après.*)

Lorsque les ressources de la fabrique et celles de la commune étant démontrées insuffisantes pour subvenir aux dépenses, il est demandé un secours au gouvernement, des plans et devis des travaux doivent, conformément aux distinctions qui précèdent, être remis au préfet, et être, avant le commencement de ces travaux, approuvés soit par lui, si le montant n'excède pas trente mille francs, soit par le ministre, si le montant s'en élève à plus de trente mille francs. Mais, indépendamment de l'observation de ces règles ordinaires de compétence, toutes les fois qu'un secours est demandé au gouvernement, il faut, pour que ce secours lui-même soit accordé, quel qu'en soit le chiffre, quel que soit celui du montant des travaux auxquels il doit être employé, que préalablement des plans et devis de ces travaux soient transmis au préfet, pour être examinés par lui s'il accorde le secours sur les fonds affectés à cette destination, mis par le ministre à sa disposition ; ou pour être soumis à l'examen du ministre des cultes, si le secours doit être accordé directement par le ministre, sur la portion des fonds de secours dont ce ministre se réserve spécialement la répartition. (*Voyez* SECOURS.)

Lorsqu'un conseil de fabrique projette de faire ou fait exécuter des travaux dans une église, ni le maire ni le conseil municipal n'ont le droit, de leur propre autorité, de s'opposer à ces travaux et de les faire suspendre. Ils ne peuvent que provoquer à cet égard l'intervention du préfet.

Si le maire ou le conseil municipal ordonne ainsi la suspension des travaux, le conseil de fabrique serait en droit, nonobstant cette défense, de passer outre et de les faire continuer.

Le préfet a le droit d'interdire, ou même de faire interrompre et suspendre les travaux projetés ou entrepris dans une église par un conseil de fabrique, quels que soient ces travaux, sauf au conseil de fabrique à se pourvoir devant le ministre des cultes. (*Circulaire du 6 août 1841, ci-après.*)

Le préfet peut notifier au conseil de fabrique ses ordres à cet égard, soit directement, soit par l'intermédiaire du maire, en donnant, dans ce cas, à ce fonctionnaire un mandat exprès à cet effet : les conseils de fabriques sont tenus d'obtempérer aux ordres qui leur sont ainsi notifiés par les maires au nom des préfets, toujours sauf recours à l'autorité supérieure.

Il est du reste à désirer que tous les travaux à effectuer dans les églises obtiennent, autant que possible, l'assentiment préalable du conseil municipal.

Pour avoir droit de s'opposer à des *réparations* ou à des changements dans une église, un maire aurait besoin d'exhiber un mandat exprès émané du préfet. Le préfet même n'a pas toujours le droit de prendre un arrêté pour interdire l'exécution de certaines *répara-*

tions. C'est ce qui résulte d'un avis du conseil d'Etat du 12 octobre 1831. *(Voyez* ÉGLISES, § IV.)

La circulaire suivante, plus légale que plusieurs autres, publiées antérieurement, consacre les principes établis ci-dessus. Elle se borne à inviter les préfets à exercer par eux-mêmes ou par leurs délégués, une active surveillance sur les *réparations* à effectuer dans les églises, mais il est remarquable qu'il n'y est nullement parlé d'un semblable droit comme appartenant personnellement aux maires.

CIRCULAIRE *de M. le ministre de la justice et des cultes, à MM. les préfets, relative à la direction et à la surveillance des travaux aux édifices affectés au culte paroissial.*

Paris, le 6 août 1841.

« Monsieur le préfet,

« Dans ma circulaire du 29 juin dernier, je vous faisais observer que la plupart de nos églises ont un caractère monumental plus ou moins remarquable; que souvent les *réparations* qu'on a cru nécessaire de leur faire subir ont été dirigées avec une telle ignorance, ou tout au moins avec une insouciance si étrange, qu'elles n'ont produit que d'affligeantes mutilations; je vous invitais à exercer à ce sujet, soit par vous-même, soit par vos délégués, la surveillance la plus constante, à vous opposer à toute entreprise dont il ne vous aurait pas été donné communication et que vous n'auriez pas autorisée; j'ajoutais enfin que la vigilance la plus active de votre part pourrait seule prévenir les actes d'un vandalisme déplorable et assurer le bon emploi des fonds qui, quelle que soit leur origine, sont appliqués aux *réparations* des édifices consacrés au culte. *(Voyez* OBJETS D'ART.)

« Cette instruction n'est que le résumé de celles que mes prédécesseurs avaient données à diverses époques.

« Je suis informé que, dès longtemps, quelque incertitude existe dans les esprits sur les moyens d'en assurer l'exécution; que l'on conteste sur la nature et sur les limites des attributions assignées aux conseils de fabriques et aux municipalités en cette matière; que l'on dénie, en quelques lieux, à l'autorité départementale le droit d'exercer la surveillance qui lui a été recommandée; j'apprends même que d'assez graves conflits se sont élevés déjà ou vont se produire bientôt.

« Il m'a paru nécessaire, dès-lors, d'exposer avec quelque détail les principes en vigueur.

« L'église consacrée au culte paroissial est, à défaut de titre contraire, une propriété communale *(avis du conseil d'Etat, du 6 pluviôse an XIII)*; mais elle est affectée pour toujours à sa destination, et la commune ne peut, sous aucun prétexte, en disposer pour un autre usage.

« Les fabriques forment une administration spéciale préposée à tous les intérêts matériels concernant le culte paroissial. Ainsi elles sont chargées de veiller à l'entretien et à la conservation des temples, d'administrer les aumônes, les biens, les rentes, les perceptions autorisées par les lois et règlements, les sommes supplémentaires fournies par les communes elles-mêmes, et généralement tous les fonds affectés aux services religieux; elles règlent toutes les dépenses à faire, elles assurent les moyens d'y pourvoir. *(Décret du 30 décembre 1809, art. 1er.)*

« Elles ont, en conséquence, une caisse, un trésorier comptable, un budget annuel *(Ibid., art. 12 et 18)*, dont le chapitre relatif aux dépenses comprend:

« 1°. Les frais ordinaires de la célébration du culte ;

« 2°. Les frais de réparation des ornements, meubles et ustensiles ;

« 3°. Les gages des officiers et serviteurs de l'église ;

« 4°. Les *réparations* locatives des églises ;

« 5°. Le traitement des vicaires légalement établis ;

« 6°. Les grosses *réparations*, etc. (*Ibid., art.* 46.)

« Le budget de la fabrique est chaque année, soumis à l'approbation de l'évêque diocésain (*ibid., art.* 45) ; si les ressources accusées couvrent les dépenses, le budget reçoit, sans autre formalité, sa pleine et entière exécution. (*Ibid., art.* 48.)

« Toutefois les *réparations* aux bâtiments prévues au budget ou délibérées spécialement, quelle que soit leur nature, ne sont pas toutes entreprises de plein droit et sans quelques précautions préliminaires.

« Le bureau des marguilliers n'y fera procéder sur-le-champ et par économie qu'autant qu'elles n'absorberont qu'une somme de 50 fr., dans les paroisses qui comprennent moins de mille habitants, et de 100 fr. dans celles dont la population est plus considérable (*ibid., art.* 41) ; si ce chiffre doit être dépassé, le bureau, avant de les faire exécuter, devra en référer au conseil, qui ne statuera lui-même que sur des emplois de 100 francs dans les paroisses de petite population, et de 200 francs dans les autres, et sous la condition qu'un devis sera dressé et que l'on procédera par adjudication, au rabais, après trois affiches renouvelées de huit jours en huit jours. (*Ibid., art.* 12, 41 *et* 42.)

« Voilà quelques règles écrites : je dirai bientôt quelles en sont les conséquences, et comment elles doivent être entendues et appliquées ; mais il convient de remarquer dès à présent que, telles qu'elles soient, ces règles, en donnant un mandat aux fabriques, en limitent expressément l'étendue. En dehors de ces limites, le décret de 1809 n'a rien prévu ou du moins rien exprimé : les principes généraux du droit administratif suppléent à son silence.

« Les fabriques sont des établissements publics, placés, à ce titre, comme tous les autres, sous la haute tutelle du gouvernement, qui l'exerce tantôt directement e sans intermédiaire, tantôt par son préposé départemental, et qui, par conséquent, a le droit de surveiller leurs opérations et de leur interdire de passer outre, si elles cherchaient à se soustraire à cette indispensable surveillance.

« L'ordonnance du 8 août 1821, disposant (*art.* 4) que les *réparations*, reconstructions et constructions des bâtiments appartenant aux *communes, hospices et fabriques*, soit que la dépense en ait été assurée avec les fonds ordinaires de ces établissements, soit qu'elle l'ait été par des emprunts, des contributions extraordinaires votées, des aliénations faites, ou de toute autre voie légale, pourront être adjugées et exécutées sur l'approbation du préfet *en certains cas*, et du gouvernement *en certains autres*, n'établit pas un droit nouveau. Cette ordonnance n'eut point pour objet d'asservir les établissements publics à l'administration centrale plus sévèrement qu'ils ne l'étaient déjà ; elle fut bien plutôt une mesure d'affranchissement. Avant sa date, les préfets ne pouvaient autoriser les travaux qu'autant qu'ils n'exigeaient pas une dépense totale de plus de 1,000 fr.; en tout autre cas, il fallait recourir au ministre. L'ordonnance fit aux préfets une plus ample délégation de pouvoirs : elle n'exigea plus le recours au ministre que dans les circonstances où les devis excédaient 20,000 francs.

« En tous cas, elle est obligatoire pour tous. Les fabriques y sont nommément désignées, ainsi que les hospices et les communes ; elles doivent donc s'y conformer.

« Une seule difficulté se présente.

« L'ordonnance du 8 août 1821 a-t-elle abrogé les dispositions du décret du 30 décembre 1809, en ce qui touche le pouvoir accordé par ce décret aux fabriques, de faire exécuter, dans les limites de 100 et de 200 fr., selon les cas, sans provoquer aucune autorisation, les *réparations* par elles jugées nécessaires ?

« Non, Monsieur le préfet ; une telle interprétation de l'ordonnance ne serait pas conforme à son esprit, que j'ai pris soin d'indiquer lorsque j'ai dit qu'elle devait être considérée comme une mesure d'affranchissement. Les fabriques sont maintenues dans leurs droits et dans leurs prérogatives. Cependant votre surveillance ne doit pas moins s'étendre à toutes leurs opérations et lorsque vous reconnaissez qu'elles s'égarent, qu'elles font un mauvais emploi des fonds dont elles disposent, qu'elles mutilent et dégradent les monuments qu'elles ont mission de conserver, quelque minimes que soient les travaux ordonnés par elles, vous avez le droit de les interdire ou de les faire suspendre.

« Ce droit, vous le tenez de la nature des choses : il est la conséquence des principes généraux qui, comme je l'ai dit déjà, ont soumis les établissements publics à la tutelle de l'État. Le décret de 1809 doit donc être entendu en ce sens, que, dans les cas spécifiés dans ses dispositions, les bureaux de marguilliers et les conseils de fabriques pourront agir sans recourir préalablement à votre autorité, sans attendre une décision rendue par vous, et ce qu'ils auront fait ainsi sera légal, à coup sûr ; mais, si vous êtes informé que, quoique faisant légalement et sans excéder leurs pouvoirs, ils en usent mal ou inopportunément, vous leur prescrirez de s'arrêter dans le cours de leur opération, si vous ne leur avez déjà défendu de l'entreprendre. Or ils devront vous obéir aussitôt, sauf leur pourvoi devers l'autorité supérieure, s'ils veulent le former.

« Il serait beaucoup mieux, dès-lors, qu'avant de rien résoudre ou de mettre la main à l'œuvre, ils vous communiquassent leurs projets, afin de ne point être exposés plus tard à se voir entravés inopinément, et c'est le sens qui doit être donné à la circulaire du 29 juin ; c'est ainsi seulement qu'elle peut être exécutée sans froissement pour personne.

« Quant aux communes et aux administrations municipales, elles n'ont à intervenir que lorsque les fabriques, manquant de ressources, sont obligées de recourir à elles. Il serait inutile que je vous entretinsse de cette hypothèse : le décret du 30 décembre 1809 ne soulève à cet égard aucun doute et n'appelle aucune discussion. Vainement, en partant de ce principe hors de toute controverse, que les églises sont des propriétés communales, prétendrait-on que les conseils municipaux ont le droit de veiller à leur conservation et d'interposer à leur gré leur autorité. Cette argumentation serait vicieuse. L'espèce de propriété communale dont il s'agit échappe à l'administration et à la surveillance habituelle des municipalités ; un conseil spécial est chargé de la régir pour la commune et à sa place. Il en est de même des hospices et des collèges communaux, qui ont leurs bureaux d'administration particuliers, quoiqu'ils ne soient que des dépendances de la commune, qui leur accorde souvent de considérables subventions.

« Que l'on remarque, au reste, que l'autorité municipale n'est pas exclue de ces conseils divers : le maire en est membre de plein droit, et la commune s'y trouve ainsi représentée, mais seulement par l'un de ses organes, n'ayant que sa part d'influence, et ne pouvant paralyser, dès-lors, l'action de la majorité, quand elle a manifesté sa résolution.

« Le maire, s'il est convaincu que la majorité du conseil de fabrique a failli, n'a plus qu'un moyen à prendre dans le but de prévenir ou d'empêcher le mal qu'il envisage. Il doit vous avertir, vous signaler les faits, exciter votre sollicitude, provoquer votre intervention, et, si vous lui donnez le mandat exprès de s'opposer, en votre nom, remplir ce mandat, comme vous représentant alors, mais seulement à ce titre. Les ordres donnés par lui, en cette qualité, émaneront de vous, et la fabrique sera tenue d'y obtempérer.

« Une dernière observation, Monsieur le préfet, va clore la série de celles que j'avais à vous adresser sur ce grave sujet. Les conseils de fabrique relèvent aussi de l'autorité diocésaine, en ce qui concerne le règlement de leurs dépenses et la plupart des actes de leur administration. (*Décret du 30 décembre 1809, art. 47, 62, 72, 87 et autres.*) Il se pourrait que l'évêque considérât comme utile ou nécessaire une entreprise affectant les édifices consacrés au culte, qui vous paraîtrait, à vous, nuisible à quelques égards, et qu'il insistât, dès-lors, pour qu'elle fût exécutée contrairement à votre avis. Ces sortes de dissentiments ne peuvent être qu'extrêmement rares. Il est difficile que le préfet et l'évêque, après s'être communiqué leurs vues respectives, ne finissent point par s'entendre et par tomber d'accord; mais, s'il arrivait qu'il n'en fût pas ainsi, je devrais en être averti sur-le-champ, afin de statuer ce qu'il appartiendrait, toutes choses demeurant en l'état, au reste, jusqu'à ma décision.

« J'aime à croire que ces instructions, qui concilient tous les intérêts, seront comprises par tout le monde, et qu'elles ne soulèveront aucune difficulté nouvelle. Si mon attente était déçue, si les principes qu'elle rappelle trouvaient, dans leur application, quelques résistances inintelligentes, vous auriez à m'en informer aussitôt, et à me proposer telles mesures que vous aviseriez.

« Recevez, Monsieur le préfet, l'assurance de ma considération très-distinguée.

« *Le garde des sceaux, ministre secrétaire d'État de la justice et des cultes,*

« N. MARTIN (DU NORD). »

§ II. RÉPARATIONS *locatives des presbytères.*

D'après l'art. 1754 du Code civil, les *réparations* locatives comprennent principalement les *réparations* à faire aux pavés et aux carreaux quand ils sont cassés ; aux âtres, contre-cœurs, chambranles et tablettes de cheminées ; au recrépiment au bas des murailles des appartements et autres lieux d'habitation, à la hauteur d'un mètre ; aux vitres, à moins qu'elles ne soient cassées par la grêle, ou autres accidents extraordinaires et de force majeure ; aux portes, croisées, planches de cloison, gonds, targettes et serrures. (*Voyez* RECRÉPIMENT.)

Les *réparations* locatives sont à la charge de la fabrique pour l'église, et du curé pour le presbytère. (*Art. 44 du décret de 1809, et art. 21 du décret du 6 novembre 1813.*)

Le curé répond encore des dégradations (*voyez* DÉGRADATIONS) survenues au presbytère, soit par sa faute, soit par le fait des personnes de sa maison ou de ses sous-locataires. Conséquemment tous les objets perdus, cassés, forcés, écornés, en un mot, détériorés, par sa faute ou celle des siens, sont à sa charge. (*Art. 1735 du Code civil.*)

Aux presbytères et aux logements fournis aux curés et desservants sont en général jointes, dans les campagnes, quelques dépendances, un jardin, un pré, une vigne, etc. Bien que le décret de 1809 ne mentionne l'obligation des curés et desservants de pourvoir aux *réparations* locatives et aux dégradations survenues par leur faute que relativement au presbytère, il est évident que ces ecclésiastiques sont tenus des mêmes *réparations* et dégradations relativement à ces dépendances du presbytère ou de l'habitation qui lui a été attribuée. Les curés et desservants sont donc, à cet égard, soumis aux mêmes obligations, quant aux *réparations* locatives, que les fermiers.

Les règles du droit commun relatives aux dégradations et *réparations* locatives à la charge des locataires et fermiers sont, dans presque toutes les paroisses, applicables aux curés et desservants.

Pour éviter de faire des *réparations* locatives qui ne les concernent pas, les curés, en prenant possession d'un presbytère, doivent avoir soin de faire dresser un état de situation, comme le prescrit l'article 44 du décret du 30 décembre 1809. (*Voyez* ÉTAT DES LIEUX.)

Le temps après lequel l'action doit être réputée prescrite relativement aux *réparations locatives* à faire aux presbytères, est de cinq ans, suivant MM. Carré n° 389, et Dalloz, n° 36, qui ont examiné cette question. Toutefois elle ne nous paraît pas sans difficulté; car, dans le silence de la loi, c'est la prescription trentenaire qui peut être invoquée.

Pour les *réparations* à faire aux églises, voyez TRAVAUX.

§ III. Réparations *locatives des bancs.*

(*Voyez* BANCS, § X.)

RÉPUDIATION DE LEGS.

Les fabriques et les autres établissements publics, qui ne peuvent valablement accepter les dons ou legs qui leur sont faits sans l'autorisation de l'autorité supérieure, ont besoin de la même autorisation pour les répudier. (*Lettre du ministre des cultes à l'évêque de Grenoble, du 20 mai 1844 ; — Lettre du directeur de l'administration des cultes, au préfet de la Loire, du 23 février 1849.*)

Une fabrique ne saurait refuser de transmettre à l'autorité supérieure les pièces que cette autorité réclame pour s'éclairer sur la question de savoir s'il y a lieu d'autoriser la *répudiation* d'une libéralité. Un pareil refus pourrait être considéré comme une faute grave, susceptible d'entraîner la révocation du conseil de fabrique. (*Lettre précitée du 23 février 1849.*)

REQUÊTE CIVILE.

La *requête civile* est une demande tendant à faire rétracter, en to-

talité ou en partie, un jugement en dernier ressort, soit contradictoire, soit par défaut, mais non susceptible d'opposition.

La *requête civile* n'est recevable que dans les seuls cas expressément prévus par l'article 480 du Code de procédure, auxquels l'article 481 ajoute, en faveur de l'Etat, celui où ils n'auraient pas été
défendus, ou ne l'auraient pas été valablement.

C'est surtout pour cause de défaut de défense ou de non valable
défense, qu'une fabrique pourrait se trouver dans la nécessité de recourir à la voie extraordinaire de la *requête civile*. Il convient donc
d'expliquer particulièrement la disposition de l'article 481.

Or, elle s'entend en ce sens, que les mineurs, les communes, les
établissements publics sont réputés, premièrement, *n'avoir pas été
défendus* s'ils ont été jugés par défaut ou par forclusion (1); secon-
dement, *n'avoir pas été valablement défendus*, s'ils n'ont pas été
représentés par l'administrateur désigné à cet effet par la loi, comme
dans le cas où la fabrique ne l'eût pas été par le trésorier, si les principales défenses de fait et de droit avaient été omises, et qu'il parût
que cette omission eût influé sur le jugement. (*Voyez* POURVOI.)

RÉSIDENCE.

L'obligation de la *résidence* pour les ecclésiastiques a toujours été
prescrites par les lois civiles et canoniques.

Les titulaires ecclésiastiques sont tenus de résider. M. de Guernon-Ranville, ministre des affaires ecclésiastiques et de l'instruction
publique, rappelait ainsi cette obligation, dans une circulaire adressée
aux évêques le 28 janvier 1830 :

«... Veuillez remarquer, monseigneur, que l'obligation touchant
la *résidence* est prescrite : 1° par l'article 29 de la loi du 8 avril
1802 (18 germinal an X);

« 2° Par un avis du conseil d'Etat du 20 novembre 1806, qui
dispense les curés et desservants de la tutelle, attendu leurs fonctions, qui exigent *résidence;*

« 3° Par le règlement général du 30 décembre 1809, qui oblige
(*art*. 92) les communes à fournir au curé ou desservant un presbytère, ou, à défaut de presbytère, un logement, ou, à défaut de presbytère et de logement, une indemnité pécuniaire;

« D'où il suit qu'aucune exception touchant l'obligation de résider
au chef-lieu de la paroisse, et d'en desservir l'église, ne saurait être
reconnue. »

Cependant la loi du 23 avril 1833 a attaché le traitement non à
la *résidence*, mais à l'exercice des fonctions ; car elle porte, art. 8 :
« Nul ecclésiastique salarié par l'Etat, lorsqu'il n'exercera pas de

___

(1) Forclusion signifie toute déchéance faute d'avoir fait une chose dans tel délai

fait dans la commune qui lui aura été désignée, ne pourra toucher son traitement. » On pourrait donc opérer un décompte sur le mandat d'un titulaire qui s'abstient de l'exercice de ses fonctions, mais non sur celui qui le remplit sans résider. (*Voyez* ABSENCE, § II.)

Une circulaire ministérielle du 9 juin 1841 prescrit la *résidence* aux évêques dans leurs diocèses respectifs, en leur rappelant l'article 20 de la loi du 18 germinal an X, et, ce qui est encore plus remarquable, les lois canoniques qui leur en font une obligation. Comme cette circulaire est tant soit peu inconvenante et du reste d'une parfaite inutilité, nous nous abstiendrons d'en donner le texte.

La *résidence* et le domicile sont deux choses distinctes. (*Voyez* DOMICILE.)

RÉSILIATION.

La *résiliation*, c'est-à-dire l'anéantissement d'un contrat, ne peut avoir lieu sans autorisation de l'administration supérieure, ou des tribunaux, selon les cas, en ce qui concerne les fabriques et les autres établissements publics.

La *résiliation* des baux des biens des fabriques, pour quelque cause que ce soit, doit toujours être stipulée, afin qu'elle ait lieu sans indemnité de la part de la fabrique. (*Voyez* BAIL.)

RESPONSABILITÉ.

Les architectes et entrepreneurs ont pendant dix ans la *responsabilité* des ouvrages construits par leurs soins. (*Voyez* ARCHITECTE.)

On peut voir sous le mot HYPOTHÈQUE si les marguilliers sont personnellement *responsables*.

RESTRICTION.

Les établissements publics ne peuvent, en faveur des parties qui contractent avec eux, insérer aucune *restriction*. Les engagements des fabriques doivent être clairs et précis, et ne donner prise contre elles à aucun retour en interprétation contraire à leurs intérêts. (Rio.)

RÉTABLE.
(*Voyez* AUTEL.)

RETRAITE.
(*Voyez* CAISSE DE RETRAITE, PENSION, SECOURS, § III.)

RÉTRIBUTION SCOLAIRE.

La *rétribution scolaire* fait partie du traitement de l'instituteur communal. (*Voyez* TRAITEMENT.)

Elle est perçue dans la même forme que les contributions publiques directes; elle est exempte des droits de timbre, et donne droit aux mêmes remises que les autres recouvrements. Néanmoins, sur l'avis conforme du conseil général, l'instituteur communal peut être autorisé par le conseil départemental à percevoir lui-même la *rétribution scolaire*. (*Art. 41 de la loi du 15 mars* 1850.)

Tous les enfants dont les familles sont hors d'état de payer la *rétribution scolaire*, doivent recevoir gratuitement l'enseignement primaire. (*Ibid., art.* 44.)

Le taux de la *rétribution scolaire* est fixé par le conseil départemental, sur l'avis des conseils municipaux et des délégués cantonaux, (*Art.* 15.) Sous l'empire de la loi de 1833, elle était fixée par les conseils municipaux qui souvent l'établissaient à un taux dérisoire.

La *rétribution scolaire* pour les écoles de filles devait être perçue par les institutrices elles-mêmes et non par le percepteur comme celle des écoles de garçons. L'article 50 de la loi dit formellement que l'article 41 qui accorde ce privilège aux écoles de garçons n'est point applicable aux écoles de filles. (*Voyez* TRAITEMENT DES INSTITUTRICES.) Mais la loi du 14 juin 1859, rapporté ci-après, a modifié cette disposition, de sorte que maintenant la *rétribution scolaire* pour les écoles de filles est perçue par le receveur municipal comme celle des écoles de garçons.

On peut voir sous le mot ÉCOLES, les articles 15 et suivants du décret du 31 décembre 1853, relatifs à la *rétribution scolaire*. On peut voir aussi les articles 18 et suivants du décret du 7 octobre 1850.

Loi *du 14 juin* 1859, *relative à la perception de la rétribution scolaire dans les écoles communales de filles.*

« NAPOLÉON, etc., avons sanctionné et sanctionnons, promulgué et promulguons ce qui suit :

« ARTICLE UNIQUE. A partir du 1er janvier 1860, la rétribution scolaire dans les écoles communales de filles sera perçue, par le receveur municipal, dans la même forme que les contributions publiques directes. Elle sera exempte de timbre et donnera droit aux mêmes remises que les autres recouvrements.

« Sur l'avis conforme du conseil municipal, l'institutrice pourra être autorisée par le conseil départemental de l'instruction publique à percevoir elle-même la rétribution scolaire.

« L'article 10 de la loi du 15 mars 1850 est modifié en ce qu'il a de contraire aux dispositions qui précèdent. »

Le meilleur commentaire de cette loi se trouve dans l'Exposé des motifs qui en a été présenté par le gouvernement, dans le rapport au Corps législatif de la commission chargée de l'examen du projet, et dans l'instruction développée donnée pour son exécution par le ministre de l'instruction publique et des cultes, le 31 décembre 1859. L'Exposé des motifs du projet de loi étant assez court, nous le reproduisons intégralement ci-dessous.

EXPOSÉ DES MOTIFS *du projet de loi relatif à la perception de la rétribution scolaire dans les écoles communales de filles.*

« Messieurs,

« La loi du 15 mars 1850 sur l'enseignement, article 51, dispose que « toute « commune de huit cents âmes de population et au-dessus est tenue, si ses propres « ressources lui en fournissent les moyens, d'avoir au moins une école de filles, et « de fournir à l'institutrice (art. 50 combiné avec l'art. 37) un local convenable, « tant pour son habitation que pour la tenue de l'école, le mobilier de la classe et « un traitement. » Mais la loi n'ayant pas garanti aux institutrices, comme aux instituteurs, un minimum de 600 francs, les articles 38, 40 et 41 de ladite loi, relatifs aux traitements des instituteurs communaux et au recouvrement de la *rétribution scolaire*, n'ont pas été appliqués aux écoles de filles.

« Le traitement de l'institutrice doit être fixé par le conseil municipal, et prélevé sur les fonds communaux ; mais, le plus souvent, le produit de la *rétribution sco-laire* forme la plus grande partie du revenu de l'institutrice. Il est, dès-lors, essentiel que le recouvrement en soit opéré exactement. Comment le serait-il, puisque le percepteur ne recouvrant pas la *rétribution* de ces écoles, la charge en incombe aux institutrices elles-mêmes ; d'où, pour elles, une position délicate, dont leur dignité et leurs intérêts ont trop à souffrir ?

« La plupart des conseils généraux se sont émus de cette situation, et ils ont exprimé le vœu de voir appliquer aux écoles communales de filles le mode de recouvrement de la *rétribution scolaire* établi pour les écoles de garçons.

« Pour satisfaire à cette juste demande, le ministre a recherché un moyen de concilier avec le respect de la loi l'intérêt bien entendu des institutrices, et ce but a semblé pouvoir être atteint si les conseils municipaux allouaient un traitement fixe aux institutrices publiques, au moyen de la conversion en recette communale de la *rétribution scolaire*.

« Par ce moyen, la commune payait le traitement tout entier et le receveur municipal percevait la *rétribution scolaire* au profit de la caisse municipale.

« Cette mesure, conseillée par une circulaire ministérielle aux préfets, en date du 22 août 1857, présentait quelques-uns des avantages qu'on avait réclamés pour les institutrices ; mais, en devenant recette municipale, la *rétribution scolaire* était soumise, quant à la perception, aux règles qui régissent la matière, et, conséquemment, à l'obligation au timbre pour les rôles et quittances délivrés par l'institutrice.

« La dépense provenant de ces droits de timbre a effrayé quelques conseils municipaux ; quelques préfets ont demandé avec instance qu'il fût pris des mesures pour soustraire les communes à une obligation qui n'existe pas pour elles quand il s'agit d'une école de garçons ; la question a été soumise au conseil impérial de l'instruction publique et cette assemblée a émis le vœu que les dispositions de l'article 41 de la loi du 15 mars 1850 soient appliquées aux écoles normales de filles.

« Le ministre des finances, consulté par son collègue sur l'opportunité de cette mesure, a été d'un avis favorable.

« Le projet de loi, Messieurs, ne contient qu'un seul article, divisé en trois paragraphes.

« Le premier paragraphe dispose qu'à partir du 1er janvier 1860, la *rétribution scolaire*, dans les écoles communales de filles, sera perçue par le receveur municipal, dans la même forme que les contributions publiques directes ; qu'elle sera exempte des droits de timbre, et qu'elle donnera droit aux mêmes remises que les autres recouvrements.

« Les dispositions du paragraphe deuxième, empruntées à la loi de 1850 ont pour objet de ménager la transition d'un régime à l'autre, en donnant aux institutrices le choix entre la perception directe ou celle opérée par le receveur municipal. Il peut arriver, en effet, que, dans quelques localités, les institutrices préfèrent traiter directement avec les familles, et il importe qu'une mesure destinée à améliorer leur situation ne tourne pas, au contraire, à leur détriment.

« Enfin, par le paragraphe troisième et dernier, l'article 50 de la loi du 15 mars 1850 est modifié en ce qu'il a de contraire aux dispositions qui précèdent.

« Nous avons l'honneur, Messieurs, de vous proposer l'adoption du projet de loi. »

RÉTROCESSION.

La *rétrocession* est un acte par lequel une personne remet à une autre le droit qu'elle lui avait cédé auparavant. L'effet de cet acte, commun aux bailleurs, aux acquéreurs, aux donataires, est de faire retourner tous les objets, tant mobiliers qu'immobiliers, dans les mains d'où ils étaient sortis. (*Voyez* CONGRÉGATIONS RELIGIEUSES.)

Ainsi spécialement on appelle *rétrocession* un acte par lequel une religieuse, propriétaire purement nominale d'un immeuble, déclare l'avoir acquis pour le compte et avec les fonds de sa communauté, et s'oblige à lui restituer le bien qui lui appartient réellement. Cet acte, qui doit être passé devant notaire, devient pour la communauté un titre authentique et définitif de propriété. Dans ses circulaires du 21 mars 1835 et 8 mars 1852 (1), M. le ministre des cultes a recommandé aux congrégations religieuses de femmes d'adopter le moyen de la *rétrocession*. De son côté, M. le ministre des finances, voulant se conformer aux intentions du décret du 31 janvier 1852 (2) qui a eu pour but de faciliter la reconnaissance légale des associations enseignantes ou hospitalières de femmes, a décidé, les 25 juin et 23 octobre 1852, qu'un droit fixe de 2 francs serait seulement perçu sur les *rétrocessions* consenties dans leur intérêt ; il y a mis une condition, c'est que les déclarations de *rétrocession* seraient faites dans le délai de six mois, à compter de la date du décret d'autorisation des associations religieuses. Si ces déclarations n'étaient constatées par acte notarié qu'après l'expiration du délai de six mois ; si l'inexactitude était prouvée, ou si la communauté était légalement reconnue au moment de l'acquisition des immeubles et pouvait dèslors les acquérir en son nom collectif après s'être pourvue de l'auto-

(1) Voyez ces deux circulaires sous le mot CONGRÉGATIONS RELIGIEUSES.
(2) Voyez ce décret sous le mot CONGRÉGATIONS RELIGIEUSES.

risation du gouvernement, le droit proportionnel d'enregistrement de 6 francs 5 cent. par cent serait exigible. (*Décisions du ministre des finances, des 25 juin 1852, 17 mars 1854, 4 juin 1855 et 17 mars 1858 ; circulaire du ministre des cultes, du 21 juillet 1852 ; instruction du directeur général de l'enregistrement du 23 octobre 1852, n° 1942.*)

L'expérience a démontré, dit M. Nigon de Berty, que la *rétrocession* est à la fois le moyen le plus sûr, le plus sincère et le moins dispendieux de régulariser la possession des immeubles appartenant aux communautés religieuses; mais elle ne peut être valablement faite et acceptée qu'après la reconnaissance légale de ces communautés.

Nous croyons devoir reproduire ici, à l'appui de ce qui précède, le décret suivant de *rétrocession.*

DÉCRET *impérial du 10 juillet 1864 qui autorise la fondation à Nice d'un établissement de sœurs fidèles compagnes de Jésus.*

« NAPOLÉON, etc. Sur le rapport de notre garde des sceaux, ministre secrétaire d'Etat au département de la justice et des cultes ;

« La section de l'intérieur, de l'instruction publique et des cultes de notre conseil d'Etat entendue,

« Avons décrété et décrétons ce qui suit :

« ART. 1er. La congrégation enseignante des sœurs fidèles compagnes de Jésus, existant à Paris (Seine), en vertu de notre décret du 8 octobre 1853, est autorisée à fonder à Nice (Alpes-Maritimes) un établissement de sœurs de son ordre, comprenant un pensionnat, un externat libre et un ouvroir, à la charge par les membres de cet établissement de se conformer exactement aux statuts adoptés par la maison mère et approuvés par ordonnance royale du 7 mai 1826 ; 2° d'admettre gratuitement dans leur externat toutes les jeunes filles indigentes de leur quartier qui seront désignées comme telles, suivant les prescriptions de l'article 45 de la loi du 15 mars 1850, et qui ne pourront, à cause de l'éloignement, fréquenter facilement les écoles publiques de la ville; 3° d'enseigner à ces enfants, depuis l'âge de sept ans jusqu'à celui de treize ans, toutes les connaissances énumérées à la première partie de l'article 23 de la loi précitée, et de consacrer chaque jour à cet enseignement le temps prescrit par le règlement sur les écoles publiques.

« ART. 2. La supérieure générale des sœurs fidèles compagnes de Jésus, à Paris, est autorisée à accepter la *rétrocession*, faite à cette congrégation par la dame veuve de Bonnault d'Ilouet, son ancienne supérieure générale, suivant acte notarié du 18 mars 1854, et ratifiée par le sieur de Bonnault d'Ilouet, agissant comme unique héritier de sa mère suivant acte notarié des 16 et 18 janvier 1862, d'une propriété sise à Nice, estimée cent quarante mille francs et occupée par l'établissement du même ordre reconnu dans cette dernière ville, ladite propriété que la *rétrocédante* déclare avoir acquise pour le compte et avec les deniers de l'association.

« ART. 3. Notre garde des sceaux, ministre secrétaire d'Etat au département de la justice et des cultes, et notre ministre secrétaire d'Etat au département de l'instruction publique sont chargés, chacun en ce qui le concerne, de l'exécution du présent décret, qui sera inséré au Bulletin des lois.

« Fait à Vichy, etc. »

RÉUNIONS DE FABRIQUES.
(*Voyez* SÉANCES.)

REVENUS.

Le décret du 30 décembre 1809, article 36, énumère les *revenus* des fabriques, voyez ce décret ci-dessus, tome III, p. 18.

RÉVISION.

Les élèves des séminaires ne sont pas obligés de se présenter devant les conseils de *révision* pour subir les visites prescrites par les articles 15 et 16 de la loi du 21 mars 1832. (*Voyez* SERVICE MILITAIRE.)

Le *Journal des conseils de fabriques* (1), qui a longtement examiné cette question, conclut que les jeunes gens qui se trouvent dans l'un des cas de dispense admis par la loi, notamment les jeunes ecclésiastiques, les élèves des grands séminaires, les membres de l'instruction publique, les frères novices des écoles chrétiennes et des sociétés semblables autorisées à se consacrer à l'instruction primaire, ne peuvent être contraints à comparaître devant les conseils de *révision* et à se soumettre aux inspections corporelles que ces conseils ordonnent; que, pour se soustraire à cette comparution et à cette visite, il leur suffit de faire déclarer au conseil de *révision*, par leur père ou par un mandataire dûment constitué, leur intention de se prévaloir exclusivement de la dispense que leur accorde la loi, et de produire les pièces exigées et établissant qu'ils se trouvent réellement dans le cas de cette dispense. Du moment où ils déclarent ainsi s'en tenir à la dispense, et renoncer à invoquer les causes d'exemption qu'ils pourraient avoir à faire valoir, le conseil de *révision* est tenu d'admettre cette excuse et ne saurait rien exiger de plus; il ne saurait surtout refuser de prononcer la dispense et comprendre les jeunes gens dont il s'agit dans le contingent.

Si, par une application évidemment erronée des instructions et par un excès de pouvoir manifeste, ce qui n'arrive guère, un conseil de *révision* déclarait des jeunes gens placés dans cette situation propres au service et les incorporait dans l'armée, les décisions des conseils de *révision* étant irrévocables et sans appel ni recours, il n'y aurait aucun moyen de faire réformer cette décision, quelque mal rendue qu'elle fût. Mais les jeunes gens ainsi lésés devraient se pourvoir immédiatement, par voie de pétition, devant le ministre de la guerre; il n'est pas douteux que ce ministre ne réparât complétement l'erreur commise à leur préjudice, en leur accordant un sursis de départ jusqu'à la libération définitive de la classe à laquelle ils

(1) Tome XI, page 204 et suivantes.

appartiendraient : ce qui empêcherait l'exécution de la décision du conseil de *révision*.

RÉVOCATION.

I. L'ordonnance royale du 12 janvier 1825 a prévu le cas où il serait nécessaire de révoquer un conseil de fabrique, et elle a tracé la forme selon laquelle la *révocation* devrait avoir lieu. (*Voyez* FABRIQUE, § V.) Le droit de révoquer un conseil de fabrique est un droit exorbitant qui n'appartient qu'au ministre des cultes. Cependant quelques préfets ont cru devoir s'arroger ce droit. Nous n'hésitons pas à dire que c'est illégalement, et que l'arrêté par lequel un préfet déclarerait révoquer un de ces conseils, devrait être considéré comme nul de plein droit, d'une nullité absolue et ne pouvant produire aucun effet.

II. Les curés titulaires ne peuvent être révoqués de leurs fonctions que par une sentence de déposition rendue selon les formes canoniques, et confirmée par le gouvernement. (*Voyez* CURÉ, INTERDIT.)

Les vicaires et les desservants sont *révocables* à la volonté de l'évêque. (*Voyez* DESSERVANTS.)

ROCHET.

(*Voyez* SURPLIS.)

ROUTES.

Il y a lieu à expropriation de terrain de fabrique pour cause d'utilité publique, en matière de *routes* et de chemins vicinaux. (*Voyez* EXPROPRIATION, § II.)

RUCHES A MIEL.

Les *ruches à miel* sont, d'après l'article 524 du Code civil, immeubles par destination, mais seulement dans le cas où elles ont été placées sur le fonds par le propriétaire de ce fonds. Quand elles y ont été placées par un autre que le propriétaire, par un usufruitier, par exemple, par un curé dans les dépendances du presbytère, elles restent meubles et à la libre disposition de celui qui les y a établies. Ainsi un curé a placé des *ruches* dans le jardin ou dans les dépendances du presbytère, il a droit, à son départ, de les emporter, ou ses héritiers, à sa mort, de les enlever. Mais un curé agira prudemment en faisant constater dans un état de lieux que les *ruches* lui appartiennent. (*Voyez* ABEILLES, ÉTAT DE LIEUX.)

S

SACREMENTS.

Il n'existe, dans notre législation actuelle, aucune disposition pénale contre les ecclésiastiques, pour simple refus de *sacrements,* mais seulement sur les circonstances qui l'auraient accompagné, si elles étaient de nature à caractériser un délit formellement prévu par la loi. En cas de refus de *sacrements,* on ne peut que s'adresser à l'évêque. (*Voyez* BAPTÊME, § I.)

Le conseil d'État a décidé par l'arrêt ci-dessous du 16 décembre 1830, que le refus public de *sacrements,* quand il n'est accompagné ni de réflexions ni d'injures, est un fait qui doit être déféré à l'autorité ecclésiastique.

« LOUIS-PHILIPPE, etc. ;

« Vu le rapport du ministre des affaires ecclésiastiques sur le mémoire à lui adressé par le sieur Laurent, adjoint au maire de la commune de Châtillon-le-Duc (Doubs), au sujet du refus public de *sacrements* fait, le 7 avril 1828, à la demoiselle Laurent, sa fille, par le sieur Pereux, prêtre, desservant temporairement la succursale de cette commune ;

« Vu ledit mémoire par lequel le sieur Laurent demande l'autorisation de poursuivre le sieur Pereux devant les tribunaux correctionnels ou civils, comme diffamateur, à l'effet d'obtenir contre lui, au nom de sa fille mineure, tels dommages-intérêts qu'il jugera convenables ;

« Vu les renseignements adressés au ministre des affaires ecclésiastiques par les vicaires généraux capitulaires du diocèse de Besançon pendant la vacance du siége, et ceux transmis audit ministre par le préfet du département du Doubs ;

« Vu les certificats produits par le sieur Laurent ;

« Vu la loi du 8 avril 1802 (18 germinal an X) ;

« Considérant que le refus public de *sacrements* dont se plaint le sieur Laurent n'a été accompagné d'aucune réflexion ni injures de la part du desservant, et que dès-lors ce fait ne peut être déféré qu'à l'autorité ecclésiastique supérieure ;

« Notre conseil d'État entendu,

« Nous avons ordonné et ordonnons ce qui suit :

« ART. 1er. La requête du sieur Laurent est rejetée. »

SACRILÉGE.

Une loi du 20 avril 1825 punissait le crime de *sacrilége,* qui consiste dans la profanation des vases sacrés et des hosties consacrées; mais cette loi, qui a paru contraire au principe de la liberté des cultes consacré par la Charte de 1830, a été abrogée par une autre loi du 11 octobre de la même année. Ces deux lois sont rapportées ci-dessus sous le mot DÉLIT.

SACRISTAIN.

Le *sacristain* est celui qui a soin de la sacristie et de tout ce qui en dépend.

Le *sacristain* prêtre, dans les paroisses où il en est établi, est désigné par le curé ou desservant. (*Décret de 1809, article* 30.) Il est nommé, comme les autres employés de l'église, par les marguilliers, sur la présentation du curé ou desservant dans les paroisses urbaines, et par le curé seul dans les paroisses rurales.

§ I. Incompatibilité entre les fonctions de SACRISTAIN et celles de fabricien.

Il paraît que c'est un usage assez général, dans quelques diocèses, de choisir pour membre du conseil de fabrique le *sacristain* de l'église. Toutefois, quelque ancienne que soit cette coutume, ces nominations n'en sont pas moins contraires à la légalité.

Il n'existe, il est vrai, ni dans le décret du 30 décembre 1809, ni dans nul autre règlement, aucune disposition expresse qui déclare formellement les *sacristains* incapables d'être élus fabriciens; mais l'incompatibilité de ces deux qualités résulte implicitement de plusieurs articles du décret de 1809, et surtout de la nature des fonctions dont il s'agit.

Aux termes de l'article 3 de ce décret, les membres des conseils de fabriques doivent être choisis parmi les notables de la paroisse: or, il est bien difficile de considérer comme un notable le *sacristain*, qui n'est qu'un simple serviteur de l'église. (*Voyez* NOTABLE.)

C'est le conseil de fabrique qui, chaque année, en dressant le budget, règle le traitement ou les gages des officiers, serviteurs et employés de l'église. Le *sacristain* nommé fabricien serait donc appelé à délibérer sur le chiffre de sa propre rétribution, et à la voter: ce qui serait également contraire à la raison et à une règle générale en matière d'administration.

Il importe que chaque membre des conseils de fabrique puisse, dans les réunions de ces conseils, délibérer et voter librement. Le fabricien *sacristain* n'aurait jamais cette indépendance. En effet, comme il vient d'être dit, le traitement du *sacristain* est voté chaque année par la majorité du conseil; la nomination et la révocation du *sacristain* appartient exclusivement, dans les paroisses rurales, au curé ou desservant, et, dans les autres paroisses, au bureau des marguilliers. Le fabricien *sacristain* serait donc sans cesse dans la dépendance de ses collègues; dans les discussions, sa voix n'aurait aucune liberté.

Si l'on admettait que le *sacristain* pût faire partie du conseil de fabrique, il pourrait dès-lors, comme tout autre conseiller, être porté à la présidence; et, dans cette hypothèse, il aurait pendant la réunion une place plus distinguée que celle du curé, ce qui ne serait pas tolérable.

Enfin, un décret du 20 nivôse an II (9 janvier 1794) interdit à tout citoyen déjà employé l'exercice d'une autorité chargée de la surveillance médiate ou immédiate des fonctions qu'il occupe. Ce principe, qui est d'un intérêt général, est applicable à l'espèce; car, en qualité de fabricien, le *sacristain* concourrait à régler son traitement et à surveiller son service.

Il faut donc reconnaître que si l'incompatibilité entre les fonctions de fabricien et celles de *sacristain* n'est pas exprimée dans les règlements, elle n'en existe pas moins de droit, par l'impossibilité de concilier ces fonctions.

Nous rapportons, du reste, sous le mot FABRICIEN, § X, et sous le mot CHANTRE des décisions ministérielles qui déclarent qu'il y a incompatibilité entre les fonctions de *sacristain* et de fabricien.

M. Prompsault, après avoir cité ce que nous disons au commencement de ce paragraphe, ajoute : « Il y a une distinction à faire. Si le *sacristain* est gagiste de la fabrique, nul doute qu'il y ait incompatibilité entre ses fonctions et celle de fabricien ; s'il ne reçoit pas de gage, ses fonctions ne sont autre chose que des fonctions de marguillerie. Elles sont honorables. Rien ne s'oppose à ce qu'il soit membre de la fabrique. Au contraire, il y a de bonnes raisons de désirer qu'il le soit. Très-souvent, ajoute-t-il, les fonctions de *sacristain* sont remplies gratuitement par l'instituteur ou par quelque autre personne honorable de la paroisse, de participation avec une ouvrière ou blanchisseuse et le curé. En ce cas, les fonctions de *sacristain* se rattachent exclusivement au service religieux, et échapent même à la surveillance de la fabrique dont il ne dépend en aucune façon.

Nous pensons que, même dans ce cas, d'après les décisions ministérielle, le *sacristain* ne pourrait être légalement nommé fabricien.

Quant à la marche à suivre pour régulariser la composition des conseils de fabriques dans lesquels le *sacristain* aurait été admis, la plus simple consiste à inviter cet employé à donner sa démission de fabricien ; ensuite le conseil de fabrique, soit dans la prochaine réunion ordinaire, soit dans une réunion extraordinaire, peut pourvoir à son remplacement par une nouvelle élection.

§ II. *Il n'y a pas d'incompatibilité entre les fonctions de* SACRISTAIN *et celles d'instituteur.*

L'instituteur communal peut cumuler les fonctions de *sacristain* avec celles d'instituteur, pourvu qu'il ne manque pas aux fonctions essentielles qu'il doit remplir vis-à-vis de la jeunesse dont l'instruction lui est confiée. C'est ce qu'a décidé le conseil royal de l'instruction publique, par l'avis suivant, décision qui a la même valeur sous la législation actuelle.

Avis *du conseil royal de l'instruction publique, du 19 mai 1843.*

« Le conseil,

« Sur la proposition de M. le conseiller chargé de ce qui concerne l'instruction primaire ;

« Vu le rapport de M. le recteur de l'académie de....., en date du...., relatif au sieur..., instituteur public à...., lequel réclame contre l'exécution d'une délibération du comité d'arrondissement de...., qui lui interdirait, pour cause d'incapacité, de cumuler les fonctions de *sacristain* avec celles d'instituteur ;

« Vu la délibération du comité d'instruction primaire de...., en date du....;

« Attendu que ce comité, dans sa délibération, ne prétend pas qu'il y ait incompatibilité de droit entre les fonctions d'instituteur et celles de *sacristain*, pas plus qu'entre les fonctions d'instituteur et celles de secrétaire de la mairie; qu'il y a, au contraire, parfaite convenance dans les relations directes de l'instituteur avec le curé d'une part, et le maire, d'autre part ; que ce qu'il faut c'est que l'instituteur ne manque pas aux fonctions essentielles qu'il doit remplir vis-à-vis de la jeunesse dont l'instruction lui est confiée ;

« Que c'est une question de fait plutôt qu'une question de droit;

« Que, dans l'espèce, M. le recteur déclare que le sieur...., quoiqu'il soit *sacristain*, est un excellent instituteur ;

« Est d'avis qu'il n'y a pas lieu de lui interdire les fonctions de *sacristain*. »

§ III. *Nomination et révocation du* SACRISTAIN.

La nomination et la révocation du *sacristain* et des autres serviteurs de l'église appartiennent, savoir, dans les communes rurales, au curé ou desservant, et, dans les communes urbaines, aux marguilliers, sur la proposition du curé ou desservant. Dans les communes où la nomination et la révocation appartiennent aux marguilliers, ceux-ci peuvent refuser leur approbation aux propositions qui leur sont faites par le curé. En cas de dissentiment entre le curé et les marguilliers, il appartient à l'autorité supérieure de statuer. Ces solutions résultent de la lettre ministérielle ci-après.

LETTRE *du 6 août 1849, de M. le ministre de l'instruction publique et des cultes* (M. de Falloux) *à Mgr l'évêque de Périgueux.*

« Monseigneur,

« Des difficultés se sont élevées entre le curé et la fabrique de l'église paroissiale de Saint-Astier, au sujet de la nomination du *sacristain*.

« Le décret du 30 décembre 1809, article 33, avait attribué aux marguilliers, sur la proposition du curé ou desservant, la nomination et la révocation de l'organiste, des sonneurs, des bedeaux, suisses ou autres serviteurs de l'église; mais cet article a été modifié par l'article 7 de l'ordonnance réglementaire du 12 janvier 1825, portant : « Dans toutes les communes rurales, la nomination et la révocation des « chantres, sonneurs et *sacristains* seront faites par le curé, desservant ou vicaire; « leur traitement continuera à être réglé par le conseil de fabrique et payé par qui « de droit. »

« En conséquence, suivant que la commune de Saint-Astier est classée parmi les communes urbaines ou les communes rurales, il y a lieu d'appliquer l'un ou l'autre des deux articles précités, à l'occasion de la nomination du *sacristain*.

« Le classement ne s'opère pas d'ailleurs par suite de l'importance plus ou moins grande de la population respective des communes, puisqu'il y a des villes qui ne comptent qu'un petit nombre d'habitants; tandis que d'autres communes n'ont point cessé d'être considérées comme rurales, quoique leur population soit considérable.

« La connaissance des localités est indispensable pour décider dans quelle catégorie doit être rangée la commune de Saint-Astier. Je vous prie, Monseigneur, de vouloir bien examiner, de concert avec M. le préfet de la Dordogne, s'il y a lieu de la considérer comme une commune rurale ou comme une commune urbaine.

« Quant à la question de savoir si, dans les villes, les marguilliers peuvent refuser leur approbation aux propositions qui leur sont faites par le curé, pour les nominations et révocations prévues par l'article 33 du décret du 30 décembre 1809, il est hors de doute qu'elle ne peut être résolue autrement que par l'affirmative.

« En effet, le droit attribué aux marguilliers est un droit véritable, il serait évidemment illusoire s'ils se trouvaient dans l'obligation d'approuver toujours les propositions qui leur seraient faites. Au reste, dans le cas où, pour des causes quelconques et sans motifs légitimes, les marguilliers refuseraient cette approbation, ce serait à l'autorité supérieure d'intervenir pour vider le différend.

« J'ai l'honneur de vous renvoyer ci-joint la lettre de M. le curé de Saint-Astier.

« J'adresse copie de la présente à M. le préfet de la Dordogne. »

Sans doute les marguilliers, dans les villes, peuvent refuser leur approbation aux propositions qui leur sont faites par le curé pour la nomination du *sacristain* et des autres serviteurs de l'église ; mais il est évident qu'ils ne peuvent nommer eux-mêmes, de leur propre autorité, un *sacristain* qui ne leur serait pas *proposé* par le curé. Ils peuvent bien faire des observations au curé sur le candidat présenté par lui comme le jugeant indigne ou incapable et l'engager à en *proposer* un autre qui pourrait mieux mériter leur confiance et celle de la paroisse. Mais, au résumé, leur pouvoir se borne là. S'il y avait parti pris par les marguilliers de ne point accepter le *sacristain* proposé par le curé ou que celui-ci refusât mal à propos d'en proposer un autre, il faudrait recourir à l'autorité supérieure, c'est-à-dire à l'évêque, au préfet, ou au ministre pour terminer ce conflit.

NOMINATION D'UN SACRISTAIN.

Le bureau des marguilliers de l'église Saint-   de   ,
Sur la proposition de M.   , curé de ladite église,
Arrête ce qui suit :
Le sieur N.   (*désigner les nom, prénoms, profession et domicile*) est nommé   (*désigner les fonctions et l'emploi*),
en remplacement de M.   , décédé (*démissionnaire ou révoqué*).
Il sera tenu   (*indiquer les obligations imposées*).

SACRISTIE.

La *sacristie* étant toujours dans un lieu attenant à l'église, le conseil de fabrique et le bureau des marguilliers peuvent, aux termes de l'article 10 du décret du 30 décembre 1809, y tenir leurs séances. (*Voyez* SÉANCES.)

Un extrait du sommier des titres contenant les fondations qui doivent être desservies pendant le cours d'un trimestre doit être affiché dans la *sacristie*, au commencement de chaque trimestre, avec les noms du fondateur et de l'ecclésiastique qui doit acquitter chaque fondation. (*Décret de* 1809, *art.* 26.)

C'est dans la *sacristie* que se placent l'armoire et la caisse à trois clefs (*voyez* ARMOIRE), les linges, vases sacrés et ornements de l'église.

La *sacristie* étant aussi le lieu où l'on renferme toutes les richesses de l'église, titres, ornements, linges, caisse, etc., doit être bien aérée et bien entretenue. Quand on construit une *sacristie*, il faut qu'on ait soin de la placer toujours au midi pour prévenir l'humidité et la moisissure qui altèrent bientôt les soieries ou les velours et ternissent le brillant des galons et l'éclat des fleurs. Pour faciliter la circulation de l'air dans la *sacristie*, il convient d'y pratiquer deux fenêtres, quand une *sacristie* est salubre, tout s'y conserve mieux. Les fenêtres doivent, autant que possible, être garnies de barreaux de fer ou d'un châssis à fer maillé ; les portes, aussi bien que les serrures, doivent être solides, pour prévenir les vols devenus malheureusement si fréquents de nos jours dans les églises.

Les *sacristies* doivent toujours être de plain-pied avec le chœur, auquel elles sont ordinairement adhérentes. Il faut se dispenser, autant que possible, d'y établir un escalier de quelques degrés, ce qui occasionne souvent des chutes aux officiants et aux serviteurs de l'église.

Il est très-convenable aussi qu'une église ait deux *sacristies*, l'une pour renfermer les linges, ornements, vases sacrés, etc.; l'autre pour placer les bières, les décors funéraires, les candélabres, les escabeaux, etc.

On nous a demandé si, lorsqu'une *sacristie* n'a pas les conditions voulues, qu'elle est humide, malsaine et qu'il est impossible d'y conserver les ornements, la fabrique est en droit de réclamer le concours de la commune pour la construction d'une nouvelle sur un terrain attenant à l'église et plus convenable, et si le conseil municipal peut refuser de voter les fonds nécessaires pour cette construction.

Nous trouvons la solution à cette difficulté dans le *Bulletin du ministère de l'Intérieur*. La fabrique de Saint-S... se trouvant dans ce cas, le préfet du département demanda si l'on pouvait considérer comme dépense obligatoire pour la commune l'acquisition de l'emplacement de la *sacristie* et les travaux de construction. Le ministre répondit :

« Il résulte, sinon des termes, du moins de l'esprit général de la législation et notamment des dispositions combinées du décret impérial du 30 décembre 1809 et de la loi du 18 juillet 1837, que l'agrandissement d'une église, et, par suite, la construction d'une *sacristie* sur un terrain attenant, constituent une dépense communale obligatoire, en cas d'insuffisance des ressources de la fabrique. Dans cette hypothèse, la commune de Saint-S... pourrait donc être contrainte, par l'application de l'article 39 de la loi précitée, non-seulement d'acquérir à ses frais l'emplacement de la *sacristie* projetée, mais encore à pourvoir au payement des travaux à exécuter. Toutefois, il conviendrait, avant de recourir aux mesures de rigueur, que la nécessité de l'acquisition et de la construction fût régulièrement constatée par un rapport spécial d'un homme de l'art. »

Dans un cas semblable qui peut se reproduire assez souvent dans les paroisses rurales, le conseil de fabrique n'a rien autre chose à faire que de prendre une délibération pour constater la nécessité de la construction de la *sacristie* et l'insuffisance des ressources de la fabrique et envoyer au conseil municipal cette délibération avec le rapport de l'architecte.

SAGES-FEMMES.

Nous avons omis à dessein de parler des *sages-femmes* dans cet ouvrage, parce que, d'après notre législation actuelle, les curés n'ont sur elles aucune espèce d'autorité. On ne peut, par conséquent, comme on nous l'a demandé, les obliger à faire le serment prescrit par les rituels, etc. Ce n'est que par les moyens de persuasion qu'on peut agir sur elles. (*Voyez* BAPTÊME, § I.)

Il ne faut point engager les *sages-femmes* à pratiquer l'opération césarienne. (*Voyez* OPÉRATION CÉSARIENNE.)

SAILLIES.

Aux termes de l'article 678 du Code civil, les fabriques pas plus que les particuliers ne peuvent avoir des vues droites ou fenêtres d'aspect, ni balcons ou autres semblables *saillies*, sur l'héritage clos ou non clos d'un voisin, s'il n'y a dix-neuf décimètres (six pieds) de distance entre le mur où on les pratique et ledit héritage. (*Code civil, art.* 678.)

Cette distance pour les balcons ou autres semblables *saillies*, se compte depuis leur ligne extérieure jusqu'à la ligne de séparation des deux propriétés. (*Art.* 680.)

SAINT-ESPRIT (CONGRÉGATION DU).

La congrégation du *Saint-Esprit*, chargée des colonies françaises, a été rétablie légalement par une ordonnance du 3 février 1816 qui lui a rendu les biens qui lui avaient appartenu et qui avaient été réunis au domaine de l'Etat. Elle reçoit tous les ans, sur le budget, une allocation pour les services qu'elle rend dans les colonies.

SAISIE.

La *saisie* est le moyen extrême qu'emploie un créancier contre son débiteur, pour obtenir le payement de ses dus.

Les fabriques peuvent être dans le cas d'employer ce moyen. Alors les trésoriers, qui sont chargés de faire les diligences à cet effet, doivent s'adresser aux avoués, pour la direction des procédures que les *saisies* entraînent. (*Voyez* POURSUITES.)

S'il y avait contestation à l'occasion des *saisies*, le trésorier devrait en référer au conseil de fabrique, et celui-ci demander au conseil de préfecture l'autorisation d'y défendre. (*Voyez* PROCÈS.)

SAISIE-GAGERIE.

On appelle *saisie-gagerie* la *saisie* pratiquée sur les meubles et effets ou fruits étant dans la maison ou sur la terre du propriétaire, afin qu'ils ne puissent être ni déplacés ni enlevés au préjudice de ses droits.

Les propriétaires ou principaux locataires des maisons ou biens ruraux, soit qu'il y ait bail, soit qu'il n'y en ait pas, peuvent, un jour après le commandement, et sans permission du juge, faire saisie-gager pour loyer et fermages échus, les effets et fruits étant dans lesdites maisons ou bâtiments ruraux, ou sur les terres.

Ils peuvent même faire saisir-gager à l'instant, en vertu de la permission qu'ils en auront obtenue sur requête du président du tribunal de première instance. Ils peuvent aussi saisir les meubles qui garnissaient la maison ou la ferme, lorsqu'ils ont été déplacés sans leur consentement; et ils conservent sur eux leur privilége, pourvu qu'ils en aient fait la revendication conformément à l'article 2102 du Code civil, c'est-à-dire, lorsqu'il s'agit du mobilier d'une ferme, dans le délai de quarante jours, et dans celui de quinze jours lorsqu'il s'agit de meubles garnissant une maison. (*Code de procédure civile, art.* 819.)

SALAIRE DES CULTES.

La juste et médiocre indemnité que l'Etat a pris l'engagement, dans le concordat de 1801, de payer au clergé catholique pour les biens considérables dont on l'a spolié en 1793, est appelée dédaigneusement, par la plupart de nos législateurs et même par quelques graves auteurs, du nom de *salaire*. Ce terme est très-impropre, car on salarie des gens à gage, mais on ne salarie pas un corps respectable dont on possède encore une grande partie des biens, lesquels produisaient en 1850 plus de 45 millions, bien que le budget des cultes tout entier y compris les cultes dissidents et les dépenses des bureaux et des employés ne s'élèvent pas au-delà de 50 millions. (*Voyez* BUDGET DES CULTES, TRAITEMENT.)

SAINT-SACREMENT.

Le décret du 13 juillet 1804, titre II, prescrit de rendre au *Saint-Sacrement* les honneurs militaires. (*Voyez* PRÉSÉANCE.)

M. l'abbé Prompsault cite une décision ministérielle en date du 25 octobre 1831 qui s'exprime ainsi : « Ces dispositions sont incontestablement encore obligatoires ; car la religion catholique n'était pas plus religion de l'Etat à l'époque où ce décret a été publié que sous l'empire de la Charte qui nous régit. Elle était simplement, comme aujourd'hui, reconnue comme la religion de la majorité. »

Il en est encore de même sous l'empire de la Constitution actuelle.

SALLES D'ASILE.

Les *salles d'asile* sont des établissements charitables où les enfants des deux sexes peuvent être admis, jusqu'à l'âge de six ans accomplis, pour recevoir pendant le jour les soins de surveillance maternelle et de première éducation. Elles ont pour objet de soulager les parents pauvres des soins multipliés qu'exigent les enfants de cet âge ; d'inoculer de bonne heure à ces enfants des principes de religion et de piété, et de les entourer d'une sollicitude éclairée qu'ils rencontrent rarement dans leurs familles.

Le premier ministre de l'instruction publique de la République, M. Carnot, avait arrêté que les *salles d'asile* s'appelleraient désormais *écoles maternelles*. Nous ne le féliciterons pas de cette innovation rétrograde qui a disparu avec lui.

« L'origine des *salles d'asile*, dit M. Durieu (1), date du siècle dernier. Cette utile création, selon lui, est due à Orbelin, pasteur protestant du Ban-de-la-Roche, dans les Vosges. Plus tard, en 1800, à Paris, madame la marquise de Pastoret réunit, dans une maison du faubourg Saint-Honoré, un certain nombre de petits enfants de quatre à six ans, sous la surveillance de sœurs chargées d'en prendre soin. En 1826, le développement que cette institution avait reçu en Angleterre appela l'attention de M. Cochin, homme vénéré du peuple ; et bientôt un grand nombre de *salles* s'ouvrirent à Paris et dans les districts manufacturiers. Depuis, l'ordonnance royale du 22 décembre 1837 a placé ces établissements sous le régime de l'instruction publique et dans les attributions du ministre de ce département : on a pensé que, s'ils relèvent des établissements de charité par leur origine, ils se rattachent étroitement par leur but à l'instruction publique, dont ils sont en quelque sorte le portique. » C'est sans doute pour ce motif que la République de 1848 leur a donné le nom d'*écoles maternelles*.

(1) *Répertoire des établissements de bienfaisance*, tome II, page 726.

Nous ne saurions trop déplorer qu'on ait enlevé les *salles d'asile* à la charité chrétienne, qui les avait fondées, pour les placer sous le régime de l'Université. Par là on fait un tort immense à cette belle institution, car combien de curés se seraient fait un devoir d'établir un modeste asile dans leurs paroisses que les entraves de la loi arrêteront. Il n'eût pas été difficile de trouver de bonnes et pieuses sœurs chez qui l'amour du pauvre et de l'enfance enseigne bien vite tous les secrets de la vigilance maternelle, pour diriger une *salle d'asile*, ou, à leur défaut, d'honnêtes veuves ou des mères laborieuses qui auraient parfaitement rempli cet office de dévouement et de charité.

Les *salles d'asile*, fondées par la charité chrétienne, étaient régies d'après l'ordonnance du 22 décembre 1837 qui les avait soumises à l'université. Nous pensions qu'en vertu de la Constitution, on laisserait ces établissements charitables à leur institution primitive, puisqu'ils n'ont qu'un rapport fort indirect avec l'instruction publique. Il est évident que la charité y a la plus grande part, que l'éducation et surtout l'instruction n'y est que fort secondaire. M. de Falloux l'avait sans doute compris ainsi, car il n'est nullement question des *salles d'asile* dans son projet. Les articles qui concernent ces établissements dans la loi du 15 mars 1850, section III, sont ainsi conçus :

« Art. 57. Les *salles d'asile* sont publiques ou libres.

« Un décret du président de la République, rendu sur l'avis du conseil supérieur, déterminera tout ce qui se rapporte à la surveillance et à l'inspection de ces établissements, ainsi qu'aux conditions d'âge, d'aptitude, de moralité, des personnes qui seront chargées de la direction et du service dans les *salles d'asile* publiques (1).

« Les infractions à ce décret seront punies des peines établies par les articles 29, 30 et 33 de la présente loi.

« Ce décret déterminera également le programme de l'enseignement et des exercices dans les *salles d'asile* publiques, et tout ce qui se rapporte au traitement des personnes qui y seront chargées de la direction ou du service.

« Art. 58. Les personnes chargées de la direction des *salles d'asile* publiques seront nommées par le conseil municipal, sauf l'approbation du conseil académique.

« Art. 59. Les *salles d'asile* libres peuvent recevoir des secours sur les budgets des communes, des départements et de l'Etat. »

On a présenté un amendement ayant pour but de rendre obligatoires ces *salles d'asile* dans les communes ayant une population agglomérée de 1,500 âmes et au-dessus. La commission avait même

(1) *Voyez* le décret du 21 mars 1855 fait en conséquence de cet article, ci-après, page 289.

accepté cet amendement, en limitant l'obligation des *salles d'asile* aux communes de 2,500 âmes. Mais un représentant, M. Raudot, démontra que l'obligation des *salles d'asile* est un principe dangereux et qu'elle est une atteinte portée à la liberté communale.

« Laissez aux communes, disait-il, le soin d'établir les *salles d'asile* là où elles seront nécessaires et reconnues telles par les communes. Que voulez-vous, en ne donnant pas toute liberté aux communes, à cet égard? Voulez-vous créer de nouveaux fonctionnaires que vous imposerez à des communes déjà trop obérées, et pour certaines personnes habitant le chef-lieu, quand des enfants des villages ne pourront profiter de ce qu'ils seront cependant obligés de payer. »

Cette raison si péremptoire détermina l'assemblée à rejeter l'amendement.

Ainsi il existe maintenant des *salles d'asile* publiques et des *salles d'asile* libres, mais non obligatoires. Les unes et les autres peuvent recevoir des subventions des communes, et des dons et legs comme établissements publics.

Dans son rapport à l'assemblée législative, M. Beugnot avait dit : « Nous appelons de tous nos vœux le jour où il sera possible d'imposer à chaque commune l'obligation d'avoir une *salle d'asile*. » En attendant ce moment, la loi a cherché à faciliter la fondation de ces établissements, en mentionnant que les *salles d'asile* libres peuvent recevoir des secours sur les budgets des communes, des départements et de l'Etat. La loi n'impose également aux départements aucune obligation pour le recrutement de bonnes directrices des *salles d'asile*; mais le gouvernement a créé à Paris un cours pratique des *salles d'asile*, qu'une instruction ministérielle du 9 août 1850 recommande d'une manière spéciale à l'attention des préfets et des conseils généraux.

Les femmes seules ont droit de diriger des *salles d'asile*. Elles sont soumises aux mêmes conditions et formalités que les instituteurs, sauf qu'elles n'ont à justifier que d'un certificat d'aptitude, si elles n'appartiennent pas à une congrégation religieuse, et qu'elles doivent avoir accompli leur vingt-quatrième année. Quelquefois elles sont admises à diriger ces établissements dès l'âge de vingt-et-un ans : mais ce n'est que provisoirement, qu'autant qu'elles ont été déjà sous-directrices d'une *salle d'asile* modèle et qu'elles sont pourvues d'un certificat délivré par l'inspecteur d'académie.

Aucune aspirante au certificat d'aptitude ne peut être admise à subir l'examen d'instruction avant l'âge de vingt-et-un ans : il n'est toutefois pas exigé que les vingt-et-un ans soient accomplis.

Les directrices des *salles d'asile* publiques sont nommées par le préfet.

L'inspection des *salles d'asile*, publiques ou libres, appartient aux curés et desservants (*loi du 15 mars 1850, art. 18*); la loi les place au premier rang des autorités préposées à la surveillance et à la direction morale de ces *salles d'asile* (*même loi, art. 44*); ils sont membres de droit du comité local établi ou à établir près de chacune d'elles (*décret du 21 mars 1855, art. 14*); les premiers principes de l'instruction religieuse constituent le principal objet de l'enseignement qui doit y être donné; ils apprécieront dès-lors facilement sans doute combien il leur importe de connaître la législation et les règlements relatifs à ces *salles d'asile* et combien ils peuvent faire de bien en surveillant et assurant l'exécution, comme en propageant ces utiles institutions. C'est ce qui nous détermine à donner ici toutes les dispositions législatives et réglementaires, de manière à en former une sorte de code de la matière.

Aucune école primaire publique ou libre ne peut, sans l'autorisation du conseil départemental, recevoir d'enfants au-dessous de six ans, s'il existe dans la commune une *salle d'asile* publique ou libre. (*Art. 21 de la loi du 10 avril 1867*).

DÉCRET *impérial du 16 mai 1854, qui place les salles d'asile sous la protection de l'impératrice.*

« NAPOLÉON, empereur des Français, etc.

« Sur le rapport de notre ministre, etc.

« Considérant que les *salles d'asile* contribuent de la manière la plus efficace au bien-être moral et physique de l'enfance, partout où les familles demandent leurs moyens d'existence à des travaux qui les éloignent nécessairement de leur domicile;

« Voulant contribuer au développement d'une institution si utile à la partie la moins aisée de la population de l'empire, et donner en même temps à l'impératrice Eugénie, notre chère et bien-aimée épouse, une preuve particulière de notre affection,

« Avons décrété et décrétons ce qui suit :

« ART. 1er. Les *salles d'asile* de l'enfance sont placées sous la protection de l'Impératrice.

« ART. 2. Notre ministre secrétaire d'Etat au département de l'instruction publique et des cultes (M. Fortoul) est chargé de l'exécution du présent décret. »

DÉCRET *impérial qui institue un comité central de patronage pour la propagation et la surveillance des salles d'asile.*

« NAPOLÉON, empereur des Français, etc. ;

« Sur le rapport, etc. ;

« Avons décrété et décrétons ce qui suit :

« ART. 1er. Un comité central de patronage, placé sous les auspices de l'impératrice, est institué près le ministère de l'instruction publique et des cultes, pour la propagation et la surveillance des *salles d'asile* en France.

« Il veillera au maintien des bons procédés d'éducation et du premier enseignement dans ces établissements.

« Il proposera les mesures propres à en améliorer le régime.

« Il donnera son avis sur les livres ou objets qui pourront y être utilement employés.

« Il recueillera et distribuera les offrandes qui lui seront faites pour l'entretien des enfants pauvres admis dans les *salles d'asile*.

« Il distribuera, dans le même but, la subvention qui sera mise chaque année à sa disposition, sur les fonds de l'Etat, par notre ministre de l'instruction publique et des cultes.

« Il pourra être appelé à donner son avis sur les concessions de secours demandés à l'Etat pour l'établissement et l'entretien des *salles d'asile*, et recevra communication des rapports des inspecteurs et des déléguées générales.

« Art. 3. Chaque année, notre ministre de l'instruction publique et des cultes présentera à l'impératrice un rapport du comité central de patronage, constatant la situation et les besoins des *salles d'asile* en France.

« Art. 4. Le comité central de patronage des *salles d'asile* est composé ainsi qu'il suit : S. Em. Mgr le cardinal Morlot, archevêque de Tours, président ; M. Amédée Thayer, sénateur, vice-président ; M. Gustave Pillet, chef de division au ministère de l'instruction publique et des cultes, secrétaire ; M. Daubet, secrétaire adjoint ; puis 23 dames dont nous croyons inutile de citer les noms.

« Art. 5. Le président de la commission d'examen des *asiles* du département de la Seine fait partie du comité central de patronage.

« Art. 6. Les inspectrices des *salles d'asile* et la directrice du cours pratique peuvent être appelées au sein du comité central pour y donner verbalement des explications et leur avis, soit sur les affaires dont l'examen leur aura été renvoyé, soit sur des questions d'intérêt général concernant les *salles d'asile*.

« Art. 7. Notre ministre, etc. »

Rapport *à l'empereur, relatif à l'organisation des salles d'asile publiques et libres.*

Paris, le 21 mars 1855.

« Sire,

« J'ai l'honneur de présenter à Votre Majesté un projet de décret préparé par le conseil central de patronage des *salles d'asile*, et qui a été adopté par le conseil impérial de l'instruction publique, en exécution de l'article 57 de la loi du 15 mars 1850. Ce projet de décret a pour but de régler tout ce qui se rapporte à la surveillance et à l'inspection des *salles d'asile*, aux conditions d'âge, d'aptitude et de moralité des personnes qui y seront chargées de la direction et du service, ainsi qu'au traitement qui leur sera assuré.

« En plaçant les *salles d'asile* de l'enfance sous un régime spécial, le législateur a parfaitement compris la différence qu'il y a entre les écoles et les *salles d'asile*. Ces derniers établissements ne sont, en réalité, que des maisons de première éducation. On s'y applique, non à instruire les enfants, mais à y former leur cœur, à leur donner de bons principes, de bonnes habitudes, à leur faire contracter le goût du travail, à développer, sans la fatiguer, leur jeune intelligence, tout en leur donnant les soins physiques que réclame leur faible constitution, et que la plupart d'entre eux ne recevraient pas des familles retenues au loin pendant la journée par d'impérieuses nécessités.

« De semblables établissements ne peuvent se soutenir et se propager que par les efforts réunis de la charité publique et de la charité privée. Si, d'une part, il importe qu'ils soient adoptés par les administrations municipales, sans le concours desquelles l'Etat serait impuissant à la fonder, il est, d'un autre côté, essentiel qu'ils ne perdent pas, en recevant un caractère public, cet autre caractère si doux et si attrayant qu'ils tiennent de l'intervention charitable des mères de famille.

« C'est ce que le comité central est parvenu à établir en proposant d'organiser partout où il y aura utilité et possibilité, des comités locaux de patronage composés de dames dévouées aux intérêts de l'enfance. Comités présidés par le maire et dont le curé doit faire partie de droit. Nul doute que dans ces réunions, où l'administration, la religion et la charité maternelle auront leurs représentants naturels, les *salles d'asile* ne trouvent tout à la fois des surveillants et des protecteurs. Ces comités, qui correspondront avec les dames désignées par le ministre dans chaque académie, se relieront ainsi au comité central de patronage, de qui ils recevront une haute et salutaire impulsion. Par leurs soins, rien d'intéressant ne passera inaperçu, aucune amélioration réelle ne sera constatée dans une *salle d'asile*, quelque éloignée qu'elle soit de Paris, que le comité central ne puisse être en mesure d'en recommander l'introduction dans tous les autres établissements du même genre.

« Les comités locaux de patronage ne sont cependant plus substitués aux autorités instituées par la loi du 15 mars 1850 ; ainsi, les inspecteurs de l'instruction primaire, les délégués cantonnaux, les ministres des différents cultes reconnus, conserveront toujours la surveillance prescrite par l'article 44 de la loi.

« La gratuité absolue a généralement prévalu dans les *salles d'asile*. Peut-être était-il nécessaire qu'il en fut ainsi dans le principe, pour déterminer les familles à envoyer leurs enfants dans ces établissements ; mais, tout en respectant les usages reçus, il importait de ne consacrer cette situation qu'à titre exceptionnel. Les *salles d'asile* sont, comme les écoles, fréquentées par beaucoup d'enfants dont les familles sont en état de payer une rétribution. Or, cette rétribution, quelque faible qu'elle soit, étant versée par un grand nombre d'enfants, est une ressource trop importante pour qu'un gouvernement prévoyant n'en doive pas tenir compte. Afin d'arriver, sous ce rapport, à une situation plus régulière, le décret propose d'exiger qu'aucun enfant ne soit définitivement reçu dans une *salle d'asile* sans un billet d'admission délivré par le maire ; mais il exige aussi que ce billet ne fasse aucune distinction entre les enfants payants et les enfants admis gratuitement. La directrice de l'asile devra recevoir tous les enfants qui lui seront présentés par les familles, sans s'informer si elles sont en état de payer ou non une rétribution ; mais elle leur fera savoir que, dans la huitaine, elles devront obtenir du maire un billet d'admission définitive, et celui-ci délivrera un billet d'admission, soit à titre gratuit, soit à titre onéreux. Ainsi, la directrice qui n'est pas chargée de recevoir la rétribution, qui ignore elle-même les conditions auxquelles les enfants sont reçus dans son asile, ne sera jamais exposée même au soupçon de partialité.

« Quant aux conditions d'ouverture des *salles d'asile* publiques ou libres posées par le projet de décret, elles sont à peu près celles qui sont exigées par la loi du 15 mars 1850, modifiées par le décret du 9 mars 1852. L'autorité des préfets s'étendra sur les *salles d'asile* publiques comme sur les écoles, et la liberté laissée aux fondateurs d'écoles libres sera également laissée aux fondateurs de *salles d'asile* ; enfin le conseil départemental aura sur les *salles d'asile* publiques et libres la même juridiction que sur les écoles.

« Les traitements des directrices et des sous-directrices des *salles d'asile* devront être prélevés d'abord sur le produit de la rétribution mensuelle payée par les enfants, laquelle sera perçue, pour le compte de la commune, par le receveur municipal. A défaut de cette rétribution, le conseil municipal devra aviser aux moyens de compléter le minimum du traitement prescrit, soit sur ses revenus ordinaires, soit sur le restant disponible des trois centimes spéciaux affectés à l'instruction primaire, soit enfin par le vote d'une imposition spéciale. Quant aux départements, qui ne peuvent être obligés d'intervenir dans cette dépense, il leur sera loisible de secourir les communes pauvres, soit sur le restant disponible de leurs deux centimes spéciaux, soit par les fonds qu'ils voteraient en vue de cette dépense. L'Etat lui-même ne pourrait, sans de grands inconvénients pour l'ordre de ses finances, parfaire le traitement des directrices des *asiles*, comme il complète celui des maîtres d'école. Son intervention serait ici, en quelque sorte, le signal donné partout de rendre les *salles d'asile* gratuites. Elle aurait donc le double danger de lui imposer, pour le présent une dépense considérable, et pour l'avenir un fardeau dont le poids ne pourrait être calculé avec certitude. Il ne faut pas perdre de vue, d'ailleurs, que l'Etat consacre déjà annuellement à la propagation des *salles d'asile* une somme de 400,000 fr., et il y a lieu d'espérer que cette subvention continuera de figurer chaque année à son budget.

« Si Votre Majesté daigne adopter le projet de décret dont je viens de lui signaler les dispositions principales, je la prierai de vouloir bien le revêtir de son approbation.

« Le ministre, etc.

« H. FORTOUL. »

DÉCRET *impérial du 21 mars 1855 concernant les salles d'asile.*

« NAPOLÉON, etc.,

« Sur le rapport de notre ministre secrétaire d'Etat au département de l'instruction publique et des cultes;

« En exécution de l'article 57 de la loi du 15 mars 1850;

« Vu l'ordonnance du 22 décembre 1837 (1);

« Vu le décret du 9 mars 1852 (2);

« Vu la loi du 14 juin 1854 (3);

« Vu l'avis du comité central de patronage des *salles d'asile;*

« Vu l'avis du conseil impérial de l'instruction publique;

« Avons décrété et décrétons ce qui suit :

TITRE Ier. — *Dispositions générales concernant l'établissement des salles d'asile et le programme de l'enseignement.*

« ART. 1er. Les *salles d'asile* publiques ou libres sont des établissements d'éducation où les enfants des deux sexes de deux à sept ans reçoivent les soins que réclame leur développement moral et physique.

« ART. 2. L'enseignement, dans les *salles d'asile* publiques et libres, comprend :

« 1o Les premiers principes de l'instruction religieuse, de la lecture, de l'écriture, du calcul verbal et du dessin linéaire;

« 2o Des connaissances usuelles à la portée des enfants;

« 3o Des ouvrages manuels appropriés à l'âge des enfants;

« 4o Des chants religieux, des exercices moraux et des exercices corporels.

(1) Nous n'avons pas cru devoir rapporter cette ordonnance.
(2 et 3) Voyez ce décret et cette loi sous le mot INSTRUCTION PUBLIQUE.

« Les leçons et les exercices ne durent jamais plus de dix à quinze minutes, et sont toujours entremêlées d'exercices corporels.

« ART. 3. L'instruction religieuse est donnée, sous l'autorité de l'évêque, dans les *salles d'asile* catholiques.

« Les ministres des cultes non catholiques reconnus président à l'instruction religieuse dans les *salles d'asile* de leur culte.

« ART. 4. Les *salles d'asile* sont situées au rez-de-chaussée; elles sont planchéiées et éclairées, autant que possible, des deux côtés par des fenêtres fermées avec des châssis mobiles.

« Les dimensions des salles d'exercices doivent être calculées de manière qu'il y ait au moins deux mètres cubes d'air pour chaque enfant admis.

« A côté de la salle d'exercices il y a un préau destiné aux repas et aux récréations.

« ART. 5. Nulle *salle d'asile* ne peut être ouverte avant que l'inspecteur d'académie n'ait reconnu qu'elle réunit les conditions de salubrité ci dessus prescrites.

« ART. 6. Il y a dans chaque *salle d'asile* publique du culte catholique :

« Un crucifix ;

« Une image de la sainte Vierge.

« ART. 7. Il y a dans toutes les *salles d'asile* un portrait de l'impératrice, protectrice de l'institution.

« ART. 8. Le titre de *salle d'asile modèle* peut être conféré par le ministre de l'instruction publique, sur la proposition du comité central de patronage, à celles des *salles d'asile* qui auraient été signalées par les déléguées spéciales pour la bonne disposition du local, l'état satisfaisant du mobilier, les soins donnés aux enfants, ainsi que pour l'emploi judicieux et intelligent des meilleurs moyens d'éducation et de premier enseignement.

« Il y a à Paris un cours pratique avec pensionnat, destiné : 1º à former, pour Paris et les départements, des directrices ou des sous-directrices de *salles d'asile*; 2º à conserver les principes de la méthode établie ; 3º à expérimenter les nouveaux procédés d'éducation et de premier enseignement dont l'essai serait recommandé par le comité central de patronage.

« ART. 9. Un règlement, arrêté par le ministre de l'instruction publique, sur la proposition du comité central de patronage, déterminera, sous l'approbation de l'impératrice, tout ce qui se rapporte aux procédés d'éducation et d'enseignement employés dans les *salles d'asile* publiques, ainsi qu'aux soins matériels qui doivent y être observés.

TITRE II. — *De l'administration des enfants dans les salles d'asile.*

« ART. 10. Aucun enfant n'est reçu, même provisoirement, par la directrice, dans une *salle d'asile* publique ou libre, s'il n'est pourvu d'un certificat de médecin dûment légalisé, constatant qu'il n'est atteint d'aucune maladie contagieuse et qu'il a été vacciné.

« L'admission des enfants dans les *salles d'asile* publiques ne devient définitive qu'autant qu'elle a été ratifiée par le maire.

« ART. 11. Les *salles d'asile* publiques sont ouvertes gratuitement à tous les enfants dont les familles sont reconnues hors d'état de payer la rétribution mensuelle.

« ART. 12. Le maire, de concert avec les ministres des différents cultes reconnus, dresse la liste des enfants qui doivent être admis gratuitement dans les *salles d'asile* publiques. Cette liste est définitivement arrêtée par le conseil municipal.

« Art. 13. Les billets d'admission délivrés par les maires ne font aucune distinction entre les enfants payants et les enfants admis gratuitement. (*Voyez* ENSEIGNEMENT, § II.)

TITRE III. — *De la surveillance et de l'inspection des salles d'asile.*

« Art. 14. Indépendamment des autorités instituées pour la surveillance et l'inspection des écoles par les articles 18, 20, 42 et 44 de la loi du 15 mars 1850 (1), il peut être établi dans chaque commune où il existe des *salles d'asile,* et à Paris dans chaque arrondissement, un comité local de patronage nommé par le préfet.

« Ce comité local, dont le curé fait partie de droit et qui est présidé par le maire, est composé de dames qui se partagent la protection des *salles d'asile* du ressort (2).

« Art. 15. Le comité local de patronage est chargé de recueillir les offrandes de la charité publique en faveur des *salles d'asile* de son ressort, de veiller au bon emploi des fonds alloués à ces établissements par la commune, le département ou l'État, et au maintien des méthodes adoptées pour les *salles d'asile* publiques. Il délibère sur tous les objets qu'il juge dignes de fixer l'attention du comité central.

« Il se réunit au moins une fois par mois.

« Art. 16. Un ou plusieurs médecins nommés par le maire visitent, au moins une fois par semaine, les *salles d'asile* publiques. Chaque médecin inscrit ses observations et ses prescriptions sur un registre particulier.

« Art. 17. Le ministre de l'instruction publique et des cultes peut, suivant les besoins du service, déléguer pour l'inspection des *salles d'asile*, dans chaque académie, une dame rétribuée sur les fonds de l'État.

« Nulle ne peut être nommée déléguée spéciale si elle n'est pourvue d'un certificat d'aptitude.

« Le recteur de l'académie détermine l'ordre des tournées, des dames déléguées spéciales et en règle l'itinéraire. Il transmet, au ministre, avec son avis, les rapports généraux que les dames lui adressent. Le ministre place ses rapports sous les yeux du comité central de patronage.

« Les déléguées spéciales correspondent directement avec les comités de patronage de leur circonscription et envoient à chaque inspecteur d'académie un rapport spécial sur les *salles d'asile* du département (3).

« Art. 18. Il y a près du comité central de patronage des *salles d'asile* deux déléguées générales rétribuées sur les fonds de l'État et nommées par le ministre de l'instruction publique.

« Les déléguées générales sont envoyées par le ministre de l'instruction publique partout où leur présence est jugée nécessaire ; elles s'entendent avec les déléguées spéciales et provoquent, s'il y a lieu, les réunions des comités locaux de patronage; elles rendent compte au ministre et au comité central, et ne décident rien par elles-mêmes.

TITRE IV. — *Des conditions d'âge, de moralité et d'aptitude des directrices de salles d'asile.*

« Art. 19. Les *salles d'asile* publiques et libres seront à l'avenir exclusivement dirigées par des femmes.

(1) Voyez cette loi sous le mot INSTRUCTION PUBLIQUE.

(2) De semblables établissements ne peuvent, en effet, se soutenir et se propager que par les efforts réunis de la charité publique et de la charité privée. Voyez le rapport ci-dessus, page 287, et la circulaire du 18 mai 1855, ci-après, page 298.

(3) Voyez, relativement à leurs attributions, la circulaire du 16 juin 1855, ci-après, page 302.

« Art. 20. Nulle ne peut diriger une *salle d'asile* publique ou libre avant l'âge de vingt-quatre ans accomplis, et si elle ne justifie d'un certificat d'aptitude.

« Les lettres d'obédience délivrées par les supérieures des communautés religieuses régulièrement reconnues, et attestant que les postulantes ont été particulièrement exercées à la direction d'une *salle d'asile*, leur tiennent lieu de certificat d'aptitude.

« Peuvent toutefois être admises à diriger provisoirement, dès l'âge de vingt-et-un ans, une *salle d'asile* publique ou libre, qui ne reçoit pas plus de trente à quarante enfants, les sous-directrices pourvues du certificat mentionné en l'article 31 du présent décret, et les membres des communautés religieuses pourvues d'une lettre d'obédience. (*Voyez* LETTRES D'OBÉDIENCE.)

« Art. 21. Sont incapables de tenir une *salle d'asile* publique ou libre les personnes qui se trouvent dans les cas prévus par l'article 26 de la loi du 15 mars 1850.

« Art. 22. Quiconque veut diriger une *salle d'asile* doit se conformer préalablement aux dispositions prescrites par les articles 25 et 27 de la loi du 15 mars 1850 et 1, 2 et 3 du décret du 7 octobre 1850 (1).

« L'inspecteur d'académie peut faire opposition à l'ouverture de la *salle* dans les cas prévus par l'article 28 de la loi du 15 mars 1850 et par l'article 5 du présent décret. L'opposition est jugée par le conseil départemental, contradictoirement et sans recours.

« A défaut d'opposition, la *salle d'asile* peut être ouverte à l'expiration du mois.

« Art. 23. Les directrices des *salles d'asile* publiques sont nommées et révoquées par les préfets, sur la proposition de l'inspecteur d'académie ; elles sont choisies, après avis du comité local de patronage, soit parmi les membres des congrégations religieuses, soit parmi les laïques, et dans ce dernier cas, autant que possible, parmi les sous-directrices.

« Art. 24. Le conseil départemental peut, dans les formes prescrites par les articles 30 et 33 de la loi du 15 mars 1850, interdire de l'exercice de sa profession, de la commune où elle réside, une directrice de *salle d'asile* libre.

« Il peut frapper d'interdiction une directrice de *salle d'asile* libre ou publique, sauf appel devant le conseil impérial de l'instruction publique.

« Art. 25. Dans toute *salle d'asile* publique qui reçoit plus de quatre-vingts enfants, la directrice est aidée par une sous-directrice.

« Art. 26. Nulle ne peut être nommée sous-directrice dans une *salle d'asile* publique avant l'âge de vingt ans et si elle n'est pourvue d'un certificat de stage délivré ainsi qu'il est dit à l'article 31 du présent décret.

« Les sous-directrices dans les *salles d'asile* publiques sont nommées et révoquées par les maires, sur la proposition du comité de patronage.

« Art. 27. Il y a dans chaque département une commission d'examen chargée de constater l'aptitude des personnes qui aspirent à diriger les *salles d'asile*.

« La commission tient une ou deux sessions par an.

« Les membres de la commission d'examen sont nommés pour trois ans par le préfet, sur la proposition du conseil départemental de l'instruction publique.

« La commission d'examen se compose :

« De l'inspecteur d'académie, président ;

« D'un ministre du culte professé par la postulante ;

(1) *Voyez* ce décret sous le mot INSTRUCTION PUBLIQUE.

« D'un membre de l'enseignement public ou libre;

« De deux dames patronesses des *asiles;*

« D'un inspecteur de l'instruction primaire faisant fonctions de secrétaire.

« A Paris, la commission est nommée, sur la proposition du préfet, par le ministre de l'instruction publique, qui fixe le nombre des membres dont elle doit être composée.

« ART. 28. Les certificats d'aptitude sont délivrés au nom du recteur par l'inspecteur d'académie dans les départements, et à Paris par le vice-recteur.

« ART. 29. Nulle n'est admise devant une commission d'examen avant l'âge de vingt-et-un ans, et si elle n'a déposé entre les mains de l'inspecteur d'académie, un mois avant l'ouverture de la session.

« 1º Son acte de naissance;

« 2º Des certificats attestant sa moralité et indiquant les lieux où elle a résidé et les occupations auxquelles elle s'est livrée depuis cinq ans au moins.

« La veille de la session, l'inspecteur d'académie arrête, sur la proposition d'examen, la liste des postulantes qui seront admises à subir l'examen.

« ART. 30. L'examen se compose de deux parties distinctes :

« 1º Un examen d'instruction;

« 2º Un examen pratique.

« L'examen d'instruction comprend l'histoire sainte, le catéchisme, l'orthographe, les notions les plus usuelles du calcul et du système métrique, le dessin au trait, les premiers éléments de géographie, le chant, le travail manuel.

« L'examen pratique a lieu dans une *salle d'asile*. Les postulantes sont tenues de diriger les exercices de cette *salle* pendant une partie de la journée.

« ART. 31. Sur la déclaration de la directrice d'une *salle d'asile* modèle, visée par le comité de patronage, l'inspecteur d'académie délivre aux postulantes qui ont suivi les exercices de cette *salle d'asile* pendant deux mois au moins les certificats de stage mentionnés en l'article 56 du présent décret.

« A Paris, le certificat de stage est délivré par le vice-recteur de l'académie, soit sur l'attestation de la directrice du cours pratique, certifiée par la commission de surveillance de cet établissement.

TITRE V. — *Du traitement des directrices et sous-directrices des salles d'asile publiques.*

« ART. 32. Les directrices des *salles d'asile* publiques reçoivent sur les fonds communaux un traitement fixe, qui ne peut être moins de deux cents cinquante francs, et les sous-directrices un traitement dont le minimum est fixé à cent cinquante francs.

« Les unes et les autres jouissent, en outre, du logement gratuit.

« Les dispositions de la loi du 9 juin 1853, sur les pensions civiles, leur sont applicables (1).

« ART. 33. Une rétribution mensuelle peut être exigée de toutes les familles dont les enfants sont admis dans les *salles d'asile* publiques, et qui sont en état de payer le service qu'elles réclament.

(1) Aux termes de la loi du 9 juin 1853, sur les pensions civiles, et du décret du 9 novembre 1853, rendu pour son exécution, les directrices de *salles d'asile* publiques ont droit, à soixante ans d'âge et après trente ans accomplis de services, à une pension de retraite réglée, pour chaque année, à un soixantième du traitement moyen, sans pouvoir excéder les trois quarts de ce traitement moyen.

« Le taux de cette rétribution est fixé par le préfet en conseil départemental, sur l'avis des conseils municipaux et des délégués cantonnaux.

« ART. 34. La rétribution mensuelle est perçue pour le compte de la commune par le receveur municipal, et spécialement affectée aux dépenses de la *salle d'asile.*

« En cas d'insuffisance du produit de la rétribution mensuelle, et à défaut de fondations, dons ou legs, il est pourvu aux dépenses des *salles d'asile* publiques, 1° sur les revenus ordinaires des communes ; 2° sur l'excédant des trois centimes spéciaux affectés à l'instruction primaire, ou, à défaut, au moyen d'une imposition spécialement autorisée à cet effet.

« Une subvention peut être accordée par les départements aux communes qui ne peuvent suffire aux dépenses ordinaires des *salles d'asile* qu'au moyen d'une imposition spéciale. Cette subvention est prélevée, soit sur le restant disponible des deux centimes affectés à l'instruction primaire, soit sur des fonds spécialement votés à cet effet.

« ART. 35. Notre ministre secrétaire d'Etat de l'instruction publique et des cultes (M. Fortoul) est chargé de l'exécution du présent décret. »

ARRÊTÉ *du 22 mars 1855, de M. le ministre de l'instruction publique et des cultes, relatif au régime intérieur des salles d'asile.*

« Le ministre secrétaire d'Etat au département de l'instruction publique et des cultes,

« Vu l'article 57 de la loi du 15 mars 1850 ;

« Vu l'article 4 du décret du 9 mars 1852 ;

« Vu l'article 8 de la loi du 14 juin 1854 ;

« Vu l'article 9 du décret en date du 21 mars 1855 ;

« Sur la proposition du comité central de patronage des *salles d'asile,*

« Arrête :

TITRE Ier. — *De l'admission des enfants dans les salles d'asile publiques et des soins à leur donner.*

« ART. 1er. Les *salles d'asile* sont ouvertes, du 1er mars au 1er novembre, depuis sept heures du matin jusqu'à sept heures du soir ; du 1er novembre au 1er mars, depuis huit heures du matin jusqu'à six heures du soir.

« Des exceptions à cette règle peuvent être autorisées, selon les circonstances locales, par le maire, sur la proposition du comité local de patronage.

« Les *salles d'asile* sont fermées les dimanches et les jours fériés, savoir : le jour de la Toussaint, le jour de Noël, le 1er janvier, les jours de l'Ascension et de l'Assomption.

« Il est interdit aux directrices de les fermer d'autres jours sans l'autorisation du comité local de patronage (1).

« ART. 2. Dans des cas d'urgence, les directrices doivent garder les enfants après les heures déterminées.

« La surveillance et les soins particuliers auxquels cette exception doit donner lieu sont réglés par le comité local de patronage.

« Les enfants qui n'ont pas été repris par leurs parents, à l'heure où la salle

(1) La nature et la destination de ces établissements ne permettent pas de vacances scolaires ; mais les directrices des *salles d'asile* peuvent obtenir des congés, conformément à un arrêté du 15 mars 1839.

d'asile doit être fermée, sont conservés par les directrices ou confiés en mains sûres pour être ramenés à leur demeure.

« L'enfant n'est plus admis à la *salle d'asile*, si les parents, après avoir été dûment avertis, retombent habituellement dans la même négligence. L'exclusion ne peut, toutefois, être prononcée que par le maire, sur la proposition du comité local de patronage.

« ART. 3. Lorsqu'un enfant est présenté dans une *salle d'asile*, la directrice fait connaître à la famille les conditions de propreté, de soins et de nourriture auxquelles elle devra se conformer en ce qui concerne son enfant.

« Indépendamment du certificat de médecin prescrit par l'article 10 du décret du 21 mars 1855, la directrice doit exiger de la famille un petit panier pour les provisions de bouche de l'enfant, une éponge et un gobelet. Le comité local de patronage supplée, s'il y a lieu, à l'impossibilité où se trouveraient les familles de fournir ces objets.

« Le panier, le gobelet et les éponges de chacun des enfants admis définitivement sont immédiatement marqués d'un numéro d'ordre.

« ART. 4. A l'arrivée des enfants à la *salle d'asile*, la directrice doit s'assurer par elle-même de leur état de santé et de propreté, de la quantité et de la qualité des aliments qu'ils apportent dans leur panier.

« L'enfant amené à la *salle d'asile* dans un état de maladie n'est pas reçu ; s'il devient malade dans le courant de la journée, il est aussitôt dirigé vers la demeure de ses parents, et, en cas d'urgence, vers la demeure de l'un des médecins de l'établissement.

« Les enfants fatigués ou incommodés sont déposés, soit sur le lit de camp ou hamac, soit dans le logement de la directrice, jusqu'à ce qu'on puisse les rendre à leur famille.

« ART. 5. En cas d'absence réitérés d'un enfant sans motif connu d'avance, la directrice s'informe des causes de son absence. Elle en donne, dans tous les cas, avis au comité local de patronage qui fait visiter, s'il y a lieu, cet enfant dans sa famille.

« ART. 6. A l'entrée et à la sortie de chaque classe, les enfants sont conduits en ordre aux lieux d'aisance ; ils y sont toujours surveillés par la directrice elle-même.

« A deux heures, avant la rentrée en classe, les enfants sont conduits en ordre dans le préau ouvert. En passant devant sa case, chacun d'eux reçoit son éponge des mains de la directrice, et se présente à son rang devant la femme de service chargée du lavage des mains et de la figure. Après ce lavage, les enfants repassent dans le même ordre devant leur case, où leur éponge est déposée de nouveau par la directrice ; ils rentrent ensuite en classe.

« ART. 7. Les enfants ne doivent jamais être frappés. Ils sont toujours repris avec douceur.

« Il ne peut être infligé aux enfants que les punitions suivantes :

« Les faire lever et tenir debout pendant dix minutes au plus, lorsque leurs camarades sont assis ;

« Les faire sortir du gradin ;

« Leur interdire le travail en commun ;

« Leur faire tourner le dos à leurs camarades.

« Des images et des bons points peuvent être donnés, à titre de récompense, aux enfants qui font preuve de docilité. Un certain nombre de bons points peut être échangé par le comité local de patronage contre un objet utile.

Titre II. — *De l'enseignement et des divers exercices.*

« Art. 8. L'instruction religieuse, donnée conformément à l'article 3 du décret du 21 mars 1855, ne comporte point de longues leçons ; elle comprend surtout les premiers chapitres du petit catéchisme ; elle résulte aussi de réflexions morales appropriées aux récits de l'histoire sainte et destinées à présenter aux enfants des exemples de piété, de charité et de docilité, rendus plus clairs et plus attachants à l'aide d'images autorisées pour être mises sous leurs yeux.

« Les exemples moraux comprennent des récits d'histoire qui tendent constamment à inspirer aux enfants un profond sentiment d'amour envers Dieu, de reconnaissance envers l'empereur et leur auguste protectrice, à leur faire connaître et pratiquer leurs devoirs envers leur père et leur mère et leurs supérieurs, à les rendre doux, polis et bienveillants entre eux.

« Art. 9. L'enseignement de la lecture comprend les voyelles et les consonnes, l'alphabet majuscule et minuscule, les différentes espèces d'accents, les syllabes de deux ou de trois lettres, les mots de deux syllabes.

« Art. 10. L'enseignement de l'écriture se borne à l'imitation des lettres sur l'ardoise (1).

« Art. 11. L'enseignement du calcul comprend la connaissance des nombres simples, leur représentation par les chiffres arabes, l'addition et la soustraction enseignées à l'aide du boulier-compteur, la table de multiplication apprise de mémoire à l'aide des chants, l'explication des poids et mesures donnée à l'aide de solides ou de tableaux.

« Art. 12. L'enseignement du dessin linéaire comprend la formation sur le tableau et sur les ardoises, des plus simples figures géométriques et de petits dessins au trait.

« Art. 13. Les connaissances usuelles comprennent la division du temps, les saisons, les couleurs, les sens, les formes, la matière et l'usage des objets familiers aux enfants, des notions sur les animaux, sur les industries simples, sur les éléments, sur la forme de la terre, sur ses principales divisions, les noms des principaux États de l'Europe avec leurs capitales, les noms des départements de la France avec leurs chefs-lieux, et toutes les notions élémentaires propres à former le jugement des enfants.

« Art. 14. Les travaux manuels consistent en travaux de couture, de parfilage et autres appropriés aux localités.

« Art. 15. Le chant comprend les premiers principes de la musique vocale, soit d'après la méthode de M. Duchemin-Boisjousse, soit d'après les autres méthodes qui pourraient être ultérieurement autorisées.

« Art. 16. Les leçons et les exercices religieux et moraux commencent et finissent par une courte prière ; ils ont lieu, dans les *salles d'asile* publiques, de dix heures du matin à midi, et de deux heures à quatre heures.

« Art. 17. Les exercices corporels se composent de marches, d'évolutions et de mouvements hygiéniques exécutés en mesure par tous les enfants à la fois, dans la salle et dans le préau. Ils se composent aussi, pendant les récréations, de jeux variés selon l'âge des enfants, organisés autant que possible, et dans tous les cas surveillés par la directrice.

(1) Cet article et les articles suivants 11, 12, 13, 14 et 15 ont été abrogés par un arrêté en date du 5 août 1859, rapporté ci-après.

« ART. 18. Il est interdit de surcharger la mémoire des enfants de dialogues ou scènes dramatiques destinés à figurer dans des solennités publiques.

« ART. 19. Les directrices de *salles d'asile* doivent veiller à tous les besoins physiques, moraux et intellectuels des enfants, à leur langage et à leurs habitudes dans toutes les circonstances de la journée ; elles s'assurent que la femme de service ne leur donne, sous ce rapport, que de bons exemples.

TITRE III. — *Du local et du mobilier.*

« ART. 20. Il y a dans chaque *salle d'asile* plusieurs rangs de gradins, au nombre de cinq au moins et de dix au plus. Ces gradins doivent garnir toute l'extrémité de la salle.

« Il est réservé, au milieu de chaque côté de ces gradins, un passage destiné à faciliter le classement et les mouvements des enfants.

« Des bancs fixés au plancher sont placés dans le reste de la salle, avec un espace vide au milieu pour les évolutions.

« Dans la salle destinée aux repas, des planches sont disposées le long des murs, et des patères ou crochets sont fixés au-dessous pour recevoir les paniers des enfants et les divers objets à leur usage. Chaque planche est divisée, par une raie, en autant de cases qu'il y a d'enfants. Des numéros, correspondants aux numéros des paniers, sont peints au-dessous de chaque case.

« Des lieux d'aisances, distincts pour chaque sexe, sont placés de manière à être facilement surveillés ; ils doivent être aérés et disposés de telle sorte qu'il ne résulte de leur voisinage aucune cause d'insalubrité pour l'*asile*. Le nombre des cabinets est proportionné à celui des enfants. Chaque cabinet doit être clos par une porte sans loquet, ayant au plus soixante-dix centimètres de hauteur, en retombant sur elle-même.

« La cour doit être spacieuse. Le sol en est battu et uni.

« ART. 21. Le mobilier des *salles d'asile* se compose de lits de camp sans rideaux ou de hamacs ; d'une pendule ; d'un boulier-compteur à dix rangées de dix boules chacune ; de tableaux et de porte-tableaux ; d'une planche noire sur un chevalet et de crayons blancs ; d'un porte-dessin ; de plusieurs cahiers d'images renfermés dans un porte-feuille ; d'une table à écrire garnie d'un casier pour les registres ; d'une grande armoire ; de petites ardoises en nombre égal à celui des enfants et de leurs crayons ; d'un poêle ; d'une grande fontaine ou d'un robinet alimenté par une concession d'eau, se déversant sur un grand lavabo à double fond ; d'autant d'éponges qu'il y a d'enfants dans la *salle d'asile* ; enfin, de tous les ustensiles nécessaires aux soins des enfants et à la propreté du service ; d'un claquoir et d'un sifflet.

« ART. 22. Les *salles* et préaux sont nettoyés et balayés tous les matins, au moins une demi-heure avant l'arrivée des enfants.

« Le préau est éclairé dès la chute du jour et aussi longtemps qu'il y reste des enfants.

TITRE IV. — *Dispositions générales.*

« ART. 23. Les directrices de *salles d'asile* publiques tiennent :

« 1° Un registre sur lequel sont inscrits les noms et la demeure des enfants admis provisoirement, le nom du médecin qui a délivré le certificat prescrit par l'article 10 du décret du 21 mars 1855, la date du jour où chaque enfant a été provisoirement admis ;

« 2° Un registre sur lequel sont inscrits, jour par jour, sous une même série de

numéros, les noms et prénoms des enfants admis définitivement, les noms, demeure
et profession des parents ou tuteur, et les conventions relatives aux moyens d'amener ou de reconduire les enfants ;

« 3° Un registre sur lequel le médecin inscrit ses observations ;

« 4° Un registre sur lequel les dames patronesses chargées de la surveillance de
la *salle d'asile* inscrivent leurs remarques sur la tenue de l'établissement au moment de leur visite;

« 4° Un registre de présence des enfants.

« ART. 24. Il est interdit aux directrices, sous-directrices, ainsi qu'aux femmes
de service, d'accepter des parents aucune espèce de cadeaux.

« ART. 25. La femme de service est choisie, dans chaque *salle d'asile*, par la
directrice, avec l'approbation du comité local de patronage ; elle est révoquée dans
la même forme.

« ART. 26. Les *salles d'asile* publiques sont ouvertes aux personnes qui désirent
les visiter.

« ART. 27. Il y a, dans chaque *salle d'asile*, un tronc destiné à recevoir les dons
de la bienfaisance publique.

« La clef du tronc est déposée entre les mains de l'une des dames patronesses
chargées de la surveillance de la *salle d'asile*.

« L'emploi des deniers déposés dans ce tronc est réglé par le comité local de
patronage.

« ART. 28. Un règlement, fixant l'emploi du temps pour chaque jour de la semaine dans les *salles d'asile*, est arrêté par le comité local de patronage (1).

« Un exemplaire de ce règlement est toujours affiché dans la salle d'exercice.

                                                « H. FORTOUL. »

CIRCULAIRE *de M. le ministre de l'instruction publique et des cultes à
MM. les préfets, relative à l'exécution du décret du 21 mars 1855 et
de l'arrêté du 22 mars 1855, concernant les salles d'asile.*

                                        Paris, le 18 mai 1855.

« Monsieur le préfet,

« Je vous adresse, avec les rapports qui ont été présentés à l'empereur et à l'impératrice, le décret du 21 mars dernier sur l'organisation des *salles d'asile* et le
règlement concernant le régime intérieur de ces établissements.

« *Autorités préposées à la direction de l'institution des asiles.* — Le système
général des *salles d'asile* est aujourd'hui complété. Au sommet, le comité placé
sous les auspices de Sa Majesté l'impératrice, représente avec éclat, pour la France
entière, les intérêts permanents de l'institution. Deux dames, déléguées générales,
sont chargées de porter sur tous les points de l'empire la pensée de ce comité;
investies de la haute mission de maintenir dans l'ensemble du service des *salles
d'asile* l'unité de vues et de direction, elles sont envoyées par le ministre partout
où leur présence est jugée nécessaire ; organe spécial de l'administration supérieure,
elles ne prennent point de décisions par elles-mêmes, mais elles communiquent au
ministre tous les renseignements qui peuvent provoquer d'utiles réformes et éclairer
les délibérations du comité central.

_____

(1) Ce règlement varie naturellement suivant les usages des localités. Il ne pourrait être fait à cet égard un règlement général.

« Ce n'est pas tout : le décret du 21 mars décide que le ministre peut instituer, selon les besoins du service, dans chaque académie, une inspection qui s'étend sur les *salles d'asile* de la circonscription : les dames déléguées spéciales adressent au recteur de l'académie des rapports que ce haut fonctionnaire transmet au ministre, avec ses propres observations ; elles correspondent directement avec les comités locaux de patronage, et peuvent être invitées par les présidents de ces conseils à leur prêter l'appui d'une expérience éprouvée. Chargées de veiller à l'application des règlements et au maintien de la méthode, elles inspectent assiduement les *salles d'asile* de leur ressort, assistent aux examens des aspirantes au brevet d'aptitude, et, toutes les fois qu'elles en trouvent l'occasion, confèrent de l'état des établissements confiés à leur surveillance avec les dames déléguées générales.

« Tel est, indépendamment des comités locaux dont il sera parlé ultérieurement, l'ensemble des autorités particulièrement préposées à la marche de l'institution à laquelle un auguste patronage est venu donner une consécration éclatante.

« *Caractère de l'institution.* — Il n'est pas nécessaire d'insister auprès de vous, Monsieur le préfet, sur la nature et le but de cette institution. Les rapports à l'empereur et à l'impératrice vous ont fait suffisamment connaître la pensée du gouvernement. J'attire seulement votre attention sur ce point capital que les *salles d'asile* selon les termes de l'article 1er du décret, sont, avant tout, des établissements *d'éducation.*

« Un seul mot résume un ensemble d'idées que, dans la création et dans la direction des *asiles*, il est très-important de ne jamais perdre de vue. D'un côté, on ne saurait, sous peine d'en altérer essentiellement le caractère, confondre les *salles d'asile* avec cette classe d'établissements qui, uniquement destinés à soulager les besoins physiques sont rangés, à juste titre, parmi les établissements *d'assistance;* ma circulaire, en date du 31 octobre dernier vous a fait connaître que vous devez considérer l'institution des *asiles* comme la base de notre système d'enseignement primaire. D'un autre côté, il importe essentiellement de ne point changer les refuges de la première enfance en établissements d'instruction proprement dite, de ne point transformer la *salle d'asile* en enseignement technique et complet ; ce serait, en premier lieu, changer en leçons fastidieuses pour un si jeune âge d'attrayants exercices, rendre à la mémoire seule, dans l'*asile,* ce qu'on a voulu y donner à l'intelligence; consacrer à un travail purement machinal un temps qu'il importe de mettre à profit pour le développement de l'esprit et du cœur, pour la culture de facultés délicates, pour les premières et faciles études du chant, pour l'acquisition de cette foule de notions utiles qui, grâce à un système bien conçu d'interrogations habilement conduites, pénètrent sans effort dans l'intelligence des enfants. Ensuite, ne faudrait-il pas craindre que les petits élèves possédant tant bien que mal, au sortir de l'*asile* les connaissances indispensables, un grand nombre de parents se crussent autorisés à leur imposer, dès l'âge de sept ans, ces travaux prématurés qui, dans les centres industriels, sont trop souvent funestes au développement physique des enfants et multiplient en même temps pour eux, les causes d'une corruption précoce? Il convient donc que la *salle d'asile* précède l'école, qu'elle y prépare et qu'elle y conduise ; mais il serait fâcheux peut-être qu'elle en tînt lieu. Telle est la pensée qui a présidé à la rédaction de l'article 1er du décret et des articles 8, 9, 10, 11, 12 et 13 du règlement concernant le régime intérieur. Les autorités préposées à la direction des *salles d'asile* doivent veiller scrupuleusement à ce qu'elle ne soit jamais méconnue.

« *Comités locaux de patronage.* — Au reste, pour tout ce qui tient à cette direction intellectuelle et morale des *salles d'asile*, Monsieur le préfet, le décret vous
préparé des auxiliaires très-actifs, et, je n'en doute pas, très-utiles en vous appelant
à instituer dans chaque commune où il existe de ces précieux établissements, un
comité local de patronage.

« Ces comités, où la religion, l'administration et la charité maternelle auront leurs
représentants, sont appelés à jouer un rôle considérable dans l'organisation générale des *salles d'asile*. Chacun d'eux, image du comité central institué auprès du
ministère de l'instruction publique, aura, dans l'étendue de sa juridiction, à exercer
des droits et à remplir des devoirs analogues à ceux qu'exerce et que remplit le
comité supérieur pour la France entière, et qui se résument dans ces mots : *protection des salles d'asile*. Recueillir les offrandes en faveur des établissements du
ressort ; pourvoir au bon emploi des fonds alloués par la commune, le département
ou l'Etat ; veiller au maintien des méthodes, à la direction intelligente de l'enseignement ; s'assurer des résultats de l'éducation reçue dans *l'asile* par des visites
régulières : telles sont les attributions des dames qui voudront bien, sous la direction
du maire, et avec la coopération du curé de la paroisse, mettre en commun les
inspirations de leur charité.

« Ces comités ne resteront point isolés. D'un côté, ils correspondront avec les
dames déléguées par le ministre pour l'inspection des *salles d'asile* de l'académie ;
de l'autre, ils se rattacheront au comité central, avec lequel ils devront se tenir en
communication permanente et de qui ils recevront une haute et salutaire impulsion.
Tout ce qui intéresse les *asiles* de la circonscription devra naturellement les préoccuper, en sorte que, dans les réunions qui devront avoir lieu tous les mois, il sera
toujours possible à MM. les maires de soumettre aux délibérations des dames réunies sous leur présidence des objets dignes d'un véritable intérêt. Les présidents,
lorsqu'ils le jugeront utile, transmettront les résultats de leurs délibérations au
comité central de Paris. Ce dernier, on peut en avoir l'assurance, s'empressera de
mettre à profit, dans l'intérêt général de l'œuvre, les avis et les renseignements qui
paraîtraient renfermer le germe d'améliorations sérieuses et de sages progrès.

« Vous le voyez, Monsieur le préfet, les comités locaux formeront un rouage très-
important dans l'ensemble du système des *salles d'asile* ; à vrai dire, ils seront le
nerf de l'institution. Partout où les comités fonctionneront avec régularité, le gouvernement pourra être assuré que la pensée de l'administration, sérieusement comprise, sera appliquée avec cet esprit de suite qui garantit le succès.

« J'attire donc sur ce point fondamental votre attention toute particulière ; les
éléments de la création des comités sont réunis autour de vous ; ces comités devront
naturellement être composés de dames que leur position sociale met en mesure
d'exercer, au profit des *salles d'asile*, une salutaire influence.

« Ces dames, je n'en doute pas, n'hésiteront point à accepter l'intéressante mission que vous serez heureux de leur offrir au nom du gouvernement et de l'auguste
protectrice de l'institution des *asiles*. Votre appel sera promptement entendu, puisqu'il s'adressera au dévouement et à ces sentiments généreux toujours éveillés dans
le cœur des mères. Assurément, il vous sera facile de faire comprendre aux dames
dont vous aurez à réclamer le concours que l'esprit et la grâce sont les meilleurs
auxiliaires de la charité.

« Le nombre des membres de chacun des comités de patronage n'est pas fixé
par le décret du 21 mars. Vous avez donc la liberté d'action. Vous prendrez conseil

des circonstances à cet égard. Vous tiendrez compte naturellement et du nombre des asiles établis dans le ressort, et des éléments que vous croyez assuré de pouvoir mettre activement en œuvre. Quelle que soit votre détermination, le point capital est que chacune des dames qui voudront bien accepter le titre de membre du comité soit fermement résolue à revendiquer en même temps sa part sérieuse de responsabilité et d'action.

« Vous voudrez bien vous occuper immédiatement de la formation des comités locaux; vous me rendrez compte, dans les premiers jours du mois de juin, du nombre des comités formés dans votre département et des résultats que vous êtes légitimement fondé à attendre de la nouvelle organisation.

« *Commission d'examen.* — Le décret vous a chargé, en outre, Monsieur le préfet, de la formation de la commission d'examen appelée à constater l'aptitude des personnes qui aspirent à diriger les *salles d'asile*. Les membres de cette commission, aux termes de l'article 27 doivent être nommés par vous, pour trois ans, sur la proposition du conseil départemental. Vous voudrez bien ne pas différer de procéder à cette désignation. Le conseil départemental, j'en ai l'assurance, présentera à votre nomination des personnes qu'une expérience réfléchie mettra à même de pouvoir prononcer sur l'aptitude des aspirantes.

« *Salles d'asile modèles.* — Je compte, Monsieur le préfet, sur votre initiative pour seconder, par tous les moyens en votre pouvoir, l'intérêt que le gouvernement attache à la propagation des *salles d'asile* dans votre département. Ce n'est pas seulement à multiplier le nombre de ces établissements que vous devez vous appliquer; c'est aussi à rendre plus sensibles aux yeux des populations, les bienfaits de l'institution même, en améliorant les *salles d'asile* existantes. Et ici, veuillez le remarquer, le décret du 21 mars est venu directement à votre aide en créant un moyen d'encouragement que vous ne manquerez pas de signaler à l'attention des directrices. Aux termes de l'article 8, le titre de *salle d'asile modèle* pourra être conféré par le ministre, sur la proposition du comité central, à celles des *salles d'asile* dont les directrices se seront rendues dignes d'une marque particulière de distinction. Les droits à cette faveur résulteront de la continuité de soins donnés aux enfants, de l'emploi judicieux et intelligent des meilleurs moyens d'éducation et de premier enseignement, de l'entretien attentif du mobilier. Le titre de *salle d'asile modèle* sera ainsi une consécration des efforts accomplis par les autorités municipales; car les déléguées spéciales ne les pourront solliciter qu'en faveur des établissements dont les dispositions matérielles ne donneront prise à aucune critique.

« *Certificat de stage.* — Il ne faut pas l'oublier, d'ailleurs, à ce titre de *salle d'asile modèle* est attaché un privilége qui n'est pas sans importance. C'est sur la déclaration de la directrice de l'établissement modèle qu'après ratification du comité local de patronage, l'inspecteur d'académie (art. 31), délivrera le certificat du stage créé par l'article 26 du décret; or, ce certificat donnera le droit, d'un côté, de diriger, dès l'âge de vingt et un ans, une *salle d'asile* ne recevant pas plus de quarante enfants; de l'autre, d'être nommée dès l'âge de vingt ans, sous-directrice dans une *salle d'asile* publique.

« Il est facile de comprendre tout l'intérêt que présentera l'acquisition d'un tel certificat pour les jeunes personnes qui se destinent à la carrière de l'enseignement dans les *salles d'asile*. Et les directrices, je n'en puis douter, attacheront une sérieuse importance à la conquête d'un titre qui, en leur conférant des droits, fera peser sur elles une véritable responsabilité.

« Vous le voyez, Monsieur le préfet, dans le décret préparé par la haute raison des dames qui, au sein du comité central, mettent au service de l'œuvre des salles d'asile l'autorité de noms illustres, rien de ce qui pouvait contribuer à la prospérité de l'institution des salles d'asile n'a été oublié. Aucun des vœux qui avaient pu être dictés par l'expérience et suggérés par l'observation des faits n'a été méconnu. Je compte sur votre concours le plus empressé pour seconder l'action bienfaisante de l'administration supérieure, et pour m'aider à rendre l'institution des asiles de plus en plus digne de l'auguste patronage sous lequel elle est aujourd'hui placée.

« Recevez, etc.

« H. FORTOUL. »

CIRCULAIRE *de M. le ministre de l'instruction publique et des cultes à MM. les recteurs, relative à l'exécution du décret du 21 mars et de l'arrêté du 22 mars 1855, concernant les salles d'asile.*

Paris, le 6 juin 1855.

« Monsieur le recteur,

« Je vous communique, avec le décret du 21 mars sur l'organisation des salles d'asile et le règlement concernant le régime intérieur de ces établissements, les instructions que j'ai adressées à MM. les préfets à la date du 18 mai dernier.

« Ces instructions vous feront connaître la pensée de l'administration supérieure sur l'ensemble du système des salles d'asile. Mais il est quelques points sur lesquels je dois attirer votre attention spéciale ; qu'il s'agisse du degré élémentaire, du degré secondaire ou du degré supérieur, vous ne cessez jamais, ne l'oubliez pas, d'être, dans l'étendue de votre ressort académique, le magistrat de l'enseignement.

« Les instructions aux préfets ont révélé toute l'importance que, dans l'intérêt des salles d'asile, j'attache aux fonctions de Mesdames les déléguées spéciales. Par une intelligente et quotidienne intervention de leur part, la méthode pourra se maintenir et se perfectionner ; par elles, se répandront jusque dans les plus petites villes ces traditions précieuses qui, puisées au sein de l'établissement central où l'esprit de la salle d'asile se perpétue en se renouvelant (*art. 8 du décret*), doivent demeurer la règle et assurer l'avenir de l'institution elle-même.

« Or, c'est sous votre autorité, Monsieur le recteur, que le décret du 21 mars a placé celle de ces dames chargées d'inspecter les salles d'asile de votre ressort académique. C'est à vous qu'est confié le soin de déterminer les tournées de Mme la déléguée spéciale et d'en régler l'itinéraire. Vous ne négligerez rien pour n'agir, à cet égard, qu'en parfaite connaissance de cause ; les renseignements que vous présenteront MM. les inspecteurs d'académie et Mme la déléguée elle-même vous seront, sur ce point, d'un indispensable secours ; et veuillez vous pénétrer de cette pensée : il importe au plus haut degré que les sacrifices consentis par l'État pour chacune des tournées soient compensés et au-delà par des résultats positifs.

« C'est pour les constater que Mme la déléguée, à part les communications auxquelles des circonstances imprévues pourraient donner lieu, devra vous adresser chaque année, à la fin d'avril, un rapport général sur la situation du service des salles d'asile dans toute l'étendue du ressort. Ce rapport contiendra des détails précis : 1° sur l'action exercée par les comités locaux de patronage ; 2° sur le personnel des maîtresses (aptitude, pratique de la méthode, dispositions morales, conduite); 3° sur le personnel des aspirantes au brevet d'aptitude (leur nombre, manière dont elles se préparent, ou résultats de l'examen); 4° sur l'état matériel des salles *d'asile* (salubrité des locaux, préaux, mobilier, etc.); 5° sur les créations réalisées ou projetées dans le cours de l'année; 6° sur l'influence morale et pédagogique des *salles d'asile* du ressort.

« Ce rapport, rédigé en double expédition, pourra être présenté par vous, Monsieur le recteur, au conseil académique dans sa session de juin; et, avant de m'en transmettre le double (dans les derniers jours de juin), vous aurez à y puiser la matière d'observations que vous devrez adresser, sur l'état de service des *salles d'asile*, à chacun de MM. les inspecteurs académiques. Vous ne manquerez pas de me faire part du caractère de ces observations et des résultats que vous êtes en droit d'en attendre.

« Le rapport général de Mme la déléguée ne la dispense, au reste, en aucune façon, d'envoyer à chacun des inspecteurs d'académie le rapport spécial sur les *asiles* du département, dont il est fait mention au dernier paragraphe de l'article 17 du décret.

« Je signale très-expressément à vos soins, Monsieur le recteur, tout ce qui a rapport à la direction morale et intellectuelle des *salles d'asile*. En veillant avec sollicitude sur les premiers développements des jeunes enfants qui y sont admis, c'est la cause générale de l'instruction primaire que vous êtes appelé à servir. Quand toutes les *salles d'asile* de votre ressort donneront le salutaire exemple de cette méthode régulière et rationnelle par laquelle le jugement est exercé, l'intelligence éveillée, le sens moral affermi, toutes les facultés mises en jeu, les écoles primaires elles-mêmes participeront des résultats qui se seront manifestés au-dessous d'elles; au développement des premières correspondra nécessairement l'élévation des secondes. Comment admettre qu'en regard des excellents procédés usités dans l'*asile*, la routine et l'imperfection des méthodes puissent se perpétuer dans l'école? Le progrès de l'une est donc le point de départ et la cause la plus active du progrès de l'autre; et c'est en ce sens que, selon les termes de ma circulaire, en date du 31 octobre 1854, les *salles d'asile* doivent être considérées désormais *comme la base de tout notre système d'enseignement primaire.*

« Recevez, Monsieur le recteur, etc.

« H. FORTOUL. »

ARRÊTÉ *du 9 juillet 1855, du ministre de l'instruction publique et des cultes, relatif aux traitements des déléguées spéciales pour l'inspection des salles d'asile.*

« Le ministre, etc.,

« Vu l'article 17 du décret en date du 21 mars 1855;

« Arrête :

« ART. 1er. Les déléguées spéciales pour l'inspection des *salles d'asile* sont partagées en trois classes.

« La classe est attachée à la personne et non à la résidence.

« Les personnes appelées pour la première fois aux fonctions de déléguées spéciales sont nécessairement de la dernière classe.

« ART. 2. Les traitements affectés à chaque classe sont fixés ainsi qu'il suit :

« Cinq déléguées spéciales de 1re classe, à 2,000 francs;

« Cinq déléguées spéciales de 2e classe, à 1,800 francs;

« Six déléguées spéciales de 3e classe. à 1,600 francs;

« H. FORTOUL. »

ARRÊTÉ du 14 août 1855, de M. le ministre de l'instruction publique et des cultes, relatif aux frais de tournée des déléguées spéciales.

« Le ministre, etc.,

« Arrête :

« ART. 1er. Les frais de tournée de Mesdames les déléguées spéciales pour l'inspection des *salles d'asile*, hors du lieu de leur résidence, seront liquidés d'après les bases ci-après :

« 1° Six francs par chaque jour d'absence de la résidence;

« 2° Quatre francs par myriamètre parcouru.

« ART. 2. Au commencement de chaque tournée, une avance de trois cents francs sera mise à la disposition de chaque déléguée, sur la proposition du recteur de l'académie.

« Le solde des frais sera payé sur la production d'un état en double expédition, visé, arrêté et transmis au ministre par le recteur de l'académie.

« H. FORTOUL. »

ARRÊTÉ du 5 août 1859 du ministre de l'instruction publique et des cultes, portant règlement pour les exercices intérieurs des salles d'asile.

« Le ministre, etc.,

« Vu le décret du 21 mars 1855 ;

« Vu l'arrêté du 22 mars 1855 ;

« Vu l'avis du comité central de patronage des *salles d'asile* ;

« Arrête ce qui suit :

« A leur arrivée à la *salle d'asile*, les enfants sont réunis dans le préau découvert, si le temps le permet, et s'y livrent au jeu en toute liberté, sous la surveillance de la directrice ou de l'adjointe.

« Ils y prennent leur repas du matin, s'il y a lieu.

« ART. 2. A dix heures moins un quart, les enfants entrent en classe et se rangent sur les bancs latéraux. A dix heures, on leur enseigne les éléments de lecture.

« De dix heures un quart à dix heures trois quarts, ils se livrent à de petits travaux manuels appropriés à leur sexe et à leur âge.

« A dix heures trois quarts, ils montent aux gradins. De onze heures à onze heures un quart, ils reçoivent une leçon de calcul pratique, à l'aide du boulier compteur. Une demi-heure est ensuite consacrée à un petit enseignement religieux qui se termine par le chant à l'unisson des prières ou cantiques. A onze heures trois quarts, ils descendent des gradins.

« ART. 3. A midi les enfants prennent leur repas.

« A midi et demi, ils sont conduits en ordre devant un lavabo, où la femme de service leur lave les mains et la figure.

« ART. 4. D'une heure à deux heures, les enfants jouent dans le préau découvert.

« ART. 5. A deux heures un quart, les enfants entrent en classe, se rangent sur les bancs et reprennent les petits travaux manuels. A deux heures trois quarts, ils remontent aux gradins.

« A trois heures, la directrice leur fait un petit récit d'où elle a soin de tirer une conclusion morale. A trois heures trois quarts, elle leur donne des explications r les petites connaissances usuelles qui peuvent leur être utiles un jour. A trois heures et demie, elle les fait chanter en chœur. A trois heures trois quarts, ils descendent des gradins.

« ART. 6. A quatre heures, les enfants prennent, s'il y a lieu, leur repas, et retournent jouer au préau découvert jusqu'à la fermeture de la *salle d'asile*.

« ART. 7. Les dispositions du règlement du 22 mars 1855 qui ne sont point contraires au présent arrêté sont et demeurent maintenues.

« ROULAND.

« Approuvé : EUGÉNIE. »

Cet arrêté est précédé par le rapport suivant :

RAPPORT à *l'Impératrice régente, sur les exercices des salles d'asile*.

Paris, le 5 août 1855.

Madame,

« Le comité central de patronage, se conformant aux intentions exprimées par Votre Majesté dans les deux séances qu'Elle a daigné présider, a donné la plus sérieuse attention à l'état actuel de l'enseignement dans les *salles d'asile*. Il est resté convaincu que, par un abus prenant sa source dans d'honorables préoccupations, on consacre, dans ces établissements, beaucoup trop de temps à un enseignement scolaire qui n'est pas toujours en rapport avec l'âge et la destination des élèves, et qu'on n'y laisse pas toujours une place suffisante pour les exercices physiques et nécessaires au libre développement de l'enfance.

« Le comité central de patronage a donc préparé un nouveau règlement qui, tout en laissant subsister les prescriptions utiles de l'ancien, a pour but de modifier considérablement l'état de choses actuel. En présentant ce nouveau règlement à Votre Majesté, je lui demande la permission de lui dire en peu de mots ce qu'il est permis d'en attendre.

« Votre Majesté, en visitant des *salles d'asile*, a remarqué que les enfants, à mesure qu'ils y arrivaient, étaient dirigés vers la salle de classe, et qu'ils y attendaient dans l'inaction l'ouverture des exercices, lesquels commencent à dix heures et finissent à midi. Ainsi, la plupart de ces enfants restaient quatre ou cinq heures sur les bancs. L'ancien règlement n'avait pas prévu cet abus. Le nouveau projet le détruit radicalement. Il ordonne qu'à leur arrivée à la *salle d'asile*, les enfants seront réunis dans le préau découvert, pour s'y livrer au jeu en toute liberté, sous la surveillance de la directrice et de son adjointe, et qu'ils y prendront leur repas du matin. La classe sera ainsi précédée d'une récréation de deux heures au moins. Les enfants n'auront plus, par conséquent, que deux heures de classe le matin et deux heures le soir, et encore chacune de ces classes sera-t-elle coupée par les mouvements qu'exigera le passage des bancs aux gradins.

« Quant aux matières de l'enseignement, la réforme en a été faite, je l'espère, d'une manière judicieuse. Les enfants continueront de recevoir des leçons sur les éléments de la lecture. L'ancien règlement bornait l'écriture à l'imitation des lettres sur l'ardoise; le nouveau règlement supprime complètement un enseignement qui ne portait aucun fruit, et pour lequel les enfants étaient inutilement retenus sur les bancs.

« L'enseignement du calcul comprenait l'addition, la soustraction, la table de multiplication des poids et mesures, et cet enseignement était suivi du dessin linéaire, comprenant la formation des plus simples figures géométriques. Quelque élémentaire que doive être un tel enseignement, on s'efforce généralement de l'étendre, et l'intelligence des enfants, au lieu de s'ouvrir ainsi à des idées nouvelles, s'engourdit encore devant les choses inintelligibles pour elle. Le nouveau projet exige un enseignement plus simple, mais plus vrai. Les enfants recevront dans la classe du matin, pendant un quart d'heure, une leçon de calcul pratique à l'aide du boulier-compteur. Le chant comprenait, d'après l'ancien règlement, les premiers principes de la musique vocale. On a quelquefois abusé de cette faculté, et, au lieu de chants destinés à amuser les enfants, tout en gravant dans leur mémoire de bonnes choses, et en contribuant au développement d'organes essentiels, on a fait, dans quelques établissements, un petit cours de musique vocale. Il importe de ramener cet enseignement à ce qu'il doit être; aussi le nouveau projet n'autorise-t-il que le chant à l'unisson de cantiques ou prières. Enfin ce projet, laissant subsister le petit cours qui doit préparer les enfants à l'étude de la religion, n'admet dans l'enseignement oral que des récits ou contes ayant un but moral, et que des explications très-simples sur les connaissances premières et usuelles. Il bannit, par conséquent, toute la partie géographique, historique et scientifique dont on a abusé pour faire briller en public des enfants âgés de deux à sept ans au plus, et hors d'état, non-seulement d'appliquer, mais même de comprendre ce dont on surchargeait leur mémoire.

« Afin qu'il ne soit pas désormais possible de s'écarter de la ligne tracée, en cédant à ces ambitieuses tentatives de rivalité scolaire qui dénaturent les *salles d'asile*, le comité central de patronage ne s'est pas contenté d'indiquer d'une manière précise les matières de l'enseignement qui devra être donné dans les *salles d'asile*. Il a fixé dans son projet, non-seulement la durée du temps qui sera consacré à chaque matière, mais encore l'heure à laquelle chacun de ces petits enseignements sera donné.

« Le comité désire vivement que ce travail, inspiré par l'amour si vif et si éclairé que Votre Majesté porte à l'enfance, obtienne sa haute approbation. Il espère que cette réforme salutaire tournera au profit de la jeune génération qui s'élève, et qui puisera désormais dans les *salles d'asile*, avec des habitudes douces et honnêtes, les principes d'une morale saine et pure et la force physique qui lui permettra de se livrer un jour, avec le courage et l'ardeur nécessaires, aux travaux de la vie professionnelle.

« J'ai l'honneur d'être, avec le plus profond respect,
    « Madame,
      « De Votre Majesté,
        « Le très-humble, etc.,   ROULAND. »

CIRCULAIRE *du ministre de l'instruction publique et des cultes* (M. Duruy) *aux préfets, concernant l'âge des enfants admis dans les écoles primaires, dans les communes où il existe une salle d'asile.*

Paris, le 21 juillet 1865.

   « Monsieur le préfet,

« J'ai été consulté sur la question de savoir si, dans les communes où il existe une *salle d'asile* publique, les enfants peuvent être reçus dans les écoles primaires à l'âge de six ans révolus, ou s'il faut attendre, pour les y admettre, qu'ils aient atteint l'âge de sept ans révolus, terme réglementaire du séjour à la *salle d'asile*.

   « Cette question est du nombre de celles qui, en principe, doivent être tranchées par les règlements des écoles primaires, et c'est au ministre, sur l'avis du conseil départemental et du conseil supérieur impérial de l'instruction publique (*art. 5 et 15 de la loi du 15 mars 1850*), qu'il appartient d'arrêter ces règlements. En ce qui touche spécialement l'âge d'admission dans les écoles primaires, le conseil impérial a déclaré plusieurs fois que, dans sa pensée, les difficultés qui peuvent s'élever à cet égard doivent être résolues directement par le ministre.

« Le modèle, approuvé par le conseil supérieur de l'instruction publique et adressé par le ministre à MM. les recteurs, le 17 août 1851, à titre de document à consulter, porte (*art. 6*), que, pour être admis dans une école, les enfants doivent être âgés de six ans au moins. Il est vrai qu'aux termes de l'article 1er du décret du 21 mars 1855, relatif aux *salles d'asile*, ces établissements sont destinés aux enfants des deux sexes de deux à sept ans. Aucun enfant de plus de sept ans révolus ne peut être reçu dans une *salle d'asile*. Mais ce décret ne fait nullement obstacle à ce que les enfants de six ans, s'ils sont assez avancés, sortent de la *salle d'asile* pour entrer à l'école primaire.

« Il résulte de ce qui précède que, sauf le cas où le règlement des écoles primaires publiques, régulièrement établi dans un département, en vertu de la loi du 15 mars 1850, aura fixé pour l'admission aux écoles primaires publiques un âge minimum supérieur à six ans, les enfants âgés de six ans révolus pourront, si leurs parents en font la demande, être reçus dans les écoles, alors même qu'il existerait une *salle d'asile* publique dans chaque localité.

« Recevez, Monsieur le préfet, etc. »

SANCTUAIRE.

Le *sanctuaire* est la partie de l'église où se font les offices divins et où l'on célèbre les saints mystères. Les laïques ne peuvent y prendre place. Tous les conciles sont d'accord sur ce point. Celui de Rouen, tenu en 1581, excommuniait même les laïques qui ne se rendraient pas aux avertissements qui leur seraient donnés d'abandonner ces sortes de places. Les capitulaires de nos rois, et l'opinion manifestée par le clergé de France dans son assemblée générale de 1635, sont conformes aux règlements des conciles.

Il fut de nouveau fait défense, par l'édit de 1695, à toutes personnes, de quelque état et condition qu'elles pussent être, d'occuper pendant le service divin, les places destinées aux ecclésiastiques.

Depuis le rétablissements du culte, ces anciennes dispositions ont été généralement observées. C'est dans le chœur et non dans le *sanctuaire* qu'ont été établis les bancs des personnes ayant droit à une place distinguée. (*Voyez* PLACES DANS LES ÉGLISES.)

On ne pourrait placer un banc ou un siège dans le *sanctuaire* sans la permission du curé ou de l'évêque. (*Voyez* BANC.) Si un curé avait la faiblesse de permettre, ce qu'en cette matière les canons de l'Eglise défendent, son successeur serait en droit de revenir sur ce qui aurait été fait à cet égard. C'est ce que fit l'archevêque d'Aix en 1836. Le ministre des cultes à qui il rendit compte de sa conduite lui répondit qu'il pensait comme lui, et que les autorités qui ont droit à une place distinguée ne peuvent jamais l'avoir dans le *sanctuaire*, qui est exclusivement réservé au clergé. (*Lettre du 26 juillet 1836.*)

Le décret du 24 messidor an XII, relatif aux préséances, a été rédigé dans le même sens. Il résulte évidemment des dispositions de l'article 17, que c'est dans le chœur seulement que doivent être placées les personnes élevées en dignité.

Dans les cérémonies publiques, les autorités civiles et militaires ne doivent jamais être placées dans le *sanctuaire*, qui est exclusivement réservé au clergé. (*Circulaire du 22 juillet 1837*, rapportée sous le mot CÉRÉMONIES RELIGIEUSES.)

SAVOIE.

La *Savoie* a été réunie à la France en 1860. Elle est en conséquence soumise aujourd'hui à la législation française qui lui a été appliquée par suite du sénatus-consulte du 12 juin 1860. Elle est régie par notre Code civil et par nos autres codes. Il en est de même pour tout ce qui regarde la législation civile ecclésiastique. Une circulaire du 31 janvier 1861 a en conséquence été adressée à l'archevêque de Chambéry et aux évêques d'Annecy, de Saint-Jean-de-Maurienne et de Tarentaise-lès-Moutiers, ainsi qu'à l'évêque de Nice, pour l'organisation et l'administration des fabriques. Nous croyons devoir rapporter ici cette circulaire qui sera aussi utile en France qu'en *Savoie* , parce qu'elle est un résumé très-exact relatif aux fabriques et à ce qui les concerne.

Voici le texte de cette circulaire avec l'indication des articles traités dans cet ouvrage. On trouvera à la suite la circulaire concernant les vicaires paroissiaux ou les vicaires à régence, ou instituteurs. On verra dans cette dernière que le gouvernement tolère provisoirement dans de petites localités, la tenue des registres de l'état civil par ces vicaires instituteurs.

Il a été créé 125 bourses dans les séminaires des diocèses de *Savoie* à raison de 25 bourses par diocèse et de 400 fr. par bourse. Cette moyenne de 25 bourses et celle qui existe dans les autres diocèses de l'empire. (*Voyez* BOURSE).

CIRCULAIRE *de M. le ministre de l'instruction publique et des cultes, relative à l'organisation et à l'administration des fabriques des églises cathédrales et paroissiales dans les diocèses de la Savoie et de Nice.*

Paris, le 31 janvier 1861.

« Monseigneur,

« Aux termes du sénatus-consulte du 12 juin 1860 qui a prononcé la réunion de la *Savoie* et de l'arrondissement de Nice à l'empire français, les lois françaises sont exécutoires dans votre diocèse, *à partir du premier janvier 1861*, je crois devoir signaler particulièrement à votre attention celles qui régissent les fabriques des églises cathédrales et paroissiales, et vous indiquer les moyens d'en faciliter l'application.

« La législation sur cette matière se compose du décret du 30 décembre 1809 (1), de l'ordonnance du 12 janvier 1825 (2), de l'article 70 de la loi du 18 germinal an X, divers actes du gouvernement qui, après le concordat de 1801, ont rendu aux fabriques leurs anciens biens, de la loi du 2 janvier 1817 (3) et des ordonnances réglementaires des 2 avril 1817, 7 mai 1826 et 14 janvier 1831. On peut diviser les dispositions de cette législation en quatre parties principales : 1° *Organisation et attribution des fabriques*; 2° *administration de leurs biens*; 3° *autorisations qui leur sont nécessaires pour acquérir, aliéner, accepter des libéralités, etc.*; 4° *comptabilité des fabriques*.

« Il m'a paru utile de mettre sous vos yeux, Monseigneur, le résumé des règles qui devront être désormais observées dans votre diocèse:

« 1° *Organisation et attributions des fabriques paroissiales.* — Chaque fabrique est composée d'un conseil et d'un bureau des marguilliers. Le conseil est une assemblée délibérante, qui doit émettre son avis sur toutes les affaires importantes, et notamment sur celles désignées dans l'article 12 du décret du 30 décembre 1809. (*Voyez* FABRIQUE.) Le bureau des marguilliers est chargé de l'exécution des délibérations du conseil, de la préparation du budget de la fabrique et de l'administration journalière du temporel de la paroisse. (*Voyez* BUREAU DES MARGUILLIERS.)

« Le nombre des membres des conseils de fabriques varie suivant la population de la paroisse ; il est, en totalité, de onze dans les paroisses de 5,000 âmes ou au-dessus, et de sept dans toutes les autres paroisses, y compris, dans tous les cas, le curé ou desservant, et le maire de la commune du chef-lieu de la paroisse, qui sont membres *de droit* du conseil de fabrique.

« Quant au bureau des marguilliers, le nombre de ses membres est toujours de quatre, savoir : 1° le curé ou desservant, qui en est membre perpétuel et *de droit*; 2° trois personnes choisies au scrutin par le conseil de fabrique, parmi les membres de ce conseil. Il lui appartient de les élire, parce que les marguilliers n'agissent que comme ses délégués.

« Lorsqu'il y a lieu d'instituer ou de réorganiser un conseil de fabrique dans les paroisses de 5,000 âmes et au-dessus, cinq des membres sur neuf sont nommés pour la première fois par l'évêque diocésain, et les quatre autres par le préfet. Dans les paroisses d'une population inférieure, sur cinq membres, l'évêque en nomme trois et le préfet deux.

« Ensuite, le conseil de fabrique se renouvelle partiellement, tous les trois ans, par la voie de l'élection. Les conseillers qui doivent remplacer les membres sortants sont élus par les membres restants.

« Le conseil de fabrique doit s'assembler au moins quatre fois par année, à l'issue de la grand'messe ou des vêpres, dans l'église, dans un lieu attenant à l'église ou dans le presbytère. Les réunions ordinaires ont lieu le dimanche de Quasimodo, et le premier dimanche des mois de juillet, d'octobre et de janvier.

« C'est dans la séance du dimanche de Quasimodo que doivent être faites les élections ou les renouvellements triennaux des membres des conseils de fabriques.

(1) *Voyez* ce décret et le commentaire qui l'accompagne sous le mot FABRIQUE.
(2) *Voyez* cette ordonnance sous le mot FABRIQUE, tome III, page 40.
(3) *Voyez* cette loi sous le mot ACCEPTATION, tome Ier, page 24.

En substituant ce jour au premier dimanche du mois d'avril, désigné d'abord par le décret du 30 décembre 1809, l'ordonnance du 12 janvier 1825 a eu pour but de fixer l'attention des fabriques par une date remarquable et d'établir entre elles une utile uniformité.

« Si le conseil de fabrique ne procède pas aux élections triennales le dimanche de Quasimodo, s'il ne remplace pas les fabriciens décédés ou démissionnaires dans la première séance ordinaire qui suit la vacance; l'évêque a le droit, un mois après les époques déterminées par la loi, de faire lui-même les nominations.

« Chaque année, dans la séance du dimanche de Quasimodo, le conseil de fabrique nomme au scrutin son président et son secrétaire; mais les membres peuvent être réélus. En cas de partage de voix dans les délibérations du conseil, le président a voix prépondérante.

« Dans les séances du conseil de fabrique, le curé ou desservant a la première place à la droite du président, et le maire est placé à sa gauche. L'article 4 du décret du 30 décembre 1809, qui a ainsi assigné la place que les deux membres de droit doivent occuper auprès du président, a été interprété par la jurisprudence en ce sens que le curé et le maire ne peuvent être appelés ni l'un ni l'autre à présider le conseil de fabrique. (Voyez PRÉSIDENT.) Il a été également décidé que le curé ne pouvait être nommé trésorier de la fabrique (voyez TRÉSORIER); mais rien ne s'oppose à ce que les fonctions de secrétaire lui soient conférées. (Voyez SECRÉTAIRE.)

« Après avoir examiné les différences qui existent, sous plusieurs rapports, entre la composition actuelle des fabriques de votre diocèse et celle des fabriques paroissiales de l'empire français, j'ai reconnu la nécessité de les réorganiser intégralement. Si l'on se bornait à compléter le nombre des membres manquant aux fabriques de votre diocèse, à faire des élections partielles ou des modifications successives, leur organisation primitive et le mode de nomination de leurs membres actuellement en exercice ne seraient point conformes aux dispositions du décret du 30 décembre 1809. Il importe, dès le principe, de faire disparaître ces dissemblances d'origine, afin de prévenir les difficultés que leur composition pourrait ultérieurement soulever. D'ailleurs, suivant l'esprit et les termes du sénatus-consulte du 12 juin 1860, les établissements ecclésiastiques de votre diocèse doivent être entièrement assimilés aux autres établissements de l'empire, puisqu'ils seront régis par les mêmes lois.

« Un délai de quelques mois m'a paru indispensable pour préparer la réorganisation des conseils de fabriques des diocèses de la Savoie et de Nice.

« J'ai pensé qu'il était convenable d'en fixer l'époque au dimanche (7 avril) de Quasimodo de l'année 1861. Dans la pratique, la séance qui se tient chaque année le même jour est considérée comme le point de départ de toutes les nominations des fabriciens.

« En conséquence, je vous prie, Monseigneur, de faire les nominations que l'article 6 du décret du 30 décembre 1809 vous attribue, et de les notifier à chaque paroisse de votre diocèse, dans la huitaine qui précédera le dimanche 7 avril 1861.

« J'adresse des instructions dans le même sens à M. le préfet de....

« Après que les membres de chaque fabrique auront été prévenus d'avance de leur nomination, le conseil pourra être constitué le dimanche de Quasimodo et procéder immédiatement, le même jour, aux élections du président, du secrétaire et des marguilliers.

« Ainsi, grâce à votre active intervention, Monseigneur, la réorganisation des fabriques de votre diocèse sera terminée dans trois mois.

« 2º *Administration des biens des fabriques.* — Les biens et revenus des fabriques sont exclusivement affectés au payement des dépenses du culte et des frais d'entretien des édifices religieux. Ils ne peuvent être détournés, en aucun cas, de cette destination légale. (*Voyez* BIENS.)

« Les immeubles qui leur appartiennent sont affermés, régis et administrés par le bureau des marguilliers, dans la forme déterminée pour les biens communaux.

« Quant aux biens meubles, les fabriques seront libres de disposer de ceux qui sont *meubles par leur nature*, en vertu de la règle générale posée dans l'article 1594 du code Napoléon ; mais les biens meubles par la *détermination de la loi*, tels que les rentes perpétuelles ou viagèressur l'Etat ou sur les particuliers, ne peuvent être acquis ni vendus sans l'autorisation du gouvernement. (*Voyez* MEUBLES, RENTES.)

« Parmi les principaux revenus des fabriques on comprend les produits des biens dont elles sont régulièrement en possession, des fondations et des libéralités qu'elles ont été autorisées à accepter, de la location des chaises, des concessions de bancs, chapelles ou tribunes dans l'église, des quêtes, des troncs, des oblations, et de leurs droits sur les frais d'inhumation. (*Voyez* tous ces mots.)

« Il est expressément recommandé aux fabriques de tirer parti de toutes les ressources qu'elles peuvent se procurer par l'exécution ponctuelle des lois. En cas de négligence ou d'omission sur ce point essentiel, elles ne seraient pas fondées à réclamer le concours des communes, qui sont tenues de venir à leur aide.

« D'après les principes établis par la législation, et consacrés par la jurisprudence du conseil d'Etat, toutes les dépenses relatives au culte, aux édifices paroissiaux, au logement ou à l'indemnité de logement des curés et desservants, doivent être supportées d'abord par les fabriques, comme étant les premières obligées d'y pourvoir. (*Voyez* LOGEMENT.) Ce n'est que subsidiairement, et en cas d'insuffisance dûment constatée de leurs revenus, que les communes sont forcées de les payer. La fabrique qui se trouve dans ce cas doit adresser au conseil municipal une demande de subvention communale, en y joignant son budget, ses comptes, et même les pièces justificatives des comptes, si le conseil municipal en exige la production. (*Décret du 30 décembre 1809, art. 93 ; loi du 18 juillet 1837, art. 30 ; avis du conseil d'Etat, du 20 novembre 1839.*)

« Dans la gestion de leurs biens, les fabriques ne doivent rien négliger pour sauvegarder les intérêts collectifs des paroisses qu'elles représentent. A ce début de leur organisation, il doit être dressé deux inventaires : l'un, du mobilier de l'église, et l'autre, des titres, papiers et documents, avec une mention spéciale des fondations. Il est fait, tous les ans, un récolement de ces inventaires. (*Voyez* INVENTAIRES.)

« Chaque fabrique doit avoir une caisse ou armoire à trois clefs, et déposer dans cette caisse tous ses deniers, ses titres de propriétés, ses registres de délibérations et les clefs des troncs de l'église. Aucune pièce ne peut en être extraite sans une autorisation du bureau des marguilliers, ni sans un récépissé. (*Voyez* ARMOIRE, CAISSE, RÉCÉPISSÉ.)

« Je n'ai pas besoin, Monseigneur, d'insister sur l'utilité de ces prescriptions conservatrices. Je me borne à vous prier d'en assurer l'exécution dans votre diocèse.

« 3° *Autorisations nécessaires aux fabriques pour acquérir, aliéner, accepter des libéralités, etc.* — Les fabriques sont des établissements publics reconnus par la loi. Elles constituent des personnes civiles habiles à posséder des biens, à acquérir, à recevoir des dons et legs, etc., après avoir obtenu l'autorisation du gouvernement (*voyez* ACQUISITION, DONS, LEGS) ; mais elles ne peuvent invoquer leur qualité d'établissements publics que pour recueillir des libéralités faites dans l'intérêt de la célébration du culte et dans les limites des services qui leur sont confiés à cet effet par les lois et règlements. (*Avis du conseil d'Etat, des* 6 *juin* 1828, 10 *novembre* 1849, 9 *janvier* 1845.)

« Le gouvernement exerce une haute surveillance sur les fabriques placées sous sa tutelle; par conséquent, tous les actes importants de la vie civile qui les concernent doivent être soumis à son approbation. Ainsi, les fabriques sont tenues de demander son autorisation pour les acquisitions, les aliénations ou cessions d'immeubles et de rentes, les échanges, les emprunts, les constitutions de rentes sur particuliers; l'emploi des capitaux remboursés, soit à l'achat de rentes sur l'Etat, soit au payement de réparations ou d'autres dépenses; les transactions, l'acceptation de donations, fondations et legs. (*Voyez* ces mots.)

« L'évêque diocésain doit émettre son avis sur toutes les affaires qui intéressent les fabriques.

« Lorsque des libéralités sont faites à un établissement public quelconque, l'autorisation n'est accordée, *s'il y a charge de services religieux*, qu'après l'approbation de l'évêque. (*Voyez* SERVICES RELGIEUX.)

« Pour que le gouvernement puisse statuer en connaissance de cause, les demandes des fabriques doivent être l'objet d'une instruction administrative. Les formalités à remplir sont détaillées dans le Recueil des circulaires, en deux volumes, que j'ai eu l'honneur de vous adresser. Toutefois, pour faciliter l'expédition des affaires, je vais indiquer ici les pièces à produire à l'appui des demandes les plus fréquentes.

« Ces pièces sont :

« *Pour une donation entre vifs :*

« 1° L'acte notarié constatant la donation; (*voyez* DONATION.)

« 2° Le certificat de vie du donateur;

« 3° Le procès-verbal d'estimation de l'objet donné (s'il s'agit d'un immeuble, sa contenance et sa valeur, tant en capital qu'en revenus, devront être déterminées);

« 4° La délibération du conseil de fabrique tendant à obtenir l'autorisation d'accepter la libéralité;

« 5° L'acceptation provisoire du trésorier de la fabrique, qui est le représentant légal de l'établissement;

« 6° L'état, vérifié et certifié par M. le préfet, de l'actif et du passif de la fabrique, c'est-à-dire, son budget;

« 7° Des renseignements précis sur les causes de la libéralité, la fortune du donateur et celle de ses héritiers présomptifs;

« 8° L'avis de l'évêque diocésain;

« 9° L'avis du préfet, rédigé en forme d'arrêté.

« *Pour les legs et dispositions testamentaires :*

« 1° Le testament, dont une expédition entière sera transmise s'il contient des legs en faveur de plusieurs établissements publics;

« 2° L'acte de décès du testateur;

« 3° Le procès-verbal d'estimation de l'objet légué (voir plus haut ce qui concerne les immeubles);

« 4° La délibération du conseil de fabrique sur le legs, les charges dont il est grevé, et l'emploi des sommes d'argent dont le testateur n'aurait pas fixé la destination;

« 5° L'acceptation provisoire du trésorier de la fabrique;

« 6° L'état, vérifié et certifié par le préfet, de l'actif et du passif de l'établissement, ou son budget ;

« 7° Le consentement par écrit des héritiers naturels du testateur à la délivrance du legs, et du légataire universel qui aurait été institué, ou la réclamation qu'ils auraient formée dans le but de s'y opposer ; et, à défaut de ces pièces, les actes constatant que les héritiers connus du testateur ont été appelés à prendre connaissance du testament, ou que le testament, *s'il n'y a pas d'héritiers connus*, a été publié et affiché dans les formes prescrites par l'article 3 de l'ordonnance réglementaire du 14 janvier 1831 (1). En cas de réclamation, on joindra au dossier des renseignements sur le degré de parenté et la position de fortune des héritiers, et sur la valeur totale de la succession du testateur ;

« 8° L'avis de l'évêque diocésain ;

« 9° L'avis du préfet, rédigé en forme d'arrêté.

« *Pour les acquisitions et les échanges*. (*Voyez* ACQUISITIONS, ÉCHANGES.)

« 1° Délibération du conseil de fabrique, contenant sa demande d'autorisation, le but et l'utilité de l'acquisition ou de l'échange, et les moyens de payer le prix de vente, ou la soulte, s'il en a été stipulé ;

« 2° L'estimation des immeubles à acquérir ou à échanger, faite contradictoirement par deux experts nommés, l'un par le conseil de fabrique et l'autre par le particulier qui a l'intention de vendre ou d'échanger ;

« 3° Le plan figuré et détaillé des lieux ;

« 4° Le consentement par acte sous seings privés du vendeur ou de l'échangiste ;

« 5° Le budget de la fabrique ;

« 6° Le procès-verbal d'enquête ou d'information *de commodo et incommodo*, faite par un commissaire au choix du sous-préfet ;

« 7° La délibération du conseil municipal de la commune sur le projet d'acquisition ou d'échange ;

« 8° L'avis de l'évêque diocésain ;

« 9° L'avis du préfet.

« *Pour les aliénations*. (*Voyez* ALIÉNATION.)

« On doit fournir les mêmes pièces que pour les acquisitions, à l'exception de la soumission de l'acquéreur, attendu que, d'après la règle générale, les immeubles des fabriques doivent être vendus aux enchères publiques. Il y a toujours lieu de faire dresser un procès-verbal d'estimation des immeubles à aliéner ; mais, dans le cas d'adjudication publique, l'expertise ne saurait être contradictoire.

« Lorsque les fabriques de votre diocèse, Monseigneur, vous auront soumis des demandes d'autorisation avec les documents qu'elles doivent se procurer à leurs frais, vous aurez soin de les transmettre à M. le préfet du département. C'est par son intermédiaire que les dossiers complets des affaires administratives me seront adressés.

« Du reste, les pièces ci-dessus énoncées ne doivent pas être seulement produites par les fabriques ; elles doivent l'être également par les autres établissements ecclésiastiques et par les congrégations religieuses, sauf les délibérations des conseils municipaux sur les acquisitions, échanges et rentes. Ainsi, sous le rapport des affaires de même nature, tous les établissements ecclésiastiques ou religieux de votre diocèse se conformeront aux dispositions de la présente circulaire.

(Voyez cette ordonnance sous le mot ACCEPTATION).

« 4° *Comptabilité des fabriques.*—Le décret du 30 décembre 1809 a mis la comptabilité des fabriques sous la surveillance des évêques ; mais dans les cas où des subventions sont réclamées à la commune, au département ou à l'Etat, elle est exposée au contrôle des conseils municipaux et des autorités civiles ; elle doit être constamment tenue avec ordre et régularité.

« Le trésorier de la fabrique, qui est nommé par le bureau des marguilliers et choisi par les membres de ce bureau, est le comptable de l'établissement. C'est lui qui est chargé de faire toutes les recettes et dépenses de l'église, de signer les mandats de fournitures, et d'assurer le recouvrement des sommes dues à la fabrique. Il doit, chaque année, rendre son compte de l'année précédente au bureau des marguilliers, dans la séance du premier dimanche du mois de mars. Le bureau fait ensuite son rapport sur ce compte, dans la séance du dimanche de Quasimodo, au conseil de fabrique, qui le clôt et l'arrête définitivement.

« L'acte le plus important en cette matière est le budget de la fabrique ; il est dressé par le bureau des marguilliers, d'après un état par aperçu, que le curé ou desservant lui présente, des dépenses nécessaires à l'exercice du culte, soit pour les objets de consommation, soit pour réparations et entretien d'ornements, meubles et ustensiles d'église. Le bureau doit le soumettre à l'examen du conseil de fabrique tous les ans, dans la séance du jour de Quasimodo. Dès que le conseil l'a voté, le budget est envoyé, en double exemplaire, avec l'état des dépenses de la célébration du culte, à l'évêque, pour avoir sur le tout son approbation. (*Voyez* BUDGET.)

« Le droit d'approbation attribué à l'autorité diocésaine comprend celui de modifier les articles de dépenses, et, par conséquent, de les diminuer ou de les augmenter. Après la décision épiscopale, le budget de la fabrique reçoit sans autres formalités sa pleine et entière exécution.

« Si un conseil de fabrique ne présentait pas son budget annuel, ou s'il ne veillait pas à la reddition des comptes du trésorier, l'évêque devrait le requérir de remplir ce devoir ; en cas de négligence ou de refus d'obéir à cette injonction, il pourrait être révoqué par un arrêté du ministre des cultes, sur la proposition de l'évêque et l'avis du préfet.

« La révocation des conseils de fabriques peut être, en outre, prononcée dans les mêmes formes, *pour toute autre cause grave.*

« Après que la dissolution d'un conseil de fabrique a été reconnue nécessaire, ou que sa composition a été déclarée irrégulière par le ministre des cultes, il est procédé par l'évêque et le préfet à sa réorganisation, conformément à l'article 6 du décret du 30 décembre 1809. (*Ordonnance du 12 janvier 1825, art. 5.*)

« 5° *Fabriques des cathédrales.* — Depuis le concordat de 1801, notre législation a voulu maintenir les droits étendus que les évêques exerçaient, sous l'ancien régime, sur les cathédrales. Elle a soumis, dans ce but, l'organisation de leurs fabriques à des conditions différentes de celles établies par les fabriques paroissiales.

« Suivant l'article 104 du décret du 30 décembre 1809, les fabriques des églises métropolitaines ou cathédrales doivent être composées et administrées conformément aux règlements épiscopaux ; mais ces règlements ne deviennent obligatoires qu'autant qu'ils ont été approuvés par un décret impérial.

« Du reste, ces fabriques constituent, comme les autres, des établissements publics. Toutes les dispositions concernant la gestion des biens des fabriques paroissiales leur sont applicables.

« Telles sont, Monseigneur, les principales règles que les fabriques de votre diocèse suivront à l'avenir. Les changements qu'elles vont apporter à l'état actuel de ces établissements soulèveront peut-être, dans les commencements, quelques diffi-cultés de transition ; mais le bon esprit de votre clergé et des fabriciens reconnaîtra bientôt les avantages du régime électif, d'une administration uniforme et d'une comptabilité régulière.

« Dans tous les cas, je compte, Monseigneur, sur votre concours bienveillant et ferme pour aplanir les obstacles, s'il s'en présentait ; et j'ai la confiance que, sous votre direction éclairée, les lois françaises sur cette matière seront exactement ob-servées dans toutes les paroisses de votre diocèse.

« J'ai l'honneur de vous adresser, Monseigneur, un certain nombre d'exemplaires de cette circulaire, en vous priant d'en mettre un à la disposition de chaque conseil de fabrique.

« Je vous serai obligé de m'en accuser réception.

« Agréez, Monseigneur, l'assurance de ma haute considération.

« *Le ministre de l'instruction publique et des cultes,*

« ROULAND. »

CIRCULAIRE *de M. le ministre de l'instruction publique et des cultes, à MM. les préfets de la Savoie, de la Haute-Savoie et des Alpes-Ma-ritimes, relative aux vicaires paroissiaux et aux vicaires chargés des fonctions d'instituteurs communaux.*

Paris, le 30 janvier 1861.

Monsieur le préfet,

« Après avoir prescrit les dispositions nécessaires pour assurer le service des traitements dus, à l'avenir, aux archevêques, évêques, vicaires généraux, chanoines, curés et desservants des diocèses annexés à l'empire, en vertu du sénatus-consulte du 12 juin 1860, j'ai dû me préoccuper de la position particulière des vicaires, et rechercher, avec sollicitude, les mesures à prendre en leur faveur.

« Ainsi, que vous le savez, les vicaires attachés aux paroisses n'ont pas droit à un traitement de l'Etat.

« Toutefois, en vertu des ordonnances des 5 juin 1816, 2 avril 1817, 31 janvier 1821 et 6 janvier 1830, le ministre des cultes *peut*, si les fonds mis à sa disposition le permettent, attribuer à *un certain nombre de vicaires autres que ceux des villes de grande population*, et outre le traitement qui leur est assuré par les fabriques ou les communes, une indemnité annuelle de 350 fr. sur le trésor public.

« Dans le but, de faire participer, nos nouveaux diocèses à cet avantage, j'ai demandé et j'espère obtenir très-prochainement, le crédit qui m'est nécessaire. Mais il importe, monsieur le préfet, que je sois le plus tôt possible, fixé sur les droits que peuvent avoir à la répartition de ce crédit les vicaires de votre département qui sont placés dans les communes dont la population n'excède pas 8,000 habitants.

« En *Savoie* et à Nice, et particulièrement dans le diocèse d'Annecy, il y a deux catégories de vicaires, savoir : les vicaires attachés exclusivement au service pa-roissial et les vicaires à régence, c'est-à-dire cumulant avec leurs fonctions parois-siales celles d'instituteurs communaux.

« En ce qui concerne les vicaires actuellement attachés au service exclusif des paroisses établies dans les communes de faible population, je suis disposé à leur accorder, sur les fonds de l'Etat, l'indemnité annuelle de 350 fr. dont jouit un cer-tain nombre de vicaires de l'empire.

« Toutefois, je ne consentirai à accorder cet avantage qu'à la condition expresse que les fabriques ou les communes ajouteront à cette indemnité une allocation suffisante pour porter à 600 fr. le minimum du traitement total de chaque vicaire paroissial.

« Cette mesure présente le double avantage d'augmenter les ressources d'un assez grand nombre de vicaires et de diminuer notablement la charge qui pèse actuellement et intégralement sur les communes.

« Cependant, Monsieur le préfet, si, pour ne porter atteinte à aucun intérêt individuel, je consens à accorder à tous les titulaires des vicariats existants au moment de l'annexion l'indemnité de 350 fr., il me paraît juste de décider que lorsque ces vicariats deviendront successivement vacants, l'administration civile se réserve formellement le droit d'examiner, de concert avec les autorités diocésaines, si leur maintien serait justifié par le nombre des habitants, l'étendue ou la position topographique des paroisses.

« Il devra donc être entendu que les indemnités que j'accorderai sur votre proposition et celle de Mgr... n'entraîneront pas, pour l'avenir, la reconnaissance des vicariats établis avant l'annexion, et qu'il ne faudra considérer les allocations faites que comme un témoignage de la bienveillance du gouvernement de l'Empereur à l'égard des titulaires en exercice. »

« Le nombre des vicaires attachés à chaque église est fixé par l'évêque, sur la délibération du bureau des marguilliers et sur l'avis du conseil municipal. (*Décret du* 30 *décembre* 1809, *art.* 38.)

« Dans le cas où le conseil municipal conteste l'utilité du vicariat, ou refuse de voter le traitement qui y est affecté, les pièces sont adressées à l'évêque qui prononce. Si la décision de l'évêque est contraire à l'avis du conseil municipal, celui-ci peut s'adresser au préfet.

« Lorsque les autorités diocésaine et départementale sont d'accord, la fabrique, ou, en cas d'insuffisance de ses ressources, la commune, est tenue d'assurer le traitement du vicaire.

« Si, au contraire, l'évêque et le préfet ne sont pas d'accord sur l'utilité de l'établissement du vicariat, les pièces doivent être transmises au ministre des cultes.

« Dans cette dernière circonstance, il doit être statué sur l'utilité et l'établissement du vicaire, par un décret impérial, rendu sur le rapport de ce ministre, sur l'avis du ministre de l'intérieur, et délibéré au conseil d'Etat. (*Décret du* 30 *décembre* 1809, *articles* 96 *et* 97.)

« Au surplus, en cette matière, il importe de distinguer les vicariats permanents, établis conformément aux règles prescrites par les articles 38 et 39 du décret du 30 décembre 1809, de ceux qui peuvent l'être par application de l'article 15 du décret du 17 novembre 1811, lequel est ainsi conçu :

« .... Lorsqu'un curé ou desservant sera devenu, par son âge ou ses infirmités
« dans l'impuissance de remplir seul ses fonctions, il pourra demander un vicaire
« qui soit à la charge de la fabrique, et, en cas d'insuffisance de son revenu, à la
« charge des habitants, avec le traitement tel qu'il a été réglé par l'article 40 du
« décret du 30 décembre 1809, sur les fabriques.... »

« A cet égard, je dois vous faire observer que, s'il doit s'élever rarement des difficultés lorsque l'on demande la création d'un vicariat permanent dans une paroisse très-étendue ou difficile à desservir, il n'en est pas de même lorsqu'il s'agit d'adjoindre un vicaire à un curé ou desservant d'une paroisse peu importante, et qui se trouve dans l'impuissance de remplir toutes les fonctions de son ministère.

« En effet, si, dans le premier cas, la création du vicariat a pour objet de satisfaire aux besoins religieux d'une population, il n'en est pas de même dans le second,
puisqu'alors il ne s'agit presque toujours que des intérêts particuliers du curé ou
desservant.

« Il ne faut donc pas s'étonner, Monsieur le préfet, que les communes refusent
souvent de voter les traitements demandés en faveur des vicaires appelés à seconder
les curés ou desservants qui ne peuvent remplir leurs fonctions.

« Je vous ferai d'ailleurs observer qu'à l'époque où le décret du 17 novembre
1811 a été rendu (1), il existait peu de caisses de retraite dans les diocèses, et que
l'État lui-même ne pouvait venir efficacement en aide aux prêtres sans fonctions.
Or, tel n'est plus l'état des choses ; puisque, dans presque tous les diocèses, on a
fondé des caisses ou maisons de retraite, et que le gouvernement est en mesure
d'accorder des pensions aux ecclésiastiques ayant plus de trente ans de sacerdoce
et de soixante ans d'âge, ou d'accorder des secours annuels aux prêtres infirmes.
(Voyez CAISSE, PENSION.)

« Au reste, l'application du décret de 1811 semble devoir être réservée au cas
où, un curé ayant longtemps administré la même paroisse, il est utile de l'y maintenir malgré l'affaiblissement de ses forces physiques.

« Ces observations sont particulièrement importantes pour les diocèses de la Savoie, qui ont des caisses de retraite généralement bien organisées, et dans lesquels
cependant on a le tort grave de laisser en charge des prêtres incapables de remplir
toutes leurs fonctions.

« En résumé, sur ce point, vous pourrez être favorable au maintien ou à la création des vicariats permanents ; mais vous éviterez des conflits regrettables, en vous
montrant très-réservé lorsqu'il s'agira d'adjoindre des vicaires à des curés ou desservants de paroisses peu importantes.

« Quoiqu'il en soit, on devra conserver, sans discussion, les vicariats paroissiaux dont les traitements sont complètement assurés par des fondations spéciales.

« Enfin, Monsieur le préfet, si quelques vicaires des villes d'une population supérieure à 5,000 habitants recevaient du gouvernement sarde des indemnités exceptionnelles, je vous autoriserais à vous concerter avec les autorités diocésaines,
pour me proposer, en faveur des titulaires actuels, et tant qu'ils conserveraient les
mêmes fonctions, des subventions égales à celles qui leur étaient précédemment accordées.

« Ainsi que j'ai déjà eu l'honneur de vous en informer, les vicaires devront, nécessairement, et aussi promptement que les circonstances le permettront, cesser de
cumuler leurs fonctions vicariales avec celles d'instituteurs communaux.

« Le cumul des fonctions de vicaire paroissial et d'instituteur communal, est contraire à nos règlements. En outre, il serait difficile de le concilier avec le principe
admis en France, de confier la rédaction des actes de l'état civil, sous la surveillance
des maires, aux instituteurs laïques ou à des secrétaires spéciaux rétribués sur les
fonds du ministère de l'intérieur.

« Toutefois, vous pourrez tolérer provisoirement la réunion de ces doubles fonctions, lorsqu'il s'agira d'écoles annexes ou supplémentaires ouvertes dans les ha-
meaux éloignés du centre des communes. (Voyez ÉTAT CIVIL.)

« A moins de considérations particulières, dont vous voudrez bien me rendre

(1) Voyez ce décret sous le mot ABSENCE.

compte, ces principes devront être appliqués, alors même qu'il existerait des fonctions en faveur des vicaires régents.

« Dans ce cas, il y aura lieu d'ailleurs d'examiner avec le plus grand soin les conditions attachées à chacune des fondations, et de rechercher particulièrement si elles ont été faites en faveur de la personne des vicaires régents ou dans l'intérêt spécial d'une école communale. (*Voyez* FONDATION.)

« Les fondations faites exclusivement en faveur des vicaires à régence ne devront pas, en général, faire obstacle à la nomination d'instituteurs laïques, à moins de circonstances locales et exceptionnelles dont vous voudrez bien me rendre compte.

« En un mot, vous apprécierez, Monsieur le préfet, au mieux des intérêts communaux, si le vicaire régent doté peut être adopté comme instituteur communal ou s'il doit être laissé à la faculté légale d'ouvrir une école libre et gratuite. (*Voyez* ÉCOLE.)

« S'il existait en *Savoie* ou dans l'ancien duché de Nice, outre des vicaires paroissiaux à régence, des prêtres non pourvus d'un vicariat paroissial et uniquement chargés des écoles communales, ils devront, autant que possible, être remplacés s'ils ne l'ont été déjà, par des instituteurs communaux. Dans ce cas, vous pourrez comme vous l'avez déjà fait plusieurs fois, proposer en faveur de ces prêtres, jusqu'à ce qu'ils soient pourvus d'un emploi ecclésiastique, une indemnité annuelle sur les fonds de mon département; je suis disposé à cette dépense.

« Le but des présentes instructions est d'assimiler, autant que la nature des choses peut le permettre, les diocèses annexés à ceux de l'empire.

« Vous voudrez bien saisir toutes les occasions qui se présenteront, Monsieur le préfet, pour faire comprendre aux membres du clergé de votre département qu'ils ne peuvent que trouver des avantages dans cette assimilation.

« Recevez, Monsieur le préfet, etc.

« ROULAND. »

SCEAU.

Il est convenable, et plusieurs évêques en ont fait une obligation pour leurs diocèses, que toutes les paroisses possèdent un *sceau* destiné à certifier les expéditions, lettres et attestations délivrées par MM. les curés : l'apposition de ce *sceau* dispenserait, dans les cas pressants, du recours à l'évêché, et pourrait prévenir des faux et des escroqueries.

Les *sceaux* des paroisses peuvent être faits à peu près comme ceux des communes. Mais ils doivent porter au centre l'image du patron avec la légende, paroisse de...., diocèse de....

Un auteur remarque que la France est peut-être le pays chrétien de l'Europe où l'usage du *sceau* paroissial est le moins répandu. En Allemagne, en Italie, en Espagne, tous les papiers d'une paroisse, les lettres, extraits de baptême, billets de confession, etc., en portent le *sceau* à timbre sec ou humide, suivant les facultés pécuniaires de la fabrique. Il serait à désirer qu'il en fût de même chez nous, où les communications administratives sont si fréquentes entre les diverses paroisses ; on aurait une garantie de plus de l'authenticité des pièces.

Les évêques devraient exiger que chaque paroisse eût un *sceau* paroissial. Il est inutile de dire que les fabriques sont obligées d'en faire les frais qui, du reste sont peu considérables, à moins qu'il ne s'agisse d'un timbre sec qui exige une presse. (*Voyez* SIGNATURE.)

SCELLÉS.

Les fabriques créancières d'une succession ont le droit de requérir l'apposition des *scellés* : c'est un acte conservatoire qu'il appartient aux trésoriers d'accomplir. (*Voyez* ACTE CONSERVATOIRE.)

Le décret du 6 novembre 1813, art. 16, prescrit au juge de paix d'apposer le *scellé*, en cas de décès du titulaire d'une cure, sans rétribution pour lui et son greffier, ni autres frais, si ce n'est le seul remboursement du papier timbré.

L'article 37 ajoute : « Le juge de paix du lieu de la résidence d'un archevêque ou évêque, fera d'office, aussitôt qu'il aura connaissance de son décès, l'apposition des *scellés* dans le palais ou autre maison qu'il occupait. »

Les héritiers, les exécuteurs testamentaires et les créanciers peuvent requérir l'apposition des *scellés*. (*Art.* 38.)

Les *scellés* sont levés ensuite, soit à la requête des héritiers, en présence du trésorier de la fabrique, s'il s'agit d'une cure ou succursale, ou du commissaire de la mense épiscopale, s'il s'agit d'un archevêché ou évêché. (*Art.* 17 *et* 39.)

SCRUTIN.

On appelle *scrutin* une manière de voter dans les élections ou les délibérations, laquelle consiste à déposer secrètement dans une urne ou tout autre vase destiné à la recevoir, l'expression de son vote.

On distingue deux espèces de *scrutin* : le *scrutin* individuel et le *scrutin* de liste. Le *scrutin* individuel consiste à ne porter qu'un seul nom sur son bulletin. Le *scrutin* de liste consiste à en porter autant qu'il y a d'élections à faire, en mettant à la suite de chaque nom la fonction ou le titre auquel on veut élire celui qui le porte lorsqu'il s'agit d'élire, par un seul *scrutin* à plusieurs titres ou emplois. Quand le *scrutin* est simplement ordonné pour les élections, il est loisible aux électeurs d'employer l'un ou l'autre.

L'article 9 du décret du 30 décembre 1809 dispose que chaque conseil de fabrique nommera, au *scrutin*, son président et son secrétaire. Mais ce décret, en prescrivant (*art.* 8) que les conseillers, qui devront remplacer les membres sortants, n'a point déterminé la manière de procéder à ces renouvellements partiels. L'ordonnance réglementaire du 12 janvier 1825 a consacré de nouveau le principe de l'élection dans les cas de vacance par la mort ou la démission des fabriciens (*art.* 2 *et* 3), sans fixer le mode de remplacement. Ainsi, dans l'état actuel de la législation, le *scrutin* secret n'est exigé que pour la nomination du président et du secrétaire des conseils de fabrique ; il n'est point obligatoire pour les élections des simples membres de ce conseil ; il est seulement facultatif. On peut suivre ce mode d'élection, ainsi que le conseil d'Etat l'a déclaré dans son avis du 9 juillet 1839 ; mais on peut aussi en adopter un autre. (*Voyez* FABRIQUE, § V.)

Le *Nouveau journal des conseils de fabriques* pense que la plus grande liberté doit être maintenue dans les élections et les renouvellements triennaux des fabriques ; que la loi n'ayant pas fixé le mode d'élection de leurs membres, chacun est libre de voter comme il l'entend, soit au *scrutin* secret, soit à haute voix, lors même que la majorité du conseil de fabrique a décidé que le *scrutin* secret serait seul adopté. Les élections des fabriciens seraient régulières, et il n'y aurait pas lieu d'en demander la nullité. Cependant il serait plus convenable de se conformer à la volonté de la majorité et à voter au *scrutin* secret.

SCULPTURES.

(*Voyez* BOISERIES.)

SÉANCES DU CONSEIL DE FABRIQUE.

Le décret du 30 décembre 1809 prescrit des *séances* ordinaires et des *séances* extraordinaires.

§ I. SÉANCES *ordinaires.*

Le conseil s'assemble quatre fois l'année en *séances* ordinaires, savoir le dimanche de Quasimodo (*ordonnance du* 12 *janvier* 1825, *art.* 2), et le premier dimanche des mois de juillet, d'octobre et de janvier. Il se réunit à l'issue de la grand'messe ou des vêpres, dans l'église, dans un lieu attenant à l'église (1), ou dans le presbytère. L'avertissement de chacune de ces *séances* est publié, le dimanche précédent, au prône de la grand'messe. (*Voyez* AVERTISSEMENT.)

Nous donnons ci-après, page 330, un modèle de procès-verbal de *séances* ordinaires.

Dans leurs *séances* ordinaires, les conseils de fabriques ont le droit de s'occuper et de délibérer de tous les objets qui rentrent dans leurs attributions.

Les conseils de fabrique, dans la *séance* du mois de janvier, doi-

_____
(1) Par ces mots : *Un lieu attenant à l'église,* il ne faut pas entendre un lieu, une maison voisine de l'église, mais un local dépendant de l'église, comme, par exemple, la sacristie.

vent s'occuper spécialement de la location des bancs et places dans l'église. (*Voyez* BANCS.)

La *séance* du dimanche de Quasimodo est la plus importante. C'est dans cette session que le compte du trésorier doit être rendu, discuté et arrêté (*voyez* COMPTE); que le budget doit être également discuté et arrêté pour être ensuite envoyé à l'évêque diocésain (*voyez* BUDGET, et que le président et le secrétaire du conseil doivent être renouvelés. (*Voyez* PRÉSIDENT, SECRÉTAIRE.)

Lorsqu'un secours ou des fonds doivent être demandés à la commune, c'est encore dans la *séance* du dimanche de Quasimodo qu'il convient que le conseil de fabrique prenne à cet égard une délibération, afin que la demande soit présentée au conseil municipal dans la session du commencement du mois de mai, au moment où l'on dresse le budget de la commune. (*Voyez* SECOURS.)

C'est au président du conseil de fabrique à faire choix du local dans lequel chaque *séance* doit se tenir, sauf à lui à consulter, par déférence, le curé ou desservant. Cependant il en serait autrement, et la désignation du local dont il s'agit cesserait d'appartenir au président, si le conseil de fabrique avait déterminé, par une délibération spéciale, dans quel lieu il entend s'assembler. Ce droit de conseil, de fixer lui-même le lieu de ses *séances*, paraît en effet incontestable.

Le lieu des *séances* ne peut être autre que celui prescrit par le décret du 30 décembre 1809, c'est-à-dire l'église, le presbytère ou un lieu attenant à l'église. Il y aurait une grave irrégularité de la part du conseil de fabrique qui, à moins d'impossibilité absolue de se conformer aux prescriptions de ce décret, se réunirait soit à la mairie, dans la maison d'école, etc., soit, ce qui serait encore plus inconvenant, dans un lieu public, comme une auberge, un cabaret.

Les arrêts défendaient autrefois aux fabriciens de s'assembler à l'Hôtel-de-Ville, ou dans les salles des tribunaux. Deux arrêts, l'un du 31 juillet 1735, l'autre du 4 septembre 1762, décident que l'abus à cet égard ne pouvait être couvert même par une possession immémoriale. Telle était aussi l'opinion des anciens auteurs, de Gohard, de Jousse, de Héricourt, de Boyer, etc. Il était encore plus expressément défendu de s'assembler dans des lieux inconvenants, tels que les cabarets.

Lorsque néanmoins, par suite d'un obstacle quelconque, un conseil de fabrique ne peut s'assembler dans l'église, dans le presbytère ou dans un lieu attenant à l'église, ainsi que le prescrit le décret, on doit choisir pour s'y réunir un lieu décent, libre et sûr; et il faut faire mention, dans le procès-verbal de la *séance*, des motifs qui ont empêché le conseil de s'assembler ailleurs. C'est ce qui se pratiquait également sous l'ancienne législation.

Le respect dû au lieu saint, les discussions animées et bruyantes susceptibles de s'élever dans les *séances* des conseils de fabrique, plusieurs autres motifs, ne permettent guère que ces *séances* se tiennent dans l'église. Aussi, un usage général, confirmé par les intentions bien connues des évêques, a-t-il prévalu à cet égard sur la disposition du décret du 30 décembre 1809.

Mais il peut arriver qu'un conseil de fabrique ne veuille pas s'assembler dans le presbytère, pour des motifs personnels au pasteur; qu'ils ne puissent se réunir dans la sacristie, à raison de son exiguïté ou de son humidité, ce qui n'est pas rare, surtout dans les sacristies de campagne. Il ne reste donc plus que l'église, seule des divers lieux indiqués par le législateur.

Dans ce cas, le curé ou desservant a-t-il le droit d'empêcher que les *séances* se tiennent dans l'église? L'évêque diocésain serait-il fondé à y interdire la tenue de ces *séances*, sous peine de censure?

Le *Journal des conseils de fabriques*, qui examine cette question, ne le pense pas. Le curé, dit-il, ne saurait défendre dans l'église, par mesure de police, des assemblées que la loi elle-même autorise à tenir. L'évêque ne serait pas plus fondé à cet égard, parce que la défense qu'il porterait, serait formellement contraire au décret du 30 décembre 1809, et qu'il n'est pas permis de déroger à un décret par des ordonnances épiscopales. Le *Journal des conseils de fabrique* ajoute que l'acte par lequel un curé empêcherait de fait un conseil de fabrique de s'assembler dans l'église, la défense que l'évêque intimerait à ce conseil, sous peine de censure, de se réunir dans cette église, pourraient peut-être même être considérés comme constituant des cas d'abus, et comme susceptibles, à ce titre, d'être déférés au conseil d'Etat.

Cependant, malgré l'autorité du *Journal des conseils de fabrique*, nous pensons que, dans certaines circonstances, s'il devait résulter des inconvénients graves comme querelles, discussions scandaleuses, etc., de ces réunions à l'église, l'évêque serait en droit de les défendre, sous peine de censure, parce qu'après tout il y a toujours possibilité de se réunir ou au presbytère ou à la sacristie. M. Affre (1) émet ce même sentiment. « D'après les anciens règlements, dit-il, quand l'assemblée se tenait dans l'église, les fabriciens plaçaient dans le banc d'œuvre; mais un usage plus moderne abrogé cette coutume, introduite dans le moyen-âge, à une époque de désordre. Aussi, malgré la disposition du décret, nous croyons que l'évêque pourrait défendre, sous peine de censure, de tenir l'assemblée dans un lieu saint. »

Mais avant d'en venir à cette rigueur, il faut toujours employer

_____

(1) *Traité de l'administration temporelle des paroisses.*

voie des avis et de la persuasion. C'est aux bons sentiments, à la sage piété, à la prudence éclairée des membres des conseils de fabriques, qu'il faut faire appel, pour obtenir d'eux de s'abstenir de réunions dans l'église, que la loi autorise, il est vrai, mais que défendent presque toujours les convenances et le respect dû à la maison de Dieu.

§ II. Séances *extraordinaires.*

Le conseil ne peut se réunir à d'autres époques qu'à celles indiquées dans le paragraphe précédent, sans une autorisation spéciale. Cette autorisation est donnée par l'évêque ou par le préfet, lorsque l'urgence des affaires ou quelques dépenses imprévues l'exigent. (*Décret de* 1809, *art.* 10.) L'autorisation doit fixer le jour de la séance. La délibération serait invalide, si l'autorisation donnée par l'évêque ne fixait pas le jour, comme si elle avait été prise un autre jour que celui fixé. En effet, l'évêque ne peut déléguer son pouvoir ; il doit d'ailleurs avertir le préfet du jour de l'assemblée, ce qu'il ne pourrait faire, s'il était indéterminé. (*Ordonnance délib. dans le comité du* 23 *août* 1839.)

Les *séances* extraordinaires consacrées à des élections ou à toute autre opération sont nulles, lorsqu'elles n'ont été autorisées ni part l'évêque, ni par le préfet. (*Arrêté du ministre des cultes du* 9 *novembre* 1849.)

L'évêque et le préfet doivent respectivement se prévenir des autorisations de *séances* extraordinaires qu'ils accordent aux conseils de fabriques, et des objets qui doivent être traités dans ces assemblées extraordinaires. (*Ordonnance du* 12 *janvier* 1825, *art.* 6.)

Lorsqu'une autorisation de se réunir extraordinairement a été accordée à un conseil de fabrique par l'évêque sans en prévenir le préfet, ou par le préfet sans en prévenir l'évêque, conformément à l'article 6 de l'ordonnance du 12 janvier 1825, ce défaut d'avis est-il une cause de nullité des délibérations prises dans la réunion ainsi autorisée ?

En édictant la disposition dont il s'agit, répond le *Nouveau Journal des conseils de fabriques* (1), le gouvernement n'a eu en vue qu'une mesure d'ordre et de convenance. S'il en était autrement, il faudrait en tirer cette conséquence, qu'un conseil de fabrique ne pourrait être convoqué extraordinairement qu'autant que les deux autorités seraient d'accord sur l'autorisation à délivrer, c'est-à-dire que chacune d'elles serait à cet égard nécessairement subordonnée à l'autre. Il suffit d'exposer cette conséquence pour démontrer qu'elle n'a pu être dans l'esprit de l'ordonnance.

_____

(1) Tome XI, page 330.

D'ailleurs, dans tous les cas, il serait impossible de considérer ce défaut d'avis réciproque comme emportant la nullité de la délibération extraordinaire. Les nullités ne se suppléent pas, il faut qu'elles soient expressément prononcées ; et, pour qu'il y eût nullité d'une semblable délibération, il faudrait que l'ordonnance eut expressément donné cette sanction à son article. Or, elle ne l'a point fait, elle n'a point interdit aux conseils de fabrique de s'assembler extraordinairement, hors des cas où l'autorité qui les convoque leur aurait justifié qu'elle a fait les diligences préalables auprès de l'autre autorité. Vouloir exiger d'un conseil de fabrique sous peine de nullité de la délibération à prendre par lui, qu'avant de discuter et d'arrêter aucune résolution, il s'assure de l'accomplissement de la mesure prescrite par l'article précité, ce serait mettre ce conseil dans la nécessité de perdre en renseignements un temps précieux, et rendre le plus souvent illusoire une autorisation dont la demande a été nécessairement fondée sur des motifs d'urgence. Que l'autorité qui a omis de se conformer aux prescriptions de l'article 6 de l'ordonnance du 12 janvier 1825 s'expose, par cette omission, aux reproches de l'autre autorité, et, au besoin, au blâme du gouvernement, ce n'est pas douteux; mais c'est la seule sanction que puisse avoir la disposition de cet article. Quant au conseil de fabrique qui a sollicité l'autorisation de se réunir extraordinairement, il ne saurait être responsable d'un fait qui lui est complètement étranger, qui échappe entièrement à sa surveillance et à son contrôle, et qui se rapporte, d'ailleurs à une mesure n'offrant aucun des caractères d'une formalité substantielle.

Les *séances* extraordinaires ne peuvent être autorisées par les sous-préfets, car il n'existe aucune disposition législative ni réglementaire qui les en investisse. L'évêque et le préfet ont seuls, d'après la législation sur cette matière, le droit de prescrire ou d'autoriser les *séances* extraordinaires ; c'est ce qui résulte tant du paragraphe 3 de l'article 10 du décret de 1809 que de l'article 6 de l'ordonnance du 12 janvier 1825. Ces articles, en effet, ne confèrent à cet égard aucun pouvoir direct aux sous-préfets; au contraire, ils réservent exclusivement à l'évêque et au préfet le droit d'autoriser les *séances* ou assemblées extraordinaires de ces conseils.

Ainsi une réunion ou *séance* extraordinaire d'un conseil de fabrique qui n'aurait été autorisée que par une simple lettre du sous-préfet de l'arrondissement ne serait point régulière; et les décisions qui y auraient été prises seraient, en conséquence, entachées de nullité. Il en serait autrement cependant si le sous-préfet agissait sur l'ordre et par délégation du préfet. Dans ce cas, en effet, l'autorisation délivrée au conseil de fabrique serait censée émanée du préfet lui-même. Mais il est encore à remarquer à cet égard qu'une autorisation ainsi accordée par le sous-préfet ne devrait être considérée comme valable et suffisante par le conseil de fabrique qu'autant que l'ordre de convocation du préfet y serait rappelé ou au moins mentionné.

A qui appartient-il de provoquer les *séances* ou réunions extraordinaires des conseils de fabrique? Ce droit appartient-il exclusivement au président de chaque conseil?

Dans l'usage, c'est en général le président du conseil qui s'acquitte de ce soin, et c'est en effet, à lui qu'en incombe naturellement le devoir. Mais un conseil de fabrique ne saurait être empêché de se réunir extraordinairement lorsque l'intérêt de la fabrique l'exige, par le seul fait de la négligence ou du mauvais vouloir de son président. Tout fabricien peut s'adresser directement à l'évêque ou au préfet, pour lui demander d'autoriser une réunion ou *séance* extraordinaire du conseil de fabrique; tout paroissien, tout particulier pourrait faire la même demande, en indiquant à l'autorité compétente l'objet qui lui paraît rendre cette réunion nécessaire ou opportune. L'autorité, diocésaine ou préfectorale, examine, apprécie et statue.

De semblables demandes sont fréquemment adressées par les curés aux évêques, dans les attributions desquels elles rentrent plus particulièrement. Tout fabricien a toutefois à cet égard le même droit que le curé.

Le maire n'a pas qualité pour convoquer les réunions du conseil de fabrique de sa paroisse. Les *séances* du conseil ne peuvent être régulièrement tenues à la mairie. Les conseils de fabrique ne peuvent, dans leurs *séances* extraordinaires, s'occuper que des objets pour lesquels ils ont été autorisés à s'assembler.

En conséquence lorsqu'une *séance* extraordinaire a été convoquée par le maire, qu'elle a été tenue à la mairie, et que le conseil de fabrique s'y est occupé d'objets autres que ceux pour lesquels il avait été spécialement autorisé à s'assembler, les délibérations prises dans cette *séance* sont irrégulières sous ce triple rapport et doivent dès-lors être annulées.

Ces solutions résultent de l'arrêté ministériel suivant.

ARRÊTÉ *du 4 septembre 1849, de* M. *le ministre de l'agriculture et du commerce* (M. V. Lanjuinais), *chargé par intérim du département de l'instruction publique et des cultes.*

« Le ministre de l'instruction publique et des cultes,

« Vu la lettre du 15 juin 1849, par laquelle Mgr l'évêque d'Aire propose d'annuler, comme irrégulière sous divers rapports, une délibération du conseil de fabrique de l'église paroissiale de Pissos, en date du 20 mai précédent;

« Vu l'avis de M. le préfet des Landes, exprimé dans sa lettre du 14 juillet 1849

« Vu la délibération du conseil de fabrique, du 20 mai 1849, énonçant : 1° que

cette réunion extraordinaire a été convoquée directement par le maire ; 2° qu'elle
eu lieu à la mairie ; 3° que le conseil s'y est occupé de l'organisation de son bureau
et du projet d'érection en succursale de l'église de Lipostey, commune de Pissos.

« Vu le décret du 30 décembre 1809 ;

« Considérant que le droit de convocation des membres d'un conseil de fabrique
appartient au président de ce conseil, et que le maire de Pissos était dès-lors sans
qualité pour convoquer la réunion du 20 mai 1849 ;

« Considérant qu'aux termes de l'article 10 du décret du 30 décembre 1809, les
séances des conseils de fabrique doivent être tenues dans un lieu attenant à l'église
ou dans le presbytère, et que le conseil de fabrique de Pissos n'a pu se réunir légalement à la mairie ;

« Considérant que les conseils de fabrique réunis extraordinairement, ne peuvent
s'occuper que des objets pour lesquels ils sont autorisés à s'assembler et que le
conseil de fabrique de Pissos n'avait pas été autorisé à procéder à l'élection des
membres de son bureau dans sa *séance* extraordinaire du 20 mai 1849 ;

« Arrête :

« La délibération prise par le conseil de fabrique de l'église paroissiale de Pissos
(Landes), dans sa réunion extraordinaire du 20 mai 1849, est annulée. »

§ III. Séances *non autorisées.*

Toute délibération prise dans une assemblée non autorisée doit
être annulée. La nullité en est prononcée par un décret impérial
rendu sur le rapport du ministre des cultes et délibéré dans le comité de législation du conseil d'Etat. (*Avis du comité de l'intérieur
du 13 septembre* 1833.)

Le pouvoir d'annuler une délibération nulle n'appartient pas au
conseil lui-même, mais seulement au gouvernement. (*Ordonnance
du comité de l'intérieur du 23 août* 1839.)

Toute *séance* tenue par un conseil de fabrique sans autorisation
spéciale, un jour autre que ceux fixés pour les réunions ordinaires
de ces conseils, est par cela seul irrégulière. Un évêque n'a pas le
droit de donner aux conseils de fabriques de son diocèse l'autorisation générale, quand ils ne se sont pas réunis le dimanche fixé, de
se réunir un autre jour, *le plus tôt possible.*

Les élections faites par un conseil de fabrique dans une *séance*
extraordinaire tenue sans autorisation spéciale, sont pour cela seul
entachées de nullité. Cette nullité n'est couverte ni par la bonne foi
des fabriciens, ni par l'exercice de leurs fonctions qu'ont pu remplir
pendant un temps plus ou moins long, les fabriciens nouvellement
élus.

Une *séance* extraordinaire d'un conseil de fabrique n'est pas nulle
parce que l'avertissement pour cette *séance* n'a pas été publié au
prône, le dimanche précédent, lorsque tous les fabriciens n'en ont
pas moins assisté à la *séance*. (*Voyez* AVERTISSEMENT.)

Les faits qui ont donné lieu à ces décisions sont rapportés comme
il suit par le *Journal des conseils de fabriques.*

Le conseil de fabrique de l'église paroissiale de Pouillon (Landes) se réunit le dimanche 1er avril 1838, pour procéder au remplacement de deux de ses membres, le sieur Jean-Baptiste Gayon, qui avait refusé de faire partie du conseil, et le sieur Pierre Gayon, décédé. Ce conseil nomma, dans cette *séance*, le sieur Jean Gayon et le sieur Jean Truquez, premier adjoint au maire.

Le 29 du même mois, octave du dimanche de Quasimodo, le conseil s'assembla de nouveau et décida d'abord que la réunion du 1er avril avait été irrégulière, parce qu'elle avait eu lieu sans autorisation préalable, et qu'elle n'avait pas été annoncée le dimanche précédent, au prône de la grand'messe, en conformité de l'article 10 du décret du 30 décembre 1809. Il déclara nulle ensuite les élections qui y avaient été faites. Enfin, il élut pour nouveaux conseillers les sieurs Lacausse et Darrassen.

Les sieurs Gayon et Truquez, élus fabriciens dans la *séance* du 1er avril, attaquèrent ces derniers actes comme irréguliers, et demandèrent à être maintenus dans leurs fonctions de fabriciens.

Les réclamants reconnaissaient l'exactitude des divers faits articulés par le conseil de fabrique ; mais ils prétendaient, d'une part, que le conseil pouvait se réunir sans autorisation, parce qu'il n'avait pas tenu de *séance* le premier dimanche de janvier, à cause des élections municipales, et aussi qu'il était libre de profiter de la latitude accordée, pour les circonstances analogues, par l'autorité diocésaine ; enfin, d'une autre part, que, quoique la réunion n'eût pas été annoncée au prône le dimanche précédent, tous les conseillers y avaient cependant assisté sur l'avertissement donné au prône du jour.

L'administration diocésaine pensait que le défaut d'autorisation avait rendu irrégulière la délibération du 1er avril et les nominations qui avaient été faites dans cette *séance*. Elle était également d'avis que les élections auxquelles il avait été procédé le 29 du même mois étaient ainsi irrégulières, parce qu'il n'appartenait pas au conseil de fabrique de prononcer la nullité de ce qu'il avait fait précédemment. L'irrégularité des dernières élections paraissait toutefois à cette administration avoir été suffisamment couverte par la bonne foi et par l'exercice paisible de près d'une année de fonctions de la part de ces fabriciens.

Le préfet des Landes ne partagea pas cet avis. Il transmit, en conséquence, le dossier de l'affaire au ministre de la justice et des cultes, en provoquant une décision.

Dans son rapport sur la question, rapport renvoyé au comité de l'intérieur du conseil d'Etat pour avoir son avis, le ministre s'exprimait ainsi :

« Aux termes du décret du 30 décembre 1809, art. 10, et de l'ordonnance royale du 12 janvier 1825, article 2, les conseils de fabrique, se réunissent le dimanche de Quasimodo et le premier dimanche des mois de juillet, d'octobre et de janvier. L'avertissement de chacune de ces *séances* doit être publié le dimanche précédent au prône de la grand'messe. Les conseils de fabriques peuvent aussi s'assembler extraordinairement; mais il est nécessaire alors qu'ils y soient autorisés par l'évêque ou par le préfet.

« Cette autorisation était donc indispensable pour rendre régulière la réunion du 1er avril, puisqu'elle ne pouvait pas être comptée au nombre des réunions ordinaires, le dimanche de Quasimodo tombant le 22 du même mois. En vain, les réclamants prétendent-ils, que, n'ayant pu s'assembler le premier dimanche de janvier, le conseil de fabrique avait la faculté d'y suppléer dans toute autre circonstance, en vertu d'un avis de M. l'Evêque portant :

« Si, pour quelque motif, la fabrique ne se réunit pas le dimanche
« fixé, la réunion aura lieu le plus tôt possible, sans qu'il soit né-
« cessaire de recourir à l'autorité pour permettre une réunion ex-
« traordinaire. »

« L'autorité diocésaine a évidemment excédé ses pouvoirs en accordant aux conseils de fabriques de son diocèse une telle latitude, dont il est si facile d'abuser; car elle n'a pas le droit de changer les époques des réunions fixées par les règlements, et ne peut s'appuyer sur aucune disposition de ces règlements pour autoriser les réunions extraordinaires autrement que par des actes spéciaux à chaque fabrique. De plus, elle s'est enlevé à elle-même les moyens d'exécuter l'article 6 de l'ordonnance du 12 janvier 1825, qui l'oblige à prévenir le préfet des réunions autorisées pour d'autres jours que les quatre dimanches ci-dessus désignés.

« La réunion du 1er avril est donc irrégulière, mais seulement pour défaut d'autorisation; l'oubli de l'avertissement au prône de la messe du dimanche précédent ne pouvant être considéré comme une cause de nullité. En effet, ces avertissements n'ont pour but que de mettre les fabriciens à même de pouvoir assister à la *séance* indiquée; or, dans l'espèce, les fabriciens ont *tous* pris part à la délibération.

« La nomination des sieurs Gayon et Truquez, dans cette réunion du 1er avril, était aussi, par conséquent, irrégulière. D'ailleurs, la qualité d'adjoint au maire aurait été la cause d'une nouvelle irrégularité pour l'élection du sieur Truquez, à raison de l'incompatibilité de ces fonctions avec celles de fabricien. (*Voyez* ADJOINT.)

« Toutefois, la loi n'a délégué le pouvoir de prononcer ces nullités, ni aux conseils de fabriques, ni à l'Evêque, ni au préfet. C'est par ordonnance royale seulement qu'elles peuvent être déclarées, et cette ordonnance n'a pas été provoquée avant de procéder au remplacement des deux conseillers irrégulièrement nommés.

« Les élections faites dans la réunion du 29 avril se trouvent, dès lors, être aussi irrégulières. Il faut remarquer en outre, que cette réunion aurait dû avoir lieu le dimanche précédent, jour de Quasimodo, et qu'elle n'aurait pu être prorogée au dimanche suivant qu'en ce qui concerne la clôture et le règlement des comptes. (*Article* 85 *du décret du* 30 *décembre* 1809.) Il y a donc, sous ce rapport, une autre cause de nullité dans les opérations du conseil de fabrique.

« La bonne foi et l'exercice des fonctions de fabriciens pendant une année ne peuvent jamais couvrir de semblables irrégularités, ainsi que l'a pensé Mgr l'Evêque d'Aire. Il importe à l'ordre public que la loi soit toujours respectée, surtout quand les parties lésées en réclament l'exécution, et le gouvernement ne doit jamais laisser subsister les actes faits contrairement à ses prescriptions. »

Le ministre proposait, en conséquence, d'annuler également les nominations de conseillers faites par le conseil de fabrique de Pouillon, dans ses deux *séances* des 1er et 29 avril 1838.

Cette annulation a été, en effet, sur l'avis conforme du comité de l'intérieur, prononcée par l'ordonnance ci-après :

ORDONNANCE *du roi du* 30 *septembre* 1839.

« Louis-Philippe, etc. ;

« Sur le rapport de notre garde des sceaux, ministre secrétaire d'Etat de la justice et des cultes ;

« Vu la délibération du 1er avril 1838, par laquelle le conseil de fabrique de l'église paroissiale de Pouillon a nommé les sieurs Jean Gayon et Jean Truquez, membres de ce conseil, en remplacement du sieur Jean-Baptiste Gayon, démissionnaire, et du sieur Pierre Gayon, décédé ;

« Vu une seconde délibération du 29 du même mois, portant annulation des nominations faites dans la première, et élections des sieurs Lacausse et Darrassen comme conseillers de la fabrique ;

« Vu la réclamation des sieurs Gayon et Truquez, tendant au maintien des opérations de la *séance* du 1er avril ;

« Vu l'avis de l'Evêque d'Aire, du 3 mai 1839 ; celle du préfet des Landes, en date du 12 juin 1839 ;

« Le décret du 30 décembre 1809 et l'ordonnance réglementaire du 12 janvier 1825 ;

« En ce qui concerne les nominations faites dans la *séance* du 1er avril 1838 ;

« Considérant qu'aux termes de l'article 10 du décret du 30 décembre 1809 et de l'article 2 de l'ordonnance royale du 12 janvier 1825, les réunions ordinaires des conseils de fabriques sont fixées au dimanche de Quasimodo et au premier dimanche des mois de juillet, d'octobre et de janvier, et que toute réunion extraordinaire est soumise à l'autorisation préalable de l'évêque ou du préfet ;

« Que la réunion du conseil de fabrique de Pouillon, le 1er avril 1838, ne peut être comprise au nombre des réunions ordinaires, le dimanche de Quasimodo tombant le 22 du même mois ; qu'elle n'a pas été autorisée comme réunion extraordinaire, et qu'elle est dès-lors illégale, ainsi que les deux nominations qui y ont été faites ; que cette délibération doit être annulée comme étant entachée de nullité et d'excès de pouvoirs ;

« En ce qui touche la délibération du 29 avril :

« Considérant qu'au gouvernement seul appartient le droit d'annuler les délibérations du conseil de fabrique, et, par suite, de prononcer la nullité des nominations des fabriciens faites par ces mêmes conseils ;

« Considérant que le conseil de fabrique de Pouillon a commis un excès de pouvoirs par sa délibération du 29 avril 1838, en déclarant nulles les élections faites par le même conseil le 1er avril précédent, et en procédant immédiatement à de nouvelles élections ;

« Le comité de l'intérieur de notre conseil d'Etat entendu ;

« Nous avons ordonné et ordonnons ce qui suit :

« ART. 1er. Les nominations faites par le conseil de fabrique de l'église paroissiale de Pouillon, département des Landes, dans les *séances* de ce conseil des 1er et 29 avril 1838, sont considérées comme nulles et non avenues.

« ART. 2. Notre garde des sceaux, etc., est chargé, etc. »

§ IV. SÉANCES *du bureau des marguilliers.*

« Le bureau s'assemble tous les mois, à l'issue de la messe paroissiale, au lieu indiqué pour la tenue des *séances* du conseil de fabrique. » (*Décret de* 1809, *art.* 23.)

Le lieu de la tenue des *séances* du bureau est évidemment l'église, la sacristie ou le presbytère. (*Voyez* le § I.)

« Dans les cas extraordinaires, le bureau est convoqué, soit d'office par le président, soit sur la demande du curé ou desservant. (*Même décret, art.* 23.)

§ V. *Convocation des* SÉANCES.

(*Voyez* CONVOCATION.)

MODÈLE *de procès-verbal d'une séance ordinaire d'un conseil de fabrique.*

L'an mil huit cent   le   jour de janvier premier dimanche dudit mois ;

Le conseil de fabrique de l'église paroissiale de N. (*nom de la paroisse*), s'est réuni au presbytère (*dans l'église ou dans la sacristie*) en *séance* ordinaire, et sous la présidence de M. (*nom du président*)

Etaient présents M. A., curé (ou *M. B., vicaire, représentant M. le curé*) ; M. C., maire de N. (ou *M. D., adjoint, représentant M. le maire de N.*) ; MM. F., G., H., membres du conseil de la fabrique, et M. D., également membre et secrétaire du conseil.

M. le président, après avoir ouvert la *séance*, a exposé au conseil que les objets sur lesquels il avait à appeler son attention étaient les suivants :

(*On mentionne les objets sur lesquels on doit délibérer.*)

M. le président propose, en conséquence, de décider que,

Le conseil,

Considérant que

Considérant que

Arrête à l'unanimité des voix (ou *à la majorité de six voix contre deux*) :

ART. 1ᵉʳ.

ART. 2.

M. le président a ensuite proposé au conseil de décider que

M. C., maire, a fait observer que

Le conseil,

Considérant que

ART. 1ᵉʳ.

ART. 2.

M. A., curé, ayant demandé la parole, a exposé au conseil

En conséquence, il a proposé de décider que

M. F., trésorier, a déclaré qu'il ne comprenait pas l'utilité de cette mesure; qu'il pensait qu'elle ne devait pas être adoptée, parce que

M. le curé a répondu

Le conseil, d'après ces explications,

Considérant

Arrête, à la majorité de six voix contre deux :

ARTICLE UNIQUE.

Aucun objet ne restant à mettre en délibération, et personne ne demandant plus la parole, le présent procès-verbal a été dressé en *séance*, le dimanche   janvier mil huit cent   , et ont signé, après lecture faite, tous les membres du conseil présents (1).

Signatures des membres.

PROCÈS-VERBAL *d'une séance extraordinaire* (2).

L'an mil huit cent   , le   du mois de

En vertu d'une autorisation accordée par Monseigneur l'évêque du diocèse (ou *par M. le préfet du département*), en date du   , et après invitation faite au prône de la messe paroissiale (ou *par lettre*), de la part de M. le curé.

Le conseil de fabrique de la paroisse de N. s'est réuni dans l'église

(1) Si quelqu'un des membres du conseil ne savait signer, ou ne pouvait le faire par un empêchement quelconque, ou refusait d'apposer sa signature (ce qui ne doit pas se faire, puisque "article 9 du décret du 30 décembre 1809 veut que tous les membres présents signent), on devrait en faire mention; ainsi l'on ajouterait, par exemple : *A l'exception de M. G., lequel a déclaré ne savoir pas écrire, ou lequel a refusé de signer.*

(2) Voyez sous le mot DÉLIBÉRATION un procès-verbal de la *séance* du dimanche de Quasimodo, et sous le mot ÉLECTION un autre constatant des élections.

dudit lieu (ou *dans l'une des salles du presbytère*), en séance extraordinaire, et sous la présidence de M. N.

Etaient présents (*comme au précédent modèle.*)

Le président et lesdits membres présents formant plus de la majorité du conseil.

M. le président, après avoir ouvert la *séance*, a exposé au conseil que l'objet pour lequel la fabrique avait été autorisée à se réunir extraordinairement était

Le conseil, considérant que

(*Le reste comme au modèle précédent.*)

SECOURS.

Des allocations sont votées chaque année, dans le budget du service des cultes, pour être distribuées en *secours*. Ces *secours* ont pour objet : 1° les édifices religieux ; 2° les établissements ecclésiastiques ; 3° les ecclésiastiques.

§ I. SECOURS *pour les églises et les presbytères.*

Les églises et les presbytères sont à la charge des fabriques et des communes, mais des *secours* leur sont accordés, dans le cas où la faiblesse de leurs ressources ne leur permet pas d'acquérir, reconstruire ou réparer leurs églises et presbytères. Ces *secours* sont accordés dans un but et pour un emploi désigné formellement ; on ne peut les détourner de leur destination, ni leur assigner un autre emploi. Une partie de ces *secours* est mise à la disposition des préfets pour être répartie entre les diverses paroisses qui y ont plus de droits. L'autre partie est allouée directement par le ministre des cultes. Ces *secours* ne sont accordés qu'aux paroisses, succursales ou chapelles vicariales. Les annexes et les chapelles de secours n'y ont aucun droit.

Plusieurs circulaires ministérielles ont été publiées pour prescrire les formes et les conditions à remplir, afin d'obtenir ces *secours*. Nous transcrirons seulement ci-après celle du 29 juin 1841, qui les résume toutes.

La demande à l'effet d'obtenir un *secours* doit être adressée, avec les pièces à l'appui, au préfet, qui propose l'allocation au ministre des cultes. On peut aussi recourir au ministre lui-même, qui accorde directement un *secours* sur les demandes bien motivées, mais surtout appuyées par de puissantes recommandations.

Pour pouvoir obtenir un *secours* du gouvernement, il faut, 1° que la réparation à faire soit approuvée par l'autorité compétente ; 2° que la commune ou la fabrique ait voté une grande partie des dépenses de cette réparation, par exemple, les deux tiers ou au moins la moitié, et qu'elle prouve, par l'état de sa caisse, qu'elle ne peut l'effectuer entièrement sans être secourue; 3° que la demande soit accompagnée d'un plan et devis des travaux à exécuter, dressé par un architecte, ainsi que des budgets de la fabrique et de la commune.

Les conseils généraux votent aussi, en faveur des églises et des presbytères, des *secours* variables; leur quotité dépend des ressources du département et des besoins des communes. Tous les administrateurs éclairés savent combien est sage l'institution de ces *secours*. Quelque modiques qu'ils soient, ils deviennent un puissant encouragemement pour déterminer les communes à des sacrifices très-onéreux, quoique nécessaires.

Pour y participer, il faut, avant la session du conseil général, c'est-à-dire un peu avant la fin de la session des chambres, que le conseil municipal adresse une demande au préfet et à l'évêque, par laquelle il fait connaître 1° les dépenses faites ou à faire; 2° les ressources de la commune; 3° les malheurs et les pertes, si elle en a éprouvés, comme seraient les incendies, les ouragans, les écroulements subits, etc. Il faut observer qu'il n'y a que les communes qui font de grands sacrifices, qui obtiennent des *secours;* ils ne sont accordés que pour subvenir aux grosses réparations. (*Voyez* RÉPARATIONS, SUBVENTIONS COMMUNALES.)

Les pièces suivantes doivent être produites à l'appui des demandes de *secours*.

1° Les plans et devis des travaux projetés;

2° Une délibération du conseil de fabrique;

3° Le dernier compte et le dernier budget de cet établissement;

4° Une délibération du conseil municipal;

5° Le budget de la commune;

6° Un certificat du receveur municipal faisant connaître : — la quotité et la durée des impositions extraordinaires dont la commune est grevée; — les dettes auxquelles elle a à faire face; — les fonds placés pour son compte au trésor, leur disponibilité ou leur affectation spéciale;

7° Un relevé de ses recettes et dépenses ordinaires, d'après les comptes des trois derniers exercices;

8° L'avis motivé de l'évêque diocésain;

9° L'avis motivé du préfet, indiquant le montant de la dépense, les ressources locales qui y ont été affectées, ainsi que le chiffre de la subvention à accorder. (*Circulaire du 29 juin 1841, ci-après, du 31 juillet 1844, du 7 juillet 1845 et du 17 octobre 1850.*)

Dans sa circulaire du 15 novembre 1850, le ministre des cultes fait remarquer aux évêques et aux préfets divers points qu'il recommande à leur attention lorsqu'ils ont à examiner une demande de *secours*.

En ce qui concerne les églises, le ministre signale la combinaison des charpentes qui, par l'absence ou la mauvaise disposition des entraits, ne sont pas suffisamment reliés, portent à faux sur les murs et, par suite, les poussent au vide et les écartent. Ce vice tient souvent à ce qu'on veut donner un trop grand développement aux voûtes sans élever suffisamment les murs latéraux pour recevoir les entraits, parce que les ressources dont on dispose ne permettent pas cette élévation.

C'est encore une fausse économie, ajoute le ministre, que celle qui consiste à faire les voûtes ou plafonds en latis enduits de plâtre, et les corniches, chapiteaux et moulures en terre cuite, et en carton-pierre. Ces revêtements et ornements plaqués ne conviennent pas à des édifices sacrés, ils coûtent, en définitive, plus cher, par l'entretien et le renouvellement qu'ils nécessitent.

Le ministre recommande, pour les communes rurales, les projets les plus modestes comme les plus convenables, pourvu que les édifices portent le caractère de leur auguste destination. Il faut qu'ils offrent de l'espace à l'intérieur, de l'air, une vue générale de l'autel principal, quelque place qu'il occupe dans l'église, une communication facile avec la sacristie, et une disposition qui permette le placement de plusieurs autels secondaires.

L'administration des cultes n'impose, du reste, aux communes aucun style d'architecture; tous les plans sont acceptés, pourvu qu'ils remplissent les conditions essentielles.

Quand il s'agit, dit encore le ministre, de reconstruire partiellement une église, il faut faire connaître, par un dessin graphique, l'état ancien de l'édifice, en même temps que l'état nouveau qu'on a l'intention d'y substituer.

Enfin, pour ce qui regarde les presbytères, la même circulaire énonce les conditions de convenance et de commodité qu'ils doivent présenter : leur proximité de l'église, sans y être adhérents; leur dégagement des maisons d'écoles et de mairie, leurs dispositions intérieures et leurs dépendances commodes et suffisantes, leur caractère simple et digne, sans luxe, mais non sans une convenable bienséance.

A l'égard des devis, il faut se prémunir et prémunir les communes contre divers abus : le plus dangereux n'est pas toujours l'exagération des évaluations; c'est, au contraire, leur infériorité mensongère, qui fait croire à une exécution à la portée des ressources du moment pour déterminer à entreprendre les travaux; cette infériorité ne tarde pas à être démontrée par un surcroît de dépense qui ruine les communes ou les laisse en présence d'un monument inachevé.

Quand une église est classée parmi les monuments historiques, la commune peut obtenir, pour les travaux qu'il est nécessaire d'y entreprendre, des *secours* sur les fonds qui sont affectés à ces monuments et dont dispose le ministre de la maison de l'empereur et des beaux-arts. Ces *secours* ne peuvent être accordés qu'à des édifices qui offrent un intérêt réel sous le rapport de l'art, et ne sauraient s'appliquer qu'à des travaux de conservation et de réparation. Quant aux travaux d'agrandissement et d'appropriation, utiles dans tout autre intérêt que celui de l'art, ils ne peuvent motiver l'allocation d'un *secours;* mais les préfets ne doivent pas négliger d'en entretenir le gouvernement dans le cas où ces travaux altéreraient d'une manière fâcheuse la disposition primitive ou le caractère monumental de l'église. (*Circulaire du ministre d'Etat du* 19 *février* 1841.)

Le décret du 25 mars 1852 sur la décentralisation administrative n'a rien changé à l'instruction que doivent recevoir les affaires relatives à la restauration et à la conservation des monuments historiques. Ces affaires sont restées dans les attributions de l'autorité centrale. Elles doivent toujours être soumises au ministre qui n'autorise la mise à exécution des projets qu'après l'avis des architectes attachés à son administration. (*Circulaire du* 22 *avril* 1852.)

Pour qu'une demande de *secours* en faveur d'une église classée comme monument historique puisse être utilement examinée par le gouvernement, il faut qu'elle soit accompagnée des pièces suivantes :

1° Un exposé des besoins de l'édifice et de son état actuel ;

2° Une notice historique et une description ;

3° Des plans, coupes, dessins, ou du moins des croquis et un plan avec des mesures;

4° Un devis, aussi détaillé que possible, des travaux projetés, rédigé par un architecte.

Les travaux doivent être divisés en trois catégories :

La première doit comprendre les travaux très-urgents qui ont pour objet la consolidation immédiate du monument;

La seconde, les travaux moins urgents qui concernent la conservation;

La troisième, ceux qui peuvent être différés et qui doivent compléter la restauration.

On doit, enfin, indiquer, dans le devis, les dépenses qui ne peuvent être divisées en raison de la nature des travaux ou de toute autre circonstance. (*Circulaire du* 19 *février* 1841.)

L'inscription d'une église sur la liste des monuments historiques, remarque M. Campion, constate seulement qu'elle est intéressante par son architecture ; mais, en la désignant comme un édifice à conserver, le gouvernement ne s'engage nullement à donner des *secours* pour la restaurer, obligé qu'il est, en raison de la modicité des ressources dont il dispose, à faire un choix très-restreint parmi les monuments classés, qui sont très-nombreux.

CIRCULAIRE *de M. le ministre de la justice et des cultes à MM. les préfets, relative aux secours à accorder, pour réparations, constructions ou acquisitions d'églises et de presbytères, et aux formes et conditions à remplir pour l'obtention de ces secours.*

Paris, le 29 juin 1841.

« Monsieur le Préfet,

« ..... Le crédit général qui m'est ouvert est défini par la loi de finances ; je ne puis en changer la nature : il est destiné aux *communes*, et ne constitue qu'un fonds de *secours* ; de là deux conséquences absolues :

« 1° Il faut que la circonscription en faveur de laquelle le concours de l'Etat est réclamé soit constituée à titre de *cure*, de *succursale* ou de *chapelle*, selon le vœu du décret du 30 septembre 1807 ; que son église soit régie, en ce qui touche ses intérêts temporels, par un conseil de fabrique, et qu'elle ait des ressources propres et spéciales (1), après l'épuisement desquelles elle ait le droit de recourir, au besoin, à l'administration municipale.

« Ainsi donc, nulle demande, pour une église qui ne se trouverait pas dans ces conditions, n'est, sous aucun prétexte, admissible.....

« 2° Nul *secours* ne sera accordé aux mêmes fins qu'autant que la fabrique se trouvant réduite à l'impossibilité de subvenir à la dépense, la commune aura contracté l'obligation d'y contribuer pour une somme notable (2). Ce ne serait plus, en effet, un simple *secours*, une *subvention* proprement dite, que l'on voudrait obtenir du trésor, s'il était possible de le charger, au principal, de la dépense entière pour laquelle on ne réclame que son concours.

« Le décret du 30 décembre 1809, article 37, énumère les obligations des fabriques, et leur enjoint, en cas d'insuffisance de leurs revenus, de faire toute diligence pour qu'il soit pourvu aux réparations et reconstructions des édifices du culte, ainsi que le tout est réglé au chapitre IV du même décret. Dans ce chapitre est compris l'article 92, qui dispose que les communes sont tenues de suppléer à l'insuffisance des revenus de la fabrique, dans les cas indiqués en l'article 27 ; de fournir aux curés et desservants un presbytère, ou, à défaut de presbytère et de

(1) C'est-à-dire, selon nous, qu'elle ait des ressources propres et spéciales, *en droit* : car, *en fait,* il n'est malheureusement que trop de succursales et de chapelles communales qui sont réellement sans aucunes ressources. Or, ce sont justement celles qui ont en général le plus besoin de *secours.*

(2) Ce mot *notable* nous paraît à remarquer, parce qu'il ne fixe aucune proportion, et parce qu'il nous semble permettre une large interprétation. Pour juger si la somme fournie par la commune est notable, il ne faudra point la comparer seulement au montant total de la dépense à effectuer, mais la comparer aux ressources et aux moyens de la commune. La commune qui s'imposera tous les sacrifices possibles, quoiqu'elle ne parvienne même ainsi à réaliser qu'une faible somme, sera nécessairement considérée par le gouvernement, comme satisfaisant aux intentions du législateur.

Ajoutons que, par une interprétation favorable, l'administration admet au nombre des sommes à prendre en considération, non-seulement celles votées par les conseils de fabriques et par les conseils municipaux, mais encore toutes celles fournies ou offertes par les habitants individuellement, le produit des souscriptions, etc.

logement, une indemnité pécuniaire, et enfin de pourvoir aux grosses réparations des édifices consacrés au culte.

« La loi du 18 juillet 1837 rappelle le même principe, et déclare obligatoire pour les communes les charges qui en dérivent (*art*. 30, § 14 et 16). Ainsi donc, ces charges pèsent sur les fabriques d'abord, et subsidiairement sur les communes qui, légalement, ne peuvent s'en affranchir. S'il le juge à propos, l'Etat vient en aide aux communes. Son intervention est une faveur, et cette faveur n'est accordée qu'à titre de *subvention*.

« D'un autre côté, dans l'esprit de la loi de finances, dans l'intention du gouvernement et des chambres, les fonds de *secours* aux communes pour les édifices du culte sont exclusivement affectés aux grosses réparations et aux frais d'acquisition ou de construction des églises et presbytères ; ils ne peuvent donc être appliqués, en aucun cas, à des dépenses d'entretien, d'embellissement, de décoration intérieure, ou à l'achat de meubles et ornements de quelque nature qu'ils soient.

« Tout cela posé, il est facile de déterminer les formalités de l'instruction à laquelle doit être soumise toute demande de *secours* à prélever sur le chapitre XI du budget des cultes.

« Il faut, avant toutes choses, que le besoin soit constaté, que la dépense à faire soit connue et réglée.

« Un homme de l'art devra donc être appelé, d'abord, à rédiger un projet régulier faisant ressortir la nécessité des travaux à entreprendre, toutes les fois qu'il s'agira de constructions ou réparations; il faudra qu'il en dresse le devis exact (*voyez* devis), et que le tout soit approuvé par l'autorité compétente, conformément aux dispositions de l'article 45 de la loi du 18 juillet 1837.

« A cet égard, Monsieur le préfet, je dois renouveler une recommandation que mes prédécesseurs ont faite à diverses reprises; et sur laquelle j'insiste particulièrement. La plupart de nos églises ont un caractère monumental plus ou moins remarquable; souvent les réparations qu'on a cru nécessaire de leur faire subir ont été dirigées avec une telle ignorance, ou tout au moins avec une insouciance si étrange, qu'elles n'ont produit que d'affligeantes mutilations. Vous devez exercer à ce sujet, soit par vous-même, soit par vos délégués, la surveillance la plus constante, vous opposer à toute entreprise dont il ne vous aurait pas été donné communication et que vous n'auriez pas autorisée. Ce n'est qu'au moyen de la vigilance la plus active que vous pourrez prévenir les actes d'un déplorable vandalisme, et assurer le bon emploi des fonds, quelle que soit leur origine (1).

« Le devis dont je viens de vous parler étant dressé, quand il y a lieu, le conseil de fabrique doit délibérer et faire connaître jusqu'à concurrence de quelle quotité il lui sera possible de contribuer à la dépense, soit qu'il s'agisse de constructions ou de réparations à faire, soit qu'il s'agisse d'une acquisition reconnue nécessaire, sur sa provocation ou sur celle de la commune, s'il est réduit à l'impossibilité d'y pourvoir en totalité ou seulement en partie, il aura à s'adresser au conseil municipal, et à lui produire les justifications en pareil cas requises; ce conseil énoncera son opinion sur la nécessité, l'urgence ou seulement l'opportunité de la dépense proposée ; il dira dans quelles limites aussi il est possible à la commune d'y contribuer, et délibérera sur la nécessité d'un recours au gouvernement pour en obtenir une subvention.

« Ces préliminaires remplis, les délibérations de la fabrique et de la commune

_____

(1) Voyez, à cet égard, sous le mot OBJETS D'ART, les circulaires des 20 et 29 décembre 1834.

vous seront adressées, Monsieur le préfet, avec le budget de la fabrique, revêtu de l'approbation de l'évêque diocésain (*art. 47 du décret du 30 décembre* 1809); celui de la commune réglé suivant l'article 33 de la loi précitée du 18 juillet 1837, et en outre un certificat du percepteur ou du receveur municipal énonçant le chiffre des impositions extraordinaires qu'elle supporte, et le nombre d'années durant lesquelles elle en sera grevée.

« Sur le vu de ces pièces diverses, vous apprécierez selon votre conscience la demande à fin de *secours* qu'on aura formulée, et vous m'enverrez le dossier contenant tous les documents ci-dessus, auxquels vous joindrez votre avis et votre proposition.

« Si, afin de contribuer pour sa part au besoin qui s'est produit, la commune a voté quelques centimes additionnels; si, pour régulariser son vote, elle a à recourir au département de l'intérieur; si, pour toute autre cause, le même département doit être saisi de l'affaire, vous devez surveiller l'exécution des articles 40, 45 et 46 de la loi du 18 juillet 1837; mais vous n'aurez pas besoin d'attendre que les autorisations dont il est question dans ces articles soient accordées pour me transmettre directement les pièces relatives au *secours* qui me serait demandé. L'envoi simultané de vos propositions au département de l'intérieur et au département des cultes aura même le double avantage de hâter l'expédition des affaires et de ménager, entre mon collègue et moi, un concert utile et souvent indispensable dans ces sortes de circonstances.

« Il est arrivé que les allocations accordées aux communes ont été quelquefois détournées de leur destination, ou que, versées dans les caisses municipales, elles y sont demeurées sans emploi, les travaux pour le solde desquels elles avaient été sollicitées n'ayant pas même été entrepris. C'est là un très-grave abus qu'il faut rendre désormais impossible. En conséquence, aucun ordonnancement des sommes allouées n'aura lieu que lorsque vous aurez acquis la certitude et que vous m'aurez attesté, sous votre responsabilité personnelle, que les travaux sont terminés, ou tout au moins en plein cours d'exécution et déjà avancés.

« Il est convenable, Monsieur le préfet, que la subvention accordée soit définie dès l'abord, et qu'un premier *secours* obtenu ne soit pas comme le préambule de sollicitations nouvelles; il sera facile de parvenir à régler ainsi les choses en tenant rigoureusement à l'exécution des instructions qui précèdent en ce qui concerne la rédaction des projets et devis préliminaires. Si cependant, par suite de quelque circonstance fortuite, il arrivait qu'une allocation supplémentaire fût indispensable, vous auriez à m'adresser, à ce sujet, une proposition spéciale avec toutes les justifications à l'appui.

« Mon intention est de demeurer fidèle aux errements actuels, en ce qui touche votre part d'influence dans la répartition des *secours*. Le crédit dont je dispose continuera donc d'être divisé en deux parts. Je prélèverai sur celle que je me réserve les subventions destinées à concourir à des dépenses considérables ou à l'exécution des entreprises majeures. La part dont vous réglerez l'emploi, sauf mon approbation, sera par vous appliquée à des besoins d'une moindre importance. Je dois faire observer, à cette occasion, que plusieurs préfets m'adressent indistinctement toutes les demandes qui leur parviennent. Il en résulte des affaires et des écritures inutiles. Je vous laisserai le soin de l'attribution directe des *secours* dont le chiffre ne devra pas s'élever à 500 francs, à moins qu'ils ne se rattachent à quelque entreprise qui, à raison de la dépense totale à faire, ou au point de vue de l'art, offrirait un notable intérêt. Il est donc inutile que vous me transmettiez les dossiers et les demandes de la nature de celles auxquelles cette observation s'applique. Je n'aurai qu'à revoir vos états de répartition, lorsque vous les aurez arrêtés. Toutefois. pour les dresser, vous prendrez en considération tout ce qui précède, et vos décisions ne devront intervenir qu'autant qu'elles seront basées sur les mêmes justifications que celles à produire à l'administration centrale.

« Vous aurez soin aussi, Monsieur le préfet, d'éviter l'éparpillement des crédits qui vous seront ouverts. C'est faire un fort mauvais emploi des fonds de l'État que de les distribuer par fractions imperceptibles entre un grand nombre de communes, de manière à ce que, dans aucune, on ne puisse rien achever. Je sais bien que presque toutes ont des besoins; mais il vaut mieux ne les secourir qu'en petit nombre, chaque année, et les doter plus convenablement; elles auront toutes successivement leur tour, et les subsides qu'elles obtiendront leur seront réellement profitables; ils dégénéreraient autrement en aumônes inefficaces....

« Je ne saurais assez vous recommander le scrupuleux accomplissement de toutes les dispositions qui précèdent; je serais forcé de vous retourner toutes les affaires dont l'instruction ne serait pas complète et conforme en tous. points à cette circulaire, et vous savez combien ces renvois compliquent le travail des bureaux, et combien ils sont préjudiciables d'ailleurs, aux intérêts des populations.

« Recevez, etc.

« MARTIN (du Nord). »

§ II. SECOURS *aux établissements ecclésiastiques.*

Les *secours* accordés pour les établissements ecclésiastiques sont appliqués : 1° à des congrégations de femmes enseignantes ou hospitalières, régulièrement autorisées; 2° à des établissements destinés aux missions étrangères. (*Voyez* CONGRÉGATIONS RELIGIEUSES, COLONIES.)

§ III. SECOURS *aux ecclésiastiques.*

Les *secours* accordés aux ecclésiastiques se divisent, 1° en *secours* à des ecclésiastiques sans fonctions depuis la réorganisation du culte, et à d'anciens religieux et religieuses ; 2° en *secours* à des ecclésiastiques qui ont repris des fonctions depuis la réorganisation du culte, mais qui ont été forcés de les quitter depuis par l'âge ou par les infirmités; 3° en *secours* à des ecclésiastiques en activité de service. Le gouvernement accorde à peu près un million chaque année pour ces sortes de *secours*. Les anciens grands-vicaires reçoivent aussi un *secours* sur cette somme, en attendant le titre de chanoine, auquel ils ont droit. (*Voyez* VICAIRE GÉNÉRAL.)

L'indication de la somme affectée à chaque département pour les *secours* aux curés et desservants, forcés par l'âge ou les infirmités de cesser leurs fonctions, aux anciennes religieuses et aux ecclésiastiques âgés ou infirmes, sans fonctions, est donnée par le ministre aux préfets.

Les évêques fixent les *secours* accordés sur ces sommes à chaque individu.

Une faible partie de ces *secours* est employée à des besoins accidentels en faveur des prêtres exerçant comme curés ou vicaires, mais il ne peut être que transitoire, comme l'accident qui l'a motivé. C'est, par exemple, un incendie qui a consumé le mobilier du presbytère, ou toute autre perte grave et imprévue qui l'a frappé.

La règle générale rappelée par une circulaire du ministre des cultes, du 26 avril 1838, est que la somme votée pour les prêtres et religieuses infirmes n'est point applicable aux ecclésiastiques rétribués à raison de leurs fonctions. (*Voyez* CAISSE DE RETRAITE, PENSION.)

SECRET.

Nous n'avons pas besoin de dire que les prêtres sont rigoureusement tenus de conserver inviolablement le *secret* de la confession. La justice ne peut jamais et en aucune circonstance, contraindre le prêtre à le violer. (*Voyez* CONFESSION.)

Pour les *secrets* confiés à des ecclésiastiques en vertu de leur état ou de leur profession, ils ne peuvent non plus les violer sans s'exposer à encourir les peines portées par l'article 378 du Code pénal qui leur est aussi applicable qu'aux médecins, chirurgiens, etc., et qui est ainsi conçu :

« Les médecins, chirurgiens et autres officiers de santé, ainsi que les pharmaciens, les sages-femmes et toutes autres personnes dépositaires, par état ou profession, des *secrets* qu'on leur confie, qui, hors le cas où la loi les oblige à se porter dénonciateurs, auront révélé ces *secrets*, seront punis d'un emprisonnement d'un mois à six mois, et d'une amende de cent francs à cinq cents francs. »

« La révélation d'un *secret* confié, non-seulement dans la confession sacramentelle, dit M. Gaudry (1), mais au prêtre en sa qualité de prêtre, est un crime aux yeux de la religion ; aux yeux de la loi sociale, c'est un grave délit, puni par l'article 378 du Code pénal d'un emprisonnement d'un mois à six mois et d'une amende de cent francs à cinq cents francs. »

SECRÉTAIRES.

Il y a dans les fabriques deux *secrétaires*, l'un du conseil de fabrique, l'autre du bureau des marguilliers. Le même fabricien peut être élu *secrétaire* du bureau et *secrétaire* du conseil.

§ I. SECRÉTAIRE *du conseil.*

Le *secrétaire* du conseil de fabrique est nommé pour la première fois aussitôt après la formation de la fabrique, et choisi parmi ses

_____
(1) *Traité de la législation des cultes,* tome II, page 33.

membres. La durée de ses fonctions est fixée à un an. Il est remplacé ou réélu tous les ans, le dimanche de Quasimodo, comme nous le disons au mot PRÉSIDENT. (*Décret de* 1809, *art.* 9. — *Ordonnance du 12 janvier 1825, art.* 2.)

Le *secrétaire* est chargé de rédiger les actes des délibérations du conseil, qu'il doit transcrire sur un registre et le faire signer à tous les membres présents. Il est tenu, dans la rédaction du procès-verbal d'une délibération, d'exprimer le vote tel qu'il a été émis par la majorité. Le fabricien qui provoque une décision, peut appuyer sa proposition d'un projet de délibération. Le *secrétaire* doit en faire au procès-verbal les diverses insertions que la majorité du conseil désire. Il ne peut s'y refuser en alléguant que la rédaction ne serait plus de son fait. En cas de refus de sa part, le procès-verbal doit être rédigé par un autre fabricien. (*Voyez* DÉLIBÉRATIONS.)

Les fonctions de *secrétaire* ne donnent droit à aucune place de distinction ni à l'église ni au conseil; le *secrétaire* prend place suivant son rang de nomination.

Nous ne voyons pas d'obstacle légal, dit M. Gaudry, à ce que le maire, ou le curé soit nommé *secrétaire* du conseil. Il y a cependant des inconvénients à ce qu'il en soit ainsi. Il convient peu que le maire ou le curé, qui, ont, après le président, leur supériorité, acceptent des fonctions qui ne supposent pas cette supériorité; mais dans les communes rurales, il serait souvent difficile qu'il en fût autrement.

Le *secrétaire* doit adresser les lettres de convocation du conseil (*voyez* CONVOCATION); il dresse les procès-verbaux. Ces procès-verbaux font mention de l'époque trimestrielle de la réunion, du lieu où se tient l'assemblée, de l'avertissement donné au prône le dimanche précédent, et des lettres de convocation.

Le *secrétaire* adresse à l'évêque et au préfet les procès-verbaux et délibérations qui doivent passer sous leurs yeux. Cependant lorsqu'il s'agit de l'insuffisance des moyens de la fabrique pour les réparations, l'article 43 du décret de 1809 exige que la délibération soit adressée au préfet par le président. L'article 74 dit, à peu près dans les mêmes termes, qu'elle sera adressée au préfet par le trésorier. Cette variation prouve le peu d'importance de la disposition. Nous croyons que le *secrétaire* a le droit général d'adresser les expéditions des procès-verbaux; mais il n'y aurait assurément aucune irrégularité si les procès-verbaux étaient envoyés par le président dans les cas ordinaires, et par le trésorier, lorsqu'il s'agit de dépenses à faire pour la fabrique.

Le *secrétaire* certifie les délibérations et extraits de délibérations rendues publiques, telles que les délibérations sur le tarif des chaises, qui, d'après l'article 64 du décret de 1809, sont affichées dans l'église.

§ II. Secrétaire *du bureau.*

Le *secrétaire* du bureau est élu comme le *secrétaire* du conseil. Il est chargé de la rédaction des délibérations qui sont prises par le bureau ; il doit aussi tenir un sommier, sur lequel doivent être inscrits les baux à ferme ou à loyer, les titres des biens fonds, des rentes, des fondations, etc. (*Voyez* sommier.)

En principe, les fonctions de *secrétaire*, dans chaque conseil de fabrique, ne peuvent être remplies que par l'un des membres de ce conseil. Il ne serait pas permis, par conséquent, de procéder à la nomination d'un *secrétaire* pris hors de son sein.

Mais si le fabricien nommé *secrétaire* a besoin d'un auxiliaire pour la transcription des procès-verbaux sur les registres, etc., il peut se faire aider ou même suppléer par un tiers. Dans tous les cas, le curé ou desservant peut toujours être nommé *secrétaire.* (*Voyez* président.)

Le *secrétaire* du bureau peut ne pas être le *secrétaire* du conseil, mais il est d'usage que la même personne soit investie de ces deux fonctions. S'il en était autrement, l'administration de la fabrique serait compliquée d'une manière fâcheuse pour ses intérêts.

Le budget devant être rédigé par le bureau et non par le trésorier, sa rédaction appartient au *secrétaire.* (*Art.* 45 *du décret.*) Il doit dresser ou faire dresser en double les deux inventaires, l'un du mobilier, l'autre des titres (*voyez* inventaire) ; en déposer un dans la caisse à trois clefs, et un autre dans les mains du curé. (*Art.* 54 et 55.) Il rédige annuellement les récolements qui doivent être signés non par lui, mais par le curé et par le président. (*Art.* 55.) Il doit inscrire au sommier le récépissé et la décharge des pièces extraites de la caisse, soit temporairement, soit définitivement. (*Art.* 57.)

En général, il est le rédacteur de tous les actes du bureau, et il doit signer les extraits de ses délibérations, affichés dans l'église ou adressés à l'autorité. Mais il ne rédige pas et ne signe pas les actes attribués spécialement au président de la fabrique, ni même à la fabrique, à moins qu'il ne soit en même temps, selon l'usage, *secrétaire* du conseil de fabrique.

Les *secrétaires* du conseil ou du bureau qui seraient embarrassés pour rédiger un acte quelconque, peuvent consulter les divers modèles que nous donnons dans cet ouvrage. On les trouvera à la fin de ce volume.

§ III. Secrétaire *des séminaires.*

(*Voyez* séminaires, § I.)

§ IV. Secrétaire *de la mairie.*

Voyez sous le mot fabricien, § XI, s'il peut être nommé membre du conseil de fabrique.

§ V. Secrétaires d'évéchés.

Le *secrétaire* d'évéchés, appelé dans quelques diocèses *secrétaire général*, est un fonctionnaire ecclésiastique, dit M. l'abbé Prompsault, que le gouvernement reconnaît, mais auquel il n'alloue aucune espèce de traitement. Il est chargé de la direction des bureaux de l'archevêché ou évêché. Il écrit, scelle, enregistre, expédie tous les actes d'administration épiscopale, contresigne les mandements, ordonnances et lettres pastorales, tient la correspondance de l'évêque, et remplit auprès de lui les fonctions de *secrétaire* particulier quand le prélat n'en a pas.

Indépendamment de ces fonctions, que l'usage lui attribue sans qu'il puisse les revendiquer comme un droit inhérent à son titre, il est chargé de remplir les fonctions de *secrétaire* du bureau pour l'administration des biens du séminaire, bien qu'il n'en soit pas membre. (*Décret du* 6 *novembre* 1813, *art.* 63.) Il doit donner récépissé des pièces qui, sur ordre écrit de l'évêque, sont tirées des archives de la mense épiscopale. (*Art.* 32.)

Non-seulement le *secrétaire* d'un évêché ou archevêché ne reçoit aucun traitement du gouvernement et est laissé à la charge de l'évêque qui est obligé de le payer sur les revenus du secrétariat, mais encore une circulaire ministérielle du 5 janvier 1836 voulait lui faire supporter l'impôt des portes et fenêtres de l'appartement qu'il occupe dans le palais épiscopal. Pour obvier à cet inconvénient, quelques évêques se déterminent quelquefois à donner à leur *secrétaire* un titre de chanoine titulaire, ce qui n'est pas toujours vu favorablement par le clergé du diocèse.

SEMENCES.

Les *semences* que les fabriques donnent à leurs fermiers, c'est-à-dire, attachent à l'exploitation de la ferme, sont immeubles, et la contrainte peut être exercée contre les fermiers qui se refuseraient à les représenter à la fin du bail. (*Voyez* BAIL.)

SÉMINAIRES.

Les *séminaires* sont des maisons d'instruction pour ceux qui se destinent à l'état ecclésiastique; on comprend sous ce nom deux sortes d'établissements : 1° les *séminaires* proprement dits, ou grands *séminaires*, qui sont consacrés principalement aux études théologiques; 2° les écoles secondaires ecclésiastiques, où les jeunes gens destinés à entrer dans les grands *séminaires* sont instruits dans les lettres et dans les sciences.

§ I. *Grands* SÉMINAIRES.

Il peut y avoir un *séminaire* dans chaque diocèse. Il est organisé par l'évêque. L'instruction y est donnée sous sa direction et sous sa surveillance. (*Art. organ.* 23.)

Les élèves des grands *séminaires* sont dispensés du service militaire. (*Voyez* SERVICE MILITAIRE.) Ils sont également dispensés du service de la garde nationale. (*Loi du 22 mars* 1831, *art.* 12.) Des bourses et demi-bourses ont été créées sur les fonds de l'Etat, en leur faveur. (*Voyez* BOURSES.)

Les *séminaires* sont des établissements publics reconnus par la loi, aptes par conséquent à recevoir, acquérir et posséder. L'administration de leurs biens est soumise aux principes généraux qui régissent les établissements publics ; elle est en outre soumise à quelques règles spéciales, posées par le décret du 6 novembre 1813. (*Voyez* décret sous le mot BIENS.)

Les *séminaires* sont exempts de la contribution foncière et de celle des portes et fenêtres. (*Voyez* IMPÔT.)

Les trésoriers des *séminaires* ne sont nommés que par un arrêté du ministre des cultes. Les comptes sont soumis au ministre. (*Circulaire du 4 septembre* 1839, rapportée sous le mot ACCEPTATION.)

Les directeurs et professeurs des *séminaires*, dont la nomination suivant l'article 6 de la loi du 23 ventôse an XII, appartenait au chef de l'Etat, sur la présentation des évêques, sont, d'après le décret du 17 mars 1808, nommés et révoqués par l'autorité diocésaine.

§ II. *Nomination des trésoriers des* SÉMINAIRES.

L'article 62 du décret du 6 novembre 1813, porte : « Il sera formé pour l'administration des biens du *séminaire* de chaque diocèse, un bureau composé de l'un des vicaires généraux, qui présidera en l'absence de l'évêque, du directeur et de l'économe du *séminaire*, et d'un quatrième membre, remplissant les fonctions de trésorier, qui sera nommé par le ministre des cultes, sur l'avis de l'évêque et du préfet. »

Il est important, dit une circulaire du 8 janvier 1824, dans l'intérêt des *séminaires*, que les évêques exécutent avec exactitude les dispositions de cet article, notamment en ce qui concerne les trésoriers, puisque d'un côté, faute d'y satisfaire, les personnes qui exercent les fonctions dont il s'agit n'ont aucun titre légal pour faire les actes de comptabilité, ainsi que les poursuites qui les compètent, et que de l'autre côté, elles ne pourraient être assujetties envers l'établissement, à la responsabilité qu'imposent ces mêmes fonctions.

§ III. *Elèves des* SÉMINAIRES, *garde nationale.*

Les élèves des *grands séminaires* sont exemptés du service de la garde nationale par l'article 12 de la loi du 22 mars 1831; voyez sous le mot GARDE NATIONALE ce qui peut en exempter les élèves des *petits séminaires.*

§ IV. *Réparations et entretien des* SÉMINAIRES.

Les grosses réparations des maisons servant de *séminaires* sont à la charge de l'Etat; les autres réparations dites locatives, sont à la charge de l'administration diocésaine.

La règle, à cet égard, est tracée dans l'article 1754 du Code civil, qui indique quelles sont les réparations locatives ou de menu entretien dont le locataire est tenu. Une circulaire ministérielle du 20 janvier 1850, met les dépenses d'entretien et de réparation des fourneaux existants dans les cuisines des *séminaires* à la charge de leurs administrations, l'Etat n'ayant à pourvoir qu'à la dépense du premier établissement.

La même circulaire ajoute qu'il en est de même pour ce qui concerne les armoires des cabinets de physique et les corps de bibliothèque, qui peuvent être construits aux frais de l'Etat lorsque ces meubles, faits pour la place qu'ils occupent, sont posés à demeure et de manière à devenir immeubles par destination, mais qui doivent être entretenus et réparés par les établissements qui en jouissent.

L'Etat a concédé gratuitement, par le décret du 9 avril 1811, aux départements, arrondissements ou communes, la pleine propriété des édifices et bâtiments nationaux occupés à cette époque pour le service de l'administration, des cours et tribunaux, et de l'instruction publique. En s'appuyant sur les dispositions de ce décret, la ville d'Avignon a revendiqué la propriété des bâtiments du *séminaire* diocésain dont elle avait eu la possession pendant un certain nombre d'années; mais sa demande a été rejetée, d'abord par l'arrêt de la cour de Nîmes du 27 avril 1868, et ensuite sur son pourvoi, par arrêt de la cour de cassation du 7 avril 1869. Il a été décidé que le décret du 9 avril 1811 ne saurait être étendu à des immeubles occupés par des établissements d'instruction purement religieuse, tels que sont les *séminaires* diocésains, placés en dehors de l'université, et sous la direction et la dépendance exclusive des évêques. La propriété de ces immeubles a continué, depuis 1802, d'appartenir à l'Etat. (*Arrêt de la cour de cassation du 7 avril 1869.*)

§ V. *Petits* SÉMINAIRES. — *Surveillance.*

Les petits *séminaires* ne peuvent être établis qu'en vertu d'une autorisation spéciale. (*Décret du 9 avril 1809 art. 15. — Décret du*

15 *novembre* 1811, art. 24. — *Décret du 5 octobre* 1814.) Leur nombre et la désignation des communes où ils sont établis sont déterminés par le gouvernement, sur la demande des évêques, et sur la proposition du ministre des cultes. (*Ordonnance du* 16 *juin* 1828, art. 2.)

La direction et la surveillance des petits *séminaires* appartiennent à l'évêque; mais l'ordonnance du 16 juin 1828, contre laquelle a si justement et si énergiquement réclamé tout l'épiscopat français, limite le nombre des élèves, leur prescrit un costume, etc., dispositions qui ne pouvaient s'expliquer sous l'empire de la Charte de 1830 et qui étaient alors aussi absurdes que tyranniques et arbitraires.

L'ordonnance du 16 juin 1828, sur les petits *séminaires*, limitait le nombre des élèves, leur prescrivait un costume et défendait d'admettre des externes dans ces écoles secondaires ecclésiastiques. La loi du 15 mars 1850 sur l'instruction publique a fait disparaître ces entraves. Les petits *séminaires* sont aujourd'hui rendus au droit commun par l'article 70 ainsi conçu :

« Les écoles secondaires ecclésiastiques existantes sont maintenues sous la seule condition de rester soumises à la surveillance de l'Etat.

« Il ne pourra en être établi de nouvelles sans l'autorisation du gouvernement. »

Les petits *séminaires* ont-ils beaucoup gagné à cette nouvelle disposition législative? Il est permis d'en douter, car plusieurs évêques s'en sont effrayés. Voici en quels termes Mgr l'évêque de Châlons exprimait ses inquiétudes dans une lettre en date du 8 mars 1850.

« J'honore infiniment tout ce qui est bon, je fais grand cas des personnes, et rends à chacun la justice qui lui est due; mais, de là à me prêter à certaines exigences, à admettre dans le sanctuaire tout ce qui se présente et en demande l'entrée, il y a loin. Or, mes *séminaires*, pour le dire franchement, sont des asiles sacrés où je n'ai rien à démêler avec le monde, et où je ne traite qu'avec Dieu. Et cependant, on voudra voir ce qui s'y passe; sous prétexte d'hygiène et de morale, d'inspecteur que je suis, je serai moi-même inspecté; cela ne se peut. Qu'on se rassure sur le compte de nos *séminaires*, tout y est bon; on y vit en paix; le jour et la nuit on y est bien, parce que c'est la maison de Dieu.

« Dans l'espace de quelques semaines, l'aspect des choses a bien changé; on s'attendait à mieux, et on s'effraie à la vue du danger dont nous sommes menacés. Qui eût jamais pensé qu'à l'occasion de la liberté d'enseignement on en voulût venir sérieusement à entrer dans nos *séminaires* pour en faire l'inspection? Ah! si la démarche en était tentée, il faudrait donc user de violence, car la porte en serait fermée. »

Mgr l'évêque de Chartres tenait le même langage dans une lettre en date du 16 du même mois, et il disait en outre : « J'aurais pu ajouter qu'un commerçant, par exemple, fermerait sa porte à un inspecteur qui viendrait par des motifs chimériques et controuvés de surveillance, examiner un registre, s'informer des commandes qu'il reçoit, contrôler ses spéculations, etc. Des procédés analogues ne peuvent être mis en usage qu'à l'égard des forçats libérés, que leurs actes précédents ont rendus justement suspects à l'autorité, et que cette circonstance place hors des droits communs et de la circonspection que l'Etat doit se prescrire envers les citoyens libres, soumis à son gouvernement. »

Dans le projet primitif, il n'était nullement question des petits séminaires. Il était convenable, en effet, de ne pas faire aux évêques l'injure de soumettre leurs écoles ecclésiastiques à la *surveillance* de l'Etat, c'est-à-dire à la surveillance d'un inspecteur, comme si un évêque, nommé du reste par le gouvernement lui-même, était indigne de la confiance de l'Etat. Nous savons bien qu'on objecte que la Constitution soumet indistinctement tous les établissements d'instruction publique ou libre à la surveillance de l'Etat, mais dans ce cas, il fallait au moins faire déclarer par la loi que les écoles secondaires ne pourraient être surveillées et inspectées que par les évêques. N'était-il pas convenable, rationnel, en effet, que les évêques auxquels on témoigne assez de confiance pour entrer au nombre de quatre dans le conseil supérieur, et pour être membres de chaque conseil académique, fussent déclarés, par la loi, les inspecteurs nés de leurs petits *séminaires* ?

On objecte encore et l'on dit : les petits *séminaires* ne sont pas soumis à l'inspection de l'Université, mais seulement à la surveillance de l'Etat. C'est une erreur ; car comment l'Etat fait-il surveiller les établissements d'instruction publique ou libre, sinon par les inspecteurs établis en vertu de l'article 18 de la loi ?

M. le ministre de l'instruction publique s'expliqua à cet égard de la manière suivante, dans la séance du 14 mars 1850. Nous empruntons au *Moniteur* même le discours qu'il prononça alors, et que nous croyons utile de consigner ici pour que l'on comprenne bien dans quel sens le gouvernement entend l'application aux petits séminaires, du droit de surveillance et d'inspection auquel ils sont assujettis par la Constitution et l'article 70 de la loi.

« Les écoles secondaires ecclésiastiques, sujet de ce débat, dit M. de Parieu, sont au fond des établissements que j'appellerai *sui generis*, et qui, à examiner attentivement l'ensemble de la législation précédente et même le projet de loi soumis à vos délibérations, et dont la discussion est si avancée, ne sont ni exactement des écoles publiques, ni exactement des écoles libres. Cependant, il est évident

que les écoles secondaires ecclésiastiques, telles qu'elles sont instituées par l'ensemble du projet qui vous est soumis, se rapprochent
infiniment des établissements appelés libres par le projet. Il n'y a
guère entre eux et les autres de différence, sinon que les chefs des
établissements ecclésiastiques, les directeurs responsables, sont
nommés par l'évêque et ne sont pas assujettis à la condition du bac-
calauréat. C'est une facilité, une latitude qui a été donnée à des établissements qui ont en même temps cela de particulier, cette petite
particularité, tandis que les chefs d'institutions n'en peuvent recevoir que dans leur personne....

« Ainsi, les écoles secondaires ecclésiastiques ne diffèrent, suivant
la loi actuelle, des établissements libres que sous ces deux particu-
larités : la possibilité de recevoir des donations et legs, sauf l'approbation du gouvernement, et puis la dispense de la condition du bac-
calauréat pour leurs directeurs.

« Il y a, dans la législation actuellement existante, je veux dire
dans les ordonnances de 1828, beaucoup d'autres et de plus graves
différences. Les établissements secondaires ecclésiastiques sont assujettis à un régime tout spécial, résultant de l'obligation d'un costume pour les élèves, obligation tombée en désuétude, mais enfin
qui est écrite dans l'ordonnance de 1828 ; de la limitation du nombre
et de la prohibition de recevoir des externes. Je pourrais encore
ajouter une autre particularité relative à l'approbation de la nomination du directeur par le gouvernement, approbation qui n'est guère
qu'un véritable visa, et qui n'a jamais, que je sache, donné lieu à
un refus.

« Que fait le projet de loi? Il fait disparaître la plupart des caractères qui séparent aujourd'hui les écoles secondaires ecclésiastiques des écoles libres ; il fait disparaître ce régime exceptionnel qui
repose essentiellement et caractéristiquement sur la limitation du
nombre, car la limitation du nombre emporte ceci : que l'école secondaire ecclésiastique est constituée uniquement pour former des
ecclésiastiques. Il est évident que le projet de loi tend ainsi à rapprocher considérablement les écoles secondaires ecclésiastiques des
établissements libres, en faisant disparaître la limitation du nombre,
en maintenant, il est vrai, strictement l'emplacement de ces établissements et leur nombre, mais en ne limitant pas le nombre des élèves
qu'ils peuvent recevoir.

« Nous sommes de cette opinion bien arrêtée, que, lorsqu'on se
rapproche si avantageusement du droit commun, lorsqu'on profite
tant du droit commun, on doit subir les conséquences de ce même
droit commun.

« Nous pensons donc que l'esprit de la loi, lorsqu'elle parle de la
surveillance de l'Etat, emporte cette idée que la surveillance de l'Etat

doit s'exercer à l'égard des établissements libres, en ce sens que les termes de l'article 21, qui exprime « que l'inspection portera sur l'enseignement pour vérifier s'il n'est pas contraire à la morale, à la Constitution et aux lois, » s'appliquent virtuellement aux écoles secondaires ecclésiastiques.

« Voilà notre interprétation, voilà notre opinion ; c'est le droit commun des établissements libres.

« Il n'est pas à dire pour cela que, dans l'application, il ne puisse y avoir certains ménagements ou certaines réserves, dont le gouvernement sera juge à l'égard de ces établissements comme de tous les autres ; car le droit d'inspecter est le même, et l'exercice varie cependant. Le droit d'inspection, ce serait, à la rigueur, le droit de visiter toutes les semaines, ou tous les mois, les établissements soumis à l'inspection ; et l'inspection se proportionne et se gradue selon l'importance que peut attacher le gouvernement, à tel moment donné, à exercer une inspection plus ou moins importante, plus ou moins intense sur telle ou telle école. Un inspecteur peut rester une heure, il peut rester deux heures, peut-être un jour entier dans un établissement. Je le répète, c'est une question d'application ; mais le droit de l'Etat est formel, nous le réservons formellement....

« Il est possible qu'il y ait quelques susceptibilités excitées ; il est possible que des prélats respectables aient pu penser que, sous cette inspection qu'ils n'ont pas subie jusqu'à présent, il pourrait se cacher involontairement quelque atteinte à la foi chrétienne....

« Comme s'il pouvait arriver que l'inspection fut faite dans un esprit de partialité qui dénaturât son caractère ; et ils ont pu concevoir d'autant plus d'ombrages mal fondés qu'ils n'ont jamais été soumis à cette inspection. Mais nous sommes disposés à croire que devant l'application ferme, impartiale, et je dois ajouter modérée et bienveillante de la loi, ces scrupules, ces ombrages disparaîtront, quand on verra ce que c'est que l'inspection ; on comprendra bientôt dans les établissements ecclésiastiques, comme dans tous les établissements inspectés, que l'inspection ne s'exerce pas pour troubler ni inquiéter les doctrines religieuses, mais pour sauvegarder les droits de la société. Nous devons espérer qu'alors les ombrages disparaîtront, et que le droit commun s'élèvera au-dessus de tous les obstacles. (Très-bien ! très-bien !)

On comprendra que nous ne pouvons être ici ni de l'avis de M. le ministre, ni de celui de l'assemblée qui l'applaudit. Ce raisonnement est si illogique ainsi que la disposition législative qui le suggère, qu'il est difficile de concevoir comment on n'en a pas aperçu tout d'abord l'inconséquence. Car, de deux choses l'une, ainsi que nous le disons ci-dessus, ou l'évêque est assez digne de la confiance de l'Etat pour qu'il l'admette de droit parmi les membres du conseil

académique, et alors il est juste, par une conséquence naturelle et
logique, que l'Etat se repose entièrement et exclusivement sur lui
du soin de surveiller et d'inspecter ses petits *séminaires*. Où trou-
verait-on, d'ailleurs, un inspecteur qui en fut plus capable que lui
sous tous les rapports? En quoi, dans ce mode, *les droits de la société
ne seraient-ils pas sauvegardés ?* En quoi la Constitution serait-elle
violée? Evidemment en rien. Ou l'évêque ne mérite pas la confiance
de l'Etat, et alors on est surpris au-delà de toute expression qu'on
ait songé à l'admettre dans les conseils académiques. C'est, ce nous
semble, une injure purement gratuite que l'on fait aux premiers
pasteurs de l'Eglise en même temps que l'on viole les règles de la
logique. Nous ne pensons donc nullement, comme M. le ministre
de l'instruction publique, que les *scrupules et les ombrages disparaîtront, quand on verra ce que c'est que l'inspection* d'établissements
qui ne peuvent et ne doivent être inspectés que par les évêques ou
leurs mandataires. Nous sommes bien éloigné de vouloir donner des
conseils à nos pères et à nos juges dans la foi dont nous connaissons
toute la prudence et la sagesse, mais on nous permettra de manifes-
ter ici notre sentiment. C'est que, si nous avions l'honneur d'être
évêque, ou nous refuserions de figurer dans les conseils académiques
ou le gouvernement renoncerait à faire surveiller où inspecter par
des laïques nos écoles secondaires ecclésiastiques.

Nous concevons qu'un prélat aussi vénérable à tant d'égards et
aussi expérimenté que l'est Mgr Parisis, évêque de Langres, ait hésité à voter une loi renfermant une disposition qui peut devenir très
funeste à l'Eglise. Voici comme ce savant évêque qni était membre
de la commission du projet de loi et qui, par conséquent, connaissait mieux que personne, les raisons qui avaient déterminé à soumettre les petits *séminaires* à la surveillance de l'Etat, répond aux
objections que l'on a soulevées contre l'article 70 de la loi.

« Il est bien vrai, dit-il, que le même article renferme deux dispositions dont on s'est effrayé ; celle qui défend d'établir de nouvelles
écoles secondaires ecclésiastiques sans l'autorisation du gouvernement et celle qui maintient les petits *séminaires* existants sous la
surveillance de l'Etat.

« Le seul tort de la première, c'est de laisser entrevoir une défiance injuste envers les évêques. Autrement, il est peu probable
qu'elle leur cause jamais aucune gêne, puisque, ayant la facilité d'é-
tablir des colléges ecclésiastiques, ils pourront, sans inconvénient,
renfermer leurs petits *séminaires* dans l'objet spécial de leur institution, en n'y recevant que des enfants qui manifesteront une vocation très-prononcée pour l'état ecclésiastique.

« La seconde disposition a inspiré des craintes et des réclamations
beaucoup plus vives. Assurément, l'idée d'une surveillance quel-

conque à l'égard des petits *séminaires* a quelque chose d'odieux et
d'étrange vis-à-vis des évêques qui en sont les premiers supérieurs,
de même qu'elle pourrait devenir très-redoutable, si l'objet n'en
était pas limité et l'exercice réglé comme il convient. »

Mais qui peut nous répondre que l'*objet en soit limité et l'exercice
réglé comme il convient ?* Personne assurément. N'est-ce pas au ministre de l'instruction publique à nommer les inspecteurs généraux
après avoir pris l'avis du conseil supérieur ? (*Art.* 19.) Mais qu'il
arrive au ministère des ennemis du catholicisme, des protestants,
des juifs, et ce qui est pis encore, des philosophes sceptiques et l'on
verra bientôt les tracasseries, les vexations de tout genre qui pourront résulter de ce droit de surveillance. Nous craignons donc que,
certaines circonstances données, et, selon nous malheureusement
très-probables, cette surveillance, suivant l'expression du digne prélat, ne *devienne très-redoutable*, et si redoutable même que les évêques se voient forcés de fermer leurs *séminaires*.

« Nous avons fortement et sans relâche, auprès du gouvernement
et dans la commission, ajoute Mgr de Langres, combattu cette surveillance comme une vexation inutile, tout à fait nouvelle, et propre
uniquement à rendre la loi désagréable au clergé, dont cette loi demande le concours.

« On nous a d'abord répondu, comme nous le reconnaissons nous-
même, dans un sens général, que cette mesure était formellement
imposée par l'article 9 de la Constitution.

« Sur nos instances, pour que du moins cette surveillance à l'é-
gard de nos maisons, qui offrent des garanties particulières, eût un
caractère spécial, on nous a fait les observations et les questions
suivantes :

« 1° Les écoles secondaires ecclésiastiques n'étant plus limitées
dans aucun sens, ni pour le nombre, ni pour le costume, ni pour
l'externat, ni pour la nature et l'étendue des études, deviendront
ou certainement pourront devenir de véritables colléges : comment
alors, sous notre régime d'égalité, ne pas les mettre au moins dans
le droit commun aux colléges libres ?

« 2° Ces écoles, surtout ainsi transformées, ne seront pas plus la
maison de l'évêque que les communautés religieuses fondées sous
ses ordres et dont il est légalement et canoniquement le supérieur ;
faudra-t-il également accorder le privilége de la non-surveillance
aux maisons dirigées par des religieux ?

« 3° C'est avec le principe inexpugnable du droit commun que
l'on a pu admettre dans l'enseignement les membres des communautés précédemment proscrites, et à qui l'enseignement avait été
interdit ; comment se soustraire à la partie onéreuse d'un principe
dont on a invoqué et reçu les avantages ?

« 4° Rien n'empêche que bientôt peut-être des jésuites aient la direction de quelques petits *séminaires*; si la surveillance ne s'étendait pas sur ces établissements, ces mêmes jésuites qu'on n'a pu faire rentrer dans l'enseignement qu'à titre de simples citoyens, deviendraient donc des citoyens privilégiés ?

« 5° Les petits *séminaires* n'étant pas surveillés comme les autres maisons, il est impossible de rien répondre aux préventions dont ils sont l'objet : on soupçonne et on répète que, puisqu'ils se dérobent aux regards, c'est qu'ils ont quelque chose à cacher. N'est-il donc pas dans leur intérêt de se laisser voir tels qu'ils sont, puisqu'ils n'ont rien à montrer qui ne leur doive faire honneur ?

« Voilà ce qui m'a été dit, et je dois avouer que ces observations m'ont personnellement paru avoir quelque valeur. »

Nous ne pouvons partager ici la conviction du prélat, car malgré l'estime que nous inspire sa science et son expérience des affaires, nous ne pouvons nous empêcher d'avouer à notre tour que ces observations nous semblent être autant de sophismes dictés, sinon par la mauvaise foi, du moins par des préventions hostiles et injurieuses à l'épiscopat, et n'ayant par conséquent aucune espèce de valeur. Elles se réduisent à ceci : Nous n'avons nullement confiance dans les évêques qui peuvent nous tromper en faisant de leurs *séminaires* de véritables collèges, et que par suite de cette transformation, diront, contre l'évidence, que toutes les communautés religieuses de leurs diocèses sont de petits *séminaires*. Nous voulons donner une plus forte organisation à l'Université et nous voulons par conséquent qu'elle puisse inspecter et visiter vos écoles secondaires ecclésiastiques tous les mois, toutes les semaines, si elle le juge convenable, et y envoyer un inspecteur qui pourra rester chaque fois, un jour entier dans ces établissements. Il faut qu'une cause soit bien mauvaise pour qu'on ait pu mettre en avant des considérations si peu raisonnables.

Ce droit de l'Etat, dit encore Mgr de Langres, ne peut s'étendre ni aux méthodes d'enseignement ni au règlement religieux de la maison, bien moins encore au fond des doctrines : il se renferme dans ce qui tient à l'intérêt général du gouvernement de la société. Il est donc important de veiller à ce qu'il ne dépasse jamais les limites fixées par cette interprétation consciencieuse de la loi; il ne pourrait pas les franchir sans entrer dans le domaine propre de l'Eglise, et sans mettre en grand péril les intérêts spirituels des petits *séminaires*. Il faut surtout ne pas oublier un instant que la loi ne donne nulle part, en aucune manière, et pour aucun cas, aux pouvoirs publics, aucun droit ni direct ni indirect sur l'enseignement religieux.

Nous n'avons tant insisté sur la surveillance de l'Etat dans les petits *séminaires* que parce que nous savons qu'il en est de l'Université comme de ceux dont La Fontaine a dit :

> Laissez leur prendre un pied chez vous,
> Ils en auront bientôt pris quatre.

Les petits *séminaires* sont, comme les grands, des établissements publics reconnus par la loi, et comme eux aptes à acquérir et à posséder. Ils sont également exempts des contributions foncières et des portes et fenêtres. (*Voyez* IMPÔT.)

Le bureau d'administration du grand *séminaire* a en même temps l'administration des petits *séminaires*. Cette administration et la comptabilité de ces établissements sont soumises aux mêmes principes et aux mêmes règles.

Les élèves des petits *séminaires* ne sont pas dispensés du service militaire. (*Voyez* SERVICE MILITAIRE.)

ORDONNANCE *du* 16 *juin* 1828, *sur les écoles secondaires ecclésiastiques.*

« CHARLES, etc. ;

« Sur le rapport de notre ministre secrétaire d'Etat des affaires ecclésiastiques ;

« Notre conseil d'Etat entendu ;

« Nous avons ordonné et ordonnons ce qui suit :

« ART. 1er. Le nombre des élèves des écoles secondaires ecclésiastiques, instituées par l'ordonnance du 5 octobre 1814, sera limité, dans chaque diocèse, conformément au tableau que, dans le délai de trois mois, à dater de ce jour, notre ministre secrétaire d'Etat des affaires ecclésiastiques soumettra à notre approbation ;

« Ce tableau sera inséré au *Bulletin des lois*, ainsi que les changements qui pourraient être ultérieurement réclamés, et que nous nous réservons d'approuver s'il devient nécessaire de modifier la première répartition.

« Toutefois le nombre des élèves placés dans les écoles secondaires ecclésiastiques ne pourra excéder vingt mille.

« ART. 2. Le nombre de ces écoles et la désignation des communes où elles seront établies seront déterminés par nous d'après la demande des archevêques et évêques, et sur la proposition de notre ministre des affaires ecclésiastiques.

« ART. 3. Aucun externe ne pourra être reçu dans lesdites écoles. Sont considérés comme externes les élèves n'étant pas logés et nourris dans l'établissement même.

« ART. 4. Après l'âge de quatorze ans, tous les élèves admis depuis deux ans dans lesdites écoles seront tenus de porter un habit ecclésiastique.

« ART. 5. Les élèves qui se présenteront pour obtenir le grade de bachelier ès-lettres ne pourront, avant leur entrée dans les ordres sacrés, recevoir qu'un diplôme spécial, lequel sera susceptible d'être échangé contre un diplôme ordinaire de bachelier ès-lettres, après que les élèves seront engagés dans les ordres sacrés.

« ART. 6. Les supérieurs et directeurs des écoles secondaires ecclésiastiques seront nommés par les archevêques et évêques, et agréés par nous.

« ART. 7. Les archevêques et évêques adresseront, avant le 1er octobre prochain, les noms des supérieurs et directeurs actuellement en exercice à notre ministre des affaires ecclésiastiques, à l'effet d'obtenir notre agrément.

« ART. 8. Les écoles secondaires ecclésiastiques dans lesquelles les dispositions de la présente ordonnance en date de ce jour ne seraient pas exécutées, cesseront d'être considérées comme telles, et rentreront dans le régime de l'université. »

SÉNATEURS.

Les *sénateurs* ont droit à une place d'honneur dans les cérémonies religieuses. (*Voyez* PLACES D'HONNEUR.)

SÉPULTURE.

La *sépulture* chrétienne ne consiste plus aujourd'hui que dans la levée et la présentation à l'église du corps de la personne décédée, dans l'accompagnement solennel qui se fait au cimetière, et dans les cérémonies religieuses. (*Voyez* INHUMATION, REFUS DE SÉPULTURE, CIMETIÈRES, TRANSPORT DES CORPS.)

Dans les communes où l'on professe plusieurs cultes, l'accompagnement *solennel* du corps hors de l'église, qui constitue une cérémonie du culte extérieur, est interdite. (*Loi du* 18 *germinal an* X, *art.* 1.)

SERMENT.

Nous parlerons sous ce mot du *serment* des fabriciens et du *serment* des évêques et des curés.

§ I. SERMENT *des conseillers de fabriques.*

Aucune loi ou règlement n'a exigé pour les fabriciens une prestation préalable de *serment*, comme il était d'usage autrefois en plusieurs provinces.

C'est un principe, dit l'abbé de Boyer (1), que nul officier public ne peut exercer les fonctions de sa charge, sans avoir prêté *serment* de les remplir avec fidélité; il semble même que cette obligation acquiert une nouvelle force lorsque l'officier public est chargé d'une comptabilité presque arbitraire : c'est d'après ces principes qu'on obligeait anciennement les marguilliers à prêter *serment* entre les mains de l'évêque ou de son official, du curé ou d'un officier de justice.

« Ceux qui auront été élus, est-il dit dans le dispositif d'un ancien arrêt, seront obligés d'accepter la charge, et de jurer à l'autel entre les mains du curé ou de son vicaire, qu'ils exerceront fidèlement ladite charge, et en passeront obligation par-devant les notaires de la paroisse ; comme aussi de rendre leurs comptes dans l'an, et de payer le reliquat, chacun d'eux seuls et pour le tout, sans division ni ordre de discussion. »

_____

(1) *Principes sur l'administration des paroisses,* tome I, page 43.

Quand les marguilliers sont élus, dit Ferrières (1), ils jurent à l'autel entre les mains du curé ou de son vicaire, d'exercer fidèlement leur emploi, et d'en rendre compte.

L'ancienne jurisprudence des cours ne présente cependant pas sur cet objet des principes uniformes.

On trouve, dans le troisième volume des *Mémoires du Clergé*, page 1567, un arrêt du parlement de Paris, du 15 mars 1704, qui a déclaré les marguilliers d'une paroisse de la ville de Troyes exempts de l'obligation de prêter *serment* soit entre les mains du juge ou de tout autre. Cette décision a été adoptée par tous nos canonistes.

La charge de marguillier, conclut l'abbé de Boyer, étant un office de charité et de religion, il a paru inutile d'assujettir au *serment* ceux que leur zèle et leur piété ont fait choisir pour en remplir les fonctions.

L'usage de la Bretagne sur ce point était contraire au droit commun. (Potier de la Germondaie, page 166.) Nous soupçonnons, dit Mgr Affre (2), que le motif de cette exigence venait de la position de cette province, longtemps en guerre avec la France, et réunie à la couronne plus tard que plusieurs autres provinces.

Quoi qu'il en soit, le silence de la nouvelle législation, et l'usage constant tant de l'ancien que du nouveau régime, sont plus que suffisants pour établir le droit qu'ont les fabriques de conserver sur ce point leur indépendance.

§ II. Serment *des évêques et des curés.*

Les évêques ne peuvent exercer aucune fonction avant d'avoir prêté en personne, entre les mains du roi, ou du chef catholique du gouvernement, le *serment* prescrit par le concordat de 1801, passé entre le Gouvernement français et le Saint-Siége. Ce *serment* est ainsi conçu :

« Je jure et promets à Dieu, sur les saints Évangiles, de garder obéissance et fidélité au gouvernement établi par la constitution de l'empire. Je promets aussi de n'avoir aucune intelligence, de n'assister à aucun conseil, de n'entretenir aucune ligue, soit au dedans, soit au dehors, qui soit contraire à la tranquillité publique; et si, dans mon diocèse ou ailleurs, j'apprends qu'il se trame quelque chose au préjudice de l'État, je le ferai savoir au Gouvernement. »

Il est dressé procès-verbal de ce *serment* par le secrétaire d'État.

L'article 7 du concordat et l'article 27 de la loi du 18 germinal an X portaient aussi que les ecclésiastiques du second ordre prêteraient *serment* entre les mains des autorités civiles. Mais cette

(1) *Dictionnaire de pratique,* au mot MARGUILLIER.
(2) *Traité de l'administration temporelle des paroisses,* 5e édition, page 81.

disposition, qui ne fut exécutée qu'au rétablissement du culte, tomba en désuétude sous l'Empire même, et ne fut remise en vigueur ni sous le régime de la Restauration, ni depuis la Révolution de 1830.

Une commission de la Chambre des députés, à l'examen de laquelle fut soumise la question du *serment*, émit l'avis qu'il suffisait d'exiger le *serment* des archevêques et évêques, et qu'il ne devait plus être demandé aux ecclésiastiques du second ordre. Elle ajouta que la prestation du *serment* pour les curés serait une précaution superflue, vu que leur nomination étant soumise à l'agrément impérial, le Gouvernement pouvait refuser sa sanction à la présentation de tous les candidats qui ne lui paraîtraient pas animés d'un bon esprit sous le rapport politique.

Pendant la discussion de la loi du 31 août 1830, qui prescrit le *serment* à tous les fonctionnaires publics, un député proposa, avec insistance, d'y comprendre aussi tous les individus recevant un salaire de l'Etat, afin d'atteindre les ecclésiastiques. Mais l'amendement excita de vifs murmures et une grande agitation dans l'assemblée qui le repoussa à une immense majorité comme inopportun et impolitique.

Un arrêté ministériel du 29 avril 1831 prescrit aux ecclésiastiques membres des bureaux de bienfaisance de prêter *serment*; mais cet arrêté est illégal. (*Voyez* BUREAU DE BIENFAISANCE, § VIII et le § IV ci-après.)

Le Gouvernement provisoire de la république a décrété le 1er mars 1848, que les fonctionnaires publics de l'ordre administratif et civil ne prêteraient pas de *serment*. Cette mesure s'appliquait plus particulièrement encore aux membres du clergé. Aussi le gouvernement n'exigea point de *serment* de Mgr de Bonnechose en lui remettant ses bulles au mois de mai suivant, pour l'évêché de Carcassonne. Cependant le concordat de 1801 subsistant, le gouvernement peut toujours en conséquence exiger la prestation du *serment*. C'est effectivement ce qu'il a fait et le *serment* est maintenant de rigueur comme autrefois.

§ III. SERMENT *des évêques* in partibus.

La jurisprudence ecclésiastique de l'empire exige que les prêtres français nommés à des évêchés *in partibus* soient soumis à la même prestation de *serment* que les ecclésiastiques nommés à des sièges situés en France. Il s'éleva à cet égard une grave difficulté en 1835.

M. Mazenod avait été agréé par le roi, en 1824, comme vicaire général de l'évêque de Marseille. En 1832, il fut sacré à Rome, sans en avoir obtenu l'autorisation du Gouvernement, évêque *in partibus* d'Icosie. Par suite de ce fait et par application du décret du 7 janvier

1808 (1), une décision du ministre des cultes déclara que l'évêque d'Icosie devait cesser d'être considéré comme Français et d'être reconnu comme vicaire général de Marseille. Le préfet des Bouches-du-Rhône, en 1834, déclara, par les mêmes motifs, M. de Mazenod, rayé des listes électorales. Après avoir appelé de cet arrêté, puis s'être désisté de son appel, l'évêque d'Icosie a demandé, en 1835, que son bref fût reçu et publié selon les formes légales, ce qui a, en effet, eu lieu ; une ordonnance royale du 17 décembre 1835, en a autorisé la publication, et le 25 juillet 1836, ce prélat a prêté *serment* entre les mains du roi.

Lorsque Mgr Guillon fut nommé évêque *in partibus* de Maroc, il prêta *serment* de la même manière. (*Voyez* le § II.)

§ IV. SERMENT *des aumôniers d'hôpitaux et des prisons, des établissements de bienfaisance, etc.*

La décision ministérielle ci-dessous, dispense les aumôniers des hôpitaux et des prisons de prêter le *serment* politique prescrit par la Constitution. Cette dispense s'applique nécessairement, et par les mêmes motifs, aux ecclésiastiques appelés à faire partie des commissions des bureaux de bienfaisance; ces bureaux sont évidemment des établissements de bienfaisance. (*V.* BUREAU DE BIENFAISANCE, § VIII.) Elle s'applique de même aux ecclésiastiques et aux religieuses attachés au traitement des aliénés. (*Lettre du ministre de l'intérieur, du 21 juillet 1852.*)

CIRCULAIRE *du ministre de l'intérieur, du 30 juin 1852, aux préfets, dispensant les aumôniers des hôpitaux et des prisons les ecclésiastiques faisant partie des commissions instituées près des établissements de bienfaisance, du serment politique prescrit par la Constitution.*

Monsieur le préfet,

« Plusieurs de vos collègues m'ont consulté sur la question de savoir si les aumôniers des hôpitaux et des prisons et des ecclésiastiques qui font partie des commissions instituées près des établissements de bienfaisance, doivent être tenus à prêter le *serment* prescrit par l'article 14 de la Constitution.

« Le caractère des membres du clergé et la nature même des fonctions qu'ils remplissent les placent complètement en dehors de l'action politique, et c'est moins comme fonctionnaires publics qu'en leur qualité de ministre de la religion, qu'ils sont appelés à nous prêter leur concours.

« En conséquence, il n'y a pas lieu de leur demander le *serment*.

« Veuillez m'accuser réception de la présente dépêche, etc. »

Le principe de la liberté des cultes et de conscience, sanctionné par la constitution de 1852, autorise les témoins à prêter devant les

_____

(1) Ce décret est rapporté sous le mot ÉVÊQUE *in partibus*.

tribunaux le *serment* de leur religion. Dès-lors il n'y a pas utilité, si un témoin appartenant à la secte des anabaptistes, et cité devant une cour d'assises, n'a point prêté le *serment* formulé dans l'article 317 du Code d'instruction criminelle, et n'a voulu prêter que le *serment* de sa religion.

D'après ces motifs, la cour de cassation, par son arrêt du 14 mai 1869, a rejeté un pourvoi formé, pour cause d'irrégularité du *serment* d'un témoin contre l'arrêt de la cour d'assises du Doubs, du 28 avril précédent, qui avait condamné plusieurs individus aux travaux forcés pour vols qualifiés.

SERMONS.

Les prédications solennelles appelées *sermons*, dit l'article organique 50, et celles connues sous le nom de stations de l'Avent et du Carême, ne peuvent être faites que par des prêtres qui en auront obtenu une autorisation spéciale de l'évêque. (*Voyez* PRÉDICATION.)

Les prédicateurs sont propriétaires des *sermons* qu'ils prononcent (*Voyez* PRÉDICATION, § II.)

SERRURES.

Les réparations à faire aux *serrures* étant locatives, sont à la charge des curés et desservants, pour les presbytères, et des fabriques, pour les églises et dépendances. (*Voyez* RÉPARATIONS.)

Le coffre à trois clefs doit également avoir trois *serrures*.

SERVANT DE MESSE.

Tous les serviteurs de l'église, bedeaux, sacristains, etc., sont à la nomination du curé et desservant dans les paroisses rurales; c'est à lui aussi qu'il appartient de nommer le *servant de messe*, qu'il soit enfant de chœur ou sacristain. Mais c'est à la fabrique qu'incombe la charge de le payer; elle ne peut s'y refuser, puisque le *servant de messe* est d'une indispensable nécessité pour assister le prêtre à l'autel. (*Voyez* ENFANT DE CHŒUR, SACRISTAIN.)

SERVICE DOUBLE.

On donne au binage le nom de *double service*, parce que cette dénomination exprime mieux la pensée du gouvernement. (*Voyez* BINAGE.)

SERVICE DIVIN.

Tout ce qui regarde le *service divin* est du domaine exclusif du curé, sous la direction de son évêque. (*Voyez* POLICE.) Mais tout ce qui regarde la dépense qu'occasionne la célébration du *service divin* est à la charge de la fabrique. (*Voyez* FABRIQUE.)

SERVICE MILITAIRE.

Les élèves des grands séminaires sont exempts du *service militaire*; mais ceux des petits séminaires ne jouissent point de ce privilége. Ainsi décidé par l'article 14 de la loi du 21 mars 1832, rapporté dans la circulaire suivante, qui en est le commentaire nécessaire.

Les élèves des grands *séminaires* qui ont obtenu un mauvais numéro peuvent faire présenter leur certificat d'études par leur père ou leur mandataire, ils obtiendront l'exemption ; mais s'ils venaient à abandonner la carrière ecclésiastique, et qu'ils ne se fussent point fait visiter par le conseil de révision après le tirage de leur classe, ils se trouveraient déchus du droit de se faire réformer pour faiblesse de complexion ou autre défaut corporel. (*Discussion à la Chambre des députés le* 21 *mars* 1844.)

Les élèves ecclésiastiques tombés au sort pour le *service militaire* sont considérés comme ayant satisfait à l'appel et comptant numériquement en déduction du contingent à fournir. Ils sont réputés payer leur dette à l'Etat par un service équivalent à un *service militaire.* Ils ne sont donc pas obligés de se présenter devant les conseils de révision pour subir les visites prescrites par les articles 13 et 14 de la loi du 22 mars 1832. (*Voyez* RÉVISION.)

La dispense des *séminaristes* n'est point attachée absolument à leur présence corporelle au *séminaire*, il suffit que l'évêque certifie leur qualité d'élèves du grand *séminaire*. Ainsi l'élève envoyé chez ses parents pour affaires, maladies, même chez un maître pour se fortifier dans une branche d'études non enseignée au *séminaire*, ou placé au dehors comme professeur, comme précepteur, après avoir terminé ses études ecclésiastiques, et en attendant l'âge pour être ordonné, conserve son exemption. (*Circulaire du* 25 *juin* 1834.)

Si, à vingt-cinq ans, les élèves des séminaires n'étaient pas entrés dans les ordres majeurs, ils seraient tenus d'accomplir leur temps de *service*. Si, avant vingt-cinq ans, ils cessent de suivre la carrière ecclésiastique, ils sont tenus d'en faire la déclaration au maire; ils sont alors rétablis dans le contingent de leurs classes, avec déduction de temps écoulé depuis la cessation des études, jusqu'au moment de leur déclaration. C'est-à-dire que le temps de leurs études ecclésiastiques, depuis le moment où ils auraient dû satisfaire au devoir de la conscription, leur compte comme s'ils avaient été sous les drapeaux ; mais ce bénéfice s'arrête au moment où ils ont cessé leurs études, lors-même qu'ils feraient plus tard leur déclaration.

Il serait à désirer que le bénéfice accordé aux grands séminaires, relativement au *service militaire*, eut été étendu aux écoles secondaires ecclésiastiques. Une loi, proposée en 1844, contenait cette exemption pour les élèves qui auraient été portés pendant trois ans

sur des listes transmises annuellement par les archevêques et évêques
aux ministres des cultes, avec la condition qu'à vingt-six ans, ils
seraient assujettis au *service militaire*, s'ils n'étaient pas entrés dans
les ordres majeurs. Ce projet de loi discuté à la Chambre des députés
le 22 mars 1844, avait, en effet, été adopté le 27 du même mois.
Le 11 juin, la Chambre des pairs l'avait accepté avec certaines modifications. Discuté de nouveau à la Chambre des députés, le 27 juin,
il avait été adopté une seconde fois le 4 juillet. Mais les choses en
sont restées là. Jamais la loi n'a été rendue définitivement comme
nous l'avons dit par erreur dans notre précédente édition, trompés
en cela par M. de Champeaux (1) qui l'avait indiquée comme ayant
été promulguée à la date du 1er juillet 1844. M. Gaudry qui nous
signalé cette erreur dans le tome II, page 243, de son *Traité*, l'a commise lui-même dans le même tome, page 6. Mais il reste bien établi
qu'aujourd'hui les élèves des petits séminaires ne sont pas dispensés
de la loi sur le *service militaire*.

Un avis du conseil d'Etat du 21 mars 1812 porte que les anabaptistes, ainsi que tous les autres sectateurs d'un culte non légalement
reconnu, ne peuvent être dispensés du *service militaire*.

La loi du 15 mars 1850 sur l'instruction publique, art. 79, exempte
du *service militaire* les membres ou novices des congrégations religieuses vouées à l'enseignement et autorisées par la loi, ou reconnues
comme établissements d'utilité publique (*voyez* NOVICES); les instituteurs adjoints des écoles publiques; les jeunes gens qui se préparent à l'enseignement primaire public dans les écoles désignées à cet
effet; les élèves de l'école normale supérieure; les maîtres d'études,
régents et professeurs des collèges et lycées, s'ils ont, avant l'époque
fixée pour le tirage, contracté devant le recteur l'engagement de se
vouer pendant dix ans à l'enseignement public, et s'ils réalisent cet
engagement.

La dispense du *service militaire* pour les jeunes gens qui contrac-
taient un engagement pour l'enseignement public, avait précédemment été consacrée par l'art. 14 de la loi du 21 mars 1832. On peut
remarquer qu'il n'est pas question des instituteurs dans la loi du 15
mars 1850. C'est que, d'après cette loi, l'on ne peut plus être nommé instituteur en titre qu'après avoir passé l'âge fixé pour le recrutement. Ainsi, le jeune homme qui se destine à l'enseignement primaire
public, et qui n'est pas élève-maître, soit dans les écoles normales,
soit dans les écoles de stage, doit nécessairement, pour être dispensé
du *service militaire*, obtenir une place d'instituteur-adjoint dans une
école communale.

Nous croyons devoir rapporter ci-après la loi du 1er février 1868

---

(1) *Droit civil ecclésiastique*, tome II, page 569.

bien que nous ne l'approuvions pas, parce que MM. les curés et supérieurs de séminaires auront souvent besoin de la consulter.

CIRCULAIRE *du ministre de l'instruction publique et des cultes* (M. Girod de l'Ain), *sur les dispositions de la loi du recrutement relative aux élèves ecclésiastiques.*

Paris, le 25 mai 1832.

« Monseigneur,

« La loi du 21 mars 1832, sur le recrutement de l'armée, porte :

« ART. 14. Seront considérés comme ayant satisfait à l'appel et comptés numériquement en déduction du contingent à former.... les élèves des grands séminaires régulièrement autorisés à continuer leurs études ecclésiastiques, sous la condition que s'ils ne sont pas entrés dans les ordres majeurs à vingt-cinq ans accomplis, ils seront tenus d'accomplir le temps de *service* prescrit par la présente loi.

« Les jeunes gens désignés par leurs numéros pour faire partie du contingent cantonal, et qui en auront été ainsi déduits conditionnellement, lorsqu'ils cesseront de suivre la carrière en vue de laquelle ils avaient été comptés en déduction du contingent, seront tenus d'en faire la déclaration au maire de leur commune dans l'année où ils auront cessé leurs études, et de retirer expédition de leur déclaration.

« Faute par eux de faire cette déclaration et de la soumettre au visa du préfet du département dans le délai d'un mois, ils seront passibles des peines prononcées par le premier paragraphe de l'article 38 de la présente loi (1).

« Ils seront rétablis dans le contingent de leurs classes, sans déduction du temps écoulé depuis la cessation desdites études jusqu'au moment de la déclaration. »

« Il résulte de ces dispositions :

« 1° Que les élèves des grands séminaires sont seuls admis à jouir du bénéfice de l'article 14 de la loi qui les dispense conditionnellement du *service militaire.* Le certificat de l'évêque diocésain ne devra donc pas attester seulement que le jeune homme continue ses études ecclésiastiques, mais qu'il en poursuit le cours dans un grand séminaire. L'étudiant placé dans un petit séminaire, ou dans tout autre établissement, ou auprès d'un curé, ne serait pas dans la position prévue par la loi, et ne pourrait en réclamer le bénéfice.

« 2° Que les élèves des grands séminaires, déchus de tout droit à la dispense pour n'avoir pas rempli les conditions à l'exécution desquelles ce droit était attaché, soit parce qu'ils ne se trouveraient pas encore engagés dans les ordres majeurs à l'âge de vingt-cinq ans accomplis, soit parce qu'ils auraient abandonné leurs études avant cette époque, peuvent être repris immédiatement pour le *service militaire,* puisqu'ils sont, dès ce moment, jeunes soldats disponibles.

« 3° Que les étudiants ecclésiastiques qui ne se trouveraient pas engagés dans les ordres majeurs à l'âge de vingt-cinq ans accomplis, ou qui auraient abandonné leurs études avant cette époque, sont tenus d'en faire eux-mêmes la déclaration au maire de leur commune, dans l'année, à partir des vingt-cinq ans ou de la cessation desdites études.

(1) Ce paragraphe porte : « Toutes fraudes ou manœuvres par suite desquelles un jeune homme aura été omis sur les tableaux de recensement seront déférées aux tribunaux ordinaires, et punies d'un emprisonnement d'un mois à un an. »

« 4° Qu'ils doivent retirer expédition de cette déclaration, et la soumettre, dans le délai d'un mois, au visa du préfet dans le département duquel ils auront concouru au tirage, pour être rétablis dans le contingent de leur classe.

« 5° Que, si l'année est écoulée sans que la déclaration ait été faite et l'expédition de cette déclaration remise au préfet, ils seront traduits devant les tribunaux ordinaires pour le seul fait de cette omission, et passibles d'un emprisonnement d'un mois à un an. (Art. 38 de la loi.) Le temps écoulé depuis la cessation de leurs études, ou depuis la vingt-cinquième année accomplie, et celui qui aura été passé dans la détention par suite du jugement dont ils auraient été l'objet, ne leur sera pas compté pour la durée du *service* fixé par la loi.

« Il est du plus grand intérêt pour les élèves ecclésiastiques qu'ils aient connaissance des peines dont ils se rendraient passibles et des dommages qu'ils éprouveraient s'ils négligeaient de faire la déclaration dont il s'agit, dans le cas et dans le délai déterminés par la loi. MM. les évêques leur donneront une preuve de bienveillante sollicitude en leur rappelant les obligations qui leur sont imposées à cet égard.

« C'est aussi dans l'intérêt de ces mêmes élèves, et pour me mettre à même de correspondre avec M. le ministre de la guerre avec pleine connaissance des faits sur les réclamations, en matière de recrutement, qui peuvent les concerner, que je crois devoir vous demander communication de l'état annuel des élèves dispensés.

« Cet état, divisé en deux parties, devra présenter :

« 1° Les noms des élèves compris soit dans la liste transmise au préfet du département, soit dans les certificats individuels obtenus par ceux qui appartiendraient à des départements placés hors de la circonscription diocésaine ;

« 2° Les noms de ceux qui, ayant déjà profité du bénéfice de la loi, n'auraient pas ensuite rempli les conditions sous l'obligation desquelles ils ont été déduits du contingent, c'est-à-dire qui ne seraient pas encore entrés dans les ordres majeurs à l'expiration de leur vingt-cinquième année, ou qui auraient abandonné avant cet âge leurs études ecclésiastiques.

« Cet état devra être adressé, chaque année, au ministre des cultes, à l'époque du tirage et de la confection de la liste que vous transmettez au préfet du département. »

CIRCULAIRE *du* 30 *juin* 1858, *de M. le ministre de l'instruction publique et des cultes* (M. Rouland) *à MMgrs les archevêques et évêques, relative aux dispenses du service militaire accordées aux élèves des grands séminaires et aux dispensés renonciataires.*

« Monseigneur,

« Aux termes de l'article 14 de la loi du 21 mars 1832, sur le recrutement de l'armée, les élèves des grands séminaires régulièrement autorisés à continuer leurs études ecclésiastiques sont considérés comme ayant satisfait à l'appel, et comptés numériquement en déduction du contingent à fournir, sous la condition que, s'ils ne sont pas entrés dans les ordres majeurs à vingt-cinq ans révolus, ils seront tenus d'accomplir le temps de service prescrit par la loi.

« Lorsque les élèves abandonnent, pour une cause quelconque, leurs études ecclésiastiques avant l'âge de vingt-cinq ans, ils doivent en faire eux-mêmes la déclaration au maire de la commune, *dans l'année où ils ont cessé leurs études,* ils deviennent passibles des peines prononcées par le premier paragraphe de l'article 38 de la même loi (emprisonnement d'un mois à un an). Dans tous les cas, ils sont rétablis dans le contingent de leurs classes, sans déduction du temps écoulé depuis la cessation de leurs études jusqu'au moment de la déclaration.

« Ainsi, la dispense du *service militaire* pour les élèves des grands séminaires est *conditionnelle*. Elle ne leur est accordée que dans l'unique but de leur faciliter les moyens de se préparer au sacerdoce. Par conséquent, ceux qui renoncent à la carrière ecclésiastique ne peuvent plus consciencieusement profiter de cette dispense.

« M. le ministre de la guerre m'informe que les dispositions précitées de la loi du 21 mars 1832 ne sont point partout exécutées, et que plusieurs dispensés renonciataires sont parvenus à se soustraire à leurs obligations militaires.

« Je crois devoir reproduire ici les observations suivantes que mon collègue m'a transmises à ce sujet :

« Les jeunes gens qui, après avoir obtenu la dispense du *service militaire*, cessent « de suivre la carrière en vue de laquelle cette dispense leur a été accordée, doivent « être mis immédiatement à la disposition de l'autorité militaire et dirigés sur le « corps auquel ils avaient été primitivement affectés. Il n'est pas nécessaire d'attendre « qu'ils aient fait la déclaration prescrite par la loi du 21 mars 1832; en effet, la « déclaration imposée aux dispensés renonciataires n'a d'autre but que de seconder « l'action de l'administration et de suppléer, au besoin, à l'ignorance où elle pour- « rait être de changements survenus dans la position de ces jeunes gens. Mais, pour « que ces dispositions puissent recevoir leur exécution, il est indispensable que les « diverses autorités soient avisées en temps utile. Lorsqu'un élève d'un grand sé- « minaire cesse de se trouver dans les conditions qui lui ont fait obtenir la dis- « pense, il appartient à l'autorité diocésaine de le signaler sans délai à l'autorité « militaire, afin que des mesures soient prises à son égard pour régulariser sa po- « sition sous le rapport du recrutement. »

« Vous apprécierez, Monseigneur, l'utilité de ces observations de M. le ministre de la guerre. Je réclame votre concours pour assurer la constante exécution de la loi du 21 mars 1832, et je vous prie de vouloir bien désigner à l'autorité militaire les noms, prénoms, âges, lieux de naissance et demeures (ou celles des père et mère) des élèves de votre séminaire qui renonceront à leurs études ecclésiastiques, immédiatement après leur sortie de cet établissement.

« Vous jugerez sans doute à propos de rappeler à ces élèves, au moment de leur sortie, les prescriptions formelles de la même loi; en les invitant à s'y conformer sans retard, en leur faisant connaître les peines dont ils se rendraient passibles s'ils ne l'observaient pas exactement, vous leur donnerez une nouvelle preuve de votre bienveillante sollicitude.

« Je vous serai obligé, Monseigneur, de m'accuser réception de la présente cir- culaire.

« Agréez, Monseigneur, l'assurance de ma haute considération, etc. »

Loi *du 1er février 1868 sur le recrutement de l'armée et l'organisation de la garde nationale mobile.*

TITRE PREMIER. — *Du recrutement de l'armée.*

ARTICLE PREMIER.

« Les articles 4, 13, 15, 30, 33 et 36 de la loi du 21 mars 1832 sont modifiés ainsi qu'il suit :

« ART. 4. Le tableau de la répartition entre les départements du nombre d'hommes à fournir en vertu de la loi nouvelle du contingent pour les troupes de terre et de mer sera annexé à ladite loi.

« Les premiers numéros sortis au tirage au sort déterminé par l'article suivant formeront le contingent des troupes de mer. Le mode de répartition sera fixé par la même loi.

« Art. 13. Seront exemptés et remplacés dans l'ordre des numéros subséquents les jeunes gens que leur numéro désignera pour faire partie du contingent et qui se trouveront dans un des cas suivants, savoir :

« 1° Ceux qui n'auront pas la taille d'un mètre cinquante-cinq centimètres ;

« 2° Ceux que leurs infirmités rendront impropres au service ;

« 3° L'aîné d'orphelins de père et de mère ;

« 4° Le fils unique ou l'aîné des fils, ou, à défaut de fils ou de gendre, le petit-fils unique ou l'aîné des petits-fils d'une femme actuellement veuve ou d'un père aveugle ou entré dans sa soixante et dixième année.

« Dans les cas prévus par les paragraphes ci-dessus notés 3e et 4e, le frère puîné jouira de l'exemption si le frère aîné est aveugle ou atteint de toute autre infirmité incurable qui le rende impotent ;

« 5° Le plus âgé des deux frères appelés à faire partie du même tirage et désignés tous deux par le sort, si le plus jeune est reconnu propre au service ;

« 6° Celui dont un frère sera sous les drapeaux à tout autre titre que pour remplacement ;

« 7° Celui dont un frère sera mort en activité de service, ou aura été réformé ou admis à la retraite pour blessures reçues dans un service commandé, ou infirmités contractées dans les armées de terre ou de mer.

« L'exemption accordée conformément soit au n° 6, soit au n° 7 ci-dessus ne sera appliquée qu'à un seul frère pour un même cas, mais elle se répétera dans la même famille autant de fois que les mêmes droits s'y reproduiront.

« Seront néanmoins comptées en déduction desdites exemptions les exemptions déjà accordées aux frères vivants, en vertu des n°s 1er, 3, 4 et 5 du présent article.

« Le jeune homme omis qui ne se sera pas présenté par lui ou ses ayants cause pour concourir au tirage de la classe à laquelle il appartenait, ne pourra réclamer le bénéfice des exemptions indiquées par les n°s 3, 4, 5, 6 et 7 du présent article si les causes de ses exemptions ne sont survenues que postérieurement à la clôture des listes du contingent de sa classe.

« Les causes d'exemptions prévues par les articles 3, 4, 5, 6 et 7 ci-dessus devront, pour produire leur effet, exister au jour où le conseil de révision est appelé à statuer.

« Celles qui surviendront entre la décision du conseil de révision et le 1er juillet, point de départ de la durée du service de chaque contingent, ne modifieront pas la position légale des jeunes gens désignés pour en faire définitivement partie.

« Néanmoins l'appelé qui, postérieurement soit à la décision du conseil de révision, soit au 1er juillet, deviendra l'aîné d'orphelins de père et de mère, le fils unique ou l'aîné des fils, ou, à défaut du fils ou du gendre, le petit-fils unique ou l'aîné des petits-fils d'une femme veuve ou d'un père aveugle, sera, sur sa demande et pour le temps qu'il a encore à servir, assimilé au militaire de la réserve et ne pourra plus être rappelé qu'en temps de guerre.

« Art. 15. Les opérations du *recrutement* seront revues, les réclamations auxquelles ces opérations auraient pu donner lieu seront entendues, et les cau-

« d'exemption et de déduction seront jugées, en séance publique, par un conseil de révision composé :

« Du préfet, président, ou, à son défaut, du secrétaire général, ou du conseiller de préfecture délégué par le préfet ;

« D'un conseiller de préfecture ;

« D'un membre du conseil général du département ;

« D'un membre du conseil d'arrondissement, tous trois à la désignation du préfet;

« D'un officier général ou supérieur désigné par l'empereur ;

« Un membre de l'intendance militaire assistera aux opérations du conseil de révision; il sera entendu toutes les fois qu'il le demandera et pourra consigner ses observations aux registres des délibérations.

« Le conseil de révision se transportera dans les divers cantons; toutefois, suivant les localités, le préfet pourra réunir dans le même lieu plusieurs cantons pour les opérations du conseil.

« Le sous-préfet, ou le fonctionnaire par lequel il aurait été suppléé pour les opérations du tirage, assistera aux séances que le conseil de révision tiendra dans l'étendue de son arrondissement. Il y aura voix consultative.

« ART. 30. La durée du service pour les jeunes soldats faisant partie des deux portions du contingent mentionnées dans l'article précédent est de cinq ans, à l'expiration desquels ils passent dans la réserve, où ils servent quatre ans, en demeurant affectés, suivant leur service antérieur, soit à l'armée de terre, soit à l'armée de mer.

« La durée du service compte du 1er juillet de l'année du tirage au sort.

« Les militaires de la réserve ne peuvent être rappelés à l'activité qu'en temps de guerre, par décret de l'empereur, après épuisement complet des classes précédentes, et par classe, en commençant par la moins ancienne.

« Ce rappel pourra être fait d'une manière distincte et indépendante pour la réserve de l'armée de terre et pour celle de l'armée de mer.

« Les militaires de la réserve peuvent se marier sans autorisation dans les trois dernières années de leur service dans la réserve. Cette faculté est suspendue par l'effet du décret de rappel à l'activité.

« Les hommes mariés de la réserve restent soumis à toutes les obligations du service militaire.

« Le 30 juin de chaque année, en temps de paix, les soldats qui auront achevé leur temps de service dans la réserve recevront leur congé définitif.

« Ils le recevront, en temps de guerre, immédiatement après l'arrivée au corps du contingent destiné à le remplacer.

« Lorsqu'il y aura lieu d'accorder des congés illimités, ils seront délivrés, dans chaque corps, aux militaires les plus anciens de service effectif sous les drapeaux, et de préférence à ceux qui les demanderont.

« Les hommes laissés ou envoyés en congé pourront être soumis à des revues et à des exercices périodiques qui seront fixés par le ministre de la guerre.

« ART. 33. La durée de l'engagement volontaire sera de deux ans au moins.

« L'engagement volontaire ne donnera lieu à l'exemption prononcée par le n° 6 de l'article 13 ci-dessus qu'autant qu'il aura été contracté pour une durée de neuf ans.

« Dans aucun cas, les engagés volontaires ne pourront être envoyés en congé sans leur consentement.

« ART. 36. Les rengagements pourront être reçus, même pour deux ans, et ne pourront excéder la durée de cinq ans.

« Les rengagements ne pourront être reçus que pendant le cours de la dernière année de *service* sous les drapeaux, ou de l'année qui précédera l'époque de la libération définitive.

« Après cinq ans de *service* sous les drapeaux, ils donneront droit à une haute paie.

« Les autres conditions seront déterminées par des décrets insérés au *Bulletin des lois.*

ARTICLE 2.

« Les titres II, III et V de la loi du 26 avril 1855, relative à la dotation de l'armée, et les lois des 24 juillet 1860 et 4 juin 1865, sont abrogés.

« Les substitutions d'hommes sur la liste cantonale et le remplacement sont autorisés conformément aux art. 17, 18, 19, 20, 21, 22, 23, 24, 28 et 29 de la loi du 21 mars 1832, lesquels sont remis en vigueur.

« Et également remis en vigueur le titre III de la même loi, sauf les modifications apportées aux art. 33 et 36 par l'article 1er de la présente loi.

TITRE III. — DE LA GARDE NATIONALE MOBILE.

SECTION Ire. — *De sa composition.* — *De son objet.* — *De la durée du service.*

ARTICLE 3.

« Une garde nationale mobile sera constituée à l'effet de concourir, comme auxiliaire de l'armée active, à la défense des places fortes, des côtes et frontières de l'empire, et au maintien de l'ordre dans l'intérieur.

« Elle ne peut être appelée à l'activité que par une loi spéciale.

« Toutefois les bataillons qui la composent peuvent être réunis au chef-lieu ou sur un point quelconque de leur département, par un décret de l'empereur, dans les vingt jours précédant la présentation de la loi mise en activité.

« Dans ce cas le ministre de la guerre pourvoit au logement et à la nourriture des officiers, sous-officiers, caporaux et soldats.

ARTICLE 4.

« La garde nationale mobile se compose :

« 1° Des jeunes gens des classes des années 1867 et suivantes qui n'ont pas été compris dans le contingent, en raison de leur numéro du tirage ;

« 2° De ceux des mêmes classes auxquels il a été fait application des cas d'exemption prévus par les nos 3, 4, 5, 6 et 7 de l'article 13 de la loi du 21 mars 1832 ;

« 3° De ceux des mêmes classes qui se seront fait remplacer dans l'armée.

« Peuvent également être admis dans la garde nationale mobile ceux qui, libérés du service militaire ou de la garde nationale mobile demandent à en faire partie.

« Les substitutions sont autorisées dans la famille jusqu'au sixième degré inclusivement ; le substitué doit être âgé de moins de quarante ans et remplir les conditions prévues par la loi de 1832.

« Les conseils de révision exemptent du service de la garde nationale mobile les jeunes gens compris sous les paragraphes 1 et 2 de l'article 13 de la loi de 1832.

« Les conseils de révision dispensent du service dans la garde nationale mobile

« 1° Ceux auxquels leurs fonctions confèrent le droit de requérir la force publique ;

« 2° Les ouvriers des établissements de la marine impériale et ceux des arsenaux et manufactures d'armes de l'État dont les services ouvrent des droits à la pension de retraite ;

« 3° Les préposés du service actif des douanes et des contributions indirectes ;

« 4° Les facteurs de la poste aux lettres ;

« 5° Les mécaniciens de locomotive sur les chemins de fer.

« Les conseils de révision dispensent également les jeunes gens se trouvant dans l'un des cas de dispenses prévues par l'article 14 de la loi de 1832 (1), par l'article 79 de la loi du 15 mars 1850 (2) et par l'article 18 de la loi du 10 avril 1867 (3), les jeunes gens qui auront contracté avant le tirage au sort l'engagement de rester dix ans dans l'enseignement primaire, et qui seront attachés, soit en qualité d'instituteur ou en qualité d'instituteur adjoint, à une école libre existant depuis au moins deux ans, ayant au moins trente élèves.

« La dispense ne peut s'appliquer aux instituteurs et aux instituteurs adjoints d'une même école que dans la proportion d'une par chaque fraction de trente élèves.

« Les conseils de révision dispenseront également à titre de soutiens de famille, et jusqu'à concurrence de dix pour cent, ceux qui auront le plus de titres à la dispense.

« Sont exclus de la garde nationale mobile les individus désignés aux n°s 1 et 2 de la loi du 21 mars 1832.

Article 5.

« La durée du service dans la garde nationale mobile est de cinq ans.

« Elle compte du 1er juillet de l'année du tirage au sort.

Article 6.

« Les jeunes gens de la garde nationale mobile continuent à jouir de tous les droits de citoyen ; ils peuvent contracter mariage sans autorisation, à quelque période que ce soit de leur service ; ils peuvent librement changer de domicile ou de résidence ; ils peuvent voyager en France ou à l'étranger, sans que le manquement aux exercices ou aux réunions résultant de cette absence puisse devenir contre eux le motif d'une poursuite.

« Tout garde national mobile peut être admis comme remplaçant dans l'armée active ou dans la réserve, s'il remplit les conditions des articles 19, 20 et 21 de la loi du 21 mars 1832 ; dans ce cas, le remplacé est tenu de s'habiller et de s'équiper à ses frais comme garde national mobile.

Article 7.

« En cas d'appel à l'activité ou de réunion des bataillons de la garde nationale mobile conformément à l'article 3 de la présente loi, le conseil de révision, réuni au chef-lieu de département ou d'arrondissement, dispensera du service d'activité, à titre de soutiens de famille, et jusqu'à concurrence de quatre pour cent, ceux qui auront le plus de titres à cette dispense.

« Pourront se faire remplacer par un Français âgé de moins de quarante ans et remplissant les autres conditions exigées par les articles 19, 20 et 21 de la loi du 21 mars 1832, ceux qui se trouvent dans l'un des cas d'exemption prévus par les n°s 3, 4, 5, 6 et 7 de l'article 13 de ladite loi.

« Le conseil de révision statuera sur les demandes de remplacement et sur l'admission des remplaçants.

(1) Voyez cet article ci-dessus, page 361.

(2) Voyez cette loi sous le mot INSTRUCTION PUBLIQUE.

(3) Voyez cette loi sous le mot ÉCOLES.

SECTION II. — *De l'organisation de la garde nationale mobile.* — *De son instruction.*
— *Des peines disciplinaires.*

ARTICLE 8.

« La garde nationale mobile est organisée par départements, en bataillons, compagnies et batteries.

« Les officiers sont nommés par l'empereur, et les sous-officiers et caporaux par l'autorité militaire.

« Ils ne reçoivent de traitement que si la garde nationale mobile est appelée à l'activité.

« Sont seuls exceptés de cette disposition l'officier chargé spécialement de l'administration et les officiers et sous-officiers instructeurs.

ARTICLE 9.

« Les jeunes gens de la garde nationale mobile sont soumis, à moins d'absence légitime :

« 1° A des exercices qui ont lieu dans le canton de la résidence ou du domicile.

« 2° A des réunions par compagnie ou par bataillon qui ont lieu dans la circonscription de la compagnie ou du bataillon.

« Chaque exercice ou réunion ne peut donner lieu, pour les jeunes gens qui y sont appelés, à un déplacement de plus d'une journée.

« Ces exercices ou réunions ne peuvent se répéter plus de quinze fois par année.

« Toute absence dont les causes ne sont pas reconnues légitimes sera constatée par l'officier ou le sous-officier de la compagnie, qui devra faire viser son rapport par le maire de la commune, lequel donnera son avis.

« Après trois constatations faites dans l'espace d'un an, le garde national mobile peut être poursuivi, conformément à l'article 83 de la loi du 13 juin 1851, devant le tribunal correctionnel, lequel, après vérification des causes d'absence, le condamne, s'il y a lieu, aux peines édictées par ledit article.

« Sont exemptés des exercices ceux qui justifient d'une connaissance suffisante du maniement des armes et de l'école du soldat.

ARTICLE 10.

« Pendant la durée des exercices, la garde nationale mobile est soumise à la discipline réglée par les articles 113, 114 et 116 de la section II du titre IV de la loi du 13 juin 1851 sur la garde nationale, ainsi que les articles 5, 81 et 83 de ladite loi.

« Les peines énoncées à l'article 113 sont applicables, selon la gravité des cas, aux fautes énumérées aux articles 73, 74 et 76 de la section Ire du titre IV.

« La privation du grade est encourue dans les cas prévus aux articles 75 et 76, elle est prononcée :

« Pour les officiers, par l'empereur, sur un rapport du ministre de la guerre.

« Pour les sous-officiers, caporaux ou brigadiers employés à l'administration et à l'instruction sont soumis à la discipline militaire pendant la durée de leurs fonctions.

SECTION III. — *De la mise en activité.*

ARTICLE 11.

« A dater de la promulgation de la loi de mise en activité de la garde nationale mobile, les officiers, sous-officiers, caporaux et gardes nationaux qui la composent sont soumis à la discipline et aux lois militaires. Ils supportent les charges et jouissent

sent des avantages attachés à la situation des soldats, caporaux, sous-officiers et officiers de l'armée.

ARTICLE 12.

« Sont abrogées toutes les dispositions contraires à la présente loi, et spéciale- ment le titre IV de la loi du 21 mars 1832.

SECTION IV. — *Dispositions transitoires relatives au titre Ier.*

ARTICLE 13.

« Les jeunes gens compris dans le contingent de la classe de 1867 jouiront si- multanément du droit de se faire remplacer ou exonérer.

« Le nombre des exonérations ne pourra dépasser le nombre des engagements et des rengagements après libération qui auront été contracté avant le 1er avril 1868.

« Le nombre des exonérations sera réparti par canton, par arrêté du ministre de la guerre, proportionnellement à celui des exonérations prononcées en 1867 dans le même canton.

« Les exonérations prononcées suivant l'ordre des numéros des tirages, en com- mençant par les derniers.

Dispositions transitoires relatives au titre II.

ARTICLE 14.

« Font partie de la garde nationale mobile, à partir de la promulgation de la présente loi, sauf les exceptions prévues par l'article 4 de la présente loi, les hom- mes célibataires ou veufs sans enfants des classes de 1866, 1865, 1864 qui ont été libérés par les conseils de révision.

« Ceux de la classe de 1866 y serviront quatre ans.

« Ceux de la classe de 1865 y serviront trois ans.

« Ceux de la classe de 1864 y serviront deux ans.

« L'engagement de rester dix ans dans l'enseignement, prévu par les lois de 1832, 1850 et 1863, pourra être pris au moment où il sera procédé à la formation de la garde nationale mobile, en vertu des dispositions transitoires ci-dessus.

ARTICLE 15.

« Le maire, assisté des quatre conseillers municipaux les premiers inscrits sur le tableau, dresse l'état de recensement des jeunes gens de sa commune qui doivent faire partie de la garde nationale mobile, conformément à l'article précédent.

« A Paris et à Lyon, cet état est dressé par le préfet ou son délégué, assisté de trois membres du conseil municipal et du maire de chaque arrondissement, pour le recensement de cet arrondissement.

« Le conseil de révision par arrondissement juge, en séance publique, les causes d'exemption, qui ne peuvent être que celles prévues par les nos 1 et 2 de l'article 13 de la loi de 1832, et les cas de dispense prévus par l'article 14 de la même loi et par les articles 79 de la loi du 15 mars 1850 et 18 de la loi du 10 avril 1867.

« Toutefois ce conseil de révision peut exempter, comme soutiens de famille, jusqu'à concurrence de dix pour cent, ceux qui auront le plus de titres à l'exemption.

« Ce conseil est présidé :

« Au chef-lieu du département,

« Par le préfet ou par le secrétaire général ou le conseiller de préfecture délé- gué par le préfet ;

« Au chef-lieu des autres arrondissements,

« Par le sous-préfet.

« Il comprend en outre :

« Un membre du conseil général ;

« Un membre du conseil d'arrondissement ;

« Un officier désigné par le général commandant le département.

« En cas de partage, la voix du président est prépondérante.

« Un médecin militaire est attaché au conseil de révision.

« Ce conseil se transporte successivement dans les différents chefs-lieux et cantons de cet arrondissement.

« Toutefois, selon les localités, le président peut réunir, pour les opérations du conseil, les jeunes gens appartenant à plusieurs cantons.

ARTICLE 17.

« La réunion des listes arrêtées par les conseils de révision des arrondissements forme la liste du contingent départemental.

« Les jeunes gens faisant partie du contingent sont inscrits sur les registres matricules de la garde nationale mobile du département et répartis en compagnies et en bataillons d'infanterie et en batteries d'artillerie. »

SERVICES RELIGIEUX.

Les biens et rentes restitués aux fabriques ont été rendus libres de toute espèce de charge, à l'exception des *services religieux* anciennement fondés, dont l'acquittement a été une condition tacite de la remise desdits biens.

Le gouvernement, comme il le devait, a porté le respect pour les intentions des fondateurs jusqu'à obliger les hospices et bureaux de charité, possesseurs de biens et rentes chargés de *services religieux*, à en verser la rétribution aux fabriques des églises où les fondations avaient été faites. (*Voyez* FONDATIONS.)

Quand une fondation est faite avec charge de *services religieux*, l'autorisation du gouvernement n'est accordée qu'après l'autorisation provisoire de l'évêque. (*Ordonnance du 2 avril 1817, art. 2.*)

Les *services religieux* ordonnés par le gouvernement constituent des dépenses obligatoires du culte qui tombent à la charge des fabriques. (*Avis du conseil d'Etat* ci-après, page 371.)

CIRCULAIRE *de M. le ministre de la justice et des cultes à MM. les préfets, relative aux mesures à prendre pour assurer l'exécution des services religieux imposés comme charge de legs faits à des établissements non ecclésiastiques.*

Paris, le 15 juillet 1838.

« Monsieur le préfet,

« J'ai cru devoir soumettre au conseil d'Etat la question de savoir s'il ne conviendrait pas de faire intervenir les fabriques dans l'acceptation des legs faits aux communes et aux établissements de bienfaisance avec charge de *services religieux*.

« Le conseil a considéré, en thèse générale, que, dans les dispositions de cette nature, les testateurs n'ont point en vue de faire une donation gratuite aux fabri-

ques; que le bénéfice qui résulte pour elles de l'exécution de la fondation ne représente que le prix de *services religieux* : il en a conclu que ces établissements ne
pouvaient être considérés comme légataires, même indirects, et qu'il n'y avait pas
lieu dès-lors d'admettre leur intervention dans l'acceptation des libéra'ités dont il
s'agit; toutefois, considérant que l'obligation de faire célébrer les *services religieux*
peut ne pas être exprimée sous la forme simple que présenterait la question générale,
et que le caractère réel d'une fondation indirecte dépend beaucoup des termes dans
lesquels elle est conçue, le conseil a pensé en même temps que l'administration
devait se réserver d'apprécier la question d'une manière spéciale sur les diverses
espèces qui pourraient faire naître des doutes relativement à la nature des dispositions.

« Mais il a été établi, en toute hypothèse, qu'en cas d'inexécution des fondations
religieuses de la part des établissements auxquels elles ont été imposées, les fabriques, lors même qu'elles ne sont pas intervenues dans l'acceptation des legs, peuvent
toujours, indépendamment des autres voies qui leur sont ouvertes, obtenir l'exécution
de ces *services* en s'adressant aux préfets et au ministre, qui arrêtent les budgets
de ces établissements.

« Les termes de cet avis éclaireront MM. les préfets sur la manière de procéder
à l'instruction des affaires concernant les libéralités faites au profit d'établissements
non ecclésiastiques avec condition de *services religieux*. Ils apprécieront si la nature
de ces charges et les avantages qui peuvent en résulter pour les fabriques sont susceptibles ou non d'appeler l'intervention de celles-ci. Dans ce cas, ils provoqueront
leur délibération suivant les formes ordinaires.

« *Quoi qu'il en soit, ils devront toujours donner avis aux fabriques des autorisations qui seront accordées aux établissements pour l'acceptation de semblables
libéralités.*

« *Enfin ils auront soin, en réglant les budgets de ces établissements, de s'assurer
que les frais nécessaires à l'acquit des fondations religieuses y sont compris.*

« Je vous prie, Monsieur le préfet, de veiller avec soin à ce que l'avis du conseil
d'Etat soit suivi ponctuellement. Le respect qui est dû aux dernières volontés des
mourants et aux sentiments religieux qu'elles expriment fait un devoir à l'administration d'assurer leur accomplissement autant qu'il dépend d'elle. Il y a intérêt pour
les établissements de bienfaisance eux-mêmes, comme pour la morale publique.

« Recevez, Monsieur le préfet, etc.

« Le garde des sceaux, etc.,
« BARTHE. »

*Avis du comité de l'intérieur du conseil d'Etat, du 21 juillet 1838, qui
décide que les frais de célébration des services religieux ordonnés par
le gouvernement constituent des dépenses obligatoires du culte qui
tombent à la charge des fabriques.*

« Les membres du conseil d'Etat composant le comité de l'intérieur, qui, sur le
renvoi ordonné par M. le ministre de la justice et des cultes, ont pris connaissance
d'un rapport sur la question de savoir si la fabrique de l'église cathédrale de Montauban est fondée à demander au conseil municipal le vote préalable ou le remboursement spécial des dépenses nécessaires pour la célébration de l'anniversaire du
28 juillet 1830, et si, malgré le refus du conseil municipal, le ministre de l'intérieur
peut d'office inscrire la dépense sur le budget de la ville ;

« Vu la lettre du 20 juillet 1838, par laquelle le ministre de l'intérieur se joint à son collègue le garde des sceaux, ministre des cultes, pour soumettre la question au comité ;

« Vu le décret du 30 décembre 1809, et notamment les articles 37 et 92 ;

« Vu l'article 30 de la loi du 18 juillet sur l'administration municipale ;

« Considérant que la célébration du *service* anniversaire de juillet, ordonnée par le gouvernement dans toutes les églises de France, constitue une dépense du culte obligatoire, qui tombe à la charge des fabriques, et doit entrer dans leurs budgets et leurs comptes annuels ;

« Que la fabrique de Montauban, considérée soit comme cathédrale, soit comme paroisse, doit satisfaire à cette obligation.

« Quant à la question de savoir si la fabrique est fondée, dans le cas d'insuffisance de ses revenus, à venir réclamer une subvention spéciale du conseil municipal, et si, malgré le refus du conseil, cette subvention peut être inscrite d'office par le ministre au budget de la ville ;

« Considérant que, dans le cas où la fabrique de l'église cathédrale de Montauban serait fondée à exercer contre la commune le recours ouvert par le décret de 1809 pour le payement des frais du culte paroissial, sa demande actuelle ne pourrait être admise dans la forme dans laquelle elle est présentée ;

« Qu'en effet, il n'entre ni dans les termes ni dans l'esprit du décret de 1809 que les communes soient appelées à voter, sur la demande des fabriques, des subventions pour un objet spécial ;

« Que ce n'est qu'après la liquidation de leurs comptes et le règlement de leur budget, et seulement en cas de déficit sur l'ensemble des dépenses mises à leur charge par l'article 37 du décret du 30 décembre 1809, que les fabriques des églises paroissiales sont admises à présenter leurs budgets et leurs comptes au conseil municipal, et à réclamer, au nom de l'article 92 du décret, et de l'article 30, § 11, de la loi du 18 juillet 1837, l'allocation de la somme nécessaire, non pour couvrir telle ou telle dépense, mais pour suppléer au déficit général du budget ;

« Sont d'avis :

« 1° Que la fabrique ne peut se refuser à faire les frais du *service* anniversaire de juillet (1) ;

« 2° Qu'il n'y a pas lieu, quant à présent au moins, d'inscrire d'office, au budget de la ville de Montauban, la somme demandée d'une manière spéciale pour la célébration de ce *service*. »

Lorsqu'un testateur a chargé ses héritiers de faire célébrer annuellement et à perpétuité, dans une église par lui désignée, un certain nombre de messes ou *services religieux*, sans déterminer la rente qui devra être affectée, chaque année, à ces *services*, si les héritiers veulent rembourser le capital de la fondation, ils sont tenus de payer à la fabrique la somme représentant, au taux ordinaire de cinq pour cent, la rétribution annuelle fixée par l'évêque diocésain pour l'acquit de la dépense de ces *services*. (*Voyez* FONDATION.)

L'autorité chargée d'approuver la fondation n'aurait pas le droit

_____

(1) Il en est de même de tous les *services religieux* ordonnés par l'évêque diocésain sur la demande du gouvernement. Ils doivent toujours être faits aux frais de la fabrique.

de fixer, pour le remboursement de la rente, un capital plus considérable.

Lorsqu'en donnant leur consentement à la délivrance du legs d'une rente dont le capital n'excède pas 300 francs, les héritiers du testateur ont en même temps offert à la fabrique légataire le remboursement du capital de cette rente (bien que le préfet fût compétent à raison de la nature et du chiffre du legs, pour accorder l'autorisation de l'accepter), il doit être statué par le même décret du gouvernement, tant sur la demande en autorisation d'acceptation de ce legs que sur la demande en autorisation d'employer en achat de rentes sur l'Etat le capital provenant du remboursement. (V. RENTES.) Ces solutions résultent de la lettre suivante.

LETTRE *de M. le Directeur général de l'administration des cultes à M. le préfet de la Moselle.*

« Paris, le 28 mars 1849.

« Monsieur le préfet,

« Vous m'avez adressé, le 9 février dernier, le dossier relatif à une fondation de *services religieux*, instituée par la demoiselle Marthe Peiffer, dans l'église succursale d'Elzange, suivant son testament public du 26 avril 1831, la dépense de cette fondation ayant été fixée par Mgr l'évêque de Metz à 6 francs par an, vous proposez, de concert avec le préfet, d'autoriser la fabrique d'Elzange à accepter cette rente, mais en portant à 150 fr., le capital qui, en cas de remboursement, devrait être payé à cet établissement afin que, dans toute hypothèse, le revenu affecté à la célébration des *services religieux*, fût suffisant pour en acquitter le prix.

« Cette proposition ne serait susceptible d'être accueillie, dans ces termes, monsieur le préfet, qu'autant que les héritiers de la demoiselle Peiffer auraient consenti, par acte authentique, la constitution, au profit de la fabrique d'Elzange, d'une rente de 6 fr., au capital de 150 fr. En effet, l'autorité chargée d'approuver la fondation ne peut, en présence des termes du testament de la demoiselle Peiffer, qui n'a désigné aucune somme quelconque, qu'autoriser la fabrique « à accepter la fondation établie par cet acte, et à recevoir des héritiers la rente de 6 fr., reconnue nécessaire pour en acquitter la dépense. » Mais il ne saurait lui appartenir, une fois le prix des *services* ainsi déterminé, de régler arbitrairement le capital de la rente, en substituant le chiffre de 150 fr. à celui de 120 fr. représentant, au taux ordinaire de cinq pour cent, la rente déjà servie en fait par les héritiers. Le chiffre de 120 francs, pour le capital, sera irrévocablement acquis aux héritiers Peiffer, comme celui de 6 fr. pour les arrérages de la rente, par le fait seul de l'acceptation régulièrement autorisée de la fondation. Ces héritiers pourront dès-lors, à toute époque se libérer envers la fabrique, en lui remboursant un capital de 120 francs.

« S'il arrivait que le revenu produit par la somme remboursée ne fût plus suffisant pour payer la dépense de la fondation, l'évêque diocésain pourrait réduire proportionnellement le nombre des *services* à célébrer, par application de l'art. 29 du décret du 30 décembre 1809, et les intérêts de la fabrique seraient ainsi complétement sauvegardés. C'est en ce sens que les questions analogues ont toujours été résolues par l'administration des cultes.

« Aux termes de l'art. 1er de l'ordonnance réglementaire du 2 avril 1817, les dons et legs en argent ou en objets mobiliers n'excédant pas 300 francs sont autorisés par les préfets. C'est donc à vous, Monsieur le préfet, qu'il appartiendrait, dans tous les cas, de statuer sur la demande de la fabrique d'Elzange. Je vous renvoie, en conséquence, le dossier de l'affaire, en vous priant de vous conformer, pour la rédaction de votre arrêté, aux observations qui précèdent.

« Toutefois, si les héritiers de la demoiselle Peiffer persistaient dans leur offre de remboursement du capital, et qu'il s'agit, en conséquence, d'autoriser en même temps et l'acceptation du legs et le placement en rentes sur l'Etat du capital remboursé, vous devriez me transmettre de nouveau le dossier, afin qu'il pût être prononcé sur le tout par un décret du président de la République.

« Durieu. »

SERVICES FUNÈBRES.
(*Voyez* ci-dessus et FRAIS FUNÉRAIRES.)

SERVITEURS DE L'ÉGLISE.

On appelle *serviteurs de l'église* les sonneurs, sacristains, bedeaux, suisses, etc. Ils sont nommés par le curé dans les paroisses rurales et par le bureau des marguilliers, sur la présentation du curé, dans les villes. Leur salaire, qu'ils soient ou non nommés par le curé, est toujours payé par la fabrique. (*Voyez* SONNEUR, SACRISTAIN, BEDEAU, etc.)

Les conseils de fabrique n'ont pas le droit d'accorder des pensions de retraite aux anciens *serviteurs de l'église*. Il appartient à l'évêque diocésain de supprimer des budgets soumis à son approbation des allocations semblables qui y figureraient. Ces solutions ont été consacrées par la décision ministérielle ci-après :

LETTRE *du 4 octobre 1841, de M. le ministre de la justice et des cultes* (M. Martin du Nord) *à Mgr l'évêque de Luçon.*

Paris, le 4 octobre 1841.

Monseigneur,

« Vous m'informez par votre lettre du 30 août dernier qu'en examinant les budgets qui ont été soumis à votre approbation par les fabriques de votre diocèse, vous avez remarqué que l'une d'elles vient de porter à son budget de 1842 une somme de 48 francs, comme retraite à un ancien sacristain que ses infirmités ont forcé de donner sa démission. Vous m'exprimez en même temps le désir de connaître mon avis sur la question de savoir si les conseils de fabrique sont libres d'accorder des traitements de retraite aux anciens serviteurs de l'église.

« Le décret du 30 décembre 1809 a réglé l'emploi que les fabriques doivent faire de leurs revenus. Il a déterminé, en outre, les charges imposées à ces établissements et qui ont exclusivement pour objet la célébration du culte paroissial. Les *serviteurs de l'église* reçoivent aussi des salaires de la fabrique, mais c'est uniquement en raison des fonctions qu'ils exercent. Lorsque les fonctions cessent, les gages doivent également cesser avec elles. Ni le décret du 30 décembre 1809, ni aucune autre disposition législative n'en autorisent la continuation à titre de pension de retraite.

En conséquence, un conseil de fabrique ne peut, sans les détourner de leur destination, employer les ressources fabriciennes au payement de semblables pensions
de retraite.

Il vous appartient, Monseigneur, de supprimer des budgets soumis à votre approbation les articles relatifs à ces sortes d'allocations irrégulières. »

SERVITUDES.

Les *servitudes* sont des droits immobiliers. (*Art.* 526 *du Code civil.*) Elles ne sont établies qu'en faveur d'un héritage sur un autre
héritage. (*Art.* 637.)

Les fabriques doivent veiller avec grand soin à ce qu'on ne prenne
des *servitudes* ni sur l'église, ni sur le presbytère, ni sur aucun des
biens qui leur appartiennent. Nous avons très-souvent remarqué que
les propriétaires voisins des presbytères, des cimetières ou églises,
prennent des jours sur les cours et jardins des presbytères, sur les
processionnaux des églises (*voyez* PROCESSIONNAUX), sans que les fabriques y mettent le moindre obstacle. Elles se rendent par là très-
coupables, puisqu'elles violent un de leurs principaux devoirs.

Toutes contestations au sujet des *servitudes* avec les particuliers
étant du ressort des tribunaux civils, les fabriques ne peuvent actionner ou défendre qu'avec l'autorisation du conseil de préfecture.
Cependant les trésoriers chargés de faire tous les actes conservatoires, peuvent, sans autorisation, faire les poursuites nécessaires
pour arrêter ou empêcher une *servitude.*

Les *servitudes* qui dérivent de la situation des lieux, ou des obligations imposées par la loi, sont applicables aux immeubles des fabriques, activement et passivement, comme aux immeubles des particuliers. Mais la fabrique ne pourrait ni acquérir une *servitude* ni en
grever ses propriétés, sans remplir les formalités prescrites pour les
acquisitions, et pour les aliénations de propriétés immobilières.

Leur conservation est un des points sur lesquels la surveillance
de la fabrique doit surtout s'exercer ; car elles se perdent par le non
usage, par l'abus et par la prescription.

Nous avons rapporté sous le mot PRESCRIPTION une circulaire ministérielle très-importante à consulter sur les *servitudes* actives et passives des immeubles appartenant aux établissements ecclésiastiques.

Les églises et autres édifices publics ne peuvent pas être grevés
des *servitudes* que la loi autorise de particulier à particulier. La
faculté accordée par l'article 661 du Code civil, au propriétaire
joignant un mur, de le rendre mitoyen, en en payant la moitié de
la valeur, ne s'étend pas au cas où ce mur dépend d'un édifice public
hors du commerce, notamment d'une église. (*Arrêt de la cour royale
de Toulouse, du* 13 *mai* 1831.)

Une commune, même propriétaire d'un presbytère, ne peut y
établir des *servitudes*. (*Voyez* PUITS.)

Tout propriétaire doit établir ses toits de manière que les eaux pluviales s'écoulent sur son terrain ou sur la voie publique; il ne peut les faire verser sur les fonds de son voisin. (*Art.* 681 *du Code civil.*)

Le propriétaire d'une maison, des toits de laquelle les eaux, en s'écoulant, causent des dommages à la propriété d'autrui, peut être condamné à faire cesser et à prévenir ces dommages. Spécialement, si les eaux en tombant sur une cour appartenant au propriétaire de la maison, s'infiltrent dans une cave qui se trouve immédiatement au-dessous et qui appartient à la fabrique ou à la commune, ou à tout autre propriétaire de la maison et de la cour peut être obligé à paver sa cour de telle manière que le propriétaire de la cave n'en ressente aucun préjudice. (*Arrêt de la cour de Cassation du 13 mai 1827.*)

Il n'existe, dans l'état actuel de la législation, aucune disposition d'après laquelle les terrains réservés autour des églises deviennent de droit rues ou places publiques. Les propriétaires riverains n'ont, par conséquent, ni le droit d'ouvrir des portes, ni d'y établir aucune autre *servitude*. (*Voyez* PROCESSIONNAUX.)

SESSIONS DES CONSEILS DE FABRIQUES.

Les *sessions* ordinaires des conseils de fabriques ont lieu quatre fois l'année, le dimanche de Quasimodo, les premiers dimanches de juillet, d'octobre et de janvier; les *sessions* extraordinaires, toutes les fois que la nécessité le demande et qu'elles sont autorisées par l'évêque ou par le préfet. (*Voyez* SÉANCES.)

SIGNATURE.

La plupart des archevêques ou des évêques sont dans l'usage, en donnant leur quittance de traitement, de n'apposer pour *signature* sur les avis d'ordonnance, que leur titre épiscopal, qu'ils font précéder d'une croix; quelques-uns ajoutent à ce signe un ou plusieurs prénoms, ou en indiquent seulement les initiales. Ces différentes *signatures* sont incomplètes; elles doivent toujours comprendre le nom de famille des prélats; c'est le nom qui caractérise généralement une *signature*, et il n'en est pas reçu d'une autre forme dans les actes publics et privés. S'il arrive quelquefois que, dans de hautes positions sociales, une qualité se trouve substituée au nom patronymique de celui qui en est revêtu, c'est que cette qualité lui est devenue personnelle et qu'elle constitue alors son individualité; mais il n'en est pas ainsi du titre d'archevêque ou d'évêque, puisque ce titre n'est point inhérent au prélat qui le porte, et que celui-ci est obligé d'en changer dès qu'il est appelé à un autre siège. (*Voyez* TESTAMENT.)

Une circulaire du 10 mai 1837 demande aux évêques de faire connaître d'une manière authentique leur *signature* et celle de leurs vicaires généraux, pour en faciliter la légalisation. Nous rapporterons ici celle du 20 janvier 1854 qui prescrit la mêmechose.

CIRCULAIRE *de M. le ministre de l'instruction publique et des cultes, à MMgrs les archevêques et évêques, relative à l'envoi par eux au ministère des cultes de leur signature, de celles de leurs vicaires généraux agréés et de l'empreinte de leurs armes.*

Paris, le 20 janvier 1854.

« Monseigneur,

« Les nombreux changements survenus depuis quelques années dans le personnel de l'administration diocésaine occasionnent par fois des doutes lorsqu'il s'agit de la légalisation de la *signature* apposée par MMgrs les évêques ou leurs vicaires généraux au bas d'actes destinés à l'étranger.

« J'ai l'honneur de vous prier, Monseigneur, de vouloir bien faire apposer la *signature* de MM. les vicaires généraux agréés sur la feuille ci-jointe, que vous me enverrez après l'avoir certifiée, je vous prie également d'y apposer le sceau de vos armes. »

Les membres d'un conseil de fabrique manquent à leur devoir lorsqu'ils s'abstiennent d'assister aux séances de ce conseil sans justifier d'un empêchement légitime. Tous les conseillers présents à une délibération sont tenus de la signer, alors même qu'ils ne partagent pas sur quelques points l'opinion de la majorité. (*Voyez* DÉLIBÉRATION.) M. Prompsault pense même que celui d'entre eux qui refuserait de signer, pourrait pour ce seul fait être révoqué. C'est, dit-il, mon opinion. Mais nous ne pensons pas que ce soit une cause de révocation. Le ministre, comme il l'a dit, blâmerait la conduite de ce conseiller, mais on ne le révoquerait pas pour cela.

SIGNIFICATIONS.

Les *significations* d'exploits, d'assignation et de tous autres actes de procédure sont faites au nom des trésoriers, aux termes de l'article 79 du décret du 30 décembre 1809.

Les *significations* à faire aux fabriques doivent être notifiées à leurs trésoriers, comme étant préposés à cet effet par le décret de 1809, et à leur domicile. (*Voyez* TRÉSORIER.)

SIMULTANEUM.

On appelle *simultaneum* l'usage où sont les catholiques et les protestants de quelques communes d'Alsace de se servir simultanément de la même église pour y exercer les deux cultes.

Il paraît de règle générale dans les églises où s'exercent successivement les deux cultes que le chœur reste exclusivement réservé aux catholiques. Nous devons faire remarquer que l'usage du *simultaneum* est formellement contraire à l'article 46 de la loi du 18 germinal an X (8 avril 1802) ; cet article est ainsi conçu : « Le même temple ne pourra être consacré qu'à un même culte. »

Cette disposition, dit M. Vuillefroy (1), a pour but de prévenir les scandales et les rixes. L'intention du gouvernement n'a pas été de favoriser un culte aux dépens des autres ; il a regardé comme juste que chacun ait son temple, et s'est proposé d'y pourvoir. Il n'a jamais, du reste, empêché de continuer l'exercice de deux cultes différents dans les temples où il est en usage ; mais il cherche à en diminuer successivement le nombre et à remplir le vœu de la loi, en autorisant l'ouverture de temples nouveaux, et souvent en contribuant aux frais de leur établissement. Malgré ses efforts, il restait encore, en 1837, cent quarante-quatre églises ou les cultes catholique et protestant étaient exercés simultanément.

Cet état de choses remonte à l'établissement du protestantisme en Allemagne, et aux usurpations commises alors par les protestants.

Elles furent confirmées par deux traités de paix. L'un et l'autre maintenaient les sectateurs des deux religions dans la jouissance des églises dont ils étaient actuellement en possession. Louis XIV crut pouvoir, sans déroger, accorder à la religion catholique la jouissance du chœur de l'église et d'une partie du cimetière, toutes les fois qu'il y aurait sept familles professant cette religion sur la paroisse. Louis XV confirma cette concession. Depuis 1801, le gouvernement n'a point invoqué les décisions données par Louis XIV et Louis XV. Cependant il ne les a point niées, il s'est contenté de les passer sous silence.

Le *simultaneum* existe notamment dans les départements du Haut-Rhin, du Bas-Rhin, du Doubs, de la Haute-Saône et de la Meurthe. Ce *simultaneum*, dit avec raison M. Gaudry, est l'état de choses le plus déplorable que l'on puisse imaginer, et peut donner lieu à de grands scandales. On doit faire des vœux pour qu'il cesse par la construction d'églises ou de temples nécessaires à la célébration de chaque culte. Jusque-là, les ministres des différents cultes doivent mettre une grande prudence dans les relations forcées par cette division.

Cependant il est arrivé que des ministres de l'un ou de l'autre culte avaient fait faire, de leur pleine autorité, des changements intérieurs dans ces églises mixtes. On conçoit à quels abus ces dispositions pourraient conduire. Un arrêté ministériel du 22 avril 1843

---

(1) *Traité de l'administration du culte catholique.*

rapporté ci-dessous, défend tout changement, toute modification dans la disposition intérieure de ces églises, sans que la demande en ait été adressée par les curés à l'évêque diocésain, et par les pasteurs protestants au directoire de la confession d'Augsbourg, ou à leur consistoire respectif pour le culte réformé. Ces demandes sont transmises au préfet qui en réfère au ministre, lequel statue définitivement après une instruction préalable,

Dans les églises où le *simultaneum* existe, les heures de service pour chacun des deux cultes sont déterminées par un règlement du préfet, qui doit être rendu exécutoire par un décret du chef de l'Etat, ainsi qu'on le voit par un rapport et un décret impérial du 18 février 1807.

La raison pour laquelle le chœur ne peut servir en même temps aux catholiques et aux protestants, c'est que les canons s'opposent : 1° à ce que le culte catholique soit exercé dans un lieu profane ; 2° à ce que le lieu dans lequel nos saints mystères sont célébrés serve de réunion à une assemblée avec laquelle il ne nous est pas permis de communiquer *in sacris* ; 3° à ce que le service divin soit célébré dans une église polluée.

Arrêté de M. le garde des sceaux, ministre secrétaire d'Etat de la justice et des cultes, relatif à l'exercice du simultaneum *dans les églises mixtes, et aux travaux à effectuer dans les mêmes églises.*

« Nous, garde des sceaux, etc.

« Vu les lettres de M le président du directoire de la confession d'Augsbourg, en date des 7 et 10 avril, annonçant que des travaux ayant pour objet de modifier la disposition intérieure de l'église mixte de Baldenheim, arrondissement de Schelestadt, ont été exécutés, sans autorisation préalable, d'après l'ordre du desservant de Muttershols, dont l'église de Baldenheim est une annexe.

« Vu, sur le même fait, les lettres de M. le préfet du Bas-Rhin, des 11 et 14 du même mois ; le rapport de M. le sous-préfet de Schelestadt du 10 avril, et celui de M. l'officier de gendarmerie du même arrondissement, portant la date du 11 ;

« Considérant qu'il importe de prévenir, partout où sont encore des églises mixtes, le renouvellement de toute entreprise semblable, et que nulle innovation à l'état actuel des choses, en ce qui touche la pratique du *simnltaneum*, ne saurait être justifiée que par une nécessité réelle, dont il est convenable que l'autorité supérieure se réserve l'appréciation ;

« Avons arrêté et arrêtons ce qui suit :

« ARTICLE 1er. Aucun changement, aucune modification dans l'usage du *simultaneum* et dans la disposition intérieure des églises mixtes ne seront entrepris sans que la demande en ait été adressée, par les curés et desservants, à l'archevêque ou à l'évêque diocésain, et par les pasteurs protestants au directoire de la confession d'Augsbourg ou à leur consistoire respectif, pour le culte réformé : l'archevêque ou l'évêque, le directoire ou les consistoires transmettront ces demandes au préfet, qui devra nous en référer pour être définitivement ordonné par nous ce qu'il appartiendra, après une instruction préalable dans laquelle auront été provoqués les observations ou contredits de l'archevêque, de l'évêque, du directoire ou du consistoire, suivant les cas.

« ART. 2. MM. les préfets du Haut et Bas-Rhin, du Doubs, de la Haute-Saône, de la Meurthe, sont chargés de l'exécution du présent arrêté ,dont une ampliation sera transmise à Mgr l'archevêque de Besançon, à Mgr l'évêque de Strasbourg, à l'évêque de Nancy, à M. le président du directoire de la confession d'Augsbourg, aux consistoires du culte réformé dans les circonscriptions desquels existent encore des églises mixtes.

« Fait à Paris, le 22 avril 1843.

« M. MARTIN (du Nord.) »

SOCIÉTÉ CIVILE.

Selon les articles 1832 et 1842 du Code civil, la *société civile* est un contrat par lequel deux ou plusieurs individus conviennent de mettre quelque chose en commun dans la vue de partager le bénéfice qui pourra en résulter. Elle est appelée une *société particulière*, lorsqu'elle a pour objet, soit une entreprise désignée, soit l'exercice de quelque métier ou profession. Plusieurs savants jurisconsultes, notamment MM. de Vatimesnil (1) et Gaudry (2), ont émis et soutenu avec force l'opinion que les membres des congrégations religieuses non autorisées, qui conservent individuellement la jouissance de tous les droits civils, peuvent régulièrement former, comme les laïques, une *société civile*. On peut voir plus loin les raisons qu'allègue M. Gaudry en faveur de son opinion. On leur a opposé de graves objections. Il faut convenir d'abord, dit M. N. de Berty (3), que la fin des associations religieuses n'est point de se partager des bénéfices. Les personnes qui renoncent aux avantages matériels du monde pour s'enfermer dans un couvent jusqu'à leur dernier soupir, sont dirigées par des sentiments plus élevés. D'ailleurs, le but lucratif des *sociétés civiles* est incompatible avec les statuts de la plupart des associations religieuses, telles que les communautés contemplatives, celles qui se dévouent au soulagement des pauvres et au service des malades, les congrégations de missionnaires qui ne recueillent dans les pays barbares d'autre bénéfice qu'une mort violente, etc., etc.

Néanmoins, une distinction pourrait être posée; lorsqu'une association s'établissait dans une commune rurale pour défricher des terres incultes, et que l'exploitation agricole serait l'objet principal déterminant de la réunion de ses membres, cette association, bien que composée de religieux, pourrait constituer une *société civile*. Si au contraire, l'exploitation agricole n'était qu'une occupation accessoire d'une association qui présenterait tous les caractères d'une con-

(1) *Mémoire sur l'état légal en France des associations religieuses non autorisées*.
(2) *Traité de la législation des cultes*, tome II, pages 390 et suivantes.
(3) *Nouveau journal des conseils de fabriques*, tome XV, page 119.

grégation religieuse, la *société civile* ne serait pas admissible. Cette dis-tinction semble conforme à l'équité, aux règles des *sociétés civiles* particulières (*articles* 1841 *et* 1842 *du Code civil*), à la liberté indi-viduelle et à la liberté des cultes, qui sont garanties indistinctement à tous les français par la constitution de 1852. Cependant elle a été repoussée dans une affaire relative aux trappistes de Bricquebec (Manche), par un arrêt de la cour de Caen du 20 juillet 1846 et par un arrêt de la cour de Cassation du 26 février 1849. Voici la subs-tance des motifs de la cour de Caen :

« Sans doute, il est permis de s'associer, suivant les principes du droit civil, pour demeurer et travailler en commun, mais si, sous la forme apparente d'une *société* purement civile, on déguise une véri-table congrégation religieuse, on ne peut échapper par cette simula-tion à la prohibition de la loi. Alors la société manque d'une condi-tion essentielle à sa validité, d'un objet licite. Si les associations religieuses pouvaient ainsi se convertir en *sociétés civiles*, il serait trop facile d'éluder les lois qui les assujettissent à l'autorisation du gouvernement; non-seulement ces lois deviendraient illusoires; mais encore les congrégations cachées sous le voile des *sociétés civiles* se-raient dans une position meilleure que celle des congrégations légale-ment reconnues dont la capacité de recevoir est renfermée dans certaines limites et soumise au contrôle de l'administration supé-rieure. »

En présence de cette jurisprudence, dit M. N. de Berty, nous ne pouvons conseiller aux associations religieuses non autorisées de re-courir au moyen périlleux de la formation d'une *société civile*.

D'un autre côté, M. Gaudry s'élève de toute sa force contre la doctrine consacrée par cet arrêt de la cour de Cassation; elle lui paraît contraire à la raison et à la loi. Il y a une distinction im-portante à faire, dit-il, entre un corps de main-morte constitué à perpétuité, dans lequel les individualités disparaissent, pour faire place à une administration publique, et une société toujours transi-toire, subordonnée à la volonté des individus qui la composent, lais-sant subsister leurs intérêts respectifs, et offrant des garanties aux tiers dans la personne des associés. La première enlève légalement à l'Etat la circulation des biens, et la disponibilité des individus; elle ne peut donc exister que par la volonté de l'Etat : la seconde laisse les biens dans la circulation, et les personnes restent de simples ci-toyens; il n'y a donc pas la moindre analogie entre l'une et l'autre. Il n'existe pas de motifs pour interdire une *société* lorsqu'elle a pour principe un but religieux. La loi ne la défend pas. Elle se borne à proscrire, par l'article 1823 du Code civil, toute société qui au-rait un objet illicite; or, il n'y a assurément rien d'immoral ni de contraire à la loi dans une collection d'individus qui réunissent en commun des moyens d'existence, insuffisants dans le monde, et suffisants dans leur vie modeste, à la condition de se soumettre à une règle honnête, et de se livrer ensemble aux mêmes exercices de piété.

De telles associations civiles, dit-on, créeraient indirectement de véritables communautés religieuses que la loi a voulu empêcher. Non, la loi ne peut pas, et ne veut pas empêcher des associations religieuses en elles-mêmes ; car peu lui importent les pensées et les pratiques religieuses des individus ; elle a voulu empêcher la formation des corps de *main-morte*, parce qu'ils font acquérir aux individus, aux yeux mêmes de la *société civile*, des droits et des obligations que la loi a voulu restreindre, et parce qu'ils retirent des biens de la circulation. Or, une *société civile*, même universelle, ne frappe aucun de ses biens d'indisponibilité, et ne donne aux individus qui la composent ni droits ni obligations parmi les autres citoyens.

On insiste et l'on dit : c'est un moyen de rétablir les communautés religieuses au mépris de la loi. Les congrégations religieuses dont on a voulu empêcher le rétablissement, sont les *corps légaux* qui ont leur vie indépendante des individus, et qui possèdent sans pouvoir aliéner : voilà ce que la loi a proscrit. (*Voyez* CONGRÉGATIONS RELIGIEUSES.) A côté de la loi, qui permet des associations civiles, sans restriction et sans limites, prétendre interdire certaines *sociétés* parce que les membres de ces associations portent tel vêtement, se livrent à tels exercices de piété, c'est un non sens, c'est une violation de la loi.

M. Troplong (1) dit que les associations formées dans un but religieux ne sont pas de véritables *sociétés* ; « que là, où l'on ne trouve pas le gain comme but direct, ne se trouve pas la *société* proprement dite. » Son observation s'applique à des *associations autorisées* ; et en effet, dès que le corps moral est formé, ce n'est plus une *société civile*. Si l'on voulait étendre ce principe aux associations libres, il nous serait impossible de l'accepter.

D'abord, si la mise des biens en commun est nécessaire dans les contrats de *société*, ce caractère se rencontre dans les actes où des individus apportent quelques biens pour vivre de leurs produits avec plus d'économie. La vie dans le monde est impossible avec un revenu de 200 ou 300 francs ; elle est facile dans une communauté religieuse. Oter à des individus le droit de s'associer dans ces conditions, c'est porter atteinte à la plus précieuse des libertés. Qu'un certain nombre de personnes, dans les habitudes ordinaires de la *société*, forment un tel contrat, qui oserait le contester ? Et parce qu'elles joindront la pensée de prier en commun, les voilà frappées d'inter-

(1) *Contrat de société*, n° 33.

diction d'user de leur liberté ! Au surplus, la loi n'autorise pas seulement la *société* quand on y apporte des biens ; on peut, dit l'article 1842, *s'associer pour l'exercice d'un métier ou d'une profession*. Ainsi, les professions les plus vulgaires, les plus frivoles jouiront du bienfait de l'association ; et des individus ne pourront pas se réunir en *société*, comme des trappistes pour cultiver la terre, ou comme des bénédictins pour se livrer à des travaux d'intelligence, ou comme des ursulines, des carmélites, pour se livrer à des ouvrages de leur sexe ! Il nous semble impossible qu'il en soit ainsi.

Telles sont les caractères des associations religieuses formées par un parti social. Elles sont régulières et licites ; et, sous ce rapport, elles ne peuvent être attaquées.

« Pourrait-on, ajoute M. Gaudry, créer une société à temps illimité avec faculté d'avoir de nouveaux membres ?

« Quant à la durée illimitée, elle n'est pas en elle-même une cause de nullité de la *société; seulement tout associé a la faculté de provoquer la dissolution de la *société;* lorsqu'il le juge convenable, malgré toutes les clauses contraires. C'est un droit accordé par l'article 1869 du code Napoléon.

« En vain, pour empêcher l'effet de cette demande, on stipulerait qu'un associé, en se retirant, perdrait son droit à la chose commune ; cette disposition serait bonne si un associé consentait à se retirer sans demander la dissolution ; mais du moment où il voudrait user rigoureusement de son droit, rien ne pourrait empêcher la dissolution et la liquidation. En effet, nul ne peut, à l'aide d'une clause pénale, paralyser l'exercice d'un droit accordé par la loi, surtout lorsque ce droit est créé dans un intérêt public. Or, tel est le but de l'article 1867 du code Napoléon ; il défend les associations perpétuelles non révocables, parce que la perpétuité des associations formerait, jusqu'à un certain point, des corps de main-morte, sans autorisation et sans surveillance, ce qui est contraire à l'esprit général de la législation. Il est donc impossible d'admettre la validité d'une clause qui aurait pour effet d'assurer cette perpétuité; mais, sauf cette restriction, la *stipulation* d'une *société* illimitée dans sa durée, n'est pas, en elle-même, une cause de nullité de la *société*.

SOCIÉTÉ DE SECOURS MUTUELS.

Les *sociétés de secours mutuels*, organisées en France par la loi du 15 juillet 1850, ont pour but 1° d'assurer des secours temporaires aux sociétaires malades, blessés ou infirmes, de pourvoir aux frais de leur enterrement, et même de leur promettre des pensions de retraite, si elles ont des ressources suffisantes ; 2° de leur inspirer des pensées de prévoyance et d'économie en les habituant à prélever chaque année sur le produit de leur travail une modique cotisation pour se ménager des moyens d'existence dans l'avenir ; 3° d'établir entre leurs membres des sentiments d'union et d'assistance réciproque et des garanties de bonne conduite.

L'article premier du décret du 26 mars 1852 porte qu'une *société de secours mutuels* sera créée par les soins du maire et du curé dans chacune des communes où l'utilité en aura été reconnue (1). Ainsi les curés sont appelés à concourir avec les maires à la formation de ces utiles associations. Dans leurs instructions sur l'exécution du décret précité, MM. les ministres de l'intérieur et des cultes ont fait un ardent appel au dévouement du clergé. Nous nous bornerons à citer le passage suivant de la circulaire que M. Fortoul, ministre des cultes, a adressée aux évêques le 13 novembre 1852 (2). « Mieux que personne, MM. les curés peuvent apprécier l'heureuse influence que les *sociétés de secours mutuels* sont destinées à exercer non-seulement pour le bien-être matériel, mais sur la moralité des ouvriers; mieux que personne aussi, ils sauront expliquer l'utilité pratique de l'institution, le bénéfice et l'honneur que chacun trouvera à en faire partie, il sera digne de leur caractère de provoquer les associations ou d'y participer sérieusement, et d'ajouter ce nouveau genre de services à tous ceux que leur charité rend chaque jour à l'église et au pays. »

En réalité, cette circulaire a indiqué les devoirs du clergé au point de vue civil. Les curés, qui contribuent activement à la création d'une *société de secours mutuels* dans leur paroisse, remplissent donc une obligation légale, et donnent en même temps à leurs paroissiens une preuve permanente de leur affection paternelle.

Le ministre ajoute qu'avant le décret du 25 mars 1852, il s'était formé dans plusieurs paroisses, sous la direction du curé ou de l'évêque, des *sociétés* dont le but était de secourir les associés malades, les veuves ou les orphelins des associés, et de leur distribuer dans des réunions fréquentes, l'instruction morale et religieuse. Le gouvernement est disposé à reconnaître officiellement les associations de ce genre, à la condition 1° que chaque société lui remettra la nomination de son président; 2° qu'elle admettra des membres honoraires ; 3° qu'elle ne promettra pas de subvention en cas de chômage.

Nous croyons devoir recommander au clergé l'utile institution des *sociétés de secours mutuels*, dont la charité peut être la base; ces *sociétés* nous paraissent susceptibles de produire le plus grand bien et les plus heureux résultats, si le curé, dans chaque commune, y met l'influence que son ministère et sa position doivent nécessairement

(1) *Voyez* ce décret ci-après, page 385.
(2) Voyez cette circulaire ci-après, page 387.

lui donner. Comme il en fait partie de droit, il est nécessaire qu'il connaisse bien la législation relative à ces sociétés ; c'est ce qui nous détermine à rapporter ici les documents suivants.

DÉCRET *du 26 mars 1852 sur les sociétés de secours mutuels.*

« LOUIS-NAPOLÉON, président de la République française,
« Sur la proposition du ministre de l'intérieur,
« Décrète :

TITRE Ier. — *Organisation et base des sociétés de secours mutuels.*

« ART. 1er. Une *société de secours mutuels* sera créée par les soins du maire et du curé dans chacune des communes où l'utilité en aura été reconnue.

« Cette utilité sera déclarée par le préfet après avoir pris l'avis du conseil municipal.

« Toutefois, une seule *société* pourra être créée pour deux ou plusieurs communes voisines entre elles, lorsque la population de chacune sera inférieure à mille habitants.

« ART. 2. Les *sociétés* se composent d'associés participants et de membres honoraires ; ceux-ci payent les cotisations fixées ou font des dons à l'association, sans participer aux bénéfices des statuts.

« ART. 3. Le président de chaque *société* sera nommé par le président de la République.

« Le bureau sera nommé par les membres de l'association.

« ART. 4. Le président et le bureau prononceront l'admission des membres honoraires. Le président surveillera et assurera l'exécution des statuts. Le bureau administrera la *société*.

« ART. 5. Les associés participants ne pourront être reçus qu'au scrutin et à la majorité des voix de l'assemblée générale.

« Le nombre des sociétaires participants ne pourra excéder celui de cinq cents. Cependant il pourra être augmenté en vertu d'une autorisation du préfet.

« ART. 6. Les *sociétés de secours mutuels* auront pour but d'assurer des secours temporaires aux sociétaires malades, blessés ou infirmes, et de pourvoir à leurs frais funéraires.

« Elles pourront promettre des pensions de retraite si elles comptent un nombre suffisant de membres honoraires.

« ART. 7. Les statuts de ces *sociétés* seront soumis à l'approbation du ministre de l'intérieur pour le département de la Seine, et du préfet pour les autres départements. Ces statuts régleront les cotisations de chaque sociétaire, d'après les tables de maladie et de moralité confectionnées ou approuvées par le gouvernement.

TITRE II. — *Des droits et des obligations des sociétés de secours mutuels.*

« ART. 8. Une *société de secours* approuvée peut prendre des immeubles à bail, posséder des objets mobiliers et faire tous les actes relatifs à ces droits.

« Elle peut recevoir, avec l'autorisation du préfet les dons et les legs mobiliers dont la valeur n'excède pas cinq mille francs.

« ART. 9. Les communes sont tenues de fournir gratuitement aux *sociétés* approuvées les locaux nécessaires pour leurs ressources, ainsi que les livrets et registres nécessaires à l'administration et à la comptabilité.

« En cas d'insuffisance des ressources de la commune, cette dépense est à la charge du département.

« ART. 10. Dans les villes où il existe un droit municipal sur les convois, il sera fait à chaque *société* une remise des deux tiers pour les convois dont elle devra supporter les frais aux termes de ses statuts.

« ART. 11. Tous les actes intéressant les *sociétés de secours mutuels* approuvées sont exempts de droits de timbre et d'enregistrement.

« ART. 12. Des diplômes pourront être délivrés par le bureau de la *société* à chaque sociétaire participant. Ces diplômes leur serviront de passeport et de livret sous les conditions déterminées par un arrêté ministériel.

« ART. 13. Lorsque les fonds réunis dans la caisse d'une *société* de plus de cent membres excèderont la somme de trois mille francs, l'excédant sera versé à la caisse des dépôts et consignations.

« Si la *société* est de moins de cent membres, le versement devra être opéré lorsque les fonds réunis dans la caisse dépasseront mille francs.

« Le taux de l'intérêt des sommes déposées est fixé à quatre et demi pour cent par an.

« ART. 14. Les *sociétés de secours mutuels* approuvées pourront faire aux caisses d'épargne des dépôts de fonds égaux à la totalité de ceux qui seraient permis au profit de chaque sociétaire individuellement.

« Elles pourront aussi verser dans la caisse des retraites au nom de leurs membres actifs les fonds restés disponibles à la fin de chaque année.

« ART. 15. Sont nulles de plein droit les modifications apportées à ses statuts par une *société* si elles n'ont pas été préalablement approuvées par le préfet.

« La dissolution ne sera valable qu'après la même approbation.

« En cas de dissolution d'une *société de secours mutuels*, il sera restitué aux sociétaires, faisant à ce moment partie de la *société*, le montant de leurs versements respectifs jusqu'à concurrence des fonds existants et déduction faite des dépenses occasionnées par chacun d'eux.

« Les fonds restés libres après cette restitution seront partagés entre les sociétés du même genre ou établissements de bienfaisance situés dans la commune; à leur défaut, entre les *sociétés de secours mutuels* approuvées du même département, au prorata du nombre de leurs membres.

« ART. 16. Les *sociétés* approuvées pourront être suspendues ou dissoutes par le préfet pour mauvaise gestion, inexécution de leurs statuts ou violation des dispositions du présent décret.

TITRE III. — *Dispositions générales.*

« ART. 17. Les *sociétés de secours mutuels,* déclarées établissements d'utilité publique, en vertu de la loi du 15 juillet 1850, jouiront de tous les avantages accordés par le présent décret aux *sociétés* approuvées.

« ART. 18. Les *sociétés* non autorisées actuellement existantes ou qui se formeraient à l'avenir pourront profiter des dispositions du présent décret en soumettant leurs statuts à l'approbation du préfet.

« ART. 19. Une commission supérieure d'encouragement et de surveillance des *sociétés de secours mutuels* est instituée au ministère de l'intérieur, de l'agriculture et du commerce.

« Elle est composée de dix membres nommés par le président de la république.

« Cette commission est chargée de provoquer et d'encourager la fondation et développement des *sociétés de secours mutuels*, de veiller à l'exécution du présent décret et de préparer les instructions et règlements nécessaires à son application.

« Elle propose des mentions honorables, médailles d'honneur et autres distinctions honorifiques, en faveur des membres honoraires ou participants qui lui paraissent les plus dignes.

« Elle propose à l'approbation du ministre de l'intérieur les statuts des *sociétés de secours mutuels* établies dans le département de la Seine.

« ART. 20. Les *sociétés de secours mutuels* adresseront chaque année au préfet un compte-rendu de leur situation morale et financière.

« Chaque année, la commission supérieure présentera au président de la république un rapport sur la situation de ces *sociétés*, et lui soumettra les propositions propres à développer et à perfectionner l'institution.

« Art. 21. Le ministre de l'intérieur est chargé, etc. »

CIRCULAIRE *de M. le ministre de l'instruction publique et des cultes à MMgrs les archevêques et évêques, relative à la formation de sociétés de secours mutuels et au concours à donner par le clergé à la formation de ces sociétés.*

Paris, le 13 novembre 1852.

Monseigneur,

« Le décret du 26 mars 1852 porte qu'une *société de secours mutuels* sera établie, par les soins du maire et du curé, dans chacune des communes où l'utilité en sera reconnue. Vous avez pu apprécier le caractère de cette institution bienfaisante, qui s'est produite d'elle-même sur plusieurs points du territoire et qui a porté partout d'excellents fruits. Le but que les *sociétés de secours mutuels* se proposent est d'alléger, autant que possible, le poids des trois misères qui pèsent le plus lourdement sur l'ouvrier et sur la famille, la maladie, la vieillesse et la mort. Elles présentent un autre avantage pour le pays ; en réunissant dans les cadres de la même association la pauvreté laborieuse et la richesse, elles contribuent à effacer d'injustes préventions, source ordinaire des discordes civiles.

« Je suis l'interprète des instructions du prince en venant réclamer, Monseigneur, le concours de vos lumières et de votre autorité pour la propagation d'une œuvre aussi utile, et dont tous les diocèses de France doivent être appelés à connaître et à recueillir les avantages. Les *sociétés de secours mutuels* supposent la prévoyance, l'esprit de sacrifice, la bienveillance réciproque, toutes les bonnes pensées et les bonnes habitudes que la religion sanctifie et que la mission du prêtre est d'encourager. C'est donc avec raison qu'elles ont été placées dans chaque commune sous les auspices du curé, et qu'il a été appelé à concourir avec le maire à leur formation. Le gouvernement désire que cet appel puisse être entendu par les membres du clergé de votre diocèse. Mieux que personne, ils peuvent apprécier l'heureuse influence que les *sociétés de secours* sont destinées à avoir, non-seulement sur le bien-être matériel, mais sur la moralité des ouvriers. Mieux que personne aussi ils sauront expliquer l'utilité pratique de l'institution, le bénéfice et l'honneur que chacun trouvera à en faire partie. Il sera digne de leur caractère de provoquer les associations ou d'y participer sérieusement, et d'ajouter ce nouveau genre de services à tous ceux que leur charité rend chaque jour à l'Église et au pays.

« Je dois appeler, Monseigneur, votre attention sur un autre point. Avant le décret du 26 mars, il s'était formé dans plusieurs paroisses, sous la direction des curés ou de l'évêque, des *sociétés* dont le but était de secourir les associés malades, les veuves ou les orphelins des associés, et de leur distribuer, dans des réunions fréquentes, l'instruction morale et religieuse. Le gouvernement est disposé à reconnaître officiellement les associations de ce genre qui existeraient dans votre diocèse, et à les faire profiter de tous les avantages que le décret du 26 mars assure aux *sociétés de secours mutuels* qui ont été approuvées. Il suffira, 1° que chaque *société* remette au gouvernement la nomination de son président; 2° qu'elle admette des membres honoraires contribuant par leurs dons et leurs conseils à la prospérité de l'association, sans participer aux avantages; 3° qu'elle ne promette pas de subvention en cas de chômage. Ces conditions très-simples ont été calculées dans l'intérêt des *sociétés de secours,* dont elles doivent rendre les efforts plus fructueux, et à qui elles épargneront de funestes mécomptes. Il vous appartiendrait, d'ailleurs, de transmettre au gouvernement toutes les indications que vous jugeriez nécessaires, afin d'éviter même l'apparence d'un conflit entre l'autorité ecclésiastique et le président nommé par l'autorité civile. Cependant, si les *sociétés* anciennement fondées préféraient maintenir les conditions actuelles de leur existence, le gouvernement n'entend pas les contraindre; elles renonceraient dans ce cas au bénéfice du décret du 26 mars; mais elles continueraient à vivre et à faire le bien comme par le passé, librement et sans entraves, par les efforts individuels et sous la responsabilité de leurs membres.

« S. A. S. ne cesse d'appeler les hommes de bonne volonté à le seconder dans l'accomplissement de sa mission réparatrice; mais quand il est question de rendre les hommes non-seulement plus heureux, mais meilleurs, plus fidèles à leurs devoirs, S. A. S. compte doublement sur la coopération des membres du clergé, et elle a la ferme espérance que l'appui de l'épiscopat ne lui manquera pas.

« Agréez, Monseigneur, l'assurance, etc. »

ARRÊTÉ *de M. le ministre de l'intérieur, relatif aux livres et registres à fournir par les communes ou les départements aux sociétés de secours mutuels.*

Paris, le 15 avril 1853.

« Le ministre de l'intérieur;

« Sur le rapport du conseiller d'Etat directeur général de l'agriculture et du commerce;

« Vu l'article 8 de la loi du 15 juillet 1850, l'article 7 du décret du 14 juin 1851, et l'article 9 du décret du 26 mars 1852, sur les *sociétés de secours mutuels;*

« Vu l'avis de la commission supérieure d'encouragement et de surveillance des *sociétés de secours mutuels;*

« Arrête :

« ART. 1er. Les communes, ou, à leur défaut, les départements, sont tenus de fournir gratuitement aux *sociétés de secours mutuels* reconnues comme établissements d'utilité publique, et aux *sociétés de secours mutuels* approuvées, les livres et registres suivants, savoir :

« 1° Un registre matricule, conforme au modèle A ci-annexé;

« 2° Un journal pour le trésorier, conforme au modèle B ci-annexé;

« 3° Un registre blanc, conforme au modèle C ci-annexé;

« 4° Livrets à l'usage des sociétaires conforme au modèle D ci-annexé;

« 5° Feuilles de visites conformes au modèle E ci-annexé (1).

« Art. 2. Le conseiller d'Etat directeur général de l'agriculture et du commerce est chargé de l'exécution du présent décret. »

CIRCULAIRE *de M. le ministre de l'intérieur, à MM. les préfets, relative aux registres et livres à fournir par les communes ou les départements aux sociétés de secours mutuels.*

Paris, le 20 avril 1853.

« Monsieur le préfet,

« L'article 8 de la loi du 15 juillet 1850 et l'article 9 du décret du 26 mars 1852, imposent aux communes et, à défaut des communes, aux départements, l'obligation de fournir aux *sociétés de secours mutuels* reconnues comme établissements d'utilité publique et aux *sociétés de secours mutuels* approuvées, les livres et registres nécessaires à leur comptabilité.

« Il m'a paru nécessaire de régler l'accomplissement de cette prescription d'une manière uniforme, et, par un arrêté du 15 avril dernier, j'ai déterminé le nombre, la nature et le modèle des livres et registres qui seront donnés aux *sociétés de secours mutuels* par les communes ou les départements. J'ai l'honneur de vous transmettre ci-joint un exemplaire de cet arrêté et de ses annexes. Vous verrez que, pour réduire, autant que possible, la dépense mise à la charge des budgets municipaux, j'ai cru devoir, dans l'intérêt des communes rurales, n'exiger que les registres et imprimés suivants :

« 1° Registre matricule, divisé en colonnes, pour les associés participants, renfermant à la fin quelques pages blanches pour recevoir les noms des membres honoraires ;

« 2° Un livret de la dimension que devra avoir le diplôme, afin que livret et diplôme puissent être réunis et cartonnés ensemble ;

« 3° Un journal pour le trésorier, sur lequel seront inscrites toutes les dépenses et toutes les recettes de la *société*, sans exception, et à leurs dates respectives ;

« 4° Une feuille de visite, contenant tous les éléments nécessaires pour déterminer ce qui sera dû au malade et pour assurer une surveillance exacte du service des maladies ;

« 5° Un registre blanc, pour y consigner les procès-verbaux et les délibérations du bureau et des assemblées générales, les comptes-rendus financiers.

« J'estime que ces pièces sont rigoureusement suffisantes, mais en même temps qu'elles sont indispensables. Vous veillerez, en conséquence, Monsieur le préfet, à ce qu'elles soient fournies, conformément à la loi, aux *sociétés* qui en feront la demande, et qui seront dans les conditions voulues pour les obtenir. Je vous recommande, en outre, d'exiger expressément qu'elles soient entièrement semblables aux modèles annexés à mon arrêté.

« Je vous prie de m'accuser réception de la présente circulaire.

« Recevez, etc. »

Un réglement public, du 14 juin 1851, a déterminé les cas où la dissolution des *sociétés reconnues* peut être prononcée, et a fixé les règles d'après lesquelles la liquidation de leurs fonds doit s'accomplir.

Le décret du 26 mars 1852 a tracé, dans son article 15, les rè-

(1) Nous avons jugé inutile de reproduire ces divers modèles.

gles à suivre pour la dissolution des *sociétés approuvées* et par la liquidation de leurs fonds. En ce qui concerne l'emploi des fonds de retraites, le mode de liquidation est indiqué par l'article 3 du décret du 26 avril 1856.

Aucune difficulté ne s'est élevée jusqu'à présent, à ce que nous sachions, sur l'application de ces dispositions législatives. Il n'en est pas de même en ce qui concerne les *sociétés* privées, et il peut être utile de faire connaître la jurisprudence adoptée.

La loi du 15 juillet 1850, dans son article 12, contient, à l'égard de ces *sociétés*, la disposition suivante :

« Elles pourront être dissoutes par le gouvernement, le conseil d'Etat entendu, dans le cas de gestion frauduleuse, ou, si elles sortaient de leur condition de *sociétés mutuelles* de bienfaisance. »

Depuis la promulgation de cette loi, des modifications importantes ont été apportées au régime des associations en général. Le décret du 25 mars 1852 a remis en vigueur les articles 291 et 292 du Code pénal et la loi du 10 avril 1834, sans qu'il ait été fait d'exception pour les *sociétés de secours mutuels*.

Il résulte de cette disposition que l'article 12 de la loi du 15 juillet 1850 est implicitement abrogé en ce qui concerne la procédure à suivre pour la dissolution des *sociétés* privées, qui tombent sous l'application de l'article 1er de la loi du 10 avril 1834, ainsi conçu : « L'autorisation donnée par le gouvernement est toujours révocable. » Cette jurisprudence a été confirmée par un décret du 8 mai 1856, sur l'avis du conseil d'Etat.

Ce décret, qui rejette la requête du sieur X..., président d'une *société* privée, tendent à faire annuler l'arrêté de dissolution prononcée contre elle par le préfet du département de   , est ainsi motivée :

« Considérant que les *sociétés de secours mutuels* autorisées par la loi du 15 juillet 1850, et qui n'ont pas été reconnues comme établissements d'utilité publique, ni approuvées conformément au décret du 25 mars 1852, sont des associations soumises à l'application de l'article 291 du Code pénal et de l'article 1er de la loi du 10 avril 1834 ;

« Considérant qu'il résulte des articles précités que l'autorisation en vertu de laquelle existent lesdites associations est toujours révocable ;

« Que, dès-lors, en prononçant, par arrêté du 8 mai 1855, la dissolution de la *société de secours mutuels* privée existant à   , le préfet du département de   , n'a commis aucun excès de pouvoir ;

« Notre conseil d'Etat au contentieux entendu,

« Avons décrété et décrétons ce qui suit :

« ART. 1er. La requête des sieurs X , et autres, président et membres de la *société* privée existant à   , est rejetée. »

Il reste à faire connaître comment la liquidation des fonds doit être opérée.

Sous l'empire de la loi du 15 juillet 1850, l'autorité administrative n'intervenait pas dans la liquidation des *sociétés* privées, ainsi que cela résulte des nombreux décrets de dissolution rendus en 1850 et 1851.

Le décret du 25 mars 1852 n'a rien changé à cette jurisprudence, dont les motifs ont été formulés de la manière suivante par la commission supérieure des *sociétés de secours mutuels,* dans un rapport du 10 décembre 1853.

« Il est juste et nécessaire que le gouvernement puisse dissoudre les associations qui, sous le nom de *sociétés de secours mutuels,* voilent des conciliabules politiques et des projets de nature à troubler la paix publique, ou encore qui seraient gérées d'une manière frauduleuse. Mais cet intérêt d'ordre général disparaît lorsqu'il y a lieu de procéder à la répartition de l'actif social. Cet actif constitue une propriété privée que le pouvoir de l'autorité exclusive ne saurait atteindre et qui doit être régie par les conventions des parties ou les lois civiles. »

Il résulte donc de la jurisprudence établie que la liquidation des fonds d'une société privée doit toujours se faire conformément aux dispositions des statuts, ou aux règles du droit commun si les statuts sont muets à cet égard. L'intervention de l'administration se borne au soin de fixer le délai dans lequel devra s'opérer cette liquidation, sous la surveillance de l'autorité locale.

SŒURS.

Les *sœurs* converses ou tourières devraient être exemptes de la contribution personnelle étant considérées comme étant les *domestiques* de la maison religieuse qu'elles habitent. Cependant le conseil d'Etat en a décidé autrement. Huit *sœurs* converses de la communauté des *sœurs* de Notre-Dame de la Présentation à Lunel, furent imposées à la contribution personnelle sur le rôle de la commune de Lunel pour l'année 1867. La supérieure de la communauté réclama la décharge de cette contribution ; mais l'arrêté du conseil de préfecture de l'Hérault, en date du 9 décembre 1867, n'a point accueilli sa demande ; elle a formé ensuite un recours devant le conseil d'Etat. M. le directeur des contributions directes de ce département s'est montré favorable au pourvoi. Suivant son avis, les huit *sœurs* converses, qui n'avaient apporté aucune dot, qui ne possédaient aucunes ressources personnelles et ne pouvaient y suppléer par leurs talents, se trouvaient dans une position semblable à celle des domestiques à gages vivant d'un travail manuel. Malgré ces considérations dignes d'intérêt, le conseil d'Etat a rejeté le pourvoi de la supérieure d'après les motifs suivants : « Aux termes de l'article 12 de la loi du 21 avril 1832, la contribution personnelle est due par chaque habitant français de tout sexe, jouissant de ses droits et non réputé indigent; c'est au conseil municipal (*art. 18 de la même loi*), qu'il appartient de désigner les habitants qui lui paraissent devoir être exemptés de la taxe personnelle. D'une part, les *sœurs* converses du couvent de Notre-Dame de la Présentation à Lunel jouissent de leurs droits; d'autre part, le conseil municipal de Lunel ne les a pas désignées comme devant être exemptées de la taxe personnelle. Dans de telles circonstances, la demande en décharge de cette contribution n'est point fondée. » (*Arrêt du conseil d'Etat approuvé par décret du 4 juillet* 1868.)

SŒURS DE CHARITÉ ET HOSPITALIÈRES.

Lorsque les administrateurs des hospices et autres établissements de bienfaisance jugent convenable de confier le service intérieur des *sœurs de charité*, tirées des congrégations hospitalières, autorisées par le gouvernement, elles doivent se concerter avec ces congrégations.

Aucun engagement ne peut être conclu qu'en vertu de traités revêtus de l'approbation du ministre de l'intérieur. (*Circulaire du 25 septembre* 1838.)

Les *sœurs de charité* attachées ainsi aux hospices sont placées, quant aux rapports temporels, sous l'autorité des administrations des hospices, et tenues de se conformer aux règlements de ces administrations. (*Instruction du 8 février* 1823.)

Les *sœurs* que leur âge ou leurs infirmités rendent incapables de continuer leur service peuvent continuer à compter dans le personnel de l'hospice et y être conservées à titre de reposantes. (*Ordonnance du 31 octobre* 1821, *art.* 19.)

Les *sœurs hospitalières* ne dépendent aucunement de leur supérieure en ce qui touche la disponibilité de leurs biens. La supérieure n_e peut étendre, ni restreindre ou gêner la disponibilité conférée par la loi. (*Décret du 28 août* 1810.)

SOLIDARITÉ.

(*Voyez* RESPONSABILITÉ.)

SOMMATION.

La *sommation* rentre dans les actes conservatoires pour lesquels les trésoriers n'ont pas besoin d'autorisation.

Les trésoriers doivent faire, à l'échéance des termes de payement, toutefois après avertissements préalables, *sommation* par huissier aux débiteurs en retard, de se libérer dans un délai de dix jours au moins, sous peine de poursuites.

SOMMIER.

On appelle *sommier* une espèce de registre servant au trésorier pour suivre la rentrée des revenus fixes de la fabrique.

L'article 56 du décret du 30 décembre 1809 a prescrit en ces termes la tenue d'un *sommier* à tenir par le secrétaire du bureau.

« Le secrétaire du bureau doit transcrire, par suite de numéros et par ordre de dates, sur un registre *sommier*, 1° les actes de fondation, et généralement tous les titres de propriété ; 2° les baux à ferme ou à loyer. La transcription est faite entre deux marges, qui servent pour y porter, dans l'une les revenus, et dans l'autre les charges. Chaque pièce est signée et certifiée conforme à l'original par le curé ou desservant, et par le président du bureau. »

Le *sommier* est déposé, comme les titres, dans la caisse ou armoire.

Si la fabrique a des biens fonds ou des rentes, le trésorier doit avoir un *sommier* contenant l'analyse des titres de propriété sur ces biens, le nom des débiteurs, les sommes dues annuellement, avec une colonne pour l'inscription des payements.

Les titres de location des places, bancs et chaises de l'église peuvent être portés par extraits sur ce *sommier*, ou faire l'objet d'un registre particulier. (*Voyez* BANCS et le modèle ci-après.)

Il est à remarquer que le *sommier* du trésorier, prescrit par l'art. 54 du décret du 30 décembre 1809, est indépendant de celui que doit tenir le secrétaire du bureau, et qui est prescrit par l'article 56.

Le secrétaire du bureau doit transcrire sur le registre *sommier* des titres la copie textuelle des actes. Il ne remplirait pas le but de la loi en ne les transcrivant que par extrait. Il faut que le registre *sommier* puisse au besoin remplacer les titres dans le cas où l'on viendrait à les perdre. Ce registre *sommier*, dont nous donnons un modèle, peut devenir d'une extrême importance. M. de Champeaux pense que, bien que le décret du 30 décembre 1809 ne prescrive, en principe, sur le *sommier*, que la transcription des titres de propriété, le secrétaire ne doit pas moins y transcrire aussi, à la suite de ces titres, les actes du gouvernement qui y sont relatifs et qui font leur force légale. Dans quelques fabriques, cependant, on supplée à cette transcription littérale par une mention de l'acte du gouvernement ou de l'administration en marge du titre auquel il se réfère. Mais nous pensons qu'il est mieux de le transcrire intégralement. Ce registre *sommier*, doit être déposé dans la caisse ou armoire à trois clefs, suivant la prescription de l'art. 54 du décret du 30 décembre 1809.

SOMMIER DES TITRES *servant au trésorier pour suivre aux échéances la rentrée des revenus fixes de la fabrique.*

NATURE des TITRES.	DATE des TITRES.	DURÉE des baux et époque de l'entrée en jouissance.	DATE des dernières Inscriptions hypothécaires prises pour la conservation des créances.	NOMS et DOMICILES des DÉBITEURS.	SOMMES DUES pour chaque ANNÉE.	ÉCHÉANCES des PAYEMENTS annuels.	FONDATIONS et autres charges affectées sur les biens-fonds et autres.	SOMMES REÇUES			OBSERVATIONS.
								POUR l'année 1870.	POUR l'année 1871.	POUR l'année 1872.	
BIENS-FONDS.											
Bail à ferme du champ situé à , de la contenance de , reçu par Me notaire à	17 mars 1866.	9 ans, à dater du 1er mars 1866.	1er mars 1866.	M.	110 fr. » c.	En deux termes, savoir : Le 1er septembre, 55 fr. Le 1er mars, 55 fr.	40 fr. » c.	110 fr. » c.			*Bail périmé le 10 janvier 18 , et renouvelé le 15 février 18 . (Voir plus bas.)*
Bail à loyer d'une maison située à , rue , reçu par Me , notaire à Bail, etc.	1er juill. 1868.	6 ans, à dater du 1er octobre 1868.	6 août 1868.	M.	60 »	1er octobre.	» »	60 »			
RENTES SUR L'ÉTAT.											
Inscription au grand livre (Rentes 3 p. %.)	25 juill. 1868.	Première jouissance 1er oct. 1868.	»	L'État.	200 »	1er janv. 50 fr. 1er avril, 50 fr. 1er juil. 50 fr. 1er oct. 50 fr.	50 »	50 » 50 » 50 » 50 »			
RENTES SUR PARTICULIERS.											
Contrat de rente reçu par Me , notaire à	1er avril 1860.	»	25 janv. 1867.	M.	70 »	1er avril.	12 »	70 »			
Contrat de rente reçu par Me , notaire à	20 juin 1854.	»	7 févr. 1830.	M.	35 »	20 juin.	» »	35 »			
Titre nouvel passé devant Me notaire à	9 août 1861.	»	15 octob. 1865.	M.	10 »	9 août.	» »	10 »			
LOCATION DES CHAISES, BANCS ET PLACES DE L'ÉGLISE.											
Bail à ferme de la location des chaises de l'église, reçu par Me notaire à	8 nov. 1866.	6 ans, à partir du 1er janvier 1867.	»	M.	300 »	31 mars, 75 f. 30 juin, 75 f. 30 sept. 75 f. 31 déc. 75 f.	» »	75 » 75 » 75 » 75 »			
Adjudication de la location du banc de l'église portant le n° 9.	24 janv. 1868.	6 ans.	»	M.	15 »	15 janv.	» »	15 »			
Idem du banc n° 3.	12 janv. 1866.	9 ans.	»	M.	12 »	15 janvier.	» »	12 »			
Idem du banc n° 23.	15 avril 1867.	3 ans.	»	M.	15 »	15 avril.	» »	15 »			
Idem du banc n° 12.	17 août 1865.	9 ans.	»	M.	10 »	15 août.	» »	10 »			

Il ne suffirait pas, ajoute M. de Champeaux, que, lors de la confection du *sommier* des titres, le curé et le président du bureau n'apposassent qu'une signature et se bornassent à certifier que toutes les copies qui y sont inscrites sont conformes aux originaux. Il est nécessaire, pour être en état de régularité, que chaque pièce soit signée et certifiée conforme séparément, après sa transcription.

Le *sommier* des titres, dont nous donnons un modèle, est divisé en quatre parties qui doivent avoir chacune plusieurs feuillets; mais on ne le diviserait qu'en deux ou trois parties, si la fabrique n'avait pas de biens-fonds ou de rentes, etc.

MODÈLE *d'un sommier des titres ou registre des actes de propriété.*

FABRIQUE DE L'ÉGLISE DE.....

REVENU :	N° 1. CONTRAT d'acquisition d... (Copie textuelle de l'acte.)	CHARGES :
Prix à ferme. . . fr.	. . . . Certifié conforme à l'original. A...., le...... 18...	Fondation ... fr. Redevances annuelles...)
	(Signat. du Présid. | *(Signature du bureau). | du curé).*	
Prix de location. . . fr.	N° 2. ACTE *de donation d.....* (Copie textuelle de l'acte.)	
	. . . . Certifié conforme à l'original. A...., le...... 18... *(Signat. du Présid.* | *(Signature du bureau). | du curé).*	TOTAL... fr.c. —————— Contributions... f.

SONNERIE.

(*Voyez* CLOCHE.)

SONNEUR.

Le *sonneur* doit être nommé et ne peut être révoqué que par le curé ou desservant dans les communes rurales, et par les marguilliers sur la proposition du curé ou desservant, dans les communes urbaines, ainsi qu'il est prescrit par l'article 33 du décret du 30 décembre 1809 et l'article 7 de l'ordonnance du 12 janvier 1825.

Le *sonneur* doit être payé par la fabrique. (*Art.* 37 *du décret de* 1809.) Cependant il est des cas où il paraît juste que la commune

contribue au payement du *sonneur* des cloches de l'église, en proportion des besoins communaux. (*Avis du comité de législation du
conseil d'État du 17 juin 1840.*)

Une décision ministérielle du 28 juillet 1839 porte, que, conformément à l'ordonnance royale du 12 janvier 1825, le conseil municipal ne doit intervenir en rien dans la nomination ou la révocation
des *sonneurs*.

SORT.

C'est par la voie du *sort* que sont désignés pour le premier renouvellement triennal, après l'établissement du conseil de fabrique, les
membres de ce conseil. De même, des trois marguilliers nommés
par le conseil de fabrique, deux doivent sortir successivement par la
voie du *sort*, à la fin de la première et de la seconde année. (*Décret
du 30 décembre 1809, art. 7 et 16.*)

SOUMISSION.

La *soumission* ou souscription volontaire faite par un individu de
payer une certaine somme pour la construction d'une église peut
n'être considérée que comme un contrat commutatif, et non pas seulement comme une donation à titre gratuit, soumise, pour sa validité,
aux formalités prescrites à l'égard des donations en général. (*Voyez*
DONATION.) Ainsi, une telle *soumission*, faite entre les mains d'un
maire peut être déclarée obligatoire, bien que le soumissionnaire soit
décédé avant que le maire fût autorisé d'accepter la *soumission*. (*Arrêt de la Cour de cassation, du 7 avril 1829.*)

L'article 69 du décret du 30 décembre 1809 dit que ceux qui désirent obtenir la concession d'un banc dans l'église doivent faire une
offre ou *soumission* de la rente ou loyer qu'ils entendent payer pour
sa jouissance. (*Voyez* BANC.)

Cette *soumission* se fait ordinairement ainsi : Je soussigné N   .
offre du banc n° 10 la somme de   francs de rente annuelle, payable
d'avance et par trimestre. Puis on y ajoute la date et la signature.

SOUSCRIPTIONS.

Les fabriques paroissiales ont le droit d'ouvrir et de recueillir des
souscriptions, soit par elles-mêmes, soit par l'intermédiaire des curés,
pour la restauration ou la reconstruction des églises et des presbytères. Le produit des *souscriptions* recueillies au nom des fabriques
pour cette destination leur appartient et doit être versé dans leur
caisse. Le conseil d'État, dans un avis du 16 mars 1868, a sanctionné
cette doctrine que nous avons toujours soutenue, notamment dans

un mémoire adressé à un curé qui avait recueilli pour la construction de l'église paroissiale des *souscriptions* assez considérables et que le préfet voulait faire verser dans la caisse du receveur municipal comme *fonds municipaux*. Cet important avis, suivant les expressions du ministre qui l'a approuvé, *doit servir désormais de règle de conduite dans les diocèses.* Voici les termes de cette circulaire :

CIRCULAIRE *du 18 mai 1868 à MMgrs les archevêques et évêques au sujet des souscriptions recueillies par les fabriques paroissiales pour la restauration des églises et des presbytères.*

« Monseigneur,

« Des difficultés se sont élevées dans plusieurs localités sur le point de savoir qui, des communes ou des fabriques paroissiales, appartient le produit des *souscriptions* recueillies au nom de ces derniers établissements en vue d'assurer la restauration ou la reconstruction des églises et presbytères. J'avais pensé et M. le ministre de l'intérieur s'était rallié à mon avis, que ce produit devait être considéré comme la propriété des fabriques. Mais M. le ministre des finances n'ayant point partagé cette opinion, nos trois ministères se sont concertés pour soumettre la question à l'examen du conseil d'Etat.

« Les sections réunies de l'intérieur, de l'instruction publique et des cultes, des finances, qui ont pris connaissance d'une dépêche, en date du 21 mai 1867, adressée à M. le ministre président le conseil d'Etat, par laquelle M. le ministre de l'intérieur a demandé, après s'être concerté avec ses collègues MM. les ministres de la justice et des cultes, et des finances, que la question suivante fut soumise auxdites sections : »

« A qui, des communes ou des fabriques paroissiales, appartient le produit des
« *souscriptions* recueillies, au nom des fabriques, en vue d'assurer la restauration
« ou la reconstruction des églises ou des presbytères ?

« Ladite dépêche énonçant, d'une part, les motifs d'après lesquels M. le ministre de l'intérieur pense que le produit de ces *souscriptions* appartient aux fabriques et, d'autre part, les motifs sur lesquels M. le ministre des finances se fonde pour soutenir que ce même produit est la propriété des communes ;

« Vu une dépêche, en date du 11 juin 1867, par laquelle M. le ministre de la justice et des cultes déclare adopter, sur la question ci-dessus posée, l'opinion favorable aux fabriques de M. le ministre de l'intérieur ;

« Vu la loi du 18 germinal an X, article 12 du concordat, et les articles 73 et 76 des articles organiques ;

« Vu l'arrêté du 7 thermidor an XI et les décrets des 30 mai et 31 juillet 1806 ;

« Vu le décret du 30 décembre 1809 et notamment les articles 1, 36, 37, 46, 74, 92 et 96 de ce décret, la loi du 2 janvier 1817 et l'ordonnance du 14 avril même année (2) ;

« Vu l'ordonnance du 3 mai 1825, articles 3 et 4 ;

« Vu l'article 30, § 14 de la loi du 18 juillet 1837 ;

« Vu les avis du conseil d'Etat du 2 pluviôse an XIII, approuvé le 6 du même mois et du 3 novembre 1836 ;

(1) *Voyez* ces décrets sous le mot BIENS.
(2) *Voyez* cette loi et cette ordonnance sous le mot ACCEPTATION.

« Vu les avis du comité de l'intérieur du conseil d'Etat, en date des 24 octobre 1828, 3 juillet et 6 novembre 1829, 24 octobre 1832, 9 janvier 1833 et 12 février 1834;

« Vu l'avis du comité de législation du 12 février 1841 ;

« Vu les décrets rendus au contentieux, en date des 12 août 1848, 18 juillet 1857 et 24 janvier 1867 ;

« Considérant que les fabriques paroissiales sont, aux termes des lois et décrets qui les régissent, des établissements publics, ayant capacité pour recevoir des libéralités, les posséder et administrer ;

« Que ces établissements religieux, distincts de la commune, ont leur existence propre, des ressources et des charges spéciales, un budget particulier et un trésorier comptable ;

« Considérant que les fabriques sont tenues de pourvoir à tous les frais du culte, à l'entretien et aux réparations des églises et presbytères, et même aux grosses réparations et aux reconstructions de ces édifices ;

« Que les communes ne participent à ces charges qu'en cas d'insuffisance, dûment constatée, des ressources de la fabrique ;

« Considérant que ces ressources comprennent, entre autres, le produit des quêtes faites pour les frais du culte, tout ce qui est trouvé dans les troncs destinés au même objet, les offrandes et oblations faites aux fabriques, et, en général, toutes les libéralités que ces établissements sont autorisés à accepter ; (*Voyez* DONS, OBLATIONS, TRONCS.)

« Considérant que les sommes résultant des *souscriptions* publiques pour la restauration et la reconstruction des églises et presbytères, quand ces *souscriptions* sont ouvertes ou recueillies exclusivement au nom des fabriques, appartiennent à ces dernières et doivent être déclarées leur propriété ;

« Qu'en effet ces sommes ne sont autres que des offrandes ou des libéralités faites par les fidèles, dans un intérêt religieux, à un établissement public ayant capacité spéciale pour représenter cet intérêt et *administrer tous les fonds affectés à l'exercice du culte, suivant les termes formels de l'article 1er du décret de 1809 ci-dessus visé;*

« Que l'article 74 du même décret porte textuellement que le *montant des fonds perçus pour le compte de la fabrique, à quelque titre que ce soit, sera inscrit sur un registre qui demeurera entre les mains du trésorier;*

« Que vainement on invoquerait ce principe que les églises et presbytères sont la propriété des communes et que, par suite, les fonds destinés à les réparer ou restaurer et recueillis au moyen de *souscriptions* publiques, constituent nécessairement des deniers communaux ;

« Considérant qu'en pareille matière, l'intention des donateurs ou *souscripteurs* ne saurait être douteuse et s'adresse évidemment à l'établissement religieux et non à l'établissement communal, lequel n'est tenu de pourvoir aux frais du culte qu'à défaut de ressources de la part de la fabrique;

« Que, d'ailleurs, cette intention ne saurait être méconnue sans s'exposer à voir la générosité des fidèles se ralentir et sans nuire à l'intérêt des communes et même de l'Etat, appelés à pourvoir, le cas échéant, à la restauration et reconstruction des églises et presbytères,

« Sont d'avis,

« Que le produit des *souscriptions* ouvertes ou recueillies exclusivement, au nom des fabriques paroissiales, pour la restauration ou reconstruction des églises et presbytères, appartient à ces fabriques et non aux communes. »

« Cet avis résout définitivement la question en faveur des fabriques. Il vous appartiendra, Monseigneur, de le porter à la connaissance des établissements intéressés, et de vous concerter avec M. le préfet du département, auquel M. le ministre
de l'intérieur l'a déjà notifié, pour qu'il serve désormais de règle de conduite dans
votre diocèse.

« Agréez, Monseigneur, l'assurance de ma haute considération.

« *Le garde des sceaux, ministre de la justice et des cultes,*

« J. BAROCHE. »

Le 1er mai 1868, M. le ministre de l'intérieur avait adressé aux
préfets une circulaire conçue à peu près dans les mêmes termes que
celle ci-dessus, pour leur notifier l'avis du conseil d'Etat, en date du
16 mars 1868. Nous rapporterons seulement ici la dernière phrase
qui termine la circulaire de M. le ministre de l'intérieur : « Cet avis
« du conseil d'Etat a reçu l'adhésion de M. le ministre des finances.
« Vous voudrez bien, monsieur le préfet, le porter à la connaissance
« des communes et des fabriques, *et veiller à ce qu'il leur serve dé-*
« *sormais de règle de conduite.* »

Les habitants d'une commune qui n'est ni succursale, ni chapelle
vicariale, ne peuvent pourvoir aux frais de sa desserte que par voie
de *souscription* volontaire. (*Décision ministérielle dn 22 juin 1833.*)

« On peut, en certains cas, dit une circulaire de l'évêque de Langres, en date du 25 mars 1845, proposer aux paroissiens une souscription. Celle par laquelle les souscripteurs s'engagent à participer à
une dépense, chacun au marc le franc de ses contributions, nous
parait préférable. Nous pourrions citer des fabriques de notre diocèse qui, par des *souscriptions* de cette nature, ont non-seulement
restauré, mais construit de belles églises, réparé des presbytères,
rétabli des clôtures de cimetières et doté des paroisses de sonneries
harmonieuses et complètes. »

Un curé prudent, intelligent et généreux peut souvent, par le
moyen de *souscriptions,* obtenir une foule de choses de ses paroissiens, pour la décoration de son église, chemin de croix, tableaux,
autel, statue, calice, chasuble, etc.

SOUS-LOCATION.

Le particulier, qui s'est rendu concessionnaire d'un banc dans une
église, n'a point le droit de le *sous-louer,* ni en totalité ni en partie.
La *sous-location* d'un banc d'église, faite à titre gratuit ou à titre
onéreux est irrégulière et peut être annulée. La jouissance d'un
banc concédé s'éteint de plein droit par le décès ou le changement
de domicile du concessionnaire. (*Voyez* BANC.)

D'après les principes établis par l'ancienne jurisprudence et maintenus sous la législation actuellement en vigueur, la location des bancs
et chaises d'église ne peut être assimilée à celle des objets mobiliers

ou immobiliers appartenant aux simples particuliers, en raison de la nature exceptionnelle du lieu saint où elle est faite, et des règles spéciales qui la régissent ; elle ne confère en réalité qu'un droit d'usage du banc concédé. Ce droit est personnel à celui qui l'a obtenu. Aux termes des articles 630 et 631 du Code civil, qui fixe le mode d'exercice du droit d'usage en général, il ne peut être ni cédé ni loué. Comme il est exclusivement attaché à la personne du locataire ou concessionnaire, il s'éteint avec lui et cesse de plein droit à sa mort ; par conséquent il n'est point transmissible à ses héritiers naturels ou institués.

Telles sont les règles consacrées sur cette matière par la jurisprudence de l'administration des cultes, et adoptées par tous les jurisconsultes, et par nous, sous le mot BANCS, § VIII. Mais elles ne sont pas exactement observées dans toutes les paroisses. D'un autre côté, dans ce siècle où l'on fait commerce de tout, remarque le *Nouveau Journal des conseils de fabriques*, des personnes cupides pourraient tirer parti de leurs bancs concédés en les *sous-louant* à des tiers moyennant des prix élevés dont les fabriques ne profiteraient pas. Déjà un trafic de ce genre a été constaté dans une église du diocèse d'Angers. Le savant évêque de ce diocèse, Mgr Angebault, a demandé à M. le ministre des cultes si les *sous-locations* faites dans cette église par les concessionnaires n'étaient pas illégales ; nous croyons utile de publier la réponse ministérielle, entièrement conforme à la jurisprudence ci-dessus rapportée, parce qu'elle servira de guide et d'appui aux conseils de fabriques qui voudront mettre un terme à des abus préjudiciables à leurs intérêts. Voici le texte de cette réponse adressée le 27 janvier 1869 à Mgr l'évêque d'Angers.

« Monseigneur,

« Par votre lettre du 7 janvier courant, vous m'avez exprimé le désir de connaître la jurisprudence de l'administration des cultes relativement aux concessions de places dans les églises, et spécialement en ce qui concerne la *sous-location* de ces places par les concessionnaires eux-mêmes.

« Votre Grandeur incline à penser avec les auteurs et commentateurs qui ont examiné ces questions que les *sous-locations* faites par les concessionnaires sont irrégulières et illégales. Cette opinion est fondée sur l'ancien droit et aussi sur le nouveau, d'après lequel c'est aux marguilliers *seuls* qu'il appartient de faire les concessions ; enfin, dit-on, le droit de place n'est pas un droit de location, mais bien un droit d'usage ; et l'usager, d'après les articles 630 et 631 du Code Napoléon, n'a pas le droit de *sous-louer*, mais il peut seulement user autant qu'il est nécessaire à ses besoins et à ceux de sa famille, c'est-à-dire la femme, les enfants, les parents demeurant dans la maison, les domestiques et les hôtes.

« D'après les renseignements que vous m'avez transmis, Monseigneur, des abus se seraient produits dans une église de votre diocèse. Des personnes concessionnaires de plusieurs places dans cette église en avaient fait une sorte de trafic et trouveraient ainsi le moyen de s'assurer les places dont elles ont personnellement besoin, sans rien payer pour leur compte. Le conseil de fabrique se propose de ne plus tolérer ces *sous-locations* si elles sont vraiment illégales, et il prie Votre Grandeur de lui donner une direction.

« Il résulte des dispositions du décret du 30 décembre 1809, et spécialement de l'article 68, que les *concessionnaires* de bancs ou de places dans les églises, sauf celles qui sont autorisées par l'article 72, en faveur des donateurs ou bienfaiteurs de l'église, sont essentiellement PERSONNELLES et qu'elles doivent prendre fin au décès de ceux qui les ont obtenues ; elles ne sont donc ni cessibles à titre onéreux ou gratuit, ni susceptibles de *sous-location*, ni même transmissibles par voie d'hérédité. Il est seulement admis, dans la pratique, qu'en cas de décès de son mari, l'épouse survivante, si elle était au moment de la concession mariée au concessionnaire, peut jouir de cette concession, parce qu'il a dû être entendu que le mari traitait pour lui et son épouse.

« Cette jouissance s'éteint encore de plein droit, lorsque les concessionnaires cessent de faire partie de la paroisse, soit en transférant ailleurs leur domicile, soit pour toute autre cause ; la place concédée revient alors à la fabrique.

« Telles sont, Monseigneur, les règles que l'administration des cultes a constamment appliquées et qui me semblent les plus conformes à l'intérêt des fabriques et à la dignité du culte.

« Agréez, Monseigneur, l'assurance de ma haute considération, etc.

« J. BAROCHE. »

SOUS-INSPECTEURS.

Les *sous-inspecteurs* des écoles primaires qui avaient été établis en 1837 pour suppléer à la négligence des comités locaux, sont aujourd'hui remplacés par des inspecteurs d'arrondissement. (*Voyez* INSPECTEURS DES ÉCOLES PRIMAIRES.)

SOUS-MAITRES.

Les *sous-maîtres*, c'est-à-dire les directeurs ou professeurs, devaient avoir, sous l'empire de l'ancienne législation sur l'instruction publique, des grades plus ou moins élevés. La loi organique de l'enseignement n'exige plus actuellement rien en ce genre. Le chef d'un établissement admis au droit d'enseigner sous les conditions prescrites par la loi, est libre de choisir comme il l'entend, ceux qui doivent le seconder dans les graves fonctions de l'enseignement et de l'éducation. Cette disposition est juste, mais les projets de loi antérieurs l'avaient refusée.

Les *sous-maîtres*, dans les écoles communales ou privées, n'étaient déjà point assujettis aux mêmes conditions que les instituteurs. (*Décision du conseil royal, du 3 septembre* 1833.)

SOUS-PRÉFETS.

Les *sous-préfets* ont, relativement au culte, des droits très-restreints. Cependant ils ont quelquefois à intervenir dans les affaires des fabriques. Mais, en général, dans les affaires du culte, ils n'ont pas le droit d'action directe : ils doivent attendre les ordres des préfets, dont ils sont les intermédiaires ; et, dans ce sens, leurs attributions s'étendent à toutes les matières qui sont de la compétence de leur chef. (*Voyez* PRÉFET.)

Ils ne peuvent, par conséquent, autoriser les séances extraordinaires des conseils de fabriques. (*Voyez* SÉANCES, § II.)

SOUS-SEING PRIVÉ.

(*Voyez* ACTE SOUS-SEING PRIVÉ.)

SPONTANÉ DU CIMETIÈRE.

(*Voyez* PRODUIT SPONTANÉ.)

STAGE, STAGIAIRE.

La loi du 15 mars 1850 exige un *stage* de cinq ans pour l'enseignement secondaire, comme garantie d'expérience ou pour suppléer le brevet de bachelier, et de trois ans pour l'enseignement primaire. (*Voyez* CERTIFICAT DE STAGE.)

DÉCRET *du* 20 *décembre* 1850 *relatif aux certificats de stage délivrés par les conseils académiques en vertu de l'article* 61 *de la loi du* 15 *mars* 1850, *sur l'enseignement.*

« Le président de la république,

« Sur le rapport du ministre de l'instruction publique et des cultes ;

« Vu le deuxième paragraphe de l'article 60 et l'article 61 de la loi du 15 mars 1850 ;

« Le conseil supérieur de l'instruction publique entendu,

« Décrète :

« ART. 1er. Les certificats de *stage* délivrés par les conseils académiques en vertu de l'article 61 de la loi du 15 mars 1850, doivent énoncer,

« 1o Les nom, prénoms, âge et lieu de naissance du postulant ;

« 2o L'époque où le *stage* a commencé, la nature des fonctions remplies et la durée du *stage*, attestées par le chef de l'établissement où le *stage* aura été accompli. Lorsque le chef de l'établissement est décédé, absent ou empêché, son attestation peut être suppléée par un acte de notoriété publique.

« Les attestations sont écrites sur papier timbré, et les signatures en sont légalisées.

« ART. 3. Le *stage*, pour être valable, doit avoir été accompli en France.

« ART. 4. Le certificat de *stage* est délivré par le conseil académique du département où le postulant se propose d'ouvrir un établissement.

« ART. 5. Les délibérations des conseils académiques portant propositions de dispense de *stage* doivent être motivées ; elles sont accompagnées de la demande du postulant et de toutes les pièces par lui produites.

« ART. 5. Le ministre de l'instruction publique et des cultes (M. de Parieu), est chargé de l'exécution du présent décret. »

STALLE.

Dans les églises où il y a plus de *stalles* qu'il n'en faut pour le clergé, la fabrique peut les louer comme les bancs. (*Voyez* BANC.)

Le maire n'a pas le droit d'avoir gratuitement une *stalle* dans l'église. (*Voyez* PLACES DANS LES ÉGLISES.)

Les *stalles* font quelquefois partie de l'édifice de l'église, comme, par exemple, lorsqu'elles font corps avec la boiserie du chœur. En ce cas, elles sont immeubles, et suivent le sort de l'édifice lui-même. La fabrique ne pourrait donc ni les enlever, ni les vendre, ni les modifier d'une manière considérable sans autorisation. Mais il en est autrement si elles ne tiennent point à l'édifice.

STATIONS.

On appelle *stations* les prédications solennelles faites pendant l'avent ou le carême. (*Voyez* SERMONS, PRÉDICATION.)

STATISTIQUE.

La *statistique* a pour objet l'étude et la constitution de toute nature qui peuvent influer sur le bien-être moral et matériel des peuples. Cette science mérite à tous égards, de fixer les méditations des ecclésiastiques. Aussi, plusieurs d'entre eux s'en occupent avec succès. Justement convaincu de la nécessité de leur coopération, le ministre des cultes, par une circulaire, en date du 18 décembre 1852, a demandé aux archevêques et évêques le concours de leur clergé pour les commissions cantonales de *statistique* établies par le décret du 1er juillet 1852.

« Les lumières des ministres ecclésiastiques de la religion, dit cette circulaire, la connaissance approfondie qu'ils ont de l'histoire locale, les observations qu'ils sont à même de faire sur la situation de leurs paroisses respectives, feront naturellement rechercher leur concours. J'insiste d'autant plus, Monseigneur, pour que vous les autorisiez à le prêter, qu'il serait extrêmement regrettable que l'absence du clergé pût faire supposer qu'aux yeux du gouvernement la religion n'occupe pas, dans cet immense inventaire des besoins et des ressources de la France, la place qui lui appartient. »

Puisque les ecclésiastiques peuvent être appelés à faire partie de ces commissions de *statistique*, il est nécessaire qu'ils connaissent le décret qui les a fondées; c'est ce qui nous détermine à le reproduire ici.

DÉCRET *du 1er juillet* 1852, *portant création des commissions de statistique.*

« LOUIS-NAPOLÉON, etc.,

« Sur le rapport du ministre de l'intérieur, etc.,

« Décrète :

Titre Ier. — *Formation et composition des commissions de statistique.*

« Art. 1er. Il sera formé une commission de *statistique* permanente au chef-lieu de chaque canton.

« Art. 2. Les membres de cette commission seront nommés par le préfet.

« Art. 3. Dans les villes, chefs-lieux de département ou d'arrondissement, qui ne comprennent qu'un seul canton, la commission de *statistique* sera présidée, selon les cas, par le préfet ou par le sous-préfet.

« Art. 4. Dans les villes chefs-lieux de département ou d'arrondissement, comprenant plusieurs cantons, il n'y aura qu'une seule commission de *statistique* pour les divers cantons, sous la présidence du préfet et du sous-préfet.

« Art. 5. A Paris et à Lyon, il sera formé une société de *statistique* pour chaque arrondissement communal, sous la présidence du maire de l'arrondissement.

« Art. 6. Dans les villes où, soit le préfet, soit le sous-préfet, sont présidents de droit des commissions de *statistique*, ces fonctionnaires pourront déléguer la présidence : le préfet au secrétaire général de la préfecture ou au maire de la ville, au juge de paix du canton ou à un membre du conseil général ; le sous-préfet, au maire, au juge de paix ou à un membre du conseil d'arrondissement.

« Art. 7. Chaque commission nommera, à la simple majorité, un ou plusieurs secrétaires archivistes.

« Art. 8. Immédiatement après sa formation, chaque commission déterminera, sur la proposition de son bureau, l'ordre de ses travaux.

Titre II. — *Travaux des commissions de statistique.*

« Art. 9. Chaque commission sera chargée de remplir et de tenir à jour, pour les communes de la circonscription cantonale, deux tableaux dressés par notre ministre de l'intérieur, de l'agriculture et du commerce. Ces deux tableaux contiendront une série de questions : le premier sur les faits *statistiques* dont il importe que le gouvernement ait la connaissance annuelle ; le second, sur ceux qui, par leur nature, ne peuvent être utilement recueillis que tous les cinq ans.

« Art. 10. A la fin de chaque année, pour le tableau *statistique* annuel, et à l'expiration de la cinquième année, pour le tableau quinquennal, ces deux tableaux provisoirement arrêtés par le président de la commission, seront déposés pendant un mois, dans une salle de la mairie, où chacun pourra venir en prendre connaissance et consigner ses observations sur un registre spécial.

« Art. 11. A l'expiration du délai ci-dessus, la commission se réunira pour examiner les observations dont les deux tableaux auront été l'objet, et les arrêtera définitivement.

« Un double de ces tableaux, ainsi clos, arrêtés et signés des membres du bureau, sera immédiatement transmis, par les soins du président, au sous-préfet de l'arrondissement, avec une copie des procès-verbaux des délibérations de la commission.

Titre III. — *Contrôle des travaux des commissions cantonales.*

« Art. 12. Dans les villes qui ne comprennent qu'un canton et sont en même temps chefs-lieux d'arrondissement, la commission cantonale sera chargée de reviser les tableaux transmis par les autres commissions de l'arrondissement.

« Dans les villes qui sont chefs-lieux d'arrondissement et comprennent plusieurs cantons, la commission de *statistique* centrale instituée par l'article 3 révisera les tableaux des commissions cantonales de l'arrondissement.

« Art. 13. Dans les villes chefs-lieux d'arrondissement, les tableaux *statistiques* des commissions cantonales de l'arrondissement seront, en outre, soumis, pour la *statistique* agricole, à l'examen des chambres consultatives et d'agriculture instituées par le décret du 25 mars 1852.

« Art. 14. Cette vérification terminée et les vérifications qu'elle aura pu amener une fois opérées, les tableaux *statistiques* cantonaux seront transmis par les sous-préfets, avec un état récapitulatif pour l'arrondissement, aux préfets chargés de les soumettre à un dernier examen et d'en opérer le dépouillement.

« Art. 15. Au fur et à mesure que les tableaux cantonaux auront été approuvés par les préfets, avis en sera donné aux présidents des commissions cantonales, qui en feront déposer la copie aux archives de la mairie du chef-lieu de canton.

« Art. 16. Il pourra être donné communication aux particuliers, par les soins du maire, et sous les conditions qu'il déterminera, des tableaux ainsi approuvés.

« Les maires des communes de la circonscription communale pourront s'en faire délivrer un extrait, pour ce qui concerne leur commune.

Titre IV. — *Centralisation des statistiques cantonales.*

« Art. 17. Dans les premiers mois de chaque année, les préfets transmettront au ministre de l'intérieur, de l'agriculture et du commerce, le tableau récapitulatif, par canton et par arrondissement, des *statistiques* cantonales annuelles.

« Ils transmettront également, à l'expiration de chaque période de cinq ans, le tableau récapitulatif des *statistiques* cantonales quinquennales.

« Art. 18. A chacun de ces envois sera joint un rapport sur les travaux des commissions de *statistique* du département. Les préfets feront connaître celles qui auront prêté à l'exécution du présent décret le concours le plus actif, ainsi que les noms de leurs membres.

« Art. 19. Il sera tenu au ministère de l'intérieur, de l'agriculture et du commerce, une liste nominale, par département, des membres des commissions de *statistique*.

« Art. 20. Le ministre de l'intérieur, etc., nous adressera, tous les ans, un rapport d'ensemble sur les travaux de ces commissions.

« Ce rapport sera inséré au *Moniteur.*

Titre V. — *Dispositions générales.*

« Art. 21. Les préfets dans l'arrondissement chef-lieu, les sous-préfets, dans les autres arrondissements, pourront dissoudre les sociétés de *statistique* cantonale qui s'occuperaient de questions étrangères au but de leur institution.

« Art. 22. Les dépenses de matériel auxquelles pourront donner lieu leurs travaux seront à la charge de la commune chef-lieu de canton.

Titre VI. — *Dispositions transitoires.*

« Art. 23. Les sociétés de *statistique* cantonale devront être formées et en mesure de commencer leurs travaux, à partir du 1er janvier 1853.

« Art. 24. Le ministre de l'intérieur, etc. »

STATUE.

Par *statue* on entend une figure de plein relief, en marbre, en pierre, ou en plâtre, en bronze ou de toute autre matière. Nous conseillons aux fabriques qui auraient des *statues* grossièrement faites et ridicules, de s'en défaire à tout prix et de s'en procurer d'autres dues à des artistes de talent. Les *statues* peintes blessent le bon goût ; on doit surtout se garder de donner au visage les couleurs naturelles et des teintes diverses aux vêtements. On ne doit pas non plus habiller une *statue*. Les arts ont leur mérite qu'ils ne franchissent jamais impunément.

Les *statues*, qui ne sont pas dans des niches, sont ordinairement meubles et la fabrique peut par conséquent en disposer. (*Voyez* TABLEAU.)

Les évêques peuvent faire disparaître des églises de leurs diocèses des *statues* ou tableaux qui leur paraîtraient inconvenants ou ridicules. (*Décision ministérielle du* 11 *décembre* 1842, rapportée sous le mot MOBILIER.)

STORES.

Les *stores* sont d'un bon effet dans une église trop éclairée et exposée aux rayons du soleil, mais on doit bien les choisir, non-seulement par rapport aux sujets qu'ils représentent, mais aussi pour la qualité de l'étoffe et de la peinture. On en fait maintenant de toute grandeur, imitant autant que possible, les vitraux de couleur ; mais en ceci, comme en beaucoup d'autres choses, il n'y a pas d'économie réelle ; les couleurs des *stores* s'altèrent vite, l'étoffe s'use, il faut les renouveler de temps en temps, et au prix où sont maintenant les vitraux de couleur, les fabriques trouveront véritablement avantage à en faire la dépense. Cependant dans une humble église de village, des *stores* seront toujours préférables aux rideaux qui donnent au lieu saint un air peu convenable.

SUBSTITUTION.

La *substitution* est une disposition par laquelle le donataire ou le légataire institué est chargé de conserver et de rendre. Ainsi, on ne peut donner à quelqu'un, avec obligation pour lui de rendre à un tiers, après en avoir été propriétaire un certain temps, car ce serait une *substitution*.

Les *substitutions*, en fait de donations, sont prohibées. (*Code civil, art.* 896.) Cependant un avis du conseil d'Etat, du 3 avril 1836, décide qu'un legs fait à des fabriques, à condition que le revenu des sommes léguées rejaillit sur les pauvres, en cas d'interruption du culte, ne contient pas une *substitution*.

La clause par laquelle un testateur, après avoir déclaré donner et léguer tous ses biens, meubles et immeubles, à une personne désignée, ajoute que c'est *à condition qu'après cette personne, les biens serviront à fonder un établissement de charité*, ne renferme pas de *substitution* prohibée : il y a, en ce cas, legs d'usufruit à l'un, et legs de nue-propriété à l'autre. (*Arrêt de la Cour de cassation, du 16 juillet* 1838.)

Avis *du conseil d'Etat, du* 30 *mars* 1822, *concernant les clauses de retour ou de substitution inadmissibles en matière de legs et donations.*

« Les comités de législation et de l'intérieur du conseil d'Etat réunis, auxquels M. le garde des sceaux a renvoyé l'examen d'un rapport à lui transmis par le ministre de l'intérieur, ayant pour objet d'établir que l'article 896 du Code civil n'est pas applicable aux établissements ecclésiastiques ;

« Considérant que la loi n'admet en faveur des établissements d'utilité publique aucune exception qui les exempte de la prohibition portée, en l'article 896, et que les exceptions ne se présument pas, ont été d'avis :

« 1° Que le retour, en cas de suppression de l'établissement ecclésiastique donataire, ne peut être stipulé ni au profit des héritiers du donateur, ni au profit d'un autre établissement d'utilité publique ;

« 2° Que la révocation pour l'inexécution des conditions de la donation peut toujours être stipulée par le donateur à son profit ; qu'elle peut encore être stipulée au profit des héritiers ou de tous autres, dans le cas où la condition imposée à l'établissement ecclésiastique donataire serait profitable à l'héritier ou au tiers désigné ; qu'enfin elle ne saurait être stipulée dans le cas où l'héritier ou le tiers désigné n'ont aucun intérêt personnel à ce que la charge imposée à l'établissement soit exécutée, ou ne tirent aucun avantage de son exécution. »

La nécessité de l'autorisation préalable du gouvernement pour l'acceptation des dons et legs en faveur des établissements publics n'est pas un obstacle à ce qu'une fabrique d'église à laquelle un legs a été fait intervienne, avant d'avoir été autorisée à l'accepter, dans une instance en nullité du testament pour conclure à sa validité ; c'est à un simple acte conservatoire dans le sens de l'ordonnance du 2 avril 1817. (*Voyez* ACCEPTATION, ACTE CONSERVATOIRE.)

Il n'y a pas une *substitution* prohibée dans la disposition testamentaire par laquelle le testateur qui lègue à un individu ses meubles, en le dispensant d'en rendre compte, et ses immeubles, sans reproduire la même dispense, institue un légataire universel, avec la clause que sa jouissance ne commencera qu'à partir du décès du premier légataire : une telle disposition renferme simplement un legs de l'usufruit des immeubles au profit du premier légataire ; et de la nue propriété de ces mêmes immeubles au profit du second légataire. Ainsi jugé par l'arrêt suivant de la cour de cassation, en date du mai 1856.

« La Cour ;

« Attendu, sur le premier moyen, qu'aux termes de l'ordonnance du 2 avril 1817, le représentant de la fabrique appelé à recueillir un legs est autorisé à faire, en attendant l'acceptation, tous les actes conservatoires jugés nécessaires ;

« Attendu que la fabrique de Breurey-les-Favernay ne figurait pas au procès pour demander la délivrance du legs en sa faveur par Py ; qu'appelée en cause par jugement du tribunal de Vesoul, sur la demande en partage formée par les héritiers du testateur, et menacée de voir annuler la disposition testamentaire faite à son profit comme entachée de *substitution*, elle a dû, pour conserver ses droits, conclure au maintien du testament ; que le jugement et l'arrêt statuant sur ces conclusions, se sont bornés à prononcer la validité du legs, sans en ordonner la délivrance.

« Attendu que cette décision ne porte aucune atteinte au droit qu'a le gouvernement de refuser ou d'accepter ultérieurement l'autorisation d'accepter le legs en question ; qu'ainsi l'arrêt, en ordonnant l'exécution du testament, avant que la fabrique ait été autorisée à accepter, n'a aucunement violé les articles de loi invoqués ;

« Sur le deuxième moyen. — Attendu que de l'ensemble des dispositions faites par François Py, il résulte qu'il a légué l'usufruit de ses immeubles à sa femme, et la nue propriété à la fabrique de Breurey-les-Favernay ; que la preuve de son intention se trouve dans la clause par laquelle il attribue la toute propriété de ses immeubles à sa femme, en la dispensant d'en rendre compte à qui que ce soit, disposition toute différente de celle relative au reste de la succession ; qu'en effet, il donne ses autres biens, c'est-à-dire ses immeubles, à sa femme, sans la dispenser d'en rendre compte ; qu'il dit ensuite qu'après le décès de sa femme, il fait héritier universel le conseil de fabrique pour les pauvres de la commune, en ajoutant que les pauvres ne jouiront de ce bienfait qu'au décès de sa femme ; d'où il suit que leur jouissance ne commencera que lorsque cessera l'usufruit de la veuve Py ;

« Attendu, dès-lors, que la clause en question ne présente point les caractères d'une *substitution* prohibée ; qu'en le jugeant ainsi la cour d'appel a fait une saine interprétation du testament et une juste application de la loi ;

« Rejette, etc. »

SUBVENTIONS COMMUNALES.

Lorsque les revenus de la fabrique sont insuffisants, des *subventions* lui sont dues par la commune, pour la mettre à même de faire face aux dépenses, soit ordinaires, soit extraordinaires, qui lui sont imposées. (*Voyez* COMMUNES, SECOURS.)

La *subvention communale* est due par toute la commune, quelle que soit la différence qui puisse exister entre le culte des habitants et la proportion de la population non catholique. (*Avis du comité de l'intérieur du* 25 *janvier* 1832.) La réciprocité a d'ailleurs été établie en faveur des cultes non catholiques par le décret du 5 mai 1806, et confirmée par la loi municipale du 18 juillet 1837.

Le recours de la fabrique contre la commune pour obtenir des *subventions* est soumis à des conditions et à certaines formalités. Quatre conditions sont nécessaires pour que le recours puisse être exercé : 1° l'insuffisance des revenus ou ressources de la fabrique pour pourvoir à la totalité ou à une partie de la dépense projetée, quels qu'en soient la nature et l'objet, doit être bien constatée. Il est inutile de faire observer que le recours à la commune étant une ressource extraordinaire et supplémentaire seulement, la *subvention communale* ne peut être demandée pour la totalité d'une dépense, la fabrique peut subvenir à une portion, et qu'elle doit être restreinte à la portion de la dépense que la fabrique se trouve dans l'impossibilité de payer. 2° La *subvention* doit avoir pour objet une dépense obligatoire et nécessaire. 3° Les revenus de la fabrique ne doivent être employés eux-mêmes qu'à d'autres dépenses également obligatoires et nécessaires. 4° Les comptes de la fabrique doivent avoir été communiqués au conseil municipal, à l'époque de leur reddition et avant leur approbation, ainsi que le budget, sur lequel il doit toujours être appelé à donner son avis avant son règlement définitif, dans les communes où la fabrique reçoit une *subvention*. (*Loi du 18 juillet* 1837, *art.* 21, § 7.)

« L'article 20 de la loi municipale exige que les conseils municipaux aient été appelés à donner leur avis sur les budgets et les comptes des administrations religieuses. Son article 30 lui-même veut que l'insuffisance de leurs revenus soit justifiée par la présentation des mêmes comptes et budgets. Dès-lors, les administrations préposées au culte ne sont fondées à demander un secours que lorsqu'elles ont préalablement rempli cette condition. » (*Avis du comité de l'intérieur du* 31 *décembre* 1838.)

Les fabriques n'ont droit de réclamer des *subventions* municipales qu'après avoir usé de toutes les ressources que la loi met à leur disposition. (*Décision ministérielle du* 15 *février* 1845.) Ainsi, par exemple, cette *subvention* ne pourrait être accordée à une fabrique qui ne louerait pas les bancs de l'église. (*Voyez* BANCS.)

Toute demande de *subvention* communale doit être accompagnée des pièces nécessaires pour constater l'insuffisance des revenus de la fabrique. (*Décision ministérielle du* 27 *janvier* 1845.)

Cette décision doit servir d'avertissement aux conseils de fabrique et leur prouver combien il importe qu'ils se mettent et se tiennent toujours en mesure de justifier régulièrement de l'insuffisance de leurs revenus par la production de leurs comptes et de toutes les pièces à l'appui.

Les *subventions* demandées par les fabriques sur les fonds communaux pour acquitter les frais du culte sont rangées parmi les dépenses obligatoires des communes, lorsque les fabriques justifient par la production de leurs comptes et budgets *de l'insuffisance de leurs revenus.* (*Loi du* 18 *juillet* 1837, *art.* 30, *n°* 14; *décret du* 30 *décembre* 1809, *art.* 37, 49, 92, 93 *et* 94.) Le conseil municipal n'a point le droit d'exiger que la fabrique, avant de recourir à la commune, comble son déficit en vendant un immeuble provenant d'une ancienne donation, et dont elle retire un produit annuel. En effet, le décret du 30 décembre 1809 et la loi du 18 juillet 1837 imposent aux communes la charge de venir en aide aux fabriques, *en cas d'in-*

suffisance de leurs revenus, et non de leurs capitaux ou de leurs propriétés mobilières ou immobilières. (*Décision du ministre de l'intérieur insérée au Bulletin de 1864, sous le n° 39.*)

Une autre décision ministérielle du 13 novembre 1849, rapportée
sous le mot DAIS, dit formellement que les *frais quelconques du culte
paroissial* sont susceptibles de tomber à la charge de la commune,
quand la fabrique manque de ressources pour y pourvoir, et qu'en
cas de refus par le conseil municipal de voter l'allocation nécessaire
pour l'acquitter, le préfet doit en ordonner l'inscription d'office au
budget de la commune,

Ainsi la *subvention* qui serait demandée à la commune pour l'achat
ou réparation d'un vase sacré reconnu nécessaire par l'évêque ne
pourrait pas être refusée par elle. Cette commune ne serait donc
point admise à se retrancher derrière cette considération que cette
dépense est purement fabricienne. La fabrique, en cette circonstance,
n'a qu'à prouver son insuffisance.

Le ministre des cultes est compétent pour statuer définitivement
sur la demande d'un conseil de fabrique tendant à obtenir une *subvention communale* refusée par le conseil municipal de la commune.
Cette solution a été consacrée par l'avis ci-après du conseil d'Etat.

*Avis du 7 juin 1850, du comité de l'intérieur, de l'instruction publique
et des cultes, du conseil d'Etat.*

« Les membres du conseil d'Etat, composant le comité de l'intérieur, de la justice, de l'instruction publique et des cultes, qui, sur le renvoi ordonné par M. le
ministre de l'instruction publique et des cultes, ont examiné le projet de décret
tendant à rejeter la demande formée par la fabrique de l'église succursale de Savigny-en-Terre-Pleine (Yonne), à l'effet d'obtenir une *subvention* communale pour
combler le déficit de 113 fr. que présente son budget, pour l'année 1849;

« Vu les délibérations du 30 avril 1848 et 15 avril 1849 par lesquelles le conseil
de fabrique demande une *subvention* communale de 113 francs;

« Vu les délibérations du conseil municipal, en date des 30 novembre 1848 et 18
mai 1849, portant refus de la *subvention* demandée;

« Vu la lettre du 22 octobre 1849, dans laquelle l'archevêque de Sens émet l'avis
qu'il y a lieu de faire droit à la demande de la fabrique;

« Vu l'avis contraire du préfet de l'Yonne, en date du 5 décembre 1849;

« Ensemble toutes les pièces jointes et produites au dossier;

« Vu l'article 93 du décret du 30 décembre 1809, ainsi conçu : « Dans le cas où
les communes sont obligées de suppléer à l'insuffisance des revenus des fabriques
pour ces deux premiers chefs (1), le budget de la fabrique sera porté au conseil
municipal, dûment convoqué à cet effet, pour y être délibéré ce qu'il appartiendra.
La délibération du conseil municipal devra être adressée au préfet, qui la com-
muniquera à l'évêque diocésain, pour avoir son avis. Dans le cas où l'évêque et
le préfet seraient d'avis différents, il pourra en être référé, soit par l'un, soit par
l'autre, à notre ministre des cultes; »

(1) Pour les deux premiers chefs énoncés dans l'article 92 précédent.

« Considérant qu'il résulte des termes de l'article sus-énoncé, qu'une décision du ministre de l'instruction publique et des cultes suffit pour statuer sur la demande de *subvention* communale formée par le conseil de fabrique de Savigny-en-Terre-Pleine, sans qu'il soit nécessaire de faire intervenir un décret du président de la République ;

« Sont d'avis qu'il n'y a pas lieu de donner suite au projet de décret soumis au comité. »

Lorsqu'une fabrique a réclamé une *subvention communale* pour combler le déficit de son budget, ou pour fournir au curé ou desservant une indemnité de logement, et que le conseil municipal refuse ou n'accorde que partiellement cette *subvention*, mais sans provoquer la réduction d'aucune des dépenses du culte inscrites au budget de l'établissement religieux, le préfet doit communiquer la délibération du conseil municipal à l'évêque diocésain, pour avoir son avis.

Dans le cas où le prélat reconnaît la nécessité de la *subvention*, le préfet s'il partage cette opinion, a le droit d'inscrire d'office la somme jugée indispensable, comme dépense obligatoire, au budget de la commune. Lorsque l'évêque et le préfet ne sont pas du même avis, chacun d'eux peut en référer au ministre des cultes, qui statue sur le différend.

Le droit de saisir ainsi le ministre appartient exclusivement aux autorités diocésaine et départementale. Le recours du conseil de fabrique au ministre des cultes n'est admissible que contre l'arrêté par lequel le préfet aurait préalablement prononcé en conseil de préfecture sur la demande de l'établissement religieux.

Si le conseil municipal, appelé à délibérer sur la demande de subvention, provoque la suppression ou la réduction, au budget de la fabrique de dépenses relatives à la célébration du culte, on conteste la nécessité de l'établissement d'un vicaire, la délibération motivée de ce conseil et les autres pièces doivent alors être adressées à l'évêque, qui prononce, à raison de l'intérêt plus spécialement religieux que présente le conflit.

Dans le cas où l'évêque prononce contre l'avis du conseil municipal, il y a lieu de distinguer si son avis est ou non adopté par le préfet. Dans le premier cas, la réclamation du conseil municipal peut être rejetée par un simple arrêté préfectoral, qui prononce en même temps l'inscription d'office au budget de la commune de la *subvention* demandée par la fabrique. Mais si le préfet ne partage pas l'opinion du prélat, il ne peut être statué sur le différend que par un décret impérial rendu sur le rapport du ministre des cultes.

Une commune ne peut être obligée à payer d'avance la dette présumée de la fabrique ; pour que cette dette puisse régulièrement être mise à la charge de la commune, il est indispensable qu'elle soit définitivement arrêtée et justifiée par la production des comptes du trésorier.

Une demande de *subvention* peut être rejetée lorsqu'il résulte de l'inspection des budgets de la fabrique que cet établissement ne tire pas parti de toutes ses ressources ; par exemple, qu'il n'observe point exactement les prescriptions du décret du 30 décembre 1809 sur la location des bancs et chaises dans l'église. Cette circonstance est au moins de nature à justifier une réduction de la *subvention* demandée.

Ces importantes solutions ont été consacrées par la décision ministérielle ci-après, qui a eu pour objet de fixer le sens des articles 93 et suivants du décret du 30 décembre 1809.

LETTRE *du* 15 *décembre* 1856, *de M. le ministre de l'instruction publique et des cultes* (M. ROULAND) *à M. le préfet de la Haute-Marne.*

« Monsieur le préfet,

« La fabrique de l'église succursale de Germay s'est pourvue contre un arrêté que votre prédécesseur a pris, en conseil de préfecture, le 14 décembre 1855, sur une demande de *subvention* communale qu'elle avait formée. Aux termes de cet arrêté, la *subvention* de 276 fr. 45 cent. réclamée par la fabrique pour combler le déficit de son budget de 1853, a été réduite à la somme de 129 fr. 50 cent., payable par les communes de Germay et de Brouthières, dans la proportion de leurs contributions respectives.

« En transmettant le dossier de l'affaire, vous avez présenté des observations générales sur les questions de doctrine qu'elle vous a paru soulever.

« Vous pensez, Monsieur le préfet, que l'arrêté du 14 décembre a été compétemment rendu. Dans tous les cas, vous exprimez l'opinion que le gouvernement ne pouvait être régulièrement saisi de la connaissance de cette affaire que par vous et par Mgr l'évêque de Langres et que le conseil de fabrique n'avait pas qualité pour se pourvoir directement contre la décision précitée. Enfin, vous demandez des instructions sur la marche que vous devez suivre à l'avenir dans les affaires de cette nature.

« L'article 92 du décret du 30 décembre 1809 et l'article 30 de la loi du 18 juillet 1837 déterminent les charges des communes relativement au culte.

« Les articles 93 et suivants du même décret ont pour objet d'assurer le mode d'exécution des obligations imposées aux communes, en cas d'insuffisance des ressources fabriciennes.

« Trois cas distincts sont prévus et régis par ces dispositions.

« 1° Lorsqu'il s'agit de grosses réparations à faire aux édifices religieux et que les ressources de la fabrique sont insuffisantes pour y pourvoir, il doit être procédé conformément aux articles 94 et 95 du décret. Ces articles indiquent clairement les formalités à remplir. Il ne peut exister aucun doute à cet égard.

« 2° Lorsque la fabrique réclame une *subvention* communale pour combler le déficit de son budget, ou pour fournir au curé ou desservant une indemnité de logement, l'article 93 exige que le budget de l'établissement religieux soit porté au conseil municipal, pour être délibéré ce qu'il appartiendra. Si le conseil municipal accorde la *subvention*, il porte la somme allouée sur le budget de la commune, qu'il soumet à l'approbation du préfet. Si le conseil municipal refuse ou n'accorde que partiellement la *subvention*, mais sans provoquer la réduction d'aucune des dépenses du culte inscrites au budget de la fabrique, le préfet communique la délibération du conseil municipal à l'évêque diocésain, pour avoir son avis. Dans le cas où le prélat reconnaît la nécessité de la *subvention*, le préfet, s'il partage son opinion, le droit d'inscrire d'office la somme jugée indispensable, comme étant une dépense obligatoire, sur le budget de la commune, en vertu des articles 30, n° 14, et 38 de la loi du 18 juillet 1837. Mais lorsque l'évêque et le préfet sont d'avis différents, la voie la plus sûre et la plus régulière à prendre est d'en référer au ministre des cultes. En l'indiquant, l'article 93 du décret de 1809 se sert, il est vrai, des mots *Il pourra en être référé*. Je pense comme vous, Monsieur le préfet, que cet article n'en fait pas une obligation absolue. Toutefois l'expérience démontre (et cette affaire en est une nouvelle preuve) que le recours à une décision ministérielle est préférable sous tous les rapports.

« Ainsi, quand le préfet a statué par un arrêté, pris en conseil de préfecture, sur la demande de la fabrique, les termes facultatifs de cet article 93 ne me paraissent pas suffisants pour prononcer la nullité de l'arrêté préfectoral ; mais il y a ici une importante distinction à établir. S'il n'y a pas eu d'arrêté, le recours au ministre des cultes ne peut être exercé que par l'évêque ou par le préfet ; la fabrique ne serait pas plus fondée que le conseil municipal à le former. L'article 93 est positif à cet égard. Si, au contraire, un arrêté préfectoral est intervenu, le conseil de fabrique, dans le cas où il se croirait lésé par cet arrêté, pourrait se pourvoir devant le ministre des cultes. Cette faculté de recours est de droit commun ; il est, en effet, de règle que tous les arrêtés préfectoraux peuvent être déférés à l'autorité supérieure par les parties intéressées ; pour que la fabrique ne pût, dans l'espèce, exercer ce droit, il faudrait qu'une disposition expresse lui en interdît l'usage.

« 3° Il peut arriver enfin que le conseil municipal, appelé à délibérer sur la demande de *subvention*, provoque la suppression ou la réduction, au budget de la fabrique, de dépenses relatives à la célébration du culte, ou bien conteste la nécessité de l'établissement d'un vicaire. A la différence du cas prévu par l'article 93, la délibération motivée du conseil municipal et les autres pièces doivent alors être adressées à l'évêque, qui prononce, à raison de l'intérêt plus spécialement religieux que présente le conflit. (*Article* 96.) Dans le cas où l'évêque prononcerait contre l'avis du conseil municipal, ce conseil, ajoute l'article 97, pourra s'adresser au préfet, et cet administrateur enverra, *s'il y a lieu*, toutes les pièces au ministre des cultes, pour être, sur son rapport, statué au conseil d'Etat par l'empereur.

« Ces mots *s'il y a lieu* signifient que si le préfet n'adopte pas l'opinion du prélat, l'envoi des pièces devient nécessaire pour qu'un décret impérial soit rendu.

« Ainsi, Monsieur le préfet, l'article 93 et l'article 96 du décret de 1809 s'appliquent à deux cas divers qu'il ne faut pas confondre. Les formalités administratives qu'ils prescrivent ne sont pas les mêmes, en raison de la différence des intérêts engagés. Dans le premier cas (*article* 93), il ne s'agit que d'apprécier la demande d'une *subvention* communale et la situation financière de la fabrique qui se trouve obligée de la présenter. Dans le second cas, il y a lieu de prononcer sur une demande qui tend à compromettre le service paroissial et la dignité du culte ; il est convenable que la décision de l'autorité épiscopale qui l'a accueillie ne puisse être réformée que par un décret impérial.

« C'est dans ce sens, Monsieur le préfet, que me paraissent devoir être interprétés et appliqués les articles 93 et suivants du décret du 30 décembre 1809.

« Il ne reste plus qu'à examiner le pourvoi de la fabrique de Germay contre l'arrêté préfectoral du 14 décembre 1855.

« Ce pourvoi, appuyé de l'avis favorable de Mgr l'évêque de Langres, peut être admis en la forme, d'après la distinction ci-dessus posée, attendu qu'un arrêté préfectoral est intervenu, et qu'il s'agit d'une demande de *subvention communale*.

« Au fond, le pourvoi ne me paraît pas suffisamment justifié. Il est certain d'abord qu'une *subvention* a été accordée; l'arrêté préfectoral l'a fixée à 129 fr. 80 cent.; la fabrique de Germay soutient qu'elle doit être plus élevée. La question se réduit donc à une question de chiffres.

« Je remarque que la *subvention* de 331 fr. 05 cent. réclamée par la fabrique était au moins fort exagérée. Mgr l'évêque de Langres reconnaît que la somme de 76 fr. portée au budget de 1863 pour l'entretien du mobilier de l'église et faisant partie de celle de 331 fr. 05 cent. a déjà été acquittée par la commune. Quant à celle de 186 fr. 25 cent., elle a été retranchée par l'arrêté préfectoral comme provenant de dépenses antérieures à l'année 1851, qui ont dû être payées au moyen d'une *subvention communale* allouée par arrêté préfectoral du 29 octobre 1851.

« Aux termes du décret du 30 décembre 1809 et de l'ordonnance du 12 janvier 1825, la fabrique de Germay a dû dresser son budget de 1863 dans la séance du dimanche de Quasimodo de l'année précédente, c'est-à-dire au mois d'avril 1852. Par conséquent, elle ne pouvait connaître, à cette époque, le montant définitif des dépenses et des dettes de l'exercice clos de 1851. Dès-lors, le motif du retranchement de la somme de 186 fr. 25 cent. me semble conforme à la loi et aux règles de la comptabilité.

« On ne saurait, en effet, obliger régulièrement une commune à payer d'avance la dette présumée d'une fabrique, ainsi que le prétend la fabrique de Germay. Une dette présumée est toujours incertaine et éventuelle; il faut qu'elle soit définitivement contractée et justifiée par la production des comptes du trésorier, suivant l'article 30, n° 14, de la loi du 18 juillet 1837, pour qu'elle puisse être admise à la charge de la commune.

« D'un autre côté, les budgets de la fabrique de Germay me portent à croire qu'elle ne tire point parti de toutes les ressources; qu'elle n'observe point exactement, par exemple, les prescriptions du décret du 30 décembre 1809, sur la location des bancs et chaises dans l'église. J'ai été surpris de voir que le produit de cette location, inscrit sur le budget de 1854 pour 25 francs seulement, a été réduit sur le budget de 1855 à la modique somme de 15 francs. Si les membres du conseil de fabrique remplissaient avec plus de zèle la mission qui leur est confiée, de veiller au recouvrement de tous les revenus de l'église, le déficit annuel de son budget serait moins considérable.

« Je vous prie, Monsieur le préfet, de vouloir bien faire connaître au président de la fabrique de Germay que son pourvoi contre l'arrêté préfectoral du 14 décembre 1855 est rejeté, et de lui transmettre en même temps les observations qui précèdent.

« S'il vous était démontré plus tard que, par suite du défaut de payement des dettes antérieures, la fabrique eut besoin d'une plus forte *subvention communale* en 1856 ou 1857, je compte, Monsieur le préfet, sur votre esprit de justice pour la lui faire octroyer.

« J'ai l'honneur de vous renvoyer le dossier de l'affaire. »

Lorsqu'une fabrique a, pour suppléer à l'insuffisance de ses ressources, demandé une *subvention communale*, et que le conseil municipal a refusé cette *subvention*, mais sans provoquer la réduction d'aucune des dépenses du culte portées au budget de l'établissement religieux ; si l'évêque et le préfet sont l'un et l'autre d'avis que la demande de la fabrique doit être accueillie, la dépense peut être inscrite d'office au budget de la commune par un arrêté préfectoral.

C'est dans le cas seulement où il y a dissentiment sur ce point entre les autorités diocésaine et départementale qu'il doit être statué selon les cas, soit par une décision du ministre des cultes, soit par un décret rendu en conseil d'Etat.

Le droit qu'a le conseil municipal, saisi d'une demande de *subvention communale*, d'exiger de la fabrique la production, à l'appui de cette demande, de ses budgets et comptes, ainsi que des pièces justificatives qu'il juge nécessaires pour éclairer son opinion sur l'insuffisance des revenus de cette fabrique, n'emporte pas le droit de faire vérifier par des délégués spéciaux l'état réel des objets mobiliers destinés au culte dont le remplacement rend la *subvention* nécessaire. Ce droit de vérification appartient exclusivement à l'autorité ecclésiastique.

La délibération du conseil de fabrique portant demande d'une *subvention communale*, bien qu'elle ait été prise sous la présidence du curé ou desservant, n'en est pas moins valable, alors qu'il n'est point allégué que cette circonstance ait eu pour effet de modifier l'opinion du conseil de fabrique sur la dépense en vue de laquelle la *subvention* a été demandée, et qu'au moment où la délibération a été prise, l'élection du desservant comme président du conseil de fabrique n'ait pas été attaquée pour cause d'irrégularité.

Ces solutions ont été consacrées par l'arrêt suivant du conseil d'Etat.

ARRÊT *du conseil d'Etat du* 10 *avril* 1860.

« NAPOLÉON, etc.,

« Sur le rapport de la section du contentieux ;

« Vu la requête présentée pour la commune de Chassey-lès-Montbozon, département de la Haute-Saône, agissant poursuite et diligence de son maire à ce dûment autorisé ; ladite requête enregistrée au secrétariat de la section du contentieux, 15 avril 1859, et tendant à ce qu'il nous plaise :

« Annuler, pour excès de pouvoirs, un arrêté du 22 janvier 1859, par lequel le préfet du département de la Haute-Saône a décidé que ladite commune payerait à la fabrique de l'église de Chassey-lès-Montbozon une *subvention* de 325 francs pour concourir à l'acquisition d'un dais, et que cette somme serait inscrite d'office au budget additionnel de la commune pour l'exercice 1859 ;

« Ce faisant, annuler l'inscription d'office faite au budget en vertu de cette décision, et condamner la fabrique aux dépens ; ledit pourvoi fondé :

« *En premier lieu*, sur ce que la délibération du conseil de fabrique, qui demandait une *subvention* à la commune, ne serait pas valable, par le motif qu'elle aurait été prise sous la présidence du desservant, et que les desservants ne peuvent être présidents des conseils de fabriques (*voyez* PRÉSIDENT) ;

« En second lieu, sur ce que le conseil municipal n'aurait pu exercer le droit qui lui appartiendrait de vérifier l'état du dais qu'il s'agit de remplacer (voyez DAIS);

« En troisième lieu, sur ce que c'est par un décret rendu par le conseil d'Etat qu'il aurait dû être statué sur la demande de subvention que la fabrique avait présentée et que le conseil municipal avait repoussée;

« Vu l'arrêté attaqué;

« Vu les observations présentées par notre ministre de l'instruction publique et des cultes en réponse à la communication qui lui a été donnée du pourvoi; lesdites observations enregistrées au secrétariat de la section du contentieux, le 13 août 1859, et tendant au rejet du pourvoi;

« Vu les observations présentées par notre ministre de l'intérieur, en réponse à la communication qui lui a été donnée du pourvoi; lesdites observations enregistrées comme dessus, le 19 janvier 1860, et tendant au rejet du pourvoi;

« Vu le mémoire en réplique, enregistré comme dessus, le 24 janvier 1860, par lequel la commune de Chassey-lès-Montbozon déclare persister dans ses conclusions;

« Vu la délibération, en date du 11 avril 1858, par laquelle le conseil de fabrique de l'église de Chassey-lès-Montbozon arrête le budget de la fabrique pour l'exercice de 1859, et demande aux communes de Chassey-lès-Montbozon et Thieffrans, de suppléer à l'insuffisance de ses revenus pour combler le déficit résultant dudit budget, et qui monte à 914 francs;

« Vu la délibération, en date du 4 juillet 1858, par laquelle le conseil municipal de la commune de Chassey-lès-Montbozon refuse de concourir à l'acquisition d'un dais, dépense qui contribue jusqu'à concurrence de 500 francs, à créer le déficit à raison duquel la fabrique demande une subvention aux communes de Chassey et Thieffrans;

« Vu la délibération, en date du 21 novembre 1858, par laquelle le conseil municipal de Chassey-lès-Montbozon, appelé par le préfet, conformément à l'article 39 de la loi du 18 juillet 1837, à délibérer sur la demande de subvention formée par la fabrique, a persisté à refuser de voter le crédit qui lui était demandé, tant que deux membres du conseil municipal n'auraient pas été admis à vérifier l'état du dais qu'il s'agissait de remplacer;

« Vu la délibération, en date du 13 février 1859, par laquelle le conseil municipal de la commune de Chassey-lès-Montbozon autorise le maire à se pourvoir devant nous, en notre conseil d'Etat, contre l'arrêté ci-dessus visé du préfet du département de la Haute-Saône;

« Vu les autres pièces produites et jointes au dossier;

« Vu le décret du 30 décembre 1809 et la loi du 18 juillet 1837;

« Sur le moyen tiré de ce que l'arrêté attaqué aurait été pris pour faire droit à une délibération du conseil de fabrique qui ne serait pas valable;

« Considérant que la commune soutient que la délibération du conseil de fabrique soit nulle, par le motif qu'elle a été prise sous la présidence du desservant, et qu'il résulte des articles 4, 13 et 50 du décret du 30 décembre 1809, que le curé desservant ne doit pas être appelé à la présidence du conseil de fabrique;

« Considérant qu'il n'est pas allégué par la commune que la présidence du desservant ait eu pour effet de modifier l'opinion du conseil de fabrique sur la dépense en vue de laquelle une subvention a été demandée à la commune, et, qu'au moment où la délibération a été prise, l'élection du desservant comme président du conseil de fabrique n'avait pas été attaqué comme irrégulière;

« Sur le moyen tiré de ce que le conseil municipal n'aurait pu exercer le droit qui lui appartiendrait de vérifier l'état du dais qu'il s'agissait de remplacer ;

« Considérant que, aux termes des dispositions de l'article 93 du décret du décembre 1809 et de l'article 30, n° 14, de la loi du 18 juillet 1837, lorsque les fabriques demandent aux communes des *subventions* afin de suppléer à l'insuffisance de leurs revenus pour pourvoir aux dépenses mises à leur charge par l'article du décret précité, elles doivent établir cette insuffisance par la production de leurs budgets et de leurs comptes, accompagnés, s'il en est besoin, de pièces justificatives

« Que si, d'après l'article 96 du décret du 30 décembre 1809, les conseils municipaux peuvent demander la réduction de quelques articles de dépenses de célébration du culte, il ne s'ensuit pas qu'ils aient le droit de faire vérifier, par des délégués spéciaux, la nécessité des dépenses votées dans ce but par la fabrique dont le maire fait toujours partie, et approuvées par l'évêque ;

« Sur le moyen tiré de ce qu'il aurait dû être statué par un décret rendu conseil d'Etat sur la demande de *subvention* formée par la fabrique et repoussée par la commune ;

« Considérant que, aux termes des articles 93, 96 et 97 du décret du 30 décembre 1809, dans le cas où une commune repousse la demande de *subvention* formée une fabrique, la difficulté ne doit être portée, soit devant notre ministre des cultes soit devant nous, que si le préfet et l'évêque ne sont pas d'accord ;

« Que, dès-lors, le préfet du département de la Haute-Saône a pu décider que la commune de Chassey-lès-Montbozon payerait à la fabrique une *subvention* 325 francs pour concourir à l'acquisition d'un dais, dont la nécessité était reconnue par l'archevêque de Besançon ;

« Notre conseil d'Etat au contentieux entendu ;

« Avons décrété et décrétons ce qui suit :

« ARTICLE 1er. Le recours de la commune de Chassey-lès-Montbozon est rejeté

« ART. 2. Notre garde des sceaux, ministre secrétaire d'Etat au département de justice et nos ministres secrétaires d'Etat aux départements de l'instruction publique et des cultes et de l'intérieur sont chargés, chacun en ce qui le concerne, de l'exécution du présent décret. »

SUCCURSALE.

Les *succursales* sont des paroisses desservies par un prêtre nommé par l'évêque seul, et sans le concours de l'autorité civile, révocable par lui. L'amovibilité et l'infériorité du traitement sont la seule différence entre le curé proprement dit et le curé desservant. (*Voyez* ANNEXE, CHAPELLE, CURE, PAROISSE.)

Les *succursales* ont, comme les cures, un territoire déterminé. même aussi que pour les cures, aucune partie du territoire français ne peut être érigée en *succursale* sans l'autorisation expresse du gouvernement ; cette autorisation ne s'accorde, en général, que sur la demande des conseils municipaux, la proposition de l'évêque et l'avis du préfet.

Pour obtenir l'érection d'une *succursale*, il faut observer les formalités suivantes : Le conseil municipal, s'il n'y a qu'une commune les conseils municipaux s'il y en a plusieurs, ou les principaux habitants, s'il n'y a qu'une section de commune, expriment à l'évêque ou au préfet le vœu de voir ériger leur église en *succursale*.

Les pièces à fournir ensuite au gouvernement, à l'appui de cette demande sont : 1° Un procès-verbal de *commodo et incommodo*, dressé par des commissaires nommés par l'évêque ; 2° un certificat du sous-préfet, faisant connaître le nombre des habitants de la paroisse actuelle et de la paroisse projetée ; 3° un certificat de l'ingénieur ordinaire des ponts-et-chaussées, qui établit la distance de cette dernière à l'église de l'autre, et la difficulté des communications ; 4° un certificat du maire ou une délibération du conseil municipal, qui constate que la commune ou la section de commune, qui veut être érigée en *succursale*, possède un presbytère et un cimetière en bon état ; que l'église est assez grande pour contenir la population ; qu'elle est propre, pourvue des ornements, vases sacrés et autres objets nécessaires au culte, ou qu'elle a des ressources pour y pourvoir au plus tôt ; 5° les observations du conseil municipal et de la paroisse dont il s'agit, de détacher le territoire qui doit former la circonscription de la nouvelle *succursale*.

L'évêque et le préfet donnent leur avis, et le gouvernement prononce.

Il faut que les communes qui demandent à être érigées en *succursales* possèdent une église en bon état, et un presbytère, ou au moins les moyens de s'en procurer un aussitôt que l'érection est approuvée. Ces obligations sont de rigueur. (*Circulaire du 30 août 1838.*)

DÉCRET *du 30 septembre 1807, qui augmente le nombre des succursales.*

TITRE Ier. — *Des succursales.*

« ART. 1er. L'état des *succursales* à la charge du trésor public, tel qu'il a été fixé en vertu du décret du 5 nivôse an XIII, sera porté de vingt-quatre mille à trente mille.

« ART. 2. A cet effet, le nombre des *succursales* sera augmenté dans chaque département conformément à l'état annexé au présent décret. La répartition en sera faite de manière que le nombre des *succursales* mis à la charge du trésor public par notre décret du 5 nivôse an XIII, et celui qui est accordé par notre présent décret, comprennent la totalité des communes des départements.

« ART. 3. Cette répartition aura lieu à la diligence des évêques, de concert avec les préfets, dans le mois qui suivra la publication du présent décret.

« ART. 4. Les évêques et les préfets enverront sur-le-champ au ministère des cultes les états qui seront dressés pour être définitivement approuvés par nous, et déposés ensuite aux archives impériales.

« ART. 5. Les desservants des *succursales* nouvellement dotées par le trésor public seront payés, à dater du jour de l'approbation de l'état de ces *succursales*, pour leur diocèse, s'ils exerçaient antérieurement les fonctions de desservants dans les *succursales* nouvellement dotées, et à dater du jour de leur nomination, sont nommés postérieurement à l'exécution du présent décret.

« Art. 6. Les traitements des desservants continueront à être payés dans les formes prescrites par les articles 4, 5 et 6 de notre décret du 11 prairial an XII.

« Art. 7. Les titres des *succursales*, tels qu'ils sont désignés dans les états approuvés par nous, conformément à l'article 4 ci-dessus, ne pourront être changés ni transférés d'un lieu dans un autre.

Titre II. — *Des chapelles ou annexes.*

« Art. 8. Dans les paroisses ou *succursales* trop étendues, et lorsque la difficulté des communications l'exigera, il pourra être établi des chapelles.

« Art. 9. L'établissement de ces chapelles devra être préalablement provoqué par une délibération du conseil général de la commune, dûment autorisé à s'assembler à cet effet, et qui contiendra l'engagement de doter le chapelain.

« Art. 10. La somme qui sera proposée pour servir de traitement à ce chapelain sera énoncée dans la délibération, et, après que nous aurons autorisé l'établissement de la chapelle, le préfet arrêtera et rendra exécutoire le rôle de répartition de ladite somme.

« Art. 11. Il pourra également être érigé une annexe sur la demande des principaux contribuables d'une commune, et sur l'obligation personnelle qu'ils souscriront de payer le vicaire, laquelle sera rendue exécutoire par l'homologation et à la diligence du préfet, après l'érection de l'annexe.

« Art. 12. Expéditions desdites délibérations, demandes, engagements, obligations, seront adressées au préfet du département et à l'évêque diocésain, lesquels, après s'être concertés, adresseront chacun leur avis sur l'érection de l'annexe à notre ministre des cultes, qui nous en fera rapport. »

« Art. 13. Les chapelles ou annexes dépendront des cures ou *succursales* dans l'arrondissement desquelles elles seront placées. Elles seront sous la surveillance des curés ou desservants, et le prêtre qui y sera attaché n'exercera qu'en qualité de vicaire ou de chapelain.

« Art. 14. Nos ministres de l'intérieur et du trésor public sont chargés de l'exécution du présent décret, qui sera inséré au *Bulletin des lois*. »

SUIF.

Les bougies ou cierges de *suif* ne peuvent servir dans les fonctions sacrées de l'Église. Les rubriques générales prescrivent l'usage de la cire d'abeilles. (*Voyez* bougie.)

SUISSE.

On appelle *suisse* un des employés de l'église, dont la fonction consiste à empêcher tout trouble ou toute indécence dans le lieu saint. (*Voyez* police.)

Aux termes de l'article 33 du décret du 30 décembre 1809, la nomination et la révocation des *suisses* ou autres serviteurs de l'église, appartiennent aux marguilliers, sur la proposition du curé ou desservant.

Cette disposition, qui n'est actuellement applicable qu'aux villes présentait divers inconvénients pour les paroisses de la campagne; aussi fût-elle modifiée par l'aticle 7 de l'ordonnance royale du 12 janvier 1825. Cet article est ainsi conçu :

« ART. 7. Dans les communes rurales la nomination et la révocation des chantres, sonneurs et sacristains, seront faites par le curé, desservant ou vicaire; leur traitement continuera à être réglé par le conseil de fabrique, et payé par qui de droit. »

Cet article ne parle pas des *suisses*, sans doute parce qu'il en existe peu dans les paroisses rurales; mais il est évident que le but de cet article est de donner au curé le droit de nommer et de destituer tous les employés de l'église. En effet, les rapports du curé avec le *suisse* sont exactement les mêmes qu'avec le sacristain. Le *suisse* aussi bien que le sacristain doit être à la disposition du curé, et prêt à lui obéir. Dès-lors, il importe que la nomination de l'un comme de l'autre dépendent exclusivement du curé.

Ainsi, lorsque, dans une paroisse rurale, le conseil de fabrique croit nécessaire d'établir un *suisse*, le droit de le nommer, comme celui de le révoquer, doit appartenir exclusivement au seul pasteur. C'est ce qui résulte du principe posé dans l'article 7 de l'ordonnance ci-dessus, principe évidemment applicable à tous les employés de l'église.

La nomination d'un *suisse* et la dépense pour son salaire et son habillement n'ont pas le caractère de nécessité propre à obtenir un secours de la commune, en cas d'insuffisance des revenus de la fabrique. (*Avis du comité de législation, du 23 décembre 1840.*)

On a demandé s'il pouvait être établi un *suisse* dans toute église, cure ou succursale pour y maintenir l'ordre, quelle que soit la population de la paroisse. L'affirmative n'est pas douteuse, et il serait même à désirer que chaque paroisse en eut un. Il n'existe aucune disposition législative ou réglémentaire qui fixe le chiffre de la population que doit avoir une paroisse, pour qu'un *suisse* ou un bedeau puisse y être légalement établi. Il suit de là que, quelle que soit l'importance d'une paroisse, si le curé et le conseil de fabrique jugent nécessaire ou convenable d'instituer un *suisse*, l'institution en est valable et régulière. Il convient seulement de remarquer que, s'il est porté un article au budget pour le traitement de ce *suisse*, et si les ressources de la fabrique étant insuffisantes pour subvenir à ses dépenses, il y a lieu, par cet établissement, de recourir à la commune, le conseil municipal aura la faculté de critiquer la création du *suisse* et de demander, dans les formes ordinaires, la suppression ou la réduction de l'article de dépense au traitement du *suisse*.

Les devoirs du *suisse*, en matière de police, résultent de la nature même de sa charge. Ils consistent à maintenir le bon ordre et le silence, tant dans l'église que dans les cérémonies extérieures du culte;

à y assurer l'exécution des prescriptions du curé et du conseil de fabrique, notamment en ce qui concerne les places à occuper par les hommes et celles à occuper par les femmes, lorsque la séparation des deux sexes a été ordonnée par le curé; comme nous le disons ailleurs; à prévenir tout trouble, toute interruption. Pour cela il a nécessairement le droit d'avertir les personnes qui se livrent à des conversations ou qui causent tout autre bruit, de les inviter au silence, de rappeler à l'exécution des règlements et au respect du lieu saint tous ceux qui s'en écarteraient. Si ces avis restent sans résultat, il a le droit d'inviter les contrevenants à sortir de l'église et même, s'il devenait nécessaire, de les en expulser; il peut enfin à cet effet, réclamer au besoin le secours des assistants, et même provoquer l'intervention de la force publique et des magistrats.

Le *suisse* peut bien aussi dresser contre les perturbateurs un procès-verbal des faits à leur charge, pour le transmettre ensuite à l'autorité municipale ou judiciaire. Mais cet acte, remarque le *Journal des conseils de fabriques*, n'aurait point les caractères distinctifs et la force d'un procès-verbal ordinaire; il ne ferait pas preuve authentique en justice; il ne vaudrait que comme plainte et dénonciation; il n'aurait d'autre effet que de fixer les faits, et d'autre force que celle d'un témoignage écrit. Le *suisse*, en effet, n'est ni officier de police ni agent de la force publique. (*Voyez* POLICE.)

Dans tous les cas dont il s'agit, on ne saurait, du reste, trop recommander aux *suisses* et à tous les employés et serviteurs des églises de ne jamais frapper, et de s'abstenir, autant que possible, d'en venir à des luttes qui ont pour résultat d'augmenter le scandale et le bruit. Ils doivent, au contraire, ainsi que MM. les curés, employer toujours la plus grande prudence et la plus grande modération. Ce sont des conseils que nous avons déjà donnés et qu'on ne saurait trop répéter. (*Voyez* BEDEAU.)

Il est bien entendu que les vêtements plus ou moins riches du *suisse* et sa hallebarde doivent être fournis par la fabrique.

SUPPLÉMENT DE TRAITEMENT.

(*Voyez* TRAITEMENT.)

SURPLIS.

Le *surplis* était autrefois l'habit personnel du curé. Les prêtres de l'ancien temps ne le quittaient jamais (1); aussi quelques auteurs

(1) Le concile de Reims, de l'an 1583, défendit de porter le *surplis* hors de l'église : *Ut sine superpellicio in ecclesia comparare, plane irreligiosum est, sic illud ad loca publica rerum venalium deferre, prorsus indecorum ac sordidum esse nemo est qui non videat.*

comme Piales. de Boyer (1), etc., enseignent qu'il doit être considéré comme le vêtement personnel du curé, qui doit se le procurer sans qu'il puisse l'exiger de la fabrique. Mgr Affre (2) et M. Carré (3), fondés sur cet ancien usage, disent que la fabrique ne doit pas de surplis, parce qu'il est considéré comme habit du curé. Nous ne pouvons partager ce sentiment, car il est évident qu'aujourd'hui le surplis n'est nullement un habit du curé. Il est un habit ou un ornement nécessaire à l'administration des sacrements et à la célébration de l'office divin. Il fait donc partie des ornements que la fabrique doit fournir en vertu de l'article 37 du décret du 30 décembre 1809.

L'auteur anonyme du *Droit des curés et des paroisses* a fait une dissertation sur l'obligation où sont les fabriques de fournir les surplis aux curés des paroisses; il cite un arrêt du parlement de Grenoble, du 21 février 1775, qui assujettit les minimes, décimateurs de la paroisse de Saint-Jean-de-Royans, à cette fourniture. On sait qu'autrefois les fabriques et, à leur défaut, les gros décimateurs, devaient fournir tout ce qui est nécessaire pour le service divin. (*Art. 21 de l'édit de* 1695.)

Le *surplis*, comme le remarque Thomassin (4), et comme nous l'avons dit dans notre *Cours de droit canon*, sous le mot HABIT, § II, n'est qu'une aube raccourcie. Le concile de Rouen de l'an 1072, canon 5, ordonne aux curés de se servir d'aubes pour administrer le baptême et l'extrême-onction. On voit par là, dit encore Thomassin, que le *surplis* a succédé à l'aube dans les occasions semblables; car, d'après le droit canonique, les sacrements doivent toujours être administrés en *surplis* et en étole (5). Or, si le *surplis* n'est qu'une aube plus courte pour l'administration des sacrements et la célébration des offices de l'église, il nous paraît évident que la fabrique est obligée de le fournir comme elle fournit les aubes et tous les ornements nécessaires au culte divin.

Le *Journal des conseils de fabriques* (6), ordinairement si judicieux dans ses solutions, ne nous paraît pas avoir bien saisi le véritable point de vue de cette question. Il estime qu'elle doit être résolue d'après les statuts, ou, à défaut, d'après l'usage de chaque diocèse. Il a été trompé en cela par les divers auteurs que nous citons ci-dessus, ne sachant pas que, d'après l'ancienne discipline, le prêtre portait habituellement le *surplis* comme il porte aujourd'hui la soutane.

(1) *Principes sur l'administration temporelle des paroisses*, tome I, p. 474.
(2) *Traité de l'administration temporelle des paroisses*, 4e édit., page 220.
(3) *Traité du gouvernement des paroisses.*
(4) *Discipline de l'Eglise*, part. IV, liv, I, chap. xxxvii, n° 4.
(5) Le premier concile de Milan, en 1565, dit : *Sacerdotes in sacramentarum ordinatione semper superpellicium et stolam adhibeant.*
(6) Tome VII, page 120, janvier 1842.

Mais, sous la législation actuelle et d'après l'article 37 du décret 30 décembre 1809, la fabrique doit fournir tous les ornements et linge nécessaires au culte.

M. Gaudry partage notre sentiment. « Mgr Affre, dit-il pense avec M. Carré, que les fabriques ne sont pas tenues de fournir le *surplis*, parce que, dit Mgr Affre, le *surplis* est considéré comme habit du curé. Nous ne pouvons pas partager cette opinion, et nous importent les anciens règlements sur ce point. Si, en effet, anciennement le *surplis* faisait partie de l'habillement du curé, nous concevons qu'il n'ait pas été mis à la charge des fabriques; mais aujourd'hui il n'en fait pas partie, c'est un vêtement exclusivement destiné à la célébration des offices religieux. Il doit donc être à la charge de la fabrique, et réputé sa propriété, comme tout ce qui est ornement consacré à la célébration du culte. »

M. Prompsault ajoute (2) : « Le *surplis* est un habit de chœur et de ministère pastoral tout à la fois. C'était anciennement le curé qui se le fournissait, comme c'était lui qui était chargé de l'entretien du chœur de l'église, lorsqu'il levait les dîmes. On a eu tort de conclure de là que la fourniture du *surplis* n'était pas obligatoire pour la fabrique. Le curé aujourd'hui est complétement déchargé de toutes les fournitures qui sont nécessaires à l'accomplissement du ministère pastoral. Elles sont, sans exception aucune, à la charge de la paroisse. Ceci résulte de l'article 37 du décret impérial du 30 décembre 1809, ainsi conçu : « Les charges de la fabrique sont « fournir aux frais nécessaires du culte, savoir, les ornements, les « vases sacrés, le linge, le luminaire, le pain, le vin, l'encens, etc.

« La spécification que fait le législateur, après avoir parlé d'une manière générale, a eu pour but d'empêcher qu'on ne donnât à ces paroles une interprétation qui n'était pas dans sa pensée. Si le curé était tenu de se fournir de *surplis*, il serait tenu pareillement de fournir d'étole pastorale, et de payer les frais de blanchissage du *surplis*, quoiqu'il ne se serve de l'un et de l'autre de ces vêtements et ornements que pour le service de la paroisse. Le rituel de Belley tranche la difficulté, en ordonnant qu'il y en ait au moins deux en bon état dans la sacristie des paroisses qui n'ont qu'un seul prêtre. Ils doivent être en lin et non en coton. »

La fabrique doit fournir au moins autant de *surplis* que d'aubes pour le service des prêtres de la *paroisse*. (*Voyez* AUBE.)

La fabrique doit fournir les *surplis* ou rochets non-seulement aux curés et desservants, mais aux vicaires et aux prêtres auxiliaires, de la même manière qu'elle fournit les autres ornements et les vases sacrés.

(1) *Traité de la législation des cultes*, tome II, page 600.
(2) *Dictionnaire raisonné de droit*, etc., tome III, page 841.

Les *surplis* dont se servent les chantres doivent également être fournis par la fabrique, ainsi que les aubes ou *surplis* des enfants de chœur. (*Voyez* ENFANTS DE CHŒUR.)

Nous avons un peu insisté sur l'obligation où est la fabrique de fournir les *surplis*, parce que la décision contraire donnée par Mgr Affre et quelques autres auteurs a souvent occasionné des contestations pénibles entre les curés et certains conseils de fabriques.

Ce que nous venons de dire du *surplis* s'applique également aux rochets qui ne sont autre chose que des *surplis*.

SUSPENSION.

Aux termes de l'article 3 du décret du 17 novembre 1811, rapporté sous le mot ABSENCE, en cas de maladie ou de *suspension* d'un curé, le traitement du remplaçant est pris sur celui du titulaire.

SYNAGOGUE.

On appelle *synagogue*, parmi les juifs, la circonscription ecclésiastique qui porte le nom d'église parmi les chrétiens.

L'ordonnance du 25 mai 1844 a substitué les noms de consistoire, circonscription rabbinique et temple à celui de *synagogue*.

On a demandé si l'existence d'une *synagogue* empêcherait l'exercice extérieur du culte catholique. M. Gaudry pense que si les juifs étaient restés sous l'empire des lois en vigueur en l'an X, la présence d'une *synagogue* ne pourrait entraver en rien l'exercice du culte catholique. Les juifs n'avaient alors obtenu de la loi du 27 septembre 1791, que la qualité de citoyens; nulles dispositions législatives ne donnaient à leur culte une existence reconnue, et suivant nous, il devrait en être de même, s'ils étaient encore soumis aux lois de l'empire, de 1806 et 1808. Mais depuis 1830, le culte juif a été réglé et salarié par l'Etat; cette nouvelle législation semble placer les juifs au même rang que les protestants. (*Voyez* JUIF, PROTESTANT.)

SYNODE.

L'article 4, de la loi du 18 germinal an X, dit qu'aucun *synode* diocésain ne peut avoir lieu sans la permission expresse du Gouvernement. Nous avons montré, sous le mot CONCILE, que cet article avait été abrogé par la Charte de 1830, et que le Gouvernement ne pourrait, sans se rendre coupable de tyrannie et de despotisme, empêcher les évêques de se réunir en concile pour y traiter de matières ecclésiastiques. Notre argument a acquis une nouvelle force à la révolution de Février, qui a proclamé hautement le droit d'association et de réunion (1). Mais, nous craignons bien que, si les évêques ne se hâtent de se mettre en possession de ce droit, en se réunissant en *conciles* métropolitains et en convoquant des *synodes* diocésains, le gouvernement de la République, oubliant son origine, comme le gouvernement de Juillet qui, lui aussi, nous avait promis toutes les libertés civiles et religieuses, ne vienne mettre obstacle à ces saintes et utiles réunions. Les conciles provinciaux ont autrefois exercé une très-heureuse influence sur la civilisation en France. Ils auraient encore aujourd'hui le même résultat sur les populations, si le Gouvernement était assez sage pour le comprendre. Les évêques, en concile, faisaient des lois de discipline empreintes d'une si profonde sagesse et tellement appropriées à la nature de l'homme, que le pouvoir civil s'empressait de les insérer dans le Code de ses lois. On ne sait pas assez aujourd'hui que les articles les plus parfaits de notre Code civil si justement vanté, sont la reproduction textuelle des canons de nos conciles provinciaux. C'est l'Eglise, qu'on ne l'oublie pas, ce sont ses conciles qui ont affranchi et civilisé ces peuples barbares desquels nous descendons ; ce sont les conciles qui ont partout établi comme un droit, malgré les pouvoirs d'alors, la liberté, l'égalité et la fraternité qu'on inscrira vainement sur nos monuments publics et sur nos drapeaux, si l'Eglise, à l'aide de ses conciles, ne vient les graver d'une manière plus durable et plus solide dans le cœur de tous les Français. Chose remarquable et cependant trop peu remarquée, c'est à dater du jour où la tenue des conciles provinciaux a cessé, que le despotisme des gouvernants s'est accru au détriment de la liberté des peuples. Et la liberté comprimée a sourdement et naturellement enfanté les révolutions, ces fléaux dévastateurs des sociétés (2).

T

TABERNACLE.

Le *tabernacle* placé sur l'autel en fait ordinairement partie et est meuble ou immeuble suivant que l'autel est l'un ou l'autre. Le curé a seul le droit d'en garder la clef. L'intérieur doit être revêtu d'étoffe précieuse d'or, d'argent ou de soie.

TABLE DE COMMUNION.

(*Voyez* COMMUNION.)

(1) Nous écrivions ces mots en 1848. La loi de 1868 sur les réunions confirme encore cette thèse.

(2) Ces réflexions sont la conséquence logique de notre *Histoire des conciles*. Nous sommes convaincu que le concile œcuménique qui doit se tenir prochainement mettra de plus en plus en lumière cette vérité.

TABLEAUX.

Les *tableaux*, statues et autres objets mobiliers placés dans les églises appartiennent aux fabriques ou aux communes, regardées par l'administration comme propriétaires des églises (*voyez* ÉGLISES, § I), dans le cas où, placés à perpétuelle demeure, ils doivent être considérés comme immeubles par destination. Si ces objets sont mobiles et peuvent être facilement transportés d'un endroit dans un autre, sans aucune détérioration, ils n'ont pas d'autre caractère que celui de meubles de l'église, et ils sont par cela même, à la disposition de l'administration fabricienne. Cette administration peut les remplacer par d'autres ; elle peut même les vendre, s'il y a convenance à le faire, sans avoir besoin d'y être autorisée par le conseil municipal, à moins que la commune soit fondée à en revendiquer la propriété (1).

On a demandé si un curé, choqué d'un *tableau* qui lui semble grotesque, a besoin du consentement de la fabrique pour le remplacer par une statue ou un autre *tableau*, lorsque d'ailleurs, il ne détruit pas le *tableau* et n'occasionne non plus aucune dépense à l'église.

En principe, l'autorité ecclésiastique est seule juge de la nécessité et de la convenance des objets d'art ou objets religieux placés dans l'église pour exciter les fidèles à la piété. Il suit de là que nul, pas même le conseil de fabrique, qui est établi par la loi pour veiller à la conservation de cette église, ne saurait y exposer une image quelconque qui n'aurait point été agréée par elle. Ainsi, si l'on ne peut contester légalement à un curé le droit de placer dans son église à ses frais un *tableau*, un chemin de croix, on ne saurait lui refuser non plus celui de le déplacer, de le changer, ou de le remplacer par un autre objet plus en état de remplir le but qu'il se propose. (*Voyez* CHEMIN DE LA CROIX, IMAGE.)

Toutefois, la solution de la question peut n'être pas la même dans tous les cas, lorsque le *tableau* n'a point été acquis des deniers du curé ou qu'il se trouve placé dans des conditions qui ne permettent pas son déplacement. En effet, ou ce *tableau* fait corps avec la boiserie de l'église, ou bien il est simplement fixé aux parois du mur au moyen de clous ou de crochets. Dans la première hypothèse, ce *tableau* a perdu son caractère de meuble ; il est attaché à l'église à perpétuelle demeure ; il est par conséquent immeuble par destination (*art.* 525 *du Code civil*), et nous croyons que le curé a besoin de l'assentiment du conseil de fabrique pour le déplacer et pour le remplacer par une statue ou un autre *tableau*. En cas de désaccord, il y aurait lieu d'en référer à l'évêque qui déciderait.

(1) *Journal des communes*, année 1857, page 180. — *Bulletin des lois civiles ecclésiastiques*, année 1863, page 249.

Dans la seconde espèce, c'est-à-dire lorsque le *tableau* est mobile et non attaché à perpétuelle demeure, il ne constitue plus qu'un meuble ou objet de sainteté ou d'ornementation dont le curé a le droit de déterminer l'usage et la place, parce que c'est à lui qu'il appartient de présider à toutes les dispositions intérieures de l'église.

Il est certainement convenable que le curé s'entende avec la fabrique pour le déplacement de ce *tableau* et son remplacement par une statue ou un autre *tableau*; mais il s'agit ici d'une chose qui rentre tellement dans les attributions de son ministère, que le consentement du conseil de fabrique ne lui est nullement nécessaire pour opérer ce changement, lorsque d'ailleurs le *tableau* n'est que déplacé, qu'il reste en la possession de la fabrique, et qu'en définitive tout cela se fait aux frais du curé, et par conséquent sans aucune dépense pour l'église (1).

Les évêques ont le droit de faire disparaître des églises de leurs diocèses, les *tableaux*, statues, etc., destinés à exciter la piété des fidèles, lorsque ces objets leur paraissent inconvenants ou ridicules (*Décision ministérielle du 11 décembre 1842*, rapportée sous le mot MOBILIER.)

Parmi les *tableaux* qui ornent les églises, il en est plusieurs qui, dus au pinceau de nos plus habiles peintres, sont par conséquent d'un très-grand prix. Les fabriques ne peuvent comme objets d'art les échanger ni les vendre sans autorisation. (*Voyez* OBJETS D'ART.)

A l'occasion d'une demande formée de concert par la fabrique et par la commune de Lagrasse, pour obtenir l'autorisation de vendre sept *tableaux* représentant les sept sacrements, le ministre des cultes répondit, par une lettre en date du 25 août 1847, rapportée ci-après, qu'on devait considérer les *tableaux* comme faisant partie des objets mobiliers de l'église, et comme appartenant dès-lors exclusivement à la fabrique.

Deux circulaires du ministre des cultes, en date du 25 juin 1838 et du 27 avril 1839 prescrivent la conservation de ces anciens *tableaux*.

LETTRE *du 25 août 1847, de M. le ministre de la justice et des cultes* (M. Hébert), *à M. le préfet de l'Aude.*

Monsieur le préfet,

« La fabrique et la commune de Lagrasse ont formé le projet de vendre sept *tableaux* qui se trouvent dans l'église paroissiale. Ces *tableaux* représentent les sacrements, et l'on pense généralement qu'ils ont été peints par Ribeira dit l'Espagnolet. On pense dès-lors qu'ils ont une grande valeur; mais comme ils sont plus ou moins endommagés et que la dépense de restauration serait considérable, on a jugé convenable de les vendre. Pour aplanir les difficultés qui s'étaient déjà élevées

(1) *Bulletin des lois civiles ecclésiastiques*, année 1856, page 212.

« sujet de la propriété de ces *tableaux*, la fabrique et la commune sont convenues entre elles qu'elles partageraient, par égales parties, le produit de la vente, que l'on croit devoir dépasser 40,000 francs. Si leurs espérances, quant à ce produit, se réalisent, la personne chargée de transporter les *tableaux* à Paris pour les vendre en ferait faire des copies, destinées à remplacer les originaux ; au contraire, dans le cas où il serait reconnu que les *tableaux* ne sont pas réellement d'une grande valeur, au lieu d'en faire la vente, on les rendrait à leur destination actuelle.

« En adressant à mon prédécesseur les délibérations prises à ce sujet par le conseil municipal et le conseil de fabrique, vous demandez des instructions sur la suite à donner à leur projet.

« Les *tableaux* religieux sont placés dans les églises pour y servir de décoration et pour inspirer la piété aux fidèles. Plus ils se trouvent être d'une grande valeur, et plus les paroisses qui les possèdent doivent tenir à les conserver. Si la restauration des *tableaux* de l'église de Lagrasse nécessite des frais, il est donc du devoir de la fabrique, de la commune et même des habitants, d'employer tous les moyens en leur pouvoir pour en assurer le payement.

« Au reste, la destination religieuse à laquelle les *tableaux* d'église sont affectés semble devoir suffire pour empêcher d'en faire un objet de spéculation : en vouloir tirer profit serait une espèce de profanation qu'on doit empêcher.

« D'un autre côté, le projet dont vous m'avez entretenu est contraire à toutes les instructions et décisions sur la matière ; et notamment aux circulaires ministérielles des 20, 29 décembre 1834, 25 juin 1838 et 27 avril 1839.

« Dans tous les cas, le paragraphe projeté du produit de la vente entre la fabrique et la commune ferait supposer que ces établissements sont co-propriétaires des sept *tableaux*, tandis qu'on doit les considérer comme faisant partie des objets mobiliers de l'église, et comme appartenant dès-lors exclusivement à la fabrique.

« D'après ces divers motifs, il ne m'a point paru, Monsieur le préfet, qu'il y ait lieu de donner suite au projet formé par la commune et la fabrique de Lagrasse, dont je vous renvoie ci-joint les délibérations. »

Les peintures murales à fresque ou à l'huile, dit Mgr l'évêque de Langres (1), sont une bonne décoration, quand on les exécute dans les conditions convenables. Elles sont même préférables aux *tableaux* mobiles. Il faut se défier des peintres en bâtiments qui usurpent le nom d'artiste et se mêlent de la peinture historique. Les *tableaux* doivent être placés autant que possible à leur jour et ne pas nuire aux lignes de l'édifice. Conserver avec soin les anciennes peintures sur toile, sur bois ou sur cuivre auxquelles on peut supposer un mérite, ne serait-ce qu'à raison d'une inscription, d'une draperie, d'un nom d'auteur ou de donateur, d'un blason, etc. Se souvenir qu'une restauration équivaut presque toujours à une destruction. On ne déplorera jamais assez les résultats de ce genre de vandalisme. Le nettoyage est permis dans l'absolue nécessité ; mais il faut le faire avec précaution et préférer les teintes vieillies aux couleurs criardes. Le simple nettoyage d'un *tableau* verni se peut faire en frottant avec

(1) *Instruction aux fabriciens de son diocèse sur l'entretien*, etc, des églises.

un linge fin imbibé d'essence de térébenthine seule ou mêlée à l'esprit de vin. Un mélange moins actif et ordinairement préférable est celui d'un jaune d'œuf bien battu et quelques gouttes d'eau-de-vie; on l'étend sur la peinture, on l'y laisse un instant et on lave ensuite à l'eau tiède ou mieux à l'eau-de-vie. Opérer doucement sur les teintes délicates. L'eau seule contribue à dessécher et à fendiller la peinture. Une imbibition d'huile de lin ou de pavots épaissie à l'air délayée dans un peu d'essence de térébenthine, rattache au contraire les parties qui tendent à s'écailler. Ménager un courant d'air derrière les *tableaux*. Conserver les anciens cadres sculptés : il est d'ailleurs à présumer qu'un cadre précieux ne renferme pas une toile sans mérite.

TAMBOUR.

I. On appelle *tambour* une sorte de construction de menuiserie placée aux portes d'une église, à l'intérieur, et dont le but est d'empêcher l'invasion directe du vent et du froid. Un *tambour* doit avoir trois portes : une de chaque côté, garnie, rembourrée, très-légère et fermant d'elle-même par un ressort, le plus hermétiquement possible. Celle du milieu est en bois, à deux battants, bien close, et ne doit s'ouvrir que pour les processions, ou lorsqu'il y a foule à la sortie des offices.

II. Il a été décidé que le curé a droit, dans les cérémonies publiques et religieuses, d'interdire dans l'église la batterie des *tambours*, sur le passage des autorités civiles et militaires. (*Voyez* CÉRÉMONIES RELIGIEUSES, § II.)

Le *Nouveau Journal des conseils de fabriques*, décide aussi que lorsque les autorités civiles invitées à une cérémonie religieuse se trouvent en retard, c'est un devoir pour elles de faire au moins en sorte de troubler le moins possible le service divin et le recueillement des fidèles qui y assistent. Le *tambour*, au lieu d'entrer l'église en battant, doit, au contraire, cesser de battre dès la porte. Si, au moment où le cortége et la troupe arrivent, le prêtre se trouve en chaire ou à l'élévation, la troupe doit s'arrêter à la porte de l'église, et retarder son entrée jusqu'à la fin du sermon ou après l'élévation. En tout cas, le curé, en vertu du droit de police qu'il a dans l'église, est incontestablement fondé à exiger que le *tambour* s'abstienne de battre conformément à ses indications. (*Voyez* POLICE, GARDE NATIONALE.)

TAPIS.

L'usage des *tapis* est devenu très-commun dans nos églises depuis quelques années, surtout dans le sanctuaire. Le plus ou moins de beauté de ces objets dépend des moyens pécuniaires des fabriques.

qui doivent les fournir, d'après l'article 37 du décret du 30 décembre 1809, qui prescrit de pourvoir à la décoration et à l'embellissement intérieur de l'église.

« On doit, dit un auteur (1), apporter une grande attention au choix des sujets et des dessins d'un *tapis* d'église. Les fleurs sont ce qu'il y a de plus convenable. On comprend que des sujets mythologiques ne peuvent trouver place dans un sanctuaire ; et cependant que d'anomalies on voit encore en ce genre ! » Les *tapis* les plus en usage actuellement sont ceux d'Aubusson, les moquettes et les jaspés. Les deux premiers sont les meilleurs pour la durée et la beauté, mais ils sont aussi les plus chers ; le jaspé est d'un très-mauvais usage. Il faut garder très-précieusement dans les églises les anciens *tapis* à personnages, représentant des saints, etc., et surtout ne point y introduire ceux dont la couleur et les dessins ne conviennent guère que dans un salon.

Le décret du 24 messidor an XII, rapporté sous le mot PRÉSÉANCE, veut (*art.* 9) que les princes et grands dignitaires qui assistent aux cérémonies religieuses aient un *tapis*. La fabrique doit s'en procurer si elle n'en a pas. Cette dépense, remarque l'abbé Prompsault, étant la conséquence d'une disposition législative, se trouve du nombre de celles qui tombent à la charge de la commune, lorsque la fabrique n'a pas de fonds pour y pourvoir.

On doit prendre soin de conserver les *tapis* dans un grand état de propreté et de les garantir des teignes. Si quelque brûlure était faite à un *tapis* par la chute d'un charbon d'encensoir, il faudrait le faire réparer aussitôt. S'il y tombait des gouttes de cire, il faudrait les enlever à l'instant avec de l'esprit de vin, et se bien garder de laisser ces taches de cire s'encrasser, ramasser la poussière, etc.

TARIF.

Les *tarifs* relatifs au service des morts dans les églises doivent être dressés par les fabriques. (*Voyez* TRANSPORT DES CORPS, § I.)

D'après les articles 68 et 69 de la loi du 18 germinal an X, les *tarifs* pour la perception du casuel, sont rédigés par les évêques et approuvés par le gouvernement. (*Voyez* CASUEL, OBLATIONS.)

Le *tarif* du prix des chaises est réglé par le bureau des marguil- liers. (*Voyez* CHAISES, § III.)

Le décret du 25 mars 1852 a décentralisé les *tarifs* des pompes funèbres, sans distinction entre le service religieux et le transport des corps. Dès-lors les préfets sont aujourd'hui compétents pour statuer sur les *tarifs* proposés par les administrations locales pour réglemen- ter ce double service.

(1) *Dictionnaire du curé de campagne.*

Toutefois, ce décret ne s'applique pas aux *tarifs* qui ont pour objet de déterminer les communes à payer aux fabriques pour l'usage des ornements, des cloches, des chaises, des croix et bénitiers à l'occasion des mariages, des messes et des sépultures. Ces derniers *tarifs* doivent être soumis à l'approbation du gouvernement.

Les solutions qui précèdent ont été consacrées par les lettres ministérielles suivantes :

LETTRE *de M. le ministre des cultes à M. le préfet de la Seine-Inférieure.*

Paris, le 12 juillet 1853.

« Monsieur le préfet,

« Les fabriques de l'église paroissiale de la Trinité et de l'église succursale de Saint-Etienne, à Fécamp, et le conseil municipal de cette ville ont soumis à l'approbation du gouvernement : 1° un projet de *tarif* concernant les droits à percevoir pour les tentures et autres objets à fournir dans l'intérieur de ces églises à l'occasion des cérémonies funèbres; 2° un autre projet de *tarif* au sujet des pompes extérieures et du transport des corps.

« Vous avez proposé, Monsieur le préfet, ainsi que Mgr l'archevêque de Rouen d'accueillir ces diverses demandes.

« Aux termes du décret du 25 janvier 1852, sur la décentralisation administrative, c'est à vous, Monsieur le préfet, qu'il appartient de statuer sur les projets de *tarifs* dont il s'agit. En effet, ce décret (tableau A, n° 46) a décentralisé tous les *tarifs* de pompes funèbres, sans faire aucune distinction entre les *tarifs* proposés par les fabriques, pour le service intérieur dans les églises, et ceux préparés par les conseils municipaux, pour le transport des corps et les cérémonies extérieures.

« J'ai l'honneur, en conséquence, Monsieur le préfet, de vous renvoyer le dossier de l'affaire, afin que vous puissiez prendre une décision.

« Je remarque toutefois que les *tarifs* préparés par les fabriques sont divisés en six classes, tandis que le *tarif* rédigé par le conseil municipal ne contient que quatre classes seulement. Sans doute, le conseil municipal a pensé que le nouveau mode de transport des corps sur des chars ne s'appliquerait pas aux deux dernières classes proposées par les fabriques de la Trinité et de Saint-Etienne. Mais s'il n'était pas possible de mettre, sous ce rapport, les deux *tarifs* en complète harmonie, ainsi que cela se pratique dans les *tarifs* ordinaires de pompes funèbres, il serait du moins nécessaire de déterminer d'avance le mode de transport des corps lorsque les familles choisiront la cinquième ou la sixième classe, pour le service religieux dans l'intérieur de l'église.

« Je crois devoir appeler votre attention sur ce point.

« M. le ministre de l'intérieur, auquel j'ai communiqué le dossier de cette affaire, fait observer, dans sa réponse du 21 juin dernier, que vous devez, suivant la règle, soumettre votre décision au contrôle de l'autorité supérieure. »

LETTRE *du 21 mars 1855, de M. le ministre de l'instruction publique et des cultes* (M. Fortoul), *à Mgr l'évêque de Blois.*

« Monseigneur,

« Vous m'avez fait l'honneur de me demander, par votre lettre du 15 janvier dernier, si le *tarif* dressé par la fabrique de l'église curiale de Montoire, pour fixer les droits à percevoir au profit de cet établissement à l'occasion des messes de confréries, mariages, sépultures et services, doit être approuvé par M. le préfet de Loir-et-Cher, par application du décret du 25 mars 1852, sur la décentralisation administrative, ou si cette approbation ne peut résulter que d'un décret impérial.

« D'après l'article 69 de la loi du 18 germinal an X, les projets de règlements épiscopaux portent fixation du *tarif* des oblations que les ministres du culte sont autorisés à recevoir pour l'administration des sacrements doivent être approuvés par le gouvernement.

« D'un autre côté, aux termes de l'article 7 du décret du 18 mai 1806, les *tarifs* et tableaux dressés par les fabriques pour les fournitures qu'elles sont chargées de faire concernant le service des morts dans l'intérieur de l'église et la pompe des convois, doivent également être soumis à l'approbation impériale, sur la proposition du ministre des cultes.

« La même approbation était prescrite par l'article 11 du décret précité pour les règlements et marchés fixant la taxe et le *tarif* du transport des morts. Seulement le décret du 18 mai 1806 conférait au ministre de l'intérieur le droit de provoquer cette approbation.

« Avant la promulgation du décret du 25 mars 1852, sur la décentralisation administrative, le rapport à faire au chef de l'Etat sur les divers *tarifs* d'oblations, ainsi que sur les *tarifs* concernant la pompe extérieure des convois, rentrait dans les attributions du ministre des cultes. Le ministre de l'intérieur n'était chargé que des projets des *tarifs* relatifs à la pompe extérieure des convois. Ainsi les deux premiers objets étaient considérés principalement comme objets d'intérêt religieux; et les *tarifs* concernant la pompe extérieure des convois étaient réputés d'intérêt communal. Ce fut cette distinction qui détermina la différence des attributions en cette matière.

« Le décret du 25 mars 1852, ainsi que l'a fait observer M. le ministre de l'inté-rieur, dans une lettre du 21 juin 1853, au sujet des *tarifs* présentés par les fabri-ques de la Trinité et de Saint-Etienne, à Fécamp (Seine-Inférieure), et par le conseil municipal de cette ville, a décentralisé les *tarifs* des pompes funèbres; il n'a établi aucune distinction entre le service religieux et le transport des corps. Dès-lors, les préfets sont aujourd'hui compétents pour statuer sur les *tarifs* proposés par les administrations locales pour réglementer ce double service.

« Mais il est incontestable que ce décret ne s'applique pas aux *tarifs* qui ont pour objet, comme celui de la paroisse de Montoire, de déterminer les sommes à payer aux fabriques pour l'usage des ornements, des cloches, des chaises, des croix et bénitiers, à l'occasion des mariages, des messes et des sépultures. Il ne s'agit pas, en effet, de *tarifs* exclusifs des pompes funèbres : ce sont des *tarifs* en quel-que sorte collectifs, qui doivent être soumis à l'approbation de l'empereur.

« D'après ces motifs, je pense que le *tarif* dressé par la fabrique de Montoire pour régulariser les usages adoptés dans les paroisses ne peut être approuvé par M. le préfet de Loir-et-Cher. Je vous prie, Monseigneur, de vouloir bien vous concerter avec cet administrateur pour préparer l'instruction de cette affaire, et de m'en trans-mettre ensuite le dossier. »

TE DEUM.

Le *Te Deum* est une des prières publiques que le gouvernement croit devoir ordonner dans certaines circonstances.

Par décret impérial du 19 février 1806, Napoléon I⁰ʳ ordonn[a]
qu'il serait chanté un *Te Deum* tous les ans dans toutes les églis[es]
catholiques de l'empire le 15 août, fête de saint Napoléon et le premier dimanche du mois de décembre.

Sous la restauration, le gouvernement de 1830 et le gouvernement actuel on a continué à demander des *Te Deum* en actions de
grâces, chaque fois qu'il y a lieu de remercier Dieu à la suite de
quelque événement remarquable. (*Voyez* PRIÈRES PUBLIQUES.)

TÉLÉGRAPHE.

Un arrêté du ministre de l'intérieur, en date du 9 décembre
1859, désigne, parmi les fonctionnaires ayant le droit de requérir
la transmission gratuite de leurs dépêches par voie *télégraphique*,
les archevêques et évêques, pour leurs communications avec les ministres.

Le *télégraphe* ne doit être employé, pour les communications de
service, qu'avec une extrême réserve. La multiplicité des transmis-
sions de cette nature surchargerait sans nécessité les lignes, et il
importe de n'en faire usage qu'en cas d'urgence et de nécessité
absolue. (*Circulaire du directeur général des lignes télégraphiques
du 5 janvier* 1861.)

TEMPOREL DES ÉGLISES.

Le *temporel des églises* comprend tous les immeubles, meubles et
droits appartenant aux fabriques. Il est administré à l'instar des
biens communaux, sous la direction de l'évêque et du préfet par le
conseil de fabrique. (*Voyez* FABRIQUE.)

TENTURES.

On n'est pas tenu de tendre les maisons pour le passage de la
procession du Saint-Sacrement. (*Voyez* PROCESSION.) Mais cet usage
n'a pas besoin des prescriptions de la loi pour continuer à être suivi
dans toutes les villes et communes de France.

Si l'église est tendue pour recevoir un convoi funèbre, et qu'on
présente ensuite le corps d'un indigent, il est défendu de détendre
jusqu'à ce que le service de ce corps soit fini. (*Art. 5 du décret du
18 mai* 1806.)

Les fabriques des églises et des consistoires jouissent seules du
droit de fournir les *tentures*, les voitures et de faire toutes les fournitures quelconques nécessaires aux enterrements. (*Décret du 13
prairial an XII, art.* 22.)

TESTAMENT.

Le *testament* est un acte par lequel un homme déclare sa dernière volonté pour la disposition de ses biens. Le *testament* est ainsi appelé, pour marquer que c'est une déclaration de notre volonté faite devant des témoins. Il contient une disposition de dernière volonté, qui ne commence par conséquent à avoir son effet qu'après la mort du testateur, et qui peut toujours être par lui révoquée jusqu'au dernier moment de sa vie. Le Code civil définit ainsi le *testament* : « Art. 895. Le *testament* est un acte par lequel le testateur dispose, pour le temps où il n'existera plus, de tout ou partie de ses biens, et qu'il peut révoquer. » (*Voyez* DONS, LEGS.)

On distingue trois sortes de *testament*, 1° le *testament* olographe; 2° le *testament* par acte public ; 3° le *testament* mystique.

§ I. TESTAMENT *olographe*.

Le *testament* olographe est celui qui est écrit, daté et signé de la main même du testateur ; il n'a pas besoin d'autres formalités. L'article 970 du Code civil, en parle ainsi : « Le *testament* olographe ne sera point valable, s'il n'est écrit en entier, daté et signé de la main du testateur : il n'est assujetti à aucune autre forme. »

Le *testament* olographe est le plus commode et le plus sûr. 1° Il doit être écrit *en entier* de la main du testateur. Un seul mot écrit d'une main étrangère dans le corps du *testament* le rendrait nul ; mais il peut être écrit sur papier non marqué : il n'est pas nécessaire, pour la validité de cet acte, qu'il soit écrit sur papier timbré; 2° le *testament* olographe doit être daté sous peine de nullité. La date consiste dans l'énonciation de l'an, du mois et du jour où l'acte a été passé : elle peut se mettre en chiffre ; sa place n'est point déterminée ; il suffit qu'elle soit avant la signature. L'obligation de dater un *testament* olographe n'emporte pas celle d'indiquer le lieu où il a été fait, puisqu'il peut être fait dans une province comme dans une autre ; 3° le *testament* doit être signé ; sans signature, la disposition ne peut être regardée que comme le projet d'un *testament* : mais la loi n'exige pas qu'il soit fait mention de la signature dans le texte de l'acte, comme elle l'exige pour le *testament* solennel La place de la signature n'est pas indifférente comme celle de la date ; elle doit être placée à la fin de l'acte : tout ce qui est après la signature n'est pas censé être dans l'acte et doit être regardé comme non avenu. Cependant la Cour de Rennes a jugé valable un *testament* ainsi conçu : « Fait et écrit en entier après mûres réflexions, par moi, Pauline d'Épinosse, veuve Guyot, qui ai signé après lecture et méditation. Fait au Croisic, le 20 janvier 1806. » L'arrêt a été confirmé par la Cour de cassation, le 20 avril 1843.

La signature doit être celle du nom de famille, et non pas celle d'une terre ou d'un sobriquet. Cependant elle serait valable, si elle était conforme à la manière de signer dont le testateur se sert habituellement : la foi publique l'exige ainsi. Les évêques ayant l'usage, dans les écrits de leurs fonctions pastorales, de signer seulement par une croix, par les initiales de leurs prénoms, et en indiquant leur diocèse, l'ont quelquefois suivi dans leurs *testaments*. Selon la jurisprudence actuelle, ce mode de signer n'annule point les dispositions. Mais il faut remarquer, dit M. l'abbé Corbière, dans son *Droit privé* (tome II, page 409), que si la cour suprême a maintenu le *testament* de M. Loison, évêque de Bayonne, signé † J.-J., c'est parce que ce prélat, depuis sa promotion, avait adopté cette manière de signer ; que c'était par cette signature qu'il était reconnu et qu'il certifiait habituellement les actes civils et ceux de son ministère. Il serait donc à craindre que le *testament* d'un évêque, mort peu de temps après son élévation à l'épiscopat, ne fût annulé, s'il n'avait qu'une telle suscription. (*Voyez* SIGNATURE.)

Si un *testament* contenait plusieurs dispositions dont les unes fussent datées et les autres non datées ou non signées, celles-ci seraient nulles, et les autres valables. On peut les regarder comme autant de *testaments* différents, la nullité des uns n'entraînant pas la nullité des autres ; *utile per inutile non vitiatur.* Voyez ci-après divers modèles de *testaments olographes.*

§ II. *Rédaction des* TESTAMENTS *olographes*.

Considérés sous le rapport du fond et de la rédaction, les *testaments* olographes contiennent des dispositions diverses et variables comme les volontés, les caractères et les fortunes des hommes. Il serait difficile d'en donner ici un modèle qui pût convenir à tous les testateurs. Nous leur rappellerons seulement les principales règles à observer.

Celui qui veut rédiger de son mieux son *testament,* dit M. de Berty (1), doit exprimer ses intentions avec clarté et précision, retrancher des phrases inutiles ou prétentieuses, les répétitions et les mots équivoques, déterminer nettement la nature des objets légués et la personnalité des légataires, et ne jamais imposer des conditions contraires aux lois et aux mœurs, ou impossibles, que l'article 900 du Code civil ne permet pas d'admettre ; il s'abstient surtout des expressions vagues qui n'ont rien d'obligatoire, comme celles-ci *Je désire, je conseille, je forme le vœu.* Un simple désir, ou un conseil, ne constitue pas une disposition testamentaire. Voici les termes consacrés par l'usage et sanctionnés par la loi, dont il doit se servir :

(1) *Nouveau journal des conseils de fabriques,* tome XVII, page 146.

Je donne et lègue. Il ne suffirait pas de dire : *Je donne,* parce que ces mots s'appliquent spécialement aux dons et donations entre-vifs; il est nécessaire d'y adjoindre les mots : *et lègue,* parce que, suivant l'article 967 du Code civil, les dispositions sous le titre de legs (*voyez* LEGS), exécutoires après la mort, ne peuvent émaner que d'un *testament. (Arrêts de la Cour de cassation des* 6 *thermidor an XIII et* 5 *février* 1823.)

La loi du 24 mai 1825 (*art.* 3) défend aux congrégations religieuses de femmes d'accepter d'autres legs que ceux qui leur sont faits à titre particulier seulement. Cette prohibition exceptionnelle n'est applicable, il est vrai, ni aux communautés religieuses d'hommes, ni aux établissements ecclésiastiques; mais l'expérience démontre que les legs universels sont presque toujours l'objet des réclamations des familles qu'ils dépouillent complètement de la fortune de leurs parents; qu'en outre, ils ont le double inconvénient de charger des établissements publics de l'administration compliquée d'une succession, et de les exposer aux poursuites des créanciers et au payement de dettes plus ou moins considérables. Dans la pratique, l'acceptation *intégrale* des legs universels attribués aux établissements religieux est rarement autorisée. D'après l'article 1012 du Code civil, le légataire à titre universel est tenu aussi, des dettes et charges de la succession du testateur, personnellement pour sa part et portion et hypothécairement pour le tout.

Le legs à titre particulier d'objets ou de sommes dont la quotité est déterminée ne présente pas les mêmes inconvénients et soulève moins d'opposition ; c'est donc celui que les bienfaiteurs des établissements religieux doivent préférer.

Aux termes de l'article 911 du Code civil que les tribunaux appliquent sévèrement, toute disposition au profit d'un incapable, ou d'un établissement non autorisé, est nulle, soit qu'on la déguise sous la forme d'un contrat onéreux, soit qu'on la fasse sous le nom de personnes interposées. D'un autre côté, il est de jurisprudence que les legs faits à des personnes incertaines sont également nuls. (*Arrêts de la Cour de cassation du* 12 *août* 1811, *de la cour de Limoges du* 20 *décembre* 1830, *et de la cour de Bordeaux du* 6 *mars* 1841.)

Dès-lors rien ne doit être négligé pour constater l'individualité des légataires. Si les légataires sont des particuliers, il faut indiquer exactement dans les *testaments* leurs nom, prénoms, profession et demeure ; si ce sont des établissements publics, leur dénomination légale et le lieu de leur situation doivent être spécifiés avec soin dans les actes. Cependant beaucoup de testateurs font des libéralités aux établissements religieux sans aucune désignation de localité. Pour réparer ces regrettables omissions, on a décidé depuis longtemps que leurs libéralités devaient être recueillies par les établissements situés dans le lieu de leur domicile. Malgré cette jurisprudence, il s'élève fréquemment des conflits et des contestations qu'il serait si facile aux testateurs d'empêcher en écrivant le nom d'une commune ou d'une paroisse.

Souvent les curés emploient dans leur *testament*, comme dans leur conversation, le mot paroisse pour indiquer la commune; il a été convenu d'un commun accord entre le ministre des cultes et le ministre de l'intérieur qu'un legs fait à une paroisse doit être accepté *par la fabrique*, quand il est grevé de services religieux ou affecté aux dépenses du culte, et *par la commune*, lorsqu'il est destiné aux pauvres, à l'instruction primaire ou à d'autres œuvres communales. (*Circulaire du ministre des cultes du 10 avril 1862.*) Nous signalons à l'attention des ecclésiastiques cette distinction qui leur servira de guide dans la rédaction de leurs *testaments*. Toutes les fois qu'ils voudront gratifier d'une libéralité l'église ou la paroisse qu'ils desservent, nous les engageons à instituer directement légataire la fabrique qui représente légalement l'église dont l'administration temporelle lui est confiée.

La jurisprudence du conseil d'Etat et du ministère des cultes tend de plus en plus à maintenir les établissements religieux dans les limites de leurs attributions respectives; en conséquence il est d'une sage prévoyance de ne pas faire à ces établissements des legs dont ils ne pourraient recueillir le bénéfice. Quant aux conditions, les testateurs sont libres d'attacher à leurs libéralités celles qui n'ont rien de contraire aux lois et à la jurisprudence administrative. (*Voyez* ACCEPTATION, LEGS.)

Un *testament* olographe peut être révoqué en tout ou en partie par un *testament* postérieur rédigé dans la même forme, ou par un acte passé devant notaire et portant déclaration de changement de volonté. Cependant un *testament* postérieur, qui ne révoque pas d'une manière expresse les précédents, n'annule dans ceux-ci que les dispositions qui sont incompatibles avec les nouvelles ou leur sont contraires. (*Art. 1035 et 1036 du Code civil.*) La loi n'exige pas que l'incompatibilité, ou la contrariété, soit matérielle; les tribunaux peuvent décider que l'une ou l'autre résulte de l'instruction clairement exprimée du testateur dans son dernier *testament*. (*Arrêts de la Cour de cassation des 5 mai 1824, 8 juillet 1835 et 10 mars 1851.*)

En résumé, un *testament* olographe est un acte très-grave par ses conséquences et très-important par l'exercice le plus étendu du droit de propriété; il doit être rédigé mûrement, dans un esprit de justice, suivant les règles prescrites par les lois civiles; avant de consigner par écrit ses dernières volontés, chaque testateur doit se rappeler les sérieuses considérations que la cour de cassation a exposées dans son arrêt du **29 avril 1824** en ces termes : « Celui qui, dans un acte en forme de *testament*, commande à l'avenir et dispose pour un temps où il ne sera plus, exerce en quelque sorte la puissance législative, ainsi que l'a déclare la loi romaine : *Disponat testator et erit lex.* » C'est principalement par les legs pieux et charitables qu'il est nécessaire de prendre les précautions et les moyens les plus propres à garantir leur exécution. L'homme, qui ne fait que passer sur la terre, dont l'existence est si courte et si fragile, possède, en vertu du droit civil, le pouvoir d'instituer des fondations *à perpétuité* et d'immortaliser son nom par ses bienfaits.

FORMULES DE TESTAMENTS OLOGRAPHES.

I.

Ceci est mon *testament*.

Je donne et lègue tous mes biens, meubles et immeubles, et généralement tout ce que je laisserai à ma mort à (*nom, prénoms et profession du légataire*).

Je casse et révoque tous les *testaments* que je pourrais avoir faits précédemment, voulant que celui-ci soit le seul exécuté, comme contenant seul ma dernière volonté.

Fait à (*nom du lieu*), par moi (*nom, prénoms, profession et domicile du testateur*), le (*date du jour, du mois et de l'année*), et ai signé.

La signature du testateur en toutes lettres.

II.

Je donne et lègue à Jean-Baptiste N.   , prêtre, domicilié à N.   , tous les biens meubles qui se trouveront à mon décès dans la maison que j'habite à N.   , sans en rien excepter ni réserver. Je nomme pour mon légataire universel, Pierre N., horloger à N.   , pour recueillir tous mes biens meubles et immeubles, excepté ceux dont je viens de disposer.

Je le charge de mes honneurs funèbres selon sa discrétion et sa volonté. Je le charge de donner cent francs aux pauvres de la paroisse à laquelle j'appartiens actuellement, et de récompenser mes domestiques et les autres personnes qui m'auront rendu des services dans ma dernière maladie.

Fait à N.   , le   mil huit cent

Signature du testateur.

III.

Je soussigné, Théophile-Auguste N.,   propriétaire à N.   , déclare que le présent écrit est mon *testament*, que je veux être fidèlement et ponctuellement exécuté après ma mort. Je charge pour cet effet Louis N., demeurant à N. , d'y veiller exactement, et d'en prendre soin comme pour lui-même,

Je donne et lègue à (*mettre les dispositions qu'on veut faire*).

Je veux que mon corps soit enterré à N. , et qu'on fasse célébrer cent messes pour le repos de mon âme.

Fait à N. , le , etc.

Signature du testateur.

Au reste, le testateur peut adopter telle formule qu'il voudra. Nous avons eu moins en vue de donner des modèles à suivre, que de faire connaître la manière dont on peut rédiger son *testament*. Il faut avoir soin surtout de faire connaître clairement ses volontés.

On peut garder son *testament* olographe, sans en donner connaissance à personne, ou le déposer cacheté, soit chez un ami, soit chez un notaire. Ce dépôt ne demande aucune solennité : il suffit que le *testament* se trouve à la mort du testateur.

§ III. Testament *par acte public*.

Le *testament* par acte public est celui qui est reçu par deux notaires, en présence de deux témoins, ou par un notaire, en présence de quatre témoins. (*Code civil, art.* 971.)

Voici les autres dispositions du Code civil relatives au *testament* public. Elles doivent être rigoureusement suivies sous peine de nullité.

« Art. 972. Si le *testament* est reçu par deux notaires, il leur est dicté par le testateur, et il doit être écrit par l'un de ces notaires, tel qu'il est dicté.

« S'il n'y a qu'un notaire, il doit également être dicté par le testateur, et écrit par ce notaire.

« Dans l'un et l'autre cas, il doit en être donné lecture au testateur, en présence des témoins.

« Il est fait du tout mention expresse.

« Art. 973. Ce *testament* doit être signé par le testateur : s'il déclare qu'il ne sait ou ne peut signer, il sera fait dans l'acte mention expresse de sa déclaration, ainsi que de la cause qui l'empêche de signer.

« Art. 974. Le *testament* devra être signé par les témoins : et néanmoins, dans les campagnes, il suffira qu'un des deux témoins signe, si le *testament* est reçu par deux notaires, et que deux des quatre témoins signent, s'il est reçu par un notaire.

« Art. 975. Ne pourront être pris pour témoins du *testament* par acte public, ni les légataires, à quelque titre qu'ils soient, ni leurs parents ou alliés jusqu'au quatrième degré inclusivement, ni les clercs des notaires par lesquels les actes seront reçus. »

Un ecclésiastique peut être témoin dans le *testament* qui contient un legs en faveur de la paroisse à laquelle il est attaché, même lorsque le *testament* ordonne la célébration de messes dans l'église de cette paroisse. Cet ecclésiastique ne peut être regardé comme légataire. Ainsi jugé par un arrêt de la cour de cassation, du 11 septembre 1809. De même le mari peut être témoin au *testament* de sa femme, car ce n'est pas lui qui est légataire.

Si l'un des témoins n'avait pas les qualités requises, le *testament* serait nul. Mais s'il y avait plus de témoins que la loi n'en exige, l'incapacité de ceux dont la présence n'est point nécessaire ne rendrait pas le *testament* nul : *Utile per inutile non vitiatur.*

§ IV. TESTAMENT *mystique.*

Le *testament* mystique est un acte de dernière volonté que le testateur écrit lui-même ou qu'il fait écrire par une autre personne, et qui est ensuite présenté, clos et scellé à un notaire : on l'appelle *mystique*, parce qu'il est destiné à demeurer secret. Le Code civil en parle comme il suit :

« ART. 976. Lorsque le testateur voudra faire un *testament* mystique ou secret, il sera tenu de signer ses dispositions, soit qu'il les ait écrites lui-même, ou qu'il les ait fait écrire par un autre. Sera le papier qui contiendra ses dispositions, ou le papier qui servira d'enveloppe, s'il y en a une, clos et scellé. Le testateur le présentera ainsi clos et scellé au notaire et à six témoins au moins, ou il le fera clore et sceller en leur présence, et il déclarera que le contenu en ce papier est son *testament* écrit et signé de lui : le notaire en dressera l'acte de suscription, qui sera écrit sur ce papier ou sur la feuille qui servira d'enveloppe ; cet acte sera signé tant par le testateur que par le notaire, ensemble par les témoins. Tout ce que dessus sera fait de suite et sans divertir à autres actes ; et en cas que le testateur, par un empêchement survenu depuis la signature du *testament*, ne puisse signer l'acte de suscription, il sera fait mention de la déclaration qu'il en aura faite, sans qu'il soit besoin, en ce cas, d'augmenter le nombre des témoins. »

Tous les témoins doivent signer ; mais ici il importe peu qu'ils soient légataires et parents du testateur ou des légataires. Les dispositions du testament mystique étant inconnues, le motif qui a dicté l'article 975 n'est point applicable à l'article 976.

« ART. 977. Si le testateur ne sait signer, ou s'il n'a pu le faire, lorsqu'il a fait écrire ses dispositions, il sera appelé à l'acte de suscription un témoin, outre le nombre porté par l'article précédent, lequel signera l'acte avec les autres témoins ; et il y sera fait mention de la cause pour laquelle ce témoin aura été appelé.

« ART. 978. Ceux qui ne savent ou ne peuvent lire, ne pourront faire de dispositions dans la forme du *testament* mystique.

« ART. 979. En cas que le testateur ne puisse parler, mais qu'il puisse écrire, il pourra faire un *testament* mystique, à la charge que le *testament* sera entièrement écrit, daté et signé de sa main, qu'il le présentera au notaire et aux témoins, et qu'au haut de l'acte de suscription il écrira, en leur présence, que le papier qu'il présente est son *testament :* après quoi le notaire écrira l'acte de suscription dans lequel il sera fait mention que le testateur a écrit ces mots en présence du notaire et des témoins ; et sera, au surplus, observé tout ce qui est prescrit par l'article 976.

« ART. 980. Les témoins appelés pour être présents aux *testaments* devront être mâles, majeurs, sujets de l'empereur jouissant des droits civils. »

Le testateur qui a fait un *testament mystique* peut exiger du notaire la remise de ce *testament,* sur un simple récépissé ou décharge. (*Jugement du tribunal civil de la Seine du 11 décembre 1847.*)

Cette question qui divisait les auteurs, n'avait encore été décidée par aucun arrêt.

TIERCE-OPPOSITION.

En fait de procédure, on appelle *tierce-opposition* la voie extraordinaire qui est ouverte contre tout jugement à une tierce personne qui n'y a point été portée par elle-même, ou par ceux qu'elle représente et aux droits de laquelle ce jugement porterait préjudice.

Ainsi, lorsqu'une fabrique prend cette voie, elle introduit, par rapport à elle, un procès absolument nouveau; elle doit par conséquent être autorisée. (*Voyez* AUTORISATION DE PLAIDER, PROCÈS.)

TIMBRE.

Les registres des fabriques sont exempts du *timbre.* (*V.* REGISTRE.)

La loi du 15 mai 1818 a fixé les actes qui doivent être assujettis au *timbre* et à l'enregistrement. (*Voyez* ENREGISTREMENT.)

La contribution du *timbre* est établie sur tous les papiers destinés aux actes civils et judiciaires, et aux écritures qui peuvent être produites en justice et y faire foi. (*Loi du 13 brumaire an VII, art. 1er.*)

L'empreinte du *timbre* ne peut être couverte d'écriture, ni altérée. (*Idem, art.* 21.)

Le papier timbré qui a été employé à un acte quelconque ne peut plus servir pour un autre acte, quand même le premier n'aurait pas été achevé. (*Idem, art.* 22.)

Il ne peut être fait ni expédié deux actes à la suite l'un de l'autre, nonobstant tout usage ou règlement contraire. Sont exceptés, les ratifications des actes passés en l'absence des parties ; les quittances de prix de vente, et celles de remboursement de contrats de constitution ou obligation ; les inventaires, procès-verbaux et autres actes qui ne peuvent être consommés dans un même jour et dans la même vacation ; les procès-verbaux de reconnaissance et de levée des scellés qu'on peut faire à la suite du procès-verbal d'apposition ; et les significations des huissiers, qui peuvent également être écrites à la suite des jugements et autres pièces dont il est délivré copie. Il peut aussi être donné plusieurs quittances sur une même feuille de papier timbré, pour à-compte d'une seule et même créance, ou d'un seul terme de fermage ou loyer. Toutes autres quittances qui seront données sur une même feuille de papier timbré n'ont pas plus d'effet que si elles étaient sur un papier non timbré. (*Idem, art.* 23.)

Aucune expédition, copie ou extrait d'actes reçus par des notaires, greffiers ou autres dépositaires publics ne peuvent être délivrés que sur un papier au *timbre* de 1 fr. 25 c. (*Loi du* 28 *avril* 1816, *art.* 63.)

Toutes les affiches (*voyez* AFFICHES), quel qu'en soit l'objet, doivent être sur papier timbré, conformément à la loi du 28 juillet 1791. Ce papier ne peut être de couleur blanche. (*Idem, art.* 65.)

Les quittances pour traitement de plusieurs trimestres, données par un employé au trésorier d'une fabrique, lorsque le traitement annuel s'élève à plus de 300 fr., ne peuvent pas être écrites sur la même feuille de papier timbré, parce qu'il y a autant de créances distinctes que de termes partiels de payement. (*Décision du* 18 *février* 1831.)

Les trésoriers des fabriques sont tenus de communiquer, sans déplacer, aux préposés de l'enregistrement, les minutes d'actes assujettis au *timbre* et à l'enregistrement. (*Décret du* 4 *messidor an XIII, art.* 1er.)

Toutes les fois que le *timbre* est exigible, d'après les lois et règlements, notamment pour les justifications relatives au payement des fournitures excédant 10 fr., il est à la charge des créanciers.

TITRE NOUVEL OU RÉCOGNITIF.
(*Voyez* ACTE NOUVEL.)

TITRE AUTHENTIQUE.
(*Voyez* ACTE AUTHENTIQUE.)

TITRE CLÉRICAL.

Le *titre clérical* suivant la définition qu'en donne Portalis, est la propriété ou le revenu que les ecclésiastiques sont obligés de se constituer quand ils reçoivent les premiers ordres sacrés, afin que,

s'ils ne parviennent point à posséder des places qui puissent pour
voir à leur honnête entretien, ils aient de quoi subsister.

L'article organique 26 avait défendu aux évêques d'ordonner au
cun ecclésiastique s'il ne justifiait d'une propriété produisant au
moins un revenu annuel de 300 francs. D'après les réclamations du
Saint-Siége et des évêques de France, cette disposition législative
du reste conforme à l'ancien droit canon, ayant alors de très-graves
inconvénients pour le recrutement du sacerdoce, qui avait été cruel-
lement décimé pendant la révolution de 1793, fut rapportée par
l'article 2 du décret du 28 février 1810. Aujourd'hui que le nombre
des prêtres est suffisant pour l'exercice du saint ministère, il peut
être utile et convenable de rétablir le *titre clérical, ne mendicant in
opprobrium cleri*, comme disent les conciles.

Aussi le concile de la province de Reims, tenu à Soissons, en 1849
rétablit-il le *titre clérical* pour tous les cas où l'on peut l'obtenir.
Mais ceci est plus du ressort du droit canon que du droit civil ecclésiastique. Voyez néanmoins tome Ier, p. 332, ce qu'en dit Portalis.

TITRES ECCLÉSIASTIQUES.

On appelle *titres ecclésiastiques*, les canonicats, les cures, succursales, etc. *(Voyez* ces mots.)

TOMBEAUX.

Dans l'esprit de la loi, le *tombeau* est un lieu approprié pour servir de sépulture au moyen d'une construction. On peut acquérir par
concession le droit de construire un *tombeau* particulier ou commun
dans un cimetière. *(Décret du 23 prairial an XII, art.* 10.)

Les *tombeaux* doivent être sacrés pour tous. Leur violation est
punie d'un emprisonnement de trois mois à un an, et d'une amende
de 16 francs à 200 francs, sans préjudice des peines contre les crimes ou les délits qui seraient joints à celui-ci. *(Code pénal, art.* 360.)

Les *tombeaux* de famille constituent des fondations pieuses, qui
échappent à l'empire des règles ordinaires du droit de propriété.
L'un des héritiers du concessionnaire d'un terrain communal, sur
lequel a été établi un *tombeau* de famille, ne saurait donc être admis
à attaquer la disposition testamentaire de son auteur, relative à la
transmission de ce *tombeau*, comme renfermant un legs excédant la
quotité disponible, et à demander que ce même *tombeau* soit compris
dans la masse partageable. Il en est ainsi alors même que la disposition qui attribue le *tombeau* à l'un des héritiers pourrait avoir pour
résultat d'exclure l'autre héritier du droit d'être inhumé dans ce
tombeau; cette exclusion ne pouvant être considérée comme portant
atteinte à la réserve.

Ainsi décidé par un arrêt de la cour de cassation du 7 avril 1859, rapporté ci-après. D'un autre côté, il a été décidé par un jugement du tribunal de la Seine, du 24 décembre 1856, aussi rapporté ci-après, que les *tombeaux* de famille constituent une propriété privée et appartiennent aux héritiers de ceux qui les ont établis dans la proportion de leur part héréditaire. Par suite, chaque cohéritier a le droit d'y faire inhumer les siens, sous la double condition de se conformer aux prescriptions de l'autorité, et de respecter le droit de ses cohéritiers.

Arrêt *de la Cour de cassation, du 7 avril 1857.*

« La Cour,

« Attendu que la clause du testament de Dupont de Chavagneux par laquelle il donne à son second fils, outre la quotité disponible de sa succession, son *tombeau* de famille dans le cimetière public de Loyasse, à Lyon, ne contient pas une violation des articles 537 et 913 du Code Napoléon;

« Qu'en effet, les *tombeaux* consacrés chez tous les peuples et à toutes les époques, par la religion et la piété des familles ont toujours été placés, ainsi que le sol sur lequel ils sont élevés, en dehors des règles ordinaires du droit sur la propriété et la libre disposition des biens;

« Que ces fondations pieuses n'étant pas et ne pouvant pas être l'objet de contrats de vente, d'échange ou de toute nature d'aliénation, n'ont pas de valeur appréciable en argent, et ne peuvent être compris dans la masse partageable de l'hérédité.

« Que la concession dudit terrain pour sépulture faite à Chavagneux père, en vertu de l'article 7 de la délibération du conseil municipal de Lyon, du 28 janvier 1811, et sur laquelle repose la disposition testamentaire dont il s'agit, confirme les principes ci-dessus sur le caractère inaliénable et sacré des *tombeaux*, puisqu'elle porte que les parties du sol dudit cimetière, une fois concédées, ne pourront plus être vendues par qui que ce soit, ni changer de destination.

« Que, dès-lors, le legs dudit *tombeau* de famille ne peut figurer dans l'évaluation des biens du testateur, pour fixer la quotité disponible, et être considéré comme excédant, dans la cause, les dispositions permises par l'article 913 du code Napoléon;

« Que le demandeur n'est pas fondé à quereller d'inofficiosité le testament de son père, par suite de l'exclusion de sépulture dans le *tombeau* de Loyasse, à son préjudice et au préjudice de sa famille;

« Que, d'une part, cette exclusion ne résulte ni des termes, ni de l'esprit, soit du testament, soit de la concession déjà citée; que seulement le droit de sépulture est subordonné à la volonté du défendeur;

« Que, même en admettant que cette exclusion regrettable doit être prononcée, elle ne saurait constituer une atteinte portée à la réserve, puisqu'elle n'enlève pas à l'héritier, demandeur en cassation, une portion de la succession sur laquelle il avait un droit à lui conféré par la loi;

« Qu'ainsi l'arrêt attaqué, loin de violer les dispositions de la loi concernant les règles et les limites de la quotité disponible, en a fait, au contraire, une juste application;

« Rejette, etc. »

JUGEMENT *du tribunal civil de la Seine, du 24 décembre 1856.*

« Le Tribunal;

« Attendu que les *tombeaux* de famille constituent une propriété privée;

« Que les seules restrictions apportées à l'exercice d'un droit de propriété de cette nature sont celles commandées par les règlements d'administration et la décence publique, qui ont mis obstacle à la saisie ou à la licitation d'un bien pareil;

« Que, dès-lors, les *tombeaux* de famille appartiennent aux héritiers de ceux qui les ont établis, dans la proportion de leur part héréditaire;

« Que chaque cohéritier a le droit de faire inhumer dans le *tombeau* de famille tous les siens, sous la double condition de se conformer aux prescriptions de l'autorité, et de respecter le droit de ses cohéritiers;

« Attendu que X..., en faisant inhumer dans le *tombeau* des défunts L..., père et mère de sa femme, de grandeur suffisante pour renfermer huit corps, ceux de sa fille et d'un enfant naturel de son fils, n'a enfreint aucun règlement de l'autorité et n'a porté aucune atteinte à l'exercice du droit de L..., son cohéritier;

« Attendu, en effet, qu'il est articulé et non contesté que l'enfant naturel de X... fils, déjà reconnu, sur le point d'être légitimé, et par suite, d'être rattaché à sa famille, n'a pu l'être par suite du décès prématuré de sa mère;

« Par ces motifs, déboute L... de sa demande, etc. »

TOMBES.

(*Voyez* PIERRE SÉPULCRALE, INSCRIPTIONS, CIMETIÈRES.)

TOURBAGES.

Les fabriques possèdent fort peu de propriétés sujettes aux *tourbages*, mais il arrive souvent que les communes contribuent, par ce moyen, aux besoins de la fabrique. Dans ce cas, c'est au conseil municipal à diriger l'extraction des tourbes, en se conformant aux règles qui sont tracées dans l'arrêté du 26 décembre 1805 (5 nivôse an XIV), par l'ordonnance de 1669, l'arrêt du 3 avril 1753, l'ordonnance du grand maître des eaux et forêts de la Picardie, en date du 28 août 1786, la loi du 21 avril 1810, sur les mines et minières, le décret du 18 novembre 1810, portant organisation du corps royal des mines.

C'est d'après ces divers documents que le préfet de la Somme a porté, le 14 octobre 1825, un arrêté sur les formes à suivre pour l'exploitation des tourbes.

Les tourbières peuvent être exploitées de deux manières : ou par voie d'économie, ou par adjudication. Afin d'obtenir l'autorisation nécessaire pour extraire la tourbe, le conseil de fabrique doit délibérer, dans sa réunion du mois de janvier, sur le moyen qu'il désire adopter. Il transmet sa délibération au préfet. Celui-ci, sur le rapport de l'inspecteur des mines, ou autorise le *tourbage*, ou le refuse, ou modifie la demande qui est faite. S'il est d'avis de l'accorder, il sollicite l'autorisation du ministre. Cette autorisation est toujours nécessaire pour les fabriques; il n'en est pas ainsi pour les communes. En accordant l'autorisation de tourber, l'autorité indique par un emparquement les parties qui doivent être exploitées. On ne peut, sous peine de 400 francs d'amende, dépasser l'emparquement.

Les travaux doivent être surveillés par le trésorier, de la manière prescrite par l'autorisation du préfet. L'exploitation des tourbières n'étant pas soumise à des règlements uniformes, il faut consulter les arrêtés spéciaux portés par les préfets sur cette matière (1).

TRAITEMENT.

Nous parlerons, sous ce titre, de la quotité du *traitement* des divers membres du clergé, du mode d'acquittement des *traitements* et des suppléments de *traitement*.

§ I. *Quotité du* TRAITEMENT *des divers membres du clergé.*

La loi du 18 germinal an X, a fixé à 15,000 francs le *traitement* des archevêques, et à 10,000 francs celui des évêques. (*Voyez* AR-TICLES ORGANIQUES.) Maintenant le *traitement* des archevêques est de 20,000 fr. et celui des évêques de 15,000 fr. (*Voyez* ci-après.)

Un arrêté du 7 ventôse an XI avait fixé à 30,000 fr. le *traitement* des cardinaux, mais ce *traitement* n'est plus actuellement que de 20,000 fr. (*Voyez* CARDINAL.)

Le *traitement* des vicaires généraux est de 2,500 francs; celui du premier vicaire général d'une métropole est de 3,500 francs.

Les vicaires généraux capitulaires ont également un *traitement* de 2,500 francs, qui court à dater du jour où ils ont été élus par le chapitre, mais seulement après que leur nomination a été agréée par le gouvernement. (*Avis du conseil d'Etat du 3 décembre* 1840.) Ce *traitement* cesse du jour de la prise de possession du nouvel évêque. (*Circulaire du 31 décembre* 1841.)

Le *traitement* des chanoines de Paris est de 2,400 francs. Celui des chanoines évêques de Saint-Denis est de 10,000 francs et celui des chanoines de second ordre est de 4,000 fr.

Les chanoines des églises métropolitaines et épiscopales ont un *traitement* de 1,600 francs. (*Voyez* CHANOINE.)

Les *traitements* des curés sont divisés en deux classes : la première comprend les curés des communes de 5,000 âmes et au-dessus; en nombre égal à celui des justices de paix établies dans les mêmes communes, ainsi que les curés des chefs-lieux de préfecture. (*Arrêté du 27 brumaire an XI, et ordonnance du roi du 6 avril* 1832.)

(1) *Traité de l'administration temporelle des paroisses,* 5e édit., page 280.

La seconde classe comprend les curés de toutes les autres communes érigées en cures par des décrets ou ordonnances. (*Voyez* curés, § 1.)

Le *traitement* des archiprêtres de cathédrales et celui des curés de première classe, y compris ceux qui le sont par privilége personnel, est de 1,500 francs. S'ils sont septuagénaires non pensionnés, le *traitement* est de 1,600 francs.

Le *traitement* des curés de seconde classe est de 1,200 francs. S'ils sont septuagénaires non pensionnés, il est de 1,600 francs.

Le *traitement* des curés desservants de 75 ans et au-dessus est de 1,250 francs, celui des curés de 70 à 75 ans de 1,150 francs, et celui de ceux qui ont de 60 à 70 ans de 1050 francs. (*Décret du 4 août 1853, ci-après.*)

La production de l'acte de naissance est nécessaire, quand les curés desservants atteignent l'âge de 50, 60 ou 70 ans, pour justifier de leur âge. (*Voyez la circulaire du 28 avril 1848, ci-après, p. 459.*)

Le *traitement* des curés desservants non sexagénaires n'est que de 900 francs. Le gouvernement, cependant, reconnaissant l'insuffisance d'un *traitement* aussi modique, a promis de l'élever successivement jusqu'à 1,200 francs. C'était la somme qu'avait fixée la constitution civile du clergé. Pour être juste, le gouvernement ne peut allouer à l'avenir une somme inférieure. L'équité demanderait même que ce *traitement* fût semblable à celui des ministres protestants de troisième classe, c'est-à-dire de 1,500 francs. (*Voyez* PROTESTANT.)

Le *traitement* des desservants sous l'Empire (1), n'était que de 500 francs. (*Décret du 11 prairial an XII, 21 mai 1804.*) L'ordonnance du 3 juin 1816 l'éleva à 600 francs; celle du 9 avril 1817, à 700 francs; celle du 20 mai 1818, à 750 francs; celle du 6 janvier 1830, à 800 francs. Cette dernière ordonnance fut rendue en exécution de la loi du 2 août 1829.

Les chapelains des chapelles vicariales ou annexes ont un *traitement* de 500 à 800 francs, payés par les communes.

Le gouvernement accorde aux vicaires un supplément de *traitement* de 350 francs, quand le vicariat est légalement reconnu. Cette indemnité de *traitement* est indépendante du *traitement* de 300 à 500 francs, que les fabriques ou communes doivent faire aux vicaires suivant l'article 40 du décret du 30 décembre 1809. (*Art. 187 du règlement relatif à l'exécution de l'ordonnance du 31 mai 1838.*)

On a parlé, depuis l'avènement de la République, de la suppression du *traitement* des ministres des divers cultes. Ce projet serait non-seulement inique, mais il serait encore souverainement impolitique, car il achèverait d'indisposer contre la République qui a déjà

_____

(1) L'article 68 de la loi du 18 germinal an X n'accordait aucun *traitement* aux desservants.

causé tant de ruines et s'est aliéné tant d'esprits, tous ceux qui ont un culte quelconque, c'est-à-dire la nation presque entière (1). Il n'est donc pas possible qu'on commette jamais une telle faute, qui, à nos yeux, serait un véritable crime. Aussi regardons-nous comme toujours en vigueur toutes les lois relatives au *traitement* ecclésiastique, qui n'est pour les catholiques qu'une faible indemnité des biens considérables que possédait légitimement l'Eglise et dont notre première révolution l'a audacieusement spoliée. Tous ces biens n'ont pas été aliénés, et l'Etat en possède encore une partie assez notable pour en tirer un revenu annuel de plus de cinquante millions, ce qui suffit pour payer un *traitement* non-seulement à tous les ministres du culte catholique, mais encore à tous ceux des cultes reconnus par l'Etat. Un gouvernement juste et équitable qui voudra prendre racine dans le sol de la France ne se contentera pas de conserver ou même d'augmenter le *traitement* du clergé, il le dotera d'une manière convenable. La justice, a dit l'Esprit saint, élève et conserve les Etats, *elevat gentem*; l'injustice, au contraire, les renverse, les livre à l'opprobre et réduit le peuple à la misère, *miseros autem facit populos.* (Prov. xiv, 34.)

Déjà en 1833 quelques ennemis de l'Église s'étaient efforcés de persuader au gouvernement de ne rien donner aux pasteurs et de les abandonner à la générosité de leurs paroissiens. Ils savent quel en serait le résultat.

ORDONNANCE *du 9 janvier 1816, relative au traitement des vicaires généraux et chanoines.*

« LOUIS, etc.

« Considérant qu'il n'y a eu jusqu'ici aucun motif de n'acquitter le *traitement* des vicaires généraux et chanoines, qu'à compter du jour où leur nomination par les évêques est agréée, lorsque c'est à compter du jour même de la nomination des évêques que sont payés les *traitements* des curés et des desservants, ainsi que les bourses et les demi-bourses des séminaires;

« Nous avons ordonné et ordonnons ce qui suit :

« ART. 1er. Les vicaires généraux et chanoines nommés par les évêques et agréés par nous depuis le 1er avril 1814, ou qui obtiendront cet agrément à l'avenir, recevront leur *traitement*, à compter du jour de leur nomination.

« ART. 2. Notre ministre de l'intérieur est chargé de l'exécution de la présente ordonnance (2). »

(1) Nous écrivions ces réflexions en 1848; elles ont encore leur raison d'être.
(2) Cette ordonnance est abrogée par l'ordonnance ci-après du 13 mars 1832. L'on est aujourd'hui revenu à ce principe, qui est appliqué à tous les cas, que le *traitement* ne doit courir que du jour de l'entrée en fonctions. Cette règle a été établie pour les archevêques et évêques, par l'ordonnance ci-après du 4 septembre 1820; pour les vicaires généraux, chanoines, curés, desservants et vicaires, par l'ordonnance ci-après du 13 mars 1832; enfin pour les bourses et demi-bourses des séminaires, par l'ordonnance du 2 novembre 1835, rapportée sous le mot BOURSE.

ORDONNANCE *du 4 septembre 1820, concernant le traitement et les frais d'établissement alloués aux archevêques et évêques.*

« LOUIS, etc.

« Vu le décret du 18 août 1802 (30 thermidor an X), qui avait déclaré que le *traitement* des archevêques et évêques leur serait payé du jour de leur nomination

« Considérant que cette disposition était une exception à la règle et à l'usage constamment pratiqués, qui sont que l'on n'a droit au *traitement* que du jour de l'entrée en fonctions ;

« Que nous avons déjà, par notre décision du 29 septembre 1819, fait cesser cette exception à l'égard d'un assez grand nombre d'archevêques et évêques, et qu'il convient de la détruire pour tous ;

« Voulant en même temps donner force de règle au simple usage en vertu duquel, depuis 1802, les archevêques et évêques reçoivent une première fois, pour frais d'établissement, savoir : les archevêques, 15,000 francs, et les évêques 10,000 francs ;

« Nous avons ordonné et ordonnons ce qui suit :

« ART. 1er. Conformément à notre décision du 29 septembre 1819, les archevêques et évêques, ne recevront leur *traitement* qu'à dater du jour de leur prise de possession.

« ART. 2. Il continuera de leur être alloué des frais d'établissement, savoir : aux archevêques, la somme de 15,000 francs, aux évêques ; celle de 10,000 francs, mais une fois seulement, lorsqu'ils prendront possession d'un siége, et sans qu'ils puissent rien prétendre lorsqu'ils passeront d'un siége à un autre (1).

« ART. 3. Notre ministre de l'intérieur est chargé de l'exécution de la présente ordonnance. »

ORDONNANCE *du 13 mars 1832, qui détermine l'époque de jouissance du traitement alloué aux titulaires d'emplois ecclésiastiques, et contient des dispositions sur leur absence temporaire du lieu où ils sont tenus de résider (2).*

« LOUIS-PHILIPPE, etc.

« Vu l'ordonnance royale du 9 janvier 1816, qui porte que les vicaires généraux et chanoines, comme les curés et desservants, jouiront de leur *traitement* à partir de leur nomination par l'évêque diocésain ;

« Vu celle du 4 septembre 1820, [d'après laquelle le *traitement* des archevêques et évêques date du jour de leur prise de possession ;

« Considérant qu'aucune exception à cet égard, concernant les autres titres ecclésiastiques, ne saurait être justifiée, attendu que pour tous la résidence et les fonctions remplies sous les conditions exigées pour avoir droit au *traitement* ;

« Sur le rapport de notre ministre secrétaire d'Etat au département de l'instruction publique et des cultes,

« Nous avons ordonné et ordonnons ce qui suit :

« ART. 1er. Les vicaires généraux, chanoines et curés, dont la nomination aura été agréée par nous, jouiront du *traitement* attaché à leur titre, à dater du jour de leur prise de possession. Il sera dressé procès-verbal de cette prise de possession.

(1) Ces dispositions sont toujours en vigueur. (*Voyez* FRAIS, § IV.)
(2) Cette ordonnance fut portée à l'occasion d'un avis du conseil d'Etat du 18 juillet 1831, avis inséré ci-dessus sous le mot ABSENCE, page 21.

voir : pour les vicaires généraux et chanoines, par le chapitre, et pour les curés, par le bureau des marguilliers.

« ART. 2. Le *traitement* des desservants et vicaires datera également du jour de leur installation, constatée par le bureau des marguilliers.

« ART. 3. Expédition de chaque procès-verbal, et prise de possession sera aussitôt adressée à l'évêque diocésain et au préfet du département, pour servir à la formation des états de payement.

« ART. 4. L'absence temporaire, et pour cause légitime, des titulaires d'emplois ecclésiastiques, du lieu où ils sont tenus de résider, pourra être autorisée par l'évêque diocésain, sans qu'il en résulte décompte sur le *traitement*, si l'absence ne doit pas excéder huit jours ; passé ce délai et jusqu'à celui d'un mois, l'évêque notifiera le congé au préfet, et lui en fera connaître le motif. Si la durée de l'absence, pour cause de maladie ou autre, doit se prolonger au-delà d'un mois, l'autorisation de notre ministre de l'instruction publique et des cultes sera nécessaire.

« ART. 5. Toutes les dispositions contraires à la présente ordonnance sont rapportées.

« ART. 6. Notre ministre de l'instruction publique et des cultes est chargé de l'exécution de la présente ordonnance. »

CIRCULAIRE *de M. le ministre de l'instruction publique et des cultes, à MM. les préfets, sur les traitements ecclésiastiques et la remise des mandats par les maires.*

Paris, le 2 avril 1832.

« Monsieur le préfet,

« Aux termes de l'ordonnance royale du 13 mars 1832, dont je vous transmets un exemplaire, les *traitements* ecclésiastiques partiront désormais de la prise de possession des titulaires, et les mutations indiquées par MM. les évêques sur les états trimestriels, devront concorder avec les dates constatées par les procès-verbaux des chapitres et des fabriques. D'après l'article 19 de la loi du 18 germinal an X (8 avril 1802), la prise de possession des curés ne peut avoir lieu avant l'agrément donné par le roi à leur nomination. Cette règle a été appliquée depuis aux vicaires généraux et chanoines. Ainsi, vous aurez encore à vérifier si les procès-verbaux relatifs à ces prises de possession ne leur donnent pas une date antérieure à celle que je vous fais connaître, pour chaque cas particulier, de l'ordonnance royale qui prononce l'agrément.

« Mes instructions précédentes, relatives à l'expédition des mandats de payement, paraissent avoir été mal comprises dans quelques départements.

« En continuant l'envoi des mandats aux maires, pour les remettre aux curés, desservants ou vicaires, au lieu de les faire parvenir à ceux-ci par la poste et par l'intermédiaire des sous-préfets, il est arrivé plusieurs fois que l'autorité municipale a présumé qu'on la faisait ainsi juge des cas où elle pouvait remettre le mandat ou en suspendre la délivrance.

« C'est, au contraire, pour éviter toute espèce de collision entre les maires et les ecclésiastiques, que j'ai cru devoir prescrire le mode ci-dessus rappelé.

« Si j'ai reconnu la nécessité de renoncer, pour la remise des mandats, à l'intervention de l'évêque diocésain, usage presque généralement adopté sous la Restauration, ce n'était point pour recourir à celle de l'autorité municipale, qui peut présenter d'autres inconvénients, mais dans l'unique but de prévenir le payement d'emplois non remplis; j'ai laissé à cet effet l'envoi des mandats à MM. les préfets et sous-préfets, en le subordonnant aux renseignements qu'ils doivent se procurer sur la réalité du service, renseignements dont leur position plus élevée leur permet d'apprécier l'impartialité.

« Je vous rappelle qu'à moins de circonstances extraordinaires, motivant une mesure exceptionnelle que j'aurai prescrite, soit directement, soit sur votre proposition, et que seul je puis prendre sous ma responsabilité, les *traitements* acquis doivent être subordonnés, pour le payement, à aucune dépendance ou condition les mandats étant la propriété des parties prenantes.

« Dans plusieurs départements, l'on s'est plaint de fréquents voyages faits par des ecclésiastiques. L'article 4 de l'ordonnance royale du 13 mars a pour objet de remédier à cet inconvénient.

« Les ecclésiastiques, ainsi avertis, observeront mieux sans doute l'obligation de la résidence.

« Recevez, Monsieur le préfet, l'assurance, etc.

« MONTALIVET. »

CIRCULAIRE *de M. le ministre des cultes à MM. les préfets, relative au traitement des vicaires.*

Paris, le 15 mai 1813.

« Monsieur le préfet,

« Dans les budgets des communes arrêtés par le gouvernement, le *traitement* des vicaires avait été, jusqu'en 1812, fixé au taux général et uniforme de 300 fr., qui est le *minimum* de celui réglé par l'article 40 du décret du 30 décembre 1809, pour les fabriques.

« J'ai représenté que les vicaires n'ont, ni indemnité de logement ni participation au casuel qui appartient aux curés, et que plus les villes sont considérables, plus ils ont à payer chèrement les objets de première nécessité.

« Il a été reconnu que si le décret de 1809 pose des limites qu'on ne peut dépasser, qui sont celles de 300 fr. à 500 fr., il n'est pas juste de n'allouer, dans tous les cas, que la moindre somme, et qu'on doit se rapprocher du *maximum* en raison de la plus grande population des villes.

« C'est sur ces bases que, dans le budget de 1813, le *traitement* des vicaires a été réglé sur le pied de 350 fr. dans les communes au-dessous de 5,000 âmes; de 400 fr. dans celles de 5,000 à 10,000 âmes; de 450 fr. dans celles de 10,000 à 15,000 âmes, et de 500 fr. dans celles d'une plus forte population.

« Vous devez donc suivre les mêmes bases pour 1814, dans les budgets à soumettre à l'approbation du gouvernement.

« Il est nécessaire que vous veuilliez bien dresser un état des communes dont il s'agit; les colonnes indiqueront :

« 1° Les noms de l'arrondissement, de la commune;

« 2° La population ;

« 3° Le nombre des vicaires dans chaque paroisse;

« 4° La somme que la fabrique est en état de payer ;

« 5° Celle qui est à la charge de la commune;

« 6° Les observations générales et particulières à chaque article.

« Cet état doit me parvenir en même temps que vous adresserez les budgets à M. le ministre de l'intérieur. »

CIRCULAIRE *de M. le ministre provisoire de l'instruction publique et des cultes, à MM. les commissaires du gouvernement provisoire dans les départements, relative à l'augmentation de traitement des desservants.*

Paris, le 28 avril 1848.

« Monsieur le commissaire,

« Une augmentation ayant été accordée au budget des cultes de l'exercice 1848 pour améliorer le sort des desservants qui ont atteint l'âge de cinquante ans, j'ai, par un arrêté, en date du 15 mars dernier, réglé en ces termes l'augmentation allouée à ces ecclésiastiques :

« A compter du 1er janvier 1848, les *traitements* des desservants des succursales, âgés de cinquante ans au moins, sont fixés ainsi qu'il suit, savoir :

« Onze cents francs pour les desservants de soixante-et-dix ans et au-dessus;

« Mille francs pour les desservants de soixante à soixante-et-dix ans;

« Neuf cents francs pour les desservants de cinquante ans. »

« D'après ces dispositions, vous voudrez bien, Monsieur le commissaire, prendre les mesures nécessaires pour que l'augmentation de *traitement* des desservants, ainsi qu'elle est déterminée par mon arrêté du 15 mars dernier, soit assurée aux succursalistes âgés de plus de cinquante ans, à partir du premier trimestre de l'année courante.

« Les desservants de succursales qui auront atteint cet âge, à partir du 1er janvier 1848, devront, pour établir leur droit à l'augmentation de *traitement* accordée par le budget de 1848, justifier de leur âge par la production de leur acte de naissance.

« Quant aux desservants sexagénaires et septuagénaires jouissant déjà du supplément de *traitement* accordé à ces ecclésiastiques en vertu de la loi de 1827, ils ont dû produire leur acte de naissance; cette pièce ne sera donc point exigée d'eux.

« Le clergé paroissial verra, je n'en doute pas, dans le sacrifice imposé à l'Etat en ce moment pour améliorer son sort, toute la sollicitude dont il est l'objet de la part du gouvernement provisoire.

« CARNOT. »

DÉCRET *impérial du 22 janvier 1853 qui augmente les traitements des vicaires généraux.*

« NAPOLÉON, par la grâce de Dieu, etc.

« Sur le rapport de notre ministre secrétaire d'Etat au département de l'instruction publique et des cultes;

« Vu l'arrêté du gouvernement en date du 14 ventôse an XI (1);

« Vu l'ordonnance du 20 mai 1818 (2);

« Vu la loi de finances du 8 juillet 1852, portant fixation du budget général des

(1) Cet arrêté avait fixé le *traitement* des chanoines à 1,000 fr.; le *traitement* du premier vicaire général de chaque archevêché à 2,000 fr.; et le *traitement* de tous les autres vicaires généraux à 1,500 fr.

(2) L'ordonnance du 20 mai 1818 statue que le *traitement* de l'un des vicaires généraux de chaque archevêché, à la désignation de l'archevêque, serait porté à 3,000 fr.; elle porta en même temps le *traitement* de tous les autres vicaires généraux à 2,000 fr.

dépenses de l'exercice 1853, qui a alloué le crédit nécessaire pour augmenter les *traitements* des vicaires généraux ;

  « Avons décrété et décrétons ce qui suit :

  « ART. 1er. A compter du 1er janvier 1853, les *traitements* des vicaires-généraux des archevêques et des évêques, sont fixés ainsi qu'il suit, savoir :

  « *Traitement* du premier vicaire-général de l'archevêque de Paris. . 4,500 fr.

  « *Traitements* des deux autres vicaires généraux de l'archevêque de Paris et des premiers vicaires généraux des évêques. 3,500

  « *Traitements* des deux autres vicaires généraux des archevêques et des vicaires généraux des évêques. 2,500

  « ART. 2. Notre ministre secrétaire d'Etat au département de l'instruction publique et des cultes (M. Fortoul) est chargé de l'exécution du présent décret qui sera inséré au *Bulletin des lois.* »

DÉCRET *du* 28 *décembre* 1857 *qui élève, à partir du* 1er *janvier* 1858, *de* 12,000 *à* 15,000 *fr. les traitements des évêques de France.*

  « NAPOLÉON, etc.

  « Sur le rapport de notre ministre secrétaire d'Etat au département de l'instruction publique et des cultes ;

  « Vu l'article 65 de la loi du 18 germinal an X ;

  « Vu l'ordonnance royale du 9 avril 1817 ;

  « Vu l'ordonnance royale du 25 mai 1832 ;

  « Vu notre décret du 15 janvier 1853, qui a élevé les *traitements* des évêques de France à 12,000 francs ;

  « Vu la loi de finances du 23 juin 1857, portant fixation du budget général des dépenses de l'exercice 1858, qui a alloué le crédit nécessaire pour augmenter les *traitements* des évêques,

  « Avons décrété et décrétons ce qui suit :

  « ART. 1er. A compter du 1er janvier 1858, les *traitements* des évêques de France sont fixés à quinze mille francs.

  « ART. 2. Notre décret du 15 janvier 1853, qui a réglé les *traitements* des archevêques et évêques, est rapporté en ce qui concerne seulement les *traitements* des évêques.

  « ART. 3. Notre ministre, etc.

  « Fait au palais des Tuileries, le 28 décembre 1857.

« NAPOLÉON. »

DÉCRET *impérial du* 29 *juillet* 1858 *qui augmente le traitement des desservants de succursales âgés de moins de* 50 *ans.*

  « NAPOLÉON, etc.,

  « Sur le rapport de notre ministre, etc.,

  « Vu le décret du 11 prairial an XII (31 mai 1804), portant (article 4) que les desservants des succursales recevront sur les fonds de l'Etat un *traitement* annuel de cinq cents francs ;

  « Vu les ordonnances des 5 juin 1816, 9 avril 1817, 20 mai 1818 et 6 janvier 1830, qui ont élevé successivement ce *traitement*, la première à six cents francs, la seconde à sept cents francs, la troisième à sept cent cinquante francs, et la quatrième à huit cents francs ;

« Vu l'arrêté du 17 avril 1849, qui a accordé un *traitement* de huit cent cinquante francs aux desservants âgés de moins de cinquante ans, et réglé progressivement ceux des autres desservants en raison de leur âge ;

« Vu la loi du 4 juin 1858, qui a fixé le budget général des dépenses de l'exercice 1859, et alloué le crédit nécessaire pour augmenter les *traitements* des desservants au-dessous de cinquante ans ;

« Avons décrété et décrétons ce qui suit :

« ART. 1er. A compter du 1er janvier 1859, les *traitements* des desservants de succursales âgés de moins de cinquante ans seront fixés à neuf cents francs ;

« ART. 2. Les dispositions de l'arrêté du 17 avril 1849, qui a réglé progressivement les *traitements* des autres desservants en raison de leur âge, continueront d'être exécutées à leur égard.

« ART. 3. Notre ministre... (M. Rouland)... qui sera inséré au *Bulletin des lois.* »

Décret *du 2 août 1858 qui augmente le traitement des chanoines autres que ceux du diocèse de Paris.*

« Napoléon, etc.,

« Sur le rapport, etc.,

« Vu l'arrêté du 25 ventôse an XI (16 mars 1803) portant que les chanoines des églises métropolitaines et cathédrales recevront, sur les fonds de l'Etat, un *traitement* de mille francs ;

« Vu les ordonnances des 5 mai 1816 et 20 mai 1818, qui ont élevé ce *traitement,* la première à onze cents francs, et la deuxième à quinze cents francs ;

« Vu l'ordonnance du 29 juin 1819, qui a réglé d'une manière exceptionnelle les *traitements* des chanoines de la métropole de Paris (1).

« Vu la loi du 4 juin 1858, qui a fixé le budget général des dépenses de l'exercice 1859 et alloué le crédit nécessaire pour augmenter les *traitements* des chanoines, autres que ceux du diocèse de Paris,

« Avons décrété et décrétons ce qui suit :

« ART. 1er. A compter du 1er janvier 1859, les *traitements* des chanoines, autres que ceux du diocèse de Paris, sont fixés à seize cents francs.

« ART. 2. Notre ministre, etc. »

Décret *impérial du 14 août 1863 concernant les traitement des desservants.*

« Napoléon, etc.,

« Vu notre décret, en date du 29 juillet 1858, qui augmente le *traitement* des desservants de succursales âgés de moins de cinquante ans;

« Vu la loi des finances, en date du 13 mai 1863, portant fixation du budget général des dépenses et des recettes ordinaires de l'exercice 1864 ;

« Considérant que cette loi admet en principe une augmentation de *cent francs* sur les *traitements* des desservants âgés de plus de soixante ans, mais que l'accomplissement de cette mesure ne doit avoir lieu que pour moitié sur l'exercice 1864;

« Sur la proposition de notre garde des sceaux, ministre de la justice et des cultes,

« Avons décrété et décrétons ce qui suit :

(1) Cette ordonnance a porté à 2,400 francs le *traitement* des chanoines du diocèse de Paris.

« Art. 1er. Les *traitements* des desservants âgés de plus de soixante ans sont fixés de la manière suivante pour l'année 1864, savoir :

« 1o 1,250 fr. pour les desservants de soixante-quinze ans et au-dessus (maintenant 1,300 fr.) ;

« 2o 1,150 fr. pour les desservants de soixante-dix à soixante-quinze ans (maintenant 1,200 fr.) ;

« 3o 1,050 fr. pour les desservants de soixante à soixante-dix ans (maintenant 1,100 fr.).

« Art. 2. Notre garde des sceaux, ministre de la justice et des cultes est chargé de l'exécution du présent décret qui sera inséré au Bulletin des lois.

« Fait au palais de St-Cloud, le 14 août 1863.

« Napoléon. »

Ce décret est précédé du rapport suivant.

« Sire,

« Les *traitements* des desservants sont aujourd'hui réglés par l'arrêté présidentiel du 17 avril 1849 et le décret du 29 juillet 1858 ; ils sont fixés à 1,200 francs pour les desservants de soixante-quinze ans et au-dessus ; 1,100 francs pour les desservants de soixante-dix à soixante-quinze ans ; 1,000 francs pour les desservants de soixante à soixante-dix ans, et 900 francs pour les desservants âgés de moins de soixante ans.

« En améliorant ainsi le sort de ces dignes ecclésiastiques, Votre Majesté n'a pas cru faire assez pour témoigner le prix qu'elle attache à leurs services et à leur dévouement. Constamment préoccupée d'une situation si digne d'éveiller sa haute sollicitude, Elle n'a été arrêtée jusqu'à ce jour que par les difficultés financières qu'offre toute augmentation applicable à plus de trente mille *traitements*.

« Pour concilier les exigences du budget avec vos intentions bienveillantes, vous avez pensé, Sire, qu'il convenait de se préoccuper d'abord des desservants âgés de plus de soixante ans, et vous avez proposé au Corps législatif d'augmenter de 100 francs le *traitement* de ces vétérans du sacerdoce. Ce projet a été accueilli avec une vive sympathie, et il est entré dans la loi des finances du 15 mai dernier ; mais, pour rendre cet accroissement de dépenses moins onéreux au trésor, il a paru nécessaire de le répartir par moitié sur les deux prochains exercices. Les *traitements* des desservants âgés de plus de soixante ans recevront donc en 1864 et en 1865 deux augmentations successives de 50 fr. chacune.

« Le décret ci-joint, que j'ai l'honneur de soumettre à la signature de Votre Majesté, a pour but de régler ces détails d'exécution.

« Je suis, avec le plus profond respect,

« Le garde des sceaux, etc.   « J. Baroche. »

Décret *du 13 août 1864 relatif à l'augmentation des traitements des desservants de succursales âgés de plus de soixante ans.*

« Napoléon, empereur des Français, etc.,

« Sur la proposition de notre garde des sceaux, ministre de la justice et des cultes ;

« Vu la loi de finances en date du 13 mai 1863, qui admet en principe une augmentation de 100 francs, applicable, en deux exercices, aux *traitements* des desservants âgés de soixante ans et au-dessus ;

« Vu notre décret en date du 14 août 1863, qui alloue à ces desservants, sur l'exercice 1864, une augmentation de 50 francs ;

« Vu la loi de finances en date du 8 juin 1864, portant fixation du budget général des dépenses et des recettes de l'exercice 1865 ;

« Considérant que cette loi accorde le montant de la seconde annuité nécessaire pour porter à 500 francs le *traitement* des desservants qui ont atteint ou dépassé l'âge de soixante ans ;

« Avons décrété et décrétons ce qui suit :

« Art. 1er. Les *traitements* des desservants qui ont atteint l'âge de soixante ans seront fixés de la manière suivante, à partir du 1er janvier 1865, savoir :

« 1o à 1,100 francs pour les desservants de soixante à soixante-dix ans ;

« 2o à 1,200 francs pour les desservants de soixante-dix à soixante-quinze ans ;

« 3o à 1,300 francs pour les desservants de soixante-quinze ans et au-dessus.

« Art. 2. Notre garde des sceaux, ministre de la justice et des cultes (M. Baroche), est chargé de l'exécution du présent décret, qui sera inséré au *Bulletin des lois.* »

CIRCULAIRE *de M. le directeur général de l'administration des cultes à MM. les préfets, relative aux augmentations de traitements accordés pour 1849, aux desservants et aux rabbins et ministres israélites.*

Paris, le 25 avril 1849.

« Monsieur le préfet,

« L'Assemblée nationale ayant admis au budget de 1849 plusieurs augmentations pour améliorer le sort des desservants des succursales, M. le président de la République, par un arrêté en date du 17 avril courant, a réglé de la manière suivante les nouvelles allocations portées au budget en faveur des ecclésiastiques.

« À compter du 1er janvier 1849 les *traitements* des desservants des succursales sont fixés ainsi qu'il suit, savoir :

« Douze cents francs pour les desservants de soixante et dix ans à soixante et quinze ans et au-dessus ;

« Onze cents francs pour les desservants de soixante et dix à soixante et quinze ans ;

« Mille francs pour les desservants de soixante à soixante et dix ans ;

« Neuf cents francs pour les desservants de cinquante à soixante ans ;

« Huit cents cinquante francs pour les desservants au-dessous de cinquante ans ;

« C'est d'après ces nouvelles bases que vous devrez désormais délivrer vos mandats, et, à cet effet, je vous prie de prendre, de concert avec Mgr l'évêque du diocèse auquel j'écris aujourd'hui, les mesures nécessaires pour faire connaître aux desservants qui y ont droit l'augmentation de *traitement* qui leur est accordée, afin que le bénéfice leur en soit assuré à l'époque du mandatement du trimestre prochain.

« Les desservants jouissant déjà d'un supplément de *traitement,* et qui n'auraient pas produit leur acte de naissance, devront satisfaire à cette formalité pour établir leur droit au *traitement* de 1,200 francs accordé à ceux d'entre eux qui atteindront dans l'année l'âge de soixante et quinze ans.

« Une autre augmentation a été aussi portée au budget en faveur du culte israélite, à partir du 1er janvier de la présente année, les rabbins communaux et les ministres officiants, dont le *traitement* était précédemment de 600 francs et au-dessous, recevront une augmentation de 100 francs.

« Le taux des *traitements* de ces fonctionnaires sera donc porté, savoir :

« Ceux de 600 francs à 700 francs.

« Ceux de 500   —   600
« Ceux de 400   —   500
« Ceux de 300   —   400

« Des dispositions vont être prises pour assurer le payement des dépenses des cultes pendant le deuxième trimestre de l'année 1849, etc.

« Recevez, etc. »

CIRCULAIRE *de M. le directeur général de l'administration des cultes, à MMgrs les archevêques et évêques, relative aux augmentations de traitements accordées au budget de 1849 en faveur des desservants des succursales.*

Paris, le 26 juin 1849.

« Monseigneur,

« La loi du 12 avril dernier, qui a fixé le budget des cultes de 1849, a accordé plusieurs augmentations de crédits pour améliorer le sort des desservants des succursales. J'ai l'honneur de vous informer que, par arrêté, en date du 17 avril, M. le président de la République a réglé de la manière suivante les nouvelles allocations portées au budget en faveur de ces ecclésiastiques.

« Les ecclésiastiques qui auront droit à un supplément de *traitement* en raison de leur âge, ne pourront l'obtenir qu'après avoir produit leur acte de naissance (1). Il importe qu'ils remplissent le plus tôt possible cette formalité indispensable.

« Je vous ferai remarquer, Monseigneur, en ce qui concerne spécialement les desservants âgés de 75 ans et au-dessus, qu'aux termes de la loi précitée du 12 avril, ils doivent, indépendamment de la condition d'âge, justifier qu'ils ont exercé le saint ministère pendant trente ans, pour jouir du *traitement* de 1200 francs. Ces desservants auront donc à vous transmettre un état de leurs services pour que vous puissiez le certifier et le revêtir de votre visa.

« Agréez, etc. »

CIRCULAIRE *de M. le directeur général de l'administration des cultes, à MM. les préfets, relative à la nécessité par les desservants âgés de 75 ans de constater qu'ils ont trente ans de service, pour avoir droit au traitement de 1200 francs.*

Paris, le 2 juillet 1849.

« Monsieur le préfet,

« La loi du budget des dépenses des cultes pour l'exercice 1849 qui a accordé une augmentation de 100 fr. aux desservants des succursales, âgés de 75 ans et au-dessus, afin d'élever leur *traitement* de 1100 fr. à 1200 fr., indique cette condition que, pour jouir du supplément de *traitement*, ces ecclésiastiques devront avoir exercé leur ministère pendant trente ans.

« Les desservants des succursales qui se trouvent dans ce cas doivent donc, outre l'acte de naissance qu'ils ont à produire pour constater leur âge, vous remettre un certificat délivré par les évêques des diocèses où ces desservants ont rempli leurs fonctions sacerdotales, et qui attestera qu'ils ont exercé le saint ministère pendant trente ans. »

(1) Une circulaire du 12 mars 1827 avait déjà prescrit la présentation d'un acte de naissance aux ecclésiastiques sexagénaires et septuagénaires pour avoir droit à l'augmentation de *traitement*.

§ II. TRAITEMENTS *ecclésiastiques*. — *Mode d'acquittement.*

Un arrêté du gouvernement, du 18 nivôse an XI (8 janvier 1803), déclare les *traitements* ecclésiastiques insaisissables. Un arrêté du 15 germinal an XII (18 avril 1804) décide la même chose pour les ministres des cultes protestants.

Ces *traitements* s'acquittent par trimestre, à compter de la prise de possession ou de l'installation des titulaires. (*Voyez* MANDAT, § II.)

D'après les renseignements successifs adressés par l'administration ou donnés par les évêques, les préfets ont depuis longues années l'état exact du personnel du clergé de leur département, pour tous les emplois auxquels l'Etat accorde une rétribution.

Outre les expéditions des décrets impériaux rendus pour la nomination des vicaires généraux, chanoines et curés, que reçoivent les préfets, les évêques leur adressent régulièrement l'indication des mouvements qui surviennent dans le personnel; mais les préfets, nonobstant ces renseignements, ont toujours été appelés à s'assurer, par les divers moyens qui sont en leur disposition, que leurs mandats auront pour effet d'acquitter un service réellement effectué, qu'ils ne contiendront pas de double emploi, et qu'ils seront en tout conformes aux instructions qu'ils ont reçues de l'administration, sur le nombre des emplois rétribués, sur le taux des rétributions et sur les diverses conditions qui peuvent y donner droit.

Sur ces divers documents et renseignements les préfets dressent, à chaque trimestre, pour être remis aux payeurs, un état des sommes à payer pour *traitements* et indemnités fixes des membres du clergé catholique. Le montant de cet état, auquel viennent se rattacher leurs mandats individuels, doit être conforme au total de ceux-ci. L'état du premier trimestre de chaque année contient en détail les diverses parties prenantes et les sommes à payer à chacune d'elles ; les états des trois autres trimestres peuvent ne contenir de détails que pour les articles non conformes à l'état du premier trimestre, avec renvoi à cet état pour tous les articles qui n'ont subi aucune modification.

Les mandats des préfets contiennent l'indication exacte des noms, prénoms et dates de naissance des ecclésiastiques, soit pour lever tout doute sur l'identité des individus, et s'assurer ainsi de l'exécution des dispositions sur le cumul des *traitements* et pensions, soit pour prouver que les suppléments de rétribution accordés aux curés ou aux desservants septuagénaires ou sexagénaires n'ont été acquittés qu'à ceux qui remplissaient cette condition d'âge.

Les mandats sont payés, pour le compte des payeurs, et sur leur visa, par les receveurs d'arrondissement et par les percepteurs des communes.

Un grand nombre d'ecclésiastiques, ignorant les formes de la comptabilité, chargent des agents d'affaires, résidant au chef-lieu, de toucher pour leur compte le montant de leurs *traitements* à la caisse du payeur. Le payement est refusé, si ces intermédiaires ne sont pas porteurs de procurations en règle. S'ils sont munis de pouvoirs réguliers, le payeur doit, après avoir effectué le payement, prévenir aussitôt l'ecclésiastique de la facilité qui lui est offerte de toucher lui-même son *traitement* à la caisse du percepteur de la commune.

§ III. *Suppléments de* TRAITEMENT.

Les suppléments de *traitement* ne sont point obligatoires, car ils n'ont été demandés qu'à la justice, au zèle et à la bonne volonté des communes ; ils ne sont en conséquence qu'une dépense facultative.

Les conseils municipaux sont libres de voter ou de ne pas voter ces suppléments de *traitement*. Lorsqu'ils en votent, ils peuvent en fixer le montant comme ils l'entendent, l'augmenter ou le diminuer chaque année et enfin le supprimer totalement.

Le préfet est libre, quand un conseil municipal a voté un supplément de *traitement* en faveur du curé ou desservant de la commune, soit de rayer cette allocation du budget, soit de la réduire à la somme qu'il croit devoir fixer, d'après la situation et les ressources de la commune.

Dans le cas d'une radiation ou d'une réduction semblable, on ne peut que réclamer auprès du préfet, pour l'engager à revenir sur sa décision, ou s'adresser au ministre, par voie de pétition, pour en demander la réformation.

La quotité du supplément de *traitement* avait été fixée par une circulaire du ministre de l'intérieur, en date du 18 mai 1818, à la moitié du *traitement* assigné aux desservants sur les fonds de l'État ; or, comme le *traitement* était alors de 750 francs, le ministre de l'intérieur pensait que les suppléments de *traitement* ne devaient pas excéder 375 francs. A dater de 1826, le ministre de l'intérieur invitait les préfets, par des lettres particulières, à réduire au taux de 250 francs les allocations votées pour supplément de *traitement* qui excéderaient ce chiffre.

Lorsque, dans le projet de budget pour l'exercice 1830, le ministre des affaires ecclésiastiques demanda une augmentation de crédit destiné à porter le *traitement* des desservants de 750 francs à 800 francs, le ministre présenta cette augmentation comme devant venir à la décharge de la commune.

Dans la discussion aux Chambres, le ministre de l'intérieur déclara formellement qu'on n'entendait pas imposer aux contribuables une charge nouvelle ; qu'on n'entendait que transporter successivement à la charge de l'Etat les allocations que les desservants recevaient des communes ; que les communes étaient en général autorisées à voter des suppléments de 250 francs ; que si le *traitement* payé par le trésor aux desservants était augmenté de 50 francs, les allocations des communes seraient réduites dans la même proportion.

Une circulaire du ministre de l'intérieur, en date du 10 avril 1830, relative à la réunion des conseils municipaux, vint accomplir cet engagement, en informant les préfets que le taux des suppléments qu'il était facultatif aux communes d'accorder aux desservants était réduit à 200 francs. Le ministre s'exprimait ainsi : « Celle (la loi) du 2 août 1829 ayant procuré au Gouvernement les moyens de porter de 750 francs à 800 francs le *traitement* des desservants, et l'intention du législateur ayant été de faire tourner cette augmentation à l'avantage commun des ecclésiastiques et des contribuables, le taux des suppléments qu'il est facultatif aux communes d'accorder aux desservants a été réduit dans la même proportion. »

La quotité du supplément de *traitement* est donc de 200 francs quand il est payé par la commune à l'aide de centimes additionnels. Mais doit-il en être de même lorsqu'il est payé sur les revenus communaux restant libres ? Nous ne le pensons pas, car le rapporteur de la commission de la Chambre des pairs disait alors d'une manière très-formelle : « Nous supposons difficilement qu'on eût l'idée d'interdire aux communes le droit de prendre sur la portion de leurs revenus sans emploi le témoignage d'affection destiné à leur guide spirituel. » Il convient donc de laisser, à cet égard, aux communes, toute la liberté dont elles peuvent jouir sans danger. Du reste, nous savons que plusieurs allocations de supplément de *traitements* supérieurs à 200 francs, mais payés sur des revenus libres, ont reçu l'approbation du ministre de l'intérieur.

D'ailleurs, la plupart du temps, les suppléments de *traitement* accordés par les communes ne sont pas de pures libéralités ; souvent ils ont pour objet de compenser l'extrême modicité du casuel ; souvent, moyennant l'allocation du supplément, le desservant renonce, au profit des habitants, au produit de toutes les oblations auxquelles il aurait droit d'après les tarifs, ou il cède une partie des droits que légalement il pourrait exiger d'après ces mêmes tarifs ; par exemple, il se contente de cinq ou six francs pour un mariage, un enterrement, etc., bien que le tarif du diocèse, approuvé du gouvernement, l'autorise à en demander dix, douze ou quinze. Les suppléments de *traitement* sont donc, dans ces circonstances, des espèces de contrats tacites entre les paroissiens et le pasteur.

Nous avons donné, sous le mot ANNEXE, un modèle de traité entre un curé et les habitants d'une annexe pour indemnité de binage. Un curé peut faire un traité à peu près semblable avec ses paroissiens pour un supplément de *traitement*. Ces sortes de traités peuvent être faits comme sous-seings privés ou passés devant notaire. Il est nécessaire qu'ils soient écrits sur papier-timbré, mais il n'est pas nécessaire de les faire enregistrer. L'enregistrement ne deviendra indispensable qu'autant que l'engagement étant nié, on aurait à produire cet acte en justice.

Voyez sous le mot QUITTANCES si celles des suppléments de *traitement* doivent être timbrées.

§ IV. TRAITEMENT *des officiers et serviteurs de l'église.*

Le *traitement* des employés de l'église doit toujours être réglé par le conseil de fabrique et approuvé par l'évêque. Il est payable par trimestre ou par année, et sur la présentation des mandats délivrés par le président du bureau.

§ V. TRAITEMENT *des instituteurs communaux.*

Le *traitement* des instituteurs communaux, à partir du 1er janvier 1851, se compose : 1° d'un *traitement* fixe qui ne peut être inférieur à 200 francs ; 2° du produit de la rétribution scolaire ; 2° d'un supplément accordé à tous ceux dont le *traitement*, joint au produit de la rétribution scolaire, n'atteint pas 600 francs. Ce supplément sera calculé d'après le total de la rétribution scolaire pendant l'année précédente. (*Art.* 38 *de la loi du* 15 *mars* 1850.)

A défaut de fondations, dons ou legs, le conseil municipal délibère sur les moyens de pourvoir aux dépenses de l'enseignement primaire dans la commune. En cas d'insuffisance des revenus ordinaires, il est pourvu à ces dépenses au moyen d'une imposition spéciale, votée par le conseil municipal, ou, à défaut du vote de ce conseil, établie par un décret du pouvoir exécutif. Cette imposition, qui doit être autorisée chaque année par la loi des finances, ne peut excéder trois centimes additionnels au principal des quatre contributions directes. Lorsque des communes, soit par elles-mêmes, soit en se réunissant à d'autres communes, ne peuvent subvenir, de la manière qui vient d'être indiquée, aux dépenses de l'école communale, *il* y est pourvu sur les ressources ordinaires du département, ou en cas d'insuffisance, au moyen d'une imposition spéciale votée par le conseil général, ou, à défaut du vote de ce conseil, établie par un décret. Cette imposition, autorisée chaque année par la loi des finances, ne doit pas excéder deux centimes additionnels au principal des quatre contributions directes. Si les ressources communales et départementales ne suffisent pas, le ministre de l'instruction publique accorde une subvention sur le crédit qui est porté annuellement pour l'enseignement primaire au budget de l'État.

Chaque année, un rapport annexé au projet du budget fait connaître l'emploi des fonds alloués pour l'année précédente. (*Ibid.*, art. 40.)

Un décret du 7 octobre 1850, dont nous donnons un extrait ci-dessous, règle la manière dont doivent être exécutées ces dispositions de la loi.

Le *traitement* des instituteurs-adjoints est à la charge exclusive de la commune; ce *traitement* est fixé par le conseil municipal. (*Art.* 34.) Relativement au *traitement* des instituteurs-adjoints, voyez sous le mot INSTRUCTION PUBLIQUE, p. 358, la note sur cet article 34.

DÉCRET *du 7 octobre 1850 relatif aux écoles primaires* (1), *et notamment au traitement des instituteurs publics.* (Extrait.)

« ART. 18. Chaque année, trois jours avant la session de février des conseils municipaux, le receveur municipal remet au maire de la commune le rôle de la rétribution scolaire de l'année précédente.

« ART. 19. Les conseils municipaux délibèrent, chaque année, dans leur session du mois de février, pour l'année suivante :

« Sur le taux de la rétribution scolaire ;

« Sur le *traitement* de l'instituteur ;

« Sur les centimes spéciaux qu'ils doivent voter, à défaut de leurs revenus ordinaires, 1° pour assurer le *traitement* fixe de l'instituteur au minimum de 200 fr.; 2° pour élever au minimum de 600 fr. le revenu de l'instituteur, quand son *traitement* fixe, joint au produit de la rétribution scolaire, n'atteint pas cette somme.

« Les délibérations des conseils municipaux relatives aux écoles sont envoyées, avant le 1er mai, pour l'arrondissement chef-lieu, au préfet, et pour les autres arrondissements, aux sous-préfets, qui les transmettent dans les dix jours au préfet, avec leur propre avis, celui des délégués cantonaux et celui de l'inspecteur primaire.

« ART. 20. Le préfet soumet au conseil académique les délibérations des conseils municipaux relatives au taux de la rétribution scolaire dans leur commune.

« Le conseil académique fixe définitivement le taux de cette rétribution scolaire et en informe le préfet, qui présente les résultats de ces diverses délibérations au conseil général, dans sa session ordinaire, à l'appui de la proposition des crédits à allouer pour les dépenses de l'instruction publique primaire, dans le budget départemental.

« ART. 21. La rétribution scolaire est due par tous les élèves externes et pensionnaires qui suivent les classes de l'école et qui ne sont pas portés sur la liste dressée en exécution de l'art. 45 de la loi organique.

« ART. 22. Le rôle de la rétribution scolaire est annuel.

« Dans le courant de janvier, l'instituteur communal dresse et remet au maire : 1° le rôle des enfants présents dans son école au commencement du mois, avec l'indication du nom des redevables qui doivent acquitter la rétribution, et du montant de la rétribution due par chacun d'eux; 2° des extraits individuels dudit rôle, pour être ultérieurement remis aux redevables à titre d'avertissements.

« Il n'est ouvert dans le rôle qu'un seul article au père, à la mère ou au tuteur qui a plusieurs enfants à l'école.

(1) Les premiers articles de ce décret sont relatifs aux formalités requises pour ouvrir des écoles libres ou publiques. (*Voyez* ÉCOLES, INSTITUTEURS.)

« Le maire vise le rôle, après s'être assuré qu'il ne comprend pas d'enfants dispensés du payement de la rétribution; qu'il contient tous ceux qui y sont soumis; en outre, que la cotisation est établie d'après le taux fixé par le conseil académique.

« Il l'adresse ensuite au sous-préfet, qui le communique à l'inspecteur, pour qu'il puisse fournir ses observations.

« Le préfet ou le sous-préfet par délégation, rend le rôle exécutoire et le transmet au receveur des finances, qui le fait parvenir au receveur municipal.

« ART. 23. La rétribution scolaire est payée par douzièmes.

« ART. 24. Un rôle supplémentaire est établi, à la fin de chaque trimestre, pour les enfants admis à l'école dans le courant du trimestre. Dans ce cas, la rétribution est due à partir du premier jour du mois dans lequel l'enfant a été admis.

« ART. 25. Lorsque plusieurs communes sont réunies pour l'entretien d'une même école, l'instituteur dresse un rôle spécial pour chaque commune.

« ART. 26. Tout enfant qui vient à quitter l'école postérieurement à l'émission du rôle est affranchi de la rétribution à partir du premier jour du mois suivant. Avis de son départ est immédiatement donné par l'instituteur et par les parents au maire qui, après avoir vérifié le fait, en informe le receveur municipal.

« ART. 27. En fin d'année, il est procédé à un décompte, à l'effet de constater si l'instituteur communal a reçu le minimum de *traitement* qui lui est garanti par l'art. 37 de la loi organique.

« Ce décompte est établi d'après le nombre des élèves portés soit au rôle général, soit aux rôles supplémentaires. Sur le montant des rôles, il est fait déduction des non valeurs résultant soit des sorties d'élèves dans le cours de l'année, soit des dégrèvements prononcés.

« ART. 28. Les remises des receveurs municipaux sont calculées conformément à l'art. 5 de la loi du 20 juillet 1837, sur le total des sommes portées aux rôles généraux et supplémentaires de la rétribution scolaire.

« ART. 29. Les remises dues au percepteur et les cotes qui deviendraient irrécouvrables, sont déclarées charges communales, et, comme telles, placées au nombre des dépenses obligatoires des communes.

« ART. 30. Les réclamations auxquelles la confection des rôles peut donner lieu sont rédigées sur papier libre et déposées au secrétariat de la sous-préfecture.

« Lorsqu'il s'agit de décharges ou réductions, il est statué par le conseil de préfecture, sur l'avis du maire, du délégué cantonal et du sous-préfet.

« Il est prononcé sur les demandes en remise par le préfet, après avis du conseil municipal et du sous-préfet.

« ART. 31. Lorsque le conseil académique autorise un instituteur à percevoir lui-même le montant de la rétribution scolaire, en exécution du deuxième paragraphe de l'art. 41 de la loi organique, le recteur en informe immédiatement le receveur particulier de l'arrondissement, qui en donne avis au receveur municipal.

« Dans ce cas, le rôle de la rétribution est dressé et arrêté ainsi qu'il a été dit à l'art. 27 du présent règlement.

« ART. 32. Le ministre de l'instruction publique et des cultes et le ministre des finances sont chargés, chacun en ce qui le concerne, de l'exécution du présent décret.

« Fait à Paris, le 7 octobre 1850. »

§ III. TRAITEMENT *des institutrices.*

Le taux du *traitement* des institutrices communales se compose nécessairement d'une subvention communale votée par le conseil municipal et de la rétribution scolaire qui ne pouvait être perçue que par les institutrices elles-mêmes. L'art. 44 de la loi du 15 mai 1850 ne leur était pas applicable, elles ne pouvaient jouir du privilége accordé aux instituteurs. Mais aujourd'hui elles peuvent la faire recevoir par le receveur municipal. (*Voyez* INSTITUTRICES, RÉTRIBUTION SCOLAIRE.)

TRANSACTION.

« La *transaction,* aux termes de l'article 2044 du Code civil, est un contrat par lequel les parties terminent une contestation née, ou préviennent une contestation à naître. — Ce contrat doit être rédigé par écrit. »

La *transaction* ne se fait pas seulement sur un procès commencé, mais encore sur la crainte d'un procès, *propter timorem litis.* Mais il faut que cette crainte soit réelle et fondée, et non faite pour colorer un autre acte du nom de *transaction : Nec litem fingere licet, ut transactio fiat.*

« Pour transiger, il faut avoir la capacité de disposer des objets compris dans la *transaction...*

« Les communes et établissements publics ne peuvent transiger qu'avec l'autorisation expresse de l'empereur. » (*Art.* 2045 *du Code civil.*)

Les fabriques peuvent transiger en remplissant les formalités suivantes :

1° Le conseil de fabrique prend une délibération dans laquelle il demande à transiger, et expose les motifs de sa demande ;

2° Il adresse sa délibération au préfet, qui demande l'avis de l'évêque, et qui soumet l'affaire au comité consultatif, composé de trois jurisconsultes (*voyez* COMITÉ CONSULTATIF) ;

3° Le préfet soumet l'avis de ce comité au conseil de préfecture ;

4° Si le préfet approuve la *transaction,* il la soumet à l'approbation de l'empereur ;

5° Cette approbation une fois obtenue, la *transaction* est passée pardevant notaire par le trésorier et la partie qui transige.

Lorsque les *transactions* transfèrent la propriété d'immeubles aux fabriques, elles doivent être transcrites aux hypothèques à la diligence des trésoriers. Cette transcription a pour effet de mettre ces établissements en mesure contre les tiers. (*Décret du* 30 *décembre* 1809*, art.* 60. — *Arrêté du* 21 *frimaire an XI.* — *Loi du* 18 *juillet* 1837*, art.* 24, § V.)

L'article 59 de la loi du 18 juillet 1837 sur l'administration municipale porte : « Toute *transaction* consentie par un conseil municipal ne peut être exécutée qu'après l'homologation par ordonnance royale, s'il s'agit d'objets immobiliers d'une valeur supérieure à trois mille francs, et par arrêté du préfet en conseil de préfecture dans les autres cas. »

Les dispositions de cet article sont applicables aux *transactions* des fabriques, d'après la décision du ministre de la justice et des cultes (M. Teste) au préfet du Lot, en date du 16 décembre 1839, ci-après.

Les conseils municipaux prétendent quelquefois que l'arrêté du 21 frimaire an XII, qui exige que la formalité de soumettre les projets de *transactions* soient soumis à trois jurisconsultes, est étranger au contentieux administratif; qu'il concerne seulement les *transactions* sur procès ayant pour objet des droits de propriété dont le règlement est de la compétence exclusive des tribunaux civils.

Cette question, qui concerne aussi les fabriques, a reçu du ministre de l'intérieur la solution suivante : « L'arrêté du 21 frimaire an XII prescrit que, dans tous les procès nés ou à naître entre des communes et des particuliers sur les droits de propriété, les communes ne pourront transiger qu'après une délibération du conseil municipal prise sur la consultation de trois jurisconsultes. Cet acte n'établit aucune distinction sur la nature des procès, soit qu'ils concernent la propriété de biens mobiliers ou immobiliers, soit qu'ils doivent être portés devant les tribunaux civils ou administratifs. On doit conclure de là que, si une commune juge à propos de recourir à la voie de la *transaction* plutôt que de s'exposer aux chances d'une instance administrative ou judiciaire, il est indispensable qu'elle soumette son projet à trois avocats.

« A la vérité, la nécessité de cette formalité n'est pas rappelée dans la loi du 18 juillet 1837; mais il est de principe que les lois générales laissent subsister les lois spéciales, à moins que le contraire ne soit clairement exprimé. Or, rien ne fait supposer, dans la loi de 1837, que le législateur ait eu la pensée d'innover sur le point en question. »

On a demandé si les trois jurisconsultes appelés à formuler leur avis sur les *transactions* projetées par les communes ont droit à des honoraires et, dans le cas de l'affirmation, par qui ces honoraires doivent être payés. Le ministre de l'intérieur a répondu :

« D'après les prescriptions de l'arrêté du 21 frimaire an XII qui n'ont pas cessé d'être en vigueur, les communes ne peuvent transiger qu'après une délibération du conseil municipal, prise sur la consultation de trois avocats. Mais aucune disposition de loi n'oblige ces derniers à fournir, en pareil cas, leur avis gratuitement. D'un autre côté, une commune, en votant l'exécution d'une *transaction*, s'engage implicitement à supporter tous les frais qu'entraîne l'accomplissement de formalités prescrites dans son intérêt, à moins qu'une des clauses du contrat ne les mette à la charge de l'autre partie contractante. »

Paris, le 16 décembre 1839.

« Monsieur le préfet,

« Vous me demandez, par la lettre que vous m'avez fait l'honneur de m'écrire le 30 octobre dernier, de vous faire connaître s'il faut suivre à l'égard des *transactions* des fabriques les formalités prescrites par l'arrêté du 21 frimaire an XII, ou celles énoncées dans l'article 59 de la loi du 18 juillet 1837.

« Aux termes de l'article 60 du décret du 30 décembre 1809, les biens ruraux appartenant aux fabriques sont régis et administrés dans la forme déterminée pour les biens communaux, et aucune disposition spéciale n'a prévu ni réglé le cas d'une *transaction*.

« Dans le silence de la loi, il y a lieu de procéder par analogie. L'administration des fabriques et celles des communes sont, sous beaucoup de rapports, régies par des dispositions semblables, ainsi qu'il résulte de l'article 60 lui-même du décret de 1809. Il est donc naturel d'appliquer les dispositions de cet article au cas des *transactions*.

« L'arrêté du gouvernement du 21 frimaire an XII, relatif aux *transactions* des communes (1), a été modifié par l'article 59 de la loi du 18 juillet 1837, et en appliquant aux biens des fabriques les dispositions qui régissent les biens communaux, l'article 60 du décret de 1809 n'a pas entendu parler uniquement de la législation qui existait alors, mais aussi des modifications qu'elle pourrait recevoir dans la suite.

« Il y a lieu, en conséquence, d'appliquer aux *transactions* des fabriques les dispositions de l'article 59 de la loi du 18 juillet 1837, combinées avec celles de l'arrêté du 21 frimaire an XII.

« Il résulte de cette décision que, lorsqu'un conseil de fabrique croit devoir adopter une *transaction*, la délibération de ce conseil ne peut être prise que sur une consultation de trois jurisconsultes désignés par le préfet du département.

« S'il s'agit d'objets mobiliers d'une valeur inférieure à 3,000 fr., cette délibération doit ensuite être approuvée par arrêté du préfet, en conseil de préfecture.

« S'il s'agit, au contraire, d'objets mobiliers d'une valeur supérieure à 3,000 fr., ou d'objets immobiliers, quelle qu'en soit la valeur, la *transaction* ne peut être exécutée qu'après avoir été homologuée par ordonnance royale. »

TRANSCRIPTION.

Quand une donation de biens susceptibles d'hypothèques a été faite à une fabrique, le trésorier doit s'empresser de la faire transcrire sur les registres des hypothèques, afin que des créanciers hypothécaires ne soient pas admis à prendre inscription sur les biens donnés. Le Code civil contient à cet égard les dispositions suivantes :

« ART. 939. Lorsqu'il y aura donation de biens susceptibles d'hypothèques, la *transcription* des actes contenant la donation et l'acceptation, ainsi que la notification qui aurait eu lieu par acte

_____

(1) Voyez cet arrêté sous le mot COMITÉ CONSULTATIF.

séparé, devra être faite aux bureaux des hypothèques dans l'arrondissement desquels les biens sont situés.

« ART. 940. Lorsque la donation sera faite à des établissements
publics, la *transcription* sera faite à la diligence des administrateurs.

« ART. 941. Le défaut de *transcription* pourra être opposé par
toutes personnes ayant intérêt, excepté toutefois celles qui sont chargées de faire faire la *transcription,* ou leurs ayants cause et le donateur.

« ART. 2155. Les frais de la *transcription,* qui peut être requise
par le vendeur, sont à la charge de l'acquéreur. »

La *transcription* a pour effet d'avertir la société de l'existence de
la donation, afin que des tiers, croyant que l'immeuble donné appartient encore au donateur, ne traitent pas avec lui dans cette
croyance, et ne prennent pas pour sûreté une hypothèque sur l'immeuble.

Après quinze jours, date de la *transcription,* les créanciers ne
sont plus admis à inscrire des hypothèques sur l'immeuble donné.

TRANSFERT DE RENTES.

Aucun *transfert* ou inscription de rentes sur l'Etat, au profit d'un
établissement ecclésiastique ou d'une communauté religieuse de
femmes, ne peut être effectué qu'autant qu'il aura été autorisé par
une ordonnance royale, dont l'établissement intéressé doit présenter, par l'intermédiaire de son agent de change, expédition en due
forme au directeur du grand livre de la dette publique. (*Art.* 1er de
l'ordonnance du 14 janvier 1832, rapportée sous le mot ACCEPTATION.)

TRANSLATION.

Toutes les fois qu'il y a lieu de transférer à une église nouvellement érigée en paroisse des biens légalement possédés par une autre
église, la *translation* ne peut être opérée que par une ordonnance
royale ou un décret, d'après les formes prescrites par l'ordonnance
du 28 mars 1820, rapportée sous le mot BIENS. Un arrêté du préfet
ou du ministre serait insuffisant pour effectuer cette *translation.*

TRANSPORT DES CORPS.

Le convoi, ou *transport du corps* de la maison du défunt à l'église,
et de l'église au cimetière, est un acte purement civil, qui intéresse
essentiellement la police. L'assistance du clergé n'en change en rien
le caractère ; c'est donc à l'administration de le diriger et de pourvoir
aux mesures d'ordre, de police, et de précautions à observer à l'occasion du *transport des corps.* (*Décision ministérielle du* 15 *brumaire
an XI.*)

§ I. *Droit de la fabrique sur le* TRANSPORT DES CORPS. — *Taxe.*

Le mode le plus convenable pour le *transport des corps* est réglé suivant les localités par les maires, sauf l'approbation des préfets. (*Décret du 12 juin 1804, art. 21.*) Ce *transport* est soumis à une taxe fixe. Les fournitures qu'il réclame sont, comme celles relatives aux cérémonies intérieures de l'église, faites par les fabriques et à leur profit. (*Même décret, art. 22.*) Elles peuvent faire exercer ce droit ou l'affermer, d'après l'approbation des autorités civiles. (*Même décret.*)

Dans les campagnes, les bourgs et même les petites villes, les fabriques ne perçoivent aucun droit sur le *transport des corps*, qui, selon l'usage, et surtout si le cimetière est près de l'église, se fait souvent gratuitement par les parents ou par les amis du défunt.

Dans les villes où il existe des entreprises et marchés pour le *transport des corps*, la taxe fixe relative à ce *transport* et le prix des fournitures sont réglés par un tarif délibéré par le conseil municipal, et soumis avec l'avis du préfet à l'approbation du roi par le ministre de l'intérieur. (*Décret du 18 mai 1806, art. 11. — Avis du conseil d'Etat, du 10 août 1841.*)

On comprend facilement la raison qui a dû faire exiger l'intervention du ministre de l'intérieur (et non du ministre des cultes, comme le dit à tort Mgr Affre), dans cette matière qui est mixte de sa nature. En effet, si le produit des tarifs doit tourner au profit des fabriques, en vertu du privilége qui leur est attribué par les décrets des 23 prairial an XI et 18 mai 1806, les conseils municipaux et le ministre de l'intérieur, tuteur des communes, sont plus spécialement chargés de défendre l'intérêt des familles contre l'élévation des tarifs que les fabriques pourraient être portées à demander par suite de leur privilége. (*Avis du comité de l'intérieur du 20 avril 1838.*)

Il est à désirer que les tarifs soient dressés de concert entre les fabriques et les conseillers municipaux. (*Avis du comité de l'intérieur du 7 novembre 1837.*) La lettre ministérielle, du 12 janvier 1839, que nous rapportons ci-après, donne à cet égard des solutions trèsclaires.

Le conseil d'Etat, dit Mgr Affre, a déclaré, dans un avis du 8 janvier 1811, qu'il y aurait lieu d'examiner sérieusement si on ne pourrait pas autoriser les parents ou amis du décédé à faire euxmêmes le *transport* de son corps, sans recourir aux entrepreneurs des pompes funèbres, et sans leur payer les droits fixés par le règlement. Le conseil d'Etat laissa la question indécise, mais parut pencher en faveur de l'exemption des droits. (*Voyez* POMPES FUNÈBRES.)

Les motifs étaient : 1° que, « quelque modérés que soient ces droits, ils sont toujours onéreux pour la classe peu aisée de la société ; que, dans plusieurs villes des départements, les citoyens de la même profession, et quelquefois les individus d'une même famille, désirent se rendre mutuellement les derniers devoirs ; qu'à l'avantage de prévenir des frais onéreux, cet usage réunit celui de resserrer les liens d'amitié entre les membres d'une même famille et d'une même cité. »

LETTRE *de M. le ministre de l'intérieur à M. le préfet de la Seine, sur les tarifs relatifs au transport des corps.*

Paris, le 12 janvier 1839.

« Monsieur le préfet,

« Je n'ai trouvé jointes à votre lettre.... que deux délibérations du conseil municipal de.... dont l'une du.... sanctionne les changements faits par le conseil de fabrique à une précédente délibération municipale du 21 février, contenant un nouveau projet de tarif des pompes funèbres.

« Je remarque que ce tarif confond les objets relatifs au service des morts dans les églises avec ceux qui sont nécessaires pour le *transport des corps* et les cérémonies extérieures des inhumations.

« Il est nécessaire de maintenir la distinction établie à cet égard par les titres I et II du décret du 18 mai 1806.

« Or, aux termes du second paragraphe de l'article 7 du décret, les tarifs relatifs aux services des morts dans les églises sont dressés par les fabriques, et communiqués aux conseils municipaux et aux préfets. Ces tarifs doivent être transmis au ministre des cultes, avec leurs avis, par l'intermédiaire du ministre de l'intérieur, pour être soumis à l'approbation du roi par le ministre des cultes.

« Les articles 9, 10 et 11 du même décret ont établi une marche différente, en ce qui concerne le mode de *transport des corps* et les cérémonies extérieures des inhumations. Lorsqu'il n'existe pas d'entreprise et de marché pour les sépultures, le mode de *transport des corps* est réglé par les conseils municipaux et les préfets ; mais lorsque le *transport des corps* est fait avec des voitures, les règlements et marchés relatifs aux *transports*, les taxes et le tarif des fournitures diverses que le service peut réclamer, sont réglés par les conseils municipaux, de concert avec les fabriques, et les tarifs doivent être transmis par les préfets au ministre de l'intérieur, pour être soumis par ses soins à l'approbation du roi.

« Ainsi, dans le premier cas, c'est-à-dire lorsqu'il s'agit du service intérieur de l'église, l'initiative appartient aux fabriques, et les tarifs dressés par elles, après avoir été communiqués aux conseils municipaux et aux préfets, sont soumis à l'approbation du roi par le ministre des cultes, sur l'avis préalable du ministre de l'intérieur.

« Dans le second cas, l'initiative appartient aux conseils municipaux et aux préfets, s'il n'existe pas de marché pour le *transport des corps*, et aux conseils municipaux, de concert avec les fabriques, si ce *transport* est fait par une entreprise. Les règlements, marchés et tarifs sont soumis alors, avec l'avis du préfet, à l'approbation du roi par le ministre directement.

« Je vous invite à faire réformer, conformément à ces principes, les pièces que je vous envoie pour être ensuite statué ce qu'il appartiendra. »

DÉCRET *du 18 mai 1806, concernant le service dans les églises et les convois funèbres.*

TITRE Ier. — *Règles générales pour les églises.*

« ART. 1er. Les églises sont ouvertes gratuitement au public. En conséquence, il est expressément défendu de rien percevoir dans les églises, à leur entrée, de plus que le prix des chaises, sous quelque prétexte que ce soit.

« ART. 2. Les fabriques pourront louer des bancs et des chaises, suivant le tarif qui a été ou sera arrêté ; et les chapelles de gré à gré.

« ART. 3. Le tarif du prix des chaises sera arrêté par l'évêque et le préfet, et cette fixation sera toujours la même, quelles que soient les cérémonies qui auront lieu dans l'église.

TITRE II. — *Services pour les morts dans les églises.*

« ART. 4. Dans toutes les églises, les curés, desservants et vicaires feront gratuitement le service exigé pour les morts indigents ; l'indigence sera constatée par un certificat de la municipalité.

« ART. 5. Si l'église est tendue pour recevoir un convoi funèbre, et qu'on présente ensuite le corps d'un indigent, il est défendu de détendre jusqu'à ce que le service de ce corps soit fini.

« ART. 6. Les règlements déjà dressés, et ceux qui le seront à l'avenir par les évêques, sur cette matière, seront soumis, par notre ministre des cultes, à notre approbation.

« ART. 7. Les fabriques feront, par elles-mêmes, ou feront faire par entreprises, aux enchères, toutes les fournitures nécessaires aux services des morts dans l'intérieur des églises, et toutes celles qui sont relatives à la pompe des convois, sans préjudice des droits des entrepreneurs qui ont des marchés existants.

« Elles dresseront, à cet effet, des tarifs et des tableaux gradués par classe ; ils seront communiqués aux conseils municipaux et aux préfets, pour y donner leur avis, et seront soumis, par notre ministre des cultes, pour chaque ville, à notre approbation. Notre ministre de l'intérieur nous transmettra pareillement, à cet égard, les avis des conseils municipaux et des préfets.

« ART. 8. Dans les grandes villes, toutes les fabriques se réuniront pour ne former qu'une seule entreprise.

TITRE III. — *Du transport des corps.*

« ART. 9. Dans les communes où il n'existe pas d'entreprise et de marché pour les sépultures, le mode de *transport des corps* sera réglé par les préfets, et les conseils municipaux. Le *transport* des indigents sera fait gratuitement.

« ART. 10. Dans les communes populeuses, où l'éloignement des cimetières rend le *transport* coûteux, et où il est fait avec des voitures, les autorités municipales, de concert avec les fabriques, feront adjuger aux enchères l'entreprise de ce *transport*, des travaux nécessaires à l'inhumation, et de l'entretien des cimetières.

« ART. 11. Le *transport* des morts indigents sera fait décemment et gratuitement ; tout autre *transport* sera assujetti à une taxe fixe. Les familles qui voudront quelque pompe traiteront avec l'entrepreneur, suivant un tarif qui sera dressé à cet effet.

« Les règlements et marchés qui fixeront cette taxe, et le tarif, seront délibérés par les conseils municipaux, et soumis ensuite, avec l'avis du préfet, par notre ministre de l'intérieur, à notre approbation.

« ART. 12. Il est interdit, dans ces règlements et marchés, d'exiger aucune sur taxe pour les présentations et stations à l'église, toute personne ayant également le droit d'y être présentée.

« ART. 13. Il est défendu d'établir aucun dépositoire dans l'intérieur des villes.

« ART. 14. Les fournitures précitées dans l'article 11, dans les villes où les fabriques ne fournissent pas elles-mêmes, seront données, ou en régie intéressée, ou en entreprise, à un seul régisseur ou entrepreneur. Le cahier des charges sera proposé par le conseil municipal, d'après l'avis de l'évêque, et arrêté définitivement par le préfet.

« ART. 15. Les adjudications seront faites selon le mode établi par les lois et règlements pour tous les travaux publics.

« En cas de contestation entre les autorités civiles, les entrepreneurs et les fabriques, sur les marchés existants, il y sera statué sur les rapports de nos ministres de l'intérieur et des cultes.

« L'arrêté du préfet de la Seine, du 5 mars 1806, est approuvé. »

§ II. TRANSPORT *des corps d'une commune dans une autre.*

Une circulaire du ministre de l'intérieur, du 26 thermidor an XII (14 août 1804), relative aux lieux de sépulture et à la police des inhumations, détermine, dans les termes suivants, quelles sont les formalités à remplir lorsqu'un individu est décédé dans une commune pour faire transporter et inhumer le corps dans une autre commune.

« Les citoyens ont encore la faculté, dont ne parle pas le décret (du 23 prairial an XII), de faire transférer d'un département dans un autre les corps de leurs parents ou amis. — L'exercice de ce droit naturel, qui doit être précédé des opérations nécessaires pour empêcher la putréfaction d'un corps, réclame des mesures administratives contre l'abus qu'on pourrait en faire, en les soustrayant, par ce moyen, à la surveillance de l'autorité publique. Lors de la déclaration du décès à l'officier public de la commune où il a eu lieu, on doit donc faire mention dans l'acte des intentions, soit du décédé, soit de ses parents ou amis. L'officier public doit en outre dresser procès-verbal de l'état du corps au moment où on l'enlève ou à l'instant où on l'enferme dans la bière. Il délivre ensuite un passeport motivé au conducteur du corps, et il adresse directement au maire du lieu où il doit être déposé, et aux frais des parents ou amis du décédé, une expédition de l'acte de décès et du procès-verbal de l'état du corps, afin que le maire de cette dernière commune veille à l'exécution du décret (du 23 prairial an XII). »

Les termes de cette instruction sont parfaitement clairs. Les parents doivent déclarer le décès à l'officier de l'état civil, selon les règles ordinaires ; déclarer en même temps leur intention de transférer le corps dans telle commune, et obtenir un passeport spécial sous la protection duquel il doit voyager. L'officier de l'état civil, de son côté, c'est-à-dire le maire ou l'adjoint qui en remplit les fonctions, doit dresser procès-verbal de l'état du corps au moment où on l'enlève, ou à l'instant où on l'enferme dans la bière ; prescrire les mesures qu'il juge nécessaires dans l'intérêt de la salubrité et de la décence publique ; délivrer le passeport spécial dont il vient d'être parlé, et transmettre directement au maire du lieu où il lui a été déclaré que le corps doit être déposé une expédition de l'état de décès et une expédition du procès-verbal qu'il a dressé de l'état du corps.

L'instruction ministérielle ne faisant aucune distinction, ces formalités sont les mêmes et doivent être remplies de la même manière, soit qu'il s'agisse de transporter le corps d'une commune dans une autre commune du même département, soit qu'il doive être transféré d'un département dans un autre département. Il convient même de remarquer que ce dernier cas est celui que la circulaire précitée a spécialement prévu, et pour lequel elle a indiqué comme devant être seules observées les formalités qui viennent d'être rappelées. C'est ce qui résulte de ces expressions du passage ci-dessus de cette circulaire : « Les citoyens ont encore la faculté, dont ne parle pas le décret, de faire transférer *d'un département dans un autre.,...* »

Il n'est, dans aucun cas, nécessaire, pour transporter un corps, soit d'une commune dans une autre commune d'un département, soit d'un département dans un autre, d'obtenir l'autorisation du préfet, ou même des préfets des deux départements de la commune du décès et de la commune de l'inhumation. Ces autorisations ne sont, en effet, demandées par aucune instruction ; et il suffit qu'elles ne soient pas expressément prescrites pour ne pouvoir être exigées. Mais on voit en outre qu'il y a eu, de la part de l'administration supérieure, intention formelle à cet égard, par la disposition de la circulaire qui prescrit à l'officier de l'état civil d'adresser *directement* au maire de la commune où l'inhumation doit avoir lieu l'expédition de l'acte de décès et l'expédition du procès-verbal de l'état du corps, afin que ce dernier fonctionnaire veille à l'exécution du décret ; si l'autorisation des deux préfets avait dû être obtenue, l'instruction aurait nécessairement statué ou qu'une expédition de cette autorisation serait jointe aux deux pièces ci-dessus ou que ces deux pièces devraient être transmises par l'intermédiaire du préfet.

Si, du reste, l'autorisation des préfets n'est pas prescrite, il faut reconnaître qu'il y a de graves motifs pour ne pas l'exiger. La nécessité de l'obtention de ces autorisations aurait non-seulement augmenté les démarches et les frais à faire par les familles, mais encore, en retardant les *transports des corps*, augmenté les inconvénients et même quelquefois les dangers que ces *transports* présentent (1).

(1) *Journal des conseils de fabriques*, tome VII, page 61.

Il faut remarquer aussi que l'autorité municipale à laquelle on demande l'autorisation de transporter un corps dans un autre cimetière que celui de la commune n'a pas le droit de refuser arbitrairement cette autorisation. C'est ce qu'a jugé la cour de cassation, par l'arrêt ci-après du 12 juillet 1839 :

« LA COUR,

« Attendu que le jugement dénoncé déclare, 1° que le maire de Celles avait autorisé l'inhumation de la femme de Jean Vigoureux ; 2° que celui-ci lui avait demandé l'autorisation de transporter le corps de la défunte à Ussel, afin de le faire inhumer dans le cimetière de cette commune, et qu'il y a été en effet enseveli, du consentement de l'autorité locale ;

« Qu'en décidant donc que les premiers juges avaient mal à propos infligé à la Vigoureux, dans cet état des faits, l'article 471, n° 15 du Code pénal, ce jugement régulier d'ailleurs en la forme, n'a expressément violé ni le décret du 23 prairial an XII, ni celui du 4 thermidor an XIII ;

« Rejette, etc. »

§ III. TRANSPORT *des corps hors la paroisse, autorisation religieuse à obtenir ; droits à payer au curé et à la fabrique.*

Le droit d'enterrer tous les paroissiens est un droit essentiel du curé et de la fabrique ; ce droit fait partie du casuel ; pour y déroger, il faut ou l'autorisation de l'évêque, ou au moins celle du curé de la paroisse du décès, si l'usage ou la règle du diocèse est de s'en contenter. Cette autorisation ne se donne que lorsque les droits d'enterrement ont été payés au curé et à la fabrique de la paroisse du décès, quand même on n'y ferait aucune cérémonie.

Mais d'après quelle classe ces droits d'enterrements doivent-ils être payés au curé et à la fabrique de cette paroisse ?

Dans les tarifs de divers diocèses (approuvés par le gouvernement, conformément à l'article 69 de la loi du 18 germinal an X), le cas se trouve prévu, et ces tarifs statuent que les droits d'enterrement doivent être payés au curé et à la fabrique de la paroisse du décès, conformément à la classe d'après laquelle l'enterrement se fait dans la paroisse où le corps est transporté. Les tarifs régulièrement approuvés ayant force obligatoire, en présence de dispositions semblables, il ne saurait y avoir de difficulté.

Mais doit-il en être de même dans les diocèses dont les tarifs gardent le silence sur ce point ? Dans ce cas, ne peut-on pas dire qu'à défaut de dispositions dans ces règlements, les familles ne sont aucunement liées, et qu'elles restent libres de choisir des classes différentes dans les deux paroisses du décès et de l'enterrement, et de ne faire, dans chacune de ces paroisses, que la dépense qu'elles jugent convenable.

Le *Journal des conseils de fabriques* ne le pense pas ; il estime que lors même que le tarif diocésain ne contient pas de disposition sur le payement des droits dont il s'agit, ces droits sont toujours dus dans la paroisse du décès, d'après la classe que la famille fixe dans la paroisse où l'enterrement a lieu. En effet, d'après ce que nous avons déjà dit, la célébration des cérémonies funèbres religieuses ne doit être autorisée dans une paroisse autre que celle du décès, qu'autant qu'il n'en résulte aucun préjudice pour le curé et la fabrique de cette dernière paroisse. Il appartient aux familles de choisir, d'après leur position et leurs ressources, la classe selon laquelle elles désirent que les services religieux soient faits. Mais lorsqu'une famille demande, dans la paroisse où elle fait transporter et inhumer le corps, un enterrement de première classe, par exemple, cette famille reconnaît que cette classe est celle qui convient à sa position sociale et à ses facultés. Il y a, dès-lors, présomption suffisante que, si l'autorisation de faire l'enterrement religieux hors de la paroisse n'avait pas été accordée, c'eût été également un enterrement de première classe que l'on eût demandé dans cette paroisse. C'est, par conséquent, d'après les prix de la première classe du tarif, que les droits d'inhumation doivent y être acquittés; car, sans cela, l'autorisation de faire l'inhumation dans une autre paroisse préjudicierait évidemment au curé et à la fabrique de la paroisse du décès.

C'est d'après ce motif, sans doute, que, dans les tarifs approuvés par le gouvernement, on a toujours exigé que la classe choisie dans la paroisse du décès ne pût être inférieure à celle choisie dans la paroisse de l'inhumation.

On peut encore ajouter que toute différence à cet égard serait susceptible de paraître injurieuse pour le curé et la paroisse dans laquelle les cérémonies seraient célébrées avec moins de pompe.

Enfin, il est à remarquer que les familles ne sont d'ailleurs nullement gênées dans leur choix, puisqu'elles restent toujours libres de demander la classe qu'elles jugent convenable.

Il n'est pas besoin de dire qu'aucun droit ne saurait être réclamé, lorsqu'aucune cérémonie religieuse n'est demandée ni dans la paroisse du décès, ni dans celle où l'enterrement a lieu. Il est vraisemblable, dit M. Prompsault, que les tribunaux n'admettraient pas les réclamations d'un curé à qui rien n'aurait été demandé, là où le tarif a gardé le silence.

§ IV. TRANSPORT *de corps, passage sur une paroisse ; droits à payer au curé et à la fabrique.*

Les curés des paroisses dont on traverse le territoire ne peuvent réclamer aucun droit, si on ne demande pas leur ministère, et si le *transport du corps* se fait avec un simple passeport civil et sans aucune pompe religieuse, lors-même qu'une cérémonie religieuse a eu lieu dans la paroisse du décès, et qu'une cérémonie semblable doit être faite dans la paroisse de l'inhumation. La fabrique ne peut non plus rien réclamer.

Il en doit être, au contraire, autrement lorsque le convoi funèbre marche avec une pompe religieuse. Le curé de chacune des paroisses traversées doit alors nécessairement intervenir dans la circonscription de sa paroisse, où seul il a juridiction pour tout ce qui tient aux cérémonies religieuses ; et par conséquent une oblation lui est due pour son concours.

Mais comment cette oblation doit-elle être réglée ? Quel est le droit qui est dû ? Il faut établir ici une distinction. D'abord il faut examiner si le droit dont il s'agit n'est pas déterminé par le tarif du diocèse. Les tarifs de divers diocèses contiennent, en effet, des articles spéciaux qui fixent les droits à payer en ces circonstances. Dans ce cas, il est évident qu'il n'y a qu'à se conformer au tarif. Si au contraire, le tarif ne contient aucune disposition qui règle le droit à payer aux curés pour le passage des corps qui traversent leur paroisse, ce droit doit nécessairement être réglé à l'amiable entre chaque curé et la famille qui fait transporter le corps.

Pour donner une base à cet égard, nous dirons que, dans les tarifs qui règlent le droit de passage, ce droit est ordinairement fixé à 5 ou 6 francs. Il peut être augmenté lorsque le curé doit parcourir une grande distance pour se porter à la rencontre du convoi.

Enfin, si indépendamment de la simple assistance du curé au passage du convoi sur son territoire, la famille demande en outre la présentation du corps à l'église, quelques cérémonies ou quelques services spéciaux, ces services doivent, dans tous les cas, et en outre du droit de passage, être payés au curé et à la fabrique, conformément au tarif du diocèse.

TRANSPORT DE CRÉANCES.

(*Voyez* CRÉANCES.)

TRAVAUX AUX ÉGLISES ET PRESBYTÈRES.

Il est peu de matières qui aient donné lieu à des controverses plus nombreuses, plus vives et plus prolongées que la matière des travaux d'entretien, de réparations, de reconstructions et autres travaux à effectuer dans les églises et presbytères.

Pendant longtemps, on ne saurait s'empêcher de le reconnaître, les droits des fabriques à cet égard furent complètement méconnus et sacrifiés, par l'autorité même dont la mission devrait être de les défendre. M. Ariste Boué, ancien chef de bureau au ministère de l'Intérieur, et avocat dévoué à l'Église, fut le premier, croyons-nous, dès 1835, à soutenir dans le *Journal des conseils de fabriques*, que le droit d'administrer les édifices consacrés au culte paroissial, le droit de veiller à leur conservation et à leur entretien, appartenait aux conseils de fabriques seuls, à l'exclusion des conseils municipaux et des autorités communales. Le débat dura longtemps et ce n'est qu'en 1854 seulement qu'il paraît avoir été terminé par des concessions mutuelles et par une sorte de transactions entre les diverses prétentions.

Il semble donc que le moment est venu où des principes certains et pratiques peuvent être posés sur cette matière importante ; non que ces principes aient été écrits dans aucun règlement, dans aucune instruction générale ; mais parce qu'ils résultent du rapprochement et de la combinaison des diverses décisions émanées, tant du ministère des cultes que du ministère de l'intérieur, décisions qui démontrent que les deux ministères suivent désormais à cet égard une jurisprudence commune et constante.

D'après ces principes que nous croyons inutile de rappeler, il faut distinguer entre les *travaux* qu'il s'agit d'exécuter. Ces *travaux* doivent être divisés, d'après leur nature, en deux classes distinctes : 1° les *travaux* de décoration, d'embellissement, d'ornementation, d'appropriation intérieure, de réparations locatives, de réparations ordinaires et d'entretien. 2° Les *travaux* de grosses réparations et de reconstructions, ainsi que tous les *travaux* de nature à compromettre la conservation de l'édifice ou à le dénaturer.

§ I. Travaux *de réparations ordinaires et d'entretien.*

Ces *travaux* rentrent complètement dans les attributions des fabriques ; c'est toujours à elles et à elles seules, qu'en appartient la direction. C'est ce qui résulte de l'article 76 de la loi du 18 germinal an X, et des articles 1, 37 et 46 ; n° 4, du décret du 30 décembre 1809.

Si le montant des *travaux* à exécuter n'excède pas la somme de cinquante francs dans les paroisses au-dessous de mille âmes, ou celle de cent francs dans les paroisses d'une plus grande population, le bureau des marguilliers est en droit d'ordonner, seul, ces *travaux*.

Si le montant des *travaux* est de plus de cinquante francs, mais sans s'élever au-dessus de cent francs quand la population de la paroisse est au-dessus de mille âmes, ou s'il est de plus de cent francs sans s'élever au-dessus de deux cents francs, quand la paroisse renferme mille ou plus de mille âmes, le conseil de fabrique peut, sur le rapport du bureau, et sur un devis présenté par ce bureau, ordonner ces *travaux*, mais à la charge de faire procéder à leur adjudication au rabais, ou par soumission, après trois affiches renouvelées de huitaine en huitaine. (*Décret du 30 décembre 1809, art. 42.*)

Dans ces divers cas ci-dessus, il n'est pas nécessaire de demander aucune autorisation à l'autorité civile. (*Circulaire du 6 août 18..*)

Il convient toutefois, surtout pour peu qu'on eût de doute sur l'utilité, l'opportunité ou le mode d'exécution des *travaux*, de consulter le préfet, afin que ce fonctionnaire n'ordonne pas plus tard l'interruption de ces *travaux*.

Si le montant des *travaux* doit dépasser cent francs dans une paroisse de moins de mille habitants, ou deux cents francs dans une paroisse de mille ou de plus de mille habitants, les plans et devis doivent être soumis au préfet; et ce n'est qu'après l'approbation formelle de ce fonctionnaire que ces *travaux* peuvent être adjugés et exécutés.

Si le montant des *travaux* doit dépasser trente mille francs, les plans et devis doivent être adressés au préfet; mais ces *travaux* ne peuvent être exécutés qu'après avoir reçu l'approbation du ministre des cultes.

Il arrive bien rarement que les dépenses de *travaux* de décoration, d'embellissement, d'ornementation, d'appropriation intérieure, de réparations ordinaires et d'entretien, s'élève à vingt ou trente mille francs. Mais ce cas pouvant cependant se présenter, nous avons cru devoir le prévoir. C'est parce que la dépense de ces *travaux* ne s'élève presque jamais à ce chiffre, que la nécessité de l'approbation des plans et devis, par le ministre des cultes ne se trouve mentionnée dans aucune des instructions sur la matière. Ces instructions ne parlent que de l'approbation à obtenir du ministre de l'intérieur nécessaire lorsqu'il s'agit de *travaux* de grosses réparations ou de reconstructions, et que, ainsi que cela a presque toujours lieu, la totalité ou la plus grande partie des fonds est fournie par la commune.

Les règles qui précèdent sont applicables, soit que la fabrique pourvoie aux dépenses sur ses propres ressources, soit que les fonds lui soient fournis par des tiers, des bienfaiteurs; soit qu'un secours lui ait été alloué par la commune, mais sans qu'aucune condition ait été imposée à cette allocation, et sans que l'emploi en ait été affecté à aucune destination spéciale.

Enfin, lors-même que la fabrique se trouve obligée, par l'insuffisance de ses ressources, de recourir à la commune, et de lui demander une subvention pour ces *travaux*, le conseil municipal peut bien réclamer, entre autres pièces justificatives des plans et devis des *travaux*; il est fondé à présenter sur ces plans et devis toutes les observations que l'examen lui en suggérera, il peut même refuser la subvention qui lui est demandée (*voyez* SUBVENTION); mais il n'est pas en droit, soit d'exiger une modification quelconque aux *travaux* projetés, soit de s'immiscer dans la direction de ces *travaux*. C'est conséquence des dispositions législatives citées ci-dessus, et du droit qui résulte pour la fabrique de ces dispositions, de faire exécuter et de diriger ces *travaux*.

Si la subvention ainsi sollicitée par la fabrique est refusée par le conseil municipal, il reste à la fabrique la faculté de se pourvoir contre ce refus devant l'autorité supérieure, qui peut toujours allouer d'office cette subvention. (*Loi du 18 juillet 1837, art. 30, nº 14 et 39.*)

Dans l'un et l'autre cas, dès que la subvention est allouée, soit par un vote du conseil municipal, soit par une décision de l'autorité supérieure, les principes ci-dessus exposés reprennent leur empire ; la subvention communale doit être versée dans la caisse de la fabrique ; et les *travaux* peuvent être exécutés sous sa seule direction, sur de simples délibérations du conseil de fabrique, si le montant de ces *travaux* ne s'élève pas à plus de cent ou de deux cents francs selon la population de la commune ; sur l'approbation des plans et devis par le préfet, si le montant de ces *travaux* dépasse ces chiffres, sans dépasser celui de trente mille francs ; ou sur l'approbation des plans et devis par le ministre des cultes si ce montant est supérieur à trente mille francs.

Lorsqu'il s'agit d'exécuter à une église paroissiale de simples *travaux* d'entretien, d'appropriation ou d'embellissement, il appartient à la fabrique, qu'elle soit ou non propriétaire de l'édifice, de les faire entreprendre, avec la seule autorisation de l'évêque, en vertu des dispositions combinées de la loi du 18 germinal an X et du décret du 30 décembre 1809. Au contraire, s'il s'agit de *travaux* plus importants pouvant modifier la disposition primitive de l'église, la fabrique, quand c'est la commune qui est propriétaire, ne saurait se passer de l'assentiment du conseil municipal, alors même qu'elle subviendrait à la totalité de la dépense. (*Extrait d'une décision ministérielle de février* 1856.)

Telles sont les règles à suivre en ce qui concerne les *travaux* de décoration, d'embellissement, d'ornementation, d'appropriation intérieure, et tous les *travaux* de réparations locatives, de réparations ordinaires et d'entretien. Des règles différentes sont applicables, au contraire, lorsqu'il s'agit de *travaux* de grosses réparations ou de reconstructions.

Les *travaux* intérieurs d'embellissement, de décorations, dans les cathédrales, comme le grattage ou le débadigeonnage, ne peuvent être entrepris sans l'autorisation du ministre responsable ; on n'en excepte que les *travaux* de simple entretien. (*Circulaire ministérielle du 25 juillet* 1848.)

Les *travaux* d'entretien annuel des édifices diocésains sont confiés, en vertu d'un arrêté du 16 décembre 1848, à des architectes nommés par le ministre des cultes. (*Voyez* ÉDIFICES DIOCÉSAINS.)

Dans beaucoup de préfectures, on prétend que tous les *travaux* de réparation ou d'entretien à faire dans les églises ou presbytères doivent être exécutés directement par la commune, même lorsque la fabrique fournit les fonds. Nous avons sous les yeux une lettre d'un préfet ainsi conçue : « J'opposerai à la demande une dernière fin de non-recevoir basée sur une raison non moins grave : c'est que l'exécution des *travaux* à un édifice communal doit avoir lieu *directement par la commune et non par la fabrique* qui ne doit point se soustraire à l'autorité municipale. Je n'aurais donc à donner aucune suite à une demande de l'espèce, si elle n'était pas présentée par l'administration municipale, le conseil de la commune entendu.»

Nous n'avons pas besoin de dire que cette prétention est arbitraire et illégale et qu'elle prouve autant d'ignorance que de mauvais vouloir de la part des administrateurs qui agissent ainsi. Les fabriques et les curés ne doivent jamais tolérer de tels empiétements. Le moyen de s'y opposer, c'est de rappeler d'abord les principes qui régissent la matière, et si cela ne suffit pas, de recourir au ministre par voie de pétition. M. le préfet de la Mayenne, plus sage et plus juste en cela que plusieurs de ses collègues, a jugé convenable de changer cette jurisprudence erronée et de revenir aux vrais principes sur la question. Nous croyons donc utile de reproduire ici cette circulaire qui pourra, dans plus d'une circonstance, être d'une grande utilité à plusieurs de nos lecteurs.

CIRCULAIRE *de M. le préfet de la Mayenne aux maires du département relativement à l'intervention directe des fabriques dans les travaux et les dépenses des cultes.*

« Laval, le 12 mars 1850.

« Messieurs,

« Des difficultés se sont élevées souvent entre les fabriques et les communes sur l'intervention directe des fabriques dans les *travaux* et les dépenses des édifices du culte. La jurisprudence des bureaux de préfecture qui était favorable aux prétentions des communes m'a paru erronée, et j'ai prescrit qu'elle serait changée désormais.

« Le décret du 30 décembre 1809, art. 37, charge expressément les conseils de fabrique de veiller à l'entretien des édifices consacrés au culte. Les art. 41, 43 et 44 du même décret déterminent les règles à suivre pour faire faire à ces édifices les réparations reconnues nécessaires. Enfin les art. 92 et suivants indiquent les formalités à remplir pour obtenir le concours des communes lorsque les ressources des fabriques se trouvent insuffisantes.

« Cependant des doutes se sont élevés dans ce département sur la nature et les limites des attributions assignées aux conseils de fabrique et aux municipalités en ce qui touche la direction des *travaux* neufs ou de grosses réparations à effectuer aux édifices religieux. De ce que les communes sont propriétaires des églises et presbytères dans tous les cas où les fabriques n'ont pas de titres de propriété contraires, on avait conclu que les municipalités devaient toujours conserver la direction des *travaux* dont il s'agit, sans distinguer s'ils étaient exécutés sur les fonds de fabrique seule ou avec le concours de la commune. Par voie de conséquence il a été admis que, même dans la première de ces hypothèses, c'est-à-dire lorsque la fabrique subvenait seule à la dépense, les fonds devaient être versés par elle à la caisse de la commune.

« Cette jurisprudence reposait sur une fausse interprétation de la loi et d'une circulaire de l'un de mes prédécesseurs, en date du 21 février 1844. Tel n'est pas l'esprit du décret de 1809. Aux termes d'une circulaire de M. le ministre des cultes, du 6 août 1841 (1), qui a expressément réglé cette matière, les communes n'ont à intervenir dans les *travaux* qui intéressent les édifices religieux que lorsque les fabriques, manquant de ressources, sont obligées de recourir à elles. Dans ce cas, soit que la caisse municipale subvienne à la totalité de la dépense, soit qu'elle n'en fournisse qu'une partie, c'est au maire qu'appartient de droit la direction des *travaux*, car il doit surveiller l'emploi des fonds de la commune. Au contraire, lorsque la fabrique n'emprunte pas le secours de la commune, la conduite de l'entreprise doit lui être exclusivement réservée, quelle que soit d'ailleurs l'importance des constructions ou réparations à effectuer. De même, et par une conséquence nécessaire, le trésorier de la fabrique doit rester dépositaire des fonds consacrés à cette dépense et la solder directement. Ce n'est pas là une comptabilité occulte puisque la comptabilité administrative des fabriques est légalement reconnue.

« Vainement en partant du principe, maintenant hors de toute controverse, que les églises sont des propriétés communales (2), prétendrait-on que les conseils municipaux ont le droit de veiller à leur conservation et d'interposer à leur gré leur autorité. L'espèce de propriété communale dont il s'agit échappe à l'administration des municipalités; un conseil spécial, la fabrique, est chargé par le décret de 1809 de la régir pour la commune et à sa place.

« Il en est de même des hospices et des colléges communaux qui ont leurs bureaux d'administration particuliers quoiqu'ils ne soient que des dépendances de la commune. Remarquez du reste que l'autorité municipale n'est pas exclue de la surveillance des *travaux*; le maire est de droit membre du conseil de fabrique, et la commune s'y trouve ainsi représentée. Lorsque les *travaux* dont les projets ont été délibérés et régulièrement approuvés, sont mis ensuite à exécution, le maire a en outre, en cette qualité, le droit et le devoir de surveiller cette exécution. S'il arrive que, dans sa conviction, la majorité du conseil de fabrique ait failli ou s'il aperçoit que, dans le cours des opérations, les plans et devis ne sont pas suivis, que l'on s'écarte des règles de l'art ou que l'on compromet la solidité de l'édifice, il doit à l'instant appeler l'attention du préfet sur les erreurs du conseil ou signaler les infractions au projet et les malfaçons; j'aviserai alors aux mesures à prendre dans l'intérêt soit de la commune, soit de la fabrique elle-même.

« Telle est, Messieurs, la saine interprétation à donner aux dispositions du décret

(1) *Voyez* cette circulaire sous le mot RÉPARATIONS.

(2) Ce principe est, au contraire, très-contestable. Car si l'on *part du principe*, *hors de controverse*, que les fabriques sont des établissements publics légaux, capables de posséder, les églises, à moins de titres contraires, doivent être des propriétés fabriciennes, parce qu'il est de toute inconvenance, par exemple, qu'une église catholique soit la propriété de protestants ou de juifs. Une fabrique n'est rien autre chose qu'un conseil municipal établi pour l'administration des biens et des choses ecclésiastiques, ou elle n'est rien.

du 30 décembre 1809, de l'ordonnance royale du 8 août 1821 et de la circulaire
6 août 1841, et je ne puis que vous inviter à vous y conformer à l'avenir.

§ II. TRAVAUX *de grosses réparations ou de reconstructions. Direction de la fabrique ou de la commune.*

Sur la question de savoir à qui, de la fabrique ou de la commune,
il appartient de faire dresser les plans et devis des *travaux*, de procéder à leur adjudication et de diriger ces *travaux*, le ministère des
cultes et le ministère de l'intérieur ont longtemps soutenu des doctrines tout à fait opposées. Mais maintenant, comme on le verra
plus loin, ces deux ministères sont parfaitement d'accord.

Le ministère de l'intérieur prétendait que, l'église étant une propriété communale, du moment où il s'agissait d'y exécuter des travaux de nature à affecter l'édifice en lui-même, comme des travaux
de grosses réparations ou de reconstruction, c'était à la commune
que devait exclusivement appartenir la direction de ces *travaux*;
qu'il devait en être ainsi dans tous les cas semblables, et sans qu'il
y eut même à s'arrêter à l'origine des fonds destinés à payer les travaux; c'est-à-dire que ces fonds fussent fournis par la fabrique ou
par la commune, en partie ou en totalité. On disait, à l'appui de ce
système, que ces *travaux* étaient toujours des *travaux* communaux,
et qu'à ce titre seul, c'était à l'administration municipale de les diriger.
On faisait remarquer que s'ils étaient mal conçus ou mal exécutés,
la commune, soit à raison de l'obligation qui lui est imposée par la
loi de venir au secours de la fabrique, en cas d'insuffisance de ses
revenus, soit à raison de l'obligation semblable qui lui est imposée
également, de faire faire les grosses réparations nécessaires aux édifices communaux, serait forcée de suppléer à leur malfaçon, et d'en
supporter les conséquences. On faisait valoir que les divers articles
de la loi du 18 germinal an X et du décret du 30 décembre 1809
ne chargent les fabriques de veiller et de pourvoir qu'à l'entretien
des églises, aux réparations locatives et de peu d'importance; que,
lorsqu'il est question de réparations plus importantes ou de reconstruction, la fabrique n'est autorisée qu'à faire les diligences nécessaires pour qu'il y soit pourvu conformément aux articles 94 et
suivants de ce décret; que, dans ce dernier cas, le devis des travaux doit, aux termes de l'article 95 du même décret, être soumis
au conseil municipal, et que c'est par le conseil municipal qu'il
doit être procédé à leur adjudication.

Le ministère des cultes soutenait, de son côté, que les distinctions
que l'on prétendait trouver dans les articles de la loi du 18 germinal
an X et du décret du 30 décembre 1809 n'y existent réellement
point; que ces articles disposent d'une manière générale; que, quels
que soient les *travaux* à exécuter aux églises, les communes et les

administrations municipales n'ont à intervenir dans ces *travaux* que lorsque les fabriques, manquant de ressources, sont obligées de recourir à elles; que les articles 43 et 94 du décret de 1809 statuent formellement en ce sens; que vainement, partant de ce principe, que les églises sont des propriétés communales, on prétendrait en conclure que les conseils municipaux ont le droit de veiller à la conservation de ces églises et d'interposer à leur gré leur autorité; que cette argumentation serait vicieuse; qu'en effet, l'espèce de propriété communale dont il s'agit échappe à l'administration et à la surveillance habituelle des autorités municipales, un conseil spécial, le conseil de fabrique étant chargé de la régir pour la commune et à la place de ces autorités; que, du reste, l'autorité municipale n'est pas exclue de ce conseil, parce que le maire en est membre de droit; que la commune y est aussi représentée et qu'elle y a la part d'influence que la loi a jugé devoir lui attribuer; que le maire est toujours averti de tous les actes de la fabrique; que s'il croit que la majorité du conseil de fabrique se trompe, qu'il y a un mal à prévenir et à empêcher, il lui est facile d'informer le préfet de provoquer son action. Voyez à cet égard, sous le mot RÉPARATIONS, une circulaire du 6 août 1841.

Ainsi, d'après la jurisprudence établie entre les deux ministres de l'intérieur et de l'instruction publique et des cultes, la direction des *travaux* doit être confiée à la fabrique, lorsque celle-ci est en état de supporter la totalité ou la plus forte partie de la dépense; elle appartient, au contraire, à l'administration municipale, quand c'est la commune qui prend à sa charge la totalité ou la majeure partie des *travaux*.

Quant à la question de savoir dans quelle caisse, celle de la commune ou de la fabrique, doivent être centralisés les fonds destinés à l'exécution desdits *travaux*, il a été décidé que les fonds seraient centralisés dans la caisse de l'établissement qui, supportant la totalité ou la plus grande partie des *travaux*, en aurait la direction. (*Décision ministérielle*.)

Le droit des fabriques sur la direction des *travaux* de réparations ou de reconstructions, exécutés aux églises, est, en effet, consacré par l'article 42 du décret du 30 décembre 1809, qui les autorise à présider elles-mêmes à l'emploi des ressources qu'elles ont réalisées; seulement, l'administration municipale a, de son côté, un droit de surveillance qui, convenablement exercé, suffit pour sauvegarder les intérêts de la commune.

La direction des *travaux* de constructions ou de grosses réparations à exécuter aux églises et presbytères, appartient aux fabriques ou aux communes, selon que la plus forte part de la dépense est supportée par les fabriques elles-mêmes, ou que les communes, aidées ou non du concours de l'Etat, ont à payer, soit la plus grande partie, soit la moitié au moins de cette dépense. Les fonds destinés à l'exécution des *travaux* ainsi entrepris à frais communs, doivent être centralisés dans la caisse de celui des établissements qui est investi du droit de direction de ces *travaux*, alors même, qu'une partie de ces fonds provient d'un secours alloué par l'Etat.

Le secours ainsi alloué par l'Etat doit être toujours perçu directement et quittancé par le receveur municipal; mais lorsque la fabrique est appelée à diriger les *travaux*, ce comptable doit ensuite verser le montant de ce secours dans la caisse de l'établissement religieux sur la quittance du trésorier de cet établissement.

Ces solutions ont été consacrées par les décisions ministérielles ci-après :

LETTRE *du* 6 *novembre* 1860 *de M. le ministre de l'instruction publique et des cultes à M. le préfet du Morbihan.*

« Monsieur le préfet,

« Vous m'avez exprimé le désir de connaître la jurisprudence administrative sur la question de savoir au nom de qui, de la commune ou de la fabrique, doivent être ordonnancés et mandatés les secours alloués par l'Etat pour constructions ou réparations des églises et presbytères, selon que, d'après les règles établies, les *travaux* seront dirigés par l'un ou l'autre de ces établissements.

« D'après la jurisprudence adoptée de concert avec les ministères de l'intérieur et des cultes, la direction des *travaux* de grosses réparations à exécuter aux églises et presbytères appartient aux fabriques ou aux communes, selon que la plus forte part de la dépense est supportée par les fabriques elles-mêmes, ou que les communes, aidées ou non du concours de l'Etat, ont à payer, soit la plus grande partie soit la moitié au moins de cette dépense.

« De ce principe découle la conséquence que les fonds destinés à l'exécution des *travaux* ainsi entrepris à frais communs doivent être centralisés dans la caisse de celui des établissements qui est investi du droit de direction. C'est ce qu'ont reconnu les trois départements de l'intérieur, des cultes et des finances.

« La nécessité de cette centralisation s'applique même aux fonds provenant de secours alloués par l'Etat. Aucune difficulté ne peut s'élever à cet égard lorsque c'est la commune qui est appelée à diriger les *travaux*, puisque la subvention allouée en pareil cas est prélevée sur le montant du crédit inscrit au budget des cultes, sous la dénomination de *secours aux communes pour contribuer à l'acquisition, aux constructions ou aux réparations des églises et presbytères.* Il doit, du reste, en être de même lorsque c'est à la fabrique, d'après la distinction précitée, qu'il appartient de diriger les *travaux.* Seulement, il est à remarquer que, dans ce dernier cas, les fonds provenant des secours de l'Etat ne sauraient passer directement des caisses du trésor dans celle de la fabrique. Ces fonds, ayant été alloués à la commune, c'est au nom de la commune qu'ils doivent être mandatés; et le payement ne peut être opéré que sur la production d'une quittance à souche, délivrée par le receveur municipal. (*Règlement sur la comptabilité des cultes, du* 31 *décembre* 1841, *art.* 210 ; *Nomenclature des pièces à produire aux payeurs du trésor à l'appui des ordonnances et mandats délivrés pour le payement des dépenses du lités, chap. XI.)* Mais le receveur municipal, après avoir touché le secours de l'État et en avoir donné quittance, doit, dans l'hypothèse dont il s'agit, en verser le montant dans la caisse de la fabrique directrice des *travaux*, sur la quittance du trésorier de cet établissement.

« C'est en ce sens qu'ont paru devoir se concilier les prescriptions générales du règlement sur la comptabilité des cultes et les dispositions spéciales adoptées par les trois départements de l'intérieur, des cultes et des finances, pour la centralisation des ressources destinées à l'exécution des *travaux* de constructions ou de réparations des églises et presbytères. »

LETTRE *du 18 juillet 1859 de M. le ministre de l'instruction publique et des cultes à M. le préfet de la Manche.*

« Monsieur le préfet,

« Il a été reconnu, d'un commun accord, entre les départements de l'intérieur et des cultes, ainsi que vous le rappelez dans vos lettres des 28 janvier et 11 juillet de cette année, que la direction des *travaux* de constructions ou de grosses réparations des édifices religieux appartient aux fabriques, lorsque ces établissements sont appelés à supporter la totalité ou la plus forte partie de la dépense ; et que ces *travaux* sont dirigés par l'administration municipale, lorsque la commune prend à sa charge, soit la totalité, soit la majeure partie, soit la moitié de la dépense. L'application de cette jurisprudence soulève des difficultés dans votre département quand les souscriptions figurent parmi les ressources. Vous demandez, Monsieur le préfet, si les souscriptions en nature ou en numéraire, recueillies au nom d'une fabrique par le trésorier ou le desservant, doivent être considérées comme ressources propres à l'établissement religieux et accroître d'autant sa part contributive dans les dépenses de l'entreprise ; ou si, au contraire, elles doivent, à raison de leur destination, entrer en ligne de compte dans les sommes fournies par la commune.

« Ces ressources me paraissent devoir être considérées comme propres à la fabrique.

« Les fabriques sont, en effet, des établissements reconnus, capables de posséder et de recevoir des libéralités. En déposant dans la caisse des fabriques, ou en remettant aux curés ou desservants qui les représentent en pareil cas, le montant de leurs offrandes ou souscriptions, les bienfaiteurs ont manifesté pour ces établissements une préférence qui doit être respectée.

« Aux termes du paragraphe 4 de l'article 37 du décret du 30 décembre 1809, les fabriques sont d'ailleurs tenues de pourvoir aux réparations et reconstructions des églises et presbytères ; ce n'est qu'en cas d'insuffisance de leurs ressources que les communes doivent y contribuer. La destination des souscriptions et offrandes dont il s'agit ne leur assigne donc pas nécessairement un caractère communal. On doit se conformer aux intentions des donateurs et laisser le produit de leurs libéralités dans la caisse de la fabrique, où il a été déposé d'après leur volonté.

« Je pense, par ces motifs, que toutes les souscriptions remises aux fabriques doivent être comptées au nombre des sommes fournies par ces établissements. » (*Voyez* SOUSCRIPTIONS.)

On a consulté le ministre de l'intérieur sur le point de savoir si, lorsqu'il s'agit de *travaux* autres que ceux d'entretien ou d'embellissement à exécuter, par les fabriques avec leurs ressources, aux églises et presbytères appartenant ou non à ces établissements, les conseils municipaux doivent être appelés à délibérer sur les projets de ces *travaux*, préalablement à l'approbation de l'autorité compétente.

L'affirmative n'est pas douteuse dans le cas où les églises et presbytères sont des propriétés communales. En effet, les *travaux* qui n'ont pas pour objet exclusif l'entretien ou la décoration d'un édifice peuvent être de nature à en modifier les dispositions primitives ou à en compromettre la solidité ; or, la fabrique, simple usufruitière, ne saurait les entreprendre sans que le conseil municipal, organe de la commune propriétaire, ait été entendu. Au surplus, l'article 17 de la loi organique du 18 juillet 1837 dispose expressément que le conseil municipal délibère sur tout ce qui intéresse la conservation ou l'amélioration des édifices communaux et sur les divers *travaux* qui doivent y être exécutés.

Lorsque les églises ou les presbytères n'appartiennent pas aux communes, l'avis, au moins, des conseils municipaux paraît nécessaire, si les *travaux* que les fabriques se proposent d'entreprendre avec leurs deniers ne sont pas de pur entretien ou embellissement. Les dispositions combinées du décret du 30 décembre 1809 et de la loi précitée qui imposent à la commune l'obligation de pourvoir aux dépenses du culte, en cas d'insuffisance des ressources de la fabrique, démontrent implicitement qu'elle doit être préalablement consultée sur des projets dont la réalisation peut grever ultérieurement le budget. (*Bulletin officiel du ministère de l'intérieur*, n° 16.)

TRÉPASSÉS.

Dans certaines paroisses il est d'usage de quêter pour les *trépassés*. Dans d'autres, il existe des troncs destinés à recevoir les offrandes pour les âmes du purgatoire. L'objet de cette quête et de ces troncs est de réunir quelques fonds pour les employer à faire dire des messes pour les défunts. Cette quête est ordinairement faite au nom du curé qui acquitte les messes. Voyez, sous le mot AUMÔNES POUR LES AMES DU PURGATOIRE, si les fabriques peuvent élever des prétentions sur ces quêtes et le produit de ces troncs.

Un legs fait au *bassin des trépassés* doit être réputé fait à la fabrique de la paroisse du testateur, et c'est, par suite, à cet établissement qu'il appartient de l'accepter. (*Décision du ministre des cultes, du 17 septembre* 1849.)

TRÉSOR DES CATHÉDRALES.

On appelle *trésor des cathédrales* les vases sacrés, ornements et autres objets mobiliers précieux et anciens qu'ils renferment. (*Voyez* INVENTAIRE.)

TRÉSORIER.

Le *trésorier* de la fabrique est un receveur gratuit, obligé d'exercer personnellement ses fonctions. C'est le principal agent de la fabrique. Il est important qu'il soit actif, intelligent, ferme, solvable et surtout consciencieux.

§ I. *Devoirs et droits du* TRÉSORIER.

Le *trésorier* est chargé de procurer la rentrée de toutes les sommes dues à la fabrique, soit comme faisant partie de son revenu annuel, soit à tout autre titre. (*Décret de* 1809, *art.* 25.)

Le *trésorier* est tenu de présenter, tous les trois mois, au bureau des marguilliers, un bordereau signé de lui, et certifié véritable, de la situation active et passive de la fabrique pendant les trois mois précédents. (*Voyez* BORDEREAU.)

Toute la dépense de l'église et les frais de sacristie sont faits par le *trésorier*. (*Décret de* 1809, *art.* 35.)

Le *trésorier* est tenu de veiller à ce que toutes les réparations soient bien et promptement faites. (*Idem, art.* 41.)

Le *trésorier* a une des trois clefs de la caisse ou armoire.

Tout acte contenant des dons et legs à une fabrique doit être remis au *trésorier*, qui en fait son rapport au bureau. (*Idem, art.* 59.)

Le *trésorier* doit porter parmi les recettes en nature les cierges offerts sur les pains bénits (*voyez* CIERGES), ou délivrés pour les annuels et ceux qui, dans les enterrements et services funèbres, appartiennent à la fabrique. (*Art.* 76.)

Le *trésorier* est tenu de faire tous actes conservatoires (*voyez* ACTES CONSERVATOIRES) pour le maintien des droits de la fabrique, et toutes diligences nécessaires pour le recouvrement de ses revenus. (*Art.* 78.)

Les procès sont soutenus au nom de la fabrique et les diligences faites à la requête du *trésorier*, qui donne connaissance de ses procédures au bureau. (*Art.* 79.)

Le *trésorier* est chargé d'empêcher les arrérages de s'accumuler, d'interrompre les prescriptions, d'arrêter les servitudes, etc. (*Voyez* PRESCRIPTION, SERVITUDE.)

Il ne peut légalement exister de paroisse sans fabrique, ni de fabrique sans *trésorier*. Lors donc qu'il ne se trouve dans une paroisse aucun paroissien qui consente, soit à accepter les fonctions de *trésorier* de la fabrique, soit à remplir les devoirs de cette charge, le temporel de cette paroisse ne saurait être régulièrement administré. Il y a lieu alors, pour le gouvernement, de supprimer la succursale et d'en transférer le titre à une autre localité. (*Décisions ministérielles du* 24 *février* 1835, *et du* 24 *décembre* 1841, rapportées ci-après, p. 495.)

§ II. *Epoque de l'entrée en exercice du* TRÉSORIER.

Le *trésorier* doit entrer en charge, non le dimanche de Quasimodo, comme le pratiquent à tort certaines fabriques, mais le premier janvier de chaque année, époque à laquelle commence l'exécution du budget (*voyez* BUDGET, § V), qui doit toujours être clos au 31 décembre, suivant le mode adopté dans toutes les comptabilités des établissements publics. Le décret du 30 décembre 1809 confirme ce sentiment, car l'art. 85 porte : « Le *trésorier* sera tenu de présenter son compte annuel au bureau des marguilliers, dans la séance du premier dimanche du mois de mars. » Or, il est évident que si le *trésorier* entrait en charge au dimanche de Quasimodo, il ne pourrait présenter un compte annuel au premier dimanche du mois de mars, et encore moins communiquer au bureau des marguilliers les pièces justificatives de son compte. Le *trésorier* entre donc en exercice le 1er janvier de chaque année ; il cesse cet exercice le 31 décembre, et il a, comme tous les comptables, deux mois pour faire ses recouvrements arriérés et régler son compte qui doit être divisé, comme le budget, en deux chapitres, l'un de recette et l'autre de dépense. (*Art. 82 du décret.*) Puis ce compte est examiné, clos et arrêté dans la séance du dimanche de Quasimodo.

§ III. *Mutation de* TRÉSORIER.

En cas de mutation de *trésorier*, la remise du service doit être faite en présence du bureau des marguilliers.

Le *trésorier* sortant de fonctions dresse un bordereau conforme à celui de fin de trimestre (*voyez* BORDEREAU), et le fait suivre d'un état de situation qui présente pour résultat l'excédant des recettes sur les dépenses à l'époque de la remise de service. Il doit justifier de la réalité de cet excédant pour la représentation des récépissés constatant des versements de fonds dans la caisse de la fabrique, par les valeurs de portefeuille, s'il en existe, et par la somme en numéraire existant entre ses mains.

Le bureau procède à la vérification de ces diverses valeurs et en établit le bordereau ; il dresse ensuite un inventaire des livres, états, tarifs et autres pièces qui étaient entre les mains du comptable et qui ont dû être déposées sur le bureau à l'ouverture de la séance.

Le nouveau *trésorier* présent à la séance, reçoit immédiatement le numéraire qui était entre les mains de son prédécesseur, et en prend charge, ainsi que des valeurs de caisse et de portefeuille existant dans la caisse de la fabrique. Il reçoit également tous les registres de comptabilité, ainsi que les tarifs et règlements nécessaires au recouvrement des produits.

Tous les comptes ouverts sur les registres doivent être visés et arrêtés par le président du bureau, de manière à ce que l'on puisse distinguer, dans la suite, les écritures faites par l'ancien et le nouveau comptable.

Le secrétaire du bureau dresse, séance tenante, un procès-verbal de remise de service, auquel il joint le bordereau de situation dressé par l'ancien comptable. Il doit consigner au procès-verbal toutes les circonstances de l'opération et le faire signer par le *trésorier* sortant, par le nouveau *trésorier* et par les autres membres du bureau, présents à la séance. Il en lève ensuite une expédition qu'il fait certifier par le président et qu'il remet au comptable sortant pour servir de décharge.

§ IV. *Journal du* TRÉSORIER.

(*Voyez* JOURNAL.)

§ V. *Responsabilité du* TRÉSORIER.

Nous avons dit que le *trésorier* est le principal agent de la fabrique, il doit en conséquence avoir une responsabilité proportionnée à l'importance de sa charge. Ainsi, par exemple, on pourrait actionner un *trésorier* soit pour dilapidation, soit pour défaut de reddition de compte, ou pour défaut d'en acquitter le reliquat. (*Voyez* PROCUREUR IMPÉRIAL.) On pourrait également actionner le *trésorier* pour abus de confiance. (*Voyez* ABUS DE CONFIANCE.)

Nous disions, dans notre première édition, que la fabrique a même une hypothèque légale sur les immeubles du *trésorier*, en vertu de l'article 2121 du Code civil. Mais nous n'avions pas fait attention que l'hypothèque légale ne frappe que ceux qui ont reçu de l'*autorité publique* le titre de receveurs et administrateurs des deniers et revenus qui appartiennent aux établissements publics. Or, suivant la judicieuse remarque de M. Gaudry (1), le *trésorier* n'est ni nommé ni confirmé par l'autorité administrative; c'est un membre du bureau que le bureau choisit dans son sein pour conserver ses fonds pendant une année, car tous les ans il doit être réélu ; et, par conséquent, il peut changer tous les ans. Il n'a jamais été astreint à prêter serment; nous n'avons pas besoin de dire qu'il ne peut recevoir de traitement ; il n'a aucun titre public. Les comptes, à quelque somme qu'ils s'élèvent, sont complètement en dehors de la juridiction de la cour des comptes ; et les difficultés qui peuvent surgir sont de la compétence du tribunal civil. Il n'est donc pas un comptable dans le sens de l'article 2121, et dès-lors il n'est pas grevé de l'hypothèque légale au profit de la fabrique.

Lorsque la loi grève les biens d'un comptable d'une hypothèque

---

(1) *Traité de la législation des cultes*, tome III, page 357.

légale, c'est parce qu'elle impose à lui seul tout le poids de la res ponsabilité. Or, le *trésorier* de la fabrique n'a qu'une des clefs de la caisse; il n'en a donc pas seul la responsabilité. Comment lui imposer une hypothèque légale pour garantie de cette responsabilité. S'il commettait un abus par la faute ou par la négligence du curé ou du président de la fabrique, il en supporterait les conséquences et l'hypothèque légale frapperait sur lui ! Cela serait inique. Ainsi l'hypothèque de l'article 2121 ne pourrait être admise sur les biens d'un *trésorier* de fabrique, qu'au préjudice des intérêts du culte, et en donnant à l'article 2121 une extension qu'il ne comporte pas (*Voyez* HYPOTHÈQUE LÉGALE.)

L'action en reddition de compte d'une fabrique contre un ancien *trésorier* se prescrit par le délai de trente ans, conformément à l'article 2262 du Code civil.

§ VI. TRÉSORIER. — *Nomination.*

Le *trésorier* d'une fabrique doit être nommé chaque année, au scrutin, et le *trésorier* en exercice peut être réélu. Le décret du 30 décembre 1809 qui règle, par ses articles 13, 15, 16, 17 et 19, l'organisation du bureau des marguilliers, ne dispose pas exprssé ment à la vérité que le *trésorier* de la fabrique sera élu chaque année ; il ne porte même pas que les membres du bureau des mar guilliers seront rééligibles. Pour suppléer aux lacunes et aux imper fections des articles relatifs à la composition de ce bureau, on est obligé de recourir aux dispositions du même décret, concernant les élections des membres du conseil de fabrique et aux principes du droit commun. L'article 9 de ce décret est ainsi conçu : Le conseil nommera, au scrutin, son secrétaire et son président; ils seront re nouvelés le premier dimanche d'avril de chaque année (dimanche de Quasimodo) et *pourront être réélus.*

On ne saurait d'abord mettre en doute le droit de rééligibilité par les marguilliers; si le décret du 30 décembre 1809 avait voulu les en priver, il contiendrait une disposition formelle sur ce point. A défaut de cette disposition, on doit appliquer le droit commun sur la ma tière, puisqu'il n'y a pas été dérogé, et que le silence du décret de 1809 à l'égard des marguilliers ne suffit pas pour établir une excep tion à la règle générale. En effet, toutes les lois sur les élections des députés, des membres des conseils généraux, des conseils de fabri ques, etc., admettent leur rééligibilité. Ainsi, sans contredit, les marguilliers, et notamment le *trésorier*, peuvent être réélus.

D'un autre côté, d'après les articles 15, 16 et 17 du décret de 1809, au dimanche de Quasimodo, l'un des marguilliers cesse d'être membre du bureau et doit être remplacé. Des trois marguilliers qui sont pour la première fois nommés par le conseil de fabrique, deux désignés par la voie du sort, sortent successivement à la fin de la première et de la seconde année, et le troisième sort de droit, la troisième année révolue. Dans la suite, ce sont toujours les marguilliers les plus anciens en exercice qui doivent sortir du bureau; ainsi le bureau des marguilliers se renouvelle partiellement tous les ans.

Lorsqu'à la séance du dimanche de Quasimodo, le bureau, après avoir procédé au remplacement ou à la réélection du membre dont le temps d'exercice triennal est expiré, s'est régulièrement constitué, les marguilliers doivent nommer entre eux, suivant les expressions de l'article 19 du décret de 1809, un président, un secrétaire et un trésorier.

Il résulte de l'ensemble et de la combinaison des diverses dispositions ci-dessus énoncées que le *trésorier* d'une fabrique doit être réélu nécessairement chaque année, à la séance de Quasimodo, et qu'il peut être réélu. Aucun texte de loi ne décide que le *trésorier* cessera de remplir ses fonctions à la fin de chaque année d'exercice; ce n'est que par induction et par analogie que l'on considère les fonctions de *trésorier* comme étant annuelles. Il est même très-convenable, dans l'intérêt de la fabrique, que le *trésorier* soit toujours réélu.

Un *trésorier* ne peut être valablement élu par le conseil de fabrique tout entier; sa nomination appartient exclusivement au bureau des marguilliers.

Cette solution résulte de l'arrêté ci-après du ministre des cultes (M. de Falloux), du 27 janvier 1849.

« Le ministre de l'instruction publique et des cultes,

« Vu la lettre du 28 octobre 1848, par laquelle Mgr l'évêque de Mende demande l'annulation des élections faites par le conseil de fabrique de l'église paroissiale de Malzieu, les sieurs Imbert Duchemin et Quatreuil fils, comme fabriciens, et du sieur Quatreuil père, comme trésorier;

« Vu l'avis de M. le préfet de la Lozère, en date du 9 novembre 1848, tendant également à l'annulation de ces trois élections;

« Vu les autres pièces du dossier;

« Vu le décret du 30 décembre 1809,

« En ce qui concerne l'élection du sieur Imbert Duchemin :

« Considérant qu'à défaut d'une disposition formelle qui fixe l'âge avant lequel on ne peut être admis à faire partie des conseils de fabrique, on doit par analogie, adopter l'âge de vingt-cinq ans, exigé par la loi pour être membre d'un conseil municipal; que, n'ayant point atteint cet âge, le sieur Imbert Duchemin a été dès-lors irrégulièrement élu conseiller de la fabrique de l'église de Malzieu (*voyez* FABRICIEN, § Ier);

« En ce qui concerne l'élection du sieur Quatreuil fils :

« Considérant que le sieur Quatreuil fils est domicilié dans la partie de la commune de Malzieu-Forain comprise dans la circonscription de la paroisse de Malzieu;

qu'il a pu être légalement élu membre de la fabrique de cette paroisse; que la qualité de maire de Malzieu-Forain et membre de droit de la fabrique de l'église succursale de Mailanes, section de la commune de Malzieu-Forain, ne s'opposent pas à ce que le sieur Quatreuil fils soit nommé fabricien de l'église de la paroisse dont il dépend, attendu qu'il est libre de se faire remplacer dans le conseil de fabrique de Mailanes; que d'ailleurs les incompatibilités sont de droit étroit, et ne peuvent être créées en l'absence d'un texte formel de loi;

« En ce qui concerne la nomination du sieur Quatreuil père :

« Considérant que, aux termes de l'article 9 du décret du 30 décembre 1809, la nomination du *trésorier* appartient aux membres du bureau des marguilliers; que la nomination faite par le conseil de fabrique du sieur Quatreuil père, comme *trésorier*, est dès-lors irrégulière;

« Arrête :

« ART. 1er. Sont déclarées nulles et comme non avenues les élections faites par le conseil de fabrique de l'église paroissiale de Malzieu (Lozère), du sieur Imbert Duchemin, comme membre du conseil de fabrique, et du sieur Quatreuil père, comme trésorier.

« ART. 2. M. l'évêque de Mende et M. le préfet de la Lozère sont chargés, chacun en ce qui le concerne, de l'exécution du présent décret. »

§ VII. *Si un curé peut être* TRÉSORIER.

Nous avons déjà dit, sous le mot INCOMPATIBILITÉ, § XV, que le curé de la paroisse ne pouvait être *trésorier*. En effet la jurisprudence ancienne et moderne s'y opposent. (*Arrêts du parlement de Bretagne du 24 mai 1735, et du parlement de Rouen, du 8 mars 1736; décision du ministère des cultes du 24 août 1835.*) D'une part, en effet, l'article 50 du décret du 30 décembre 1809 portant que le curé et le *trésorier* garderont chacun une clef de la caisse de la fabrique, l'article 45 du même décret qui attribue au curé le droit de présenter au bureau des marguilliers, dont il est membre perpétuel, un état par aperçu des dépenses du culte qu'il ne pourrait convenablement provoquer et faire lui-même, les conséquences de la responsabilité d'un comptable, la dignité du prêtre qu'on ne doit pas exposer aux soupçons injurieux des créanciers ni aux réclamations cupides des fournisseurs, tout s'oppose à ce que le curé soit *trésorier* de la fabrique. Non-seulement il ne peut être nommé *trésorier*, mais il ne doit pas non plus en remplir les fonctions *en fait.* Lorsqu'il a l'imprudence de s'immiscer dans les attributions du *trésorier* titulaire, et surtout de le remplacer en réalité, il devient responsable de sa gestion personnelle et contracte toutes les obligations que la loi impose à celui qui gère volontairement et sans mandat les affaires d'autrui. (*Code civil, art. 1272 et 1374.*)

D'un autre côté, suivant la législation spéciale des cultes, le *trésorier* est l'agent principal de la fabrique; il est à fois le représentant légal et le comptable. Il intervient, *comme son représentant*, dans les actes judiciaires, notariés ou administratifs qui intéressent les fabriques. (*Décret du* 30 *décembre* 1809, *art.* 59, 78 *et* 79. *Ordonnance du* 2 *avril* 1817, *art.* 3. *Ordonnance du* 7 *mai* 1826, *art.* 1er. *Code de procédure civile, art.* 69.) Il est tenu de faire tous les actes conservatoires pour le maintien des droits de la fabrique, et toutes diligences nécessaires pour le recouvrement des revenus de l'établissement. C'est à sa requête que sont intentés ou soutenus les procès au nom de la fabrique.

En sa qualité de *comptable*, le *trésorier* est chargé de faire toutes les recettes et dépenses quelconques de l'église, de *signer les mandats de fournitures et les quittances*, d'assurer la rentrée des sommes dues à la fabrique, de remettre au bureau des marguilliers, à chaque trimestre, un bordereau, *signé de lui et certifié véritable*, de la situation active et passive de la fabrique pendant les trois mois précédents, et de lui présenter, dans la séance du premier dimanche du mois de mars, son compte des recettes et dépenses de l'année entière. (*Décret du* 30 *décembre* 1809, *art.* 25, 34, 35, 52, 74, 76, 82, 88 et 90.)

Il est donc évident que le curé de la paroisse ne peut être *trésorier* ni en droit ni même en fait.

Nous avons insisté sur cette question, et nous y sommes revenus, parce que nous avons connu des évêques, comme on peut le voir dans notre *Mémoire sur les élections fabriciennes* qui voulaient que les curés fussent *trésoriers*. C'est à notre avis une très-grave imprudence que nous ne saurions trop blâmer, malgré le profond respect que nous inspire nos vénérables prélats.

§ VIII. *Si un homme illettré peut être* TRÉSORIER.

Nous avons déjà dit, sous le mot FABRICIEN, § VIII, qu'un homme qui ne sait ni lire ni écrire, ne peut être nommé membre d'un conseil de fabrique. Il ne peut à plus forte raison être nommé *trésorier*. L'analyse rapide des fonctions de *trésorier* que nous faisons dans le paragraphe précédent, suffit pour démontrer qu'elles ne peuvent être exercées par une personne qui ne sait ni lire, ni écrire, ni signer, ni compter ; il résulte évidemment des dispositions que nous avons rappelées du décret de 1809, qui exigent une comptabilité régulière et la signature d'un nombre considérable de pièces, que ce décret ne permet pas de les lui confier. Ainsi la nomination d'un homme complètement illettré aux fonctions si importantes de *trésorier* serait nulle comme étant contraire à l'esprit et aux termes de la législation qui régit les fabriques.

§ IX. TRÉSORIER *adjoint ou caissier.*

Nous avons dit, sous le mot AGENT, § II, d'après M. Gaudry, que, dans certaines paroisses, les *trésoriers*, secrétaires, etc., avaient besoin d'agents pour la tenue des écritures et de caisse, et que le salaire de ces agents pouvait être porté au budget. En effet, cela se pratique en quelques endroits, et le *Journal des conseils de fabriques* avait déjà reconnu que, lorsque le *trésorier*, par exemple, a besoin d'un aide pour tenir sa comptabilité et ses livres, pour établir ses bordereaux trimestriels et ses comptes annuels, il n'y avait aucun inconvénient à ce qu'il s'en servît, d'autant mieux que le *trésorier* agit toujours sous sa responsabilité. Mais, dans cette hypothèse par qui la personne qui aura aidé le secrétaire ou le *trésorier* devra-t-elle être payée? Une allocation pour cet objet peut elle être portée au budget et acquittée sur les fonds de la fabrique? Le *Journal des conseils de fabriques* (1) répondait : « Sans doute les fonctions fabriciennes doivent être remplies gratuitement, et sans qu'il en résulte de charge pour l'église ; sans doute, par conséquent, c'est un principe général, au secrétaire ou au *trésorier* qui croit avoir besoin de se faire aider, à rétribuer de ses deniers la personne qu'il emploie. Toutefois, s'il est reconnu que ce secrétaire ou ce *trésorier* n'a pas les moyens ou la volonté de pourvoir à cette dépense ; qu'il est cependant de l'intérêt de la fabrique qu'il soit aidé dans son travail ; qu'il n'est pas possible, d'après la composition du conseil, de remettre les fonctions de secrétaire ou de *trésorier* entre des mains plus habiles, la rétribution à accorder à l'aide du secrétaire ou à l'aide du *trésorier* peut être inscrite au budget (à l'article *frais d'administration*), et payée sur les fonds de la fabrique. Dans ces circonstances, si cette rétribution n'est pas portée à un chiffre trop élevé ; si elle est, au contraire, restreinte dans de justes limites, elle semble ne devoir être rejetée par l'autorité diocésaine lors du règlement du budget, ni donner lieu à aucune critique fondée de la part du conseil municipal, si ce dernier conseil est appelé à donner son avis, sur le budget ou le compte de la fabrique. Néanmoins, une semblable dépense, mise à la charge de la fabrique, doit toujours être regardée comme une dépense exceptionnelle et une dérogation aux principes généraux sur l'administration gratuite des biens des paroisses, principes à l'observation desquels il importe de revenir au plus tôt. »

Malgré la modération de cette opinion, le ministre des cultes n'a pu l'adopter. Il pense, au contraire, que le *trésorier* de chaque fabrique est seul chargé de la gestion des biens et revenus de cet établissement, et que ses fonctions sont essentiellement gratuites, comme celle des autres marguilliers et fabriciens. Qu'en conséquence, la nomination d'un *trésorier* ou caissier adjoint est un acte contraire au texte et à l'esprit du décret du 30 décembre 1809, et que le conseil de fabrique excède dès-lors ses pouvoirs en allouant à ce *trésorier*

(1) Tome VIII, page 153.

adjoint ou caissier une indemnité. C'est ce qui résulte de la décision ministérielle ci-après :

LETTRE *du 4 octobre 1841, de M. le ministre de la justice et des cultes* (M. Martin du Nord) à *M. le préfet de la Sarthe.*

« Monsieur le préfet,

« J'ai reçu, avec votre lettre du 1er septembre dernier, les renseignements que je vous avais demandés par ma lettre du 31 juillet précédent, au sujet d'une indemnité réclamée par le sieur Dessay, pour sa gestion des revenus de la fabrique de l'église de Saint-Remy du Plain, en qualité de *trésorier* adjoint.

« Déjà, suivant une délibération du 7 août 1839, le conseil de fabrique a accordé, il est vrai, au réclamant une indemnité qu'il avait fixée à trois centimes par franc; mais ce conseil a été depuis renouvelé, et les nouveaux fabriciens en refusent le payement.

« Vous avez pensé, Monsieur le préfet, que ce refus est fondé. Telle est aussi l'opinion émise par Mgr l'évêque du Mans.

« Je ferai d'abord remarquer que la nomination d'un *trésorier* adjoint ou caissier est un acte contraire au texte et à l'esprit du décret du 30 décembre 1809.

« Aux termes de ce décret, le *trésorier* est seul chargé de la gestion des biens et revenus de la fabrique, et ses fonctions sont essentiellement gratuites comme celles des autres marguilliers et fabriciens.

« Le sieur Dessay ne pouvait donc rien prétendre pour les fonctions dont il avait consenti à se charger. D'un autre côté, le conseil de fabrique a excédé ses pouvoirs, en détournant, pour lui allouer une indemnité, les fonds de l'établissement de leur véritable destination.

« Il ne peut dès-lors y avoir lieu d'accueillir la demande du réclamant.

« Je vous renvoie ci-joint le dossier de cette affaire en vous priant, Monsieur le préfet, de l'informer des motifs qui s'y opposent.

« J'envoie copie de la présente à Mgr l'évêque du Mans. »

Lorsqu'il ne se trouve dans une paroisse aucun paroissien qui consente à accepter les fonctions de *trésorier* de la fabrique, ou à remplir les devoirs de cette charge, il y a lieu par le gouvernement de supprimer la succursale et d'en transférer le titre à une autre localité. C'est ce qui résulte de la circulaire ministérielle suivante :

LETTRE *du 24 décembre 1841, de M. le ministre de la justice et des cultes* (M. Martin du Nord), *à Mgr l'archevêque d'Avignon.*

« Monseigneur,

« J'ai reçu avec la lettre que vous m'avez fait l'honneur de m'écrire le 17 novembre dernier, celle qui y était jointe du desservant de Villeron relative au refus du *trésorier* de poursuivre les débiteurs de la fabrique et à l'intention manifestée par les autres conseillers de se démettre de leurs fonctions plutôt que de se charger de semblables poursuites. M. le desservant affirme, en outre, qu'en cas de révocation du conseil de fabrique, il serait impossible de le réorganiser, faute d'habitants qui consentissent à en faire partie à la condition d'agir contre les débiteurs récalcitrants.

« Dans ces circonstances, vous avez cru, Monseigneur, devoir me proposer d... ser aux moyens de parer à de si graves inconvénients.

« L'administration a été souvent appelée à examiner la question de savoir si... peut créer des commissaires spéciaux pour remplir, dans les cas extraordinai... les fonctions de *trésorier;* mais elle a toujours reconnu que les règlements s'y... posent.

« Tel a été aussi l'avis du comité de l'intérieur du conseil d'État, consulté le... octobre 1829 sur cette question.

« D'après la jurisprudence, fondée d'ailleurs sur le texte du décret du 30 d... cembre 1809, qui a fixé d'une manière absolue les attributions des *trésorier*... ne peut donc y avoir lieu de les faire remplacer, même temporairement, par... commissaires spéciaux.

« Mais si la rigueur des principes ne permet pas, en l'espèce, de recourir à une m... sure exceptionnelle, peut être un nouvel appel au *trésorier* et aux fabriciens actuels... Villeron sera-t-il mieux entendu lorsqu'on leur fera envisager la responsabilité qu... encourent à raison des pertes que la fabrique éprouverait par leur faute. Dans u... circulaire du 21 décembre 1833, relative aux prescriptions et aux servitudes q... concernent les établissements ecclésiastiques, l'un de mes prédécesseurs a donné... cet égard de sages instructions dont je crois devoir rapporter ici le passage suivan...

« Il est essentiel que les fabriciens et les *trésoriers* se persuadent bien qu'ils c...
« hissent leurs devoirs et qu'ils se mettent dans le cas d'être rendus *personnel*...
« *ment* responsables des dommages qui résulteraient de la négligence ou de l'i...
« péritie avec laquelle ils s'acquittent des obligations qui leur sont imposées p...
« les fonctions dont ils se trouvent investis. »

« Si, en définitive, tous les moyens de persuasion demeuraient sans effet; s...
d'ailleurs, l'impossibilité de réorganiser un conseil mieux pénétré du sentiment...
ses devoirs était démontrée, je ne pourrais laisser subsister un établissement q...
les parties intéressées refusent d'administrer, et je me trouverais dans la nécess...
de retirer à l'église de Villeron le titre de succursale dont elle jouit. Il sera néc...
saire de prévenir les habitants de Villeron de mes intentions à cet égard.

« Je vous prie, Monseigneur, de vous concerter, au besoin, sur les mesures...
prendre avec M. le préfet de Vaucluse, auquel je transmets copie de la présente...

« Je vous renvoie ci-jointe la lettre du desservant de Villeron. »

§ X. TRÉSORIERS *des grands séminaires.*

(*Voyez* SÉMINAIRES.)

PROCÈS-VERBAL *constatant la situation du service confié au sieur ...
      , marguillier-trésorier de la fabrique de l'église Saint-
de   , ainsi que la remise de ce service entre les mains d...
sieur   , nommé trésorier par délibération du bureau, à ...
date du*

L'an de grâce mil huit cent   , le   , devant no...
membres du bureau de la fabrique de l'église de Saint-   de
      s'est présenté le sieur   , à l'effet de nous remettre...
service dont il était chargé en qualité de marguillier-*trésorier* d...
ladite fabrique.

Nous avons invité le sieur　　　*　à déposer préalablement sur notre bureau, sans aucune exception, tous les livres et pièces de sa comptabilité, et toutes les espèces qui sont entre ses mains pour le compte de la fabrique, lesquelles s'élèvent à la somme de

Cette formalité remplie, nous avons procédé, contradictoirement avec lui, à l'établissement, sur pièces, de sa situation.

Nous avons consulté, sous le rapport de la recette, les budgets, les baux, les titres de créances, les inscriptions de rentes, et généralement toutes les pièces justificatives des recouvrements; et, sous le rapport de la dépense, les mêmes budgets, les autorisations supplémentaires, ainsi que les mandats délivrés par l'ordonnateur, et les autres pièces justificatives des payements.

A l'aide de ces documents, nous avons dressé, au nom de la fabrique, un état détaillé présentant les recettes et les dépenses autorisées, celles qui ont été faites et celles qui restent à faire.

Cet état, qui est annexé au présent procès-verbal, et dont nous avons reconnu la conformité avec les résultats des divers registres de comptabilité, présente la situation suivante :

Recettes effectuées, y compris l'excédant des recettes de l'exercice précédent. . . . . » fr. » c.
Dépenses acquittées conformément aux mandats de l'ordonnateur. . . . . » »
Excédant des recettes sur les dépenses. . . . . . » »

Cet excédant de recettes, formant le solde créditeur ou l'encaisse de la fabrique, se trouve justifié par les valeurs suivantes, dont nous avons vérifié l'existence, savoir :

1° Fonds déposés sur le bureau par le comptable, à l'ouverture du présent procès-verbal. . . . . » fr. » c.
2° Numéraire déposé dans la caisse à trois clefs. . » »

Total égal à l'excédant de recette constaté à l'article précédent. . . . . . , ... » »

Après avoir établi la situation et vérifié l'encaisse de la fabrique, comme il est dit ci-dessus, nous avons immédiatement procédé à l'inventaire de tous les livres, états, tarifs et autres pièces déposées sur le bureau par le sieur　　　, et lui avons notifié que, dès ce moment, il ne peut plus effectuer aucune recette ni dépense en son ancienne qualité de *trésorier* de la fabrique de l'église Saint-　 de

M. le président a, en conséquence, arrêté et visé tous les comptes ouverts sur le livre journal et sur le livre de détails, de manière à ce que les écritures faites par le comptable sortant de fonctions demeurent entièrement distinctes de celles qui y seront passées par son successeur.

Nous avons ensuite procédé à la remise du service entre les mains de M.   , nommé *trésorier* par délibération du bureau, en date du

Nous lui avons immédiatement versé le numéraire déposé sur le bureau par son prédécesseur, en l'invitant à en prendre charge ainsi que des valeurs de caisse déposées dans la caisse à trois clefs.

Nous lui avons également remis tous les livres, budgets, états et autres pièces de comptabilité, tels qu'ils se trouvent détaillés dans l'inventaire annexé au présent, et dont il est parlé ci-dessus.

M.   se trouvant ainsi pourvu des valeurs de caisse qui lui sont nécessaires pour l'acquit des dépenses courantes, ainsi que des registres et autres pièces relatives à la comptabilité qui lui est confiée, nous lui avons enjoint de vaquer, sans délai, à l'accomplissement de tous les devoirs que lui imposent ses nouvelles fonctions et lui avons fait observer que le point de départ de sa gestion est un excédant de recette de

Lecture faite du présent procès-verbal, nous l'avons signé conjointement avec le sieur   , *trésorier* sortant, et le sieur nouveau comptable, et nous en avons remis copie à chacun d'eux pour valoir ce que de raison, sauf erreurs ou omissions, et sous toute réserve de droit.

Le trésorier sortant de fonctions,　　　　　**Le trésorier entrant en fonctions,**
Signature.　　　　　　　　　　　　　　　　*Signature.*

Les membres du bureau,
Signatures.

TRIBUNAUX CIVILS.

Les membres des *tribunaux* n'ont droit à des places distinguées dans l'église que dans les cérémonies religieuses ordonnées par le gouvernement. (*Voyez* CÉRÉMONIES RELIGIEUSES.) Pour la compétence des *tribunaux*, voyez COMPÉTENCE, § I.

TRIBUNES.

On a donné le nom de *tribune* à un emplacement ménagé ou établi soit au-dessus d'une chapelle, soit au-dessus de la porte d'entrée, soit au-dessus de toute autre partie de l'église.

Les *tribunes*, comme les chapelles, font partie des places dont les fabriques peuvent disposer pour se créer des revenus. C'est à la fabrique seule, par conséquent, qu'il appartient de les louer. Ce droit résulte de l'article 68 du décret du 30 décembre 1809, des décisions ministérielles et de l'usage. Elle ne peut en aliéner la jouissance pour un terme plus long que la vie de celui à qui elle en fait concession. (*Voyez* BANC.)

Le droit de jouissance d'une *tribune* accordée pour un temps indéfini à un individu et à sa famille cesse par l'extinction de la famille et par sa non-résidence dans la commune où l'église est placée. (*Voyez* BANC.)

L'usage a fixé le prix de concession à perpétuité des *tribunes* à une rente de 16 à 60 francs. (*Circulaire ministérielle du 19 avril 1810.*)

Les *tribunes* possédées avant la révolution de 93 ne peuvent être réclamées par les héritiers des mêmes propriétaires, lors même que la concession faite à cette époque aurait été perpétuelle. (*Avis du conseil d'Etat du 30 novembre 1810.*)

TRONCS.

Un *tronc* est un coffre scellé dans certains endroits apparents de l'église, et qui porte une ouverture à sa partie supérieure, pour recevoir les pièces de monnaie déposées par les fidèles.

Il y a des *troncs* dans l'église pour les frais du culte et d'autres pour les pauvres.

§ I. TRONCS *pour les frais du culte.*

Les fabriques peuvent faire placer des *troncs* dans les églises pour recevoir les offrandes des fidèles. Ce qui est trouvé dans les *troncs* fait partie des revenus de la fabrique. (*Art. 36 du décret du 30 décembre 1809.*)

Les clefs des *troncs* des églises sont placées dans la caisse à trois clefs. (*Art. 51 du même décret.*)

Un curé agira prudemment, dit M. Dieulin, s'il n'ouvre jamais seul les *troncs* de l'église, ou s'il refuse d'en garder seul les clefs. C'est une sage précaution que celle qui est ordonnée par le décret de 1809 : le vœu de cette loi est que le bureau des marguilliers fasse lui-même l'ouverture des *troncs*, et non un de ses membres isolément; c'est pour cela même qu'elle a statué que les clefs des *troncs* seraient déposées dans l'armoire à trois clefs. C'est au trésorier qu'est dévolu le soin d'ouvrir les *troncs* ; mais le curé et le président du bureau doivent toujours l'assister dans cette opération. Voyez ci-après un modèle de procès-verbal de la levée des *troncs*.

Carré remarque que l'article 36 du décret de 1809 fait deux articles de recettes de quêtes et du produit des *troncs ;* on doit se garder de verser celui des premières au *tronc* placé dans l'église, puisque autrement on ne pourrait en déterminer spécifiquement le produit, lors de la reddition des comptes.

Le décret de 1809 distinguant le produit des *troncs* de celui des quêtes, il est nécessaire de ne pas confondre les deux recettes, et d'en faire, dans les comptes, deux articles séparés.

Le placement des *troncs* est réglé de la même manière que les quêtes, c'est-à-dire par l'évêque sur la proposition des marguilliers (*Décret du* 30 *décembre* 1809, *article* 36 *combiné avec l'article* 75). Ils sont ordinairement placés à l'entrée des églises.

En cas de contestation, il y a lieu d'en référer à l'évêque. Une décision du conseil d'Etat, du 16 mai 1826, statue qu'il n'appartient qu'à l'autorité ecclésiastique et à l'administration, chacune en ce qui la concerne, de se prononcer sur l'établissement et le placement d'un *tronc* exposé à la piété et à la générosité du public, de même que sur la destination et le produit des offrandes.

Les sommes trouvées dans les *troncs* entrent dans la caisse de la fabrique de la même manière et avec les mêmes formalités que l'argent provenant des quêtes. (*Voyez* QUÊTES.)

§ II. TRONCS *pour les pauvres ou bureau de bienfaisance.*

Les hospices et les bureaux de bienfaisance furent autorisés, par arrêté (1) du ministre de l'intérieur du 5 prairial an XI (25 mai 1803), à établir des *troncs* dans les églises.

Cette faculté se trouve implicitement confirmée par l'article 75 du décret du 30 décembre 1809, portant :

« Tout ce qui concerne les quêtes dans les églises sera réglé par l'évêque, sur le rapport des marguilliers, sans préjudice des quêtes pour les pauvres, lesquelles devront toujours avoir lieu dans les églises, toutes les fois que les bureaux de bienfaisance le jugeront convenable. » Du reste, le décret du 12 septembre 1806 (2) autorise les bureaux de bienfaisance à placer un *tronc* dans chaque église paroissiale pour les pauvres.

Le bureau de bienfaisance peut-il choisir la place du *tronc*, et exiger même celle qui serait déjà occupée par un *tronc* de la fabrique? Rien, ce nous semble, répond Mgr Affre, ne pourrait justifier cette prétention. On ne peut invoquer aucune disposition précise en sa faveur, ni aucune induction raisonnable. Nous pouvons, au contraire, conclure du droit qu'ont le curé et l'évêque de fixer la place des bancs et d'autres objets renfermés dans l'église, qu'ils peuvent aussi déterminer celle que doit occuper le *tronc* du bureau. Tout ce que celui-ci peut exiger, c'est qu'il soit mis dans un lieu apparent sur le passage des fidèles, et dont ils puissent facilement approcher. Le droit du bureau deviendrait illusoire, si le *tronc* était à peine aperçu; il deviendrait exorbitant, s'il pouvait le mettre dans quelque endroit que ce fût. (*Voyez* BUREAU DE BIENFAISANCE.)

De tous les établissements civils de bienfaisance, les bureaux de

(1) Voyez cet arrêté sous le mot QUÊTE.
(2) Ce décret est rapporté sous le mot BUREAU DE BIENFAISANCE, § V.

bienfaisance sont les seuls auxquels appartient le droit de quêter et de placer des *troncs* dans les églises, et en aucun cas ce droit ne saurait être exercé par les commissions administratives des hospices. L'art. 75 du décret du 30 décembre 1809 ne l'ayant réservé qu'au profit des bureaux de bienfaisance, le droit accordé aux hospices par l'arrêté du 5 prairial an XI doit être considéré comme aboli. (*Décision du ministre des cultes du 5 février* 1827.)

Le curé a le droit de placer un *tronc* dans l'église pour ses pauvres. Lui seul peut en recueillir le produit ; ce *tronc* devrait porter cette inscription, par exemple : « *Tronc* pour les pauvres de M. le curé (1). »

Procès-verbal *de levée des troncs placés dans l'église pour les frais du culte.*

Ce jourd'hui   mil huit cent
Nous, membres du bureau de fabrique de l'église Saint-N. de   , soussignés, nous sommes transportés en ladite église, avec M.   , marguillier-trésorier, pour procéder à la levée des *troncs* qui y sont placés pour les frais du culte.

Ayant fait successivement l'ouverture desdits *troncs*, au nombre de   , nous en avons extrait la somme totale de (*en toutes lettres*), qui consistent dans les espèces suivantes :

Pièces de 20 fr.	»	fr.	»c.
— de 5	»		»
— de 2	»		»
— de 1	»		»
— de » 50 c.	»		»
— de » 20	»		»
Cuivre et billon.	»		»
Total égal.	»		»

Laquelle somme nous avons immédiatement remise à M. marguillier-trésorier, qui le reconnaît et s'en charge en recette ; puis, ayant refermé le *tronc*, dont la clef reste déposée dans la caisse de la fabrique, nous avons clos le présent procès-verbal, que nous avons dressé en double expédition, dont l'une sera déposée avec les quittances du trésorier, pour lui servir de pièces justificatives à joindre à son compte de 18

Fait à   les jour, mois et an que dessus.
Signatures des membres du bureau.

Procès-verbal *de levée du tronc des quêtes.*

Ce jourd'hui   mil huit cent

(1) *Nouveau Journal des conseils de fabriques*, tome III, page 32.

Nous, trésorier et marguillier, de la fabrique de la paroisse de Saint   soussignés, déclarons avoir procédé à l'ouverture et levée du *tronc* destiné à recevoir momentanément le produit des quêtes pour les frais du culte, et en avoir retiré la somme de (en *toutes lettres*). Cette somme a été immédiatement remise à M trésorier, qui s'en charge en recette.

Le présent procès-verbal dressé en double expédition (*la suite comme au modèle ci-dessus*.)

Signature des membres du bureau.

§ III. TRONCS *pour les confréries et associations pieuses.*

Il y a un grand nombre de paroisses où des *troncs* sont établis pour des confréries et associations pieuses, et même pour d'autres objets intéressant la religion, par exemple pour le denier de saint Pierre, pour la permission de faire gras pendant le carême, etc. Ces *troncs* doivent être autorisés par l'autorité diocésaine et par la fabrique, et quand ils le sont, la fabrique ne serait point fondée à exiger que le produit en fût versé dans sa caisse. M. Gaudry prétend qu'il est du devoir des fabriques de ne pas laisser multiplier ces moyens de provoquer la générosité des paroissiens, au préjudice des véritables besoins du culte. Mais il ne fait pas attention qu'en général l'établissement de ces *troncs*, loin de préjudicier aux besoins du culte le favorisent, au contraire, car bien des personnes membres des confréries de la sainte Vierge, du Saint-Sacrement, etc., déposeront volontiers leurs offrandes dans ces *troncs* et ne verseraient jamais rien dans celui de la fabrique. Or le produit de la levée de ces *troncs* sert à entretenir la chapelle de la sainte Vierge, à fournir au luminaire qui lui est nécessaire, à acheter des chandeliers, du linge, des ornements, des bannières, choses qui incomberaient en partie à la charge de la fabrique et qui servent à relever la pompe du culte.

Le *Nouveau Journal des conseils de fabriques* (1) pense aussi que les confréries et autres associations n'ont pas le droit d'avoir des *troncs* dans l'église.

TROUBLE DANS L'ÉGLISE.

L'article 261 du Code pénal, qui punit le fait d'empêcher, de retarder ou d'interrompre les exercices d'un culte, par des *troubles* causés dans le temple, s'applique même au cas où le *trouble* serait produit par un bruit à dessein en dehors du temple. C'est ce qui a été jugé par l'arrêt ci-après.

(1) Tome III, page 30. Année 1854-1855.

Arrêt de la cour impériale de Metz, du 21 décembre 1853.

« La Cour,

« Attendu que, parmi les entraves au libre exercice des cultes prévues et réprimées par le Code pénal, l'article 261 de ce code a placé l'empêchement, le retard ou l'interruption des exercices d'un culte, par des *troubles* ou désordres causés dans le temple ou autre lieu destiné ou servant actuellement à ces exercices (1).

« Que, pour qu'il y ait lieu à l'application dudit article, trois conditions sont nécessaires; qu'il faut : 1° que les exercices d'un culte aient été empêchés, retardés ou interrompus par des *troubles* ou désordres; 2° que ces *troubles* ou désordres aient été causés dans le temple ou autre lieu destiné ou servant actuellement aux exercices de ce culte; 3° que les auteurs de ces *troubles* ou désordres aient eu l'intention d'empêcher, retarder ou interrompre lesdits exercices;

« Attendu qu'il résulte de l'instruction et des débats que, dans la matinée du 15 août dernier, les exercices du culte catholique ont été, pendant la célébration de la fête religieuse et nationale dudit jour, interrompus, retardés et même empêchés, dans l'église paroissiale de Kédange, par un *trouble* ou désordre dont la cause était due à un bruit considérable arrivant de l'extérieur; qu'il est certain que ce bruit provenait de l'établissement du sieur Antoine, brasseur à Kédange, situé à quelques mètres de distance de l'église, dont il n'est séparé que par le cimetière entourant cet édifice et par un mur de clôture peu élevé; qu'il est établi qu'à la suite d'un coup de fusil, tiré par Auguste Antoine, il a été fait aussitôt dans la cour de la brasserie un violent tapage produit par ledit Antoine, Joseph Poinsotte, son jardinier, et un autre de ses ouvriers, lesquels frappaient tous à coups redoublés sur des tonneaux vides;

« Attendu qu'il importe peu que les prévenus, auteurs de ce tapage, et, par suite, du *trouble* causé dans l'église de Kédange, se soient tenus et aient agi hors de cette église; qu'il suffit, pour donner lieu à l'application de la loi, que le *trouble* ou désordre causé par le tapage extérieur se soit manifesté dans l'intérieur du temple; que tel est évidemment le sens qu'il faut attribuer à l'article 261 du Code pénal, soit qu'on veuille ne consulter que la lettre, soit qu'on interroge l'esprit de cette disposition;

« Attendu que, dans le cas où, s'attachant particulièrement à la lettre de l'article 261 du Code pénal, il faudrait décider que l'empêchement, le retard ou l'interruption des exercices d'un culte, n'est punissable qu'autant qu'il serait l'effet de *troubles* ou désordres *causés* dans le temple, c'est-à-dire ayant eu leur cause dans l'intérieur de ce temple, il y aurait toujours lieu d'examiner la nature de cette cause, qui peut être médiate ou immédiate, directe ou indirecte, première ou seconde, la cause agissant dans le temple pouvant n'être parfois que la conséquence d'une autre cause agissant en dehors; qu'au cas particulier, le *trouble* ou désordre a été causé par le bruit qui, venu de l'extérieur, a pénétré et s'est répandu dans l'église de Kédange; qu'il serait inexact de prétendre que le bruit ou le son est précisément dans l'acte matériel de celui qui le produit; qu'il est réellement dans les effets consécutifs de cet acte; qu'il existe, impalpable et invisible, dans l'air atmosphérique, dont les vibrations le propagent avec plus ou moins d'intensité, et à une distance plus ou moins grande, suivant les circonstances : qu'il est donc physiquement vrai de dire que le bruit fait hors de l'église de Kédange, après avoir pénétré

(1) On peut voir sous le mot DÉLIT cet article du Code pénal.

dans cette église, y est devenu par lui-même une véritable cause de *trouble* et de désordre ; qu'il faut d'ailleurs reconnaître que le bruit ainsi parvenu dans l'église se rattache par un lien nécessaire à ceux qui lui ont donné naissance ; qu'ainsi, en considérant le *trouble* ou le désordre comme ayant été causé dans l'église de Kédange par le bruit qui y a pénétré, il est impossible de séparer ce bruit de ceux qui en sont les auteurs et à qui en remonte la responsabilité, quel que soit du reste le lieu où aient été placés ces agents, quand ils ont créé le bruit devenu, par cela, la cause du *trouble*.

« Attendu que cette interprétation du texte de l'article 261 du Code pénal est parfaitement conforme à l'esprit de la loi, qui a voulu atteindre, partout où ils peuvent se trouver, les auteurs de tous les genres de *troubles* ou de désordres propres à empêcher, retarder ou interrompre les exercices des cultes dans les lieux destinés ou servant à ces exercices ; que la pénalité concernant ces délits deviendrait évidemment illusoire si les *troubles* ou désordres causés dans l'intérieur des temples demeuraient impunis toutes les fois que les agents de ces causes de *trouble* ou désordre seraient parvenus à les produire en se tenant personnellement à l'extérieur ; que tels n'ont pu être assurément la pensée et le but de l'article du Code pénal, dont le texte aussi bien que l'esprit se refusent à un pareil résultat.

« Attendu que, dans les lois qui ont précédé ou dans celles qui ont suivi la promulgation de cet article 261, on ne trouve rien qui soit de nature à modifier cette appréciation ; qu'en effet, ces dispositions législatives ont eu pour objet de protéger dans une mesure différente, la liberté des cultes garantie à la France par toutes les constitutions qui l'ont successivement régie depuis soixante ans, parce qu'elle est devenue un des besoins les plus impérieux et un des droits les plus respectables de la société moderne ;

« Attendu que la protection assurée par la loi à la liberté des cultes n'est pas de nature à mettre obstacle aux manifestations de la liberté individuelle ou de la liberté d'industrie ; qu'il ne leur impose d'autre obligation que celle de respecter la liberté d'autrui, en évitant d'apporter des entraves à l'exercice des cultes ; que ces entraves ne deviennent d'ailleurs punissables qu'autant qu'il est démontré et reconnu par les tribunaux qu'elles sont l'œuvre d'une intention criminelle ;

« Attendu l'intention qu'ont eue Auguste Antoine et Joseph Poinsotte de troubler la fête religieuse et nationale du 15 août ne saurait être douteuse ; que cette intention coupable ressort de tous les faits de la cause, notamment des circonstances mêmes de l'action, qui excluaient pour tous ceux qui en ont été témoins la pensée d'un travail sérieux ; de la persistance mise à continuer le bruit après l'avertissement donné par la gendarmerie ; enfin de la cessation complète de ce bruit dès que la cérémonie fut terminée et pendant le reste de la journée ;

« Attendu que les premiers juges ont sainement apprécié les faits ;....

« Par ces motifs, ordonne que le jugement de première instance recevra son entière exécution, etc. »

Il ne nous paraît pas inutile de faire connaître la pièce suivante, bien qu'elle n'ait point été approuvée, mais qui peut trouver sa sanction dans le Code pénal.

DÉLIBÉRATION *du conseil d'État du 30 août 1806 touchant le respect et la décence que l'on doit garder dans les églises.*

« Comme il est venu à notre connaissance que quelques personnes sans principes et sans mœurs se sont permis de troubler des cérémonies religieuses, que chacun doit respecter, quelle que soit son opinion ou le culte qu'il professe, et qu'il importe de réprimer par une juste sévérité ceux que le défaut d'éducation porte à blesser la décence dans les cérémonies publiques ecclésiastiques ou à scandaliser leurs concitoyens.

« A quoi voulant pourvoir,

« Sur le rapport de notre ministre des cultes, notre conseil d'Etat entendu,

« Nous avons ordonné et ordonnons ce qui suit :

« Art. 1er. Toute personne qui entrera dans un édifice consacré à un culte quelconque pendant le service divin, sera tenu de se conformer à ce que les pratiques et les rites de ce culte exigent des assistants.

« Art. 2. Les autorités locales veilleront au maintien de l'ordre et de la décence durant les cérémonies religieuses extérieures et la marche des convois funèbres.

« Art. 3. Toute personne qui se permettrait de troubler une cérémonie funèbre, par provocation ou voies de fait, et qui ne se tiendrait pas découverte et debout au passage du cortége, sera saisie par l'autorité civile ou militaire, et livrée aux tribunaux pour être punie, par voie de police municipale ou correctionnelle, des peines portées contre ceux qui troublent le libre exercice des cultes et l'ordre public. »

TRUSTÉES.

On appelle ainsi les marguilliers des Etats-Unis. Ces administrateurs des églises prétendent, par un système protestant, se rendre indépendants de leurs évêques, se nommer eux-mêmes leurs curés et ne rendre aucun compte de leur gestion à l'autorité ecclésiastique. On voudrait, en France, arriver à un système à peu près semblable. Les ecclésiastiques, en tenant bien leurs fabriques, empêcheront cet empiétement sacrilége. (*Voyez* FABRIQUE.)

TUTELLE.

Les curés, comme pasteurs, sont exempts de la *tutelle*, s'ils sont obligés à résider. (*Art.* 427 *du Code civil.*) Mais un ecclésiastique qui n'est pas tenu à la résidence peut être chargé de la *tutelle* et de la curatelle. Un avis du conseil d'Etat, du 20 novembre 1806, applique l'article 427 du Code civil aux curés, succursalistes, vicaires, et à toutes personnes qui exercent des fonctions religieuses.

On comprend qu'il s'agit là d'une défense facultative pour les ecclésiastiques, et non d'une prohibition ou d'une incompatibilité.

Les lois de l'Eglise vont plus loin que les lois civiles. Elles défendent aux ecclésiastiques toutes charges personnelles qui pourraient les détourner de leurs fonctions, et en particulier celles de tuteur et de curateur.

U

UNIVERSITÉ.

(*Voyez* INSTRUCTION PUBLIQUE.)

USAGE.

On entend par *usage* une pratique commune, ordinaire, qui tient lieu de la loi ou qui sert à l'interpréter. Il faut, pour qu'on puisse se prévaloir de l'*usage*, qu'il soit ancien et constant dans les lieux où les conventions ont été contractées.

L'*usage* abroge quelquefois les lois, décrets ou ordonnances. (*Voyez* ABROGATION.)

Pour les droits d'*usage* dans les communes, voyez AFFOUAGES.

USUFRUIT.

Les donations qui seraient faites à des établissements ecclésiastiques ou religieux, avec réserve d'*usufruit* en faveur du donateur, ne sont pas susceptibles d'être autorisées. (*Art. 4 de l'ordonnance du 4 janvier* 1831.) Cependant on peut faire un legs d'*usufruit* à une personne, à condition qu'après la mort de cette personne le legs servira à fonder un établissement de charité. (*Voyez* SUBSTITUTION.)

L'*usufruit* d'une chose immobilière est un droit immobilier, par conséquent un *usufruit* ne peut être acquis par une fabrique sans l'autorisation du gouvernement. L'article 619 du Code civil réduit à une durée de trente ans ces droits d'*usufruit*.

USURPATION.

Les articles 614 et 1768 du Code civil rendent l'usufruitier et le fermier responsables des *usurpations* de terre ou de clôture qu'ils n'auraient pas dénoncées aux propriétaires de l'immeuble affecté à l'usufruit ou objet du bail.

Ces dispositions intéressent particulièrement les fabriques qui possèdent des biens fonds; elles doivent veiller à ce qu'aucune *usurpation* ne soit faite au détriment des églises dont elles ont l'administration, et rendre les fermiers responsables des *usurpations* qui pourraient avoir lieu.

Les curés ne doivent pas non plus négliger de s'opposer à tout acte qui tendrait à nuire aux dépendances du presbytère dont ils jouissent. La fabrique doit également les rendre responsables des *usurpations* qu'ils pourraient laisser faire.

Il n'y a pas d'*usurpation* de fonctions publiques de la part d'un curé qui fait exécuter des travaux dans une église sans le consentement de l'autorité locale, et contrairement aux ordres de cette autorité; il ne peut être, par conséquent, passible des peines portées par l'article 258 du Code pénal. Ainsi jugé par plusieurs tribunaux.

USTENSILES.

Les *ustensiles* de l'église doivent être fournis et entretenus par la

fabrique, sur un état que fournit chaque année au bureau des marguilliers le curé ou desservant. Ils sont portés sur l'inventaire du
mobilier de l'église dont ils font partie. (*Décret du* 30 *décembre* 1809,
art. 37, 45 *et* 55.)

UTILITÉ PUBLIQUE.

Les biens des fabriques, comme ceux des imsples particuliers,
peuvent être expropriés pour cause d'*utilité publique*. (*Voyez* EX-
PROPRIATION.)

V

VACANCE.

Nous parlerons ici de la *vacance* dans les conseils de fabriques,
de la *vacance* des siéges épiscopaux et de la *vacance* des succursales.

§ I. VACANCE *des conseils de fabriques.*

S'il survient, dans un conseil de fabrique, une *vacance* par mort
ou démission, le conseil doit procéder à une nomination en remplacement, dans la première séance ordinaire qui suit la *vacance.*
Pour que l'élection soit valable, il faut que le nombre des fabriciens qui y concourent représente plus de la moitié du nombre des
membres dont le conseil de fabrique complet doit être composé,
c'est-à-dire que cette élection soit faite, dans les paroisses ayant cinq
mille âmes de population et plus, par six fabriciens, et par quatre
fabriciens dans les paroisses ayant moins de cinq mille âmes de population. Néanmoins il a été décidé que pour qu'on puisse procéder
valablement à des élections, il faut, mais il suffit, que les fabriciens
qui prennent part à ces élections soient toujours, dans les conseils de
fabriques des paroisses de cinq mille âmes, au nombre de *quatre,* et
dans les conseils de fabriques des paroisses de moins de cinq mille
âmes, au nombre de *trois* seulement. (*Voyez* FABRIQUE, § V et ci-
après notre Mémoire sur les élections.)
Les fabriciens ainsi nommés ne sont élus que pour le temps
d'exercice qui restait à ceux qu'ils sont destinés à remplacer. Si, un
mois après la séance ordinaire qui a suivi la *vacance,* le conseil de
fabrique n'a pas pourvu au remplacement, c'est à l'évêque diocésain
qu'il appartient de nommer. (*Ordonnance du* 12 *janvier* 1825,
art. 3 *et* 4.)

§ II. VACANCE *des siéges épiscopaux.*

Pendant la *vacance* des siéges épiscopaux ou métropolitains, c'est-
à-dire dans le cas du décès, de la translation, de la démission ou de

la déposition canonique de l'évêque ou archevêque, il est pourvu, conformément aux lois canoniques, au gouvernement du diocèse. (*Décret du 28 février 1810, art. 5 et 6.*) Le chapitre doit, en conséquence, élire des vicaires généraux capitulaires. Leur nomination est subordonnée à l'agrément du gouvernement, comme celle des vicaires généraux de l'évêque. (*Même décret, art. 6.*)

En cas de mort, la *vacance* commence le lendemain du jour de la mort de l'ancien titulaire; elle finit le jour de la date de l'enregistrement au conseil d'Etat des bulles d'institution canonique du nouvel évêque.

En cas de translation, la *vacance* commence le jour de l'enregistrement des bulles pour le nouveau titre.

En cas de démission absolue, elle commencerait du jour de la date de l'acte de renonciation. (*Décision ministérielle du 29 septembre 1807.*)

Les membres du chapitre cathédral sont tenus de donner, sans délai, avis au gouvernement de la *vacance* du siége et des mesures qui ont été prises pour le gouvernement du diocèse vacant. (*Loi organ. du 18 germ. an X, art. 37.*)

§ III. Vacance *des cures et succursales.*

L'ouverture de la *vacance* d'une cure a lieu à la mort ou à la démission du titulaire et finit à la nomination du nouveau.

Le curé desservant ou vicaire chargé de la desserte pendant la *vacance* reçoit une indemnité de 200 francs. (*Voyez* binage.)

VACCINE.

Le gouvernement a plusieurs fois réclamé le concours du clergé pour la propagation de la *vaccine*. Nous nous contenterons de rapporter la circulaire suivante.

Un règlement du 1er mars 1842, statue, article 2, qu'aucun enfant ne peut être admis dans les écoles, s'il n'est dûment constaté qu'il a eu la petite vérole ou qu'il a été vacciné.

Circulaire *du 10 février 1834 aux archevêques et évêques réclamant le concours du clergé pour seconder la propagation de la vaccine.*

« Monseigneur,

« A l'époque où la pratique salutaire de la *vaccine* se répandit en France, les efforts de l'administration civile pour la propager furent puissamment secondés par le concours de MM. les évêques. Ce concours était nécessaire pour dissiper les préjugés religieux qui s'opposaient à cette propagation dans plusieurs communes rurales, et on lui doit une partie des succès obtenus. Les circonstances actuelles m'engagent à le réclamer de nouveau pour le même objet.

« Les derniers rapports de l'Académie royale de médecine signalent une diminution progressive dans le nombre des vaccinations, et un accroissement proportionnel dans le nombre des décès occasionnés par la variole. J'ai vu avec peine que la défaveur prononcée de certains membres du clergé contre la *vaccine* y est indiquée comme l'une des causes de ces fâcheux résultats.

« S'il est malheureux de voir de semblables préventions subsister parmi les classes peu éclairées, nonobstant l'autorité de la science et celle d'une expérience éprouvée, il serait plus malheureux encore de voir ces préventions encouragées par des hommes qui devraient s'armer de l'influence de leur ministère et de leur instruction pour les combattre. Ce tort n'est pas sans doute celui du plus grand nombre, mais il suffit qu'il soit partagé par quelques-uns pour donner lieu d'accuser le clergé ou de manquer de lumières, ou de mettre à les répandre une incurie qui peut devenir meurtrière par ses effets.

« MM. les curés ou desservants ne sauraient trop exhorter les pères et mères de famille à faire vacciner leurs enfants, en leur représentant vivement tout ce qu'une négligence blâmable sur ce point peut leur coûter de regrets amers.

« Il vous appartient, Monseigneur, d'imprimer à cet égard au clergé de votre diocèse une direction telle que la réclament l'intérêt de l'humanité et le vœu unanime de tous les hommes éclairés. »

VASES SACRÉS.

On entend par *vases sacrés* tous ceux qui servent à contenir la sainte eucharistie et les saintes huiles.

§ I. *Qui doit fournir les* VASES SACRÉS.

Les fabriques sont tenues de fournir un calice avec sa patène, un ostensoir, un ciboire, une petite boîte d'argent, appelée custode, pour porter le saint viatique aux malades, et de petits *vases*, appelés crémières, pour les saintes huiles. L'article 37 du décret du 30 décembre 1809, sans entrer dans ce détail, prescrit à la fabrique, en général, de fournir les *vases sacrés*.

La fabrique doit ajouter aux *vases sacrés* des burettes avec leur bassin, un encensoir et sa navette, un *vase* portatif et un goupillon pour l'aspersion de l'eau bénite, une fontaine et une cuvette à la sacristie.

Elle doit encore fournir une cuvette en plomb ou en cuivre étamé pour contenir l'eau baptismale, une croix pour la procession, un crucifix mobile, des chandeliers pour le grand autel et une lampe pour brûler devant le saint Sacrement, en un mot, tout ce qui regarde la nécessité du service divin. (*Voyez* ORNEMENT, LINGE.)

Tous les *vases sacrés* proprement dits, suivant les saints canons et les statuts de chaque diocèse, doivent être d'argent; la coupe du calice, l'intérieur de la patène, la coupe du ciboire et la boîte entre deux verres qui se met dans l'ostensoir, doivent être en vermeil ; on tolère que les pieds seulement des *vases sacrés* soient en cuivre argenté. Quand le calice, la patène et le ciboire perdent leur dorure, la fabrique est obligée de les faire redorer. Nous avons remarqué, dans certaines églises, une négligence très-coupable à cet égard.

Le curé doit donc toujours exiger de la fabrique que les *vases sacrés* soient tels que nous venons de le dire ; ce sont là des dépenses de première nécessité, et autrefois l'autorité civile, par un arrêt du parlement de Paris de 1746, avait décidé qu'on pouvait exiger, même devant les tribunaux, que ces *vases* fussent d'un métal précieux.

Si une fabrique était animée d'un assez mauvais esprit pour refuser des *vases sacrés* tels que les prescrivent les saintes lois de l'église, le curé ne pourrait aujourd'hui l'y contraindre par la voie des tribunaux : mais il devrait en référer à son évêque, qui, avec l'autorité civile, prendrait les mesures nécessaires pour y obliger la fabrique, ou dissoudre le conseil, qui, en cela, manquerait gravement à ses obligations.

Il y a des curés qui, par des motifs de paix que nous ne saurions approuver, tolèrent des *vases sacrés* qui ne sont pas en règle ; nous nous permettrons de dire que cette conduite de leur part n'est pas irréprochable, et qu'elle dénote peu de zèle et peu de foi. (*Voyez* notre DICTIONNAIRE DE DROIT CANON.)

Tous les *vases sacrés* doivent être décents et bien entretenus ; leur nombre doit croître en raison du nombre des prêtres attachés au service de chaque paroisse. On ne peut exiger qu'il y ait deux calices lorsqu'il n'y a que deux prêtres, parce qu'alors il est rare qu'ils soient obligés de dire la messe aux mêmes heures : un seul peut donc absolument suffire. Mais on peut exiger de la fabrique qu'il y ait deux calices lorsqu'il y a trois prêtres, l'heure des messes devant souvent concourir pour le bien de la paroisse.

S'il y a dans une paroisse des *vases sacrés* plus que le curé n'a droit d'en exiger à la rigueur, ils doivent être entretenus par la fabrique, à moins qu'ils ne fussent d'un prix excessif et d'un entretien trop dispendieux ; dans ce cas, on attend qu'ils soient hors de service.

Si les *vases sacrés*, dit Mgr Affre, sont d'un goût gothique, on peut exiger qu'ils soient remplacés par d'autres d'un goût plus moderne. Nous ne partageons pas ce sentiment ; nous pensons, au contraire, qu'il faut conserver précieusement les anciens *vases sacrés* qui sont en général préférables aux nouveaux, et qui rappellent souvent le don d'un bienfaiteur de la paroisse. (*Voyez* OBJETS D'ART.) Dans un cas semblable, il serait mieux de se procurer un *vase sacré* d'un goût moderne et conserver celui d'un goût gothique. Quand on le veut sincèrement, on trouve toujours des ressources pour ces sortes de choses. D'ailleurs la fabrique peut demander une subvention à la commune. (*Voyez* SUBVENTION.)

Nous croyons devoir prémunir ici les fabriciens contre les fraudes de certains marchands ambulants qui offrent des ostensoirs, des ciboires, etc., en cuivre et en maillechor. Ces objets ont beaucoup de éclat; on les confond facilement avec des *vases* d'argent. Ces marchands demandent en échange aux fabriques les anciens *vases sacrés* de leurs églises. Séduits par les dimensions et l'effet de ces ostensoirs, les fabriciens consentent quelquefois à des marchés qui tournent au détriment de la fabrique. Au bout de peu de temps les nouveaux vases ont perdu leur éclat, et l'on n'a plus entre les mains qu'un métal sans valeur, au lieu de l'argent que l'on possédait auparavant. Dans un temps où l'on altère toutes les substances, tous les produits, et où la bonne foi est si rare, la cupidité si active, les administrateurs des églises ne doivent rien négliger pour ne pas être victimes de la fraude et du mensonge.

Les *vases sacrés*, quoique faisant partie du mobilier utile de l'église, ne sont pas à la disposition absolue de la fabrique, car ils ont reçu une consécration par l'évêque et par l'usage saint auquel ils sont destinés; les laïques et les clercs qui ne sont pas sous-diacres, ne doivent pas même les toucher, à moins d'une permission spéciale de l'évêque ou de son grand vicaire. Les membres de la fabrique ne pourraient donc pas en disposer comme d'un objet de simple usage; leur garde appartient, par la même raison, au curé exclusivement. Il doit les conserver dans un endroit sûr et fermé à clef. Mais la fabrique surveille leur garde; c'est à elle à faire disposer le lieu de sûreté pour leur conservation.

§ II. *Entretien et propreté des* VASES SACRÉS.

Un soin bien digne de toute l'attention et du zèle d'un curé, dit M. l'abbé Dieulieu, dans son *Guide des curés*, c'est d'entretenir dans un état de propreté convenable tous les divers objets destinés au service du culte, tels que *vases sacrés*, ornements, linges, chandeliers, tableaux, etc. Saint Charles n'a pas craint d'en faire le sujet d'instructions toutes spéciales dans l'ouvrage intitulé : *Acta ecclesiæ Mediolanensis.*

Nous pensons que MM. les ecclésiastiques ne regarderont pas comme indignes de leur sollicitude des précautions que prenait luimême un de nos plus grands pontifes. Nous empruntons à son ouvrage quelques avis, et à plusieurs rituels divers moyens à prendre pour tenir toujours dans un état de conservation et de propreté tout le mobilier des églises. On voudra bien les communiquer aux fabriciens et aux personnes chargées du soin des sacristies.

Les *vases sacrés*, principalement l'ostensoir et le calice, doivent avoir un fourreau en étoffe ou un étui. Avant de les renfermer, après s'en être servi, il serait bon de les essuyer avec une peau de buffle ou toute autre peau chamoisée; cela est préférable au linge, qui laisse toujours quelques stries. L'usage de cette peau est habituel chez les orfèvres pour enlever la moiteur et la poussière, et maintenir toujours propres et brillants les objets précieux qu'ils étalent dans leurs magasins.

Lorsqu'un calice ou tout autre objet d'or ou d'argent devient terne, on peut, à l'aide d'un linge fin et légèrement mouillé, faire disparaître cette première souillure, puis faire usage de la peau chamoisée : *Calices et patenæ quinto decimo die, levi manu, aqua tepida laventur*, dit saint Charles. Aussi faut-il faire de temps en temps ce que ce saint évêque voulait qu'on fît tous les quinze jours pour rendre aux *vases sacrés* leur premier éclat. Lorsqu'ils sont restés longtemps sans être nettoyés, ils se couvrent d'un enduit, produit par le mélange de la poussière et de l'humidité, qui s'insinue dans les ciselures et en ternit le lustre. Pour enlever cet enduit, il faut couvrir toute la surface du *vase* d'une pâte molle de savon, le laisser sécher en cet état, puis le laver dans de l'eau de lessive chaude, le rincer dans plusieurs eaux, l'essuyer quand il est parfaitement sec et le frotter avec la peau chamoisée. Saint Charles veut que les calices soient purifiés de la sorte tous les six mois, il doit en être de même pour les ciboires et les ostensoirs. Une eau de savon bouillante nettoye aussi parfaitement tous les objets d'or et d'argent.

On peut nettoyer de la même manière tous les *vases* de métal dorés ou argentés, tels que crémières, bassins, burettes, chandeliers, croix, bénitiers, lampes, encensoirs, navettes, etc. L'usage du blanc de Troyes et d'autres poudres employées trop fréquemment a le grave inconvénient de laisser des traces au détriment des dorures et des dessins. A plus forte raison, doit-on s'abstenir des brosses de crin dur ou des instruments de fer, pour enlever des taches qui ne paraîtraient par le moyen de l'eau chaude, par exemple les taches de cire ou de bougie.

Les objets de cuivre, quand ils ne sont pas vernis, se nettoyent au tripoli, que l'on applique à sec et dont le frottage se fait avec la peau de buffle. On pourrait aussi recourir à l'emploi de l'eau de lessive chaude, rincer ensuite dans l'eau chaude, sécher et frotter. Mais on ne doit jamais faire usage de vinaigre ni d'autres substances acides pour nettoyer le cuivre.

Les objets d'étain s'oxydent très-promptement et demandent beaucoup de soin. Il faut, pour les maintenir propres et brillants, les laver souvent à l'eau de savon ou avec une décoction de son, et les frotter à sec avec une étoffe de laine.

VENTE.

La vente est une convention par laquelle l'un s'oblige à livrer une chose, et l'autre à la payer. (*Art.* 1582 *du Code civil.*)

Elle peut être faite par acte authentique ou sous seing privé. (*Id.*) Nous avons déjà parlé de la *vente* des biens des fabriques sous le mot ALIÉNATION. Nous nous contenterons donc de rappeler ici que pour vendre un bien, une fabrique est obligée d'en justifier la nécessité ou l'utilité : on ne peut en effet sacrifier les ressources d'un établissement aux besoins du moment, si ces besoins ne sont pas urgents. Deux avis du comité de l'intérieur du 30 mai 1833 et du 13 septembre 1835 portent que la modicité du revenu des biens fonciers et que l'assurance de procurer aux établissements un revenu supérieur, en vendant ces biens, ne seraient pas un motif suffisant pour légitimer leur aliénation.

La *vente* des biens d'établissements placés en état de minorité perpétuelle ne peut généralement être faite à l'amiable.

Les fabriques n'ont néanmoins aucun besoin d'autorisation pour vendre ou échanger des objets mobiliers de l'église, et les remplacer par d'autres. Ces actes sont de leur compétence. Il n'y aurait d'exception que pour les objets d'art et de grand prix, qu'il ne faut jamais vendre sans consulter l'évêque. (*Voyez* OBJETS D'ART.)

Aux termes de l'article 532 du Code civil, les matériaux provenant de la démolition d'un édifice sont meubles jusqu'à ce qu'ils soient employés par l'ouvrier dans une construction. En conséquence la fabrique pourrait vendre, sans autorisation du gouvernement, les matériaux provenant d'une ancienne église supprimée, d'un presbytère, d'un bâtiment, d'un mur, que l'on ne jugerait pas à propos de faire rééd ifier ; mais il lui faudrait l'autorisation du préfet sur l'avis de l'évêque. Il ne faudrait pas cependant que l'emplacement y fût compris, car alors ce serait une véritable *vente* d'immeubles. C'est ce qui résulte des dépêches du ministre de l'intérieur, des 12 juillet 1819 et 25 octobre 1826, adressées au préfet de la Seine-Inférieure. (*Voyez* MATÉRIAUX.)

Un acte de *vente* contenant une donation déguisée est valable, quoique cet acte de *vente* soit écrit de la main du donataire et ne contienne de la part du donateur que ces mots : *Approuvant l'écriture et le contenu ci-dessus*, avec sa signature. (*Arrêt de la Cour royale de Toulouse, du 10 janvier 1843.*)

MODÈLE *de vente d'un objet à terme.*

Les soussignés A.   , d'une part, et B.   , d'autre part, ont fait et arrêté cejourd'hui entre eux la convention dont la teneur suit :

A.   vend et transporte, par les présentes, à B. (*spécifier l'objet vendu*), et dont celui-ci a déclaré avoir parfaite connaissance, pour et moyennant la somme de   que ledit B. promet et s'oblige de payer audit A.   , en quatre termes et payements égaux, savoir : le premier dans trois mois, et les trois autres termes à l'expiration de chaque trimestre suivant, avec intérêts et sous la réserve que fait ledit B.   d'user, si bon lui semble, de la faculté d'anticiper lesdits payements ; auquel cas le vendeur sera tenu de les accepter, ce qui a été consenti par ce dernier.

Fait double à   , ce

Signatures.

VÊPRES.

La prohibition portée par l'article 3 de la loi du 18 novembre 1814, et d'après laquelle les cabaretiers, marchands de vin, etc. ne peuvent tenir leurs maisons ouvertes pendant l'office divin, comprend le temps des *vêpres* aussi bien que celui de la messe. (*Arrêts de la Cour de cassation du 6 décembre 1851 et 16 février 1854 rapportés sous le mot* DIMANCHE.)

Les séances du conseil de fabrique ont lieu à l'issue de la grand messe ou des *vêpres*. (*Décret de 1819, art. 10.*)

VERRIÈRES.

Les fabriques des églises qui ont le bonheur de posséder d'anciens vitraux peuvent les préserver des atteintes des pierres et de la grêle qui en a détruit une si grande quantité, par des treillages de fort fil d'archal, ou au moins par des claies d'osier, quand les ressources ne permettent pas de faire mieux. Il est à désirer qu'une telle précaution devienne générale, lors même qu'on aurait établi une grille d'enceinte.

Un autre soin, non moins essentiel, que doivent observer les fabriques, pour la conservation des *verrières*, est celui de faire boucher sans retard, ne fût-ce qu'avec du verre blanc, ne fût-ce qu'avec du plâtre dans un village, le moindre trou qu'on vient à remarquer dans un vitrail. La plus faible ouverture peut permettre à un coup de vent d'enfoncer un panneau tout entier, surtout si les plombs sont oxydés. (*Voyez* VITRAUX.)

VÊTEMENTS SACERDOTAUX.

(*Voyez* COSTUME, ORNEMENTS.)

VIATIQUE.

Les usages de l'Eglise catholique ont consacré l'exercice de certaines cérémonies extérieures. Relativement au transport du saint *viatique* aux malades, le décret du 24 messidor an XII statue ce qui suit (*art. 1, titre II*) : « Lorsqu'il passe à la vue d'une troupe sous les armes ou en marche, d'une garde ou d'un poste, les sous-officiers et soldats doivent prendre les armes, les présenter, mettre le genou droit en terre, incliner la tête et porter la main droite au chapeau ; mais ils restent couverts ; le drapeau salue, etc. (Voyez ce décret sous le mot PRÉSÉANCE.)

Une décision ministérielle de l'an X dit qu'on peut porter publiquement le saint *viatique* aux malades, en habits sacerdotaux avec les cérémonies ordinaires.

VICAIRES.

On distingue plusieurs sortes de *vicaires*, les *vicaires* généraux d'archevêque ou d'évêque, les *vicaires* généraux capitulaires, les *vicaires* des églises curiales, et les *vicaires* chapelains.

§ I. VICAIRES GÉNÉRAUX *des archevêques et évêques*.

Les *vicaires généraux* sont des ecclésiastiques chargés par l'archevêque ou l'évêque de l'aider ou de le suppléer dans l'administration de son diocèse.

Chaque archevêque peut nommer trois *vicaires généraux*, et chaque évêque peut en nommer deux. La nomination de ces *vicaires* doit être agréée par le gouvernement. (*Loi du* 18 *germinal an* X, *art.* 16 *et* 21.)

Il est libre aux évêques de se donner un plus grand nombre de coopérateurs que celui ci-dessus fixé, pourvu que leur mandat ne comprenne point des actes qui aient besoin de la sanction du gouvernement pour être exécutoires. Il peut y avoir, en conséquence, des *vicaires généraux* agréés par le gouvernement, et des *vicaires généraux* non agréés. Le gouvernement, dans ses relations avec le diocèse, ne peut connaître que les *vicaires généraux* par lui agréés, dans les limites ci-dessus tracées ; les *vicaires généraux* non agréés peuvent faire les actes de juridiction spirituelle qui ne touchent qu'à la solution des cas de conscience, à la décision des points théologiques, et au maintien de la discipline. (*Décision ministérielle du* 29 *brumaire an XII.*)

Les *vicaires généraux* sont révocables à la volonté de l'évêque ; ils perdent également ce titre à la mort de l'évêque ou lorsque celui-ci passe à un autre siége. Enfin ils peuvent donner leur démission à raison de leurs infirmités ou pour tout autre motif. Mais après avoir exercé cette haute juridiction, il est convenable que ces ecclésiastiques, en général hommes de grand mérite, ne descendent pas à un rang subalterne et qu'ils aient, dans le diocèse qu'ils ont administré, une position honorable et indépendante. C'est ce qu'a compris le décret du 26 février 1840, modifié par l'ordonnance du 29 septembre 1824, qui leur accorde le privilége de pouvoir jouir du premier canonicat vacant dans le chapitre du diocèse, et, en attendant leur nomination de chanoine titulaire, d'un traitement annuel de 1,500 francs (1). Mais ce privilége n'est accordé qu'aux ecclésiastiques qui ont rempli les fonctions de *vicaire général* pendant trois ans consécutifs. Ceux qui ont rempli ces fonctions pendant un intervalle moins long n'y ont aucun droit. Ce privilége n'est point applicable aux *vicaires généraux* honoraires. Voici du reste le texte du décret qui règle et qui accorde ce droit aux anciens *grands vicaires*, et celui de l'ordonnance du 29 septembre 1824 qui semble le modifier ou le supprimer, mais qui, en résumé, le confirme.

DÉCRET *du 26 février* 1810 *relatif aux vicaires généraux.*

« ART. 1er. Tout ecclésiastique qui ayant, pendant trois ans consécutifs, rempli les fonctions de *vicaire général* perdrait cette place, soit par suite d'un changement d'évêque, soit à raison de son âge ou de ses infirmités, aura le premier canonicat vacant dans le chapitre du diocèse.

« ART. 2. En attendant cette vacance, il continuera de siéger dans le chapitre avec le titre de chanoine honoraire.

« ART. 3. Son temps de vicariat général lui sera compté par son rang dans le chapitre.

« ART. 4. Il recevra, jusqu'à l'époque de sa nomination de chanoine titulaire, un traitement annuel de 1,500 francs. »

ORDONNANCE *du roi du* 29 *septembre* 1824, *relative au secours de* 1,500 *francs par an qui peut être accordé aux vicaires généraux mis hors de service après trois ans consécutifs d'activité.*

« Vu un décret du 26 février 1810, par lequel il était dit que tout *vicaire général* que son âge, son infirmité, ou un changement d'évêque, mettraient hors d'exercice après trois ans consécutifs d'activité, recevrait un traitement annuel de 1,500 francs, jusqu'à sa nomination au premier canonicat vacant dans le chapitre diocésain ;

« Vu les lois de finances qui ont supprimé les traitements conservés ;

« Sur le rapport, etc.,

« ART. 1er. Lorsqu'un *vicaire général* jouissant en cette qualité d'un traitement sur notre trésor, aura perdu sa place, après trois ans consécutifs d'exercice, soit par suite d'un changement d'évêque, soit en raison de son âge ou de ses infirmités, nous nous réservons d'accorder audit *vicaire général* hors d'exercice, s'il n'est pas pourvu d'un canonicat, un secours de 1,500 francs par an jusqu'à sa nomination soit au premier canonicat vacant dans le chapitre diocésain, soit à un autre titre ecclésiastique susceptible d'être présenté à notre agrément, ou jusqu'à ce qu'il nous plaise de lui conférer, dans tout autre diocèse, une chanoinie à nous due, à cause du serment de fidélité, de joyeux avènement ou de droit de régale, et qu'il en ait été mis en possession.

« ART. 2. Le décret du 26 février 1810 est abrogé. »

(1) Maintenant les chanoines ont un traitement de 1,600 francs. Voyez ci-dessous sous le mot TRAITEMENT le décret du 2 août 1858.

§ II. Vicaires généraux *capitulaires*.

On appelle *vicaires généraux* capitulaires ceux qui sont élus par le chapitre, dans le cas de vacance du siége métropolitain ou diocésain.

La nomination des *vicaires généraux* capitulaires doit être agréée par le gouvernement, comme celle des *vicaires généraux* ordinaires. (*Décret du 28 février 1810, art. 6.*)

Les *vicaires généraux* capitulaires gouvernent le diocèse pendant la vacance du siége : ils ne peuvent se permettre aucune innovation dans les usages et coutumes du diocèse. (*Art. organ.* 38.)

Si le chapitre confère la qualité de *vicaire général* capitulaire à un chanoine, cette nomination ne lui fait pas perdre son titre de chanoine ; ainsi, lorsqu'il cesse de remplir les fonctions de *vicaire général*, il reprend ses fonctions de chanoine. (*Décision ministérielle du 28 mai 1813.*)

Les *vicaires généraux* capitulaires ont droit au traitement ordinaire des *vicaires généraux*, à compter du jour de leur nomination par le chapitre ; mais ils ne peuvent le recevoir qu'après que leur nomination a été agréée par le gouvernement.

L'ordonnance du 13 mars 1832, portant que les *vicaires généraux* ne recevront leur traitement qu'après leur nomination et à partir de leur prise de possession, n'est pas applicable aux *vicaires généraux* capitulaires. Dès-lors, elle n'a point dérogé à la règle antérieurement suivie, d'après laquelle leur traitement leur était acquis à compter du jour de leur élection par le chapitre, mais après l'approbation de cette élection par ordonnance royale. (*Avis du conseil d'Etat du 27 novembre 1840.*)

La position des *vicaires généraux* capitulaires est, en effet, bien différente de celle des *vicaires généraux* non capitulaires, et autres titulaires ecclésiastiques. Ceux-ci n'entrent ou ne doivent entrer réellement en fonctions qu'après l'approbation de leur nomination ; quant aux *vicaires généraux* capitulaires, il est de toute nécessité qu'ils entrent en fonctions aussitôt après le décès ou la démission de l'évêque. Il est donc juste que leur traitement remonte au jour où ils ont été réellement chargés du service diocésain.

§ III. Vicaires *paroissiaux*.

Le *vicaire* est un ecclésiastique chargé d'aider ou de suppléer le curé dans le service paroissial.

Il est nommé par l'évêque et révocable par lui. (*Loi organique, art.* 31.) Il exerce son ministère sous la surveillance et la direction du curé.

L'établissement d'un *vicaire* peut être déterminé par différentes circonstances. On distingue : 1° celle où la population est trop considérable, ou la commune trop étendue, pour que le curé ou desservant puisse suffire au besoin de la paroisse; celle ou un curé ou desservant est devenu, par son âge ou ses infirmités, dans l'impuissance de remplir seul ses fonctions et demande cet établissement. (*Décret du 17 novembre 1811, art. 15.*)

C'est l'évêque qui établit les *vicaires* et en fixe le nombre, sur la délibération des marguilliers et l'avis du conseil municipal. (*Décret du 30 décembre 1809, art. 38.*) C'est à lui seul qu'il appartient de décider finalement de la question d'utilité ou d'inutilité d'un *vicaire*. Rien n'était plus juste, remarque judicieusement M. Dieulin, car autrement l'évêque n'aurait pas à sa disposition les moyens de pourvoir convenablement aux besoins spirituels des paroisses.

Les marguilliers et les conseillers municipaux ne donnent qu'un avis, tandis que l'évêque prononce. Si cependant il y avait contestation entre l'évêque et le préfet sur l'utilité de l'établissement d'un *vicaire*, il en serait référé au ministre, qui ferait statuer par un décret impérial. L'avis municipal ne serait pas nécessaire, si la commune ne payait rien au *vicaire;* la décision de l'évêque suffit. S'il y avait dans la paroisse un vicariat établi par le gouvernement, cette érection constaterait suffisamment la nécessité d'un *vicaire.*

Le *vicaire* reçoit un traitement de la fabrique, ou, à défaut de ressources suffisantes de cette dernière, de la commune, lorsque la nécessité de son établissement a été constatée dans les formes prescrites. Le traitement est de 500 francs au plus, et de 300 francs au moins. Il ne court que du jour de l'installation du *vicaire*, constatée par le bureau des marguilliers. (*Voyez* TRAITEMENT.)

Dans une circulaire, en date du 5 mai 1831, M. d'Argout, ministre du commerce et des travaux publics, décide que le minimum du traitement à payer aux *vicaires* par les fabriques ou les communes doit être réduit à 250 fr. ; mais cette circulaire est illégale et entachée d'erreurs que nous croyons inutiles de relever. Nous nous contenterons de rappeler un principe de jurisprudence incontestable, c'est qu'une circulaire ministérielle ne saurait modifier un décret impérial qui a force de loi. Or la loi du 2 août 1829, et l'ordonnance royale du 8 janvier 1830, qui ont élevé de 300 à 350 fr. le secours alloué par l'Etat aux *vicaires* autres que ceux des villes de grande population, n'ont point dérogé à l'article 40 du décret du 30 décembre 1809, et par conséquent le traitement que les *vicaires* sont en droit d'exiger des fabriques ou des communes est toujours de 500 fr. au plus et de 300 fr. au moins, conformément au décret précité.

On a prétendu que les *vicaires*, indépendamment de l'indemnité de 350 fr. qu'ils reçoivent de l'Etat, et du traitement obligatoire de 300 fr. à 500 fr. qui leur est dû par la fabrique ou la commune même, peuvent, en outre, recevoir de la commune un supplément de traitement plus ou moins fort, jusqu'à concurrence de 300 fr. Il n'en est point ainsi; jamais de semblables suppléments ne sont votés en faveur des *vicaires*, jamais les préfets n'en approuveraient l'allocation. L'article 40 du décret du 30 décembre 1809 lui-même s'y oppose, puisque cet article n'a pas voulu que le traitement attribué aux *vicaires* s'élevât au-dessus de 500 fr. Donner une somme plus forte, en en votant une partie sous le nom de traitement, et en en déguisant une autre partie sous le nom de supplément de traitement, ce serait, de la part de la fabrique ou de la commune, violer évidemment les dispositions limitatives du décret.

Cependant un *vicaire* s'est plaint de ce que le conseil municipal ne lui allouait que 250 francs, pour son traitement, au lieu de 300 francs, minimum fixé par l'article 40 du décret du 30 décembre 1809. Le préfet du département a exprimé à cette occasion le désir de connaître la règle à suivre en pareille matière. Il a reçu la réponse suivante :

« L'article précité du décret de 1809 a été implicitement modifié par la loi de finances du 2 août 1829 et l'ordonnance du 6 janvier 1830, qui, en portant de 300 francs à 350 francs l'indemnité que le gouvernement peut allouer sur les fonds de l'Etat aux *vicaires* des communes ayant moins de cinq mille âmes, ont eu pour but de réduire dans la même proportion le minimum de traitement dû aux *vicaires* par ces communes.

« Il suit de là que, lorsqu'un *vicaire* reçoit de l'Etat une indemnité de 350 francs, la commune n'est tenue de lui payer qu'un traitement de 250 francs ; mais que, dans le cas contraire, il a droit au minimum de 300 francs, fixé par le décret de 1809. ·

« Cette règle, au surplus, a commencé à être appliquée à partir de 1831, et, d'après les renseignements fournis par l'administration même des cultes, elle n'a pas cessé d'être en vigueur. (*Bulletin officiel du ministère de l'intérieur, année* 1863, n° 54.)

Cette interprétation du ministre de l'intérieur ou de l'administration des cultes est fausse et erronée. Il est très-évident que le but de l'ordonnance du 6 janvier 1830 était d'améliorer le sort des *vicaires* comme elle améliorait le sort des curés desservants en augmentant leur traitement de 50 francs.

Lorsqu'un *vicaire* a été régulièrement institué dans une paroisse par l'autorité diocésaine, son traitement fait partie des dépenses obligatoires que le décret du 30 décembre 1809 met en première ligne à la charge de la fabrique et subsidiairement à celle de la commune. Dès-lors que l'insuffisance des ressources de la fabrique est dûment constatée, la commune ne peut pas se dispenser de subvenir à ce traitement, et, en cas de refus de sa part, l'administration supérieure a pour devoir de l'y forcer, sauf au conseil municipal à se pourvoir, comme les articles 96 et 97 du décret de 1809 lui en donnent les moyens, contre la création même du vicariat, s'il persiste à le considérer comme inutile. (*Bulletin officiel du ministère de l'intérieur, n° 23.*)

Les curés et desservants ne peuvent être portés comme *vicaires*, même dans d'autres communes ou paroisses, et jouir cumulativement avec leur traitement de l'indemnité attribué aux *vicaires*. (*Circul. du 12 décembre* 1820.)

§ IV. LES VICAIRES *qui habitent au presbytère sont-ils obligés de payer la contribution mobilière.*

La loi de finances du 21 avril 1832, qui régit la matière, a eu pour but d'établir l'égalité et l'uniformité de la répartition des impôts entre tous les français dans la proportion de leur fortune. Aux termes des articles, 12, 13 et 15 de cette loi, la contribution personnelle et mobilière est due par chaque habitant français jouissant de ses droits *et non réputé indigent ;* la taxe personnelle n'est due que dans la commune du domicile réel; la contribution mobilière est due par *toute habitation meublée,* située soit dans la commune du domicile réel, soit dans toute autre commune. En vertu du dernier paragraphe de l'article 27 de la même loi, les ecclésiastiques logés *gratuitement* dans les bâtiments appartenant à l'Etat, aux départements, aux arrondissements, *aux communes* et aux hospices, sont *imposables d'après la valeur locative des parties de ces bâtiments affectés à leur habitation personnelle.*

Il a été décidé par plusieurs arrêts du conseil d'Etat, notamment ceux des 19 avril et 1er novembre 1838, 22 janvier 1840, etc., et il est de jurisprudence que les dispositions ci-dessus transcrites sont applicables aux ecclésiastiques logés gratuitement dans les presbytères. Par conséquent, les *vicaires* qui ne peuvent être réputés indigents, doivent payer, en *règle générale*, les contributions personnelle et mobilière. Faut-il apporter une exception à cette règle générale en ce qui concerne la contribution mobilière, parce que les meubles garnissant la chambre qu'ils sont obligés d'habiter dans le presbytère appartiennent au curé ? Sans doute la position particulière de ces *vicaires* mérite d'être prise en grande considération au point de vue de l'équité; mais, au point de vue rigoureux de la loi fiscale, aucun texte n'autorise une exception en leur faveur; on peut même leur opposer quelques-unes de ses dispositions. Il importe de remarquer d'abord que, pour payer la contribution mobilière, la loi du 21 avril 1832 n'exige pas la propriété des meubles, elle veut seulement que le contribuable occupe une habitation meublée, mais sans spécifier que les meubles devront lui appartenir. Ce qui le démontre manifestement, c'est son article 16 ainsi conçu : « Les habitants qui n'occupent que des appartements garnis, ne seront assujettis à la contribution mobilière qu'à raison de la valeur locative de leur logement évalué comme un logement non meublé. » Assurément il ne serait pas convenable d'assimiler ces presbytères à un hôtel garni. Néanmoins on trouve dans cet article 16 et dans les articles 13 et 15 de la loi du 22 avril 1832 : 1° la preuve qu'un habitant de la France peut être soumis à la contribution mobilière sans être propriétaire des meubles placés dans son appartement; 2° un moyen légal d'apprécier et de fixer la quotité de cette contribution dans le cas où les meubles dont il se sert ne sont pas à lui. D'ailleurs les livres, le linge, les vêtements, les caisses, les malles et les autres objets que les *vicaires* ont apportés dans leur chambre dépendant du presbytère, forment une espèce de mobilier.

D'après ces motifs, nous pensons que les *vicaires* logés gratuitement dans une chambre du presbytère dont le curé leur a prêté les meubles, sont passibles de la contribution mobilière suivant le texte, rigoureusement interprété de la loi du 21 avril 1832. Nous pensons, en outre, qu'on ne peut la faire payer par le curé. D'une part, en effet, le curé ne doit la contribution mobilière, selon l'article 15 de cette loi, que pour la partie des bâtiments affectée à son habitation personnelle; or il n'occupe plus lui-même, en réalité, les chambres dont il s'est privé pour y loger ses *vicaires*. D'un autre côté, ainsi que l'a décidé un arrêt du conseil d'État, en date du 4 février 1836, les propriétaires et les usufruitiers qui louent une partie de leur maison, ou en cèdent à un autre la jouissance, les locataires, qui sous-louent une portion des lieux loués, ne sont sujets à la contribution mobilière que pour la partie de la maison qu'ils habitent personnellement.

Les *vicaires*, en conséquence, doivent acquitter la contribution mobilière qui leur est d'ailleurs directement imposée. Ordinairement dans les paroisses rurales, leurs ressources sont très-restreintes; si cette contribution est trop onéreuse pour quelques *vicaires*, ils ont la faculté de recourir à l'équité du conseil municipal de leur commune. L'article 8 de la loi du 21 avril 1832 accorde formellement aux conseils municipaux, lorsque le travail des répartiteurs leur est présenté, le droit de désigner les habitants qu'ils croient devoir exempter de toute cotisation, et ceux qu'ils jugent convenable de n'assujettir qu'à la taxe personnelle; grâce à cette disposition, il reste aux *vicaires*, réduits à leur modique traitement, l'espérance d'être affranchis de la contribution mobilière. (*Voyez* IMPÔT.) Telle est l'opinion du *Nouveau Journal des fabriques*, que nous adoptons.

Il n'est pas dû de logement aux *vicaires*; ils n'ont aucun droit au casuel, qui appartient au curé.

PROCÈS-VERBAL *d'entrée en fonctions d'un vicaire.*

L'an de grâce mil huit cent   , le   , le bureau des marguilliers de l'église Saint-N.   de   , dûment convoqué et réuni dans le lieu ordinaire de ses séances, étant présents MM. N.   , N.   , N.   , N.

M. le curé a invité le bureau à constater l'époque de l'entrée en fonctions de M. N.   , nommé par Monseigneur l'évêque *vicaire* de cette paroisse. Le bureau, faisant droit à la demande, déclare que M. N.   est entré en fonctions en sa qualité de *vicaire* de cette paroisse, le   , et arrête qu'aux termes de l'ordonnance du 13 mars 1832 il sera fait deux expéditions du procès-verbal de la séance, pour être transmises à Monseigneur l'évêque et à Monsieur le préfet.

Fait et signé en séance, les jour, mois et an ci-dessus.

Suivent les signatures.

DÉLIBÉRATION *du bureau des marguilliers, demandant l'établissement d'un vicaire.*

L'an mil huit cent   , le   , le bureau des marguilliers de la paroisse de   , s'est réuni à la sacristie (*ou* au presbytère), conformément à la convocation faite par M. le curé.

La séance étant ouverte, M. l'abbé N.   , curé de la paroisse a déclaré que son âge et ses infirmités (ou l'accroissement de la population) ne lui permettaient plus désormais de remplir seul ses fonctions, et qu'il se trouvait dans la nécessité de réclamer l'assistance d'un *vicaire,* ainsi qu'il y est autorisé par l'article 16 du 17 novembre 1811 ;

Le bureau, considérant que ce vœu est légitime, que la fabrique et, au besoin, la commune, peuvent aisément pourvoir sur leurs revenus ordinaires au traitement d'un *vicaire,*

A été d'avis, à l'unanimité, à demander à Mgr l'évêque du diocèse la nomination d'un *vicaire* pour la paroisse, et de fixer provisoirement son traitement à   .

Fait et délibéré à   , les jour, mois et an susdits.

Signatures.

AVIS *du conseil municipal pour l'établissement d'un vicaire.*

L'an mil huit cent, etc.

M. le maire a donné communication au conseil d'une délibération du bureau des marguilliers de l'église de   , en date du   , demandant qu'il soit envoyé un *vicaire* dans la paroisse, pour assister M. le curé dans ses fonctions spirituelles, et l'a invité à délibérer sur cette demande ; il a fait observer qu'en cas d'insuffisance des ressources de la fabrique pour le traitement du vicaire, la commune serait appelée à fournir pour cet objet une subvention annuelle sur les fonds de son budget.

Le conseil municipal, considérant que l'utilité d'un *vicaire* ne saurait être l'objet d'aucun doute, après la déclaration du vénérable pasteur de la paroisse, estime qu'il y a lieu de faire droit à la demande du bureau des marguilliers.

Fait et délibéré à   , les jour, mois et an susdits.

Signatures.

§ V. VICAIRE *chapelain.*

Lorsqu'une commune, où il n'a été établi ni cure ni succursale, a pris, suivant les formes administratives, l'engagement d'entretenir son église et d'assurer son traitement pour la desservir, c'est-à-dire, lorsque son église a été régulièrement érigée en chapelle, un *vicaire* peut y être placé et être chargé du service spécial de cette église. (*Ordonnance du* 25 *août* 1819.) La chapelle ainsi desservie est désignée généralement sous le nom de chapelle vicariale. (*Voyez* CHAPELLE, § II.)

Il ne pourrait êre établi un vicariat subventionné sur les fonds de l'Etat, dans une annexe, sans violer les règles posées par l'ordonnance du 25 août 1819. (*Avis du conseil d'Etat, du* 12 *novembre* 1840.)

Il est facile de comprendre les motifs de cette distinction. L'annexe est un établissement tellement précaire et personnel aux souscripteurs, qu'on ne peut appeler les fonds communaux à contribuer à aucune de ses dépenses ; à plus forte raison, les fonds de l'Etat ne doivent pas recevoir cette destination. (*Voyez* ANNEXE.)

Le *vicaire* d'une chapelle vicariale a réellement le caractère d'un véritable chapelain, et il en exerce complètement toutes les fonctions ; mais de plus, il a droit, en raison de son titre de *vicaire*, à recevoir à la fois le traitement qui est attribué au chapelain sur les fonds de la commune, et le secours accordé aux *vicaires* sur les fonds de l'Etat.

Le titre de *vicaire*, qui lui est attribué nonobstant ses fonctions, qui sont en réalité celles du chapelain ou *vicaire*, n'a d'autre objet que de lui donner droit à l'indemnité allouée aux *vicaires* par le gouvernement. (*Voyez* CHAPELAIN.)

§ V. VICAIRES. — *S'ils peuvent être fabriciens.*

(*Voyez* FABRICIEN, § V.)

VICE-PRÉSIDENT.

(*Voyez* PRÉSIDENT.)

VILLE.

L'article 7 de l'ordonnance du 12 janvier 1825 a modifié l'article 33 du décret du 30 décembre 1809, aux termes duquel la nomination et la révocation des serviteurs de l'église appartenait aux marguilliers, sur la proposition du curé ou desservant. Actuellement ce droit est exclusivement réservé au curé, dans les paroisses rurales; le privilège des marguilliers n'est plus réservé que pour les *villes*. Mais comment distinguer une *ville* d'une commune rurale? Il n'existe aucune règle générale applicable à cette question. (*Voyez* COMMUNES RURALES.)

Le terme *ville* n'est clairement défini ni dans l'ancien droit, ni dans le nouveau. Par *ville*, la Cour de Rome entendait et entend encore tout lieu pourvu d'un siège épiscopal. En 1515, les lois françaises ne reconnaissaient ce titre qu'aux cités entourées de murailles, parce que tous lieux tant soit peu populeux avaient autrefois une enceinte de ce genre. Mais lorsque des cités considérables perdirent leurs remparts, il fallut bien un autre signe pour distinguer les *villes* des bourgs. Une loi du 11 brumaire an II (31 octobre 1793) substitua aux noms de bourgs et de *villes* l'appellation uniforme de communes. Mais que pouvait un décret contre l'empire de l'habitude, fondé lui même sur une distinction très-réelle, quoique vague? Les lois continuèrent à distinguer les *villes* des bourgs, les communes urbaines des communes rurales, sans donner un signe certain et facile pour les reconnaître.

Dans cette position, dit M. Affre, lorsqu'il s'élève un doute, c'est à l'autorité ministérielle à le résoudre d'après les faits particuliers. Lorsque la localité qui revendique le nom de *ville* en a toujours joui, soit qu'elle possède des titres où ce nom lui est donné, soit que l'usage de l'appeler ainsi soit simplement notoire, il ne saurait y avoir de difficulté; il n'y aurait que le cas où une ancienne *ville* serait évidemment déchue, par la très-grande diminution de ses habitants.

Quant à l'interprétation du décret du 12 juin 1804 (*art.* 2), qui impose l'obligation de transporter les cimetières à 35 ou 40 mètres des *villes* ou bourgs, le ministre de l'intérieur écrivait aux préfets, le 14 août 1804, dans une lettre explicative du décret précité: «Il
« serait peut-être nécessaire de bien définir ce que l'on doit enten-
« dre par les noms de *ville* et de *bourg*; mais, dans l'incertitude où
« vous pourrez être pour l'application de ces titres, je vous engage
« à ne considérer provisoirement comme tels que les communes qui
« sont ou qui peuvent être fermées par des murs et des barrières
« établis sur les routes ou chemins qui y conduisent. Quant à celles
« qui sont ouvertes de toutes parts, quoique réunissant un grand
« nombre de maisons en masse, au milieu desquelles il y aurait un

cimetière, vous voudrez bien me rendre compte de leur étendue, avant de leur appliquer le décret (1). »

Le signe un peu vague que donne ici le ministre suffisait pour l'objet de la circulaire, qui était de faire transporter hors des enceintes les cimetières, parce que ce sont ces enceintes qui les rendent ou peuvent les rendre malsains. Mais on ne peut rien inférer de cette décision pour d'autres cas.

VIN.

Le *vin* pour le saint sacrifice de la messe est une des dépenses que l'article 27 du décret du 30 décembre 1809 impose à la fabrique. Le *vin*, soit qu'il soit fourni par le curé, par le sacristain ou par toute autre personne, doit l'être en vertu d'un marché arrêté par le bureau. Il est facile de déterminer, suivant le nombre des prêtres qui officient chaque jour dans la paroisse, la quantité de *vin* qui est annuellement nécessaire. Le prix en est payé sur la production d'un mandat de payement, appuyé du mémoire et de la quittance du fournisseur. Le mémoire doit être établi sur papier timbré, si le prix total de la fourniture pour l'année excède dix francs; mais la quittance peut être délivrée au pied du mémoire, afin d'éviter un second droit de timbre. (*Voyez* QUITTANCES.)

On a demandé si les fabriques étaient tenues légalement de fournir le *vin d'autel* au curé et à ses vicaires et en général à tous les prêtres régulièrement attachés au service de la paroisse; si cette obligation était toujours la même, soit que les prêtres attachés au service paroissial habitent ou non sous le même toit, soit qu'ils vivent ou non à la même table. Si le trésorier de la fabrique est obligé de partager également la somme pour cet objet entre tout le clergé paroissial et de verser entre les mains de chacun sa quote part, et si cette quote part devait être versée au commencement ou à la fin de l'année.

Cette difficulté qui se renouvelle assez souvent dans les diverses localités où il y a plusieurs vicaires et autres prêtres attachés au service de la paroisse, doit être résolue par l'article 37 du décret du 30 décembre 1809 qui met au rang des premières dépenses de la fabrique la fourniture du *vin* et des pains d'autel ; or cette fourniture ne doit pas seulement être faite au curé, mais elle doit l'être encore aux vicaires et en général à tous les prêtres régulièrement attachés au service de l'église. L'article 37 que nous venons de citer a soin d'ajouter que cette dépense est due par la fabrique *selon la convenance et les besoins des lieux.* Le vicaire n'a nullement à se préoccuper des arrangements qui peuvent être intervenus entre le curé et la fabrique pour cette fourniture. Il doit dans tous les cas, rece-

(1) *Recueil des circulaires*, tome I, page 338.

voir, soit du curé, soit de la fabrique, le pain et le *vin* qui lui sont nécessaires pour le saint sacrifice sans qu'il y ait lieu de distinguer s'il habite ou non sous le même toit que le curé, s'il vit ou non à la même table que lui.

Quand la fabrique, au lieu d'acheter elle-même le *vin* et le pain d'autel, alloue une somme déterminée pour cet objet, rien ne s'oppose à ce que cette somme soit partagée entre le curé et le reste du clergé paroissial. Il en doit même être ainsi lorsque le curé ne veut pas se charger de fournir le *vin* à tous les prêtres. Dans un pareil cas, le trésorier doit verser entre les mains de chacun sa quote part au moins tous les mois; mais nous ne croyons pas qu'il soit obligé de verser la somme pour toute l'année, à cause des mutations qui peuvent être faites dans le clergé paroissial, et des pertes qui en pourraient résulter pour la fabrique. Au surplus, le versement mensuel doit être fait d'avance, ainsi que l'indiquent le droit et la raison.

Mais il serait infiniment plus convenable que le curé acceptât l'allocation portée au budget de la fabrique et qu'il fournît à tous les prêtres attachés au service de la paroisse, le *vin* nécessaire au saint sacrifice. (*Voyez* PAIN D'AUTEL.)

Les quêtes de *vin* au profit des curés sont permises, comme celles du blé, etc. (*Voyez* QUÊTES.)

VISA.

Tout exploit d'ajournement signifié à une fabrique, dans la personne de son trésorier, serait nul, si l'on n'avait soin de faire apposer le *visa* du trésorier sur l'original de l'exploit. (*Art.* 69 et 70 *du Code de procédure civile.*)

VISITE.

Sous ce titre nous parlerons de la *visite* des évêques et de la *visite* à faire aux églises et presbytères.

§ I. VISITE *des évêques.*

L'évêque doit visiter, annuellement et en personne, une partie de son diocèse, et, dans l'espace de cinq ans, le diocèse entier. En cas d'empêchement légitime, la *visite* est faite par un vicaire général. (*Loi organ. du* 18 *germinal an* X, *art.* 22.)

Les anciennes ordonnances, conformes en cela aux dispositions des conciles, prescrivaient la même chose. L'article 6 de l'ordonnance d'Orléans porte : « Visiteront les archevêques et évêques, archidiacres, en personne, les églises et cures de leur diocèse. »

On lit dans l'article 32 de celle de Blois : « Les archevêques et évêques seront tenus de visiter en personne, ou, s'ils sont empêchés, légitimement, leurs vicaires généraux, les lieux de leur diocèse tous les ans, et que si, par grande étendue d'iceux, ladite visitation dans ledit temps ne peut être accomplie, ils seront tenus icelle parachever dans deux ans. » L'édit de 1695 n'est pas moins formel.

Le terme de cinq ans indiqué dans la loi organique, plus long que celui indiqué dans les précédentes ordonnances, est relatif à la plus grande étendue des diocèses actuels.

Une somme de 1,000 francs est allouée chaque année aux évêques pour les frais de *visites* pastorales quand le diocèse n'est composé que d'un département, et de 1,500 francs, s'il est composé de deux départements. Mais l'évêque n'a droit à cette indemnité qu'autant qu'il justifie que les *visites* pastorales ont été faites, ou du moins qu'il est en tournée. (*Voyez* ÉVÊQUE.)

Les évêques ont droit de visiter les établissements de l'Université. Voyez la circulaire ci-après, du 1er octobre 1838.

Pour la *visite* des bâtiments ecclésiastiques, voyez BATIMENTS.

CIRCULAIRE *du ministre de l'instruction publique aux archevêques et évêques, relative aux visites faites par eux dans les établissements de l'université et aux congés qu'ils peuvent faire accorder.*

Paris, le 1er octobre 1838.

« Monseigneur,

« Il est d'usage que les premiers pasteurs de chaque diocèse se rendent de temps en temps dans les colléges royaux et communaux, notamment pour assister à la première communion et donner la confirmation aux élèves. D'autres *visites* pastorales ont lieu souvent, et l'université aime à les voir se multiplier.

« Ces *visites*, en effet, ne peuvent qu'exercer la plus heureuse influence sur la direction des établissements et l'esprit de la jeunesse ; mais elles ne sauraient porter tous les fruits que nous avons droit d'en attendre si les observations que vous avez faites, Monseigneur, ne sont pas portées à la connaissance de l'autorité qui dirige et qui surveille les établissements d'instruction publique. Je vous prie donc, Monseigneur, toutes les fois que vous aurez visité un de nos colléges de vouloir bien à l'avenir, me communiquer toutes les remarques que ces *visites* vous auront suggérées, notamment en ce qui concerne l'éducation proprement dite, la discipline, l'enseignement religieux. Vous savez d'avance avec quelle sollicitude elles seront pesées. Je mets du prix à ce qu'à l'avenir ce soit toujours par vous que j'apprenne que vous avez bien voulu vous transporter au sein de l'une des maisons de l'Université.

« J'ai prescrit, Monseigneur, qu'un congé soit immédiatement donné par MM. les proviseurs et principaux lorsque dans vos *visites* vous en exprimerez le vœu. C'est un hommage à votre paternelle autorité que l'Université s'est empressée de consacrer. Mais en même temps je suis informé que dans quelques diocèses les élèves se rendent auprès de leur premier pasteur, à certaines époques de l'année, pour réclamer de son intervention des congés non prévus par le règlement. C'est un abus que vous ne vous étonnerez point de voir combattre par mes prescriptions formelles. Le congé ne peut être que le témoignage de la satisfaction de l'évêque quand il s'est rendu sur les lieux ; il ne peut être utile et par conséquent ne peut être autorisé qu'à ce titre.

« Je termine, Monseigneur, en insistant sur le principal objet de cette lettre, et je vous prie de recevoir l'assurance, etc.

« *Le ministre de l'instruction publique*, etc.,

« SALVANDY. »

§ II. VISITES *aux églises et presbytères.*

L'article 41 du décret du 30 décembre 1809, prescrit de faire la *visite* des bâtiments paroissiaux au commencement du printemps et de l'automne. Cette prescription est très-sage, dans l'intérêt des églises et presbytères, mais elle est rarement exécutée. Les évêques devraient cependant y tenir très-strictement dans l'intérêt des églises et subsidiairement de la religion, car il arrive souvent qu'en négligeant cette prescription, on double et quadruple les dépenses à faire aux édifices religieux. Nous croyons devoir rapporter la décision ministérielle suivante d'où il résulte que les *visites* des églises et presbytères au commencement du printemps et de l'automne par les marguilliers accompagnés des gens de l'art, n'est pas seulement facultative, mais obligatoire.

Les frais qui en résultent doivent être compris parmi les dépenses ordinaires du service paroissial et peuvent motiver le recours à une subvention municipale. Les honoraires dus à cet égard aux architectes sont réglés d'après les règles ordinaires. Ces solutions résultent de la décision ministérielle suivante :

LETTRE *du 4 janvier* 1840, *du ministre de la justice et des cultes* (M. Teste), *à l'évêque de Saint-Dié.*

« Monseigneur,

« J'ai reçu la lettre que vous m'avez fait l'honneur de m'écrire, le 7 de ce mois, relativement aux difficultés que rencontre dans votre diocèse, l'exécution de l'article 41 du décret du 30 décembre 1809.

« Vous me faites observer, Monseigneur, qu'aux termes de cet article, les marguilliers sont tenus de *visiter* les bâtiments paroissiaux, au commencement du printemps et de l'automne, et de se faire assister, dans cette *visite*, par des gens de l'art, mais que le défaut de ressources empêche le plus souvent les fabriques, d'appeler un architecte, dont elles ne peuvent point payer les honoraires.

« Les dépenses de réparations n'étant dès-lors constatées que par des fabriciens, les demandes de fonds portées au budget des fabriques, vous laissent des doutes sur l'urgence des travaux projetés.

« Vous proposez donc, Monseigneur, d'obvier à ces inconvénients en facilitant aux fabriques l'appel d'un architecte, ou en rendant périodiques les *visites* des hommes de l'art dont les honoraires seraient fixés au taux le moins élevé possible.

« L'article 41 du décret du 30 décembre 1809 n'autorise pas seulement les marguilliers à faire, avec des hommes de l'art, la *visite* des églises et presbytères, mais il leur en impose l'obligation. Il est évident, dès-lors, que les frais qui en sont la conséquence doivent être compris parmi les dépenses du service paroissial, et qu'ils peuvent, au besoin, motiver le recours à une subvention communale. Cet article fixe ainsi les époques de ces *visites*.

« Quant aux honoraires dus aux architectes pour vacations, il serait difficile de changer en faveur des fabriques, les règlements sur la matière, et surtout d'y assujettir les parties intéressées. »

VITRAUX PEINTS.

Les fabriques doivent veiller à la conservation des *vitraux peints*, et surtout bien se garder de les vendre ou de les remplacer par du verre blanc, sous prétexte de donner plus de jour à l'édifice. (*Voyez* OBJETS D'ART.)

Les *vitraux peints* et antiques qui retracent, les uns des faits bibliques, les principales paraboles de l'ancien et du nouveau Testament, par exemple, Job, le mauvais Riche, le Jugement dernier, le Purgatoire, le Paradis ou l'Enfer; d'autres des traits de la vie de Notre-Seigneur, les mystères de la religion ou l'histoire de quelques saints, etc., sont devenus très-rares et d'un grand prix. Les fabriques des églises qui sont assez heureuses pour posséder de tels *vitraux*, ou du moins quelques fragments, ce qui se trouve quelquefois dans les plus humbles paroisses, doivent se faire une gloire de conserver des objets aussi précieux. (*Voyez* VERRIÈRES.)

On voit dans des églises des *vitraux* plus ou moins remarquables, mais qui sont tout à fait défigurés par des raccommodages en verres blancs. On ne saurait trop engager les fabriques qui auraient quelques ressources à faire remettre ces *vitraux* dans leur état primitif, car aujourd'hui on parvient à réparer assez bien ces anciens vestiges de la foi et de la science de nos pères.

Nous croyons devoir donner, à cette occasion, quelques notions utiles sur les *vitraux peints*, notions que nous empruntons à l'intéressant *Manuel des connaissances utiles aux ecclésiastiques sur divers objets d'art*, de Mgr l'évêque de Belley.

Il y a des verres, dit Mgr Devie, dont la surface est peinte avec des couleurs ordinaires et représente des fleurs, des personnages ou d'autres objets. Cette peinture ne renferme aucune difficulté particulière pour l'exécution. On peint sur le verre comme sur la toile et le bois. C'est ce qu'on appelle peinture sur glace. On trouve dans le commerce des tableaux des saints peints sur verre, qui viennent d'Allemagne; mais ils ne sont pas transparents. Pour les rendre tels, il faudrait employer un vernis et des couleurs particulières. Ces peintures ne sont pas très-solides et sont altérées par l'action de l'air.

Il y a des verres peints ou plutôt teints d'une seule couleur, rouge, bleue, jaune, etc. Cette couleur est incrustée dans le verre, et on la produit en mélant de la chaux métallique dans le sable qu'on fait fondre, et qui alors se change en verre de couleur dans les creusets ou fourneaux (1). Ces verres ne peuvent servir que pour faire des compartiments plus ou moins agréables, mais ils ne forment pas une peinture proprement dite. Depuis quelques années, on fait des *vitraux* avec ces verres de différentes couleurs qui produisent un bel effet.

Il y a des verres peints sur lesquels sont dessinés les fleurs, les personnages, les traits d'histoire qu'on voit sur les *vitraux* de nos églises anciennes. Ce genre de peinture est très-curieux et très-ingénieux. Il demande beaucoup de connaissances, de soins et de talents. Pour faire ces magnifiques tableaux, on met sur une table le dessin qu'on veut imiter : on place sur ce dessin plusieurs morceaux de verre blanc appelés *vitres;* ils doivent être coupés et ajustés de manière que les traits du visage et autres parties principales soient entiers sur un carreau. Ces verres réunis forment un tout sur la surface duquel on dessine et peint avec des couleurs d'un genre particulier le sujet qu'on veut représenter. On met ensuite toutes ces pièces de verre dans un four bien chaud où les couleurs se vitrifient et pénètrent jusque dans l'intérieur du verre, ce qui fait comprendre pourquoi elles se conservent si longtemps et traversent plusieurs siècles sans altération. Quand les morceaux de verre sont cuits suffisamment, on les réunit ensemble avec des petites barres de plomb, en sorte qu'elles forment un tableau qui paraît placé derrière une grille. La grande difficulté à surmonter dans ce genre de peinture vient de ce que les couleurs n'obtiennent leur perfection qu'après avoir été cuites, c'est-à-dire changées en verre, en sorte qu'on ne peut juger de l'effet qu'elles produisent que lorsqu'il n'est plus possible d'y remédier, et qu'il faudrait refaire l'ouvrage s'il y avait un défaut grave.

La peinture sur verre dont nous venons de parler n'était pas connue des anciens Grecs et Romains. Certains auteurs en font remonter l'invention à la fin du VIIIe siècle (vers l'an 795); mais l'usage n'en est bien connu et bien commun que dans le XIIe siècle, au moment où les belles églises gothiques se multiplièrent. C'est alors qu'on fit tant de magnifiques tableaux qui étonnent par la beauté de leur coloris. On en faisait encore vers le milieu du XVIIe siècle; mais l'architecture grecque et romaine ayant prévalu sur le style gothique,

---

(1) On appelle chaux métallique (ou oxide) celle qui provient des métaux qu'on fait calciner à un grand feu. La chaux d'or, mêlée au sable et à quelques autres substances, produit du verre rouge; la chaux de cobalt, du bleu; celle de cobalt et d'argent, du vert; celle de manganèse, du violet; celle d'argent et d'antimoine, du jaune. Ces verres de couleur imitent le rubis, le saphir, l'améthyste et autres pierres précieuses.

on cessa tellement de peindre sur verre, que plusieurs auteurs n'avaient pas craint de dire que le secret en était perdu. Mais M. Brongniard lut, à l'Académie des Sciences, dont il était membre, le 14 décembre 1828, un savant Mémoire, où il prouvait que cet art n'était pas perdu, et citait plusieurs essais faits par les chimistes modernes pour le perfectionner. Il existe maintenant des manufactures de *vitraux peints* en Suisse, à Sèvres, près Paris, et à Lyon. Mais le prix en est si élevé qu'il sera difficile pendant longtemps de réparer les pertes immenses que la révolution nous a fait éprouver.

L'apposition d'armoiries sur les murs ou *vitraux* d'une église est prohibée d'une manière absolue. Elle peut avoir lieu seulement sur les monuments funèbres que les familles auraient obtenu l'autorisation d'ériger dans l'édifice religieux. Ainsi décidé par la lettre ministérielle suivante du 11 février 1864. (*Voyez* ARMOIRIES.)

« Monsieur le Préfet,

« Vous m'avez transmis, le 11 de ce mois, une réclamation que le conseil municipal de la commune de Saint-Fiacre a cru devoir former au sujet de la permission qui a été accordée par le desservant à un habitant de cette commune, de faire peindre les armoiries de sa famille à la voûte de l'église.

« Aux termes d'un avis du conseil d'Etat du 26 juin 1812 approuvé par l'empereur le 31 juillet de la même année le placement d'armoiries dans les églises peut être autorisé, mais seulement sur les monuments funèbres que les familles auraient obtenu l'autorisation d'y ériger. (*Décret de* 1809, art. 73.)

« L'apposition d'armoiries sur les murs ou *vitraux* d'une église en indiquerait la propriété ou le patronage, et serait dès-lors inconciliable avec les principes de la législation actuelle.

« D'après ces motifs je pense que la réclamation du conseil municipal de Saint-Fiacre est fondée et que les armoiries qui ont été peintes à la voûte de l'église de cette commune ne doivent pas être maintenues. »

Les vitreries sont presque toujours immeubles, car elles forment, en général, un système de clôture de l'édifice. Cependant, elles peuvent être mobilières, si elles sont placées par la fabrique comme objet de décoration non fixé à perpétuité, et à la charge de les remplacer par les *vitraux* de clôture ordinaire.

Les *vitraux peints* sont des objets d'art dont la fabrique ne peut disposer sans autorisation. Ils sont immeubles par destination. Dans ses instructions du 25 juillet 1848, le directeur général des cultes dit qu'on ne peut changer le caractère de ceux des cathédrales sans l'autorisation du ministre.

VOEU.

Les *vœux* de religion sont ceux qu'une personne, qui a passé dans une communauté le temps nécessaire comme postulante et comme novice, prononce solennellement en faisant profession, c'est-à-dire en se consacrant publiquement à la vie religieuse. Quelle que soit leur durée, ces *vœux* forment, en conscience, un engagement obligatoire et sacré ; mais, au point de vue légal, une distinction essentielle a été établie entre les *vœux* temporaires et les *vœux* perpétuels.

La loi civile ne reconnaît que des *vœux* de cinq ans. Les élèves ou novices ne peuvent contracter des *vœux*, si elles n'ont seize ans accomplis. Les *vœux* de novices âgées de moins de vingt-et-un ans ne peuvent être que pour un an. (*Décret du* 18 *février* 1809, *art.* 6 *et* 7.)

Nul doute que les communautés religieuses ne puissent déclarer dans leurs statuts que les membres qui les composent se lient par des *vœux ;* mais, la loi civile ne prêtant son appui et sa force qu'à des *vœux* qui n'excéderaient pas cinq ans, des statuts qui exprimeraient la perpétuité des *vœux* ne recevraient pas d'approbation légale. (*Instruction du* 17 *juillet* 1825, *art.* 11.)

Les *vœux* faits pour cinq ans étant reconnus par la loi, si une religieuse, après les avoir prononcés, venait à abandonner son état et voulait se marier avant l'expiration de cinq ans, l'officier de l'état civil devrait refuser de recevoir l'acte de célébration. (*Voyez* CONGRÉGATIONS RELIGIEUSES, § II, AGE, § III.)

Les *vœux* perpétuels et les *vœux* dont la durée dépasserait cinq ans ne sont pas admis par la législation actuelle de la France ; ils ne peuvent avoir aucune conséquence légale ni produire aucune obligation civile, ainsi que l'a décidé la cour impériale de Montpellier dans son arrêt du 24 décembre 1868, ci-après transcrit.

« La Cour,

« Attendu que le premier juge s'est fondé pour accorder à la demoiselle Cussac des dommages-intérêts sur les dispositions des art. 1142 et 1382 du Code Napoléon ;

« Attendu que l'article 1142 n'est applicable qu'autant qu'il y a contrat entre les parties ;

« Attendu que c'est à tort que l'on assigne ce caractère à des *vœux* religieux perpétuels qui ne sont point admis par la loi, et qui ne sauraient, dès-lors, produire aucune obligation civile ;

« Attendu que l'existence de ces *vœux* n'est pas même établie dans la circonstance actuelle ; qu'il résulte, au contraire, de l'examen attentif de l'acte invoqué et des attestations de Mgr l'évêque de Rodez, que les *vœux* faits par la demoiselle Rose Cussac, loin d'être perpétuels, n'avaient qu'une durée limitée à une année ;

Attendu qu'il y a seulement entre les divers membres de la communauté de Clairvaux et la demoiselle Rose Cussac, une association momentanée dont les effets doivent être déterminés d'après les principes généraux du droit en matière de quasi-contrat ;

« Attendu que la demoiselle Rose Cussac a certainement fait profiter la communauté de Clairvaux de son travail et de son industrie comme institutrice ;

« Mais attendu que le bénéfice en résultant a été largement compensé par les soins particuliers qui lui ont été prodigués à l'occasion d'une maladie sérieuse dont elle a longuement souffert ;

« Attendu qu'elle a été nourrie, vêtue et entretenue par l'établissement et qu'elle n'avait apporté avec elle aucune dot;

« Attendu, enfin, que la sortie de la demoiselle Rose Cussac a été prononcée par l'évêque diocésain, et qu'il est de doctrine, dans la matière spéciale des communautés religieuses, que la sortie ne donne en pareil cas aucun droit au partage des bénéfices faits en communauté;

« Attendu que les dépenses suivent le sort du principal ;

« La Cour, disant droit à l'appel, relaxe la dame Valette, supérieure du couvent de Clairvaux, des fins et conclusions contre elle prises, etc. »

Un arrêt de la cour de cassation du 23 mai 1849 décide que les tiers qui ont des intérêts à débattre avec une communauté religieuse légalement autorisée, ne sont pas recevable à contester la validité des vœux des personnes qui en font partie, pour omission des formalités prescrites par la loi civile, dans l'intérêt de la liberté des engagements religieux.

Spécialement, et en ce qui touche les congrégations de femmes hospitalières, les tiers ne sont pas admis à prétendre que les vœux des personnes qui en font partie doivent être considérés comme non existants par le motif qu'il ne serait pas justifié qu'ils ont été constatés devant l'officier de l'état civil, dans la forme prescrite pour ces sortes de congrégations par l'article 8 du décret du 18 février 1809.

La présence de l'officier de l'état civil n'est pas une condition essentielle de la validité des vœux, dit un jugement du tribunal de Niort du 29 juillet 1844. « Attendu que si, par les expressions de l'article 8 » l'engagement devra être pris, etc., « on était conduit à induire que la présence de l'officier de l'état civil et la rédaction de l'acte sont exigées à peine de nullité, cette nullité ne serait, dans tous les cas, que relative, et ne pourrait jamais être opposée par les tiers. »

VOIE PUBLIQUE.

On ne peut pas plus troubler l'exercice du culte sur la voie publique que dans une église. (Voyez POLICE, TROUBLE.)

VOIES DE FAITS.

(Voyez MENACE.)

VOISINAGE.

L'église est une propriété publique ; elle en a par conséquent les priviléges. Elle n'est point tenue de subir les incommodités qui l'empêchent de faire son service.

Ainsi, lorsque les églises sont contiguës à des maisons particulières, la fabrique doit exercer sur celles-ci une surveillance pour empêcher que leurs propriétaires ne nuisent aux murs, n'y pratiquent des enfoncements, ne prétendent user des droits de mitoyenneté. (*Voyez* MITOYENNETÉ.) En général, un mur d'église n'est jamais considéré comme mitoyen sans un titre exprès, et les entreprises des *voisins* ne peuvent presque jamais être légitimées par la jouissance, parce que d'un côté les églises sont imprescriptibles (*voyez* IMPRESCRIPTIBILITÉ), et que d'un autre les *voisins* ont rarement en faveur de leurs œuvres la publicité, sans laquelle il ne peut y avoir de prescription. Le mieux, dans les villes, est d'acquérir ces maisons pour y loger les serviteurs de l'église.

VOIX PRÉPONDÉRANTE.

En cas de partage, le président a *voix prépondérante*. (*Décret de* 1809, *art.* 9.)

Le vice-président a le même privilége. (*Voyez* PRÉSIDENT, § V.)

Il est à remarquer que le président n'a *voix prépondérante qu'en cas de partage.* Ainsi, au premier tour de scrutin il n'a que sa *voix*, et il doit mettre un seul bulletin dans l'urne. Mais dans le cas où un premier tour de scrutin a amené un partage, il est procédé à une seconde opération; le président exerce alors sa *prépondérance*, et met deux bulletins dans l'urne. Le conseil d'Etat l'a ainsi décidé le 31 décembre 1837 en annulant une nomination de membres de fabrique, lors de laquelle le président avait donné un double vote dès le premier tour de scrutin.

FIN DU TOME QUATRIÈME ET DERNIER.

MÉMOIRE

SUR LE REFUS

DE

SÉPULTURE ECCLÉSIASTIQUE

ou

RÉPONSE

A LA LETTRE ENCYCLIQUE

ADRESSÉE

PAR M. P.-TH. CORMIER
Maire de la commune de Charmoy (Yonne),

A MONSEIGNEUR

L'ARCHEVÊQUE DE SENS.

« Chacun professe sa religion avec une
« égale liberté, et obtient pour son culte
« la même protection. »

(*Charte de* 1830, Art. V.)

AVIS.

Ce Mémoire fut publié en 1836, à l'occasion d'un refus de sépulture ecclésiastique qui fit beaucoup de bruit et de scandale dans le diocèse de Sens. Un maire, comme il ne s'en trouvait que trop alors, et comme il y en a encore quelques-uns aujourd'hui, s'imagina que l'autorité ecclésiastique était subordonnée à l'autorité civile, et qu'en conséquence il avait des ordres à intimer à son curé. Bien plus, il se crut en droit de pouvoir donner des conseils à son archevêque et de blâmer sa conduite. Cet archevêque, de pieuse mémoire, était cependant l'un des plus saints et des plus vénérables prélats de cette époque; c'était Mgr de Cosnac, de l'illustre et ancienne famille de ce nom, qui donna onze évêques et deux cardinaux à l'Eglise. Lui-même, promu à l'archevêché de Sens au mois de mai 1830, aurait sans doute été élevé au cardinalat sans la révolution de juillet qui survint presque aussitôt et dont il n'était nullement partisan. Tel fut le but et la cause de la longue lettre que M. le maire de Charmoy publia sous le titre de *Lettre encyclique à Monseigneur l'archevêque de Sens.*

Cette *Lettre encyclique* fut adressée à la plupart des maires du département de l'Yonne, et comme quelques-uns d'entre eux n'étaient guère jurisconsultes, ils s'imaginèrent qu'au refus de leur curé, dans les questions de sépulture, ils étaient en droit non-seulement de présenter le corps du défunt à l'église, mais encore d'en faire enfoncer les portes, au besoin, de faire sonner les cloches, et de parodier les cérémonies du culte. L'un d'eux, fort honorable, du reste, nous en fit l'aveu quelque temps après, et nous remercia de l'avoir suffisamment éclairé sur la question pour ne point se compromettre.

L'administration diocésaine de Sens se trouva donc fort préoccupée de cette affaire et avait résolu de répondre elle-même aux assertions erronées et aux doctrines illégales contenues dans l'*Encyclique.* Comme nous en étions en quelque sorte le promoteur et la cause innocente par l'article que nous avions fait insérer dans le journal l'*Univers*, nous nous hâtâmes donc de publier le *Mémoire* suivant en réponse à la *Lettre encyclique*, et nous l'envoyâmes à la plupart de ceux qui avaient reçu cette fameuse *Encyclique*.

Pour nous faire lire, nous prîmes, surtout dans la première partie, un ton peu sérieux, tant soit peu satyrique et mordant, le ton sec et grave du jurisconsulte ne pouvant être adopté : nous parvînmes ainsi à rendre ridicule et la *Lettre encyclique* et son auteur qui en fut tout déconcerté.

La justice et la vérité nous font un devoir de déclarer, en terminant cet avis, que M. le maire de Charmoy, après avoir lu attentivement notre *Mémoire*, reconnut qu'il s'était trompé et que plusieurs de ses amis l'avaient en cela induit en erreur. Il eut le courage de le reconnaître, ce qui l'honore et ce dont nous le félicitons. Il alla trouver son vénérable archevêque pour prier Sa Grandeur de vouloir bien agréer ses excuses et de lui pardonner ses torts. Le pieux et charitable Prélat accueillit l'humble suppliant avec son indulgence et sa bonté ordinaire, le félicita de sa noble démarche, oublia tout ce qui s'était passé, leva aussitôt l'interdit porté sur l'église, et, pour témoigner sa satisfaction à M. le maire, qui l'en priait, il fit ériger en succursale l'annexe de Charmoy. De son côté, M. le maire, par reconnaissance, fit don d'un ornement à sa nouvelle paroisse. Ainsi se termina cette affaire qui avait commencé par beaucoup de bruit et de scandale. Nous n'avons que des actions de grâces à rendre à Dieu d'avoir pu contribuer nous-même à cet heureux résultat.

Si donc aujourd'hui nous publions une nouvelle édition de ce *Mémoire*, c'est dans l'unique but d'élucider la question des refus de sépultures ecclésiastiques qui, quoique moins fréquents qu'autrefois, ne se renouvellent encore, hélas ! que trop souvent de nos jours, et prévenir, autant que possible, les scandales qui en résultent.

RÉPONSE

A M. LE MAIRE DE CHARMOY.

———◆———

MONSIEUR LE MAIRE,

Les honorables fonctions que vous remplissez dans la commune de Charmoy ne vous paraissent sans doute pas suffisantes. A celles que la loi vous a confiées, en votre qualité de premier magistrat, vous voulez ajouter encore celles que la religion confère à ses ministres ; vous ne vous contentez pas d'être maire, il faut encore que vous soyez curé. Mais, monsieur le Maire, *vous qui avez aimé la religion dès votre jeunesse, et qui vouliez alors entrer dans les ordres sacrés* (1), vous n'ignorez pas, sans doute, que pour exercer des fonctions ecclésiastiques, il faut préalablement avoir reçu une mission quelconque. Jusqu'ici je ne sache pas que vous nous ayez révélé d'où vous venait la vôtre. Il serait cependant convenable qu'on le sût. Pour ce qui me concerne, je vous prierai donc de nous dire si vous la tenez des successeurs légitimes des apôtres, ou bien de quelques histrions de l'espèce de Châtel ou d'Auzou (2). Dans le premier cas, monsieur le Maire, je vous regarderais comme un confrère, confrère égaré, à la vérité, et en cette qualité je prendrais la liberté de vous engager à suivre, dans vos fonctions curiales, les règles établies par l'Eglise catholique, dont vous seriez le ministre. Dans le cas contraire, c'est-à-dire si vous aviez reçu votre mission du patriarche-primat des Gaules, j'aurais l'honneur de vous prier de ne point usurper les temples uniquement réservés à notre culte (3), et de

(1) M. le Maire alors dans son *exaltation* se donnait la discipline. ***Voir page* 27** de *l'Encyclique.*

(2) On sait qu'alors le sieur Châtel avait inventé une nouvelle religion appelée *Eglise catholique française* dans laquelle on célébrait les offices en langue vulgaire.

(3) Voyez sous le mot CULTES NON AUTORISÉS une circulaire du 3 février 1831 qui défend de mettre les prêtres de la secte de Châtel en possession des églises catholiques.

célébrer les cérémonies de la *religion catholique française*, soit dans votre maison, soit, si vous l'aimez mieux, dans une de vos remises; car alors les *convenances* seraient observées.

Mais peut-être, monsieur le Maire, ne tenez-vous votre mission ni de la première ni de la seconde source. Peut-être , comme Châtel, ou semblable à cet homme fameux qui établit, il y a trois siècles, une religion nouvelle, ne tenez-vous votre mission que de vous-même. Je serais assez porté à le croire. La publication de votre *Encyclique* ne nous dénote-t-elle pas effectivement que vous vous regardez comme chef suprême de la religion? Ne nous faites-vous pas entendre que vous avez mission de régenter l'Eglise et l'Etat? Quoiqu'il en soit, monsieur le Maire, vous me permettrez de ne pas reconnaître en vous cette mission extraordinaire. Vous me permettrez conséquemment de voir dans votre *Encyclique* tout autre chose qu'un document d'infaillibilité, auquel je sois tenu de me soumettre. Vous savez déjà, d'ailleurs, que telle est mon opinion, partagée à la vérité par un grand nombre de personnes. Je vous en ai fait voir quelque chose dans un article publié par moi dans l'*Univers* du 27 août dernier. Je vous promis même alors, non pas de vous signaler tout ce qui m'en semblait digne, je vous disais qu'un volume y suffirait à peine, mais de vous répondre au moins avec un peu plus de développement. Cependant, monsieur le Maire, j'avais renoncé à ce projet, persuadé que mes réflexions du 27 août vous avaient fait *rentrer dans votre conscience si religieuse*. Mais il paraît qu'il en est tout autrement; car voilà qu'on m'assure que vous êtes sur le point de publier une seconde édition de votre *Encyclique*. Je crois donc devoir vous adresser mes observations à cet égard, afin que votre nouveau travail soit un peu moins défectueux.

Le mot *Encyclique*, dont vous avez intitulé votre *Lettre*, monsieur le Maire, a fait rire d'un rire inextinguible toutes les personnes tant soit peu instruites; j'en ai même entendu qui disaient que ce seul intitulé prouvait votre ignorance et dénotait d'avance le mérite de votre factum. Si ce n'était manquer à la politesse, je vous dirais que je partage un peu cette opinion. Mais ce que je ne puis m'empêcher de vous dire, c'est que je suis d'autant plus étonné que vous soyez tombé dans cette méprise, que la chronique rapporte que non-seulement vous vous êtes aidé des lumières de votre confrère, M. le Maire de C., mais encore de deux ou trois autres savants personnages venus tout exprès d'Auxerre pour donner une plus grande perfection à votre œuvre. Il est donc bien étonnant, monsieur le Maire, qu'environné, comme vous l'étiez, d'hommes si doctes, vous n'ayez pu connaître la vraie signification du mot *Encyclique*. Eh bien! si vous l'ignoriez encore, ou quelques-uns de vos lecteurs, je vais rappeler ici que ce mot signifie la même chose que *circulaire*.

Or, adresser une *lettre circulaire* à une *seule* personne, cela ne vous paraît-il pas un peu absurde, monsieur le Maire ? D'ailleurs ce mot *Encyclique* est consacré par l'usage pour indiquer les lettres aposto- liques que le souverain Pontife adresse aux Patriarches, Archevê- ques, Evêques de la catholicité, ou du moins aux prélats d'un Etat quelconque. Mais, monsieur le Maire, si vous vous considérez comme Pape, au moins auriez-vous dû adresser votre *Encyclique*, non-seu- lement au premier Pasteur de ce diocèse, mais encore à tous les Evêques de France. Votre titre, à la vérité, eût été risible et pré- tentieux, mais il n'eût point été un contre-sens. Veuillez, je vous prie, prendre en considération cette petite remarque, lorsque vous publierez votre seconde édition.

Du titre, passons à l'*Encyclique* elle-même. Je remarque d'abord, monsieur le Maire, que vous outragez calomnieusement le vénérable chef de ce diocèse ; c'est fort maladroit de votre part, car si vous ne savez point honorer un prélat, modèle de toutes les vertus, et dont l'âge, la naissance, la haute position sociale commandent le respect, *dans l'intérêt des convenances*, respectez donc au moins l'opinion publique ; car vous n'ignorez pas, je pense, de quelle vénération jouit dans son diocèse le prélat que vous insultez. Il n'est pas jus- qu'aux ennemis de la religion qui la plupart le vénèrent. S'ils ne partagent point sa croyance, ils savent au moins apprécier ses vertus et ses éminentes qualités. Vous-même, monsieur le Maire, vous tenez à son *estime*, vous la réclamez avec instance en terminant votre *Encyclique*, par une phrase qui est un chef-d'œuvre dans son genre, et que je recommande aux amateurs.

Je craindrais, monsieur le Maire, d'être encore accusé par vous de *déverser le blâme sans preuve sur un fonctionnaire public*, si je ne rapportais textuellement vos propres expressions. Je pourrais citer plusieurs phrases peu respectueuses ; je me contenterai de celle-ci, que je rencontre à la seconde page de votre *Lettre*, où vous dites au digne et respectable Prélat : « Je sais, Monseigneur, qu'il est de « convention, au moins dans votre diocèse, de traiter sourdement, « de vous à vos seuls délégués, toutes les questions qui intéressent « l'ordre religieux. » Vous trouvez sans doute ce langage tout sim- ple, monsieur le Maire, tout naturel et même fort poli. Mais sup- posons qu'un Curé écrive à M. le Préfet de l'Yonne, et lui dise : « Je « sais, monsieur le Préfet, qu'il est de convention, au moins dans « votre département, de traiter sourdement, et de vous à vos seuls « délégués, toutes les questions qui intéressent l'ordre civil et ad- « ministratif ; » que penseriez-vous de l'urbanité de ce curé ? Je suis sûr que vous regarderiez celui-ci comme un rustre, un imper- tinent, ou du moins comme un homme totalement étranger aux con- venances, surtout s'il livrait sa lettre à la publicité. Je suis sûr aussi que vous ne trouveriez pas un seul contradicteur. Eh bien! monsieur le Maire, je vous laisse maintenant le soin de tirer vous-même la conséquence de l'identité des deux phrases.

Au reste, je ne vois pas trop ce que vous avez voulu dire en vous exprimant ainsi. Est-ce que, par hasard, vous seriez dans l'intention d'adresser aux Chambres une pétition tendant à obtenir que les Evêques et Archevêques de France ne pussent plus *traiter avec leurs Curés aucune question qui intéresse l'ordre religieux*, sans en avoir préalablement obtenu des maires l'autorisation? Est-ce que vous voudriez qu'un Evêque n'eût plus à l'avenir la liberté d'écrire à un de ses prêtres pour lui envoyer une dispense de mariage, une permission d'administrer les sacrements dans tel ou tel endroit, de bénir tels ou tels objets, etc.; pour lui conférer tels ou tels pouvoirs, etc., avant de s'être entendu à cet égard avec le premier magistrat de la commune? Si tel est votre projet, monsieur le Maire, je vous en félicite; la découverte est vraiment heureuse. Aussi, j'espère bien que vous me permettrez d'en profiter. J'adresserai donc également à votre exemple, une pétition aux Chambres pour demander que MM. les préfets ne puissent plus rien transmettre à l'avenir à MM. les maires que par l'organe des curés, ou du moins sans avoir demandé préalablement leur agrément. Je vous assure, monsieur le Maire, que je serais tout aussi raisonnable que vous, ou, en d'autres termes, que ma démarche ne serait ni plus ridicule, ni plus absurde que la vôtre.

« Un *inconnu* du canton d'Aillant-sur-Tholon vous a transmis « par lettre close, l'extrait d'un journal (non-désigné), dans la crainte « que vous ignorassiez ce qui se passait. » Mais, monsieur le Maire, si l'*inconnu* eût voulu que vous ignorassiez ce qui se passait, il n'aurait sans doute pas pris la peine de transcrire l'article qui vous concernait pour vous l'envoyer; il ne vous aurait pas indiqué le numéro et la colonne même du journal où vous étiez inculpé; il ne vous aurait pas dit que plusieurs autres journaux, entre autres la *Gazette de France*, le *Journal des Villes et des Campagnes*, avaient reproduit cet article. Il aurait tout simplement gardé le silence. S'il vous a prévenu, il me semble que c'était pour vous mettre à même de vous justifier, si vous n'étiez pas en tout point coupable. Je vois donc une petite contradiction dans vos expressions; mais passons, j'aurai occasion d'en remarquer bien d'autres.

« D'après le texte du journal, qui n'omet aucune circonstance de « l'affaire, j'ai dû penser que le détail des faits dont il est rendu « compte, n'a d'autre source que l'archevêché de Sens, ou bien « qu'il émane directement de M. le doyen de Joigny. » (4) Vous

(1) *Lettre encyclique*, page 4.

avez mal pensé, monsieur le Maire, et vous savez maintenant que l'article qui vous a causé tant d'insomnies n'émane ni de l'archevêché de Sens, ni de M. l'archiprêtre de Joigny, mais bien de l'humble et modeste curé qui a l'honneur de vous répondre aujourd'hui.

J'ai dû penser; mais non, monsieur le Maire, *vous n'auriez pas dû penser*, vous auriez dû seulement vous informer d'où pouvait émaner l'article improbateur de votre conduite, et vous aviez pour cela un moyen court et facile : c'était de vous adresser directement au rédacteur de l'*Univers*, qui aurait pu vous dire sans aucun mystère que le détail des faits dont il a rendu compte n'émanait que de moi seul. Voilà, monsieur le Maire, ce qu'aurait fait à votre place tout homme prudent et sage. Mais *déverser le blâme sans preuve* sur un haut dignitaire de l'Eglise, et sur un chef d'arrondissement ecclésiastique, est un fait qui me semble bien *dépourvu de noblesse et de générosité*.

Je vous sais gré, monsieur le Maire, d'avoir reproduit dans votre *Encyclique* mon article du 13 juillet; il a suffi à tous ceux qui vous ont lu sans préoccupation pour leur faire voir que vous n'étiez malheureusement que trop coupable des faits que je vous imputais. Loin d'y répondre catégoriquement, vous ne nous avez entretenus que de choses plus ou moins risibles et excentriques. On dit même, voyez comme on est peu indulgent, on dit que vous avez constamment *divagué*, passez-moi l'expression, je ne suis ici qu'historien, d'un bout à l'autre de votre écrit. Vous prétendez, au contraire, monsieur le Maire, vous être victorieusement disculpé. Quelques personnes, m'assure-t-on, et j'ai peine à le croire, ont été dupes de vos sophismes, et ont pris au sérieux le précieux commentaire que vous avez bien voulu nous donner sur l'article 19 du décret du 23 prairial an XII (10 juin 1804). Je vais donc aussi reproduire dans cette *Réponse* mon article du 13 juillet. Puis je vous suivrai pas à pas, persuadé que les observations que j'aurai l'honneur de vous adresser pourront vous être de quelque utilité pour votre nouvelle édition.

Extrait de l'*Univers* du 13 juillet 1836, n° 831, colonne 1981.

« Un fait scandaleux et affligeant pour la religion vient de se
« passer dans l'arrondissement de Joigny (Yonne). Un individu de
« la commune de Charmoy est mort, la semaine dernière, après
« avoir refusé, avec une obstination accompagnée de blasphèmes
« et d'injures, les secours de la religion. M. le curé des Voves,
« dont Charmoy est annexe, ne voulut point par conséquent accor-
« der au défunt les honneurs de la sépulture chrétienne. C'était son
« droit et même son devoir. Mais M. le Maire, qui ne connaît guère
« les lois de l'Eglise, à ce qu'il paraît, ou du moins qui n'en fait pas
« grand cas, écrivit à M. le curé une fort longue lettre pleine d'in-

« vectives contre la religion et ses ministres, ainsi que contre ce qu'il
« appelle l'*intolérance* et le *despotisme* du parti-prêtre. Il termine ce
« petit chef-d'œuvre de politesse et d'urbanité bureaucratique par
« menacer le prêtre de porter plainte contre lui à l'autorité supé-
« rieure, s'il ne se soumet promptement à ses injonctions. Mais
« celui-ci, fort de sa conscience, de son droit et de son devoir, ne se
« laissa point intimider. Alors le maire, sans plus de cérémonie, fit
« sonner les cloches et procéder à l'inhumation. Le cadavre fut in-
« troduit dans le temple, malgré le curé, et là, par ordre du magis-
« trat, l'instituteur, affublé d'un vêtement ecclésiastique, parodia les
« prières et les chants du culte catholique, au grand scandale des
« fidèles. Admirez donc, lecteurs, combien grande est la *tolérance*
« de M. le maire de Charmoy, et combien est profond son respect
« pour la *liberté* de conscience !!!

« Nous engageons, dans l'intérêt de la religion, M. l'abbé Girauld,
« curé des Voves, à donner suite à cette affaire. La loi est tout en
« sa faveur, comme nous l'avons fait voir dans la question de juris-
« prudence religieuse que nous avons traitée tout récemment sur
« cette matière. Elle est insérée dans le n° 806 de notre journal,
« colonne 1664. »

Voilà, monsieur le Maire, en quels termes je désapprouvais votre
conduite. A ces assertions prétendues mensongères, que répondez-
vous ? Vous prétendez d'abord, et *sans preuve*, que « l'*Univers* n'est
« pas tellement répandu que cet article doive exercer une grande
« influence sur l'opinion publique, et que vous n'attachez pas beau-
« coup d'importance à une citation sans nom et *dépourvue de preu-*
« *ves* (1). » Mais, monsieur le Maire, s'il en est ainsi, si l'*Univers*
est un journal sans importance, incapable par conséquent d'*exercer*
aucune *influence sur l'opinion publique*, pourquoi dites-vous donc
quelque part que le blâme qu'il a déversé sur votre conduite vous a
donné des insomnies? Pourquoi prenez-vous donc tant de soin à vous
disculper et publiez-vous pour cela une *Encyclique* de 48 pages in-
4°? Si vous ne me révélez pas ce mystère, je vous avoue ingénûment
que je ne pourrai voir là qu'une nouvelle contradiction entre votre
conduite et vos propres expressions.

L'article publié par moi dans l'*Univers* n'est pas suivi de ma signature, il est vrai; aussi n'était-ce point nécessaire. Tous les jours
cela se pratique dans les journaux, et vous savez fort bien, monsieur
le Maire, que chaque rédacteur ne s'amuse pas à signer ses articles,
lors-même qu'ils ont pour objet de blâmer, critiquer, censurer la
conduite et les actes des hauts fonctionnaires publics, des ministres
eux-mêmes. La feuille est signée par un gérant, et cela suffit. Or,

(1) *Lettre encyclique*, page 5.

monsieur le Maire, le numéro de l'*Univers* dans lequel je blâmais la conduite *illégale* que vous aviez tenue le 30 juin, était signé *Vrayet*. C'était donc M. Vrayet (1), en sa qualité de gérant, qui prenait mon article sous sa responsabilité. Remarquez bien que le journal parle en son propre nom. C'était donc au gérant que vous deviez vous adresser si l'article vous blâmait injustement, s'il était véritablement, comme vous le dites, *dépourvu de preuves*. Mais, c'est ce que nous verrons tout à l'heure. Les qualifications peu polies dont vous voulez bien m'honorer, me semblent donc purement gratuites. Si je vous respectais moins, je vous les renverrais, mais j'aime mieux les regarder comme non-avenues.

« Vous avez fait preuve de plus de réserve que moi, monsieur le « Maire. Pressé, dites-vous, d'insérer dans les journaux, le refus « de M. le curé des Voves, vous vous y êtes opposé, parce que de « tels rapports flattent et autorisent les passions, sans qu'il en résulte « rien de bien utile (2). » Je n'ai, certes, pas de peine à vous croire, car il n'est pas dans la nature de l'homme de se diffamer soi-même. Ce n'était donc pas à vous à appeler le blâme sur votre conduite. Tout le monde trouvera convenable que vous ayez laissé ce soin à un autre. Votre soin à vous, monsieur le Maire, était de vous justifier ; que dis-je, vous justifier ? « une conscience aussi droite que la vôtre « peut, à la rigueur, s'en dispenser. Mais dans l'intérêt de la reli- « gion, à laquelle on impute trop souvent les torts de ceux qui de- « vraient surtout la faire aimer, vous ne deviez pas garder le si- « lence (3). » Vous avez donc eu recours aussi à la publicité. Vous n'avez pas jugé convenable de prendre la voie des journaux, parce que de tels rapports, dites-vous, *flattent et autorisent les passions ;* vous n'aimez apparemment pas le *scandale*, vous dirai-je avec un magistrat distingué de ce département. Une réponse insérée dans un journal n'aurait pas produit l'effet que vous vous proposiez ; on vous aurait à peine accordé une colonne, et vous vouliez publier 48 pages in-4° ! Ou vous ne craignez pas autant que vous le dites de *flatter les passions*, ou bien vous vous trouvez encore ici en contradiction avec vous-même.

Vous paraissez scandalisé, monsieur le Maire, que le clergé ait un *journal qui lui soit propre*. Vous voudriez donc qu'il fût permis à l'impiété de déverser à pleines mains l'outrage et le sarcasme sur la religion et ses ministres, et que ceux-ci n'aient pas un mot à répondre? Mais sous un gouvernement qui garantit à chacun la liberté de

(1) A cette époque la loi n'obligeait pas comme aujourd'hui les rédacteurs à signer leurs articles.

(2) *Lettre encyclique*, page 6.

(3) Idem, même page.

son culte, il me semble juste, raisonnable, convenable même que le clergé catholique ait au moins un organe de ses doctrines, une tribune toujours ouverte pour se défendre, et même pour attaquer tout ce qui est contraire à la foi, aux mœurs, aux saines doctrines, pour stigmatiser du mépris qu'ils méritent, certains petits pachas de village qui n'ont bien souvent que l'ignorance en partage, et qui ne se plaisent qu'à vexer, tourmenter, tracasser leurs pasteurs (1). Dans un siècle où chacun use et abuse de la presse à son gré, nous serions donc les seuls exclus du privilége d'en faire usage. Nous ne sommes cependant pas les parias de la société ; nous avons droit de cité en France, je pense ! J'espère bien, monsieur le Maire, que dans vos pétitions aux chambres vous ne demanderez pas que nous soyons mis hors la loi ; un tel procédé de votre part ne serait ni *noble ni généreux.*

Voyons maintenant, monsieur le Maire, jusqu'à quel point je vous ai calomnié, en *déversant sur vous le blâme, sans fournir de preuves,* jusqu'à quel point *j'ai dénaturé les faits et faussé impunément la vérité.* Montrez-moi, je vous prie, votre innocence, et je vais tout aussitôt me rétracter et vous faire publiquement réparation d'honneur. Mais, monsieur le Maire, en cherchant votre justification là où elle devrait être, dans votre *Encyclique,* j'y trouve tout autre chose. Tenez, jugez plutôt vous-même. Pour plus grande facilité je vais opposer ce que vous appelez mes *assertions mensongères* à ce que vous appelez votre *justification.*

Assertions mensongères de l'inconnu du canton d'Aillant-sur-Tholon.	*Justification de M. le Maire de Charmoy.*
Un individu de la commune de Charmoy est mort, après avoir refusé, avec une obstination accompagnée de blasphèmes et d'injures, les secours de la religion.	Le père Darnis répond à M. le Curé qu'il n'a fait de tort à qui que ce soit et que sa confession ne peut s'étendre au delà... M. le Curé se retire, sans avoir obtenu du malade qu'il se confessât... Il se présenta sept fois chez le malade, toujours sans résultat (2).

(1) Je serais désolé qu'on inférât de ces mots, quelque chose d'offensant pour MM. les Maires en général, j'aime au contraire à reconnaître ici que la plupart d'entre eux sont dignes d'éloges pour la manière dont ils remplissent les fonctions qui leur ont été confiées, je n'ai voulu parler que de ceux qui, méconnaissant leurs devoirs et abusant de leur autorité, se croient le droit de mettre leur volonté et leurs caprices à la place de la loi. J'aime à répéter encore que c'est le petit nombre, et c'est précisément pour cette raison qu'il est bon de signaler leurs illégalités. (*Note de la première édition.*)

(2) *Encyclique,* page 6.

le curé des Voves ne voulut point,
par conséquent, accorder au défunt les
honneurs de la sépulture chrétienne.

Mais, M. le Maire écrivit à M. le
Curé, une fort longue lettre pleine
d'invectives contre la religion et ses
ministres, ainsi que contre ce qu'il appelle l'intolérance et le despotisme du
parti prêtre.

Il termine ce petit chef-d'œuvre de
politesse et d'urbanité bureaucratique
par menacer le prêtre de porter plainte
contre lui à l'autorité supérieure s'il
ne se soumet promptement à ses in-
fonctions.

Alors le Maire, sans plus de cérémonie, fit sonner les cloches et procéda à l'inhumation.

Le cadavre fut introduit dans le temple, malgré le curé, et là, par ordre du
magistrat, l'instituteur, affublé d'un
vêtement ecclésiastique, parodia les
prières et les chants du culte catholique, au grand scandale des fidèles.

M. le Curé se refuse à l'inhumation.
Le lendemain même refus. J'écrivais à
M. le Curé pour l'engager à revenir de
sa décision lorsqu'il vint lui-même me
la notifier. Mes observations ne sont
nullement écoutées (1).

Pour donner à cette affaire le caractère officiel dont elle me semblait
avoir besoin, j'achève et j'adresse ma
lettre à M. le Curé (2).

Je vous prie de me faire connaître
vos dernières intentions ; en cas de
refus ou de silence, ce soir à sept
heures j'assisterai à l'inhumation du
père Darnis... Il est de mon devoir de
rendre compte à l'autorité administrative de votre détermination, si elle
est immuable (3).

J'ai donc procédé, j'ai fait sonner
les cloches pour prévenir le public (4).

Je suis allé prendre le corps du défunt dans sa demeure ; j'ai fait ouvrir
les portes de l'église et l'y ai introduit, j'ai invité l'instituteur à *lire en
français* la prière pour les morts et la
famille du défunt à y prendre part (5).

Il me semble, monsieur le Maire, qu'il faudrait avoir une bien
grande préoccupation d'esprit pour ne pas apercevoir dans votre
justification la *preuve* la plus irréfragable de tout ce que j'ai avancé.
Si votre dessein eût été de démontrer que j'avais rapporté les faits
tels qu'ils se sont passés, je suis persuadé que vous ne vous seriez
pas exprimé autrement que vous ne l'avez fait. Je vous prie donc de
vouloir bien *agréer mes remerciments* pour avoir pris soin de *prouver*
que mes *assertions* n'étaient point *mensongères*.
Dans vos observations à M. le préfet de l'Yonne, je remarque un
passage que vous devez regretter d'y voir figurer. J'en suis vraiment
affligé pour vous, monsieur le Maire ; car vous passiez pour un

(1) *Lettre encyclique*, page 7. Je regrette que la longueur de cette lettre ne me
permette pas de la rapporter ici intégralement.
(2) Voyez cette lettre, pages 7, 8, 9, 10 et 11 de l'*Encyclique*.
(3) *Lettre encyclique*, page 11.
(4 et 5) Idem, même page.

homme modéré, pacifique et de bonne foi. Mais voilà que vous venez *fausser impunément la vérité*, que vous *déversez* non-seulement le blâme, mais l'outrage et l'injure sur un homme dont la réputation de douceur, de bonté, de modération, de tolérance même est faite depuis longtemps dans l'arrondissement de Joigny. Voilà que vous agissez avec une mauvaise foi manifeste. Relisez plutôt ce qui suit :

« M. le Curé communiqua au maire la lettre de M. le *Doyen de* « *Joigny ;* il en lut en effet *une partie ;* mais, la trouvant remplie « d'injures, d'expressions insultantes, de qualifications d'*impie,* « d'*hérétique* (M. le *Doyen* écrivant qu'*on ne devait pas même donner* « *place dans le cimetière à un hérétique*), le Maire ne voulut pas « achever la lettre et la remit à M. le Curé, en lui faisant observer « que probablement la personne qui l'avait écrite connaissait mal « sa religion. »

« En effet, qu'avait besoin M. le Doyen de Joigny de traiter « d'*impie*, d'*hérétique*, un homme déjà mort, et de joindre au « manque de charité chrétienne l'insulte et l'outrage ? M. le Doyen « ne pouvait-il réduire sa réponse à ces mots : *Monsieur le Curé,* « *en refusant les sacrements, le père Darnis a eu tort ; de son propre* « *mouvement, il s'est placé sous le poids des règlements ecclésiastiques* « *qui lui refusent la sépulture ; votre devoir étant de vous y confor-* « *mer, vous ne participerez pas à l'inhumation.* De cette manière « aucune convenance n'aurait été blessée au moins par la réponse ; « mais l'exaltation de M. le Doyen n'aurait pas été satisfaite ; il « fallait rajeunir ces apostrophes du temps passé : *Le père Darnis* « *est un impie, un hérétique,* et pour mieux les consacrer, M. le « curé des Voves s'est empressé de les répéter dans sa lettre. Ad- « *mirez donc* combien est influent le bon exemple (1) ! »

Vous le voyez, monsieur le Maire, vous avez sciemment *dénaturé les faits*. Mon devoir étant de les rétablir, je ne le puis mieux faire qu'en rapportant textuellement la lettre de M. l'archiprêtre. La voici :

« Monsieur le Curé, vous devez refuser les honneurs de la sé- « pulture chrétienne au malheureux dont vous me parlez. Les « saintes règles de l'Eglise s'y opposent. Vous défendrez à votre « sonneur d'annoncer au son de la cloche le décès et l'inhumation « de cet homme mort dans son impiété. Quant au lieu qui doit lui « être assigné dans le cimetière, l'ordonnance de discipline n'en « parle pas. Qu'on le place où l'on voudra, ne vous en occupez « point. Je sais que pour marquer l'horreur qu'inspire une telle « impiété, il serait bon qu'il fût placé à l'endroit où l'on mettrait « un hérétique. Mais puisque les ordonnances de Mgr n'ont rien

_____

(1) *Lettre encyclique*, page 12.

prescrit à ce sujet, laissez entièrement le soin de l'inhumation à M. le Maire. Je vous prie d'agréer l'amitié, etc. »

Il eût été plus équitable, monsieur le Maire, de passer cette lettre sous silence, ou du moins si vous vouliez en relever quelques expressions, de la rapporter telle qu'elle est. Mais non, il fallait donner le change au lecteur. D'ailleurs l'*exaltation* de M. le Maire n'eût point été satisfaite ; il fallait nécessairement rajeunir ces apostrophes du temps passé : *Les prêtres sont des tyrans, des despotes, des intolérants.* Si Voltaire vivait encore, monsieur le Maire, il vous saurait gré de cette petite supercherie ; mais, à son défaut, le *Constitutionnel* vous décernera une palme d'honneur pour avoir si bien profité de ses leçons. *Admirez donc combien est influent le bon exemple !*

J'arrive, monsieur le Maire, à vos reprises du journal. Quoique je m'en sois déjà occupé ailleurs (1), je ne puis cependant me dispenser de m'y arrêter encore.

Vous me demandez : 1° « Si la lettre écrite par vous à M. le curé me paraît encore remplie d'invectives contre la religion et ses ministres, ainsi que contre ce que vous appelez l'intolérance et le despotisme du parti prêtre (2) ? »

Je ne conçois pas, monsieur le Maire, comment vous pouvez me faire une semblable question, après avoir pris soin de rapporter vous-même cette lettre. Car il faut ou que vous supposiez vos lecteurs bien ineptes, ou que vous ne sachiez pas votre langue, ou bien que vous ayez une grande préoccupation d'esprit. Quoiqu'il en soit, monsieur le Maire, j'aurai l'honneur de vous faire observer que l'émission seule de votre lettre est une injure faite à M. le curé des Voves. Car le presser de revenir de sa détermination *rigoureuse,* de sa *sévérité excessive,* de son *anathème* lancé contre le père Darnis, c'est supposer qu'il a agi bien légèrement d'abord ou par passion, ou bien encore qu'il ne connaissait pas les lois de l'Eglise, ou qu'il en faisait peu de cas. Ainsi soupçonner un prêtre capable de transiger avec ses devoirs et sa conscience, de fouler aux pieds les lois de son culte, n'est-ce pas lui faire injure ? « Mais les fonctions de maire qui m'ont été confiées, dites-vous, exigeaient que j'usasse de tout mon crédit pour faire revenir M. le Curé de sa détermination (3). » Vraiment, monsieur le Maire, vous croyiez que vos fonctions s'étendaient jusque-là, mais croyez-moi, vous êtes complètement dans l'erreur. Qu'un prêtre refuse ou non la sépulture chrétienne à quelqu'un, le maire n'a nullement à s'en occuper, cela

(1) J'avais déjà publié un très-long article dans l'*Univers* pour répondre à la *Lettre encyclique.* (*Note de la nouvelle édition.*)

(2) *Lettre encyclique,* page 14.

(3) Idem, page 8.

ne le regarde pas le moins du monde. Tout ce qu'il doit faire
de veiller à ce que le corps du défunt soit transporté après le
convenable dans l'endroit du cimetière désigné par l'article
décret du 23 prairial an XII (1).

Je vais encore plus loin, monsieur le Maire, et je prétends
quand même M. Girauld, par une conduite blâmable sans dou
aurait refusé la sépulture ecclésiastique à quelqu'un de ses paro
siens de Charmoy sans aucune espèce de raison, vous n'auriez
eu à vous en occuper ; il n'aurait dû compte de sa conduite
Dieu et à son évêque. Les parents du défunt seulement auraient
en droit de s'adresser aux supérieurs de M. le curé dans l'or
hiérarchique. Et ceux-ci, dans le cas que je suppose, n'auraient
manqué de rappeler le curé à son devoir. S'ils ne l'eussent pas
il serait encore resté aux parents l'appel comme d'abus. Ils aura
donc pu, en vertu de l'article 6 de la loi du 18 germinal an X (2)
pourvoir au conseil d'Etat.

« Je ne vois rien *municipalement*, ajoutez-vous, qui puisse m
« tiver cette sévérité (3). » Vous ne voyez rien *municipalement*
monsieur le Maire, qui puisse motiver dans la conduite du pè
Darnis un refus de sépulture chrétienne ; mais aussi ce n'est pas d
cela qu'il s'agit, mais bien de savoir si le prêtre, conformémen
aux lois de l'Eglise, n'a rien vu *ecclésiastiquement* qui pût motive
ce que vous appelez sa *sévérité*, son *anathème*. Vous n'avez rien v
encore une fois, monsieur le Maire, vous n'aviez rien à y voir. Ce
n'entrait nullement dans vos attributions.

Je ne parle pas des conseils que vous donnez à M. le Curé pou
le faire revenir à une *tolérance* qui s'accorde si bien avec ses fonc
tions ; ils sont vraiment curieux.

« Le refus du père Darnis était fondé sur un défaut de croyan
« ce. » Voilà déjà, monsieur le Maire, une raison *ecclésiastique*
ment parlant qui pouvait motiver un refus de sépulture. Mais c
n'était pas le seul ; cet homme n'était pas seulement un incroyant
mais il était aussi un impie forcené, car vous n'ignorez pas qu
l'avant-veille de sa mort, il proféra, en présence de personnes inf
niment respectables, à l'occasion du signe adorable de notre R

(1) Cet article est ainsi conçu : « Dans les communes où l'on professe plusieu
« cultes, chaque culte doit avoir un lieu d'inhumation particulier ; et, dans le ca
« où il n'y aurait qu'un seul cimetière, on le partagera par des murs, haies ou fos
« sés, en autant de parties qu'il y a de cultes différents, avec une entrée particuliè
« pour chacun, et en proportionnant cet espace au nombre d'habitants de chaqu
« culte. » On peut voir ce décret sous le mot CIMETIÈRE où il est rapporté inté
gralement.

(2) Voyez cette loi sous le mot ARTICLES ORGANIQUES. Voyez aussi APPEL COMME D'ABU

(3) *Lettre encyclique*, page 8.

demption, le plus affreux de tous les blasphêmes. Vous n'ignorez pas non plus qu'il *déplorait comme un malheur d'avoir reçu le baptême.*

« La commune a été depuis longues années desservie par des prêtres trop *peu éclairés*, trop peu persuasifs (1). » Comment, monsieur le Maire, vous osez dire que les prédécesseurs de M. Gibauld étaient des ignorants. Mais vous ne les avez donc pas connus? Et si vous ne les avez pas connus, pourquoi les blâmez-vous si témérairement? Ne savez-vous donc pas qu'il serait facile de vous prouver que votre *assertion* est *mensongère?* Puis croyez-vous qu'il soit bien généreux d'attaquer des hommes qui ne sont plus, surtout quand on n'en a pas le moindre prétexte? D'ailleurs, si le père Darnis faisait profession d'incrédulité, ce n'était point par suite d'ignorance; il connaissait suffisamment la religion, quoique vous assuriez le contraire.

Vous ajoutez encore dans cette même lettre, monsieur le Maire, que « la religion est un bienfait envers l'homme, tant qu'il est sur la terre; mais qu'avec une autre vie commence une autre religion dont Dieu lui-même est le ministre. Que le sacerdoce du prêtre ici-bas ne peut s'étendre au-delà du tombeau, qu'autrement le rôle de Dieu cesserait. Que les ordres généraux émanés des chefs de l'Eglise ne sont que des règlements contraires à l'usage de tous les peuples, etc. » Qu'est-ce que cela, sinon des impiétés, des hérésies, ou en d'autres termes des *invectives?*

Je crois donc, monsieur le Maire, que je suis en demeure de maintenir mes premières assertions. Vous avez revêtu, à la vérité, ce que j'appelle des *invectives* d'un style plein de politesse et d'urbanité. Mais la forme que vous avez cependant un peu retouchée n'empêche pas d'y voir le fond. Relisez cette lettre sans *exaltation* et je suis persuadé que vous serez de mon avis.

2°. Mais, ajoutez-vous, « contient-elle quelque menace à M. le curé des Voves, s'il ne se soumet à mes injonctions? » Pour toute réponse à cette demande, monsieur le Maire, je vous prierai de relire le dernier alinéa de votre lettre; vous y trouverez cette *menace* exprimée dans les termes suivants : « Il est de mon devoir de « rendre compte à l'autorité administrative, de votre détermination, « si elle est immuable. »

3°. « Le cadavre n'a point été introduit dans l'église, *malgré le* « *Curé.* » C'était donc du *plein gré* de celui-ci que vous profaniez son église? oserez-vous le dire? et qui pourrait le croire? « Aucune « opposition ne vous a été faite ni verbalement ni par écrit de la « part de M. le curé. » Je serais fâché, monsieur le Maire, de vous

(1) *Lettre encyclique*, page 8.

dire que cette assertion est contraire à la vérité; mais cependant je ne pourrai guère m'en dispenser, car ne dites-vous pas vous-même que vous vous êtes emparé des clefs de l'église, et que vous en avez fait ouvrir les portes ? N'avouez-vous pas aussi que vous avez fait sonner les cloches contre la défense expresse de M. le Curé ? Je me vois donc, monsieur le Maire, dans la triste nécessité de vous dire ou que votre assertion est mensongère, ou que vous êtes encore en contradiction avec vous-même.

4°. Avant de profiter du mot *parodier* pour en prendre occasion de m'insulter, vous eussiez mieux fait, monsieur le Maire, d'ouvrir votre dictionnaire pour en connaître la vraie signification ; vous vous seriez encore épargné une bévue. Vous ne comprenez pas mieux ce mot que celui d'*Encyclique* et que bien d'autres que je pourrais vous signaler. Cependant quand on veut se mêler d'écrire, on devrait au moins connaître la valeur des termes qu'on emploie. Veuillez encore prendre note de cette observation pour la seconde édition de votre *Encyclique*. Vous me dites, monsieur le Maire, que je m'entends parfaitement au métier de parodier. C'est bien certainement une méprise qui vous sera échappée, car je suis persuadé que vous aurez voulu dire que vous vous entendiez parfaitement bien à ce métier, vous, monsieur le Maire. Effectivement vous nous donnez de temps en temps quelques échantillons de votre savoir faire. Vous parodiez déjà à merveille les inhumations. Vous vous entendez on ne peut mieux à faire dans l'église et sur le cimetière l'aspersion de l'eau bénite. Vous connaissez la manière de lire un *libera* en latin, de réciter une *oremus* en *français*, et de psalmodier en la même langue les sept psaumes de la pénitence pour les petits enfants morts dans l'innocence. Je suis persuadé que si vous le vouliez, vous parodieriez tout aussi bien toutes les autres cérémonies du culte. Il ne vous manque plus qu'une chose, monsieur le Maire, quand vous remplissez vos fonctions *curiales*, ce serait de vous *affubler*, avec votre instituteur, *de quelque vêtement ecclésiastique*. Ce ne serait sans doute pas la première fois, car il paraît que vous êtes l'un et l'autre ce qu'on appelle communément *défroqués* ; vous l'insinuez d'ailleurs suffisamment pour ce qui vous regarde.

Je m'aperçois ici cependant, monsieur le Maire, que j'ai *faussé* gravement la *vérité* dans mon article du 13 juillet. J'ai osé dire que l'*instituteur était affublé d'un vêtement ecclésiastique*, et je sais maintenant qu'il n'a pu pénétrer dans la sacristie pour se revêtir d'un surplis. Je dois donc déclarer à la face du ciel et de la terre que j'ai été mal informé, et je me hâte de remplir ce devoir. Qu'il serait à désirer pour vous, monsieur le Maire, qu'il me fût permis de démentir de la même manière toutes mes autres assertions! Mais, malgré toute ma bonne volonté, je ne le puis cependant point. Je dois même ajouter, puisque vous voulez absolument qu'on dise la vérité tout entière, que, pour avoir rapporté une circonstance que je crois inexacte, j'en ai omis une autre bien plus blâmable encore, c'est que vous auriez porté l'inconvenance pour ne pas dire l'impiété, jusqu'à prononcer un discours dans l'église même, sur le cercueil, et que ce discours n'était rien moins que religieux.

5°. Vous n'avez pas compris, monsieur le Maire, le sens de ce que vous appelez ma *péroraison*. Vous avez donc l'esprit peu pénétrant? Cependant je m'étais imaginé que la Providence vous avait doué d'une forte dose d'intelligence. Mais que je suis simple ; c'est probablement moi qui me serai mal exprimé. Quoiqu'il en soit, monsieur le Maire, j'ai voulu dire qu'en cherchant à contraindre M. le Curé à donner la sépulture chrétienne à celui que les lois de l'Eglise privent de cet honneur, vous aviez violé ce que nous avons de plus précieux, la liberté de notre culte et de notre conscience, et qu'en cette circonstance vous aviez fait preuve de *despotisme et d'intolérance*. Ceci vous paraît-il plus clair ?

6°. « Quant aux suites que j'ai engagé à donner à cette affaire, « vous ne les redoutez en aucune manière. » Je veux bien vous croire. « Lorsqu'on a pour soi la volonté de bien faire et des inten- « tions droites, on ne craint jamais de s'en rapporter à la justice de « ses semblables (1). » Mais, monsieur le Maire, il ne suffit pas d'avoir la *volonté de bien faire* pour ne pas encourir le blâme de ses semblables, il faut encore éviter de faire le mal, et certes vous l'avez fait par votre conduite odieusement sacrilége, en foulant aux pieds avec un mépris révoltant tout ce que les catholiques ont de plus cher et de plus sacré, la liberté de leur culte et de leur conscience. Et où en sommes-nous donc s'il est permis au premier venu, à un simple maire de village de venir profaner nos temples, insulter à nos croyances, parodier nos cérémonies saintes ? Et que diriez-vous, monsieur le Maire, si un des derniers agents de l'autorité séculière introduisait le cadavre d'un catholique dans un temple de protestants, une synagogue de juifs ou une mosquée d'osmanlis, et qu'il y parodiât les cérémonies de ces divers cultes, ne crieriez-vous pas, avec juste raison, au *despotisme*, à l'*intolérance* ? Et vous, pour avoir commis les mêmes excès dans une église catholique, au pied même du tabernacle où reposait la victime sainte, vous vous croiriez innocent ?... Non, monsieur le Maire, non, vous ne l'êtes point et ne pouvez point l'être ; toutes vos protestations de bonne foi à cet égard sont hypocrites. *Vous ne redoutez en aucune manière les suites qu'on pourrait donner à cette affaire*, c'est possible. Mais il n'en est pas moins vrai que si, en vertu de l'article 5 de la Charte constitution-

(1) *Lettre encyclique,* page 15.

nelle, et de l'article 7 de la loi du 18 germinal an X, M. le Curé eût eu recours au conseil d'Etat, il en aurait probablement obtenu une décision qui eût été loin de vous être favorable.

Enfin, vous terminez cet article en me renvoyant à ma conscience *si religieuse* ; pour vous, vous rentrez dans la vôtre, *le fût-elle beaucoup moins.* C'est sans doute ce que vous avez de mieux à faire, et je vous y exhorte dans votre propre intérêt. Plût à Dieu pour vous, monsieur le Maire, que vous n'en fussiez jamais sorti et que vous eussiez laissé votre curé suivre la sienne. Votre *tranquillité*, que vous regrettez tant, n'eût point été troublée. Votre respectable famille n'eût point été dans l'affliction, et vous n'auriez pas acquis cette triste célébrité qu'il n'est plus guère en votre pouvoir de perdre.

Mais que dis-je ? vous y tenez singulièrement, à cette célébrité. Vous aimez que le public s'entretienne de votre personne, et je ne m'en étonne point ; c'est là l'ambition des hommes supérieurs. Votre réputation ne peut plus rester circonscrite dans l'enceinte d'une commune, d'un département ; il faut qu'elle devienne européenne. Vite donc, monsieur le Maire, à l'œuvre ! Hâtez-vous de confectionner vos projets de loi.

« Demandez donc : 1° que, par une loi spéciale, le prêtre soit « chargé des mariages *et des inhumations*, comme il l'est du baptê- « me, et que son simple refus entraîne de *plein droit* la suspension « de son traitement, qu'il suffise à cet effet d'un procès-verbal de « l'officier municipal (1). »

Ce projet de loi, monsieur le Maire, est *très-libéral*, très-conforme à la Charte surtout, envoyez-le donc promptement aux Chambres. Mais les Chambres ne sont point encore réunies, et cependant la chose est pressante.

« Appelez donc en attendant l'attention du gouvernement sur « une question qui, sans rien retrancher à la religion (c'est M. le « Maire qui le dit), intéresse si vivement l'ordre public et les bien- « séances sociales. Vous devez espérer qu'il prendra des mesures « pour que des abus pareils à ceux dont votre commune croit avoir « à se plaindre, ne se renouvellent pas. Provisoirement il est bon « que des instructions générales soient transmises à tous les maires « sur l'interprétation de l'article 19 de la loi du 23 prairial. Ce « n'est plus seulement *une question de commune*, c'est maintenant « une question de *nationalité* (2). »

Aussi, monsieur le Maire, vous avez bien voulu prendre vous-même la peine de faire ces *instructions générales* pour être transmises à vos confrères sur l'interprétation de l'article 19 du décret

(1) *Lettre encyclique*, page 35.
(2) Idem, même page.

de prairial; le gouvernement vous en saura certes un gré infini. Cependant nous examinerons dans un instant comment vous avez réussi.

« Là, toutefois, ne doit pas s'arrêter la sollicitude du gouvernement : il doit recourir à tous les moyens propres à faciliter l'éducation, à la répandre et à la compléter. Paris est pourvu d'une chaire de *théologie dogmatique*, d'écoles de *philosophie*, mais il lui manque une chaire de *religion comparée*. La religion n'est point connue, elle est mal jugée. La comparaison des différents cultes aura pour résultat inévitable l'*éclectisme* du christianisme, et une influence des plus heureuses sur les mœurs. On doit d'autant moins craindre ce rapprochement que toutes les religions, *sans exception*, ont eu leur moralité (1). Mais il ne faut pas concentrer dans Paris seulement le bienfait de cette nouvelle institution. »

Allons, monsieur le Maire, encore un projet de loi pour obtenir qu'incessamment : « Chaque département au moins ait son école *gratuite* aux cours de laquelle soient tenus d'assister à des jours convenus, les élèves des écoles normales, les élèves des colléges et de toutes les pensions et avec eux les *séminaristes !* qu'aucun candidat pour la prêtrise, pour l'enseignement public, pour le droit ou la médecine, n'obtienne de brevet, de nomination, sans qu'au préalable il n'ait justifié qu'il a suivi ces cours pendant un délai limité. On ne peut voir dans cette condition rien qui tienne de l'*absolutisme*. (Oh ! bien oui, monsieur le Maire, de l'*absolutisme !* cela est, au contraire, *très-libéral !* il suffirait de s'entendre sur le sens de ce dernier mot.) On exposerait devant la jeunesse toutes les religions, tous les cultes, tous les préceptes, toutes les formes. On ferait passer devant elle tous les peuples de l'antiquité et du moyen-âge, toutes les générations modernes et contemporaines, avec leurs mythes, leurs dogmes, leurs rites, leurs symboles et avec conviction, alors on pourrait dire à la jeunesse : *Sois religieuse, parce que tous ceux qui nous ont précédés, tous ceux qui vivent avec nous, ont été et sont religieux.* Choisis, opte entre toutes les croyances, mais surtout contemple le christianisme, consulte ce type de l'idée religieuse avec sa croix et son évangile, et ne demande aux anciennes religions *que ce qu'il ne te donnera pas* (2). »

Quel homme merveilleux vous êtes, monsieur le Maire ! Quel

(1) Quelle moralité, grand Dieu ! M. le Maire n'est pas plus fort en histoire qu'en théologie apparemment. On ferait frémir si l'on dévoilait la moralité de certaines religions. Quoique en dise M. le Maire, ce n'est que dans le christianisme, seule religion véritable, qu'on trouve une pure et saine morale. (*Note de la première édition.*)

(2) *Lettre encyclique*, page 36.

profond génie possède la commune de Charmoy ! Quelle vaste conception d'idées vous avez ! Jamais personne avant vous n'avait conçu de si admirables projets ! « Il est à désirer que le gouvernement les « médite. C'est le moyen de rattacher à l'*unité religieuse* depuis « l'origine du monde vainement cherchée et désirée par tous les « peuples qui ont passé sur la terre, même par ceux qui la possédaient (1). »

Le gouvernement les *méditera*, vos projets, monsieur le Maire, soyez-en sûr. Il saura apprécier un homme de votre mérite, et le roi, usant de sa prérogative, ne tardera pas à vous appeler dans ses conseils ; pourrait-il au reste faire un meilleur choix ?

Alors, monsieur le Maire, placé sur un plus vaste théâtre, il vous sera facile « d'élever à Dieu ce monument sublime, impérissable qui « doit rallier toutes les opinions, parce qu'il ne sera pas l'œuvre « d'une secte particulière, d'un homme revêtu de telle ou telle « robe, mais de l'homme nu, de l'homme social, de l'homme cos- « mopolite, de l'*homme de tous* (2). »

Alors aussi, monsieur le Maire, vous aurez assez de crédit et d'influence pour faire ériger en succursale l'annexe de Charmoy. Ce sera vraiment fort heureux pour cette commune que vous soyez élevé au ministère, car sans cela il eût été à craindre qu'elle restât annexe encore longtemps.

Quoiqu'il en soit, monsieur le Maire, vous trouvez fort étrange que M. le curé ait *suivi ponctuellement les ordres de son évêque*, car dites-vous : « Depuis le moment où il a annoncé publiquement « *dans une autre commune* que l'église était interdite, nous avons « été privés de tout culte, et les habitants de Charmoy par consé- « quent obligés de renoncer aux offices, ou d'aller les entendre ail- « leurs que dans leur église (3). » Ici, monsieur le Maire, je ne puis m'empêcher de penser que vous calomniez les sentiments religieux de vos administrés, ou que vous voulez plaisanter. Car si Charmoy et les Voves forment deux communes, ils ne forment qu'une seule et même paroisse. Les habitants de Charmoy ne sont donc pas *privés de tout culte*, puisque le service divin se célèbre régulièrement dans l'église des Voves, chef-lieu de la paroisse dont votre commune n'est qu'une simple dépendance. Si les offices se sont faits à Charmoy jusqu'à l'époque de votre scandale, c'était par grâce. Vous ne devez donc pas être étonné que, pour vous faire sentir l'énormité de votre faute, ainsi qu'à vos administrés, on prive *provisoirement* votre annexe de ce privilége. Cette conduite, monsieur le Maire, quoique vous en pensiez, paraîtra dictée par la justice et

(1 et 2) *Lettre encyclique,* page 37.
(3) *Lettre encyclique,* page 13.

la raison à quiconque n'est pas imbu de préjugés irréligieux. Si Charmoy était une paroisse, vos plaintes jusqu'à un certain point pourraient paraître fondées ; mais quand on songe que ce n'est que pour une simple annexe que vous faites entendre toutes vos lamentations, vous me permettrez de vous dire qu'on ne peut que rire de votre bonhomie ou qu'être indigné de la perfidie de vos intentions (1).

Je remarque dans votre *Encyclique*, monsieur le Maire, des observations à M. le préfet, des reprises d'un journal, des observations à Monseigneur, des griefs contre celui-ci, des injures contre celui-là. Certaines personnes pensent que vous n'auriez dû vous adresser directement qu'à Monseigneur, d'après le titre de votre factum, ou du moins que vous auriez dû l'intituler autrement. Ceci n'est qu'une petite remarque que je vous soumets en passant ; vous verrez donc dans votre sagesse s'il sera convenable d'en faire usage dans votre seconde édition.

Dans vos observations à Monseigneur, vous commencez, monsieur le Maire, par lui demander compte de ce que vous appelez sa sévérité. Vous vous posez cette question : *Pourquoi l'église de Charmoy est-elle interdite ?* Puis vous demandez avec un ton qui ne s'accorde guère avec la politesse et l'urbanité française : « Serait-ce parce que le père Darnis a refusé de se confesser ? Serait-ce parce que M. le curé des Voves aurait refusé l'inhumation ? Serait-ce parce qu'en qualité d'officier municipal, je me serais occupé de l'enterrement du père Darnis lorsque M. le curé des Voves avait refusé d'y prendre part ? Serait-ce parce que le corps du père Darnis a été déposé dans le cimetière ? Serait-ce parce que nous aurions introduit dans l'église le corps du défunt ? »

Si je ne vous eusse connu, monsieur le Maire, comme un homme fort spirituel, j'aurais trouvé toutes ces questions absurdes et ridicules ; mais je m'aperçois qu'en homme habile, vous en avez profité d'une manière merveilleuse pour *invectiver contre la religion et ses ministres*. Vous ne vous dédirez pas cette fois, monsieur le Maire. Si cependant vous vouliez que je vous le prouvasse, je transcrirais quinze à dix-huit pages de votre *Encyclique*, mais je pense qu'il me suffira de vous y renvoyer, et de citer seulement les passages suivants :

« Préposer à l'instruction religieuse, mettre à la tête des *communes* (expression impropre, on met un maire à la tête d'une *commune*, et un *curé* à la tête d'une *paroisse*) pour les diriger, des hommes élevés dans la routine et dans une théologie purement dogmatique, des jeunes gens, la plupart voués au culte pour s'exempter du recrutement, pour s'assurer un avenir, sans aucune

(1) *Lettre encyclique*, pages 32 et 33.

« *vocation religieuse* (1). Mais que, sous prétexte de se conformer
« à des réglements (surannés, bons pour des ignorants comme
« étaient nos bons vieux aïeux !), un prêtre vienne trouver un
« malade, qu'il se présente en maître, en homme qui commande,
« qui effraie, qui exige, qui menace de sa propre vengeance le mo-
« ribond qu'il n'a pas le talent de convaincre ; qu'il le prive dans
« ses dernières heures, de la tranquillité, du recueillement dont il
« a besoin, etc. C'est cependant ce qu'a fait M. le curé des Voves.
« (Pag. 16.) Qu'un prêtre, quand *son frère* est au lit de mort, aille
« à son chevet porter la menace et l'épouvante, non, ce n'est plus
« le rôle du prêtre, ce n'est plus la justice de Dieu, c'est l'absolu-
« tisme de l'homme (2). »

« Si M. Girauld, déjà avancé en âge ; si depuis plusieurs années
« vivant au milieu de nous, connu par sa *tolérance*, connu par ses
« mœurs pures, saintes, vraiment religieuses ; connu par sa bien-
« veillance, sa patience pour ses paroissiens ; si.... Mais à peine si
« depuis six mois M. le curé des Voves est sorti du séminaire ; à
« peine est-il connu. Sa doctrine, on la suppose d'après le vêtement
« qu'il porte ; mais comment l'a-t-il développée. J'ai suivi plusieurs
« fois ses offices : aucune instruction appropriée aux besoins de ses
« paroissiens, rien qui annonce la préparation *ni* le travail (3). »

Que vous êtes adroit, monsieur le Maire ! vous calomniez de la
manière la plus outrageante votre pasteur ; vous *déversez* sur lui le
blâme et le mépris ; vous cherchez à ternir sa réputation ; vous sus-

---

(1) C'est là une grave accusation que M. le Maire avance bien gratuitement pour
déverser le mépris sur le clergé. Mais qu'a-t-il besoin de preuves ? son dessein n'est-
il pas de mettre en pratique cette maxime voltairienne : *mentons, mentons, calom-
nions, il en restera toujours quelque chose ?* — Si c'était ici le lieu il me serait
facile de confondre M. le Maire. *(Note de la première édition.)*

(2) *Lettre encyclique,* page 17.

(3) Je sais de source très-certaine, et M. le Maire ne me dédira pas, qu'après avoir
entendu prêcher un pieux et savant évêque et quelques autres orateurs d'un mérite
reconnu, il en porta le même jugement que de M. Girauld. M. le Maire, ne peut
être juge compétent en fait de doctrine, pas plus qu'il ne peut connaître si des
instructions sont ou non appropriées au besoin des paroissiens. Ne prouve-t-il pas
dans son *Encyclique* qu'il est totalement étranger aux premiers éléments de la religion, et que s'il a jamais su quelques mots de catéchisme, il y a bien longtemps
qu'il les a oubliés ? Ne nous dit-il pas aussi qu'en faisant son cours de *religion
comparée,* il est devenu *éclectique,* puis *déiste ?* — M. le Maire, dans ses inculpa-
tions, ne s'aperçoit pas qu'il prouve une chose qu'il n'était pas dans ses intentions
de prouver, c'est que M. Girauld est plein de zèle, et qu'il faisait pour ses paroissiens de Charmoy plus qu'il ne devait, car il n'était tenu qu'à dire une messe basse
et non pas d'y célébrer comme il l'a fait, des grandes messes, d'y faire des instructions, des catéchismes, des saluts, etc. *Iniquitas mentita est sibi. (Note de la
première édition.)*

pectez ses mœurs et sa doctrine, puis vous vous empressez d'ajouter :
« Loin de moi l'intention *d'user de perfidie* envers M. le curé des
« Voves ; je ne cherche point ici à *dénigrer* sa conduite, à le *dépré-*
« *cier ;* mais, sans fiel, sans partialité, quelle tentative a-t-il faite
« pour rallier ses brebis au bercail (1). »

Il faut, monsieur le Maire, que vous supposiez vos lecteurs bien
innocents pour ne pas apercevoir dans un tel procédé une insigne
perfidie. De quels termes vous seriez-vous donc servi si votre *inten-*
tion eût été de *dénigrer* la conduite de votre curé et de le *déprécier ?*

Je trouve encore dans votre série de questions, monsieur le Maire,
quelques passages fort jolis, fort curieux, et surtout fort amusants.
Persuadé qu'ils ne pourront que vous égayer quand vous les relirez,
je vais les transcrire.

« Admettons que dans le tumulte de 93 le père Darnis, alors
« dans la fougue de l'âge, eût cédé à l'entraînement de l'époque,
« comment ! ce serait à vos yeux une cause pour qu'aujourd'hui, en
« 1836, après 43 ans, un jeune prêtre qui n'était pas même conçu
« alors, qui ne sait que par tradition que la tempête a grondé, ce
« serait un motif pour que ce jeune homme vînt plonger dans la vie
« accomplie d'un vieillard (2) ! »

« Tous les jours, sous les yeux du Pape, à Rome, à Florence, à
« Modène, les églises sont visitées par des hommes d'un culte étran-
« ger. Le Juif, le Musulman, entrent dans les temples de la chré-
« tienté, et les églises ne sont pas profanées ; on ne les purifie pas,
« on ne *descend* pas les *énormes cloches* de St-Pierre ou de St-Jean-
« de-Latran *pour les passer à l'eau !!* (M. le Maire aurait pu faire
« le même raisonnement pour les bourdons de Sens !).. Ah ! Mon-
« seigneur, ne fallait-il pas mieux, avec indulgence et sans bruit,
« *laver* et purifier notre église, que de la fermer et de suspendre le
« culte ? »

« On aurait peine à citer un peuple de la terre qui ne rendît les
« honneurs funèbres à ses concitoyens. L'habitant du Gange, qui
« brûlait ses cadavres ; l'Égyptien, qui les embaumait ; le Parse,
« qui les exposait aux oiseaux du ciel, et venait ensuite en recueillir
« les restes (singulier honneur en effet) ; les Hébreux, les Juifs
« (c'était sans doute deux nations différentes) ; chez des peuples plus
« modernes, les Mahométans, et jusqu'au sauvage du désert, dénué

---

(1) *Lettre encyclique*, page 20.

(2) M. le Maire pense sans doute que les jeunes prêtres ne doivent confesser que
des enfants. Ce n'est pas ainsi cependant que l'entendent les catholiques qui ne voient
dans les prêtres jeunes ou vieux, que les représentants de celui qui a dit : « Les
péchés seront remis à ceux à qui vous les remettrez, et ils seront retenus à ceux à
qui vous les retiendrez. » Voyez-vous que M. le Maire ne sait plus son catéchisme.
(*Note de la première édition.*)

« de culte et privé de services religieux, tous se sont empressés de
« rendre les devoirs funèbres à leurs semblables. Le disciple de
« Zoroastre étendit plus loin son scrupule, car il accorda la sépul-
« ture au chien, en mémoire de ses services. Et nous, chrétiens,
« nous refuserions la sépulture à l'homme, si élevé dans l'échelle
« des êtres (1) ! »

Eh bien ! monsieur le Maire, que voulez-vous conclure de là ? qu'il
faille inhumer tous les membres défunts de l'espèce humaine. Mais
qui vous a jamais dit le contraire ? Qui vous a dit qu'on devait laisser
ces cadavres exposés à devenir la proie des oiseaux du ciel ou des
animaux immondes ? Vous déraisonnez donc de la manière la plus
complète, monsieur le Maire, permettez-moi de vous le dire, lorsque
vous prétendez que du moment qu'un prêtre refuse son ministère
pour une inhumation, il déclare par là même que le défunt est indigne d'être inhumé. Non, monsieur le Maire, non, il n'en est pas
ainsi : le prêtre sait mieux que personne le respect que méritent les
restes inanimés de l'homme, qu'il ait ou non partagé sa croyance.
Il déplore le malheur de celui qui a vécu et qui est mort dans le crime
ou l'erreur ; mais quand les lois de son culte, aussi bien que les
règles du simple bon sens, lui défendent de réciter sur son cadavre
des prières qui ne pourraient être qu'une parodie impie et sacrilège,
il se retire et laisse le soin de l'inhumer à ceux que le législateur en
a chargés.

Une autre conclusion qui ne me paraît ni moins absurde, ni moins
ridicule, monsieur le Maire, c'est que vous voulez que le prêtre
rende les devoirs religieux à tous ses paroissiens *indistinctement*, ou
bien en d'autres termes qu'il donne la sépulture religieuse aux *Hé-*
rétiques, aux *Juifs*, aux *Mahométans*, et jusqu'aux *Payens*. Vous
vous proposez même d'appeler incessamment l'attention du gouvernement sur cet objet, afin qu'il convertisse en loi votre opinion à cet
égard. J'aime à croire, monsieur le Maire, que vous serez assez bon
pour ne pas nous comparer aux disciples de Zoroastre, et nous obliger comme tels à donner la sépulture chrétienne *aux chiens, en mé-*
moire de leurs services. C'est bien assez d'être obligés de la donner
aux infidèles !

Mais, monsieur le Maire, que diraient alors les cultes dissidents ?
Que diriez-vous, vous-même, si dans les localités où il y a des protestants on obligeait les ministres de ce culte à donner la sépulture
aux Catholiques, aux Juifs, aux Musulmans qui pourraient y décé-
der ? Ne trouveriez-vous pas cette conduite tant soit peu arbitraire,
despotique, intolérante ? Et pour préciser le cas, si un protestant,
dans ses derniers moments, abjurait les erreurs de Luther ou de

(1) *Lettre encyclique*, pages 19, 20 et 21.

Calvin pour embrasser la foi catholique, obligeriez-vous les ministres de son premier culte à lui donner la sépulture après sa mort? Veuillez un peu réfléchir à cette objection avant de rédiger votre projet de loi.

Au reste, monsieur le Maire, il me semble que vous avez totalement méconnu le point de la question, et que, nouveau Don Quichotte, vous vous êtes battu contre des moulins à vent. Le père Darnis, dites-vous, était un *honnête homme qui n'a jamais fait de tort ni d'injustice à qui que ce soit ; ce n'était point un révolutionnaire ; il élevait bien ses enfants.* Je ne le conteste nullement ; je vous accorderai même à cet égard tout ce que vous voudrez. Donc, ajoutez-vous bien vite, il fallait lui donner la *sépulture ;* et vous entassez page sur page pour le prouver. Entendons-nous, monsieur le Maire. Il fallait donner la *sépulture* au père Darnis, sans nul doute ; nous sommes ici d'accord. Vous pouviez même donner à ses funérailles toute la pompe possible. Mais fallait-il lui donner la *sépulture ecclésiastique?* fallait-il l'introduire à l'église ? fallait-il qu'un prêtre catholique offrît pour lui les saints mystères, et l'accompagnât jusqu'à sa dernière demeure ? fallait-il sonner pour annoncer son décès et son inhumation ? Voilà cependant, monsieur le Maire, ce que vous auriez dû prouver par des raisons plausibles. Loin de le faire, vous n'avez pas même abordé la question. En attendant donc qu'il vous plaise de nous fournir les preuves de votre opinion, vous me permettrez de vous dire que, sous le régime d'une législation purement *sécularisée,* pour me servir de l'expression de M. de Portalis, il serait du dernier ridicule que l'autorité *séculière* prétendît avoir le droit de nous contraindre à inhumer tous les morts *indistinctement.* Nous ne sommes point les *fossoyeurs* ou *inhumateurs* de l'humanité. Notre intervention dans les funérailles est toute spirituelle, et nous ne devons nos prières qu'à ceux qui, durant leur vie, ont partagé notre foi, et sont morts dans notre communion.

Abordons maintenant, monsieur le Maire, la question de droit à laquelle nous sommes arrivés, et voyons si, lorsque le prêtre refuse de faire l'inhumation religieuse, la loi autorise l'officier municipal à introduire le corps du défunt dans l'église. Vous le prétendez, car, vous adressant à Monseigneur, vous lui dites : « Je vous *observerai* (1) que si je ne m'étais pas supposé en droit de le faire, auto-

---

(1) J'aurai l'honneur de *faire* observer à M. le Maire que je *vous observerai* n'est pas ici une locution française. On dit *faire* observer quelque chose à quelqu'un, parce que le verbe *observer* accompagné d'un régime indirect de personne, doit toujours être précédé du verbe *faire.* On observe pour soi, on fait observer aux autres. M. le Maire voudra bien se rappeler cette règle de grammaire quand il publiera sa seconde édition. Il voudra bien remarquer aussi que convenir *à* quelqu'un d'une chose est vicieux, qu'on doit dire convenir *avec* ; qu'*énarrer* ne se dit pas, mais bien

« risé par mes règlements et par l'*usage*, je ne fusse point entré
« dans l'église (1). »

Vous ajoutez, monsieur le Maire, que vous *croyez qu'il est du
devoir d'un bon citoyen, d'un homme qui aime l'ordre, les convenances, la raison, de respecter les lois.* Je le crois comme vous, et c'est
précisément pour cela que je vous trouve grandement blâmable,
car au lieu de faire régner l'ordre à Charmoy, comme *c'est votre devoir*, vous y avez mis le désordre (c'est un désordre qu'un maire
parodie les cérémonies d'un culte quelconque), et vous avez trans-
gressé les lois de votre pays, la Charte elle-même, la première de
toutes. Je trouve donc après cela qu'il vous sied mal de *défier* le prélat auquel vous vous adressez, de *citer une circonstance de votre vie
où vous ayez contrevenu à la loi.*

Au reste, monsieur le Maire, « sans prétendre établir ici une ju-
« risprudence pour l'avenir, recourons à la législation, et voyons
« ce que dit la loi du 23 prairial an XII, loi spéciale, et sous l'em-
« pire de laquelle nous nous trouvons (2). » Vous l'avez consulté
depuis, monsieur le Maire, cette *loi ;* effectivement, lors de l'inhumation du père Darnis, vous ne vous doutiez guère de son existence.
Heureux alors d'avoir rencontré un si précieux document, vous
n'avez pas seulement pris le temps de remarquer que ce n'est pas
même une *loi*, mais tout simplement un *décret*. Au surplus, décret
ou loi, peu importe ; voyons seulement s'il signifie tout ce que vous
voulez lui faire signifier.

Article 19 du décret du 23 prairial an XII (10 juin 1804), titre V.

« Lorsque le ministre d'un culte (et non pas *du* culte), sous
« quelque prétexte que ce soit, refusera son ministère pour l'inhu-
« mation d'un corps, l'autorité civile, soit d'office, soit sur la ré-
« quisition de la famille, commettra un autre ministre du même
« culte pour remplir ces fonctions ; dans tous les cas, l'autorité ci-
« vile est chargée de faire porter, présenter, déposer et inhumer le
« corps. »

Je pourrais vous faire remarquer d'abord, monsieur le Maire,
que le décret de l'an XII, que nous examinons ici, est un décret sur-
ranné, fait seulement *pour un temps qui n'est plus*, temps de despotisme s'il en fut jamais, qu'*il a perdu sa validité avec l'ère pour
laquelle il a été créé*, car il remonte à une époque où l'esprit de la
révolution qui avait renversé les autels dominait encore ; la forme

---

narrer; c'est d'ailleurs *raconter* qu'il eût dû dire, c'était le mot propre, etc.,
Si je me permets des remarques si minutieuses, c'est parce que M. le Maire accuse
le clergé d'ignorance ; je me trouve donc en droit de lui dire *Medice cura te ipsum*.
(*Note de la première édition.*)

(1 et 2) *Lettre encyclique,* page 23.

même indique assez qu'il a été fait avec humeur et dans des vues hostiles à la religion. C'est donc un décret *insensé*, vous dirai-je après M. de Cormenin, lequel n'*est plus applicable aujourd'hui*.

Je pourrais vous faire observer en second lieu, monsieur le Maire, que toute loi, décret, etc., contraires à notre Constitution, sont abrogés de *plein droit*, car l'article 5 de la Charte constitutionnelle de 1830 porte : « Chacun professe sa religion avec une égale liberté, et obtient pour son culte la même protection. » Et l'article 70 : « Toutes les lois et ordonnances, en ce qu'elles ont de contraires aux dispositions adoptées pour la réforme de la Charte, sont dès à présent et demeurent annulées et abrogées. » Or, monsieur le Maire, ne doit-on pas conclure de ces textes que toute disposition législative antérieure, et qui apporterait quelque modification à la liberté des cultes, se trouve invinciblement abrogée? La Charte est comme une fin de non-recevoir contre les décrets du consulat et de l'empire, restrictifs de cette liberté. L'article 19 du décret de prairial an XII doit donc être regardé comme annulé, si l'on doit l'entendre dans le sens qu'il vous plaît de lui donner, car il serait manifestement opposé à l'article 5 de notre pacte fondamental. Si, au contraire, il n'est point abrogé, il est clair qu'il doit être entendu dans un sens plus large et plus libéral, et c'est ce que je vais vous prouver.

« Chacun obtient pour son culte la même protection. » Ainsi voilà, monsieur le Maire, toutes les cérémonies qui constituent notre culte et toutes les prescriptions ecclésiastiques à l'abri de l'insulte ; les voilà protégées par la force publique, ce qui ne veut pas dire opprimées. Or, monsieur le Maire, il faudrait bien admettre que l'article 5 de la Charte ne serait qu'une vaine formule, s'il était permis au premier venu, autorité civile ou autre, comme vous le prétendez, d'insulter aux croyances religieuses d'une classe de citoyens, en apportant dans leur temple un objet à qui l'entrée du temple est interdite par ceux qui sont exclusivement chargés d'interpréter ces croyances ; un objet dont la présence dans l'enceinte consacrée est un scandale pour les prêtres et les populations catholiques.

Toute votre argumentation, monsieur le Maire, ou plutôt tous vos sophismes, ne roulent que sur une espèce de jeu de mots relativement aux expressions employées par le décret, qui dit que, *dans tous les cas, l'autorité civile doit faire porter, présenter, déposer et inhumer les corps*. Vous concluez de là, monsieur le Maire, qu'en l'absence du ministre du culte, et, à son refus, vous pouviez non-seulement faire présenter le corps du défunt au cimetière et le faire inhumer, ce qui est dans votre droit, mais encore que vous pouviez suppléer le prêtre, faire sonner les cloches, introduire le cadavre dans l'intérieur de l'église et y procéder de votre chef aux cérémonies reli-

gieuses, ou pour me servir de vos expressions : « Que quand le législa-
« lateur a dit : Vous le *porterez*, vous le *présenterez*, vous l'inhu-
« merez, il a voulu dire qu'il fallait, quand le prêtre était *intoléra*,
« que le fonctionnaire civil devint religieux, » c'est-à-dire curé (1).
Cette conclusion, monsieur le Maire, paraîtra à quiconque est capable de lier deux idées, non-seulement absurde, ridicule et révol-
tante, mais encore elle prouvera que votre logique est en défaut.

D'ailleurs, monsieur le Maire, quelle que soit la nature des expressions employées par le décret de 1804 (prairial an XII), il ne
saurait en résulter qu'un officier municipal puisse être transformé
tout à coup en ministre des autels, et que la loi civile vienne insulter
à la loi religieuse et l'outrager dans son propre temple. Ces expressions : *Dans tous les cas, l'autorité civile est chargée de faire porter,
présenter et inhumer les corps*, ne s'appliquent pas au cas seulement
où la cérémonie funèbre aurait lieu sans la présence d'aucun prêtre;
elles s'entendent encore de ce qui est dit précédemment dans l'article du décret, c'est-à-dire du cas où l'autorité civile aurait requis *un
autre ministre du même culte pour remplir ces fonctions*. Or, monsieur le Maire, quoique vous en disiez, comme il ne peut y avoir lieu
à *présentation* que dans le cas où il y a dans l'intérieur de l'église
un prêtre pour recevoir le convoi, présider aux cérémonies religieuses, il en résulte que, lorsque l'enterrement a lieu hors la présence de tout ministre du culte catholique, il n'y a pas lieu à *présenter*
le corps. Il suit donc nécessairement et rigoureusement que le mot
présenter ne peut recevoir d'application que dans le seul cas où un
prêtre consent à prêter son ministère à la cérémonie funèbre (2).

L'interprétation que je donne, monsieur le Maire, est inévitable (3), car si vous ne restreignez pas l'application de ces mots *dans*

(1) *Lettre encyclique*, page 25.

(2) Le mot *présenter* entraîne si peu l'idée d'introduction dans l'église qu'il est
des paroisses où le curé se borne à recevoir le corps à la porte. Cet usage a même
lieu dans quelques paroisses de ce diocèse. Dans d'autres on dépose les corps dans
des chapelles ou dans les lieux connus sous le nom de *dépositoires*. Un décret même
porte *qu'il ne pourra être établi de dépositoire dans l'intérieur des villes*. C'est précisément ce dépôt que le décret de prairial a indiqué par le mot *déposer*. Il ne s'agit
donc nullement de *station* dans l'église. (*Voyez* DÉPOSITOIRE.)

(3) Cette interprétation est celle qui a toujours été donnée tant sous le gouvernement actuel, que sous ceux de l'empire et de la restauration. Je pourrais le
prouver à M. le Maire en lui rapportant le témoignage d'une foule de jurisconsultes,
et ce qui aurait encore plus de poids pour lui, plusieurs décisions ministérielles
et préfectorales; je me contenterai de lui mettre sous les yeux la lettre suivante
de M. le préfet d'Eure-et-Loir à un maire de ce département. « Monsieur le Maire,
« j'ai appris avec une véritable peine la conduite que vous avez tenue à l'occasion
« de l'inhumation du nommé Henri L., de St-Ch. Je sais que, sur les observations
« de M. le Sous-Préfet de Dreux, vous vous êtes empressé de reconnaître vos torts

tous les cas, aux deux cas prévus de l'article, il n'y a plus de limites ; le corps du défunt qui aura expressément déclaré vouloir passer directement de son lit de mort à sa fosse, qui en aura même fait une clause de son testament (ces cas ne se rencontrent que trop souvent dans notre siècle d'impiété), sera arraché aux parents qui voudraient exécuter cette dernière volonté, et l'autorité civile, sans égard pour les prêtres qui repoussent le corps, et pour le défunt qui ne veut pas de l'église, sera contrainte d'y *porter*, *présenter* *et déposer* le cercueil ; car votre interprétation à vous, monsieur le Maire, va jusque là, faites-y bien attention, puisque vous prétendez qu'il faut toujours et *dans tous les cas*, que le cadavre soit présenté à l'*église*. « *Vous irez prendre le corps du défunt à son domicile, vous le porterez, vous le présenterez à l'église et vous le déposerez dans le cimetière. Ici la marche est toute tracée* (1). » On ne peut que rire de la force de votre logique, monsieur le Maire, en lisant un pareil commentaire.

M. de M., magistrat distingué de la ville d'Auxerre, et que j'ai déjà eu l'honneur de vous citer, monsieur le Maire, prétend que l'article 19 du décret sur lequel vous avez glosé avec tant de complaisance veut dire tout autre chose qu'il vous plaît de lui faire dire, et que vous avez violé de la manière la plus formelle le texte de la loi sur lequel vous vous appuyez. Vous connaissez déjà ses paroles, mais comme il est à propos de leur donner une plus grande publicité, vous me permettrez de les consigner dans cette *Réponse*.

« Toutefois je dois vous rappeler moi-même dans cette circonstance les dispositions du décret du 10 juin 1804 qui fait règle pour les cas semblables. Vous deviez vous borner à faire transporter et inhumer le corps avec décence dans le cimetière commun. C'est ainsi que vos collègues ont agi, dans les occasions fort rares de refus de sépulture qui se sont présentés jusqu'à ce jour ; mais vous avez ouvert l'église d'autorité, vous y avez introduit le corps malgré l'opposition du desservant, et vous avez fait accomplir par des laïques, les cérémonies de l'Eglise auxquelles les ministres de la religion doivent seuls présider ; vous avez donné en cela un scandale véritable dont je ne puis trop vous témoigner mon mécontentement. J'ai la confiance que vous vous conformerez une autre fois à la règle de conduite que je viens de vous rappeler. »

Chartres, ce 27 octobre 1830. (*Note de la première édition.*)

Nous pouvons ajouter que notre interprétation a été confirmée par deux circulaires ministérielles, rapportées ci-dessus, sous le mot REFUS DE SÉPULTURE, l'une du ministre des cultes, en date du 15 juin 1847, et l'autre du ministre de l'intérieur, en date du 16 juin même année. Ces décisions, auxquelles nous croyons n'être pas étranger, fixent la jurisprudence sur la question et ne permettent plus de donner une autre interprétation à l'article 19 du décret de prairial an XII. L'interprétation que nous en avons donnée n'est donc plus douteuse maintenant. (*Note de la nouvelle édition.*)

(1) *Lettre encyclique*, page 26.

« M. le Maire invoque l'article 19 du décret du 23 prairial an
« XII, et cet article le *condamne*. Il porte que : *Lorsqu'un prêtre*
« *refuse son ministère pour l'inhumation d'un corps, l'autorité civile*
« *en commettra un autre pour remplir ces fonctions.* Or, au refus du
« desservant de Charmoy, M. le Maire a-t-il commis un autre prê-
« tre ? *Non;* il en convient ; il n'y a pas même pensé. »

(Comment y aurait-il pensé ? J'ai dit qu'il ignorait alors l'existence
même du décret. Au reste, M. le Maire n'aurait pu trouver aucun
prêtre qui eût voulu prêter son ministère en cette occasion. Il n'en
est pas un seul qui n'eût tenu la même conduite que M. le curé des
Voves.)

« Mais, dit-il, l'article cité ajoute : *Dans tous les cas, l'autorité*
« *civile est chargée de faire porter, déposer, inhumer le corps,* et il
« en tire la conséquence qu'il avait le droit de faire ce qu'il a fait.
« M. le Maire est dans l'erreur : cette disposition ne signifie autre
« chose sinon que c'est l'autorité civile et non l'autorité ecclésiasti-
« que qui fournit les porteurs, qui fait ouvrir les fosses, y fait descen-
« dre le corps et le fait couvrir de terre ; cette disposition s'exécute
« tous les jours dans nos villes ; un délégué, un agent du maire
« marche en tête du convoi et y exerce ses attributions ; mais aussi
« cet agent ne présente jamais le corps à l'église quand le prêtre,
« par un motif quelconque, refuse son ministère. Il respecte les lois
« qui donnent au prêtre pleine autorité dans l'église.

« M. le maire de Charmoy a méconnu ces lois ; il a agi en dehors
« de ses attributions, lorsque, sans l'assistance du desservant du
« lieu ou d'un autre prêtre commis à son refus, il faisait sonner les
« cloches, introduisait dans l'église le corps du défunt, et faisait
« réciter des prières, il violait la loi sur le texte de laquelle il s'ap-
puyait (1). »

Mais, monsieur le Maire, vous regardez l'église comme un lieu
public, comme une propriété communale, et vous en inférez que
vous aviez droit d'y introduire le corps du défunt. L'église est un
lieu public. Et quand même ! serait-il permis dans un carrefour,
lieu public, de tourner en ridicule quelque cérémonie que ce soit
d'un culte quelconque ? Or, l'espèce de *fac simile* d'inhumation religieuse que vous voudriez autoriser par votre exemple n'est qu'une
véritable *parodie* quand elle n'est pas légitimée par la présence du
prêtre : l'église est une propriété communale. « Bel argument, vous
« dirai-je avec M. de Cormenin, que celui tiré de la propriété
« communale des églises ! Sans doute il faut bien que la propriété
« des pierres et des tuiles appartienne à la commune, depuis que
« le clergé ne constitue plus un corps dans l'Etat. Mais ce n'est pas

(1) Extrait du journal d'Auxerre, n° 23, page 6. — 19 août 1836.

« apparemment pour faire acte de propriété, de reconstruction, d'entretien, que vous avez fait ouvrir les portes de l'église. C'é-tait pour présider un acte religieux. Un maire présider à un acte religieux, l'écharpe au côté, dans le sanctuaire, en l'absence du prêtre ! C'est de la théophilantropie toute pure. Mais les théo-philantropes au moins avaient des prières à part (1). »

Mais, monsieur le Maire, l'autorité de M. de Cormenin, cet habile et célèbre jurisconsulte, ce terrible logicien, n'est d'aucun poids pour vous; vous lui préférez le sentiment de M. de Montlosier, le Don Quichotte du vieux libéralisme; lequel, du reste, n'a pas même effleuré la question; vous lui opposez l'interprétation de la confé-rence des avocats de Paris, comme s'il ne l'avait pas réfutée avec cette logique qui le caractérise. Mais, monsieur le Maire, vous ne savez donc pas que, dans le sein de la conférence elle-même, com-posée de quelques jeunes avocats seulement, et non pas des avocats du *barreau* de Paris, comme il vous plaît de le dire, que dans les journaux même qui professaient habituellement les doctrines les plus hostiles au clergé, tels que le *Courrier français*, le *Globe*, les *Débats*, le *Moniteur* même, organe du gouvernement, une opposition aussi légitime que formidable, un faisceau d'arguments inattaquables, renversèrent de fond en comble l'interprétation absurde du système tyrannique dont vous vous déclarez aujourd'hui le champion? Si vous ignorez ce fait, monsieur le Maire, relisez les journaux du mois de janvier 1830, et vous reconnaîtrez que votre *Encyclique* doit être considérée comme un anachronisme, car elle est venue au monde au moins six ans trop tard. La publier en 1836, c'est nous prouver que vous n'êtes pas de votre siècle.

Enfin, monsieur le Maire, il serait bientôt temps d'en finir. Ce-pendant permettez-moi de vous adresser encore une observation. L'Eglise est une société : je pense que vous ne contesterez pas ce fait ; or, elle a, comme toute société quelconque, sa constitution, ses lois; ses tribunaux indépendants; elle seule est juge dans l'ordre spiri-tuel; ses ministres ne peuvent s'écarter des règles qu'elle leur prés-crit. Eh bien ! dans le cas qui nous occupe ici la loi de l'Eglise est formelle. Elle défend à ses ministres de concourir aux obsèques de ceux qui meurent dans l'acte du crime, ou qui n'ont donné aucun signe de repentir; qui jusqu'à la fin se sont fait gloire de leur mé-pris, de leur haine pour la religion, qui ont obstinément repoussé ses prières, ses consolations, ses espérances; qui, en un mot, ont voulu mourir hors de son sein, et qui par là même ont abjuré sa foi. J'ai dit, monsieur le Maire, que vous ne connaissiez pas les lois de

(1) La théophilantropie était un système religieux, purement moral, qu'on voulait établir lors de la première révolution, en 1796.

cette société, ou que vous n'en faisiez pas grand cas. Vous ne l'avez
que trop prouvé. Mais compulsez-les ces lois : ouvrez les statuts, les
rituels de chaque diocèse, interrogez les décrétales des Souverains
Pontifes, les conciles, notamment le quatrième de Latran (1), vous
trouverez non pas un texte, mais cent qui ont, dans des cas généraux
comme dans des cas spéciaux, exclu de la sépulture ecclésiastique. Il
ne s'agit pas de savoir si ces *lois* de l'Eglise, si les *conciles généraux*
comme vous le dites *hérétiquement* (2) *ne sont que des règlements
surannés, contraires à la doctrine de Jésus-Christ, au précepte de
l'Evangile, à la morale du christianisme* (3). Vous sentez bien qu'il
est par trop absurde de vous constituer juge en cette matière. Il ne
s'agit donc nullement de cela, ni de savoir si le père Darnis était ou
non un honnête homme ; et certes parmi les protestants, ou autres
cultes dissidents, il se rencontre assez d'hommes dont la probité et
la conduite sous tous les rapports sont irréprochables. Mais toute la
question est uniquement de savoir si le père Darnis était catholique
ou s'il ne l'était pas. S'il était catholique, il devait se soumettre à
toutes les lois de son culte ; il devait conséquemment recevoir les
derniers sacrements de l'Eglise et ne pas les repousser avec une obstination accompagnée de blasphèmes et de scandales ; il devait se
confesser, entendez-vous bien, monsieur le Maire, parce que la *confession* n'est pas seulement un *règlement* ecclésiastique, mais un
précepte divin, comme vous pourrez vous en convaincre en lisant
l'Evangile de saint Jean, chapitre 20 ; c'est du moins ainsi que nous
l'entendons, nous autres catholiques. Le père Darnis refusant de se
soumettre à ces lois et les rejetant avec un mépris scandaleux, mé-
ritait donc d'être exclu de la société dont primitivement il était
membre, ou plutôt il s'en séparait volontairement lui-même. Si au
contraire le père Darnis n'était pas catholique, et il ne l'était pas, ou
du moins il ne l'était plus, pourquoi, monsieur le Maire, vouliez-
vous qu'un prêtre, au mépris de sa conscience, vînt donner la sépulture chrétienne à un homme qui n'était plus de son culte ? Pourquoi
vouliez-vous qu'il récitât sur le cadavre de cet homme les prières
d'une religion qu'il avait abjurée, reniée jusqu'à son dernier soupir,
prières, au reste, qui n'auraient été qu'un scandale de plus, et qui
auraient plutôt ressemblé à des malédictions qu'à des prières ? Pourquoi veniez-vous vous-même, au mépris de la liberté des cultes,
introduire le cadavre de ce renégat dans un temple qu'il avait mé-

(1) M. le Maire, sans chercher bien loin pourra voir dans son catéchisme le canon
du concile dont il est ici question.

(2) Que M. le Maire prenne garde ici qu'on ne lui adresse les épithètes qu'il trouvait si injurieuses pour le père Darnis et qu'on ne lui dise : *M. le Maire est un
impie, un hérétique.*

(3) *Lettre encyclique,* page 42.

prisé toute sa vie, où il avait en quelque sorte fait vœu de ne jamais entrer, et qui n'aurait sans doute pas manqué de protester contre l'espèce de violence que vous faisiez à ses dernières volontés, si du fond de sa bière il lui eût été donné de se faire entendre ? N'est-ce pas là, monsieur le Maire, de l'intolérance, du despotisme et de la tyrannie ? N'est-ce pas là fouler aux pieds les lois divines et humaines ? *Défiez* donc maintenant le vénérable chef de ce diocèse de *citer une circonstance de votre vie où vous ayez contrevenu aux lois.* Je vous défie à mon tour, monsieur le Maire, de répondre à l'argument que je viens de vous faire, dicté cependant par le plus simple bon sens. Je vous permets de publier à cet effet autant d'*Encycliques* que vous le jugerez convenable.

J'allais terminer, monsieur le Maire, mais je remarque que vous avez fait sonner les cloches pour l'inhumation du père Darnis ; je sais aussi que vous avez également fait sonner, de votre autorité privée, croyant en avoir le droit, pour les autres inhumations que vous avez faites. Je crois donc devoir vous faire observer que vous êtes complètement dans l'erreur, si vous vous imaginez que ce droit entre dans vos attributions municipales. Je pense donc que vous me saurez gré de vous faire connaître la législation actuellement existante relativement à la sonnerie des cloches. (*Voyez* CLOCHE.)

Autrefois, monsieur le Maire, les cloches ne sonnaient que par l'ordre et du consentement du curé. C'est qu'en effet les canons de divers conciles avaient proclamé, relativement à l'usage des cloches, les principes les plus positifs ; ils interdisaient de la manière la plus absolue de les employer à toute autre destination qu'à la destination religieuse ; ils ne permettaient de les en détourner que dans les cas de péril et de nécessité. Ces décisions étaient partout suivies ; ces canons avaient été reçus en France sans exception ; tous les parlements en faisaient l'application, comme étant lois de l'Etat. Il me serait facile, monsieur le Maire, de vous citer de nombreux arrêts, basés sur ces canons ; mais ces citations seraient inutiles, puisque la jurisprudence était constante sur ce point, et qu'elle ne saurait être contestée.

Ces principes, alors si certains, ont-ils depuis été abrogés ? Non, monsieur le Maire, ils doivent par conséquent continuer à être suivis ; car c'est une vérité aujourd'hui consacrée par la jurisprudence que le concordat du 26 messidor an IX (15 juillet 1801), et la loi du 18 germinal an X (8 avril 1802) (1) sur la réorganisation du culte qui ordonna que ce concordat fût promulgué et exécuté comme loi

(1) M. le Maire voudra bien remarquer ici que le concordat de l'an IX n'est pas la même chose que la loi du 18 germinal an X, comme il nous l'enseigne doctement à la page 26 de son *Encyclique*. (*Voyez* ARTICLES ORGANIQUES et CONCORDAT.)

de l'Etat, ont remis en vigueur les anciens canons reçus en France, quand ces canons ne sont pas en opposition avec nos lois civiles ou politiques. Il faut donc reconnaître, monsieur le Maire, par une conséquence immédiate, que les prescriptions relatives à l'usage des cloches, des canons reçus autrefois en France et appliqués par les parlements, doivent encore être suivies depuis la loi du 18 germinal an X. On ne saurait dire que cette application soit contraire à aucune de nos lois. La loi du 18 germinal an X contient elle-même au contraire une disposition sur l'usage des cloches, qui consacre tout-à-fait les mêmes principes, et qui suffirait pour conduire à la même décision. Cette disposition, c'est l'article 48. (*Voyez* CLOCHE.)

La police locale, monsieur le Maire, ne peut faire sonner les cloches que dans des cas extraordinaires, tels que serait une guerre, un incendie, une inondation. C'est le sens dans lequel a toujours été entendu l'article 48 de la loi du 18 germinal an X. Les deux premiers ministres des cultes sous le consulat et l'empire, M. Portalis et M. Bigot-Préameneu, lui ont eux-mêmes donné ce sens. Depuis, la jurisprudence des divers ministères des cultes, de l'intérieur et de la justice, n'a jamais varié à cet égard. La même opinion est professée par tous les auteurs qui ont traité la question, par M. de Boyer, M. Hennequin, M. Carré, M. Parquin, M. Affre, M. Berryer, M. Henrion, M. Dupin, M. Duvergier, etc., etc. (1).

D'après ces principes, monsieur le Maire, vous reconnaîtrez, je pense, qu'en faisant sonner sans l'autorisation de M. le curé, vous avez encore *contrevenu à la loi*. Vous vous imaginez aussi, monsieur le Maire, qu'il entre dans vos attributions de donner des ordres aux chantres, sonneurs et sacristains; vous vous trompez : ce droit n'appartient qu'à M. le curé, en vertu de l'article 7 de l'ordonnance royale du 12 janvier 1825, ainsi conçu : « Dans les communes rurales, la nomination et la révocation des chantres, sonneurs et « sacristains, seront faites par le curé, desservant ou vicaire. »

Votre *Encyclique*, monsieur le Maire, est une mine si féconde, si inépuisable, que je ne finirais pas de m'en occuper si je voulais vous rappeler tout ce que j'y ai trouvé de vraiment remarquable; mais peut-être aurai-je plus tard l'occasion d'y revenir; je cesse donc pour cette fois mon agréable entretien avec vous. Vous y trouverez peut-être quelques expressions peu courtoises, quelques réflexions tant soit peu malignes; mais que voulez-vous, je n'ai pu rendre autrement ma pensée. Je n'ai pas comme vous, monsieur le Maire, l'inappréciable talent de créer de nouvelles phrases et de nouveaux mots pour exprimer ce que je veux dire. Je suis obligé de me conformer

(1) Voyez sous le mot CLOCHE, § I, l'Avis du comité de législation du conseil d'Etat, du 17 juin 1840 qui confirme toutes les anciennes décisions.

au langage commun. Cependant, je me suis servi de vos propres expressions toutes les fois que je l'ai pu faire utilement.

Au reste, monsieur le Maire, vous m'avez prié, en vous adressant à Monseigneur l'archevêque de Sens, de démentir les *assertions mensongères* que j'avais publiées à votre occasion dans un journal ; je me suis empressé d'abord de le faire dans ce journal même ; vous avez demandé en outre que *je rectifiasse les erreurs* (qui vous étaient échappées sans doute), et que *je réduisisse les faits à leur juste proportion ;* j'ai encore dû, n'eut-ce été que *par culte pour la vérité,* m'empresser de le faire. Je pense donc avoir suffisamment satisfait à votre attente par cette *Réponse.* Cependant, « je n'ai reçu pour la faire, ni « de M. le curé des Voves, ni de M. le doyen de Joigny, ni de M. « le préfet de l'Yonne, les documents utiles. » Je les ai tous puisés dans votre *Encyclique.*

« Je regretterais beaucoup, monsieur le Maire, que dans cette « *Réponse* vous reconnussiez rien qui tînt de la personnalité. Je me « suis uniquement proposé de rétablir les faits : j'ai exprimé avec « franchise, avec sécurité, avec fermeté, toutes les impressions qu'ils « m'ont laissées ; mais je n'ai ressenti aucun instant la volonté de « rien écrire qui dût vous blesser personnellement : *je n'ai point* « *parlé de l'individu, j'ai traité le sujet.* »

J'ai l'honneur d'être,

MONSIEUR LE MAIRE,

Votre très-humble serviteur,

Le curé de Saint-Aubin-Château-Neuf.

M. ANDRÉ.

29 *septembre* 1836.

POST-SCRIPTUM.

Au moment même où je livre cette *Réponse* à l'impression, j'apprends que M. le maire de Charmoy, lancé dans la voie de l'illégalité, continue à y marcher. La commune de Charmoy n'est, comme je l'ai dit, qu'une annexe de la paroisse des Voves. Mais comme cette commune possède une église, elle a demandé et obtenu que la messe y fût dite chaque semaine. Le conseil municipal, consultant à cet égard le vœu des habitants, a voté une somme de 200 francs pour indemniser M. le curé des Voves du double service qu'il faisait dans cette église. M. le préfet, en sa qualité de tuteur des communes, a approuvé l'allocation faite par le conseil municipal. Cette somme, par conséquent, a été payée par les contribuables sur l'exercice 1836. Cependant M. le Maire, au mépris de son conseil et de l'approbation de M. le préfet, se croit en droit de refuser à M. le curé des Voves un mandat sur le percepteur pour le trimestre échu d'avril, mai et juin. Je ne vois là qu'une tracasserie bien ridicule, faite à M. le curé des Voves. Cette tracasserie est une nouvelle preuve que M. le maire n'agit que par passion. Mais il ne fait pas attention que cette illégalité tournera à sa honte et à sa confusion. Car s'il se croit en droit de disposer arbitrairement des fonds de sa commune, votés par son conseil et approuvés par M. le préfet, il se trompe. Un maire ne peut jamais, *sous quelque prétexte que ce soit,* refuser de délivrer un mandat sur le percepteur pour une somme portée au budget, soit que cette somme ait été allouée pour indemnité de logement, pour supplément de traitement, ou pour double service. Si M. le maire de Charmoy en doutait, je lui rappellerais qu'au mois d'août 1831 la Cour royale de Rennes a rendu un arrêt dans une affaire semblable, et qu'elle a qualifié en termes énergiques l'acte du maire qui refuse de délivrer un mandat sur le percepteur au préjudice du curé, *sous quelque prétexte que ce soit,* d'acte *arbitraire et illégal.*

Mais, sans sortir du département, je rappellerai à M. le Maire que la même année, ou l'année suivante, M. le maire de Perrigny-sur-Armançon, ayant cru devoir refuser un mandat sur le percepteur, au détriment du curé, sous prétexte qu'il y avait quelques réparations locatives à faire au presbytère, ce qui, en tout cas, ne pouvait le concerner, puisque l'article 22 du décret du 6 novembre 1813 prescrit ce soin au trésorier de la fabrique, M. le préfet (alors M. Pompéï) délivra lui-même le mandat demandé, après avoir adressé quelques observations à ce maire, relatives à son refus arbitraire et illégal.

Je rappellerai encore à M. le maire de Charmoy que, tout récemment, M. le maire de Chassy ayant cru devoir, sous des prétextes bien minimes, refuser de délivrer un mandat sur le percepteur, M. le préfet réprima cet abus de pouvoir, en autorisant dans les termes suivants M. le receveur municipal de Chassy à délivrer à M. le curé la somme portée au budget en sa faveur :

Arrêté de M. le Préfet de l'Yonne, du mois d'avril 1836.

« Nous, préfet du département de l'Yonne, vu les lettres par lesquelles M. Lalment, ancien desservant de Chassy, se plaint du refus fait par M. le Maire de cette commune, d'ordonnancer en sa faveur la somme qui lui est due pour son supplément de traitement pendant les six derniers mois de 1834 ;

« Vu les lettres de M. le Maire de Chassy, exprimant les motifs de ce refus et annonçant l'intention d'y persister ;

« Vu le budget de la commune de Chassy pour 1834 ;

« Considérant que le refus du Maire n'est basé que sur ce que 1º le desservant, en quittant la commune, n'a pas fait dresser un état du presbytère et un récolement des meubles de l'église et du presbytère ; 2º sur ce qu'il aurait changé de destination une pierre du presbytère, etc.; (voyez ÉTAT DE LIEUX.)

« Considérant en ce qui concerne le premier motif, que le successeur du sieur Lalment a pris possession du presbytère sans réclamation, que le conseil de fabrique n'en a lui-même élevé aucune ; que par conséquent le desservant nouveau a reconnu avoir trouvé le presbytère en bon état de réparations locatives, et que par conséquent aussi le conseil de fabrique reconnaît tacitement qu'il ne manque rien au mobilier de l'église, le mobilier du presbytère étant la propriété du desservant ;

« Considérant sur le second motif que le changement de destination d'une pierre de la cave du presbytère, opéré depuis longtemps sans réclamation jusqu'à ce jour, peut être considéré comme ayant été fait du consentement de l'autorité locale, ce qui est d'autant plus probable, qu'il en est résulté une amélioration à l'état du presbytère par l'emploi fait de la pierre dont il s'agit ;

« Considérant que dès-lors la commune de Chassy n'a aucune réclamation pécuniaire à faire contre le sieur Lalment, et n'en fait réellement aucune ; que dès-lors le refus de M. le Maire est mal fondé, et qu'il est nécessaire d'y remédier et de faire droit aux demandes du sieur Lalment ;

« Arrêtons :

« Le receveur municipal de Chassy paiera, sur la production d'une expédition du présent arrêté, au sieur Lalment, ancien desservant de Chassy, la somme de..., qui lui est due pour son supplément de traitement pendant le deuxième semestre de 1834. »

On voit que MM. les maires de Perrigny et de Chassy alléguaient au moins *quelques prétextes* de leur refus. Je ne sache pas que jusqu'ici M. le maire de Charmoy ait allégué aucune raison pour excuser sa conduite en cette circonstance.

                                    6 octobre 1836.

J'ai fait allusion dans cette *Réponse*, à deux autres inhumations faites par M. le Maire de Charmoy. Je crois donc devoir reproduire ici, comme pièces justificatives, deux articles publiés à cette occasion dans l'*Univers*, et reproduits immédiatement après dans divers autres journaux. On y verra *combien grande est la tolérance de M. le Maire et combien est profond son respect pour la liberté de conscience.*

Extrait de l'*Univers* du 4 septembre 1836, n° 4, colonne 3.

« Un nouveau scandale vient d'arriver à Charmoy (Yonne). le
« maire qui s'est rendu si tristement célèbre par la publication de
« l'*Encyclique* dont nous avons parlé, veut encore ajouter à sa cé-
« lébrité. Le dimanche, 21 août, un homme pauvre étant mort su-
« bitement, les parents du défunt vinrent aussitôt en donner avis à
« M. le curé des Voves qui, n'ayant aucune raison de refuser la
« sépulture, promit de faire l'inhumation le lendemain. Il fit re-
« marquer néanmoins que l'église de Charmoy étant en *interdit*, il
« ne pouvait y faire l'office des morts, mais qu'il ferait cet office
« dans l'église des Voves (distante d'une très-petite demi lieue de
« Charmoy), après avoir fait la levée du corps au domicile du défunt,
« et qu'il leur laissait le choix du lieu de l'inhumation. M. Cormier
« ne l'entendit point ainsi. Il exigea que toutes les cérémonies reli-
« gieuses se fissent dans l'église *interdite*, et, sur le refus du curé
« d'obtempérer à ses exigences tyranniques, il usurpa lui-même les
« fonctions sacerdotales. Il renouvela toutes les scènes brutalement
« scandaleuses dont nous avons parlé. Il fit sonner les cloches et
« procéda à l'inhumation. Arrivé à la porte de l'église, il prononça
« un discours analogue à la circonstance, recommanda aux assistants
« de ne point s'intimider, ajoutant qu'ils n'avaient rien à craindre
« pour tout ce qu'il allait faire, puisqu'une loi de 1830 était toute en
« sa faveur (1). Alors il fit ouvrir les portes de l'église et y intro-
« duisit le corps du défunt. Il fit d'abord, ce qu'on aurait peine à
« croire, si tant de témoins ne l'attestaient, *l'aspersion de l'eau*
« *bénite*, sur tous les assistants, avec un rameau de buis qu'il s'était
« fait apporter; ensuite ayant un cierge à la main, et assisté de
« l'instituteur, il récita à *haute voix en français*, la prière des
« morts, au grand scandale des fidèles. Que M. Cormier vienne nous
« dire maintenant qu'il ne *parodie* pas d'une manière odieuse les
« saintes cérémonies du culte catholique ! Qu'il crie maintenant
« contre *l'intolérance et le despotisme* des prêtres !

« M. le préfet de l'Yonne est informé de toutes ces circonstances,
« nous espérons bien qu'il ne tardera pas à punir, comme il le mé-
« rite, un fonctionnaire qui abuse d'une si étrange sorte des pou-
« voirs qui lui sont confiés. »

Extrait de l'*Univers* du 17 septembre 1836, n° 15, colonne 173.

ENCORE M. CORMIER.

« Le scandale continue à Charmoy. Décidément M. Cormier,
« maire de cette commune, prend goût à parodier les cérémonies

---

(1) Nous voudrions bien savoir qu'elle est cette loi.

« du culte catholique. Il vient encore de procéder à une inhuma-
« tion, mais cette fois ce n'était point celle d'un iconoclaste, d'un
« boute-feu révolutionnaire, d'un homme d'une impiété systémati-
« que, comme le père Darnis, c'était celle d'un enfant qui venait à
« peine d'être régénéré dans les eaux saintes du baptême par M. le
« curé des Voves, M. le Maire, dans son omnipotence magistrale, fit
« donc sonner les cloches, comme de coutume, entra dans l'église,
« et y récita à haute voix, en *françzis*, d'un ton qui grimaçait la
« dévotion, l'écharpe tricolore au côté, les sept psaumes de la pé-
« nitence (bien choisis!) pour le repos de l'âme de la petite inno-
« cente.

« Nous sommes bien étonnés cependant, que ce *maire-curé* ou ce
« *curé-maire*, comme on voudra, n'ait pas voulu donner le baptême
« à cet enfant, puisqu'il avait annoncé publiquement *à l'église* qu'il
« se chargeait de suppléer en tout M. le curé des Voves (il est pro-
« bable qu'il exceptait la confession). C'est vraiment dommage,
« car M. Cormier parodie à merveille ; c'est au point qu'à Charmoy
« et dans les environs, on dit qu'il officie aussi bien qu'un vieux curé
« de 80 ans. Cela ne nous surprend point du tout, car ce digne
« officiant nous a révélé dans sa curieuse *Encyclique* (une *Encycli-*
« *que!* entendez-vous? Patience, on annoncera bientôt un nouveau
« pape à Charmoy), nous a, dis-je, révélé que dans sa jeunesse il
« avait voulu entrer dans les ordres sacrés, et que même il se don-
« nait la discipline! Mais voyez combien il y a peu de charité sur la
« terre : au lieu de s'édifier de cette touchante naïveté, tout le
« monde s'accorde à dire qu'il mériterait bien qu'on la lui donnât
« (la discipline) aux quatre coins de son village, avec un bon nerf
« de bœuf, ou une robuste lanière de peau d'Hippopotame. Y au-
« rait-il à cela si grand mal? c'est ce que nous ne déciderons pas.
« Quoiqu'il en soit, nous prévenons M. l'*Encycliqueur* qu'un de ses
« confrères dans l'ordre civil a la charité de lui confectionner une
« étole et un surplis, et qu'il lui enverra très-incessamment ces
« deux objets. »

REFUS DE SÉPULTURE A MALIGNY.

Jamais nos libéraux, je veux dire nos *libérâtres*, ne comprendront la liberté religieuse. Il leur sera loisible de vivre sans foi, sans Dieu, sans religion. Dans leur dernière maladie, quand ils sont aux portes de l'éternité, et au moment de comparaître devant leur créateur et leur juge, qu'on n'aille pas leur rappeler qu'ils ont une âme à sauver, des sacrements à recevoir, on serait fort mal reçu. Qu'un prêtre ose se présenter à leur chevet, leur offre les consolations de la religion, il sera bientôt expulsé; on lui déclarera qu'on a bien vécu sans lui, qu'on pourra bien également mourir sans lui. Mais quand l'impie, l'incrédule, le renégat, ont rendu le dernier soupir, il faut que le ministre de la religion qu'on a abjurée vienne prier sur ce cadavre et l'accompagne à sa dernière demeure. Quelle amère dérision! quelle odieuse intolérance! Mais le prêtre se refuse-t-il à profaner les prières et les cérémonies de son culte, ainsi que la conscience lui en fait un devoir, aussitôt accourent les frères et amis, qui crient au scandale, à l'intolérance, au fanatisme. Oui, sans doute, il y a scandale, intolérance, fanatisme; mais de la part de qui? Est-ce du prêtre, qui use de son droit et de sa liberté? ou plutôt n'est-ce pas de la part de ceux qui veulent violenter, tyranniser sa foi et sa conscience? Demandez-le plutôt à Timon, dans sa défense de Mgr l'évêque de Clermont. Mais sans doute la brochure, si logique, si rationnelle, comme on dit, si spirituelle de M. de Cormenin est encore inconnue à Maligny (Yonne) où vient d'arriver un nouveau scandale de ce genre.

Un riche habitant de ce village tombe dangereusement malade; le pasteur s'empresse de l'aller voir, l'engage de revenir à Dieu; on le prie de se retirer; il y retourne de rechef, mais sans plus de succès. Quelques heures après, le malade ayant cessé de vivre, on alla prier le curé de lui donner la sépulture ecclésiastique; celui-ci répondit que le défunt ayant refusé les secours de la religion, il lui était impossible d'accorder ce qu'on lui demandait. Il fallut en passer par là. Alors on se dédommage en faisant des distributions de pain et de vin à tous les pauvres et gens sans aveu des environs, lesquels ne crurent pas mieux témoigner leur reconnaissance à leurs bienfaiteurs qu'en allant vociférer les chansons, les injures et les cris les plus atroces et les plus infâmes à la porte du curé, qui fut obligé de céder à l'orage, en prenant la fuite. C'est ainsi que beaucoup de gens de nos jours comprennent la liberté.

L'*Univers* du 3 décembre 1839, n° 144.

MÉMOIRE

ADRESSÉ

A S. EXC. M. LE MINISTRE DE L'INSTRUCTION PUBLIQUE
ET DES CULTES

PAR LE

CONSEIL DE FABRIQUE

DE LA PAROISSE DE N...

DIOCÈSE DE N...

RÉDIGÉ

PAR Mgr ANDRÉ

Protonotaire Apostolique, vicaire général de Quimper.

———✦———

AVIS.

La question des élections fabriciennes est l'une des plus graves et des plus importantes du droit civil ecclésiastique, parce qu'elle est d'une pratique générale et pour ainsi dire journalière. Il est donc nécessaire de bien connaître si, dans telles ou telles circonstances, ces élections sont ou non valides et régulières, et si leur irrégularité peut, en certains cas, être une cause de révocation d'un conseil de fabrique. Nous avons toujours prétendu le contraire avec tous les auteurs qui ont écrit sur cette matière et le Ministère des cultes lui-même dont la jurisprudence est constante, comme on le verra dans ce Mémoire. Il nous semblait donc qu'il était impossible qu'il pût s'élever aucun doute à cet égard.

Cependant si l'on devait admettre un nouveau système imaginé par Mgr l'évêque de N., et qui semble être consacré par un arrêté de S. Exc. M. le Ministre des cultes, les évêques pourraient *s'attribuer exclusivement la formation des conseils de fabrique toutes les fois qu'il plairait aux curés et desservants qu'il en fût ainsi.* Nous le voulons bien assurément, et nous ne trouverions pas mauvais qu'ils pussent faire révoquer un conseil de fabrique toutes les fois qu'ils le jugeraient convenable. Il serait naturel que l'évêque fût juge en dernier ressort de tout ce qui intéresse le temporel des églises de son diocèse. Mais tant que la législation actuelle subsistera et qu'elle ne sera point modifiée, nous ne pourrons admettre un tel système et nous ne cesserons de le combattre. C'est ce qui nous a déterminé à traiter à fond cette question dans le Mémoire suivant envoyé à S. Exc. M. le Ministre des cultes, et dont nous donnons aujourd'hui une nouvelle édition, persuadé que nous sommes qu'il servira puissamment à élucider cette question et à fixer la jurisprudence ministérielle en cette matière. On y verra que l'arrêté n'a été qu'une surprise et qu'il ne peut déroger en rien aux lois et à la jurisprudence. Qu'en conséquence il ne porte et ne peut porter aucune atteinte aux principes sur la matière, et que, dans la pratique, on doit le regarder comme non avenu; car il est impossible que le Ministère des cultes ait deux jurisprudences opposées l'une à l'autre.

Qu'il nous soit permis, à cette occasion, d'insister sur la nécessité pour les évêques, aussi bien que pour les curés, de bien connaître le droit civil ecclésiastique et d'en suivre exactement les prescriptions dans la pratique, toutes les fois qu'elles ne sont pas contraires à la conscience. On coopérera par ce moyen, plus qu'on ne le pense généralement, au bien spirituel des paroisses et au salut des âmes. Hélas ! nous ne comprenons pas assez ce qu'a dit avec une haute raison un des plus illustres prélats de notre temps, Mgr Parisis, mort évêque d'Arras, que « l'administration régulière du temporel « des églises tient aujourd'hui plus que jamais aux destinées catho- « liques de la France. »

Ce Mémoire n'avait d'abord été tiré qu'à cent exemplaires dont une cinquantaine au plus avait été envoyée aux parties intéressées et à quelques amis. Il n'avait été imprimé que pour être envoyé au Conseil d'Etat. Par l'imprudence, un peu passionnée peut-être, d'un vicaire général, on prit occasion de ce Mémoire pour faire beaucoup de bruit et de scandale. Il nous fut alors demandé de toutes parts, ce qui nous détermina à en faire une nouvelle édition tirée à plus de mille exemplaires qui furent enlevés dans un instant. Nous nous proposions d'en faire un nouveau tirage beaucoup plus considérable, lorsque nous apprîmes que le digne et vénérable prélat du diocèse dont il était question, en était alarmé. Ce fut pour nous un devoir de tout suspendre, et si aujourd'hui nous en publions une nouvelle édition comme document judiciaire et de jurisprudence qui peut être utile au clergé, nous nous abstenons de faire connaître le nom des lieux et des personnes. Nous n'avons jamais eu l'intention de froisser qui que ce soit. Notre unique but était de répondre à l'attente des fabriciens qui nous avaient consulté et de défendre leurs droits et leurs intérêts, ainsi que ceux de la fabrique qui leur étaient confiés.

A S. E. LE MINISTRE

DE L'INSTRUCTION PUBLIQUE ET DES CULTES.

MONSIEUR LE MINISTRE,

Une copie certifiée conforme d'un arrêté (1) émanant de Votre Excellence vient d'être adressée par M. le sous-préfet de N., à l'un des membres du conseil de fabrique de l'église succursale de N., au diocèse de N.

Cet arrêté révoque le conseil de fabrique de ladite église succursale de N., comme s'étant rendu coupable d'irrégularités en matière d'élection.

Or, Monsieur le Ministre, cet arrêté étant basé sur un faux exposé, et la question de droit en matière d'élection étant d'ailleurs incontestable, les membres soussignés du conseil de fabrique de N. ont l'honneur de supplier humblement Votre Excellence de rapporter cet arrêté, attendu que ledit conseil n'a commis aucune des prétendues irrégularités qu'on lui reproche (2). Que Votre Excellence veuille bien écouter les membres soussignés, il leur sera facile de l'en convaincre.

Les *diverses irrégularités commises* par le conseil de fabrique de l'église succursale de N. en *matière d'élection*, ont été *signalées* à Votre Excellence, dit l'arrêté, par trois lettres de Mgr l'évêque de N., en date des 23 juillet, 17 décembre 1861 et 27 février 1862. Or, Monsieur le Ministre, la plus stricte justice demandait que ces *diverses irrégularités* fussent préalablement exposées au conseil, qui n'aurait pas manqué de démontrer avec la plus grande évidence qu'elles n'existaient pas ou qu'elles étaient purement chimériques. L'administration diocésaine de N. a cru devoir s'en abstenir. Le conseil de fabrique demanderait au moins qu'on lui en donnât connaissance, parce qu'il ne peut être condamné sans avoir été entendu, et en tout cas il doit protester, comme en effet il proteste contre l'existence d'une pareille irrégularité.

(1) Nous rapportons cet arrêté à la fin de ce Mémoire, n° I.
(2) On nous a dit au ministère des cultes qu'on reconnaissait qu'effectivement il n'y avait point eu d'irrégularités dans les opérations électorales, mais qu'on avait été trompé par le faux exposé qu'on avait fait à l'administration des cultes. (*Note de la nouvelle édition.*)

Mgr l'évêque de N., dans une ordonnance en date du 12 juin 1861, adressée au président du conseil de fabrique (1), prétendait bien, à la vérité, que les élections faites, le 7 avril 1861, par le conseil de fabrique de l'église de N..., étaient *irrégulières.* Sa Grandeur s'exprimait ainsi :

« Vu le rapport qui nous a été présenté, à notre retour de la tournée pastorale (2), sur l'irrégularité des élections faites par le conseil de fabrique de l'église de N..., le 7 avril dernier ;

« Vu la déclaration des trois membres démissionnaires, ensemble la copie de la délibération du 7 avril ;

« Considérant que dans la séance précitée il ne s'agissait que d'élections accidentelles et non triennales ;

« Que, dès-lors, pour que l'élection fût valide, elle devait être faite par quatre membres au moins ;

« Que cependant, d'après les termes mêmes de la délibération sus-visée, trois membres seulement semblent avoir pris part à l'opération ; que cette circonstance peut et doit invalider l'élection ;

« Qu'il est du devoir de notre charge de surveiller, vérifier les élections des fabriques et, au besoin, y suppléer. »

Nous comprenons que Mgr l'évêque de N... regarde comme *un devoir de sa charge de surveiller, vérifier les élections des fabriques*

---

(1) Voyez cette ordonnance à la fin de ce Mémoire, n° II.

(2) Dans cette tournée pastorale, Mgr l'évêque a visité la paroisse de N:.., où il a administré le sacrement de confirmation. Sa Grandeur ne s'est nullement inquiété de savoir s'il y avait ou non un conseil de fabrique dans cette paroisse. M. l'abbé N..., son vicaire général, qui l'accompagnait, ne s'en est pas inquiété davantage. Du reste, Mgr l'évêque ne s'occupe jamais des fabriques dans ses tournées pastorales. Cependant les lois de l'Église prescrivent aux évêques, dans le cours de leurs visites, de se faire rendre compte par les marguilliers de l'état et de la situation des fabriques. C'est le moyen et l'occasion de corriger ou d'éviter beaucoup d'abus. Dans cette visite, il était facile de tout arranger et de tout pacifier. (*Note de la première édition.*)

On a trouvé mauvais que nous ayons dit, dans cette note, que Mgr l'évêque de N... ne s'occupait jamais des fabriques dans ses tournées pastorales. On a eu tort. D'abord, nous adressant à M. le Ministre des cultes, au nom de la fabrique, il était nécessaire que nous fissions bien connaître à Son Excellence l'état des choses. Puis lorsqu'on se défend, on est obligé de révéler certains faits que, dans d'autres circonstances, on passerait sous silence. D'ailleurs, d'après les lois civiles et canoniques, le but des visites pastorales n'est pas seulement de conférer le sacrement de Confirmation qui n'en est que l'accessoire et non le principal. La preuve, c'est que lorsque l'évêque est empêché, la visite diocésaine doit se faire par un grand vicaire, comme nous le disons au mot VISITE, § I. Traitant de droit civil ecclésiastique, notre devoir est de rappeler avec tout le respect convenable aux évêques comme aux simples prêtres l'existence des lois et l'obligation où ils sont de s'y conformer. (*Note de la nouvelle édition.*)

et y suppléer, au besoin, c'est-à-dire que si, conformément à l'art. 4 de l'ordonnance du 12 janvier 1825, le conseil de fabrique n'a pas procédé aux élections un mois après les époques indiquées, Sa Grandeur puisse revendiquer le droit de nommer Elle-même. Mais qu'Elle demande la révocation d'un conseil, lorsque ce conseil a fait très-régulièrement les élections, aux époques et selon les formes indiquées par les lois et les règlements, c'est ce qui ne peut être admis.

Les membres soussignés ne peuvent admettre davantage, Monsieur le Ministre, les prétentions de l'ordonnance de Mgr l'évêque. Et d'abord Sa Grandeur prétend, contrairement à tous les règlements sur la matière et à la jurisprudence constante du ministère des cultes, que, dans les paroisses dont le conseil de fabrique est composé de sept membres, y compris les deux membres de droit, il faut qu'il y ait *au moins* QUATRE MEMBRES qui prennent part à l'élection, et que, dans l'espèce, *trois* seulement semblent y avoir pris part, et que d'ailleurs il s'agissait d'élections *accidentelles* et non d'élections *triennales.*

A ces assertions, les membres soussignés du conseil répondent : 1° Qu'un avis de l'administration des cultes, en date du 18 août 1841 (1), a décidé que TROIS membres du conseil de fabrique, dans les paroisses au-dessous de 5,000 âmes, peuvent élire TROIS autres membres.

Voici les considérants de cet avis qui ne peuvent être ni plus clairs, ni plus nets, ni plus précis : il semblerait qu'ils ont été formulés tout exprès pour repousser les prétentions de Mgr l'évêque de N... :

« Considérant qu'en se reportant aux dispositions de l'article 9 du décret du 30 décembre 1809, *trois* membres sur *quatre* ont pu élire, puisqu'ils forment, dans l'espèce rapportée, la majorité du conseil de fabrique de Lion (Calvados), tel qu'il était demeuré composé après la cessation des pouvoirs ayant appartenu aux *trois* membres sortants ;

« Considérant que mal à propos les partisans d'un autre système objecteraient que les fabriciens électeurs pourraient se trouver réduits à une imperceptible minorité, si l'on admettait cette interprétation de l'article 9 du décret ; qu'il suffirait, pour qu'il en fût ainsi, qu'un ou plusieurs d'entre eux fussent morts ou eussent donné leur démission ; qu'une telle objection est sans force en présence de l'article 3 de l'ordonnance du 12 janvier 1825, qui veut qu'en cas de démission ou de décès d'un membre du conseil de fabrique, il soit, à la première réunion ordinaire, procédé à son remplacement ;

(1) Voyez cet avis, sous le mot FABRIQUE, tome III, page 84.

« Considérant que l'opinion, d'après laquelle il est prétendu que la présence des *quatre* membres est *indispensable* pour qu'il y ait remplacement légal des membres sortants par voie d'élection, aurait pour résultat de supprimer ce mode de remplacement, de rendre vaines, par conséquent, les prescriptions de l'article 8 du décret, et d'attribuer exclusivement aux évêques la formation des conseils de fabrique, toutes les fois qu'il plairait aux curés ou desservants qu'il en fût ainsi ; qu'il leur suffirait, pour parvenir à cette fin, de refuser leur concours et qu'il est impossible de supposer que telle ait été la volonté du législateur. »

Ce dernier considérant est la réfutation la plus complète de l'ordonnance de Mgr l'évêque de N..., qui prétend que la *présence des* QUATRE *membres restants est* INDISPENSABLE. Ce considérant parle aussi de l'abstention volontaire du curé, abstention qui ne vicie pas et ne peut pas vicier l'élection, comme on le prétend. L'élection du conseil de fabrique de N... est donc parfaitement valide, bien que le curé se soit retiré ; elle l'eût été également lors même qu'il ne serait pas venu à la séance. C'est encore ce que dit en termes exprès un autre considérant de l'avis du 18 août 1841.

« Considérant, dit-il, qu'en thèse générale, il est de principe, en matière d'élections, que les citoyens appelés à y procéder peuvent exercer leurs droits, quand bien même ils ne se trouveraient pas réunis à l'état de majorité, et qu'à plus forte raison ils le peuvent lorsque les suffrages exprimés l'ont été par la moitié plus un des électeurs ayant la faculté légale de voter ; qu'il serait étrange, en effet, qu'une minorité capricieuse eût la puissance de paralyser, au sein de la majorité, par le simple fait de son abstention, l'exercice d'un droit et l'accomplissement d'un devoir. »

Si donc, en thèse générale, Monsieur le Ministre, il est de principe, en matière d'élections, que les citoyens appelés à y procéder peuvent exercer leurs droits, quand bien même ils ne se trouveraient pas réunis à l'état de *majorité*, les quatre membres restants du conseil de fabrique de N... pouvaient exercer leurs droits d'électeurs, et les suffrages exprimés dans cette élection l'ont été par la moitié plus un des électeurs, c'est-à-dire par *trois* sur *quatre*. La minorité *capricieuse*, dans ce cas, est le curé qui ne peut paralyser l'élection, par le simple fait de son abstention. Les trois membres restants ont donc *exercé un droit incontestable* et *accompli un devoir* en élisant trois nouveaux membres en remplacement des trois membres démissionnaires. L'élection qu'ils ont faite, en conformité du décret du 30 décembre 1809 et de l'ordonnance du 12 janvier 1825, est donc régulière et valide.

« Considérant, au surplus, ajoute l'arrêté du 18 août 1841, qu'en se reportant aux dispositions de l'article 9 du décret du 30 décembre 1809, trois membres sur *quatre* ont pu élire, puisqu'ils forment, dans l'espèce rapportée, la majorité du conseil de fabrique de Lion, tel qu'il était composé après la cessation des pouvoirs ayant appartenu aux trois membres sortants... le conseil est d'avis de déclarer valables les opérations électorales auxquelles il a été procédé par les fabriciens de Lion. »

Les membres soussignés du conseil de fabrique de N... ont donc l'honneur de prier Votre Excellence, Monsieur le Ministre, de vouloir bien reconnaître, en vertu des mêmes principes, que les élections faites le dimanche de Quasimodo, 7 avril 1861, sont valables, et que, par conséquent, la demande faite par Mgr l'évêque de N... n'est nullement fondée, que de plus elle est opposée aux mêmes principes consacrés par une jurisprudence constante; Votre Excellence sait que nous pourrions en alléguer une foule de preuves.

Ainsi, 2° une ordonnance royale, du 8 février 1844, rendue sur l'avis du comité de législation et de justice administrative du conseil d'Etat, a statué dans le même sens. On lit dans un des considérants :

« Considérant que la disposition de l'article 9, § 2, du décret du 30 décembre 1809, qui prescrit qu'un conseil de fabrique ne pourra délibérer que lorsqu'il y aura plus de la moitié des membres à l'assemblée, doit être entendue dans ce sens que cette moitié doit être réglée au moment des renouvellements triennaux, d'après le nombre *effectif* des conseillers restants, et que les *trois* fabriciens réunis le 12 mars 1840 se trouvaient dès-lors en nombre *suffisant* pour délibérer, etc. »

Il est donc bien évident, Monsieur le Ministre, que *trois* membres *suffisent* pour faire une élection valide, et qu'il n'est pas nécessaire, comme le prétend à tort Mgr l'évêque de N..., qu'il y en ait *au moins quatre*.

L'ordonnance précitée de Sa Grandeur fait, il est vrai, Monsieur le Ministre, une distinction entre les élections *triennales* et les élections *accidentelles*; mais il est un axiome de droit qui dit qu'on ne peut admettre une distinction là où la loi n'en établit point. Or, ni le décret du 30 décembre 1809, ni l'ordonnance du 12 janvier 1825, ni même aucune décision ministérielle n'ont fait de distinction de ce genre. Il y a même plus, l'article 3 de cette ordonnance exclut toute espèce de distinction, car elle dit qu'en cas de vacance par mort ou démission, ce qui est bien *accidentel* assurément, l'élection en remplacement devra être faite dans la première séance du conseil de fabrique qui suivra la vacance, la vacance *accidentelle*, bien entendu ; car, quand il est question d'élections *triennales*, l'époque est fixée ; c'est au dimanche de Quasimodo qu'elles doivent avoir lieu. Pour les élections *accidentelles*, au contraire, c'est dans la première séance ordinaire qui suit la vacance ou démission, ce qui est bien à remarquer. S'il y a une distinction pour le temps d'élire, il n'y en a point pour le droit d'élection. Donc, qu'il s'agisse d'élections *triennales* ou d'élections *accidentelles*, le droit des conseillers restants est toujours le même; ils peuvent élire deux, trois et même quatre membres sortants, soit par la voie du sort, soit par le temps d'exercice achevé, soit comme démissionnaires ou comme décédés, etc.

3° Au reste, Monsieur le Ministre, notre interpétation, Votre Excellence le sait mieux que personne, a toujours été celle du ministère des cultes qui n'a jamais suivi d'autre jurisprudence. Voici en quels termes votre prédécesseur le rappelait dans une lettre écrite à Mgr l'évêque de Périgueux, sous la date du 22 juin 1852 (1).

« Monseigneur, vous me demandez, par la lettre que vous m'avez fait l'honneur de m'écrire, le 2 mai dernier, de quelle manière doit être résolue la question suivante :

« Lorsque dans un conseil de fabrique, composé, outre le curé et le maire, membres de droit, de cinq conseillers électifs, quatre de ces derniers ont donné leur démission, et qu'il ne reste ainsi que trois membres, y compris les deux fabriciens de droit, ces trois membres peuvent-ils remplacer eux-mêmes leurs collègues démissionnaires, ou bien y a-t-il lieu de considérer la fabrique comme dissoute, et doit-il être procédé à son renouvellement triennal, soit par l'évêque seul, soit par le double concours du prélat et du préfet?

« L'article 9 du décret du 30 décembre 1809 exige, pour la validité des délibérations d'un conseil de fabrique, que plus de la moitié des conseillers soient présents à la réunion ; mais il n'indique pas d'après quelle base cette moitié doit être calculée.

« Cependant un conseil de fabrique peut être composé, soit de la totalité des membres qui doivent concourir à sa formation, suivant les articles 3 et 4 du décret, soit d'une partie seulement de ces mêmes membres à l'occasion des élections triennales, des démissions et des décès. Comme dans ces diverses circonstances le nombre total des fabriciens change, et qu'en principe les renouvellements partiels et les remplacements individuels doivent avoir lieu par la voie de l'élection, il semble rationnel de décider que c'est d'après le nombre effectif, et non d'après le nombre légal des fabriciens, que l'on doit calculer celui des membres dont la présence est nécessaire aux réunions pour les rendre régulières.

« Si l'on donnait à l'article 9 du décret une interprétation différente, la minorité d'un conseil pourrait à son gré, paralyser toutes les opérations en s'abstenant de prendre part aux délibérations.

(1) Cette lettre se trouve également rapportée sous le mot FABRIQUE.

« Ainsi, tant qu'il reste dans le conseil de fabrique un nombre qui puisse, avec les deux fabriciens de droit, former une majorité, le conseil peut valablement délibérer; il a le droit de pourvoir au remplacement des membres démissionnaires. On ne saurait donc dans ces cas considérer la fabrique comme dissoute.

« C'est toujours dans ce sens que mes prédécesseurs ont résolu la question que vous m'avez soumise. La jurisprudence a été fixée sur ce point par une décision ministérielle du 18 août 1841, rendue sur l'avis conforme du conseil de l'administration des cultes, en date du 7 du même mois.

« D'après ces motifs, je pense, Monseigneur, que les trois membres restants du conseil de fabrique dont il s'agit dans votre lettre peuvent procéder, aux termes de l'article 8 du décret de 1809, au remplacement des quatre membres démissionnaires.

« Du reste, en règle générale, il n'y a pas lieu de renouveler, en conformité de l'article 6 du même décret, un conseil de fabrique dont les membres ordinaires ne seraient pas tous démissionnaires ou décédés.

« Lorsque ce renouvellement est devenu nécessaire il est toujours fait par l'évêque et le préfet dans les proportions indiquées par la même disposition. Ce n'est que dans les deux cas prévus par l'art. 4 de l'ordonnance du 12 janvier 1825, et après que le conseil de fabrique a négligé de procéder aux élections dans les délais prescrits, que l'évêque diocésain a le droit de faire seul les nominations.

« Agréez, etc. »

Cette décision, vous le savez mieux que les soussignés, Monsieur le Ministre, a été adressée à divers évêques, notamment à Mgr l'évêque de Bayeux et à Mgr l'évêque de Limoges. Elle tranche bien nettement la question, car il s'agit bien ici d'élections *accidentelles*, et votre prédécesseur pense, *d'après une saine interprétation de la loi*, que *trois* membres restants du conseil de fabrique peuvent procéder, aux termes de l'article 8 du décret de 1809, au remplacement non-seulement de *trois* membres, comme l'a fait le conseil de fabrique de N. mais même de *quatre membres démissionnaires*. Il n'est pas question dans cette décision ministérielle, ce qui est bien digne de remarque, d'élections *triennales*. Si donc *trois* membres restants d'un conseil de fabrique peuvent légalement en élire *quatre*, et *quatre démissionnaires*, à plus forte raison *trois* peuvent bien n'en élire que *trois*.

La question de droit est donc décidée, et les soussignés pensent avoir suffisamment prouvé que leur élection du 7 avril 1861 n'est entachée d'aucune irrégularité. Vous partagerez leur conviction, Monsieur le Ministre, car vous ne pouvez vous déjuger ni contredire la loi et la jurisprudence constante du ministère des cultes. Les soussignés ont donc la ferme confiance que vous maintiendrez les élections du conseil de fabrique de N., et que vous reconnaîtrez que vous avez été induit en erreur dans le faux exposé qui a été fait à Votre Excellence. C'est ce qui reste à prouver aux soussignés, qui espèrent le faire de la manière la plus convaincante. Ils le feraient d'une manière plus péremptoire s'ils avaient sous les yeux certaines pièces dont ils connaissent l'existence, mais dont ils ignorent le contenu.

Mais auparavant les soussignés prient Votre Excellence de vouloir bien leur permettre de remonter à l'origine de cette difficulté; elle pourra mieux en apprécier le caractère.

Après la mort d'un pieux et vénérable prêtre qui, pendant dix-neuf ans, avait conquis par sa douceur, sa charité, en un mot, par toutes les vertus chrétiennes et sacerdotales, les sympathies, l'attachement et la vénération de tous ses paroissiens, l'administration diocésaine lui donna pour successeur un jeune prêtre sans expérience, et qui, par sa conduite, ses *écarts de paroles* (1) et ses actes arbitraires, ne tarda pas à indisposer contre lui les deux conseils municipaux qui se sont succédé et la presque totalité des habitants qui, par diverses pétitions à l'évêché, demandèrent son changement. L'administration diocésaine s'en trouva offensée, et crut devoir maintenir le curé desservant malgré l'antipathie générale.

Celui-ci, méprisant les plaintes de ses paroissiens, et se vantant en chaire d'être encouragé et approuvé par ses supérieurs, ne tint aucun compte du conseil de fabrique; il voulut d'abord supprimer les bancs, et les remplacer par des chaises. Il en avait déjà commandé sept cents. Puis, changeant tout à coup d'avis, il fit refaire à neuf les bancs de l'église, *de son autorité privée* et sans avoir prévenu personne, ni dans le conseil municipal, ni dans le conseil de fabrique. Il demanda ensuite à celui-ci de s'engager à payer la dépense de la reconstruction des bancs, dépense qui s'élevait à plus de 4,000 francs, bien que la fabrique n'eût aucune ressource et que le budget étant chaque année en déficit, elle fût dans la nécessité de demander une allocation au conseil municipal.

(1) Un des vicaires généraux, M. l'abbé N..., écrivait à l'un de nous, à la date du 21 juin 1859 : « L'âge, nous l'espérons, lui donnera *l'aplomb et le sérieux de* « *la conduite d'un prêtre*. Nous n'attribuons qu'à la jeunesse de son imagination « les écarts de paroles que vous lui reprochez justement. J'estimerais un devoir et « je me ferais un bonheur de le gagner et de le conduire à Dieu. » Qu'est-ce qu'un prêtre, nous le demandons, Monsieur le Ministre, qu'il faut *gagner et conduire à Dieu*, lui qui doit y conduire les autres ? Cependant, malgré cet aveu et ce jugement sévère, on ajoute qu'on ne veut pas *l'amoindrir*. En effet, on vient de le nommer curé de canton !!! Cette nomination a excité la surprise d'une grande partie du clergé du diocèse. Il y a cependant dans ce beau diocèse assez de prêtres prudents, graves, expérimentés, pieux et instruits. (*Note de la première édition.*)

Les membres du conseil de fabrique, Monsieur le Ministre, employèrent tous les moyens de douceur et de conciliation pour déterminer M. le curé à renoncer à un projet qui n'était pas réalisable. Mais déjà les bancs étaient en grande partie faits, et un traité conclu avec un menuisier, et signé par le curé, qui s'obstina à vouloir faire placer les bancs dans l'église. C'est alors que le conseil de fabrique, chargé des intérêts de la paroisse, et ne voulant ni ne pouvant les compromettre, prit une délibération, en date du 13 mai 1860, par laquelle elle mit la dépense de *la reconstruction des bancs à la charge de M. l'abbé T. curé de la paroisse, s'il persistait à les faire placer malgré le conseil* (1). M. le curé ne tint aucun compte des observations de la fabrique, ni de ladite délibération, qui lui fut signifiée par huissier. Il fit placer les bancs et menaça le conseil de fabrique de mettre malgré lui cette dépense à sa charge ou à la charge de la paroisse et de la commune (2).

Plus tard, au mois de janvier 1861, se voyant par sa faute, son imprudence et son entêtement, chargé d'une dépense aussi considérable, et espérant qu'un nouveau conseil, composé à sa guise, serait assez faible et assez inintelligent pour mettre cette dépense à la charge de la fabrique et de la commune en annulant la délibération du 13 mai 1860, intrigua, en l'absence du président, auprès de tous les membres du conseil de fabrique pour obtenir leur démission; mais il ne put réussir qu'auprès de trois d'entre eux par ruses et par menaces.

La loyauté la plus vulgaire, Monsieur le Ministre, faisait un devoir de prévenir le président du conseil et les membres restants que trois d'entre eux avaient donné leur démission; on s'en garda bien, et l'on envoya en secret cette démission à Mgr l'évêque de N., qui la retint pendant trois mois sans en prévenir personne. On espérait que la séance du dimanche de Quasimodo n'aurait pas lieu, et effectivement, M. le curé n'annonça pas, comme il le devait, cette séance le dimanche précédent, suivant la prescription de l'article 10 du décret du 30 décembre 1809, et, un mois après, il aurait fait nommer par Mgr l'évêque, en vertu de l'article 4 de l'ordonnance du 12 janvier 1825, les membres qui lui auraient convenu.

Mais le président, pour déjouer cette ruse, convoqua par lettres, comme c'était son droit et son devoir, tous les membres du conseil, y compris les membres démissionnaires, espérant ainsi avoir leur démission par écrit, et indiquant la réunion légale et ordinaire pour

(1) Voyez ci-après, aux pièces justificatives, le texte de cette délibération n° III.

(2) C'est au président du conseil de fabrique, le plus notable de la paroisse, et déjà bienfaiteur de l'église, que M. le curé prétendait imposer cette dépense qui s'est élevée à près de 6,000 francs. (*Note de la nouvelle édition.*)

le dimanche de Quasimodo, 7 avril, à quatre heures du soir, immédiatement après vêpres, dans la sacristie, lieu ordinaire des séances.

Les membres démissionnaires, ne voulant point assister au conseil, envoyèrent au président, le dimanche matin, 7 avril, entre huit
et neuf heures, en réponse aux lettres de convocation, une lettre
par laquelle ils déclarent avoir donné leur démission au mois de
janvier à Mgr l'évêque de N... Cette lettre, qui est conservée dans
les archives de la fabrique, et dont on pourra communiquer l'original à Votre Excellence, si elle le désire, est ainsi conçue :

« Monsieur le Président, nous avons l'honneur de vous informer
« que nous ne pouvons point répondre à votre invitation, ayant
« donné notre démission depuis le mois de janvier à Mgr l'évêque.
« Nous ne voulons plus être membres du conseil.

« N.., ce 7 avril 1861.

                              « *Signé* : N. E, F. G, F. E. »

Pour trouver quelques prétextes d'irrégularités, on a prétendu,
Monsieur le Ministre, que cette lettre des membres démissionnaires,
avait été écrite le *lundi* 8 et remise au président ce jour-là *entre
midi et une heure*. On n'a pas même eu honte d'articuler à cette occasion l'accusation de *fraudes* que nous repoussons avec toute l'é-
nergie qu'inspire une conscience droite et honnête (1). Mais conçoit-
on, Monsieur le Ministre, que des hommes sensés et raisonnables,
comme le sont les trois membres démissionnaires, eussent écrit au
président le *lundi* 8 *entre midi et une heure*, qu'ils ne pouvaient
assister à une séance qui devait avoir lieu et qui a eu effectivement
lieu la veille, le dimanche 7, à quatre heures du soir ? C'eût été une
insulte toute gratuite faite à leurs anciens collègues, ce dont ils sont
incapables. Pourquoi alors, s'il en eût été ainsi, leur lettre est-elle
datée du 7 et non pas du 8 ? Tout cela ne paraît-il pas absurde ? Il
faut convenir qu'une cause est bien compromise quand on est réduit
à invoquer à son appui une raison aussi dénuée de bon sens.

Mais, Monsieur le Ministre, quel motif le conseil aurait-il eu de
se réunir le lundi 8, au lieu du dimanche 7 ? N'est-il pas naturel de
supposer, au contraire, qu'en présence de l'hostilité bien prononcée
du curé qui faisait tout ce qu'il pouvait pour éluder la loi, le conseil
a dû éviter la moindre irrégularité, même de lui fournir l'ombre
d'un prétexte d'irrégularité ? Le curé, comme les membres démissionnaires et autres, a reçu du président du conseil une lettre de
convocation pour le dimanche 7 avril ; si cette lettre eût indiqué la
convocation pour le lundi 8, pourquoi ne la présentait-il pas à l'ap-

(1) On trouvera ces accusations mensongères et calomnieuses dans une lettre de
M. le sous-préfet de N..., que nous rapportons ci-après aux pièces justificatives,
sous le numéro IV.

pui de son assertion ou pour mieux dire de son invention ? Il est évident que si la chose eût été telle qu'il le prétend, il n'eût pas manqué de s'armer de cette pièce.

Au reste, Monsieur le Ministre, voici des documents émanant de M. le curé lui-même, qui prouvent qu'il assistait à la séance du dimanche 7 avril, qu'il a quittée presque aussitôt qu'elle fut ouverte. Le président lui avait dit de rendre ses comptes comme trésorier, dont il remplissait les fonctions malgré le conseil et le bureau qui avait nommé un trésorier (1). M. le curé répondit qu'il n'était pas prêt et demanda de proroger la session pour cet objet au dimanche suivant. On lui fit cette concession. Mais voici ce qu'il écrivit au président le dimanche 14 avril :

« N.., le 14 avril 1861.

« Monsieur le Président, j'ai le regret de vous informer qu'il
« m'est impossible de me rendre à votre invitation, reçue ce matin
« au moment d'aller à l'église. — Le compte rendu demandé avait
« été préparé pour la session de *janvier* (2). Depuis, il s'est
« égaré, et je suis forcé de relever à nouveau sur le journal les re-
« cettes et les dépenses. — Mes occupations multipliées ne m'ont
« point laissé le moment de refaire cette pièce. — Demain je serai
« absent de N.., et je m'absenterai probablement aussi plusieurs
« autres jours de la semaine. Je vous prie donc, Monsieur le Prési-
« dent, de vouloir bien attendre jusqu'à dimanche prochain la pièce
« que vous sollicitez (3). Vous savez, du reste, que je ne suis point
« trésorier, et que c'est très-bénévolement (4) que je consens à
« supporter l'ennui des recouvrements, etc.

« J'ai l'honneur de vous saluer,

« T, curé de N... »

(1) Plusieurs conciles, notamment celui de Lyon, de l'an 1850, recommandent expressément aux curés d'éviter d'être trésoriers, afin de conserver l'honneur et l'indépendance du ministère sacré. Un des chefs de division du Ministère des cultes nous a assuré que Son Excellence M. le Ministre des cultes se proposait d'envoyer à nos seigneurs les évêques une circulaire pour les prier d'engager les curés à ne jamais remplir les fonctions de trésorier de leur fabrique. Ce serait le moyen d'éviter les soupçons que, dans ces cas, l'on ne fait que trop souvent planer sur leur délicatesse. Nous pourrions révéler à cet égard des faits très-graves qui ont compromis le ministère des curés dans leurs paroisses. (*Voyez* TRÉSORIER, § VII.) (*Note de la première édition.*)

(2) Mauvaise défaite. Ce n'est pas à la session de janvier que se règlent les comptes de la fabrique, mais à celle de Quasimodo.

(3) Ce n'était pas une *pièce* qu'on *sollicitait,* mais la reddition des comptes toujours refusée. M. le curé a même quitté la paroisse sans rendre aucun compte, et l'administration diocésaine se tait et approuve !

(4) *Très-bénévolement,* le mot est joli quand on sait qu'il s'attribue ces fonctions malgré la loi et tout le monde. Le trésorier était certes très apte à le remplir.

Cette lettre n'était qu'un moyen imaginé pour essayer d'éluder toute réunion et de ne rendre aucun compte, comme le prouve celle qui suit :

N..., 20 avril 1861.

« Monsieur le Président, vu la communication verbale que vous
« m'avez faite dimanche dernier à l'issue du chapelet (1), j'ai l'hon-
« neur de vous informer que je ne communiquerai point directe-
« ment l'état des recettes et dépenses faites par moi pendant l'exer-
« cice 1860, avant qu'il n'ait été statué sur la situation qui me paraît
« anormale.

« Mgr l'évêque et M. le préfet à qui, pour ma décharge, j'enver-
« rai les pièces, agiront quand et comme ils jugeront opportun.

« Veuillez agréer mes salutations respectueuses,

« T., curé de N.. »

On voit par la fin de cette lettre que déjà M. l'abbé T., de commun accord avec ses supérieurs, cherchait quelques prétextes pour
faire dissoudre le conseil. Nous attestons qu'il s'en vantait partout.

Le Président du conseil crut devoir lui répondre la lettre suivante :

N..., le 21 avril 1861.

« Monsieur le Curé, la situation du conseil de fabrique n'est point
« *anormale*, comme vous le supposez, et vous auriez pu vous en
« convaincre si vous fussiez resté jusqu'à la fin à la séance du di-
« manche de Quasimodo, que vous avez quittée sous prétexte de
« faire des baptêmes que vous avez faits plus de deux heures après
« (2). Vous pouviez vous en convaincre dimanche dernier, quand,
« dans la séance supplémentaire, prorogée tout exprès, sur votre
« demande, pour la reddition de vos comptes, j'ai voulu vous don-
« ner lecture de la délibération prise le dimanche de Quasimodo, et
« que vous m'avez répondu qu'on ne pouvait vous forcer à l'enten-
« dre. Vous en recevrez copie.

« Mais ce qui est *anormal*, Monsieur le Curé, c'est le mépris que
« vous avez constamment fait, depuis bientôt trois ans, du conseil
« de fabrique, qui n'aurait pas demandé mieux cependant que de
« vous aider et de vous seconder dans l'intérêt du culte ; c'est de
« toucher et de dépenser arbitrairement les deniers de la fabrique ;
« c'est de tout bouleverser dans l'église sans autorisation et sans
« contrôle aucun. Voilà, Monsieur le Curé, une *situation* tout à fait
« *anormale* et qui ne peut durer plus longtemps.

---

(1) Lisez à l'issue des vêpres, à la sacristie, à la séance supplémentaire du conseil. Il y assistait donc ! Et ce n'était pas un lundi ! !

(2) Si la séance de Quasimodo eût été tenue le lundi, comme on l'a prétendu depuis, M. le curé n'aurait pas manqué de réclamer contre ce reproche du président.

« Si vous continuez de refuser à présenter votre compte au con-
« seil de fabrique, nous serons forcés, Monsieur le Curé, de recourir,
« non point à Mgr l'évêque ou à M. le préfet, mais bien, conformé-
« ment à l'art. 90 du décret du 30 décembre 1809, à M. le pro-
« cureur impérial (1).

« J'aime à croire, Monsieur le Curé, que, mieux inspiré, vous
« nous éviterez ce désagrément, qui serait fort grave pour vous.

« Veuillez agréer mes salutations respectueuses,

« *Le Président du conseil de fabrique, N.* »

Vous voudrez bien nous excuser, Monsieur le Ministre, si nous
sommes contraints de descendre dans tous ces détails, mais nous
tenons à bien convaincre Votre Excellence qu'il n'y a eu aucune
irrégularité dans les opérations du conseil de fabrique, et nous espérons qu'en votre qualité de tuteur-né des fabriques et de leurs
intérêts matériels, vous saurez prendre leur défense contre les empiétements imprudents de certains membres du clergé, et que vous
voudrez bien déclarer que vous avez été trompé dans cette affaire
par un faux exposé. Nous connaissons trop Votre Excellence pour
ne pas attendre d'elle justice et équité.

Mgr l'évêque de N., en vous demandant, Monsieur le Ministre,
la révocation du conseil de fabrique de N.., aura sans doute été
trompé lui-même. Son ordonnance du 12 juin 1861 indiquerait
assez qu'il désirait connaître toute la vérité dans cette affaire. Puis
Votre Excellence a dû remarquer que Sa Grandeur, malgré les qualités qui la distinguent, n'est pas très-versée dans les questions de
droit civil ecclésiastique, et que, de la meilleure foi du monde, elle
a pu croire qu'Elle avait des droits que les lois et les règlements sur
la matière ne lui confèrent pas. Sa Grandeur avait dans l'ordonnance précitée prescrit une enquête qui n'a pas eu lieu, ou qui aura
été faite d'une manière passionnée.

« Voulant, dit cette ordonnance, pour ce qui concerne la fabrique
« de N.., pouvoir prononcer en connaissance de cause sur la validité
« des élections du 7 avril.

« Avons nommé et nommons par ces présentes, M. l'abbé V..,
« doyen d'A.., notre commissaire spécial pour se rendre sur les
« lieux, réunir la fabrique, prendre communication de la délibéra-
« tion du 7 avril, entendre les explications de part et d'autre, re-

---

(1) Nous avons cru devoir, en effet, écrire deux lettres à M. le procureur impérial
pour faire cesser cet état de choses. Mais ces lettres, qu'on trouvera aux pièces
justificatives, sous les numéros V et VI, n'ont pas reçu de réponse. Nous aurions
pu insister comme la loi nous y autorisait; mais en présence du mauvais vouloir
de l'évêché qui aurait dû agir, nous avons reculé devant le scandale qui en serait
résulté. (*Note de la première édition.*)

« cueillir même, si besoin est, la déposition des membres démis-
« sionnaires, et dresser du tout procès-verbal qui nous sera envoyé
« pour que nous puissions statuer ce que de droit. »

Nous pouvons assurer à Votre Excellence, Monsieur le Ministre,
que rien de ce que prescrit ici Mgr l'évêque de N.. n'a été fait par
M. l'abbé V.., doyen d'A.. Il n'a point pris et il n'a pu prendre
communication de la délibération du 7 avril, il n'a point vu le registre des délibérations, il n'a entendu les explications d'aucun de
nous ; nous avons su seulement qu'il s'était rendu sur les lieux un
jour où il avait la certitude de ne pas nous y trouver tous. S'il a
dressé un procès-verbal, nous l'ignorons ; mais il est certain qu'aucun de nous ne l'a vu ni signé. Ce procès-verbal, s'il existe, ne
devait-il pas être fait en présence de toutes les parties intéressées?
Ne devait-on pas y consigner les dires et les observations de tous les
membres du conseil de fabrique, des membres démissionnaires
comme de ceux nouvellement élus, et le faire signer de tous?
Qu'est-ce qu'un procès-verbal fait en secret et que personne ne
connaît? Est-ce en agissant de cette sorte qu'on peut connaître
la vérité? Mais la vérité, permettez-nous de le dire, Monsieur le
Ministre, on redoutait de la connaître. Pour cela on a tout fait dans
l'ombre. Nous devons donc protester comme effectivement nous
protestons contre ce prétendu procès-verbal et contre tout ce qu'il
peut contenir, et nous le regardons comme nul et non avenu. Une
chose qui nous étonne, Monsieur le Ministre, c'est que l'administration diocésaine de N.., qui devait avoir à cœur de connaître la vérité, se soit contentée du rapport de M. l'abbé V.., doyen d'A.., et
que cet ecclésiastique, qui devait tenir à honneur de la faire connaître à ses supérieurs, se soit appliqué, au contraire, à l'éluder et
à la dissimuler. Vous blâmerez cette conduite que nous nous abstenons de qualifier.

Nous en disons autant, Monsieur le Ministre, d'un procès-verbal
qu'aurait fait aussi M. le juge de paix d'A.., d'après les inspirations
de M. le curé de N.. et de M. le curé doyen d'A.., procès-verbal
d'après lequel M. le préfet de N.. aurait donné son avis à Votre
Excellence, et dont nous n'avons eu aucune connaissance. Il serait
convenable d'appeler la lumière sur ces documents, du moins les
plus simples convenances auraient demandé qu'on nous en donnât
connaissance. L'administration diocésaine ne nous a rien communiqué, ni demandé aucun renseignement, aucune explication. Encore
une fois, nous ne pouvons être condamnés sans avoir été entendus,
et nous désirons que Votre Excellence connaisse toute la vérité dans
cette affaire. C'est le but que nous nous proposons d'atteindre dans
ce Mémoire.

On a prétendu, Monsieur le Ministre, que les membres restants du conseil de fabrique ne pouvaient élire trois membres en remplacement des trois démissionnaires, attendu qu'ils n'étaient pas prévenus *officiellement* de la démission de leurs collègues. Puis on a demandé comment il se faisait que ces trois nouveaux membres eussent pu signer la délibération du dimanche de Quasimodo, 7 avril.

A cela les soussignés répondront à leur tour, Monsieur le Ministre, et demanderont pourquoi l'administration diocésaine de N.., qui, depuis trois mois, avait en mains la démission des trois membres, ne la communiquait pas au président du conseil et aux membres restants, pourquoi elle ne les mettait pas en demeure de compléter le conseil de fabrique. Est-ce un piége qu'on voulait tendre? Ce reproche qu'on adresse au conseil ne retombe-t-il pas de tout son poids sur ceux qui se sont permis de le formuler? Eh bien, quoi qu'on en puisse dire, le conseil était prévenu très-*officiellement* de la démission elle-même, renouvelée, écrite et signée d'eux, comme il est dit et prouvé plus haut, et envoyée au Président du conseil plusieurs heures avant la réunion de la séance. Le conseil *officiellement* prévenu par cette pièce devait donc ce jour-là même procéder à leur remplacement. C'est ce qu'il a fait, et voici comment il l'a fait.

Les membres restants du conseil de fabrique, sachant avec certitude que, depuis quelque temps, trois de leurs collègues, intimidés et trompés par les menaces du curé, avaient donné leur démission, durent s'occuper de l'élection de trois nouveaux fabriciens pour le temps d'exercice qui restait à ceux qu'ils devaient remplacer, en vertu de l'article 3 de l'ordonnance du 12 janvier 1825. Ils se concertèrent donc d'avance, ce qui certes est très-licite et très-conforme à la loi, et, craignant de faire une élection nulle en nommant des personnages qui, n'en étant point avertis préalablement, auraient pu refuser l'honneur de siéger dans le conseil, ils s'assurèrent que deux membres du conseil municipal et le directeur de la poste, hommes des plus honorables et tout dévoués à l'église, nous ne craignons pas de le dire, accepteraient, dans les circonstances présentes, les fonctions de fabriciens. Ceux-ci furent donc priés d'attendre dans l'église l'effet de l'élection. M. le Curé, présent à la séance et refusant de prendre part à l'élection, en se retirant, les trois membres prévenus furent élus à l'unanimité par les trois membres restants. On les pria d'entrer à la sacristie, on leur demanda s'ils acceptaient les fonctions de fabriciens, et, sur leur réponse affirmative, le Président les déclara membres du conseil pour le temps qui restait à ceux qu'ils remplacent et procéda, comme il le devait, à leur installation.

Le conseil se trouvait dès-lors au complet. Or, d'après l'article 9 du décret du 30 décembre 1809, c'est le dimanche de Quasimodo que le conseil nomme son secrétaire et son président, et, d'après l'article 11, qu'il nomme le membre qui doit faire partie du bureau des marguilliers; c'est ce qui a été fait. Procès-verbal de ladite délibération ayant été dressé, séance tenante, fut signé comme il le devait être par tous les membres présents, les nouveaux aussi bien que les anciens. Il est donc bien évident, contrairement à ce qu'on a pu dire sans preuves aucunes, que tous les membres assistaient à la délibération qu'ils ont signée le jour même de la séance. Il est donc bien évident encore qu'en cette opération le conseil s'est conformé strictement et scrupuleusement à la loi, et qu'il n'a commis aucune irrégularité en fait d'élection. Le conseil a donc pu ensuite s'occuper de la confection du budget et prendre toute délibération jugée convenable (1).

Vous le voyez, Monsieur le Ministre, dans tout ce qui s'est passé, le conseil ne s'est pas rendu coupable de l'ombre même d'une irrégularité. Si l'administration diocésaine de N.. prétend le contraire, c'est à elle, au préalable, à le démontrer et à nous signaler en quoi consistent les irrégularités qu'elle aurait cru devoir découvrir. Elle s'était imaginé en trouver une en prétendant qu'une élection devait être faite par *quatre membres au moins* sur sept, ou plutôt sur *quatre*, puisque le conseil était alors composé de *quatre* membres seulement. Les soussignés ont prouvé surabondamment qu'elle était dans la plus complète erreur. Ils lui portent actuellement le défi d'en signaler d'autres qui soient mieux fondées. En conséquence, la demande de révocation que Mgr l'évêque de N.. a faite à Votre Excellence ne peut être admise.

Mais, Monsieur le Ministre, nous allons encore plus loin; supposé même, contre l'évidence des faits, que les membres soussignés du conseil de fabrique, soit par inadvertance, soit par ignorance ou de quelque autre manière que ce puisse être, aient commis quelque irrégularité en fait d'élection, Mgr l'évêque de N.. ne serait pas fondé pour cela à demander à Votre Excellence la révocation du conseil; rien dans la législation ne l'y autorise. Tout ce qu'il pouvait faire, c'était de mettre le conseil de fabrique en demeure de recommencer l'élection s'il la croyait irrégulière, ou de nommer lui-même trois membres de son choix en remplacement des démissionnaires, si l'élection n'eût pas été faite à l'époque indiquée; c'est le seul droit que lui confère l'article 4 de l'ordonnance du 12 janvier 1825. Au reste, Sa Grandeur le reconnaît Elle-même en déclarant dans son ordonnance du 12 juin 1861 qu'une irrégularité, si elle existait, ne pourrait qu'*invalider* l'élection. Pourquoi donc alors demander la *révocation* du conseil? Si Sa Grandeur voulait être conséquente avec Elle-même, Elle se serait contentée de demander l'*invalidation* de l'élection. Elle n'y était pas fondée, à la vérité, mais au moins Elle n'eût pas été en contradiction avec Elle-même.

(1) Voyez le procès-verbal de cette délibération aux pièces justificatives, n° VII.

Les soussignés remarquent, Monsieur le Ministre, que l'arrêté de révocation invoque l'article 5 de l'ordonnance du 12 janvier 1825 ; or cet article ne mentionne d'autre cause de révocation d'un conseil de fabrique que *le défaut de présentation de budget et de reddition de comptes, lorsque le conseil, requis de remplir ce devoir, aurait refusé ou négligé de le faire*. Jamais le conseil n'a négligé ni refusé de remplir ce devoir, et les soussignés ne croient pas qu'une irrégularité quelconque dans une élection fût une *cause grave* et capable de motiver une révocation du conseil. Si donc, dans les lettres précitées, Mgr l'évêque de N.. eût signalé comme irrégularités le défaut de présentation de budget ou de reddition de comptes, il se serait trompé et aurait, par le fait même, trompé Votre Excellence. Donc le conseil de fabrique ne peut, ni en fait ni en droit, être révoqué. Ce serait une violation flagrante de tous les règlements sur la matière, violation que Votre Excellence, mieux informée, ne saurait consacrer.

On a cherché, Monsieur le Ministre, tous les prétextes possibles pour faire révoquer le conseil de fabrique de N.. Comprenant que la prétendue irrégularité de l'élection du 7 avril 1861 ne fût pas un motif suffisant, on aurait voulu en invoquer d'autres, comme le prouve la lettre suivante de M. le juge de paix d'A.. au Président du conseil.

« *Justice de paix du canton d'A.*

« 12 novembre 1861.

« Monsieur,

« Je me suis présenté chez vous à la fin d'août dernier, vous étiez « parti pour N.., m'a dit votre domestique, qui vous a sans doute « fait part de ma visite.

« Je voulais vous demander, de la part de M. le sous-préfet de « N.., les renseignements ci-après, que je vous prie de me faire « parvenir le plus promptement possible (1) :

« 1° A quelle époque remonte, à N.., l'établissement du conseil « de fabrique ;

« 2° S'il a fonctionné sans interruption ;

« 3° Enfin, si le renouvellement triennal s'est fait régulièrement ;

(1) Si l'administration diocésaine de N.. faisait prendre les mêmes renseignements sur toutes les fabriques du diocèse, on en trouverait un certain nombre dans un état complet de désorganisation. Nous avons même connu des paroisses qui n'avaient pas de conseil de fabrique. Nous savons que dans quelques-unes on ne s'occupe pas de faire le budget, que le renouvellement triennal n'a pas lieu et qu'il existe bien d'autres irrégularités. Qui n'a pas entendu parler des difficultés survenues dans le conseil de fabrique de la ville de N.., difficultés qu'aurait dû prévoir et prévenir l'administration diocésaine. (*Note de la première édition.*)

« le revenu approximatif actuel de la fabrique, et si le trésorier a
« toujours rendu ses comptes.

« Vous me direz aussi s'il est vrai, comme il est énoncé dans une
« plainte du sieur M.., secrétaire-trésorier du nouveau conseil, que
« M. le curé T.. a fait ouvrir *de force* par un serrurier le coffre-
« fort de la fabrique et dans quelles circonstances.

« Je n'ai pas besoin de vous dire, Monsieur, que cette enquête
« n'a rien de judiciaire, mais qu'elle est purement administrative.

« Recevez, Monsieur, l'assurance de ma considération distinguée.

« D. A., *juge de paix.* »

Le Président du conseil s'empressa, par la réponse suivante, de
donner les renseignements demandés.

« Paris, le 15 novembre 1861.

« Monsieur le Juge de paix,

« Je reçois à l'instant même votre lettre en date du 12 du cou-
« rant; je m'empresse de répondre aux questions que vous m'adres-
« sez, dites-vous, de la part de M. le sous-préfet de N..

« 1° L'établissement du conseil de fabrique de la paroisse de N...
« remonte au 21 mai 1857. Il fut réorganisé alors par une ordon-
« nance de Mgr l'évêque de N.., en date du 1er mai 1857, et un
« arrêté de M. le préfet de N.., en date du 14 du même mois et de
« la même année.

« 2° Ce conseil a fonctionné régulièrement, sans aucune inter-
« ruption, depuis cette époque jusqu'à ce jour.

« 3° Le renouvellement triennal s'est fait très-régulièrement au
« mois de mai 1860, et ont été élus alors MM. R., G., et F. E.. Ces
« deux derniers, qui étaient très-honorés de faire partie du conseil,
« ont cependant donné leur démission au mois de janvier dernier.
« Vous savez comment et pourquoi !

« 4° Le revenu actuel de la fabrique est à peu près de 400 fr.
« D'après la délibération de la séance du dimanche de Quasimodo,
« du 1er mai 1859, tenue, en mon absence, sous la présidence de M.
« l'abbé T.., curé de la paroisse, les recettes étaient de 389 francs
« 90 cent., et les dépenses de 553 francs 75 cent.

« 5° M. le curé de N.., qui remplit les fonctions de trésorier,
« malgré les défenses du conseil de fabrique, a opiniâtrément refusé,
« depuis deux ans, de rendre ses comptes, comme le prouvent ses
« lettres envoyées au Ministère des cultes.

« 6° Bien que l'article 50 du décret du 30 décembre 1809 statue
« que, sur les trois clefs qui doivent fermer la caisse ou coffre-fort,
« l'une d'elles sera entre les mains du trésorier, l'autre dans celles
« du curé ou desservant, et la troisième dans celles du président du
« bureau, M. l'abbé T.. a toujours conservé ces trois clefs, malgré

« la demande qui lui a été faite à plusieurs reprises d'en remettre
« deux à qui de droit. Un jour, ne pouvant ouvrir la caisse avec ces
« trois clefs, ou feignant de ne pouvoir l'ouvrir, il alla chercher un
« serrurier, le sieur L.., pour ouvrir cette caisse. Celui-ci, étant
« venu avec ses passe-partout, trouva la caisse ouverte ou à peu
« près. M. le curé prit l'argent, le compta et alla ensuite chercher
« le trésorier *nominatif* et M. le Maire pour compter de nouveau
« l'argent avec eux. M. le maire, que la loi ne désigne pas pour avoir
« une clef de la caisse, n'avait rien à voir là. Voilà comme les choses
« m'ont été racontées un instant après par le sieur L.. que j'ai for-
« tement blâmé d'avoir obéi, dans cette circonstance, aux injonc-
« tions de M. le curé. Je ne suppose pas que M. l'abbé T.. ait voulu
« détourner à son profit les deniers de la fabrique (1), mais cet
« acte d'une grande imprudence est en même temps de la dernière
« inconvenance. Depuis, ne laisse-t-il pas planer sur lui le soupçon
« qu'il puise dans cette caisse à son gré ? M. le trésorier actuel a donc
« eu raison de dénoncer cet acte inqualifiable à M. le Ministre des
« cultes.

« Je vous prie, Monsieur le Juge de paix, de vouloir bien envoyer
« cette réponse à M. le sous-préfet de N.. En tout cas, je vais en
« donner copie à M. le Ministre des cultes.

« Veuillez agréer, Monsieur le Juge de paix, l'assurance de ma
« respectueuse considération,
       « *Le Président du conseil de fabrique de N., A.* »

Deux jours après, le président du conseil écrivait encore à M. le
juge de paix la lettre suivante. On verra pourquoi.

                    . Paris, le 17 novembre 1861.
« Monsieur le juge de paix,
« Vous me disiez dans votre lettre du 12 de ce mois que vous
« étiez venu me faire une visite vers la fin d'août dernier. Ma do-
« mestique, à mon retour, m'en avait effectivement fait part. Si cette
« visite eût été de bienséance, je me serais fait un devoir, croyez-le
« bien, de vous la rendre, et de faire connaissance avec vous. J'aime
« à croire que c'eût été à notre satisfaction commune.

« Ma domestique m'écrit que vous êtes venu jeudi dernier me
« faire encore une visite, et que cette fois vous vous étiez fait ac-
« compagner de M. le maire de N.. Laissez-moi vous témoigner ma
« surprise de ce que vous choisissez tout exprès, pour me faire des
« visites, les moments où vous savez très-positivement que je ne suis
« pas à N.. Mais ce qui me surprend encore davantage, c'est que

(1) M. T.. n'a jamais rendu compte au conseil de fabrique de ce qu'il a fait de
cet argent.

« vous avez essayé d'employer une violence morale envers ma do-
« mestique pour avoir à mon insu les registres de la fabrique. J'ai
« le regret de vous dire qu'un homme qui se respecte ne recourt ja-
« mais à des moyens aussi répréhensibles. J'attendais mieux, je l'a-
« voue, d'un magistrat aussi honorable que vous l'êtes. Il faut qu'une
« cause soit bien compromise pour qu'on ait recours à de tels sub-
« terfuges. Quand on veut connaître sincèrement la vérité, on y va
« plus franchement. Du reste, Monsieur le Juge de paix, du moment
« que vous m'écriviez, vous deviez attendre ma réponse. Si vous
« désiriez voir le registre des délibérations de la fabrique, et que
« vous y fussiez autorisé, je me serais fait un plaisir de le mettre
« sous vos yeux. Si même vous doutez de ma loyauté et de ma sin-
« cérité dans la réponse que je vous ai faite avant-hier, je suis en-
« core tout disposé à vous communiquer ce registre. Je vous prie
« de croire que je n'en fais pas mystère. On pourrait, au besoin,
« vous le dire au Ministère des cultes.

« Je regrette, Monsieur le Juge de paix, que les premières rela-
« tions que j'ai l'honneur d'avoir avec vous soient si peu agréables.
« J'espère qu'une autre fois il en sera tout autrement. En attendant,
« veuillez agréer la nouvelle assurance de ma respectueuse consi-
« dération.

« N., *Président du conseil.* »

Nous regrettons, Monsieur le Ministre, d'être obligés de rapporter
de tels documents, mais ils nous ont semblé nécessaires pour vous
faire comprendre que l'esprit de parti a eu plus de part dans cette
affaire que l'amour de la légalité.

Nous comprenons jusqu'à un certain point, Monsieur le Ministre,
que, dans le principe, Mgr l'évêque de N.., que nous respectons et
vénérons tous comme le mérite sa haute position, ait pu demander
à Votre Excellence la révocation du conseil de fabrique. Il existait
entre ledit conseil et le curé une mésintelligence infiniment regrettable et qui paraissait ne devoir jamais cesser, celui-ci voulant toujours agir arbitrairement et capricieusement sans vouloir tenir aucun
compte de l'existence du conseil de fabrique. D'un autre côté, le curé
s'était gravement compromis en faisant reconstruire à neuf sans nécessité aucune les bancs de l'église. L'administration diocésaine (1),
voulant favoriser le curé, aurait désiré mettre la dépense des bancs
à la charge de la fabrique, et l'on s'était imaginé qu'avec un nouveau
conseil, on en viendrait plus facilement à bout. Mais Mgr l'évêque

(1) Nous disons souvent l'*administration diocésaine*, car, dans cette affaire,
c'est un vicaire général qui agissait au nom de son digne évêque qu'il a compromis en abusant de sa confiance. (*Note de la nouvelle édition.*)

a reconnu plus tard qu'il était absolument impossible qu'une fabrique aussi pauvre que l'est celle de N.. pût supporter une dépense
aussi considérable; en conséquence, Sa Grandeur a mis cette dépense à la charge du curé et elle a écrit au Président du conseil,
que *M. le curé s'est engagé à ne jamais rien exiger ni de la commune ni de la fabrique pour cette dépense.* Aussi cette grande difficulté
entre le curé et le conseil de fabrique n'existe plus et ne peut plus exister. Celle de la mésintelligence vient aussi de cesser, car Mgr l'évêque, voulant rendre la paix à la paroisse de N.., en a retiré M. l'abbé
T.. qui l'avait si déplorablement divisée, et il a nommé un autre curé
avec lequel nous espérons qu'il sera possible de s'entendre. Les membres soussignés du conseil de fabrique, nous vous prions de le croire,
Monsieur le Ministre, ne sont pas des hommes d'opposition, encore
moins des hommes de parti ; ils sont disposés, au contraire, comme
c'est leur devoir, à prêter tout leur concours au nouveau curé et à
s'entendre avec lui, dans la limite des lois et des règlements, pour
contribuer autant qu'il est en eux à l'entretien de l'église, à son ornement et à la dignité du culte.

En conséquence, les membres soussignés ont l'honneur de prier
Votre Excellence, mieux informée, de vouloir bien regarder comme
nul et non avenu tout ce qui a été fait jusqu'à ce jour, de rapporter
votre arrêté basé sur un faux exposé et qui, dans les circonstances
actuelles, n'a plus de raison d'être, et par conséquent de trouver
bon que les soussignés, continuent de remplir, avec autant de zèle et
de conscience que par le passé, des fonctions que quelques-uns d'entre eux remplissent déjà depuis un assez grand nombre d'années.
Nous aurions volontiers donné notre démission pour le bien de la
paix, et nous l'avons même offerte dans ce but ; mais Votre Excellence, pas plus que notre digne évêque, ne voudra révoquer sans
cause des hommes, nous osons le dire, qui jouissent de l'estime et
de la considération de tous leurs concitoyens, et qui jusqu'ici ont
consciencieusement et honorablement rempli leur devoir.

Dans cet espoir, Monsieur le Ministre, les membres soussignés
du conseil de fabrique de l'église succursale de N.. vous prient de
vouloir bien agréer l'assurance de la respectueuse considération
avec laquelle ils ont l'honneur d'être,

De Votre Excellence,

Les très-respectueux et très-
obéissants serviteurs,

J. M. C. R. A.

N.., le 3 août 1862.

PIÈCES JUSTIFICATIVES.

I

Administration des Cultes.

ARRÊTÉ.

« Le ministre secrétaire d'Etat au département de l'instruction publique et des cultes ;

« Vu les lettres en date des 23 juillet, 17 décembre 1861 et 27 février 1862 par lesquelles Mgr l'évêque de N... signale diverses irrégularités commises par le conseil de fabrique de l'église succursale de N..., en matière d'élection, et demande la révocation de ce conseil de fabrique ;

« Vu l'avis conforme de M. le préfet de N..., en date du 24 janvier 1862 ;

« Vu les autres pièces de l'affaire ;

« Vu le décret du 30 décembre 1809 ;

« Vu l'article 5 de l'ordonnance du 12 janvier 1825 ;

ARRÊTE :

« ART. 1er. Le conseil de fabrique de l'église succursale de N... est révoqué.

« ART. 2. Il sera procédé à la formation d'un nouveau conseil de fabrique d'après les règles établies par l'art. 6 du décret du 30 décembre 1809.

« ART. 3. Les administrateurs révoqués seront tenus de rendre compte de leur gestion au nouveau conseil de fabrique, lequel devra faire immédiatement tous actes conservatoires, toutes diligences nécessaires pour le maintien des droits de la fabrique et le recouvrement des sommes qui lui seraient dues, conformément aux dispositions du décret du 30 décembre 1809, et pour assurer la responsabilité des fabriciens et du trésorier sortants.

« ART. 4. Mgr l'évêque de N... et M. le préfet de N... sont chargés, chacun en ce qui le concerne, de l'exécution du présent arrêté.

« Paris, le 18 mars 1862.

« Signé : ROULAND.

« Pour ampliation,

« *Pour le conseiller d'Etat, directeur général de l'administration des cultes empêché.*

« Le chef de la 2e division,

« Signé : HAMILLE. »

II

Evêché de N...

« N..., par la miséricorde divine et la grâce du Saint-Siège apostolique, évêque de N..., etc. :

« Vu le rapport qui nous a été présenté, à notre retour de la tournée pastorale

sur l'irrégularité des élections faites par le conseil de fabrique de l'église de N...,
le 7 avril dernier ;

« Vu la déclaration des trois membres démissionnaires, ensemble la copie de la
délibération du 7 avril ;

« Considérant que, dans la séance précitée, il ne s'agissait que d'élections accidentelles et non triennales ;

« Que, dès-lors, pour que l'élection fut valide, elle devait être faite par quatre
membres au moins ;

« Que cependant, d'après les termes mêmes de la délibération sus-visée, trois
membres seulement semblent avoir pris part à l'opération; que cette circonstance
peut et doit invalider l'élection ;

« Qu'il est du devoir de notre charge de surveiller, vérifier les élections des fabriques, et, au besoin, y suppléer ;

« Voulant, pour ce qui concerne la fabrique de N..., pouvoir prononcer en connaissance de cause sur la validité des élections du 7 avril ;

« Avons nommé et nommons par ces présentes M. l'abbé V..., doyen de A ..,
notre commissaire spécial, pour se rendre sur les lieux, réunir la fabrique, prendre
communication de la délibération du 7 avril, entendre les explications de part et
d'autre, recueillir même, si besoin est, la déposition des membres démissionnaires,
et dresser du tout un procès-verbal qui nous sera envoyé pour que nous puissions
statuer ce que de droit.

« Donné à N..., sous notre seing, le sceau de nos armes et le contre-seing du
secrétaire général de notre évêché, le 12 juin 1861.

† N..., évêque de N...,

« Par mandement de Mgr l'évêque,

« Pour le secrétaire général, N...«

III

Extrait du registre des délibérations.

« L'an mil huit cent soixante, le treizième jour de mai, le conseil de fabrique
de l'église paroissiale de N... s'est réuni à la sacristie extraordinairement, en vertu
d'une autorisation de Mgr l'évêque de N..., en date du 4 de ce mois.

« Étaient présents : MM. N., président du conseil; N., curé; N., maire; N.; N.;
N. et N.

« M. le président a dit que l'objet de la réunion était la reddition des comptes,
la confection du budget et le renouvellement partiel du conseil de fabrique.

« Après avoir examiné les comptes, M. le président a donné lecture d'une lettre
adressée à M. le maire par M. N..., menuisier à N..., relative à un traité que M. le
curé a fait, sous sa responsabilité personnelle, pour la confection des bancs de l'é-
glise. Le conseil a décidé que copie de cette lettre serait transcrite sur le registre
des délibérations. M. le curé a dit qu'il l'avait rédigée lui-même et qu'il l'approuvait.
Cette lettre est ainsi conçue :

« N..., le 4 mai 1860.

« Monsieur le Maire,

« J'ai l'honneur de vous accuser réception de la lettre du 30 avril, relative à la
restauration des bancs de l'église de T... (1). Je suis heureux de pouvoir vous

_____

(1) Cette lettre du 30 avril avait été écrite collectivement par tous les membres
du conseil de fabrique.

« dire que la partie importante de la lettre concorde parfaitement avec la pensée de
« M. le curé et la mienne. M. l'abbé T. m'a toujours déclaré que je n'avais à
« faire qu'à lui pour mon paiement. De mon côté, je trouve M. T. très-solvable,
« et je suis sûr de lui être agréable en lui déclarant, pour vous tranquilliser tous,
« qu'il ne m'en coûte point de m'engager, selon votre désir, à ne jamais rien ré-
« clamer ni à la fabrique, ni à la commune.

       « J'ai l'honneur de vous saluer.

                                        « N., maître menuisier à N. »

« Ledit conseil a déclaré que, n'ayant pris aucune délibération pour consentir à
la confection des bancs, et que la fabrique n'ayant aucune ressource, attendu même
que le budget est en déficit, il ne prenait aucune responsabilité, et il a prié M. le
curé de s'engager à ne rien réclamer ni pour le présent ni pour l'avenir à la fabrique ou à la commune. Celui-ci a refusé de prendre cet engagement et s'est retiré
en déclarant qu'il ne signerait pas la présente délibération. En conséquence, les
membres soussignés du conseil ont décidé que la dépense de la reconstruction des
bancs serait à la charge de M. l'abbé T., s'il persistait à les faire placer malgré le
conseil, qui, en ce cas, ne les accepterait qu'autant qu'ils lui paraîtraient convenables.

« Les comptes du trésorier ayant été examinés, on a reconnu que les dépenses
se sont élevées à une somme de quatre cent trois francs cinq centimes, et les recettes à la somme de trois cent treize francs soixante-huit centimes : d'où il résulte
un déficit de quatre-vingt-neuf francs trente-sept centimes.

« M. le président a ensuite fait procéder au renouvellement partiel dudit conseil.
MM. N., N. et N. sont sortis par la voie du sort. Les membres restants ont réélu
ces trois messieurs, qui ont accepté.

« M. le président, etc.

« Fait les jour, mois et an susdits. Après lecture faite, les membres ont signé,
et le président a levé la séance.

                            « Signé : D., maire, R., F. G., F. E.
                               « Le président du conseil, N... »

IV

LETTRE de M. le sous-préfet de N. au président du conseil de fabrique.

                                « N..., le 26 octobre 1861.

    « Monsieur le président,

« Il résulte des pièces diverses qui sont entre mes mains qu'une mésintelligence
regrettable existe entre le desservant de N... et le conseil de fabrique de cette paroisse dont vous avez la présidence. En outre, des irrégularités ont été remarquées
dans l'élection des trois nouveaux fabriciens, qui a eu lieu le 7 avril 1861, et diverses fraudes auraient même été commises dans la séance de ce jour.

« Ainsi le procès-verbal de cette séance constate : 1° que vous avez, en qualité
de président, et au commencement de la séance, donné lecture au conseil d'une
lettre de MM. E. (François), E. (Nicolas) et G., annonçant que, depuis le mois
de janvier, ils avaient donné leur démission de fabricien et qu'ils ne voulaient plus
faire partie du conseil. Or, il est établi par leur déclaration que cette lettre n'a été
portée à votre demeure que le lundi, 8 avril, entre midi et une heure. 2° Qu'immédiatement après l'élection des trois nouveaux membres, vous avez procédé à leur
installation, que ces nouveaux fabriciens ont pris part à la nomination du prési-

dent, du secrétaire du conseil et d'un membre du bureau des marguilliers et qu'ils ont signé le procès-verbal de ladite délibération. Il résulte, au contraire, des informations recueillies sur les élections dont il s'agit, que les nouveaux membres élus n'assistaient pas à la délibération du 7 avril.

« Les diverses énonciations du procès-verbal seraient donc fausses. Elles donneraient lieu de penser que le procès-verbal n'a pas été dressé et signé le jour même de la séance; ce qui constituerait une nouvelle irrégularité.

« Je ne puis vous dissimuler, Monsieur le président, qu'à tort ou à raison, vous avez été désigné comme l'instigateur des irrégularités signalées et comme la cause principale de la division qui existe dans le conseil (1). Avant de donner mon avis sur cette regrettable affaire, et sur la suite qu'elle devra recevoir, je viens vous prier, en vertu des instructions qui m'ont été adressées, de vouloir bien me fournir par écrit vos explications sur les griefs qui vous sont imputés.

« Recevez, Monsieur le président, l'assurance de ma considération distinguée.

« *Le sous-préfet de N...*, B. L. »

V

LETTRE *du président du conseil à M. le procureur impérial.*

« Paris, le 29 avril 1861.

« Monsieur le Procureur impérial,

» Aux termes de l'article 90 du décret du 30 décembre 1809, lorsqu'un trésorier de fabrique ne présente pas son compte à l'époque fixée, le procureur impérial peut l'y contraindre. Or, le trésorier de la fabrique de la paroisse de N... se trouve dans ce cas. Je regrette d'autant plus de vous le dire, Monsieur le Procureur impérial, que ce trésorier est le curé même de la paroisse qui a voulu, malgré le conseil, en remplir les fonctions, et bien qu'elles ne conviennent guère à son ministère. Il fait les recettes et les dépenses sans contrôle, sans avoir aucun égard au budget et aux délibérations de la fabrique ; il a les trois clefs du coffre-fort, qu'il a même fait ouvrir de force par un serrurier, et il refuse de rendre aucun compte à la fabrique. Nous l'en avons prié plusieurs fois inutilement. Cet état de choses, qui est un vrai désordre, ne peut durer plus longtemps, car les intérêts de la fabrique en souffrent notablement. L'autorité ecclésiastique du diocèse semble ne point s'en préoccuper.

« J'aurai donc l'honneur de vous prier, Monsieur le Procureur impérial, d'avoir la bonté de prévenir cet ecclésiastique que, s'il persistait à refuser de rendre ses comptes, vous seriez obligé de l'y contraindre. Un simple avertissement de votre part suffirait, je l'espère, pour le déterminer à se conformer à la loi.

« Veuillez agréer, Monsieur le Procureur impérial, l'assurance de ma respectueuse considération.

« *Le président du conseil de fabrique de N...*, N. »

---

(1) Il n'existait aucune division dans le conseil. M. le Président a donné à M. le sous-préfet toutes les explications nécessaires tendant à prouver que toutes les opérations du conseil avaient été parfaitement régulières, et que toutes les allégations portées contre lui étaient fausses, calomnieuses et mensongères, comme on peut le voir ci-dessus dans le Mémoire. (*Note de la nouvelle édition.*)

VI

LETTRE *des membres du conseil de fabrique à M. le Procureur impérial de N...*

« N..., le 8 juin 1861.

« Monsieur le Procureur impérial,

« Le 29 avril dernier, M. le président du conseil de fabrique a eu l'honneur de vous prévenir que M. l'abbé N., curé de N..., et remplisssant les fonctions du trésorier, refusait de rendre son compte. Nous, soussignés, membres dudit conseil de fabrique, nous espérions qu'un avertissement de votre part ferait rentrer cet ecclésiastique dans la légalité à cet égard; il n'en a rien été. Ce refus obstiné de reddition de compte est préjudiciable aux intérêts de la fabrique, dont les revenus sont insuffisants, et qui recevait presque chaque année une allocation de la commune. Ledit conseil n'a pu présenter à l'appui de sa demande le compte au conseil municipal de la session de mai, ainsi que le prescrivent le décret du 30 décembre 1809 et la loi du 18 juillet 1837, art. 21.

« Désirant faire cesser ce désordre, nous avons l'honneur de vous prier, Monsieur le Procureur impérial, de vouloir bien, conformément à l'article 90 du décret du 30 décembre 1809, poursuivre d'office devant le tribunal de première instance M. le curé de N... en reddition de compte, en sa qualité de trésorier (1).

« Veuillez agréer, Monsieur le Procureur impérial, l'assurance de notre respectueuse considération.

« *Les membres du conseil de fabrique de N...,*
        « D., maire, R., C., J., M.

VII

EXTRAIT *du registre des délibérations.*

« L'an mil huit cent soixante et un, le 7 du mois d'avril, dimanche de Quasimodo, le conseil de fabrique, dûment convoqué et réuni à l'issue des vêpres, dans la sacristie, lieu ordinaire de ses séances, sous la présidence de M. N.

« Étaient présents : MM. T., curé; D., maire, et Jean-François R. Mais M. le curé se retira aussitôt, disant qu'il allait vaquer aux fonctions de son ministère.
M. le président a donné lecture de la lettre suivante :

        « Monsieur le président,

« Nous avons l'honneur de vous informer que nous ne pouvons point répondre « à votre invitation, ayant donné notre démission depuis le mois de janvier à Mgr « l'évêque. Nous ne voulons plus être membres du conseil.

                « Signé : N. E., F. G., F.-C. E.
« N..., le 7 avril 1861. »

« M. le président a fait remarquer que ces messieurs, mal conseillés, ne devaient point donner leur démission à Mgr l'évêque, ce qui est illégal, mais au conseil ou à son président. Néanmoins, le conseil, consulté, a accepté leur démission.

« En conséquence, M. le président, conformément à l'article 3 de l'ordonnance du 12 janvier 1825, a fait procéder à l'élection de trois nouveaux membres. Ont été élus à l'unanimité M. L. C. en remplacement de M. Nicolas E., et M. Alexandre M. et M. Louis J. en remplacement de MM. F. G. et F. E. Ces trois Messieurs

---

(1) M. l'abbé N... n'a jamais rendu ce compte.

ayant déclaré accepter les fonctions de fabricien pour le temps d'exercice qui restait à ceux qu'ils remplacent, M. le président a immédiatement procédé à leur installation et les a invités à prendre part à la délibération en les proclamant membres du conseil de fabrique.

« Le conseil ensuite, en exécution des articles 9 et 10 du décret du 30 décembre 1809, a successivement procédé à l'élection annuelle de son président, de son secrétaire et d'un membre du bureau, en remplacement du marguillier sortant. Ont été élus à l'unanimité des voix M. M. A., président, M. J. F. R., secrétaire, et M. Alexandre M., membre du bureau ; lesquels ont déclaré accepter.

« Ces opérations préliminaires faites, M. le président a dit qu'il fallait procéder à la confection du budget et à la reddition des comptes du trésorier ; mais, considérant que M. le curé qui, malgré la défense formelle du conseil, a fait jusqu'ici les fonctions de trésorier, s'était absenté, prétextant qu'il n'était pas prêt pour rendre compte au conseil des sommes qu'il avait reçues, la séance pour ces deux objets serait prorogée au dimanche suivant.

« Le conseil, n'ayant autorisé par aucune délibération M. le curé à supprimer les grilles qui fermaient le chœur de l'église, demande que ces grilles soient replacées immédiatement, et prévient M. le curé que si elles ne l'étaient point au plus tard le 15 mai prochain, il se verrait dans la nécessité de l'y contraindre, le conseil ayant le droit et le devoir de faire tous actes conservatoires pour la garantie des intérêts de la fabrique.

« Sur l'observation de M. le président, le conseil, considérant que le placement arbitraire de nouveaux bancs dans l'église, malgré la délibération dudit conseil, en date du 13 mai 1860, qui statue que *la dépense de la reconstruction desdits bancs sera à la charge de M. l'abbé T., s'il persiste à les faire placer, malgré le conseil, et que celui-ci ne les accepterait qu'autant qu'ils lui paraîtraient convenables,* a été la cause de nombreuses plaintes et de très-graves difficultés dans la paroisse :

« Considérant, en outre, que, d'après l'article 36 du décret du 30 décembre 1809, les revenus de la fabrique se composent, entre autres, de *la concession des bancs placés dans l'église ;*

« Arrête à l'unanimité :

« 1° M. le curé est et sera personnellement responsable des conséquences de son acte arbitraire, et passible de tous les frais qui en pourraient résulter jusqu'au jour où il aura fait un abandon régulier des nouveaux bancs à la fabrique ou rétabli les anciens.

« 2° Il sera tenu de déclarer, dans les huit jours qui suivront la signification du présent arrêté, qu'il abandonne en toute propriété à la fabrique, qui les modifiera comme elle le jugera nécessaire, les nouveaux bancs, ou de rétablir les anciens, sinon, ce délai passé, ledit conseil s'en regardera comme propriétaire et en disposera au profit de la fabrique.

« 3° Un relevé sera fait alors de toutes les places vacantes, le plus tôt possible, par le bureau des marguilliers.

« 4° Ces places seront louées au profit de la fabrique, conformément aux articles 66 et suivants du décret du 30 décembre 1809.

« Le conseil, appelé ensuite à délibérer sur le mode de concession des places dans les bancs de l'église, a arrêté les dispositions suivantes :

« ART. 1er. Les places concédées aux enchères, seront pour un temps qui ne pourra excéder la vie du concessionnaire, et moyennant une redevance annuelle payable chaque année d'avance, en sus du prix de la vente.

« Art. 2. A défaut de paiement de cette redevance annuelle à l'époque fixée, la place sera considérée comme abandonnée par le concessionnaire et louée de nouveau, sans qu'il soit besoin d'aucun avertissement préalable, à moins que la fabrique ne préfère conserver les droits résultant de la concession et poursuivre le paiement par les voies de droit.

« Art. 3. Les concessions sont toutes personnelles, et ne confèrent aux concessionnaires le droit, ni de sous-louer, ni de faire accepter leurs places par d'autres.

« Art. 4. La concession est résiliée de plein droit et sans indemnité après un an de changement volontaire de résidence.

« Art. 5. Le conseil de fabrique autorise, conformément aux dispositions des art. 66 et 70 du décret du 30 décembre 1809, le bureau des marguilliers à régir la location desdites places aux charges, clauses et conditions ci-dessus.

« Lecture faite du présent procès-verbal, il a été clos, approuvé et signé par tous les membres du conseil présents, et le président a levé la séance.

« Fait à N., les jour, mois et an ci-dessus.

« Signé : D., maire, R., C., J., M.
« *Le président du conseil*, N. »

FIN DES MÉMOIRES.

TABLE CHRONOLOGIQUE

DES

LOIS, DÉCRETS, CIRCULAIRES MINISTÉRIELLES,

Arrêts du Conseil d'État, de la Cour de Cassation, etc.,

INSÉRÉS DANS CET OUVRAGE (1).

21 mars 1682.	DÉCLARATION du clergé de France dans l'assemblée de 1682, sous le mot *Articles organiques*.	I, 329
21 sept.-3 nov. 1789.	DÉCRET abolissant les dîmes et les droits féodaux, sous le mot *Dîme*.	II, 468
19 février 1790.	LOI qui prohibe, en France, les vœux monastiques, sous le mot *Congrégations religieuses*.	II, 318
18-29 décembre.	LOI relative au rachat des rentes foncières, sous le mot *Rentes*.	IV, 253
5-11 février 1791.	DÉCRET relatif aux baux à faire pour les établissements publics, sous le mot *Bail*.	I, 405
13-20 avril.	LOI qui supprime les droits seigneuriaux, sous le mot *Droits seigneuriaux*.	II, 497
18-22 mai.	LOI relative aux affiches et placards (extrait), sous le mot *Affiches*.	I, 137
27 novembre 1796.	LOI du 7 frimaire an V, sous le mot *Bureaux de bienfaisance*.	I, 571
28 mars 1801.	ARRÊTÉ du 7 germinal an IX, sous le mot *Bail*.	I, 404
15 juillet.	CONVENTION du 26 messidor an IX entre le gouvernement français et Sa Sainteté Pie VII, sous le mot *Concordat*.	II, 286
7 octobre.	ARRÊTÉ du 15 vendémiaire an X, pour l'organisation des cultes, sous le mot *Administration*.	I, 104
8 avril 1802.	LOI du 18 germinal an X sur l'organisation du culte, sous le mot *Articles organiques*.	I, 241
8 avril.	ARTICLES ORGANIQUES des cultes protestants, sous le mot *Articles organiques*.	I, 248
19 avril.	ARRÊTÉ du 29 germinal an X, qui ordonne la publication d'un indult concernant les jours de fêtes, sous le mot *Fêtes*.	III, 109
18 novembre.	ARRÊTÉ du 27 brumaire an XI, relatif aux cures de pre-

(1) Les lois, décrets, etc., qui ne sont que cités dans le cours de l'ouvrage, ne se trouvent point dans cette table chronologique.

Le chiffre romain de cette table indique le volume, et le chiffre arabe la page.

mière et de seconde classe, et au payement des traitements ecclésiastiques, sous le mot *Cure.* II, 385.

23 décembre 1802. RAPPORT du 3 nivôse an XI, présenté aux consuls de la république par Portalis, conseiller d'Etat chargé de toutes les affaires concernant les cultes sur une demande de n'autoriser aucune disposition de parties de presbytères qu'après avoir consulté les évêques, sous le mot *Presbytères.* IV, 141.

26 février 1803. ARRÊTÉ consulaire du 7 ventôse an XI qui crée un traitement pour les cardinaux français, sous le mot *Cardinal.* II, 29

25 mai. ARRÊTÉ du 5 prairial an XI, du ministre de l'intérieur, sur les quêtes des bureaux de bienfaisance, les troncs et les collectes, sous le mot *Bureaux de bienfaisance.* I, 590

26 juillet. ARRÊTÉ du 7 thermidor an XI, relatif aux biens des fabriques, sous le mot *Biens.* I, 493

22 septembre. EXPOSITION des maximes et des règles consacrées par les articles organiques de la convention passée le 26 messidor an IX entre le gouvernement français et le pape Pie VII, par J. E. M. Portalis, sous le mot *Articles organiques.* I, 250

1er novembre. FRAGMENT d'un rapport de Portalis, du 11 brumaire an XII, au gouvernement de la république, au sujet du jubilé, publié par le cardinal Caprara, légat du pape, en octobre 1803, sous le mot *Jubilé.* III, 432

13 décembre. ARRÊTÉ du 21 frimaire an XII, relatif aux formalités à observer pour les transactions entre les communes et les particuliers, sur les droits de propriété, sous le mot *Comité consultatif.* II, 241

12 juin 1804. DÉCRET du 23 prairial an XII, sur les sépultures, sous le mot *Cimetières.* II, 134

17 juin. RAPPORT du 28 floréal an XII à l'empereur, sur le mariage des prêtres, sous le mot *Mariage.* III, 533

22 juin. DÉCRET du 3 messidor an XII sur les congrégations ou associations religieuses, sous le mot *Congrégations religieuses.* II, 320

13 juillet. DÉCRET du 24 messidor an XII, relatif aux cérémonies publiques, préséances, honneurs civils et militaires, sous le mot *Préséance.* IV, 148

14 août. CIRCULAIRE du 26 messidor an XII, relative aux lieux de sépulture, sous le mot *Transport des corps.* IV, 471

12 décembre. RAPPORT à l'empereur du 24 frimaire an XIII, sur l'aliénation des anciens cimetières, sous le mot *Cimetières.* II, 146

3 janvier 1805 AVIS du conseil d'Etat, du 15 ventôse an XIII, sur l'aliénation des anciens cimetières, sous le mot *Cimetières.* II, 147

22 janvier. AVIS du conseil d'Etat du 2 pluviôse an XIII, relatif à la propriété des églises et des presbytères, sous le mot *Presbytères.* IV, 144

24 janvier. CIRCULAIRE du ministre de l'intérieur aux préfets, du 4 pluviôse an XIII, relative aux ventes et échanges d'anciens cimetières, sous le mot *Cimetières.* II, 147

8 mars 1805. DÉCRET du 15 ventôse an XIII, qui applique les dispositions de l'arrêté du 7 thermidor an XI, aux fabriques des métropoles et cathédrales et à celles des chapitres et qui y comprend les biens des anciennes collégiales, sous le mot *Biens.* I, 494

28 mars. DÉCRET du 7 germinal an XIII, concernant l'impression des livres d'église, des heures et des prières, sous le mot *Livre.* III, 459

13 juin. AVIS du conseil d'Etat du 24 prairial an XIII, sur la vente des églises et presbytères non conservés, sous le mot *Presbytères.* IV, 143

17 juillet. DÉCRET du 26 messidor an XIII, qui attribue aux fabriques les biens des anciennes confréries, sous le mot *Confréries.* II, 296

23 juillet. DÉCRET du 4 thermidor an XIII, relatif aux autorisations des officiers de l'état civil pour les inhumations, sous le mot *Inhumation.* III, 239

1er août. DÉCRET du 13 thermidor an XIII qui ordonne un prélèvement sur le produit de la location des bancs et chaises dans les églises, sous le mot *Bancs.* I, 450

21 août. RAPPORT du 3 fructidor an XIII sur les conseils et les secours de santé que les curés peuvent donner à leurs paroissiens, sous le mot *Médecine.* III, 545

9 septembre. DÉCRET du 22 fructidor an XIII, relatif à l'acquit des services religieux des fondations, sous le mot *Fondation.* III, 122

30 septembre. AVIS du conseil d'Etat du 8 vendémiaire an XIV, relatif aux soins donnés par les prêtres, curés ou desservants, à leurs paroissiens malades, sous le mot *Médecine.* III, 547

22 nov.-11 décembre. AVIS du conseil d'Etat du 2-21 frimaire an XIV, relatif à l'exécution des anciennes fondations, sous le mot *Fondation.* III, 122

12 janvier 1806. LETTRE du ministre des cultes à l'archevêque de Bordeaux, relative au mariage des prêtres, sous le mot *Mariage.* III, 534

16 avril. RAPPORT de Portalis à l'empereur pour faire accorder aux fabriques l'administration générale des dons et aumônes offerts en faveur des pauvres, sous le mot *Bureaux de bienfaisance.* I, 591

18 mai. DÉCRET concernant le service dans les églises et les convois funèbres, sous le mot *Transport des corps.* IV, 471

30 mai. DÉCRET qui réunit aux biens des fabriques les églises et presbytères supprimés, sous le mot *Biens.* I, 494

31 mai. CIRCULAIRE du ministre des cultes indiquant aux évêques la forme à suivre pour la correspondance avec son ministère, sous le mot *Correspondance.* II, 363

19 juin. DÉCRET concernant l'acquit des services religieux dus pour les biens dont les hospices et bureaux de bienfaisance ont été envoyés en possession, sous le mot *Fondation.* III, 123

16 avril. RAPPORT de Portalis à l'empereur pour faire accorder aux

fabriques l'administration générale des dons et aumônes offerts en faveur des pauvres, sous le mot *Quêtes*. IV, 215

31 juillet 1806. DÉCRET relatif aux biens des fabriques, sous le mot *Biens*. I, 495

juillet. RAPPORT sur les fabriques, par Portalis, sous le mot *Fabrique*. III, 61

30 août. DÉLIBÉRATION du conseil d'Etat, touchant le respect et la décence que l'on doit garder dans l'église, sous le mot *Trouble dans l'église*. IV, 504

10 septembre. RAPPORT de Portalis à l'empereur, sous le mot *Bureaux de bienfaisance*. I, 592

12 septembre. DÉCRET sur les quêtes à faire et les troncs à placer dans les églises par les bureaux de bienfaisance, sous le mot *Bureaux de bienfaisance*. I, 594

20 décembre. AVIS du conseil d'Etat relatif aux chemins de ronde à réserver autour des églises dans les communes rurales, lors de l'aliénation des anciens cimetières supprimés, sous le mot *Chemin de ronde*. II, 119

25 janvier 1807. AVIS du conseil d'Etat, relatif à l'envoi en possession à demander par les fabriques, curés et desservants, des biens restitués auxquels ils ont droit, sous le mot *Envoi en possession*. II, 567

30 janvier. LETTRE du ministre des cultes à M. le préfet de la Seine-Infér. sur le mariage des prêtres, sous le mot *Mariage*. III, 535

7 février. LETTRE du ministre des cultes au préfet de la Seine-Inférieure, sous le mot *Presbytères*. IV, 142

20 mai. RAPPORT de Portalis à l'empereur sur la situation des curés des métropoles et cathédrales, sous le mot *Chapitre*. II, 106

20 mai. CIRCULAIRE aux archevêques et évêques de l'empire français, relative à la réunion des cures aux chapitres, sous le mot *Chapitre*. II, 108

18 juillet. RÈGLEMENT de la maîtrise de Paris, approuvé par le gouvernement, sous le mot *Maîtrise*. III, 504

12 août. DÉCRET sur le mode d'acceptation des dons et legs faits aux fabriques, aux établissements d'instruction publique et aux communes, sous le mot *Acceptation*. I, 23

12 août. DÉCRET prescrivant les formalités à suivre dans les baux des établissements publics, sous le mot *Bail*. I, 401

30 septembre. DÉCRET portant établissement de bourses et demi-bourses dans les séminaires diocésains, sous le mot *Bourse*. I, 540

30 septembre. DÉCRET qui augmente le nombre des succursales, sous le mot *Succursale*. IV, 419

7 janvier 1808. DÉCRET portant que l'autorisation du gouvernement est nécessaire à tout ecclésiastique français pour poursuivre ou accepter la collation d'un évêché *in partibus*, sous le mot *Évêque*. II, 584

7 mars. DÉCRET fixant une distance pour les constructions dans le voisinage des cimetières hors des communes, sous le mot *Cimetières*. II, 137

28 septembre 1808.
INSTRUCTION du ministre des finances relative aux immeubles exempts de la contribution foncière, sous le mot *Impôt.* III, 196

10 novembre.
AVIS de la cour de cassation, sous le mot *Quêtes.* IV, 224

21 décembre.
AVIS du conseil d'Etat, sur le mode de remboursement des rentes et créances des communes et fabriques, sous le mot *Rentes.* IV, 251

7 février 1809.
DÉCRET relatif aux établissements charitables (extrait), sous le mot *Aumônier.* I, 374

18 février.
DÉCRET relatif aux congrégations des maisons hospitalières de femmes, sous le mot *Congrégations religieuses.* II, 338

11 mars.
CIRCULAIRE du ministre des cultes aux préfets, relative aux formalités à observer pour l'érection des chapelles et annexes, et à leurs rapports avec la cure ou succursale, sous le mot *Annexe.* I, 171

17 mars.
DÉCRET qui restitue aux fabriques les biens aliénés et rentrés au domaine par suite de déchéance, sous le mot *Biens.* I, 495

8 novembre.
DÉCRET concernant les sœurs hospitalières de la charité, dites Saint-Vincent de Paul, sous le mot *Congrégations religieuses.* II, 340

30 décembre.
DÉCRET concernant les fabriques des églises, sous le mot *Fabrique.* III, 18

14 février 1810.
LOI relative aux revenus des fabriques, sous le mot *Commune.* II, 256

25 février.
DÉCRET qui déclare loi générale de l'empire l'édit du mois de mars 1682, sur la déclaration faite par le clergé de France, sur les sentiments touchant la puissance ecclésiastique, sous le mot *Déclaration du clergé.* II, 413

26 février.
DÉCRET relatif aux vicaires généraux, sous le mot *Vicaire général.* IV, 516

28 février.
DÉCRET contenant des dispositions relatives aux articles organiques du concordat, sous le mot *Bref de la Pénitencerie.* I, 549

4 juillet.
CIRCULAIRE du ministre des cultes aux préfets, relative aux formalités à observer pour l'érection des chapelles et annexes, sous le mot *Annexe.* I, 173

16 juillet.
DÉCRET qui règle le mode d'autorisation pour l'emploi du produit des remboursements faits aux communes, aux hospices et aux fabriques, sous le mot *Rentes.* IV, 255

28 août.
AVIS du conseil d'Etat, sous le mot *Confréries.* II, 296

2 octobre.
LETTRE du ministre des cultes au comte Regnault de Saint-Jean d'Angély, président de la section de l'intérieur du conseil d'Etat, sous le mot *Président.* IV, 159

11 octobre.
LETTRE du comte Saint-Jean d'Angély, président de la section de l'intérieur du conseil d'Etat au ministre des cultes, sous le mot *Président.* IV, 160

13 octobre.
LETTRE du ministre des cultes à l'archevêque de Bordeaux, sous le mot *Président.* IV, 160

8 novembre 1810. DÉCRET portant application des dispositions des décrets des 30 mai 1806 et 17 mars 1809, aux anciennes maisons vicariales, sous le mot *Biens*. I, 496

30 novembre. ARRÊT de la cour de cassation, sous le mot *Confession*. II, 292

9 décembre. DÉCRET relatif au timbre des certificats que les officiers de l'état civil délivrent aux parties pour justifier de leur mariage aux ministres des cultes, sous le mot *Certificat*. II, 61

9 décembre. RAPPORT concernant les droits de timbre à exercer pour les certificats de mariage délivrés par les officiers de l'état civil, sous le mot *Certificat*. II, 61

14 décembre. AVIS du conseil d'Etat, sur la question de savoir si les communes qui obtiennent une annexe ou une chapelle doivent contribuer aux frais du culte paroissial, sous le mot *Annexe*. I, 183

26 décembre. DÉCRET contenant brevet d'institution publique des maisons dites du *Refuge* et approbation de leurs statuts, sous le mot *Refuge*. IV, 241

4 avril 1811. LETTRE du ministre de l'intérieur au ministre des cultes, sous le mot *Président*. IV, 161

15 avril. DÉCRET sur l'abbattage des arbres, sous le mot *Abattage d'arbres*. I, 3

18 août. DÉCRET relatif au service des inhumations et tarifs des droits et frais à payer pour le service et la pompe des sépultures, ainsi que pour toute espèce de cérémonies funèbres, sous le mot *Pompes funèbres*. IV, 115

12 septembre. DÉCRET rendu au profit de l'université, sous le mot *Acquisition*. I, 61

11 octobre. CIRCULAIRE du ministre des cultes aux préfets, relative aux formalités à observer pour l'érection des chapelles et annexes, sous le mot *Annexe*. I, 174

17 novembre. DÉCRET relatif au remplacement des titulaires de cures en cas d'absence ou de maladie, sous le mot *Absence*. I, 11

22 décembre 1812. DÉCRET relatif au mode d'autorisation des chapelles domestiques et oratoires particuliers, sous le mot *Chapelle*. II, 100

9 avril 1813. CIRCULAIRE du ministre des cultes aux évêques, concernant l'organisation des maîtrises et chœurs de musique des cathédrales, sous le mot *Maîtrises*. III, 505

13 avril. CIRCULAIRE du ministre des cultes aux évêques, sous le mot *Administration*. I, 102

15 mai. CIRCULAIRE du ministre des cultes aux préfets, relative au traitement des vicaires, sous le mot *Traitement*. IV, 452

27 octobre. RAPPORT présenté à l'empereur par le ministre des cultes sur un projet de décret tendant au partage entre les fabriques et le clergé des cierges des enterrements, sous le mot *Cierges*. II, 124

6 novembre. DÉCRET sur la conservation et l'administration des biens du clergé, sous le mot *Biens*. I, 498

26 décembre. DÉCRET concernant le partage des cierges employés aux enterrements et aux services funèbres, sous le mot *Cierges*. II, 124

6 novembre 1814. ORDONNANCE qui accorde un supplément de traitement de 200 fr. par an, à compter du 1er janvier 1814, à chaque desservant chargé du service de deux succursales, sous le mot *Binage*.   I, 515

18 novembre. LOI relative à la célébration des fêtes et dimanches, sous le mot *Dimanche*.   II, 448

9 janvier 1816. ORDONNANCE relative au traitement des vicaires généraux et chanoines, sous le mot *Traitement*.   IV, 449

22 mars. CIRCULAIRE du ministre de l'intérieur aux préfets, sous le mot *Aumônier*.   I, 380

28 décembre. DÉCISION relative au costume et à la décoration des chanoines du chapitre de Saint-Denis et au sceau de ce chapitre, sous le mot *Chapitre*.   II, 115

2 janvier 1817. LOI sur les donations et legs aux établissements ecclésiastiques, sous le mot *Acceptation*.   I, 24

7 mars. ORDONNANCE relative aux coupes de bois appartenant aux séminaires, aux fabriques, aux communes, aux hospices, etc., sous le mot *Bois*.   I, 524

2 avril. ORDONNANCE qui détermine les voies à suivre pour l'acceptation et l'emploi des dons et legs faits aux établissements ecclésiastiques et autres établissements d'utilité publique, sous le mot *Acceptation*.   I, 24

11 juin. CONVENTION entre le Souverain Pontife Pie VII et Sa Majesté Louis XVIII, roi de France et de Navarre, sous le mot *Concordat*.   II, 289

15 mai 1818. LOI relative à l'enregistrement et au timbre (Extrait), sous le mot *Enregistrement*.   II, 558

29 juillet. ORDONNANCE qui autorise à Paris une caisse d'épargne, sous le mot *Caisse d'épargne*.   II, 10

10 mars 1819. LETTRE qui décide que les biens rendus aux fabriques ont été restitués libres de toute charge quoique les anciens droits créés à raison de ces biens, soient annulés, sous le mot *Bancs*.   I, 433

7 avril. ORDONNANCE concernant le mobilier des archevêchés et évêchés, sous le mot *Mobilier*.   III, 568

12 avril. CIRCULAIRE du ministre de l'intérieur sur l'interprétation de la loi du 2 janvier 1817, sous le mot *Acceptation*.   I, 25

14 avril. LOI relative au grand livre de la dette publique, sous le mot *Grand livre*.   III, 166

17 mai. LOI sur les délits de la presse, sous le mot *Délit*.   II, 431

21 juin. CIRCULAIRE relative au grand livre de la dette publique, sous le mot *Grand livre*.   III, 167

7 septembre. CIRCULAIRE sur les placements à faire sur l'Etat (Extrait), sous le mot *Placement au trésor*.   IV, 87

28 décembre. AVIS du conseil d'Etat, sous le mot *Chapelle*.   II, 27

28 mars 1820. ORDONNANCE du roi qui autorise, sous les conditions y exprimées, les fabriques des succursales et des chapelles érigées depuis 1808 à se faire mettre en possession des biens

et rentes appartenant autrefois aux églises qu'elles administrent, sous le mot *Biens*.   I, 496

4 septembre 1820.   ORDONNANCE concernant le traitement et les frais d'établissement alloués aux archevêques et évêques, sous le mot *Traitement*.   IV, 450

6 septembre.   ORDONNANCE sur l'administration des hospices, sous le mot *Aumônier*.   I, 375

12 septembre.   CIRCULAIRE du ministre de l'intérieur, relative aux règles à suivre par les architectes pour la rédaction des plans et devis, et pour l'exécution des travaux des édifices diocésains, sous le mot *Edifices diocésains*.   II, 526

23 décembre.   ARRÊT du conseil d'Etat, sous le mot *Appel comme d'abus*.   I, 190

31 octobre 1821.   ORDONNANCE relative aux colonies et aux préfets apostoliques, sous le mot *Colonies françaises*.   II, 223

31 octobre.   ORDONNANCE relative à l'administration des hospices et bureaux de bienfaisance, sous le mot *Bureaux de bienfaisance*.   I, 575

25 mars 1822.   LOI relative à la répression et à la poursuite des délits commis par la voie de la presse ou par tout autre moyen de publication, sous le mot *Délit*.   II, 431

30 mars.   AVIS du conseil d'Etat concernant les clauses de retour ou de substitution inadmissibles en matière de legs et donations, sous le mot *Substitution*.   IV, 408

30 juillet.   ORDONNANCE du roi, sous le mot *Appel comme d'abus*. I, 205

8 février 1823.   INSTRUCTION ministérielle relative aux secours à domicile qui doivent être distribués par les bureaux de bienfaisance, sous le mot *Bureaux de bienfaisance*.   I, 584

16 avril.   ORDONNANCE appliquant aux aumôniers le bénéfice du décret du 7 février 1809, sous le mot *Aumônier*.   I, 374

1er décembre.   ARRÊT de la cour de cassation, sous le mot *Action possessoire*.   I, 79

10 janvier 1824.   ARRÊT du conseil d'Etat, sous le mot *Appel comme d'abus*. I, 190

27 février.   RAPPORT présenté au ministre de l'intérieur pour la modification du décret du 30 décembre 1809 sur les fabriques, sous le mot *Fabriques*.   III, 38

10 mai.   CIRCULAIRE du garde des sceaux concernant les formalités à produire pour obtenir des dispenses d'âge et de parenté pour mariage, sous le mot *Dispenses*.   II, 474

25 mai.   LETTRE du ministre de l'intérieur aux préfets, relative aux paratonnerres, sous le mot *Paratonnerre*.   IV, 49

14 juillet.   ARRÊT du conseil d'Etat, lequel en statuant sur l'appel comme d'abus dirigé par un curé contre un évêque, décide que le principe d'inamovibilité des pasteurs du second ordre n'est pas applicable aux curés des églises cathédrales, et que le pouvoir disciplinaire des évêques peut s'exercer sur les prêtres, discrétionnairement, hors les cas prévus par les canons, sans avoir entendu l'inculpé, sous le mot *Chapitre*.   II, 408

29 septembre 1824. ORDONNANCE relative au secours de 1,500 francs par an qui peut être accordé aux vicaires généraux mis hors d'exercice après trois ans consécutifs d'activité, sous le mot *Vicaire général.* IV, 516

9 octobre. ARRÊT de la cour de cassation, sous le mot *Confession.* II, 292

12 janvier 1825. ORDONNANCE du roi, relative aux conseils de fabriques des églises, sous le mot *Fabrique.* III, 40

30 janvier CIRCULAIRE du ministre des affaires ecclésiastiques et de l'instruction publique à MMgrs les archevêques et évêques, sous le mot *Fabrique.* III, 42

3 mars. ORDONNANCE du roi sur la jouissance des presbytères pendant la vacance des cures et succursales et sur les distractions qui pourraient être faites de leurs parties superflues, sous le mot *Presbytères.* IV, 140

19 avril. ARRÊT de la cour de cassation, sous le mot *Action possessoire.* I, 79

20 avril. LOI sur le sacrilége, sous le mot *Délit.* II, 426

24 mai. LOI relative à l'autorisation et à l'existence légale des congrégations et communautés religieuses de femmes, sous le mot *Congrégations religieuses.* II, 326

28 juin. LETTRE du ministre des affaires ecclésiastiques sur la concession de bancs faites avant le 30 décembre 1809, sous le mot *Banc.* I, 433

17 juillet. INSTRUCTION du ministre des affaires ecclésiastiques sur l'exécution de la loi concernant les congrégations et communautés religieuses, sous le mot *Congrégations religieuses.* II, 328

14 décembre. ORDONNANCE du roi concernant les franchises et les contre-seings, sous le mot *Franchise.* III, 148

16 février 1826. ARRÊT du conseil d'Etat, sous le mot *Cure.* II, 392

10 avril. ARRÊTÉ du ministre des affaires ecclésiastiques et de l'instruction publique, sous le mot *Fabricien.* III, 11

10 avril. RAPPORT sur le même sujet, sous le mot *Fabricien.* III, 11

7 mai. ORDONNANCE concernant les donations et legs, sous le mot *Acceptation.* I, 27

7 juin. ARRÊT de la cour de cassation, sous le mot *Autorisation.* I, 388

20 octobre. CIRCULAIRE du ministre de l'intérieur, sous le mot *Assurance contre l'incendie.* I, 357

22 novembre. ORDONNANCE relative aux fonds provenant des coupes extraordinaires adjugées dans les quarts de réserve des bois des communes, hospices et bureaux de bienfaisance, séminaires, fabriques et autres établissements ecclésiastiques, sous le mot *Bois.* I, 527

2 avril 1827. INSTRUCTION sur l'assurance contre l'incendie des bâtiments appartenant aux petits séminaires et aux congrégations religieuses, sous le mot *Assurance contre l'incendie.* I, 256

20 juin 1827. CIRCULAIRE du ministre des affaires ecclésiastiques aux archevêques et évêques relative à l'indemnité pour le binage dans les succursales vacantes, sous le mot *Binage*. I, 515

18 août. CIRCULAIRE du ministre des affaires ecclésiastiques et de l'instruction publique aux évêques, sur la comptabilité des fabriques, sous le mot *Comptabilité*. II, 265

19 septembre. AVIS du comité de l'intérieur du conseil d'Etat sur les contributions communales extraordinaires relatives aux dépenses du culte, sous le mot *Commune*. II, 257

30 septembre. ORDONNANCE concernant les règles à suivre dans les colonies pour l'acceptation des dons et legs en faveur des églises des pauvres et des établissements publics, sous le mot *Colonies françaises*. II, 223

12 décembre. ORDONNANCE du roi sur un conflit d'attributions, sous le mot *Banc*. I, 443

18 décembre. CIRCULAIRE du ministre des affaires ecclésiastiques et de l'instruction publique aux préfets, sous le mot *Paratonnerre*. IV, 49

26 décembre. ARRÊT du conseil d'Etat, sous le mot *Abandon*. I, 2

16 avril 1828. CIRCULAIRE du ministre de l'intérieur aux préfets, sur l'exercice de la pharmacie, contenant à cet égard, rappel aux lois et règlements (Extrait), sous le mot *Médicaments*. III, 543

16 avril. LETTRE de M. le conseiller d'Etat, directeur des affaires ecclésiastiques, à MM. les vicaires généraux d'Auch, sous le mot *Pain d'autel*. IV, 47

21 mai. AVIS du comité de l'intérieur et du commerce du conseil d'Etat, sous le mot *Parents et alliés*. IV, 515

16 juin. ORDONNANCE sur les écoles secondaires ecclésiastiques, sous le mot *Séminaire*. IV, 323

24 décembre. ARRÊT du conseil d'Etat, sous le mot *Baptême*. I, 176

26 août 1829. ARRÊT du conseil d'Etat, sous le mot *Livre*. III, 445

29 août. DÉCISION ministérielle, sous le mot *Fabricien*. III, 5

28 janvier 1830. CIRCULAIRE du ministre des affaires ecclésiastiques aux évêques sur la résidence, sous le mot *Résidence*. IV, 267

29 juin. ARRÊT de la cour royale d'Aix, sous le mot *Costume ecclésiastique*. II, 366

28 juillet. ARRÊT de la cour royale de Bordeaux, sous le mot *Médicament*. III, 550

11 octobre. LOI qui abroge la loi du 20 avril 1825, sous le mot *Délit*. II, 427

13 octobre. ORDONNANCE rapportant celle du 25 août 1825 sur les prêtres auxiliaires, sous le mot *Prêtres habitués*. IV, 169

21 octobre. ORDONNANCE qui supprime le traitement et les frais d'établissement des cardinaux, sous le mot *Cardinal*. II, 291

21 octobre. ORDONNANCE rapportant l'article 7 de celle du 16 juin 1828, sous le mot *Bourse*. I, 547

27 octobre. LETTRE de M. le préfet d'Eure-et-Loir à un maire de ce

département sur le refus de sépulture, sous le mot *Mémoire sur le refus de sépulture.* IV, 564

20 novembre 1830. ORDONNANCE qui supprime l'emploi d'aumônier dans les régiments, sous le mot *Aumônier.* I, 377

30 novembre. CIRCULAIRE du ministre de l'instruction publique et des cultes, aux archevêques et évêques, sous le mot *Fêtes.* III, 111

16 décembre. ARRÊT du conseil d'Etat sur les refus de sacrements, sous le mot *Sacrements.* IV, 275

14 janvier 1831. ORDONNANCE relative aux legs et donations faites aux établissements ecclésiastiques, sous le mot *Acceptation.* I, 27

14 janvier. CIRCULAIRE relative aux précautions à prendre dans l'administration du baptême, sous le mot *Baptême.* I, 476

22 janvier. ORDONNANCE sur la comptabilité des hospices et des établissements de bienfaisance, sous le mot *Hôpital.* III, 173

29 janvier. CIRCULAIRE du ministre des cultes aux préfets, sur les legs, donations, acquisitions, etc., concernant les établissements ecclésiastiques et communautés religieuses ; exécution de l'ordonnance du 14 janvier 1831, sous le mot *Acceptation.* I, 33

3 février. CIRCULAIRE du ministre des cultes aux préfets, relative aux églises et presbytères affectés au culte catholique et qui ne peuvent être livrés aux ministres des cultes non autorisés, sous le mot *Cultes non autorisés.* II, 382

23 février. CIRCULAIRE du ministre des cultes aux évêques, sous le mot *Prières publiques.* IV, 171

22 mars. INSTRUCTION ministérielle relative au mobilier des archevêchés et évêchés, en note, sous le mot *Mobilier.* III, 568

25 mars. LETTRE du ministre des cultes, au préfet de la Manche, sous le mot *Bureau des marguilliers.* I, 603

2 avril. ORDONNANCE relative à la suppression des conseils de charité, sous le mot *Conseil de charité.* II, 354

4 avril. CIRCULAIRE de l'évêque de Marseille à son clergé, sous le mot *Fêtes.* III, 114

25 avril. LETTRE du ministre des cultes au ministre de l'intérieur, sous le mot *Garde nationale.* III, 160

29 avril. AVIS du comité de l'intérieur du conseil d'Etat, sous le mot *Cimetières.* II, 171

11 mai. ARRÊT de la cour de cassation, sous le mot *Action possessoire.* I, 74

14 mai. ORDONNANCE relative au prélèvement d'un sixième sur le produit de la location des bancs et des chaises dans les églises, sous le mot *Banc.* I, 451

17 mai. LETTRE du ministre des cultes au préfet de la Haute-Marne, sous le mot *Annexe.* I, 185

22 juin. JUGEMENT du tribunal correctionnel d'Etampes, sous le mot *Police de l'église.* IV, 102

6 juillet 1831. ORDONNANCE qui diminue le nombre de bourses établies dans les séminaires, sous le mot *Bourse*. I, 541

6 juillet. AVIS du comité de l'intérieur du conseil d'Etat, sur diverses questions relatives aux quêtes dans les églises, sous le mot *Quêtes*. IV, 207

8 juillet. AVIS du conseil d'Etat, relatif à l'absence des chanoines et autres ecclésiastiques, sous le mot *Absence*. I, 13

16 juillet. ORDONNANCE relative au traitement des aumôniers des colléges royaux, sous le mot *Aumônier*. I, 380

12 octobre. AVIS du comité de l'intérieur et du commerce du conseil d'Etat, sous le mot *Eglise*. II, 534

14 décembre, CIRCULAIRE du ministre des cultes aux évêques, les invitant de prévenir toute infraction aux règlements sur les sépultures, sous le mot *Inhumation*. III, 248

14 décembre. CIRCULAIRE du même aux préfets pour le même objet, sous le mot *Inhumation*. III, 244

31 décembre. ARRÊTÉ du ministre des cultes, sous le mot *Cénotaphe*. II, 48

4 janvier 1832. ORDONNANCE qui modifie l'article 5 de celle du 7 avril 1819, sous le mot *Mobilier*. III, 571

27 janvier. ARRÊT de la cour de cassation, sous le mot *Inhumation*. III, 239

7 février. JUGEMENT d'un tribunal pour un renversement de croix, sous le mot *Calvaire*. II, 21

20 février. LETTRE du ministre des cultes, au préfet de la Vendée, sous le mot *Adjoint*. I, 83

13 mars. * ORDONNANCE qui détermine l'époque de jouissance de traitement alloué aux titulaires d'emplois ecclésiastiques, et contient des dispositions sur leur absence temporaire du lieu où ils sont tenus de résider, sous le mot *Traitement*. IV, 450

2 avril. CIRCULAIRE du ministre des cultes aux préfets sur les traitements ecclésiastiques et la remise des mandats par le maire, sous le mot *Traitement*. IV, 451

6 avril. ORDONNANCE relative aux cures de première classe, sous le mot *Cure*. II, 386

28 avril. CIRCULAIRE du garde des sceaux, relative aux dispenses à obtenir pour les mariages entre beaux-frères et belles-sœurs, sous le mot *Dispenses*. II, 473

25 mai. CIRCULAIRE du ministre des cultes sur les dispositions de la loi du recrutement relative aux élèves ecclésiastiques, sous le mot *Service militaire*. IV, 361

25 septembre. CIRCULAIRE du ministre des cultes aux archevêques et évêques, relative aux cures de première classe, sous le mot *Cure*. II, 386

2 mars 1833. LETTRE du ministre des cultes à l'évêque d'Agen, relative au renouvellement des conseils de fabrique, sous le mot *Fabrique*. III, 73

24 avril 1833. ARRÊTÉ du ministre de l'intérieur et des cultes, sous le mot *Inamovibilité*. III, 207

25 juillet. LETTRE du ministre de l'intérieur et des cultes au préfet de la Charente, sous le mot *Logement*. III, 483

2 août. CIRCULAIRE du ministre de l'intérieur et des cultes relative à l'indemnité due pour binage, sous le mot *Binage*. I, 517

21 août. CIRCULAIRE pour l'exécution du décret du 30 septembre 1807, sous le mot *Chapelle*. II, 93

11 octobre. ORDONNANCE sur l'annulation de certaines nominations de fabrique, sous le mot *Bureau des marguilliers*. I, 602

9 novembre, LETTRE du ministre de l'intérieur et des cultes aux vicaires généraux de Reims, sous le mot *Autorités civiles et militaires*. I, 389

30 novembre. ARRÊT de la cour de Rouen nous le mot *Architecture*. I, 222

21 décembre. CIRCULAIRE du ministre de l'intérieur et des cultes, relative aux servitudes actives et passives, des immeubles appartenant aux établissements ecclésiastiques; nécessité d'en interrompre la prescription; titres nouvels à réclamer des débiteurs de rentes, sous le mot *Prescription*. IV, 145

8 janvier 1834. ARRÊT de la cour royale de Montpellier. sous le mot *Envoi en possession*, II, 568

10 février. CIRCULAIRE aux archevêques et évêques, réclamant le concours du clergé pour demander la propagation de la vaccine, sous le mot *Vaccine*. IV, 508

16 février. ARRÊT de la cour de cassation, sous le mot *Quêtes*. IV, 217

10 avril. LOI sur les associations, sous le mot *Associations*. I, 356

13 novembre. LETTRE du ministre de la justice et des cultes au préfet de l'Aube, sous le mot *Président*. IV, 162

2 décembre. ARRÊT de la cour royale de Bastia, sous le mot *Envoi en possession*. II, 569

17 décembre. JUGEMENT du tribunal civil d'Arbois, sous le mot *Quêtes*. IV, 225

20 décembre. CIRCULAIRE du ministre de la justice et des cultes aux préfets sur la nécessité de veiller à ce que les travaux qui s'exécutent aux anciennes églises ne soient pas des occasions de mutilation, sous le mot *Objets d'art*. IV, 19

29 décembre. CIRCULAIRE du même aux évêques, sous le mot *Objets d'art*. IV, 21

12 janvier 1835. ARRÊT de la cour royale de Paris, sous le mot *Dons manuels*. II, 494

13 janvier. AVIS du comité de l'intérieur et du commerce du conseil d'Etat, sous le mot *Congrégations religieuses*. II, 352

30 janvier. LETTRE du ministre de l'intérieur au préfet du Bas-Rhin, sous le mot *Hypothèque*. III, 191

10 février. ARRÊT de la cour de cassation, sous le mot *Architecte*. I, 223

21 mars. CIRCULAIRE aux archevêques et évêques, sur les communautés religieuses pour l'exécution de l'article 5 de la loi du 24 mai 1825, sous le mot *Congrégations religieuses*. II, 330

14 avril 1835. ARRÊTÉ du ministre de la justice et des cultes qui révoque un conseil de fabrique, sous le mot *Fabrique* III, 90

25 mai. LOI relative aux baux des biens ruraux des communes, hospices et établissements publics, sous le mot *Bail.* I, 405

4 juin. ARRÊT de la cour de cassation, sous le mot *Action possessoire.* I, 78

15 juin. LOI sur les caisses d'épargne, sous le mot *Caisse d'épargne.* II, 11

24 juin. CIRCULAIRE du ministre de la justice et des cultes aux archevêques et évêques, au sujet des fêtes supprimées, sous le mot *Fête.* III, 112

18 septembre. DÉCISION du ministre des cultes, sous le mot *Oblations.* IV, 25

22 septembre. RAPPORT au roi sur un projet d'ordonnance déterminant l'époque à partir de laquelle les bourses et demi-bourses accordées aux élèves des séminaires doivent être acquittées, sous le mot *Bourse.* I, 541

2 novembre AVIS du conseil d'État, sous le mot *Appel simple.* I, 206

2 novembre. ORDONNANCE déterminant l'époque à partir de laquelle sont payées les bourses et demi-bourses accordées aux élèves des séminaires, sous le mot *Bourse.* I, 543

4 novembre. LETTRE du ministre des cultes au préfet de la Drôme, sous le mot *Billet d'enterrement.* I, 510

6 novembre. ARRÊTÉ du préfet de la Somme, sous le mot *Envoi en possession.* II, 569

15 décembre. JUGEMENT du tribunal civil de Figeac, sous le mot *Aumône dotale.* I, 367

23 décembre. AVIS du conseil d'État sur l'interprétation des articles 3 et 4 de la loi du 24 mai 1825, relative à l'autorisation et à l'existence légale des congrégations et communautés religieuses de femmes, sous le mot *Congrégations religieuses.* II, 331

ARRÊT du conseil d'État contre l'évêque de Moulins, sous le mot *Appel comme d'abus.* I, 191

17 janvier 1836. ORDONNANCE relative à l'acceptation d'un legs, sous le mot *Congrégations religieuses.* II, 336

19 janvier. AVIS du comité d'intérieur du conseil d'État, relatif au droit de l'évêque pour la nomination des fabriciens, sous le mot *Fabrique.* III, 72

21 mars. CIRCULAIRE du ministre des cultes aux archevêques et évêques, relativement aux dispositions de comptabilité concernant la dépense des bourses dans les séminaires, sous le mot *Bourse.* I, 543

21 mars. CIRCULAIRE du même aux préfets, sous le mot *Bourse.* I, 544

22 mars. ARRÊT de la cour royale d'Agen, sous le mot *Aumône dotale.* I, 368

21 avril. ARRÊT du conseil d'État, sous le mot *Circonscription ecclésiastique.* II, 182

23 avril 1836.   ARRÊT du conseil d'Etat, sous le mot *Impôt*.   III, 197

28 avril.   LOI qui ouvre un crédit extraordinaire sur l'exercice 1836 pour subvenir au traitement et aux frais d'installation du cardinal de Cheverus, sous le mot *Cardinal*.   II, 30

avril.   ARRÊTÉ du préfet de l'Yonne, relatif au refus de mandat sur le percepteur, sous le mot *Mémoire sur le refus de sépulture*.   IV, 573

17 mai.   DÉCISION du conseil d'administration et des domaines, sous le mot *Envoi en possession*.   II, 570

21 mai.   LOI portant prohibition des loteries, sous le mot *Loteries*.   III, 487

20 mai 1836.   ARRÊT de la cour de cassation, sous le mot *Associations religieuses*.   I, 354

4 juin.   ARRÊT de la cour de cassation, sous le mot *Action possessoire*.   I, 78

8 juillet.   CIRCULAIRE du ministre de l'intérieur aux préfets relative à la déclaration et au dépôt des mandements et lettres pastorales des évêques, sous le mot *Mandement*.   III, 510

26 juillet.   LETTRE du ministre des cultes à l'archevêque d'Aix, sous le mot *Autorités civiles et militaires*.   I, 390

10 août.   CIRCULAIRE du ministre de l'intérieur, sous le mot *Assurance contre l'incendie*.   I, 358

3 novembre.   ARRÊT du conseil d'Etat, sur la propriété des presbytères, sous le mot *Presbytères*.   IV, 135

27 décembre.   LETTRE du ministre de la justice et des cultes, au préfet des Landes, sous le mot *Eglises*.   II, 538

15 février 1837.   DÉCISION du ministre de l'intérieur, en vertu de laquelle les ecclésiastiques peuvent être affranchis des prestations pour les chemins vicinaux, sous le mot *Prestation*.   IV, 167

21 mars.   ARRÊT du conseil d'Etat contre l'archevêque de Paris, sous le mot *Appel comme d'abus*.   I, 192

31 mars.   LOI sur les caisses d'épargne, sous le mot *Caisse d'épargne*.   II, 12

31 mars.   LETTRE du ministre des cultes à l'archevêque de Besançon, relative aux cierges offerts sur les pains bénits et services funèbres, sous le mot *Cierges*.   II, 126

1er juillet.   ARRÊT de la cour de Dijon, statuant que les communes sont tenues de fournir aux curés et desservants, un presbytère ou logement, ou, à défaut, une indemnité qui en tienne lieu, quels que soient d'ailleurs les revenus des fabriques et non pas seulement dans le cas où ces revenus sont insuffisants, sous le mot *Logement*.   III, 467

18 juillet.   LOI sur l'administration municipale, sous le mot *Administration*.   I, 112

20 juillet.   LETTRE du ministre de la justice et des cultes au préfet du Calvados, sous le mot *Adjoint*.   I, 85

22 juillet.   ARRÊT de la cour de cassation, sous le mot *Costume ecclésiastique*.   II, 364

22 juillet 1837.   LETTRE du ministre de la justice et des cultes au cardinal-archevêque d'Avignon, sous le mot *Cérémonies religieuses*.   II, 53

23 août.   LETTRE du ministre de la justice et des cultes au cardinal-archevêque d'Auch, sous le mot *Cierges*.   II, 133

30 septembre.   LETTRE du ministre des cultes à l'évêque de Rodez, sous le mot *Places dans les églises*.   IV, 93

23 novembre.   AVIS du conseil d'administration du ministère de la justice qui décide que les membres des tribunaux de commerce n'ont droit à des places distinguées dans les églises que dans les cérémonies religieuses et civiles ordonnées par le gouvernement, et auxquelles ils ont été invités à se rendre, sous le mot *Cérémonies religieuses*.   II, 54

2 décembre.   LETTRE du ministre des finances au ministre des cultes, sous le mot *Quittances*.   IV, 230

31 décembre.   ARRÊT du conseil d'État, sous le mot *Banc*.   I, 415

31 janvier 1838.   AVIS du conseil d'État qui décide que les églises et presbytères supprimés appartiennent aux fabriques, sous le mot *Presbytères*.   IV, 136

20 février.   JUGEMENT du tribunal civil de Melun, sous le mot *Processionnaux*.   IV, 183

22 février.   ARRÊT du conseil d'État, sous le mot *Impositions*.   III, 200

4 mars.   ORDONNANCE qui approuve une communauté religieuse, sous le mot *Congrégations religieuses*.   II, 337

12 avril.   ARRÊT du conseil d'État, sous le mot *Aumônier*.   I, 377

19 avril.   ARRÊT du conseil d'État, relatif à la contribution des portes et fenêtres des presbytères, sous le mot *Impositions*.   III, 201

23 mai.   LETTRE du ministre de l'intérieur au préfet de Saône-et-Loire, relative à l'entretien des cimetières, sous le mot *Cimetières*.   II, 148

23 juin.   ARRÊT de la cour de cassation, sous le mot *Dimanche*. II, 449

23 juin.   CIRCULAIRE du ministre de l'intérieur aux préfets, relative à la propriété des églises et presbytères d'origine nationale, sous le mot *Presbytères*.   IV, 137

12 juillet.   ARRÊT de la cour de cassation, sous le mot *Transport du corps*.   IV, 474

15 juillet.   CIRCULAIRE du ministre des cultes aux préfets, relative aux mesures à prendre pour assurer l'exécution des services religieux imposés comme charge de legs faits à des établissements non ecclésiastiques, sous le mot *Services religieux*.   IV, 370

20 août.   CIRCULAIRE du ministre de l'intérieur aux préfets, sous le mot *Dimanche*.   II, 458

21 juillet.   AVIS du comité de l'intérieur du conseil d'État qui décide que les frais de célébration des services religieux ordonnés par le gouvernement constituent des dépenses obligatoires du culte qui tombent à la charge des fabriques, sous le mot *Services religieux*.   IV, 371

14 septembre 1838. LETTRE du ministre des cultes au préfet de la Corse, sous le mot *Quêtes*. IV, 218

1er octobre. CIRCULAIRE du ministre de l'instruction publique aux archevêques et évêques, relative aux visites faites par eux dans les établissements de l'université et aux congés qu'ils peuvent accorder, sous le mot *Visite*. IV, 527

23 novembre. LETTRE du ministre des cultes à l'archevêque de Paris, sous le mot *Quêtes*. IV, 212

1er décembre. CIRCULAIRE du ministre des cultes aux préfets concernant la restauration des cathédrales, des évêchés et des séminaires, sous le mot *Edifices diocésains*. II, 528

7 décembre. LETTRE du ministre des cultes au ministre de l'intérieur, sous le mot *Quêtes*. IV, 219

24 décembre. LETTRE du ministre des cultes au préfet de Lot-et-Garonne, sous le mot *Places dans les églises*. IV, 94

30 décembre. ARRÊT du conseil d'Etat, sous le mot *Appel comme d'abus*. I, 191

7 janvier 1839. AVIS du conseil d'Etat, sous le mot *Imposition*. III, 469

12 janvier. LETTRE du ministre de l'intérieur au préfet de la Seine, sur les tarifs relatifs au transport des corps, sous le mot *Transport des corps*. IV, 470

14 janvier. AVIS du conseil d'Etat, sous le mot *Imposition*. III, 195

15 mars. CIRCULAIRE du ministre des cultes aux archevêques et évêques, relative au renouvellement des conseils de fabriques et aux présentations des comptes et budgets, sous le mot *Fabrique*. III, 73

9 avril. LETTRE du ministre des cultes à l'évêque de Blois, sous le mot *Pressoir*. IV, 165

25 avril. CONSULTATION du barreau de Caen, sous le mot *Calvaire*. II, 22

7 mai. LETTRE du ministre de l'intérieur au préfet de la Vienne, sous le mot *Enfants trouvés*. II, 554

23 mai. LETTRE du ministre des cultes au préfet des Landes, relative aux tarifs des prix des chaises, sous le mot *Chaises*. II, 78

12 juin. ARRÊTÉ du ministre des cultes, réglant les attributions du chef du cabinet particulier pour les cultes, sous le mot *Administration*. I, 110

12 juin. ARRÊTÉ du ministre des cultes, sous le mot *Administration*. I, 111

12 juillet. ARRÊT de la cour de cassation, sous le mot *Transport des corps*. IV, 474

17 août. JUGEMENT de la cour royale de Paris, sous le mot *Processionnaux*. IV, 183

21 août. AVIS du conseil d'Etat sur les questions de savoir : 1o si, l'indemnité de logement à payer aux curés ou desservants est à la charge des communes ou des fabriques ; 2o devant quelle autorité le curé desservant qui réclame une indemnité de logement peut porter sa réclamation, sous le mot *Logement*. III, 470

26 septembre 1839. CIRCULAIRE du ministre de l'intérieur aux préfets, relative aux traités à passer entre les administrations charitables et les congrégations religieuses, sous le mot *Congrégations religieuses*. II, 340

14 septembre. CIRCULAIRE du ministre des cultes aux préfets, relative aux dons et legs faits aux établissements ecclésiastiques et à l'exécution des dispositions de l'ordonnance du 14 janvier 1831, sous le mot *Acceptation*. I, 28

30 septembre. ORDONNANCE DU ROI, sous le mot *Séances du conseil de fabrique*. IV, 329

20 novembre. AVIS du conseil d'Etat sur la question de savoir si, lorsque des fabriques présentent leurs comptes aux conseils municipaux en réclamant une subvention, ces conseils ont le droit de demander que ces comptes soient appuyés de pièces justificatives, sous le mot *Compte*. II, 277

16 décembre. LETTRE du ministre des cultes, sous le mot *Transaction*. IV, 467

28 décembre. ARRÊT de la Cour de cassation, sous le mot *Cimetières*. II, 158

4 janvier 1840. LETTRE du ministre de la justice et des cultes à l'évêque de Saint-Dié, sous le mot *Visite*. IV, 528

19 février. AVIS du conseil d'Etat, sous le mot *Interdit*. III, 411

3 mars. LOI qui ouvre un crédit extraordinaire pour les frais d'installation de M. de la Tour d'Auvergne-Lauraguais, promu au cardinalat, sous le mot *Cardinal*. II, 411

11 mai. ORDONNANCE relative à une question de cimetières, sous le mot *Cimetières*. II, 164

17 juin. AVIS du comité de législation du conseil d'Etat, sous le mot *Cloche*. II, 189

1er juillet. ARRÊT du conseil d'Etat, sous le mot *Impôt*. III, 496

4 août. AVIS du comité de législation du conseil d'Etat, sous le mot *Adjoint*. I, 84

14 septembre. ORDONNANCE qui approuve une communauté religieuse, sous le mot *Congrégations religieuses*. II, 337

26 septembre. AVIS du conseil d'administration des cultes, sous le mot *Places dans les églises*. IV, 95

8 octobre. LETTRE du ministre des cultes au préfet de l'Indre, sous le mot *Délibération*. II, 421

22 janvier 1841. AVIS du comité de législation du conseil d'Etat, sous le mot *Arbres*. I, 210

29 juin. CIRCULAIRE du ministre des cultes aux préfets, relative aux secours à accorder pour réparations, constructions, acquisitions d'églises et de presbytères et aux formes et conditions à remplir pour l'obtention de ces secours, sous le mot *Secours*. IV, 336

6 août. CIRCULAIRE du ministre des cultes aux préfets, relative à la direction et à la surveillance des travaux, aux édifices affectés au culte paroissial, sous le mot *Réparations des églises et presbytères*. IV, 262

18 août. AVIS du conseil d'administration du ministère des cultes

relatif au nombre de fabriciens nécessaire pour les élections, sous le mot *Fabrique*. III, 84

1er octobre 1841. CIRCULAIRE du ministre des cultes aux archevêques et évêques, leur donnant avis d'une décision qui étend le contreseing aux curés pour les imprimés à l'exclusion de toute lettre manuscrite, sous le mot *Franchise*. III, 150

4 octobre. LETTRE du ministre des cultes au préfet de la Sarthe, sous le mot *Trésorier*. IV, 495

4 octobre. LETTRE du ministre des cultes à l'évêque de Luçon, sous le mot *Serviteurs de l'église*. IV, 374

30 octobre. RÈGLEMENT général sur les prisons départementales (extrait), sous le mot *Aumônier*. I, 381

30 octobre. CIRCULAIRE du ministre de l'intérieur aux préfets, relative à l'envoi de ce règlement, sous le mot *Aumônier*. I, 382

24 décembre. LETTRE du ministre des cultes au préfet de la Meuse, sous le mot *Président*. IV, 163

24 décembre. LETTRE du ministre des cultes à l'archevêque d'Avignon, sous le mot *Trésorier*. IV, 495

7 août 1842. ORDONNANCE relative à l'indemnité de logement des ministres des cultes protestant et israélite, sous le mot *Juifs*. III, 437

24 août. LETTRE du ministre des cultes à l'évêque de Périgueux, sous le mot *Président*. IV, 164

1er septembre. CIRCULAIRE relative au culte israélite, sous le mot *Juifs*. III, 438

12 octobre. ORDONNANCE portant augmentation de traitement des pasteurs protestants de deuxième et troisième classe, sous le mot *Protestant*. IV, 189

11 décembre. LETTRE du ministre des cultes au préfet du Calvados, sous le mot *Mobilier*. III, 577

23 décembre. ARRÊT de la cour de cassation, sous le mot *Bal*. I, 418

1er février 1843. CIRCULAIRE du ministre des cultes aux préfets, sous le mot *Binage*. I, 514

15 mars. LETTRE du ministre des cultes à l'évêque de Tarbes, sous le mot *Ornement*. IV, 37

7 avril. AVIS du comité de l'intérieur du conseil d'État sur la question de savoir si les notaires qui sont en même temps administrateurs charitables peuvent passer les actes de ventes, d'acquisitions et autres qui concernent ces établissements, sous le mot *Notaires*. IV, 12

22 avril. ARRÊTÉ du ministre des cultes, relatif à l'exercice du *simultaneum* dans les églises mixtes, et aux travaux à effectuer dans les mêmes églises, sous le mot *Simultaneum*. IV, 379

24 avril. LETTRE du ministre des cultes au président du tribunal de   , sous le mot *Cérémonies religieuses*. II, 52

24 avril. LETTRE du même à l'évêque d'Ajaccio, sous le mot *Cérémonies religieuses*. II, 52

19 mai. AVIS du conseil royal de l'instruction publique, sous le mot *Sacristain*. IV, 277

21 juillet. CIRCULAIRE du ministre des cultes aux archevêques et évê-

ques, les informant qu'ils sont autorisés à correspondre entre eux en franchise, sous le mot *Franchise*. III, 150

21 juillet 1843. LETTRE du ministre des cultes au préfet de Saône-et-Loire, sous le mot *Inventaire*. III, 418

octobre. ARRÊT du conseil d'Etat contre l'évêque de Châlons, sous le mot *Appel comme d'abus*. I, 193

6 décembre. ORDONNANCE relative aux cimetières, sous le mot *Cimetières*. II, 137

30 décembre. CIRCULAIRE du ministre de l'intérieur aux préfets, leur transmettant l'ordonnance du 6 décembre 1843 sur les cimetières communaux, et portant instruction pour l'exécution de cette ordonnance, sous le mot *Cimetières*. II, 139

9 juin. ARRÊT de la cour de cassation, sous le mot *Livre*. III, 459

10 janvier 1844. ARRÊT de la cour de cassation, sous le mot *Action possessoire*. I, 84

30 mars. LETTRE du ministre de l'intérieur au préfet du Var, sous le mot *Notaire*. IV, 15

29 mai. ORDONNANCE DU ROI concernant les loteries d'objets mobiliers, exclusivement destinés à des actes de bienfaisance ou à l'encouragement des arts, sous le mot *Loteries*. III, 488

19 juillet. LETTRE du ministre des cultes au ministre de l'intérieur, sous le mot *Mobilier*. III, 576

14 octobre. LETTRE du ministre des cultes à l'évêque de Saint-Dié, relative à l'aliénation des objets précieux que possèdent les églises, sous le mot *Fabrique*. III, 93

17 novembre. ORDONNANCE concernant les franchises, sous le mot *Franchise*. III, 151

24 décembre. ORDONNANCE portant organisation de l'administration centrale des cultes, sous le mot *Administration*. I, 104

31 décembre. RÈGLEMENT pour le service intérieur de l'administration des cultes, sous le mot *Administration*. I, 108

9 mars 1845. ARRÊT du conseil d'Etat contre le cardinal de Bonald, sous le mot *Appel comme d'abus*. I, 194

16 juin. LETTRE du ministre des cultes à l'évêque de Verdun, sous le mot *Oblations*. IV, 25

15 juillet. CIRCULAIRE du préfet de la Mayenne, relative aux adjudications de travaux communaux, sous le mot *Adjudication*. I, 88

24 juillet. ARRÊT du conseil d'Etat, sous le mot *Cure*. II, 396

6 août. CIRCULAIRE du procureur général de la cour royale d'Aix aux procureurs du roi de son ressort, relative au colportage des mauvais livres, sous le mot *Colportage*. II, 235

22 décembre. CIRCULAIRE du ministre de l'intérieur aux préfets, relative aux loteries qui peuvent être autorisées, sous le mot *Loteries*. III, 488

1846. AVIS du conseil d'Etat annulant un arrêté du conseil de préfecture de l'Eure, relatif à la propriété d'un presbytère supprimé, sous le mot *Presbytère*. IV, 143

30 janvier 1847. LETTRE du ministre des cultes au préfet de la Haute-Saône, sous le mot *Cloche*. II, 197

3 juin. ARRÊT de la cour de cassation, sous le mot *Quêtes*. IV, 224

15 juin. CIRCULAIRE sur le refus de sépulture ecclésiastique. Instructions relatives aux dispositions de l'article 19 du décret du 23 prairial an XII, sous le mot *Refus de sépulture*. IV, 236

16 juin. CIRCULAIRE du ministre de l'intérieur aux préfets, relative à la marche que doit suivre l'autorité civile, lorsque se présentent des cas de refus de sépulture ecclésiastique, sous le mot *Refus de sépulture*. IV, 238

25 août. LETTRE du ministre des cultes au préfet de l'Aude, sous le mot *Tableaux*. IV, 428

15 novembre. ARRÊT de la cour de cassation, sous le mot *Legs*. III, 449

29 février 1848. DÉCRET du gouvernement provisoire, sous le mot *Prières publiques*. IV, 172

11 mars. CIRCULAIRE du ministre des cultes aux archevêques, relative à la formule de la prière pour la république, sous le mot *Prières publiques*. IV, 172

24 mars. CIRCULAIRE du ministre des cultes portant interdiction de toute assemblée étrangère au culte dans les églises, sous le mot *Police de l'église*. IV, 107

21 avril. ARRÊT du conseil d'Etat, sous le mot *Logement*. III, 481

28 avril. CIRCULAIRE du ministre des cultes aux commissaires du gouvernement provisoire dans les départements, relative à l'augmentation de traitement des desservants, sous le mot *Traitement*. IV, 453

15 juin. RAPPORT de M. Chapot présenté à l'assemblée nationale sur le maintien du budget des cultes, sous le mot *Budget des cultes*. I, 565

22 juin. ARRÊT du conseil d'Etat, sous le mot *Impositions*. III, 202

11 août. DÉCRET relatif à la répression des crimes et délits commis par la voie de la presse, sous le mot *Délit*. II, 432

16 août. ARRÊTÉ du chef du pouvoir exécutif, portant que l'administration des cultes en Algérie est remise au ministre des cultes, et que les directeurs des affaires civiles exerceront quant à l'administration et à la police des cultes chrétien et israélite, toutes les attributions déférées en France aux préfets, sous le mot *Algérie*. I, 158

30 août. LETTRE du ministre des cultes [au préfet de la Seine-Inférieure, sous le mot *Fabricien*. III, 12

18 septembre. CIRCULAIRE du ministre des cultes aux archevêques et évêques, relative au timbre des certificats de mariage civil à produire avant le mariage religieux, sous le mot *Certificat*. II, 60

10 décembre. ARRÊTÉ du président du conseil des ministres chargé du pouvoir exécutif, sur l'administration du personnel des cultes dans les colonies, sous le mot *Colonies françaises*. II, 226

27 janvier ARRÊTÉ de M. le ministre des cultes, sous le mot *Trésorier*. IV, 491

20 février 1849.   LOI relative à l'application de l'impôt des mutations aux biens de main-morte, sous le mot *Biens*.   I, 508

15 mars.   LETTRE de M. le ministre de l'instruction publique et des cultes à M. le préfet de la Charente-Inférieure, sous le mot *Fabrique*.   III, 80

20 mars.   CIRCULAIRE du ministre des travaux publics aux préfets, aux ingénieurs et architectes chargés de diriger les travaux nationaux, relative à la suspension de ces travaux le dimanche et les jours fériés, sous le mot *Dimanche*. II, 465

23 mars.   RAPPORT fait au nom du comité des cultes sur la proposition de MM. Pascal Duprat, Isambert, Edgar Quinet, Mispoulet, Gavaret et Cenac, relative à l'inamovibilité des desservants et à l'institution des tribunaux disciplinaires ecclésiastiques, par M. Chapot, représentant du peuple. — Séance du 23 mars 1849, sous le mot *Inamovibilité*.   III, 241

28 mars.   LETTRE de M. le directeur général de l'administration des cultes à M. le préfet de la Moselle, sous le mot *Services religieux*.   IV, 373

25 avril.   CIRCULAIRE du directeur général de l'administration des cultes aux préfets, relative aux augmentations de traitements accordés pour 1849, aux desservants et aux rabbins et ministres israélites, sous le mot *Traitement*.   IV, 457

3 mai.   CIRCULAIRE de M. le ministre de l'intérieur à MM. les préfets, relative aux processions et aux cérémonies extérieures du culte, sous le mot *Procession*.   IV, 481

6 juin.   ARRÊTÉ du ministre des cultes, sous le mot *Fabrique*. III, 87

18 juin.   EXPOSÉ des motifs du projet de loi sur l'instruction publique, présenté par M. de Falloux, ministre de l'instruction publique et des cultes à l'assemblée nationale, le 18 juin 1849, sous le mot *Instruction publique*.   III, 267

26 juin.   CIRCULAIRE du directeur général de l'administration des cultes aux archevêques et évêques, relative aux augmentations de traitements accordés au budget de 1849 en faveur des desservants des succursales, sous le mot *Traitement*. IV, 458

2 juillet.   CIRCULAIRE du directeur général de l'administration des cultes, aux préfets, relative à la nécessité pour les desservants âgés de 75 ans, de constater qu'ils ont trente ans de service, pour avoir droit au traitement de 1,200 francs, sous le mot *Traitement*.   IV, 458

20 juillet.   RAPPORT de M. Combarel de Leyval, relatif au colportage (extrait), sous le mot *Colportage*.   II, 237

6 août.   LETTRE de M. le ministre de l'instruction publique et des cultes à Mgr l'évêque de Périgueux, sous le mot *Sacristain*.   IV, 278

4 septembre.   ARRÊTÉ de M. le ministre de l'agriculture et du commerce chargé par intérim du département de l'instruction publique et des cultes, sous le mot *Séances du conseil de fabrique*.   IV, 325

6 septembre 1849. CIRCULAIRE du ministre de l'intérieur aux préfets, relative au colportage des livres et imprimés, sous le mot *Colportage*. II, 238

7 septembre. LETTRE du ministre des cultes à M. le préfet de la Vienne, relative à l'indemnité de logement du curé, sous le mot *Logement*. III, 582

RAPPORT de M. Grelier du Fougeroux au comité des cultes, au nom de la sous-commission des pétitions sur le célibat des prêtres, sous le mot *Mariage des prêtres*. III, 458

14 septembre. ARRÊTÉ du ministre des cultes, sous le mot *Fabrique*. III, 90

16 septembre. RAPPORT du ministre des cultes au président de la république, relatif à la tenue des conciles provinciaux et des synodes diocésains, sous le mot *Concile*. II, 282

16 septembre. DÉCRET relatif à la tenue des conciles métropolitains et des synodes diocésains, sous le mot *Concile*. II, 284

6 octobre. RAPPORT de M. Beugnot, relatif au projet de loi sur l'instruction publique, sous le mot *Instruction publique*. III, 277

16 octobre. CIRCULAIRE du directeur général de l'administration des cultes aux archevêques et évêques, relative à la franchise de correspondance à lui attribuée, sous le mot *Franchise*. III, 54

13 novembre. LETTRE du ministre des cultes au préfet de la Meuse, sous le mot *Dais*. II, 403

16 novembre. DÉCRET relatif à l'abolition du certificat d'études, sous le mot *Certificat*. II, 63

15 décembre. LETTRE du ministre des cultes à l'évêque de Luçon sur l'interprétation de l'article 72 du décret du 30 décembre 1809, sous le mot *Banc*. I, 427

5 janvier 1850. AVIS du comité de l'intérieur du conseil d'Etat, sous le mot *Mission*. III, 464

8 janvier. RAPPORT supplémentaire de M. Beugnot au nom de la commission chargée d'examiner le projet de loi sur l'instruction publique, sous le mot *Instruction publique*. III, 329

18 janvier. CIRCULAIRE du ministre de la guerre aux généraux commandants les divisions territoriales relative aux mesures à prendre pour que les militaires qui veulent assister à l'office divin les dimanches et les jours fériés n'en soient pas empêchés par quelques détails de service, sous le mot *Dimanche*. II, 465

22 janvier. CIRCULAIRE du préfet de police relative aux publications contraires aux bonnes mœurs, sous le mot *Mœurs*. III, 578

12 mars. CIRCULAIRE du préfet de la Mayenne aux maires du département, relativement à l'intervention directe des fabriques dans les travaux et les dépenses des cultes, sous le mot *Travaux*. IV, 430

15 mars. LOI organique sur l'enseignement, sous le mot *Instruction publique*. III, 338

20 mars LETTRE du ministre de l'instruction publique et des cultes au préfet de Lot-et-Garonne, sous le mot *Cloche*. III, 338

22 mai 1850. RAPPORT au président de la république sur la tenue des conciles provinciaux, sous le mot *Concile*. II, 284

22 mai. DÉCRET relatif à la tenue des conciles provinciaux, sous le mot *Concile*. II, 285

7 juin. AVIS du comité de l'intérieur, de l'instruction publique et des cultes, sous le mot *Subvention*. IV, 411

23 juin. CIRCULAIRE du ministre de l'instruction publique et des cultes aux préfets, contenant des instructions pour faire cesser l'abus des affiches apposées sur les murs et les portes des églises, sous le mot *Affiches*. I, 144

29 juillet. RÈGLEMENT d'administration publique pour l'exécution de la loi du 15 mars 1850, sous le mot *Instruction publique*. III, 375

1er août. ARRÊT de la cour de cassation, sous le mot *Quêtes*. IV, 224

7 octobre. DÉCRET pour l'exécution de la loi du 15 mars 1850, en ce qui concerne l'enseignement primaire, sous le mot *Instruction publique*. III, 382

20 octobre. ARRÊT de la cour de cassation, sous le mot *Inhumation*. III, 238

5 décembre. DÉCRET sur les conditions auxquelles les étrangers peuvent être admis à enseigner en France, sous le mot *Instruction publique*. III, 386

10 décembre. LOI ayant pour objet de faciliter le mariage des indigents, la légitimation de leurs enfants naturels et le retrait de ces enfants déposés dans les hospices, sous le mot *Mariage*. III, 537

18 décembre. DÉCRET relatif à l'établissement d'évêchés dans les colonies de la Martinique, de la Guadeloupe et de l'île de la Réunion, sous le mot *Colonies*. II, 229

20 décembre. DÉCRET relatif aux établissements particuliers d'instruction secondaire, sous le mot *Instruction publique*. III, 388

20 décembre. DÉCRET relatif aux certificats de stage délivrés par les conseils académiques en vertu de l'article 64 de la loi du 15 mars 1850, sur l'enseignement, sous le mot *Stage*. IV, 403

21 décembre. ARRÊT de la cour de cassation, sous le mot *Dimanche*. II, 451

30 décembre. DÉCRET relatif aux pensionnats primaires, sous le mot *Pensionnat*. IV, 65

31 décembre. JUGEMENT du tribunal correctionnel de Montpellier, sous le mot *Costume ecclésiastique*. II, 367

3 février 1851. DÉCRET relatif à l'organisation des évêchés de la Martinique, de la Guadeloupe et de la Réunion, sous le mot *Colonies françaises*. II, 229

23 août. ARRÊT de la cour d'appel de Grenoble, sous le mot *OEuvres pies*. IV, 28

9 octobre. LETTRE du ministre de l'instruction publique et des cultes à l'évêque de ...., sous le mot *Fabrique*. III, 66

6 décembre. ARRÊT de la cour de cassation, sous le mot *Dimanche*. II, 452

15 décembre. CIRCULAIRE relative à la cessation des travaux de l'État, des départements et des communes, les dimanches et jours fériés, et à la prohibition les mêmes jours, pendant les

exercices du culte, des réunions de cabarets, chants et démonstrations extérieures de nature à troubler ces exercices, sous le mot *Dimanche*. II, 466

31 janvier 1852. DÉCRET sur les communautés religieuses de femmes, sous le mot *Congrégations religieuses*. II, 331

11 février. JUGEMENT du tribunal correctionnel de Paris, sous le mot *Prédicateur*. IV, 126

8 mars. CIRCULAIRE du ministre des cultes aux archevêques et évêques sur l'exécution du décret du 31 janvier 1852, concernant les congrégations religieuses de France, sous le mot *Congrégations religieuses*. II, 332

9 mars. DÉCRET sur l'instruction publique, sous le mot *Instruction publique*. III, 389

16 mars. CIRCULAIRE du ministre des cultes, concernant les dégradations et dégats faits aux édifices religieux et à la surveillance dont ils doivent être l'objet, sous le mot *Cathédrale*. II, 43

23 mars. DÉCRET portant organisation des commissions administratives des hospices et hôpitaux, sous le mot *Commissions administratives*. II, 246

23 mars. DÉCRET qui détermine la composition des commissions administratives des hospices et hôpitaux, sous le mot *Bureaux de bienfaisance*. I, 581

26 mars. DÉCRET sur les sociétés de secours mutuels, sous le mot *Société de secours mutuels*. IV, 385

26 mars. DÉCRET sur l'organisation des cultes protestants, sous le mot *Protestant*. IV, 189

31 mars. DÉCRET portant établissement des aumôniers de la marine, sous le mot *Aumônier*. I, 383

14 avril. DÉCRET qui approuve le plan d'études adopté par le conseil supérieur de l'instruction publique, sous le mot *Instruction publique*. II, 391

14 avril. CIRCULAIRE du ministre des cultes aux pasteurs des consistoires protestants, relative à la réorganisation des cultes protestants, sous le mot *Protestant*. IV, 191

5 mai. CIRCULAIRE du ministre de l'intérieur aux préfets, relative à l'exécution du décret du 23 mars 1852, sur les commissions administratives des hospices et hôpitaux, sous le mot *Commissions administratives*. II, 247

17 juin. DÉCRET relatif à la composition des commissions de bureaux de bienfaisance, sous le mot *Hôpital*. III, 173

22 juin. LETTRE du ministre des cultes à l'évêque de Périgueux, sous le mot *Fabrique*. III, 81

30 juin. CIRCULAIRE du ministre de l'intérieur aux préfets, dispensant les aumôniers des hôpitaux et des prisons, les ecclésiastiques faisant partie des commissions instituées près des établissements de bienfaisance, du serment politique prescrit par la constitution, sous le mot *Serment*. IV, 357

1er juillet 1852. DÉCRET portant création des commissions de statistique, sous le mot *Statistique.* IV, 404

8 août. CIRCULAIRE du ministre de l'intérieur aux préfets, relative à l'exécution des articles 3 et 4 de la loi du 7 août 1851, sur les hospices et hôpitaux, sous le mot *Hôpital.* III, 171

29 août. ARRÊTÉ du ministre des cultes, relatif à l'enseignement religieux des lycées, sous le mot *Lycées.* III, 499

10 septembre. ARRÊTÉ portant règlement pour la formation des conseils presbytéraux et des consistoires, dans les églises réformées et de la confession d'Augsbourg, sous le mot *Protestant.* IV, 193

14 septembre. EXTRAIT de l'instruction pour l'application du décret du 26 mars 1852, en ce qui concerne la formation des conseils presbytéraux et des consistoires, sous le mot *Protestant.* IV, 197

13 novembre. CIRCULAIRE du ministre des cultes aux archevêques et évêques, relative à la formation de sociétés de secours mutuels et au concours à donner par le clergé à la formation de ces sociétés, sous le mot *Société de secours mutuels.* IV, 387

22 décembre. LETTRE du ministre des cultes au préfet des Côtes-du-Nord, sous le mot *Fondation.* III, 126

23 décembre. AVIS du conseil d'État, sous le mot *Prédicateur.* IV, 125

23 décembre. CIRCULAIRE du ministre des cultes aux archevêques et évêques, relative au choix des aumôniers des maisons centrales de force et de correction, sous le mot *Prison.* IV, 176

8 janvier 1853. DÉCRET qui autorise les archevêques et évêques à tenir des conciles métropolitains pendant l'année 1853, sous le mot *Concile.* II, 285

22 janvier. DÉCRET qui augmente le traitement des vicaires généraux, sous le mot *Traitement.* IV, 453

3 février. LETTRE du ministre des cultes au préfet de la Haute-Garonne, sous le mot *Places dans les églises.* IV, 91

7 mars. DÉCRET relatif à la réorganisation du service des travaux diocésains, statuant que ces travaux seront dirigés par des architectes locaux nommés par le ministre des cultes sur l'avis des évêques et des préfets, et que les demandes de secours formées par les communes en faveur de leurs églises et presbytères seront toujours soumises à l'avis de trois inspecteurs préposés au service des travaux diocésains, sous le mot *Architecte.* I, 227

9 mars. DÉCRET relatif à la croix des chanoines du chapitre impérial de Saint-Denis, sous le mot *Chapitre.* II, 117

15 avril. ARRÊTÉ du ministre de l'intérieur, relatif aux livres et registres à fournir par les communes et les départements aux sociétés de secours mutuels, sous le mot *Société de secours mutuels.* IV, 338

20 avril. CIRCULAIRE du ministre de l'intérieur pour le même objet, sous le mot *Société de secours mutuels.* IV, 389

20 mai ARRÊTÉ portant règlement d'exécution du décret du 26 mars 1852, en ce qui concerne les attributions des conseils

19 mai 1853. LETTRE du ministre des cultes à l'évêque de Montauban, sous le mot *Marguillier*. III, 524

'presbytéraux et des consistoires des églises réformées, sous le mot *Protestant.* IV, 192

20 mai. ARRÊTÉ du ministre des cultes concernant la réorganisation du service de travaux diocésains et la restauration des églises et presbytères, sous le mot *Architecte*. I, 228

28 juin. RAPPORT à l'empereur par le ministre des cultes sur les pensions à accorder aux prêtres âgés et infirmes, sous le mot *Pensions ecclésiastiques*. IV, 76

28 juin. DÉCRET sur les pensions à accorder aux prêtres âgés et infirmes, sous le mot *Pensions ecclésiastiques*. IV, 77

28 juin. CIRCULAIRE du ministre des cultes aux préfets, relative aux pensions de retraite à accorder aux ecclésiastiques âgés ou infirmes, sous le mot *Pensions ecclésiastiques*. IV, 78

5 juillet. DÉCRET qui institue une décoration pour les membres du chapitre métropolitain de Paris, sous le mot *Chapitre*.II,117

12 juillet. LETTRE du ministre des cultes au préfet de la Seine-Inférieure, sous le mot *Tarifs.* IV, 432

31 octobre. DÉCRET qui transfère dans la ville de Saint-Pierre le siége épiscopal de la Martinique, précédemment établi à Fort de France, sous le mot *Colonies françaises*. II, 228

19 novembre. LETTRE du ministre des cultes au ministre de l'intérieur, sous le mot *Matériaux.* III, 524

30 novembre. CIRCULAIRE du ministre des cultes aux archevêques et évêques, relative aux pensions ecclésiastiques à accorder en exécution du décret du 28 juin 1853 aux prêtres âgés ou infirmes et aux anciennes religieuses, sous le mot *Pensions ecclésiastiques*. IV, 79

30 novembre. CIRCULAIRE du même aux préfets pour le même objet, sous le mot *Pensions ecclésiastiques*. IV, 82

21 décembre. ARRÊT de la cour impériale de Metz, sous le mot *Troubles.* IV, 503

31 décembre. DÉCRET concernant les écoles primaires, sous le mot *Ecoles*. II, 517

20 janvier 1854. CIRCULAIRE du ministre des cultes aux archevêques et évêques, relative à l'envoi par eux au ministère des cultes, de leur signature, de celle de leurs vicaires généraux agréés et de l'empreinte de leurs armes, sous le mot *Signature*. IV, 377

26 janvier. LETTRE du ministre des cultes aux archevêques et évêques, relative à l'exécution du décret impérial du 31 décembre 1853, en ce qui concerne l'inspection des maisons d'éducation de filles dirigées par des religieuses, sous le mot *Pensionnat*. IV, 67

16 février. ARRÊT de la cour de cassation, sous le mot *Dimanche*. II, 452

20 mars. CIRCULAIRE du ministre des cultes aux archevêques et évêques, relative à l'exécution du décret du 31 décembre 1853, en ce qui concerne l'inspection des communautés

religieuses vouées à l'enseignement, sous le mot *Pensionnat*.   IV, 69

20 avril 1854.   EXPOSÉ DES MOTIFS du projet de loi sur l'instruction publique présenté au Corps législatif, sous le mot *Instruction publique*.   III, 393

26 avril.   ARRÊT du ministre de la guerre, concernant le costume des aumôniers de l'armée, sous le mot *Aumônier*.   I, 378

16 mai.   DÉCRET qui place les salles d'asile sous la protection de l'impératrice, sous le mot *Salles d'asile*.   IV, 286

16 mai.   DÉCRET qui institue un comité central de patronage pour la propagation et la surveillance des salles d'asile, sous le mot *Salles d'asile*.   IV, 286

2 juin.   ARRÊT de la cour de cassation, sous le mot *Dimanche*. II, 453

14 juin.   LOI sur l'instruction publique, sous le mot *Instruction publique*.   II, 401

31 juillet.   LETTRE du ministre des cultes au préfet de la Seine-Inférieure, sous le mot *Cloche*.   II, 213

22 août.   DÉCRET sur l'organisation des académies, sous le mot *Facultés*.   III, 100

23 octobre.   DÉCRET qui autorise une fabrique à défricher un bois, sous le mot *Défrichement*.   II, 414

20 décembre.   INSTRUCTION du ministre des cultes aux ecclésiastiques chargés de l'inspection des pensionnats tenus par des religieuses, sous le mot *Pensionnat*.   IV, 70

21 mars 1855.   RAPPORT à l'empereur, relatif à l'organisation des salles d'asile publiques et libres, sous le mot *Salles d'asile*. IV, 287

21 mars.   DÉCRET concernant les salles d'asile, sous le mot *Salles d'asile*.   IV, 289

21 mars.   LETTRE du ministre des cultes à l'évêque de Blois, sous le mot *Tarifs*.   IV, 432

22 mars.   ARRÊTÉ du ministre de l'instruction publique et des cultes, relatif au régime intérieur des salles d'asile, sous le mot *Salles d'asile*.   IV, 294

26 avril.   ARRÊT du conseil d'Etat, sous le mot *Inscriptions dans les églises*.   III, 248

5 mai 1855.   LOI sur l'organisation municipale, sous le mot *Municipalité*.   III, 582

18 mai.   CIRCULAIRE du ministre de l'instruction publique et des cultes aux préfets, relative à l'exécution du décret du 21 mars 1855 et de l'arrêté du 22 mars 1855, concernant les salles d'asile, sous le mot *Salles d'asile*.   IV, 298

6 juin.   CIRCULAIRE du ministre de l'instruction publique et des cultes aux recteurs, relative à l'exécution du décret du 21 mars et l'arrêté du 22 mars 1855, concernant les salles d'asile, sous le mot *Salles d'asile*.   IV, 303

9 juillet.   ARRÊTÉ du ministre de l'instruction publique et des cultes, relatif aux traitements des déléguées spéciales pour l'inspection des salles d'asile, sous le mot *Salles d'asile*. IV, 303

5 août 1855.   RAPPORT à l'impératrice régente, sur les exercices des salles d'asile, sous le mot *Salles d'asile.*   IV, 305

14 août.   ARRÊTÉ du ministre de l'instruction publique et des cultes, relatif aux frais de tournée des déléguées spéciales, sous le mot *Salles d'asile.*   IV, 305

30 août.   LETTRE du ministre des finances au ministre de l'instruction publique et des cultes, sous le mot *Enquête.* II, 557

5 mai 1856.   ARRÊT de la cour de cassation, sous le mot *Substitution.* IV, 408

10 juillet.   ARRÊT de la cour de cassation, sous le mot *Jeu.* III, 427

20 août.   LETTRE du ministre des cultes au préfet d'Ille-et-Vilaine, sous le mot *Mobilier.* III, 574

4 décembre.   CIRCULAIRE du ministre des cultes aux archevêques et évêques, relative aux quêtes à domicile, sous le mot *Quêtes.* IV, 228

15 décembre.   LETTRE du ministre des cultes au préfet de la Haute-Marne, sous le mot *Subvention.* IV, 413

21 décembre.   JUGEMENT du tribunal civil de la Seine, sous le mot *Tombeaux.* IV, 446

6 avril 1857.   DÉCRET contre l'évêque de Moulins, sous le mot *Appel comme d'abus.* I, 196

7 avril.   ARRÊT de la cour de cassation, sous le mot *Tombeaux.* IV, 445

12 juin.   CIRCULAIRE du ministre des cultes aux archevêques et évêques, relative aux diplômes des maîtres de chapelle et d'organistes délivrés par l'école de musique religieuse de M. Niedermeyer, sous le mot *Musique.* III, 591

17 juin.   DÉCRET qui constitue canoniquement le chapitre impérial de Saint-Denis, sous le mot *Chapitre.* II, 113

17 juin.   DÉCRET portant réception du bref d'institution canonique de la grande aumônerie, sous le mot *Aumônerie.* I, 372

1er juillet.   ARRÊT de la cour de Dijon, statuant que les communes sont tenues de fournir aux curés et desservants un presbytère ou logement, ou, à défaut, une indemnité qui en tienne lieu, quels que soient d'ailleurs les revenus des fabriques et non pas seulement dans le cas où ces revenus sont insuffisants, sous le mot *Logement.* III, 467

3 juillet.   JUGEMENT du tribunal de paix de Calais, sous le mot *Frais funéraires.* III, 142

22 juillet.   ARRÊT de la cour impériale de Toulouse, sous le mot *Livre.* III, 460

12 octobre.   DÉCRET portant fixation du maximum des frais d'établissement qui peuvent être alloués aux membres de l'épiscopat, sous le mot *Frais.* III, 140

20 novembre.   LETTRE du ministre des cultes au ministre de l'intérieur au sujet du service d'une horloge placée dans le clocher de l'église, sous le mot *Horloge.* III, 176

14 décembre.   ARRÊT du conseil d'Etat, sous le mot *Bancs.* I, 447

28 décembre.   DÉCRET qui élève le traitement des évêques de France, sous le mot *Traitement.* IV, 454

22 février   CIRCULAIRE du ministre des cultes aux archevêques et évêques, relativement à la délégation de leur contreseing à

leurs vicaires généraux pour la correspondance, sous le mot *Franchise*. III, 155

14 mai 1858. ARRÊT du conseil d'Etat, sous le mot *Logement*. III, 282

28 mai. ARRÊTÉ du ministre des cultes, sous le mot *Fabricien*. III, 12

30 juin. CIRCULAIRE du ministre des cultes aux archevêques et évêques, relative aux dispenses du service militaire accordées aux élèves des grands séminaires et aux dispensés renonciataires, sous le mot *Service militaire*. IV, 362

29 juillet. DÉCRET qui augmente le traitement des desservants de succursales âgés de moins de 50 ans, sous le mot *Traitement*. IV, 454

29 juillet. ARRÊT du conseil d'Etat, sous le mot *Distraction*. II, 479

2 août. DÉCRET qui augmente le traitement des chanoines autres que ceux du diocèse de Paris, sous le mot *Traitement*. IV, 455

13 août. ARRÊT de la cour de cassation, sous le mot *Quêtes*. IV, 225

7 septembre. LETTRE du ministre des cultes à l'évêque de Luçon, sous le mot *Cloche*. II, 214

18 décembre. DÉCRET portant que l'église de Saint-Denis est consacrée à la sépulture des empereurs, et qu'elle est desservie par un chapitre qui prend la dénomination de chapitre impérial de Saint-Denis, sous le mot *Chapitre*. II, 114

29 janvier 1859. ARRÊT de la cour impériale d'Angers, sous le mot *Mariage*. III, 526

14 juin. LOI relative à la perception de la rétribution scolaire dans les écoles communales de filles, sous le mot *Rétribution scolaire*. IV, 269

14 juin. EXPOSÉ DES MOTIFS du projet de loi relatif à la perception de la rétribution scolaire dans les écoles communales de filles, sous le mot *Rétribution scolaire*. IV, 270

6 juillet. CIRCULAIRE du ministre de l'intérieur aux préfets, relative aux places d'honneur à réserver dans les cérémonies publiques, aux sénateurs, députés et conseillers d'Etat, sous le mot *Places dans les églises*. IV, 91

18 juillet. LETTRE du ministre des cultes, sous le mot *Travaux*. IV, 485

5 août. ARRÊTÉ du ministre de l'instruction publique et des cultes, portant règlement pour les exercices intérieurs des salles d'asile, sous le mot *Salles d'asile*. IV, 304

22 septembre. LETTRE du ministre de l'intérieur chargé du ministère des cultes, au préfet de la Manche, sous le mot *Incendie*. III, 224

3 avril 1860. LETTRE du ministre des cultes à l'évêque de Versailles, sous le mot *Fabrique*. III, 82

10 avril. ARRÊT du conseil d'Etat, sous le mot *Subvention communale*. IV, 416

18 juillet. ARRÊT de la cour de cassation, sous le mot *Emprunt*. II, 550

6 novembre. LETTRE du ministre des cultes, au préfet du Morbihan, sous le mot *Travaux*. IV, 484

7 novembre. ARRÊT de la cour de cassation, sous le mot *Imprescriptibilité*. III, 206

10 novembre. CIRCULAIRE du ministre de l'intérieur concernant la pu-

blication et le caractère des mandements et lettres pastorales des évêques, sous le mot *Mandement*. III, 511

2 janvier 1861. CIRCULAIRE du ministre des cultes aux archevêques et évêques, relative à l'obligation du dépôt et du timbre pour les mandements et lettres pastorales, sous le mot *Mandement*. III, 512

6 janvier. LETTRE de l'évêque de Nîmes au ministre des cultes en réponse à sa circulaire du 2 janvier 1861, sous le mot *Mandement*. III, 514

19 janvier. CIRCULAIRE du ministre de l'intérieur aux préfets, relative à la déclaration, au dépôt et au timbre des mandements et lettres pastorales, sous le mot *Mandement*. III, 513

30 janvier. CIRCULAIRE du ministre des cultes aux préfets de la Savoie, de la Haute-Savoie et des Alpes-Maritimes, relative aux vicaires paroissiaux et aux vicaires chargés des fonctions d'instituteurs communaux, sous le mot *Savoie*. IV, 315

31 janvier. CIRCULAIRE du ministre des cultes, relative à l'organisation et à l'administration des fabriques des églises cathédrales et paroissiales dans les diocèses de la Savoie et de Nice, sous le mot *Savoie*. IV, 308

30 mars. DÉCRET contre un mandement de l'évêque de Poitiers, sous le mot *Appel comme d'abus*. I, 197

3 avril. LETTRE du ministre des cultes au préfet de la Manche, sous le mot *Prédication*. IV, 125

15 avril. JUGEMENT du tribunal de police correctionnelle de Poitiers, sous le mot *Mandement*. III, 517

8 juillet. LETTRE du ministre des cultes au préfet de la Nièvre, sous le mot *Incompatibilité*. III, 230

27 novembre. LETTRE du ministre des cultes à l'évêque de Saint-Brieuc, sous le mot *Médicament*. III, 551

2 décembre. CIRCULAIRE du ministre des cultes aux préfets, concernant les placements en rentes sur l'Etat des capitaux remboursés aux établissements religieux, ou provenant soit de leurs économies, soit des excédants annuels de leurs recettes, sous le mot *Placement au trésor*. IV, 88

30 décembre. DÉCRET pontifical qui applique aux diocèses de la Savoie les dispositions de l'indult du 9 avril 1802, relative aux jours de fêtes en France, sous le mot *Fêtes*. III, 116

4 février 1862. LETTRE du ministre des cultes à l'évêque de Verdun, sous le mot *Portes et fenêtres*. IV, 118

15 février. DÉCRET sur l'acceptation des dons et legs, sous le mot *Acceptation*. I, 35

26 février. DÉCRET qui place l'institution des crèches, sous la protection de l'impératrice, sous le mot *Crèche*. II, 374

13 mars. ARRÊTÉ du ministre des cultes révoquant un conseil de fabrique, sous le mot *mémoire sur les élections fabriciennes*. IV, 602

10 avril. CIRCULAIRE du ministre des cultes aux préfets, relative à l'exécution du décret du 15 février 1862, et conférant à ces

fonctionnaires le droit d'autoriser l'acceptation des dons et legs au-dessous de mille francs faits aux fabriques des églises et contenant de nouvelles instructions sur diverses affaires d'intérêt religieux, sous le mot *Acceptation*. I, 35

10 avril 1862. CIRCULAIRE du même aux archevêques et évêques, leur transmettant le décret et les instructions ci-dessus, sous le mot *Acceptation*. I, 50

28 avril. DÉCRET portant réception et autorisant la publication des deux décrets pontificaux du 30 décembre 1861, qui appliquent au diocèse de Nice et aux autres diocèses de la Savoie les dispositions de l'indult du 9 avril 1802, relatives aux jours de fêtes en France, sous le mot *Fêtes*. III, 115

30 juin. ARRÊTÉ du ministre de l'intérieur concernant l'admission des enfants dans les crèches, sous le mot *Crèche*. II, 374

30 juin 1863. DÉCRET concernant les legs au profit des communes, des pauvres, des établissements publics ou d'utilité publique, des associations religieuses, sous le mot *Legs*. III, 449

30 juillet. CIRCULAIRE du ministre de l'intérieur aux préfets, relative aux dons et legs faits aux établissements publics et d'utilité publique et à l'obligation des églises à cet égard, sous le mot *Legs*. III, 450

14 août. ARRÊT de la cour de cassation, sous le mot *Médecine*. III, 544

14 août. DÉCRET concernant les traitements des desservants, sous le mot *Traitement*. IV, 455

14 août. RAPPORT sur le traitement des desservants, sous le mot *Traitement*. IV, 456

16 août. DÉCRET contre les archevêques de Cambrai, de Tours, de Rennes et les évêques de Metz, de Nantes, d'Orléans et de Chartres, sous le mot *Appel comme d'abus*. I, 498

août. CIRCULAIRE du ministre du commerce et des travaux publics aux préfets, relative à la suspension des travaux publics les dimanches et jours fériés, sous le mot *Dimanche*. II, 467

2 septembre. CIRCULAIRE du ministre de l'intérieur aux préfets, relative à la constatation des décès et aux permissions d'inhumer, sous le mot *Inhumation*. III, 246

22 novembre. DÉCRET qui règle le costume officiel des doyens et professeurs de théologie catholique, sous le mot *Facultés*. III, 99

22 décembre. AVIS du conseil d'Etat, sous le mot *Crédit foncier*. II, 379

6 janvier 1864. AVIS de la section de l'intérieur de l'instruction publique et des cultes, du conseil d'Etat, sous le mot *Congrégations religieuses*. II, 351

11 février. LETTRE du ministre des cultes, sous le mot *Vitraux*. IV, 584

24 février. CIRCULAIRE du ministre de l'instruction publique aux préfets, relative à la gratuité de l'enseignement primaire des enfants pauvres, sous le mot *Enseignement*. II, 561

19 mars. JUGEMENT du tribunal de Langres, sous le mot *Hypothèque*. III, 185

13 mai 1864. LETTRE du ministre des cultes au ministre de l'intérieur, sous le mot *Adjoint*. I, 81

28 mai. RÉPONSE du ministre de l'intérieur au ministre des cultes, sous le mot *Adjoint*. I, 82

25 mai. ARRÊT du conseil d'Etat, sous le mot *Chapelle*. II, 103

2 juin. LETTRE du ministre des cultes au préfet du Loiret, sous le mot *Chantre*. II, 90

10 juillet. DÉCRET qui autorise la fondation, à Nice, d'un établissement des sœurs fidèles compagnes de Jésus, sous le mot *Rétrocession*. IV, 272

13 août. DÉCRET relatif à l'augmentation du traitement des desservants de succursales âgés de plus de 60 ans, sous le mot *Traitement*. IV, 456

3 décembre. LETTRE du ministre des cultes à l'évêque de Tarbes, sous le mot *Chaises*. II, 85

13 janvier 1865. ARRÊT de la cour de cassation, sous le mot *Garde champêtre*. III, 163

8 février. DÉCRETS déclarant qu'il y a abus dans le fait d'avoir donné lecture en chaire de la partie de l'Encyclique du 8 décembre 1864 dont la réception, la publication et la mise à exécution n'ont point été autorisées en France, sous le mot *Appel comme d'abus*. I, 200

18 mars. LETTRE du ministre des cultes au préfet de la Seine, sous le mot *Chaises*. II, 85

13 mai. LETTRE du ministre des cultes au préfet de Lot-et-Garonne, sous le mot *Bureau des marguilliers*. I, 603

19 juillet. LETTRE du ministre des cultes au préfet de Loir-et-Cher, sous le mot *Quêtes*. IV, 206

21 juillet. CIRCULAIRE du ministre de l'instruction publique et des cultes aux préfets, concernant l'âge des enfants admis dans les écoles primaires, dans les communes où il existe une salle d'asile, sous le mot *Salles d'asile*. IV, 306

22 juillet. DÉCISION du ministre de l'intérieur sur les établissements de bienfaisance, sous le mot *Bureaux de bienfaisance*. I, 595

2 août. LOI portant organisation de l'enseignement secondaire spécial, sous le mot *Instruction publique*. III, 404

30 octobre. CIRCULAIRE du ministre de l'intérieur aux préfets, relative aux délits et contraventions que les gardes champêtres ont le pouvoir de constater par procès-verbaux, et à ce que ces agents peuvent et doivent faire en ce qui concerne les autres contraventions dont ils ont connaissance, sous le mot *Garde champêtre*. III, 164

14 février 1866. DÉCRET concernant les aumôniers militaires, sous le mot *Aumônier*. I, 378

15 mars. LETTRE du ministre des cultes au préfet de l'Yonne, sous le mot *Crédit foncier*. II, 379

20 avril. ARRÊT de la cour de cassation, sous le mot *Dimanche*. II, 453

23 avril. ARRÊT de la cour de Rouen, relatif à la propriété des cloches, sous le mot *Cloche*. II, 211

18 juillet 1866. LETTRE du ministre des cultes au préfet de la Haute-Saône, sous le mot *Horloge*. III, 179

12 novembre. ARRÊT de la cour de cassation, sous le mot *Acceptation*. I, 19

13 janvier 1867. DÉCRET érigeant l'évêché d'Alger en métropole et lui donnant pour suffragants les évêchés de Constantine et d'Oran, sous le mot *Algérie*. I, 159

7 février. AVIS du conseil d'État portant que les curés et les maires ne peuvent être présidents des conseils de fabrique dont ils sont membres de droit, sous le mot *Président*. IV, 154

10 avril. LOI sur l'instruction primaire, sous le mot *Écoles*. II, 519

24 juillet. LOI sur les conseils municipaux, sous le mot *Administration*. I, 124

3 août. CIRCULAIRE du ministre de l'intérieur contenant des instructions relatives à l'exécution de la loi du 24 juillet 1867, sous le mot *Bureaux de bienfaisance*. I, 581

30 septembre. DÉCRET appelant l'archevêque d'Alger et les évêques de Constantine et d'Oran à faire partie du conseil supérieur de l'Algérie, sous le mot *Algérie*. I, 160

27 décembre. ARRÊT de la cour de Toulouse, sous le mot *Billet d'enterrement*. I, 510

1er février 1868. LOI sur le recrutement de l'armée et l'organisation de la garde nationale mobile, sous le mot *Service militaire*. IV, 363

22 février. CIRCULAIRE du ministre des cultes aux archevêques et évêques au sujet des dispositions de la loi du 1er février 1868 sur le recrutement de l'armée et l'organisation de la garde nationale mobile, sous le mot *Garde nationale*. III, 162

4 mars. ARRÊT du conseil d'État, sous le mot *Loueuse de chaises*. II, 492

22 avril. ARRÊT de la cour de cassation, sous le mot *Banc*. I, 445

18 mai. CIRCULAIRE aux archevêques et évêques, au sujet des souscriptions recueillies par les fabriques paroissiales pour la restauration des églises et presbytères, sous le mot *Souscription*. IV, 398

29 juin. ARRÊT de la cour de cassation, sous le mot *Parrain et marraine*. IV, 54

DÉCISION du ministre de l'intérieur, relative à l'entretien des cimetières, sous le mot *Entretien*. II, 564

27 janvier 1869. LETTRE de M. le ministre de la justice et des cultes à Mgr l'évêque d'Angers, sous le mot *Sous-location*. IV, 401

16 février. ARRÊTÉ du ministre de l'instruction publique, relatif à l'engagement décennal des novices appartenant aux congrégations religieuses, sous le mot *Novice*. IV, 17

FIN DE LA TABLE CHRONOLOGIQUE.

TABLE ALPHABÉTIQUE

DES

MODÈLES ET FORMULES D'ACTES

CONTENUS

DANS CET OUVRAGE.

A

ACCEPTATION des dons et legs, voyez *Acceptation*.   I, 22
ACCEPTATION d'un marché par le bureau des marguilliers, voyez *Marché*. III, 520
ACTE pour constater la bénédiction d'une cloche, voyez *Cloche*.   II, 195
ACTE d'érection d'une confrérie, voyez *Confréries*.   II, 309
ACTE pour constater la bénédiction d'une église, voyez *Eglise*.   II, 542
ACTE nouvel, voyez *Acte*.   I, 68
ADHÉSION des héritiers à la délivrance d'un legs, voyez *Legs*.   II, 492
ADJUDICATION de travaux au compte de la fabrique, voyez *Adjudication*.   I, 90
ADJUDICATION (procès-verbal) pour bail de biens ruraux, voyez *Bail*.   I, 410
ADJUDICATION d'objets mobiliers ou de fruits ruraux, voyez *Adjudication*. I, 98
ADJUDICATION du bail des chaises, voyez *Chaises*.   II, 84
AFFICHE d'adjudication de travaux à entreprendre pour réparations à l'église, voyez *Adjudication*.   I, 95
AFFICHE d'adjudication d'objets mobiliers ou de fruits ruraux, voyez *Adjudication*.   I, 99
AFFICHE pour la location des biens ruraux, voyez *Bail*.   I, 409
AFFICHE pour concession de banc, voyez *Banc*.   I, 467
AFFICHE pour annoncer l'adjudication du bail des chaises, voyez *Chaises*. II, 84
APPROBATION d'un devis, voyez *Devis*.   II, 446
AUTORISATION d'extraire de la caisse un titre ou papier appartenant à la fabrique, voyez *Caisse des fabriques*.   II, 8
AVIS du bureau des marguilliers, au sujet de l'acceptation des dons et legs, voyez *Acceptation*.   I, 22
AVIS du conseil municipal sur le projet d'érection d'une annexe, voyez *Annexe*. I, 177
AVIS motivé du curé constatant la remise entre ses mains d'un titre concernant les biens de la cure, voyez *Caisse des fabriques*.   II, 8
AVIS du conseil municipal pour l'établissement d'un vicaire, voyez *Vicaire*. IV, 522

B

BAIL (modèle de) à ferme, voyez *Bail*.   I, 411
BAIL à loyer ou location d'une maison, voyez *Bail*.   I, 415

BAIL (continuation de), voyez *Bail*.   I, 416

BAIL des chaises, voyez *Chaises*.   II, 84

BORDEREAU de situation des recouvrements et payements faits pour le compte de la fabrique de l'église Saint-   de , voyez *Bordereau*.   I, 530

BORDEREAU de situation des recouvrements et payements faits du 1er   au 30   18 , voyez *Bordereau*.   I, 533

BORDEREAUX à produire pour obtenir l'autorisation des dons, legs, acquisitions et ventes, voyez *Acceptation*.   I, 51

BUDGET de la fabrique de , voyez *Budget*.   I, 551

C

CAHIER DES CHARGES contenant les clauses et conditions auxquelles sera assujetti l'adjudication des travaux à exécuter à l'église de , voyez *Adjudication*.   I, 93

CAHIER DES CHARGES contenant les clauses et conditions auxquelles sera donnée l'adjudication des pieds de bois abattus sur la lisière du terrain appartenant à la fabrique et appelé le , voyez *Adjudication*.   I, 98

CAHIER DES CHARGES contenant les clauses et conditions auxquelles sera passée l'adjudication du bail à ferme des biens ruraux appartenant à la fabrique de Saint-   de , voyez *Bail*.   I, 407

CAHIER DES CHARGES contenant les clauses et conditions auxquelles sera donnée l'adjudication du bail à loyer d'une maison appartenant à la fabrique, voyez *Bail*.   I, 413

CAHIER DES CHARGES de la concession des places de bancs, voyez *Banc*. I, 469

CAHIER DES CHARGES d'une adjudication de pieds de bois abattus sur une propriété de la fabrique, voyez *Bois*.   I, 526

CAHIER DES CHARGES contenant les clauses et conditions auxquelles sera donnée l'adjudication de la ferme des chaises de l'église Saint- , de , voyez *Chaises*.   II, 80

CARNET pour la location des chaises, voyez *Chaises*.   II, 78

CERTIFICAT de population pour l'érection d'une annexe, voyez *Annexe*.   I, 177

CERTIFICAT de binage, voyez *Binage*.   I, 515

CERTIFICAT de prise de possession d'un curé, voyez *Curé*.   II, 402

CERTIFICAT du maire constatant l'état de fortune des héritiers, voyez *Dons*. II, 492

CERTIFICAT de vie et de mort du donateur, voyez *Dons*.   II, 493

CERTIFICAT de réception d'objets, voyez *Marché*.   III, 521

COMPTE rendu par le trésorier des recettes et dépenses de l'église Saint- pendant l'année 18 , en exécution des articles 82 et 91 du décret du 30 décembre 1809, voyez *Compte*.   II, 269

CONCESSION d'un banc, voyez *Banc*.   I, 467

CONGÉ donné par le bailleur, voyez *Congé*.   II, 311

CONGÉ donné par le locataire, voyez *Congé*.   II, 311

CONSENTEMENT donné par les héritiers à l'exécution d'un legs, voyez *Legs*. III, 447

CONTINUATION de bail, voyez *Bail*.   I, 416

D

DÉCHARGE au temps de la remise d'un titre, voyez *Caisse des fabriques*. II, 8

DÉLIBÉRATION du conseil de fabrique à l'effet de demander l'autorisation d'accepter une donation ou d'un legs, voyez *Acceptation*.   I, 22

DÉLIBÉRATION d'un conseil de fabrique sur un projet d'acquisition, voyez *Acquisition.* I, 64

DÉLIBÉRATION d'un conseil de fabrique sur une demande de concession de banc à une famille, voyez *Banc.* I, 426

DÉLIBÉRATION du conseil de fabrique pour la concession d'un banc, voyez *Banc.* I, 468

DÉLIBÉRATION du conseil de fabrique sur une demande de concession au prix d'un capital ou d'un immeuble, voyez *Banc.* I, 473

DÉLIBÉRATION d'un conseil de fabrique ordonnant des réparations par économie, voyez *Bâtiments.* I, 482

DÉLIBÉRATION d'un conseil de fabrique demandant la vente d'une coupe extraordinaire de bois, voyez *Bois.* I, 525

DÉLIBÉRATION du conseil de fabrique approuvant le tarif des chaises et fixant le mode de leur location, voyez *Chaises.* II, 82

DÉLIBÉRATION du conseil de fabrique tendant à obtenir l'érection d'une succursale en cure, voyez *Cure.* II, 394

DÉLIBÉRATION du conseil municipal touchant l'érection d'une succursale en cure, voyez *Cure.* II, 393

DÉLIBÉRATION du bureau des marguilliers, demandant l'établissement d'un vicaire, voyez *Vicaire.* IV, 522

DÉLIBÉRATION du conseil de fabrique relative à un échange, voyez *Échange.* II,500

DÉLIBÉRATION du conseil de fabrique pour une constitution de rente, voyez *Rente.* IV, 249

DÉLIBÉRATION du bureau des marguilliers contenant acceptation provisoire d'un don ou d'un legs, et chargeant le trésorier de faire les diligences nécessaires pour obtenir l'autorisation de l'accepter, voyez *Donation.* II, 491

DEMANDE d'une autorisation de la part du trésorier de la fabrique pour l'acceptation d'une donation ou d'un legs, voyez *Acceptation.* I, 23

DEMANDE d'érection d'une annexe, voyez *Annexe.* I, 175

DEMANDE de concession de banc, voyez *Banc.* I, 467

DEVIS pour acquisition d'objets mobiliers, voyez *Devis.* II, 445

DEVIS estimatif des travaux à exécuter pour réparation à l'église Saint. de, dressé à la demande de la fabrique de ladite église, par M , architecte, le 18 , voyez *Adjudication.* I, 90

DEVIS estimatif d'objets mobiliers nécessaires à l'église Saint. de , dressé sur la demande de M. , par le sieur orfèvre ou chasublier à , voyez *Devis.* II, 445

E

ERECTION d'une annexe, voyez *Annexe.* I, 197

ETABLISSEMENT d'un vicaire, voyez *vicaire.* IV, 522

ETAT de l'actif et du passif ainsi que des charges et des revenus de la fabrique, cure ou succursale, voyez *Dons.* II, 491

ETAT DES LIEUX d'un presbytère, voyez *Etat des lieux.* II, 577

ETAT sommaire et provisoire des lieux d'un presbytère, voyez *Etat des lieux.* II, 580

EXTRAIT de testament à afficher ou à insérer dans un journal judiciaire, en exécution de l'article 3 de l'ordonnance royale du 14 juillet 1831, voyez *Legs.* III,448

F

FORMALITÉS à remplir en cas de perte d'un titre d'inscription de rentes sur l'État, voyez *Rente*. IV, 257

I

INSTALLATION d'un curé, voyez *Curé*. II, 402

INVENTAIRE des archives de la fabrique, voyez *Archives*. I, 213

INVENTAIRE des objets mobiliers de la fabrique de l'église Saint. de voyez *Inventaire*. III, 420

J

JOURNAL du trésorier, voyez *Journal*. III, 430

L

LIVRE des comptes ouverts par nature de recettes et de dépenses, voyez *Livre*. III, 463

LOCATION de bancs par adjudication publique aux enchères. Délibération du conseil de fabrique, voyez *Banc*. I, 471

LOCATION des chaises de l'église, voyez *Chaises*. II, 79

LOCATION de biens ruraux, voyez *Bail*. I, 409

LOCATION de maison ou bail de loyer, voyez *Bail*. I, 415

M

MENDAT de payement, voyez *Mandat*. III, 507

MARCHÉ par soumission, voyez *Marché*. III, 520

MARCHÉ sans soumission préalable, voyez *Marché*. III, 520

MARCHÉ pour achat de consommation, voyez *Marché*. III, 521

N

NOMINATION d'un bedeau ou d'un serviteur quelconque de l'église par le bureau, voyez *Bedeau*. I, 484

NOMINATION d'un sacristain, voyez *Sacristain*. IV, 279

P

PERMIS d'inhumer, voyez *Inhumation*. III, 242

PROCÈS-VERBAL d'adjudication, voyez *Adjudication*. I, 97

PROCÈS-VERBAL d'adjudication d'objets mobiliers, voyez *Adjudication*. I, 100

PROCÈS-VERBAL d'adjudication de bois ruraux, voyez *Bail*. I, 440

PROCÈS-VERBAL de l'adjudication d'un banc, voyez *Banc*. I, 468

PROCÈS-VERBAL d'adjudication de bancs, voyez *Banc*. I, 472

PROCÈS-VERBAL de l'évaluation de l'immeuble offert pour prix d'une concession de banc, voyez *Banc*. I, 473

PROCÈS-VERBAL de visite des bâtiments, voyez *Bâtiments*. I, 480

PROCÈS-VERBAL d'adjudication par soumission, voyez *Chaises*. II, 83

PROCÈS-VERBAL d'arrêté de compte annuel, voyez *Compte*. II, 274

PROCÈS-VERBAL de vérification des comptes de fabrique, par l'évêque ou par un grand vicaire, en cours de visite pastorale, voyez *Compte*. II, 276

PROCÈS-VERBAL d'installation d'un curé, voyez *Curé*. II, 403

PROCÈS-VERBAL d'une délibération du dimanche de Quasimodo, voyez *Délibéra-*
tion.   II, 423
PROCÈS-VERBAL d'évaluation de l'objet légué ou donné, voyez *Donation.* II, 490
PROCÈS-VERBAL d'estimation d'un bien pour un échange, voyez *Echange.* II, 500
PROCÈS-VERBAL de prise de possession d'un conseil de fabrique, voyez *Fabri-*
que.   III, 75
PROCÈS-VERBAL d'un conseil de fabrique constatant des élections, voyez *Fabri-*
que.   III, 77
PROCÈS-VERBAL d'élection en remplacement d'un membre du conseil de fabri-
que, voyez *Fabrique.*   III, 79
PROCÈS-VERBAL d'estimation et de livraison des produits spontanés du cimetière,
vendus à l'amiable, voyez *Produit spontané.*   IV, 185
PROCÈS-VERBAL d'une séance ordinaire d'un conseil de fabrique, voyez *Séan-*
ce.   IV, 330
PROCÈS-VERBAL d'une séance extraordinaire, voyez *Séance.*   IV, 331
PROCÈS-VERBAL constatant la situation du service confié au trésorier de la fa-
brique Saint-   de   , ainsi que la remise de ce service entre les mains du
sieur   , nommé trésorier par délibération du bureau, à la date du   ,
voyez *Trésorier.*   IV, 496
PROCÈS-VERBAL de levée des troncs placés dans l'église pour les frais du culte,
voyez *Tronc.*   IV, 501
PROCÈS-VERBAL de levée du tronc des quêtes, voyez *Tronc.*   IV, 501
PROCÈS-VERBAL d'entrée en fonctions d'un vicaire, voyez *Vicaire.*   IV, 522
PROJET de traité entre la commission administrative de   et la congrégation
hospitalière des sœurs de   , voyez *Congrégations hospitalières.*   II, 342
PROJET de traité entre les administrateurs du bureau de bienfaisance et la congré-
gation hospitalière des sœurs de   , voyez *Congrégations religieuses.* II, 347

R

RÉCÉPISSÉ des sommes déposées dans la caisse de la fabrique comme inutiles au
service du trimestre, voyez *Caisse des fabriques.*   II, 7
RÉCÉPISSÉ des sommes extraites de la caisse et remises au trésorier, voyez *Caisse*
des fabriques.   II, 7
RÉCÉPISSÉ pour prix de location par abonnement, voyez *Chaises.*   II, 76
RÉCÉPISSÉ des sommes déposées par le trésorier dans la caisse de la fabrique,
comme inutiles au service du trimestre courant, voyez *Récépissé.*   IV, 232
RÉCÉPISSÉ des sommes extraites de la caisse et remises au trésorier pour assurer
le service du trimestre courant, voyez *Récépissé.*   IV, 233
RÉCÉPISSÉ à donner par l'un des membres du bureau du trésorier, lors de la
présentation de son compte annuel, voyez *Récépissé.*   IV, 233
RÉCÉPISSÉ des pièces extraites des archives, voyez *Récépissé.*   IV, 233
RÉCLAMATION en matière d'impôt, voyez *Imposition.*   III, 204
REGISTRE des concessionnaires de places de bancs, voyez *Banc.*   I, 465
REGISTRE de perception du prix des places de bancs, voyez *Banc.*   I, 465
RÈGLEMENT municipal sur la police des lieux voisins de l'église, voyez *Arrêté de*
police.   I, 237
RÈGLEMENT pour la perception et l'emploi du sixième du produit des chaises,
bancs et places dans les églises du diocèse de   , voyez *Banc.*   I, 453

RÈGLEMENT concernant la location des places et des bancs de l'église, voyez *Banc*.   I, 465

RÈGLEMENT concernant la location des chaises de l'église, voyez *Chaises*.   II, 88

RÈGLEMENT sur la sonnerie des cloches, arrêté de concert entre l'évêque et le préfet, voyez *Cloche*.   II, 199

RÈGLEMENT concernant la conduite des fidèles et le bon ordre dans l'intérieur de l'église.   IV, 109

RÉPARATIONS par économie, voyez *Bâtiments*.   I, 482

ROLE de souscriptions volontaires pour l'érection d'une annexe, voyez *Annexe*. I, 176

S

SOMMIER des titres servant au trésorier pour suivre aux échéances la rentrée des revenus fixes de la fabrique, voyez *Sommier*.   IV, 394

SOMMIER des titres ou registre des actes de propriété, voyez *Sommier*.   IV, 398

SOUSCRIPTIONS volontaires pour l'érection d'une annexe, voyez *Annexe*.   I, 176

STATUTS de la caisse de secours pour les prêtres âgés ou infirmes du diocèse de   , voyez *Caisse de retraite*.   II, 16

STATUTS pour les chapitres cathédraux, voyez *Chapitre*.   II, 104

STATUTS pour érection de confréries, voyez *Confréries*.   II, 308

STATUTS de l'orphelinat fondé à N,   en faveur des enfants du département de   , voyez *Orphelinat*.   IV, 39

T

TARIF pour la concession des bancs, tribunes, chapelles, pour la vie du concessionnaire et de sa famille, tant qu'elle existera, voyez *Bienfaiteur*.   I, 491

TARIF du prix des chaises aux différents offices, voyez *Chaises*.   II, 79

TESTAMENTS olographes, voyez *Testament*.   IV, 439

TITRB extrait de la caisse pour les affaires de la fabrique, voyez *Caisse des fabriques*.   II, 8

TRAITÉ entre un curé et les habitants d'une annexe pour indemnité de binage, voyez *Annexe*.   I, 180

TRAITÉ entre la commission administrative de l'hospice de   et la congrégation hospitalière des sœurs de   , voyez *Congrégations religieuses*.   II, 342

TRAITÉ entre les administrateurs du bureau de bienfaisance et la congrégation hospitalière des sœurs de   , voyez *Congrégations religieuses*.   II, 347

TRANSPORT de créances sans garantie, voyez *Créances*.   II, 372

TRAVAUX à entreprendre pour réparations à l'église, voyez *Adjudication*.   I, 96

VENTE d'un objet à ferme, voyez *Vente*.   IV, 513

FIN DES TABLES.

COURS

ALPHABÉTIQUE, THÉORIQUE ET PRATIQUE

DE

LA LÉGISLATION

CIVILE ECCLÉSIASTIQUE.

I.

COURS

ALPHABÉTIQUE, THÉORIQUE ET PRATIQUE

DE

LA LÉGISLATION

CIVILE ECCLÉSIASTIQUE

CONTENANT

TOUT CE QUI REGARDE LES FABRIQUES, LES BUREAUX DE BIENFAISANCE,
LES HOSPICES, LES ÉCOLES, LES SALLES D'ASILE,
EN UN MOT, TOUT CE QUI CONCERNE LES LOIS DANS LEURS RAPPORTS
AVEC LA RELIGION ;

Suivi de Mémoires sur le Droit civil Ecclésiastique,

PAR

Monseigneur ANDRÉ,

PROTONOTAIRE APOSTOLIQUE AD INSTAR PARTICIPANTIUM, ANCIEN VICAIRE GÉNÉRAL, ANCIEN CURÉ,
CHANOINE D'HONNEUR, MEMBRE DE DIVERSES SOCIÉTÉS SAVANTES, ETC.,

Auteur du Cours de droit canon.

Dédié à Mgr l'Archevêque de Paris.

QUATRIÈME ÉDITION

REVUE, CORRIGÉE ET CONSIDÉRABLEMENT AUGMENTÉE.

> « L'administration régulière du temporel des églises....
> tient aujourd'hui plus que jamais aux destinées catholiques
> de la France. »   (Mgr PARISIS, *Évêque de Langres.*)

TOME PREMIER.

PARIS,

BERCHE ET TRALIN, LIBRAIRES-ÉDITEURS.

69, RUE DE RENNES, 69.

1877.

BAR-LE-DUC, IMPRIMERIE CONTANT-LAGUERRE.

COURS

ALPHABÉTIQUE, THÉORIQUE ET PRATIQUE

DE

LA LÉGISLATION

CIVILE ECCLÉSIASTIQUE.

II.

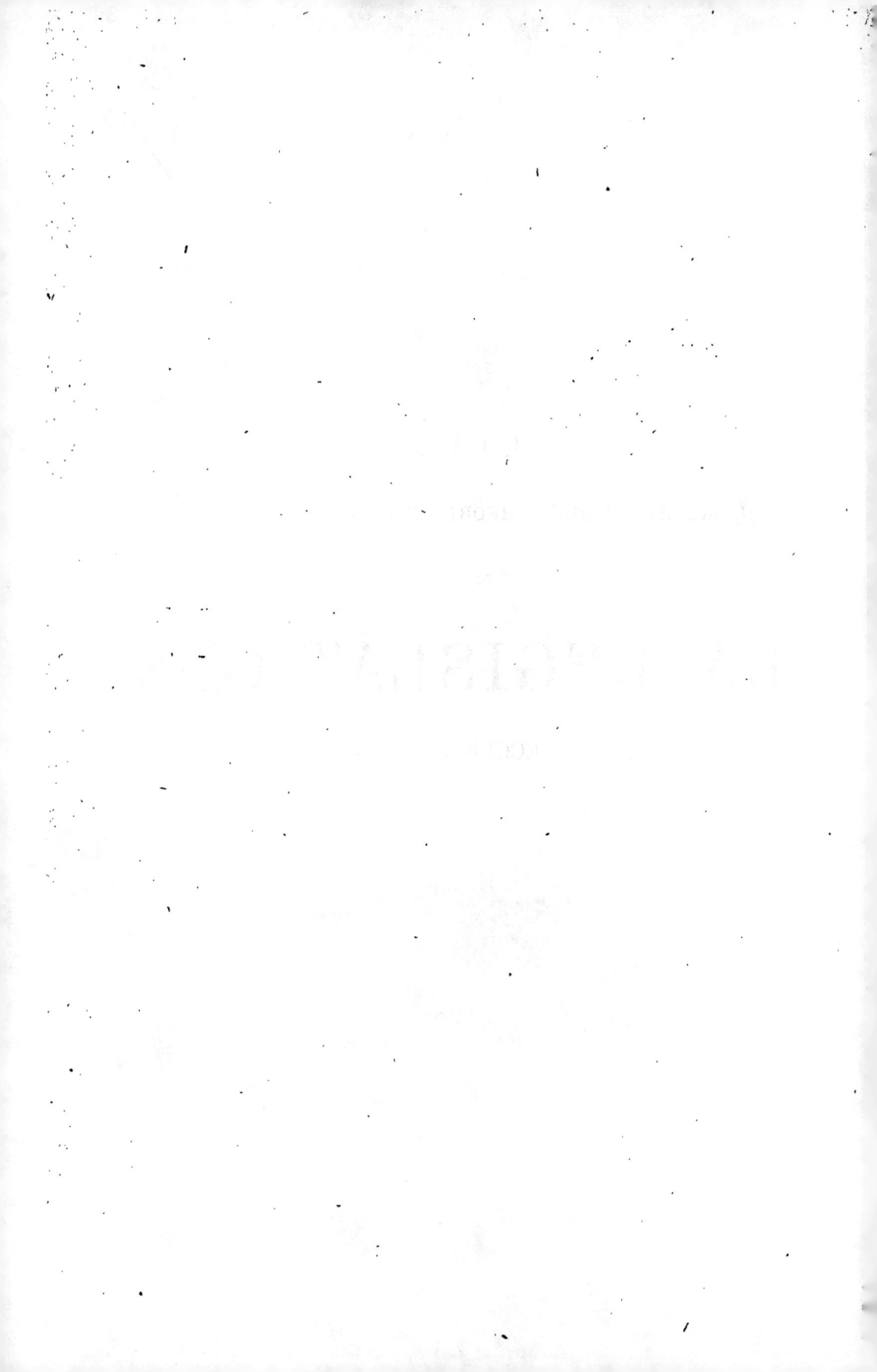

COURS

ALPHABÉTIQUE, THÉORIQUE ET PRATIQUE

DE

LA LÉGISLATION

CIVILE ECCLÉSIASTIQUE

CONTENANT

TOUT CE QUI REGARDE LES FABRIQUES, LES BUREAUX DE BIENFAISANCE,
LES HOSPICES, LES ÉCOLES, LES SALLES D'ASILE,
EN UN MOT, TOUT CE QUI CONCERNE LES LOIS DANS LEURS RAPPORTS
AVEC LA RELIGION ;

Suivi de Mémoires sur le Droit civil Ecclésiastique,

PAR

Monseigneur ANDRÉ,

PROTONOTAIRE APOSTOLIQUE AD INSTAR PARTICIPANTIUM, ANCIEN VICAIRE GÉNÉRAL, ANCIEN CURÉ,
CHANOINE D'HONNEUR, MEMBRE DE DIVERSES SOCIÉTÉS SAVANTES, ETC.,

Auteur du Cours de droit canon.

Dédié à Mgr l'Archevêque de Paris.

QUATRIÈME ÉDITION

REVUE, CORRIGÉE ET CONSIDÉRABLEMENT AUGMENTÉE.

> « L'administration régulière du temporel des églises....
> tient aujourd'hui plus que jamais aux destinées catholiques
> de la France. » (Mgr PARISIS, *Évêque de Langres.*)

TOME DEUXIÈME.

PARIS,

BERCHE ET TRALIN, LIBRAIRES-ÉDITEURS,

69, RUE DE RENNES, 69.

1877.

BAR-LE-DUC, IMPRIMERIE CONTANT-LAGUERRE.

COURS

ALPHABÉTIQUE, THÉORIQUE ET PRATIQUE

DE

LA LÉGISLATION

CIVILE ECCLÉSIASTIQUE.

III.

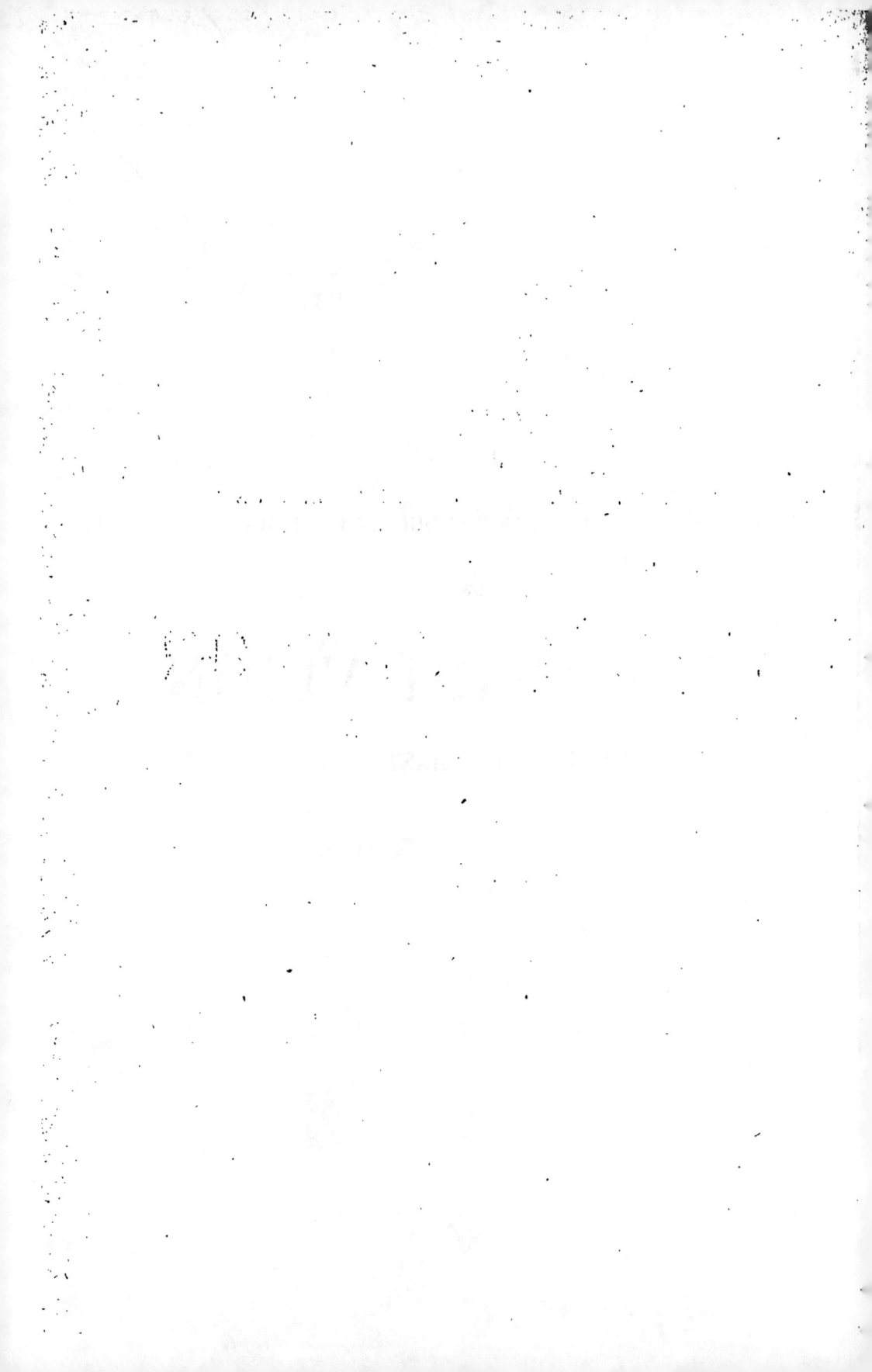

COURS

ALPHABÉTIQUE, THÉORIQUE ET PRATIQUE

DE

LA LÉGISLATION

CIVILE ECCLÉSIASTIQUE

CONTENANT

TOUT CE QUI REGARDE LES FABRIQUES, LES BUREAUX DE BIENFAISANCE,
LES HOSPICES, LES ÉCOLES, LES SALLES D'ASILE,
EN UN MOT, TOUT CE QUI CONCERNE LES LOIS DANS LEURS RAPPORTS
AVEC LA RELIGION ;

Suivi de Mémoires sur le Droit civil Ecclésiastique,

PAR

Monseigneur ANDRÉ,

PROTONOTAIRE APOSTOLIQUE AD INSTAR PARTICIPANTIUM, ANCIEN VICAIRE GÉNÉRAL, ANCIEN CURÉ,
CHANOINE D'HONNEUR, MEMBRE DE DIVERSES SOCIÉTÉS SAVANTES, ETC.,

Auteur du Cours de droit canon.

Dédié à Mgr l'Archevêque de Paris.

QUATRIÈME ÉDITION

REVUE, CORRIGÉE, ET CONSIDÉRABLEMENT AUGMENTÉE.

« L'administration régulière du temporel des églises....
tient aujourd'hui plus que jamais aux destinées catholiques
de la France. » (Mgr PARISIS, *Évêque de Langres.*)

TOME TROISIÈME.

PARIS,

BERCHE ET TRALIN, LIBRAIRES-ÉDITEURS,

69, RUE DE RENNES, 69.

1877.

BAR-LE-DUC, IMPRIMERIE CONTANT-LAGUERRE.

COURS

ALPHABÉTIQUE, THÉORIQUE ET PRATIQUE

DE

LA LÉGISLATION

CIVILE ECCLÉSIASTIQUE.

IV.

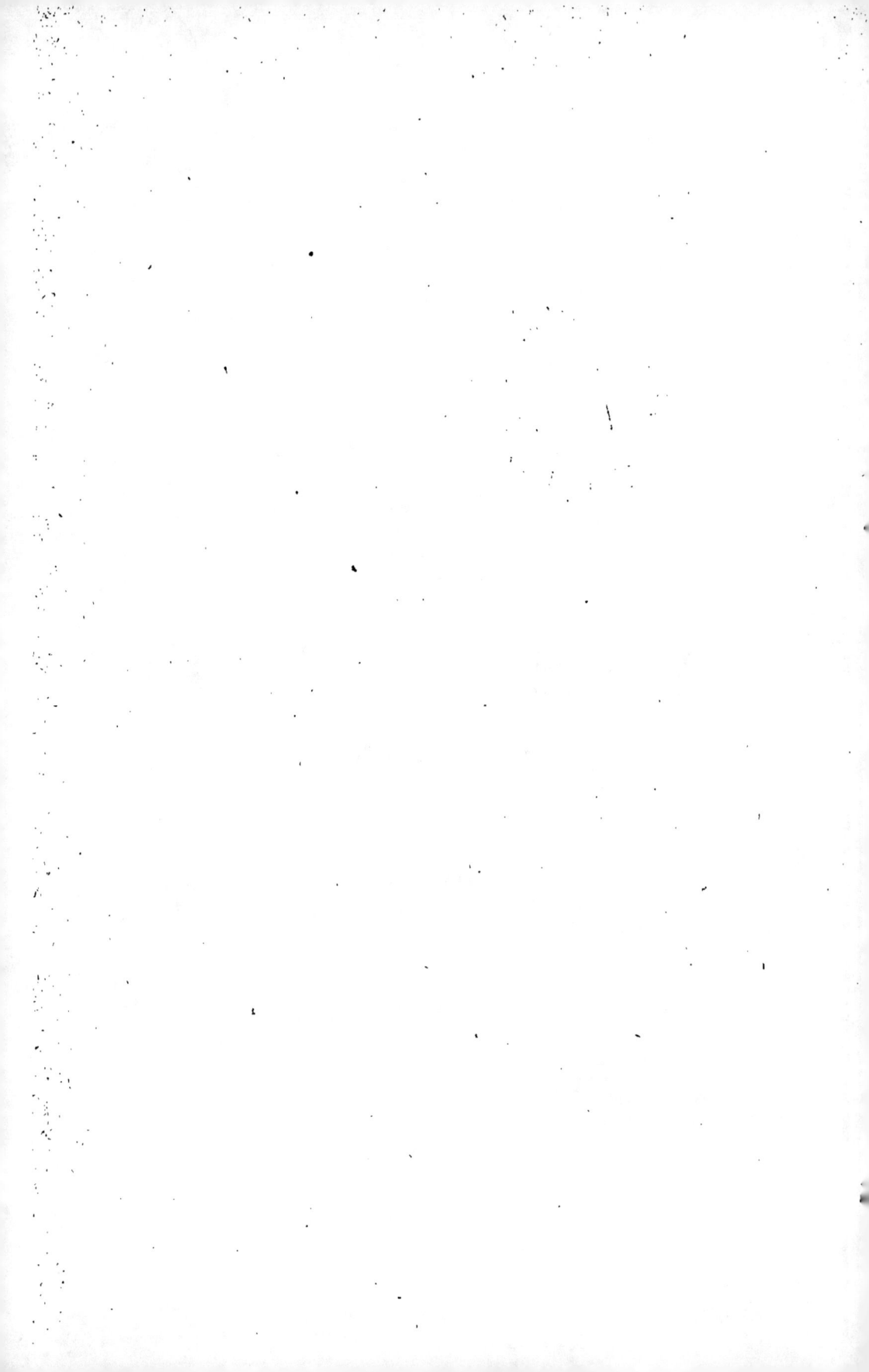

COURS

ALPHABÉTIQUE, THÉORIQUE ET PRATIQUE

DE

LA LÉGISLATION

CIVILE ECCLÉSIASTIQUE

CONTENANT

TOUT CE QUI REGARDE LES FABRIQUES, LES BUREAUX DE BIENFAISANCE,
LES HOSPICES, LES ÉCOLES, LES SALLES D'ASILE,
EN UN MOT, TOUT CE QUI CONCERNE LES LOIS DANS LEURS RAPPORTS
AVEC LA RELIGION ;

Suivi de Mémoires sur le Droit civil Ecclésiastique,

PAR

Monseigneur ANDRÉ,

PROTONOTAIRE APOSTOLIQUE AD INSTAR PARTICIPANTIUM, ANCIEN VICAIRE GÉNÉRAL, ANCIEN CURÉ,
CHANOINE D'HONNEUR, MEMBRE DE DIVERSES SOCIÉTÉS SAVANTES, ETC.,

Auteur du Cours de droit canon.

Dédié à Mgr l'Archevêque de Paris.

QUATRIÈME ÉDITION

REVUE, CORRIGÉE ET CONSIDÉRABLEMENT AUGMENTÉE.

« L'administration régulière du temporel des églises....
tient aujourd'hui plus que jamais aux destinées catholiques
de la France. »   (Mgr PARISIS, *Évêque de Langres.*)

TOME QUATRIÈME.

PARIS,

BERCHE ET TRALIN, LIBRAIRES-ÉDITEURS,

69, RUE DE RENNES, 69.

1877.

BAR-LE-DUC, IMPRIMERIE CONTANT-LAGUERRE.

www.ingramcontent.com/pod-product-compliance
Lightning Source LLC
Chambersburg PA
CBHW031447210326
41599CB00016B/2147